תלמוד בבלי

— מהדורת נאה —

חולין חלק א

Steinsaltz
Center

KOREN

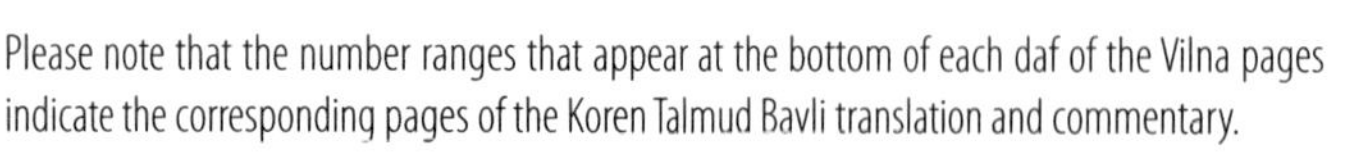

Please note that the number ranges that appear at the bottom of each daf of the Vilna pages indicate the corresponding pages of the Koren Talmud Bavli translation and commentary.

תלמוד בבלי

הוצאת קורן ירושלים

מהדורת נאה

מסכת חולין
דף ב. עד דף כו:

COMMENTARY BY
Rabbi Adin Even-Israel
Steinsaltz

EDITOR-IN-CHIEF
Rabbi Dr Tzvi Hersh Weinreb

EXECUTIVE EDITOR
Rabbi Joshua Schreier

•

STEINSALTZ CENTER
KOREN PUBLISHERS JERUSALEM

הכל שוחטין ושחיטתן כשרה

הכל שוחטין ושחיטתן כשרה, חוץ מחרש שוטה וקטן, שמא יקלקלו את שחיטתן. *וכולן ששחטו ואחרים רואין אותן — שחיטתן כשרה.§ **גמ'** "הכל שוחטין" (א) — לכתחלה, "ושחיטתן כשרה" — דיעבד! אמר ליה רב אחא בריה דרבא לרב אשי: וכל "הכל" לכתחלה הוא? אלא מעתה,* "הכל ממירין אחד האנשים ואחד הנשים", ה"נ דלכתחלה הוא? והא כתיב: "לא יחליפנו ולא ימיר אותו טוב ברע או רע בטוב"! (ויקרא כז) התם כדקתני טעמא: לא *שהאדם רשאי להמיר, אלא שאם המיר — מומר, וסופג את הארבעים. א] אלא, *"הכל מעריכין ונערכין נודרין ונידרין", הכי נמי דלכתחלה? והא כתיב: "וכי תחדל לנדור לא יהיה בך חטא", (דברים כג) וכתיב: "טוב אשר לא תדור משתדור ולא תשלם"; (קהלת ה) ותניא: *טוב מזה ומזה שאינו נודר כל עיקר, דברי רבי מאיר. ר' יהודה אומר: טוב מזה ומזה נודר ומשלם; ואפי' רבי יהודה לא קאמר אלא באומר "הרי זו", אבל

רש"י

הכל שוחטין. כל היכא דתני "הכל" כולהו מייתי להו במשמעותא קמייתא דערכין, ומפרש "הכל" לאתויי מאי. ו"הכל שוחטין" דמתניתין פליגי בה אמוראי בגמרא, למר — לאתויי טמא בחולין, ולמר — לאתויי כותי או משומד*. וכולן. בגמרא מפרש מאי "וכולן". **גמ'** ושחיטתן כשרה דיעבד. בתמיה. וקשה: רישא דמשמע דההוא דמתרבי מ"הכל" — לכתחלה מתרבי, ואילו סיפא משמע דכי מרבינן מ"הכל" — דיעבד מרבינן לה, אבל לכתחלה לא מתרבי. והא ליכא למימר: כולה מתניתין לכתחלה, וחדא קתני. דכיון דתנא "הכל שוחטין" — פשיטא דכשרה. וכל הכל לכתחלה הוא. דמתקשה לך, ולא תוכל לומר: כולה דיעבד, וה"ק: הכל תורת שחיטה נוהגת בהן, אם שחטו אותן הפסולין דמתרבי — תהא שחיטתן כשרה. אלא הכל ממירים. מי מצית למימר: לכתחלה יביא בהמת חולין אצל בהמת קדשים ויאמר "זו תמורת זו"? "הכל" דתמורה מפרש התם: לאתויי יורש, שממיר בקרבן אביו לאחר מיתת אביו. דהתם תנן: אין ממירין בשל אחרים. טוב. תם. רע. בעל מום. התם כדקתני טעמא. דעקר ל"הכל" דרישא, דלא תימא לכתחלה הוא. אבל "הכל שוחטין" — בדוכתיה קאי, דכל כמה דלא עקר ליה ותנא: לא שיהו הפסולים רשאים לשחוט, כדעקר התם — משמע דלכתחלה רבינהו. והדר תני "ושחיטתן כשרה" דמשמע דיעבד! לא שהאדם רשאי. דכתיב: "לא יחליפנו". ורישא הכי קאמר: הכל ב] דין תמורה נוהגת בהם. והא דתנא ברישא: הכל ממירין, ואיצטריך ליה תו לפרושי: לא שהאדם רשאי כו', ולא נקט ברישא לשון קצרה: הכל שהמירו תמורתם תמורה — לשון התנאים הוא זה, כמו "הכל שוחטין" "הכל סומכין" "הכל חייבין". הלכך, הכא, אע"ג דהוצרך להאריך — לא שינה התנא את לשונו. משומד. נתפסת השניה, ושתיהן קדושות. וסופג את הארבעים. משום לאו ד"לא ימיר". הכל מעריכין. התם מפרש: לאתויי מופלא סמוך לאיש, קטן היודע להפלות ג] לשם מי מקדישין. ואם סמוך לפרקו הוא, כגון בן י"ב שנה ויום אחד — דבריו קיימין, אע"פ שעדיין קטן הוא עד י"ג שנה ויום אחד. מעריכין. אורת מעריכין עליהם, שאם אמר "ערכי עלי" או "ערך פלוני עלי" — נדרו קיים. ואע"ג דקטן הוא זה — הנודר חייב ליתן כפי שנים של נערך. והדמים קצובין בפרשה. הכל נערכין. יש להם ערך. ואפילו מוכה שחין שאינו שוה כלום לימכר בשוק — יש לו ערך הכתוב בפרשה, ואם אמר על עצמו "ערכי עלי", או אמר על אחר "ערך מוכה שחין זה עלי" — לא אמרינן: הואיל ודמים אין לו, ערך נמי אין לו. הכל נודרים. "דמי עלי" או "דמי פלוני עלי". והתם מפרש, דאיידי דבעי למיתני "הכל נידרין" — תנא נמי "הכל נודרים". הכל נידרים. כל אדם השוה כלום יש לו דמים, ואם אמר "דמי עלי", או אמר על אחר "דמי פלוני עלי" — נותן לפי מה שהוא נמכר בשוק. ואפילו היה הנידר זה פחות מבן חדש, ואמר "דמי תינוק זה עלי" יתן דמיו. ואע"פ שאין פחות מבן חדש נערך, ואם אמר "ערכו עלי" — פטור מכלום שלא נתנה בו תורה ערך, דכתיב (ויקרא כז): "ואם מבן חדש ועד בן חמש שנים" — דמים מיהא יש לו לפי שוויו, ואם אמר בתורת דמים — נותן דמיו. לא יהיה בך חטא. הא אם תדור — יהיה בך חטא. טוב אשר לא תדור. לעיל מיניה כתיב: "את אשר תדור שלם", ואפילו הכי — טוב אשר לא תדור, שמא תדור ולא תשלם. הכי מפרש ליה רבי מאיר. טוב מזה ומזה. מנודר ומשלם, ומנודר ואינו משלם. שאינו נודר כל עיקר. שהרגיל בנדרים בא לידי "לא יחל דברו". רבי יהודה אומר טוב מזה ומזה נודר ומשלם. דהכי משמע: "טוב אשר לא תדור משתדור ולא תשלם", אבל משתדור ותשלם — לא, שהוא טוב מכולם. ואפילו ר' יהודה לא קאמר אלא דאמר הרי זו. דאם מתה או נגנבה אינו חייב באחריותה. אי נמי, כיון דאפרשה — תו לא הדר ביה. אבל

תוספות

הכל שוחטין. כתוב בהלכות ארץ ישראל דנשים לא ישחטו מפני שדעתן קלות. ואין נראה, דאפילו במוקדשין שוחטות לכתחלה. *כדאמרינן פרק "כל הפסולין" (זבחים דף לא:): כל הפסולים ששחטו, דיעבד — אין, לכתחלה — לא. ורמינהי: "ושחט", מלמד שהשחיטה כשרה כו'! ומשני: הוא הדין דאפילו לכתחלה, אלא משום דבעי למיתני טמא במוקדשים, דלכתחלה לא — תנא נמי ששחטו. ולא קאמר: משום דבעי למיתני נשים, דתנא להו ברישא. אלא ודאי משום דנשים שוחטות לכתחלה אפילו במוקדשין. והא דלא קתני: הכל שוחטין אחד אנשים ואחד נשים, כדקתני ב"תמורה" (דף ב.) — התם איצטריך למיתנייה, ד] כדפירש בריש תמורה, משום דכל הפרשה כולה נאמרה בלשון זכר, אבל הכא אין חידוש באשה יותר מבאיש. ובפרק "כל הפסולין" (דף לא:) גבי קדשים איצטריך למיתני נשים, משום דבשאר עבודות נשים פסולות, אפילו כהנות. **שמא** יקלקלו כו'. בגמרא (לקמן יב:) דייק: מדקתני "שמא יקלקלו" ולא קתני "שמא קלקלו" — ש"מ אין מוסרין להן חולין לכתחלה. ופ"ה: אפילו אחרים רואין אותן. וק' לפירושו, דהא מסיפא שמעינן לה: "וכולן ששחטו ואחרים רואין אותן" כו' — דמשמע דיעבד דוקא. וליכא למימר דדיעבד נקט משום טמא במוקדשין, או אין מומחין, אבל חש"ו אפילו לכתחלה שוחטין באחרים רואין אותן, דהא רבא הוא דדייק: "שמא קלקלו" לא קתני, ולרבא לא קאי "וכולן ששחטו" אלא אחש"ו כדאמרינן בגמרא! וי"מ דגרס לקמן "רבה", אבל רבא לא דייק בין "יקלקלו" ל"קלקלו", כי היכי דלא חייש בהא דלא קתני "ואם שחטו". ור"ת מפרש: דאין מוסרין להן חולין לכתחלה לשחוט אפילו כדי להשליך לכלבים, דלמא אתי ה] למיכל, שיטעו להכשיר שחיטתן מתוך שיראו שמוסרים להן. כדפטר לקמן* שחיטתן מכסוי, דלמא אתי למימר שחיטה מעלייתא היא. וניחא השתא, דבאין אחרים רואין אותן ו] עסקינן ברישא. **התם** כדקתני טעמא. פירש בקונטרס: דעקר ליה ל"הכל" דרישא, דלא תימא לכתחלה הוא. ולשון "כדקתני טעמא" לא משמע כפירושו. ומה שפירש נמי במסקנא גבי "דאי דיעבד תרתי דיעבד למה לי": ואע"ג דבתמורה נמי תני והדר מפרש — התם לא תנא כי האי גוונא "הכל ממירין ותמורתן תמורה" גבי הדדי, ואי משום "לא שהאדם רשאי להמיר" — משום דבעי לאסוקי "וסופג את הארבעים", לאשמועינן דלוקין על לאו שאין בו מעשה — אין נראה, דמשום "וסופג את הארבעים" לחודיה לא הוה ליה למיתני תרתי דיעבד, דהוה מצי למיתני: "הכל ממירים, והממיר סופג את הארבעים". ועוד, דבריש תמורה (דף ב.) פריך: "הכל ממירים" — לכתחלה, "ולא שהאדם רשאי להמיר" — דיעבד! ומשני התם רב יהודה: הכי קתני, הכל מתפיסים בתמורה, *אחד שוגג ואחד מזיד. והוה ליה לשנויי דתנא ליה משום "וסופג את הארבעים", כדפירש בקונטרס כאן! ונראה לרבינו תם: דשינויא דהכא הוי כההיא דתמורה, והכי קאמר: התם כדקתני טעמא, דלהכי תנא "הכל ממירים", דמשמע לכתחלה, לאשמעינן שאפילו המיר במזיד, דהיינו לכתחלה — מומר, דלא תימא: ארבעים בכתפיה וכשר, כדאמרן ב"התודה" (מנחות פא.). וקשה לפירושו: דבסוף פרק קמא דתמורה (דף יג.) משמע דמן הדין ראוי להיות תמורה במזיד יותר מבשוגג, דקאמר: "יהיה" — לרבות שוגג כמזיד! ויש לומר: דלענין בהמה שתהא כשרה למזבח, פשוט לן שוגג יותר ממזיד. אי נמי, התם איירי במזיד ולא אתרו ביה, דלא הוו ארבעים בכתפיה, וההוא מזיד פשוט לן יותר משוגג. **וסופג** את הארבעים. וא"ת, הוה ליה למימר: וסופג שמונים, דהא תרי לאוי כתיב, "לא יחליפנו" ו"לא ימיר"! ויש לומר: דחד בשלו, וחד בשל חברו, כדאמר בתמורה (דף ט.), וכגון דאמר חברו: כל הרוצה להמיר בבהמתו — ימיר. דבענין אחר אין ממירין בשל אחרים. והכי איתא בהדיא בתמורה פ"ק*. **וכתיב** טוב אשר לא תדור. מעיקרא מייתי מדברי תורה, והדר מייתי מדברי קבלה. **טוב** מזה ומזה שאינו נודר כל עיקר. פ"ה: דלעיל מיניה כתיב: "את אשר תדור שלם", ואפילו הכי — טוב אשר לא תדור, שמא תדור ולא תשלם. וקשה לר"ת: דלא מייתי בגמרא ההוא קרא כלל! ונראה לר"ת: דכולי מלתא דריש מהאי קרא. דהוה ליה למיכתב "טוב אשר לא תדור משתדור", ואנא ידענא דמשתדור ולא תשלם קאמר. אלא להכי קאמר "ולא תשלם" — לגלויי על משתדור, דמשתדור כדרך הנודרין קאמר, שנודרין ומשלמין, כדאמר גבי שכיר ותושב: בא זה ולימד על זה (קדושין דף ד.).

אבל

רבינו גרשום

הכל שוחטין ושחיטתן כשרה. כלומר הכל שוחטין משמע לכתחלה ושחיטתן כשרה דאיעבד וקשיא רישא לסיפא: התם כדקתני טעם כלומר [דאסור] לכתחלה: הכל מעריכין. דאמר ערך פלוני נותן הכל לפי שהוא אם בן חמשים כבן חמשים אם בן עשרים כבן עשרים אם בן חדש כבן חדש: ונערכין דיכול להעריך עצמו ונותן ערכו הכל לפי הזמן א) וזה הערך: נודרין. רשאי לומר דמי פלוני עלי ונותן (דמיו כו' עד נותן) דמיו ושמין אותו כעבד: ונידרין. רשאי לומר דמי עלי ונותן דמיו: טוב מזה ומזה שאינו נודר כל עיקר. כלומר טוב ממי שנודר ומשלם וממי שנודר ואינו משלם. ואיזה זה מי שאינו נודר כל עיקר ונותן בלא נדר שמי שנודר ואינו משלם חיישינן שמא יהא עובר בבל תאחר:

א) נראה דצ"ל הכל לפי הזמן ולפי זה הנערך כצ"ל. ור"ל לפי מה שהוא אם הוא איש או אשה דלאשה הוא ערך אחר כמש"כ בפרשה.

עין משפט נר מצוה

א א מיי' פ"ד מהלכות שחיטה הלכה ד סמג עשין סג טוש"ע י"ד סימן א סעיף א ועיין בהגה"ה:
ב ב מיי' שם הלכה ה טוש"ע שם סעי' ה:
ג ג מיי' פ"א מהלכות תמורה הלכה ז:
ד ד מיי' שם הלכה א:
ה ה מיי' פי"ג מהלכות נדרים הלכה כב סמג לאוין רמב טוש"ע י"ד סימן רג סעיף ג:

שיטה מקובצת

א] אלא הכל מעריכין. נמחק מלת אלא: ב] ורישא ה"ק הכל תורת תמורה: ג] קטן היודע להפלות ולפרש לשם מי נדר ולשם מי הקדיש ואם סמוך: ד] איצטריך למיתני כדמפרש בריש תמורה: ה] דילמא אתי למטעי להכשיר שחיטתן: ו] עסקינן כמו ברישא:

הגהות הב"ח

(א) גמ' הכל שוחטין (לכתחלה). תז"מ ונ"ב ס"א נמחק:

מסורת הש"ס

עי' רש"י [illegible]
[במשנה שבמשניות וכ"ה ברי"ף וברא"ש גרסי' בשחיטתן]
תמורה ב.
תמורה ב. ב"מ לא.
ערכין ב.
נדרים ט. [תוספתא פ"ב וע"ש]
ר"ה ו. נדרים ט. מגילה ח. קינין פ"א מ"א
[ועיין תוס' כתובות כד: ד"ה חד וכו' ומפורש יותר בקדושין עו: סד"ה אין בודקין וכו' ע"ש]
[לקמן לה.]
[דף פו.]
[שם איתא אחד אנשים ואחד נשים]
[ועיין תוס' תמורה ב. ד"ה וסופג]

אבל אמר "הרי עלי" לא! וכל "הכל" לאו לכתחלה הוא? אלא, *"הכל חייבים בסוכה", *"הכל חייבין בציצית", הכי נמי דלאו לכתחלה? חייבין לא קאמינא. אלא מעתה, *"הכל סומכין, אחד האנשים *ואחד הנשים", הכי נמי דלאו לכתחלה? והא כתיב: °"וסמך ידו ונרצה"! אין, איכא "הכל" לכתחלה ואיכא "הכל" דיעבד, אלא "הכל" דהכא ממאי דלכתחלה הוא, דתקשי לך? דלמא דיעבד הוא, ולא תקשי לך! א"ל: אנא "שחיטתן כשרה" קשיא לי, מדקתני "שחיטתן כשר" – דיעבד, מכלל ד"הכל" – לכתחלה הוא, דאי דיעבד – תרתי דיעבד למה לי? אמר רבה בר עולא, הכי קתני: הכל שוחטין, ואפי' טמא בחולין. טמא בחולין מאי למימרא? בחולין שנעשו על טהרת הקדש, וקסבר: *חולין שנעשו על טהרת הקדש כקדש דמו. כיצד הוא עושה? מביא סכין ארוכה ושוחט בה, כדי שלא יגע בבשר. ובמוקדשים לא ישחוט, שמא יגע בבשר; ואם שחט ואומר: "ברי לי שלא נגעתי" – שחיטתו כשרה. חוץ מחרש שוטה וקטן, דאפילו בחולין גרידי דיעבד נמי לא, שמא ישהו, שמא ידרסו, ושמא יחלידו. "וכולן ששחטו" אהייא? אילימא אחרש שוטה וקטן – עלה קאי, "ואם שחטו" מיבעי ליה! אלא אטמא בחולין – הא אמרת: לכתחלה נמי שחיט! ואלא אטמא במוקדשים – ב"ברי לי" סגי! דליתיה קמן דנשייליה. האי טמא במוקדשים מהכא נפקא? מהתם נפקא: *"כל הפסולין ששחטו – שחיטתן כשרה, שהשחיטה כשרה בזרים, בנשים ובעבדים ובטמאים, ואפילו בקדשי קדשים, ובלבד שלא יהיו טמאין נוגעין בבשר"! הכא עיקר. התם, איידי דתנא שאר פסולין – תנא נמי טמא במוקדשים. ואב"א: התם עיקר, דבקדשים קאי. הכא, איידי דתנא טמא בחולין – תני נמי טמא במוקדשים. האי טמא דאיטמא במאי? אילימא דאיטמי במת – °"בחלל חרב" אמר רחמנא, חרב

רש"י

אבל אמר הרי עלי לא. דלאו פשע ולא מקיים. והכי מוקמינן לה בנדרים בפ"ק (דף י.), לר' יהודה תני: נודב ומשלם. אלמא מעריכין ונודרין לכתחלה לא, ד"הרי עלי" הוא. דליכא למימר בהו "הרי זו" עד דאמר ברישא "ערכי עלי", והדר יהיב כפי הקצוב בפרשה. ו"דמי עלי" נמי, דבעי למשיימיה כעבדא. דהיכי מצי למימר "הרי אלו לערכים" אם לא נדר תחלה בערך? **וכל הכל לאו לכתחלה הוא.** וכי אין לך "הכל" שהוא לכתחלה? **הכל חייבים בסוכה.** לאתויי קטן שאינו צריך לאמו. **הכל חייבים בציצית.** לאתויי קטן היודע להתעטף. **חייבין לא קאמינא.** היכא דקתני חייבין מוכח ודאי דלכתחלה קאמר. **הכל סומכין.** לאתויי יורש. והא ודאי לכתחלה קאמר, דמצוה רמיא עליה על כרחיה! **תרתי דיעבד למה לי.** הכי איבעי ליה למיתני: שחיטת הכל כשרה חוץ מחש"ו. דמשמע שפיר דהנך דמרבינן מ"הכל" – דיעבד קמרבינן, אבל לא לכתחלה. א"נ, ניתני: "הכל שוחטין" לחודיה, כדתנן גבי מעריכין ונודרין, ולא מפרש למה לי למיתני הכל שוחטין, ואלטריך לפרושי: ושחיטתן כשרה, למימר דשוחטין דרישא דיעבד הוא. *ואי קשיא: בתמורה נמי, הא תני והדר מפרש! התם לא קתני בפ"ג: "הכל ממירין ותמורתן תמורה" בהדי הדדי. ואי משום "לא שאדם רשאי" – משום דבעי לאפוקי ולמקצי את האברים, לאשמועינן דלוקין על לאו שאין בו מעשה. **הכי קתני.** לכתחלה ודיעבד דמתניתין: הכל שוחטין לכתחלה – לאתויי טמא בחולין. **פשיטא.** דהא לא הוזהרו ישראל על טהרת חולין. **שנעשו על טהרת קדש.** דקבל עליה לאכול בטהרת קדש, שרוצה להרגיל עצמו בטהרת קדשים, שאם יאכל שלמים או תודה – יהא בקי בשמירתן. **כקדש דמו.** וחייב להבדל מדרבנן מכל טומאות הפוסלות בהן. ואפילו הכי *(שחיט טמא) לכתחלה, ובסכין ארוכה, כדמפרש. **ובמוקדשין.** לכתחלה לא ישחוט ואפילו בסכין ארוכה ד]. כיון דמוזהר מן התורה שלא יטמא, כדכתיב (במדבר יח): "ואני הנה נתתי לך את משמרת תרומותי", אלמא בעינן שמירה – גזור בהו רבנן לכתחלה, משום *"לך לך אמרינן נזירא סחור סחור, לכרמא לא תקרב". **שחיטתן כשרה.** והיינו דיעבד דמתניתין. ולקמן מפרש אמאי לא מטמא ה] גברא לסכין, והדר ניטמייה לבשר. **גרידי.** שלא קבל עליו ו] טהרת כהן. **שמא ישהו.** והוי נבלה, כדתנן לכולהו בפ"ב. **דיעבד נמי לא שמא ישהו.** כלומר, שמא שהו. ולקמן (דף יב:) מפרש אמאי נקט "שמא יקלקלו" במתניתין לשון עתיד – לאשמועינן שאין מוסרין להן חולין לכתחלה ואפילו אחרים רואין אותם, דמועדים הן לקלקל תמיד. **דעלה קאי.** מינייהו קא סליק, מאי "וכולן" דמשמע דקאי נמי אאחריני? "ואם שחטו" מבעי ליה! **ואלא אטמא במוקדשין.** דאמרת דאיירי בה מתניתין, ואמר לא ישחוט – מאי איריא אחרים רואין אותן? הא אמרת איהו מהימן אי אמר "ברי לי". **מהכא נפקא.** כלומר, הכא סתמו רבי במתניתין? הא בשחיטת קדשים סתמיה דלכתחלה לא, ודיעבד כשר! **כל הפסולין** ז]. כגון זר ואונן טמא ובעל מום וכיוצא בהן. **ששחטו.** קרבן. **בזרים.** דכתיב (ויקרא א): "ושחט את בן הבקר לפני ה' והקריבו בני אהרן" – מקבלה ואילך מצות כהונה, לימד על שחיטת קדשים שכשרה בזרים, וה"ה לשאר פסולין. **הכא עיקר.** דכולה פרקין בתורת שחיטה איירי. חרב

תוספות

אבל אמר הרי עלי לא. הך סוגיא כלישנא בתרא דפ"ק דנדרים (דף י.), דקאמר דפליגי בנודר. אבל ללישנא קמא *דקאמר דפליגי בנודר, אבל בנודב מודה רבי מאיר. וא"ת: כיון דקרא בנדר כתיב, מנא ליה לרבי מאיר דאין נודב טוב *מנודר ומשלם? ולרבי יהודה נמי, אמאי אם אמר "הרי עלי" לא? הא כל היכא דכתיב נדר – הוי נדר דוקא, ונדבה הוי נדבה דוקא. כדמוכח בריש מנחות (דף ב.) וזבחים (דף ב.) גבי "כאשר נדרת לה' אלהיך נדבה", דפריך: האי נדבה נדר הוא! וי"מ: דהתם פריך משום דשני קרא בדבוריה! וי"ל, דקסבר: כיון דחייש קרא לתקלה בנדר – ה"ה בנדבה, דהא איכא למיחש לתקלה. דאפי' מביאה לעזרה ומקדישה – יכול להנות ולמעול בה, ולבא לידי תקלה בכמה ענייניס, דכ"ע לא בקיאי כהלל דמעולם לא מעל אדם בעולתו (פסחים דף סו:). ולרבי יהודה נמי, משמע ליה קרא דוקא בנדבה, אע"ג דבנדר כתיב. דהא בנדר לא מצי למימר דנודר ומשלם טוב, שהרי כתיב: "וכי תחדל לנדור לא יהיה בך חטא", הא אם תדור – יהיה בך חטא. וללישנא קמא דנדרים מפרשינן לקרא: הא אם תדור – אפשר שיהיה בך חטא אם לא תשלם. וא"ת: לרבי מאיר, דאין טוב שיהא נודב ומשלם כל עיקר אפילו מביא כבשתו לעזרה, להאי לישנא בתרא ח] דנדרים, היאך אכלו ישראל שלמים במדבר? וי"ל: כיון שנאסרו בענין אחר בבשר ט] הוו כאילו צוה להם המקום לאכול על ידי שלמים. וא"ת: והא כתיב (בראשית כח): "וידר יעקב נדר" וכתיב (יונה ב): "את אשר נדרתי אשלמה"! וי"ל: דבשעת צרה שרי, כדאמרינן בבראשית רבה: "וידר יעקב נדר לאמר" – לאמר לדורות י] שיהיו נודרים בעת צרה.

אנא שחיטתן כשרה קא קשיא לי. משמע שרב אשי הקשה אותה קושיא, ואע"פ שהיא סוגיית הגמרא. ומכאן ראיה שרב אשי סידר הגמרא. אע"ג דאביי ורבא נמי אתו לשנויי הך קושיא, והם קדמו הרבה לרב אשי – שמא גם בימיהם הקשוה כבר.

טמא בחולין מאי למימרא. ואע"ג דאסור לגרום טומאה לחולין שבא"י – *היינו דוקא בפירות, דשייכא בהו תרומה, אבל בשר – לא. ואפילו יהא אסור לטמאות גופו א] באוכלין טמאין, א] כדדרשינן:*) "והתקדשתם והייתם קדושים" – אזהרה לבני ישראל שיאכלו חוליהן בטהרה, מכל מקום יכול לטמאותן ולאוכלן בימי טומאתו.

ובמוקדשין לא ישחוט שמא יגע בבשר. אע"ג ב] דאמרינן לקמן (דף קכא:) יא] דמפרכסת הרי היא כחיה – חיישינן שמא יגע אחר פירכוס. א"נ, דוקא לענין העמדה והערכה הויא כחיה, אבל לענין טומאה, כיון ששחט שנים או רוב שנים – מקבלת טומאה. דחשיב אוכל, כדאמר ב"העור והרוטב" (לקמן שם): השוחט בהמה טמאה לגוי ומפרכסת – מטמאה טומאת אוכלין אבל לא טומאת נבילות*.

שמא יגע בבשר. אע"ג דדם קדשים אינו מכשיר – חיבת הקדש מכשרת. או שהעבירה בנהר ועדיין משקה טופח עליה, כדקאמר בפ"ק דפסחים (דף כ.). וא"ת: ואמאי לא קאמר דלא ישחוט משום דלמא אתי לימשך בפנים? דאפילו טהור גמור, לבן זומא דאמר (יומא דף ל.) הנכנס למקדש טעון טבילה, ואסור לשחוט בסכין ארוכה דלמא אתי לאמשוכי! וי"ל: דבטהור איכא למגזר טפי דילמא אתי לאמשוכי, אבל טמא מזהר זהיר ומידכר. אי נמי: נקט הכא שמא יגע בבשר – משום דבעי למימר: ואם שחט ואומר ברי לי שלא נגעתי. הקשה רבינו אפרים: היאך יתכן שתהא סכין ארוכה כל כך מהר הבית עד עזרת ישראל? דהאי טמא מוקמינן לה בסמוך אף בטמא מת, ותנן בפ"ק דכלים (מ"ח): החיל מקודש מהר הבית, שאין טמא מת וגוים נכנסים לשם. עזרת נשים מקודשת הימנו – שאין טבול יום נכנס לשם. ואפילו למאן דמוקי לה בנטמא בשרץ – והלא עזרת נשים ארוכה קל"ה אמה, ח] ואיך יתכן שתהא סכין ארוכה כל כך? וי"ל: דלמאי דפירש ר"י בעלמא דלא גזור היכל דנטמא בפנים – ניחא. וכן לפירוש ר"י דפירש דלא החמירו אלא בעזרת נשים שהוא מקום כניסה ויציאה, אבל בשאר מקומות יכול ליכנס עד סמוך למחנה שכינה ממש – אתי נמי שפיר, ואין כאן מקומו. ג] וי"מ: דהכא מיירי בבמה, וכן יתישב נמי בסמוך.

שמא ישהו. ולהגרמה ועיקור לא חיישינן, דמינכר. ומיהו, עיקור דסכין פגומה לא מינכר.

אילימא אחש"ו עלה קאי. פירוש: עלה דמודה קאי. אבל הא פשיטא דעלייהו נמי קאי, דדייקינן עלה לקמן (דף יב.): מאן תנא דלא בעי כוונה לשחיטה.

דליתיה קמן דנשייליה. ואע"ג דעזרה רה"ר היא, כדאמר בפ"ק דפסחים (דף יט:), והיה לנו לטהר כאן מספק – הא ספק לא לשאר ספק טומאה ברה"ר, משום דרוב פעמים לא יכול להזהר מליגע. ואי איירי בבמה – אתי שפיר.

רבינו גרשום

ממאי. דלכתחלה הוא ותיקשי לך א] דיעבד כדאקשינן ברישא. וקסבר חולין שנשחט שנעשו על טהרת הקדש כקדש דמי ב] למימר אע"פ שוחט כענין זה דבעינן למימר כיצד הוא עושה: שמא ישהו כלומר שמא ישהו כשיעור שהייה דקה לדקה וגסה לגסה: שמא ידרסו. לא יעשה הולכה והבאה כדין שחיטה ושמא יחלידו הסכין בין סימן לסימן ויחתכו הסימנים ממטה למעלה.

*חֶרֶב הֲרֵי הוּא כְּחָלָל, אַב הַטּוּמְאָה הוּא, לְטַמְּיֵיהּ לְסַכִּין, וְאָזֵל סַכִּין וְטַמְּיֵיהּ לְבָשָׂר! אֶלָּא דְּאִיטַּמִּי בְּשֶׁרֶץ. וְאִי בָּעֵית אֵימָא: לְעוֹלָם דְּאִיטַּמִּי בְּמֵת, וּכְגוֹן שֶׁבָּדַק קְרוּמִית שֶׁל קָנֶה וְשָׁחַט בָּהּ; דְּתַנְיָא, *בַּכֹּל שׁוֹחֲטִים: בֵּין בְּצוֹר, בֵּין בִּזְכוּכִית, בֵּין בִּקְרוּמִית שֶׁל קָנֶה. אַבַּיֵי אָמַר, הָכִי קָתָנֵי: הַכֹּל שׁוֹחֲטִין, וַאֲפִילּוּ כּוּתִי. בַּמֶּה דְּבָרִים אֲמוּרִים – כְּשֶׁיִּשְׂרָאֵל עוֹמֵד עַל גַּבָּיו, אֲבָל יוֹצֵא וְנִכְנָס – לֹא יִשְׁחוֹט; וְאִם שָׁחַט – חוֹתֵךְ כַּזַּיִת בָּשָׂר וְנוֹתֵן לוֹ, אֲכָלוֹ – מוּתָּר לֶאֱכוֹל מִשְּׁחִיטָתוֹ, לֹא אֲכָלוֹ – אָסוּר לֶאֱכוֹל מִשְּׁחִיטָתוֹ; חוּץ מֵחֵרֵשׁ שׁוֹטֶה וְקָטָן דַּאֲפִילּוּ דִּיעֲבַד נַמִי לָא, שֶׁמָּא יְשַׁהוּ, שֶׁמָּא יִדְרְסוּ, וְשֶׁמָּא יַחֲלִידוּ. "וְכוּלָּן שֶׁשָּׁחֲטוּ" אַהַיָּיא? אִילֵימָא אַחֵרֵשׁ שׁוֹטֶה וְקָטָן – עֲלָהּ קָאֵי, "וְאִם שָׁחֲטוּ" מִבְּעֵי לֵיהּ! אֶלָּא אַכּוּתִי – הָא אֲמַרְתְּ: כְּשֶׁיִּשְׂרָאֵל עוֹמֵד עַל גַּבָּיו שָׁחֵיט אֲפִילּוּ לְכַתְּחִלָּה! קַשְׁיָא. אָמַר רָבָא: וְיוֹצֵא וְנִכְנָס לְכַתְּחִלָּה לָא? *וְהָתְנַן: בהַמַּנִּיחַ גּוֹי בַּחֲנוּתוֹ וְיִשְׂרָאֵל יוֹצֵא וְנִכְנָס מוּתָּר! הָתָם מִי קָתָנֵי "מַנִּיחַ"? "הַמַּנִּיחַ" קָתָנֵי, דִּיעֲבַד. אֶלָּא מֵהָכָא: *גאֵין הַשּׁוֹמֵר צָרִיךְ לִהְיוֹת יוֹשֵׁב וּמְשַׁמֵּר, אֶלָּא אע"פ שֶׁיּוֹצֵא וְנִכְנָס – מוּתָּר! אֶלָּא אָמַר רָבָא, הָכִי קָתָנֵי: הַכֹּל שׁוֹחֲטִין, וַאֲפִי' כּוּתִי. בד"א – כְּשֶׁיִּשְׂרָאֵל יוֹצֵא וְנִכְנָס, אֲבָל בָּא וּמְצָאוֹ שֶׁשָּׁחַט – חוֹתֵךְ כַּזַּיִת בָּשָׂר וְנוֹתֵן לוֹ, אֲכָלוֹ – מוּתָּר לֶאֱכוֹל מִשְּׁחִיטָתוֹ, לֹא אֲכָלוֹ – אָסוּר לֶאֱכוֹל מִשְּׁחִיטָתוֹ; חוּץ מֵחֵרֵשׁ שׁוֹטֶה וְקָטָן דַּאֲפִילּוּ דִּיעֲבַד נַמִי לָא, שֶׁמָּא יְשַׁהוּ, וְשֶׁמָּא יִדְרְסוּ, וְשֶׁמָּא יַחֲלִידוּ. "וְכוּלָּן שֶׁשָּׁחֲטוּ" אַהַיָּיא? אִילֵימָא אַחֵרֵשׁ שׁוֹטֶה וְקָטָן – עֲלָהּ קָאֵי, "וְאִם שָׁחֲטוּ" מִבְּעֵי לֵיהּ! אֶלָּא אַכּוּתִי – הָא אֲמַרְתְּ: אֲפִילּוּ יוֹצֵא וְנִכְנָס שָׁחֵיט לְכַתְּחִלָּה! קַשְׁיָא. רַב אַשִׁי אָמַר, הָכִי קָתָנֵי: הַכֹּל שׁוֹחֲטִין, דוַאֲפִילּוּ יִשְׂרָאֵל מְשׁוּמָּד. מְשׁוּמָּד לְמַאי – לֶאֱכוֹל נְבֵילוֹת לְתֵיאָבוֹן, וְכִדְרָבָא, *דְּאָמַר רָבָא: היִשְׂרָאֵל מְשׁוּמָּד אוֹכֵל נְבֵילוֹת לְתֵיאָבוֹן – בּוֹדֵק

רש"י

חֶרֶב הֲרֵי הוּא כֶּחָלָל. טוּמְאוֹת שֶׁל מֵת הָרְאוּיוֹת לְטַמֵּא כֵּלִים, כְּגוֹן מֵת וְהַנּוֹגֵעַ בּוֹ, דַּהֲוֵי מִיהָא אַב הַטּוּמְאָה, אִם נָגַע בָּהֶם מַתָּכוֹת – נַעֲשָׂה כַּיּוֹצֵא בּוֹ, וְאִם נָגַע בְּמֵת – הָוֵי אֲבִי אָבוֹת [הַטּוּמְאָה], וְאִם בִּטְמֵא מֵת נָגַע – הָוֵי אָב. אֲבָל רִאשׁוֹן וְשֵׁנִי אֵין מְטַמְּאִין כֵּלִים. וְהַאי סַכִּין נַעֲשָׂה אָב. וְהַאי "חֶרֶב הֲרֵי הוּא כֶּחָלָל" הָכָא לָא אִיצְטְרִיךְ, דִּבְלָאו הָכִי נַמִי מַאי מְטַמֵּא בָּשָׂר, דִּנְבֵלָה הָוֵי אַב הַטּוּמְאָה, וְסַכִּין רִאשׁוֹן, וּבָשָׂר שֵׁנִי. אֶלָּא דְּרַבּוּתָא קָאָמַר, דַּאֲפִילּוּ רִאשׁוֹן הָוֵי הַאי בָּשָׂר. דְּאִיטַּמִּי בְּשֶׁרֶץ. דְּהָוֵי הַאי נִבְרָא רִאשׁוֹן, וְלָא מְטַמֵּא הַסַּכִּין, שֶׁאֵין כְּלִי מְקַבֵּל טוּמְאָה אֶלָּא מֵאַב הַטּוּמְאָה. דְּלֹא מָצִינוּ בַּתּוֹרָה דִּמְקַבֵּל טוּמְאָה מֵרִאשׁוֹן וְשֵׁנִי אֶלָּא אוֹכֶל וּמַשְׁקֶה, כִּדְכְתִיב (ויקרא יא): "כֹּל אֲשֶׁר בְּתוֹכוֹ יִטְמָא", וְסָמִיךְ לֵיהּ: "מִכָּל הָאוֹכֶל אֲשֶׁר יֵאָכֵל" – אוֹכָלִים וּמַשְׁקִים מִיטַּמְּאִים מֵאֲוִיר כְּלִי חֶרֶס, שֶׁהוּא רִאשׁוֹן וְעוֹשֶׂה לְמַה שֶּׁבְּתוֹכוֹ שֵׁנִי, וְאֵין כְּלִי מִיטַּמֵּא מֵאֲוִיר כְּלִי חֶרֶס, שֶׁאִם הָיָה כְּלִי נָתוּן בְּתוֹכוֹ וְנִטְמָא הַחִיצוֹן – הַשֵּׁנִי טָהוֹר, וְהָכִי מְפָרֵשׁ בִּשְׁלָהֵי פִּירְקִין*. קְרוּמִית שֶׁל קָנֶה. פְּשׁוּטֵי כְּלֵי עֵץ, וְלָא מְקַבְּלֵי טוּמְאָה. אַבַּיֵי מְהַדֵּר לְתָרוּצֵי לְכַתְּחִלָּה וְדִיעֲבַד דְּמַתְנִיתִין. וַאֲפִילּוּ כּוּתִי. מוֹסְרִין לוֹ בְּהֵמָה לְכַתְּחִלָּה לִשְׁחוֹט, דְּמִצְוָה שֶׁהֶחֱזִיקוּ בָּהּ הִיא. אֲבָל יִשְׂרָאֵל יוֹצֵא וְנִכְנָס – לֹא יִמְסוֹר לוֹ לִשְׁחוֹט. דְּאַף עַל גַּב דְּהוּחְזְקוּ בָּהּ לְעַצְמָם – אֵין מַקְפִּידִין אִם יֹאכְלוּ יִשְׂרָאֵל נְבֵילוֹת, דְּלֵית לְהוּ "לִפְנֵי עִוֵּר לֹא תִתֵּן מִכְשׁוֹל" (שם יט), אֶלָּא כְּמַשְׁמָעוֹ, שֶׁלֹּא יִתֵּן אֶבֶן בַּדֶּרֶךְ עִוֵּר לְהַפִּילוֹ. אֲכָלוֹ מוּתָּר לֶאֱכוֹל. דְּהָא לְעַצְמוֹ זָהִיר בָּהּ, וְהַיְינוּ דִּיעֲבַד דְּמַתְנִיתִין. חוּץ מֵחש"ו דַּאֲפִילּוּ דִּיעֲבַד נַמִי לָא. דְּהָא לְדִיעֲבַד קַיְימִינַן. שֶׁמָּא יְשַׁהוּ. לְקַמָּן מְפָרֵשׁ הַמַּאי נָקַט לְשׁוֹן עָתִיד. אֲפִילּוּ לְכַתְּחִלָּה. וְהָכָא קָתָנֵי כְּשֶׁאֲחֵרִים רוֹאִין אוֹתָם "שֶׁשָּׁחֲטוּ", דִּיעֲבַד! אָמַר רָבָא. וְהֵיכָא דְּיִשְׂרָאֵל יוֹצֵא וְנִכְנָס לֹא יִמְסוֹר לְכוּתִי לְכַתְּחִלָּה? בִּתְמִיָּה. וְהָא תְּנַן. בְּפֶרֶק בַּתְרָא דְּמַסֶּכֶת ע"ז, דְּאַף עַל פִּי שֶׁיִּשְׂרָאֵל יוֹצֵא וְנִכְנָס – מוּתָּר. אַלְמָא, מִסְתְּפֵי גּוֹי דִּלְמָא אָתֵי יִשְׂרָאֵל וְלֹא נָגַע, הָכָא נַמִי מִסְתְּפֵי: הַשְׁתָּא אָתֵי וְחָזֵי לֵיהּ! מִי קָתָנֵי. מַנִּיחַ אָדָם גּוֹי בַּחֲנוּתוֹ וְיוֹצֵא וְנִכְנָס, דְּמַשְׁמַע לְכַתְּחִלָּה? אֵין הַשּׁוֹמֵר. אֶת הַיַּיִן. צָרִיךְ שֶׁיְּהֵא יוֹשֵׁב וּמְשַׁמֵּר כו'. רֵישָׁא אַסֵּיפָא לָא תִּקְשֵׁי, דְּלֹא זוֹ אַף זוֹ קָתָנֵי, כְּלוֹמַר, לֹא בְּדִיעֲבַד דַּוְוקָא, אֶלָּא אֲפִילּוּ לְכַתְּחִלָּה. רַב אַשִׁי אָמַר גָּרַס. לְתֵיאָבוֹן. כִּי לָא מַשְׁכַּח הֶיתֵּר – אָכֵיל נְבֵילוֹת. וּמֵאַחַר שֶׁהַסַּכִּין בְּדוּקָה וּנְתוּנָה בְּיָדוֹ – שָׁחֵיט שַׁפִּיר, דְּכָל כַּמָּה דְּמָצֵי לְמֵיכַל הֶיתֵּירָא לָא אָכֵיל אִיסּוּרָא. וְכִי אֵין לוֹ סַכִּין בָּדוּק – לָא טָרַח לְהַדּוּרֵי בָּתַר סַכִּין יָפֶה, אִם זוֹ פְּגוּמָה. נִמְצֵאת

תוספות

כגון דבדק קרומית של קנה. ואם תאמר: והיאך ישחוט בקרומית של קנה? והא בעינן כלי, כדמוכח בסוף "התודה" (מנחות דף פב:) ובסוף "דם חטאת" (זבחים דף צז:), דדריש מדכתיב: "ויקח את המאכלת לשחוט את בנו" דעולה טעונה כלי, וילפינן כולהו מעולה! וי"ל: כגון דתיקנה לקרומית א] ועשאה כעין כלי. ואע"ג דקיימא לן כרבי דאמר, ב] פ' "החליל" (סוכה דף נ:): אין עושין כלי שרת של עץ, ופליג אר' יוסי בר רבי יהודה דאמר בפרק "החליל": עושין כלי שרת של עץ – לשחיטת קדשים לא בעינן כלי שרת, ג] דבפרק "התודה" (מנחות דף עח.) אמרי' דסכין מקדשה ככלי שרת. וכן משמע בתוספתא,* דקתני: חומר בקמיצה מבשחיטה, שהקמיצה טעונה כלי והשחיטה אינה טעונה כלי, אלא אפילו קרומית של קנה. ועל כרחך לא בעי למימר דאינה טעונה כלי כלל – דהא ילפינן מעולה, דטעונה כלי. אלא דאינה טעונה כלי שרת קאמר. מיהו, יש לדחות: דלא בעינן כלי יפה קאמר, ולא פסלינן קרומית של קנה משום "הקריבהו נא לפחתך" (מלאכי א) כדפריך גמרא בסוטה (דף יד:) גבי כפיפה מצרית, דהתם דורון הוא, דדרך להביאו בכלי נאה, אבל בשחיטה לא חיישינן. אי נמי: כפיפה מצרית מכוערת יותר מקרומית של קנה. ורבינו אפרים היה מביא ראיה מדתנן בפרק "איזהו מקומן" (זבחים דף מז.): שחיטתן בצפון וקבול דמן בכלי שרת בצפון, ואילו "שחיטתן בכלי שרת" לא קתני, כדקתני גבי קבלה. ואין זה ראיה, דגבי קבלה נמי לא הזכיר אלא לאשמועינן דבעי שיהא גם הכלי בצפון, לאפוקי אם הכלי בדרום והבהמה בצפון והדם מקלח בתוכו. תדע, דבקדשים קלים דלא בעי צפון לא חש להזכיר קבלה בכלי שרת. ובפ' "כל הזבחים שקבל דמן" (שם כו.) *דתנן: קדשים קלים שחיטתן בפנים – וקבול דמן בכלי שרת בפנים התם נמי אתא לאשמועינן דצריך שיהא הכלי בפנים, לאפוקי אם רוב הכלי בחוץ ומיעוטו בפנים, ומקבל הדם במיעוט שבפנים, אע"ג שאין נפסל ביוצא*. **המניח** קתני דיעבד. לאו לשנויי אליבא דאביי קאתי, דהא אביי נמי לא שרי בדיעבד בלא חותך כזית בשר. אלא בא להקשות על דברי רבא, שמדקדק מכאן דשרי אף לכתחלה. אי נמי: כל זמן שיכול לתקן על ידי חותך כזית בשר – יש לו לתקן. אבל אי ליתא לכותי קמן – שרי. **המניח** קתני דיעבד. לא בעי למימר דמשמע דיעבד ולא לכתחלה, דהא מסיק דשרי לכתחלה. אלא קאמר דאף דיעבד משמע. וא"ת: דלקמן (דף טו:) גבי השוחט במגל יד, וגבי השוחט אחד בעוף (לקמן דף כז.) דייק: השוחט – דיעבד אין כו'! וי"ל: דא"שחיטתן כשרה" סמיך התם, דמשמע דיעבד. אבל קשה ד] ממתניתין ד"המקנא לאשתו" (סוטה דף ב.) ופ' "חבית" (שבת דף קמז.) גבי "הרוחץ במי מערה" דייק בגמרא: דיעבד אין, לכתחלה לא! [ועיין תוס' סוטה ב. ד"ה המקנא דיעבד]. **אלא** מהכא. גרס. ולא גרס "מסיפא", דהך ד"המניח" בפ"ב דמסכת ע"ז (דף סט.), והסיא דאין השומר היא בפ' "ר' ישמעאל" (שם סא.). **אין** השומר צריך כו'. משמע הכא ד"אין צריך" משמע לכתחלה. וקשה: דבריש גיטין (דף ד:) גבי הא דאמר רבה: לפי שאין בקיאין לשמה, פריך עלה מהא דתנן: המביא גט ממדינה למדינה במדינת הים צריך שיאמר "בפני נכתב ובפני נחתם", הא באותה מדינה – לא צריך! ומשני: לא תימא הא באותה מדינה לא צריך, אלא הא ממדינה למדינה בא"י לא צריך. ופריך, הא בהדיא קתני לה: המביא גט בא"י אין צריך כו'! ומשני: אי מההיא ה"א ה"מ דיעבד כו'. והיכי ה"א דיעבד? הא "אין צריך" משמע לכתחלה כדמשמע הכא! ובקונטרס פי' שם, דהכי פריך: הא בהדיא קתני לה, וכיון דאשמועינן לה מדיוקא דרישא – סיפא למאי איצטריך? ומשני: דאי מרישא ה"א דוקא דיעבד, להכי אצטריך סיפא לאשמועינן אפילו לכתחלה. אבל לשון "אי מההיא" – לא משמע הכי. וי"ל: דהתם כיון שיכול לתקן בדיעבד, כדקאמר בההוא פרקא (שם ה:): שיטלנו הימנה ויחזור ויתננו לה בפני שנים, ויאמר "בפני נכתב ובפני נחתם" – שייך למיתני "אין צריך", כלומר, אין צריך לחזור וליטול אותו הימנה. א"נ: התם ה"א ה"מ דיעבד, דלכתחלה צריך שיראה כתיבת הגט וחתימה, ואם לא ראה – ה"א אין צריך לחזור ולכתוב, אלא יתן לה אע"פ שלא ראה, קמ"ל דלכתחלה נמי אין צריך לראות. ועי"ל: דהכא דייק משום דקאי ארישא דקתני בפ' "ר' ישמעאל" (ע"ז דף סא.): בעיר שכולה גוים אסור עד שיהא שם שומר, והדר תני: אין השומר צריך כו' – משמע שבא לפרש דיוצא ונכנס חשיב כשומר גמור, והיינו כשומר דרישא. **אבל** בא ומצאו ששחט חותך כזית בשר ונותן לו. ואם תאמר: כיון דרבא מדמה שחיטה ליין נסך, בא ומצאו לישתרי בלא חותך כזית בשר ונותן לו, כמו ביין נסך דשרי במתניתין בפ' "ר' ישמעאל" (ע"ז דף ס:) בגוי שנמצא בצד הבור כשאין לו מלוה עליו! וי"ל: כדפרישית לעיל, כיון שיכול לברר על ידי כזית בשר – יש לו לברר.

בודק

רבינו גרשום

אלא דאיטמי בשרץ. והוי אדם ראשון ואין כלי מטמא אלא מחמת אב הטומאה: וכגון שבדק קרומית של קנה ושחט בה. דאין פשוטי כלי עץ מקבלין טומאה: אע"פ שיוצא ונכנס מותר. כלומר אע"פ שאין ישראל יושב ומשמר אלא יוצא ונכנס מותר הכא נמי לענין שחיטה אע"פ שיוצא ונכנס מותר: לאכול נבילה לתיאבון. כלומר מתאב לאכול בשר ואוכל נבילה לתיאבון:

שיטה מקובצת

א] ועשאה כעין כלי. נ"ב עי' תוס' מנחות (דף לו ע"ב): ב] ואע"ג דקי"ל כר' דאמר אין עושין: ג] לא בעינן כלי שרת אע"ג דבפ' התודה אמרי' ונ"ב (דף עח ע"ב): ד] אבל קשה דאמתני' דהמקנא:

עין משפט נר מצוה

ז א מיי' פ"ה מהלכות טומאת המת הלכה ג:

ח ב מיי' פי"ב מהלכות מאכלות אסורות הלכה יז סמג לאוין קמח טוש"ע י"ד סימן קכט סעיף א:

ט ג מיי' שם פי"ג הלכה ד סמג שם טוש"ע שם סימן קלא סעיף א:

י ד ה מיי' פ"ד מהלכות שחיטה הלכה יד ועיין בכ"מ סמג עשין סג טוש"ע י"ד סימן ב סעיף ב:

מסורת הש"ס

[שבת קח: נזיר נג: פסחים יד: [וע' תוס']]

[לקמן טו: וכס נסמן]

[דף כב:]

ע"ז סט. [ע"ש]

שם סא.

לקמן ד.

[פ"א דמנחות]

[נ"ל דתניא]

[ועי"ע תוס' פסחים טו. ד"ה תוחב ותוס' זבחים מז. ד"ה איזהו]

בודק סכין ונותן לו ומותר לאכול משחיטתו. אבל לא בדק ונתן לו — לא ישחוט, ואם שחט יבודק סכינו אחריו, ונמצאת סכינו יפה — מותר לאכול משחיטתו, ואם לאו — אסור לאכול משחיטתו; חוץ מחרש שוטה וקטן דאפילו דיעבד נמי לא, שמא ישהו, שמא ידרסו, ושמא יחלידו. "וכולן ששחטו" אהייא? אילימא אחרש שוטה וקטן — עלה קאי, "ואם שחטו" מיבעי ליה! אלא אישראל משומד; אי דבדק סכין ונותן לו — הא אמרת: שוחט לכתחלה! אלא דלא בדק; אי דאיתיה לסכין — ליבדקיה השתא! ואי דליתיה לסכין — כי אחרים רואין אותו מאי הוי? דלמא בסכין פגומה שחיט! קשיא. רבינא אמר, הכי קתני: הכל שוחטין — הכל מומחין שוחטין, מומחין ואע"פ שאין מוחזקין. בד"א — שיודעין בו שיודע לומר הלכות שחיטה, אבל אין יודעין בו שיודע לומר הלכות שחיטה — לא ישחוט, ואם שחט — בודקין אותו, אם יודע לומר הלכות שחיטה — מותר לאכול משחיטתו, ואם לאו — אסור לאכול משחיטתו; חוץ מחרש שוטה וקטן דאפילו דיעבד נמי לא, שמא ישהו, שמא ידרסו, ושמא יחלידו. "וכולן ששחטו" אהייא? אילימא אחרש שוטה וקטן — עלה קאי, "ואם שחטו" מיבעי ליה! אלא אשאין מומחין — בבודקין אותו סגי! דליתיה לקמן דליבדקיה. ואיכא דאמרי: רבינא אמר, הכי קתני: הכל שוחטין — הכל מוחזקין שוחטין, מוחזקין אע"פ שאין מומחין. בד"א — ששחטו לפנינו ב' וג' פעמים ולא נתעלף, אבל לא שחט לפנינו ב' וג' פעמים — לא ישחוט, שמא יתעלף, ואם שחט ואמר: "ברי לי שלא נתעלפתי" — שחיטתו כשרה; חוץ מחרש שוטה וקטן דאפילו דיעבד נמי לא, שמא ישהו, שמא ידרסו, ושמא יחלידו. "וכולן ששחטו" אהייא? אילימא אחרש שוטה וקטן — עלה קאי, "ואם שחטו" מיבעי ליה! אלא אשאין מוחזקין — והאמרת: ב"ברי לי" סגי! דליתיה קמן דלישייליה. רבינא ורבה בר עולא כאביי, ורבא ורב אשי לא אמרי, משום דקשיא להו "וכולן". כולהו כרבה בר עולא לא אמרי; להך לישנא דאמרת: הכא עיקר — אדרבה, התם עיקר, דבקדשים קאי; להך לישנא דאמרת: התם עיקר, והכא איידי דתנא טמא בחולין תנא נמי טמא במוקדשין — טמא בחולין גופיה לא איצטריכא ליה, *חולין שנעשו על טהרת קדש לאו כקדש דמו. כולהו כרבינא לא אמרי; להך לישנא דאמר: מומחין אין, שאין מומחין לא — *רוב מצויין אצל שחיטה מומחין הן; להך לישנא דאמר: מוחזקין אין, שאין מוחזקין לא — לעלופי לא חיישינן. רבא לא אמר כאביי, כי קושיה. אביי לא אמר כרבא, התם לא נגע, הכא נגע. רב אשי לא אמר כתרוייהו, קסבר: *כותים גרי אריות הן. אביי לא אמר כרב אשי, לא סבירא ליה הא דרבא. אלא רבא מאי טעמא לא אמר כשמעתיה? — לדבריו דאביי קאמר, וליה לא סבירא ליה. § תנו רבנן: שחיטת כותי מותרת. במה דברים אמורים — כשישראל עומד על גביו, אבל בא ומצאו ששחט — חותך כזית ונותן לו, אכלו — מותר לאכול משחיטתו, ואם לאו — אסור לאכול משחיטתו; כיוצא בו, מצא בידו

דקוריא

רש"י

נמצאת סכינו יפה מותר. והיינו דיעבד דמתניתין. חוץ מחש"ו דאפילו. נמצאת סכינו יפה לא, דחיישא קלקולא אחריתא: שהייה דרסה חלדה, דלא ידעי לאזדהורי בהו. ודוקא אוכל, אבל להכעיס — אפילו נמצאת סכינו יפה לא, דמועד לנבל בכוונה בידים. שוחט לכתחלה. אפילו בלא אחרים רואין אותו. ליבדקיה השתא. למה לי אחרים רואין אותו? מאי הוי. הא לא בדקו הסכין! מומחין. ויודעין הלכות שחיטה. ואע"פ שאין מוחזקין. שלא שחטו לפנינו ג' פעמים, לראות אם יש בהם כח שאינן מתעלפין בשחיטה, שנלאו לידי שהייה, או אין יודעין למהר את ידיהם לכך. בד"א. דכשירי מומחין? שיודעין בו — אלו המוסרים לו בהמה לשחוט מכירין בו, ובדקוהו שיודע הלכות שחיטה. דאפ' דיעבד. ויודעין הלכות שחיטה — לא, דתמיד הם מוחזקים לקלקל, שאין בהן דעת. מוחזקים. שראינו ששחטו כמה פעמים יפה, ולא קלקלו. ואע"פ שאין מומחין. דלא ידעינן בהו שיודעים לומר הלכות שחיטה אם לא. נתעלף. לשון עייפות וחלישות הלב, שאין יכול לראות מכת חרב וסכין אפילו בבהמה, כמו: "תתעלפנה הבתולות" (עמוס ח). אביי ורבא ורב אשי. לא מצו לתרוצי לעיל "וכולן" דמתניתין. אדרבה התם עיקר. ולא איבעי ליה למתנייה הכא. ודקאמר איידי דתנא כו'. לאו כקדש דמו. ואין חייב ליזהר בהו, ופשיטא דשוחטין טמאים לכתחלה. מומחין הן. הלכך לא בעי למיבדקיה. כי קושיה. דאוקמיה מתמיה גוי כמנותו. ואביי לא אמר כרבא. דילך מהשומר את החנות דיוצא ונכנס לכתחלה. התם לא נגע. הכותי גוי ביין בשעה שהוא פורש ממנו. הכא. בהמה זו ביד הכותי נתונה, כהרף עין שוהה או דורס. הלכך לא סמכינן איוצא ונכנס. לא סבירא ליה הא דרבא. דאמר דהיה ישראל משומד שוחט לכתחלה בבדיקת סכין. אלא רבא. כיון דאמר ישראל משומד מותר לכתחלה בבדיקת סכין. אמאי לא אמר כשמעתיה. אמאי לא אוקמיה מתניתין בישראל משומד, ולכתחלה דקתני — בבדק סכין, ודיעבד דקתני — בשלא בדק, כדאוקמה רב אשי בתר שמעתיה דרבא! לדבריו דאביי. דלא ס"ל הא דרבא ואוקמה בכותי, ואוקי לכתחלה בישראל עומד על גביו, ואוקי דיעבד ביוצא ונכנס. ואמר ליה רבא: לדידך דלא סבירא לך במשומד, ומוקמת ליה הכי — אפילו ביוצא ונכנס מצית לאוקומי לכתחלה, ודיעבד אוקי בבא ומצאו ששחט. מותר. לכתחלה.

דקוריא

תוספות

בודק סכין ונותן לו. ולא חיישינן שמא ישהה וידרוס, דלא שביק היתירא ואכיל איסורא, ואפילו לא יאכל ממנה, דחייש א"לפני עור לא תתן מכשול", אפי' אין אחר עומד על גביו, ולא יוצא ונכנס. אבל כותי יש לו דין אחר, דאי ישראל יוצא ונכנס — לא בעי בדיקת סכין, דמרתת, דלא מצינו בשום מקום גבי כותי שיהא צריך בדיקת סכין. ואי אין ישראל יוצא ונכנס — אפי' בדק סכין לא מהני, דחיישינן שמא שהה ושמא דרס, דלא חייש א"לפני עור לא תתן מכשול". ותימה: דאמאי לא מהני נמי במשומד יוצא ונכנס כמו בכותי? דקאמר בסמוך: אי דליתא לסכין כי אחרים רואין אותו מאי הוי! וי"ל: דישראל משומד לא מירתת, דאין סבור שיבדקו הסכין אחריו, לפי שהוא מחזיק עצמו כישראל לכל דבריו. ואין להקשות: דאמאי צריך לכתחלה לבדוק הסכין במשומד, ולהיות יוצא ונכנס גבי כותי? יניחנו לשחוט לכתחלה, ואחרי כן יבדוק הסכין, או לכותי יתן כזית בשר! וי"ל: דחיישינן דלמא משתלי ואכיל, כמו שפירש ר"ת גבי חרש שוטה וקטן, דאין מוסרים להן חולין לכתחלה. ואם שחט בודקין אותו. ואע"ג דאיכא ברייתא לקמן (דף יב.) [א] דסבר דרוב מצויין אצל שחיטה מומחין הן, גבי מצא תרנגולת שחוטה — הא מייתי תנאי בתר הכי, אע"ג דהתם דחי לה. דליתיה קמן דלבדקיה. תימה, דמשמע: הא איתא קמן ולא ידע — אין שחיטתו כשרה, אע"ג דאחרים רואין אותו דשחט שפיר. ולקמן בפירקין (דף יב.) גבי הא דאמר רב נחמן: ראה אחד ששחט, אם ראהו מתחלה ועד סוף — מותר לאכול משחיטתו, ואם לאו — אסור, פריך: אי דידע דלא גמיר פשיטא!* אע"פ שאין מומחין. פירוש: דלא ידעינן אי גמיר אי לא גמיר. דאי ידעינן ביה דלא גמיר — אפי' בדיעבד שחיטתו פסולה, כדאמר רב יהודה לקמן (דף ט.): כל טבח שאינו יודע הלכות שחיטה כו'. חולין שנעשו על טהרת קדש לאו בקדש דמו. האי טעמא הוה מצי למימר נמי ללישנא קמא. רוב מצויין אצל שחיטה מומחין הן. ושוחטין אף לכתחלה. אבל אין לפרש דדיעבד הוא דהויא שחיטתו כשרה אע"פ שאין אחרים רואין אותו, ולא מצי לאוקומי מתניתין בהכי, משום דקשיא [ב] לן "וכולן", דהא לאביי ורבא ורב אשי לא מיתוקם נמי "וכולן" אלא אחרש שוטה וקטן. קסבר כותים גרי אריות הן. ושחיטתן פסולה כמו של גוים, *מ"וזבחת" — מה שאתה זובח אתה אוכל, כלומר, אותו שהוא בר זביחה, לאפוקי גוי ואוכל נבלות להכעיס. ואע"ג דאמר בסוף פ"ב דיבמות (דף כד:): אחד גרי אריות ואחד גרי חלומות כולם גרים גמורים — היינו כשמתגייר לגמרי מפחד אריות. אבל כותיים לא נתגיירו לגמרי, כדכתיב במלכים (ב יז): "את ה' היו יראים ואת אלהיהם היו עובדים". ומאן דאמר גרי אמת הן — קסבר דשוב נתגיירו לגמרי.

מאי טעמא לא אמר כשמעתיה. תימה: דהא קתני במתניתין תרי "הכל שוחטין", ומפרש רבא לקמן (דף יז.): חדא לאתויי כותי, וחדא לאתויי ישראל משומד, אלמא מוקי חדא כשמעתיה! וי"ל: דהכי פריך, דקמייתא איבעי ליה לאוקומי כשמעתיה.

דקוריא

עין משפט נר מצוה

יא א (מיי' שם) סמג עשין סג טוש"ע יו"ד סי' ב סעיף ב:

יב ב מיי' פי"א מהלכות אבות הטומאות הלכה ט:

יג ג ד מיי' פ"ד מהלכות שחיטה הלכה ז סמג עשין סג טוש"ע י"ד סימן א סעיף ח:

שיטה מקובצת

א] דסברא דרוב מצויין אצל שחיטה מומחין הן: ב] משום דקשיא להו וכולן:

[ופירש"י לקמן פשיטא דראה מותר ולא ראה אסור ע"ש רש"ל]

[לקמן יג.]

רבינו גרשום

הכל מומחין שוחטין שיודעין הלכות שחיטה אע"פ שאין מוחזקין שאין בקיאין עדיין: דליתיה קמן דליבדקיה כלומר לפיכך אם אחרים רואין אותן כשהן שוחטין שיאמרו דשפיר שחטי אוכלין משחיטתן ואם לאו אין אוכלין: ולא נתעלף. לשון עיוף ואיכא דאמרי ולא נתבייש לשון ויתעלף: בחולין גופ' לא איצטריכא ליה. כלומר לא איצטריכא ליה למיתני דטמא יכול לשחוט בחולין מ"ט חולין שנעשו על טהרת הקדש לאו כקודש דמו דלאו כולי עלמא אוכלין חוליהן בטהרה: רבא לא אמר כאביי כי קושיא כלומר דקשיא ליה לאביי: אביי לא אמר כרבא. התם נוגע כלומר הא דאקשת לי יוצא ונכנס לכתחלה [לא] והא המניח נכרי בחנותו דמותר אפילו ישראל יוצא ונכנס (מותר) לכתחילה משום דהתם בחנות לא נגע הנכרי אבל הכא נגע דכותי עצמו שוחט ולפיכך יוצא ונכנס לכתחלה לא: רב אשי לא אמר כתרוייהו קסבר כותים גרי אריות הם לא סבירא ליה לרב אשי שכותי יכול לשחוט לפיכך לא סבירא ליה לדאביי ולדרבא דמוקמי הכל שוחטין בכותי: אביי לא אמר כרב אשי. לא סבירא ליה הא דרבא דמומר אוכל נבלות לתיאבון יכול לשחוט דכיון דאוכל נבלות הוא לא קפיד אשחיטה: אלא רבא מ"ט לא אמר כשמעתיה. כלומר רבא אדמוקי הכל שוחטין בכותי אמאי לא מוקי בישראל מומר כשמעתיה: לדבריו דאביי קאמר. כלומר לדידי דאביי מקמינן הכל שוחטין בישראל מומר לאכול נבלות אלא לדידך דמוקמת ליה בכותי וישראל עומד על גביו מצית לאוקמא למתניתין הכל שוחטין בכותי ואפי' יוצא ונכנס.

[נדה עא:]

[לקמן יג.]

[קדושין עה: ב"ק לח: סנהדרין פה: נדה נו: וע"ע יבמות כד:]

דְּקוּרְיָא שֶׁל צִפֳּרִים – קוֹטֵעַ רֹאשׁוֹ שֶׁל אֶחָד מֵהֶן וְנוֹתֵן לוֹ, אֲכָלוֹ – מוּתָּר לֶאֱכוֹל מִשְּׁחִיטָתוֹ, וְאִם לָאו – אָסוּר לֶאֱכוֹל מִשְּׁחִיטָתוֹ. אַבָּיֵי דָּיֵיק מֵרֵישָׁא, רָבָא דָּיֵיק מִסֵּיפָא. אַבָּיֵי דָּיֵיק מֵרֵישָׁא: טַעְמָא – דְּיִשְׂרָאֵל עוֹמֵד עַל גַּבָּיו, אֲבָל יוֹצֵא וְנִכְנָס – לָא. רָבָא דָּיֵיק מִסֵּיפָא: טַעְמָא – דְּבָא וּמְצָאוֹ שֶׁשָּׁחַט, אֲבָל יוֹצֵא וְנִכְנָס – שַׁפִּיר דָּמֵי. וּלְאַבָּיֵי קַשְׁיָא סֵיפָא! אָמַר לָךְ: יוֹצֵא וְנִכְנָס נַמִּי "בָּא וּמְצָאוֹ" קָרֵי לֵיהּ. וּלְרָבָא קַשְׁיָא רֵישָׁא! אָמַר לָךְ: יוֹצֵא וְנִכְנָס נַמִּי כְּעוֹמֵד עַל גַּבָּיו דָּמֵי. כַּיּוֹצֵא בּוֹ, מָצָא בְּיָדוֹ דְּקוּרְיָא שֶׁל צִפֳּרִין – קוֹטֵעַ רֹאשׁוֹ כו'. אַמַּאי? לֵיחוּשׁ דִּלְמָא הַאי הוּא דַּהֲוָה שָׁחֵיט שַׁפִּיר! אָמַר רַב מְנַשֶּׁה: (סִימָן: מכני"ם איזמ"ל בזוכרי"ם) בְּמַכְנִיסָן תַּחַת כְּנָפָיו. וְדִלְמָא סִימָנָא הֲוָה יָהֵיב לֵיהּ בְּגַוַּיהּ! אָמַר רַב מְשַׁרְשְׁיָא: דִּמְמַסְמֵס לֵיהּ מִסְמוּסֵי. וְדִלְמָא קָסָבְרִי כּוּתִים: *אֵין שְׁחִיטָה לָעוֹף מִן הַתּוֹרָה! וּלְטַעְמָיךְ, *שְׁהִיָּיה, דְּרָסָה, חֲלָדָה, הַגְרָמָה, וְעִיקּוּר, מִי כְּתִיבָן? אֶלָּא כֵּיוָן דְּאַחֲזִיקוּ בְּהוּ – אַחֲזִיקוּ בְּהוּ, ה"נ כֵּיוָן דְּאַחֲזִיקוּ – אַחֲזִיקוּ. וְאַחֲזוּק וְלָא אַחֲזוּק בִּדְלָא כְּתִיבָא – תַּנָּאֵי הִיא, *דְּתַנְיָא: מַצַּת כּוּתִי מוּתֶּרֶת, וְאָדָם יוֹצֵא בָּהּ יְדֵי חוֹבָתוֹ בְּפֶסַח. ר"א אוֹסֵר, לְפִי שֶׁאֵין בְּקִיאִין בְּדִקְדּוּקֵי מִצְוֹת יִשְׂרָאֵל. רשב"ג אוֹמֵר: *כׇּל מִצְוָה שֶׁהֶחֱזִיקוּ בָּהּ כּוּתִים, הַרְבֵּה מְדַקְדְּקִין בָּהּ יוֹתֵר מִיִּשְׂרָאֵל. אָמַר מָר: מַצַּת כּוּתִי מוּתֶּרֶת, וְאָדָם יוֹצֵא בָּהּ יְדֵי חוֹבָתוֹ בְּפֶסַח. פְּשִׁיטָא! מַהוּ דְּתֵימָא: לָא בְּקִיאֵי בְּשִׁימּוּר, קמ"ל. ר"א אוֹסֵר, לְפִי שֶׁאֵין בְּקִיאִין בְּדִקְדּוּקֵי מִצְוֹת. קָסָבַר: לָא בְּקִיאֵי בְּשִׁימּוּר. רשב"ג אוֹמֵר: כׇּל מִצְוָה שֶׁהֶחֱזִיקוּ בָּהּ כּוּתִים, הַרְבֵּה מְדַקְדְּקִין בָּהּ יוֹתֵר מִיִּשְׂרָאֵל. הַיְינוּ ת"ק! אִיכָּא בֵּינַיְיהוּ דִּכְתִיבָא וְלָא אַחֲזִיקוּ בָּהּ; ת"ק סָבַר: כֵּיוָן דִּכְתִיבָא, אע"ג דְּלָא אַחֲזִיקוּ בָּהּ; וְרשב"ג סָבַר: אִי אַחֲזוּק – אִין, אִי לָא אַחֲזוּק – לָא. אִי הָכִי, "כׇּל מִצְוָה שֶׁהֶחֱזִיקוּ בָּהּ כּוּתִים", "אִם הֶחֱזִיקוּ" מִיבְּעֵי לֵיהּ! אֶלָּא, אִיכָּא בֵּינַיְיהוּ דְּלָא כְּתִיבָא וְאַחֲזִיקוּ בָּהּ; תַּנָּא קַמָּא סָבַר: כֵּיוָן דְּלָא כְּתִיבָא, אע"ג דְּאַחֲזִיקוּ בָּהּ נַמִּי לָא; רשב"ג סָבַר: כֵּיוָן דְּאַחֲזוּק אַחֲזוּק. גּוּפָא, *אָמַר רָבָא: יִשְׂרָאֵל מְשׁוּמָּד אוֹכֵל נְבֵילוֹת לְתֵיאָבוֹן – בּוֹדֵק סַכִּין וְנוֹתֵן לוֹ, וּמוּתָּר לֶאֱכוֹל מִשְּׁחִיטָתוֹ. מַאי טַעְמָא? כֵּיוָן דְּאִיכָּא הֶתֵּירָא וְאִיסּוּרָא, *לָא שָׁבֵיק הֶתֵּירָא וְאָכֵיל אִיסּוּרָא. אִי הָכִי, כִּי לָא בָּדַק נַמִּי! מִיטְרַח לָא טָרַח. אֲמַרוּ לֵיהּ רַבָּנַן לְרָבָא, תַּנְיָא דִּמְסַיֵּיעַ לָךְ: *חָמֵץ שֶׁל עוֹבְרֵי עֲבֵירָה אַחַר הַפֶּסַח –

מוּתָּר

רש"י

דקוריא. מחרוזות של צפרים שחוטין. רוי"ש בלע"ז. **אביי.** דאמר לעיל: יוצא ונכנס לכתחלה לא שרינן גבי שחיטה, דייק מרישא. **ורבא.** דשרי, דייק מסיפא, דלא מצריך תנא אלא היכא דבא ומצאו. **כעומד על גביו דמי.** ועומד על גביו דקתני תנא היינו יוצא ונכנס. **האי הוא דהוי שחיט שפיר.** אותו עוף לבדו שחוט יפה, וזה היה מכירו ואכלו. ואנן היכי נסמוך לאכול האחרים? **במכניסן תחת כנפיו.** ישראל זה הבודקו מכניס כל הצפרים תחת כנפי כסותו, ואין הכותי מכיר איזה נתן לו. **ממסמס.** ממעכו ומכתשו. **אין שחיטה לעוף מן התורה.** משום דלא כתיב זביחה בחיה אלא בבקר וצאן, דכתיב: "וזבחת מבקרך ומצאנך". ואנן ילפינן בהקישא לקמן (דף כז:) מ"זאת תורת הבהמה והעוף". **ולטעמיך.** הך זביחה דכתיב בבקר ובצאן, מי מפרשן הלכותיה בתורה? ואפ"ה סמכי עלייהו משום דאחזיק להו דאחזיקו בה. **ואחזוק ולא אחזוק בדלא כתיבא תנאי היא.** מצוה שאינה כתובה בפירוש בתורה, וראינו שהחזיקו בה, אי אמרינן: כיון דאחזוק לדידהו – אחזוק נמי לדידן לסמוך עלייהו כי עבדי לצורך עצמן, או אי אמרינן: אע"ג דאחזוק לדידהו – לא אחזוק לדידן, כלומר, לא חשבינן ליה חזקה למסמך עלייהו, תנאי פליגי בה. אחזוק ולא אחזוק, כלומר: חזקה או אינה חזקה א]. **מותר.** לאוכלה, ולא חיישינן לחמץ בפסח. **ואדם יוצא ידי חובתו.** שהכתוב קבעו חובה לאכול מצה בלילה ראשונה, דכתיב (שמות יב): "בערב תאכלו מצות", ואם ישב ולא אכל – עבר בעשה. ולקמן פריך: כיון דתנא מותר – פשיטא דיוצא בה! **אסור.** אפילו לאוכלה. **שאין בקיאין.** אין יודעין לשומרה ולהבחין בין שיאור לסידוק, בין הכסיפו פניו ללא הכסיפו פניו. **פשיטא.** דיוצא בה, כיון דמותרת. **מהו דתימא.** אע"ג דפשיטא לן דלא הניחוה להחמיץ ומותרת באכילה, מיהו לא בקיאי בהא דבעי למיעבד שימור לשם מצה של מצוה. וכיון דלא עביד בה שימור – לא נפקינן בה. מידי דהוה אקמחין ובצקות של גוים הבאים לפנינו קודם שאפאה גוי א], וראינו שלא החמיץ, דקיימא לן דמותר, ולא נפקינן בהו ב], *)(דתנן:) הקמחין ובצקות של גוים – אדם ממלא כריסו מהם, ובלבד שיאכל כזית מצה באחרונה. **ורבי אליעזר אוסר.** אפילו לאוכלה. קסבר לא בקיאי בשימור. לא גרסינן. וטעמו משום חימוץ. ולמאן דגריס ליה – הכי מפרש: לא בקיאי לשומרו מלהחמיץ. וי"מ: ור"א אוסר לצאת בה ידי חובתו בפסח. ולאו מילתא היא, שאין זה לשון איסור. **איכא ביניהו.** מילתא דכתיבא באורייתא, ולא ידעינן בהו דאחזיקו בה. **ת"ק.** דלא איירי בחזקה כלל – אכתיבא דאורייתא קפיד, ותנא מצה וה"ה לכל הכתובים בתורה, אע"ג דלא ידעינן אי אחזיקו בה אי לא אחזוק – סמכינן עלייהו, דכיון דכתיבא – ודאי אחזוק בה. ור"א אוסר אפילו אחזיקו בה, דהא ג] אינם בקיאין בדקדוקי מצות. ורשב"ג אתא למימר: אחזוק – אין, לא אחזוק – לא. ולאו היינו תנאי ד] דקאמר לעיל, עד מסקנא דמילתא. **כל מצוה.** משמע דלרבויי אתא, אפילו הנך דלא איירי בהו. וכיון ה] דאוקמן דאהני דאיירי בהו לעיל קאי, דהיינו בדכתיבי, למעוטי אתא. **אם החזיקו מיבעי ליה.** דהשתא הוי משמע שפיר דפליג אתרווייהו, את"ק דשרי בלא חזקה, ואר"א דאוסר אפילו החזיקו. ואתא איהו למימר: אם החזיקו – מדקדקין בה ומותר, ודלא כר"א, הא לא החזיקו – אסור, ודלא כת"ק דשרי בלא אחזיקו. אבל השתא דקתני "כל" משמע דאפילו הנך דלא כתיבן נמי קאמר, דסמכינן אחזקייהו. **אלא איכא ביניהו דלא כתיבא ואחזוק בה ת"ק סבר.** מצה וכל דדמיא ליה דכתיבא סמכינן עלייהו, בין אחזוק בין לא אחזוק. ודלא כתיבא – לא סמכינן עלייהו, ואפילו אחזוק. ור"א סבר: אפילו כתיבא ואחזוק לא סמכינן עלייהו. ורשב"ג סבר: כל מצוה שהחזיקו, ואע"ג דלא כתיבא – סמכינן עלייהו, כיון דאחזוק אחזוק. והיינו תנאי דלעיל, ת"ק ורשב"ג. **כיון דאיכא התירא ואיסורא.** קמיה, שבידו להכשירה ובידו לנבלה. **מטרח לא טרח.** אם לא ימצאנה יפה – לא יחזור אחר סכין אחרת. **תניא דמסייע לך.** דכל מי שאינו עושה להכעיס ואיכא התירא ואיסורא ו] קמיה – לא שביק התירא ואכיל איסורא. **של עוברי עבירה.** שאין מבערין חמץ בפסח מפני הפסידא.

*) נ"ל דאמרינן בפסחים מ.

מותר

תוספות

דקוריא · פי', כמו "דקוריא" דפרק "השוכר את הפועלים" (ב"מ דף פד.) וד"מפנין" (שבת קכז.). **מכנים** איזמל בזוכרים. סימני שמעתתא דרב מנשה ז] דהא מכילתא הן. הך דמכניס תחת כנפיו, ולקמן בפרק שני (דף לא.) איזמל שאין לו קרנים, ובפרק "אלו טרפות" (לקמן דף נא.) הנהו דיכרי דגנבי גנבי אין חוששין לריסוק אברים. מיהו, גם במקומות אחרים יש, כדאשכחנא בפרק ב' דיבמות (דף כה.) דאמר רב מנשה: גזלן דדבריהם כשר לעדות אשה. ובפרק "מי שהחשיך" (שבת קנו.) אמר רב מנשה: חדא קמי חדא, תרי קמי תרי – שפיר דמי. **מצת** כותי מותרת. וא"ת: והלא גזרו על פתן, *לפי שהיו מבטלין בנין בית המקדש בימי עזרא, (א) כדאמר בפירקין דר"א (פ' לח)! וליכא למימר דהיינו בכותים ראשונים דכתיב בהם: "ואת אלהיהם היו עובדים", ב] דהא קאמר התם, מכאן אמר ר"א: כל האוכל פת כותי כאילו אוכל בשר חזיר. ותניא נמי לקמן (דף יג.): שחיטת מין – לעבודה זרה, פתו – פת כותי! ואומר ר"ת: דמיירי הכא בעיסה דישראל שעשה הכותי ממנה מצה. וא"ת: והיאך יוצא בה? ושמא הוא לא שמר לשם מצה, דהא חשידי א"לפני עור לא תתן מכשול"! וי"ל: כגון שלא אכל הכותי מצה אחרת כל הלילה. **איכא** ביניהו דלא כתיבא ואחזיקו בה כו'. בפ"ק דגיטין (דף י.) מוכח דכתיבא ולא אחזיקו בה נמי איכא בינייהו, דלת"ק מהני, ולרשב"ג לא מהני. והכא לא נקט אלא לא כתיבא ואחזיקו בה, משום דאשחיטת כותי בעי לאתויי תנאי. א"נ, דלא אתא לשנויי אלא מה שהקשה: "אם החזיקו בה" מבעי ליה. ושם פירשנו.

מותר

[לקמן כ. כז: כח. פה. פו. קדושין עח. נזיר כט.]

קדושין עו. גיטין י. [תוספתא פסחים פ"ב]

ג"ז שם ברכות מז:

[לעיל ג.]

[גיטין לז: וש"נ]

[תוספתא פסחים פ"ב]

[עיין תוי"ט שביעית פ"ח מ"י]

הגהות הב"ח

(א) תוס' ד"ה מצת וכו' בימי עזרא כדאמרי' בפירקי דר' אליעזר וכו' וליכא:

הגהות מהר"ב רנשבורג

א] רש"י ד"ה מהו דתימא אע"ג וכו' וראינו שלא החמיץ דקיימא לן דמותר ולא נפקינן בהו דתנן הקמחין. מן תיבת וראינו עד הקמחין נמחק. וכ"ב וראינו שלא החמיץ למותר ולא נפקינן בהו דקי' הקמחין ובצקות וכו' עכ"ל וכנ"ל. ומלת דתנן הוא טעות. דאין זה משנה במס' נסוס מקום ומימרא דר"ח היא בפסחים מ' ע"א. ובעל תוס' הוא חיים שגה כזה והטב למשנה שלימה היא ועשות הדפוס הטעוה:
ב] תוס' ד"ה מצת וכו' דהא קאמר התם מכאן. נ"ב עי' שביעית פ"ח משנה י' ובתוס' י"ט שם.

שיטה מקובצת

א] מותרת לאכילה ולא חיישינן לחמץ: ב] דתניא הקמחין ובצקות: ג] דהא באין בקיאין בדקדוקי מצות תליא טעמא והם אינם כו' ורבן שמעון בן גמליאל אתא: ד] ולאו היינו תנאי דאמרי' לעיל אחזוק ולא אחזוק תנאי היא אלא עד מסקנא: ה] וכיון דאוקמינן דאהנך דאיירי בהו לעיל קאי דהיינו בדכתיבן למעוטי אתא היכא דלא אחזוק: ו] ואיכא היתרא ואיסורא קמיה לא שביק: ז] דרב מנשה דהך מכילתאן הן:

גליון הש"ס

גמ' שהייה דרסה וכו'. עיין תשובות הרשב"א הלכה לשחיטה בקרא כדדרשינן לקמן דף ל' ע"ב אין וכתו אלא ומשך וכו'. רש"י לקמן דף כז ע"ב ד"ה דלא"ן אלא כיון שהוא אסור להזכיר אלא ה' ביחד נקט לה. רשב"א במשמרת הבית הלכות שחיטה דף ז' ע"ב. אבל בחידושיו לקמן רפ"ב כתב דהך דרסה הנ"ל היא מקמבלת ודרסה ג"כ מהלכה למשה מסיני:

רבינו גרשום

דקוריא של צפורין. קישור של עופות שחוטין מצא בידו של כותי: אמר רב אשי במכניסן תחת כנפיו. כלומר במכניסן הצפרים תחת גלימא שלו וקוטע ראשו של אחד מהן דהכותי אינו ידוע מאיזה מהם נתן לו: דממסמס ליה ממסמס. כלומר שמלכלכו בטיט שאפ' יש לו סימן אין מכיר הסימן: ולטעמיך שהייה דרסה חלדה הגרמה ועקור מי כתיבן. כלומר את אמרת ודלמא קא סברי כותים אין שחיטה לעוף מן התורה ובהמה דאכלינן משחיטת' דמן התורה [הוא] שהייה דרסה חלדה הגרמה ועקור מי כתיבי דיהו בקיאין בהו דמצינן למימר דמחמירין בהן לפיכך אכלינן בהמה ששחטו והא לא כתיבי באורייתא לענין בהמה אלא כיון דאחזיקו בהו אחזוק ואכלינן משחיטתן אפי' מבהמה הכא נמי לענין עוף כיון דאחזוק אחזוק אע"ג דלא כתיב: דאחזוק ולא אחזוק בדלא כתיבא. כלומר אי חשיבא חזקה חזקה במילתא דלא כתיבא כגון עוף אי לא חשיב: תנאי היא. לפי שאין בקיאין בדקדוקי מצות. כלומר אין בקיאין בשימור שלא יחמיץ. כדאמרינן במ' פסחים שלש נשים עוסקות בבצק: רשב"ג אומר כל מצוה שהחזיקו בה כותים. א) כלומר היינו תנא קמא דר' אליעזר: אי הכי כל מצוה שהחזיקו בה כותים אם החזיקו מבעי ליה. כלומר כיון דרשב"ג מחמיר יותר מת"ק אם החזיקו מיבעי: כיון דאיכא היתירא ואיסורא. כלומר דיכול לשחוט שפיר לא שביק היתר ואכיל [איסורא] שלא ישחוט יפה: חמץ של עוברי עבירה. מניחין חמצן אחר הפסח בבית אחד הן הן

עוברי

א) נ"ל היינו ת"ק. כלומר וכו'.

מותר מיד, מפני שהן מחליפין. סברוה, הא מני? רבי יהודה היא, דאמר: חמץ אחר הפסח דאורייתא; וקתני: מפני שהן מחליפין, אלמא לא שביק התירא ואכיל איסורא. — ממאי? דלמא ר"ש היא, דאמר: חמץ אחר הפסח דרבנן, וכי מקילינן — בדרבנן, בדאורייתא לא מקילינן! ותיהוי נמי ר"ש, מי קתני: "שאני אומר החליפו"? "מפני שמחליפין" קתני, דודאי מחליפין; ומה בדרבנן לא שביק התירא ואכיל איסורא, בדאורייתא לא כ"ש? לימא מסייע ליה: *הכל שוחטין, ואפילו כותי ואפילו ערל ואפילו ישראל משומד. האי ערל ה"ד? אילימא מתו אחיו מחמת מילה — "האי ישראל מעליא הוא! אלא פשיטא "משומד לערלות, וקא סבר: משומד לדבר אחד לא הוי משומד לכל התורה כולה. אימא סיפא: ואפילו ישראל משומד; האי משומד ה"ד? אי משומד לדבר אחר — היינו משומד לערלות! אלא לאו משומד לאותו דבר, וכדרבא. לא, לעולם אימא לך: משומד לאותו דבר לא, מ"ט? כיון דדש ביה — כהתירא דמי ליה. אלא משומד לעבודה זרה, וכדרב ענן, דאמר רב ענן אמר שמואל: ישראל משומד לעבודה זרה — מותר לאכול משחיטתו. גופא, אמר רב ענן, אמר שמואל: ישראל משומד לעבודה זרה — מותר לאכול משחיטתו, שכן מצינו ביהושפט מלך יהודה שנהנה מסעודת אחאב, שנאמר: °"ויזבח לו אחאב צאן ובקר לרוב ולעם אשר עמו ויסיתהו לעלות אל רמות גלעד". ודלמא מיזבח זבח, מיכל לא אכל! "ויסיתהו" כתיב. ודלמא בדברים! אין הסתה בדברים. ולא? והכתיב: °"כי יסיתך אחיך"! באכילה ובשתיה. והכתיב: °"ותסיתני בו לבלעו חנם"! למעלה שאני. ודלמא משתא אשתי, מיכל לא אכל! מאי שנא שתיה? דאמרינן: משומד לעבודה זרה לא הוי משומד לכל התורה כולה; אכילה נמי, משומד לעבודה זרה לא הוי משומד לכל התורה כולה. הכי השתא?! שתיה — סתם יינן הוא, *ועדיין לא נאסר יינן של גוים, אבל אכילה — אימא לך: משומד לעבודה זרה הוי משומד לכל התורה כולה! איבעית אימא: לאו אורחיה דמלכא משתיא בלא מיכלא. ואיבעית אימא: "ויזבח ויסיתהו" כתיב, במה הסיתו? בזביחה. ודלמא עובדיה זבח! "לרוב" כתיב, עובדיה לא הוה ספיק. ודלמא שבעת אלפים זבוח, דכתיב: °"והשארתי בישראל שבעת אלפים כל הברכים אשר לא כרעו לבעל" וגו'! טמורי הוו מיטמרי מאיזבל. ודלמא גברי דאחאב הוו מעלו! לא ס"ד, דכתיב: °"מושל מקשיב על דבר שקר כל משרתיו רשעים". ודלמא גברי דיהושפט נמי לא הוו מעלו, זבוח גברי דאחאב — אכול גברי דיהושפט, זבוח עובדיה — אכל יהושפט! לא סלקא דעתך, מדמושל מקשיב על דבר שקר כל משרתיו רשעים, הא לדבר אמת — משרתיו צדיקים. ודלמא זבוח גברי דאחאב — אכל אחאב וגבריה, זבוח גברי דיהושפט — אכל יהושפט וגבריה! לא

תורה אור: דה"ב יח | דברים יג | איוב ב | מלכים א יט | משלי כט

רש"י

מותר מיד. ואע"ג דלא שהה כדי לאפות, דודאי עבר עליה הפסח – מותר לכרכים לאכול מחמצן מיד. מפני שהן מחליפין. בשל גוים. דכיון דמצי לאכול היתרא, דחמץ של גוי שעבר עליו הפסח מותר – לא אכיל דידיה, דחמץ של ישראל שעבר עליו הפסח אסור. ואע"ג דהשתא נמי איסור הוא לגביה, דהא מתהני מחמץ שעבר עליו הפסח, דאי לא דיהיב ליה לגוי לא הוה יהיב ליה דידיה, אפ"ה, כל מה דמצי למעבד בהיתירא פורתא עביד. ולדידן מיהא שרי, דאין לך איסור הנאה תופס חליפין חוץ מעבודה זרה והקדש ושביעית. וי"א שאף לעצמו מותר. וטעות הוא בידם, דא"כ מצינו דמים לחמץ בפסח ולשור הנסקל, שאם רצה מוכרו לגוי, ותנן: האוכל תרומת חמץ בפסח – פטור מן התשלומין ומדמי עצים.* א] (*כרבי) יהודה. בפ' "כל שעה" (פסחים כח:). איסור דאורייתא. ואע"ג דאורייתא היא, סמכינן אהחליפו. בדאורייתא לא מקילינן. כגון נבלה. מי קתני שאני אומר החליפו. דהוי משמע דלא פשיטא לן דהחליפו, ואנן הוא דתלינן לקולא משום דאיסור דרבנן הוא. מפני שהן מחליפין קתני דודאי מחליפין. וא"כ אוקמינן לה כר"ש – כ"ש דמסייע ליה טפי לרבא, דהשתא, ומה בדרבנן דקילא איסורא – ידעינן בהו דהיכא דמשכח היתירא לא אכל איסורא דרבנן, כ"ש נבלה דאורייתא. לימא מסייע ליה. לרבא. משומד לערלות. מבעט במצוה זו. לא הוי משומד לכל התורה כולה. ושחיט שפיר. אי משומד לדבר אחר. למצוה אחרת דלא לשחיטה, ולא ראינוהו משומד לנבלות. לאותו דבר. לנבילות לתיאבון. ואיצטריך לאשמועינן דאפילו למצוה דחשיד עלה, כי מזמנין ליה היתירא – סמכינן עליה. כהיתירא דמי ליה. וליכא למימר לא שביק היתירא ואכיל איסורא, דהא (א) היתירא חשיב ליה. אלא משומד. דקתני, לעבודה זרה. ואיצטריך לאשמועינן, משום דאמר מר: חמורה עבודה זרה שכל ב] הכופר בה כמודה בכל התורה כולה, ואפ"ה סמכינן עליה כרב ענן כו'. אחאב וסיעתו חזינן בהו דעובדי עבודה זרה הוו, ובנבלה לא אשכחן בהו דפקרי, ואיכא למימר דיצרא דעבודה זרה תקיף עלייהו ג]. ויהושפט צדיק גמור היה. מיזבח זבח. שהיה סבור שיאכל ד] עמו. מיכל לא אכל. יהושפט. ויסיתהו. לעלות ה] על רמות (לראות) גלעד. למעלה שאני. דאין אכילה לפניו. אבל אדם דצריך לאכילה – עיקר הסתה דידיה באכילה ושתיה. מאי שנא שתיה. תירוצא הוא. אכילה נמי. בניחותא. סתם יינם הוא. שלא ראינוהו שנסכו לעבודה זרה דליתסר ו], דכתיב (דברים לב): "ישתו יין נסיכם". ואפילו חשבת ליה משומד לכל התורה כולה – שרי, דעדיין לא נאסר ז] יינם של גוים, דמי"ח דבר דתלמידי שמאי והלל הוא. לא הוה ספיק. לא היה מספיק לבדו לשחוט לכולם. שבעת אלפים (ב) הברכים אשר לא כרעו לבעל. באחאב כתיב. גברי דאחאב. הממונים על ביתו ושוחטין לו. וכיון דהוו בבית אחאב – לא הוו יראין מאיזבל, דהא עובדיה ממונה על ביתו, וצדיק גמור היה. לא

תוספות

מותר מיד מפני שהן מחליפין. פירוש: מותר בהנאה, למוכרו או להאכילו לפועלים גוים, או לכלבים. אבל לישראל אסור באכילה, דגזרו על פתן של גוים. *א"נ, כדפירש ר"ת: דבבצק איירי, דמותר באכילה. והשתא א"ש, דלא תקשי: *היכי סברוה דאתיא כרבי יהודה? הא אית ליה בפ' "כל שעה" (פסחים דף כח:) דחמץ של גוי שעבר עליו הפסח אסור בהנאה! אלא בבצק איירי, ומחלפי בבצק של גוים שלשו אחר הפסח. ומותר מיד דקאמר – היינו כשיעור לישה. ומה שפירש בקונטרס שמרויחין, דלדידן מיהא שרי, דאין תופס את דמיו, דדוקא לדידיה אסור שבא לו מחמת חמץ בפסח. ונראה שמרויחין נמי לגבי דידהו, למאי דס"ד השתא דהוי דאורייתא, דבחליפין לא אסור אלא מדרבנן. כמו שפירש בקונטרס בע"ז בפרק "רבי ישמעאל" (דף נד:) גבי "כי חרם הוא" ודריש: "הוא" – למעוטי ערלה וכלאי הכרם, שאם מכרם וקדש בדמיהם – מקודשת, ופי' בקונטרס: דדוקא בקדושי אשה, אבל בשאר חליפין – אסור מדרבנן. ונראה שפשוט לו לרש"י דאסור מדרבנן מטעם שפירש כאן, דא"כ מצינו דמים לחמץ בפסח. ואין זה דיוקא, דאפילו יהיו הדמים מותרין כשמכרן, מ"מ כיון דלכתחלה אסור למכור – לאו בר דמים הוא. ומיהו, נראה שיש לאסור מדרבנן. דבנדרים פרק "השותפין" (דף מז:) בעי רמי בר חמא: "קונם פירות הללו על פלוני" מהו בחליפין? ת"ש: המקדש בערלה כו', מכרן וקדש בדמיהן – מקודשת. ש"מ דחליפי איסורי הנאה מותרין. ודחי: דלמא לכתחלה הוא דלא, הא דיעבד – עבד. ח] *ומיהו, אע"ג דבשאר חליפין אסור – באשה שרי משום פריה ורביה. א"נ: לא אסרו אלא כגון פירות וכלים, שהוא דבר הניכר ונראה. וא"ת: מאי פריך בריש פרק בתרא דע"ז (דף סב.) גבי השוכר ט] הפועל לעשות עמו (ג) יין נסך שכרו אסור, מ"ט? אילימא משום דיין נסך אסור בהנאה – שכרו נמי אסור, והרי ערלה וכלאי הכרם דאסור בהנאה, ותנן: מכרם וקדש בדמיהם – מקודשת! ומאי קשיא? הא לכתחלה אסור ליהנות! וי"ל: דמשמע ליה שכרו אסור גם לאחרים כמו יין נסך עצמו. ולהכי פריך שפיר, דאי אסור גם לאחרים כמו יין נסך – אמאי מקודשת? כיון דגם היא אסורה ליהנות. ונהי דאמרינן בריש "כל שעה" (פסחים דף כט.) דהמקדש בשעות דרבנן וחמץ דרבנן דחוששין לקדושין, מ"מ מקודשת גמורה לא הויא, דאם בא אחר וקדשה – חוששין לקידושי שניהם. **שמתו** אחיו מחמת מילה. שנימולו כשהן גדולים ומתו. דאי בשמיני – דלמא משום דלא נבלע בהם הדם, כדאמר במסכת שבת (דף קלד.). א"נ, אפילו בשמיני, וכגון שהמילו בהן וראו שנבלע בהן דמן. **אלא** משומד לאותו דבר. ולתיאבון, דאי להכעיס – פשיטא דפסולה. **משומד** לעבודה זרה מותר לאכול משחיטתו. תימה: דבפרק בתרא דהוריות (דף יא.) פליגי בה רב אחא ורבינא במשומד להכעיס, אי הוי מין או משומד. אבל עובד עבודה זרה – לכולי עלמא הוי מין. ולקמן (דף יג.) תני: שחיטת מין לעבודה זרה! י"ל: דמין דלקמן היינו כומר לעבודה זרה, שעובד לעבודה זרה תמיד. על

עין משפט נר מצוה

עיין ר"מ

[עיין תוס' פסחים כט: ד"ה הלר ביה]

יד א ב טוש"ע י"ד סימן ב סעיף ז:

מסורת הש"ס

(פסחים כח.) [תוס' כפ"א לקמן ה.] נ"ל רבי

(סנהדרין קו.)

שיטה מקובצת

א] ר' יהודה בפ' כל שעה חמץ של ישראל שעבר עליו הפסח אסור מדאורייתא ואע"ג דאיסורא דאורייתא היא סמכינן אהחליפו ש"מ פשיטא לן דמחליפין. בדאורייתא לא מקילינן וכו': ב] דאמר מר חמורה עבודה זרה שכל המודה [בה] ככופר בכל התורה כולה ואפי' הכי: ג] דעבודה זרה תקיף עלייהו ויהושפט. נ"ב נ"א בס"י עלייהו יהושפט וכו': ד] שהיה סבור שיאכל יהושפט עמו: ה] ויסיתהו לעלות לרמות גלעד הס"ד ומה"ד באכילה ושתיה תירוצא הוא הס"ד ומה"ד למעלה שאני: ו] שנסכו לעבודה זרה דליתסר מדאורייתא דכתיב ישתו יין נסיכם: ז] דעדיין לא נאסר סתם יינם: ח] הא דיעבד עבד ואע"ג דבשאר חליפין אסור באשה: ט] גבי השוכר את הפועל לעשות עמו ביין נסך:

רבינו גרשום

עוברי עבירה ולמה קורא אותן עוברי עבירה שעוברין בלאו דלא יראה: הא מני ר' יהודה היא דאמר חמץ אחר הפסח וכו'. במסכת פסחים דר' יהודה סבר תלתא לאוי כתיבי חד לפני זמנו משש שעות ולמעלה וחד בתוך זמנו וחד לאחר זמנו דאי הניח אותו ועבר עליו הפסח אסור: וכי מקילינן בדרבנן. כגון חמץ אחר הפסח אבל שחיטה דאורייתא לא מקילינן: לימא מסייע' ליה הכל שוחטי' כלומר לרבא מסייעא דאמר מומר אוכל נבילות לתיאבון בודק סכין ונותן לו ומותר לאכול משחיטתו: אלא פשיטא מומר לערלות. כלומר ישראל הוא אלא שאינו רוצה למול: כיון דדש ביה. כלומר דרגיל לאכול נבילות: סתם יינם הוא. כלומר זהו סתם יינם שלא פירש לנסך יינו לע"ז: ועובדיה לא הוה ספק לזבוח ליהושפט ולגבריה: ודלמא גבריה דאחאב הוו מעלו. כלומר והם שחטו ליהושפט וגבריה

הגהות הב"ח

(א) רש"י ד"ה כהיתירא וכו' דהא כהיתירא: (ב) ד"ה ז' אלפים כל הברכים: (ג) תוס' ד"ה מותר וכו' לעשות עמו ביין נסך:

גליון הש"ס

גמ' לא ס"ד דכתיב מושל מקשיב וכו'. אין למדין מן הכללות ולמד מדורו של יהויקים וכו' כדאיתא בסנהדרין דף קג ועיין מאמר חזקוני הכהן ח"א פ"ב:

לָא הֲוָה מַפְלִיג נַפְשֵׁיהּ מִינֵּיהּ. מְנָלַן? אִילֵימָא מִדִּכְתִיב: °"כָּמוֹנִי כָמוֹךָ כְּעַמִּי כְעַמֶּךָ", אֶלָּא מֵעַתָּה, "כְּסוּסַי כְּסוּסֶיךָ" הָכִי נַמִי?! אֶלָּא מַה דְּהָוֵי אַסּוּסֶיךָ תֶּהֱוֵי אַסּוּסַי, ה"נ — מַאי דְּהָוֵי עֲלָךְ וְעִילָּוֵי עַמָּךְ תֶּיהֱוֵי עֲלַי וְעִילָּוֵי עַמִּי! אֶלָּא מֵהָכָא: °"וּמֶלֶךְ יִשְׂרָאֵל וִיהוֹשָׁפָט מֶלֶךְ יְהוּדָה יוֹשְׁבִים אִישׁ עַל כִּסְאוֹ מְלֻבָּשִׁים בְּגָדִים בְּגֹרֶן פֶּתַח שַׁעַר שׁוֹמְרוֹן", מַאי גּוֹרֶן? אִילֵימָא גּוֹרֶן מַמָּשׁ, אַטּוּ שַׁעַר שׁוֹמְרוֹן גּוֹרֶן הֲוָה? אֶלָּא כְּעֵין גּוֹרֶן, *דִּתְנַן: סַנְהֶדְרִין הָיְתָה כַּחֲצִי גּוֹרֶן עֲגוּלָּה, כְּדֵי שֶׁיְּהוּ רוֹאִין זֶה אֶת זֶה. לֵימָא מְסַיַּיע לֵיהּ: °"וְהָעֹרְבִים מְבִיאִים לוֹ לֶחֶם וּבָשָׂר בַּבֹּקֶר וְלֶחֶם וּבָשָׂר בָּעָרֶב", *וְאָמַר רַב יְהוּדָה אָמַר רַב: מִבֵּי טַבָּחֵי דְּאַחְאָב! עַל פִּי הַדִּבּוּר שָׁאנֵי. מַאי "עוֹרְבִים"? אָמַר רָבִינָא: עוֹרְבִים מַמָּשׁ. א"ל רַב אַדָּא בַּר מַנְיוּמֵי: וְדִלְמָא תְּרֵי גַּבְרֵי דַּהֲוֵי שְׁמַיְיהוּ עוֹרְבִים! מִי לָא כְּתִיב: °"וַיַּהַרְגוּ אֶת עוֹרֵב בְּצוּר עוֹרֵב וְאֶת זְאֵב" וגו'? א"ל: אִיתְרְמַאי מִילְּתָא דְּתַרְוַיְיהוּ הֲוָה שְׁמַיְיהוּ עוֹרְבִים?! *וְדִלְמָא עַל שֵׁם מְקוֹמָן! מִי לָא כְּתִיב: °"וַאֲרָם יָצְאוּ גְדוּדִים וַיִּשְׁבּוּ מֵאֶרֶץ יִשְׂרָאֵל נַעֲרָה קְטַנָּה", וְקַשְׁיָא לָן: קָרֵי לָהּ "נַעֲרָה" וְקָרֵי לָהּ "קְטַנָּה"; וְא"ר פְּדָת: קְטַנָּה דְּמִן נְעוֹרָן! אִם כֵּן, "עוֹרְבִיִּים" מִיבְּעֵי לֵיהּ. לֵימָא מְסַיַּיע לֵיהּ: *הַכֹּל שׁוֹחֲטִין, וַאֲפִילּוּ כּוּתִי וַאֲפִילּוּ עָרֵל וַאֲפִילּוּ יִשְׂרָאֵל מְשׁוּמָּד. הַאי עָרֵל ה"ד? אִילֵימָא שֶׁמֵּתוּ אֶחָיו מֵחֲמַת מִילָה, הַאי יִשְׂרָאֵל מְעַלְּיָא הוּא! אֶלָּא פְּשִׁיטָא מְשׁוּמָּד לַעֲרֵלוֹת. אֵימָא סֵיפָא: וַאֲפִילּוּ יִשְׂרָאֵל מְשׁוּמָּד, ה"ד? אִי מְשׁוּמָּד לְדָבָר אֶחָד — הַיְינוּ מְשׁוּמָּד לַעֲרֵלוֹת! אֶלָּא לָאו מְשׁוּמָּד לַעֲבוֹדָה זָרָה, וְכִדְרַב עָנָן! לָא, לְעוֹלָם אֵימָא לָךְ: מְשׁוּמָּד לַעֲבוֹדָה זָרָה — לָא, דְּאָמַר מָר:* חֲמוּרָה עֲבוֹדָה זָרָה, שֶׁכָּל הַכּוֹפֵר בָּהּ כְּמוֹדֶה בְּכָל הַתּוֹרָה כּוּלָּהּ; אֶלָּא מְשׁוּמָּד לְאוֹתוֹ דָבָר, וְכִדְרָבָא. מֵיתִיבִי: °"מִכֶּם" — *וְלֹא כּוּלְּכֶם, לְהוֹצִיא אֶת הַמְשׁוּמָּד. "מִכֶּם" — בָּכֶם חִלַּקְתִּי וְלֹא בָּאוּמּוֹת. "מִן הַבְּהֵמָה" — לְהָבִיא בְּנֵי אָדָם שֶׁדּוֹמִים לִבְהֵמָה; מִכָּאן אָמְרוּ: מְקַבְּלִין קָרְבָּנוֹת מִפּוֹשְׁעֵי יִשְׂרָאֵל כְּדֵי שֶׁיַּחְזְרוּ בָּהֶן בִּתְשׁוּבָה, חוּץ מִן הַמְשׁוּמָּד, וּמְנַסֵּךְ אֶת הַיַּיִן, וּמְחַלֵּל שַׁבָּתוֹת בְּפַרְהֶסְיָא. הָא גּוּפָא קַשְׁיָא, אָמְרַתְּ: "מִכֶּם" — וְלֹא כּוּלְּכֶם, לְהוֹצִיא אֶת הַמְשׁוּמָּד וַהֲדַר תָּנֵי: מְקַבְּלִין קָרְבָּנוֹת מִפּוֹשְׁעֵי יִשְׂרָאֵל! הָא לָא קַשְׁיָא: רֵישָׁא א] — מְשׁוּמָּד לְכָל הַתּוֹרָה כּוּלָּהּ, מְצִיעֲתָא מְשׁוּמָּד לְדָבָר אֶחָד. אֵימָא סֵיפָא: חוּץ מִן הַמְשׁוּמָּד וּמְנַסֵּךְ אֶת הַיַּיִן וּמְחַלֵּל שַׁבָּת בְּפַרְהֶסְיָא; הַאי מְשׁוּמָּד הֵיכִי דָּמֵי? אִי מְשׁוּמָּד לְכָל הַתּוֹרָה כּוּלָּהּ — הַיְינוּ רֵישָׁא! וְאִי מְשׁוּמָּד לְדָבָר אֶחָד — קַשְׁיָא מְצִיעֲתָא! אֶלָּא לָאו הָכִי קָאָמַר: חוּץ מִן הַמְשׁוּמָּד לְנַסֵּךְ אֶת הַיַּיִן וּלְחַלֵּל שַׁבָּתוֹת בְּפַרְהֶסְיָא. [ז]אַלְמָא מְשׁוּמָּד לַעֲבוֹדָה זָרָה הָוֵה מְשׁוּמָּד לְכָל הַתּוֹרָה כּוּלָּהּ, וּתְיוּבְתָּא דְּרַב עָנָן! תְּיוּבְתָּא. וְהָא מֵהָכָא נַפְקָא? מֵהָתָם נַפְקָא:

מֵעַם

רש"י

לָא הֲוָה מַפְלִיג נַפְשֵׁיהּ מִינֵּיהּ. לֹא הָיָה יְהוֹשָׁפָט נִזְהָר וְנִבְדָּל מִמֶּנּוּ מִשּׁוּם חֲשָׁד כְּלָל. אַלְמָא, אע"ג דִּמְשׁוּמָּד לַעֲבוֹדָה זָרָה הָיָה — לָא הָוֵי מְשׁוּמָּד לְכָל הַתּוֹרָה כּוּלָּהּ. כְּעַמִּי כְּעַמֶּךָ. דְּמַשְׁמַע: הֲרֵי [ב] אַתָּה כְּמוֹתֵינוּ, דְּסוֹמְכִין עֲלַיְיהוּ. כְּסוּסַי כְּסוּסֶיךָ ה"נ. דִּלְעִנְיַן אִיסּוּר וְהֶיתֵּר קָאָמַר? אֶלָּא עַל כָּרְחָךְ לְעִנְיַן הַמִּלְחָמָה קָאָמַר לֵיהּ. בְּגוֹרֶן. כִּי גוֹרֶן הָיוּ יוֹשְׁבִים, בְּחִיבָּה וּבְרֵיעוּת וּבַאֲגוּדָּה א', כְּסַנְהֶדְרִין שֶׁאֵין חוֹשְׁדִין זֶה אֶת זֶה. שֶׁיְּהוּ רוֹאִין זֶה אֶת זֶה. לִהְיוֹת שׁוֹמְעִין אִישׁ אֶת חֲבֵירוֹ וּמִתְוַוכְּחִין זֶה עִם זֶה עַד שֶׁתֵּצֵא הוֹרָאָה כַּהֲלָכָה. שֶׁאִילּוּ הָיוּ יוֹשְׁבִין כְּשׁוּרָה שֶׁלֹּא בַּעֲגוּלָּה — אֵין בְּנֵי רֹאשׁ הַשּׁוּרָה רוֹאִין בְּנֵי סוֹף שׁוּרָתוֹ. וְכַעֲגוּלָּה שְׁלֵימָה לֹא הָיוּ יוֹשְׁבִין — כְּדֵי שֶׁיְּהֵא מָקוֹם לָצֵאת וְלָבֹא. מְסַיֵּיעַ לֵיהּ. לְרַב עָנָן. עַל פִּי הַדִּבּוּר שָׁאנֵי. שֶׁהקב"ה הִתִּירוֹ לְפִי שָׁעָה, דִּכְתִיב (מלכים א יז): "וְאֶת הָעֹרְבִים צִוִּיתִי לְכַלְכֶּלְךָ". וְאִתְרַמֵּי מִילְּתָא כו'. בִּתְמִיהָ. וְדִלְמָא עַל שֵׁם מְקוֹמָן. שֶׁהָיוּ מִמְּקוֹם עוֹרֵב. מִי לָא כְּתִיב. שֶׁאָדָם נִקְרָא עַל שֵׁם מְקוֹמוֹ וַאֲפִילּוּ יָחִיד, וְאַף ע"פ שֶׁאֵין מְדַבֵּר בְּכָל אַנְשֵׁי הַמָּקוֹם כְּגוֹן "פְּלִשְׁתִּים" "גִּבְעוֹנִים", אֶלָּא בְּאִישׁ אֶחָד, כִּדְכְתִיב: "נַעֲרָה קְטַנָּה". וְקַשְׁיָא לָן קָרֵי לָהּ נַעֲרָה. דְּהֵבִיאָה ב' שְׂעָרוֹת, וְקָרֵי לָהּ קְטַנָּה דְּמַשְׁמַע שֶׁלֹּא הֵבִיאָה שְׁתֵּי שְׂעָרוֹת. וא"ר פְּדָת. הַאי "נַעֲרָה" לָאו נַעֲרָה מַמָּשׁ, אֶלָּא עַל שֵׁם מְקוֹמָהּ, דְּמִן נְעוֹרָן. וה"נ, אע"ג דְּלָאו בְּכָל בְּנֵי הַמָּקוֹם קָאָמַר, שֶׁהֲרֵי וַדַּאי לְכוּלָּן לֹא גִּילָּה, שֶׁהֲרֵי נֶחְבָּא הָיָה — מ"מ אִיכָּא לְמֵימַר דִּתְרֵי גַּבְרֵי הָווּ, וּקְרָאָן עַל שֵׁם מְקוֹמָן, וְאֵין מַזְכִּיר שְׁמָם. עוֹרְבִיִּים מִבָּעֵי לֵיהּ. דְּלָא אָתֵי לְמִטְעֵי בְּעוֹרְבִים מַמָּשׁ. יִשְׂרָאֵל מַעַלְיָא הוּא. דְּאָנוּס הוּא. אִי נֵימָא מְשׁוּמָּד לְדָבָר אֶחָד. לְאֶחָד מִכָּל הַמִּצְוֹת, לְאַשְׁמוּעִינַן דְּלָא הָוֵה מְשׁוּמָּד לְכָל הַתּוֹרָה כּוּלָּהּ. שֶׁכָּל הַכּוֹפֵר בָּהּ כְּמוֹדֶה בְּכָל הַתּוֹרָה. כִּדְכְתִיב (במדבר טו): "וְכִי תִשְׁגּוּ וְלֹא תַעֲשׂוּ אֵת כָּל הַמִּצְוֹת הָאֵלֶּה" וגו', וְיָלְפִינַן בְּהוֹרָיוֹת (דף ח.) דִּבַעֲבוֹדָה זָרָה מַיְירֵי. מְשׁוּמָּד לְאוֹתוֹ דָבָר. לִשְׁחִיטָה, וּלְתֵיאָבוֹן. וְאִיצְטְרִיךְ לְאַשְׁמוּעִינַן, דְּלָא תֵּימָא: כֵּיוָן דְּדָשׁ בֵּיהּ — כְּהֶיתֵּירָא דָּמֵי לֵיהּ. אֶלָּא וַדַּאי כְּאִיסּוּרָא דָּמֵי לֵיהּ, וּלְתֵיאָבוֹן הוּא דְּעָבַר עֲלֵיהּ, וְכִי מְזַמְּנִינַן לֵיהּ סַכִּין — לָא שָׁבֵיק הֶיתֵּירָא וְאָכֵיל אִיסּוּרָא. מִכֶּם. "אָדָם כִּי יַקְרִיב מִכֶּם קָרְבָּן". וּגְבֵי נֶדֶר אוֹ נְדָבָה כְּתִיב, דְּהָא "כִּי יַקְרִיב" מַשְׁמַע, כְּשֶׁיִּרְצוּ לְהַקְרִיב. לְהוֹצִיא הַמְשׁוּמָּד. שֶׁאֵין מְקַבְּלִין נִדְבָתוֹ. מִכֶּם בָּכֶם חִילַּקְתִּי. כְּלוֹמַר, מִדִּכְתִיב הַאי מִיעוּטָא בְּיִשְׂרָאֵל וְלֹא בָּאוּמּוֹת, דִּכְתִיב: "אִישׁ אִישׁ ג] מִבֵּית יִשְׂרָאֵל אֲשֶׁר יַקְרִיב קָרְבָּנוֹ לְכָל נִדְרֵיהֶם" וגו' בְּפָרָשַׁת מוּמִין (ויקרא כב), וְתַנְיָא לְקַמָּן בְּפִירְקִין (דף יג:): "אִישׁ", מַה תַּלְמוּד לוֹמַר "אִישׁ אִישׁ" — לְרַבּוֹת הַגּוֹיִם שֶׁנּוֹדְרִים נְדָרִים וּנְדָבוֹת כְּיִשְׂרָאֵל. וּגְבֵי דִּידְהוּ לָא כְּתִיב מִיעוּטָא, דְּלִכְתּוֹב "מִן הָאָדָם כִּי יַקְרִיב קָרְבָּן", דְּמַשְׁמַע וְלֹא כָּל הָאָדָם — שְׁמַע מִינַּהּ: בָּכֶם חִלַּקְתִּי, שֶׁכְּשֵׁרִין מְבִיאִין וְלֹא הַמְשׁוּמָּדִין, וְלֹא בָּאוּמּוֹת, שֶׁכּוּלָּן מִתְנַדְּבִין וּמְקַבְּלִין מֵהֶם. ד:] עַם הַדּוֹמֶה לִבְהֵמָה. שֶׁאֵין מְקַיְּימִין אֶת הַמִּצְוֹת. "מִן" דִּכְתִיב גַּבֵּי בְּהֵמָה — לְמַעוּטֵי רוֹבֵעַ וְנִרְבָּע ה], הָכִי דָּרֵישׁ לֵיהּ בְּבָבָא קַמָּא (דף מ:) וּבִבְכוֹרוֹת (דף מא.) וּבִתְמוּרָה (דף כח.). מִפּוֹשְׁעֵי יִשְׂרָאֵל. מַשְׁמַע מְזִידִין, כִּדְתַנְיָא בְּמַסֶּכֶת יוֹמָא (דף לו:): פְּשָׁעִים — אֵלּוּ הַמְּרָדִים, וְכֵן הוּא אוֹמֵר: "מֶלֶךְ מוֹאָב פָּשַׁע בִּי", וְהַיְינוּ מְשׁוּמָּד. וּלְקַמָּן מְפָרֵשׁ לָהּ וְאָזֵיל. וּמְנַסֵּךְ אֶת הַיַּיִן. לַעֲבוֹדָה זָרָה ו]. אִי מְשׁוּמָּד לְדָבָר אֶחָד קַשְׁיָא מְצִיעֲתָא. דְּקָתָנֵי: מְקַבְּלִין, אַסֵּיפָא. אֶלָּא לָאו ה"ק. מְקַבְּלִין קָרְבָּנוֹת מִפּוֹשְׁעֵי יִשְׂרָאֵל בִּמְשׁוּמָּד לְדָבָר אֶחָד, חוּץ מִן הַמְשׁוּמָּד לְנַסֵּךְ אֶת הַיַּיִן וּלְחַלֵּל שַׁבָּתוֹת, דְּהָנֵי חֲמִירֵי. אַלְמָא מְשׁוּמָּד לַעֲבוֹדָה זָרָה כִּמְשׁוּמָּד לְכָל הַתּוֹרָה כּוּלָּהּ דָּמֵי! הַאי תַּנָּא חֲמִירָא לֵיהּ שַׁבָּת כַּעֲבוֹדָה זָרָה, דְּהָעוֹבֵד עֲבוֹדָה זָרָה כּוֹפֵר בְּהקב"ה, וְהַמְחַלֵּל שַׁבָּת כּוֹפֵר בְּמַעֲשָׂיו וּמֵעִיד שֶׁקֶר, שֶׁלֹּא שָׁבַת הקב"ה בְּמַעֲשֵׂה בְרֵאשִׁית. וְהָא מֵהָכָא נַפְקָא מֵהָתָם נַפְקָא. דְּאֵין מְקַבְּלִין קָרְבָּן מִן הַמְשׁוּמָּדִין.

מֵעַס

תוספות

על פי הדבור שאני. וא"ת: ולמאי דס"ד א] דלא הוי ע"פ הדבור, תקשי, דהא אמר רב: בשר שנתעלם מן העין אסור לקמן (דף צה.)! ויש לומר: דזה היה יודע, שהיה סומך ע"פ הדבור דלאו משל גוי קא מייתי, אבל לא ס"ד שבא הדבור להתיר האיסור שחיטת טבחים דאחאב.

קרי לה נערה וקרי לה קטנה. בפרק בתרא דסוטה (דף מו:) דריש "נערים" — שהיו מנוערים מן המצות. והכא לא שייך למדרש הכי.

דמן נעורן. שם מקום, דכתיב (דה"א ז): "למזרח נערן ולמערב גזר". **עורביים** מבעי ליה. ואף על גב דכתיב "עברים" "מצרים" ולא כתיב "עבריים" "מצריים" — התם ליכא למיטעי.

מכם ולא כולכם להוציא את המשומד. תימה: דהא איצטריך לכדדרשינן בריש "לולב הגזול" (סוכה דף ל.): אי לפני יאוש — "אדם כי יקריב מכם" אמר רחמנא, והאי לאו דידיה הוא! וי"ל: דהתם לאו משום דתיפוק לן מהאי קרא גזול לפני יאוש, דהאי מ"ביתו" נפקא. כדאמרינן ב"מרובה" (ב"ק דף סז:): "קרבנו" — ולא הגזול. אימת? אילימא לפני יאוש — ל"ל קרא? כלומר, וכי יכול להקדיש? "ביתו" אמר רחמנא! ולא מייתי התם קרא ד"כי יקריב" ז] אלא לומר דקרבן אמר רחמנא, והאי לאו קרבן הוא, שאין בידו להקדישו לפני יאוש. ח] *ועוד י"ל: דתרתי שמעינן מ"מכם", ולגזילה מקודשת איצטריך. (א) ומ"ביתו" לא נפקא אלא שלא עלתה לשם חובה.

כדי שיחזרו בהם בתשובה. לאו טעמא דקרא קא דריש, אלא נותן טעם לדבר, ט] מדרבינן מהא משומד לדבר אחד טפי ממשומד לכל התורה כולה, ולא מוקמינן קרא במילתא אחריתי. וקאמר דמשומד לדבר אחד בקל יחזור בתשובה, ולכך מקבלין מהם כדי שיחזרו.

מעס

עין משפט נר מצוה

טו א מיי' פ"א מהלכות סנהדרין הלכה ג:
טז ב מיי' פ"ב מהלכות ע"ז הלכה ז:
יז ג מיי' פ"ג מהלכות מעשה הקרבנות הלכה ד:
יח ד מיי' שם הלכה ב:
יט ה מיי' שם הלכה ד:
[ז] טוש"ע י"ד סימן ב סעיף ה:

מסורת הש"ס

סנהדרין לו: | שם קיג. | סוטה מו: | [לעיל ד:] | שבועות כט. נדרים כה. קדושין מ. | [שבועות כט.] [לקמן יג: עירובין סט:]

הגהות הב"ח

(א) תוס' ד"ה מכם וכו' ולגזילה מקודשת איצטריך שלא עלתה לבעלים לשם חובה ומביתו לא נפקא אלא שאין יכול להקדיש הס"ד:

עי' במהרש"ל מהרש"א ומהר"ם שנוי גרסאות

שיטה מקובצת

א] הא לא קשיא רישא במומר לכל התורה מציעתא במומר לדבר אחר: ב] דמשמע הרי אתם כמותינו: ג] דכתיב איש איש מבית ישראל וגו' אשר יקריב קרבנו לכל נדריהם בפרשת: ד] עם הדומים לבהמה נמחק תיבת עם: ה] למעוטי רובע ונרבע כדדריש ליה בב"ק: ו] ומנסך לעבודה זרה. נ"ב נ"א בס"א ומנסך את היין עובד ע"ז: ז] אלא לומר דקרבן אמר רחמנא. נ"ב נ"א בס"א דקרבנו אמר רחמנא והאי לאו קרבנו הוא וכו': ח] ועוד י"ל דתרתי שמעינן ממכם ולגזלה המקודשת אצטריך דמביתו לא נפקא. ונ"ב נ"א בתוס' כ"י וע"ל דתרתי ש"מ ולגזלה המקודשת אצטריך שלא עלתה לשם חובה ולא מקרא נדרש לפניו ולאחריו דהיינו אאדם וקרבן. ובס"א אחר כתוב נ"א וע"ל דתרתי שמעינן ממכם וגזלה מקודשת איצטריך שלא עלתה לו לשם חובה: ט] אלא נותן טעם לדבר אתא דמרבינן מומר לדבר אחר:

הגהות מהר"ב רנשבורג

א] תד"ה על פי הדבור וכו' דלא הוי על פי הדבור. נ"ב עיין תפארת שמואל בהגהותיו על מהרש"א:

רבינו גרשום

דלאו עע"ז הוו: אלא מעתה כסוסי כסוסיך הכי נמי כן דלא הוו מפלגי סוסיו דיהושפט מסוסיו דאחאב. הכא נמי מאיד הויא עלי ועילוי עמי תהוי עלך ועילוי עמך ועדיין אומר לך דיהושפט לא אכיל בהדי אחאב ומומר לע"ז הוי מומר לכל התורה: אלא מהכא ואחאב מלך ישראל כו'. דלא הוה מפליג נפשיה מיניה: נימא מסייעא ליה והעורבים מביאים לו לחם. כלומר סייעתא לרב ענן דאמר מומר לע"ז לא הוי מומר לכל התורה והעורבים: לא על פי דיבור שאני. כלומר גזרת הקב"ה היה אבל דבר זה במקום אחר אימא לך מומר לדבר אחד הוי מומר לכל התורה כולה: חמורה ע"ז שכל הכופר בה כמודה בכל התורה כולה דכתיב ועשה אחת מכל מצות ה' איזוהי מצוה ששקולה בכל המצות הוי אומר זו ע"ז: מיתיבי מכם ולא כולכם להוציא וכו' אדם כי יקריב מכם קרבן לה' בכם חלקתי ולא באומות כלומר האומות כולן יכולין להקריב דקיימא לן ערל משלח קרבנותיו טמא משלח קרבנותיו.

מעם

°"מעם הארץ" — *פרט למשומד. ר"ש בן יוסי אומר משום ר"ש: °"אשר לא תעשינה בשגגה ואשם" — *השב מידיעתו מביא קרבן על שגגתו, אינו שב מידיעתו אינו מביא קרבן על שגגתו; ואמרינן: מאי בינייהו? ואמר רב המנונא: משומד לאכול חלב והביא קרבן על הדם איכא בינייהו! חדא בחטאת, וחדא בעולה. וצריכי, דאי אשמעינן חטאת — משום דלכפרה הוא, אבל עולה דדורון הוא — אימא לקבל מיניה; ואי אשמעינן עולה — משום דלאו חיובא הוא, אבל חטאת דחיובא הוא — אימא לקבל מיניה, [א]צריכא. וכל היכא דכתיב בהמה גריעותא היא? והכתיב: °"אדם ובהמה תושיע ה'", ואמר רב יהודה אמר רב: אלו בני אדם שהן ערומין בדעת ומשימין עצמן כבהמה! התם כתיב "אדם ובהמה", הכא בהמה לחודיה כתיב. וכל היכא דכתיב "אדם ובהמה" מעליותא היא? והא כתיב: °"וזרעתי את בית ישראל זרע אדם וזרע בהמה"! התם הא חלקיה קרא, זרע אדם לחוד וזרע בהמה לחוד. (סימן: נקלף) א"ר חנן א"ר יעקב בר אידי א"ר יהושע בן לוי משום בר קפרא: ר"ג ובית דינו [ב]נמנו על שחיטת כותי ואסרוה. א"ל רבי זירא לרבי יעקב בר אידי: שמא לא שמע רבי אלא א] בשאין ישראל עומד על גביו? א"ל: *דמי האי מרבנן כדלא גמירי אינשי שמעתא! בשאין ישראל עומד על גביו למימרא בעי?! קבלה מיניה או לא קבלה מיניה? ת"ש, ב] דאמר ר"נ בר יצחק א"ר אסי: אני ראיתי את רבי יוחנן ג] שאכל משחיטת כותי, ואף רבי אסי אכל משחיטת כותי; ותהי בה רבי זירא: לא שמיעא להו, דאי ד] הוה שמיעא להו הוו מקבלי לה, או דלמא שמיע להו ולא קבלוה? הדר פשיט לנפשיה: מסתברא דשמיע להו ולא קבלוה, דאי ס"ד לא שמיע להו, ואי הוה שמיע להו הוו מקבלי לה, היכי מסתייעא מילתא למיכל איסורא? *השתא בהמתן של צדיקים אין הקב"ה מביא תקלה על ידן, צדיקים עצמן לא כל שכן? ואי

ויקרא ד | שם | תהלים לו | ירמיהו לא

מעם. ולא כל עם. וגבי חטאת כתיב, שבא ה] ע"י השוגג. ר"ש בן יוסי אומר. מכאן אתה למד. אשר לא תעשינה בשגגה ואשם. וסמיך ליה: "או הודע אליו חטאתו אשר חטא והביא קרבנו", דמשמע: "אשר לא תעשינה" — אם היה יודע שהוא אסור, ושגגה היתה לו, וחטא ואשם — הוא יביא. השב מידיעתו. שאם היה יודע שהוא חלב — היה יושב ומבטל מעבירה זו. ואית דגרים: השב. והוא נמי הפורש ונבדל מתחלה, ואין עובר אם היה יודע שהוא אסור. ובת"כ גרס: "השוגג". מאי בינייהו. מ"מ משומד לא מקבלינן מיניה, בין למר בין למר, ואפילו שוגג, דהא אילו היה יודע מתחלה — נמי היה אוכלו, ואין שב מידיעתו! והביא קרבן על הדם. ששגג בו, ואילו היה יודע שהוא דם — לא היה אוכלו. לת"ק משומד שמו, ולא מקבלינן מיניה. ולר"ש שב מידיעתו הוא בדם, ומקבלינן מיניה. מכם ולא כולכם. דלעיל בעולת נדבה משתעי קרא, דכתיב בתריה: "אם עולה קרבנו" וגו'. דלכפרה הוא. וכיון דדעתו להזיד ולחזור על עבירתו, ובהא מיהא אתרמי דשגג ולא הזיד, א"כ אמאי נקבל מיניה? הא לאו בר כפרה הוא. דלאו חיובא. ולאו אורח ארעא לקבולי דורון מיניה, דכתיב: "זבח רשעים תועבה" (משלי כא). אבל חטאת דחובה. רמיא עליה. אימא נקבל מיניה. שלא יהא חוטא נשכר. גריעותא הוא. דאוקמא לעיל דפושעים קרי בהמה. שהן ערומים בדעת. כאדם הראשון, ומשימין עצמן כבהמה דלאו רוח. וזרע בהמה. ומוקמינן לה במסכת סוטה (דף כב.): לא קרא ולא שנה ולא שמש תלמידי חכמים — עליו הכתוב אומר: "וזרעתי את בית ישראל זרע אדם וזרע בהמה". כלומר, החכמים והבורים כולם אזרעם לפרותם ולרבותם. ר"ג. בנו של ר' יהודה הנשיא, שהיה מן האחרונים, ובית דינו, נמנו על שחיטת כותי, לאחר שנשנית משנתינו דהכל שוחטין ואפילו כותי, ואסרוה. לא שמע רבי כו'. והיינו נמי כי מתניתין. למימרא בעי. ו]וכי לא פשיטא לן דלית להו "לפני עור לא תתן מכשול" (ויקרא יט)? קבלה מיניה. רבי זירא מר' יעקב, דאפילו כשישראל עומד על גביו אסור, או לא קבלה? אכל משחיטת כותי. כשישראל עומד על גביו, או ע"י שחתך כזית בשר ונתן לו ואכל. ואף ר' אסי אכל. ותהי בה רבי זירא גרסינן. מתמיה עליהן שאכלוה, ומבעיא ליה בלביה הכי. לא שמיע להו. הא ז] דנמנו ר"ג, דאי שמיע להו — הוו מקבלי. או דלמא שמיע ולא קבלוה? והדר פשיט. ר' זירא לנפשיה. מסתברא שמיע להו ולא קבלוה. דאי ס"ד לא שמיע להו ואי שמיע להו הוו מקבלי לה. היכי מסתייע מילתא למיכל ח]כו'. היאך יגרום שום שטן לפני צדיקים ע"י שוגג שום דבר עון. השתא בהמתן של צדיקים. חמרא דר' פנחס בן יאיר, לקמן. אין הקב"ה מביא תקלה על ידן. שאוכל הבהמה דבר האסור לה. ואי

מעם הארץ פרט למשומד. תימה, דמאי קאמר: הא מהכא נפקא מהתם נפקא? ט] הא אדרבה, הך פליגא, דאפילו משומד לדבר אחד קאמר ת"ק דאין מקבלין, דהא מוקמינן י] דפליגי באוכל חלב והפריש קרבן על הדם! ודוחק לומר דפריך מדר"ש! ומפרש ר"ת: דמשומד לאכול חלב — היינו משומד לכל התורה חוץ מדם, כדאשכחן שכולל כל החטאות בכלל חטאת חלב בפ"ק דמנחות (דף ו.), ובפרק "היה מביא" (סוטה דף טו.), דאמר: בדין שתהא חטאת חלב טעונה נסכים. והשתא קאמר דלת"ק כשהוא משומד לכל התורה כולה חוץ מדם — אינו מביא קרבן על הדם, ולר"ש מביא, כיון שהוא שב מידיעתו מדם. אבל משומד לדבר אחד — דברי הכל מביא. ועוי"ל: דדוקא בחלב ודם פליגי, לפי שהם שוין, שיש כרת בשניהן ועולין לגבוה, ונאמרו בלאו אחד: "כל חלב וכל דם לא תאכלו", דלת"ק חשיב ליה משומד לאותו דבר, כאילו הוא משומד לדם עצמו, יא] ואינו מניח בשביל האיסור אלא משום דנפשו קצה לאכול דם. אבל משומד לאחד משאר איסורים — פשיטא דמביא קרבן על הדם. ולר"ש אפילו משומד לאכול חלב מביא קרבן על הדם.

אינו שב מידיעתו אינו מביא קרבן על שגגתו. תימה: מה צריך קרא למעט לאינו שב מידיעתו ועומד ברשעו? הא הוי זבח רשעים, והיכי תיסק אדעתין לומר דמביא? ויש לומר: דאיצטריך להיכא דחזר בתשובה אח"כ, ובשעה שאכל לא היה שב מידיעתו.

ר"ג ובית דינו נמנו על שחיטת כותי ואסרוה. פירש בקונטרס: ר"ג בנו של ר' יהודה הנשיא שהיה אחרון. וכן משמע קצת, דקאמר בסמוך: ר"ג ובית דינו כר"מ ס"ל, דחייש למיעוטא. משמע שהוא ר"ג אחרון, שהיה אחר ר"מ. ומיהו, קשה: דא"כ הויא ליה לפרושי בהדיא "ר"ג בנו של ר"י הנשיא", כדתנן במס' אבות (פ"ב מ"ב) ר"ג בנו של ר' יהודה הנשיא אומר: יפה תלמוד תורה עם דרך ארץ! ועוד תימה: דגזר ר"מ על סתם יינם ולא גזר על שחיטה דאורייתא! אבל אם הוא ר"ג דיבנה — ניחא. והא דקאמר: כר"מ סבירא להו — משום דר"מ ס"ל הכי בהדיא. אבל קשה: דא"כ סבר ר"ג דיבנה דכותים גרי אמת הן, כיון דשחיטתן הויא שריא קודם גזירה. ובריש "הדר" (עירובין סא.) תנן: הדר עם הגוי או עם מי שאינו מודה בעירוב — ה"ז (א) אסור. פירוש: אינו מודה בעירוב — היינו כותי, כדאמר בפרק "בכל מערבין" (שם לא:) ר"א ב"ר יעקב אומר: עד שיהיו שני ישראלים אוסרים זה על זה. ר"ג אומר: צדוקי אינו כגוי. ופירש בקונטרס: אבל כותי הוי כגוי, דקסבר כותים גרי אריות הן! מיהו, ע"כ א"א לומר כפירוש הקונטרס, דהא ר"ג דיבנה אית ליה בהדיא בפ"ק דגיטין (דף י.) דגרי אמת הן, שהכשיר גט שעדיו עדי כותים. והיינו יכולין לפרש: אבל כותי הוי כגוי — משום דאינו מודה בעירוב. דהיינו נמי טעמא דת"ק דאסר, שהוא ר"מ כדמוכח התם בגמרא, ור"מ אית ליה התם (*בבכורות) דכותים גרי אמת הן. אבל קשה: כיון דלכ"ע כותי אוסר, אע"ג דגרי אמת הן — א"כ מה באו לחדש ר' אמי ור' אסי שעשאום גוים גמורין לבטל רשות וליתן רשות? הא מעיקרא נמי הכי הוה לכ"ע! אלא י"ל: דלר"ג כותי נמי אינו כגוי, ותנן לדוקי אינו כגוי — וה"ה לכותים, דגרי אמת הן. והיו סבורין דגרי אמת הן, כר"ג, עד שעשאום (ב) רבי אמי ור' אסי גוים גמורין. יב] אע"ג דרבי יוחנן פסק כר' אליעזר בר' יעקב, ור' אליעזר בר' יעקב לא פליג את"ק שאוסר כותי — ר' יוחנן לא בא לפסוק כמותו אלא במה שצריך שיהו שני ישראלים אוסרים זה על זה.

צדיקים עצמן לא כ"ש. תימה: דהא אשכחן יהודה בן טבאי שהרג עד זומם בפ"ק דמכות (דף ה:), ור' ישמעאל שקרא והטה בפ"ק דשבת (דף יב:)! ואור"י: דדוקא במידי דאכילה אין הקב"ה מביא תקלה על ידן, שגנאי הוא לצדיק שאוכל דבר איסור. ולספרים דגרסי (*בפ"ק) דכתובות (דף כח:) גבי העלה עבד לכהונה על פיו, השתא בהמתן של צדיקים כו' — משום דאתי לידי אכילת איסור, שמאכיל בת ישראל שנשאת לו בתרומה, והוא עבד, ואין לו בה קדושין. ומיהו, ברוב ספרים לא גרסינן ליה. והיינו משום דליכא למפרך אלא כשהצדיק עצמו אוכל האיסור. ובר"ה (דף כא.) דאמר: "כמה בסים תבשילא דבבלאי בגומא רבא דמערבא", וב"ערבי פסחים" (דף קו:): ר' ירמיה בר אבא איקלע לבי רב אסי ואשתלי וטעם קודם הבדלה, אע"ג דמיתתו באסכרה — התם אכילת היתר הוא, אלא שאוכל בשעה האסורה. ובבראשית רבה* גרס: ר' ירמיה דשדר לר' זירא כלכלה דפירי, בין דין לדין אתאכיל פירי בטבלייהו. ומיהו, ההוא עובדא איתא במסכתא שקלים (דף ח.) וקאמר עלה *ר' זירא: אם הראשונים כמלאכים אנו כבני אינש, ואם הראשונים כבני אינש — אנו כחמורים, ולא כחמורו דר' פנחס בן יאיר. [ע"ע תוס' שבת דף יב: ד"ה רבי נתן ותוספות פסחים קו: ד"ה אישתלי ותוספות יבמות לט: ד"ה ס"ד ותוספות גיטין ז. ד"ה השתא].

אשכחיה

כ א מיי' פ"ג מהלכות מעשה קרבנות הלכה ז:

כא ב מיי' פ"ב מהלכות אבות הטומאה הלכ' י טוש"ע י"ד סימן ב סעיף ח:

שיטה מקובצת

א] שמא לא שמע רבי אלא כשאין ישראל עומד על גביו אמר דמי האי: ב] דאמר רב נחמן בר יצחק. נ"ב נ"א בס"י בר כהן: ג] אני ראיתי את ר' יוחנן. נ"ב ע' תוס' בכורות (דף כו ע"ב): ד] דאי הוה שמיעא נמחק תיבת הוה: ה] כתיב שבא על השוגג: ו] למימרא בעי בתמיה וכי לא פשיטא: ז] לא שמיעא להו הא דאימני עלה ר"ג דאי: ח] מילתא למיכל איסורא היאך יגרום שום שטן תיבת כו' נמחק: ט] מהתם נפקא אדרבה: י] דהא מוקמינן לה דפליגי: יא] לדם עצמו דאינו מניח: יב] עובדי כוכבים גמורים כר"ג אע"ג. נ"ב פי' כר"ג דהכא דס"ל כר"מ:

הגהות הב"ח

(א) תום' ד"ה ר"ג ובית דינו וכו' ה"ז אוסר פי' אינו מודה: (ב) בא"ד רב אמי ורב אסי עובדי כוכבים גמורים ולספרים דגרסי בפ' הדר רשב"ג ור' יוחנן ס"ל בכל דוכתי הלכה כרשב"ג במשנתינו אע"ג דר' יוחנן פוסק כר' אליעזר ב"י נ"ב כנ"ל להגיה ועיין תוס' פרק הדר:

[יבמות לט: כתובות כח: גיטין ז. לקמן ו. ז.]

[בבכורות לא ידעתי מקומו אלא בכב"ק לח:]

נ"ל בפ"ב

[פרשה ס']

[גם בב"ר גופיה קאמר עלה אם הראשונים כמלאכים כו']

הוריות ב. יא.

יומא פ. [שבת סט. ע"ש שבועות כו:]

[ערכין טו. וש"נ]

רבינו גרשום

מעם הארץ פרט לאפיקורום. כלומר מעם הארץ בעשותה אחת מכל מצות ה' ואמר רב המנונא אפיקורום לאכול חלב והביא קרבן על הדם איכא בינייהו למ"ד פרט למומר כיון דמומר לאכול חלב אין מקבלין ממנו קרבן על הדם. ולמ"ד השב מידיעתו מביא קרבן על שגגתו. כיון דמדם שב מידיעתו אם הביא קרבן על הדם מקבלין ממנו: חדא בחטאת וחדא בעולה וצריכי. כלומר מכם זהו בעולה מעם הארץ זהו בחטאת וצריכין תרווייהו להוציא את המומר: והכתיב וזרעתי את בית ישראל זרע אדם וזרע בהמה. כלומר בין זרע חכמים ובין זרע עמי הארץ אשבח את זרעם כאדם שזורע תבואתו בשדה ומשביח כך אשבח את זרעם ומכל מקום חזינן הכא זרע בהמה אלו עמי הארץ שדומים לבהמה: קיבלה מיניה או לא קיבלה מיניה. דאפילו ישראל עומד על גביו אסור לאכול משחיטתו: תהי בה ר' זירא לא שמיע ליה וכו' לא שמיע ליה דרבן גמליאל ובית דינו אסרוה: ואי ס"ד דלא קיבלה. כלומר דישראל עומד על גביו שרי כי תהי ר' זירא כששמע שר' יוחנן ורב אסי אכלו משחיטת כותי לישני ליה כאן כשישראל עומד על גביו כו' אמאי תהי לישני לי' מה דאכלו ר' יוחנן ורב אסי כשישראל עומד על גביו ומה דאסר ר"ג כשאין ישראל עומד על גביו. אלא

תורה אור

ואי סלקא דעתיך לא קבלה מיניה, לישני ליה: כאן כשישראל עומד על גביו, כאן כשאין ישראל עומד על גביו! אלא לאו ש"מ קבלה מיניה, ש"מ. ומ"ט גזרו בהו רבנן? כי הא דר"ש בן אלעזר שדריה ר"מ לאתויי חמרא מבי כותאי, אשכחיה ההוא סבא, א"ל: "ושמת סכין בלועך אם בעל נפש אתה", הלך ר"ש בן אלעזר וספר דברים לפני ר"מ, וגזר עליהן. מאי טעמא? אמר רב נחמן בר יצחק: דמות יונה מצאו להן בראש הר גריזים שהיו עובדין אותה; ור"מ לטעמיה, דחייש למיעוטא, וגזר רובא אטו מיעוטא; ורבן גמליאל ובית דינו נמי כר"מ סבירא להו. פשטיה דקרא במאי כתיב? בתלמיד היושב לפני רבו, דתני רבי חייא: "כי תשב ללחום את מושל בין תבין את אשר לפניך. ושמת סכין בלועך אם בעל נפש אתה", אם יודע תלמיד ברבו שיודע להחזיר לו טעם — "בין", ואם לאו — "תבין את אשר לפניך" "ושמת סכין בלועך", "אם בעל נפש אתה" — פרוש הימנו. רבי יצחק בן יוסף שדריה רבי אבהו לאתויי חמרא מבי כותאי, אשכחיה ההוא סבא, א"ל: לית כאן שומרי תורה. הלך רבי יצחק וספר דברים לפני רבי אבהו, והלך רבי אבהו וספר דברים לפני רבי אמי ורבי אסי, ולא זזו משם עד שעשאום גוים גמורין. למאי? אי לשחיטה ויין נסך, מהתם גזרו בהו רבנן! אינהו גזור ולא קבלו מינייהו, אתו רבי אמי ורבי אסי גזרו וקבלו מינייהו. מאי "גוים גמורין"? אמר ר"נ בר יצחק: לבטל רשות וליתן רשות. וכדתניא: ישראל משומד משמר שבתו בשוק א] — מבטל רשות ונותן רשות, ושאינו משמר שבתו בשוק — אינו מבטל רשות ונותן רשות, מפני שאמרו: ישראל נותן רשות ומבטל רשות, ובגוי עד שישכור. כיצד? אמר לו: "רשותי קנויה לך", "רשותי מבוטלת לך" — קנה, ואינו צריך לזכות. רבי זירא ורב אסי איקלעו לפונדקא דיאי, אייתו לקמייהו ביצים המצומקות ביין, רבי זירא לא אכל ורב אסי אכל. א"ל רבי זירא לרב אסי: ולא חייש מר לתערובת דמאי? א"ל: לאו אדעתאי. א"ר זירא: אפשר גזרו על התערובת דמאי, ומסתייעא מילתא דרב אסי למיכל איסורא? השתא בהמתן של צדיקים אין הקב"ה מביא תקלה על ידן, צדיקים עצמן לא כל שכן! נפק רבי זירא דק ואשכח: דתנן: הלוקח יין לתת לתוך המורייס או לתוך האלונתית, כרשינין לעשות מהן טחינין, עדשים לעשות מהן רסיסין — חייב משום דמאי, ואין צריך לומר משום ודאי, והן עצמן מותרין מפני שהן תערובת. ולא גזרו על תערובת דמאי? והתניא: הנותן לשכנתו עיסה לאפות וקדירה לבשל ב] — אינו חושש לשאור ותבלין שבה, לא משום שביעית ולא משום מעשר, ג] ואם אמר לה "עשי לי משליכי" — חושש לשאור ותבלין שבה משום שביעית ומשום מעשר! שאני התם, דכיון דקאמר לה "עשי לי משליכי" — כמאן דעריב בידים דמי. רפרם אמר: שאני שאור ותבלין, דלטעמא עביד, וטעמא לא בטיל. ולחלופי לא חיישינן? והתנן: הנותן לחמותו — מעשר את שהוא נותן לה ואת שהוא נוטל ממנה, מפני שחשודה מחלפת המתקלקל! התם כדתניא טעמא, א"ר יהודה: רוצה היא בתקנת בתה, ובושה מחתנה.
ולעלמא

משלי כג | שם

רש"י

ואי ס"ד לא קבלה. רבי זירא מרבי יעקב ב"ד לגמרי אסר, מאי קשיא ליה? לישני ליה. לנפשיה, כי אסר ר"ג — כשאין ישראל עומד על גביו, דלית ליה "לפני עור לא תתן מכשול". ורבי לכל רבי יוחנן — כשישראל עומד על גביו. ושמת סכין בלועך. פסוק הוא בספר משלי. אם בעל נפש אתה. אם אדם כשר אתה, כדאמר בפסחים (דף מ.): בעל נפש לא ילתות, אדם כשר. בלועך. בלחייך. כלומר, התחזק על יצרך ולא תעשה זאת ד]. מצאו להן. אותם היושבים בהר גריזים, ונעשו משומדים לעבודה זרה. ואע"ג דרוב כותים לאו מהר גריזים היו, רבי מאיר לטעמיה דחייש למיעוטא ביבמות (דף סא:): קטן וקטנה לא חולצין ולא מיבמין, דברי ר"מ. אמרו לו לר"מ: יפה אמרת לא חולצין, "איש" כתיב בפרשה, מפני מה לא מיבמין? אמר להן: קטן — שמא ימצא סריס, קטנה — שמא תמצא איילונית, ונמצאו פוגעים בערוה. ולא אמר רוב קטנים אינם סריסים. את מושל. גדול בתורה. אם יודע ברבו. שאם ישאלנו ישיב לו ה] טעם. בין. שאל. ואם לאו תבין את אשר לפניך. מעצמך, ואל תשאל ותביישנו. "ושמת סכין בלועך" בתריה דהאי קרא כתיב, כלומר, התחזק עצמך ועצור פיך מלשאול. אם בעל נפש אתה. ומתאוה לשאול ולעמוד על העיקר, מאי תקנתיה? פרוש הימנו. מהתם גזרו. ר"מ על היין, ורבן גמליאל אחריו על השחיטה. וקבלו מינייהו. לא שאלו גדולים ו] הימנו, אלא שבדורו של ר"מ לא רצו לקבל עליהם לפרוש מן הכותיים, לפי שהיו רגילים בהם, ובדורו של רבי אמי היה אפשר להם לפרוש. לבטל רשות. אם דר כותי במבוי צריך לשכור את רשותו, ואפילו ז] נתן להם במתנה אינה מבוטלת עד שישכור, והיינו כגוי. וישראל ששכח ולא נתן בעירוב עם בני המבוי, והוא דר עמהם ואוסר עליהם — מבטל להם רשותו, וגוי — עד שישכור ישראל הימנו. וטעמא מפרש ב"הדר את הגוי" (דף סט:). משמר שבתו בשוק. בפרהסיא, אעפ"י שהוא משומד לחללו בצנעה — הרי הוא כישראל, ואם לא עירב עם שכניו בחצר או במבוי — נותן להם רשותו ודיו. לזכות. בקנין חליפין. לפונדקא דיאי. שם העיר. ועמי הארץ היו, וחשודין על הדמאי. ומשום דאייתינן לעיל "בהמתן של צדיקים" כו' נקט ח] ואתי להנך שמעתא דמיירי נמי בכי האי גוונא. מצומקות. לגוויות הרבה, לשון "מצטמק ויפה לו" דשבת (דף לז:). ביין. ואח"כ ערבום וטרפום ביין, ואיכא ביין משום דמאי. והכא משום דליתיה בעיניה, וע"י תערובת אייתי לקמייהו, לא חשו למילתא. אפשר. אי איתא דגזרו חכמים על תערובת דמאי, מסתייע מילתא דיגרום עון שלא ישים על לבו דגזרו עליו וישכח הגזרה ויאכל בשוגג? דק ואשכח. דלא גזרו. לתת לתוך המורייס. דסופו לאוכלו ליין זה על ידי תערובת דמוריים, וכן לתת לתוך אלונתית = פוויסו"ן, שנותן מים ויין ושמן אפרסמון כדאמרינן במסכת עבודה זרה (דף ל.). טחינין. מאכל של גריסין, ותבלין מעורבין בו. וכן רסיסין מעדשים. אע"פ שסוף כל אלו לערב, הואיל ובאין לידו של חבר מעם הארץ בעינייהו, שלא בתערובת חייב להפריש ט] דמאי אם ספק הוא, כגון שלקחו מעם הארץ, ואין צריך לומר משום ודאי, אם אמר לו המוכר: לא הפרשתי מהם. והם עצמם. הלוקח מעם הארץ את האוכלין עצמן — אין צריך להפריש דמאי, הואיל ובתערובת בא לידו. לשכנתו. אשת עם הארץ. עיסה לאפות. ומסר לה שאור. וקדרה לבשל. ונתן לה התבלין, אינו חושש שמא החליפה ונתנה משלה שאין מתוקן, לפי שאין חשודין על הגזל. עשה לי משליכי. השאור והתבלין. חושש. וצריך להפריש עליהם דמאי, ואע"ג דתערובת הוא. כיון דאמר לה עשי לי משליכי. הוי כמו שלקחן הימנה קודם תערובתן ואח"כ ערבן, דהא ע"פ עצתה ונעשית שלוחו. וטעמא לא בטיל. לפי שהוא מתקן הכל והוא עיקר. ואפילו לקח קדרה מבושלת מעם הארץ, שלא נעשה שלוחו כשעירבן — אסור. אבל יין במוריים ויין בבצים אינו עיקר. ולחלופי לא חיישינן. דקתני: אם נתן לה הכל אין חוששין שמא החליפה. הנותן לחמותו. עיסתו לאפות. מפני שחשודה מחלפת המתקלקל. אם יתקלקל הלחם מחליפתו. הלכך מעשר את שהוא נותן לה, דאי מיחלפא ליה שלא יהא חבר זה נותן לפניה מכשול. ואת שהוא נוטל הימנה. שמא החליפה. אלמא מיחלפא! התם כדקתני טעמא. לטובתה היא מתכוונת. אבל על הגזל, כגון לאדם גוי שאין דעתה להחליף להטיב לו — אף להרע אינה חשודה.
ולעלמא

תוספות

אשכחיה ההוא סבא. י"מ דכל מקום שהוא מזכיר "ההוא סבא" הוא אליהו. ואי אפשר לומר כן בפרק "במה מדליקין" (שבת דף לג.) בעובדא דרבי שמעון בן יוחאי.

בראש הר גריזים. במדרש יש שהיא עבודה זרה שהטמין יעקב תחת האלה בהר בשכם (בראשית לה). אם בעל נפש אתה פרוש הימנו. דבסיפא דקרא כתיב: "ואל תתאו למטעמותיו". אינו חושש לשאור ותבלין שבה לא משום מעשר ולא משום שביעית. משמע דתבלין חייבין במעשר. ותימה, דבפרק "בא סימן" (נדה נ.) תנן: כל שחייב במעשר מטמא טומאת אוכלים, וב"העור והרוטב" (לקמן דף קיז:) תנן: והקיפה מצטרפין לטמא טומאת אוכלין, וקאמר בגמרא: מאי קיפה — תבלין. אלמא תבלין אין להם טומאת אוכלין אלא על ידי צירוף, אע"ג דחייב במעשר! ויש לומר: ד"משום מעשר" דקאמר הכא לא קאי אתבלין, אלא אשאור. ושביעית קאי אף אתבלין, דהא במאכל בהמה נמי נוהג שביעית*.
התם

מסורת הש"ס

[לקמן יז. פו. יבמות קיט. גיטין כ: ע"ז לד: מ. בכורות יט: מב. נדה לח: מח.]

[לקמן קלג. עירובין כג: כתובות קיח: קדושין פ: ערכין ח:]

עירובין סט: ע"ז סד:

[ברכות סו. ושם נסמן]

[לעיל ה: ושם נסמן]

[נ"ל דתניא] תוספתא פ"א דדמאי

[עיין תוס' בכורות ל. ד"ה מעשרות]

[דיוה לח:]

דמאי פ"ג מ"ו גיטין סא. כל הסוגיא

[נ"ל כדקתני] דמאי שם

עין משפט נר מצוה

כב א מיי' פ"ב מהלכות אבות הטומאה הלכה י טוש"ע י"ד סי' ב סעיף ח [וברב אלפס בגיטין פ"ה דף קמה:]:

כג ב טוש"ע א"ח סי' שפה סעיף ג [וברב אלפס שם]:

כד ג מיי' פ"ב מהלכות עירובין הלכה טז סמג עשין מד"ס טוש"ע א"ח סי' שפה סעיף ג:

כה ד מיי' שם סמג שם טוש"ע א"ח סי' שפ סעיף א:

כו ה מיי' שם הל' י וסמג שם טוש"ע א"ח סימן שפב סעיף א [וברב אלפס שם]:

שם קף קכ.

כז ו מיי' שם הלכה טז סמג שם טוש"ע א"ח סי' שפ סעיף א:

[וע"ע תוס' יומא פא: ד"ה שהפלפלין ותוס' נדה נ. ד"ה כל]

כח ז מיי' פי"ג מהלכות מעשר הלכה יח:

כט ח מיי' שם פ"א הלכה יב:

ל ט מיי' שם פי"ג הלכה יח:

לא כ מיי' שם פ"י הלכה יב ועי' טוש"ע י"ד סי' קיט סעיף ג:

שיטה מקובצת

א] מבטל רשות ונותן רשות וכו'. נ"ב בקצת ס"י לא גרסי' ונותן רשות: ב] אינו חושש לשאור ותבלין וכו'. נ"ב עי' תוס' כתובות דף כב ע"א: ג] ואם אמר לה עשי לי וכו'. נ"ב ג"א בקצת ס"י בר"א בזמן שאמר להם עשי לי משלי אבל אמר לה עשי לי משליכי חושש וכו': ד] מצאו להם אותם. נ"ב נ"א בס"י מצאו להם לאותם היושבים בהר וכו': ה] ישיב לו דבר טעם: ו] לא שאלו גדולים מאלו אלא: ז] רשותו ואפילו בטלה להם: ח] נקט ואייתי להנך שמעתא: ט] חייב להפריש משום דמאי:

גליון הש"ס

גמ' כי הא דרשב"א וכו'. וכ"ה במד"ר פרשת תצא בשינוי לשון קצת. שם לא משום שביעית. עיין כתובות דף כב ע"א תוס' ד"ה שלי חלב ובכתובות דף נ ע"א תוס' ד"ה מתני':

רבינו גרשום

אלא לאו ש"מ קיבלה מיניה ר' זירא מר' יעקב בר אידי דאפילו בשישראל עע"ג אסור: דמות יונה מצאו בראש הר גריזים. כלומר בארץ ישראל שהיו עובדין אותה לשום ע"ז. ולמה אמר בראש הר גריזים לפי שבחוצה לארץ לאו חשובה היא ע"ז אלא מנהג אבותיהם בידיהם ואלו מצאו בא"י ועובדין אותה: ור' מאיר לטעמיה דחייש למיעוט. כלומר והיכא ר' מאיר חייש למיעוט לענין תינוק שנמצא בצד העיסה ובצק בידו רבי מאיר מטהר העיסה ורבנן מטמאין ואמרינן מ"ט דרבי מאיר רוב תינוקות מטפחין ומיעוט אין מטפחין סמוך מיעוטא לחזקה דעיסה זו בחזקת טהרה עומדת ואיתרע לה רובה הבא נמי לענין כותים חיישינן למיעוט וגזר רובה אטו מיעוט: ואם לאו תבין את אשר לפניך. כלומר ראה מורה שלפניך ואל תלכה תורה מיניה ותלכון פנוי: אם בעל נפש אתה. דהדעתך ללמוד פרוש ממנו לר' אחר: אי לשחיטה ויין נסך מהתם גזרו בהו. כלומר רבן גמליאל ור' מאיר גזרו עליהן: משמר שבתו בשוק. כלומר בפני בני אדם משמר שבת. בצנעא לא משמר כיון דבפני בני אדם משמר שבת מבטל רשות אם שכח ולא עירב עם בני חצר מע"ש אוסר עליהן עד שיבטל להן רשותו בשבת דהיינו לענין ביטול רשות כישראל אבל אם נכרי דר עמהם בחצר ושכחו ולא שכרו מע"ש אסור בשבת שאין יכולין לשכור מן הנכרי בשבת ובני חצר אין יכולין לטלטל בחצרו עד שישכרו מן הנכרי: לזכות. בקנין: לפונדקא דיאי. ביצים מצומקות. של עמי הארץ. ורפרם אמר משום טעמא דעבידי לטעמא לא בטיל ולא היה אסור בשאור כו': ומשום חילוף לא חיישינן: ולא והתנן מעשר את שנותן לה ואת שהוא נוטל הימנה כלומר את שהוא נוטל ממנו מעשר ולא מחוייבין מפני שחשודה שמתחלפת המתקלקל הלחם כלומר אם מתקלקל לחם שנשרף בתנור היא נוטלת המקולקל ונותנת לו יפה: התם משום טעמא דקתני. דאמר ר' יהודה כו' והבא

ולעלמא לא חיישינן? *והנותן לפונדקית שלו – מעשר את שהוא נותן לה ואת שהוא נוטל הימנה, מפני שחשודה א) מחלפת! התם נמי מוריא ואמרה: בר בי רב ליכול חמימא ואנא איכול קרירא. ולחלופי לא חיישינן? *והתניא: אשת חבר טוחנת עם אשת עם הארץ בזמן שהיא טמאה, אבל לא בזמן שהיא טהורה. רבי שמעון בן אלעזר אומר: אף בזמן שהיא טמאה לא תטחון, מפני שחברתה נותנת לה ואוכלת; השתא מיגזל גזלה, חלופי מיבעיא? אמר רב יוסף, התם נמי מוריא ואמרה: תורא מדישיה *קאכיל. העיד רבי יהושע בן זרוז בן חמיו של רבי מאיר לפני רבי על ר"מ שאכל עלה של ירק בבית שאן, *והתיר רבי את בית שאן כולה על ידו. חברו עליו אחיו ובית אביו, אמרו לו: מקום שאבותיך ואבות אבותיך נהגו בו איסור, אתה תנהוג בו היתר?! דרש להן מקרא זה: (מ"ב יח) "וכתת נחש הנחשת אשר עשה משה כי עד הימים ההמה היו בני ישראל מקטרים לו ויקרא לו נחשתן", *אפשר בא אסא ולא ביערו, בא יהושפט ולא ביערו? והלא כל עבודה זרה שבעולם אסא ויהושפט ביערום! אלא

רש"י

ולעלמא. דליכא למימר להטיב מתכוונת. לא חיישינן. שמא תחליף ליטול היפה לעצמה? והתנן הנותן לפונדקית שלו. לתקן לו עיסה וקדירה. מפני שחשודה מחלפת. והא הכא דלאו לטובה היא, דאיש גוי הוא. ובמסכת דמאי תנינא לה, ולא קתני "המתקלקל". אלמא על הגזל חשודה.

תורה אור

התם נמי מוריא כו'. התם נמי לטובה היא מתכוונת. והא דלא תנא בה "המתקלקל", משום דאפילו אין מתקלקל נמי, אם נתננו הלחם קודם שאכלו – מחלפת ליה, דמוריא הוראה לעצמה: לטובה אני מתכוונת, בר בי רב ליכול חמימא כו'. אבל נותן לשכנתו – אין לה לחוש עליו, ולא מחלפת לטובה, שהרי אין סמוך עליה תמיד כפונדקית, ולהרע נמי לא חשידא אגזל. ולאיחלופי. לגזול, לא חיישינן? טוחנת. מסייעת להניע את הרחיים כשהיא טוחנת את התבואה של עם הארץ. בזמן. שאשת חבר טמאה ליכא למיחש שמא תשכח ותתן לתוך פיה דבר שאינו מעושר, דכיון דטמאה היא – אינה רגילה ליגע במה שהיא עסוקה בו שמא תטמאנו, ומתמת שהיא עומדת מרחוק היא ולא נגעה. אבל לא בזמן שהיא טהורה. דהואיל ומותרת נוגעת – חיישינן שמא תשכח ותאכל. שחברתה נותנת לה ואוכלת. אלמא חשודה לגנוב משל בעלה ולהאכיל את חברתה. ואשת חבר, אע"פ שאינה רגילה לא לאכול גזל ולא לאכול דבר שאינו מעושר – חיישינן לשכחה, דעביד איניש דמיגנבי ואכיל מאי דיהבי ליה. אבל לתת לאחרים, אי לאו דחשודה ורגילה בגזל – לא מיגנבא. מוריא. היתר לעצמה. תורא מדישיה קאכיל. וזו הואיל ומסייעת אותה (זו) לא הוי גזל. העיד רבי יהושע. הא נמי משום אין הקב"ה מביא תקלה על ידי הצדיקים נקט לה. עלה של ירק. ולא עישר. והתיר רבי. על פי עדות זו. את בית שאן כולה. לאכול ירק שלה ופירות האילן בטבלן. קס"ד: קסבר רבי מאיר לאו מארץ ישראל היא, ומעשר דגן בחוצה לארץ הוא נוהג מדרבנן, הואיל וכארץ דאורייתא. אבל מעשר ירק, דבארץ גופיה דרבנן – לא גזור מידי בחוצה לארץ. דאי מא"י היא, אע"ג דרבי מאיר ורבי אחר חורבן הוו – ב] הא קיימא לן: מעשר דגן דאורייתא וירק דרבנן, דקדושה ראשונה דעזרא קדשה אף לעתיד לבא, כדקתני: התיר רבי את בית שאן – ג] מכלל דשאר מקומות נוהג בהן. וכתת נחש הנחשת. בחזקיהו מלך יהודה כתיב. מקום

תוספות

התם נמי מוריא ואמרה בר בי רב ליכול חמימא ואנא איכול קרירא. פירש בקונטרס: מורה הוראת היתר לעצמה, לטובה אני מתכוונת, בר בי רב ליכול חמימא. ואין הלשון משמע כן, ד"מוריא" משמע שמורה לעצמה היתר לעכב משלו, כמו "מוריא ואמרה תורא מדישיה קאכיל". ועוד תנן במתניתין: מעשר את שהוא נותן לה ואת שהוא נוטל הימנה מפני שחשודה שמחלפת. רבי יוסי אומר: אין אנו אחראין לרמאים. ומפרש רבינו מנחם, דבתמיה קאמר: בר בי רב ליכול חמימא ואנא איכול קרירא? ואני טרחתי בשבילו! אבל גבי שכנתו אין לחוש לחילוף אע"פ שטורחת בשבילו, דדרך שכנים שטורחים זה בשביל זה.

אשת חבר טוחנת עם אשת עם הארץ. פי' בקונטרס: טוחנת תבואה של עם הארץ בזמן שהיא טמאה – אשת חבר, דליכא למיחש שמא תשכח ותתן לתוך פיה דבר שאינו מעושר, דכיון דטמאה היא אינה נוגעת, ומסתמא עומדת מרחוק. וקשה: דהך א) *משנה מתניא במסכת טהרות (פ"ז), ולפי הקונטרס הוה ליה למיתני במסכ' דמאי! ועוד קשה: דפי' דחברתה נותנת לה ואוכלת – אלמא חשודה לגנוב משל בעלה. ואין זה גזלה, דאין הבעל מקפיד בדבר מועט, *כדתנן ב"הגוזל בתרא" (ב"ק דף קיט.): מקבלין מן הנשים דבר מועט לצדקה! וגם זה דוחק מאד שמחלק בין אשת חבר לאשת עם הארץ, דעביד איניש דמיגנבי ואכיל מה דיהבי ליה, אבל לתת לאחרים אי לאו דרגילה בגזל לא מיגנבא. ועוד: היאך טוחנת עמה אשת חבר? הרי היא מסייעת (א) עוברי עבירה, ובסוף "הניזקין" (גיטין דף סא.) מוכח דאסור, לרבא דמפרש מתניתין דמשאלת אשת חבר לאשת עם הארץ נפה וכברה ובוררת וטוחנת עמה – בעם הארץ דרבי מאיר, וטומאה וטהרה דרבנן. אבל בסתם עם הארץ – לא, כי היכי דלא תטחון עם חברתה החשודה על השביעית. ולאביי דאמר רוב עמי הארץ מעשרין הן – שרי לסייעה בכל ענין. והכא הא אסרינן בזמן שהיא טהורה! וליכא לאוקומי ההיא בזמן שהיא טמאה, ולא כרבי שמעון בן אלעזר, דהא בהדיא קתני: בוררת, ובוררת נוגעת היא! ומפרש ר"ח וכן ר"ת: שבתבואה של [חבר] איירי, בזמן שהיא טמאה – בזמן שאשת עם הארץ מחזקת עצמה כטמאה, שאז היא נזהרת מליגע בתבואה. אבל לא בזמן שמחזקת עצמה בטהורה – דאז אין נזהרת מליגע בתבואה, ומטמאה לה. רבי שמעון בן אלעזר אומר: אף בזמן שמחזקת עצמה בחזקת טמאה לא תטחון, מפני שחברתה, אשת עם הארץ אחר שסבורה להיות טהורה, נותנת לה ואוכלת. ובתוספתא דטהרות פ"ח קתני: אע"פ שאינה אוכלת – נותנת לאחרים ואוכלים. והשתא פריך שפיר: השתא מגזל גזלה תבואה של אשת חבר, חילופי מיבעיא?

והתיר רבי את בית שאן כולה על ידו. משמע דאין מעשר נוהג בחוצה לארץ. וכן משמע בע"ז בפ' "רבי ישמעאל" (דף נח:) דקאמר: ריש לקיש איקלע [לבצרה], חזינהו דאכלי פירי דלא ד)עשרו, אסר להו. אתא לקמיה דרבי יוחנן. א"ל: אדמקטורך עלך זיל הדר, [ד"בצרה"] לאו היינו "בצר", [דבצרה] בחוצה לארץ היא ואינה חייבת במעשר. ותימה: דבפרק "עד כמה" (בכורות כז.) מוכח כולה שמעתתא דתרומה נוהגת בחוצה לארץ. ואין לומר כדפי' הכא בקונטרס, דדוקא תרומת דגן תירוש ויצהר דהוי בארץ דאורייתא – בחוצה לארץ הוי מדרבנן, אבל בשאר פירות – לא. דהא בפ"ק דבילה (דף יב:) גבי אושפיזכניה דרבה בר בר חנה הוה ליה איסורייתא דחרדלא, משמע הסוגיא דחייב במעשר. ובריש "כיצד מברכין" (ברכות לו.) רבי אליעזר אומר: צלף מתעשר התמרות והקפריסין. רבי עקיבא אומר: אין מתעשרין אלא האביונות בלבד. ואמר רב יהודה: צלף ערלה בחוצה לארץ – זורק את האביונות, ואוכל את הקפריסין. ופריך: ולימא הלכה כרבי עקיבא! ומשני: ה"א אפילו בארץ, קא משמע לן בחוצה לארץ. ולימא: כל המיקל בארץ הלכה כמותו בחוצה לארץ! אי אמר הכי ה"א הני מילי מעשר ירק וצלף, דבארץ גופה דרבנן, אבל ערלה דבארץ דאורייתא – לא. משמע בהדיא דמעשר ירק וצלף נוהג בחוצה לארץ! ואומר ר"ת: דהכא ובפרק "רבי ישמעאל" (ע"ז דף נח:) איירי בדמאי, דאינו נוהג בחוצה לארץ. כדתנן במסכת דמאי (פ"א מ"ג): מכזיב ולהלן פטור מן הדמאי. אבל ודאי טבל חייב בכל מקום. וכן משמע דמיירי הכא בדמאי, מדפריך לקמן: ודילמא רבי מאיר נתן עיניו בלד זה ואכל בלד אחר, דלא שרי אלא בדמאי. וקשה מירושלמי דפרק ג' דדמאי: רבן שמעון בן גמליאל שלח ליה רבי יוסי ברבי אתרוג, ואמר ליה: זה בא לידי מקסרין. ולמדתי ממנו שלשה דברים: שהוא ודאי, ושהוא טמא, ושלא בא לידו אחר. שהוא ודאי – שפירות קסרין ודאי, ושהוא טמא – שמרבילין עליו מים, פי': והוכשר. ולא בא לידו אחר – שאילו בא לידו אחר היה מעשר ממנו על זה. ואם תאמר: ודילמא עישר, והוצרך להודיעו משום הכשר! ויש לומר: דאם לא היה אלא דבר אחד היה רבי יוסי מודיעו בפירוש. ופריך: וליעשר ממנו עליו! ומשני: אין דרך בני אדם ששולחין לחביריהן דברים חסרים. ופריך: ולאו מתניתין היא, רבי יוסי מתיר בודאי ובלבד שיודיעו! משנה היא באותו פרק, שר' יוסי מתיר לשלוח לחבירו ודאי טבל ובלבד שיודיעו שאינו מעושר; ושמא היה ביד רבי יוסי אחר, ומה שלא עישר – לפי שהודיעו, שעל כן היה אומר זה בא לידי מקסרין! ומשני: אע"ג דפליג אדרבנן – לא הוה עבד עובדא כוותיה. ופריך: ולאו מפירות המותרין בקסרין הס? דרבי התיר קסרין, והתיר בית שאן! ומשני: רשב"ג קודם רבי הוה. משמע דלאחר שהותר היה פטור אפילו ודאי, דההוא אתרוג ודאי הוה! *וי"ל: ולאו מפירות דמותרין בקסרין. דהתם בירושלמי בפרק ב' דדמאי אמרינן: אלו המינין האסורין בבית שאן, ואלו המינין האסורים בקסרין, פי': משום דמאי. משום דאלו מינין היו רגילין באלו המקומות לבא מא"י, והידועין שלא באו מארץ ישראל פטורין משום דמאי וחייבין משום ודאי, כפי' ר"ת. ופריך: והלא אתרוג מפירות המותרין שאין מביאין אותן מא"י, אלא בקסרין עצמה גדל, ומודו רבנן דמותר לשלוח ודאי בחוצה לארץ בהודעה, ולא נחלקו אלא בטבל בא"י. וא"כ מנא לן שלא בא ליד רבי יוסי אחר? ואפילו היה בידו אחר – היה יכול לשלוח ודאי טבל בהודעה בחוצה לארץ, אפילו לרבנן! ומשני: דעדיין לא הותרה קסרין בימי רבי יוסי, והיו מחזיקין אותה בחזקת א"י. ומיהו, במקום אחר מצא ר"י בירושלמי במסכת חלה, פ' "שתי נשים"

עין משפט נר מצוה

לב א מיי' פי"א מהלכות מעשר הלכה יב:

לג ב מיי' פ"א מהלכות תרומות הלכה ה:

מסורת הש"ס

דמאי פ"ג משנה ה

(טהרות פ"ז) תוספתא דטהרות פ"ד בנוסחא אחרינא

[עד כאן הכל כגיטין ע"ש]

[עיין תוספות פסחים נה. ד"ה לא אתא ותוס' מגילה ה: ד"ה דברים]

[שבת נו:]

לא מצאתי זו בשום משנה רק בתוספתא פ"ח לטהרות מצאתי בנוסחא אחרת ועיין ר"ש פ"ז לטהרות מ"ד

[נ"ל כדתניא]

עי' ר"ש במסכת דמאי

שיטה מקובצת

א] מפני שחשודה ומחלפת: ב] הא קי"ל מעשר דגן בזמן הזה דאורייתא: ג] את בית שאן כולה מכלל: ד] דאכלי פירי דלא מעשרן ואסר:

הגהות הב"ח

(א) תוס' ד"ה אשת וכו' מסייעת ידי עוברי:

הגהות מהר"ב רנשבורג

א] תוד"ה אשת חבר וכו' וקשה דהך תוספתא מתניא וכו' כצ"ל:

רבינו גרשום

והכא חיישינן אבל לעלמא לא חיישינן כלומר בשאור ותבלין: ולעלמא לא חיישינן והתנן הנותן לפונדקית. כלומר אכסנית מעשר את שהוא כו' מפני שחשודה שמתחלפת המתקלקל כלומר מחלפת טוב ונותנת לו רע. התם בפונדקית דהיא אומרת בר בי רב אכיל חמימא ואנא איכול קרירא ומשום הכי חיישינן ואי פרכינן (לו) למה מי שנותן לשכינתו לא חיישינן לחלופי ולפונדקי' חיישינן לחלופי והכי תרצינן אכסניא כאן היום ולמחר הולך לדרכו: אשת חבר טוחנת עם אשת ע"ה וכו' למה בזמן שהיא טמאה ולא בזמן שהיא טהורה שבזמן שהיא טמאה רגילה עם בעלה שאינה נוגעת בשום דבר ועכשיו כשהיא טמא' לא תגע בשום דבר לא תאכל (על הכל) מכל אשר לה מאשת ע"ה ולא חיישינן שמא תקח מן החטים או מן הקמח שלה ותתן לתוך פיה ואוכלת דבר שהוא דמאי אבל כשהיא טהורה לא תיטחן עמה שמא תקח ותתן לתוך פיה דמאי: ר' אלעזר אומר אף בזמן שהיא טמאה: השתא מגזל גזלה כלומר לבעלה דאמרינן חברתה נותנת לה ואוכלת וגוזלת לבעלה חלופי מיבעיא שתחלף לאחרים טוב ברע: אמר רב יוסף לאו חשוב גזל הוא מה שהיא נותנת לאשת חבר שטוחנת עמה דמוריא ואמרה תורא מדישיה קא אכיל. והא איתתא נמי דטוחנת עמי בדין הוא שאתן לה ועדיין לחלופי לעלמא לא חיישינן (אלא) [והלכך] הכא בשאור וכו' לא חיישינן: בן זירוז גרסינן שאכל עלה של ירק בבית שאן בלא מעשר אכל והתיר ר' את בית שאן על ידו של ר' מאיר כלומר דכיון דאכל ר' מאיר בלא מעשר ודאי לא מארץ ישראל א) בית שאן נהגו בו איסור כלומר שמעולם לא אכלו בבית שאן בלא מעשר. דרש להו מקרא הזה. כלומר ר' דנהג בו היתר. (וחזקיהו הוה) והוא כיתת נחש הנחשת ב) אלא מקום הניחו לו אבותיו כלומר (מה לעשות גדר) [להתגדר בו] כלומר שיהא נקרא על שמו ועל ידו אף אני מקום הניחו לי אבותי מה שהיו אוסרים

א) נראה דצריך לגיין אמרו לו מקום שאבותיך וכו' בית שאן וכו'. ב) נ"ל בחזקיה כתיב: אלא וכו'.

מקום הניחו. כשגלו בניהו אחריו, אם לא ימצאו מה לתקן במה יגדל שמם? להתגדר – להתגדל. מכאן. שראינו שקבל רבי עדות זו, ולמד הימנה, אע"פ שדבר תימה הוא, שהרי מעולם היו נוהגין בו איסור – למדנו שאין מזיחין תלמיד חכם האומר דבר הלכה א] חידוש, לאמר: לא שמעת. אין מזיחין – אין מבדילין אותו משמועתו, לאמר: חזור בך. מזניחין. ב] משליכים את דבריו. מזחיחין. לומר: גאותך גרמה לך שלא הטית אוזן לשמוע דבר כהלכתו מפי רבך. לישנא אחרינא: מגביהין ומסלקין אותו מדבריו. זחוחי. לשון גסות הלב, שלא דקדק מפי רבו כל צרכו, וסמכו על לבם. (א) ג] הוריש וגו'. אלא הניחום למס עובד ויושבים ביניהם. אשתמיטתיה. ליהודה בריה דר"ש בן פזי. הרבה כרכים כבשו עולי מצרים. וקדשום בקדושת הארץ, ולא כבשום עולי בבל לקדשם בשניה. ולכך לא כבשום – דקסברי: הואיל והוקדו הוקדו, דקדושה ראשונה בטלה, דכי קדשה יהושע – לשעתה קדשה ולא לעתיד לבא ד] כשגלו בימי נבוכדנצר. ולא רצו להחזיר קדושתה – כדי שיהא מותר לחרוש ולזרוע שם בשביעית, שאין נוהגת תבואה בארץ, ויסמכו עליהן עניים ליטול לקט שכחה ופאה ומעשר עני. ובית שאן מהן היתה. ואותן שקדשו – הן לא בטלו מחורבן שני, כדאמרינן ביבמות ב"הערל" (דף פב:): "והביאך ה' אלהיך אל הארץ אשר ירשו אבותיך וירשתה" – ירושה ראשונה ושניה יש להם, שבטלה ירושה ראשונה ונקראת שניה ירושה, אבל ירושה שלישית אין להם, שהשניה לא פסקה, הלכך בימי רבי נהגו איסור בארץ. עלה בעלמא. דאכילת עראי היא, ושריא בארץ. מאגודה ה] אכליה. דמשנאגד אסור לאכול עראי. הנאגד. שדרכו לאוגדו. משיאגד. הוקבע למעשר, ונאסר באכילת עראי. לאו אדעתיה. שכח ר' מאיר ולא עשרו, ולעולם סבירא ליה דבעי עשורי. ממקום אחר. שמא הוי ליה ירק תלוש בביתו, ואמר: הרי הוא מעשר על אגודה זו. לתרום שלא מן המוקף. מן ו] המחובר וסמוך לו, כגון: "אין מקיפין שתי חביות" (ביצה דף לג:), וכמו "מקפת וקורא לה שם" (נדה דף עא:) – לשון מקריב ומגיען זה לזה. ואסור לחבר להפריש ממה שאין לפניו על מה שלפניו, דשמא אותו שהוא סומך עליו אינו בעין, שנאבד או נרקב, ונמצא שאין אומר כלום, ואוכל טבלים. נתן עיניו בצד זה. לקרות לו שם מעשר על צד שני, ואכל מצד שני. חזי מאן גברא רבה קמסהיד עליה. ראה כמה אדם גדול העיד עליו, והיינו רבי יהושע. הואיל וגלה להעיד על זאת – יפה כיון ודקדק בדבר אל נכון. גינאי. שם הנהר. רצון קוני. כל ההולכים אל הים בגזירת המלך. ספק עושה. שמא לא יתנו לך פדיון. דבמצוה עסיק. דכתיב (שמות יב): "ושמרתם את המצות", דמתחלת טחינה והרקדה בעיא שימור לשם מצה. דלווה בהדייהו. נתחבר עמהם בדרך. טייעא = סוחר ערבי. כך עושין. בתמיה. לבני לויה. לבני חבורה, שמפסקן והולך. ודלמא ה"נ חדא זימנא. אלא מתחילה היה שלא יחזרו המים וישטפו הפנים, והיה מדבר עליהם שימתינו להם הנהר. כמשה ושתין רבוון. שנחלק להן ים סוף.

חבטינהו

נשים" דירק בחוצה לארץ אינו נוהג בו לא מעשר ולא תרומה, ובשאר פירות נוהגת תרומה גדולה אבל לא מעשר, אבל דגן תירוש ויצהר – חייבין לגמרי, בין בתרומה בין במעשר. והכי איתא התם, אמר ר' יוחנן: רבותינו שבגולה היו מפרישין תרומות ומעשרות עד שבאו הרובים ובטלום. מאן ניהו הרובים – תרגמוניא. א"ר זעירא רב יהודה בשם שמואל אומר: חלת חוצה לארץ ותרומת חוצה לארץ – אוכל והולך ואחר כך מפריש. ר' אבא בשם רבי שמואל אמר: לא חשו אלא לתרומת דגן תירוש ויצהר. ומשמע דקאי אר' יוחנן דאמר דבגולה היו מפרישין תרומות. (ב) ז] ואתא רבי אבא לאשמועינן דדוקא בדגן תירוש ויצהר היו מפרישין תרומות ומעשרות. ולאו דוקא נקט תרומה – דהוא הדין מעשר. אבל שאר פירות לא חשו לענין מעשר אלא לתרומה גדולה, כמו שמפרש רבי הילא בשם ר"ש א"כ, ר' הילא בשם ר"ש אמר: לא חשו אלא לתרומה גדולה, אבל לירקות אפילו לתרומה גדולה לא חשו, דתני איסי בשם רבי עקיבא: מעשרות לירק מדבריהם, פירוש: שאין להם אסמכתא מן הפסוק כמו שיש לשאר פירות, דאסמכו רבנן אקרא. ולפי זה לא קשיא מידי מהך דשמעתין, דרבי מאיר אכל עלה של ירק. וההוא דמסכת ע"ז דאכל פירי דלא מעשרן – בשאר פירות קאמר, שהורמה מהן תרומה גדולה אבל לא מעשר. ובברכות (דף לו.) לא גרסינן "ירק", דבלוף איירי ולאו ירק הוא. ול"ג נמי "מעשר", אלא: הני מילי גבי לוף, דכל שאר פירות אינו נוהג מעשר אלא תרומה. וכן הוא בספרים מדויקים. ואההיא דירושלמי, דקאמר שבאו הרובין ובטלום, סמכינן עכשיו שאין אנו מפרישין תרומות ומעשרות. ור"ת מפרש דאין השדות חשובות כמו שלנו, לפי שנותנין מהן מס. ולפי זה בימיהם לא היו מפרישין אלא מהנהו דלא יהבי טסקא, דאיכא דלא יהבי, כדאמר ב"המקבל" (ב"מ קי.): ארעא דלית לה כרגא וטסקא, מאי? ועוד יש לפרש: שמא הרחוקים מארץ ישראל כמונו לא תקנו חכמים. ועוד יש מפרשים, שנמצא בירושלמי דהא דקאמר דמכזיב ולהלן פטור מן הדמאי – לאו דוקא דמאי, אלא אף מן הודאי. ואהא סמכינן.

אלא מקום הניחו לו אבותיו להתגדר בו. תימה: דלא משני הכי בפרק "במה בהמה" (שבת דף נו:) דדרשינן: "ואת הבמות אשר על פני ירושלים אשר בנה שלמה (אותם בער יאשיהו)" כו', אפשר בא אסא כו', אלא מקיש ראשונים לאחרונים, מה אחרונים לא עשו ותלה בהן – אף כו'. ואמאי לא משני דמקום הניחו לו אבותיו להתגדר בו, כדמשני הכא? ויש לומר: דבשלמא הכא גבי נחש הנחושת, לפי שנעשה על פי הדבור – טעו בו הראשונים, והיו סבורים שהיה אסור לבערו. אלא התם, במה היו טועין שלא לבער אותן הבמות?

אֶלָּא מָקוֹם הִנִּיחוּ לוֹ אֲבוֹתָיו לְהִתְגַּדֵּר בּוֹ, אַף אֲנִי – מָקוֹם הִנִּיחוּ לִי אֲבוֹתַי לְהִתְגַּדֵּר בּוֹ. מִכָּאן, לְתַלְמִיד חָכָם שֶׁאָמַר דְּבַר הֲלָכָה, שֶׁאֵין מְזִיחִין אוֹתוֹ, וְאָמְרִי לַהּ: אֵין מַזְנִיחִין אוֹתוֹ, וְאָמְרִי לַהּ: אֵין מַזְחִיחִין אוֹתוֹ. מַאן דְּאָמַר "מְזִיחִין" – כְּדִכְתִיב: "וְלֹא יִזַּח הַחֹשֶׁן" (שמות כח); וּמַאן דְּאָמַר "אֵין מַזְנִיחִין" – דִּכְתִיב: "כִּי לֹא יִזְנַח לְעוֹלָם ה'" (איכה ג); וּמַאן דְּאָמַר "מַזְחִיחִין" – *דִּתְנַן: מִשֶּׁרַבּוּ זְחוּחֵי הַלֵּב, רַבּוּ מַחֲלוֹקוֹת בְּיִשְׂרָאֵל. מַתְקִיף לַהּ *יְהוּדָה בְּרֵיהּ דְּר' שִׁמְעוֹן בֶּן פָּזִי: וּמִי אִיכָּא לְמַאן דְּאָמַר דְּבֵית שְׁאָן לָאו מֵאֶרֶץ יִשְׂרָאֵל הִיא? וְהָכְתִיב: "וְלֹא הוֹרִישׁ מְנַשֶּׁה אֶת בֵּית שְׁאָן וְאֶת בְּנוֹתֶיהָ וְאֶת תַּעְנַךְ וְאֶת בְּנוֹתֶיהָ" (שופטים א)! אִישְׁתְּמִיטְתֵּיהּ הָא דְּאָמַר ר' שִׁמְעוֹן בֶּן אֶלְיָקִים מִשּׁוּם ר' אֶלְעָזָר בֶּן פְּדָת, שֶׁאָמַר מִשּׁוּם ר' אֶלְעָזָר בֶּן שַׁמּוּעַ: *א הַרְבֵּה כְּרַכִּים כְּבָשׁוּם עוֹלֵי מִצְרַיִם וְלֹא כְּבָשׁוּם עוֹלֵי בָבֶל, *וְקָסָבַר: ב קְדוּשָּׁה רִאשׁוֹנָה קִדְּשָׁה לִשְׁעָתָהּ וְלֹא קִדְּשָׁה לֶעָתִיד לָבֹא, ג וְהִנִּיחוּם כְּדֵי שֶׁיִּסְמְכוּ עֲלֵיהֶן עֲנִיִּים בַּשְּׁבִיעִית. אֲמַר לֵיהּ ר' יִרְמְיָה לְרַבִּי זֵירָא: וְהָא ר' מֵאִיר עָלֶה בְּעָלְמָא הוּא דַּאֲכִיל! אֲמַר לֵיהּ: מֵאֲגוּדָה אֲכָלֵיהּ, *וּתְנַן: ד יָרָק הַנֶּאֱגָד – מִשֶּׁיֵּאָגֵד. וְדִלְמָא לָאו אַדַּעְתֵּיהּ! *הַשְׁתָּא בְּהֶמְתָּן שֶׁל צַדִּיקִים אֵין הַקב"ה מֵבִיא תַּקָּלָה עַל יָדָן, צַדִּיקִים עַצְמָן לֹא כָּל שֶׁכֵּן? וְדִלְמָא עִישֵּׂר עֲלֵיהֶם מִמָּקוֹם אַחֵר! *לֹא נֶחְשְׁדוּ חֲבֵרִים לִתְרוֹם שֶׁלֹּא מִן הַמּוּקָף. וְדִלְמָא נָתַן עֵינָיו בְּצַד זֶה וְאָכַל בְּצַד אַחֵר! אֲמַר לֵיהּ: *חֲזִי מַאן גַּבְרָא רַבָּה קָמַסְהֵיד עֲלֵיהּ. מַאי בְּהֶמְתָּן שֶׁל צַדִּיקִים? דְּרַבִּי פִּנְחָס בֶּן יָאִיר הֲוָה קָאָזֵיל לְפִדְיוֹן שְׁבוּיִין, פְּגַע בֵּיהּ בְּגִינַּאי נַהֲרָא, אֲמַר לֵיהּ: גִּינַּאי, חֲלוֹק לִי מֵימֶיךָ וְאֶעֱבוֹר בְּךָ! אֲמַר לֵיהּ: אַתָּה הוֹלֵךְ לַעֲשׂוֹת רְצוֹן קוֹנְךָ וַאֲנִי הוֹלֵךְ לַעֲשׂוֹת רְצוֹן קוֹנִי, אַתָּה – סָפֵק עוֹשֶׂה סָפֵק אִי אַתָּה עוֹשֶׂה, אֲנִי – וַדַּאי עוֹשֶׂה. אֲמַר לֵיהּ: אִם אִי אַתָּה חוֹלֵק, גּוֹזְרַנִי עָלֶיךָ שֶׁלֹּא יַעַבְרוּ בְּךָ מַיִם לְעוֹלָם! חֲלַק לֵיהּ. הֲוָה הַהוּא גַּבְרָא דַּהֲוָה דָּארֵי חִיטֵּי לְפִיסְחָא, אֲמַר לֵיהּ: חֲלוֹק לֵיהּ נַמִי לְהַאי, דְּבְמִצְוָה עָסֵיק! חֲלַק לֵיהּ. הֲוָה הַהוּא טַיָּיעָא דִּלְוָה בַּהֲדַיְיהוּ, אֲמַר לֵיהּ: חֲלוֹק לֵיהּ נַמִי לְהַאי, דְּלָא לֵימָא: כָּךְ עוֹשִׂים לִבְנֵי לְוָיָה? חֲלַק לֵיהּ. אֲמַר רַב יוֹסֵף: כַּמָּה נָפֵישׁ גַּבְרָא מִמֹּשֶׁה וְשִׁתִּין רִבְּוָון, דְּאִילּוּ הָתָם חַד זִימְנָא, וְהָכָא תְּלָתָא זִימְנִין. וְדִלְמָא הָכָא נַמִי חֲדָא זִימְנָא! אֶלָּא כְּמֹשֶׁה וְשִׁתִּין רִבְּוָון. אִקְלַע לְהַהוּא אוּשְׁפִּיזָא, רָמוּ לֵיהּ שְׂעָרֵי לַחֲמָרֵיהּ, לָא אֲכַל, חַבְטִינְהוּ

ודילמא נתן עיניו בצד זה ואוכל בצד אחר. ח] וא"ת, דתנן בפרק "במה מדליקין" (שבת דף לד.): ספק חשכה ספק אינה חשכה – מעשרין את הדמאי, הא ודאי חשכה – לא, ואמאי? כיון דאפשר ע"י נותן עיניו בצד זה ואוכל בצד אחר, אם כן יהא מותר להפריש בשבת. כדמוכח בפרק "נוטל" (שם דף קמב.), דתנן, רבי יהודה אומר: אף מעלין את המדומע באחד ומאה. ופריך בגמרא (שם דף קמב:): והא מתקן הוא! ומשני: הא מני – רבי שמעון בן אלעזר היא, דאמר נותן עיניו בצד זה ואוכל בצד אחר, ולהכי לא חשיב תקון בשבת כשמעלה! ויש לומר: דשאני מדומע שכבר היה נתקן, אבל תחלתו של טבל – לא שרי על ידי דאפשר ליתן עיניו בצד זה ולאכול בצד אחר. [וע"ע תוספות גיטין לא. ובמנחות נה. ובבכורות נג. ד"ה במחשבה].

אמר ליה אתה הולך לעשות רצון קונך כו'. תימה: שמא שר של ים השיב לו כך. אי נמי: רבי פנחס היה מחשב בלבו שלכך היה מניח מלחלוק לו. וכעניין זה צריך לפרש בפרק קמא דמסכת ע"ז (דף יז.) גבי רבי אליעזר בן דורדייא, דאמר: "שמים, בקשו עלי רחמים".

מסורת הש"ס: סוטה מז: [ושם איתא דתניא] | [בכרכות ע: מכל רבי יהודה בריה דר"ש בן פזי] | חגיגה ג: | שם: מגילה י: ערכין לב: תמורה כה. זבחים ס: קז: מכות יט. שבועות טז. | מעשרות פ"א מ"ה ר"ה יב. | [יבמות פב: כתובות כה: גיטין ז. לעיל ה: ו.] | [עירובין לו: וש"נ] | [ברכות לו:]

עין משפט נר מצוה:
לד א ב ג מיי' פ"א מהלכות תרומות הלכה ה:
לה ד מיי' פ"ג מהלכות מעשר הלכה ט:

שיטה מקובצת

א] ת"ח האומר דבר הלכה של חדוש: ב] משקצים את דבריו. נ"ב נ"א משקעין: ג] מה"ד ולא הוריש וגו' אלא הניחום למס עובד וישבו ביניהן: ד] ולא לעתיד לבא כשגלו בימי נבוכדנאצר: ה] מאגודה אכליה דמשנאגד אסור למיכליה אכילת עראי: ו] לתרום שלא מן המוקף מן שאינו סמוך לו: ז] דבגולה היו מפרישין תרומות ומעשרות ואתא ר' אבא: ח] וא"ת דתנן בפ' במה מדליקין. נ"ב ע' תום' מנחות דף נה ע"א ובכורות דף נט ע"א:

הגהות הב"ח

(א) רש"י ד"ה ולא הוריש: (ב) תום' ד"ה (בעמוד הקודם) והתיר כו' מפרישין תרומות ומעשרות וכו'.

רבינו גרשום

אומרים שאני עתיד להתיר. מזחיחין לשון גסות משרבו זחוחי הלב שלא חזרו תלמודן כל צורכן (חלב) ולא דקדקו בפני רבן כל צורכן רבו מחלוקות בישראל דאחד אוסר ואחד מתיר ואחד מטמא ואחד מטהר. הכתי' לא הוריש מנשה את בית שאן ואת בנותיה כלומר לכבדה ולא הוריש ויושבי העיר אבל היו להם למס עובד: ולא קידשום עולי בבל וקא סברי קדושה ראשונה וכו' קדושה ראשונה שקידשה יהושע קידשה לשעתה כלומר במקדש ראשון ולא קידשה במקדש שני והניחום בפעם שנייה כשעלו מבבל שלא יהו לא בכלל מעשר ולא בכלל שביעית שיחרשו ויזרעו בשביעית שיסמכו עניים עליהם בשביעית ובית שאן נמי לא כבשוה עולי בבל דמשום הכי לא היתה חייבת לא במעשר ולא בשביעית ולפיכך אכל ר' מאיר עלה של ירק בלא מעשר: דילמא מאגודה אחר עשר ליה. כלומר שהוא היה במדינה [אחרת] ונתן עשור לשם להתיר לו זו שבמדינה זו: לא נחשדו חברים לתרום שלא מן המוקף. כלומר א) לא נחשדו אותו שום אדם שבעולם דהוא הוה תורם אלא משלפניו ומשום הכי אכל עלה. ודילמא נתן עיניו בצד זה ואוכל וכו' כלומר מאגודה עצמו נתן מעשר שהוא אכל בצד זה ונתן מעשר מצד אחר. חזי מאן גברא אסהיד עליה שלא נתן מעשר על הכל. אני הולך לעשות כלומר אני הולך כמה שגזר הקב"ה לבריכה כל הנחלים וכו'. דלא לימא כך עושים לבני לויה כשבא למברא הוא עבר ואותו שלווה זה לא עברו: ממשה רבינו ושיתין ריבוואן כלומר שחלק להן הב"ה היינו שהיו ישראל ששים רבוא שש מאות אלף רגלי אלו ששים רבוא. נקרינהו

א) נראה דצ"ל לא נחשד שום חבר שבשעה לתרום שלא מן המוקף אלא ודאי דלא היה תורם אלא משלפניו והיכי אכל העלה אלא ודאי שמותר וכו'.

הא אתמר עלה אמר רבי יוחנן כו'. במסכת שקלים (דף ח:) ובמסכת דמאי בירושלמי ובבראשית רבה (פ' ס') לא משני מידי, אלא השיב להם דמחמרא אנפשה. **ויש** שיש לו ואינו רוצה. ואפ"ה איקרו קדושים, שמזמן את חבירו לאכול אצלו מפני הבושה.

מסרהבנא · ממהר אני, כדמתרגמינן "וימהרו לשפוך דם" (ישעיה נט) – ויסרהבון.

גדולים צדיקים במיתתן יותר מבחייהם כו'. פירש בקונטרס: דדריש ממה שהחיה בנגיעה בעלמא, כדכתיב "ויגע ויחי". וקשה: דא"כ, מאי פריך: ודילמא לקיומי ברכתא דאליהו? מ"מ היה גדול במה שטרח להחיותו בחייו יותר מבמותו! ונראה דנפקא ליה ממה שבחיי הצדיקים נוגעים בהם כמה רשעים ויושבים אצלם, ושם לא היה לו רשות להתעכב אצלו. והא

חבטינהו – לא אכל, נקרינהו – לא אכל, אמר להו: דלמא לא מעשרן? עשרינהו ואכל. אמר: ענייה זו הולכת לעשות רצון קונה, ואתם מאכילין אותה טבלים? א) ומי מיחייבא? והתנן: *הלוקח לזרע ולבהמה, וקמח לעורות, ושמן לנר, ושמן לסוך בו את הכלים – פטור מהדמאי! התם הא איתמר עלה, אמר רבי יוחנן: לא שנו אלא שלקחן מתחלה לבהמה, אבל לקחן מתחלה לאדם ונמלך עליהם לבהמה – חייב לעשר; והתניא: הלוקח פירות מן השוק לאכילה, ונמלך עליהן לבהמה – הרי זה לא יתן לא לפני בהמתו ולא לפני בהמת חברו אלא אם כן עישר. שמע רבי נפק לאפיה, אמר ליה: רצונך סעוד אצלי? אמר לו: הן. צהבו פניו של רבי. אמר לו: כמדומה אתה שמודר הנאה מישראל אני? ישראל קדושים הן, יש רוצה ואין לו, ויש שיש לו ואינו רוצה, וכתיב: °"אל תלחם [את] לחם רע עין ואל תתאו למטעמותיו. כי כמו שער בנפשו כן הוא אכול ושתה יאמר לך ולבו בל עמך", ואתה רוצה ויש לך. מיהא השתא ב) מסרהיבנא, דבמלתא דמצוה קא טרחנא, כי הדרנא אתינא עיילנא לגבך. כי אתא, איתרמי על בההוא פיתחא דהוו קיימין ביה כודנייתא חוורתא, אמר: מלאך המות בביתו של זה, ואני אסעוד אצלו? שמע רבי נפק לאפיה, אמר ליה: מזבנינא להו. אמר ליה: °"ולפני עור לא תתן מכשול". מפקרנא להו. מפשת היזקא. עקרנא להו. איכא צער בעלי חיים. קטילנא להו. איכא °"בל תשחית". הוה קא מבתש ביה טובא, גבה טורא בינייהו. בכה רבי ואמר: מה בחייהן כך, במיתתן על אחת כמה וכמה! *דאמר ר' חמא בר חנינא: גדולים צדיקים במיתתן יותר מבחייהן, שנאמר: °"ויהי הם קוברים איש והנה ראו [את] הגדוד וישליכו את האיש בקבר אלישע וילך ויגע האיש בעצמות אלישע ויחי ויקם על רגליו". אמר ליה רב פפא לאביי: ודילמא לקיומי ביה ברכתא דאליהו, דכתיב: °"ויהי נא פי שנים ברוחך אלי"! אמר ליה: אי הכי, היינו דתניא: על רגליו עמד, ולביתו לא הלך? אלא במה איקיים? כדאמר ר' יוחנן: שריפא צרעת נעמן, שהיא שקולה כמת, שנאמר: °"אל נא תהי כמת". אמר ר' יהושע בן לוי: למה נקרא שמן "ימים"? שאימתם מוטלת על הבריות, *דאמר ר' חנינא: מימי לא שאלני אדם על מכת פרדה לבנה וחיה. והא קחזינא דחיי! אימא: וחיית. והא קחזינא דמיתסי! דחיוורן ריש ברעייהו קא אמרינן. °"אין עוד מלבדו" – אמר רבי חנינא: ואפילו כשפים. ההיא איתתא דהות קא מהדרא למישקל עפרא מתותיה כרעיה דרבי חנינא, אמר לה: שקולי, לא מסתייעא מילתיך, "אין עוד מלבדו" כתיב. *והאמר ר' יוחנן: למה נקרא שמן "כשפים" – "שמכחישין פמליא של מעלה"! שאני ר' חנינא, דנפישא זכותיה. ואמר ר' חנינא: אין אדם נוקף אצבעו מלמטה אלא א"כ מכריזין עליו מלמעלה, שנאמר: °"מה' מצעדי גבר כוננו, °ואדם מה יבין דרכו". א"ר אלעזר: דם ניקוף מרצה כדם עולה. אמר רבא: בגודל ימין ובניקוף שני, והוא דקאזיל לדבר מצוה. אמרו עליו על ר' פנחס בן יאיר: [ד]מימיו לא בצע על פרוסה שאינה שלו, ומיום שעמד על דעתו לא נהנה מסעודת אביו.§ א"ר

חבטינהו. בנפה. נקרינהו לנקותם, וויניר"א בלע"ז. וליכא למימר לשון דישה, דמעיקרא היו עומדים בקליפתן, דאם כן אמאי לא אכלה? מעיקרא הרי לא נתחייבו במעשר עד שימרחו בכרי, דכתיב: "ראשית דגנך", ותנן בפאה (פאה פ"א מ"ו): מאכיל לבהמה לחיה ולעופות עד אשר ימרח, דכל אכילת בהמה חשיב אכילת עראי. נקרינהו. בררים מן האבנים והפסולת. ומי מיחייבא. מאכל בהמה הנלקח מעם הארץ, כלום גזרו עליו משום דמאי? ואע"פ שאילו ודאי לא עישרו היה מחייב לעשר – על ספק מיהא לא (א) גזור, דתנן: הלוקח מעם הארץ פירות מן השוק לזרע ולבהמה, אע"פ שהזרע ומאכל בהמה בכלל שאר תבואה הן, וחייבין במעשרות – לא גזרו עליהם משום דמאי, דמספקא רוב עמי הארץ מעשרין הן, ולא החמירו חכמים על הדמאי כל כך. לעורות. לעבדן. והתניא. בניחותא. והנך שעורים לאדם לקחום מתחלה. שמע רבי. דהוה קאתי ר' פינחס. רצונך סעוד אצלי. יהי רצונך לסעוד אצלי. צהבו פניו. שמח, מפני שלא היה ר' פינחס רגיל ליהנות משל אחרים, כדלקמן. אמר ליה. רבי פינחס וכי סבור הייתי שמודר הנאה מישראל אני? ישראל קדושים הם. וראויין ליהנות מהם. אבל יש רוצה להנות אחרים משלו ואין יכולת בידו, וממנו איני רוצה ליהנות שלא אכביד עליו. ויש שיש. יכולת בידו ואינו רוצה להנות אחרים, ואע"פ שאומר לו אכול וסעוד – אין לבו חפץ, ואיני נהנה ממנו, משום דכתיב: "אל תלחם לחם רע עין". אל תלחם. אל תסעוד. לחם – לשון סעודה, כדכתיב (שמואל א כ): "לא בא אל הלחם", וכתיב (דניאל ה): "בלשאצר מלכא עבד לחם רב". כמו שער. כאילו אתה פותח שער בבטנו. וי"א: לשון מרירות, כמו (ירמיהו כט): "כתאנים השוערים". מסרהיבנא. לשון בהלה ומהירות. כלומר, צריך למהר ולילך לדבר מצוה, ואין פנאי לסעוד. כודנייתא = פרדות, ושל רבי היו. מלאך המות. שמכה ושוב אין המכה חיה, כדלקמן. ולפני עור וגו'. דכי היכי דמסיקן לך מסיקין לאחריני. והא ליכא למימר דמזבן להו לגוים, דתנן: אין מוכרין להם בהמה גסה (ע"ז דף יד:). מפקרנא להו. אשלחם ביערות דעלמא להפקר. מפשת היזקא. דמתוך שלא יהיו נשמרות ירבו נזקין. עקרנא. שלא יוכלו לבעט. ובל תשחית ליכא, שיהו ראויות לדישה. עקרנא. מנסר פרסותיהן, ועדיין הן יכולין לילך. מבתש = מפציר, וחברו בשבועות (דף ל:). *"מבתש" גרסינן, בבי"ת ולא בכ"ף. גבה טורא בינייהו. והבדילן. בחייהן. של צדיקים כך, נותן הקדוש ברוך הוא לבו על תאותם שלא להעביר דעתם, שגרם הדבר שנכנס בפתח הפרדות, שיפרוש ולא יעבור על דעתו הראשונה שאין דרכו לסעוד משל אחרים, כדלקמן. על אחת כמה וכמה. שהרי במיתתן גדולים יותר מבחייהן, כדאמר רבי חמא. קוברים איש. רשע היה, ולא ניתן להיקבר אצל צדיקים. ויגע האיש בעצמות אלישע ויחי. ואילו בחייו, כשרצה להחיות בן השונמית, הוצרך לשום פיו על פיו ועיניו על עיניו ולבקש רחמים. ודלמא לקיומי ברכתא דאליהו. דלא סגי שלא תתקיים, דכתיב בצדיקים (איוב כב): "ותגזר אומר ויקם לך", ולאו משום אלישע הוה. פי שנים. אליהו החיה בן הצרפית ואלישע בן השונמית, וצריך להחיות עוד אחר. אי הכי. דליקיומי ברכתא דאליהו. היינו דתניא. בתמיה (ב), ואי משום ברכתא דאליהו – היה צריך להחיות ממש, כמו שעשה אותו שהחיה אליהו! אלא לאו ש"מ משום אלישע הוה, ולא הוה צריך לאלישע אלא לסלקו מאצלו, והחייהו עד שנסתלק משם. אל נא תהי כמת. בצרעת מרים כתיב. למה נקרא שמם. דכודנייתא "ימים", דכתיב (בראשית לו): "אשר מצא את הימים". לא שאלני. רבי חנינא רופא היה, ומהכא מייתי לה במסכת יומא ב"הוציאו לו". וחיה. משמע שמת המוכה. וחיית. לשון נקבה. ואמכה קאי, שאין המכה מתרפאת. אין עוד מלבדו. משום רבי חנינא נקט לה. אפילו כשפים. אינן מלבדו. כלומר, שלא מדעתו. שאם אין גזירה מלפניו – אין מריעין לו לאדם. מהדרא. מחזרת וטורחת, שלא ידין. למשקל עפרא. ולעשות לו כשפים להמיתו. כשפים. נוטריקון: מכחישים פמליא של מעלה. שלא גזרו על אדם זה למות, והוא מת על ידי כשפים. נוקף. נוגף, אישופיי"ר בלע"ז. מכריזין. גזרו עליו. מרצה. מכפר. גודל ימין. מפני שהוא נוגף בכח, ומצטער הרבה. ובניקוף שני. קודם שנתרפא הראשון. בצע. ברכת המוציא, שלא רצה לאכול כזית משל אחרים. ליבן

[היינו ע"פ גי' הערוך שם]

לו א מיי' פי"ג מהלכות מעשר הלכה יד סמג עשין קלה:

לז ב ג מיי' שם הלכה טו:

[לח ד מיי' פ"ה מהל' דיעות הלכה ב]:

שיטה מקובצת

א] ומי מיחייבא. נ"ב ומי מחייב: ב] מסרהיבנא דבמילתא. נ"ב נ"א מסרהיבנא במילתא דמצוה כי הדרנא כו':

הגהות הב"ח

(א) רש"י ד"ה ומי מיחייבא וכו' לא גזור הס"ד ואח"כ מ"ה והתנן: (ב) ד"ה היינו וכו' ואי משום וכו' להחיותו ממש:

גליון הש"ס

גמ' שמכחישין פמליא של מעלה. עיין תשובת הריב"ש סי' נב:

תורה אור: משלי כג; ויקרא יט; דברים כ; מלכים ב יג; שם ב; במדבר יב; דברים ד; תהלים לז; משלי כ

דמאי פ"א משנה ג; סנהדרין מז. וע"ש; יומא מט.; סנהדרין סז:

רבינו גרשום

נקרינהו ולא אכל כלומר שבירום מן הצרורות ומן הפסולת ועדיין לא אכל (בחשינה). [חבטינהו] שכברום בכברה: לזרע לזרוע בשדה וכו' פטורין מן הדמאי וכן הכי בבהמה והא איתמר עלה לא שנו כו'. והא תניא הלוקח וכו' כלומר בניחותא: קא אתי וכו'. ר' נפק לאפיה דרבי פינחס שהלך לפדיון וכו' צהבו פניו של רבי כלומר שמח. אמר ליה כמדומה אתה כו' כלומר למה שמחת כל כך: כי כמו שער בנפשו כו' כלומר רע עין א) דומה בעיניו מי האוכל בלחמו (כלומר) כמו שיש לו שער בנפשו ושער לשון כמו שחורים שערוריתא ויאכל כל מה שיש בשלחנו. ומי הא כלומר מכל מקום מסרהבנא בדבר מצוה כלומר עכשיו אני ממהר לדבר מצוה ואיני יכול עכשו לסעוד אצלך: כודנייתא חיורייתא כלומר פרדות לבנות: עקרנא להו לשון ואת סוסיהם תעקר. הוה קא מבתש ביה טובא כלומר מבקש ממנו יותר מדי עד שכועס. גבה טורא בינייהו. ויגע האיש בעצמות אלישע כו' האיש שקוברין היה רשע ולא רצה הב"ה שיגע בעצמות אלישע ושיקבר בקרוב לו והחייהו קבה"ו שיעמוד ויסתלק מעל אלישע ועמד מקברו ולאחר שעמד מקברו ונסתלק משם מיד נפל ומת דכתיב ולביתו לא הלך ואי כדקא אמרת משום ברכתא דאליהו היה הולך לביתו וחיה כשאר בני אדם אלא ודאי לא חי אלא כדי שיסתלק מעל אלישע: אי הכי היינו דכתי' על רגליו עמד ולביתו לא הלך אלא במאי בו התקיים ברכתא דאליהו. שריפא צרעת נעמן שהיא שקולה וכו': אימא וחיית כלומר שהיא חייה אלא המכה לא מיתסי: דחיוורן רישי ברעיהו קא אמרינן. כלומר דהיא עצמה שחורה ורישי כרעייהו חיוורן. (אין עוד שמכחישין) אין אדם נוקף אצבעו מלמטה. לשון ניקוף כשמכה אדם רגלו באבן ויוצא ממנו דם זהו ניקוף: בגודל ימין ובניקוף שני כלומר דברגל של ימין שסע אדם ביותר מן שמאל וכשמכה אדם ברגלו באבן ברגלו ומנקפו ביותר ובניקוף שני שפעם אחת כבר ניקף ויש לו מכה וניקף בו בפעם שניה

א) נראה דצ"ל דומה בעיניו כי האוכל בלחמו כמו שיש לו שער בנפשו ושער לשון מרורים כמו כתאנים השוערים כלומר שחושב שיאכל וכו'.

*א"ר זירא אמר שמואל: ליבן סכין ושחט בה — שחיטתו כשרה, חידודה קודם לליבונה. והאיכא צדדין! בית השחיטה מירווח רווח. איבעיא להו: ליבן שפוד והכה בו, משום שחין נדון או משום מכוה נדון? למאי נפקא מינה — לכדתניא: *שחין ומכוה מטמאין בשבוע אחד בשני סימנין, בשער לבן ובפסיון, *ולמה חלקן הכתוב? לומר שאין מצטרפין זה עם זה; *ותניא: *איזהו שחין ואיזהו מכוה? לקה בעץ, באבן, בגפת, בחמי טבריא, ובכל דבר שלא בא מחמת האור — לאתויי אבר מעיקרו — זהו שחין. ואיזהו *מכוה? נכוה בגחלת, ברמץ, בסיד רותח, בגפסית רותח, ובכל דבר הבא מחמת האור, לאתויי חמי האור — זו היא מכוה; ותניא: *השחין והמכוה, אם שחין קודם למכוה — בטל מכוה את השחין, ואם מכוה קודמת לשחין — בטל שחין את המכוה; והכא היכי דמי? כגון דהוה ביה חצי גריס שחין מעיקרא, וליבן שפוד והכה בו ונפק ביה חצי גריס אחר, מאי? חבטא קדים, ואתי הבלא ומבטל ליה לחבטא, והוה ליה שחין ומכוה, ולא מצטרפין; או דלמא הבלא קדים, ואתי חבטא ומבטל ליה להבלא, והוה ליה שחין ושחין, ומצטרף? ת"ש, דאמר ר' זירא אמר שמואל: ליבן סכין ושחט בה — שחיטתו כשרה, חידודה קודם לליבונה; אלמא חבטא קדים. חדוד שאני. ת"ש: ליבן שפוד והכה בו — נדון משום מכות אש, אלמא חבטא קדים. התם נמי דברזייה מיברז, דהיינו חידוד. § אמר רב נחמן אמר רבה בר אבוה: סכין של עבודה זרה — מותר לשחוט בה ואסור לחתוך בה בשר; מותר לשחוט בה — מקלקל הוא, ואסור לחתוך בה בשר — מתקן הוא. אמר רבא: פעמים שהשוחט אסור — במסוכנת, ומחתך מותר — באטמי דקיימין לקורבנא. ותיפוק ליה משום שמנונית דאיסורא!

בחדשה

רש"י

ליבן. באור. בלשון חכמים נקרא ליבון, ובלשון הלועזים קורין בלמדו"ר. שחיטתו כשרה. ולא אמר: שריפה היא זו, ולא שחיטה. חידודה קודם לליבונה. מקדים וממהר לחתוך קודם שתחמה הבהמה מן האור. והאיכא צדדין. דסכין, כשנכנס לחתוך קודם שתשחט רוב הסימנים היא שורפת את הסימנים, ונמצאת שהיא נשרפה קודם שחיטה, שהרי ישנו נקובתו במשהו ליטרף, ושריפה כנקב הוא. מירווח רווח. מתרחב החתך מצדי הסכין מכאן ומכאן, ואין נוגע א] הסימן אלא חידודו של סכין. והכה בו ב]. את האדם מכה כלה. משום שחין נדון. לענין נגעים, כדמפרש לקמן. שחין בא ע"י חום שמתחמם מחמת כח ההכאה, ומכוה באה מחמת האור. והכא דאיכא תרוייהו, הי מינייהו דיינינן ליה? למאי נפקא מינה. באיזה דבר חלוק דין מכוה משחין, דמיבעי לך? מטמאים בשבוע אחד בשני סימנים בשער לבן ובפסיון. שאין בהן הסגר שני, כמו שכתוב (ויקרא יג) בשאת ובספחת ב' הסגרות. שאם עמד בעיניו ולא פשה שבוע ראשון — מסגיר אותו בשניה שמא יפשה ויחליטנו, אבל בשחין ומכוה לא נאמר אלא הסגר אחד, ואם עמד בעיניו בשבוע ראשון — שוב אין מסגירו לטמאו, אלא פוטרו והולך. בשני סימנין. הנך דמפרש. שער לבן ופסיון. אם פשה, ולא נאמר שמיחן טומאתו בשער לבן. ולמה חלקן הכתוב. בשתי פרשיות, ופירש משפט כל אחת בה ולא כללם יחד, שהרי משפטן שוה, והיה לו לכתוב: כי יהיה בו בעורו שחין או מכוה! שאין מצטרפין זה עם זה. לשיעור נגע כגריס, חצי פול. שאם עלה בו חצי גריס מחמת חום מכה שלא ע"י האור, וחצי גריס אחרת ע"י כויית האור — אין מצטרפין ג]. שחין. לשון חמימות, כמו (יומא דף נג:) "שנה שחונה", וכדמתרגם יונתן "חמותי ראיתי אור" — שחינית (ישעיהו מד). לקה באבן. הכהו ד] בכח באבן אפילו בלא חבורה. דכל מכה מתחמם הבשר מיד ע"י ההכאה. בגפת. שהטמין ידו בפסולת של זיתים, והוא חם מאד מאליו, ונכוה. אבר מעיקרו. ממקום שעוקרים העופרת, והוא חם. גחלת. פחם שלא כבה. רמץ. אפר חם, וכך שמו בלשון ערבי. גפסית. מין סיד, ושורפין אותו כמין סיד. ותניא שחין ומכוה כו'. כולהי הנך מתנייתא מצטרכי הכא לפרושי מאי תיבעי לן. דהא בעיא דלעיל הכי איבעיא לן: ליבן שפוד והכה בו, איזה הבל קודם לבא, הבל המכה או הבל האור? ונפקא מינה לכדתניא דהולכין אחר האחרון. דתניא: שחין ומכוה במקום אחד, באותו מקום שלקה בראשון לקה בשני באותו גריס עצמו. ביטל אחרון את הראשון. ונפקא מינה לענין צירוף, שאם היה בו חצי גריס שחין ולקה באור באותו חצי גריס — נהפך אותו ה] *גריס ונעשה מכוה. ואם חזר ולקה לאחר זמן אצל מכוה זו שלא ע"י האור, ונולד בו חצי גריס שחין אחר ונעשה שלם — אין מצטרף עם הראשון, וטהור. והשתא אהני ליה ביטול, שאילו לא ביטל חצי גריס הראשון — היה זה מצטרף עמו. והכא ה"ד. לענין בעיא דלעיל ו] היכי מתבעי לן? וליבן שפוד והכה בו. ובהכאה זו יש תורת שחין ותורת מכוה. ואיבעיא לן הי קדים ואתי, דליתי בתרא ונבטליה. חבטא קדים. כח ההכאה קדים להרע לו לאדם, והוי שחין, ואתי הבל ז] האור אחרון ומבטל ליה, וה"ל מכוה, ולא מצטרף בהדיה חצי גריס קמא, דה"ל שחין ומכוה. חידוד שאני. דמתוך שהוא חד אין הבל האור שבו חזק, ומתיכתו קדם להבלו. אלמא חבטא קדים. ואתי הבלא ומבטל ליה. דברזייה מברז. שלא הכהו בכח אלא דקרו, ואין כאן חבטא אלא הבל. אבל הכהו, דאיכא חבטא — אימא דהא הוה בתרא ומבטל הבלא. מברז = פויינ"ט בלע"ז. של עבודה זרה. שמשמשים בה קרבנות של עבודה זרה. ואסורה בהנאה, כדאמרינן במסכת ע"ז (דף נא:): "אבד תאבדון את כל המקומות" — בכלים שנשתמשו לעבודה זרה הכתוב מדבר. מקלקל הוא. ואין זו הנאה, שבחייה היו דמיה מרובין מלאחר שחיטה, שבחייה היא עומדת לג' דברים: לגדל ולדות ולחרישה ולאכילה. לחתוך. מתקן הוא, דכיון דשחטה להכי קיימא. במסוכנת. דהוי מתקן והוי הנאה, שאם לא ישחטנה תמות. באטמי דקיימי לקורבנא. נתחים טובים, ירך וכתף וחזה ח], דקיימי לשלחן דורון לאדם חשוב, וזה שמתקן הפסידן. ותיפוק ליה. אף על גב דהוא מקלקל אסור לחתוך, משום שמנונית דאיסורא דנבלות שנבלעו בסכין.

בחדשה

תוספות

והא איכא צדדין. משמע מכאן שאם בשעת שחיטה ניקב הוושט כנגד מה ששחט — טריפה. דהכא הוה בעי למיסר משום לדדין, אי לאו משום דמרווח רווח.

מטמאים בשבוע אחד בשני סימנים בשער לבן ובפסיון. כך דינו: דבסוף שבוע ראשון מטמא אם פשה, או אפי' לא פשה מטמא כי איכא שער לבן. וכן בתחלה מטמא בשער לבן. אבל בסוף שבוע, אם אין שער לבן ולא פשה, אע"ג דעמד בעיניו ולא כהה — טהור. אבל שאר נגעים בעי הסגר פעם שנית. והלשון קצת קשה, דלא הוה ליה למימר "מטמאים", אלא: מטהרים, שאין כן בשאר נגעים דבעו הסגר! ט] וי"ל, דה"נ קאמר: מטמא בשער לבן ובפסיון דוקא, אבל אי אין שער לבן ולא פשה, אע"ג דלא כהה — טהור.

בחמי טבריא וכל דבר שלא בא מחמת האור. אפילו רבי יוסי דחשיב ליה בפ' "כירה" (שבת דף לט.) תולדת האור משום דמיחלפא אפיתחא דגיהנם — שמא כאן היה מודה דנדון משום שחין ולא משום מכוה, כיון דהאי אור בידי שמים.

מותר לשחוט בה מקלקל הוא. אע"ג דבסוף פרק "אלו דברים" בפסחים (דף עג.) מחייב לענין שבת, גבי שוחט בשבת בחוץ לעבודה זרה, משום תיקון כל דהו, דתקן להוציא מידי אבר מן החי — שאני שבת דמלאכת מחשבת אסרה תורה, וכיון שיש תקון פורתא חשיב מלאכת מחשבת. שלכך נתכוין, אע"פ שקלקולו יתר על תקונו. אבל לענין הנאה מעבודה זרה — לא חשיב הנאה, כיון שקלקולו יתר על תקונו.

*שלבנה באור. הא דתנן בסוף מסכת ע"ז (דף עה:): סכין שפה בקרקע והיא טהורה, דסגי בנעיצה בקרקע עשר פעמים, ולא בעי ליבון — היינו לחתוך בה צונן, כדאמר התם בגמרא. והכא דמוקי לה כשליבנה באור — כדי ליישב אפילו יהא בית השחיטה רותח. ותימה: דמשמע הכא דבעי ליבון. וכן משמע נמי התם בתוספתא דמסכת ע"ז (פ"ט) דקתני: השפודים והאסכלאות והסכינים — מלבנן באור. ותימה: דבפרק "כל שעה" (פסחים דף ל:) משמע דסגי בהגעלה. דקאמר: הני סכיני דפיסחא היכי עבדינן להו? ומסקינן: הלכתא אידי ואידי ברותחין! ואור"ת: דיש לחלק גבי חמץ, משום דהיתירא בלע. דבענין זה מחלק בסוף מסכת ע"ז (דף עו.) אע"ג דהשתא *)דבליעי הוי איסורא — מ"מ בשעת בליעה הוי התירא. אע"ג דרב אשי גופיה מחלק כן במסכת ע"ז (דף עו.), ובפסחים (דף ל:) קאמר רב אשי: לדידי חדתי עבדי לי — מחמיר על עצמו היה. ונראה דהא דמסיק: והלכתא אידי ואידי ברותחין — הוי מסקנא דמילתא דרב אשי. ועוד אור"ת: דהכא ובתוספתא איירי בסכינין גדולים שצולין בהן בשר, והוי תשמישן על ידי האור, ולהכי בעי ליבון. ודיקא נמי, דקא חשיב להו בתוספתא בהדי שפודין ואסכלאות. אבל סכיני דפיסחא איירי בקטנים. והסכינים ישנים שאנו לוקחים מן הגוים, היה אומר הר"י בן ה"ר מאיר שצריכין ליבון, מפני שדרך הגוים לתקן בהן נר שדולק בהן חלב, וגם מהפכין בהן בשר על גבי גחלים ותותכין. ור"ת היה אומר: כיון דאין עיקר תשמישן לכך — לא חיישינן דלמא אתרמי ועבד הכי. ועוד: אפילו אתרמי ואשתמש בו על ידי האור — סגי בהגעלה, דכל מה שסופו לפלוט על ידי רותחין פולט בהגעלה ראשונה. ואין זה דיוק, דדילמא כיון שנשתמש בו על ידי האור אין יוצא מידי דופיו לעולם בהגעלה בלא ליבון, ופולט תמיד בכל הגעלותיו. מידי דהוה אכלי חרס דלא סגי ליה בהגעלה, ולא אמר כל מה שעתיד לפלוט פולט בהגעלה ראשונה, אלא אינו יוצא מידי דופיו לעולם*.

*) [נ"ל דפליט]

השוחט

עין משפט נר מצוה

לח א מיי' פ"א מהלכות שחיטה הלכה כב סמג עשין סג טוש"ע י"ד סימן ט:

לט ב מיי' פ"ה מהלכות טומאת צרעת הלכה ז:

מ ג ד מיי' שם הלכה ה:

מא ה מיי' שם הלכה ו:

מב ו ז ח מיי' שם הלכה ב:

מג ט י מיי' פ"ז מהלכות ע"ז הלכה יב סמג לאוין מה טוש"ע י"ד סימן י סעיף א:

[תוספתא דנגעים פ"ג]

נגעים פ"ט מ"א ע"ש

[שייך לע"ב]

[וע"ע תוס' ע"ז עו: ד"ה אמר]

מסורת הש"ס

[לקמן יז:]

נגעים פ"ט מ"ד ופ"ט מ"א

[נ"ל ותנן]

פסחים עה.

תוספתא דנגעים פ"ג

שיטה מקובצת

א] ואין נוגע בסימן אלא חדודו של סכין: ב] והוכה בו מכה בכח בצ"ל: ג] אין מצטרפין לדרונו צרעת אלא טהור הוא הס"ד: ד] לקה באבן הכהו האבן בכח אפי' בצ"ל: ה] נהפך אותו חצי גרים ונעשה: ו] לענין בעיין דלעיל דתבעי לן: ז] ואתי הבל שבא אחרון ומבטל: ח] ודקיימי לשלחן דורון נ"ב בס"י נ"א והוה מקיימן לשלחן דורון וכו': ט] רבינו הסגר שנית וי"ל דה"נ קאמר:

רבינו גרשום

שניה עכשיו כואב לו ביותר והוא מרצה כדם עולה כי אויל לדבר מצוה. לא בצע על פרוסה כלומר לא היה נהנה: ליבן סכין ששרפו באור עד שהיה אדום. חידודה קודם לליבונה כלומר מחמת חידוד נשחטה לא מחמת האור שזו ליבון: מטמאין בשבוע אחד כלומר דבשניהם כתיב והסגירו שבעת ימים שנאמר בשתי סימנים בשער לבן ובפסיון כלומר דבשניהם כתיב אם פשה תפשה והנה נהפך שער לבן בבהרת אלא למה חלקום זה מזה כלומר עכשיו ששניהם יש להן אחד לומר לך שאין מצטרפין זה עם זה שאם היה חצי גרים שחין וחצי גרים (בהרת) [מכוה] אין מצטרפין: לקה בעץ או באבן כלומר שהם אותו עץ או אבן במקום שחוטבין אותו: בגפת פסולת דזיתים. לאיתויי אבר מעיקרו כלומר כשחותכין אבר מעקרו חם הוא ביותר והוא שחין. ואי זהו מכוה [נכוה] ברמץ באפר עם גחלים דקים בסיד רותח כשעושין הסיד חם הוא כמה ימים לאחר עשייתו. בגפסים רותח פסולת הברזל שהנפח משליך מכירתו וכל דבר הבא מחמת האור כגון אלו זו מכוה. ותניא אם שחין קודם למכוה כלומר שאם הוה שחין עליו והיה מוסגר ב' ימים או ג' ואח"כ בא על השחין מכוה ביטל מכוה את השחין ומתחיל ימי הסגירו והכא היכי דמי כגון דהוה חצי גרים וכו' כלומר מאי חבטא קדים כלומר המכה והיינו שחין ואתי הבלא כלומר הלבון והיינו מכוה ומבטל ליה לחבטא כמו דלא היה שם כלל עכשיו הוה ליה שחין ומכוה ולא מצטרף או דילמא הבלא קדים ואתי חבטא ומבטלי להבלא והוה ליה חבטא ושחין ומצטרפין: ת"ש דאמר זירא ליבן סכין ושחט כו' אלמא חבטא קדים וכך הכא דחבטא קדים ואתי הבלא ומבטל לחבטא והוה ליה שחין ומכוה ואין מצטרפין לא חדוד שאני ומשום הכי אמרינן הכא דחבטא קדים אבל התם אמרינן דהבלא קדים ואתי חבטא ומבטל להבלא והוה ליה שחין ושחין ועדיין שואל אני שאלתי דלא יכלינן למילף מהכא. ת"ש ליבן שפוד והכה בו כו' אלמא חבטא קדים דילפינן זה מזה התם נמי דבריזה מיברז דהיינו חדוד כלומר בדין הכא דחבטא קדים דנעץ אותו בשפוד ומשום הכי אמרינן הכא דחבטא קדים אבל התם לא אמרינן דחבטא קדים אלא הבלא ואתי חבטא ומבטל להבלא והוה ליה שחין ושחין ועדיין לא יכילינן למילף מהכא: סכין של ע"ז מותר לשחוט בה. מפני שמקלקל: ואסור לחתוך בה בשר. מפני שמתקן: פעמים שהשוחט אסור במסוכנת. כלומר דמתקן הוא: באטמי דקיימי לקורבנא כלומר דהוי רוצה ליתנם ואינו רוצה שיתחתכו איברים [אברים] עכשיו כשיתחתכם מקלקל הוא: ותיפוק לי משום שמנונית דאיסורא אסור לשחוט א) בהמה אחרת ולא משום דאסור לחתוך בה בשר דמתקן לא בסכין חדש כלומר שאינו אסור

א) נראה דצ"ל אסור לשחוט בה וגם לחתוך בה בשר בלאו איסור דמתקן.

אבחדשה. חדשה, בין לר' ישמעאל בין לר' עקיבא *משמשי עבודה זרה הן, ומשמשי עבודה זרה באינן אסורין עד שיעבדו! איבעית אימא: דפסק ביה גוווא לעבודה זרה, ואיבעית אימא: בישנה שליבנה באור. איתמר: השוחט בסכין של גוים – רב אמר: קולף, ורבה בר בר חנה אמר: גמדיח. לימא בהא קמיפלגי, דמר סבר: בית השחיטה (א) צונן, ומר סבר: בית השחיטה רותח? לא, דכ"ע בית השחיטה רותח הוא; מאן דאמר קולף – שפיר, ומאן דאמר מדיח – אידי דטרידי סימנין לאפוקי דם לא בלעי. איכא דאמרי: דכ"ע בית השחיטה צונן, מאן דאמר מדיח – שפיר, מאן דאמר קולף – אגב דוחקא דסכינא בלע. סכין טריפה – פליגי בה רב אחא ורבינא, חד אמר: בחמין, וחד אמר: בצונן. דוהלכתא: אפילו בצונן, ואי איכא בליתא דפרסא למיכפריה – לא צריך. ולמאן דאמר בחמין מ"ט, משום דקא בלעה איסורא? דהיתירא נמי בלעה אבר מן החי! אימת בלעה – לכי חיימא, אימת קא חיימא – לכי גמרה שחיטה, ההיא שעתא היתירא הוה.§ אמר רב יהודה אמר רב: הטבח צריך *שלשה סכינין: אחת ששוחט בה, *ואחד שמחתך בה בשר, *ואחד שמחתך בה חלבים. וליתקן ליה חדא, וליחתוך בה בשר והדר ליחתוך בה חלבים! גזירה שמא יחתוך חלבים ואחר כך בשר. השתא נמי מיחלף ליה! כיון דאצרכינהו תרי, אית ליה היכרא. וא"ר יהודה אמר רב: הטבח צריך שני כלים של מים, אחד שמדיח בו בשר, ואחד שמדיח בו חלבים. וניתקן ליה חדא, ונדיח בו בשר והדר נדיח בו חלבים! גזירה שמא ידיח חלבים ואח"כ בשר. השתא נמי מיחלפי ליה! כיון דאצרכיניה תרתי, אית ליה היכרא. אמר אמימר משמיה דרב פפא: חלא ליסחוף איניש כפלי עילוי בישרא, דדאיב תרבא ובלע בישרא. אי הכי, כי *תריצי נמי, דאיב תרבא ובלע בשרא! קרמא מפסיק מתתאי. אי הכי, מעילאי

בחדשה. שלא חתכו בה מעולם. **חדשה.** אמאי מיתסרא משום עבודה זרה? דהא האי סכין לאו עבודה זרה היא עצמה היא אלא משמשי עבודה זרה, ובין לרבי ישמעאל ובין לר"ע דפליגי בפרק "רבי ישמעאל" (ע"ז נא:) בעבודה זרה עצמה, איכא למ"ד אסורה מיד ואיכא למ"ד לכשתעבד, כולהו מודו בכלים דאינם אסורים עד שיעבדו עד שיעשו בהם שימוש לעבודה זרה! **גוווא** = חתיכות עצים. **ואיבעית אימא אפילו בישנה.** וכגון שליבנה באור, ואין כאן איסור שמנונית. **קולף.** בית השחיטה, מפני שבלעה שמנונית הסכין הא. **מדיח.** במים. **בית השחיטה רותח.** ובלע. **צונן.** כלומר, אין חום בית השחיטה חזק לבלוע. ומיהו, הדחה בעי, שהרי נתקנח בה שמנונית, ואע"פ שלא נבלע בבשר – הרי הוא כדפנות בית השחיטה, שא"א לדופני הסכין בלא שמנונית. **טרידי סימנים לאפוקי דם.** כלומר, בהולכת דם הם עסוקים, ולא בבליעה. **דוחקא דסכין.** שמשפשפו בבשר בדוחק בלעה. וכיון דלא איפסיק הלכתא, ואיסורא דאורייתא הוא – עבדינן לחומרא, דקי"ל: בשל תורה הלך אחר המחמיר. ומ"מ לכתחלה לא ישחוט, דהא "השוחט" קאמר. **סכין טריפה.** ששחט בה טריפה. **בחמין.** צריך להגעילה לסכין, מפני שבלעה שמנונית הטריפה. **בצונן.** קסבר: בית השחיטה צונן, ולא בלע הסכין, דלא נתחממה ג]. **והלכתא אפילו בצונן.** ובגי סכין של היתר הוא דפסק הלכתא להיתרא, דלא איתסר בבליעה ז ג], וקשה הוא לבלוע אלא ע"י רתיחה. אבל גבי סכין דאיסורא של גוים בפלוגתא דלעיל לא פסק, מפני שהסכין אסורה והבשר רך לבלוע. **בליתא דפרסא למיכפריה.** חתיכת בגד ישנה ד] קשה, אשפר"א בלע"ז, ויפה לקנח. **בליתא** = חתיכה בלויה. **דפרסא** ה] כדמתרגמינן "מסך הפתח" – פרסא (שמות לה). **למיכפריה.** לקנחו. ותעברו בגיטין (דף נו.) (*בגינזרלתן) ובעי לכפורי ידיה בההוא גברא. ובעזרה (א) קרי למזרקים "כפורי (ג) זהב" על שם שמתקנח בם כהלבנו מן הדם.*. **משום דקא בלע.** שמנונית דטריפה. אבל הבליעת דם לא חייש, שהסכין קשה הוא ואין דם נבלע בו. אלא שמנונית שהיא נבלעת בין ברך בין בקשה. **דהיתירא נמי.** כי שחיט בה בהמה כשרה נבעי הגעלה, דהא בלעה שמנונית דאבר מן החי קודם גמר שחיטה. **אחת ששוחט בה.** ולא יחתוך בה דבר אחר, שלא תפגם ותתקלקל. ופעמים שיבא לידי איסור, שישחט בלא בדיקה. **חלבים.** למכור בשוק. **ונתקן חדא.** לחלבים ולבשר, ויחתוך בשר ואח"כ חלבים.* ו]. **ואחר כך.** יחתוך בה בשר בבהמה אחת, מחמת שהוא טרוד במלאכתו], וישכח ולא יקנח. ואתי לאיחלופי של חלבים בשל בשר, ויחתוך בלא קינוח, שסבור הוא שהוא סכין של בשר. **היכירא אית ליה.** עושה בה סימן. **שמא ידיח חלבים.** תחלה, ויהיו המים מפוטמות מן השמנונית ע"י שפשוף הידים ואע"ג שהוא צונן. ואחר כך ידבק בדפנות הבשר, ואע"ג שאין נבלע בו – נדבק הוא מבחוץ. **לא ליסחוף איניש כפלי.** כל הכסלים שחלב הכליות דבוק שם, לא יהא כופה אותם על גבי בשר אחר. שהחלב מוטל על הבשר ומתחמם, וזב על הבשר. **כי תריצי נמי.** כשהן מונחים על הדף כדרכן, החלב למעלה – הא בלעי כפלי גופייהו מחלב הדבוק בהן. **קרמא.** קרום, טיל"א. **מפסיק.** בין חלב לבשר. והוא אותו קרום שאנו נוטלין מן הכסלים שקורין פלאנק"ש, ועב וחזק הוא. לכך אסור, שחלב נבלע בו, אבל אין נבלע כל כך שיהא זב לבשר שתחתיו. **מעילאי**

השוחט בסכין של גוים רב אמר קולף. צריך להעמיד ביודעין בה שהיא בת יומא. דאי לאו הכי – אמאי קולף לרב? הא סתם כלים של גוים אינן בני יומן. וגבי עכברא בשיכרא בפרק בתרא דמסכת ע"ז (דף סח:) מספוק ליה לגמרא אם סבר רב נותן טעם לפגם מותר או אסור. וראיה דסתם כלי גוים אינן בני יומן – משמן של גוים, דתנן בפרק "אין מעמידין" (ע"ז דף לה:) דאסור, ומפרש שמואל בגמרא: משום דזליפתן של כלים אוסרתן. וקאמר דרבי יהודה נשיאה ובית דינו נמנו עליו והתירוהו, משום דקסברי נותן טעם לפגם מותר. וטעם לפגם דקאמר – היינו משום דאינן בני יומן. דאין לומר דאפילו הוה השמנונית בעין הוא נותן טעם לפגם בשמן, דא"כ קשיא מתני' דהתם* דשריא דבש, ומפרש בגמרא: למאי ניחוש לה, אי משום איערובי – מסרי סרי, ואי משום גיעולי גוים – נותן טעם לפגם מותר. וגבי שמן אסורה! אלא היינו טעמא, דגבי דבש, אפילו שמנונית בעין נותן טעם בדבש לפגם, אבל השמן אין הפגם אלא משום שאינו בן יומו. ועוד, דמפרש התם* טעמא דקורט של חלתית דאסור משום דמפסקי ליה בסכינא, אע"ג דנותן טעם לפגם מותר, אגב חורפא דחילתית מחליא ליה ומשויא ליה לשבח. ואי סתמייהו בני יומא נינהו – לא הוה צריך לאותו טעם*. **אגב** דוחקא דסכינא בלעה. הר' יצחק בר מאיר היה מצריך מתוך כך לאחר שנקרו החלב מן הבהמה לחזור ולקלוף בכל המקומות שחתך בסכין, משום דבלע מן החלב אגב דוחקא דסכינא. וכן כשמביאין בשר מטבחי גוים מצריך לקלוף בכל מקום שחתך גוי בקופיץ שלו או בסכינו. ויש למצוא טעם על המנהג שלנו שנהגו להקל. ודילמא בית השחיטה דוקא שרותח קצת מהני דוחקא דסכינא. תדע, מדדייקינן בסמוך דהתירא נמי קא בלע מאבר מן החי, ומשני: לאימת קא בלע – לכי חיימא כו'. והשתא ללישנא דדוחקא דסכינא תקשי ליה הכי, דהתירא נמי אגב דוחקא דסכינא קא בלע, דלא מצי לשנויי הכי! אלא ודאי אגב דוחקא דסכינא נמי לא בלע אלא בסוף השחיטה דחיימא. ועוד אמר בפרק "כל הבשר" (לקמן דף קיא:): בצון שחתכו בסכין של בשר – אסור לאוכלו בכותח, דאגב חורפא דבצון פליט הסכין ובלע בצון, אבל משום דוחקא לא.

סכין טריפה פליגי כו'. משמע דסכין כשרה לכולי עלמא בצונן. והיינו דוקא לענין לשחוט בה פעם אחרת. ואע"פ דמלוכלך הסכין בדם הרבה – בלאו הכי יש דם הרבה בבית השחיטה מן הבהמה עצמה ולא בלע ליה, משום דטרידי סימנין לפלוט דם. אבל לחתוך בה רותח, אפילו שחט בה כשרה – אסור, ואמר בפרק "כל הבשר" (ג"ז שם): סכין ששחט בה – אסור לחתוך בה רותח. **והלכתא** אפילו בצונן ואי איכא בליתא דפרסא כו'. והא דבעי בסוף מסכת ע"ז (דף עו: ושם ד"ה אמר) נעיצה י' פעמים בקרקע לחתוך בה צונן בסכין של גוים – לא דמי לסכין טריפה דהכא, דאקראי בעלמא. אבל בסכין של גוים מתוך שחותכין בו איסור תמיד – נדבק בו השמנונית ואין יוצא ממנו בלא נעיצה. ור"ת פירש: משום דהתם חותך בו איסור רותח, אבל הכא קסבר בית השחיטה צונן. וקשה לפירושו, דבפ' "כל הבשר" (לקמן דף קיא:) אמר שמואל: סכין ששחט בה – אסור לחתוך בה רותח, ואפילו הדיחה. כדמשמע בתר הכי, דקאמר: לחתוך בה צונן, אמרי לה בעי' הדחה, פירוש: הסכין. ולא כפי' הקונטרס דפירש התם דאבשר קאי. מדנקט "בעיא" לשון נקבה. ועוד, דתקנת סכין אתא לאשמועינן, כדקאמר: אסור לחתוך בה רותח, וכן לחתוך בה צונן. אלמא קסבר בית השחיטה רותח, ז] אפילו הכי לחתוך בה צונן לא בעי נעיצה! ויש לומר: שאני התם דליכא איסורא אלא משום דם, ודם (צונן) לא בלע כל כך, דדם משרק שריק. ומכל מקום אסור לחתוך בה רותח, או אפילו צונן בלא הדחה או קינוח, לאמרי לה דלא בעי הדחה – משום שיש רוב דם על הסכין. כמו כבדא עילוי בישרא דאסור לכתחלה, ולא אמר משרק שריק, לפי שיש רוב דם בכבד. **וליתקן** חדא ולחתוך בה בשר כו'. ופעם אחרת כשירצה לחזור ולחתוך בשר – יהא זכור להכשירה. ועל הסכין ששחט בה לא פריך שישחוט והדר יחתוך, דסכין ששוחטין בה רגילין לשומרה שלא תתקלקל. ולענין שבת נמי אמר* דכיתד של מחרישה דמי. **לא** ליסחוף איניש כפלי עילוי בישרא. היינו לאחר ניתוח מיד, קודם שנצטנן הבשר. אבל לאחר שנצטנן – אין לחוש, כדכתיב (ויקרא ט): "וישימו את החלבים על החזות".

עין משפט נר מצוה

מד א טוש"ע יו"ד סימן י סעיף א:
מה ב מיי' פ"ו מהלכות ע"ז הלכה ד סמג לאוין מה טוש"ע יו"ד סי' קלט סעיף א:
מו ג מיי' פי"ז מהלכות מאכלות אסורות הלכה ו סמג לאוין קלה טוש"ע יו"ד סימן י סעיף ב:
מז ד מיי' פ"ו שם הלכה ח טוש"ע שם סעיף ג:
מח ה שם סעיף ב:
מט ו ז מיי' פ"ז שם הלכה יז יח סמג שם טוש"ע יו"ד סימן סח סעיף ט:
נ ח מיי' שם הלכה יט טוש"ע שם סעיף יח:

[דף לט:] [דף לט.] [וע"ע תוס' ע"ז לו: ד"ה אי משום] [נ"ל ואחת] [שבת קכג:] ר"מ מ"ו

[ע"ז נא: וש"נ] נ"ל שלש [נ"ל ואחת] [נ"ל בגינזרקי קיסר] [זבחי' כה. נג: וע"ש ברש"י] [בגלוס ובמיוסר תרגומו בשלמה ובתרוצה ועיין בערוך ערך תרן] עיין רש"י שבת

הגהות מהר"ב רנשבורג

א] רש"י ד"ה ואחר כך יחתוך וכו' וישכח ולא יקנח. נ"ב כאן הס"ד ואח"כ מה"ד מיחלף ליה וכו' עכ"ל וכו' עכ"ל. ומלות ואתי לאחלופי נמחק:

שיטה מקובצת

א] מדיח במים. נ"ב נ"א בס"י מדיח במים את בית השחיטה: רותח. ובולע בשר את שמנונית הנדבק בו בדפני הסכין: ב] והלכתא אפי' בצונן וגבי וכו' נ"ב נ"א בס"י ואע"ג דאיפסיקא הלכתא בית השחיטה צונן גבי סכין של היתר הוא דפסק וכו': ג] דלא איתסר בבליעה זו דקשה הוא לבלוע: ד] בגד ישנה של וילון שהיא קשה וכו': ה] דפרסא וילון כדמתרגמינן: ו] ונתקן חדא לחלבים ולבשר ויחתוך בשר ואח"כ חלבים ואע"ג דהדר מחתך בשר כשתבא בבהמה אחרת כיון דחלבים צונן הן בהדחה סגי ליה או בקינוח הס"ד. ומה"ד גזרה שמא יחתוך בה חלבים ואח"כ בשר בבהמה אחת ומחמת שהוא טרוד במלאכתו: ז] אלמא קסבר בית השחיטה רותח ואפ"ה לחתוך בה צונן:

הגהות הב"ח

(א) גמ' דמר סבר בית השחיטה רותח ומר וכו' השחיטה צונן לא דכ"ע: (ב) רש"י ד"ה ולא כפירי זהב. נ"ב זכחים דף כ"ה ע"א בכופה:

רבינו גרשום

אסור אלא משום שאסור להנות מע"ז: איבעי תימא דפסק ביה גוזא לע"ז. כלומר שחתך חתיכה של עץ לע"ז איבעי תימא שליבנה באור כלומר דאין לחשוש משום שמנונית אלא משום שאסור להנות מע"ז: קולף כלומר קולף בית השחיטה רבה בר בר חנה אומר מדיח כלומר בית השחיטה אגב דוחקו דסכינא כלומר הסכין דוחק לשחיטה בלעי [בית השחיטה] מסכין [לשחיטה] ואסור. סכין טרפה כלומר ששחט בה טרפה: ואי איכא בליתא דפריסא למיכפריה כלומר אי איכא בגד בלוי מירעה לקנחו לא צריך להדיח. מ"ט משום דקא בלע ואידך

דאיסורא כלומר דקא בלע דטריפה: דהיתירא נמי הא קא בלע אבר מן החי כלומר אפי' שחט בהמה דהיתירא נמי דקא בלע אבר מן החי ולצריך נמי חמין. אימת קא חיימא כלומר אימת בית שחיטה רותח לכי גמרי שחיטה האי שעתא היתירא הוה כלומר שהיא מתה ואינה אבר מן החי: לא ליסחוף איניש כפלי משמע זו כפלי שהוא נוטל מבשר אחד ואינו טריבונו בלשון כנען לא ליסחוף על בשר אחד שהוא לא לנח כפלי עילוי בשרא כלומר אליי"ד: כי הכי כי תריצי נמי' כי תריצי משמע אנטיר בלשון לעז כלומר את אמרת לא לנח איניש כפלי עילוי בשרא כלומר משום דדאיב תרבא דבלע בשרא הכי בכפלי מונח עליו אי הכי אפילו אין מניחן על שום בשר אלא אפילו מניחן לחודייהו דייב תרבא ובלעי כפלי: קדמא מפסיק מתתאי כלומר קדמא מפסיק בין החלב ובין הבשר מתתאי הכי' או (קרמא נמי) מעלאי

מעילאי נמי קרמא איכא! [א]אידי דממשמשא ידא דטבחא מפתח. ואמר רב יהודה אמר רב: תלמיד חכם צריך שילמוד ג' דברים: כתב, שחיטה, ומילה. ורב חנניא בר שלמיא משמיה דרב אמר: אף קשר של תפילין, וברכת חתנים, וציצית. ואידך? הני שכיחן. ואמר רב יהודה אמר שמואל: [ב]כל טבח שאינו יודע הלכות שחיטה – אסור לאכול משחיטתו, ואלו הן הלכות שחיטה: שהייה, דרסה, חלדה, הגרמה, ועיקור. מאי קמ"ל? כולהו תנינהו! לא צריכא, ששחט לפנינו ב' וג' פעמים ושחט שפיר; מהו דתימא: מדאידך שחט שפיר – האי נמי שחט שפיר, קמ"ל: כיון דלא גמר, [ג]זימנין דשהי ודריס ולא ידע. ואמר רב יהודה אמר שמואל: [ד]הטבח צריך שיבדוק בסימנים לאחר שחיטה. אמר רב יוסף: אף אנן נמי תנינא, *ר"ש אומר: אם שהה כדי ביקור; מאי לאו כדי ביקור סימנין? א"ל אביי: לא, הכי *א"ר יוחנן: כדי ביקור חכם. א"כ, *נתת דבריך לשיעורים! אלא כדי ביקור טבח חכם. לא בדק מאי? ר' אליעזר בן אנטיגנוס משום רבי אלעזר בר' ינאי אמר: טרפה ואסורה באכילה; במתניתא תנא: [ה]נבלה ומטמאה במשא. במאי קמיפלגי? בדרב הונא, *דאמר:* (א) [ו]בהמה בחייה בחזקת איסור עומדת עד שיודע לך במה נשחטה, נשחטה – הרי היא בחזקת היתר עד שיודע לך במה נטרפה; מר סבר: בחזקת איסור קיימא והשתא מתה היא, ומר סבר: בחזקת איסור אמרינן, בחזקת טומאה לא אמרינן. גופא, אמר רב הונא: בהמה בחייה בחזקת איסור עומדת עד שיודע לך במה נשחטה, נשחטה – בחזקת היתר עומדת עד שיודע לך במה נטרפה. ולימא: נשחטה הותרה! הא קמ"ל, דאע"ג דאיתיליד בה ריעותא; כדבעא מיניה רבי אבא מרב הונא: בא זאב ונטל בני מעים, מהו? נטל?! הא ליתנהו! אלא נקב בני מעים, מהו? נקב?! הא קא חזינן דהוא נקבינהו! אלא נטלן והחזירן כשהן נקובין, מהו? מי חיישי' שמא במקום נקב נקב, או לא? א"ל: *[ז]אין חוששין שמא במקום נקב נקב. איתיביה: *[ח]ראה צפור המנקר בתאנה, ועכבר המנקר באבטיחים – חוששין

רש"י

מעילאי נמי. כי סחיף להו על גבי בשר איכא קרמא מפסיק, שאין חלב שאין לו קרום דק מלמעלה. ממשמשא. מניי"ר. מפתת. לשון "פתות אותה פתים" (ויקרא ב). כתב. לכתוב, שידע לחתום שמו אילו ישב בדין, או לעדות. שחיטה. לאמן ידו לכך, אפילו שבקי בהלכותיה. קשר של תפילין. יש בו אומנות, שעשוי כמו אות דל"ת, שיהא נראה בה שדי. השי"ן חקוקה בקמטי הסופר כעין שי"ן, ורצועה קטנה כפולה א] ותלויה כעין יו"ד, והקשר עשוי כעין ד'. הני שכיחן. תפילין וציצית וברכת חתנים מצוין תדיר, הלכך הכל בקיאין בהם ואין צריכין לימוד, שמעצמו יהיה בקי בהם. שהייה דרסה חלדה הגרמה ועיקור. בפרק "השוחט" תנן לכולהו. שהייה (לקמן לב.) – אם שהה כדי שחיטת בהמה כו'. *שחט והתיז הראש בבת אחת, שלא הוליך והביא – היינו דרסה. *שחט הוושט ופסק ב] הגרגרת – הרי עיקור. *או שהחליד את הסכין – הוי חלדה, כחולדה זו התחובה בחורין. *השוחט מתוך הטבעת – הוי הגרמה. והתם מפרש לה ואזיל. ולשון הגרמה – שמכריע ידו לצאת חוץ ממקום הכשר שחיטה, וכמו "היה שוקל עין בעין ונותן לו גירומיו" ג] גבי הכרעה בבבא בתרא (דף פח). כולהו ד] תנן. במתניתין פרק "השוחט" *שבהמה מתנבלת בהן. וכיון שאין בקי בהן פשיטא דאסור לאכול. וכי שמואל דאמורא הוא מתני' אתא לאשמועינן? שכבר המשנה שנויה ועומדת. ולא ידע. אינו יודע שאסור לעשות כן, ומאכילה לנו. אם שהה כדי ביקור. והוא שיעור שהייה. לאו כדי ביקור סימנין. אלמא: יש בהן תורת ביקור. כדי ביקור חכם. לבדוק הסכין. שהטבח צריך להראות הסכין לחכם העיר מפני כבוד החכם, כדאמרינן לקמן (דף י:), אע"ג שהטבח בקי בהלכות בדיקה. אם כן נתת דבריך לשיעורים. פעמים שהחכם רחוק מהטבח, פעמים שהוא קרוב. טבח חכם. שהשוחט תלמיד חכם ואין מופלא בעיר ממנו. כלומר, לא תלוי השיעור אלא בשהיית בדיקת סכין לחודיה. לא בדק. בסימנים ה], מאי? טרפה שחוטה אינה מטמאה. כדאמרי' ב"העור והרוטב" (לקמן קכח:): "מן הבהמה" – מקצת בהמה מטמאה ומקצתה אינה מטמאה, ואיזו זו – טרפה ששחטה. נבלה. דלאו בחזקת שחוטה מחזקינן לה, כדרב הונא] בפירקין. בהמה בחייה בחזקת איסור. שהרי אסורה משום אבר מן החי. הלכך, אם נולד ספק בשחיטה, ובאת להעמידה על חזקתה, שהרי בכל ז] דבר אתה אומר העמד דבר על חזקתו שהיה מתחלה, שאין יכול להוציאה ממנה על ידי ספק – נמצאת אומר שבהמה זו אסורה. שהרי בחזקת איסור היתה תחלה, ומספק אתה בא להתירה שמא נשחטה כראוי – אל תתירנה מספק, עד שיודע לך שנשחטה כראוי. נשחטה הרי היא בחזקת היתר ח] עד שיודע לך במה נטרפה. ולקמן מפרש מאי נפקא מינה. ובריש דמילתיה קמיפלגי, דהשתא נולד לנו ספק בשחיטה – שמא לא נשחטה כראוי. מר סבר בחזקת איסור. קמייתא קיימא: שלא היתה שחוטה. וכיון דבחזקת שאינה שחוטה ט] מוקמינן לה – הרי מתה ומטמאה. ומר סבר בחזקת איסור אמרינן. ולאכילה הוא י] דנאסרה קודם שחיטה. לא אמרינן. שהרי בשר מן החי אינו מטמא. ולימא נשחטה הותרה. דלשון חזקה לא שייך אלא בדבר ספק, דמעמיד דבר על חזקתו. דאע"ג דאיתיליד בה ריעותא. שנולד בה ספק טריפות, ספק קודם שחיטה היה בה, ויש לתלותו בלאחר שחיטה – מוקמינן לה בחזקת היתר, דהשתא בהמה אינה טרפה, ותלינן בלאחר שחיטה. נטל הא ליתנהו. ולא חזינן בהו שום ריעותא, ומאי ספיקא איכא? מי חיישינן שמא במקום נקב. שהיה בו תחלה אתרמי ליה השתא, שהכניס בו שיניו ונקבה. דנקבי הדקין אחד משמונה עשר טרפות הוא. מנקר. לשון נקבים, קרו"ט בלע"ז. שמא

תוספות

ואידך הני שכיחן. כדאמר (ב"מ דף כט:): תפילין בי בר חבו משכח שכיחי. מכאן מדקדק רבינו תם דאין צריך לקשור בכל יום תפילין כשמניחן. שרבינו אליהו היה מצריך לקושרן, מדקאמר ב"הקומץ רבה" (מנחות לה: ע"ש בתוס' ד"ה משעת): תפילין מאימתי מברך עליהן – משעת הנחה ועד שעת קשירה. ולרבינו תם נראה דההיא קשירה – היינו הידוק שמהדקו סביב ראשו, כמו (נדה דף כו:) "שליא קשורה בו", וכמו (ע"ז דף ה.) "קשורה בו כבלב". דאי קשירה ממש – וכי בכל יום ילך אצל בר חבו? ועוד: דבריש "המוצא תפילין" (עירובין דף צז. ושם) משמע דאסור לקשור קשר של תפילין בשבת, משום דהוי קשר של קיימא. דקאמרינן: ישנות מכניסן זוג זוג, אבל חדשות לא, ומפרש בגמרא: דחדשות קרי שאינן מקושרות. ואם היה עשוי לקשור ולהתיר בכל יום – א"כ לא הוי קשר של קיימא.

כולהו תנינהו. פירש בקונטרס: עקור – דתנן: שחט את הושט ופסק את הגרגרת. ותימה: דאין זה שייך להלכות שחיטה, דזה פסול מפני שלא שחטו, ולא דמי לשאר הלכות שחיטה! ויש לומר: דאיירי ששחט בסכין פגומה או במגל, וזה נקרא פסק את הגרגרת. ופסולה הוי משום דאין שוחטין אלא חונקין, כדתנן בפירקין (לקמן דף טו:): חוץ מן המגל והמגירה כו'. ובהלכות גדולות פירש: עקור – שנעקר הסימן *ונשחט חוץ ממקומו. ותימה: דמה ענין זה להלכות שחיטה? והלא לא עשה כלום, אלא שהסימן נשמט מאליו. ואפילו *שחטו בסכין, תיפוק ליה מטעם הגרמה! ויש לומר: דאיירי כשנשמט הסימן ואחר כך שחטו. ו"כולהו תנינהו" דקאמר – היינו מדתנן בפרק "כסוי הדם" (לקמן דף פה.): הנוחר והמעקר פטור מלכסות. ואם תאמר: פשיטא דלא מהניא ביה שחיטה, שכבר נטרף! ויש לומר: לדברי הלכות גדולות לאו טרפה היא, אלא שכן הלכה למשה מסיני דאין שחיטה מועלת בסימן שמוט הנשמט חוץ למקום חיבורו, בין בושט בין בקנה. ואפילו עוף שהכשרו בסימן אחד, אם נשמט האחד – אין שחיטה מועלת בשני. ואם תאמר: ולמה אינו מונה בהלכות שחיטה פסק הגרגרת בסכין פגומה, כמו שמונה לפירוש הקונטרס? ויש לומר: דהתם אין כאן שחיטה, שאינו אלא חונק. ולפירוש הקונטרס ניחא, שאינו מונה שמוטה דהלכות גדולות, דהוי טרפה ששחטה, ואין צריך להזכירו. ומיהו, לא הוי השתא עקור לפירוש הלכות גדולות מעין שאר הלכות שחיטה שהן בגוף השחיטה, ועקור אינו בגוף השחיטה אלא ששוחט סימן שנעקר. וגם קצת קשה לשון "נוחר ומעקר", משמע שאינו אלא מעקר הסימן ואין עושה שחיטה אחרת, רק שמיתתו בעיקור, כמו בנחירה. ואינו כן, שכבר לא היה מת. ומה שקשה מלקמן (ב) לפירוש הקונטרס ומפרק "אלו טרפות", וליישב הלכות גדולות – אפרש כל אחד במקומו בעזרת השם יתברך.

כדי ביקור טבח חכם. ואף על פי שיש סכין גדולה וסכין קטנה – משערינן לכל בהמה בסכין שיש בה כמלא צואר וחוץ לצואר כמלא צואר. ואסורה באכילה. משום דרוב פעמים שוחט שפיר, ושריא מדאורייתא – לא החמירו לעשות נבלה. אמר ליה אין חוששין שמא במקום נקב נקב. ואפילו יש שם נקבים הרבה שלא במקום שיניו – מסתברא דתלינן כולהו בזאב, כי היכי דמכשרינן (לקמן מט.) היכא דממשמשא ידא דטבחא.

התם

עין משפט נר מצוה

נא א מיי' פ"י מהלכות מאכלות אסורות הלכה יט:
נב ב ג מיי' פ"ד מהלכות שחיטה הלכה א ב סמג עשין סג א] טוש"ע י"ד סימן א סעיף א וסימן כג סעיף א:
נג ד מיי' פ"א מהלכות שחיטה הלכה יב סמג עשין סג טוש"ע י"ד סימן כה סעיף א:
נד ה מיי' שם הלכה יב:
נה ו מיי' שם הלכה יג טוש"ע י"ד סימן כה סעיף ג בהג"ה:
נו ז מיי' פ"ו מהלכות שחיטה הלכה יד סמג עשין סג טוש"ע י"ד סימן כה סעיף ג:
נז ח מיי' פ"ב מהלכות רוצח הלכה ה סמג עשין עט טוש"ע י"ד סימן קטז:

נ"א ונשמט. ר"מ
נ"א שמטו. ר"מ
[עיין תוס' יבמות לג: ד"ה אשה ועי' תוספות ביצה כה. שהקשו על פרש"י דהכא]

מסורת הש"ס

[דף לב.] · [דף לב:] · [שם] · [דף יח.] · לקמן לב. · [דף פח.] · [שם.] · [דף נ:] · [שבת לה: וש"נ] · ביצה כה. · [לקמן מט.] · [תוספתא תרומות פ"ו]

הגהות הב"ח

(א) גמ' דאמר רב הונא בהמה: (ב) תוס' ד"ה כולהו וכו' ומה שקשה מלקמן דף כ לפי' הקונט' ומפ' אלו טרפות דף מד וליישב:

הגהות מהר"ב רנשבורג

א] בעין משפט סי' נ"ב טוש"ע י"ד סי' א' סעיף ג' וסי' כ"ג סעיף א' וסעיף ב' וסי' כ"ד ס"א וס"ח וסי' יש"ש כל"ל:

שיטה מקובצת

א] ורצועה קטנה כפולה תלויה בה כעין יוד: ב] ופסק את הגרגרת היינו עיקור: ג] נותן לו גירומיו הכרעות בבבא בתרא: ד] כולהו תננהי במתני' פ' השוחט: ה] לא בדק בסימנים לאחר שחיטה מאי: ו] כדרב הונא בפירושא דמילתיה הס"ד: ז] שהרי בכל ספק אתה אומר העמד דבר על חזקתו שהיה מתחלה שאינך יכול: ח] נשחטה הרי היא בחזקת היתר דרוב בהמות שנשחטו הרי הן בחזקת היתר ולקמן מפ' מאי נפקא מינה: ט] מוקמינן לה הרי היא מתה ומטמאה: י] הוא שנאסרת קודם שחיטה: לא אמרינן שהרי בשר מן החי אינה מטמאה נ"ב שבם לא נמצא כל זה:

רבינו גרשום

מעילאי נמי קרמא איכא ולא א) יכול לומר ולא לסחוט: לא אידי דממשמשא. מיפרכת כלומר שמשמטין אותה ולא שומטין קרמא תתאה: ואידך הני שכיחי כלומר' אלו אין צריך ללמוד דהני שכיחן שאנשים אחרים יודעין את הני: כתב שחיטה ומילה שכיחי בכל עידנא: מאי קמ"ל כולהו תננהו. מאי קמ"ל דצריך לבדוק והוא אמרינן לעיל בודק אם יודע לומר הלכות שחיטה מותר לאכול משחיטתו ואם לאו אסור לאכול משחיטתו: אם שהה כדי ביקור כלומר דיבדוק הסימנין כו' לא כדי ביקור חכם כדסברת כדי ביקור סימנים אלא שיבדוק אותו סכין חכם: אם כן נתת דבריך לשיעורין. כלומר פעמים שהוא עומד בקרוב ופעמים ברחוק וזו היא שעורין: אלא כדי ביקור טבח חכם. טבח עצמו ששחט שהוא חכם: והשתא מתה היא. כלומר נבלה: ומר סבר בחזקת איסור קאמרינן ולא נבלה. ולימא נשחטה הותרה מפני מה את אמרת בחזקת היתר. הא קמ"ל דאע"ג דאיתילידא בה ריעותא כדבעא מיניה ר' אבא [מרב הונא] משום זה בעיא צריך לומר בחזקת היתר עומדת עד שיודע במה נטרפה: נטל הא ליתנהו. כלומר מה אנו יודעין אם נקבן ואם לאו ולאו משום הכי ב) אמר בחזקת היתר עד שיודע לך כו'. חיישינן שמא במקום נקב נקב כלומר שמא בנקב שנקובה היתה שמא מעיקרא היתה נקובה ועשה זה נקב לא חיישינן: ראה צפור המנקר. ומותרת: המנקר. כלומר דאכל בתאנה: באבטיחים כמו אבטיחין. חיישינן שמא במקום נקב של נחש נקב

א) אולי צ"ל ולאפוקי אמר דלא לסחוט. ב) נראה דצ"ל ומשום הכי לא הוי הוצרך לומר דבחזקת היתר עומדת.

נח א מיי' פט"ז מהלכות אבות הטומאה הלכ' ח: עיין ר"מ בזה הדיבור

נט ב (מיי' פי"ב ופי"ג מהלכות רוצח סמג עשין מט טוש"ע י"ד סי' קטז סעיף א) [נ"ל מיי' פט"ו מהלכות אבות הטומאה]

ס ג (מיי' פט"ו מהלכות אבות הטומאה הלכה ז) [נ"ל מיי' פ"ט מהלכות פרה הלכה טז:]

סא ד מיי' פ"ט מהלכות פרה הלכה טז:

חוֹשְׁשִׁין שֶׁמָּא בִּמְקוֹם נֶקֶב נָקַב! אָמַר לֵיהּ: מִי קָא מְדַמֵּית אִיסּוּרָא לְסַכַּנְתָּא? סַכַּנְתָּא שָׁאנֵי. א"ל רָבָא: מַאי שְׁנָא סְפֵק סַכַּנְתָּא לְחוּמְרָא? סְפֵק אִיסּוּרָא נַמִי לְחוּמְרָא! א"ל אַבַּיֵי: וְלָא שָׁאנֵי בֵּין אִיסּוּרָא לְסַכַּנְתָּא? וְהָא אִילּוּ *אסְפֵק טוּמְאָה בִּרה"ר – סְפֵיקוֹ טָהוֹר, וְאִילּוּ סְפֵק מַיִם מְגוּלִּין – אֲסוּרִין! א"ל: הָתָם *הִלְכְתָא גְּמִירִי לַהּ מִסּוֹטָה: מַה סּוֹטָה בִּרה"י – אַף טוּמְאָה בִּרה"י. מְתִיב רַב שִׁימִי: *בשֶׁרֶץ בְּפִי חוּלְדָּה וְחוּלְדָּה מְהַלֶּכֶת עַל גַּבֵּי כִּכָּרוֹת שֶׁל תְּרוּמָה, סָפֵק נָגַע סָפֵק לֹא נָגַע – סְפֵיקוֹ טָהוֹר, וְאִילּוּ סָפֵק מַיִם מְגוּלִּין – אֲסוּרִין! הָתָם נַמִי הִלְכְתָא גְּמִירִי לַהּ מִסּוֹטָה: מַה סּוֹטָה דָּבָר שֶׁיֵּשׁ בָּהּ דַּעַת לִישָּׁאֵל, אַף הָכָא נַמִי – דָּבָר שֶׁיֵּשׁ בּוֹ דַּעַת לִישָּׁאֵל. אָמַר רַב אַשִׁי, ת"ש: *גצְלוֹחִית שֶׁהִנִּיחָהּ מְגוּלָּה וּבָא וּמְצָאָהּ מְכוּסָּה – טְמֵאָה, שֶׁאֲנִי אוֹמֵר: אָדָם טָמֵא נִכְנַס לְשָׁם וְכִיסָּהּ; הִנִּיחָהּ מְכוּסָּה וּבָא וּמְצָאָהּ מְגוּלָּה, אִם יְכוֹלָה חוּלְדָּה לִשְׁתּוֹת מִמֶּנָּה, אוֹ נָחָשׁ לְדִבְרֵי רַבָּן גַּמְלִיאֵל, דאוֹ שֶׁיָּרַד בָּהּ טַל בַּלַּיְלָה – פְּסוּלָה; וְאָמַר רַבִּי יְהוֹשֻׁעַ בֶּן לֵוִי: מַה טַּעַם? מִפְּנֵי

שֶׁמָּא בִּמְקוֹם נֶקֶב. שֶׁל נָחָשׁ נָקַב, וְאָסוּר מִשּׁוּם סַכָּנַת נְפָשׁוֹת א]. סְפֵק טוּמְאָה בְּרה"ר סְפֵיקוֹ טָהוֹר. כִּדְמְפָרֵשׁ לְקַמָּן. סְפֵק מַיִם מְגוּלִּין. מַיִם שֶׁנִּשְׁאֲרוּ מְגוּלִּין בַּלַּיְלָה, סָפֵק שָׁתָה מֵהֶן נָחָשׁ סָפֵק לֹא שָׁתָה, וְקַיְימָא לָן דַּאֲסִירֵי. הִלְכְתָא גְּמִירִי לַהּ מִסּוֹטָה. דִּבְרה"ר סְפֵיקוֹ טָהוֹר. וּגְזֵרַת הַכָּתוּב הוּא, דְּהָא בִּרה"י לְחוּמְרָא אָזְלִינַן, וְכָל סָפֵק דְּאִיסּוּרָא נַמִי לְחוּמְרָא בָּעֵינַן לְמֵיזַל שֶׁמָּא יַעֲבוֹר. מַה סּוֹטָה. שֶׁקִּינֵּא לָהּ בַּעְלָהּ "אַל תִּסָּתְרִי עִם פְּלוֹנִי" וְנִסְתְּרָה בוֹ, כְּתִיב "וְנִטְמְאָה" ב' פְּעָמִים, אֶחָד לַבַּעַל כו' שֶׁנֶּאֱסֶרֶת עָלָיו בִּסְתִירָה זוֹ עַד שֶׁיִּבָּדְקוּ הַמַּיִם. וְכָל סְתִירָה אֵינָהּ אֶלָּא בִּרה"י. וְהָתָם הוּא דְּאָסַר רַחֲמָנָא מִסְּפֵיקָא, אֲבָל בִּרה"ר שְׁרְיָא, דְּלָאו סְתִירָה הִיא. וְטוּמְאָה מֵהָתָם גָּמְרִינַן, דְּטוּמְאָה קַרְיֵיהּ רַחֲמָנָא. שֶׁרֶץ. מֵת. סָפֵק נָגַע. הַשֶּׁרֶץ הַמֵּת בַּתְּרוּמָה. סְפֵיקוֹ טָהוֹר. וַאֲפִילּוּ בִּרה"י, וְאִילּוּ סָפֵק גִּלּוּי אָסוּר, אַלְמָא שָׁאנֵי אִיסּוּרָא מִסַּכַּנְתָּא. שֶׁיֵּשׁ בָּהּ דַּעַת לִישָּׁאֵל. אִם נִטְמְאָה אִם לָאו, וַאֲסוּרָה מִן הַסָּפֵק בִּרה"י. אַף כָּל. סָפֵק טוּמְאוֹת הַמְּאוֹרָעוֹת, בְּמִי שֶׁיֵּשׁ בָּהֶן דַּעַת לִישָּׁאֵל, כְּגוֹן אָדָם שֶׁעָבַר (*אֵצֶל) שֶׁרֶץ אוֹ נְבֵלָה, סָפֵק נָגַע סָפֵק לֹא נָגַע בִּרה"י – סְפֵקוֹ טָמֵא, אֲבָל כִּכָּרוֹת שֶׁאֵין בָּהֶן דַּעַת לִישָּׁאֵל לֹא. צְלוֹחִית. שֶׁמְּמַלְאִים מַיִם חַיִּים לְמֵי חַטָּאת, וַעֲדַיִין לֹא נִתְקַדְּשׁוּ בָּאֵפֶר. דְּאִם נִתְקַדְּשׁוּ טוּמְאָה דְּקָתָנֵי לְמַאי הִי לְאִיפְּסוּלֵי – לִיתְנֵי "פְּסוּלָה", הִי לְטַמּוּיֵי אַחֲרִינֵי – דְּלָאו הָכִי מֵי חַטָּאת מְטַמְּאִין אֲפִילּוּ בְּמַשָּׂא! טְמֵאָה. וּמְטַמְּאָה אוֹכְלִין וּמַשְׁקִין. וְכ"ש דִּפְסוּלָה לְקִידּוּשׁ, דְּהָא כָּל מַעֲשֶׂיהָ בְּמַעֲלוֹת טׇהֳרָה הֵם, כְּחַטָּאת קַרְיֵיהּ רַחֲמָנָא. אִם יְכוֹלָה חוּלְדָּה לִשְׁתּוֹת מִמֶּנָּה. דִּתְנַן (פרה פ"ט מ"ג): כָּל הַשְּׁרָצִים אֵינָן פּוֹסְלִין בְּמֵי חַטָּאת, חוּץ מִן הַחוּלְדָּה מִפְּנֵי שֶׁהִיא *(מְקִיאָה) רַבָּן גַּמְלִיאֵל אוֹמֵר אַף הַנָּחָשׁ, דְּכָל הַמַּקִּיא פּוֹסֵל. דְּהוֹאִיל וְהִפְרִישׁוּ מֵהֶן לִשְׁתּוֹת – הֲרֵי נַעֲשָׂה בָּהֶן מְלָאכָה וְנִפְסְלוּ, וּכְשֶׁמְּקִיאוֹת פּוֹסְלוֹת אֶת הָרִאשׁוֹנוֹת, דְּמֵי חַטָּאת נִפְסְלוּ בִּמְלָאכָה אַחֶרֶת, כִּדְאָמְרִינַן בְּמַסֶּכֶת גִּיטִּין (דף נג.). וְאִית דְּתָלֵי טַעְמָא מִשּׁוּם דְּמַיִם חַיִּים בָּעֵינַן, דִּכְתִיב (במדבר יט): "מַיִם חַיִּים אֶל כֶּלִי" – שֶׁתְּהֵא חִיּוּתָן בִּכְלִי, שֶׁלֹּא יְמַלֵּא כְּלִי זֶה וְיַעֲרֶה בִּכְלִי אַחֵר קוֹדֶם קִידּוּשׁ. זֶה שָׁמַעְתִּי וְהָגוּן הוּא. אִם יְכוֹלָה חוּלְדָּה לִשְׁתּוֹת. שֶׁאֵין תָּלוּי בַּאֲוִיר. אוֹ נָחָשׁ לְדִבְרֵי ר"ג. שֶׁהוּא אוֹמֵר אַף הַנָּחָשׁ כַּחוּלְדָּה. אוֹ שֶׁיָּרַד בָּהּ טַל בַּלַּיְלָה. דֶּרֶךְ טַל לֵירֵד בַּלַּיְלָה. פְּסוּלָה. דְּלָאו מַיִם חַיִּים נִינְהוּ. אֲבָל בְּטוּמְאָה לָא מְסַפְּקִינַן לַהּ, וְאֵינָהּ מְטַמְּאָה אַחֲרֵינֵי. וְאָמַר רַבִּי יְהוֹשֻׁעַ בֶּן לֵוִי מַה טַּעַם. לָא חָיְישִׁינַן שֶׁמָּא אָדָם טָמֵא גִּילָּה אוֹתָהּ וְתִטַּמֵּא אַחֵרִים? מִפְּנֵי

התם הלכתא גמירי לה מסוטה. תימה: דמשמע הכא דהא דמטהרין ספק טומאה ברה"ר – מסוטה גמרינן לה. *וקשה, דבפרק "ב' נזירים" (נזיר נז. ושם) תנן: אמר להם אחד ראיתי א' מכם שנטמא (א) – שניהם מביאין קרבן טומאה וקרבן טהרה. ופריך בגמרא, דהני ב' נזירים והך דקאי גבייהו הרי תלתא, והוה ליה ספק טומאה ברה"ר וספקו טהור, ולא היה להם להביא כלל קרבן טומאה אלא קרבן טהרה! ומשני: באומר ראיתי טומאה שנזרקה ביניהם. ולכאורה מאי תירץ? דהשתא הוה ליה ספק טומאה ברה"י, והוה ליה ודאי טמא, כדמוכח בריש נדה (דף ג: ושם) גבי מקוה שנמדד ונמצא חסר, דקאמר ר' שמעון: ברה"י תולין. ופריך התלמוד: ואי מסוטה גמרינן לה אמאי תולין? ואם כן תרוייהו לייתי קרבן טומאה ולא קרבן טהרה, כמו מעיקרא דס"ד דהוי רה"ר, דפריך דלייתי קרבן טהרה! אלא ודאי היינו טעמא דלא מייתו קרבן טומאה גרידא כי הוי רה"י – משום דלא ילפינן מסוטה אלא דבר שיכול להיות כמו סוטה, וזה ודאי שלא נטמאו שניהם. אבל מעיקרא דס"ד דהוי רה"ר – ניחא דמייתו שניהם קרבן טהרה אע"ג שודאי האחד מהן נטמא, דלאו מסוטה גמרינן להו, אלא מטהרין להו מכח דמוקמינן כל חד וחד בחזקת טהרה! וי"ל: דמסוטה גמרינן לטהר ברה"ר היכא דליכא חזקה לטהרה. כי ההיא דמקוה שנמדד ונמצא חסר, דליכא חזקה לטהרה. דאי משום העמד המקוה בחזקת שלם – אדרבה, העמד טמא על חזקתו, ומטהר ר' שמעון ברה"ר משום דגמרינן מסוטה. והשתא דבעי למימר דלא מוקמינן באיסור אחזקתיה כמו בסכנתא אפילו היכא דאיכא חזקה – ילפינן מסוטה, והיכא דלא אפשר למילף מסוטה, כי ההיא דשני נזירים (דף נז.) – לא נטהר מספק מכח חזקה. וההיא פרכא דהתם הוי לפי המסקנא דהכא, דאזלינן בתר חזקה. וכן דבר שאין בו דעת לישאל דהוי ספקו טהור, דילפינן מסוטה – היינו היכא דליכא חזקה, כי ההיא (טהרות פ"ג מ"ח) דתינוק שנמצא בצד העיסה, דמטהר רבי מאיר משום דאין בו דעת לישאל מטעם סמוך מיעוטא לחזקה, והויא ליה פלגא ופלגא כדאמרינן ביבמות (דף קיט:). ואם תאמר: ומסוטה היכי מצי למילף? והא סוטה אית לה חזקת טהרה! וי"ל: כיון דקינא לה ונסתרה יש רגלים לדבר, ואתרע לה חזקתה. ואם תאמר: כל ספק טומאה ברה"י מנא לן דטמא היכא דליכא חזקת טהרה? אי מסוטה – הא אתרע לה חזקה! וי"ל: דגמרינן שפיר מסוטה, דעשאה הכתוב כודאי ולא מוקמינן לה אחזקתיה. דאע"ג דאיתרע לה חזקתה, מ"מ אי מוקמינן לה אחזקתה – לא היה לה להיות ודאי טמאה. והא דקאמרינן בפרק "כשם" (סוטה כט. ושם) דאיצטריך סוטה לטהר ברה"ר, דאי מדרב גידל ה"א דבר שיש בו דעת לישאל אפילו ברה"ר ספקו טמא – ה"מ למימר דאיצטריך לטומאה ברה"י אפילו היכא דאיכא חזקה דטהרה, דאי מדרב גידל – דילמא היינו היכא דליכא חזקה דטהרה. **טמאה** שאני אומר כו'. פירוש: גס הצלוחית. דאע"ג שכל מעשה פרה בכלי גללים כלי אבנים כלי אדמה, כדאיתא בריש יומא (דף ב.) ובריש פרק "הישן" (סוכה כא.), היינו קודם שריפת הפרה, כדתנן במסכת פרה (פ"ג מ"א–ב): ז' ימים קודם שריפת הפרה היו מביאין כו', לפי שכל מעשיה בכלי גללים כלי אבנים כלי אדמה. אבל לאחר שריפת הפרה היו מקדשים בכל הכלים, כדתנן במסכת פרה פרק "המביא כלי חרס לחטאת" (מ"ה): בכל מקדשין ואפילו בכלי גללים כלי אבנים כלי אדמה, משמע דכ"ש בשאר כלים, והנך איצטריך סד"א לאו כלים נינהו, כדאמרינן בפ"ק דשבת (דף טז:)*. **שאני** אומר אדם וכו'. וא"ת: דהכא תלינן באדם טמא, וכן בפ"ק דפסחים (דף י:) גבי קרדום שאבד בבית. ואילו בפ"ק דנדה (דף ד.) גבי ככר הנתונה על גבי הדף תלינן באדם טהור! ואומר ר"ת: דהיינו טעמא דהכא ודפסחים – משום דגזרו על ספק כלים הנמצאים, אבל על ספק אוכלים לא גזרו. ועוד י"ל: דההיא דנדה שמדף טמא מונח תחתיה, ואי אפשר לככר ליפול אלא אם כן נגע למדף טמא – שייך לתלות באדם טהור שנטלה במתכוין שלא תטמא הככר. אבל אדם טמא למה היה נוטלה? וכן בההיא ד"כסוי הדם" (לקמן פו.) דרוב תינוקות מטפחין, לפי מה שמפרש ר"ת מטפחין בעיסה, ומיעוט אין מטפחין, ותלינן באדם טהור שנתן לו, לפי שהיה חושש שלא יטמא התינוק את העיסה*. **אם** יכולה חולדה לשתות. פירוש בקונטרס בלשון א) (אחד) דכל המקיא פוסל, הואיל והפריש מהן לשתות – הרי נעשית בהן מלאכה ונפסלו, וכשמקיאה פוסלת הראשונות. וקשה ג] לפירושו: וכי מה מלאכה שייכא בשתייה? ונראה לומר: דאי קודם קידוש איירי מפסלי משום דלא הוי "מים חיים אל כלי" – שיהא חיותן בכלי, שלא ימלא כלי זה ויערה בכלי אחר קודם קידוש, כדפירש בקונטרס בלשון אחר. ואי אחר קידוש איירי, ונקט "טמאה" משום כלי, או כמו שאפרש אחר כך – מיפסלי משום רוק שבפיהן המעורב במים. וקסבר יש בילה, והזאה צריכה שיעור, ודלא כר' אליעזר דפרק "התערובת" (זבחים פ.) דאמר: יזה שתי הזיות. ד] אי נמי, פסולה בהזאה אחת קאמר, כמו לר' אליעזר, דר' אליעזר נמי איירי בה, שהוא מוסיף אף העכבר. ה"נ מפרש בתוספתא* ה] טעמא דר' יהושע דאמר: במים מקודשין לא פסל כשיטה כמו שאמר ר' אליעזר, אלא כששתה, (ב) ומפסלי משום משקה פיו המעורב במים. ולכך אם גירגר כשר, היינו ששופך המים תוך גרונו שאין שם משקה פיו. והשתא הוי דומיא דירד בה טל בלילה, דמפסלי מטעם תערובת*. **או** נחש לדברי ר"ג. משנה היא במסכת פרה (פ"ט מ"ג): כל השרצים אין פוסלין במי חטאת חוץ מן החולדה מפני שהיא ג) מקיאה, ר"ג אומר: אף הנחש מפני שהוא מקיא, ר"א אומר: אף העכבר. והא דלא תנא הכא "אף העכבר לדברי ר"א" – משום דר' אליעזר שמותי הוא. **או** שירד בה טל בלילה פסולה. ברייתא היא זו, דבמשנה במסכת פרה* ברישא נמי קתני "פסולה". ותימה שלא הביא כאן המשנה! ושמא ניחא ליה להביא הברייתא שמפורש בה "שאני אומר אדם טמא נכנס לשם", ובמשנה אינו כן. ואע"ג דבמשנה תני ברישא נמי "פסולה", ובברייתא קתני ברישא "טמאה" – משום דאיכא למ"ד בפרק "דם חטאת" (זבחים צג.): מי חטאת שנטמאו מטהרין. אי נמי, לפי שהפסול בא מחמת טומאה קתני ברישא "טמאה". ועוד, משום דגם הצלוחית עצמה טמאה, כיון דתלינן באדם טמא. אבל בסיפא הצלוחית טהורה. ועוד יש חילוק בין מי חטאת שנטמאו למי חטאת שנפסלו, כדתנן במסכת פרה פרק תשיעי (מ"ח). ושתה

א) נ"ל הראשון: ב) שם אותה מלקה

שיטה מקובצת

א] משום סכנת נפשות אם היה במקום מגולה. הס"ד: ב] ונסתרה כתב קרא ונטמאה: ג] וקשה לפי' זה וכי מה מלאכה שייכא בשתיה ונראה לפרש דאי קודם: ד] אי נמי פסולה בהזאה אחת קאמר כמו וכו'. נ"ב לשון הרא"ש ז"ל כי ההיא דחולדה דמודה בה ר' אליעזר: ה] טעמא דר' יהושע דאמר דאף במים מקודשין לא פסל כשיטה כמו שאמר ר' אליעזר אלא כששתה משום משקה פיו:

הגהות הב"ח

(א) תוס' ד"ה התם וכו' א' מכם שנטמא ואיני יודע איזה מכם שניהם: (ב) ד"ה או שירד וכו' אלא כששתה היינו משקין למיפסלי משום משקה:

[טהרות פ"ד מי"א]

[ע"ז לז:]

[טהרות פ"ד מ"ב עדיות פ"ב מ"ז]

פרה פרק יא [מ"א ע"ש שזהו שנכלל בברייתא היא וע"ע תוס' ד"ה או שירד בה]

[נ"ל מלקת רבן גמליאל אומר אף הנחש מפני שהיא מקיאה]

[וע"ע תוס' חגיגה כג. ד"ה שפופרת ויומא ב. ד"ה שכל ותוספות סוכה לז. ד"ה נפלו]

[ועיין תוס' פסחים י: ד"ה שאני]

[פ"ח דפרה]

[וע"ע תוס' פסחים יח. ד"ה כטלו ותוספות גיטין פו: ד"ה כל] [פי"ח מ"א]

רבינו גרשום

נקב צפור זה. וכך הכא חיישינן בבני מעין וטרפה: אמר ליה מי קא מדמית איסורא לסכנתא. כלומר בני מעיים [שוין] איסורא לנחש שוין סכנתא. מאי שנא ספק סכנתא לחומרא ספק איסורא לחומרא כלומר דהכא באיסורא אתה אומר לא חיישינן. הא ספק טומאה ברשות הרבים ספיקו כו' כלומר כגון זב שהיה הולך ברשות הרבים ונפל מידו שום חפץ או מחט או שום דבר ונמצא אחר כך (אותו) אמרינן לא נפל חפץ מזב אלא מאדם טהור נפל ספקו טהור. אלא ברשות היחיד נפל ספקו טמא דאמר מר מה היה כו') וגמרינן לה מסוטה מה סוטה ברה"י. כלומר דהיא עצמה ב) מן יחיד היא וספקו טמא דמספק משקה לה במים המאררים ומאותה שעה דקינה לה בעלה [ונסתרה] היתה טמאה לו אף כל טומאה ברשות היחיד ספקו טמא: מתיב. לזה שאמר לא שני בין איסורא לסכנתא וכו' [התם נמי] ועדיין לא יכול למילף מהכא משום דגמירי לה מסוטה מה סוטה דבר שיש בו דעת לישאל (כלומר) וספיקא טמא אף כל דבר שיש בו דעת לישאל ספיקו טמא וחולדה אין בו דעת לישאל אי נגעה אי לא נגעה לפיכך ספיקו טהור. אבל בזאב הכא אין דינו כך [ולא שני] בין איסור לסכנתא: צלוחית שהניחה מגולה ובא ומצאה מכוסה. כלומר צלוחית של מי חטאת. או שירד טל בלילה או נחש לדברי רבן גמליאל כלומר דאמרינן כל השרצים אינם פוסלין במי חטאת חוץ מן החולדה אם שתת מהן [מפני] שמקיאה בשעת שתייתה ונופל מפיה המשקה לתוך הכלי והוו להו מים שאובין הן ומנין ששאובין פוסלין דכתיב מים חיים אל כלי (חוץ מן הנחש מפני שהוא שותה ואינו מקיא) רבן גמליאל אומר אף הנחש ששותה ומקיא ופוסל כשאר שרצים ואמר ריב"ל מה טעם מפני

א) אולי צ"ל ומצאה אח"כ... ב) אולי צ"ל היא עצמה נסתרה...

מפני שדרכן של שרצים לגלות. ולעו"ג דאדם נמי דרכו לגלות – איכא למיתלי באדם טהור ובשרצים לטהר, ובאדם טמא לטמא, תלינן בתר רובא לטהר. **ואין דרכן לכבות.** הלכך, רישא ליכא למיתלי בשרצים, וטמאים וטהורים שכיחי, וחיישינן לטמאים. אלמא במידי דאיסורא תלינן בתר רובא דשכיחי ואף על גב דלקולא. אי נמי, טעמא דהניחה מגולה ומצאה מכוסה, מכוסה ומצאה מגולה, הא מצאה כמו שהניחה לא טומאה איכא ולא פסולה איכא. "ואילו ספק מים מגולין אסורין" גרסינן. ולעו"ג דאיכא למימר: אדם נכנס לשם שגילה אותה, ושאר שרצים גילו אותה שאין בהן סכנה, והוו להו נחשים מיעוטא – תלינן בנחשים ואסרי. אי נמי, פשיטא ליה דהוא עצמו גילה אותה, ושהה בגילויו כדי שיכול נחש לשתות ממן – אמרינן לקמן דאסירי, ולעו"ג דמלאה כמו שהניחה. ש"מ **חמירא סכנתא מאיסורא** ש"מ. ואית דגרסי להא דרב אשי דחמירא סכנתא מאיסורא, מדקתני: אם יכולה חולדה לשתות כו' פסולה, ולא קתני "טמאה", דניחא ליה לתלא למיתלי בשרצים, דשמעינן מינה דאסורה משום סכנת נפשות, ולעו"ג דלגבי איסור קולא היא דלא מטמא, ולא א] מיתלי באדם טמא ולעו"ג דדרכו נמי לגלות. משום דאי הוה קתני "טמאה" לא הוה שמעינן מיניה איסור סכנת נפשות. ולא גרים "ואילו ספק מים מגולין אסורין". וקשיא לי בגויה טובא: חדא, דהא לרבנן חולדה קתני ולא נחש. ולר"ג גופיה או חולדה או נחש קתני, ואם יכולה חולדה לשתות ולא נחש, כגון שמונחת על דף גבוה – קתני נמי פסולה ולא טמאה. והכא ליכא ב] למיתני טמאה, דאי משום סכנת נפשות ג] איכא דאלקיו ביה בגי איסור טומאה? ועוד, בנחש נמי ליתני: פסולה משום שרצים וטמאה משום אדם טמא, ואשמועינן תרוייהו, וניחוש נמי לאיסורא, דהא רישא ג] מצי למיתלי באדם טהור ובאדם טמא, ותלינן באדם טמא לחומרא! אלא לאו שמע מינה: טעמא לאו משום סכנה הוא, אלא משום דתלינן ברובא דשכיחא. **כמה ישהו.** המים בגלויין, היכא דהוא עצמו הניחן מגולים? **הרחש.** הנחש. "רחש" תרגום של "שרץ". **מתחת אוזן כלי.** חוששין שמא היה שם שרץ ושתה. **הא קא חזי ליה.** כיון שלא שהה ד] לשם (א) הנחש שיעור שיכול לחזור לחורו, אלא כדי שיוכל לבא לשתות – הא ודאי לא אתא, דאי אתא הא קא חזי ליה ה] בחזרתו לחורו תחת אוזן הכלי בקרקע! **השוחט בסכין ואח"כ נמצאת** ו] **פגומה.** וידוע הוא שכששחט בדק קודם שחיטה ז] והיה יפה, אבל לא בדק אחר שחיטה מיד. **אפילו שבר בה עצמות.** בין שחיטה לבדיקה אחרונה, דאיכא למיתלי בעצמות – פסולה השחיטה. **שמא בעור** ח]. השחיטה. **נפגמה.** ונמצא שלא נשחטו הסימנים אלא נקרעו, שהפגם קורע ט], "וזבחת" כתיב (דברים יב). **בעצם נפגמה.** באותו ששיבר בה. **כשמעתיה.** דאמר לעיל (דף ט.) בחזקת איסור עומדת עד שיוודע לך במה נשחטה, וזו נולד בה ספק בשחיטה. **כל היום כולו.** לאחר טבילה. **בהמה לא אתרעאי.** וכיון דלאו בגופה ממש אתיליד אלא בדבר אחר – לא דמי לטבילה, ולא אתי ספק דריעותא דסכין ומוציא אותו מידי שחיטה ודאית, דודאי עצם פגם. **שחט את הושט.** בעוף שהכשרו בסימן אחד תו לא חיישינן לעיקור דשני. והא דנקט שחיטה בושט ושמוטה בגרגרת – הוא הדין דאפילו איפכא נמי, אלא משום דגרגרת עבידא לאשתמוטי. והכי מיתוקמא ב"השוחט" (לקמן כח.). **נשמטה הגרגרת.** תחלה, הרי נטרפה. **כהאי גוונא.** שנולד בה ספק בסכין. ומאי

מפני שדרכן של שרצים לגלות, ואין דרכן לכבות; (אי נמי, טעמא דהניחה מגולה ובא ומצאה מכוסה, מכוסה ובא ומצאה מגולה, הא מצאה כמה שהניחה – לא טומאה איכא ולא פסולה איכא;) ואילו ספק מים מגולים – אסורין. ש"מ: חמירא סכנתא מאיסורא, ש"מ. *תנן התם, אג' משקין אסורין משום גלוי: מים, ויין, וחלב. כמה ישהו ויהיו אסורין? כדי שיצא הרחש ממקום קרוב וישתה. בוכמה מקום קרוב? א"ר יצחק בריה דרב יהודה: כדי שיצא מתחת אוזן כלי וישתה. ישתה? הא קא חזי ליה! גאלא ישתה ויחזור לחורו.§ *איתמר: השוחט בסכין ונמצאת פגומה, אמר רב הונא: אפילו שיבר בה עצמות כל היום – פסולה, חיישינן שמא בעור נפגמה; ורב חסדא אמר: כשרה, שמא בעצם נפגמה. בשלמא רב הונא – כשמעתיה, אלא רב חסדא מאי טעמא? אמר לך: עצם ודאי פוגם, עור ספק פוגם ספק לא פוגם, הוי ספק וודאי, *ואין ספק מוציא מידי ודאי. מתיב רבא לסיועיה לרב הונא: דטבל ועלה ונמצא עליו דבר חוצץ, אע"פ שנתעסק באותו המין כל היום כולו – לא עלתה לו טבילה, עד שיאמר: ברי לי שלא היה עלי קודם לכן. והא הכא דודאי טבל, ספק הוה עליה ספק לא הוה עליה, וקאתי ספק ומוציא מידי ודאי! שאני התם, הדאיכא למימר: העמד טמא על חזקתו, ואימא לא טבל. ה"נ, העמד בהמה על חזקתה, ואימר לא נשחטה! הרי שחוטה לפניך. ה"נ, הרי טבל לפניך! הא איתילידא ביה ריעותא. ה"נ איתילידא בה ריעותא! סכין איתרעאי, בהמה לא איתרעאי. מיתיבי: *ושחט את הושט ואח"כ נשמטה הגרגרת – כשרה, נשמטה הגרגרת ואח"כ שחט את הושט – פסולה; זשחט את הושט ונמצא הגרגרת שמוטה, ואינו יודע אם קודם שחיטה נשמטה אם לאחר שחיטה נשמטה – זה היה מעשה, ואמרו: כל ספק בשחיטה – פסול; כל ספק בשחיטה לאתויי מאי? לאו חלאתויי כה"ג? לא, לאתויי ספק שהה ספק דרס. ומאי

וישתה הא קא חזי ליה. בירושלמי מתרץ: כחוט השערה, ושפיפון שמו, ורשות נתנה לקרקע להבקע לפניו, ולא נתנה רשות לכלי להבקע מפניו. **טבל ועלה כו'.** הך דהכא לא שייך לאתויי בפ' "כל היד" (נדה דף טו:) ובפרק "כל הכלים" (ע"ז דף מא:) ובפ"ק דפסחים (דף ט.), דהתם נמי פריך: ואין ספק מוציא מידי ודאי. דשאני הכא, דלחומרא אתא ספק איסורא ומוציא מידי ודאי היתר. והנך דמייתי התם לא שייך לאתויי הכא, דהתם אינו משום דהוי ספק הרגיל. **עד שיאמר ברי לי.** הכא לא מפליג בין טבל סמוך לחפיפה ללא טבל סמוך לחפיפה, כדמפליג בפרק בתרא דנדה (דף סז:) דאמר רבא: טבלה ועלתה ונמצאת עליה דבר חוצץ, אם סמוך לחפיפה טבלה אינה צריכה לחזור לחוף ולטבול, ואם כו'. ואומר ר"ת: דהכא מיירי בנמצא בגוף, והתם מיירי בנמצא בראש. דחפיפה לא תקן עזרא אלא בראש, כדאמרינן "במרובה" (ב"ק דף פב.): דאורייתא לעיוני דילמא מיקטר, ומיקטר לא שייך אלא בראש. ועוד נמי תנן: *נזיר חופף ומפספס אבל לא סורק. ובפ' בתרא דנדה (דף סו:) אמר דאשה לא תחוף אלא בחמין, אבל בקרירי לא, משום דמשרו מזייה. אבל בשאר הגוף שייך לומר לשון הדחה, כדאמר התם רבה: לעולם ילמוד אדם בתוך ביתו שתהא מדיחה קמטיה במים, ומשמע נמי קמטים דוקא אבל לא שאר הגוף. ולעו"ג דאיכא למימר דנקט קמטים לרבותא, דאע"ג דביאת מים בעינן בהו בעיא, ראוי לביאת מים בעינן – ליכא למימר הכי, מדלא נקט "אפילו קמטיה" משמע קמטים דוקא. והא דאמר רב נחמן לאמתו: דודי חסרת (נדה דף סח.), משמע דכל הגוף בעי חפיפה – התם לאו משום חובה, אלא משום שהיתה רגילה לרחוץ בחמין, כמו שנוהגים גם עכשיו לרחוץ כל הגוף בחמין. ועוד אומר רבינו תם: דהכא מיירי לטהרות, ונדה איירי לבעלה, שהחמירו לטהרות יותר מלבעלה, כמו שמשמע בנדה בכמה מקומות. ועוד יש להעמיד הך דשמעתין בכהנים, דאין בהן חפיפה משום שטובלין תמיד, כדמשמע בירושלמי בריש פסחים. **והא הכא** דודאי טבל. פירוש קרוב לודאי הוא דטבל שפיר, כיון שנתעסק באותו המין אח"כ. **סכין** אתרעאי בהמה לא אתרעאי. תימה: דליכא לשנויי הכי אההיא דמקוה שנמדד ונמצא חסר דבריש נדה (דף ב:), דקאמר התם דכל הטהרות שנעשו על גביו למפרע כולן טמאות, משום דהא חסר לפניך והעמד טמא על חזקתו, ולא אמרינן: מקוה אתרעאי אדם לא אתרעאי. והכא נמי נימא: העמד בהמה על חזקתה ואימא לא נשחטה, דהרי הסכין פגום לפניך! וי"ל: דשאני התם, דאיכא למימר חסר ואתאי, כדקאמר התם. ועי"ל: דהכא טעמא משום דעצם ודאי פוגם. וכ"ת: התם נמי ודאי טבל, כדאמר הכא גבי טבל ועלה! לא דמי, דמה שנתעסק באותו המין אחר כך עושה אותו ודאי טבל, דמסתמא מאותו מין שנתעסק בא. אבל התם מה שייך לומר ודאי טבל? הרי במקוה חסר טבל, ואין זו טבילה! והא דאמרינן בסמוך גבי רב יוסף דטרף עד תליסר חיותא, י*] איכא למימר דלא כרב חסדא, דלרב חסדא אפילו בתרייתא כשרה, לפי שקרוב לודאי דבעצם של מפרקת של בתרייתא אפגים, לפי שבראשונות רגיל להזהר שלא לדחוק את הסכין בכח במפרקת, לפי שעדיין צריך לשחוט אחרות, אבל באחרונה לא חייש. ועי"ל: דמה לי אתיליד ריעותא בסכין ומה לי אתיליד ריעותא בבהמה. אלא על כרחך הכי קאמר: סכין אתרעאי, פירוש: ואיכא ספיקי טובא – שמא בעצם נפגמה, ואפילו בעור נפגמה – שמא לא נשחטו הסימנין כנגד הפגימה, והוי כספק ספיקא. והשתא פריך שפיר בתר הכי: כל ספק לאתויי מאי, לאו לאתויי כה"ג? דמשמע שבא לרבות אפילו דבר שנוטה להתיר יותר מלאסור. ומשני: לא, לאתויי ספק שהה ספק דרס, ואף על גב דלא עביד דשהי ודריס, דמסתמא שחט כדרך השוחטין. ופריך: מאי שנא? כיון דתרווייהו קרובים לודאי להכשיר. ודילמא

[רש"ל מ"ז וע"ש]

תרומות פ"ח מ"ד לקמן מט:

[לקמן מג:]

[נזיר מב.]

פסחים ט. ע"ז מא: נדה טו: [יבמות יט: לח:]

לקמן כח. [תוספתא פ"ב]

סב א מיי' פי"א מהלכות רוצח הלכה ז סמג עשין סט טוש"ע יו"ד סימן קטז סעיף א [וברב אלפס ע"ז פרק שני דף שמ.]:

סג ב ג מיי' שם הלכה יא [וברב אלפס שם]:

סד ד מיי' פ"ב מהלכות מקוואות הלכה כב סמג לאוין קיא טוש"ע יו"ד סימן קצח סעיף א] קלט סעיף א ועי' בבאר הגולה:

סה ה מיי' שם הלכה כג:

סו ו מיי' פ"ג מהלכות שחיטה הלכה יד סמג עשין סג טוש"ע יו"ד סימן כד סעיף טו:

סז ז מיי' שם הלכה טו טוש"ע שם סעיף יז:

סח ח מיי' שם הלכה יח:

שיטה מקובצת

א] ולא למתליה באדם טמא: ב] דמאי סכנת נפשות אשמועינן בה דאקיל לן גבי איסור טומאה: ג] דהא רישא איכא למיתלי: ד] כיון שלא שהה שיעור שיכול הנחש לחזור לחורו: ה] הא קחזי ליה האי בחזרתו: ו] פגומה ויודע הוא שכששחט. נ"ב נ"א ויודע השוחט שבדקה וכו': ז] קודם שחיטה והיתה יפה: ח] שמא בעור הבהמה נפגמה ונמצא: ט] שהפגם קורע וקרא כתיב וזבחת והס"ד: י] עד תליסר חיותא איכא דאמרי דלא כרב חסדא:

הגהות מהר"ב רנשבורג

א] בעין משפט סי' ס"ב טוש"ע יו"ד סי' י"ח וסי' קל"ו וע"ש בבאר הגולה ובש"ך ס"ק ע"ז כל"ל:

הגהות הב"ח

(א) רש"י ד"ה הא קא חזי וכו' לשם שיעור שיכול הנחש לחזור:

רבינו גרשום

מפני שדרכן של שרצים וכו'. והכא דתלינן בשרצים ולא תלינן באדם טמא דאי (נותן) הוי תלינן באדם טמא הוה להו תקנתא בהשקה כדאמרינן במס' פסחים השיקו ואחר כך הקדישן טהורים כלומר שמניחין הצלוחית במעין רצף על מים חיים ומיד הם טהורים אבל אי תלינן בשרצים לעולם לית להו תקנתא אלא ש"מ סכנתא חמירא מאיסורא. אלא ישתה ויחזור לחורו דלא דעינן אם שתה אם לאו וספק סכנתא לחומרא: בשלמא רב הונא כשמעתיה כלומר רב הונא דאמר לעיל בהמה בחזקת איסור עומדת עד שיודע לך כו' והלא נודע לך דאיפגם סכין וקא אתי ספק [ומוציא] מידי ודאי כלומר אף דודאי יש לנו לומר שעצמות עשה סכין פגום ועור ספק פוגם ספק לא פוגם אפ"ה אמרינן דמעור איפגים: ורב חסדא אמר לך עצם ודאי פגים כו' והוי ספק (והוי) וודאי (ועכשיו) ואין ספק מוציא מידי ודאי כלומר דבתר ודאי אזלינן: ונמצא עליו דבר חוצץ. כלומר (כמו) שהסופר הוא אומנותו נמצא (עליו כלומר) על בשרו מעט מדיו כו' והא הכא דקא אתי ספק מוציא מידי ודאי כלומר דלא עלתה טבילה עד שיאמר ברי לי: סכין איתרעאי [בהמה לא איתרעאי] כלומר דאיפגים ובהמה עצמה היתה שחוטה שפיר ומשום הכי אמרינן א) הכא העמד טמא על חזקתו והכא אמרינן בבהמה בחזקת היתר עומדת: עד שיודע לך סכין איתרעאי בהמה לא איתרעאי ומשום הכי אמרינן בחזקת היתר עומדת עד שיודע לך במה נטרפה וכו': מיתיבי שחט וכו' נשמטה הגרגרת. כלומר דומפייד: לאו לאיתויי כי האי גוונא כלומר דנמצאת סכין פגומה לאחר שחיטה פסול וקשיא לרב חסדא דאמר כשרה ב) (מ"ט שמא בעצם נפגמה וכו' ומפני שאמר שמא משמע שספיקה כשרה) לא לאיתויי ספק שהה ספק דרס דפסול אלא רב חסדא עדיין הוא אומר דאין ספק מוציא מידי ודאי בסכין וכשרה: מאי

א) נראה דצ"ל ומסו"ה אמרינן בחזקת היתר עומדת עד שיודע לך במה נטרפה אבל התם גבי טבילה אמרינן העמד טמא על חזקתו ואימא לא טבל. ב) נראה דר"ל דאף אם נימא דהברייתא מיירי בנמצא פגום ולא שיבר בה עצמות דהוי ספק גמור מ"מ קשה לרב חסדא דכיון דרב חסדא אמר שמא בעצם נפגמה משמע דבספק גמור ג"כ כשר דתלינן דבעצם המפרקת נפגמה.

ומאי שנא? התם איתילידא בה ריעותא בבהמה, הכא סכין איתרעאי, בהמה לא איתרעאי. א יהילכתא כוותיה דרב הונא כשלא שיבר בה עצם, והילכתא כוותיה דרב חסדא כששיבר בה עצם. מכלל דרב חסדא אע"ג דלא שיבר בה עצם? אלא במאי איפגים? אימא: בעצם דמפרקת איפגים. הוה עובדא, וטרף רב יוסף עד תליסר חיותא. כמאן? כרב הונא, ב ואפילו בקמייתא? לא, כרב חסדא, ולבר מקמייתא. ואיבעית אימא: לעולם כרב הונא, דאי כרב חסדא, מכדי מתלא תלינן, ממאי דבעצם דמפרקת דקמייתא איפגים? דילמא בעצם דמפרקת דבתרייתא איפגים! אמר ליה רב אחא בריה דרבא לרב אשי: רב כהנא מצריך בדיקותא בין כל חדא וחדא; כמאן? כרב הונא, ולמיפסל קמייתא? לא, כרב חסדא, ולאכשורי בתרייתא. אי הכי, תיבעי נמי בדיקת חכם! *עד אחד נאמן באיסורין. [גיטין ב: ג.] אי הכי, מעיקרא נמי לא! האמר רבי יוחנן: *לא אמרו להראות סכין לחכם אלא מפני כבודו של חכם. [לקמן יז:] מנא הא מילתא דאמור רבנן: אוקי מילתא אחזקיה? אמר רבי שמואל בר נחמני אמר ר' יונתן, אמר קרא: (ויקרא יד) "ויצא הכהן מן הבית אל פתח הבית והסגיר את הבית שבעת ימים", דלמא אדנפיק ואתא בצר ליה שיעורא! אלא לאו משום דאמרינן אוקי אחזקיה. מתקיף לה רב אחא בר יעקב: ודילמא כגון שיצא דרך אחוריו, דקא חזי ליה כי נפק! אמר ליה אביי, שתי תשובות בדבר: חדא, דיציאה דרך אחוריו לא שמה יציאה; ועוד, אחורי הדלת מאי איכא למימר? וכי תימא דפתח ביה כוותא — *והתנן: ד בית אפל, אין פותחין בו חלונות לראות את נגעו! [סנהדרין לג. נגעים פ"ב מ"ג] א"ל רבא, דקאמרת: יציאה דרך אחוריו לא שמה יציאה — כהן גדול ביום הכפורים יוכיח, דכתיב ביה יציאה, ותנן: *ה יצא ובא לו דרך כניסתו; [יומא נב:] ודקאמרת: בית אפל אין פותחין בו חלונות לראות את נגעו — הני מילי היכא דלא איתחזק, אבל היכא דאיתחזק — איתחזק. תניא דלא כרב אחא בר יעקב: א) "ויצא הכהן מן הבית" — יכול ילך לתוך ביתו ויסגיר? תלמוד לומר: "אל פתח הבית"; אי פתח הבית, יכול יעמוד תחת המשקוף ויסגיר? תלמוד לומר: "מן הבית" — עד שיצא מן הבית כולו; הא כיצד? ו עומד בצד המשקוף ומסגיר. ומנין ז שאם הלך לתוך ביתו והסגיר, או שעמד בתוך הבית והסגיר, שהסגרו מוסגר? תלמוד לומר: "והסגיר את הבית", מכל מקום. [נדרים נו:] ורב אחא בר יעקב: כגון

א) נגעים פי"ב מ"ו נדרים נו:

רש"י

ומאי שנא. הא ספק והא ספק! הלכתא כרב הונא. דחיישינן לעור. ועל ידי היה מעשה, והורה לי רבינו יעקב ב"ר יקר בעוף לאיסור. מכלל דרב חסדא אפילו בשלא שיבר בה עצם. לאחר שחיטה, מכשיר. מדלטריך למימר הלכתא כרב הונא כשלא שיבר — מכלל דפליג רב חסדא עליה. בעצם מפרקת. לאחר שחיטה. שנגע בעצם הצואר, והיא המפרקת, דכתיב (שמואל א ד) "ותשבר מפרקתו". ולא סבירא לן כוותיה למתלי לקולא, דהיא נגיעה דעצם מפרקת לא פגמה לסכין טפי מעור. אבל שבירת עצמות א], בההוא ודאי תלינן. תליסר חיותא. שלא בדק בין זו לזו, ולאחר שחיטת כולן נמצאת פגומה. כמאן. ס"ל. כרב הונא ואפילו בהמה קמייתא. נמי טרפה, דחיישינן לעור? ולשון בעיא הוא. לא כרב חסדא. ומשום עצם מפרקת דקמייתא טרפינהו לכולהו בתרייתא. מכדי מיתלא תלינן. דהא ודאי נגיעת סכין במפרקת לא פגמה טפי מעור, שהרי אינו מכה עליו בכח, ואפילו הכי תלי ביה לקולא. הלכך, כי שחט בהמות טובא תלי נמי רב חסדא במפרקת דבתרייתא ומכשר להו. למפסל קמייתא. בעיא היא: האי דמצריך בדיקה לאחר שחיטת הראשונה מיד, משום דאי משכח לה פגומה טריף לה, כרב הונא? לא כרב חסדא. ס"ל, דלא חייש לעור, ומצריך בדיקה שאם תמצא פגומה יתקננה, ויהיו אחרונות כשרות עם הראשונה. דאי לא בדק, ושחיט ליה לאידך ומשכח לה פגומה — חיישינן למפרקת דקמייתא ואסירי בתרייתא. ולית ליה הא דאמרן לעיל: מכדי מתלא תלינן כו'. ואע"ג דמשנינא הכי — דיחויא בעלמא הוא, כלומר, לעולם אימא לך כרב חסדא סבירא ליה. אבל רב כהנא ודאי כרב הונא קאמר למפסל קמייתא, כדאוקמינן לעיל הלכתא כוותיה, והשוחט אפילו בהמה אחת צריך לבדוק הסכין אחר שחיטה, ואם שחט הרבה ולא בדק בינתים ואחר כך נמצאת פגומה — אף הראשונה אסורה. אי הכי. דמשום הא דבעי למישחטיה קא בדיק — הוי ליה בדיקה דקודם שחיטה, ותיבעי חכם להראות לו את הסכין ב], דילפינן (לקמן יז:) מ"ושחטתם בזה ואכלתם". ומדלא בעי ג] למחוי לחכם, ש"מ לאו בדיקה דקודם שחיטה חשיב ליה! עד אחד נאמן באיסורין. דכל יחיד ויחיד האמינתו תורה — "וזבחת מבקרך ומצאנך"* "ושחט את בן הבקר" (ויקרא א), ואכלי כהנים על ידו, ולא הזקיקו להעמיד עדים בדבר. ולא הצריכה תורה עדים אלא לעונש ממון, או מיתת בית דין, ולעריות, דגמרינן (גיטין ב.) "דבר" "דבר" מממון. האמר רבי יוחנן. תירוצא הוא. הא דאמור רבנן כו'. במקומות הרבה סמכו על החזקה לאסור ולהתיר, כי ההוא דלעיל. ויצא הכהן וגו'. דבעינן דניפוק מכל הבית ואח"כ יסגיר את הדלת. ואע"ג דאיכא למימר: דלמא עד דנפיק ואתי בציר ליה ד] שיעוריה מכגרים, ונמצא שלא היה נגע בשעת הסגר, ואין הסגרו הסגר, דכמאן דליתיה דמי. ועוד אחורי הדלת. אם היה נגע אחורי הדלת בפתחו, היכי חזי ליה? דפתח ביה כוותא. חלון בדלת קודם הסגר. אין פותחין בית אפל. שצריך לפתוח לו חלונות לראות הנגע פוטרין אותו לגמרי, כדכתיב (ויקרא יד): "כנגע נראה לי בבית" — לי ולא לאורי, שאם עמד במקום אפל וצריך שם להדליק את הנר אינו נגע. כהן גדול ביום הכפורים. כשהוא יוצא מבית קדשי הקדשים לאחר הוצאת כף ומחתה, כתיב: "ויצא ועשה עולתו" וגו' ב"אחרי מות". ותנן, במסכת יומא (דף נב:). יצא ובא לו דרך כניסתו. פניו כלפי לפני ולפנים. כדרך שנכנס — כך מחזיר ויוצא, דרך אחוריו. דלא אתחזק. כל זמן שלא ראה הכהן את הנגע במראותיו, שהיה מקום אפל ואין מראהו ניכר. אבל נגע שעומד אחורי הדלת וכבר הכיר שהוא נגע, ואין צריך חלון אלא להעמידו בחזקתו — פותחין. תניא דלא כרב אחא בר יעקב. דאמר דלא מוקי אחזקתו אלא ביצא דרך אחוריו, דחזי ליה עד שעת הסגר. דהכא קתני שאם הלך לביתו והסגירו הסגר, והכא ודאי איכסי נגע מיניה, ומוקמי ליה אחזקיה. יכול. יהא לו רשות לילך לתוך ביתו ולחזור ולסגור הדלת?* תחת המשקוף. מפתן העליון. *) (הלך לביתו והסגיר. על ידי חבל ארוך, כגון שהיה ביתו סמוך לשם). בתוך הבית. תחת המשקוף. ורב אחא. אמר לך: מהא לא תותבן, דאיכא לאוקמי. כגון

*) [רש"ל מ"ז]

תוספות

ודילמא אדנפיק ואתי בצר ליה שיעורא כו'. אין להקשות: היכי מוכח מהכא דאוקי מילתא אחזקיה? דלמא הכא טמא מספק, דספק טומאה ברה"י ספיקו טמא! דבכל ענין טימא הכתוב, אפילו הוי רה"ר שיש בו הרבה בני אדם, ואפילו דבר שאין בו דעת לישאל. אבל קשה: דמינה היכא דליכא ריעותא, אבל היכא דאיכא ריעותא, כגון סכין שנמצאת פגומה, וכן אחד משנים שנטמא ודאי ברה"ר, דמטהרין שניהם מטעם חזקה — כה"ג מנלן דאזלינן בתר חזקה? וי"ל: דה"נ יש ריעותא גדולה דאע"ג דאישתכח שחסר לאחר שבעה, אפ"ה לא מטהרים למפרע כל אותם שנכנסו לבית בימי הסגר. ומיהו קשה: דהך מילתא דמיא למקוה שנמדד ונמצא חסר, דשבקינן לחזקה דמקוה, ומטמאין לגברא שטבל משום העמד טמא על חזקתו והרי חסר לפניך. וה"נ הוה לן למימר דשבקינן חזקת נגע, ואזלינן בתר גברא דאוקמינן בחזקת טהרה, והרי חסר לפניך!* אלא לאו משום דאמרינן אוקמיה אחזקיה. ואין לומר דשאני הכא דאזלינן לחומרא, דמדאורייתא אין לחלק. ועוד, דאף לקולא מטמאין ליה, לשרוף קדשים, ולהביא קרבן אם נכנס למקדש וקא מייתי מספק חולין לעזרה. ועוד, דאף לקולא מוקמינן הכא אחזקיה, דאי היה נגע גדול ובסוף השבוע היה חסר ממה שהיה — מטהרין. וניחוש דלמא אדנפיק ואתי בציר ליה שיעורא והיה כשיעור שהיה *בסוף שבוע, ונמצא שהנגע עומד בעיניו ובעי הסגר שני! אלא משום דמוקמינן ליה בשעת הסגר אחזקיה. כהן גדול ביום הכפורים יוכיח. תימה: דבפרק "ידיעות הטומאה" (שבועות יז:) אמרינן: הנכנס לבית המנוגע דרך אחוריו, אפילו כולו מכניס חוץ מחוטמו — טהור, ה] "והבא אל הבית" אמר רחמנא — דרך ביאה אסרה תורה! ויש לחלק בין כניסה ליציאה, דאורחא דמילתא ביציאה כתלמיד הנפטר מרבו*.

דקיימי

עין משפט נר מצוה

סט א מיי' פ"א מהלכות שחיטה הלכה כה סמג עשין סג טוש"ע י"ד סימן יח סעיף טו:

ע ב מיי' שם הלכה כד ועיין בהשגות ובכ"מ ובל"מ סמג שם טוש"ע שם סעיף יח:

עא ג מיי' פי"א מהלכות עדות הלכה ז טוש"ע י"ד סימן קכז סעיף ג ובהג"ה:

עב ד מיי' פי"ד מהלכות טומאת צרעת הלכה ה:

עג ה מיי' פ"ד מהלכות עבודת יוה"כ הלכה א:

עד ו ז מיי' פי"ד מהלכות טומאת צרעת הלכה ה:

[ועיין תוס' נדה כ: ד"ה התם וכו' כתבו יקוב על זה]

נ"ל בתוך וכ"א בס"י

[כדמפורש ביומא נג. וע"ע תוס' יומא נב: ד"ה ילא]

שיטה מקובצת

א] אבל שבירת עצמות בכח בההוא ודאי תלינן: ב] להראות לו את הסכין דילפינן לקמן נ"ב לכל חיותא דילפינן לקמן: ג] משחטתם בזה ואכלתם ומדלא בעי וכו' נ"ב נ"א דנהי דקמייתא מתכשרא דלחיותא חדא בריק סכינו אלא לאחריני לא ימצא חכם אלא מדלא בעי חכם לאחויי בין כל חדא וחדא אלא לחיותא קמא לחודה ש"מ לאו בדיקה וכו': ד] דלמא עד דנפיק ואתי בציר ליה שיעור הנגע מכגרים: ה] חוץ מחוטמו טהור דהבא אל הבית אמרה רחמנא דרך ביאה ויש לחלק וכו':

ורש"ל הגיה כאן א"נ ע"י חבל ארוך כגון שהיה ביתו סמוך לשם ועיין בנדרים דף נו: ושם פי' רש"י בע"א

רבינו גרשום

מאי שנא דספק שהוה כו' דטרפה ומ"ש בסכין דאמרינן בחזקת היתר עומדת וכו': והלכתא כוותיה דרב הונא בשלא שיבר כלומר דאמרינן בעור של צואר פגמה מכלל דרב חסדא אע"ג דלא שיבר הוא אומר כשרה א) כלומר אימא בעצם דמפרקת איפגים: לעולם כרב הונא. ואפילו בקמייתא דאמר בעור דאי כרב חסדא דאמר בעצם דמפרקת איפגים מיכדי מיתלא תלינן דילמא בעצם מפרקת דבתרייתא איפגים אלא דמשמע כרב הונא ומשום הכי טרף כולהון: אמר ליה וכו' כרב הונא דמצריך בדיקותא בין כל חדא וחדא כלומר דצריך לבדוק הסכין ואי לא בדק פסול אפי' קמייתא דאמרינן בעור של קמייתא איפגים: לא כרב חסדא ולאכשורי בתרייתא. דאמרינן בעצם דמפרקת דבתרייתא איפגים: אי הכי תיבעי נמי בדיקת חכם. כלומר דמצריך בדיקותא אבל חדא וכו' עד אחד נאמן באיסורין. כלומר בטבח עצמו סגיא אי הכי מעיקרא נמי לא תיבעי כלומר השתא דאמרת עד אחד נאמן באיסורין ובטבח עצמו סגי מעיקרא נמי לא יהא צריך להראות סכין לחכם: מנא הא מילתא דאמור רבנן אוקים מילתא אחזקתי' כלומר כדאמרינן לעיל העמד טמא על חזקתו וכו' דכתיב ויצא הכהן מן הבית והסגיר את הבית שבעת ימים. י"מ דילמא איתבצר שיעוריה ליה מן הנגע ב) ועכשיו אין בו דינו של נגע דהוא פחות מכגרים ולא צריך להסגיר אלא תדע דאוקים מילתא אחזקתיה דלא בצר כלומר וצריך להסגיר. א"ל רב אחא ודילמא שיצא דרך אחוריו דקא חזי ליה כדנפיק דלא בצר כלל דמשום הכי צריך להסגיר אלא עדיין אומר אני דלא אוקים מילתא אחזקתיה אמר אביי שתי תשובות בדבר חדא דכתי' ביה יציאה וכו' אלא תדע דאע"פ דלא ראה (תדיר) [אמרינן] דמוקים מילתא אחזקיה ועוד אחורי הדלת דלא ראה כלל מי איכא למימר כגון שיצא דרך אחוריו כו'. אלא תדע דאוקים מילתא וכו' וכי תימא דפתח ליה כוותא לא' לראות נגעו כלומר דאתה יכול לאקשי לי דתדיר ראה ולא אוקים מילתא אחזקתיה. והא תנן אין פותחין אלא תדע דאוקים מלתא אחזקתיה: א"ל רבא דקאמרת יציאה דרך אחוריו וכו' כהן גדול יוכיח דשמה יציאה ומשום הכי אוקים מילתא אחזקתיה. (אלא) [אבל] אי דלא קא חזי ליה לא אוקים מילתא אחזקיה. ודקאמרת אין פותחין לו חלונות לראות וכו' הני מילי היכא דלא איתחזקא שיש בו נגע אבל היכא דאיתחזק שיש בו נגע איתחזק כלומר שיכולין לפתוח לו חלונות ולא מצית מהכא למילף דאוקים מילתא אחזקיה: תניא דלא כרב אחא בר יעקב מה דאמרינן לומן כלומר רב אחא בר יעקב לא ס"ל דאוקים מילתא אחזקיה. ובהא ברייתא (דאינן) [חזינן דאמרינן] דאוקים מילתא אחזקיה דאפי' הכהן הלך לביתו ולשם צוה להסגירו מוסגר [אלמא] דאמרינן אוקים מלתא. ורב אחא בר יעקב דלא סבירא ליה דאוקים מילתא אחזקיה הוא סבר אדהכי

א) נראה דחסר כאן וצ"ל אלא במאי איפגים ומשני בעצם המפרקת איפגים כלומר וכו'. ב) ועכשיו אין נוהג בו דין נגע דהוא פחות מכגרים ולאו צריך לסגור.

בְּגוֹן דְּקַיְימִי דְּרָא דְּגַבְרֵי, וְאָמְרִי: א] כִּדְקָאֵי קָאֵי. מְנָא הָא מִילְּתָא דַּאֲמוּר רַבָּנַן זִיל בָּתַר רוּבָּא? מְנָלַן?! דִּכְתִיב: °"אַחֲרֵי רַבִּים לְהַטּוֹת"! ב] *רוּבָּא דְּאִיתָא קַמָּן, כְּגוֹן ט' חֲנוּיוֹת וְסַנְהֶדְרִין — לָא קָא מִיבַּעְיָא לַן. כִּי קָא מִיבַּעְיָא לַן — רוּבָּא דְּלֵיתֵיהּ קַמָּן, כְּגוֹן קָטָן וּקְטַנָּה, מְנָלַן? א"ר אֶלְעָזָר: (סִימָן: זמן שבח מכנש) אָתְיָא מֵרֵישָׁא שֶׁל עוֹלָה, דְּאָמַר קְרָא: °"וְנִתַּח אוֹתָהּ לִנְתָחֶיהָ" — אוֹתָהּ לִנְתָחֶיהָ, *וְלֹא נְתָחֶיהָ לִנְתָחִים; וְנֵיחוּשׁ שֶׁמָּא נִיקַּב קְרוּם שֶׁל מוֹחַ! אֶלָּא לָאו מִשּׁוּם דְּאָמְרִינַן זִיל בָּתַר רוּבָּא. מִמַּאי? דִּילְמָא דְּפָלֵי לֵיהּ וּבָדֵק לֵיהּ; וְאִי מִשּׁוּם "אוֹתָהּ לִנְתָחֶיהָ" וְלֹא נְתָחֶיהָ לִנְתָחִים — ה"מ הֵיכָא דִּחְתֵיךְ לֵיהּ לִגְמָרֵי, אֲבָל הֵיכָא דְּלַיֵּיף לֵית לַן בַּהּ! מָר בְּרֵיהּ דְּרָבִינָא אָמַר: אָתְיָא מִשְּׁבִירַת עֶצֶם בְּפֶסַח, דְּאָמַר רַחֲמָנָא: °"וְעֶצֶם לֹא תִשְׁבְּרוּ בוֹ"; וְנֵיחוּשׁ שֶׁמָּא נִיקַּב קְרוּם שֶׁל מוֹחַ! אֶלָּא לָאו מִשּׁוּם דְּאָמְרִינַן זִיל בָּתַר רוּבָּא. מִמַּאי? דִּלְמָא דְּמַנַּח גּוּמַרְתָּא עֲלֵיהּ וְקָלֵי לֵיהּ וּבָדֵיק לֵיהּ, דְּתַנְיָא: ג] *הַמְחַתֵּךְ בְּגִידִים וְהַשּׂוֹרֵף בַּעֲצָמוֹת — °אֵין בּוֹ מִשּׁוּם שְׁבִירַת עֶצֶם! ר"נ בַּר יִצְחָק אָמַר: אָתְיָא מֵאַלְיָה, דְּאָמַר רַחֲמָנָא: °"חֶלְבּוֹ הָאַלְיָה תְמִימָה"; וְלֵיחוּשׁ שֶׁמָּא נִפְסְקָה חוּט הַשִּׁדְרָה! אֶלָּא לָאו מִשּׁוּם דְּאָמְרִינַן זִיל בָּתַר רוּבָּא. וְכִי תֵּימָא דְּמִתַּתַּאי פָּסֵיק לַהּ — °"לְעוּמַּת הֶעָצֶה" אָמַר רַחֲמָנָא, *מָקוֹם שֶׁהַכְּלָיוֹת יוֹעֲצוֹת. מִמַּאי? דִּלְמָא דְּפָתַח לַהּ וּבָדֵיק לַהּ; וְאִי מִשּׁוּם "תְּמִימָה" — הָנֵי מִילֵּי הֵיכָא דַּחֲתָכָהּ לִגְמָרֵי, אֲבָל הֵיכָא דְּלַיֵּיף לֵית לַן בַּהּ! רַב שֵׁשֶׁת בְּרֵיהּ דְּרַב אִידִי אָמַר: אָתְיָא מֵעֶגְלָה עֲרוּפָה, דְּאָמַר רַחֲמָנָא: °"הָעֲרוּפָה" — כְּשֶׁהִיא שְׁלֵמָה תְּהֵא; וְלֵיחוּשׁ דִּלְמָא טְרֵפָה הִיא! אֶלָּא לָאו מִשּׁוּם דְּאָמְרִינַן זִיל בָּתַר רוּבָּא. וְכִי תֵּימָא, מַאי נַפְקָא מִינָּהּ — הָא *אָמְרִי דְּבֵי רַבִּי יַנַּאי: כַּפָּרָה כְּתִיב בָּהּ כְּקָדָשִׁים. רַבָּה בַּר רַב שֵׁילָא אָמַר: אָתְיָא מִפָּרָה אֲדוּמָּה, דְּאָמַר רַחֲמָנָא: °"וְשָׁחַט וְשָׂרַף", מַה שְּׁחִיטָתָהּ כְּשֶׁהִיא שְׁלֵמָה — אַף שְׂרֵיפָתָהּ כְּשֶׁהִיא שְׁלֵמָה; וְלֵיחוּשׁ דִּילְמָא טְרֵפָה הִיא! אֶלָּא לָאו מִשּׁוּם דְּאָמְרִינַן זִיל בָּתַר רוּבָּא. וְכִי תֵּימָא, מַאי נַפְקָא מִינָּהּ — "חַטָּאת" קַרְיֵיהּ רַחֲמָנָא. רַב אַחָא בַּר יַעֲקֹב אָמַר: אָתְיָא מִשָּׂעִיר הַמִּשְׁתַּלֵּחַ, דְּרַחֲמָנָא אָמַר: °"וְלָקַח אֶת שְׁנֵי הַשְּׂעִירִים" — הַשְׁוֵהוּ שְׁנֵיהֶם שָׁוִים; וְלֵיחוּשׁ דִּילְמָא

רש"י

בְּגוֹן דְּקַיְימִי דְּרָא דְּגַבְרֵי. הָאֶחָד עוֹמֵד בִּמְּתָפָּן וְרוֹאֶה וּמַגִּיד לָזֶה, וְזֶה לָזֶה עַד הַכֹּהֵן, דְּלָא בָּצִיר. מְנָא הָא מִילְּתָא. לִידֵי לַאֲחָרֵי בְּמַתְנִי' הָא מִילְּתָא דַּחֲזָקָה, נְקַט נַמֵּי הָא. מְנָלַן. בִּתְמִיָּה. תֵּשַׁע חֲנוּיוֹת. כּוּלָּן מוֹכְרוֹת בְּשַׂר שְׁחוּטָה וְאַחַת מוֹכֶרֶת בְּשַׂר נְבֵלָה, וְנִמְצָא בָּשָׂר בָּאָרֶץ — הָלַךְ אַחַר הָרוֹב, דְּהָא קַמָּן חֲזִינָא דְּרוּבָּא דְּהֵיתֵּירָא. וְסַנְהֶדְרִין. דִּתְנַן (סנהדרין דף מ.): י"ב מְזַכִּין וְי"א מְחַיְּיבִין — זַכַּאי. קָטָן וּקְטַנָּה. דִּפְלִיגִי רַבָּנַן עֲלֵיהּ דר"מ בְּיַבָּמוֹת (דף סא.), דִּתְנַן: *יָבָם קָטָן שֶׁבָּא עַל יְבָמָה קְטַנָּה — יִגְדְּלוּ זֶה עִם זֶה, וְלָא חָיְישִׁינַן שֶׁמָּא תִּמָּצֵא אַיְלוֹנִית אוֹ הוּא סָרִיס, וְנִמְצָא פּוֹגֵעַ בְּאֵשֶׁת אָחִיו שֶׁלֹּא בִּמְקוֹם מִצְוָה, דְּבָעֵי לְהָקִים לְאָחִיו שֵׁם וְהַאי לָאו בַּר הָכֵי הוּא. אֶלָּא אָמְרִינַן: זִיל בָּתַר רוֹב קְטַנִּים דְּעָלְמָא, דְּאֵינָם סָרִיסִים, וְהַיְינוּ רוּבָּא דְּלֵיתֵיהּ קַמָּן. אָתְיָא מֵרֵישָׁא שֶׁל עוֹלָה. שֶׁאֵין יְכוֹלִין לַחֲתוֹכוֹ וְלִבְדּוֹק בִּקְרוּם שֶׁל מוֹחַ שֶׁמָּא נִיקַּב, וְהוּא אַחַת מִי"ח טְרֵיפוֹת. מִשּׁוּם דִּכְתִיב (ויקרא א): "וְנִתַּח אוֹתָהּ לִנְתָחֶיהָ" — וְלֹא נְתָחֶיהָ לִנְתָחִים, שֶׁאָסוּר לַחְתּוֹךְ נֶתַח אֶחָד לִשְׁנַיִם. וְקָרְבַּן טְרֵפָה פְּסוּלָה — כְּשֶׁמַּעְתָּא קַמַּיְיתָא דִּמְנָחוֹת (דף ה:): שֶׁכְּשֶׁהוּא אוֹמֵר לְמַטָּה "מִן הַבָּקָר" שֶׁאֵין ת"ל, אֶלָּא לְהוֹצִיא אֶת הַטְּרֵפָה. דְּפָלֵי לֵיהּ ד]. קוֹרְעוֹ וּמוֹצִיאוֹ וְלֹא יַבְדִּיל. פָּלֵי = פרטי"ר בְּלַעַ"ז. ה] לַיְיף = מְחוּבָּר. תַּרְגּוּם "וְחִבַּרְתָּ"* וּתְלַפֵּף. גּוֹמַרְתָּא = גַּחֶלֶת. וְקָלֵי לֵיהּ. לְעֶצֶם הַגּוּלְגּוֹלֶת, לִבְדּוֹק לֵיהּ לַקְּרוּם. הַמְחַתֵּךְ בְּגִידִין. אע"פ דְּקָשִׁין כַּעֲצָמוֹת. מֵאַלְיָה. הַמַּקְרִיב שְׁלָמִים אוֹ חַטָּאת מִכֶּבֶשׂ וְאַיִל, קָרֵב אַלְיָה עִם הָאֵימוּרִים. מִן הַכְּלָיוֹת וּלְמַטָּה לְצַד הַזָּנָב וְהַזָּנָב קָרֵי לֵיהּ "אַלְיָה" ו]. חוּט הַשִּׁדְרָה. שֶׁנִּפְסַק טְרֵפָה. וְכוּלְּהוּ תְּנַנְהוּ בְּ"אֵלּוּ טְרֵיפוֹת" (לקמן מב.). דְּמִתַּתַּאי פָּסֵיק לֵיהּ. שֶׁמַּשְׁפִּיל לְחוֹתְכָהּ סָמוּךְ לַזָּנָב, שֶׁאֲפִילּוּ נִפְסַק הַחוּט בְּאוֹתוֹ מָקוֹם אֵין הַבְּהֵמָה נִטְרֶפֶת בּוֹ, כִּדְאָמְרִינַן בְּ"אֵלּוּ טְרֵיפוֹת" (שם מה:): עַד הֵיכָן חוּט הַשִּׁדְרָה — עַד בֵּין הַפַּרְשׁוֹת, דְּהַיְינוּ כְּנֶגֶד הַיְּרֵכַיִם, שֶׁהַחוּט מִתְפַּצֵּל שָׁם לְג': הָאֶחָד פּוֹרֵשׁ לְצַד עֶצֶם יָמִין הָאַלְיָה שֶׁקּוֹרִין הנק"ש בְּלַעַ"ז, וְהַשֵּׁנִי לִשְׂמֹאלוֹ, וְהָאֶמְצָעִי הוֹלֵךְ כְּדַרְכּוֹ עַד סוֹף הַזָּנָב. וּמִבֵּין הַפַּרְשׁוֹת וּלְהַלָּאָה לָא מִתְקְרֵי חוּט הַשִּׁדְרָה לְהַטְרִיף בּוֹ, שֶׁכְּבָר ז] הַבְּהֵמָה נִסְמֶכֶת עַל יְרֵכָהּ וְלֹא עַל חֲלָלָהּ, וְאֵין צָרִיךְ לְחוּט. וְהָא נַמִּי מִבֵּין הַפַּרְשׁוֹת וּלְמַטָּה פָּסֵיק לָהּ לָאַלְיָה, וּבוֹדֵק כָּל הַחוּט הַנִּשְׁאָר מִבֵּין הַפַּרְשׁוֹת וּלְמַעְלָה עַד הַמּוֹחַ שֶׁל רֹאשׁ שֶׁהוּא יוֹצֵא מִשָּׁם. לְעוּמַּת הֶעָצֶה. לְמַעְלָה מִן מָקוֹם שֶׁהַכְּלָיוֹת יוֹעֲצוֹת. לְמַעְלָה מִן הַפַּרְשׁוֹת הוּא. בִּבְרָכוֹת (דף סא.) אָמְרִינַן: לֵב מֵבִין כְּלָיוֹת יוֹעֲצוֹת. הֵיכָא דְּלַיְיף. שֶׁמְּחוּבָּר מִבְּחוּץ לְצַד הַגַּב, וְאֵינוֹ פּוֹתֵחַ לְצַד הַגַּב, אֶלָּא לְצַד הֶחָלָל מְבַקֵּעַ אֶת הַשִּׁדְרָה כּוּלָּהּ לְאָרְכָּהּ. שְׁלֵמָה תְּהֵא. אֲפִילּוּ לְאַחַר עֲרִיפָה, עוֹלָמִית. אַלְמָא, לָא נָגְעוּ לְמִיבְדְּקָהּ גַּרְמֵי וּלְמִידְבַּק אִי טְרֵפָה הִיא לְדִינֵי אַחֲרִיתִי. מַאי נָפְקָא מִינָּהּ. אִי טְרֵפָה הִיא? הָא לָאו קָרְבָּן הִיא. וּמֵ"הָעֲרוּפָה" ח] לָא נָפְקָא אֶלָּא שֶׁתְּהֵא לְעוֹלָם כְּעֵין עֲרִיפָה, שֶׁלֹּא יְנַתְּחֶנָּה לְאֵבָרִין, אֲבָל טְרֵפוֹת מֵחַיִּים לָא שָׁמְעִינַן מִינָּהּ? הָאָמַר ט] ר' יַנַּאי. בְּקִדּוּשִׁין (דף נז.): לְעִנְיָן לֶאֱסוֹר בַּהֲנָאָה. כַּפָּרָה כְּתִיב בָּהּ כְּקָדָשִׁים. "כַּפֵּר לְעַמְּךָ יִשְׂרָאֵל", מַה קָּדָשִׁים אֲסוּרִין בַּהֲנָאָה — אַף הִיא אֲסוּרָה בַּהֲנָאָה, וְה"נ לְעִנְיַן טְרֵפָה מֵהַאי טַעֲמָא פְּסוּלָה. כְּשֶׁהִיא שְׁלֵמָה. שֶׁלֹּא יְנַתְּחֶנָּה. חַטָּאת קַרְיֵיהּ רַחֲמָנָא. (במדבר יט) "לְמֵי נִדָּה חַטָּאת הִיא". וְדִילְמָא

תוספות

דקיימי דרא דגברי. בלא זה היה יכול לומר: כגון שהיה אדם אחד עומד לשם בשעת הסגר ורואה שלא חסר. אלא רוצה לפרש בלותו ענין שאף הכהן עלמו היה יכול לידע.

מנא הא מילתא דאמור רבנן זיל בתר רובא. וא"ת: כיון י] דאמרינן זיל בתר חזקה — כ"ש בתר רובא, דרובא וחזקה רובא עדיף!* וי"ל: דלרב אחא בר יעקב בעי, דלא קים ליה חזקה מקרא. ולאפי דמפרש רבינו חיים, דהא דרובא עדיף מחזקה — לא יא] מסברא, אלא ילפינן מפרה אדומה, דאזלינן בתר רובא אע"ג דאיכא חזקה כנגד הרוב, דאוקי גברא שמזין עליו בחזקת טמא — אפי' שפיר הכא.

אבל היכא דלייף לית לן בה. מקשין: אמאי לא יליף מכל קרבנות דדחו שבת, ולא חיישינן שמא ימצא קרבן טרפה ונמצא שחלל שבת? וי"ל דאין יכול להוכיח משם, דאיכא למימר דמספק נמי אמר רחמנא לדחי שבת מצות קרבן, כמו שבפיקוח נפש אמרינן בספ"ק דכתובות (דף טו:) דלא הלכו בו אחר הרוב.

דמנח גומרתא כו'. ואפילו חל ערב פסח להיות בשבת, מלאכה שאי אפשר לעשות מע"ש דוחה את השבת.

אתיא מעגלה ערופה. תימה, דלא דמי גבי פרה ועגלה: כיון דלייף לית לן בה! וי"ל: *דמשמע דבשעת שריפה ולאחר עריפה תהיה שלימה כמו בשעת שחיטה ועריפה.

הערופה כשהיא שלמה. לקמן בפרקין (כד.) דרשינן נמי מ"הערופה" — זאת בעריפה ואין אחרת בעריפה. ובסוף פרק "כל הבשר" (לקמן קיז:) גבי דבר שנעשה מלותו יב*] אמר: תרי מיעוטי כתיבי "ושמו" "הערופה"! וי"ל: דמ"הערופה" משמע שפיר ההוא מיעוטא דזאת בעריפה, ומדסמך "העגלה" ל"הערופה" דרשינן העגלה שלמה.

אתיא מפרה אדומה. וא"ת: כיון דפרה בת שתי שנים, א"כ דילמא היינו משום דאוקמיה אחזקה שאינה טרפה, למ"ד *טרפה אינה חיה! ומיהו, כאן י"ל דאיכא חזקה אחרת כנגדה, דהעמד טמא על חזקתו. אבל לקמן דיליף מעדים זוממים קשה! וי"ל: דכל חזקה שלא נתבררה ולא נודעה אפילו שעה אחת — לא אזלינן בתרה. ויש ללמוד מתוך כך הלכה למעשה, דאם עשה גבינות מכמה בהמות, ואח"כ נשחטה האחת ונמצאת טרפה — שכולם אסורות. דאין לי להעמיד פרה אחזקתה ולומר: השתא הוא דנטרפה. מיהו, בטרפה מחמת שהריאה היא סרוכה, דאם היינו בקיאין לבדוק אפשר שהיה לה היתר — אין לאסור, דהוה ליה ספק ספיקא: ספק אינה טרפה, א] ואם תמצא לומר טרפה — אימא דלאחר כן נטרפה.

חטאת קרייה רחמנא. תימה: דלא קאי האי טעמא בריש "אין מעמידין" (ע"ז כג:) דדייק התם גבי פלוגתא דרבי אליעזר ור' יהושע: עד כאן לא פליגי אלא בחששא, אבל היכא דודאי רבעה — פסולה, ש"מ דפרה קדשי מזבח היא. ומשני דשאני פרה, דקרייה רחמנא "חטאת". אלא מעתה תפסל ביוצא דופן? פירוש: ואי איתא להאי דרשה לחטאת, מסתמא אקרא לא הוה פליג ר"ש! ומסיק: אלא שאני פרה, הואיל ומום פוסל בה — דבר ערוה ועבודה זרה פוסלין בה. לכך פסולה ברביעה, וביוצא דופן כשרה. ורבנן דפסלי ביוצא דופן, משום דסברי קדשי מזבח היא. ומיהו, על כרחיך אי אפשר לפרש כן, דבכל דוכתא אמרינן: שאני פרה דקדשי בדק הבית היא, א"כ הוה אתי כר"ש! ונראה לפרש דהכי פריך: אלא מעתה תפסל ביוצא דופן! ופריך לכולהו טעמי, בין נפרש דטעמא דרביעה משום דקדשי מזבח היא, בין נפרש משום דלחטאת קרייה רחמנא. דמסתמא ר"ש לא פליג ארבותיו רבי אליעזר ורבי יהושע! ומשני: שאני פרה הואיל ומום פוסל בה. ולא גרסינן "אלא". ובספרים לא היה כתוב, אלא שבקונטרס הגיה וכתב: ה"ג "אלא". וטעמא דלחטאת קרייה רחמנא לעולם קאי לרבנן דפסלי ביוצא דופן. ואם תאמר: לרבי שמעון דלית

שיטה מקובצת

א] כגון דקיימי דרא דגברי ואמרי לא בצר לא בצר כדקאי קאי: ב] אחרי רבים להטות רובא. נ"ב ע"י תוס' בכורות דף יט ע"ב: ג] וקלי ליה ובדיק ליה דתניא אבל השורף בעצמות והמחתך בגידים אין בו: ד] דפלי ליה מבקעו ומוציאו ולא יבדיל: פלי פנדיר בלע"ז: ה] לייף מחובר תרגום וחברת ותלפיף ונ"ב בקצת ס"י נמצא דפלי ליה חברו בגגו פשוט ההוא גם מקשר דאתא לקמיה דרב סלא חסידא כל יומא הוה פלי ליה לקמיה כך מצאתי בגה"ס: ו] והזנב קרי ליה אליה תמימה שאין ראשי לבקעה ולחלקה ואפילו לבודקה הגה"ה: ז] לא מתקרי חוט השדרה להטריף בו שכבר כלה כחו שכבר הבהמה נסמך גבה על ירכה ולא על חללה: ח] הא לאו קרבן הוא ומהערופה נמי לא נפקא לן אלא שתהא לעולם: ט] האמר דבי ר' ינאי בקדושין וכו' נ"ב נ"א בקצת ס"י האמר דבי ר' ינאי ילפי מקדשים לאיסור בהנאה: י] וא"ת כיון שלמדנו דאזלינן בתר וכו': יא] מחזקה לא ילפינן מסברא: יב] גבי דבר שנעשה מצותו אין מועלין בו אמרינן תרי מיעוטי כתיבי:

רבינו גרשום

אדהכי דכהן הלך לביתו עומדו לשם דרא דגברי והם ראו דלא בצר כלל ומשום הכי צריך להסביר ועדיין א' אני דלאו אוקים בהמה אחזקה: כגון תשע חנויות וסנהדרין לא קא מיבעיא לי. תשע חנויות כיצד כולן מוכרות בשר שחוטה ואחת מוכרת בשר נבלה ומצא אדם חתיכה של בשר הבהמה אמרינן דכל דפריש מרובה פריש וכשרה. סנהדרין תשע שלשים וששה לזכות שלשים וה' לחובה אחרי רבים להטות. אלא כי קא מיבעיא כגון קטן וקטנה כלומר דאמרינן קטן וקטנה לא חולצין ולא מיבמין קטן שמא ימצא סרים חמה ומאי סרים חמה מחמת חולי כלומר שנפלו לו בני מעים שלו בביצים וזו גרב' וקטנה שמא תמצא אילונית שאין לה דדין ואינה ראויה לילד ואינה ראויה ליבום ומדליבום אינה ראויה לחליצה נמי אינה ראויה והשתא קא מיבעיא ליה חולצין או מיבמין אי לא מי אזלינן בתר רובה ורובה אין נמצאין לא סרים חמה ולא אילונית אי לא אזלינן בתר רובה ויכולין לחלוץ וליבם: ונתח אותה לנתחיה אותה לנתחים. כלומר הראש יפריש מן גופה ולא הראש עצמה לנתחים וליחוש שמא וכו' (הרוג) [ופסול] הוא לעולה אלא תרע דאזלינן בתר רובה דאינו ניקב קרום של מוח: ממאי דלמא דפלי ליה ובדיק ליה. כלומר בקעו לצד אחד אבל היכא דלייף שמחובר היה עדיין מתחלה דלא ניתח אותה כולה לנתחים לית לן בה ולא מצית מהבא למילף דזיל בתר רובא: דמנח גומרתא עליה וקלי ליה. כלומר על ראש שכל הראש מניח גחלת ושורף העצם כנגד קרום של מוח ורואה אם ניקב קרום של מוח ועכשיו אין בו משום שבירת עצם. ועדיין לא מצית למילף מהכא דזיל בתר רובא: וכי תימא דמתתאי פסיק ליה כלומר דפסיק לה במקום חוט השדרה למטה מן העצה כלפי הראש. לעומת העצה אמר רחמנא וכו': אבל היכא דלייף כלומר שמחוברת א] שצריכה תמימה מצד אחד לית לן בה: אתיא מעגלה ערופה וכו'. וליחוש שמא טרפה אלא תרע דזיל בתר וכו' וכי

א] נראה דצ"ל שמחוברת מצד אחד דעדיין היא תמימה לית לן בה.

עין משפט נר מצוה

עה א מיי' פ"ו מהלכות מעשה קרבנות הלכה יט:

עו ב מיי' פ"ו מהלכות ק"פ הלכה ה:

[קדושין פ. יבמות קיט: נדה יח:]

[בכורות יט: יבמות קיט.]

עז ג מיי' פ"א מהלכות מעשה קרבנות הלכה יח:

עח ד מיי' פ"ו מהלכות פרה הלכה ב:

[ועי' תוס' לקמן כז. ד"ה מנין]

עט ה מיי' פ"ה מהלכות עבודת יוה"כ הלכה יד:

וגי' מהר"מ דמשמע דבשעת שריפה ועריפה תהיה כו' ומותק היכת ולאחר

[לקמן נב.]

מסורת הש"ס

[יבמות קיח:]

גליון הש"ס

גמ' ולא נתחיה לנתחים. ע"ל דף כז ע"א תוס' ד"ה מנין:

הגהות מהר"ב רנשבורג

א] תד"ה אתיא מפרה אדומה וכו' ואם תמצא לומר טרפה. נ"ב עיין בשיטנת לאיתתא למהר"ח אלפנדארי בספר סדר אליה רבה חושן קף ל"ח ע"ד מ"ש בזה.

פסחים פד: [תוספתא פסחים פ"ו]

[שמות כט]

[ברכות סא.]

קדושין נז. [זבחים ע: מגילה כה. ע"ז כט:]

פ א מיי' פ"ג מהלכות עבודת יוה"כ הלכה ז:
פא ב מיי' פ"ב מהלכות עדות הלכה ב:

דִּילְמָא חַד מִינַּיְיהוּ טְרֵיפָה הוּא! אֶלָּא לָאו מִשּׁוּם דְּאָמְרִינַן זִיל בָּתַר רוּבָּא. וְכִי תֵּימָא, מַאי נָפְקָא לַן מִינַּהּ – הָא *אֵין גּוֹרָל קוֹבֵעַ לַעֲזָאזֵל אֶלָּא בְּדָבָר הָרָאוּי לַשֵּׁם. וְכִי תֵּימָא דְּבָדְקִינַן לֵיהּ – וְהָתְנַן: *לֹא הָיָה מַגִּיעַ לְמַחֲצִית הָהָר עַד שֶׁנַּעֲשָׂה אֵבָרִים אֵבָרִים. רַב מָרִי אָמַר: אָתְיָא °מִמַּכֵּה אָבִיו וְאִמּוֹ, דְּאָמַר רַחֲמָנָא: קַטְלֵיהּ; *וְלֵיחוּשׁ דִּלְמָא לָאו אָבִיו הוּא! אֶלָּא לָאו מִשּׁוּם דְּאָמְרִינַן זִיל בָּתַר רוּבָּא, *וְרוֹב בְּעִילוֹת אַחַר הַבַּעַל. מִמַּאי? דִּלְמָא כְּגוֹן שֶׁהָיוּ אָבִיו וְאִמּוֹ חֲבוּשִׁים בְּבֵית הָאֲסוּרִין! אֲפִילּוּ הָכִי, *אֵין אַפּוֹטְרוֹפּוֹס לַעֲרָיוֹת. רַב כַּהֲנָא אָמַר: אָתְיָא מֵהוֹרֵג אֶת הַנֶּפֶשׁ, דְּאָמַר רַחֲמָנָא: קַטְלֵיהּ; וְלֵיחוּשׁ דִּלְמָא טְרֵפָה הֲוָה! אֶלָּא לָאו מִשּׁוּם דְּאָמְרִינַן זִיל בָּתַר רוּבָּא. וְכִי תֵּימָא דְּבָדְקִינַן לֵיהּ – הָא קָא מִינַּוֵּול. וְכִי תֵּימָא, מִשּׁוּם אִיבּוּד נְשָׁמָה דְּהַאי נִינַוְּולֵיהּ – וְנֵיחוּשׁ שֶׁמָּא בִּמְקוֹם סַיִיף נֶקֶב הֲוָה. רָבִינָא אָמַר: אָתְיָא מֵעֵדִים זוֹמְמִין, דְּאָמַר רַחֲמָנָא: °"וַעֲשִׂיתֶם לוֹ כַּאֲשֶׁר זָמַם" וגו'; וְלֵיחוּשׁ דִּלְמָא הָךְ דְּאַסְהִידוּ בֵּיהּ טְרֵפָה הֲוָה! אֶלָּא לָאו מִשּׁוּם דְּאָמְרִינַן זִיל בָּתַר רוּבָּא. וְכִי תֵּימָא דְּבָדְקִינַן לֵיהּ – וְהָתַנְיָא, *בְּרַבִּי אוֹמֵר: °לֹא הָרְגוּ – נֶהֱרָגִין, הָרְגוּ – אֵין נֶהֱרָגִין. רַב אַשִׁי אָמַר: אָתְיָא מִשְּׁחִיטָה עַצְמָהּ, דְּאָמַר רַחֲמָנָא: שְׁחוֹט וֶאֱכוֹל; וְלֵיחוּשׁ *שֶׁמָּא בִּמְקוֹם נֶקֶב קָא שָׁחֵיט! אֶלָּא לָאו מִשּׁוּם דְּאָמְרִינַן זִיל בָּתַר רוּבָּא. אָמַר רַב אַשִׁי: אֲמַרִיתָא לִשְׁמַעְתָּא קַמֵּיהּ דְּרַב כַּהֲנָא, וְאָמְרִי לַהּ רַב כַּהֲנָא קַמֵּיהּ דְּרַב שִׁימִי, וַאֲמַר לֵיהּ: וְדִלְמָא הֵיכָא דְּאֶפְשָׁר אֶפְשָׁר, הֵיכָא דְּלָא אֶפְשָׁר לָא אֶפְשָׁר! דְּאִי לָא תֵּימָא הָכִי, *לר"מ דְּחָיֵישׁ לְמִיעוּטָא, °הָכִי נַמִי דְּלָא אָכֵיל בִּישְׂרָא?! *וְכִי תֵּימָא הָכִי נַמִי, פֶּסַח

שמות כא | דברים יט

רש"י

ודילמא חד מינייהו. טרפה הוא. דעזאזל הוא. הא דעזאזל הך דלשם בדיק ליה לאחר שחיטה, אלא חבירו משתלח לצוק ואין נשחט. **אין הגורל קובע לעזאזל אלא בראוי לשם.** שהרי בשעת הגורל אין ידוע איזה יעלה לשם, הילכך שמעינן מינה דטרפה לא מייתינן. **בדקינן ליה.** לאחר דקייתו לצוק. **אברים אברים.** ותו לא מצי בדק ליה, דאין יכול לידע איזו שדרה מחיים. **קטליה.** הורגהו. **בבית האסורין.** שם עברתו אמו. ואין לחוש שמא בא עליה, אחר שמגיהן לבדם היו עד הבוקר העובר. **טרפה הוה.** ההרוג, ואין זה ראוי ליהרג, דגברא קטילא קטיל. **וכי תימא משום איבוד נשמה.** דהאי רוצח דלא לימות, משום דבעינן "ושפטו העדה והצילו העדה" (במדבר לה). **ניווליה.** להאי נהרג, ואי לאו משתכח טרפה יהרג רוצח זה. **ואמאי.** ליחוש במקום סייף שהרגו בו נקב היה תחלה, וטרפה הוא, וגברא קטילא קטיל. **וכי תימא דבדקינן ליה.** כלומר, דכשנהרג על ידי עדותן ואח"כ הוזמו משפטי קרא, ונבדקיה קודם שנהרגים. **והתניא ברבי אומר.** לא ידעינן מנו, אלא אחד גדול בדורו היה, ועל שם כך נקרא "ברבי", כדאשכחן ב"כיצד מעברין" בעירובין (דף נג.): אמר רבי אושעיא ברבי, ובפ"ב (לקמן כח.): רבי אלעזר הקפר ברבי. **הרגו.** קודם שהוזמו. **אין נהרגים.** דכתיב: "כאשר זמם", ולא כאשר עשה. **אתיא משחיטה עצמה.** דליירי בה עד השחיטה. **דלמא במקום נקב קא שחיט.** נקובת הושט במשהו. אבל גרגרת ברובה, ואם חסרה כאיסר – טרפה, ב"אלו טרפות" (לקמן דף מה.). **היכא דאפשר.** לעמוד על בירור בודקין, ולא סמכינן ארובא, וצריכין לבדוק בהמה מכל י"ח טרפות. אי נמי, כגון קטן וקטנה, דאפשר לנו להמתין עד שיגדלו ונדע שאינו סרים – נמתין, והנך כולהו משום דלא אפשר הוא [א]. **לרבי מאיר.** דלא אזיל בתר רובא, הכי נמי דלא אכל בשרא משום דשמא במקום נקב קא שחיט. **פסח**

תוספות

דלית ליה דחטאת קרייה רחמנא, מנא ליה דטרפות פוסל בה? וי"ל: דנפקא ליה מדכתיב "תמימה", כדדרשינן בפ"ק דמסכת ע"ז (דף ו.) דנח גופיה לאו טרפה הוה מדכתיב "תמים". ורבנן אצטריך לכדדרשינן בספרי "תמימה" – דאף שתי שערות שחורות פוסלות בה. ולרבי שמעון תרתי ש"מ, מדכתיב "תמימה" ב] בין "אדומה" ל"אשר אין בה מום". ועוד יש לומר: דבפסול התלוי בגופה מודו כולי עלמא, כדתנן (פרה פ"ד מ"א): שחטה שלא לשמה פסולה, והיינו מ"חטאת היא". ובספרי נמי *דרשינן "חטאת היא" דמועלין בה, וכמה דרשות. ואם תאמר: בכל דוכתין דמשני קדשי בדק הבית, ג] אמאי לא חשיב ליה כקדשי מזבח משום ד"חטאת" קרייה רחמנא? ויש לומר: דבכל דוכתין מסלק לה בקושיא אחריתי. ובפרק "אלו קדשים" (תמורה כ.) דקאמר דאין פרה עושה תמורה משום דקדשי בדק הבית היא, כיון דנפקותא ליתא בגוף הפרה לא שייך דרשה ד"חטאת" קרייה רחמנא. ובבכורות (דף כה.) נמי דקאמר דאין בה איסור גיזה ועבודה לאחר שנפדית משום דקדשי בדק הבית היא ולא הויא כפסולי המוקדשים שנפדו – משום דלאחר פדיון, שאין תורת פרה עליה, לא קרייה רחמנא "חטאת". אי נמי, מה שנפדית היינו משום דלב בית דין מתנה עליה דאי לא הוצרכוה תהא לדמיה, כדאמרינן בפרק קמא דשבועות (דף יא.). ***ושחט** ושרף. אע"פ שיש פסוק אחד בינתים, מכל מקום משמע: ושרף את הפרה כמו שהיתה בשעת שחיטה, מדלא כתיב "ושרף אותה". **כגון** שהיו **אביו ואמו** חבושים בבית האסורין. ועוד הוה מצי למידק: ודילמא משום דאזלינן בתר חזקה, דהעמד האם בחזקת צדקת. **וכי תימא** דבדקינן ליה. מקשינן: דנילף מרוצח גופיה דאזלינן בתר רובא, דדילמא הרוצח הוא טרפה, וטרפה שהרג את הנפש פטור!* ושמא דאזלינן בתר רובא מדלא חיישינן להרוג את הטרפה לא נילף בעלמא. ועוד נראה לי, דטעמא דטרפה שהרג פטור, דהיינו משום דהוי עדות שאין אתה יכול להזימה, ואי קטלינן עדים כשהוזמו לא שפיר קטלינן. ואם כן אין להוכיח אלא ד] במאי דקטלינן לעדים ולא חיישינן דלמא הך דאסהידו ביה טרפה הוה, כדקאמר. מלינו בשם רבינו מנחם הקדוש. אך קשה לי: מאי קאמר "וכי תימא דבדקינן ליה"? הא מכל מקום הויא ליה התראת ספק אי לא אזלינן בתר רובא! ושמא קסבר דשמה התראה. **ליחוש** דלמא במקום סייף נקב הוה. אין להקשות: משכחת לה כגון שהטביעו בנהר, דלא אפשר למידקיה. דהא קרא בכלי עץ ובכלי ברזל ואבן כתיב. אבל קשה: דמשכחת לה כגון שהיה קרום של מוח מגולה וראו שהיה שלם, ובא זה ונקבו והרגו! ויש לומר: דדוחק הוא להעמיד הפסוק בכך. ואם תאמר: ובספ"ק דמכות (דף ז.) דאמרי רבי טרפון ורבי עקיבא: אילו היינו בסנהדרין לא היה אדם נהרג, ומפרש דהוו בדקו להו ואמרי: ראיתם שטריפה הרג או שלם הרג, ואם תמצא לומר שלם הרג – שמא במקום סייף נקב הוה. והכא משמע דלא חיישינן, דאזלינן בתר רובא! ויש לומר: דרבי עקיבא לטעמיה דאמר דחיישינן למיעוטא בפרק "הלוקח בהמה" (בכורות כ:), דקסבר חלב אינו פוטר בבהמה בבכורה, אע"ג דרוב בהמות אינן חולבות אא"כ יולדות. ואע"ג דאפילו רבי מאיר דחייש למיעוטא מודה היכא דלא אפשר – רבי עקיבא חשיב ליה אפשר, דאיכא לאוקמי קרא שהיה קרום מוחו מגולה ונקבו כדפירשנו. ורשב"ג דפליג עלייהו ואמר: אף הם מרבים שופכי דמים בישראל, אפילו חייש למיעוטא, מ"מ חשיב ליה לא אפשר, דדוחק הוא להעמיד הפסוק בכך. ה] ועוד אור"ת: דאף על גב דאי לא שיילינן לעדים קטלינן ליה, דסמכינן ארובא היכא דלא אפשר, היכא דשיילינן להו ואמרי דלא ידעי – פטור. מידי דהוה אסייף ואריכן,* דאי לא שיילינן להו – חייב, ואי שיילינן להו ואמר אחד בסייף ואחד ו] בארירן – פטור. אע"ג דבשאומרים אין אנו יודעין חייב עד דמכחשי אהדדי – היינו משום דסייף ואריכן לא שייך כל כך בגוף העדות, דמה לי הרגו בסייף ומה לי בארירן. אבל במקום סייף נקב הוה, דשייך לגוף העדות טפי, אי בדקינן להו ואמרו אין אנו יודעין – פטור. ואחד אומר כליו שחורים ואחד אומר כליו לבנים, דלא שייך לגוף העדות, אע"פ דמכחשי אהדדי – חייב. הקשה רבינו יצחק ברבי מרדכי: דהכא ילפינן מעדים זוממים דאזלינן בתר רובא אף בדיני נפשות, וכן מוכח בריש פ' "בן סורר ומורה" (סנהדרין דף סט.). וב"אלו הן הנשרפין" (שם דף עט:) אמרינן: נסקלין בנשרפין ידונו בסקילה הקלה, אע"ג דרוב נשרפים ניהו! ותירץ ר"ת: דכיון דממה נפשך הוא נהרג, לענין באיזו נהרג לא אזלינן בתר רובא. ועוד יש לומר: דהוי קבוע, וכמחצה על מחצה דמי. והא דפריך התם מעיקרא, כי הוה תני "הנשרפין בנסקלין" – תיפוק ליה דרובא נסקלין ניהו – הכי פירושו: לכל הפחות לא גרע, משום דהוו רובא דנסקלין*. **ודילמא** הך דאסהידו ביה טרפה הוה. ואם תאמר: דחובשים אותו י"ב חדש, ואם יחיה לאו טרפה הוא! ויש לומר: דשמא קסבר טרפה חיה. ועוד נראה לי, דאי העדים כשהוזמו אלא אחר י"ב חדש, דדילמא הך דאסהידו ביה טרפה – א"כ גם אותו שמעידין עליו אין להורגו עד לאחר י"ב חדש, וכיון דלא באו להורגו אלא אחר י"ב חדש, א"כ לא יהרגו הם אף לאחר י"ב חדש, דדילמא נעשה טרפה הך דאסהידו ביה בסוף י"ב חדשים, והרי לא באו אלא להרוג את הטריפה. **לרבי מאיר** דחייש למיעוטא כו'. מדקאמר "לרבי מאיר" ולא קאמר "היכי אכלינן", משמע דלא קיימא לן כר' מאיר דחייש למיעוטא. וקשה: דבפרק "הלוקח בהמה" (בכורות כד.) פסיק רבי יוחנן כרשב"ג דאמר: הלוקח בהמה מניקה מן הגוי דפטורה מן הבכורה כשבנה כרוך אחריה, משום דלא מרחמא ליה אא"כ ילדה. אבל מטעם חלב לא מיפטר, אע"ג דרוב בהמות אינן חולבות אא"כ יולדות. אלמא חיישינן למיעוטא אע"ג דליכא חזקה בהדי מיעוטא. דאי אמרינן אוקי בהמה בחזקת שלא ילדה – אדרבה, בחזקת שאינו קדוש בבכורה, שהיה חולין במעי אמו! ז] ויש לומר: דרבי יוחנן לא פסיק כוותיה אלא בהא דלא מרחמא אלא אם כן ילדה, ונפקא

שיטה מקובצת

א] משום דלא אפשר הוא דאלת"ה דהני דקתני משום דלא אפשר הוא הס"ד: ב] מדכתיב תמימה ולאשר אין בה מום: ג] דמשני קדשי בדק הבית היא אמאי לא חשיב: ד] לא"כ אין להוכיח אלא דקטלינן: ה] ועוד אומר ר"ת דאף על גב וכו' נ"ב עי' בכורות דף כא ע"א: ו] ואחד אמר בארירן פטור: ז] וי"ל דר' יוחנן לא פסיק כותיה אלא. נ"ב בס"א: ח] ואתי אלא וכו':
א) אולי צ"ל כס"א שהיא כותיה כהא וכו' ולא גרסינן אלא.

גליון הש"ס

גמ' וליחוש דילמא לאו אביו הוא. עיין ברמב"ם פ"א הלכה ב מהלכות איסורי ביאה ובחידושי בכור שור קדושין דף פ ע"א: שם ה"נ דלא אכיל בשרא. עיין לקמן דף כח ע"א תוס' ד"ה אתא:

מסורת הש"ס

[יומא סג: תמורה ו:] | יומא סז. | [סוטה כז.] | [כתובות יג: נדה לא:] | מכות ה. | [לקמן כח.] | [וכ"ה מנחות נח:] | [לעיל ו. וש"נ] | [עי' תוס' לקמן כח: סד"ה אתא כי מתסמס] | [סנהדרין עח.] | [סנהדרין מח.] | [וע"ע תוס' סנהדרין ד"ה הנסקלין ותוס' זבחים ע: ד"ה אפי' אחת]

רבינו גרשום

וכי תימא מאי נפקא לה מינה דלא איכפת לן בין טרפה ובין כשרה הא אמרי רבי ר' ינאי כפרה כתיב בה כקדשים דכתיב כפר לעמך ישראל וגו' וצריך שלא יהא בו מום בקדשים והבא זיל בתר רובה: והתנן לא היה מגיע למחצית ההר כלומר השעיר וכו' ועכשיו לא מצית למיבדק אותו אלא זיל בתר רובה שאינן טרפות: ורוב בעילות אחר הבעל. כלומר שמבעלה עצמה הוא: וממאי דלמא כגון שהיו אביו ואמו חבושים בבית האסורין. כלומר דקים לן דלא בא עליה אלא בעלה הודאי לנו דאבוי של זה הוא ומשום הכי אמרינן הבא דחייב לקטול את זה אבל במקום אחר לא אמרינן זיל בתר רובה: וניחוש שמא טרפה היה. כלומר הנרצח ולא קטלינן את הרוצח: וכי תימא דבדקינן ליה הא קא מנוול (מרמו של רוצח) וכי תימא משום איבוד נשמה כו' כלומר משום דקטלינן הרוצח בדקינן ליה ואי טריפה הוא לא קטלינן הרוצח ואי לאו קטלינן. דלמא במקום הסייף הוא נקב אלא תדע דזיל בתר רובה שאינן טרפות וקטלינן הרוצח: וכי תימא דבדקינן ליה אי טרפה הוא על מי שהעידים זוממו: והתניא ברבי אומר לא הרגו נהרגין הרגו אין נהרגין ודבענין העדים ונפקא

לקומי ועשיתם לו כו' ואם העידו עדות שקר דאמרי פלוני הרג את פלוני והוזמו ועדיין לא נהרג הרוצח על מי שהוזמו על פיהם הם עצמם נהרגין דאיכא כאשר זמם ולא כאשר עשה ועכשיו לא מצית למימר משום איבוד נשמה דעדים זוממין נינווליה לנהרג על פיהן א) דהרוצח ניווליה לנרצח דאין הורגין העדים זוממין אלא בחיים (של נרצח) של מי שהעידו עליו שהרג ואם ניווליה לא מהני ליה אפע"כ (לא) קטלינן (את זה) לעדים זוממין אלא זיל בתר רובה: דלמא במקום נקב קא שחיט. כלומר שמא תחת העור ניקב הושט או [נפסק] הגרגרת במקום שחיטה: דלמא היכא דאפשר אפשר. כלומר לעולם לא אזלינן בתר רובה והיכא דאפשר למיבדקא בדקינן ליה והיכא דלא אפשר למבדקיה אזלינן בתר רובה: לר"מ דחייש למיעוטא כדאמרינן לעיל דחייש למיעוט. לענין עיסה כלומר משום שהוא גוף רובה אמר מיעוטא כולן פסולות שמיעוט נקבות אמרינן הכי מכולם אלא
א) אולי צ"ל לנהרג על פיהן כו' למה לן דאמרינן לעיל דבהכי איכא איבוד נשמה דהרוצח ניווליה לנהרג דאין הורגין לעדים זוממין אלא כשהנרצח בחיים על מי וכו'

פסח וקדשים מאי איכא למימר? אלא היכא דאפשר אפשר, היכא דלא אפשר לא אפשר; ה"נ – היכא דאפשר אפשר, היכא דלא אפשר לא אפשר. א"ר נחמן אמר רב: ראה אחד ששחט, אם ראהו מתחלה ועד סוף – מותר לאכול משחיטתו, ואם לאו – אסור לאכול משחיטתו. היכי דמי? אי דידע דגמיר – למה לי ראה? ואי דידע דלא גמיר – פשיטא! ואלא דלא ידע אי גמיר אי לא גמיר א] – לימא: *רוב מצויין אצל שחיטה מומחין הן! מי לא תניא: *הרי שמצא תרנגולת שחוטה בשוק, או שאמר לשלוחו "צא שחוט", והלך ומצא שחוט – אחזקתו שחוט; אלמא אמרינן: ברוב מצויין אצל שחיטה מומחין הן, הכא נמי לימא: רוב מצויין אצל שחיטה מומחין הן! גלעולם דידע דלא גמיר, דובגון דשחט קמן חד סימן שפיר, מהו דתימא: מדהאי שפיר – הך נמי שפיר, קמ"ל: האי אתרמויי איתרמי ליה, אידך – שמא שהה שמא דרס. בעא מיניה רב דימי בר יוסף מרב נחמן: האומר לשלוחו "צא ושחוט", והלך ומצא שחוט, מהו? אמר לו: חזקתו שחוט. האומר לשלוחו "צא ותרום", והלך ומצא תרום, מאי? אמר ליה: האין חזקתו תרום. מה נפשך? אי *חזקה שליח עושה שליחותו – אפילו תרומה נמי, ואי אין חזקה שליח עושה שליחותו – אפילו שחיטה נמי לא! אמר ליה: *לכי תיכול עלה כורא דמלחא! לעולם ואין חזקה שליח עושה שליחותו; ושחיטה, אי נמי (א) דילמא איניש אחרינא שמע ואזל שחט – רוב מצויין אצל שחיטה מומחין הן; תרומה, דילמא איניש אחרינא שמע ואזל תרם – הוה ליה תורם שלא מדעת, והתורם שלא מדעת אין תרומתו תרומה. לימא, רוב מצויין אצל שחיטה מומחין הן תנאי היא? *דתניא: הרי שאבדו לו גדייו ותרנגוליו והלך ומצאן שחוטים – רבי יהודה אוסר, רבי חנינא בנו של רבי יוסי הגלילי מתיר. אמר רבי: נראין דברים של רבי יהודה – שמצאן באשפה, ודברי רבי חנינא בנו של רבי יוסי הגלילי – שמצאן בבית; מאי לאו בהא קמיפלגי, דמ"ס: אמרינן רוב מצויין אצל שחיטה מומחין הן, ומר סבר: לא אמרינן רוב מצויין אצל שחיטה מומחין הן? אמר רב נחמן בר יצחק: לא, דכולי עלמא רוב מצויין אצל שחיטה מומחין הן. ובבית – דכ"ע לא פליגי חדשרי; באשפה שבשוק – דכולי עלמא לא פליגי טדאסור; כי פליגי – באשפה שבבית, מ"ס: אדם עשוי להטיל נבלתו באשפה שבבית, ומר סבר: יאין אדם עשוי להטיל נבלתו באשפה שבבית. אמר מר, אמר רבי: נראין דברי רבי יהודה שמצאן באשפה. מאי אשפה? אילימא אשפה שבשוק – הא אמרת: דכולי עלמא לא פליגי דאסור! אלא לאו פשיטא באשפה שבבית. אימא סיפא: ודברי רבי חנינא בנו של רבי יוסי הגלילי שמצאן בבית; מאי בית? אילימא בית ממש – האמרת: דכולי עלמא לא פליגי דשרי! אלא פשיטא באשפה שבבית, קשיא דרבי אדרבי! הכי

רש"י

פסח. דאמר רחמנא (שמות יב): "ואכלו את הבשר", ושלמים – דאמר רחמנא (שם כט): "ואכלו אותם אשר כופר בהם" מלמד שהכפרה תלויה אף באכילה, מאי איכא למימר? אלא ודאי אכיל, דסמיך ארובא היכא דלא אפשר, ואפי' הכי פליג בקטן וקטנה משום דאפשר. לדידן נמי, היכי ילפינן מיניה? אלא ודאי הלכה למשה מסיני ג] (ב) הא דסמכינן ארובא אפי' היכא דאפשר. אי נמי, "אחרי רבים להטות" (שם כג) משמע בין רובא דאיתיה קמן בין רובא דליתיה קמן, דמאי שנא האי מהאי? והאי מלתא סמכינן ולא בדקינן כל י"ח טרפות. ונקובת הריאה – משום דשכיחא בה ריעותא בדקינן, והיכא דאיתרמי ג] דאיפסקה ריאה ולא בדק – מתכשרה, דסמכינן אהא ואדרב הונא דאמר (לעיל דף ט.): בהמה בחזקת איסור עומדת, ואין מפרכסין הדבר. אי דידע דגמיר. שמכיר בו שמלומד בהלכות שחיטה. דידע דלא גמיר. שמכיר בו שאין יודע הלכות שחיטה. פשיטא. דראה מותר, דהא לא שהה ולא דרס. ולא ראה אסור, שמא שהה או דרס. דלא ידע אי גמיר אי לא גמיר. ואשמועינן דלא סמכינן אספקא עד שיהא מכיר בו שיודע ד]. מומחין הן. שאם לא היה מומחה לא היה שוחט. רוב מצויין אצל שחיטה. כלומר, רוב השוחטין ה]. והלך. בעל הבית. ומצא תרום. ולא ידע מי תרמו. חזקה שליח ו] עושה שליחותו. כל השלוחין עושין שליחותן, ומחזיקינן להו בכך מאחר שנתרצו בשליחותם. ואם אין עושה שליחותו אפילו בשחיטה נמי לא. דשמא לא שלוחו שחט, אלא אחר שאינו בקי בהלכות שחיטה. לכי תיכול עלה כורא דמלחא. כשתמדוד לי כור של מלח בשכר שאומר לך. ודימויא בעלמא הוא. אין חזקה כו'. אלא ספק עושה ספק אינו עושה. אי נמי שמע איניש וכו'. אפילו שמע איש אחר. תורם שלא מדעת אינה תרומה. דשליחות דתרומה מ"גם אתם" אתרבי (*גיטין דף כג:), "אתם" "גם אתם" – לרבות שלוחכם, ומינה: מה אתם לדעתכם אף שלוחכם לדעתכם. דרך גנבות להשליך באשפה. מדקאמר רבי נראין דברי ר' יהודה באשפה מכלל דפליג רבי חנינא אפילו באשפה, ומדקאמר: דברי ר' חנינא בבית – מכלל דפליג ר' יהודה אפילו בבית. דכולי עלמא לא פליגי דשרי. דרוב מצויין אצל שחיטה מומחין הם. דאסור. דכיון דהשליכום שם ודאי נתנבלה בשחיטתה בשהייה או בדרסה. אין אדם עשוי להטיל נבלתו באשפה שבבית. משום דמסרחת ואיכא ריח רע. והא אמרת דכולי עלמא וכו'. ומאי נראין דברי פלוני ז] או דברי פלוני? והלא שניהם שוין בה! אלא. פשיטא "באשפה" דקתני היינו אשפה שבבית דפליגי בה, ואשמועינן דכרבי יהודה סבירא ליה. הא אמרת לכולי עלמא שרי. ומאי "נראין דברי רבי חנינא", דמשמע: אבל דברי ר' יהודה אין נראין? ר' יהודה נמי שרי בה! אלא פשיטא. מאי "בית" – באשפה שבבית, ובה פליגי, ואשמועינן רבי דכרבי חנינא סבירא ליה. קשיא דרבי אדרבי. דברישא נראו לו דברי רבי יהודה דאסר באשפה שבבית, ובסיפא נראו לו דברי רבי חנינא בנו של רבי יוסי הגלילי דמתיר באשפה שבבית, אם כן קשיא דרבי אדרבי.

תוספות

ונפקא מינה להיכי שראינוה שהיה לה חלב קודם לידה, דהויא לא מפטרינן מטעם חלב. ואפשר דאף רשב"ג סבר דחלב פוטר. והשתא אתי שפיר דאשכחן רשב"ג דלא חייש למיעוטא בריש "כל הצלמים" (ע"ז דף מ:), דלא גזר שאר מקומות אטו אותו מקום כדגזר ר"מ התם. ורבי יוחנן נמי אכל לעיל (דף ה:) משחיטת כותי ולא גזר בהו כדגזר ר"מ. וב"עשרה יוחסין" (קידושין דף פ.) גבי שני דברים שאין בהן דעת לישאל ועשאן הכתוב כו' משמע נמי דרבי יוחנן כרבנן דר"מ ס"ל. והא דא"ר יוחנן בסוף "אין מעמידין" (ע"ז דף לט:): למעוטי מוריים וגבינות בית אונייקי, וסתמא כר"מ – התם הוי סתם ואח"כ מחלוקת בריש "כל הצלמים" (שם מ:). והא דאמר רשב"ג: כל ששהה שלשים יום באדם אינו נפל, הא לא שהה – ספק הוי אפילו נפל מן הגג או אכלו ארי, בפרק "ר' אליעזר דמילה" (שבת דף קלה:), וקיימא לן התם כוותיה אע"ג דרובן אינן נפלים. וכן תוך שמנה ימים בבהמה אסרינן התם, ולא אזלינן בתר רובא – התם משום דלא יבא להקל בערוה, והצריכוה חליצה במת תוך שלשים, ולא רצו לסמוך על הרוב ולהתירה לשוק בלא חליצה, שלא יאמרו העולם שפיהק ומת ויבא לידי לעז וקלקול. ולכך גם לענין אבילות פטור, שלא יבא להקל בערוה. ועוד, דבלאו הכי יש להקל באבילות, דקי"ל (מו"ק דף [יח.] כ.) הלכה כדברי המיקל באבל. ואסרו כמו כן בבהמה, דגזרו בהמה אטו אדם, דאי לא הא – לא קיימא הא. אי נמי, אסור בבהמה אפי' בבריא, שלא יבא להתירה בחולה שיהא קרוב לפיהק ומת.

פסח וקדשים מאי איכא למימר. ח] מבשר תאוה לא פריך, משום דנראה דמדאורייתא לא חייש רבי מאיר למיעוטא אלא מדרבנן,* ולהכי פריך: הכי נמי שמחמיר שלא לאכול בשר כלל? ואפילו מחמיר בשאר בשר – פסח וקדשים אין יכול להחמיר! ומדקדק כי היכי דלר"מ יש חילוק מדרבנן בין אפשר ללא אפשר – ה"ה לרבנן*. **או** שאמר לשלוחו כו'. מעיקרא תנא מצא תרנגולת שחוטה בשוק, דאיכא למימר בעליה שחטוה, והדר אמר דאפי' אמר לשלוחו ומצאו השליח שהיא שחוטה, דהשתא שלא ברשות נשחטה – אפ"ה חזקתו שחוטה. **הכי** גרסינן: לעולם אין חזקה שליח כו'. מפורש בפ' "בכל מערבין" (עירובין לב:). **הרי** שאבדו לו גדייו. פ"ה נגנבו, למשום דחשיד אגנבה לא חשיד אנבלה. ובתוספתא קתני בהדיא: נגנבו לו תרנגולת ומצאה כו'. **כי** פליגי באשפה שבבית. הוא הדין דפליגי בשוק בלא אשפה, כדמוכח ב"אלו מציאות" (ב"מ דף כד:) גבי ר' חנינא שמצא גדי שחוט בין טבריא לציפורי.

עין משפט נר מצוה

פב א ב מיי' פ"ד מהלכות שחיטה הלכה ז סמג עשין סג טוש"ע י"ד סימן א סעיף א וסעיף ב:
פג ג ד טוש"ע שם סעיף ג:
פד ה ו מיי' פ"ד מהלכות תרומות הלכה ו:
פה ז מיי' שם הלכה ג:
פו ח ט י מיי' פ"ד מהלכות שחיטה הלכ' ח ועיין בכ"מ שהאריך סמג עשין סג טוש"ע י"ד סי' א סעיף ד:

מסורת הש"ס

[לעיל ג:] [תוספתא פ"ב] גיטין סד. עירובין לא: [נזיר יב.] לקמן קיב. שבת ז. [פסחי' קיז] ועירובין לו.] [קדושין מא:] ב"מ כד: [תוספתא פ"ב] [ועיין תוס' לקמן פו: בסוף ד"ה סמוך] [וע"ע תוס' בכורות כ. ד"ה ולאי בעית אימא]

הגהות הב"ח

(א) גמ' א"נ אינש כו"ל ותיבת דילמא נמחק: (ב) רש"י ד"ה פסח וכו' מסיני הוא דסמכינן:

גליון הש"ס

רש"י ד"ה פסח וכו' אלא ודאי הלמ"מ. עיין לקמן דף ג ע"ב ברש"י ד"ה מאי ונע"ק:

רבינו גרשום

(אלא תרע) [ודילמא] היכא דאפשר למבדקיה אפשר [והיכא דלא אפשר לא אפשר] ולא אמרינן במקום נקב קא שחיט: וכי תימא א) בפסח וקדשים רובא אזלינן מאי וכו' אלא היכא דאפשר וכו' הכא נמי (בשחיטה) [לדידן] היכא דאפשר אפשר ולעולם לא אזלינן בתר רובא היכא דיכולין (למיבדקיה) [למיבדקא]: ב) אמר ליה חזקתו שחוט כלומר דאמרינן שלוחו שחט או ישראל אחר מומחה שחט ורוב מצויין אצל שחיטה מומחין הן הכא נמי (בשחיטה) [בראה אחד ששחט נימא] דרוב מצויין אצל שחיטה מומחין הן ולמה ליה לראות מתחלה ועד סוף: לעולם [דידע דלא גמיר וכגון וכו'] שמא שהה ושמא דרס ומשום הכי צריך לראות מתחלה ועד סוף: אמר לו אין חזקתו תרום כלומר אע"פ שמצא תרום צריך לתרום פעם אחרת כרבנן לפרשי

שיטה מקובצת

א] לימא רוב מצויין אצל שחיטה. נ"ב ע"ע תוס' בכורות דף כ ע"ב: ג] הלכה למשה מסיני הוא האי: ג] והיכא דאתרמי דאיתפקא ריאה: ד] מומחין הן שאם לא היה וכו'. נ"ב בקצת ס"י כתיב (רוב מצויין) כלומר רוב השוחטים מומחים הם שאם לא היה מומחה לא היה שוחט: ה] והלך בעל הבית. (עוד) נ"ב בכל הספרי יד נמצא והלך אח"כ בעל הבית ומצאו שחוט ולא ידע מי שחטו אם שלוחו אם אחר: דשחט חד סימן קמיה שפיר והלך לו הרואה וגמר זה שחיטתו והלך וכו': ו] חזקת שליח וכו'. נ"ב בקצת ס"י עושה שליחותו כל השלוחין מוחזקין בכך דלאחר שנתרצו בשליחותן ודאי עושים שליחותן: ז] ומאי נראין דברי פלוני ולא דברי פלוני והלא: ח] מבשר תאוה לא פריך. נ"ב ע' תוס' בכורות (דף כ ע"ב).

לקמן לעולם אין חזקה שליח וכו' אבל בשחיטה אי נמי איניש וכו' אבל בתרומה (קאמר) [דילמא] איניש אחרינא שמע כו' [והתורם שלא מדעת וכו'] דכתיב והרמתם גם אתם. ר' יהודה [ס"ל] אסור [דלא אמרינן] דרוב מצויין אצל שחיטה וכו' ור' חנינא בנו של ר' יוסי הגלילי סבר דרוב מומחין הן כו': אמר רבי נראין דברי רבי יהודה שמצאו וכו' [ומר סבר רוב מצויין אצל שחיטה מומחין הן]. לעולם דכ"ע רוב מצויין אצל שחיטה מומחין הן באשפה שבשוק כולי עלמא לא פליגי דאסור דודאי נתנבלו בשחיטה (נמי) [והשוחטין] (וששחטן) השליכן לשום

א) נראה דצ"ל וכי תימא אה"נ דלא אכיל בשרא בפסח וקדשים מאי וכו'. ב) נראה דצ"ל אלמא אמרינן רוב מצויין אצל שחיטה מומחין הן כלומר דאמרינן וכו'.

פז א מיי' פ"ד מהלכות שחיטה הלכה ד סמג עשין סג טוש"ע י"ד סימן א סעיף ה:

פח ב ג ד מיי' פ"ב שם הלכה יא סמג שם טוש"ע י"ד סימן ג:

פט ה מיי' פ"א מהלכות פסולי מוקדשין הלכה ו:

צ ו מיי' פ"ב מהלכות כלים הלכה א:

הכי קאמר: נראין דברי רבי יהודה לרבי חנינא בנו של רבי יוסי הגלילי באשפה שבשוק, שאף רבי חנינא בנו של רבי יוסי הגלילי לא נחלק עליו אלא באשפה שבבית, אבל באשפה שבשוק מודי ליה, ונראין כו'.§ "חוץ מחרש שוטה וקטן, שמא יקלקלו את שחיטתן".§ "שמא קלקלו" לא קתני, אלא "שמא יקלקלו"; אמר רבא: אזאת אומרת *אין מוסרין להן חולין לכתחלה.§ "וכולן ששחטו ואחרים רואים אותם — שחיטתן כשרה".§ מאן *תנא בדלא בעינן כוונה לשחיטה? אמר רבא: רבי נתן היא, דתני אושעיא זעירא דמן חבריא: זרק סכין לנועצה בכותל, והלכה ושחטה כדרכה — רבי נתן מכשיר, וחכמים פוסלין. הוא תני לה, והוא אמר לה: גהלכה כרבי נתן. והא בעינן מוליך ומביא! דשהלכה ובאה כדרכה.§ א"ר חייא בר אבא, בעי רבי יוחנן: קטן יש לו מחשבה או אין לו מחשבה? א"ל רבי אמי: ותיבעי ליה מעשה! מ"ש מעשה דלא קא מבעיא ליה — דתנן: יש להן מעשה, מחשבה נמי לא תיבעי ליה — דתנן: האין להן מחשבה, *דתנן: יהאלון והרמון והאגוז שחקקום תינוקות למוד בהן עפר, או שהתקינום לכף מאזנים — טמאין, מפני שיש להן מעשה ואין

רש"י

הכי קאמר. האי "נראין" דקאמר לא סברא דידיה הוא דקאשמעינן, ולא "רואה אני" קאמר. אלא פלוגתייהו קמ"ל במאי פליגי, והכי קאמר: נראין דברי ר' יהודה האוסר אפילו לר' חנינא כשמלמלן באשפה שבשוק, דמודי רבי חנינא דאסיר. ודברי רבי חנינא כו' — כלומר, שאף רבי חנינא המתיר אינו אלא כשמלמלן באשפה שבבית, ודבר הולכין, אבל באשפה שבשוק מודה רבי חנינא. ומילתא שמעינן מדלוקי פלוגתייהו באשפה שבבית מכלל שבבית שרו. שמא קלקלו לא קתני. ולא"ג דדיעבד קמיירי, כדקתני: ושחיטתן כשרה חוץ מחרש שוטה וקטן. אלא שמא יקלקלו. דמשמע דמועדים הם לקלקל. זאת אומרת אין מוסרין להם חולין. כלומר, אפי' חולין לכתחלה, ואפילו אחרים עומדים על גבן. מאן תנא דלא בעינן כוונה לשחיטה. דהא חרש שוטה וקטן לאו בני מחשבה בעלמא מכווני, ואין להם דעת להתכוין לשחיטה, וקתני: וכולן ששחטו וכו', דקאי נמי אחרש שוטה וקטן. והא דפרכינן בריש פירקין (דף ב:): אי נימא חרש שוטה וקטן — עלה קאי, "ואם שחטו" מבעי ליה! הכי פרכינן: אי נימא חרש שוטה וקטן לחודיה קאי — עלה קאי, מיניה קא סליק, "ואם שחטו" מיבעי ליה! דמן חבריא. (א) בני הישיבה. כדרכה. כהוגן. הוא תני לה. דאשכחת מתניתא ונקרסא. והוא אמר לה הלכה כרבי נתן. הוא אמר לה מדעתו שהלכה כרבי נתן. והא בעינן מוליך ומביא. כדתנן בפרק שני (לקמן ל:). שהלכה ובאה כדרכה. שחתכה בהליכתו והכתה בכותל וחזר וחתכה. והוא הדין נמי דמצי לתרוצי בסכין שיש בו חוץ לצואר כמלא צואר, דסגי ליה בהליכתו לחודא כדלקמן (דף ל:), אלא בכל דהו מהדר לאוקומי, אפילו באיזמל. קטן יש לו מחשבה או אין לו מחשבה. כגון בשחיטת קדשים דבעי כוונה, כדילפינן בשמעתא קמייתא דזבחים (דף ב.), ושחט קטן עולה לשמה, מי הויא כוונה או לא? אמר ליה רבי אמי. לר' חייא בר אבא: ותבעי ליה מעשה! אי לא שמיע לר' יוחנן הך מתניתין דלקמן "האלון והרמון", דתנן בה דיש להן מעשה — תבעי ליה נמי אפילו א] אם יש מחשבה עם מעשה המוכיח עליה שכן הוא! כגון דקיימא עולה בדרום, ואמר: הריני מביא לצפון לשחטה לעולה, שאינה כשרה בדרום, תבעי ליה נמי אי משוי להאי מעשה כוונה או לא! מ"ש מעשה. דפשיטא ליה, משום דשמיע ליה הא דתנן ב"האלון והרמון" דיש להם מעשה. מחשבה נמי לא תבעי ליה. ותיפשוט לה מהאי משנה גופה דתנן בה: אין להם מחשבה! האלון. פרי הוא שקורין גלאנ"ד. שחקקום. נקבו נקב קטן בצדיהן והוציאו האוכל מתוך ב] הנקב. למוד בהם עפר. כדרך שהתינוקות עושין לשחוק. טמאין. מקבלין טומאה. שיש להן מעשה. כגון זה, שמעשיהן מוכיחין דלשם כלי נתכוונו, וגם הם אומרים כן, ויש כאן מעשה ומחשבה המורידים אותו לתורת כלי. ואין

תוספות

מאן תנא דלא בעינן כוונה לשחיטה. תימה: דמשמע הכא דחרש שוטה וקטן לאו בני כוונה נינהו, אפילו אחרים עומדים על גבן. ובסוף פ"ב דגיטין (דף כג.) תנן: הכל כשרים לכתוב את הגט, אפי' חרש שוטה וקטן. ופריך בגמרא: והלא לאו בני דעה נינהו! ומשני: שגדול עומד ע"ג — אלמא בני כוונה לשמה נינהו כשגדול עומד ע"ג! וי"ל: (ב) בגדול עומד ע"ג היינו שמלמדין אותם ומזהירין אותם לעשות לשמה, אבל הכא — אחרים רואים אותם בעלמא קאמר. אע"ג דבריש פירקין (לעיל דף ג.) קרי לאחרים רואין אותו "גדול עומד על גביו". וא"ת: דבפ' "מצות חליצה" (יבמות קד:) אמר: החרשת שנחלצה, והחולצת מן הקטן — חליצתה פסולה. ומפרש התם: חרש וחרשת — משום דלאו בני קרייה נינהו, וקטן — משום ד"איש" כתיב בפרשה. והשתא, תיפוק ליה דבעינן כוונה, כדאמרינן התם (דף קו.) דחליצה פסולה עד שיכוונו שניהם! וי"ל: דחליצה בבית דין הוה כגדול עומד על גביו, שמזהירין אותו לעשות לשמה. ומיהו קשה, מדתניא בתוספתא* דשוטה לאו בר חליצה הוא, ואי חשיבי ב"ד כמו גדול עומד על גביו — אפילו שוטה נמי, כמו גבי גטו! וי"ל: דלגבי גט מהני, דבגט מוכחא מילתא טפי דעביד לשמה, ג] כשמכינין לכתוב שמו ושמה ושם עירו ושם עירה, הלכך אפילו בשוטה מהני כשגדול עומד על גביו*.

דמן חבריא. שם מקום, כדאמרינן בבראשית רבה* אבימי חבריא מבקר בישיה הוה.

זרק סכין לנועצה בכותל. הא חשיב מתכוין לחתיכה, כדמוכח לקמן בפ"ב (דף לא.) גבי נפלה סכין ושחטה. ונקט לרבותא דרבנן, דאע"ג דמתכוין לחתיכה — פסלי עד שיתכוין לחתיכת סימנין. אבל רבי נתן מכשיר אפילו לא מתכוין לחתיכה, כגון הפיל את הסכין ושחט, כדמוכח לקמן בפ"ב (שם).

קטן יש לו מחשבה או אין לו מחשבה. פירש בקונטרס: כגון בשחיטת קדשים, דיליף בריש זבחים (דף ב.) דבעיא לשמה. ושחט קטן עולה לשמה, מי הוי כוונה או לאו? וא"ת: הא התם משמע דסתמא נמי כשר, משום דזבחים סתמא לשמן קיימי, ואינו פוסל עד שיכוין שלא לשמן! ויש לומר: דסתמא דקטן גרע, דאין לו דעת להבין שהם קדשים, וסבר שהם חולין, והוה ליה מתעסק ופסול. כדאמרינן בזבחים בסוף פרק ד] *(ב' (דף מו:) "ב"ש (ג) אומרים":) לשם חולין — כשרה, משום חולין — פסולה. ואפילו אומר הקטן: יודע אני שהם קדשים ולשמן אני מתכוין, מבעיא לן אם כוונתו כוונה, ודילמא לא מהניא אם אין מעשיו מוכיחין.

ותיבעי ליה מעשה. כל הסוגיא פירש בקונטרס דמעשה עם הדבור חשיב מעשה, ומחשבה גרידא היינו דבור בלא מעשה, ומחשבתו ניכרת מתוך מעשיו היינו מעשה בלא דיבור. ואין לשון התלמוד משמע כדבריו, ד"יש להם מעשה" משמע מעשה גרידא אף ע"פ שלא אמרו כלום. דאת"ל שתלוי באמירה כמו במעשה, א"כ כי היכי דקתני: יש להם מעשה, דהיינו מעשה עם המחשבה, ואין להן מחשבה היינו מחשבה גרידא — הכי נמי הוה מצי למימר: יש להם מחשבה, דהיינו מחשבה עם המעשה, ואין להם מעשה גרידא! ועוד, דלמה ליה למינקט כי קא מיבעיא ליה מחשבתו ניכרת מתוך מעשיו, כגון דקיימא עולה כו'? ה"ל למימר: כגון אלון ורמון שחקקום סתם ולא פירשו למוד בהם עפר ולכף מאזנים! ומיהו, לפי המסקנא דבעי מדאורייתא, ניחא הא דנקט דקיימא עולה כו'. ועוד, הא דקתני: העלום חרש שוטה וקטן אע"פ שנתכוונו לכך אינן ב"כי יותן", והלא יש מעשה ודבור! ובקונטרס דחק לפרש: אע"פ שנתכוונו לכך אחר העלאה. ואין משמע כן, אלא משמע: אפילו נתכוונו בשעת העלאה קאמר. ועוד, אפילו העלום סתם ולא פירשו מפני הכנימה — ליהוי ב"כי יותן" לר' יוחנן דאמר מחשבה ניכרת מתוך מעשה מועלת, דהיינו מעשה בלא דבור! ומיהו, שמא אותו מעשה גרע יותר מדאי, דשמא מפני הכנימה העלום. ועוד קשה, מדקאמר: או דלמא מקום הוא דלא איתרמי ליה, משמע דאי לאו משום דאית לן למיתלי בהכי לא הוה קא מיבעיא לן, אע"פ שהוא מעשה בלא דיבור! ונראה לפרש: דאמירתו לא מועלת ולא מורדת, אלא מעשה גמור, כגון ההיא דאלון ורמון, דפשיטא דהם חוקקים לצורך בית קיבול. ולמוד עפר ולכף מאזנים דנקט — אורחא דמילתא נקט, וה"ה לשום צורך אחר. וכיון דאין חוקקים אלא כדי לקבל — חשיב מעשה גמור אע"פ שלא פירש. ומעשה גרוע, כמו ההיא דהעלום חרש שוטה וקטן, אינו מועיל ה] דבור, כדקתני: אע"פ שנתכוונו לכך אינם ב"כי יותן". אבל מחשבתו ניכרת מתוך מעשיו, היינו שמוכיח קצת, כגון עולה דקיימא בדרום ואתייה בצפון ושחטה — קמיבעיא ליה אי חשיב מעשה, שכן נראה יותר שלכך נתכוין, ומהני אע"פ שלא פירש. או דילמא לאו מעשה גמור הוא, שאני יכול לתלות משום דמקום הוא דלא איתרמי ליה, ואפילו פירש לא מהני, כי ההיא דהעלום. ופשיט מההיא דקא"ר יוחנן: אם היפך בהן הרי הן ב"כי יותן", אע"פ שגם שם יש לתלות קצת מפני הכנימה ו] כדי שיצא לצד השני, אלא שיותר ראוי לתלות מפני הטל, כיון דלאחר שירד הטל מצד אחד מהפך לצד אחר. אבל העלאת קטן סתם לא הוי ב"כי יותן", ואפילו העלאת גדול סתם שמא לא היתה מועלת. ואין לדקדק: מפני הכנימה אינן ב"כי יותן", הא סתמא הרי הוא ב"כי יותן". דאדרבה, דייק מסיפא דקתני: אם נתכוונו לכך הרי הם ב"כי יותן". ומיהו, אם בשעת הטל העלום התינוקות משמע בירושלמי שהן ב"כי יותן". דבריש מסכת תרומות מייתי הך משנה, ומפרש ואיזהו מעשה שלהן? אמר רב הונא: בתפוש בהן בטל. ושמא האי "תפוש בהן בטל" היינו "היפך בהן" דקא"ר יוחנן הכא. אי נמי, כשהטל יורד מעלה אותן, וכשהטל פוסק מורידן. ובירושלמי גבי חמשה לא יתרומו, ואם תרמו אין תרומתם תרומה:

חרש

הגהות הב"ח

(א) רש"י ד"ה דמן חבריא בני. נ"ב ע"ל דף ל"ג: (ב) תוס' ד"ה מאן וכו' וי"ל לגדול: (ג) ד"ה קטן וכו' בסוף פ"ב שם חולין כו' ותיבת אומרים נמחק:

מסורת הש"ס

[עיין תוס' לעיל ב. ד"ה שמא] לקמן לא. כלים פי"ז מט"ו פ"א דיבמות [ועיין תוס' גיטין כב: ד"ה והא ותוס' יבמות קד: ד"ה והא אמרי] [סוף פרשה לג אבימי מן חבריא מבקר וכו'] [נ"ל ב"ש דף מו:]

רבינו גרשום

לשום נבלות באשפה אלא פשיטא באשפה שבבית יש מחלוקת שזה אוסר וזה מתיר: קשיא דרבי אדרבי (ר' התם) [דמתחלה אמר] נראין דברי ר' יהודה דאוסר באשפה שבבית (והכא) [ואח"כ]אמרנראיןדבריר' חנינא דמתיר באשפה כלומר דהכא מטה והכא מטה כלומר כמו להטות הכי קאמר נראין דברי ר' יהודה דאסר (אפי') לר' [חנינא בנו של רבי] יוסי הגלילי באשפה שבשוק וכו': שמא יקלקלו דמשמע להבא. זאת אומרת אין מוסרין להן חולין לכתחילה כלומר חבר שאוכל חולין בטהרה אין מוסר להן: וכולן ששחטו מאן תנא דלא בעינן כוונה לשחיטה. כלומר חש"ו ששחטו ואחרים רואין אותן שחיטתן כשרה אע"פ שאין מתכוונין לשום שחיטה: ר' נתן כו'. (כלומר) שהלכה ובאה כדרכה. כלומר שנתכוון לנעוץ הסכין בכותל ולא נעצה ונתגלגלה לאחוריה ועשתה הולכה והבאה כדרכה: קטן יש לו מחשבה או אין לו מחשבה הכלים יורדין לידי טומאתן במחשבה ועכשיו חשיב קטן לעשות כלי מחתיכה של עץ יורד לידי טומאה במחשבתו או לא ותיבעי לך מעשה כלומר אם עשה קטן כלי אחד אם מקבל טומאה או לא הגדול לא מיבעיא לך משום דלא צריך אלא דקטן קא מיבעיא לך.

שיטה מקובצת

א] תבעי ליה נמי אפי' יש עם המחשבה מעשה: ב] בצדיהן והוציאו האוכל דרך הנקב: ג] טפי דעביד לשמה כשמכינין לכתוב: ד] כדאמר בזבחים בס"פ ב"ש חטאת לשם חולין כשרה: ה] דהעלום אינו מועיל אפילו עם דבור כדקתני: ו] כדי שיצא לצד השני אלא שיותר. נ"ב נ"א כדי שיצא מצד אחר:

ואין להן מחשבה! אמר ליה: מחשבה גרידתא לא קא מיבעיא ליה; כי קא מיבעיא ליה — *מחשבתו ניכרת מתוך מעשיו, כגון דהוה קיימא עולה בדרום ואתיוה בצפון ושחט, מאי? מדאתייא בצפון ושחט — איכוין לה, או דילמא מקום הוא דלא איתרמי ליה. הא נמי אמרה רבי יוחנן חדא זימנא! דתנן: *המעלה פירותיו לגג מפני הכנימה וירד עליהם טל — אינן ב"כי יותן", ואם נתכוין לכך — הרי הן ב"כי יותן"; העלום חרש שוטה וקטן, אף על פי שנתכוונו לכך — אינן ב"כי יותן", מפני שיש להן מעשה ואין להן מחשבה; וא"ר יוחנן: ל"ש אלא שלא היפך בהן, אבל היפך בהן — הרי זה ב"כי יותן"! הכי קא מיבעיא ליה: דאורייתא או דרבנן? רב נחמן בר יצחק מתני הכי: א"ר חייא בר אבא, בעי רבי יוחנן: קטן יש לו מעשה או אין לו מעשה? אמר ליה רבי אמי: ותיבעי ליה מחשבה! מאי שנא מחשבה דלא קא מיבעיא ליה — דתנן: אין להן מחשבה; מעשה נמי לא תיבעי ליה — דתנן: יש להן מעשה! הכי קא מיבעיא ליה: דאורייתא או דרבנן? ופשיט: יש להן מעשה — ואפילו מדאורייתא, אין להן מחשבה — ואפי' מדרבנן, מחשבתו ניכרת מתוך מעשיו — מדאורייתא אין לו, ומדרבנן יש לו. בעא מיניה שמואל מרב הונא: *מנין למתעסק בקדשים שהוא פסול? שנאמר: "ושחט את בן הבקר" — שתהא שחיטה לשם בן בקר. אמר לו: זו בידינו היא, לעכב מנין? (ת"ל:) "לרצונכם תזבחוהו", לדעתכם זבוחו.§ **מתני'** שחיטת גוי נבלה, ומטמאה במשא.§ **גמ'** נבלה — אין, איסור הנאה — לא, מאן תנא? א"ר חייא ברבי אבא א"ר יוחנן: דלא כרבי אליעזר, דאי ר"א — *האמר: סתם מחשבת גוי לעבודה זרה. רבי אמי אמר, הכי קתני: שחיטת גוי נבלה, הא דמין — לעבודה זרה. תניא להא דת"ר: שחיטת מין — לעבודה זרה, פיתו פת כותי, יינו יין נסך, ספריו ספרי קוסמין, פירותיו טבלין, וי"א: אף בניו

בניו

תורה אור

רש"י

ואין להן מחשבה. כגון מלא לקליפת אגוז כמו שהיה וחשיב עליה למוד, או אפילו מדד בה אלא שלא עשה בה מעשה לשם כלי א). ואם בן דעת חשב עליהן טמאין במחשבה, דתנן (כלים פכ"ה מ"ט): כל הכלים יורדין לידי טומאתן במחשבה. **מחשבה גרידא לא קא מבעיא ליה.** דשמיע ליה הא. **מחשבתו ניכרת מתוך מעשיו.** לפי ראות עינינו, אבל אין אנו יודעין אם עשה מעשה זה לשם מחשבה זו. **ואתיוה לצפון.** ולא אמר: על שם כך אני מוליכה לשם, לפי שאינה כשרה בדרום. **או דלמא מקום הוא דלא איתרמי ליה.** לא נראה בעיניו מקום הראשון ג). **מפני הכנימה.** כילו"ש שבפולים ועדשים, כמו "ותהי הכנם" (שמות ח). **אינן בכי יותן.** דלא ניחא ליה בהאי טל, ולא הוי הכשר להורידן לידי טומאתן אם יגע בהם שרץ לאחר זמן, דבעינן "כי יותן" דומיא ד"כי יתן", דניחא ליה. **ואם נתכוין לכך.** בין בשעת העלאה ובין לאחר מכאן, קודם שיגע הטל עליהם. **הרי הן בכי יותן.** דהכי (א) אמרינן בדוכתא אחריתי: *עודהו הטל עליהן, ושמח — הרי הן בכי יותן, ואע"פ שלא נתכוין קודם לכן, אלא כשראה שמח. **העלום חש"ו.** מפני הכנימה. **אע"פ שנתכוונו לכך.** לאחר ג) שירד הטל עליהם. **אינן בכי יותן.** שאין מחשבתם מחשבה, והכשר במחשבה תלוי. והאי מעשה (ב) דעלייה לאו מעשה הוא, דמפני הכנימה העלום. **לא שנו.** ד) דאפילו נתכוונו לא הויא כוונה. **אלא שלא היפך בהן.** לאחר שירד הטל עליהם מצד זה, כדי שיפול עליהם מצד אחר. **אבל היפך בהן.** דמעשיו מוכיחין ה), אע"פ שלא פירש מחשבתו הוכיח וגילה שדעתו לכך — הרי הן ב"כי יותן". דהא בשפירש מחשבתו בשעת מעשה — לא איצטריך רבי יוחנן לאשמועינן, דהא בהדיא תנן דיש להן מעשה. **הכי קא מיבעיא ליה דאורייתא או דרבנן.** הא דאמרינן ו) ושמעתי מרבותי דמחשבתו ניכרת מתוך מעשיו הויא מחשבה כאילו פירשה בשעת מעשה. **דאורייתא היא.** וסמכינן עלה אפילו לקולא, כגון בעיין דלעיל בהביא עולה מדרום לצפון ז] ומכשרי. **או דרבנן.** היא, וחומרא בעלמא הוא דאמור רבנן ניהוי מעשה, וכי היפך בהן ניהוי הכשר, אבל מדאורייתא לא הוי מעשה. וגבי עולה דקולא הוא לא אמרו כן, שלא אמרו חכמים דבריהם להקל מדברי תורה, דנמצאו עוקרין, אלא להחמיר ולעשות סייג. **יש להן מעשה.** אם עשו מעשה מוכיח על מחשבתן ופירשו שעל דעת כן עושים, וכדפרשינן לעיל, שהביא עולה לצפון ופירש שמפני שדרום פסול לה הוא מביאה לצפון. **ותיבעי ליה מחשבה.** שחיטה גרידתא, ופירש לשם עולה. ושחיטה לאו מעשה מוכיח על המחשבה הוא, שכל השחיטות שוות. **הכי קא מיבעיא ליה.** הא דתנן (כלים פי"ז מט"ו) גבי חקיקת אלון ורמון: יש להם מעשה. **דאורייתא היא.** וסמכינן עלה גבי שחיטת עולה, ומכשרינן ח]. **או דלמא דרבנן הוא.** וחומרא הוא דאחמור רבנן לשוויה כלי ליטמא, אבל גבי עולה דקולא הוא לא. **מדרבנן יש לו.** ולחומרא ט], גבי היפך בהם דהכשירן. **מדאורייתא אין לו.** וגבי בעיין קמייתא דעולה לא סמכינן עלה. **מנין למתעסק בקדשים שהוא פסול.** כלומר, מנין למתעסק שפסול בקדשים. כגון מתעסק בסכין להגביהו או לזורקו ושחט בקדשים, שלא נתכוין לשום שחיטה א]. אבל נתכוין לשום שחיטה בעלמא — כשר, אלא שלא עלה לבעלים לשם חובה. **זו בידינו היא.** מקרא זה הייתי יודע, ומכאן אנו למדים שמצוה להתכוין, ואני שאלתי לעכב, מנין שאם לא נתכוין יהא פסול? **לרצונכם תזבחוהו.** שנה עליו הכתוב לעכב. **מתני' שחיטת גוי.** אפילו כהלכתה ואחרים רואין אותו. **ומטמאה במשא.** בגמרא פריך פשיטא. **גמ' הא אמר.** לקמן ב"השוחט" (דף לח:) דאפי' שחטה ישראל לצורך גוי אסורה בהנאה, שסתם מחשבת גוי לעבודה זרה. **ר' אמי מתני הכי שחיטת גוי נבלה הא דמין לעבודה זרה.** במין ישראל קא מיירי. והך דוקיא דמתניתין הכי דייק מינה, ולסיועי לתנא דברייתא. ורבי אמי לא פליג אדרבי חייא, דודאי מתניתין דלא כרבי אליעזר, אלא לא אצטריך ליה למידק, דממילא שמעינן לה, דמדקרי ליה נבלה — ש"מ מותרת בהנאה. **תניא להא דת"ר.** וש"מ דהלכתא כברייתא, מדמסייע ליה דוקיא דמתניתין. **שחיטת מין.** דישראל, וכ"ש דגוי. והא מתניתין מיהא בישראל קיימא, מדקאמר: פירותיו טבלים ובניו ממזרים. **בסדר זרעים שנינו:** אומר היה רבי אליעזר, פת כותי כבשר חזיר במסכת שביעית (פ"ח מ"י). **ספריו.** תורה נביאים וכתובים שכתבן מין. **כספרי קוסמין.** נביאי הבעל דלשם עבודה זרה י] כתבו. והכי נמי אמרינן במסכת גיטין (דף מה:): ספר תורה שכתבו מין — ישרף.

תוספות

חרש שוטה וקטן כו', פריך: ויוכיח מעשה שלהן על מחשבתן, דתנינן תמן העלום חרש שוטה וקטן כו'! וקשה תימה: מה מקשה? דבתחלת סוגיא דריש מקראי דאין תרומתן תרומה: "דבר אל בני ישראל ויקחו לי תרומה" — פרט לגוי, "מאת כל איש" — פרט לקטן, "אשר ידבנו" — פרט לחרש שוטה (וקטן)! ושמא אסמכתא בעלמא היא ומתרץ שם: "ונחשב לכם תרומתכם" — את שכתוב בו מחשבה אין מעשה שלו מוכיח על מחשבתו, ושאין כתוב בו מחשבה — מעשה שלו מוכיח על מחשבתו. פירוש: כיון שעיקר תרומה במחשבה, וקטן אין לו מחשבה — לא מסתברא שיוכיח המעשה על מחשבתו. והדר פריך רבי יוסי קומי דשמואל: והרי גיטין שאין כתוביא] בו מחשבה, ואין מעשה שלו מוכיח על מחשבתו, דתנינא: הכל כשרין לכתוב את הגט ואפי' חש"ו, ואמר רב הונא: והוא שיש פקח עומד על גביו כו'! מתרץ: תמן זה כותב וזה מגרש, הכא הוא החושב והוא התורם. ותימה לר"י שבא לתרץ מגט אתרומה, ומזה לא הקשה, אלא הקשה מגט אההיא דקטן יש לו מעשה, ובלא ירושלמי יש לנו לדקדק בדברים הללו, דכיון דקטן יש לו מעשה להוכיח על מחשבתו — לענין גט נמי יועיל בלא גדול עומד על גביו (ולתרומה נמי יועיל בגדול עומד על גביו)!

בעא מיניה שמואל מרב הונא. משמע שהיה שמואל קטן מרב הונא. וכן בריש גיטין (דף ה.) ובפ' "יש בערכין" (ערכין טז:) הוו יתבי רב הונא וחייא בר רב קמי שמואל, משמע כתלמיד היושב לפני רבו. ובפרק קמא דגיטין (דף יא:): יתיב רב הונא קמי רבי ירמיה, ורבי ירמיה תבירו של רבי זירא הוה, כדמוכח בנדה (דף כג.): בעא מיניה רבי ירמיה מרבי זירא כו' עד כאן הביאו רבי ירמיה לרבי זירא לידי גיחוך ולא גחך. ורבי זירא תלמידו של רב יהודה, דהוה *משתמיט מיניה למיסק לארעא דישראל, ורב יהודה תלמידו של רב ושמואל, והיה קורא רבי ירמיה לרב הונא "דרדקי" (גיטין דף יא:)! ויש לומר: דתרי רב הונא הוו. ומיהו ההוא דערכין (דף טז:) על כרחך תלמידו של רב הוה, כדמוכח התם.

מנין למתעסק בקדשים שהוא פסול. פירש בקונטרס: מתעסק בסכין להגביהו ולזרוק אותו. וקשה: דבכה"ג אפילו בחולין פסול לרבנן, אפילו מתכוין לחתיכה, כגון לנעצה בכותל. כדמוכח בפרק ב' (לקמן לא.) עד שיתכוין לחתיכת סימנין! ונראה, דהאי מתעסק בקדשים היינו דמתכוין לחתיכת סימנים ולא לשם זביחה, דבחולין כשר ובקדשים פסול. ועוד יש מתעסק אחר, כגון של קדשים שסבור שהוא חולין ושחטו, דפסול מטעם מתעסק, כדאמרינן בזבחים בסוף פרק "ב"ש" (דף מו:) דמשום חולין פסולה. ותרוייהו מ"ושחט את בן הבקר" נפקא*.

פיתו פת כותי. בפירקי דרבי אליעזר (פ' לח) יש דעזרא וזרובבל בן שאלתיאל ויהושע בן יהוצדק נידו אותן בשלש מאות כהנים ובשלש מאות תינוקות ובשלש מאות ספרי תורה, והיו תוקעין והלוים משוררים. ומסיימים בה: מכאן אמרו, כל האוכל פת כותי כאילו אוכל בשר חזיר*.

גוים

עין משפט נר מצוה

צא א מיי' פ"א מהלכות פסולי מוקדשין הלכה ג:
צב ב ג מיי' פ"ד מהלכות טומאת אוכלין הלכה ב:
צג ד ה ו מיי' שם ופ"א מהלכות פסולי מוקדשין הלכה ו:
צד ז מיי' פ"א מהלכות פסולי מוקדשין הלכה ג:
צה ח מיי' פ"ב מהלכות שאר אבות הטומאה הלכה י ופ"ד מהלכות שחיטה הלכה יא טוש"ע י"ד סימן ב סעיף ח:

מסורת הש"ס

[ביצה יט.] | מכשירין פ"ו מ"א | [ב"מ כב.] | לקמן לח: זבחים מז. מנחות קי. | [נ"ל אמר ליה וכ"ה בזבחים מז.] | לקמן לח. [גיטין מה. ע"ז לב: ע"ש] | [ועי' תוס' זבחים מז. ד"ה מנין] | [ועיין היטב תוס' לעיל ד ד"ה מלת ועיין תוס' גיטין יוד. ותוס' קדושין עו.]

שיטה מקובצת

א] מדד בה אלא שלא עשה בה מעשה לשם כלי אין יורדין לתורת כלי ואם בן דעת חשב: ב] לא נראה בעיניו מקום הראשון פני הס"ד: ג] אע"פ שנתכוונו לכך לאחר העלאה הס"ד ומה"ד אינן בכי יותן: ד] לא שנו הא דקתני דאפילו נתכוונו: ה] מוכיחין ואע"פ שלא פירש: ו] הא דאמרינן שמעתי: ז] עולה מדרו' לצפון דקולא [הוא] ומכשרינן (או דרבנן): ח] גבי שחיטת עולה ומכשרינן ליה: ט] ולחומרא כגון גבי היפך: י] דלשם עבודה זרה כותבין וה"נ: יא] והרי גיטין שאין כתוב בהן מחשבה:

הגהות הב"ח

(א) רש"י ד"ה הרי הן וכו' אמרינן. נ"ב עיין סוף מנחות דף כב: (ב) ד"ה אינן בכי וכו' והאי מעשה דהעלאה לאו:

הגהות מהר"ב רנשבורג

א] רש"י ד"ה מנין למתעסק בקדשים שהוא פסול וכו' שלא נתכוון לשום שחיטה בעלמא כשר. נ"ב עיין רלא"ש יוסף לפר"מ.

רבינו גרשום

אמר ליה מחשבה גרידתא לא מבעיא לך דודאי אין מחשבתו מחשבה. ואתייה לצפון ושחטה כלומר ששחיטתן בצפון עכשיו מדאתייה לצפון איכוון ליה כלומר לשום עולה שדינה לישחוט בצפון: או דילמא מקום דלא איתרמי ליה בדרום ומשום הכי אתייה לצפון ולא חשובה עולה: הא נמי אמרה חדא זימנא למה לי למימר פעם אחרת. מפני הכנימה כלומר שרוצה לשוטחן שהיו מרקיבין ושוטחן ליבשן שישלוט בהן הרוח וירד עליהן טל לא נתכוון להן כלומר דלא נתכוין ואם בעינן לדעת. ואם נתכוון לכך הרי זה בכי יותן. כלומר אם נתכוון לטל (ומוכשר) [הוכשר]. ואם נגע בהן שרץ טמאין דדמו כמו שנותנן עליהן ממש.

העלום לאלו חש"ו וכו': לא שנו דאינו בכי יותן אלא שלא היפך בהן אבל היפך בהן בשעת הטל דלא גלו דעתיהו דניחא להו בטל שעליהם שלא היתה מחשבתו נכרת מתוך מעשיו אלא שלא היפך עליהן דעשו מעשה עכשיו יש מחשבתו נכרת מתוך מעשיו דגלו דעתיהו דניחא להו בטל שעליהן: זו לא צריך ליבעי לך. ודאי זו א) לא קא מבעיא ליה (הא) כי קא מבעיא ליה דאורייתא או דרבנן כלומר [הא] דיש להן מעשה דאורייתא או דרבנן. מחשבתו נכרת מתוך מעשיו אין לו כלומר כגון שהעלה פירותיו לגג מפני הכנימה והיפך בהן: מניין למתעסק בקדשים שפסול. כלומר שנתכוון לחתוך שום דבר ושחט בקדשים חטאת או עולה אינו כשר עד שיתכוין לש[ם]... אמר לו זו בידינו ששחיטת קדשים צריכי כונה אלא לעכב שפסולין הם כיון דלא מכוין לשום שחיטה מנלן: ת"ל לרצונכם [תזבחוהו] לדעתכם זבוחו שאם חייב חטאת או אשם או עולה אין מקריבין אותו בע"כ אלא מכין אותו עד שיאמר רוצה אני: דלא כר' אליעזר דאי כר' אליעזר האמר סתם מחשבת גוי לעבודה זרה כלומר דאסור אפי' בהנאה הכי קתני מתניתין שחיטת המשומד וכו' הא דמין לעבודה זרה כלומר ישראל משום שזו

א) נראה דגי' רבינו היה בגמרא זו לא קמבעי ליה כי קמבעי ליה לאורייתא וכו'.

בָּנָיו מַמְזֵרִין. וְת"ק? *אִשְׁתּוֹ לָא מַפְקַר. אָמַר מָר: שְׁחִיטַת גּוֹי נְבֵלָה. וְנֵיחוּשׁ שֶׁמָּא מִין הוּא! אָמַר רַב נַחְמָן אָמַר רַבָּה בַּר אֲבוּהּ: אֵין מִינִין בָּאוּמּוֹת. וְהָא קָא חָזֵינַן דְּאִיכָּא! אֵימָא: אֵין רוֹב אוּמּוֹת מִינִין. סָבַר לָהּ כִּי הָא דְּאָמַר ר' חִיָּיא בַּר אַבָּא א"ר יוֹחָנָן: גּוֹיִם שֶׁבְּחוּצָה לָאָרֶץ לָאו עוֹבְדֵי עֲבוֹדָה זָרָה הֵן, אֶלָּא מִנְהַג אֲבוֹתֵיהֶן בִּידֵיהֶן. אָמַר רַב יוֹסֵף בַּר מַנְיוּמֵי אָמַר רַב נַחְמָן: אֵין מִינִין בָּאוּמּוֹת. לְמַאי? אִילֵימָא לִשְׁחִיטָה, הַשְׁתָּא שְׁחִיטַת מִין דְּיִשְׂרָאֵל אָמְרַתְּ אֲסִירָא, דְּגוֹי מִבַּעְיָא? אֶלָּא לְמוֹרִידִין, הַשְׁתָּא דְּיִשְׂרָאֵל מוֹרִידִין, דְּגוֹיִם מִבַּעְיָא? אָמַר רַב עוּקְבָא בַּר חָמָא: לְקַבֵּל מֵהֶן קָרְבָּן, *דְּתַנְיָא: °"מִכֶּם" — וְלֹא כּוּלְּכֶם, לְהוֹצִיא אֶת הַמְשׁוּמָּד, מִכֶּם — בָּכֶם חִלַּקְתִּי וְלֹא בַּגּוֹיִם. מִמַּאי? דִּלְמָא הָכִי קָאָמַר: מִיִּשְׂרָאֵל — מַצְדִּיקֵי קַבֵּל, מַרְשִׁיעֵי לָא תְּקַבֵּל, אֲבָל בְּאוּמּוֹת הָעוֹלָם — כְּלָל כְּלָל לָא! לָא ס"ד, דְּתַנְיָא: "אִישׁ" — מַה ת"ל "אִישׁ אִישׁ"? לְרַבּוֹת הַגּוֹיִם, שֶׁנּוֹדְרִים נְדָרִים וּנְדָבוֹת כְּיִשְׂרָאֵל.§ "וּמְטַמְּאָה בְּמַשָּׂא".§ פְּשִׁיטָא, כֵּיוָן דִּנְבֵלָה הִיא, מְטַמְּאָה בְּמַשָּׂא! אָמַר רָבָא, הָכִי קָתָנֵי: זוֹ מְטַמְּאָה בְּמַשָּׂא, וְיֵשׁ לְךָ אַחֶרֶת שֶׁהִיא מְטַמְּאָה אֲפִילּוּ בְּאֹהֶל, וְאֵיזוֹ? זוֹ תִּקְרוֹבֶת עֲבוֹדָה זָרָה, וּכְרַבִּי יְהוּדָה בֶּן בְּתֵירָא. אִיכָּא דְּאָמְרִי: אָמַר רָבָא, הָכִי קָתָנֵי: זוֹ מְטַמְּאָה בְּמַשָּׂא, וְיֵשׁ לְךָ אַחֶרֶת שֶׁהִיא כָּזוֹ, שֶׁמְּטַמְּאָה בְּמַשָּׂא וְאֵינָהּ מְטַמְּאָה בְּאֹהֶל, וְאֵיזוֹ? אֵיזוֹ תִּקְרוֹבֶת עֲבוֹדָה זָרָה, וּדְלָא כְּר' יְהוּדָה בֶּן בְּתֵירָא; *דְּתַנְיָא, ר' יְהוּדָה בֶּן בְּתֵירָא אוֹמֵר: מִנַּיִן לְתִקְרוֹבֶת עֲבוֹדָה זָרָה שֶׁהִיא מְטַמְּאָה בְּאֹהֶל? שֶׁנֶּאֱמַר: °"וַיִּצָּמְדוּ לְבַעַל פְּעוֹר וַיֹּאכְלוּ זִבְחֵי מֵתִים", מַה מֵּת מְטַמֵּא בְּאֹהֶל — אַף תִּקְרוֹבֶת עֲבוֹדָה זָרָה מְטַמְּאָה בְּאֹהֶל.§

מתני' בהַשּׁוֹחֵט בַּלַּיְלָה, גוְכֵן הַסּוּמָא שֶׁשָּׁחַט — שְׁחִיטָתוֹ כְּשֵׁרָה.§

גמ' "הַשּׁוֹחֵט" — דִּיעֲבַד אִין, לְכַתְּחִלָּה לָא. וּרְמִינְהִי: *לְעוֹלָם שׁוֹחֲטִין, בֵּין בַּיּוֹם וּבֵין בַּלַּיְלָה, בֵּין בְּרֹאשׁ הַגַּג בֵּין בְּרֹאשׁ הַסְּפִינָה! אר"פ: בְּשֶׁאֲבוּקָה כְּנֶגְדּוֹ. אָמַר רַב אַשִׁי: דַּיְקָא נַמִי, דְּקָתָנֵי הָתָם דּוּמְיָא דְּיוֹם וְהָכָא דּוּמְיָא דְּסוּמָא, ש"מ.§

מתני'

(ויקרא א) (תהלים קו)

רש"י

בָּנָיו מַמְזֵרִים. שֶׁאֵינוֹ מַקְפִּיד עַל אִשְׁתּוֹ וּמַפְקִירָהּ. **מִין.** זֶה הָאָדוּק בַּעֲבוֹדָה זָרָה, וּמִין יִשְׂרָאֵל חָמוּר מִמְּשׁוּמָּד לַעֲבוֹדָה זָרָה, שֶׁהַמִּין אָדוּק בָּהּ וְכָל מַחְשְׁבוֹתָיו לָהּ. **אֵין רוֹב גּוֹיִם מִינִין.** הִלְכָּךְ הָווּ לְהוּ מִינִין מִיעוּטָא, וּלְמִיעוּטָא לָא חָיְישִׁינַן. **אָמַר רַב יוֹסֵף בַּר מַנְיוּמֵי אֵין מִינִין בָּאוּמּוֹת.** כְּלוֹמַר, אֵין תּוֹרַת מִין עַל מִין גּוֹי. **דְּגוֹי מִבַּעְיָא.** כ"ש שֶׁאָדוּק, א]דִּסְתָם מַחְשְׁבוֹתָיו לָהּ, וַאֲסוּרָה בַּהֲנָאָה! **לְמוֹרִידִין.** בַּבּוֹר, דְּאָמְרִינַן בְּ"אֵין מַעֲמִידִין" (ע"ז דף כו:): *הַמִּינִים מוֹרִידִין אוֹתָן לַבּוֹר כו'. אֲבָל הַגּוֹיִם וְהָרוֹעִים בְּהֵמָה דַּקָּה אֲפִילּוּ יִשְׂרָאֵל — לֹא מַעֲלִין וְלֹא מוֹרִידִין. **לְקַבֵּל מֵהֶן קָרְבָּן.** דִּמְקַבְּלִין קָרְבָּן מִכּוּלָּן וּמַקְרִיבִין אוֹתוֹ לַמִּזְבֵּחַ. אֲבָל בְּמִין יִשְׂרָאֵל לָא, כִּדְקָתָנֵי סֵיפָא דְּהַךְ מַתְנִיתָא: חוּץ מִן הַמְשׁוּמָּד לְנַסֵּךְ אֶת הַיַּיִן, וְאַע"פ שֶׁאֵינוֹ מְשׁוּמָּד לִשְׁאָר מִצְוֹת, וְהֵבִיא קָרְבָּן — אֵין מְקַבְּלִין הֵימֶנּוּ, כִּדְתָרֵילְנָא לְעֵיל בְּפִירְקִין (דף ה.). **בָּכֶם חִלַּקְתִּי.** לְהוֹצִיא אֶת הַמְשׁוּמָּד. **וְלֹא בָּאוּמּוֹת.** דַּאֲפִילּוּ הַמִּינִין כְּשֵׁרִין. וְאַע"ג דִּבְהֶדְיָא תָּנָא לָהּ בְּהָא מַתְנִיתָא, לֵיכָּא לְמִיפְרַךְ "תָּנֵינָא", מִשּׁוּם דְּלָאו לְכוּלֵּי עָלְמָא שְׁמִיעַ לְהוּ מַתְנִיתָא. אֲבָל בְּמִידֵי דְּתָנָא בְּמַתְנִיתִין, כִּי אָמַר לָהּ אָמוֹרָא פָּרֵיךְ עֲלֵיהּ: מַאי קמ"ל? תָּנֵינָא! **אִישׁ אִישׁ.** מִבֵּית יִשְׂרָאֵל וּמִן הַגֵּר הַגָּר בְּיִשְׂרָאֵל אֲשֶׁר יַקְרִיב קָרְבָּנוֹ וגו'. **מְטַמְּאָה בְּמַשָּׂא.** כִּדְכְתִיב (ויקרא יא): "וְהַנּוֹשֵׂא אֶת נִבְלָתָהּ", וְאַע"פ שֶׁלֹּא נָגַע. **הָכִי קָתָנֵי.** שְׁחִיטַת סְתָם גּוֹי אֵין מְטַמְּאָה אֶלָּא בְּמַשָּׂא, אֲבָל יֵשׁ שְׁחִיטַת גּוֹי שֶׁמְּטַמְּאָה אֲפִילּוּ בְּאֹהֶל. **כְּר' יְהוּדָה בֶּן בְּתֵירָא.** לְקַמָּן מְפָרֵשׁ וְאָזִיל. **אִיכָּא דְּאָמְרִי וכו'.** הָכִי מַשְׁמַע מַתְנִיתִין: אֵין טוּמְאָה בִּשְׁחִיטַת גּוֹי אֶלָּא כִּשְׁאָר נְבֵילוֹת דְּמְטַמְּאִין בְּמַשָּׂא, אֲבָל אֵין אֹהֶל בְּשׁוּם שְׁחִיטַת גּוֹי וַאֲפִילּוּ שָׁחַט לַעֲבוֹדָה זָרָה. לִישָּׁנָא אַחֲרִינָא: הָכִי מַשְׁמַע, שְׁחִיטַת גּוֹי נְבֵלָה וְטוּמְאָתָהּ כִּשְׁאָר נְבֵלוֹת. וְהָא דְּקָתָנֵי: וּמְטַמְּאָה בְּמַשָּׂא — אַתִּקְרוֹבֶת עֲבוֹדָה זָרָה קָאֵי, וְהָכִי קָאָמַר: וְעוֹד יֵשׁ שְׁחִיטָה אַחֶרֶת שֶׁהִיא כָּזוֹ, כְּלוֹמַר, אֵינָהּ חֲמוּרָה מִזּוֹ, שֶׁאֵינָהּ מְטַמְּאָה אֶלָּא בְּמַשָּׂא כָּזוֹ. **לְכַתְּחִלָּה לָא.** יִשְׁחוֹט בַּלַּיְלָה, שֶׁמָּא לֹא יִשְׁחוֹט רוּבָּא וְהוּא לֹא יָדַע. **בֵּין בְּרֹאשׁ הַגַּג בֵּין בְּרֹאשׁ הַסְּפִינָה.** וְאַע"ג דְּתָנַן בְּ"הַשּׁוֹחֵט" (לקמן דף מא.): אֵין שׁוֹחֲטִין לֹא לְתוֹךְ יַמִּים וְלֹא לְתוֹךְ נְהָרוֹת — דְּלָא לֵימְרוּ לְשַׂר שֶׁל יָם הוּא שׁוֹחֵט, וְלֹא לְתוֹךְ כֵּלִים — דְּלָא לֵימְרוּ הוֹאִיל וּמְקַבֵּל אֶת הַדָּם לְזוֹרְקוֹ לַעֲבוֹדָה זָרָה הוּא צָרִיךְ, אַפ"ה בְּרֹאשׁ הַגַּג שׁוֹחֲטִין, וְלֹא חוֹשְׁשִׁין שֶׁמָּא יֹאמְרוּ לִצְבָא הַשָּׁמַיִם עָלָה לִשְׁחוֹט. אוֹ אִם מְקַבֵּל בִּכְלִי הַכֹּל יוֹדְעִין שֶׁאִי אֶפְשָׁר לוֹ לְטַנֵּף אֶת ב]הַגַּג, וְאֵין כָּאן חֲשָׁד. וּבִסְפִינָה נַמִי, הַכֹּל יוֹדְעִים דְּכֵיוָן דְּבִסְפִינָה הוּא עַל כָּרְחוֹ הוּא שׁוֹחֵט לְתוֹךְ הַיָּם, שֶׁאִי אֶפְשָׁר לוֹ לְטַנֵּף אֶת הַסְּפִינָה. **אר"פ.** הָא דְּקָתָנֵי: שׁוֹחֲטִין בַּלַּיְלָה לְכַתְּחִלָּה — בְּשֶׁאֲבוּקָה כְּנֶגְדּוֹ, וּמַתְנִיתִין — בְּלֹא אֲבוּקָה. מַתְנִיתִין תָּנָא לַיְלָה וְסוּמָא בַּהֲדֵי הֲדָדֵי.

מתני'

תוספות

גוים שבחוצה לארץ לאו עובדי עבודה זרה הם. הלכך בארץ ישראל נמי אין אדוקין כל כך שיהיו מעשיהם לשם עבודה זרה. **שחיטת** מין דישראל אסורה דגוי מיבעיא. וא"ת: ודילמא מין ישראל גרע, דהא עובד עבודה זרה הוי מין לכ"ע בפרק בתרא דהוריות (דף יא.), וגוים אף על פי שרובם עובדי עבודה זרה לא אמרינן שחיטתן לעבודה זרה! וי"ל: דמכל מקום מין גוי דאדוק בעבודה זרה יותר פשוט דשחיטתו לעבודה זרה ממין ישראל*.

אבל מאומות העולם כלל כלל לא. וא"ת: א"כ ליסתוק קרא מיניה, *דמהיכא תיתי מקבלינן? הא איצטריך "איש איש" לרבוייהו! וי"ל: דמ"מ ס"ד דמלדיקי אומות העולם נקבל, להכי אתא קרא למעוטינהו לגמרי. א) ואם תאמר: והא כתיב (ויקרא כב): "ומעוך וכתות ונתוק וכרות" וגו', וכתיב (שם): "ומיד בן נכר לא תקריבו את אלהי", הא תמימים תקריבו! *ויש לומר: דלעולם תמימים נמי לא, ואתא קרא בבעלי מומין לעבור עליהם בלאו ועשה. **תקרובת** עבודה זרה ודלא כרבי יהודה בן בתירא. משמע הכא דרבנן לא מקשי תקרובת עבודה זרה למת. וכן משמע בפרק "אין מעמידין" (ע"ז דף לב:) גבי בשר הנכנס לעבודה זרה מותר והיוצא אסור, וקאמר בגמרא: היוצא אסור — אי אפשר ליכא תקרובת? מני רבי יהודה בן בתירא היא. והקשה ר"ת: דלעיל בהאי פירקא (דף כט:) גבי יין של גוים דאסור בהנאה, מפרש בגמרא דנפקא לן מדאיתקש לזבח וזבח למת, ולא קאמר: רבי יהודה בן בתירא היא, כדקאמר גבי בשר היוצא! ועוד הקשה ר"ת, דלעיל בשמעתין דייק: נבלה אין, איסור הנאה לא, מתניתין דלא כר' אליעזר, דאי ר"א — האמר סתם מחשבת גוי לעבודה זרה. ומאי קושיא? לעולם מתניתין כר"א, והא דלא אסור בהנאה — משום דלא אתיא כרבי יהודה בן בתירא! ומיהא יש לדחות ולפרש, דקאמר: מתניתין דלא כר' אליעזר, למאי דמוקי מתניתין כרבי יהודה בן בתירא. ונראה לפרש, דלענין איסור לא פליגי, דמקיש רחמנא למת לענין איסור הנאה, דהא כתיב אכילה בקרא (תהלים קו): "ויאכלו זבחי מתים". ובטומאה הוא דפליגי, דרבי יהודה בן בתירא מקיש לגמרי למת אפילו לענין טומאה. וכן משמע, דרבי יהודה בן בתירא לא נקט אלא טומאה. וגבי בשר היוצא, דמוקי לה כר' יהודה בן בתירא — משום דקתני "מפני שהוא כזבחי מתים", דלא הוה צריך למתני, כיון דתנא אסור, אלא מיתור לשון משמע דמטמא באהל המת. ומיהו, אי לאו מיתורא, מלשון "זבחי מתים" אי אפשר לדקדק. מדדייק לקמן בפ"ב (דף מ.) גבי השוחט לשם הרים שחיטתו פסולה: פסולה אין, זבחי מתים לא. ורמינהו: השוחט לשם הרים כו' הרי אלו זבחי מתים. ומאי קושיא? דלמא ההיא כרבי יהודה בן בתירא, ומתניתין כרבנן! אלא ודאי כיון דאסור בהנאה משום תקרובת שייך למיתני "זבחי מתים" אף על גב דלא מטמא באהל. ואף על גב דלרבנן ליכא טומאת אהל, טומאה בעלמא ג] מיהו מדרבנן איכא, כדאמרינן בפרק "רבי ישמעאל" (ע"ז דף נב:): איסור דאורייתא לא בטלה, טומאה דרבנן בטלה. אבל לרבי יהודה הויא טומאת אהל דאורייתא. והא דתנן בפרק "כל הצלמים" (שם דף מח:): לא יעבור תחתיה, ואם עבר טמא, ומפרש בגמרא: משום דאי אפשר דליכא תקרובת, ומני רבי יהודה בן בתירא היא. וקתני סיפא: ואם היתה גוזלת את הרבים טהור. אע"ג דטומאת אהל דאורייתא — התם ליכא תקרובת ודאי אלא חששא בעלמא היא והיכא דגוזלת רבים לא גזרו רבנן. והא דאמר בפרק "העור והרוטב" (לקמן קכט.): הרי אמרו תקרובת עבודה זרה של אוכלים מטמא (א) — טומאתה לאו דאורייתא, דאי ס"ד דאורייתא מאי לאוכלין שמטמאין טומאה חמורה, ומשני: כששימש מעשה עץ שימש — דיחוי בעלמא הוא. אי נמי, כרבי יהודה בן בתירא. וא"ת: דאמר בפסחים פ' "אלו דברים" (דף עג.): השוחט בשבת בחוץ לעבודה זרה חייב ג' חטאות. ובעי: מאי תיקן? פירוש: דלא מצית אמרת תיקן להוציאו מידי נבלה, דהא אית ליה טומאה מכח תקרובת עבודה זרה. משמע דאיכא טומאה דאורייתא, דאי מדרבנן — א"כ תיקן להוציאו מידי טומאה דאורייתא, ואם אכל קודש או נכנס למקדש — פטור. ומשמע דאפילו לרבנן מיירי, מדלא קאמר "לרבי יהודה בן בתירא מה תיקן", כדאמר התם (לעיל) (שם עג.): לדברי האומר מקלקל בחבורה פטור מה תיקן! וי"ל: דהוי מצי לשנויי הכי, אלא אין רוצה לדקדק מכאן שיהא טומאת התקרובת לאו דאורייתא, לפי שהגמרא רוצה לדקדק ב"העור והרוטב" ד] דטומאה לאו דאורייתא ודחי לה. ור"ת תירץ בענין אחר, וקשה לפירושו, ואין להאריך כאן. **בין** בראש הספינה. פירש בקונטרס: אע"ג דאמרינן לקמן (דף מא.) דאין שוחטין לתוך ימים, אפילו הכי בראש הספינה שוחטין, דהכל יודעין דכיון דבספינה הוא על כרחך הוא שוחט לתוך הים שלא לטנף ספינתו. ואי אפשר לומר כן, דאפילו עומד בספינה אסור לשחוט לתוך הים, כדאמרינן לקמן בסוף פרק שני (שם מא:), אלא מוציא ידו חוץ לספינה ושוחט, ודם שותת ויורד על דופני ספינה.

השוחט

עין משפט נר מצוה

צו א מיי' פ"ו מהלכות אבות הטומאה הלכה ז:

צז ב מיי' פ"א מהלכות שחיטה הלכה כח סמג עשין סג טוש"ע י"ד סי' יא סעיף ח:

צח ג מיי' פ"ב שם הלכה י סמג שם טוש"ע י"ד סימן ב סעיף ט:

[ועיין תוס' ע"ז כו: ד"ה אותו]

נ"ל דמהיכא תיתי דמקבלין ולא איצטריך איש איש כו' ועיין רש"ל ומהר"מ שהאריכו כאן

צט ד מיי' פ"ד מהלכות שחיטה הלכה כא סמג שם טוש"ע י"ד סי' יא סעיף ח:

[ועיין תוס' תמורה ז. ד"ה מיד ותוס' מנחות עג: ד"ה איש]

הגהות הב"ח

(א) תוס' ד"ה תקרובת וכו' של אוכלין מטמא באהל טומאתה לאו:

שיטה מקובצת

א] כ"ש שאדוק וסתם מחשבותיו: ב] לטנף את גגו ואין כאן חשד ובראש הספינה נמי הכל יודעים דכיון דבספינה וכו' ונ"ב ג"א בקצת ס"ב דכיון דבראש הספינה הוא וכו': ג] טומאה בעלמא מיהא מדרבנן איכא: ד] לדקדק בהעור והרוטב דטומאת תקרובת עבודה זרה לאו דאורייתא:

הגהות מהר"ב רנשבורג

א] תד"ה אבל וכו' וא"ת וכו' והא כתיב. נ"ב עיין שו"ת מהרי"ט חלק ח"מ סי' קכ"ח:

מסורת הש"ס

[סנהדרין פב.]

דין זה היה נוהג בימי חכמי הש"ס

לעיל ה. [עירובין סט:]

[נזיר סב. מנחות עג: תמורה כ:]

ע"ז לב: מח:

[תוספתא פ"א לקמן יז.]

רבינו גרשום

שזו אסור בהנאה ולא קשיא לר' אליעזר. ותנא קמא אשתו לא מפקרה כלומר תנא קמא אמאי לא אמר בניו ממזרים דאשתו לא מפקרה לבני אדם. וניחוש שמא כופר בעיקר הוא כלומר כומר לעבודה זרה הוא ולעבודה זרה בעי לה והוא (ממשא) אסור בהנאה (במשא) אין מינין באומות כלומר אין חשובין עע"ז באומות. והא קא חזינן דאיכא כלומר דעע"ז הם: אימא אין רוב אומות מינין וכו': השתא שחיטת כופר בעיקר דישראל אסורין כלומר כדאמרינן לעיל דגוים מיבעיא ממאי דבאומות דכולהי יכולין לקבל קרבנותיהם דלמא הכי קאמ' משראל מצדיקי וכו': ורמינהי לעולם שוחטין בין ביום ובין בלילה. אמר רב פפא בשאבוקה כנגדו וכו' התם דומיא דיום כלומר בשאבוקה כנגדו והכא דומיא דסומא כלומר (בין בלילה) [בלילה] דומיא דסומא שאינו רואה כל עיקר

מתני' בְּיוֹם הַכִּפּוּרִים. מִתְחַיֵּיב כָּרֵת. גמ' אֲסוּרָה בַּאֲכִילָה. מִשּׁוּם שְׁחִיטַת שַׁבָּת. לְיוֹמָא א]. וַאֲפִילּוּ בָּא לֶאֱכוֹל בָּשָׂר חַי. וְנַסְבִין חַבְרַיָּא. בְּנֵי הַיְשִׁיבָה עָלָה עַל דַּעְתָּם לוֹמַר, דְּמַתְנִי' דְּפֵירְשָׁהּ רַב דַּאֲסוּרָה בַּאֲכִילָה לְיוֹמָא – מִשּׁוּם דְּקָסָבַר מַתְנִי' רַבִּי יְהוּדָה הִיא. וְדַיֵּיק טַעְמָא לְקַמָּן, מִדְּקָתָנֵי שַׁבָּת דּוּמְיָא דְּיוֹם הַכִּפּוּרִים – אַלְמָא אֲסוּרָה בַּאֲכִילָה לְיוֹמָא ב] ס"ל לְתַנָּא דְּמַתְנִיתִין. הֵי רַבִּי יְהוּדָה. מֵאֵיזוֹ מִשְׁנַת רַבִּי יְהוּדָה שָׁמַע רַב דַּאֲסוּרָה בַּאֲכִילָה לְיוֹמָא? אֶת הַדִּילוּעִין. הַתְּלוּשִׁין. וְאֶת הַנְּבֵלָה. אֲפִילּוּ מֵתָה הַיּוֹם בְּשַׁבָּת. שֶׁאֵינָהּ מִן הַמּוּכָן. אֶתְמוֹל כְּשֶׁקָּדַשׁ הַיּוֹם לֹא הָיְתָה עוֹמֶדֶת לְמַאֲכַל כְּלָבִים. דְּלָא אִיתְכַּן. דְּלֹא אִזְדַּמְּנָה לְכָךְ. הָכָא. בְּמַתְנִיתִין, נַמִּי אֶתְמוֹל לֹא הָיְתָה עוֹמֶדֶת לְכָךְ, כִּדְמְפָרֵשׁ וְאָזֵיל לְקַמֵּיהּ – דִּלְגַדֵּל וְלָדוֹת הָיְתָה עוֹמֶדֶת, וַאֲסוּרָה מִשּׁוּם מוּקְצֶה, וּמוּקְצֶה אֲסוּרָה מִדְּרַבָּנַן. נִשְׁחֲטָה. כְּשֶׁהִיא שְׁחוּטָה מְבוֹרָר דְּלַאֲכִילָה עוֹמֶדֶת. לֹא נִשְׁחֲטָה. כְּגוֹן זוֹ שֶׁלֹּא שְׁחָטָהּ אֶתְמוֹל, וּמִסְתָּמָא לֹא הִנִּיחָהּ עַל מְנָת לְשָׁחֳטָהּ בְּשַׁבָּת, הִלְכָּךְ הוּבְרְרָה כְּשֶׁקָּדַשׁ הַיּוֹם דִּלְגַדֵּל עוֹמֶדֶת. וְהָא לֵית לֵיהּ לְרַבִּי יְהוּדָה בְּרֵירָה. וְאִי בְּהֵמָה בְּחַיֶּיהָ לָאו לַאֲכִילָה לְחוּדָהּ קַיְימָא, כִּי שָׁחֵיט לָהּ בְּיוֹם טוֹב הֵיכִי מִישְׁתַּרְיָא? דִּלְמָא מֵאֶתְמוֹל דַּעְתֵּיהּ לְגַדֵּל הֲוָה! הַלּוֹקֵחַ יַיִן מִבֵּין הַכּוּתִים. לְאַשְׁמוּעִינַן דְּכוּתִים חֲשׁוּדִין עַל הַתְּרוּמָה. וְאֵינָן כְּעַמֵּי הָאָרֶץ שֶׁהַלּוֹקֵחַ מֵהֶן א"צ לְהַפְרִישׁ תְּרוּמָה גְּדוֹלָה, כִּדְתְנַן (סוטה דף מח.): לְפִי שֶׁשָּׁלַח יוֹחָנָן כֹּהֵן גָּדוֹל בְּכָל גְּבוּל יִשְׂרָאֵל וְרָאָה שֶׁאֵין מַפְרִישִׁין אֶלָּא תְּרוּמָה גְּדוֹלָה בִּלְבַד, אַלְמָא אַתְּרוּמָה לָא חֲשִׁידֵי. וְאַשְׁמוּעִי' הָכָא דְּכוּתִים חֲשִׁידֵי אַתְּרוּמָה, כִּדְקָתָנֵי: שְׁנֵי לוּגִּין שֶׁאֲנִי עָתִיד לְהַפְרִישׁ כו', וּמִשְׁנָה זוֹ קוֹדֶם תַּקָּנָה דְּגָזְרוּ עַל יֵינָם נִשְׁנֵית. אוֹמֵר שְׁנֵי לוּגִּין כו'. אִם אֵין לוֹ כֵּלִים לְהַפְרִישׁ (כו'), אוֹ שֶׁהָיְתָה חֲשֵׁיכָה בְּלֵיל שַׁבָּת, שֶׁאֵין שָׁהוּת לְהַפְרִישׁ. הֲרֵי הֵן תְּרוּמָה. בְּתוֹכוֹ לְמֵאָה לוֹג. וּמֵיחֵל. הַמַּעֲשֵׂר שֵׁנִי. הוֹאִיל וְיָכוֹל לְתַקְּנוֹ בַּאֲמִירָה בְּעָלְמָא וְלוֹמַר: הֲרֵי הוּא מְחוּלָּל עַל מָעוֹת שֶׁיֵּשׁ לִי בְּתוֹךְ הַבַּיִת, לֹא הִתִּירוּ לוֹ חֲכָמִים לִשְׁתּוֹתוֹ וְלִסְמוֹךְ עַל הַבְּרֵירָה. אֲבָל בִּתְרוּמָה וּשְׁאָר מַעַשְׂרוֹת סָמְכִינַן אַבְּרֵירָה, וּלְאַחַר הַשַּׁבָּת כְּשֶׁיַּפְרִישֵׁם אָמְרִינַן: הוּבְרַר הַדָּבָר שֶׁזּוֹ הִיא הַתְּרוּמָה, וְזֶה לֹא שָׁתָה אֶלָּא חוּלִּין. אוֹסְרִין. אַלְמָא לְרַבִּי יְהוּדָה לֵית לֵיהּ בְּרֵירָה, וְחָיֵישׁ שֶׁמָּא תְּרוּמָה שָׁתָה.

מתני' *אהַשּׁוֹחֵט בְּשַׁבָּת וּבְיוֹם הַכִּפּוּרִים, אַף עַל פִּי שֶׁמִּתְחַיֵּיב בְּנַפְשׁוֹ – שְׁחִיטָתוֹ כְּשֵׁרָה.§ גמ' *אָמַר רַב הוּנָא, דָּרֵשׁ חִיָּיא בַּר רַב מִשְּׁמֵיהּ דְּרַב: אֲסוּרָה בַּאֲכִילָה לְיוֹמָא, וְנַסְבִין חַבְרַיָּא לְמֵימַר רַבִּי יְהוּדָה הִיא. הֵי רַבִּי יְהוּדָה? א"ר אַבָּא: רַבִּי יְהוּדָה דַּהֲכָנָה הִיא. דִּתְנַן: *מְחַתְּכִין אֶת הַדִּילוּעִין לִפְנֵי הַבְּהֵמָה וְאֶת הַנְּבֵלָה לִפְנֵי הַכְּלָבִים, רַבִּי יְהוּדָה אוֹמֵר: אִם לֹא הָיְתָה נְבֵלָה מֵעֶרֶב שַׁבָּת – אֲסוּרָה, לְפִי שֶׁאֵינָהּ מִן הַמּוּכָן; אַלְמָא, כֵּיוָן דְּלָא אִיתְכַּן מֵאֶתְמוֹל – אֲסוּרָה, ה"נ כֵּיוָן דְּלָא אִיתְכַּן מֵאֶתְמוֹל – אֲסוּרָה. א"ל אַבַּיֵּי: מִי דָּמֵי? הָתָם מֵעִיקָּרָא מוּכָן לְאָדָם וְהַשְׁתָּא מוּכָן לִכְלָבִים, הָכָא מֵעִיקָּרָא מוּכָן לְאָדָם וְהַשְׁתָּא מוּכָן לְאָדָם! מִי סָבְרַתְּ: בְּהֵמָה בְּחַיֶּיהָ לַאֲכִילָה עוֹמֶדֶת? בְּהֵמָה בְּחַיֶּיהָ לְגַדֵּל עוֹמֶדֶת! א"ה, בְּהֵמָה לְרַבִּי יְהוּדָה בְּי"ט הֵיכִי שָׁחֲטִינַן? אָמַר לוֹ: עוֹמֶדֶת לַאֲכִילָה וְעוֹמֶדֶת לְגַדֵּל; *נִשְׁחֲטָה – הוּבְרְרָה דְּלַאֲכִילָה עוֹמֶדֶת, לֹא נִשְׁחֲטָה – הוּבְרְרָה דִּלְגַדֵּל עוֹמֶדֶת. וְהָא לֵית לֵיהּ לְרַבִּי יְהוּדָה בְּרֵירָה! מְנָא לָן? אִי נֵימָא מִדְּתַנְיָא: *הַלּוֹקֵחַ יַיִן מִבֵּין הַכּוּתִים, אוֹמֵר: "שְׁנֵי לוּגִּין שֶׁאֲנִי עָתִיד לְהַפְרִישׁ הֲרֵי הֵן תְּרוּמָה, עֲשָׂרָה – מַעֲשֵׂר רִאשׁוֹן, תִּשְׁעָה – מַעֲשֵׂר שֵׁנִי", וּמֵיחֵל וְשׁוֹתֶה מִיָּד, דִּבְרֵי ר"מ. רַבִּי יְהוּדָה וְרַבִּי יוֹסֵי וְר"ש אוֹסְרִין; הָתָם

השוחט בשבת כו'. אפילו במזיד בעי ג] לאוקומי.* תימה: אי במזיד, היאך שחיטתו כשרה? והא משומד לחלל שבתות אסור לאכול משחיטתו, כדמוכח לעיל (דף ה.)! ועוד, דבגמ' בעי ד] לאוקומי במזיד ורבי מאיר, *ורבי מאיר אית ליה בפ' "עד כמה" (בכורות ל.) ובפ' "זה בורר" (סנהדרין דף כז.) דמשומד לדבר אחד הוי משומד לכל התורה כולה! וי"ל: דהתם בפרהסיא, והכא בצינעא. ומיהו, למאי דמוקי כרבי מאיר קשה. ועוד י"ל: דמשום פעם אחת לא חשיב משומד. וכן משמע בפרק ב' לקמן (דף לט.) דאמר: השוחט את הבהמה לזרוק דמה לעבודה זרה, ר"ל אמר מותרת, ופירש בקונטרס: מותרת באכילה. והתם גברא בר קטלא הוא, כדאמרינן בפ' "ד' מיתות" (סנהדרין דף סא.) דמודה ר"ל דבר קטלא הוא, מידי דהוי אמשתחוה להר, דהר מותר ועובדו בסייף. ועוד אמרינן לקמן בסוף פרק שני (דף מא.): אפי' למ"ד אדם אוסר דבר שאינו שלו – ה"מ גוי, אבל ישראל לצעורי בעלמא קא מכוין. ופריך מב' אוחזין בסכין ושוחטין, אחד לשם אחד מכל אלו ואחד לשם דבר כשר – שחיטתו פסולה! ומשני: הכא במאי עסקינן – בישראל משומד. והשתא, כיון דמשומד הוא, בלא שום אחד מכל אלו תיפוק ליה דפסול! אלא אי בחדא זימנא לא איתסר שחיטתו, ניחא*. אמר רב הונא דרש חייא בר רב משמיה כו'. תימה: דבכל דוכתי משמע דרב הונא היה גדול ממנו, בפ' "יש בערכין" (ערכין דף טז:) דהוה מנער ליה רב הונא לחייא בר רב, ובפ' "הלוקח בהמה" (בכורות דף כב.) דא"ל חייא בר רב לרב הונא: רבי, פרש את דבריך*. ונסבין חבריא למימר רבי יהודה היא. אבל לרבנן שרי באכילה אפילו בו ביום. וא"ת: והא אין יכול למולחה בשבת! וי"ל: כגון שעבר ומלחה. אי נמי, בלא מליחה נמי שריא באומצא. אע"ג דאיכא לאו בדם הנבלע באברים, כדאמר בפרק "דם שחיטה" (כריתות דף כא:) – ה"מ היכא דפירש לחוץ, °אבל כל זמן שלא פירש – מותר, כדמוכח בפ' "כל הבשר" (לקמן דף קיא.) שהיו אוכלין כבד עד שלא נפלט דמו, דחלטי ליה בחלא, ה] ואיהו שרי וחלייה, (א) דאי חלייה אסור – איהו נמי אסור, דכי היכי דפליט הדר בלע. ו] ואמר נמי התם: *ככר שחתך עליה בשר אסור לאוכלה, אבל הבשר עצמו מותר. ובפרק "מפנין" (שבת דף קכח.) גבי בשר תפל אסור לטלטלו, אמרינן דבר אווזא שרי משום דחזי לאומצא. ולקמן בשמעתין* אמר: השוחט לחולה בשבת מותר לבריא באומצא. ומתוך כך נראה, דבשר לצלי לא בעי מליחה כלל, דדם האברים שלא פירש שרי, וכן אומר ר"ת. ולא מבעיא כשנצלה הבשר יפה ונפלט כל הדם מן הבשר דשרי, ז] אלא אפי' לא נצלה כ"כ מותר. ואע"פ שנפלט מכפנים מצד זה לצד זה, אינו אסור עד שיפרוש לחוץ, כדאמרינן *(כריתות דף כא:) גבי ככר שחתך עליה בשר, דאפי' מאן דאסר הככר – שרי הבשר אע"פ שלא יצא דמו עדיין. °והא דאמרינן בפ' "כל הבשר" (לקמן דף קיא.) גבי רב ששת דמלח גרמא גרמא, תרי מ"ט לאו משום דפריש מהאי ובלע בהאי. הדא נמי פריש מהאי גיסא ובלע בהאי גיסא! התם פריש לגמרי לחוץ מהאי גיסא קאמר. והא דאמרינן בפ"ק דביצה (דף יא.): ושוין שמולחין עליו בשר לצלי – לא משום ליאסר בלא מליחה, אלא מנהג הוא למלוח בשר לצלי. וכן לקדירה, ובהקומץ רבה (מנחות דף כא.) דאמר: מולחו ומהפכו וחוזר ומולחו, גרסינן: "אמר רבה וכן לקדירה", ולא גרסינן "וכן לצלי"*. מחתכין את הדילועין לפני הבהמה. אומר ר"ת: דמיירי ח] כשנתלשו מן המחובר בשבת, דומיא דנבלה שנתנבלה בשבת. וצ"ל לפירושו, דאיירי בענין שאין לאסור הדילועין, לא משום שמא יעלה ויתלוש, ולא משום דלהוי כגרוגרות וצימוקין. דתרי טעמי איכא לאסור דבר הנלקט מן המחובר, דבריש ביצה (דף ג.) אסרינן פירות הנושרין משום שמא יעלה ויתלוש, ובריש "אין צדין" (שם דף כד:) גבי גוי שהביא דורון לישראל, אם יש מאותו מין במחובר – אסור, ופי' בקונטרס דאפילו רבי שמעון מודה דהוי כגרוגרות וצימוקין, דמדלא לקטן מאתמול אקצינהו. וכן נראה, דבספק מוכן איירי כולה שמעתתא. ומיירי הכא כגון שיש לו בהמה, דהוי מוכן לבהמה אפילו במחובר. והא דאמרינן בפ' "כל כתבי" (שבת דף קכב.) דלא יעמיד אדם בהמתו על גבי מוקצה, פי': עשבים שנתלשו בשבת – הא פירש בקונטרס התם: כגון שהיו עומדין מתוכנין במקום שלא היתה הבהמה יכולה לבא שם. אי נמי, הכא איירי ביושב ומלפפה מתי יתלשו, והתם נמי איירי ביושב ומלפפה שמא ישתנה שם ואחרים רואין אותם. וכן צ"ל על כרחך, דהא בריש "המביא" בביצה (דף ל:) מוכח דכל היכא דאין יושב ומלפפה אית ליה לרבי שמעון מוקצה. וליכא למיחש נמי שמא יתלוש אלא בפירות האילן שהם קלים להשיר, ועוד דלאדם מתאוה להם ושוכח. וכן במשקה – שמא יסחוט שקל לסחוט, אבל בדבר דעבדי מרא ומגרופה – לא. וכן דגים שנצודו בי"ט לאחרי – לא אסרינן משום שמא יצוד, אלא משום מוקצה כגרוגרות. תדע, דהא גוי שמילא מים לבהמתו בסוף "כל כתבי" (שבת דף קכב.), ועשה כבש לירד בו, לא אסרינן לישראל גזרה שמא יעשנו. ומה שמדמה לקמן שמא יסחוט לשמא יחתוך אפרש לקמן בע"ה. ועוד יש לפרש, דאיירי בנתלשו מע"ש. וכי תימא: מאי למימרא? קמ"ל דשרי למטרח באוכלא, או לשויה אוכלא לרב הונא, כדאית ליה בפרק בתרא דשבת (דף קנה.), ולרב יהודה כדאית ליה. והא דלא תנא ליה התם גבי פקועי עמיר ואיזך דלעיל – משום דמילי דחיתוך תני בהדי הדדי ט]. אם לא היתה נבלה מע"ש. גרסינן. ולא גרסינן "מעיו"ט", כדמוכח בריש מס' ביצה (דף ב:), דקאמר: גבי שבת סתם לן תנא כר"ש, דתנן: מחתכין את הדילועין כו'. והא דקרי ליה מוכן לאדם – לא שהיה ראוי לשוחטה, אלא כלומר עומדת לאדם. ואם תאמר: בפ"ק דביצה (דף ו.) גבי אפרוח שנולד בי"ט, רב אמר: אסור. וקאמר התם, אמרו לו: מה בין זה לעגל שנולד מן הטרפה? שחיק רב. ופריך: ומאי שחיק רב? לימא להו: הואיל ומוכן אגב אמו לכלבים! ומשני: השתא מוכן לאדם לא הוי מוכן לכלבים, דתנן: אם לא היתה נבלה כו', מוכן לכלבים הוי מוכן לאדם? והשתא, אמאי לא מפרש טעמא משום דהוי מוקצה מחמת איסור? וכי תימא: בעגל ועולה שראוי לאכילה לא הוי מוקצה מחמת איסור! ומפרש ה"ר יוסף: דמשנה יתירה דייק, דכיון דתנא דאסור, למה ליה למתני תו לפי שאינו מן המוכן? אלא להאכילו חי, דהוי מוקצה מחמת איסור, כגון לדבר שראוי להאכילה חי או בי"ט, אסור מטעם שאינו מוכן ועומד למה שהיה עומד בתחלה. בהמה לרבי יהודה בי"ט היכי שחטינן. משמע דקסבר אביי דסתמא לאכילה עומדת. י] וגבי תרנגולת אמר אביי בריש ביצה (דף ז.) דעומדת לאכילה ועומדת לגדל ביצים. מדתניא הלוקח יין. לא גרסינן "דתנן", דבמשנה לא תני אלא מילתיה דרבי מאיר. וכולה ברייתא מפורש בפרק "כל הגט" (גיטין דף כה.) וב"מרובה" (ב"ק דף סט:) ובפרק "בכל מערבין" (עירובין דף לו:).

ק א מיי' פ"א מהלכות שחיטה הלכה כט סמג עשין סג טוש"ע יו"ד סימן יא סעיף ב:
קא ב מיי' פכ"ו מהל' שבת הלכה יח ועי' בה"מ ובכ"מ סמג שם טוש"ע או"ח סימן שכד סעי' ז:

[לקמן טו.]
ב"ק עא. כתובות לד.
[לקמן טו.]
ביצה כ. ו: כז: שבת קנו: פסחים נו:
[ביצה ז.]
ב"ק סט: דמאי פ"ז מ"ד סוכה כג: עירובין לו: מגילה כה. גיטין כה. כח. יומא נה: תוספתא דמאי פ"ח
[ועיין תוס' זבחים יח: ותוס' סנהדרין סא. ד"ה ריש לקיש]
[ועי' היטב תוס' מ"ק כה. ד"ה ורבי חייא וכו' ועי' תוס' לעיל יג. ד"ה בעלמא]
[דף קיב.]
[דף טו:]
[לקמן קיב.]
[ועי' תוספות פסחים עד. ד"ה האי מולייתא]

הגהות הב"ח
(א) תוס' ד"ה ונסבין וכו' ואיהו שרי וחלייה וכו':

גליון הש"ס
תוס' ד"ה השוחט וכו' ור"מ אית ליה וכו'. עי' תשובת מהרי"ק שורש קסו: ד"ה ונסבין וכו' אבל כל זמן שלא פירש. עי' תוי"ט פי"א מ"ז דמנחות ד"ה אוכלים: בא"ד והא דאמרינן כו' גבי רב ששת דמלח גרמא גרמא. תמוה לי כיון דלדינן דכולא מהאי גיסא ובלע ע"י מליחה מה בכך דהוי עתה לא פירש מ"מ אין מבלגין אותו ולאו יהיה פרוש וצ"ע:

רבינו גרשום
מי דמי התם מעיקרא מוכן לאדם והשתא מוכן כו' כלומר לענין נבלה והודה ליה רבי יהודה כנולד ואסיר והתם קאמר רבי יהודה אוסר אבל הכא מעיקרא מוכן לאדם לעיקר שחיטה ולאו הלכה זו כמותו מה דאמר שאסורה באכילה ליומיה. מי סברת בהמה בחייה לאכילה עומדת דאת אמרת הכא מעיקרא מוכן לאדם וכו' ולאו הלכה זו כמותו בהמה בחייה לגדל עומדת ולאו מעיקרא מוכן לאדם [והוי] דומיא דנבלה דמעיקרא לא מוכן לכלבים ואסר ר' יהודה דאמר אם לא היתה נבלה מע"ש שאסורה היא לפי שאינה מן המוכן מע"ש לא היתה מוכנת לאדם ואסורה והלכה זו כמותו בהמה בחייה לגדל עומדת. אי הכי בהמה לר' יהודה היכי שחטינן כלומר כיון דבהמה בחייה לגדל עומדת ולאו הוו מוכן היכי שחטינן ביו"ט משום מוקצה הוא אלא תדע דמוכנת היתה לר' יהודה כגון הכי: עומדת לאכילה ועומדת לגדל נשחטה הוברר [דלאכילה עומדת]

שיטה מקובצת
א] ליומא כל היום ואפי' בא לאכול בשר חי: ב] אלמא אסורה באכילה ליומא ס"ל. נ"ב ג"א אלמא אסורה באכילה ליומיה משום דקסבר ס"ל לתנא דמתני' כר' יהודה: ג] אפי' במזיד בעי לאוקומיה בגמ' תימה אי במזיד: ד] בעי לאוקומא במזיד דר"מ ורבי מאיר אית ליה: ה] דחלטי ליה בחלא ושרי איהו וחלייה: ו] ואמרי נמי התם ככר שחתך עליו בשר אסור לאוכלו אבל: ז] ונפלט כל הדם מן הבשר דשרי באכילה לכתחילה אלא אפי' לא נצלה: ח] אומר ר"ת דמיירי כשנתלשו מן המחובר: ט] דמילי דחיתוך תני בהדי הדדי ואצטריך לאשמועינן דלועין משום דאקשי טפי: י] משמע דקסבר אביי דסתמא לאכילה עומדת אע"ג דבי תרנגולת קאמר אביי:

ואין

והלכה זו דאסורה באכילה לר' יהודה ליה דהוא בעי הכנה מע"ש: אי הכי הא לית ליה ברירה מדתנן הלוקח וכו' (ע"ש) [עשרה] [מעשר ראשון כלומר ממאה חייב ליתן עשרים ואחד חלקים צריך לאפרושי תרומה תרי ממאה וצריך לאפרושי י' מעשר ראשון וצריך לאפרושי מחשבים פחות שנים שנשתיירו תשעה שזו מעשר שני ועולה ואוכלו בירושלים ואם ברחוק מקום הוא עליו נאמר ונתת הכסף וצרת הכסף וכו' ועכשיו מיחל ושותה כלומר דהוא אומר אפיק זו לחולין ואשתה מהן והשאר שנשתיירו יהא תרומה (כולו) [ומעשר] ורבי יהודה אוסר כלו' מטעם זה אוסר דלית ליה ברירה הי מעשר והי תרומה והי חולין לפיכך אינו רשאי לאכול עד דיפריש כולו דאינו יודע מאי זה הוא אוכל ונמצא שזה שותה טבלים: לא לעולם לרבי יהודה אית ליה ברירה והתם

קב א מיי' פכ"ה מהל' שבת הל' יב סמג לאוין סה טוש"ע א"ח סי' שח סעיף ו:

קג ב מיי' פכ"א מהל' שבת הל' יב טוש"ע א"ח סימן שכ סעיף א:

הָתָם כִּדְקָתָנֵי טַעְמָא, *אָמְרוּ לוֹ לְרַבִּי מֵאִיר: אִי אַתָּה מוֹדֶה שֶׁמָּא יִבָּקַע הַנּוֹד וְנִמְצָא שׁוֹתֶה טְבָלִים לְמַפְרֵעַ? אָמַר לָהֶן: לִכְשֶׁיִּבָּקַע! אֶלָּא מִדְּתָנֵי אִיוֹ; *דְּתָנֵי אִיוֹ, רַבִּי יְהוּדָה אוֹמֵר: אֵין אָדָם מַתְנֶה עַל שְׁנֵי דְבָרִים כְּאֶחָד, אֶלָּא אִם בָּא חָכָם לַמִּזְרָח — עֵירוּבוֹ לַמִּזְרָח, לַמַּעֲרָב — עֵירוּבוֹ לַמַּעֲרָב, וְאִילּוּ לְכָאן וּלְכָאן — לָא; וְהָוֵינַן בַּהּ: מַאי שְׁנָא לְכָאן וּלְכָאן דְּלָא? *דְּאֵין בְּרֵירָה, מִזְרָח וּמַעֲרָב נַמִּי אֵין בְּרֵירָה! וְאָמַר רַבִּי יוֹחָנָן: וּכְבָר בָּא חָכָם. אֶלָּא אָמַר רַב יוֹסֵף: רַבִּי יְהוּדָה דְּכֵלִים הִיא, *דִּתְנַן: א כָּל הַכֵּלִים הַנִּיטָּלִין בְּשַׁבָּת — שִׁבְרֵיהֶן נִיטָּלִין, וּבִלְבַד שֶׁיְּהוּ עוֹשִׂין מֵעֵין מְלָאכָה, שִׁבְרֵי עֲרֵיבָה — לְכַסּוֹת בָּהֶן פִּי חָבִית, שִׁבְרֵי זְכוּכִית — לְכַסּוֹת בָּהֶן פִּי הַפַּךְ. רַבִּי יְהוּדָה אוֹמֵר: וּבִלְבַד שֶׁיְּהוּ עוֹשִׂין מֵעֵין מְלַאכְתָּן, שִׁבְרֵי עֲרֵיבָה — לָצוּק לְתוֹכָן מִקְפָּה, שִׁבְרֵי זְכוּכִית — לָצוּק לְתוֹכָן שֶׁמֶן; מֵעֵין מְלַאכְתָּן — אִין, מֵעֵין מְלָאכָה אַחֶרֶת — לָא. אַלְמָא, כֵּיוָן דְּלָא אִיתְכַּן מֵאֶתְמוֹל לְהָךְ מְלָאכָה — אֲסִירִי; הָכָא נַמִּי, כֵּיוָן דְּלָא אִיתְכַּן מֵאֶתְמוֹל — אֲסוּרָה. אָמַר לֵיהּ אַבַּיֵי: מִי דָּמֵי? הָתָם — מֵעִיקָּרָא כְּלִי וְהַשְׁתָּא שֶׁבֶר כְּלִי, וַהֲוָה לֵיהּ נוֹלָד וְאָסוּר. הָכָא — מֵעִיקָּרָא אוֹכְלָא וּלְבַסּוֹף אוֹכֶל, אוֹכְלָא דְּאִיפָּרֶת הוּא, וְשַׁמְעִינַן לֵיהּ לְרַבִּי יְהוּדָה דְּאָמַר: אוֹכְלָא דְּאִיפָּרֶת שַׁפִּיר דָּמֵי. *דִּתְנַן: ב אֵין סוֹחֲטִין אֶת הַפֵּירוֹת לְהוֹצִיא מֵהֶן מַשְׁקִין, וְאִם יָצְאוּ מֵעַצְמָן — אֲסוּרִין. רַבִּי יְהוּדָה אוֹמֵר: אִם לְאוֹכָלִין — הַיּוֹצֵא מֵהֶן מוּתָּר, וְאִם לְמַשְׁקִין — הַיּוֹצֵא מֵהֶן אָסוּר! לָאו אִתְּמַר עֲלַהּ, *אָמַר רַב יְהוּדָה אָמַר שְׁמוּאֵל: מוֹדֶה הָיָה רַבִּי יְהוּדָה לַחֲכָמִים *בְּסַלֵּי זֵיתִים וַעֲנָבִים? אַלְמָא כֵּיוָן דִּלְסְחִיטָה קָיְימִי — יָהֵיב דַּעְתֵּיהּ; הָכָא נַמִּי, כֵּיוָן דִּלְשְׁחִיטָה קַיְּימָא — יָהֵיב דַּעְתֵּיהּ! מִידֵּי הוּא טַעְמָא אֶלָּא לְרַב, הָאָמַר רַב: חָלוּק הָיָה רַבִּי יְהוּדָה אֲפִילּוּ *בְּסַלֵּי זֵיתִים וַעֲנָבִים! אֶלָּא אָמַר רַב שֵׁשֶׁת בְּרֵיהּ דְּרַב אִידִי: רַבִּי יְהוּדָה דְּנֵרוֹת הִיא, *דְּתַנְיָא: מְטַלְטְלִין נֵר חָדָשׁ אֲבָל לֹא יָשָׁן, דִּבְרֵי רַבִּי יְהוּדָה. אֵימַר דְּשָׁמְעַתְּ לֵיהּ לְרַבִּי יְהוּדָה — בְּמוּקְצֶה מֵחֲמַת מִיאוּס, מוּקְצֶה מֵחֲמַת אִיסּוּר מִי שָׁמְעַתְּ לֵיהּ? אִין, *דִּתְנַן, רַבִּי יְהוּדָה אוֹמֵר: כָּל

התם כדקתני **טעמא** וכו'. קשיא לי: דהכא אליבא דרב קיימינן, ורב לית ליה דטעמא משום בקיעת הנוד, בפ' "בכל מערבין" (עירובין דף לו:), דקאמר: ליתא למתניתין מקמי איו והלוקח יין, ואית ליה דטעמא דרבי יהודה משום דאין ברירה! ורבינו שמשון מקולי הקשה: דהיכי מייתי הכא הוכחה דאיו אחר שדוחה הסיא דהלוקח? הא בפ' "בכל מערבין" (גם זה שם) משמע דאי לאו הסיא דהלוקח הוה אמינא דליתא לדאיו מקמי מתניתין. דפריך התם לרב: אדרבה, ליתא לדאיו מקמי מתני'! ומשני: לא ס"ד, דשמעינן ליה לרבי יהודה דלית ליה ברירה, דתניא: הלוקח יין כו'. וי"ל דהכא דיחויא בעלמא הוא דקאמר: התם כדקתני טעמא, ועיקר סמיך אדאיו. דאין להוכיח מהסיא דהלוקח דלית ליה ברירה כל כמה דלא מייתי לדאיו, דליתיה מקמי מתניתין דעירובין. להכי מייתי לדאיו, דהשתא ליתא מתניתין מקמי תרוייהו.

מודה רבי יהודה בסלי זתים וענבים. תימה: בלאו הכי, אמאי לא מדמה למשקים דגזרינן שמא יסחוט, ה"נ גבי בהמה נגזור שמא ישחוט! ועוד, אמאי נקטין חבריא למימר דרבי יהודה היא? כ"ש דאתיא כרבנן, דגזרי שמא יסחוט אפי' בשאר פירות! ועוד, דהיכי מדמה שמא יסחוט לשמא ישחוט? שקל הרבה לסחוט מלשחוט! וי"ל: דודאי לא דמי. ולהכי לא מדמה לה למשקין, אבל מדמה שמא ישחוט דבהמה העומדת לשחיטה לשמא יסחוט דפירות העומדות לאכילה. אבל כרבנן לא אתיא, דלא אשכחן דגזרינן שמא יסחוט אלא בעומדים למשקין, והא דאסרי לכולהו — משום דגזרינן עומדין לאכילה אטו עומדין למשקין. אבל לרבי יהודה דשרי בשאר פירות העומדין לאכילה, ואסר בזיתים וענבים ואף על גב דעומדים לאכילה משום דמימלך וסחיט, וה"ה בבהמה דגזרינן.

אימר דשמעת ליה לרבי יהודה במוקצה מחמת מיאוס כו'. דיחויא בעלמא הוא, דמוקצה מחמת איסור יותר חמור ממוקצה מחמת מיאוס. דהא לקמן אמר: עד כאן לא שרי רבי מאיר אלא במבשל, אבל שוחט דאינו ראוי לכוס לא. ובהדיא שמעינן ליה לרבי מאיר בפרק "כירה" (שבת דף מד.) דלית ליה מוקצה מחמת מיאוס, דקאמר: כל הנרות מטלטלין אפילו נר ישן, חוץ מנר שהדליקו בה באותה שבת. (ב) ומוקי מתני' כרבי יהודה דמבשל, משום דלא מיתוקמא מתניתין משום מוקצה מחמת איסור, דמשמע ליה [ג] שבת דומיא דיום הכפורים אפילו היה לו חולה והבריא, כמו שאפרש בסמוך. המבשל

הָתָם. טַעְמָא לָאו מִשּׁוּם דְּאֵין בְּרֵירָה הוּא, אֶלָּא דְּחָיֵישׁ לְשֶׁמָּא יִבָּקַע הַנּוֹד, וְהוּבְרַר שֶׁלֹּא הָיָה עָתִיד לָבֹא לִידֵי הַפְרָשָׁה, וְשָׁתָה טְבָלִים לְמַפְרֵעַ. לִכְשֶׁיִּבָּקַע. נִרְאֶה. כְּלוֹמַר, דְּלָא חָיְישִׁינַן לְהָכִי. אִיוֹ. שֵׁם חָכָם. אֵין אָדָם מַתְנֶה. בְּעֵירוּבִין (דף לו:) אָמְרִינַן: מַתְנֶה אָדָם עַל עֵירוּבוֹ, וּמַנִּיחַ שְׁנֵי עֵירוּבִין, אֶחָד בְּסוֹף אַלְפַּיִם לְמִזְרַח עִירוֹ וְאֶחָד בְּסוֹף אַלְפַּיִם לַמַּעֲרָב, וְאוֹמֵר: אִם בָּא חָכָם לְמִזְרָח, שֶׁהָיָה חָכָם עָתִיד לָבֹא מִמָּקוֹם אַחֵר וְלִשְׁבּוֹת חוּץ לַתְּחוּם וְלִדְרוֹשׁ — עֵירוּבִי שֶׁל מִזְרָח, יִקְנֶה לִי שְׁבִיתָה לְמִזְרָח, וְאֶהְיֶה בַּשַּׁבָּת בִּמְקוֹם עֵירוּבִי, וְיֵשׁ לִי מִשָּׁם וָהָלְאָה אַלְפַּיִם. וְאִם יַגִּידוּ לִי שֶׁבָּא חָכָם לְמַעֲרָב — יִקְנֶה עֵירוּבִי שֶׁבְּמַעֲרָב. בָּא לְכָאן וּלְכָאן, אִם יָבֹאוּ שְׁנֵי חֲכָמִים זֶה לְמִזְרָח וְזֶה לְמַעֲרָב — לְאֵיזֶה מֵהֶם שֶׁאֶרְצֶה אֵלֵךְ הֲלִיכָתִי, וְעַל שֵׁם בְּרֵירָה שֶׁל מָחָר יִקְנֶה לִי עֵירוּבִי הַיּוֹם, דְּכָל קְנִיַּית עֵירוּב בֵּין הַשְּׁמָשׁוֹת הִיא. וְתָנֵי אִיוֹ, דְּפָלֵיג רַבִּי יְהוּדָה אַסֵּיפָא דְּקָתָנֵי: בָּא לְכָאן וּלְכָאן, וְקָאָמַר רַבִּי יְהוּדָה: אֵין אָדָם מַתְנֶה עַל שְׁנֵי דְבָרִים שְׁנֵי חֲכָמִים. **אֶלָּא אִם בָּא** חָכָם כו'. עַל חָכָם אֶחָד שֶׁבָּא וְאֵין יָדוּעַ לוֹ לְאֵיזוֹ רוּחַ יָבֹא מַתְנֶה. וְהָוֵינַן בַּהּ **מַאי שְׁנָא** כו' דְּאֵין בְּרֵירָה. (א) כְּשֶׁיָּבֹא לְמָחָר לְמִזְרָח — שֶׁמָּא בֵּין הַשְּׁמָשׁוֹת לֹא הָיְתָה דַּעְתּוֹ לְכָךְ, וְקָנָה לוֹ עֵירוּבוֹ שֶׁל מַעֲרָב, וַהֲרֵי הוּא כְּמִי שֶׁשָּׁבַת בְּמַעֲרָב, וּמִמְּקוֹם אוֹתָהּ שְׁבִיתָה יֵשׁ לוֹ אַלְפַּיִם לְכָל רוּחַ, וְנִמְלְאוּ הָאַלְפַּיִם הָאַחֲרוֹנוֹת הַמִּזְרָחִיּוֹת כָּלוֹת לְבֵיתוֹ, וְאֵין לוֹ מִבֵּיתוֹ וְלַמִּזְרָח אֲפִי' פְּסִיעָה אַחַת. מִזְרָח וּמַעֲרָב נַמִּי. כְּשֶׁהִתְנָה עַל חָכָם אֶחָד וְתָלָה תְּנָאוֹ בְּבִיאַת חָכָם נַמִּי אֵין בְּרֵירָה, דְּאִם בָּא חָכָם לְמִזְרָח לְאַחַר שֶׁקָּדַשׁ הַיּוֹם — שֶׁמָּא כְּשֶׁקָּדַשׁ הַיּוֹם הָיָה בְּדַעְתּוֹ לְמַעֲרָב, וְזֶה תָּלָה בְּדַעְתּוֹ שֶׁל חָכָם. *וְהֶחָכָם יָכוֹל לֵילֵךְ בְּשַׁבָּת אַרְבַּעַת אֲלָפִים אַמָּה, כִּדְאָמְרִינַן בְּעֵירוּבִין (דף מט:): אִם רָאָה שֶׁחָשְׁכָה וְהָיָה מַכִּיר אִילָן אוֹ גָּדֵר שֶׁהוּא בְּסוֹף אַלְפַּיִם אַמָּה, אוֹמֵר: שְׁבִיתָתִי בְּעִיקָּרוֹ, וּמְהַלֵּךְ מִמְּקוֹם רַגְלָיו וְעַד עִיקָּרוֹ אַלְפַּיִם, וּמֵעִיקָּרוֹ וּלְהַלָּן אַלְפַּיִם. וְהָכָא נַמִּי אִיכָּא לְמֵימַר: חָכָם זֶה בִּשְׁעַת קְנִיַּית עֵירוּב לֹא בָּא לַמִּזְרָח עֲדַיִין, וְדַעְתּוֹ הָיָה לַמַּעֲרָב! **וְאָמַר** רַבִּי יוֹחָנָן וּכְבָר **בָּא חָכָם**. מַתְנִיתִין בְּהָכִי עָסְקִינַן, שֶׁכְּבָר בָּא חָכָם קוֹדֶם קִנְיַן הָעֵירוּב, אֲבָל זֶה לֹא יָדַע לְהֵיכָן בָּא. וְאֵין כָּאן צָרִיךְ בְּרֵירָה, שֶׁכָּךְ מַתְנֶה: לְצַד שֶׁהֶחָכָם בָּא יְהֵא עֵירוּבִי קוֹנֶה. וְאֵין הַדָּבָר תָּלוּי, אֶלָּא [א] גִּלּוּיֵי מִילְּתָא — כְּשֶׁיַּגִּידוּ לְמָחָר שֶׁבַּמִּזְרָח בָּא, נִמְצָא שֶׁקָּנָה עֵירוּב הַמִּזְרָחִי. שִׁבְרֵיהֶן נִיטָּלִין. אֲפִילּוּ נִשְׁתַּבְּרוּ הַיּוֹם בְּשַׁבָּת. שֶׁיְּהוּ עוֹשִׂין בָּהֶן מֵעֵין **מְלָאכָה**. שֶׁתְּהֵא תּוֹרַת כְּלִי עֲלֵיהֶם. מֵעֵין מְלָאכָה. כְּלוֹמַר, אַע"פ שֶׁאֵין רְאוּיָה לִמְלָאכָה מַמָּשׁ, אֶלָּא לְכִסּוּי בְּעָלְמָא. מֵעֵין מְלַאכְתָּן. הָרִאשׁוֹנָה. מִקְפָּה. תַּבְשִׁיל עָב, דְּהַיְינוּ מֵעֵין עִיסָּה. הָכָא **נַמִּי**. כֵּיוָן דְּלָא אִיתְכַּן מֵאֶתְמוֹל לַאֲכִילָה. **הָכָא מֵעִיקָּרָא אוֹכְלָא**. דְּע"כ בְּהֵמָה בְּחַיֶּיהָ לַאֲכִילָה עוֹמֶדֶת, כִּדְאוֹקְמִינַן לְעֵיל, דְּאִי לְגַדֵּל — בְּהֵמָה לְרַבִּי יְהוּדָה הֵיכִי שָׁחֲטִינַן בְּי"ט? **דְּאִיפָּרֶת** = נִשְׁבַּר וְנִפְרַשׁ, וַחֲבֵירוֹ [בְּפֶרֶק "בְּהֵמָה הַמַּקְשָׁה"] (לקמן דף עג:): חִבּוּרֵי אוֹכָלִין כְּמַאן דִּמְפָרְתֵי דָּמוּ. ש"ד. דְּלָאו נוֹלָד חָשְׁבִינַן לֵיהּ. **סְחִיטָה**. *אַב מְלָאכָה הִיא. **אֲסוּרִין**. וְטַעְמָא דְּמַשְׁקִין שֶׁזָּבוּ אֲסוּרִין, מְפָרְשִׁינַן בִּשְׁמַעְתָּא קַמַּיְיתָא דְּבֵיצָה (דף ג.): גְּזֵירָה שֶׁמָּא יִסְחוֹט. **אִם לְאוֹכָלִין הַיּוֹצֵא** מֵהֶם מוּתָּר. אִם הָיוּ עוֹמְדִין לַאֲכִילָה וְלֹא לִסְחוֹט — הַיּוֹצֵא מֵהֶם מוּתָּר. דְּכֵיוָן דְּלָא נִיחָא לֵיהּ, לֵיכָּא לְמִיגְזַר אִי שָׁרֵית לְהוּ בִּשְׁתִיָּיה הַיּוֹם אָתֵי לִסְחוֹט, דְּהָא לָאו לְהָכִי קַיְימֵי. **וְאִם** לְמַשְׁקִין. הוֹאִיל וְנִתְקַיְּימָה מַחְשַׁבְתּוֹ, אִי שָׁרֵית לְהוּ כְּשֶׁזָּבוּ אִיכָּא לְמִיגְזַר בְּהוּ שֶׁמָּא יִסְחוֹט, דְּהָא לְהָכִי קַיְימֵי. שְׁמַע מִינַּהּ מִיהָא, דְּמִשּׁוּם נוֹלָד לֹא אָסַר לְהוּ רַבִּי יְהוּדָה! מוֹדֶה רַבִּי יְהוּדָה **בְּסַלֵּי** זֵיתִים וַעֲנָבִים. שֶׁאֲפִילּוּ הִכְנִיעָן לַאֲכִילָה, הוֹאִיל וְרוֹב בְּנֵי אָדָם סוֹחֲטִין אוֹתָם — הַאי נַמִּי מִמְלִיךְ עֲלַיְיהוּ, וְאִי שָׁרֵית לְמַשְׁקִין שֶׁזָּבוּ מֵהֶן אָתֵי לְמִיסְחַט. כֵּיוָן דִּלְהָכִי קַיְימֵי. סְתָם עֲנָבִים. **יָהֵיב דַּעְתֵּיהּ**. עֲלַיְיהוּ לְמַשְׁקִין, וְכִי הָווּ מַשְׁקִין הָוֵה לֵיהּ נִתְקַיְּימָה מַחְשַׁבְתּוֹ, וּגְזֵרָה שֶׁמָּא יִסְחוֹט. וּפְלוּגְתַּיְיהוּ בְּתוּתִים וְרִימּוֹנִים. ה"נ כֵּיוָן דִּלְשְׁחִיטָה **קַיְּימָא** יָהֵיב דַּעְתֵּיהּ. דְּאִי מִשְׁחֲטָה אָכֵיל לַהּ. וְכֵיוָן דְּדַעְתֵּיהּ בְּהָכִי גָּזְרִינַן בַּהּ נַמִּי, אִי שָׁרֵית לֵיהּ בַּאֲכִילָה אָתֵי לְכַתְּחִלָּה לְמִישְׁחַט. **מִידֵּי הוּא טַעְמָא אֶלָּא** לְרַב. הַאי שִׁנּוּיָא אַלִּיבָּא דְּרַב מְשַׁנֵּינַן לַהּ, דְּאִיהוּ אָמַר: לְרַבִּי יְהוּדָה אֲסוּרָה בַּאֲכִילָה לְיוֹמָא. חָלוּק הָיָה. וּמַתִּיר, וְהָכָא נַמִּי אַמַּאי אֲסוּרָה לְיוֹמָא? נֵר חָדָשׁ. שֶׁלֹּא הִדְלִיקוּ בּוֹ מֵעוֹלָם. נֵר שֶׁל חֶרֶס, וּכְשֶׁהוּא חָדָשׁ חֲזֵי לְמִרְמֵי בֵּיהּ פֵּירֵי. **אֲבָל לֹא יָשָׁן**. דְּמוּקְצֶה הוּא מֵחֲמַת מִיאוּס, שֶׁהַדַּעַת קָצָה בּוֹ. וְהַךְ בְּהֵמָה נַמִּי, כְּשֶׁקָּדַשׁ הַיּוֹם הִיא מוּקְצֶה מֵחֲמַת אֵבֶר מִן הַחַי, שֶׁלֹּא נִשְׁחֲטָה. **אֵימַר דְּשָׁמְעַתְּ** לֵיהּ כו'. דְּמִידֵּי דְּמָאִיס מַקְצֶה אִינִישׁ מִדַּעְתֵּיהּ לְגַמְרֵי. כָּל

[ב"ב כז: וש"נ]

שיטה מקובצת

א) ואין הדבר תלוי אלא בגלויי מלתא: כן דמשמע ליה מתני' שבת דומיא דיוה"כ:

[עירובין לז: וש"נ]

ביצה לז: עירובין לו: [יומא נו:]

שבת קכד:

הגהות הב"ח

(א) רש"י ד"ה והוינן וכו' דאין ברירה כשיבא למחר: (ב) תוס' ד"ה אימר וכו' באותה שבת והא דמוקי מתני':

ביצה ג. שבת קמג:

עיין מהר"ם שבת שם

[שם איתא בזיתים]

[בשבת קמג: איתא בזיתים]

שבת מד.

נ"ל דתניא

[עיין היטב רש"י ביצה ג. ד"ה שמא יסחוט וע"ע היטב רש"י בשבת קמג: ד"ה אין סוחטין וה"ל מפרק תולדה דריסה]

רבינו גרשום

מאי טעמא לא אמר ברירה כדקתני טעמא אמרו לו לרבי מאיר אי אתה מודה לאחר שבת שמא יבקע הנוד וישפך הכל לארץ ואין לו יין להפריש ונמצא זה שותה טבלין למפרע. ור' יהודה עדיין אומר (אני) דאית ליה ברירה ומדתני איו ל"ל ברירה אין אדם מתנה על שני דברים כאחד כו'. כלומר אין יכול להניח עירובו למזרח ולמערב ולומר למחר אלך כנגד רבי למקום שירצה אלא אם בא חכם למזרח כו' מזרח ומערב נמי אין ברירה כלומר אם בא חכם למזרח עירובי למזרח למערב עירובי למערב הא לית ליה ברירה מאיזה רוח יבוא אמאי מתיר ר' יהודה ואמר ר' יוחנן כבר בא חכם כלומר לאו כדסברת דהוא יכול להתנות אם בא חכם למזרח ואם בא חכם למערב אלא אנן קאמרינן לר' יהודה אם כבר בא חכם כלומר שכבר בא למזרח מע"ש עירובי למזרח ואם כבר חכם בא למערב מע"ש עירובי למערב ועכשיו

לית לרבי יהודה ברירה והלכך (באיסור ליומיה כולו ולא הלכה כמותו) א) אלא אמר רב יוסף ר' יהודה היא והלכה כמותו בהלכה דכלים ר' יהודה אמר ובלבד שיהו עושין [מעין] מלאכתן כלומר מעין מלאכתן שהיו עושין מתחילה קודם שבירתן: לצוק לתוכן מקפה וכו' אלמא כיון דלא איכוון להאי מלאכה מע"ש וכו' והלכה זו דאמרי' אסורה באכילה ליומיה הלכה כמותו: ולבסוף אוכלא אוכלא דאיפרת הוא. כלומר כענין פרו ורבו ושמעינן לה לרבי יהודה דאוכלא דאיפרת שפיר דמי ומותר אע"פ שאינו מוכן מע"ש: דתנן אין סוחטין כו' רבי יהודה אומר אם לאוכל היוצא מהן מותר. כלומר מה דאמרת אם יצאו מעצמן אסורה אם לאוכלין היה רוצה מהן מותר כלומר דאוכלא דאיפרת היא אם למשקין היוצא מהן אסור דהוה ליה נולד ואסיר: ולאו איתמר עלה מודה היה ר' יהודה בסלי זיתים כיון דלסחיטה קיימי וכו' ואסור בהנאה הכא נמי כיון דלשחיטה [illegible] (בי"ט) [בשבת]. מידי הוא טעמא אלא לרב כלומר לדעת מי באה כולה הלכה אלא לרב והאמר רב חלוק היה ר' יהודה אפי' בסלי זיתים וענבים דלסחיטה קיימי שמותר: אלא רבי יהודה דנרות היא. כלומר כשם דאית ליה מוקצה לענין נרות כך אית ליה מוקצה לענין שחיטה. אין דהא תנן רבי יהודה אומר

א) אינו מובן ואולי צ"ל והילכך הו לית לן ראיה לאסורה באכילה ליומא לר"י ממשנה דאם לא היתה נבלה מע"ש וכו'.

כָּל הַנֵּרוֹת שֶׁל מַתֶּכֶת מְטַלְטְלִים. דְּשֶׁל מַתֶּכֶת לָא מְאִיסִי אֲפִילּוּ יְשָׁנִים, כְּגוֹן שֶׁל נְחוֹשֶׁת וְכַיּוֹצֵא בָּהֶן (א). הַדּוֹלֵק בְּשַׁבָּת. שֶׁהָיָה נֵר דּוֹלֵק בּוֹ בֵּין הַשְּׁמָשׁוֹת, דְּמוּקְצֶה מֵחֲמַת אִיסּוּר שֶׁאָסוּר לְכַבּוֹת הַנֵּר – נֶאֱסַר גַּם הוּא לְטַלְטֵל, וְכֵיוָן שֶׁהוּקְצָה לְבֵין הַשְּׁמָשׁוֹת הוּקְצָה לְכָל הַיּוֹם. בְּיָדַיִם. שֶׁהִדְלִיקוּ בּוֹ הַנֵּר, אֲבָל בְּהֵמָה דְּמִמֵּילָא מִידְּחִיָּא אִימַר דְּהָדַר חַזְיָא. יֹאכַל. הוּא עַצְמוֹ, וּבוֹ בַּיּוֹם, וְאֵין צָרִיךְ לְהַמְתִּין עַד הָעֶרֶב בִּכְדֵי שֶׁיֵּעָשׂוּ. דְּהָא דְּאָמְרִינַן בְּעָלְמָא לָעֶרֶב בִּכְדֵי שֶׁיֵּעָשׂוּ – לֵית לֵיהּ לר"מ אֶלָּא הֵיכָא דְּעָבַד יִשְׂרָאֵל אִיסּוּרָא וּבְמֵזִיד, דְּקִיְּמָא חִיּוּבָא, דְּלָא נִמְטְיֵיהּ הֲנָאָה מֵאִיסּוּרָא, אֲבָל בְּשׁוֹגֵג לָא. בְּמֵזִיד. דְּקִיְּמָא אִיסּוּרָא. לֹא יֹאכַל. בּוֹ בַּיּוֹם עַד שֶׁתֶּחְשַׁךְ וּבִכְדֵי שֶׁיֵּעָשׂוּ. וְהוּא הַדִּין לַאֲחֵרִים נָמֵי, דְּאָסוּר לְמֵיכְלֵיהּ בּוֹ בַּיּוֹם, דְּטַעְמָא מִשּׁוּם דְּלָא נִמְטְיֵיהּ הֲנָאָה מֵאִיסּוּרָא הוּא, וְכִי שָׁהֵי לְאוּרְתָּא בִּכְדֵי שֶׁיֵּעָשׂוּ לָא מָטֵי לוֹ הֲנָאָה מִינֵּיהּ. וְאַיְּידֵי דְּתָנָא רֵישָׁא בְּדִידֵיהּ דְּאַשְׁמְעִינַן רְבוּתָא לְהֵיתֵּירָא – תָּנָא נָמֵי סֵיפָא בְּדִידֵיהּ. רַבִּי יְהוּדָה אוֹמֵר בְּשׁוֹגֵג יֹאכַל בְּמוֹצָאֵי שַׁבָּת. וְלֹא בְּשַׁבָּת, וְה"ה לַאֲחֵרִינֵי. דְּאע"ג דִּבְשׁוֹגֵג חִיּוּב סְקִילָה לֵיכָּא, עֲבֵירָה מִיהָא אִיכָּא, וּבָעֵינַן בִּכְדֵי שֶׁיֵּעָשׂוּ דְּלָא נִימְטְיֵיהּ הֲנָאָה מֵעֲבֵירָה. וְאַיְּידֵי דְּבָעֵי לְמִתְנֵי סֵיפָא לֹא יֹאכַל עוֹלָמִית בְּדִידֵיהּ, דְּאִיהוּ אִין, אֲבָל לַאֲחֵרִינֵי שָׁרֵי, דְּאִיהוּ דַּעֲבַד אִיסּוּרָא קְנָסוּהוּ רַבָּנַן אֲבָל אֲחֵרִינֵי לָא – תָּנָא רֵישָׁא נָמֵי בְּדִידֵיהּ. וּמַתְנִיתִין נָמֵי דְּקָתָנֵי אֲסוּרָה בַּאֲכִילָה לְיוֹמֵיהּ, לְדִידֵיהּ וְלַאֲחֵרִינֵי – בְּשׁוֹגֵג מִתּוֹקְמָא, וְרַבִּי יְהוּדָה הִיא. וּלְקַמָּן פָּרֵיךְ: וְהָא מִתְחַיֵּיב בְּנַפְשׁוֹ קָתָנֵי! *וְהָא לֵיכָּא לְמֵימַר: רֵישָׁא נָמֵי דּוּקָא אִיהוּ, אֲבָל אֲחֵרִינֵי שְׁרוּ בּוֹ בַּיּוֹם, וְאִיהוּ אָסוּר מִשּׁוּם דִּקְנָסוּ שׁוֹגֵג אַטּוּ מֵזִיד, וּמַתְנִיתִין דְּקָאָסַר לֵיהּ לְיוֹמֵיהּ אֲפִילּוּ לַאֲחֵרִינֵי לָאו רַבִּי יְהוּדָה הִיא. דְּא"כ, דְּקָנְסָא דְּרֵישָׁא אַטּוּ מֵזִיד הוּא, אַמַּאי מִישְׁרֵי הוּא לְאוּרְתָּא? הָא קָתָנֵי גַּבֵּי מֵזִיד לֹא יֹאכַל עוֹלָמִית! אֶלָּא טַעְמָא מִשּׁוּם דְּלָא לִיתְהֲנֵי מֵעֲבֵירָה הוּא, וְלָא שְׁנָא הוּא וְלָא שְׁנָא אֲחֵרִינֵי. ר' יוֹחָנָן הַסַּנְדְּלָר אוֹמֵר בְּשׁוֹגֵג יֵאָכֵל לְמוֹצָאֵי שַׁבָּת. בִּכְדֵי שֶׁיֵּעָשׂוּ, כְּר' יְהוּדָה דְּמַצְרֵיךְ לֵיהּ עֲבֵירָה אַף בְּשׁוֹגֵג. וְעָדִיפָא מִדְּרַבִּי יְהוּדָה, דְּאִילּוּ רַבִּי יְהוּדָה שָׁרֵי לֵיהּ לְאוּרְתָּא אֲפִי' לְדִידֵיהּ, דְּלָא קָנֵיס שׁוֹגֵג אַטּוּ מֵזִיד, וְרַבִּי יוֹחָנָן קָנֵיס שׁוֹגֵג אַטּוּ מֵזִיד. הִלְכָּךְ, אִיהוּ דַּעֲבַד אִיסּוּרָא – קְנָסוּ רַבָּנַן, אֲחֵרִינֵי דְּלָא עָבְדֵי אִיסּוּרָא – לָא קְנָסוּ, אֶלָּא בִּכְדֵי שֶׁיֵּעָשׂוּ יַמְתִּינוּ, דְּלָא נִיתְהֲנֵי מֵעֲבֵירָה. בְּמֵזִיד לֹא יֵאָכֵל עוֹלָמִית כו'. לָאו מִשּׁוּם קְנָסָא הוּא, דְּהָא אֲחֵרִינֵי לָא עֲבוּד אִיסּוּרָא. אֶלָּא מִקְרָאֵי יָלֵיף לָהּ רַבִּי יוֹחָנָן בִּכְתוּבּוֹת בְּ"אֵלּוּ נְעָרוֹת" (דף לד:) וּבְב"ק בְּפֶרֶק "מְרוּבֶּה" (דף עא.): "וּשְׁמַרְתֶּם אֶת הַשַּׁבָּת כִּי קֹדֶשׁ" וגו', מַה קֹּדֶשׁ אָסוּר בַּאֲכִילָה – אַף מַעֲשֵׂה שַׁבָּת אֲסוּרִים בַּאֲכִילָה (א). יָכוֹל אֲפִילּוּ בְּשׁוֹגֵג? ת"ל: "מְחַלְלֶיהָ מוֹת יוּמָת" – בְּמֵזִיד אֲמַרְתִּי וְלֹא בְּשׁוֹגֵג. וְנוֹקְמַהּ בְּמֵזִיד ור"מ הִיא. דְּקָאָמַר אֲסוּרָה לְיוֹמָא. מַה יּוֹם הַכִּפּוּרִים כו'. לֹא יֹאכַל בּוֹ בַּיּוֹם, דְּהָא יוֹם עִינּוּי הוּא. וְנוֹקְמַהּ כְּר' יוֹחָנָן הַסַּנְדְּלָר דְּאָמַר כו'. לֹא יֹאכַל בּוֹ בַּיּוֹם, לֹא הוּא וְלֹא אֲחֵרִים. וְאִית דִּמְפָרְשֵׁי דְּהַאי בְּמֵזִיד לֹא יֹאכַל דְּרַבִּי מֵאִיר, וּבְשׁוֹגֵג לֹא יֹאכַל דְּרַבִּי יְהוּדָה – לֹא יֹאכַל הוּא, אֲבָל לַאֲחֵרִים שָׁרֵי, וְהַאי "אֲסוּרָה בַּאֲכִילָה לְיוֹמֵיהּ" דְּקָאָמַר רַב נָמֵי – לְדִידֵיהּ קָאָמַר, אֲבָל לַאֲחֵרִינֵי שָׁרֵי. וְלָאו מִילְּתָא, דְּהָא דּוּמְיָא דְּיוֹם הַכִּפּוּרִים קָתָנֵי, דְּלָא שְׁנָא לוֹ וְלָא שְׁנָא לַאֲחֵרִים אָסוּר. וְעוֹד, "אֲסוּרָה בַּאֲכִילָה לְיוֹמָא" לְגַמְרֵי מַשְׁמַע. כִּי מוֹרֵי לְהוּ רַב לְתַלְמִידֵיהּ. בִּמְבַשֵּׁל בְּשַׁבָּת הוֹרָאָה בְּיָחִיד, מוֹרֵי לְהוּ כְּרַבִּי מֵאִיר דְּמֵיקֵל. בְּפִירְקָא. בְּיוֹם הַשַּׁבָּת בָּרַבִּים. וְכִי תֵּימָא תְּנָא בְּפִירְקֵיהּ תְּנָא קַמֵּיהּ. בָּרַבִּים הָיָה שׁוֹנֶה מִשְׁנָה זוֹ בְּיוֹם הַדְּרָשָׁה, וְחָיֵישׁ רַב לְעַמֵּי הָאָרֶץ שֶׁלֹּא יִשְׁמְעוּ קוֹלוֹ. אַטּוּ. בְּנֵי הַכְּנֶסֶת הַבָּאִים לִשְׁמוֹעַ מַה שֶּׁהָיָה רַב דּוֹרֵשׁ. לְתַנָּא צַיְיתִי. כְּלוֹמַר, הֵם מַטִּין אוֹזֶן לִשְׁמוֹעַ מִן הַתַּלְמִידִים הַיּוֹשְׁבִים שָׁם וְשׁוֹנִין אִישׁ מִשְׁנָתוֹ לְעַצְמוֹ? לְאָמוֹרָא. שֶׁהָיָה עוֹמֵד בִּפְנֵי רַב וּמַשְׁמִיעַ לָרַבִּים מַה שֶּׁרֹאשׁ הַדְּרָשָׁה לוֹחֵשׁ לוֹ אֵלָיו, הָיוּ שׁוֹמְעִין! עַד כָּאן לָא קָשָׁרֵי ר"מ. אֶלָּא בִּמְבַשֵּׁל בְּשׁוֹגֵג. דְּכֵיוָן דְּאִיסּוּר שַׁבָּת לֵיכָּא, דְּשׁוֹגֵג הוּא אִיסּוּר מוּקְצֶה נָמֵי לֵיכָּא, דִּמְעִיקָּרָא הֲוֵי חֲזֵי לָכוֹס חַיָּה. אֲבָל שׁוֹחֵט בְּשׁוֹגֵג. נְהִי דְּאִיסּוּר שַׁבָּת לֵיכָּא, מִשּׁוּם מוּקְצֶה מִיהָא אֲסוּרָה, דְּבֵין הַשְּׁמָשׁוֹת לֹא הָוְיָא חַזְיָא לָכוֹס. כָּל אֲכִילָה שֶׁלֹּא כְּדַרְכָּהּ קָרֵי "כּוֹסֵס", כְּמוֹ (ברכות דף לז.): "הַכּוֹסֵס אֶת הַחִיטִּין" "הַכּוֹסֵס אֶת הָאוֹרֶז", "כַּס פִּילְפְּלֵי בְּיוֹמָא דְּכִפּוּרֵי" (שם דף לו:). הָא ר"מ שָׁרֵי. מִדְּאִיצְטְרִיךְ לְאוֹקְמַהּ כְּרַבִּי יְהוּדָה, מִכְּלָל דְּקָסָבַר רַב דְּר"מ שָׁרֵי! שֶׁהָיָה

*כָּל נֵרוֹת שֶׁל מַתֶּכֶת מְטַלְטְלִין, חוּץ מִן הַנֵּר שֶׁהִדְלִיקוּ בּוֹ בְּאוֹתָהּ שַׁבָּת. וְדִלְמָא שָׁאנֵי הָתָם, דְּהוּא דָּחֵי לֵיהּ בְּיָדַיִם! אֶלָּא אָמַר רַב אָשֵׁי: רַבִּי יְהוּדָה דִּמְבַשֵּׁל הִיא, *דִּתְנַן: *הַמְבַשֵּׁל בְּשַׁבָּת, בְּשׁוֹגֵג – יֹאכַל, בְּמֵזִיד – לֹא יֹאכַל, דִּבְרֵי רַבִּי מֵאִיר; רַבִּי יְהוּדָה אוֹמֵר: אבְּשׁוֹגֵג – יֹאכַל בְּמוֹצָאֵי שַׁבָּת, בְּמֵזִיד – לֹא יֹאכַל עוֹלָמִית; רַבִּי יוֹחָנָן הַסַּנְדְּלָר אוֹמֵר: בְּשׁוֹגֵג – יֵאָכֵל לְמוֹצָאֵי שַׁבָּת לַאֲחֵרִים וְלֹא לוֹ, בְּמֵזִיד – לֹא יֵאָכֵל עוֹלָמִית, לֹא לוֹ וְלֹא לַאֲחֵרִים. וְנוֹקְמַהּ בְּמֵזִיד, וְרַבִּי מֵאִיר! לֹא סָלְקָא דַּעְתָּךְ, דְּקָתָנֵי דּוּמְיָא דְּיוֹם הַכִּפּוּרִים מָה יוֹם הַכִּפּוּרִים, לָא שְׁנָא בְּשׁוֹגֵג וְלָא שְׁנָא בְּמֵזִיד – לָא אָכֵיל, אַף הָכָא נָמֵי, לָא שְׁנָא בְּשׁוֹגֵג וְלָא שְׁנָא בְּמֵזִיד – לָא אָכֵיל. וּמִי מָצֵית מוֹקְמַתְּ לַהּ בְּשׁוֹגֵג וְרַבִּי יְהוּדָה? וְהָא "אַף עַל פִּי שֶׁמִּתְחַיֵּיב בְּנַפְשׁוֹ" קָתָנֵי! הָכִי קָאָמַר: אַף עַל פִּי דִּבְמֵזִיד מִתְחַיֵּיב בְּנַפְשׁוֹ הוּא, הָכָא דִּבְשׁוֹגֵג שְׁחִיטָתוֹ כְּשֵׁרָה. וְנוֹקְמַהּ כְּרַבִּי יוֹחָנָן הַסַּנְדְּלָר דְּאָמַר: לָא שְׁנָא בְּשׁוֹגֵג וְלָא שְׁנָא בְּמֵזִיד לָא אָכֵיל! רַבִּי יוֹחָנָן הַסַּנְדְּלָר קָמַפְלִיג בְּמוֹצָאֵי שַׁבָּת – לַאֲחֵרִים וְלֹא לוֹ, תְּנָא דִּידַן "שְׁחִיטָתוֹ כְּשֵׁרָה" קָתָנֵי, לָא שְׁנָא לוֹ וְלָא שְׁנָא לַאֲחֵרִים. תָּנֵי תַּנָּא קַמֵּיהּ דְּרַב: *הַמְבַשֵּׁל בְּשַׁבָּת, בְּשׁוֹגֵג – יֹאכַל, בְּמֵזִיד – לֹא יֹאכַל, וּמַשְׁתִּיק לֵיהּ רַב. מַאי טַעְמָא מַשְׁתִּיק לֵיהּ? *אִילֵימָא מִשּׁוּם דִּסְבִירָא לֵיהּ כְּרַבִּי יְהוּדָה, וְתַנָּא תָּנֵי כְּרַבִּי מֵאִיר? מִשּׁוּם דִּסְבִירָא לֵיהּ כְּרַבִּי יְהוּדָה, מַאן דְּתָנֵי כְּרַבִּי מֵאִיר מַשְׁתִּיק לֵיהּ?! וְעוֹד, מִי סָבַר לַהּ כְּרַבִּי יְהוּדָה? וְהָאָמַר רַב חָנָן בַּר אַמֵּי: כִּי מוֹרֵי לְהוּ רַב לְתַלְמִידֵיהּ – מוֹרֵי לְהוּ כְּרַבִּי מֵאִיר, וְכִי דָּרֵישׁ בְּפִירְקָא – דָּרֵישׁ כְּרַבִּי יְהוּדָה, מִשּׁוּם עַמֵּי הָאָרֶץ! וְכִי תֵּימָא: תְּנָא בְּפִירְקֵיהּ תְּנָא קַמֵּיהּ, אַטּוּ כּוּלֵּי עָלְמָא לְתַנָּא צַיְיתִי? לְאָמוֹרָא צַיְיתִי! אָמַר רַב נַחְמָן בַּר יִצְחָק: תַּנָּא, שׁוֹחֵט תְּנָא קַמֵּיהּ דְּרַב: הַשּׁוֹחֵט בְּשַׁבָּת, בְּשׁוֹגֵג – יֹאכַל, בְּמֵזִיד – לֹא יֹאכַל. אֲמַר לֵיהּ: מַאי דַּעְתָּיךְ, כְּרַבִּי מֵאִיר? עַד כָּאן לָא קָשָׁרֵי רַבִּי מֵאִיר אֶלָּא בִּמְבַשֵּׁל, דְּרָאוּי לָכוֹס, אֲבָל שׁוֹחֵט דְּאֵין רָאוּי לָכוֹס – לָא! וְהָא מַתְנִיתִין, דְּשׁוֹחֵט הוּא, *וְאָמַר רַב הוּנָא, דָּרַשׁ חִיָּיא בַּר רַב מִשְּׁמֵיהּ דְּרַב: אֲסוּרָה בַּאֲכִילָה לְיוֹמָא, וְנִסְבִין חַבְרַיָּא לְמֵימַר רַבִּי יְהוּדָה הִיא; הָא רַבִּי מֵאִיר שָׁרֵי! כִּי שָׁרֵי רַבִּי מֵאִיר, כְּגוֹן

הַמְבַשֵּׁל בשבת בשוגג יאכל. אפילו ב] בו ביום, דר"מ לא קניס כלל שוגג אטו מזיד, כדמוכח ב"הניזקין" (גיטין נג.). ובפ' "כירה" (שבת דף לח.) נמי משמע דשרי בו ביום, גבי הא דבעי מרבי חייא בר אבא: שכח קדירה ע"ג כירה כו'. במזיד לא יאכל – לא הוא ולא אחרים בו ביום, אבל במוצ"ש שרי אפי' לדידיה, מדבעי לאוקמי מתניתין ר"מ ובמזיד, ומתניתין דומיא דיוה"כ קתני, דאסור בו ביום בין לו בין לאחרים, ו"שחיטתו כשרה" קתני, לא שנא לו ולא שנא לאחרים, כדאמרינן בסמוך. ועוד, אי במזיד לא יאכל עולמית לר"מ, א"כ היינו מזיד דרבי יהודה כמו שאפרש. וכן שוגג דרבי יהודה, דהא מוקי מתניתין בשוגג ורבי יהודה, ובמזיד לא יאכל עולמית הוא, אבל אחרים אוכלים למוצאי שבת, דאי לא יאכלו עולמית – א"כ היינו מזיד דרבי יוחנן הסנדלר. ועוד, דב"מרובה" (ב"ק דף עא.) מוקי דרבנן דפטרו בטובח בשבת מתשלומי ד' וה' כרבי יוחנן הסנדלר, ולא מוקי לה כר' יהודה. ובעי נמי התם מאי טעמא דר' יוחנן הסנדלר, ולא בעי ג] מ"ט דר' יהודה. כללא דמילתא: מזיד דר"מ – שוגג דר' יהודה, מזיד דרבי יהודה – שוגג דרבי יוחנן הסנדלר. **מורי** להו כר"מ. משמע שכן הלכה. וכן דרש רבא בפ' "כירה" (שבת דף לח. ע"ש) כר"מ. וקשה מכאן לפי' הקונטרס דבריש "אין לדין" (ביצה דף כד:) גבי גוי שהביא דורון לישראל, אם יש מאותו המין במחובר – אסורין, ולערב נמי אסורין בכדי שיעשו. ופירש הקונט' דטעמא דאסורין בכדי שיעשו – כדי שלא יהנה ממלאכת י"ט. והרי מבשל בשבת, דבשוגג יאכל אע"ג דנהנה ממלאכת שבת! ומיהו י"ל: דאין נהנה כ"כ, כיון דבלאו בישול ראוי לכוס. אבל קשה משוחט בשבת בשוגג, דיאכל לר"מ היכא דהיה לו חולה מבעוד יום והבריא כדאמרינן בסמוך, משום דלא הוי מוקצה, ולא אסר מטעם שנהנה ממלאכת שבת! א) וי"ל: דבמילתא דלא שכיח לא גזרו ד). **כי** שרי ר"מ כגון שהיה לו חולה מבעוד יום. ואו"ת: ונוקי מתניתין בשוגג ור"מ, ולא היה לו חולה כלל! וי"ל: דדומיא דיוה"כ קתני, דאסור אף על גב דהיה לו חולה. ואו"ת: והא על כרחך לא הוה לגמרי דומיא דיוה"כ, דבשבת אם לא הבריא מותר אפי' לרבי יהודה! וי"ל: דבמקום ששייך היתר קא מדמה שבת ליוה"כ, כדתני "אע"פ שמתחייב בנפשו". כגון

קד א מיי' פ"ו מהל' שבת הלכה כג סמג לאוין סה טוש"ע א"ח סימן שיח סעיף א:

שבת מד.

ב"ק עא. גיטין נג: ביצה יז: תרומות פ"ב מ"ג שבת לח. כתובות לד. [תוס' דשבת פ"ג]

[נ"ל דתניא וכן איתא בגיטין ועמ"ש שם]

עי' רש"ל ורש"א

[תרומות פ"ב מ"ג]

[שבת קכ:]

[לעיל יז.]

הגהות הב"ח

(א) רש"י ד"ה במזיד וכו' אי מה קדש אסור בהנאה אף מעשה שבת אסורין בהנאה ת"ל לכם שלכם יהא יכול אפילו בשוגג:

הגהות מהר"ב רנשבורג

א] תד"ה מורי וכו' וי"ל דבמילתא דלא שכיח. נ"ב עי' ב"ח באורח חיים סי' שי"ח מ"ש בזה:

שיטה מקובצת

א] הדולק בשבת. נ"ב שהדליקו בו באותו שבת: ב] המבשל בשבת בשוגג יאכל אפי' הוא ואפי' בו ביום דר"מ: ג] ולא בעי נמי מ"ט: ד] דבמלתא דלא שכיח לא גזרו ביה רבנן והס"ד:

רבינו גרשום

כל הנרות של מתכת מטלטלין כו'. והא הכא בנרות של מתכת של זהב ושל כסף ושל נחשת אין בו משום מיאום וקאמר דמוקצה מחמת איסור שהדליקו בו באותה שבת: שאני הכא דדחייה בידים כלומר דלא רצה לנגוע בו כלל אבל במקום אחר הוא אומר דמותר ולאו הלכה זה כמותו א) דאמרי' אסור באכילה ליומיה אלא מהלכה דמבשל כלומר דרבי יהודה סבר בשוגג יאכל במוצאי שבת אבל שבת עצמה אסור וכך הכא הוא אמר דאסור: ונוקמה במזיד ורבי מאיר כלומר מתנית' דאומר דאסורה באכילה נוקמה ששחט במזיד ורבי מאיר דהוא א' במזיד לא יאכל. לא ס"ד דקתני במתנית' (דאמר) השוחט בשבת ויוה"כ ודומיא דיוה"כ מה יוה"כ לא שנא שוגג (לאיסור) [ל"ש מזיד לא אכיל] ה"נ לא אכיל: ומי מצית מוקמת [לה] בשוגג ור' יהודה. והא מתנית' אע"פ שמתחייב בנפשו [קתני] ב) במזיד הכא בשוגג שחיטתו כשרה ויכול לאוקמי כר' יהודה: ר' יוחנן הסנדלר קא מפליג וכו' הכא שחיטתו כשרה לא שנא לו ולא שנא לאחרים כלומר שמותרת למוצאי שבת אפי' מזיד ולא יכול לאוקמי כר' יוחנן הסנדלר: משום דסבירא ליה כרבי יהודה ותנא הוא תני כר' מאיר לעיל המחלוקת ומשום דרב סבר ליה כרבי יהודה וכו': ומי סבר לה רב כרבי יהודה והאמר רב חנן בר אמי וכו' כלומר וכך הלכה כרבי מאיר ומ"ט משתיק וכי תימא משום עמי הארץ בשעת המדרש קרא תנא קמיה דרב קמי כולי עלמא כלומר בפני עמי הארץ משום קולותא דע"ה לתנא צייתי כלומר ועדיין מ"ט משתיק אותו אמר רב נחמן שוחט תנא קמיה לפי שהמבשל ראוי לכוס כלומר לאכול בלשון לעז משיך אבל שוחט ואינו ראוי לכוס כלומר דבשחיטה קימי ושחיטה אסורה ביום. לא כגון

א) נראה דצ"ל אלא הא דאמרינן דאסורה באכילה ליומיה ר"י הוא ומשמע לה מהלכה דמבשל כלומר וכו'. ב) נ"ל הכי קאמר אע"פ דבמזיד מתחייב בנפשו הכא בשוגג וכו'.

כגון שהיה לו חולה מבעוד יום. אי הכי, מאי טעמא דרבי יהודה דאסר? כגון שהיה לו חולה והבריא. וכי הא דאמר רב אחא בר אדא אמר רב, ואמרי לה אמר רבי יצחק בר אדא אמר רב: השוחט לחולה בשבת — אסור לבריא, המבשל לחולה בשבת — מותר לבריא; מאי טעמא? האי ראוי לכוס, והאי אינו ראוי לכוס. אמר רב פפא: פעמים שהשוחט מותר — כגון שהיה לו חולה מבעוד יום, מבשל אסור — כגון שקצץ לו דלעת. אמר רב דימי מנהרדעא, הלכתא: השוחט לחולה בשבת [א] — מותר לבריא באומצא, מ"ט? כיון דאי אפשר לכזית בשר בלא שחיטה, כי קא שחיט — אדעתא דחולה קא שחיט; המבשל לחולה בשבת — אסור לבריא, גזירה שמא ירבה בשבילו.§ **מתני'** *השוחט במגל יד, בצור, ובקנה — שחיטתו כשרה. הכל שוחטין, ובכל שוחטין, ולעולם שוחטין, *חוץ ממגל קציר והמגירה והשינים והציפורן, מפני שהם חונקין.§ **גמ'** "השוחט" — דיעבד אין, לכתחלה לא. בשלמא במגל יד — דלמא אתי למעבד באידך גיסא, אלא צור וקנה לכתחלה לא? ורמינהי: *בכל שוחטין, בין בצור, בין בזכוכית, בין בקרומית של קנה! לא קשיא: כאן בתלוש, כאן במחובר. דאמר רב כהנא: השוחט במחובר לקרקע — רבי פוסל ור' חייא מכשיר; עד כאן לא קא מכשיר רבי חייא אלא בדיעבד, אבל לכתחלה לא. במאי אוקימתא? כרבי חייא ודיעבד. אלא הא דתניא, *בכל שוחטין: בין בתלוש, בין במחובר, *בין שהסכין למעלה וצואר בהמה למטה, בין שהסכין למטה וצואר בהמה למעלה, מני? לא רבי ולא ר' חייא; אי ר' חייא — דיעבד אין, לכתחלה לא, אי רבי — דיעבד נמי לא! לעולם רבי חייא, ואפילו לכתחלה, והאי דקמיפלגי בדיעבד להודיעך כחו דרבי. ואלא מתניתין דקתני "השוחט" — דיעבד אין, לכתחלה לא, מני? לא רבי ולא רבי חייא; אי רבי חייא — אפילו לכתחלה, אי רבי — דיעבד נמי לא! לעולם רבי חייא, ואפילו לכתחלה, ומתניתין דקתני "השוחט" — רבי היא. קשיא דרבי אדרבי! לא קשיא: כאן במחובר מעיקרו, כאן בתלוש ולבסוף חיברו. ומנא תימרא דשני לן בין מחובר מעיקרו לתלוש ולבסוף חיברו? דתניא: השוחט במוכני — שחיטתו כשרה, *במחובר לקרקע — שחיטתו כשרה; *נעץ סכין בכותל ושחט בה — שחיטתו כשרה, *היה צור יוצא מן הכותל או [א] קנה עולה מאליו ושחט בו — שחיטתו פסולה; קשיין

רש"י

שהיה לו חולה. מע"ש. דכיון דשוגג הוא כדאוקמינן, וליכא איסור שבת — איסור מוקצה נמי ליכא, דעומדת לשחיטה היתה בין השמשות, ואפילו בשבת, משום דחולי דפיקוח נפש דוחה את השבת. מ"ט דרבי יהודה. הא ליכא, וכ"ש בשוגג! והבריא. היום בשבת. איסור מוקצה ליכא, דהא בין השמשות חולה היה, הלכך לר"מ דלאו משוי שוגג דאיסור שבת — שרי, ולרבי יהודה אסור, דאיסור שבת דשוגג איכא, דהא הבריא. וכי הא. כלומר, הא דאוקימנא דמשום איסור מוקצה שמתקיף רב לתנא, ואע"ג דבאיסור שבת שוגג הוה, היינו כי הא דאמר רב. השוחט לחולה. שנחלה ביום השבת. אסור. לאכול בריא מאותה בהמה בו ביום. דאע"ג דאיסור שבת ליכא, דפיקוח נפש דוחה את השבת, איסור מוקצה מיהא איכא, דבין השמשות מוקצה הואי, ולא היתה [ג] ראויה לישחט בשבת, דהא עדיין לא היה חולה. המבשל. בשר שהיתה שחוטה מאתמול, ובשלה היום לחולה שנחלה היום — מותר לבריא. מ"ט האי. בשר הוה חזי להאי בריא בין השמשות לכוס חי, הילכך אין כאן איסור מוקצה. ואיסור שבת נמי אין כאן, דהא לחולה בשלה. והאי. שוחט לא היה בין השמשות ראוי לכוס, ואיכא איסור מוקצה, אע"ג דאיסור שבת ליכא. פעמים שהשוחט. לחולה מותר לבריא לכוס, כגון שהיה לו חולה מבעוד יום, דאין כאן לא איסור מוקצה ולא איסור שבת. והמבשל. לחולה שנחלה היום, אסור לבריא. כגון שקצץ דלעת. מן המחובר ובשלה לו. דיש כאן איסור מוקצה, דמחוברת היתה בין השמשות. ואית דמפרשי בדלעת תלושה, ומוקצה דידה משום דקשה היא. ולא היא, חדא דדלעת רכה היא יותר מן הבשר. ועוד, [ג] "קצץ" — מן המחובר משמע, דאי בתלושה לא שייך קצירה אלא חיתוך [ד], כגון (שבת דף קנו:) "מחתכין את הדילועין לפני הבהמה". הלכתא השוחט לחולה בשבת. לחולה מבעוד יום. באומצא. לכוס. אדעתא דחולה קא שחיט. וליכא למגזר שמא ירבה בשחיטה בשביל בריא, דהא משום ההוא זית דחולה בעי למשחט כולה. **מתני'** במגל יד. רפס"א בלע"ז, ויש לה שתי פיות, האחת חלקה כסכין והאחת יש בה פגימות. הכל שוחטין ובכל שוחטין. כולה מפרש בגמרא. מגל קציר. שקוצרין בה התבואה, פלציל"א בלע"ז, שפגימותיה נוטות כולן לצד אחד בשיפוע. מגירה. סכין מלא פגימות, ואין משופעות כשל מגל קציר אלא מכוונות, שיש לפגימה מורשא מכאן ומכאן כסתם פגימות. אוגרת ומגירה בלע"ז סייג"א. שינים. המחוברים בלחי של בהמה. והצפורן. מחוברת. שהם חונקין. שאין חותכין, אלא קורעין מחמת הפגימות. והאי חונקין — אשארא קאי ולאו אצפורן, דטעמא דצפורן מפרש בגמרא משום מחובר. **גמ'** דלמא אתי למעבד באידך גיסא. במקום הפגימות. ושמעינן מהא דסכין פגומה ויש בה כדי לשחוט מן הפגם ולהלן — אסור לשחוט בה לכתחלה, דהא הכא גזרינן משום אידך גיסא, וכל שכן הכא דבההיא גיסא גופה פגומה. קרומית = גלע של קנה. רבי פוסל. לקמן נפקא לן מ"ויקח את המאכלת". ורבי חייא מכשיר. ומתניתין דקתני שחיטתו כשרה לא מתוקמא כרבי אלא כרבי חייא, ולכתחלה מיהת לא שחטינן, ואשמועינן מתני' דעד כאן כו'. בין שהסכין למעלה. כעין כל השחיטות. ובין שהסכין למטה וצואר בהמה למעלה. ולא חיישינן שמא יכבד הצואר על הסכין ויתיז בבת אחת קודם שיוליך ויביא. לעולם רבי חייא ואפי' לכתחלה. נמי מכשר. קשיא דרבי אדרבי. דהא קתני בברייתא רבי פוסל, דמשמע דיעבד. מחובר מעיקרו. פוסל ואפילו בדיעבד. במוכני. גלגל שקורין טו"ר, והשכיב בו הסכין חודו למעלה, וגלגל ושחט. נעץ סכין בכותל. והוליך והביא צואר בהמה עליה.

תוספות

כגון שהיה לו חולה והבריא. וא"ת: אם יש מוקצה לחצי שבת, אמאי שרי לר"מ בשוחט לחולה והבריא? ור' יהודה נמי, אמאי לא אסר משום מוקצה? דלא אסר אלא משום דקניס שוגג אטו מזיד, כדאמרינן ב"הניזקין" (גיטין נג:). דבעיא היא בשילהי אין לדין (ביצה דף כו:) אם יש מוקצה לחצי שבת אם לאו! וי"ל: כיון שרגילות הוא שחוזר לחוליו — לא הוי מוקצה, כמו גמרו בידי אדם דשרי התם. אי נמי, רב גופיה מספקא ליה דשמא אין מוקצה לחצי שבת. ולהכי לא אוקמיה כר"מ אלא כר' יהודה, דאסר משום דקניס שוגג אטו מזיד. כגון שקצץ לו דלעת. פירש בקונטרס: מדנקט "קלך" משמע דאיירי מן המחובר. וקשה: דא"כ מאי איריא מבשל? אפילו כי לא נתבשל נמי אסור! ואומר ר"ת: דבתלושה איירי, ושייך נמי בתלושה לשון קלילה, כמו "כאן קילך בן עזאי תורמוסי תרומה" בפ' "במה מדליקין" (שבת דף לד.). ובריש פרק "אחד דיני ממונות" (סנהדרין דף לג:): "אדמוקדך יקוד קוץ קרך ולי", דבתלושה איירי. והא דלא נקט לשון חתיכה, כדתנן (שבת דף קנו:): "מחתכין את הדילועין" — א] לפי שדרך לקוצצן בחתיכות גדולות כשבאין לבשל שייך בו לשון קלילה. ומבשל אסור — משום דדלעת לא חזיא לכוס, כדאמרינן במס' תמיד (דף כז:): כל מידי לא תפלט קמי רבך בר מקרא חייא, דכפתילה של אבר דמיא. וא"ת: והא חזיא לבהמה, ומוכן לכלבים הוי מוכן לאדם, כדמסיק בפ"ק דביצה (דף ו:) גבי אפרוח שנולדה בי"ט! וי"ל: כיון דדלעת עומדת לאדם ואינה ראויה לאדם — הוי מוקצה, אע"ג דחזיא לבהמה. **אלא** צור וקנה לכתחלה לא. וא"ת: ודלמא נקט לשון דיעבד משום מגל יד, כדאשכחן בריש "כל הפסולין" (זבחים דף לב.) דנקט "ששחט" משום טמא, אע"ג דזרים ונשים ועבדים שוחטין לכתחלה! וי"ל: דהתם ניחא ליה למינקט כל הפסולין בעבודה יחד, דשחיטה כשרה, אבל כאן — מה לו לשנות יחד כשרים לכתחלה עם כשרים בדיעבד? וא"ת: דבפ' "חבית" (שבת קמז.) קתני: "הרוחץ" דיעבד, משום מי מערה, אע"ג דחמי טבריא אפי' לכתחלה! וי"ל: דמש"ה קתני חמי טבריא בהדי מי מערה — למידק נמי דמי מערה חמין דומיא דמי טבריא, כדאמר התם*. **ורמינהי** בכל שוחטין בין בצור. הוה מצי למימר: בשלמא קנה אקנה לא קשיא, הא בסימוניא דאגמא הא בשאר קנה, כמו שמחלק לקמן (דף טז:). אלא צור אצור קשיא. **להודיעך** כחו דרבי. ולא חייש לאשמועי' כח דהיתירא דרבי חייא, דכבר אשמועינן בברייתא דבכל שוחטין בין בתלוש בין במחובר. **כאן** במחובר מעיקרו. לעיל גבי רבי חייא לא הוה מצי לשנויי הכי. דכיון דמחובר מעיקרו כשר בדיעבד, למה יאסור לכתחלה? דאי משום שמא ידרוס, א"כ תלוש ולבסוף חיברו נמי! **או** שהיה קנה עומד מאליו. לאו למעוטי נטעו אדם קאתי, דההוא נמי חשיב מחובר מעיקרו. דאפי' למאן דאמר המשתחוה לבית אסרו ה] — המשתחוה לאילן לא אסרו, אלא תוספת דוקא. ולא נקט הכא עולה מאליו אלא לגלות על צור היוצא מן הכותל, דאיירי בכותל מערה, דומיא דקנה העומד מאליו.

עין משפט נר מצוה

א מיי' פ"ב מהל' שבת הל' ט טוש"ע א"ח סי' שיח סעיף ג:

קה א מיי' פ"א מהל' שחיטה הל' כב סמג עשין סג טוש"ע י"ד סי' ו סעיף א:

קו ב מיי' שם הל' כח סמג שם טוש"ע י"ד סימן יא סעיף א:

קז ג מיי' שם הל' יד סמג שם טוש"ע י"ד סימן ו סעיף א:

קח ד מיי' שם הל' יט ועי' כ"מ טוש"ע שם סעיף ב:

קט ה ו ז מיי' שם הל' יב כב טוש"ע שם סעי' א:

קי ח ט מיי' שם הלכה יט כ טוש"ע שם סעיף ב:

קיא י מיי' שם הל' יג סמג שם טוש"ע י"ד סי' ז:

קיב כ מיי' שם הל' ח סמג שם טוש"ע שם סימן ו סעיף ד:

מסורת הש"ס

ב"ק מח: | [לקמן יח.] | ב"ק מח: [לעיל ג. לקמן טז: ז. קדושין נז: תוספתא פ"א] | [תוספתא פ"א] | [לקמן טז:] | [ועי' היטב תוס' שבת קמ. ד"ה רוחצין ותוס' שם קמז. ד"ה דיעבד] | [לקמן טז:] | [שם] | [שם]

שיטה מקובצת

א] צור יוצא מן הכותל או שהיה קנה עולה מאליו: ב] מוקצה הואי ולא היתה עומדת לישחט בשבת: ג] מן המחובר: ד] אלא חיתוך כמו מחתכין את הדלועין: ה] המשתחוה לאילן לא אסרו אלא תוספת דוקא. נ"ב עי' פ' כל הצלמים דף מח ע"א. ועיין תוס' שם דף מח ע"ב:

גליון הש"ס

תוס' ד"ה כגון כו' וי"ל כיון דדלעת עומדת לאדם. לפ"ז למאי נדחקו לעיל דף יד ע"א ד"ה מחתכין הא בפסעיות י"ל בתלושה ותליא ספיר בפלוגתא דר"י ור"ש דר"ש היה עומד לאדם וכיון דלא יש"ל בשבת הוי מוקצה ובשבת לאחתו לכלבים נעשה עתה מוכן לבהמה והוי כמו נגבלה דפליגי אי אמרינן מגו דאתקצאי לבין השמשות וכו':

הגהות מהר"ב רנשבורג

א] תד"ה כגון שקצץ וכו' לפי שדרך לקוצצן בחתיכות גדולות. מלת גדולות נמחק. ונ"ב קטנות כצ"ל לענ"ד ועיין חידושי רשב"א ושם מוכרח הכי:

רבינו גרשום

כגון שהיה לו חולה מבעוד יום: כלומר מע"ש היה חולה שיש לו סכנה דראוי לחלל עליו את השבת: אמר רבא פעמים שהשוחט [בשבת] מותר לבריא כלומר מה שנותר לחולה מן הבשר כגון שהיה לו חולה מע"ש ומוכנת היה לשחוט מע"ש ולא

הבריא החולה ומבשל אסור כגון שקצץ לו דלעת במחובר דלא היה ראוי מע"ש וביום השבת קצץ ובישל ועכשיו עשה איסורא: אמר רב דימי הילכך השוחט לחולה בשבת וכו' באומצא חי לכוס כלומר חתיכה קטנה של בשר: במגל יד סכין של פועלים שחותכין הכרמים שמקופל ראשו לפניו לחתוך חפציו: דילמא אתי למעבד באידך גיסא שהיא עשויה כמו ברזל ואתי לידי דרסה: לא קשיא כאן בתלוש כשרה כאן במחובר [פסולה]: להודיעך כחו דרבי דאפילו בדיעבד פוסל קשיא דרבי אדרבי דמתנית' א' השוחט במחובר דאיעבד כשרה (ור' פוסל) והכא א) במחובר לקרקע ודאיעבד ופוסל וכו': במוכני. כלומר גלגל שקשר הסכין במוכני ודרך גלגול שהיה מגלגלו שחט ועכשיו כיון דבא מכח אדם שחיטתו כשרה: קשיין אהדדי רישא וסיפא כלומר דרישא משמע במחובר לקרקע שחיטתו כשרה וסיפא א' היה צור יוצא מן הכותל וכו' כלומר דמחובר הוא ופסול: אלא

א) נראה דצ"ל והכא בברייתא פוסל רבי במחובר לקרקע אפי' דיעבד.

קַשְׁיָין אַהֲדָדֵי! אֶלָּא לָאו שְׁמַע מִינַּהּ: אִשְׁתַּנֵּי בֵּין מְחוּבָּר מֵעִיקָּרוֹ לְתָלוּשׁ וּלְבַסּוֹף חִבְּרוֹ, שְׁמַע מִינַּהּ. אָמַר מָר: הַשּׁוֹחֵט בְּמוּכְנִי – שְׁחִיטָתוֹ כְּשֵׁרָה. וְהָתַנְיָא: שְׁחִיטָתוֹ פְּסוּלָה! ל"ק: הָא בְּסַרְנָא דְּפַחְרָא, הָא בְּסַרְנָא דְּמַיָּא. וְאִיבָּעֵית אֵימָא: הָא וְהָא בְּסַרְנָא דְּמַיָּא, וְלָא קַשְׁיָא: הָא בְּכֹחַ רִאשׁוֹן, הָא בְּכֹחַ שֵׁנִי. וְכִי הָא *דְּאָמַר רַב פָּפָּא: הַאי מַאן דִּכְפִתֵיהּ לְחַבְרֵיהּ וְאַשְׁקִיל עֲלֵיהּ בִּידְקָא דְּמַיָּא וּמִית – חַיָּיב, מ"ט? גִּירֵי דִּידֵיהּ הוּא דְּאַהֲנֵי בֵּיהּ; וְה"מ בְּכֹחַ רִאשׁוֹן, אֲבָל בְּכֹחַ שֵׁנִי – גְּרָמָא בְּעָלְמָא הוּא. *יָתֵיב רַב אַחוֹרֵיהּ דְּרַבִּי חִיָּיא, וְרַבִּי חִיָּיא קַמֵּיהּ דְּרַבִּי, וְיָתֵיב רַבִּי וְקָאָמַר: מִנַּיִן לִשְׁחִיטָה שֶׁהִיא בְּתָלוּשׁ? שֶׁנֶּאֱמַר: "וַיִּקַּח אֶת הַמַּאֲכֶלֶת לִשְׁחֹט". א"ל רַב לְרַבִּי חִיָּיא: מַאי קָאָמַר? א"ל: *וי"ו דִּכְתִיב אַאוּפְתָּא קָאָמַר. וְהָא קְרָא קָאָמַר! קְרָא וּרְיוּזִתֵיהּ דְּאַבְרָהָם קמ"ל. אָמַר רָבָא: פְּשִׁיטָא לִי, תָּלוּשׁ וּלְבַסּוֹף חִבְּרוֹ, לְעִנְיַן עֲבוֹדָה זָרָה – הָוֵי תָּלוּשׁ, *דְּאָמַר (א) מָר: הַמִּשְׁתַּחֲוֶה לְבַיִת שֶׁלּוֹ – אֲסָרוֹ; וְאִי ס"ד הָוֵי מְחוּבָּר – "אֱלֹהֵיהֶם עַל הֶהָרִים" וְלֹא הֶהָרִים אֱלֹהֵיהֶם. לְעִנְיַן הֶכְשֵׁר זְרָעִים – תַּנָּאֵי הִיא, *דִּתְנַן: הַכּוֹפֶה קְעָרָה עַל הַכּוֹתֶל בִּשְׁבִיל שֶׁתּוּדַח – הֲרֵי זֶה בְּ"כִי יוּתַּן", בִּשְׁבִיל שֶׁלֹּא יִלְקֶה הַכּוֹתֶל אֵינוֹ – בְּ"כִי יוּתַּן". הָא גּוּפָא קַשְׁיָא, אָמְרַתְּ: בִּשְׁבִיל שֶׁתּוּדַח – הֲרֵי זֶה בְּ"כִי יוּתַּן", הָא בִּשְׁבִיל שֶׁיּוּדַח הַכּוֹתֶל – אֵין זֶה בְּ"כִי יוּתַּן"; וַהֲדַר תָּנֵי: בִּשְׁבִיל שֶׁלֹּא יִלְקֶה הַכּוֹתֶל – אֵינוֹ בְּ"כִי יוּתַּן", הָא בִּשְׁבִיל שֶׁיּוּדַח הַכּוֹתֶל – ה"ז בְּ"כִי יוּתַּן"! א"ר אֶלְעָזָר: תַּבְרָא, מִי שֶׁשָּׁנָה זוֹ לֹא שָׁנָה זוֹ. רַב פָּפָּא אָמַר: כּוּלָּהּ חַד תַּנָּא הוּא, הָא – בְּכוֹתֶל מְעָרָה, הָא – בְּכוֹתֶל בִּנְיָן, וה"ק: הַכּוֹפֶה קְעָרָה עַל הַכּוֹתֶל בִּשְׁבִיל שֶׁתּוּדַח – ה"ז בְּ"כִי יוּתַּן", הָא בִּשְׁבִיל שֶׁיּוּדַח הַכּוֹתֶל – אֵין זֶה בְּ"כִי יוּתַּן"; *בד"א – בְּכוֹתֶל מְעָרָה, אֲבָל בְּכוֹתֶל בִּנְיָן, בִּשְׁבִיל שֶׁלֹּא יִלְקֶה הַכּוֹתֶל – הוּא דְּאֵינוֹ בְּ"כִי יוּתַּן", הָא בִּשְׁבִיל שֶׁיּוּדַח הַכּוֹתֶל – ה"ז בְּ"כִי יוּתַּן". בָּעֵי רָבָא: תָּלוּשׁ

רש"י

קַשְׁיָין אַהֲדָדֵי. דְּקָתָנֵי רֵישָׁא: בִּמְחוּבָּר לַקַּרְקַע שְׁחִיטָתוֹ כְּשֵׁרָה, אַלְמָא בִּדְעָבַד שַׁפִּיר דָּמֵי. וַהֲדַר תָּנֵי: "הָיָה נוֹר יוֹצֵא" כו'. אֶלָּא לָאו ש"מ כו'. וְהָא מַתְנִיתִין רַבִּי הִיא, דְּאִי רַבִּי חִיָּיא – אֲפִילּוּ לְכַתְּחִלָּה מַכְשִׁיר. צוּר יוֹצֵא מִן הַכּוֹתֶל. הַיְינוּ מְחוּבָּר מֵעִיקָּרוֹ, דְּמוֹקְמִינַן לֵיהּ לְקַמָּן בְּכוֹתֶל מְעָרָה, שֶׁלֹּא נִבְנָה הַכּוֹתֶל ע"י אָדָם, אֶלָּא חוֹקֵק בַּקַּרְקַע וְהַכּוֹתֶל עוֹמֵד מֵאֵלָיו. וְרֵישָׁא בְּתָלוּשׁ וּלְבַסּוֹף חִבְּרוֹ. וְהַאי דַּהֲדַר תָּנָא: קָנֶה סַכִּין בַּכּוֹתֶל, אִיצְטְרִיךְ לְאַשְׁמוּעִינַן דַּאֲפִילּוּ עַל גַּב דְּלָא מְבַטֵּל לֵיהּ, אֲפִילּוּ הָכִי לְכַתְּחִלָּה לֹא יִשְׁחוֹט ג]. קָנֶה עוֹמֵד מֵאֵלָיו – שֶׁלֹּא נְטָעוֹ אָדָם שָׁם, אֶלָּא מֵעַצְמוֹ עָלָה. בְּסַרְנָא דְּפַחְרָא. גַּלְגַּל שֶׁל יוֹצְרִים שֶׁל חֶרֶס, וְיֵשׁ לָהֶם מוּכְנִי שֶׁמְּגַלְגְּלִין בּוֹ כְּשֶׁמְּחַקְּקִין אֶת הַכֵּלִי. פַּחְרָא = חֶרֶס, וְחַבֵּירוֹ בְּדָנִיֵּאל (ב) בַּחֲלוֹמוֹ שֶׁל נְבוּכַדְנֶצַּר "חֲסַף דִּי פֶחָר". סַרְנָא דְּפַחְרָא. שְׁחִיטָתוֹ כְּשֵׁרָה, שֶׁאָדָם מְגַלְגְּלוֹ. דְּמַיָּא. שְׁחִיטָתוֹ פְּסוּלָה, שֶׁהַמַּיִם מְגַלְגְּלִין אוֹתוֹ וְאֵין שְׁחִיטָה זוֹ מִכֹּחַ אָדָם, וּתְנַן לְקַמָּן (דף לא.): נָפְלָה וְשָׁחֲטָה – שְׁחִיטָתוֹ פְּסוּלָה, דִּכְתִיב: "וְזָבַחְתָּ וְאָכַלְתָּ" – מַה שֶּׁאַתָּה זוֹבֵחַ אַתָּה אוֹכֵל כו'. בְּכֹחַ רִאשׁוֹן. מִיָּד כְּשֶׁנָּטַל הַדַּף הַמְעַכֵּב אֶת הַמַּיִם וְהִתְחִיל לְגַלְגֵּל, וּבִתְחִלַּת גִּלְגּוּלוֹ שָׁחַט ד] מִכֹּחַ אָדָם שֶׁנָּטַל הַדַּף. בְּכֹחַ שֵׁנִי. לְאַחַר שֶׁגִּלְגְּלוֹ הַמַּיִם אֶת הַגַּלְגַּל פַּעַם רִאשׁוֹנָה וּשְׁנִיָּה. דִּכְפִתֵיהּ. קְשָׁרוֹ. דְּאַשְׁקִיל עֲלֵיהּ בִּידְקָא דְּמַיָּא. שֶׁהִפְנָה הַמַּיִם לַעֲבוֹר עָלָיו וְנִיצְרוּהוּ. חַיָּיב. דַּהֲרָגוֹ מַמָּשׁ בְּאוֹתָן הַמַּיִם, וְהֵן הֵן כְּלֵי זַיְינוֹ, וְלָא הָוֵי גְּרָמָא. בְּכֹחַ רִאשׁוֹן. שֶׁקְּשָׁרוֹ סָמוּךְ לִשְׂפַת הַמַּיִם, וְכֵיוָן שֶׁנִּפְסַק גֶּדֶר בִּשְׂפַת הַמַּיִם מִיָּד בָּאוּ הַמַּיִם לְפִיו. אֲבָל בְּכֹחַ שֵׁנִי. שֶׁקְּשָׁרוֹ בְּרָחוֹק וְהַמַּיִם הָלְכוּ שָׁם, אע"פ שֶׁהוּא נָקַב הַגֶּדֶר וְהָלְכוּ לְשָׁם – פָּטוּר, דִּגְרָמָא בְּעָלְמָא הוּא. מַאי קָאָמַר. הֵיכִי לֵיתֵי טַעְמָא מֵהָכָא? אָמַר לֵיהּ וי"ו דִּכְתִיב אַאוּפְתָּא קָאָמַר. כְּלוֹמַר, טַעַם שֶׁאֵינוֹ נָכוֹן קָאָמַר, כְּמוֹ שֶׁכּוֹתֵב וי"ו עַל הַבְּקִיעַת ה], וְכוּלָּהּ מְגוּפֶּתֶת לִפְרָקִים מִפְּנֵי שֶׁיֵּשׁ הַבְּקִיעַת שֶׁהֵן עֲשׂוּיִין חֲרִיצִין חֲרִיצִין וְאֵינָהּ חֲלָקָה. לָשׁוֹן אַחֵר: אוֹתָן חֲרִיצִין קָרֵי וי"ו. רַבִּי חִיָּיא לְטַעֲמֵיהּ, דְּמַכְשִׁיר לְעֵיל שְׁחִיטָה בִּמְחוּבָּר. וּקְפָרֵיךְ גְּמָרָא: וְהָא קְרָא קָאָמַר. קְרָא וּרְיוּזִתֵיהּ דְּאַבְרָהָם קמ"ל. חָשַׁשׁ וְנִזְהַר שֶׁמָּא לֹא יִמְצָא נוֹר אֲפִילּוּ מְחוּבָּר, וְהֵבִיא עִמּוֹ מַאֲכֶלֶת. ל"א: רַב לֹא שָׁמַע דְּבָרָיו שֶׁל רַבִּי, אֶלָּא מִקְרָא שָׁמַע יוֹצֵא מִפִּיו וְלֹא יָדַע עַל מָה, וַאֲמַר לֵיהּ רַב לְרַבִּי חִיָּיא: מַאי קָאָמַר רַבִּי? אֲמַר לֵיהּ: טַעַם הֵבִיא לִשְׁחִיטָה שֶׁנִּפְסְלָה בִּמְחוּבָּר ו] וּמִן הַמִּקְרָא, אֲבָל אֵינוֹ עִיקָּר. אָמַר לֵיהּ: וְהָא קְרָא קָאָמַר כו'. לְעִנְיַן עֲבוֹדָה זָרָה. דְּקַיְימָא לָן (ע"ז דף מה:) שֶׁעוֹבֵד אֶת הֶהָרִים אֵינָן נֶאֱסָרִים הֶהָרִים בְּכָךְ, דִּכְתִיב: "אֶת אֱלֹהֵיהֶם עַל הֶהָרִים" – ז] וְלֹא הֶהָרִים אֱלֹהֵיהֶם – ה"ה הַר דִּמְחוּבָּר מֵעִיקָּרוֹ. אֲבָל תָּלוּשׁ וּלְבַסּוֹף חִבְּרוֹ, וּמִשֶּׁחִבְּרוֹ עֲבָדוֹ – נֶאֱסָר מִשּׁוּם "לֹא יִדְבַּק בְּיָדְךָ". הַמִּשְׁתַּחֲוֶה לְבַיִת שֶׁלּוֹ. אֲבָל שֶׁל חֲבֵירוֹ אֵינוֹ יָכוֹל לֶאֱסוֹר. לְעִנְיַן הֶכְשֵׁר זְרָעִים תַּנָּאֵי הִיא. אִי הָוֵי מְחוּבָּר אִי הָוֵה תָּלוּשׁ. דְּאִי אַחְשְׁבִינְהוּ לַגְּשָׁמִים בִּירִידָתָן לְצוֹרֶךְ שׁוּם דָּבָר וְאַחַר כֵּן נָפְלוּ פֵּירוֹת לְתוֹכָהּ, אע"פ שֶׁלֹּא יָדַע כְּשֶׁהוּכְשְׁרוּ אוֹתָן פֵּירוֹת, וְלָא נִיחָא לֵיהּ בְּהַהוּא הֶכְשֵׁר – הָווּ מוּכְשָׁרִין, דִּתְנַן בִּתְחִלַּת מַסֶּכֶת מַכְשִׁירִין (משנה א): כָּל מַשְׁקֶה שֶׁתְּחִלָּתוֹ לְרָצוֹן, אע"פ שֶׁאֵין סוֹפוֹ לְרָצוֹן – מַכְשִׁיר. וְה"מ כִּי אַחְשְׁבִינְהוּ בִּירִידָתָן לְצוֹרֶךְ דָּבָר תָּלוּשׁ, אֲבָל אִי אַחְשְׁבִינְהוּ לְצוֹרֶךְ מְחוּבָּר לֹא מַכְשְׁרֵי. דְּהָכִי תַּנְיָא בְּת"כ: "אֲשֶׁר יָבֹא עָלָיו מַיִם" – אֵין לִי אֶלָּא מַיִם וכו', יָכוֹל אֲפִילּוּ הֵן בּוֹרוֹת שִׁיחִין וּמְעָרוֹת יְהוּ מַכְשִׁירִין? ת"ל "כְּלִי". אֵין לִי אֶלָּא שֶׁמִּלְאָן בִּכְלִי ח] לִשְׁתּוֹת, מִנַּיִן לְגַבֵּל בָּהֶן אֶת הַטִּיט וּלְכַבֵּס בָּהֶן אֶת הַכֵּלִים? ת"ל: "בְּכָל יִטְמָא". אִי בְּכָל יִטְמָא יָכוֹל אֲפִילּוּ בּוֹרוֹת שִׁיחִין וּמְעָרוֹת? ת"ל "כְּלִי", מַה כְּלִי מְיוּחָד שֶׁהוּא תָּלוּשׁ מִן הַקַּרְקַע אַף כֹּל כו'. יָכוֹל אֲפִילּוּ חִישֵּׁב עֲלֵיהֶם שֶׁיֵּרְדוּ בּוֹרוֹת וְשִׁיחִין וּמְעָרוֹת יְהוּ מַכְשִׁירִין? ת"ל "אֲשֶׁר יִשָּׁתֶה". אֵין לִי אֶלָּא ט] שֶׁמִּלְאָן לִשְׁתִיָּה, מִנַּיִן שֶׁאִם חִישֵּׁב עֲלֵיהֶן לְהָדִיחַ עֵלִים וַאֲבָנִים? ת"ל "מַיִם" כו'. אַלְמָא, אַחְשְׁבִינְהוּ לְצוֹרֶךְ תָּלוּשׁ – מַכְשִׁירִין, לְצוֹרֶךְ מְחוּבָּר – לֹא מַכְשִׁירִין, אא"כ נִיחָא לֵיהּ בִּנְפִילַת הַפֵּירוֹת לְתוֹכָן, דְּהַיְינוּ הֲדַר אַחְשְׁבִינְהוּ לְתָלוּשׁ י]. וְהָא דְּאָמְרִינַן בִּפְסָחִים (דף טז.) מְחוּבָּרִין מַכְשִׁירִין – הַיְינוּ דְּנִיחָא לֵיהּ שֶׁיִּפְּלוּ פֵּירוֹת לְתוֹכָן, אוֹ לְהוֹשִׁיט יָדָיו לַהֲדִיחָן כְּשֶׁיּוֹצִיא הַפֵּירוֹת מִן הַמַּיִם. בִּשְׁבִיל שֶׁתּוּדַח. הַקְּעָרָה – הֲרֵי הֵן בְּכִי יוּתַּן, אִם נָפְלוּ אַחַר כָּךְ עַל הַפֵּירוֹת אֲפִילּוּ לְאַחַר זְמַן – הוּכְשְׁרוּ, דְּאַחְשְׁבִינְהוּ לְהָנָךְ מַשְׁקִין לַהֲדָחַת קְעָרָה, וְנִיחָא לֵיהּ בְּהָךְ נְפִילָה. אֲפִילּוּ לֹא אַחְשְׁבִינְהוּ לְצוֹרֶךְ הָנָךְ פֵּירוֹת – "כִּי יוּתַּן" קָרֵינָא בֵּיהּ, דְּנִיחָא לֵיהּ בְּהָךְ נְפִילָה. בִּשְׁבִיל שֶׁלֹּא יִלְקֶה הַכּוֹתֶל. וְנָפְלוּ עַל הַקְּעָרָה וּמִמֶּנּוּ לַפֵּירוֹת – לֹא הוּכְשְׁרוּ, דְּלָא נִיחָא לֵיהּ בְּהָנָךְ גְּשָׁמִים וּבִנְפִילָתָן. כְּגוֹן שֶׁהָיוּ נוֹפְלִין סָמוּךְ לַכּוֹתֶל, וְנָתַן שָׁם קְעָרָה שֶׁתַּבְדִּילֵם לַכּוֹתֶל. אֵינוֹ בְּכִי יוּתַּן. וְאע"ג דְּאַחְשְׁבִינְהוּ לְצוֹרֶךְ הַכּוֹתֶל, חֲשִׁיבוּת דִּמְחוּבָּר לָאו חֲשִׁיבוּת הוּא עַד דְּלִיחַשְׁבִינְהוּ לְצוֹרֶךְ דָּבָר תָּלוּשׁ, כִּדְאָמְרַן. תַּבְרָא. קַשְׁיָא הַךְ רֵישָׁא לְסֵיפָא, וּתְרֵי תַּנָּאֵי נִינְהוּ, מָר חָשֵׁיב לֵיהּ תָּלוּשׁ לְהַאי כּוֹתֶל וּמָר חָשֵׁיב לֵיהּ מְחוּבָּר. מָר חָשֵׁיב לֵיהּ תָּלוּשׁ, הוֹאִיל וְלָאו מְחוּבָּר מֵעִיקָּרוֹ הוּא, שֶׁכְּבָר הָיוּ אֲבָנָיו תְּלוּשׁוֹת וְחִבְּרָם בַּבִּנְיָן, וּמָר חָשֵׁיב לֵיהּ מְחוּבָּר. וְהַיְינוּ תַּנָּאֵי דְּאָמַר לְעֵיל. חַד תַּנָּא הוּא. וּדְכ"ע תָּלוּשׁ וּלְבַסּוֹף חִבְּרוֹ הָוֵי תָּלוּשׁ. בְּכוֹתֶל מְעָרָה. שֶׁהוּא עָשׂוּי מֵאֵלָיו, שֶׁחוֹקֵק הַקַּרְקַע וְהַכּוֹתֶל עוֹמֵד מֵאֵלָיו וּמְחוּבָּר מֵעִיקָּרוֹ הוּא. אֲבָל בְּכוֹתֶל בִּנְיָן שֶׁהוּא תָּלוּשׁ; בִּשְׁבִיל שֶׁלֹּא יִלְקֶה הַכּוֹתֶל, דְּלָא נִיחָא לֵיהּ בְּהוּ – אֵינוֹ בְּכִי יוּתַּן, אֲבָל בִּשְׁבִיל שֶׁיּוּדַח, דְּאַחְשְׁבִינְהוּ לְצוֹרֶךְ כּוֹתֶל – מַכְשְׁרֵי זְרָעִים לְטוּמְאָה.

לְעִנְיַן

תוספות

אבל בכח שני גרמא בעלמא הוא. ולכפיתה לא מיחייב. דלא מיכוין היה עומד שם וכפתו במקומו דפטור, אפילו היה סוף מים לבא עליו. דלא רביה רחמנא מלמטה אלא במקום שהתחיל ההיזק כבר, כגון כבש עליו לתוך האש או לתוך המים, כדתנן ב"הנשרפין" (סנהדרין עז. ושם ד"ה סוף), אבל סוף חוס לבא וסוף מים לבא – פטור, אפילו כפתו במקום אחר והביאו שם פטור. אע"ג דאם היה סוף מים לבא עליו היה חייב למאן דאמר אשו משום חציו, דמאי שנא מאשו ברוח מצויה? דאין חילוק בין מקרב האש אצל הדבר למקרב הדבר אצל האש, דהא כופף קומתו של חבירו לפני הדליקה שיכולה לבא ברוח מצויה חייב, כדאמר ברים "הכונס" (ב"ק נו. ושם ד"ה אלימא), מ"מ הכא פטור, שבשעה שהביאו שם לא היה סוף מים לבא אי לאו דאשקיל יא] אחר כך, ולמה דאשקיל לא מיחייב בכח שני. ודומה לזורק חץ ותריס בידו וקדם בעצמו וסילק את התריס, דפטור.

מנין לשחיטה שהיא בתלוש שנאמר ויקח את המאכלת. ואם תאמר: והא האי קרא בקדשים כתיב, דבפרק "התודה" (מנחות דף עב: ושם ויקח) ובסוף פ' "דם חטאת" (זבחים דף לז: ושם ד"ה והתם) נפקא לן מהכא דקדשים טעונין כלי! ואומר ר"ת: דלענין תלוש גמרינן נמי חולין, מדכתיב "לשחוט את בנו", ולא כתיב "לשחוט את העולה". אבל כלי לא שייך למילף בחולין אלא בקדשים, כשאר עבודות דבעו כלי שרת. ומדכתיב "ויקח" ולא כתיב "ויכין" דרשינן תלוש בחולין, ומדכתיב "מאכלת" ולא כתיב "המחתך" דרשינן כלי בקדשים. ואע"ג דהכא דמי רבי חייא א] דזריזותיה דאברהם קמ"ל, התם לא שייך יב] למימר הכי.

לענין עבודה זרה הוי תלוש דאמר רב המשתחוה לבית כו'. לא בעי לאתויי הכא פלוגתא דרבי יוסי ורבנן דפליגי במשתחוה לאילן בפרק "כל הצלמים" (ע"ז דף מח.). יג] דאפילו רבנן דשרו התם – היינו דוקא אילן שנשרש (ג) ויוצא מן הקרקע וחשיב כמחובר מעיקרו, ולא דמי לבית. ומתניתין ד"כל הצלמים" (שם דף מז.) דמי שהיה כותלו סמוך לעבודה זרה ונפל כו' אבניו ועציו ועפרו מטמאין כשרץ, לא מצי נמי לאתויי, דהתם כשבנאו מתחלה לשם עבודה זרה או השתחוה מקודם לכל אבן ואבן. **אמר** רבי אלעזר תברא כו'. לא שייך לשנויי הכא: הא בשביל שיודח הכותל – נעשה כמי שלא ילקה הכותל. כיון דאין לו לתלות זה בזה, דאין הטעמים שוין, דהא דלא הוי בכי יותן בשביל שיודח – היינו משום דחשיב כמחובר, ובשביל שלא ילקה הוי משום דלא ניחא ליה. ולא דמי לנתן הוא ואמרה היא דבפ"ק דקדושין (דף ה:), דמשני התם: נעשה כמי שנתנה היא, ואמרה היא, דחד טעמא הוא, משום דכתיב (דברים כד): "כי יקח איש אשה" – ולא שתקח את עצמה. ואם תאמר: דהכא משמע דפליגי תנאי בתלוש ולבסוף חברו לענין הכשר זרעים, ולרב פפא הוי לכ"ע כתלוש, וא"כ מאי קא מבעיא ליה לרב יוסף בפ' "המוכר את הבית" (ב"ב דף סו: ושם ד"ה בעי): מי גשמים שחשב עליהם להדיח את האיצטרובל מהו להכשיר בהן את הזרעים? וי"ל: דלרבי אלעזר דאמר תברא, למ"ד מחובר הוי מבעיא ליה, דשמא איצטרובל לא הוי מחובר כמו בית.

תלוש

רבינו גרשום

אלא לאו ש"מ א) מאי דאמרי' במחובר לקרקע שחיטתו כשרה. כלומר רישא תדע דמשמע דתלוש ולבסוף חיברו לדקא תני נעץ סכין (קרוב לו וכשרו): הא בסרנא דפחרא. כשרה דאתי מכח גברא בכל שעה: בסרנא דמיא דאתי מכח ראשון של אדם וכשר ואח"כ אתי מכח מיא ופסול: דכתוב אאופתא. כלומר כמו סדוקה שבעץ שדומה היא כמו זו כלומר ביקוע מה אותו ביקוע אין בו יתרון לכל דבר אף דבר זה אין בו ראיה וקרא זריזותיה [דאברהם קמ"ל] ולא מצינו למשמע דלא תהא שחיטה כשרה במחובר: פשיטא לי דלענין ע"ז הוי תלוש ואסור: דאמר רב המשתחוה לבית אסרו לכל דבר כלומר שהוא תלוש ולבסוף חיברו: ואי ס"ד דמחובר הוא אמר רחמנא (דכתיב) אשר אתם יורשים אותם את אלהיהם דמשמע אלהיהם על ההרים כלומר שהוא דבר תלוש ממש ולא ההרים עצמן שהן מחוברין ולאו חשוב אלהיהם והא דקא חזינן המשתחוה לבית אסרו שמעינן מינה דלאו חשוב כמחובר ועדיין לא מצינן למשמע דלא תהא שחיטה כשרה במחובר. לענין הכשר זרעים תנאי היא דאי תלוש ולבסוף חיברו הוי תלוש ואי לאו. דתנן הכופה קערה על הכותל וכו' להדיח הקערה הרי זה בכי יותן ואם בשביל שלא ילקה כלומר שמגין על הכותל מן המים שאינו צריך לאותן מים על הכלי אינו בכי יותן (הקערה): הא גופא קשיא אמרת בשביל שיודח הכותל הרי זה בכי יותן וכו': אמר ר' אלעזר תברא. כלומר דשני תנאים למדוה ולא קשיא לך דאמור הכי מי ששנה זו לא שנה זו (לעולם לר' אלעזר דתברא תנאי היא) ולמאן דאמר אינו בבי יותן הוא סבר דתלוש ולבסוף חיברו הוי תלוש: רב פפא אמר לעולם כולה חד תנא היא ולא קשיא הא בכותל מערה והא בכותל בנין. בד"א בכותל מערה דאינו בכי יותן

א) נראה דצ"ל אלא לאו ש"מ שאני וכו' כלומר רישא דאמר במחובר לקרקע שחיטתו כשרה מיירי בתלוש ולבסוף חברו ותדע דמיירי בתלוש ולבסוף חברו דקתני נעץ סכין בכותל.

עין משפט נר מצוה

קיג א מיי' פ"א מהל' שחיטה הלי"ט ב' סמג עשין סג טוש"ע יו"ד סי' ו סעי' ב:

קיד ב מיי' שם פ"ב הלי"ג סמג שם טוש"ע יו"ד סי' ג:

קטו ג מיי' פ"ג מהל' רוצח הל"ט:

קטז ד מיי' פ"א מהל' שחיטה הלי"ט סמג עשין סג טוש"ע יו"ד סי' ו סעי' ב:

קיז ה מיי' פ"ח מהל' ע"ז הל"ד סמג עשין סג טוש"ע יו"ד סי' קמה סעיף ב:

קיח ו מיי' שם פ"ח הל"א טוש"ע שם סעי' א:

קיט ז ח מיי' פי"ב מהל' טומאת אוכלין הלכה ג:

שיטה מקובצת

א] דאמר רב המשתחוה לבית: ב] בשביל שלא ילקה הכותל. ו"ב ע"י תוס' כריתות (ד' טו ע"ב): ג] קנה עומד מאליו שלא נטעו אדם אלא מעצמו עלה. בקצת ס"י לא נמצא זה הלשון: ד] ובתחלת גלגולו שחט הוי מכח אדם: ה] וכולה מנותחת לפרקים מפני שיבי הבקעת: ו] טעם הביא לשחיטה שנפסלה במחובר וממקרא זה אבל אינו עיקר: ז] על ההרים ומשמע ולא ההרים אלהיהם: ח] אין לי אלא שמלאן בבלי מנין מילא מים לגבל בהן: ט] אין לי אלא לשתיה מנין: י] והא דאמרי' בפסחים. נ"ב עי' תוס' (לקמן דף לא ע"ב): יא] אי לאו דאשקיל עליה בדקא דמיא אח"כ ואמאי: יב] קמ"ל התם לא שייך למדרי הכי: יג] בפ' כל הצלמים דאפי' רבנן דשרו התם היינו דוקא. נ"ב עיין תוס' שם (דף מה ע"ב):

הגהות הב"ח

(א) גמ' דאמר מר המשתחוה לבית: (ב) תום' ד"ה לענין וכו' שנשרש ויוצא מן הקרקע:

גליון הש"ס

גמ' אמר רבי אלעזר תברא. שבת דף לב ע"ב כתובות דף עה ע"ב ביומא דף כד ע"ב:

הגהות מהר"ב רנשבורג

א] תד"ה מנין לשחיטה וכו' דזריזותיה דאברהם קמ"ל. נ"ב עיין זבחים דף לז ע"ב תוס' ד"ה והתם ומנחות דף עח ע"ב תוס' ד"ה ויקח וכו' ודוק:

מסורת הש"ס

סנהדרין עז: | מנחות פב: זבחים לז: | [זבחים יט:] | ע"ז מז: [מעילה כ.] | שבת יח: מכשירין פ"ד [מ"ג] | בראשית כב | דברים יב

קכ א מיי' פ"א מהל' שחיטה הל' יט סמג עשין סג טוש"ע יו"ד סי' ו סעי' ב:

עי' ש"ך וט"ז

קכא ב ג מיי' שם פ"ב הל"ח סמג שם טוש"ע יו"ד סי' ו סעי' ד:

קכב ד מיי' שם פ"א הל"ד סמג שם טוש"ע יו"ד סי' ו סעי' א בהג"ה:

קכג ה מיי' פ"ב מהל' מילה הל"א סמג עשין כח טוש"ע יו"ד סי' רסד סעי' ב:

קכד ו מיי' פ"א מהל' שחיטה הל"ח סמג עשין סג טוש"ע יו"ד סי' יג סעי' א:

תּוֹרָה אוֹר

תְּלוּשׁ וּלְבַסּוֹף חִבְּרוֹ לְעִנְיַן שְׁחִיטָה מַאי? תָּא שְׁמַע: "הָיָה צוּר יוֹצֵא מִן הַכּוֹתֶל, אוֹ שֶׁהָיָה קָנֶה עוֹלֶה מֵאֵלָיו וְשָׁחַט בּוֹ — שְׁחִיטָתוֹ פְּסוּלָה. הָכָא בְּמַאי עָסְקִינַן — בְּכוֹתֶל מְעָרָה. דַּיְקָא נַמִי, דְּקָתָנֵי דּוּמְיָא דְּקָנֶה עוֹלֶה מֵאֵלָיו, שְׁ"מ. ת"ש: *נָעַץ סַכִּין בְּכוֹתֶל וְשָׁחַט בָּהּ — שְׁחִיטָתוֹ כְּשֵׁרָה. שָׁאנֵי סַכִּין, דְּלָא מְבַטֵּל לֵיהּ. ת"ש: *בִּמְחוּבָּר לַקַּרְקַע — שְׁחִיטָתוֹ כְּשֵׁרָה. דִּלְמָא *פָּרוּשֵׁי קָא מְפָרֵשׁ לַהּ: מַאי מְחוּבָּר לַקַּרְקַע — סַכִּין, דְּלָא מְבַטֵּל לֵיהּ. אָמַר מָר: נָעַץ סַכִּין בְּכוֹתֶל וְשָׁחַט בָּהּ — שְׁחִיטָתוֹ כְּשֵׁרָה. אָמַר רַב עָנָן אָמַר שְׁמוּאֵל: לֹא שָׁנוּ ב]אֶלָּא שֶׁהַסַּכִּין לְמַעְלָה וְצַוַּאר בְּהֵמָה לְמַטָּה, אֲבָל סַכִּין לְמַטָּה וְצַוַּאר בְּהֵמָה לְמַעְלָה — חָיְישִׁינַן שֶׁמָּא יִדְרוֹס. וְהָא קָתָנֵי: בֵּין שֶׁהַסַּכִּין לְמַטָּה וְצַוַּאר בְּהֵמָה לְמַעְלָה, בֵּין שֶׁהַסַּכִּין לְמַעְלָה וְצַוַּאר בְּהֵמָה לְמַטָּה! אָמַר רַב זְבִיד, לִצְדָדִין קָתָנֵי: סַכִּין לְמַטָּה וְצַוַּאר בְּהֵמָה לְמַעְלָה — בְּתָלוּשׁ, סַכִּין לְמַעְלָה וְצַוַּאר בְּהֵמָה לְמַטָּה — בִּמְחוּבָּר. ג]רַב פָּפָּא אָמַר: בְּעוֹפָא דְּקָלִיל. אָמַר רַב חִסְדָּא א"ר יִצְחָק, וְאָמְרִי לַהּ בְּמַתְנִיתָא תָּנָא, ה' דְּבָרִים נֶאֶמְרוּ בִּקְרוֹמִית שֶׁל קָנֶה: ד]אֵין שׁוֹחֲטִין בָּהּ, ה]וְאֵין מָלִין בָּהּ, וְאֵין מְחַתְּכִין בָּהּ בָּשָׂר, וְאֵין מְחַצְּצִין בָּהּ שִׁינַּיִם, וְאֵין מְקַנְּחִים בָּהּ. אֵין שׁוֹחֲטִין בָּהּ. וְהָתַנְיָא, *בַּכֹּל שׁוֹחֲטִין: בֵּין בְּצוּר, בֵּין בִּזְכוּכִית, בֵּין בִּקְרוֹמִית שֶׁל קָנֶה! אָמַר רַב פָּפָּא: בְּסִימוֹנָא דְּאַגְמָא. "וְאֵין מְחַתְּכִין בָּהּ בָּשָׂר". רַב פָּפָּא מְחַתֵּךְ בָּהּ קַרְבֵי דָגִים דְּזוּגֵי, רַבָּה בַּר רַב הוּנָא מְחַתֵּךְ בָּהּ עוֹפָא דִּרְכִיב. "וְאֵין מְקַנְּחִין בָּהּ". תִּיפּוֹק לֵיהּ מִשּׁוּם דְּאָמַר מָר: *הַמְקַנֵּחַ בְּדָבָר שֶׁהָאוּר שׁוֹלֶטֶת בּוֹ — שִׁינָּיו נוֹשְׁרוֹת! אָמַר רַב פָּפָּא: קִינּוּחַ פִּי מַכָּה קָאָמְרִינַן. § "הַכֹּל שׁוֹחֲטִין, וּלְעוֹלָם שׁוֹחֲטִין". הַכֹּל שׁוֹחֲטִין — הַכֹּל בִּשְׁחִיטָה, וַאֲפִילּוּ עוֹף. לְעוֹלָם שׁוֹחֲטִין — מַאן תְּנָא? אָמַר רַבָּה: רַבִּי יִשְׁמָעֵאל הִיא, דְּתַנְיָא: "כִּי יַרְחִיב ה' אֱלֹהֶיךָ אֶת גְּבוּלְךָ כַּאֲשֶׁר דִּבֶּר לָךְ וְאָמַרְתָּ אֹכְלָה בָשָׂר" וגו' — ר' יִשְׁמָעֵאל אוֹמֵר: לֹא בָּא הַכָּתוּב אֶלָּא לְהַתִּיר לָהֶם בְּשַׂר תַּאֲוָה, שֶׁבַּתְּחִלָּה נֶאֱסַר לָהֶם בְּשַׂר תַּאֲוָה, מִשֶּׁנִּכְנְסוּ לָאָרֶץ הוּתַּר לָהֶם בְּשַׂר תַּאֲוָה; וְעַכְשָׁיו שֶׁגָּלוּ יָכוֹל יַחְזְרוּ לְאִיסּוּרָן הָרִאשׁוֹן? לְכָךְ שָׁנִינוּ: לְעוֹלָם שׁוֹחֲטִין. מַתְקִיף לָהּ רַב יוֹסֵף: הַאי "לְעוֹלָם שׁוֹחֲטִין", "לְעוֹלָם שׁוֹחֲטִין וְאוֹכְלִין" מִבְּעֵי לֵיהּ! וְעוֹד, מֵעִיקָּרָא מַאי טַעְמָא אִיתְּסַר — מִשּׁוּם דַּהֲווּ מְקָרְבִי לַמִּשְׁכָּן, וּלְבַסּוֹף מַאי טַעְמָא אִישְׁתְּרוּ — דַּהֲווּ מְרַחֲקִי מִמִּשְׁכָּן, וְכ"ש

דברים יב

לְעִנְיַן שְׁחִיטָה מַאי. וּמֵהַהוּא דִּלְעֵיל לָא מַשְׁמַע לֵיהּ לְרָבָא, כְּדִמְפָרֵשׁ וְאָזֵיל. תָּא שְׁמַע בִּמְחוּבָּר לַקַּרְקַע כו'. וְאוֹקִימְנָא לְעֵיל בְּתָלוּשׁ וּלְבַסּוֹף חִבְּרוֹ. דִּלְמָא פָּרוּשֵׁי קָא מְפָרֵשׁ לַהּ. בְּסֵיפָא: מַאי מְחוּבָּר לַקַּרְקַע דְּאָמִינָא לָךְ כְּשֵׁרָה — כְּגוֹן נָעַץ סַכִּין בַּכּוֹתֶל, דְּלָאו חִבּוּר הוּא, דְּוַדַּאי לָא מְבַטֵּל לֵיהּ הָתָם. דְּהָא גַּבֵּי הֲדָדֵי קָתָנֵי לְהוּ לְעֵיל א], וְנָעַץ סַכִּין בַּכּוֹתֶל סֵיפָא דְּהַהִיא דִּמְחוּבָּר לַקַּרְקַע הוּא, וְאִיכָּא לְמֵימַר דְּפֵירוּשָׁא דְּרֵישָׁא הוּא. לֹא שָׁנוּ. דְּנָעַץ סַכִּין בַּכּוֹתֶל כְּשֵׁרָה. אֶלָּא שֶׁהַסַּכִּין לְמַעְלָה. פִּיו כְּלַפֵּי קַרְקַע. וְצַוַּאר בְּהֵמָה לְמַטָּה. וּמוֹלִיךְ וּמֵבִיא צַוַּאר בְּהֵמָה. חָיְישִׁינַן שֶׁמָּא יִדְרוֹס. מִתּוֹךְ שֶׁהַצַּוָּאר מַכְבִּיד עַל הַסַּכִּין. וְהָא קָתָנֵי. לְעֵיל (דף טו:) גַּבֵּי מְחוּבָּר: בֵּין שֶׁהַסַּכִּין לְמַעְלָה כו'. לִצְדָדִין קָתָנֵי. דְּהָא רֵישָׁא דִּבְרַיְיתָא תָּנָא תָּלוּשׁ וּמְחוּבָּר, כִּדְקָתָנֵי: הַכֹּל שׁוֹחֲטִין בֵּין בְּתָלוּשׁ בֵּין בִּמְחוּבָּר, וְכִי הָדַר וּפָרֵישׁ סֵיפָא: בֵּין שֶׁהַסַּכִּין לְמַעְלָה כו' — לָאו תַּרְוַיְיהוּ אַתָּלוּשׁ וְתַרְוַיְיהוּ אַמְּחוּבָּר קַיְימֵי, אֶלָּא חֲדָא אַתָּלוּשׁ וַחֲדָא אַמְּחוּבָּר. סַכִּין לְמַטָּה וְצַוַּאר בְּהֵמָה לְמַעְלָה אַתָּלוּשׁ. דְּאָדָם אוֹחֵז הַסַּכִּין לְמַטָּה וְשׁוֹחֵט, וְהַבְּהֵמָה תְּלוּיָה בָּאֲוִיר, וְזֶה מוֹלִיךְ וּמֵבִיא הַסַּכִּין. וְהָא דְּקָתָנֵי סַכִּין לְמַעְלָה וְצַוַּאר בְּהֵמָה לְמַטָּה — אַמְּחוּבָּר, כְּלוֹמַר, אַף אַמְּחוּבָּר. רַב פָּפָּא אָמַר. לָא תּוֹקְמָהּ בִּצְדָדִין דְּחִיקָא. אֶלָּא תַּרְוַיְיהוּ אַתָּלוּשׁ וְאַמְּחוּבָּר קַיְימֵי, וַאֲפִילּוּ הָכֵי לָא תִּקְשֵׁי לְרַב עָנָן, דְּהָא דְּקָתָנֵי סַכִּין לְמַטָּה וְצַוַּאר לְמַעְלָה בִּמְחוּבָּר — בְּעוֹפָא דְּקָלִיל, וּבְהֵמָה דְּקָתָנֵי לָאו דַּוְקָא. ה' דְּבָרִים כו'. כּוּלְּהוּ מִשּׁוּם שֶׁכְּשֶׁחוֹתְכִין אוֹתָם קִיסְמִין נִיתָּזִין וּמִתְפָּרְשִׁים הֵימֶנָּה. וְאִיכָּא סַכַּנְתָּא בְּמִילָה — שֶׁלֹּא תִּקְנוֹב הַגִּיד וּתְשַׁוֵּי לֵיהּ כְּרוּת שָׁפְכָה, וְגַבֵּי שְׁחִיטָה — דִּלְמָא מְנַקְּבָא לְהוּ לְסִימָנִין, וְכֵן לְגַבֵּי קִינּוּחַ — דִּלְמָא מְנַקְּבָא לְכַרְכַּשְׁתֵּיהּ. בְּסִימוֹנָא דְּאַגְמָא. עֵשֶׂב הַגָּדֵל בְּאַגְמֵי מַיִם וְקָרֵי לִיסק"ש, וּכְשֶׁהוּא יָבֵשׁ חַדּוּד וְחוֹתֵךְ וְאֵין קִיסְמִין נִבְדָּלִים הֵימֶנּוּ. דְּזוּגֵי. גְּלוּלִים, וְאִם יֵשׁ בָּהֶם קִיסָם נִרְאֶה. זוּגֵי. קלי"ר בְּלַעַ"ז, וּכְעֵין מַרְאָה שֶׁקּוֹרִין מירדוי"ר. דִּרְכִיב. וְאֵין צָרִיךְ לְדוֹקְקוֹ בַּחֲתִיכָתוֹ, וְאֵין קִסְמִין נִבְדָּלִין. שִׁינָּיו נוֹשְׁרוֹת ג]. שִׁינֵּי הַפֶּרֶק, וְשִׁינֵּי הַכַּרְכַּשְׁתָּא שֶׁהִיא מְחוּבֶּרֶת בָּהֶן לְעַצְמוֹתֶיהָ, כְּעֵין תַּלְתּוּלֵי בָשָׂר. הַכֹּל בִּשְׁחִיטָה. וְהָכֵי מַשְׁמַע: אֶת הַכֹּל צָרִיךְ לִשְׁחוֹט, וַאֲפִילּוּ עוֹף, וְאַע"ג דְּלָא כְּתִיב בֵּיהּ שְׁחִיטָה בְּהֶדְיָא. לְעוֹלָם שׁוֹחֲטִין. לְעוֹלָם מוּתָּר לִשְׁחוֹט וְלֶאֱכוֹל. מַאן ג] תְּנָא. דְּמַתְנִיתִין, דְּאִיצְטְרִיךְ לֵיהּ לְמֵימַר דְּיִשְׂרָאֵל מוּתָּרִין לִשְׁחוֹט וְלֶאֱכוֹל? א] דְּהָא תָּנָא לֵיהּ רֵישָׁא "הַכֹּל שׁוֹחֲטִין" לְאַתּוּיֵי כָּל הָנָךְ דְּאִיצְטְרִיכוּ לְאַתּוּיֵי שֶׁרְאוּיִן לִשְׁחוֹט, כְּגוֹן כּוּתִי וּמְשׁוּמָּד וְטָמֵא בְּחוּלִּין. לְהַתִּיר לָהֶם בְּשַׂר תַּאֲוָה. כְּשֶׁיָּבוֹאוּ לָאָרֶץ יוּכְלוּ לֶאֱכוֹל בָּשָׂר לְתַאֲוָתָן בְּלֹא שׁוּם הַקְרָבָה. שֶׁמִּתְּחִלָּה. כְּשֶׁהָיוּ בַּמִּדְבָּר מִשֶּׁהוּקַם הַמִּשְׁכָּן. נֶאֱסַר לָהֶם בְּשַׂר תַּאֲוָה. שֶׁאֵין יְכוֹלִין לֶאֱכוֹל אֶלָּא בְּשַׂר שְׁלָמִים, וְאִם הָיוּ שׁוֹחֲטִין בְּלֹא קָרְבָּן הָיוּ עֲנוּשִׁים כָּרֵת, כְּדִכְתִיב (ויקרא יז): "וְאֶל פֶּתַח אֹהֶל מוֹעֵד לֹא הֱבִיאוֹ" וגו'. נִכְנְסוּ לָאָרֶץ ד]. נִתְרַחֲקוּ מִן הַמִּזְבֵּחַ. הוּתַּר לָהֶם. מִן הַמִּקְרָא הַזֶּה שֶׁיִּזְבְּחוּ בָּשָׂר לְתַאֲוָתָן וְיֹאכְלוּ. וְעַכְשָׁיו שֶׁגָּלוּ כו'. לָאו רַבִּי יִשְׁמָעֵאל קָאָמַר לֵיהּ, אֶלָּא רַבָּה קָאָמַר לֵיהּ לְאוֹקְמֵי דְּמַתְנִיתִין דְּרַבִּי יִשְׁמָעֵאל הִיא. כְּלוֹמַר, וּלְהָכֵי תָּנָא ה] "לְעוֹלָם שׁוֹחֲטִין", דְּלָא תֵּימָא עַכְשָׁיו שֶׁגָּלוּ יַחְזְרוּ לְאִיסּוּרָן כְּמוֹ שֶׁהָיוּ קוֹדֶם שֶׁנִּכְנְסוּ לָאָרֶץ, לְכָךְ שָׁנִינוּ כו'. לְעוֹלָם שׁוֹחֲטִין וְאוֹכְלִין מִבְּעֵי לֵיהּ. כֵּיוָן דְּלָאו לְהִלְכוֹת שְׁחִיטָה אָתֵי לְאוֹרוּיֵי, אֶלָּא לְהַתִּיר אֲכִילַת בְּשַׂר חוּלִּין לָאָרֶץ, לִיתְנֵי: לְעוֹלָם שׁוֹחֲטִין וְאוֹכְלִין, וְהֵיכִי שָׁבַק לְעִיקַּר מִילְּתָא וְנָקַט שְׁחִיטָה לְחוּדַהּ? וּמִדְּשָׁבַק לַאֲכִילָה — ש"מ לָא אִיצְטְרִיךְ לְאוֹרוּיֵי לָן אֶלָּא מִידֵי דִּשְׁחִיטָה. וְעוֹד, לָמָּה לֵיהּ לְאַשְׁמוּעִינַן הָא? וְכִי מֵהֵיכָן תֵּיפּוֹק אַדַּעְתִּין לְמֵימַר יַחְזְרוּ לְאִיסּוּרָן הָרִאשׁוֹן! מֵעִיקָּרָא. בַּמִּדְבָּר. מַאי טַעְמָא אִיתְּסַר מִשּׁוּם דַּהֲוֵי מִיקַּרְבִי לַמִּשְׁכָּן. וְהָיוּ יְכוֹלִין לְהַקְרִיב קָרְבָּנוֹת מִכָּל בְּשַׂר תַּאֲוָתָן, וְיַקְרִיבוּ הַדָּם וְהַחֵלֶב לְגָבוֹהַ וְאוֹכְלִין הַבָּשָׂר. וּלְבַסּוֹף — כְּשֶׁנִּכְנְסוּ לָאָרֶץ, וְהָיְתָה הָאָרֶץ רְחָבָה וְהָרְחוֹקִים לֹא הָיוּ יְכוֹלִים לָבֹא בִּירוּשָׁלַיִם בְּכָל יוֹם. וְכָל

תלוש ולבסוף חברו לענין שחיטה מאי. תימה: מאי קמיבעיא ליה? הא אסיקנא לעיל (דף טו:) דלרבי דיעבד כשר, ולרבי חייא כשר נמי לכתחלה! ואי לא ידע הנהו ברייתות, מכל מקום על כרחך *יש להוכיח ממתניתין דתלוש ולבסוף חברו דיעבד כשר ולא לכתחלה. דאפילו מוקי מתניתין במחובר מעיקרו, ואסור לכתחלה שמא ידרוס — ה"נ תלוש ולבסוף חברו יאסר לכתחלה מהאי טעמא! ויש לומר: דאליבא דרבי מבעיא ליה, דלדידה הוי כתלוש וכשרה כדאמרי' לעיל, או שמא לרבי אין חילוק בין תלוש ולבסוף חברו למחובר מעיקרו, ופסולה. ומתניתין דמכשיר דיעבד — כרבי חייא, ולכתחלה לא, שמא ידרוס. וברייתא דמכשר לכתחלה — בעופא דקליל כדמשני לקמן, אע"ג דקתני בה בהמה. אי נמי, כרב זביד דאמר לצדדין קתני, ובצואר בהמה למטה שרי לכתחלה אפילו במחובר מעיקרו, וכשצואר בהמה למעלה אסור לכתחלה שמא ידרוס, ובכל מחובר איירי. וקא בעי למיפשט מברייתא דהיה צור יוצא מן הכותל דשחיטתה פסולה, ע"כ רבי היא. אבל קשה: דהיכי מצי לאוקומי מתניתין כרבי חייא? הא פסול צפורן ו] במחוברת במתניתין אפילו דיעבד! ואמאי דהוה בעי לאוקומי לעיל מתניתין כרבי חייא לא קשיא, דלא קיימא מסקנא הכי. **אמר** שמואל **לא שנו אלא** שהסכין למעלה כו'. משמע דאפילו בכי האי גוונא לא מכשר אלא בדיעבד. דאברייתא דנעץ סכין קאי, ולא אההיא דבכל שוחטין בין בתלוש בין במחובר, ואם כן בצואר בהמה למעלה וסכין למטה קא פסול אפילו בדיעבד. וקשה, דאם כן הוה ליה למימר: חיישינן שמא דרס, כיון דאתא לפסול דיעבד! ויש לומר: דאפילו אמר ברי לי שלא דרסתי — פסולה, שמא ידרוס פעם אחרת. וכהאי גוונא אמרינן גבי השוחט במגל קציר דרך הליכתה, בית הלל מכשירין, ואמר רבי יוחנן: אף בית הלל לא הכשירו אלא לטהרה מידי נבלה, אבל באכילה אסורה, אף על גב דלא שחט אלא דרך הליכתה, דגזרינן זימנא אחריתי שמא יוליך ויביא.

שבתחלה נאסר להם בשר תאוה. פירש בקונטרס: מדכתיב (ויקרא יז): "אשר ישחט מחוץ למחנה ואל פתח אהל מועד לא הביאו" וקשה: דההוא קרא לא איירי אלא בקדשים ובשחוטי חוץ! ולקמן נמי דקאמר: אלא לרבי ישמעאל דאמר בשר תאוה איתסר להו, לבי ואיל גופייהו מי הוי שרי? הא פשיטא, דההוא קרא לא איירי אלא בקרבן בהמה! ונראה לפרש: מדאיצטריך קרא להתיר להם בשר תאוה דייק — מכלל דמעיקרא אסור. ומהאי טעמא דייק נמי רבי עקיבא שבתחלה הותר להם בשר נחירה, מדאיצטריך קרא לאסור. וכל

(לעיל טו:)

(שם)

(שם)

(ועיין תוס' בכורות לג: ד"ה אם)

(לעיל טו: ושם נסמן)

שבת פב: ע"ש

הגהות מהר"ב רנשבורג

א] רש"י ד"ה מאן תנא למתניתין וכו' עד סופו. נ"ב מן תיבת הכא עד בחולין זה שייך לעיל סוף ד"ה הכל בשחיטה והבן ודו"ק:

שיטה מקובצת

א] ונעץ סכין בכותל סיפא דההיא. נ"ב בקצת ס"י כתוב ונעץ סכין בכותל דלאו חבור הוא סיפא דההיא וכו': ב] שיניו נושרות שיני הפה ושיני בית הנקב שהכרכשא מחוברת בהן לעצמות והן כעין תלתולי בשר: ג] מאן תנא דמתני' דאצטריך ליה למתני לעולם ישראל מותר: ד] נכנסו לארץ שנתרחקו: ה] ולהכי תנא דלעולם שוחטין ואוכלין דלא תימא: ו] הא פסול צפורן מחוברת דמתני' אפי' דיעבד דבמחוברת מוקי לה לקמן ואמאי דהוה בעי:

רבינו גרשום

יותן כלומר דמחובר מעיקרו אבל בכותל בנין כלומר שהוא תלוש ולבסוף חיברו בשביל שלא ילקה וכו' הא בשביל שיודח הכותל הרי זה בכי יותן: ת"ש היה צור יוצא מן הכותל. כלומר דמשמע בתלוש ולבסוף חיברו (הכא לאו ואין סכנה): בדבר שהאור שולט בו שיניו נושרות. כלומר (שיני) דכרכשא אתלת שיני קאי: אמר רב פפא קינוח פי מכה קא אמרי' דאין מקנחין: שבתחילה נאסר להן בשר תאוה כלומר במשכן כתיב ואל פתח אהל מועד לא הביאו להקריב וגו' דדינן להקריב אימורין מכל הבהמה ששוחט לצורכו שאם תאוה לאכול בשר אינו יכול לאכול עד שיקרי' אימורין משנכנסו לארץ הותר להם בשר תאוה בלא אימורין וכו': א) (וכ"ש השתא דאיתרחקי להו טפי ועדיין אני אומר דלא צריך לומר לעולם שוחטין: אלא מה דאמרי' לעולם שוחטין לר' עקיבא דתניא כי ירחק ממך המקום וגו' (הפסוק) וזבחת ומשום הכי לעולם שוחטין: לר' עקיבא סבר בשר תאוה כו' ולא צריך לומר לעולם שוחטין ור' ישמעאל סבר בשר נחירה לא אישתרי ומשום הכי צריך לומר לעולם שוחטין: אלא לר' עקיבא דאמר לא איתסר כלל מאי ושחט קדשים שאני כלומר משום קדשים דצריכי שחיטה: בשלמא לר' ישמעאל דאמר בשר נחיר' לא אישתרי כלל משום הכי היינו דכתיב ישחט וכו') ב) אלא הכא במאי עסקינן בכותל מערה [דיקא נמי] דמשמע דמחובר מעיקרא דקתני סמוך לו או שהיה קנה עולה וכו': שאני סכין דלא מבטל ליה כלומר הוא לא הניח לעולם סכינו בכותל וחשיב כתלוש אלא במקום דמבטל עדיין לא ידעינן אי כתלוש אי כמחובר: ת"ש במחובר לקרקע שחיטתו כשרה כלומר במחובר מעיקרו: דילמא פרושא וכו' והוא תלוש ועדיין א' אני דלא ידעינן וכו': והתניא בין שהסכין מחובר לקרקע הוא רישא ונעץ סכין בכותל זו סיפא: הכי גרס' גופא נעץ סכין בכותל וכו' והתניא בין שהסכין למטה וכו' דשפיר שחיטה היא: אמר רב זביד לצדדין קתני כלומר סכין למטה וצואר בהמה וכו' בתלוש ושחיט' שפיר: סכין למעלה וצואר בהמה למטה במחובר דשפיר שחיטה היא. רב פפא אמר בעופא דקליל מה דאמרינן בין שהצואר בהמה וכו' ובין שצואר בהמה למעלה וסכין למטה. בעופא דקליל שקל הוא להחזירו בכל עניינים שהוא רוצה. כי תניא ההיא בסימונא דאגמא כלומר ברוחב עלה שגדל באגמא כלומר דדומה כמו לשקא בלע"ז: דזיגי כלומר צלולים הם כלומר שהוא יכול למיחזי אם נשתייר בו כלום ואם לאו ואין בו סכנה: בדבר שהאור שולטת בו שיניו נשרות וכו'. אינו אומר בדבר שהאור שורף שכל דבר האור שורף אלא דבר שכמהרה האור שורפו כגון קרומית של קנה יבש. (שיניו נשרות שתא דהאי כרכשתא אתלת שיני קאי. אמר רב פפא קינוח פי מכה קאמרי' כלומר דאין מקנחין: שבתחילה נאסר להן בשר תאוה כלומר במשכן כתיב ואל פתח אהל מועד לא הביאו דדינו להקריב אימורין מכל בהמות

א) מן תי' וכ"ש עד תי' ישחט וכו' שייך לדף יז ע"א. ב) מכאן עד תי' של קנה יבש שייך לעיל.

וכ"ש השתא דארחיקו להו טפי! אלא אמר רב יוסף: רבי עקיבא היא, דתניא: "כי ירחק ממך המקום אשר יבחר ה' אלהיך לשום שמו שם וזבחת מבקרך ומצאנך" — ר' עקיבא אומר: לא בא הכתוב אלא לאסור להן בשר נחירה, שבתחלה הותר להן בשר נחירה, משנכנסו לארץ נאסר להן בשר נחירה; ועכשיו שגלו יכול יחזרו להתירן הראשון? לכך שנינו: לעולם שוחטין. § במאי קמיפלגי? רבי עקיבא סבר: בשר תאוה לא איתסר כלל, ר' ישמעאל סבר: בשר נחירה לא אישתרי כלל. בשלמא לרבי ישמעאל, היינו דכתיב: "ושחט את בן הבקר", אלא לרבי עקיבא מאי "ושחט"? קדשים שאני. בשלמא לרבי ישמעאל, היינו דכתיב: "הצאן ובקר ישחט להם", אלא לר' עקיבא מאי "הצאן ובקר ישחט להם"? "ונחר להם" מיבעי ליה! נחירה שלהן זו היא שחיטתן. בשלמא לר' ישמעאל, היינו *דתנן: השוחט ונתנבלה בידו, והנוחר והמעקר — פטור מלכסות; אלא לר' עקיבא אמאי פטור מלכסות? הואיל ואיתסר איתסר. בשלמא לר' עקיבא, דאמר בשר תאוה לא איתסר כלל — היינו דכתיב: "אך כאשר יאכל את הצבי ואת האיל כן תאכלנו"; אלא לרבי ישמעאל, צבי ואיל גופיה מי הוי שרי? כי אסר רחמנא — בהמה דחזיא להקרבה, אבל חיה דלא חזיא להקרבה לא אסר רחמנא. בעי רבי ירמיה:[א] אברי בשר נחירה שהכניסו ישראל עמהן לארץ, מהו? אימת? אילימא בשבע שכבשו; השתא דבר טמא אישתרי להו, דכתיב: "ובתים מלאים כל טוב", ואמר ר' ירמיה בר אבא אמר רב: *כתלי דחזירי, בשר נחירה מבעיא? אלא לאחר מכאן. ואיבעית אימא: לעולם בשבע שכבשו, כי אישתרי להו — שלל של גוים, דידהו לא אישתרי. תיקו. אמר *רבה: שנית "הכל שוחטין" ו"לעולם שוחטין", "בכל שוחטים" מאי משנית ליה? וכי תימא, בין בצור בין בזכוכית בין בקרומית של קנה — הא דומיא דהנך קתני; אי הנך בשוחטין — האי נמי בשוחטין, ואי הנך בנשחטין — האי נמי בנשחטין! אלא אמר רבא: "הכל שוחטין" — *חדא לאתויי כותי, וחדא לאתויי ישראל משומד; "לעולם שוחטין" — בין ביום, בין בלילה, בין בראש הגג, בין בראש הספינה; "בכל שוחטין" — בין בצור, בין בזכוכית, בין בקרומית של קנה. § "חוץ ממגל קציר והמגירה". אבוה דשמואל פגם ושדר, שלחו ליה: כמגירה שנינו. תנו רבנן: סכין

תורה אור: דברים יב; ויקרא א; במדבר יא; דברים יב; שם ו

[לקמן פה. (וקף כז:)] [נ"ל קותלי ערוך] [נ"ל רבא] [ערכין ג.] [לעיל יג:] [לעיל טו: וכס נסמנן]

רש"י

וכל שכן השתא. כשגלו. לאסור להם בשר נחירה. כדכתיב בההוא קרא ד"כי ירחק ממך המקום" וגו': "וזבחת מבקרך ומצאנך" וגו'. שבתחלה. במדבר. הותר להם בשר נחירה. מהאי קרא נפקא ליה, דכתיב: "כי ירחק וזבחת" — מכלל דעד השתא לא נצטוו על הזביחה. ועכשיו שגלו. רב יוסף קאמר ליה. בשר תאוה לא איתסר כלל. וקרא "ואל פתח אהל מועד לא הביאו" (ויקרא יז) בקדשים כתיב. והאי דכתיב (דברים יב): "בכל אות נפשך תאכל בשר" לאו לאורויי היתירא בבשר תאוה אתא, אלא כדדריש ליה רבי אלעזר בן עזריה בפרק "כסוי הדם" (לקמן דף פד.): לימדה תורה דרך ארץ, שלא יאכל אדם בשר אלא לתיאבון. "וכי ירחק וזבחת" בא להזהיר על השחיטה כשיכנסו לארץ. ואע"ג דקרא בפסולי המוקדשין שנפדו על ידי מומין משתעי, כדמוקמינן בבכורות (דף לב.), אפילו הכי גמרינן חולין מינייהו, כדאמרינן בפ"ב (לקמן דף כח.): מקיש צבי ואיל לפסולי המוקדשין, מה פסולי המוקדשים בשחיטה — אף צבי ואיל בשחיטה, וצבי ואיל חולין נינהו. בשר נחירה לא אישתרי כלל. הילכך לא תלה הכתוב בביאת הארץ אלא היתר בשר תאוה. וזביחה דכתיב בהאי קרא — לאו בביאת הארץ נתלית, אלא אורחא דקרא למכתב זביחה באכילת בשר. אי נמי, למאי דדרשינן בבכורות (ד' טו.): "וזבחת ואכלת" — אין בפסולי המוקדשין שנפדו אלא היתר זביחה ואכילה, ולא גיזה ועבודה. אי נמי, לאסור שחיטת חולין בעזרה, כדדרשינן ליה בקדושין (דף נז:): "כי ירחק וזבחת" — ברחוק מקום אתה זובח, ואי אתה זובח בקירוב מקום. ושחט. אלמא נצטוו על השחיטה באהל מועד שבמדבר! ונתנבלה. כגון על ידי פגימת סכין או שהייה או דרסה. והנוחר. מדעת. ולשון נחירה שקורעה לאורכה, מנחיריה ועד החזה. והמעקר. סימנין. ובחיה קאי, דטעונה כסוי, כגון צבי ואיל. פטור מלכסות. דכתיב: "אשר יאכל ושפך וכסה" — בראוי לאכילה הכתוב מדבר. ואפילו מאן דמחייב כסוי בשוחט ונמצאת טרפה — הכא מודה, דשחיטה ניהא בעינן, דגמר שפיכה שפיכה משחוטי חוץ, והתם שחיטה כתיב, בפרק "כסוי הדם" (לקמן דף פה.). אלא לר' עקיבא. על כסוי הדם במדבר נצטוו, ונחירתן היתה שחיטתן, והנוחר בזמן הזה נמי נבעי כסוי! אך כאשר יאכל. עכשיו צבי ואיל בטומאה — כן תאכלנו לבקר ולצאן משתכנסו לארץ. שאע"פ שאני מטעינן שחיטה לחולין משתכנסו לארץ, כקדשים של עכשיו — אין צריכין ליאכל בטהרת הקודש א], אלא כצבי ואיל של עכשיו, שהטמא והטהור אוכלין בקערה אחת. אלא לר' ישמעאל כו'. כי אסר רחמנא. בשר תאוה במדבר. שהכניסו ישראל. אליבא דר' עקיבא, מהו לאוכלן אחר כניסתן? ב] מי אמרינן: כי אסר רחמנא בשר נחירה לאחר ביאה — הני מילי לנחור אחרי כן לאכול, אבל הנחורות ובאות מן המדבר, הואיל ובשעת נחירתן היתר היתה — תו לא מתסרי. או דלמא לא שנא. ודרוש וקבל שכר הוא, שצריכין אנו לעמוד על האמת ואע"פ שכבר עבר? כתלי דחזירי = חזירים יבשים שקורין בקינ"ש. ובתים מלאים כל טוב וגו'. סיפיה דקרא "ואכלת ושבעת" ג]. אלא לאחר מכאן. דהיינו בשבע שחלקו. דלא שרא להו רחמנא טומאה אלא בשעת שלל, כדכתיב (דברים כ): "ואכלת את שלל אויביך" וגו'. שבע שנים כבשו ושבע שנים חלקו — כדאמרי' בפרק "אין נערכין" (ערכין דף יג:). שלל של גוים. כדכתיב (שם ו): "אשר לא מלאת", וכתיב נמי: "את שלל אויביך". שנית הכל שוחטין. ומוקמת לה בנשחטין, כדאמרן: הכל טעונים שחיטה ואפי' עוף. ולעולם שוחטין. נמי מוקמת ליה כדאמרן, דאשמעינן דאע"פ שגלו לא חזרו להיתירן הראשון, ואין בשר נאכל אלא בשחיטה. וכי תימא בין בצור כו'. דלאו בנשחטין אתא לאורויי, אלא בשוחטין. אלא אמר רבא. כולה בשוחטין. ו"הכל שוחטין" תרתי דתני במתני'. חדא לכותי וחדא למשומד. כדאמרן בריש פירקין (דף ג.). בין בלילה. כשאבוקה כנגדו, כדאוקימנא (לעיל דף יג.). בין בראש הגג. ולא חיישינן דלימרו: לגגה השמים עולה לשחוט. בין בראש הספינה. ואע"ג דתנן לקמן (דף מא.): אין שוחטין לתוך ימים, בראש הספינה שרי, דמוכחא מילתא דלנקר ספינתו הוא צריך. פגם ושדר. עשה בסכין פגימות הרבה שאינן דומות זו לזו, ושדר לא"י לידע איזו אסורה ואיזו כשרה, כן עשה פעמים ושלש. שלחו ליה. סימן זה יהא לך בפגימות. כמגירה שנינו. שפגימותיה מכוונות לעוקצן ויש לפגם שני עוקצים ד], כשאתה מוליך צפרנך מסוף הסכין לראשה צפרנך חוגרת בעוקצן של צד הראש, וכשאתה בודק מראשה לסופה ה] צפרנך חוגרת בעוקצן של סופה.

תוספות

וכל שכן השתא דארחיקו להו טובא. לספרים דגרסי ב"אלו הן הלוקין" (מכות דף יט.): "לעולם לא קידשה לעתיד לבא", אם כן לר' ישמעאל הותרו הבמות. וקשה, דאם כן מאי קאמר הכא: לר' ישמעאל דארחיקו להו טפי? אדרבה, אקריבו להו טפי, כיון דהותרו הבמות!

רבי עקיבא סבר בשר תאוה לא איתסר כלל. תימה: מנא ליה הא? דלמא מר אמר חדא ומר אמר חדא, ולא פליגי! וי"ל: אי לרבי עקיבא מיתסר בשר תאוה, אם כן היכי הותרה להם בשר נחירה? דבקדשים מודה דבעיא שחיטה, כדמשמע בסמוך. ואי בצבי ואיל — הא בקרא דדרשינן מיניה היתר נחירה כתיב בקר וצאן, כדכתיב: "כי ירחק ממך וזבחת מבקרך ומצאנך", מכלל דמעיקרא לא בעו זביחה. ומיהו קשה, דהוה ליה לאוקומי קרא בהיתר נחירה בבעלי מומין, דלא חזו להקרבה.

כי אישתרי שלל של גוים דידהו לא אישתרי. לא גרסינן "או דלמא לא שנא". דהלשון היה משמע שהיה מסתפק אי אישתרי כתלי דחזירי דידהו אי לא. וזה אינו, דמתחלה לא נסתפק מכתלי דחזירי דידהו או במה שנחרו כשבאו, אלא במה שנחרו במדבר בהיתר. והתלמוד הקשה לו דאפי' דבר טמא אשתרי להו, כלומר, דאפילו לנחור בתחלה הם מותרים — כל שכן מה שנחרו קודם. ומשני: דלמא שלל של גוים אישתרי להו ולא דידהו, ולכך אסור לנחור. והשתא שפיר מיבעיא לן במה שנחרו בהיתר.

כאן

עין משפט נר מצוה

קכה א מיי' פ"ד מהל' שחיטה הל' י:

הגהות מהר"ב רנשבורג

א] גמ' אברי בשר נחירה שהכניסו ישראל עמהן לארץ. נ"ב עיין ספר גדור הכסף דף קיד ע"ב ע"ג על זה:

רבינו גרשום

בהמות ששוחט לצורכו שאם תאוה לאכול בשר אינו יכול לאכול עד שיקרי' אימורין משנכנסו לארץ הותר להן בשר תאוה בלא אימורין: בשלמא לר' ישמעאל היינו דתנן השוחט ונתנבלה בידו כלומר דמעולם לא היתה נחירה במקום שחיטה לפיכך הנוחר פטור מלכסות אלא לר' עקיבא לא כבר היתה נחירה במקום שחיטה [ואמאי] פטורה מלכסות: אלא לר' ישמעאל צבי ואיל גופיהו וכו' כלומר מי הוכשרו בלא אימורין: קתלי דחזירי. חזירים יבשים שקורין בקינ"ש בלע"ז: שנית הכל שוחטין ולעולם שוחטין וכו' כלומר הכל שוחטין תרצינן בהלכתא קמייתא אליבא דאמוראי לעולם שוחטין לר' ישמעאל כדאית ליה לר' עקיבא כדאית ליה: אי הנך בשוחטין וכו' כלומר [אי] מוקמת הני תרתי הכל שוחטין ולעולם שוחטין בנשחטין דהיינו בשחיטה ואפי' עוף: אלא אמר רבא הכל שוחטין חדא לאיתויי כותי וכו': דהרוו זמנין במתניתין הכל שוחטין חד בתחלת הפרק וחד הכא. לעולם שוחטין וכו' כלומר וכולהו תלתא מוקמינן בשוחטין: חוץ ממגל קציר והמגירה מגל קציר שישלא בלע"ז. מגירה עשוי כמגל קציר לחתוך חפציו: אוגרת פסול וכו' א) בזה ענין: ממסכסכת מרוח

א) נראה דצ"ל מפני רוחות בזה ענין מסוכסכת וכו'.

שיטה מקובצת

א] אין צריכין ליאכל בטהרת הקדש כקדשים אלא כצבי: ב] ודרוש וכו' ואע"פ שכבר עבר מי אמרי' כי אסר רחמנא בשר נחירה לאחר ביאה ה"מ לנחור אח"כ ולאכול אבל הנחורות ובאות מן המדבר הואיל ובשעת נחירתן היתר היתה תו לא מתסרי או דלמא לא שנא הס"ד ומה"ד כתלי דחזירי: ג] הדבור המתחיל אלא לאחר מכאן נמחק כולו משם: ד] ויש לפגם שני עוקצים שכשאתה מוליך: ה] צפרנך חוגרת בעוקץ של סופה. נ"ב וכתוב בס"י לשון קצר שהצפורן נכנסת בתוך הפגימה ועוקצי הפגם מעכבין אותה לצאת לראשה של סכין ולא לסופה כך מצאתי בס' ישן מפי' רש"י ז"ל:

כי

*אסכין שיש בה פגימות הרבה — תידון כמגירה, ושאין בה אלא פגימה אחת, באוגרת — פסולה, מסוכסכת — כשרה. היכי דמיא אוגרת, היכי דמיא מסוכסכת? א"ר *אליעזר: אוגרת — משתי רוחות, גמסוכסכת — מרוח אחת. מאי שנא משתי רוחות — דמורשא קמא מחליש ומורשא בתרא בזע, מרוח אחת נמי — חורפא דסכינא מחליש, מורשא בזע! דקאים ארישא דסכינא. סוף סוף, כי אזלא מחלשא, כי אתא בזע! הכגון שהוליך ולא הביא. אמר רבא, ג' מדות בסכין: אוגרת — לא ישחוט, ואם שחט — שחיטתו פסולה; מסוכסכת — לא ישחוט בה לכתחלה, ואם שחט — שחיטתו כשרה; ועולה ויורד בסכין — שוחט בה לכתחלה. א"ל רב הונא בריה דרב נחמיה לרב אשי: אמרת לן משמיה דרבא מסוכסכת פסולה, והא *(אמר רבא:) מסוכסכת — כשרה! לא קשיא: כאן שהוליך והביא, כאן שהוליך ולא הביא. אמר ליה רב אחא בריה דרב אויא לרב אשי: דמיא לסאסאה, מאי? אמר ליה: חמאן יהיב לן מבשריה ואכלינן. אמר רב חסדא: מנין לבדיקת סכין מן התורה? שנאמר: °ושחטתם בזה ואכלתם. פשיטא, כיון דכי נקב טריפה בעיא בדיקה! לחכם קאמרינן. והאמר *רבי יוחנן: לא אמרו להראות סכין לחכם אלא מפני כבודו של חכם! מדרבנן, וקרא אסמכתא בעלמא הוא. במערבא בדקי לה בשימשא. בנהרדעא בדקו לה במיא. רב ששת בדק לה בריש לישניה. רב אחא בר יעקב בדק לה בחוט השערה. בסורא אמרי: בישרא אכלה, בישרא לבדקה. אמר רב פפא: טצריכא בדיקה אבישרא ואטופרא (*ואתלתא רוחתא). אמר ליה רבינא לרב אשי, אמר לן רב סמא בריה דרב מרשיא משמך, דאמרת ליה משמיה דרבא: צריכא בדיקה אבישרא ואטופרא ואתלתא רוחתא. אמר ליה: אבישרא ואטופרא אמרי, ואתלתא רוחתא לא אמרי. איכא דאמרי: אבישרא ואטופרא ואתלתא רוחתא אמרי, משמיה דרבא לא אמרי. רבינא ורב אחא בריה דרבא הוו יתבי קמיה דרב אשי. אייתו סכין לקמיה דרב אשי לבדקה, אמר ליה לרב אחא בריה דרבא: בידקא! בדקה אטופרא ואבישרא ואתלתא רוחתא. אמר ליה: *יישר, וכן אמר רב כהנא. רב יימר אמר: אטופרא ואבישרא צריכא, אתלתא רוחתא לא צריכא. מי לא *א"ר זירא אמר שמואל: ליבן סכין ושחט בה — שחיטתו כשרה, שחידודה קודם לליבונה; וקשיא לן: האיכא צדדין! ואמרינן: בית השחיטה מרווח רווח, הכא נמי — בית השחיטה מרווח רווח! אמר רב הונא בר רב קטינא אמר רבי שמעון בן לקיש, שלש פגימות הן: פגימת עצם בפסח, יפגימת אוזן בבכור, כפגימת מום בקדשים; ורב חסדא אמר: אף פגימת סכין. ואידך? בחולין לא קא מיירי. וכולן, פגימתן כדי פגימת המזבח. וכמה

תורה אור: שמואל א' יד

כאן שהוליך והביא. הוה מצי לשנויי: הא דקיימא ארישא דסכינא, והא דקיימא באמצע. **אבישרא** ואטופרא. אבישרא משום ושט, ואטופרא משום קנה. **פגימת** אוזן בבכור פגימת מום בקדשים. איצטריך תרוייהו, פגימת אוזן בבכור — לשחוט עליו במדינה, וקדשים איצטריך משום ערוה של נקבה דלא הויא בכלל בכור. אי נמי, איצטריך קדשים — דלא נימא פגימת מום ליפסול מעל גבי המזבח הויא פחות מחגירת הצפורן. והא דלא חשיב בהדייהו פגימת מזבח, ולימא ד' פגימות הן — מלינו למימר: משום דפגימת מזבח בהדיא כתיב (דברים כז): "אבנים שלמות". אע"ג דבקדשים נמי כתיב "תמים" — לא משמע ממש בלא פגימה, דבכמה מקומות לא חיישינן אם נתחך ממנו הכשר או העלם. וכמה

סכין שיש בה פגימות הרבה תידון כמגירה. ואין בה חילוק בין אוגרת למסוכסכת, שאפי' כולם מסוכסכות פסולה. דמסוכסכת היינו שאין לפגימה אלא עוקץ אחד, ועוקץ השני הוחלק במשחזת, ומכשרינן לה לקמן כי איכא חדא פגימה א] כשהוליך ולא הביא, שלא פגעה השחיטה בעוקץ משהגיע לסימנין*. והוא דקיימא ארישא דסכינא. שכשהגיע לעוקץ עדיין לא נחתכו העור והבשר, שיקרע העוקץ את הסימן בירידתו. אבל כאן שיש פגימות הרבה, אפילו כולן מסוכסכות — עוקץ של פגם הראשון מחליש העור והבשר, והפגם השני בא לסימן וקורעו. *והא דתנן (לקמן דף יח.): השוחט במגל קציר דרך הליכתה בית הלל מכשירין — (א) מפני שמגל קציר עוקצי הפגימות כפופים מאד מאד ואין קורעים דרך הליכתם כלל, אבל עוקץ שאינו כפוף קורע אפי' בירידתו ב], שהסימן יורד ממנו ונכנס לתוך הפגם. מסוכסכת כשרה וכדמפרש ואזיל. משני רוחות. שיש ב' עוקצים לפגם, אחד לראשו ואחד לסופו ג]. "אוגרת" לשון (משלי ו) "אגרה בקציר מאכלה", לשון אסיפה, שאוגרת הציפורן לתוכה בין ב' עוקציה. מרוח אחת. שאין לפגימה אלא עוקץ אחד, והשני הוחלק במשחזת, ואינה אוגרת אלא ד] מסוכסכת הסכין והבשר. ולשון סכסוך אנטמלי"ר בלע"ז, כמו (ישעיהו יט): "וסכסכתי מצרים במצרים". מורשא קמא מחליש. עור ובשר לפני השני, והשני בא ופוגע בסימן וקורעו. חורפא דסכינא. קודם שיגיע לפגם. מחליש. אטיינבו"ט בלע"ז, כמו (כתובות דף עז.): "חשלי דודי" וכמו: "דחשלי מינייהו כלי זיין" בפ' "לפני אידיהן" (ע"ז דף טז.). וכל עוקצי הפגם קורעין הן ואין חותכין, בין בפוגעו בו ובין כשהוא יורד ממנו. כך שמעתי. וכן הוא, שהרי שנינו: סכין שיש בה פגימות הרבה תידון כמגירה. ואפי' מסוכסכות קאמר, מדקמפליג בחדא בין אוגרת למסוכסכת ובטובא לא מפליג, ומשמע אפילו כל עוקציה לצד אחד לצד ראש הסכין והוליך ולא הביא, אלמא בירידתו נמי קורע. דקיימא ארישא דסכינא. שכשהתחיל להוליך לא היה כח לסכין להחליש עד שעבר הפגם, ואין כאן ספק שמא נגע העוקץ בסימן. שחיטתו כשירה ה]. וכדאוקמא (ב) בדרישא דסכינא, וכשהוליך ולא הביא. ואפ"ה לא ישחוט לכתחלה, שמא יוליך ויביא. עולה ויורד. כגון שנפגמה פגם גדול והוחלקו העוקצים במשחזת והוי הסכין נמוך שם. מסוכסכת פסולה. אפי' דיעבד. דמיא לסאסאה. אריסט"א, זקן השבלים שאינו חלק. כך סכין שאין פיה חלק אבל פגם אין לה, אשפר"א בלע"ז. ושחטתם בזה. בשאול כתיב, ומדקאמר "בזה" ש"מ סכין בדק להם. דכיון דאי נקב. לוושט מיטרפא — פשיטא דבעינן בדיקה, דהא אי איכא פגם נקיב! לא אמרו כו'. ואנן מקרא ילפינן לה. בשימשא. נותנים אותה בשמש ורואין בחודה. מ"ר. לישנא אחרינא: הולך ומעמידה בשמש, חודה למעלה, ומסתכל בלילה של סכין, ואם יש פגם בסכין ניכר הוא בצל, שהחמה נכנסה בפגם. במיא. הופך חודה למטה ומוליכה על פני המים ונוגעה מעט, ואם יש פגם עוקץ עושה כמין חריץ במים בהליכתה. ל"א: הופך חודה למעלה ואוחזה בידו בשיפוע, ראשה למטה, ומטיף על חודה באצבעו, אם יש שם פגם ו] נופלים שם ואין יכולים לילך עד ראשה. לשון מורי. בישרא אכלה. היא באה לחתוך בשר, לפיכך עיקר בדיקתה בבשר, או בריש לישנא או בבשר אצבעו, אם בשר זה פוגע בפגם — כן יפגע בו בשר הסימן. אבל בדבר אחר לא הויא בדיקה, שמא דבר קשה עובר על פגם קטן, או דבר שהוא רך יותר מדאי נכנס לתוך פגם קטן, אע"פ שאין פגם לקלקל הסימן. אבישרא. בשר האצבע. ואתלתא רוחתא. באמצע חודו ובצדדין, שמא נפגם עובי חודה בצידיה, ונאחז הסימן בעוקץ ונקרע. יישר. יפה עשית. וכן אמר רב כהנא. דרך צריכה. כל היכא דאמר משמיה דפלוני לא שמעה מיניה, אלא מאחרים שמע שקבלוה ממנו. כי הא דרב אשי לא ראה את רבא מעולם, כדאמר ב"עשרה יוחסין" (קדושין דף עב:): יום שמת רבא נולד רב אשי. אתלתא רוחתא לא צריכי. ואם יש שם פגם בצידה לא איכפת לן, דאין צידי הסכין נוגעין בסימן, מכיון שנחתכו חודה של סכין הוא מתרווח לכאן ולכאן. שחידודה קודם לליבונה. קודם שיכוינה הסימן בליבונו הוא נחתך בחידוד. הא איכא צדדין ח]. שנכוו בצידי הסכין קודם שתגמר שחיטה. והרי סימני טרפות נולדין בה כיון שהוושט נשרף! ואפ"ה קי"ל כרב אחא ורב כהנא ורב אשי וכולהו אמוראי, דאמרי: צריכא אבישרא ואטופרא ואתלת רוחתא, ואם שכח ולא בדק קודם שחיטה — בודק לאחר שחיטה. ג' פגימות הן. לשיעור אחד. פגימת עצם בפסח. לעבור עליה בלאו ד"עצם לא תשברו בו". פגימת אוזן בבכור. להיות בו מום לישחט עליו במדינה, דתנן (בכורות דף לז.): נפגמה אזנו מן הסחוס. וה"ה לשאר מומין של פגימה הנזכרים שם, וקמייתא נקט. פגימת מום בקדשים. נקבות, כגון חטאת ושלמים, שיש בהם פגימות שאינן נוהגות בבכור, וכדתנן התם בבכורות (דף לט:): נפגם ט] הזובן בבכור, או הערוה — שפת בית הרחם של נקבה — במוקדשין. ואיצטריך למנקט הכא לאשמועינן דאע"ג דלא מינכרא ביה פגימה כולי האי, אפילו הכי שיעוריה בכדי שתחגור בה צפורן. ואי קשיא: לינקט פגימת מום בקדשים וכולן בכלל, דהא בכור בכלל כל הקדשים הוא! אי תנא הכי, ה"א: ליפסל מהקרבה הוא י] בכדי חגירת צפורן מיפסלא, אבל מום גמור לא הוי לישחט עליו במדינה. דמומין הרבה פוסלין בבהמה ואין הבכור נשחט עליהן, כדתנן (שם דף מג.): ואלו שאין שוחטין עליהם לא במקדש ולא במדינה כו', ולהכי תנא פגימת אוזן בבכור, שהוזכרה בבכורות לענין לישחט במדינה. מזבח. שנפגם פסול, כדילפינן בשחיטת קדשים בפרק "קדשי קדשים" (דף נט.): "וזבחת עליו את עולותיך ואת שלמיך" וגו', וכי עליו אתה זובח? אלא בזמן שהוא שלם ולא בזמן שהוא חסר. והאי "עליו" — בשבילו הוא, כלומר כשהוא בחזקתו. שתחגור

נ"ל דבור אחד | [תוספתא פ"א] | [נ"ל אלעזר] | עיין רש"ל | [ובשאלתות פרשת אחרי איתא תניא] | [לעיל י:] | נ"ל ואתרי גיטני וכן בכל הנוסח אתלתא רוחתא המוכרים לקמן גרסינן אתרי גיטני פי' שני לדדי הסכין כ"ג בשאלתות | [שבת נג. וש"נ] | [לעיל ח.]

קכו א (מיי' פ"א מהל' שחיטה הלי"ז) סמג עשין סג טוש"ע יו"ד סי' יח סעי' ה:
קכז ב מיי' שם הלי"ד טוש"ע שם סעי' ב:
קכח ג מיי' שם הלט"ז וט"ז טוש"ע שם סעי' ד:
קכט ד ה ו מיי' שם טוש"ע שם בהגה"ה:
קל ז מיי' שם הלי"ז טוש"ע שם סעי' ח:
קלא ח מיי' שם הלי"ח טוש"ע שם סעי' ו:
קלב ט מיי' שם הלכה כג טוש"ע שם סעי' ט:
קלג י כ מיי' (פ"ז מהל' כלי המקדש הל"ב) ופ"ב מהל' איסורי מזבח הל"א והל"ד ופ"ב מהל' בכורות הל"א טוש"ע יו"ד סי' שט סעי' ב:

הגהות הב"ח
(א) רש"י ד"ה והוא דקיימא וכו' ב"ה מכשירין היינו מפני: (ב) ד"ה שחיטתו כשרה וכדאוקמא דקיימא ברישא:

שיטה מקובצת
א] כי איכא חדא פגימה מסוכסכת בשהוליך: ב] אפי' בירידתו כשהסימן: ג] ואחד לסופו ולשון אוגרת כמו אגרה: ד] ואינה אוגרת אלא מסכסכת הסכין: ה] שחיטתו כשרה וכדקיימא ברישא: ו] אם יש שם פגם המים נופלים: ז] ואינו חוגר בו או דבר: ח] הא איכא צדדין שנכוין בצדי הסכין: ט] התם בבכורות נפגם הזובן בבכור או הערוה דהיינו שפת בית הרחם של נקבה. ונ"ב הזובן פי' נרתק שהכים חבוי בו: י] ה"א ליפסל מהקרבה הוא דבכדי חגירת צפורן:

רבינו גרשום
אחת בזה ענין: עולה ויורד. סכין שאינו שוה בחידודו: דמיא לסאסא מאי. כלומר דדמי לשערו' שבולת דאינו פגום ודמתחזי כפגום: פשיטא דכיון דכי ניקבה טרפה בעיא בדיקה כלומר כיון ששחטו בסכין פגומה דמי כמי שניקבה: במערבא בדקי לה במיא. היכי בדקי לה במיא שמשימין הסכין חודו במים והיכן שהמים נמשכין מחודו של סכין ודאי שם נפגם: א) ואתלת רוחתא כלומר לפיכך לא צריך לבדוק הסכין מצד זה ומצד זה אלא במקום חידודו: ופגימת אוזן בבכור שחשוב מום קבוע: ופגימת מום בקדשים. איכא דאמרי קדשים ממש ואיכא דאמרי בקרשים בקרשי המשכן דכתיב בהו תמים:
א) נראה דל"ל הכא נמי בית השחיטה מרווח רווח כלומר לפיכך וכו'.

וכמה פגימת המזבח? *אכדי שתחגור בה צפורן. מיתיבי: כמה פגימת המזבח? ר' שמעון בן יוחאי אומר: בטפח, ר"א בן יעקב אומר: כזית! לא קשיא: הא בסידא, הא באבנא. אמר רב הונא: האי גטבחא דלא *סר סכינא קמי חכם – משמתינן ליה, ורבא אמר: דמעברינן ליה, ומכרזינן אבשריה דטרפה היא. הולא פליגי: כאן בשנמצאת סכינו יפה, כאן בשלא נמצאת סכינו יפה. רבינא אמר: היכא דלא נמצאת סכינו יפה – ומסממים ליה בפרתא, דאפי' לגוי נמי לא מזדבן. ההוא טבחא דלא סר סכינו קמיה דרבא בר חיננא, שמתיה ועבריה ואכריז אבשריה דטרפה היא; אקלעו מר זוטרא ורב אשי לגביה, אמר להו: ליעיינו *רבה במלתיה, דתלו ביה טפלי; בדקה רב אשי לסכיניה ונמצאת יפה, ואכשריה. אמר ליה מר זוטרא: ולא ליחוש מר לסבא? א"ל: שליחותיה קא עבדינן. אמר רבה בר (א) הונא: *ושן תלושה וצפורן תלושה – מותר לשחוט בה לכתחלה. והא אנן תנן: *חוץ ממגל קציר והמגירה, והשינים, והצפורן, מפני שהן חונקין! שן אשן לא קשיא: יהא בחדא, הא בתרתי; צפורן אצפורן לא קשיא: הא בתלושה, הא במחוברת.§ **מתני'** השוחט במגל קציר בדרך הליכתה – ב"ש פוסלין, וב"ה מכשירין. ואם החליקו שיניה – הרי היא כסכין.§ **גמ'** א"ר חייא בר אבא א"ר יוחנן: אף כשהכשירו ב"ה, לא הכשירו אלא לטהרה מידי נבילה, אבל באכילה אסורה. א"ר אשי: דיקא נמי, דקתני "ב"ש פוסלין וב"ה מכשירין", ולא קתני "ב"ש אוסרין וב"ה מתירין". וליטעמיך, ליתני: "ב"ש מטמאין וב"ה מטהרין"! אלא, פוסלין ומכשירין, ואוסרין ומתירין – חדא מילתא היא.§ **מתני'** השוחט מתוך הטבעת ושייר בה מלא החוט על פני כולה – שחיטתו כשרה. *ר' יוסי בר' יהודה אומר: מלא חוט על פני רובה.§ **גמ'** רב ושמואל דאמרי תרוייהו: הלכה כר' יוסי בר' יהודה, ואף ר' יוסי בר' יהודה לא אמר אלא בטבעת הגדולה, הואיל ומקפת את כל הקנה, אבל בשאר טבעות – לא. ובשאר טבעות לא? והתניא, רבי יוסי ברבי יהודה אומר: השוחט

רש"י

שֶׁתַּחְגּוֹר. אדישטי"ר. בְּאַבְנָא. כָּל דְּהוּ, כְּדִכְתִיב: "אֲבָנִים שְׁלֵמוֹת". דְּלָא סָר סַכִּינָא. שֶׁלֹּא הֶרְאָה סַכִּינוֹ לְחָכָם. מְעַבְּרִינַן לֵיהּ. מֵאוּמָּנוּתוֹ, שֶׁלֹּא יִמְכּוֹר בָּשָׂר עוֹד. נִמְצֵאת סַכִּינוֹ יָפָה. מְשַׁמְּתִינַן לֵיהּ מִשּׁוּם אַפְקִירוּתָא, שֶׁהֶחֱלִיף פָּנָיו, כִּדְקַיְימָא לָן: מְנַדִּין עַל כְּבוֹד הָרַב, בִּבְרָכוֹת בְּפֶ' "מִי שֶׁמֵּתוֹ" (דף יט.). בְּפִרְתָּא. פֶּרֶשׁ, פִּרְתָּא תַּרְגּוּם שֶׁל "פֶּרֶשׁ". דַּאֲפִילּוּ לְגוֹיִם לָא מְזַדְּבַן. וְהֵיכָא דְּנִמְצֵאת סַכִּינוֹ יָפָה מַכְרְזִינַן עָלֶיהָ דִּטְרֵיפָה הִיא, מִשּׁוּם קְנָסָא, וּלְגוֹיִם מֵיהָא שֶׁבָּקִינַן לֵיהּ לְזַבּוֹנָהּ. שַׁמְּתֵיהּ וְעַבְּרֵיהּ. דְּקָסָבַר: כִּי אָמַר רָבָא מְעַבְּרִינַן לֵיהּ, אֲפִי' נִמְצֵאת סַכִּינוֹ יָפָה קָאָמַר. לְגַבֵּיהּ. דְּרָבָא בַּר חִינָנָא. בְּמִילְּתֵיהּ. שֶׁל טַבָּח זֶה, אוּלַי תִּמְצְאוּ לוֹ זְכוּת. טַפְלֵי. בָּנִים קְטַנִּים תְּלוּיִים עָלָיו לָזוּן, וְצָרִיךְ לְהִתְפַּרְנֵס. טַפְלָא תַּרְגּוּם שֶׁל "טַף". וְאַכְשְׁרֵיהּ. *דְּקָסָבַר: הָא דְּאָמַר רָבָא מְעַבְּרִינַן לֵיהּ – בְּשֶׁלֹּא נִמְצֵאת סַכִּינוֹ יָפָה קָאָמַר. לְסָבָא. לְרָבָא בַּר חִינָנָא, שֶׁהֶעֱבִירוֹ וְאַתָּה מַכְשִׁירוֹ. שְׁלִיחוּתֵיהּ קָעָבְדִינַן. שֶׁהֲרֵי לִיעַיְּינוּ לִמְצוֹא לוֹ זְכוּת, וְעַכְשָׁיו שֶׁמָּצִינוּ אֵין אָנוּ צְרִיכִין לַחֲזוֹר וּלְהִימָּלֵךְ בּוֹ. שֵׁן תְּלוּשָׁה. שֶׁנִּתְלְשָׁה הַלְּחִי מִן הָאָדָם אוֹ מִן הַבְּהֵמָה, לְאַפּוּקֵי מְחוּבֶּרֶת דְּבַעֲלֵי חַיִּים. הָא בִּתְרָתֵי. דַּאֲפִי' תְּלוּשׁוֹת מִן הַלְּחִי וּקְבוּעוֹת בַּלְּחִי הָוֵי כְּסַכִּין פְּגוּמָה, שֶׁיֵּשׁ הֶפְרֵשׁ בֵּין זוֹ לָזוֹ. בַּחֲדָא. כְּשֵׁרָה. וְאַע"ג דְּאֵין בָּהּ רוֹחַב, הָא קַיְימָא לָן הֵיכָא דְּהוֹלִיךְ וְהֵבִיא אֲפִילּוּ סַכִּין כָּל שֶׁהוּא כְּשֵׁרָה. מְחוּבֶּרֶת. לְבַעֲלֵי חַיִּים. כְּרַבִּי, דְּאָמַר: אֵין שׁוֹחֲטִין בִּמְחוּבָּר. **מתני'** מַגַּל קָצִיר. דֶּרֶךְ הֲלִיכָתָהּ א] אֵינָהּ קוֹרַעַת לְבֵית הִלֵּל, מִפְּנֵי שֶׁרָאשֵׁיהֶם כְּפוּפִים מְאֹד. **גמ'** אֲבָל בַּאֲכִילָה אֲסוּרָה. גְּזֵירָה הוֹלָכָה אַטּוּ הוֹבָאָה. אִיסּוּר וְהֵיתֵּר שַׁיָּיךְ לְעִנְיַן אֲכִילָה. אֶלָּא פּוֹסְלִין וּמַכְשִׁירִין כו'. וּלְשׁוֹן פְּסוּל וְהֶכְשֵׁר אַשְּׁחִיטָה קָאֵי, לְבֵית שַׁמַּאי פְּסוּלָה שְׁחִיטָתוֹ וּנְבֵלָה הִיא, וּלְב"ה שְׁחִיטָתוֹ כְּשֵׁרָה אַף בַּאֲכִילָה, וְלָא פְּלִיגָא מִינָהּ סַיַּיעְתָּא לְרַבִּי יוֹחָנָן. וּמִיהוּ, דְּרַ' יוֹחָנָן אִיתָא, דִּגְמָרָא גְּמִיר לֵיהּ מֵרַבּוֹ. **מתני'** הַשּׁוֹחֵט מִתּוֹךְ הַטַּבַּעַת. בְּטַבַּעַת גְּדוֹלָה שֶׁהִיא עֶלְיוֹנָה לְכוּלָּן קָאָמַר, שֶׁאֵין טַבַּעַת לְמַעְלָה הֵימֶנָּה. וְשִׁיֵּיר בָּהּ מְלֹא הַחוּט עַל פְּנֵי כּוּלָּהּ. לְצַד הָרֹאשׁ, שֶׁלֹּא הִטָּה לַסַּכִּין לְגַמְרֵי מִן הַטַּבַּעַת לְצַד הָרֹאשׁ עַד שֶׁנִּגְמַר כָּל הַטַּבַּעַת כּוּלָּהּ כְּשֵׁרָה. מְלֹא חוּט. כְּלוֹמַר, כָּל דְּהוּ. אֲבָל אִם קוֹדֶם שֶׁנִּגְמַר אֶת כּוּלָּהּ הִגְרִיס אֶת הַסַּכִּין לְצַד הָרֹאשׁ וְיָצָא מִן הַטַּבַּעַת, וְגָמַר אֶת הַשְּׁחִיטָה לְמַעְלָה מִן הַטַּבַּעַת, שֶׁאֵינוֹ מְקוֹם שְׁחִיטָה, שֶׁהִיא הַגַּרְגֶּרֶת שֶׁנֶּאֶמְרָה לְמֹשֶׁה מִסִּינַי, אַע"פ שֶׁנִּשְׁחַט רוֹב הַקָּנֶה בִּמְקוֹם שְׁחִיטָה – פָּסְלֵי רַבָּנַן, הוֹאִיל וּגְמָרוֹ בְּפָסוּל. רַבִּי יוֹסֵי בְּרַ' יְהוּדָה אוֹמֵר מְלֹא הַחוּט עַל פְּנֵי רוּבָּהּ. אִם שִׁיֵּיר בָּהּ מְלֹא חוּט הַשַּׁעֲרָה מִן הַטַּבַּעַת לְצַד הָרֹאשׁ עַל פְּנֵי רוֹב הַטַּבַּעַת. כְּלוֹמַר, שֶׁחָתַךְ רוֹב הַקָּנֶה בְּתוֹךְ הַטַּבַּעַת, וּבְמִיעוּטָהּ הִגְרִיס וְיָצָא מִמֶּנּוּ לְצַד הָרֹאשׁ, וְגָמַר הַשְּׁחִיטָה לְמַעְלָה הֵימֶנָּה – כְּשֵׁרָה. דִּבְרוּבָּא אִיתְכַּשְׁרָא לָהּ שְׁחִיטָה, וְאִידָךְ כִּי קָשָׁחֵיט מְחַתֵּךְ בָּשָׂר בְּעָלְמָא הוּא. וְאִית דִּמְפָרְשֵׁי דִּבְכָל הַטַּבָּעוֹת חָשֵׁיב הַגְרָמָה לְרַבָּנַן וּלְר' יוֹסֵי, דְּכֵיוָן שֶׁהִתְחִיל לִשְׁחוֹט בְּתוֹךְ הַטַּבַּעַת צָרִיךְ שֶׁיִּגְמוֹר כָּל הַשְּׁחִיטָה לְתוֹכָהּ לְרַבָּנַן, אוֹ רוּבָּהּ לְר' יוֹסֵי. וְאֵינוֹ כֵּן, דִּבְהֶדְיָא ב] תַּנְיָא בַּתּוֹסֶפְתָּא דְּאֵין חִילּוּק מָקוֹם בְּתוֹךְ הַקָּנֶה בֵּין תּוֹךְ הַטַּבַּעַת לַאֲוִיר שֶׁבֵּין טַבַּעַת לְטַבַּעַת, וּפְלוּגְתַּיְיהוּ בַּטַּבַּעַת הַגְּדוֹלָה, לְפִי שֶׁאֵין מְקוֹם שְׁחִיטָה לְמַעְלָה הֵימֶנָּה. דְּהָכִי תַּנְיָא בַּתּוֹסֶפְתָּא (פ"א): מִלּוֹת שְׁחִיטָה מִן הַטַּבַּעַת וְעַד הָרֵיאָה, וּמוּגְרֶמֶת פְּסוּלָה (ב) כו' מִשָּׁם וּלְמַעְלָה, וְרַבִּי חֲנִינָא בֶּן אַנְטִיגְנוֹס מַכְשִׁיר. שִׁיֵּיר בָּהּ כְּחוּט סָמוּךְ לָרֹאשׁ מוּקָּף אֶת כּוּלָּהּ – כְּשֵׁרָה. וְר' יוֹסֵי בְּרַבִּי יְהוּדָה ג] אוֹמֵר: אִם הָיָה רוּבָּהּ מוּקָּף כִּלְבָנָה – כְּשֵׁרָה. וּמִדְּקָתָנֵי "מִן הַטַּבַּעַת וְעַד הָרֵיאָה" ש"מ בְּטַבַּעַת גְּדוֹלָה שֶׁהִיא רִאשׁוֹנָה קָאָמַר. וְהָא דְּקָרֵי לֵיהּ טַבַּעַת סְתָמָא – מִשּׁוּם דְּאֵין בְּכָל הַקָּנֶה טַבַּעַת גְּמוּרָה אֶלָּא הִיא ד], שֶׁאֵינָן שְׁלֵמוֹת, אֶלָּא רְצוּעוֹת בָּשָׂר מַפְסִיקוֹת לְאָרְכּוֹ שֶׁל קָנֶה וּמְחַבְּרוֹת רָאשֵׁי הַטַּבָּעוֹת. מִדְּקָתָנֵי "סָמוּךְ לָרֹאשׁ" ש"מ דְּלָא חָיֵישׁ אִי נָפֵיק מִינֵּיהּ וּלְמַטָּה, אֶלָּא מִמֶּנָּה וּלְמַעְלָה, מִשּׁוּם דְּלָאו מְקוֹם שְׁחִיטָה הוּא. **גמ'** הֲלָכָה כְּרַבִּי יוֹסֵי בְּרַבִּי יְהוּדָה. דְּרוּבָּהּ כְּכוּלָּהּ. וְאַף ר' יוֹסֵי בְּרַבִּי יְהוּדָה לֹא אָמַר. כְּלוֹמַר, אַע"ג דִּלְר' יוֹסֵי רוּבָּהּ כְּכוּלָּהּ, לֹא אָמַר אֶלָּא בְּטַבַּעַת גְּדוֹלָה שֶׁמַּקֶּפֶת אֶת כָּל הַקָּנֶה. הִלְכָּךְ חֲשִׁיבָה קָנֶה. אֲבָל בִּשְׁאָר טַבָּעוֹת. אֵין שְׁחִיטָתוֹ כְּשֵׁרָה בְּתוֹךְ הַטַּבַּעַת. אֵין שְׁחִיטָתוֹ כְּשֵׁרָה בְּתוֹכָן כְּלָל, אֶלָּא בֵּין טַבַּעַת לְטַבַּעַת. דְּכֵיוָן שֶׁאֵין מַקִּיפִין אֶת כָּל הַקָּנֶה כִּדְפָרִישִׁית, שֶׁרְצוּעַת הַבָּשָׂר מַחְבַּרְתָּן לָאו קָנֶה נִינְהוּ, וְאַע"ג דְּמַקִּיפִין רוּבָּהּ. דְּאַע"ג דְּאִית לֵיהּ לְרַבִּי יוֹסֵי רוּבּוֹ כְּכוּלּוֹ, ה"מ בִּמְקוֹם שְׁחִיטָה וְנִשְׁחַט רוּבָּהּ, לְהָכִי מִילְּתָא אָמְרִינַן רוּבָּהּ כְּכוּלָּהּ. אֲבָל לְשַׁוּוֹיֵיהּ מְקוֹם בָּשָׂר לִשְׁחִיטָה מִשּׁוּם [illegible] לֹא אָמְרִינַן רוּבָּהּ כְּכוּלָּהּ. טַבָּעוֹת לָאו אִיקָּרֵי קָנֶה, מִדְּקָאָמַר "שֶׁאֵין מַקִּיפִין אֶת כָּל הַקָּנֶה" ש"מ קְרוּם שֶׁבְּתוֹךְ הַטַּבַּעַת הַמְכַסֶּה אוֹתוֹ מִבִּפְנִים מִיקְּרֵי קָנֶה.
הַשּׁוֹחֵט

תוספות

וכמה פגימת המזבח כדי שתחגור בה צפורן. וא"ת: והיאך בנו המזבח? דלהא ימלאו אבנים בלא פגימה? ואם יחליקו בברזל – איכא איסורא ד"לא תניף עליהן ברזל"! וליכא למימר נמי ע"י שמיר, דע"כ ע"י שמיר נמי לא יהיו חלקות שלא תחגור בהן הצפורן. מדאמר במסכת ע"ז פרק "רבי ישמעאל" (דף נב:) גבי אבני מזבח ששקצום אנשי יון וגנזום בית חשמונאי: היכי נעביד? נתברינהו – אבנים שלימות אמר רחמנא. ניגסרינהו, פירוש: לעשות בלא פגימה – "לא תניף עליהן ברזל" אמר רחמנא! ה] והשתא ליעבדינהו ע"י שמיר! אלא ודאי שמיר אין עושה אותם חלקות שלא תחגור בהן הצפורן! ויש לומר: דבפרק "איזהו מקומן" (זבחים דף נד.) משמע שבנו אותם באבנים קטנות חלקות שלא היה בהם שום פגימה, כגון חלוקי אבנים של נחל. ומיהא קשה, דגבי בית המקדש (ג) כתיב (נמי): "אבן שלמה מסע נבנה", וקאמר ר' יהודה בפרק "עגלה ערופה" (סוטה דף מח:) דבית המקדש נבנה ע"י שמיר!* **הא** בתלושה הא במחוברת. גבי שן ה"מ לשנויי הכי. אלא משום דבמתני' תני "והשינים", דמשמע תרי – משום הכי נמי מוקי לה בתלושים, ופסולין מפני שהם חונקים. **ולא** קתני אוסרין ומתירין. בכמה דוכתי קתני "כשר" ושריא באכילה. אלא הכא שאני, דאיכא למיטעי. **אבל** בשאר טבעות לא. פירש בקונטרס: דאין שחיטה כשירה בהן כלל, אלא בין הטבעות. ולא אמר ר' יוסי רובו ככולו אלא במקום שחיטה, אבל לשויי מקום שחיטה לא ו] אמרינן רובו ככולו. והשתא, כל שכן לרבנן שאין השחיטה כשרה בשאר הטבעות לפירושו. ומה שאין אנו נזהרין עכשיו לשחוט בתוך הטבעות – משום דאין הלכה כן, כדפי' בקונטרס ובריית' דתוספתא שהביא בקונטרס, דקתני: מלות שחיטה מן הטבעת עד הריאה, צריך לאוקומי כר' יוסי ברבי יהודה, דמסקינן בסמוך דבשאר (ד) נמי מכשיר. אי נמי, מטבעת הגדולה עד כנפי הריאה – במקום קנה קאמר, ובתוך שאר טבעות לא איקרי קנה כדפי' בקונטרס. ומסיפא דקתני: שייר בה כחוט סמוך לראש מוקף את כולה כשרה. ומדקדק בקונטרס, מדקתני: סמוך לראש – ש"מ דלא חייש אי נפיק מינה ולמטה, אלא ממנה ולמעלה. ומתוך כך סתר לגי' המפרש דבכל טבעות חשיב הגרמה לרבנן ולרבי יוסי, דמכיון שהתחיל השחיטה בתוך הטבעת צריך שיגמור כל השחיטה בתוכה. ומיהו, לפירוש הקונטרס אין קשה מסם, דאע"ג דאפשר דיפסל נמי לצד מטה, אם היה יוצא מטבעת הגדולה והיה נכנס בשאר טבעות, מ"מ אין צריך לשייר מלא החוט כלפי מטה, דאדרבה, טוב הוא שלא ז] היה כלל בתוך הטבעות אלא בין טבעת לטבעת. ומ"מ דחוק הוא לפי' הקונטרס. ונראה לפרש *דהכי קאמר: דאף רבי יוסי ברבי יהודה לא אמר דמהני שיור מלא החוט על פני רובה אלא בטבעת הגדולה, דברובה יש רוב קנה, דהא מקפת כל הקנה. אבל בשאר טבעות לא מהני ח] רובה, דאין ברוב שלהם רוב הקנה, שהרי אין מקיפין כל הקנה.
יוסף

[בכורות לו:] [עיין פרש"י לתענית כ: ד"ה וסריך] עיין רש"ל נ"ל רבנן [תוס' פ"א] [לעיל טו:] [ב"ק לט:]

[ועי' תוס' בע"ז כב: ד"ה בקסן ותוס' זבחים נד: ד"ה אבנים ותוס' סוכה מט. ד"ה שכל ותוס' גיטין סח. ד"ה איכא] ר"מ מ"ז עיין ר"מ

עין משפט נר מצוה

קלד א ב מיי' פ"א מהל' בית הבחירה הלכה יד ופ"ב הל' יח:
קלה ג ד ה מיי' פ"א מהל' שחיטה הל' כז סמג עשין סג טוש"ע יו"ד סי' יח סעי' יז וכהג"ה:
קלו ו ז מיי' שם הל' כח סמג שם טוש"ע יו"ד סי' ו סעי' ג:

גליון הש"ס

גמ' כדי שתחגור. לשון עכבה מלה"כ שארית חמות תחגור (תהלים עו) עיין ברש"י שם:

הגהות הב"ח

(א) גמ' רבה בר רב הונא: (ב) רש"י ד"ה ר' יוסי וכו' פסולה כולה מסם ולמעלה: (ג) תוס' ד"ה וכמה וכו' ניתן המקדש נמי כתיב אבן: (ד) ד"ה אבל וכו' דבשאר טבעות נמי מכשיר:

רבינו גרשום

כדי פגימת המזבח. שאם היה מזבח פגום ונפסל מלהקריב עליו: לא קשיא הא בסידא הא באבנא [א] שתחגור בה ציפורן דכתיב אבנים שלמות: דלא סר סכינא. כלומר שלא הראהו לחכם: כאן שנמצאת סכינו יפה. לא מעברינן ליה: ממסממינן ליה. לבשריה בפרתא כלומר מלכלכין ליה לבשריה בטינא: הכי גרסינן אמר להו ליעיינו רבנן במילתיה ולישרו ליה: הא במחוברת. כלומר מחוברת לא. ואוסרים ומתירים חדא מילתא היא כלומר ואפי' באכילה מתיר: השוחט מתוך הטבעת ושייר בה מלא החוט וכו'. כלומר כל השוחט בעינן דלא לשחוט בין הטבעות אלא בתוך אחת מן הטבעות צריך ששיחוט ואי שחט בתוך אחת מן הטבעות ושייר בה מלא החוט על פני כולה: ר' יוסי בר' יהודה אומר מלא החוט על פני רובה. כלומר אפי' לא שייר אלא מלא החוט על פני

שיטה מקובצת

א] אינה קורעת לבית הלל. נ"ב כן נמצא בשני ס"י ובס"י אחד אינו כתוב לב"ה: ב] תניא בתוספתא דאין חלוק מקום שחיטה בכל הקנה: ג] ור' יוסי בר' יהודה סבר אם היה רובה מוקף כלבנה כשרה: ד] אלא היא שאין הטבעות שלמות אלא רצועות בשר: ה] והשתא ליעבדינהו ע"י שמיר. נ"ב ובבית שני היה שמיר כמו שהוכיחו התוס' בזבחים דף נד ע"א ע"ב: ו] אבל לשויי מקום שחיטה לא אמר רובו ככולו: ז] דאדרבא טוב הוא שלא ישחוט כלל בתוך הטבעות: ח] אבל בשאר טבעות לא מהני רוב טבעות ראין:

א) נראה דחסר כאן וצ"ל כשיעור כדי שתחגור בה ציפורן כאבנא כל דהוא דכתיב אבנים שלמות.

קלז א ב מיי' פ"א מהל' שחיטה הל"ז ועי' בכ"מ ובפ"ג שם הלי"ב סמג עשין סג טוש"ע יו"ד סימן כ סעיף א:

תורה אור

הַשּׁוֹחֵט בִּשְׁאָר טַבָּעוֹת, אע"פ שֶׁאֵין מַקִּיפוֹת אֶת כָּל הַקָּנֶה, הוֹאִיל וּמַקִּיפוֹת אֶת רוֹב הַקָּנֶה – שְׁחִיטָתוֹ כְּשֵׁרָה. *וּמוּגְרֶמֶת פְּסוּלָה; *הֵעִיד רַבִּי חֲנִינָא בֶּן אַנְטִיגְנוֹס עַל מוּגְרֶמֶת שֶׁהִיא כְּשֵׁרָה! אָמַר רַב יוֹסֵף: רַבִּי יוֹסֵי בַּר יְהוּדָה תַּרְתֵּי קָאָמַר, רַב וּשְׁמוּאֵל סָבְרִי כְּוָותֵיהּ בְּחֲדָא, *וּפְלִיגִי עֲלֵיהּ בַּחֲדָא. וְהָא "לֹא אָמַר" קָאָמְרִי! הָכִי קָאָמַר: הֲלָכָה כְּמוֹתוֹ בְּטַבַּעַת הַגְּדוֹלָה, וְאֵין הֲלָכָה כְּמוֹתוֹ בִּשְׁאָר טַבָּעוֹת. כִּי סְלֵיק רַבִּי זֵירָא אֲכַל מוּגְרֶמֶת דְּרַב וּשְׁמוּאֵל, אָמְרֵי לֵיהּ: לָאו מֵאַתְרֵיהּ דְּרַב וּשְׁמוּאֵל אַתְּ? אָמַר לְהוּ: מַאן אַמְרָהּ – יוֹסֵף בַּר חִיָּיא, יוֹסֵף בַּר חִיָּיא מִכּוּלֵּי עָלְמָא גְּמִיר! שְׁמַע רַב יוֹסֵף, אִיקְפַּד, אָמַר: אֲנָא מִכּוּלֵּי עָלְמָא גְּמִירְנָא? אֲנָא מֵרַב יְהוּדָה גְּמִירְנָא, דַּאֲפִי' סְפִיקֵי דְּגַבְרֵי גָּרֵים; *דְּאָמַר רַב יְהוּדָה אָמַר ר' יִרְמְיָה בַּר אַבָּא, סָפֵק מִשְּׁמֵיהּ דְּרַב סָפֵק מִשְּׁמֵיהּ דִּשְׁמוּאֵל: שְׁלֹשָׁה מַתִּירִין אֶת הַבְּכוֹר בְּמָקוֹם שֶׁאֵין מוּמְחֶה. וְר' זֵירָא, לֵית לֵיהּ *נוֹתְנִין עָלָיו חוּמְרֵי הַמָּקוֹם שֶׁיָּצָא מִשָּׁם וְחוּמְרֵי הַמָּקוֹם שֶׁהָלַךְ לְשָׁם? *אָמַר אַבָּיֵי: הָנֵי מִילֵּי מִבָּבֶל לְבָבֶל וּמֵאֶרֶץ יִשְׂרָאֵל לְאֶרֶץ יִשְׂרָאֵל, אִי נַמִי מֵאֶרֶץ יִשְׂרָאֵל לְבָבֶל, אֲבָל מִבָּבֶל לְאֶרֶץ יִשְׂרָאֵל, כֵּיוָן דַּאֲנַן כַּיְיפִינַן לְהוּ עָבְדִינַן כְּוָותַיְיהוּ. רַב אַשִׁי אָמַר: אֲפִילּוּ תֵּימָא מִבָּבֶל לְאֶרֶץ יִשְׂרָאֵל, הָנֵי מִילֵּי הֵיכָא דְּדַעְתּוֹ לַחֲזוֹר, ר' זֵירָא אֵין דַּעְתּוֹ לַחֲזוֹר הֲוָה. אָמַר לֵיהּ אַבָּיֵי לְרַב יוֹסֵף: וְהָא רַבָּנַן דַּאֲתוֹ מִמְּחוֹזָא אָמְרִי, (א) אָמַר רַבִּי זֵירָא מִשְּׁמֵיהּ דְּרַב נַחְמָן: מוּגְרֶמֶת כְּשֵׁרָה! א"ל: *נַהֲרָא נַהֲרָא וּפַשְׁטֵיהּ. רַבִּי שִׁמְעוֹן בֶּן לָקִישׁ אַכְשַׁר בְּחוּדָּא דְּכוֹבְעָא, קָרֵי עֲלֵיהּ רַבִּי יוֹחָנָן: גִּיסָא גִּיסָא! אָמַר רַב פַּפֵּי מִשְּׁמֵיהּ דְּרָבָא: פָּגַע בְּחִיטֵי – טְרֵפָה. אִיבַּעְיָא לְהוּ: פָּגַע וְנָגַע בָּהֶן, דִּכְתִיב: "וַיִּפְגַּע בּוֹ וַיָּמֹת", אוֹ דִלְמָא פָּגַע וְלֹא נָגַע, כִּדְכְתִיב: "וַיִּפְגְּעוּ בוֹ מַלְאֲכֵי אֱלֹהִים"? אִיתְּמַר, אָמַר רַב פָּפָּא מִשְּׁמֵיהּ דְּרָבָא: שִׁיֵּיר בְּחִיטֵי – כְּשֵׁרָה. אָמַר רַב אֲמֵימַר בַּר מָר יָנוּקָא: הֲוָה קָאֵימְנָא קַמֵּיהּ דְּר' חִיָּיא בְּרֵיהּ דְּרַב אָוְיָא, וַאֲמַר לִי: שִׁיֵּיר בְּחִיטֵי – כְּשֵׁרָה. א"ל רָבִינָא לְרַב אַשִׁי: אֲמַר לִי רַב שֶׁמֶן מִסּוּבְרָא, אִיקְלַע מָר זוּטְרָא לְאַתְרִין וְדָרַשׁ: בשִׁיֵּיר בְּחִיטֵי – כְּשֵׁרָה. מָר בַּר רַב אַשִׁי אָמַר: פָּגַע בְּחִיטֵי – כְּשֵׁרָה, שִׁיֵּיר בְּחִיטֵי – טְרֵפָה. וְהִלְכְתָא

מלכים א ב; בראשית לב

הַשּׁוֹחֵט בִּשְׁאָר הַטַּבָּעוֹת. כָּל הַקָּנֶה אוֹ רוֹב חֲלָלוֹ. **הוֹאִיל וּמַקִּיפוֹת אֶת הָרוֹב.** לְהָא מִילְּתָא נַמִי אָמְרִינַן רוּבָּא כְּכוּלֵּיהּ, לְשַׁוּוֹיֵיהּ קָנֶה וּמְקוֹם כָּשֵׁר לִשְׁחִיטָה. **וּמוּגְרֶמֶת.** אֲפִילּוּ רוּבָּא בְּתוֹךְ הַטַּבַּעַת וּמִיעוּטָא לְמַעְלָה מִטַּבַּעַת הַגְּדוֹלָה. וּמִילְּתָא בְּאַנְפֵּי נַפְשָׁהּ הִיא, וְקַמְתַּמְהָא הִיא, וְרַבָּנַן קָאָמְרִי לָהּ. **עַל מוּגְרֶמֶת שֶׁהִיא כְּשֵׁרָה.** וַאֲפִי' כּוּלָּהּ לְמַעְלָה מִן הַטַּבַּעַת הַגְּדוֹלָה. וְכִי אַגְמְרֵיהּ רַחֲמָנָא הַגְרָמָה הֲלָכָה לְמֹשֶׁה מִסִּינַי – מִשִּׁיפּוּי כּוֹבַע וּלְמַעְלָה אַגְמְרֵיהּ, כִּדְלְקַמָּן (דף יט.). וְהָכִי הִלְכְתָא, דְּכָל עֵדוּת הִלְכְתָא הִיא. **תַּרְתֵּי אָמַר.** לְעִנְיַן חֲתִיכַת הַקָּנֶה אִית לֵיהּ רוּבָּא כְּכוּלֵּיהּ, דְּכֵיוָן דְּחוֹתֵךְ הָרוֹב בְּהֶכְשֵׁר – כְּשֵׁרָה. וּלְעִנְיַן לְשַׁוּוֹיֵי לִשְׁאָר הַטַּבָּעוֹת מְקוֹם שְׁחִיטָה מִשּׁוּם הַקָּפַת הָרוֹב א], אָמְרִינַן נַמִי רוּבָּא כְּכוּלֵּיהּ. **וְרַב וּשְׁמוּאֵל סָבְרִי** לָהּ כְּוָותֵיהּ בַּחֲדָא. דַּחֲתִיכַת רוּבָּא בִּמְקוֹם שְׁחִיטָה כַּחֲתִיכַת כּוּלָּהּ. **וּפְלִיגִי עֲלֵיהּ בַּחֲדָא.** דִּלְשַׁוּוֹיֵיהּ שְׁאָר הַטַּבָּעוֹת מְקוֹם שְׁחִיטָה מִשּׁוּם טַעְמָא דְּרוּבָּא כְּכוּלָּהּ לָא מְשַׁוֵּינַן. **וְהָא לֹא אָמַר קָאָמְרִי.** וְהָא הָכִי קָאָמְרִי רַב וּשְׁמוּאֵל: "וְאַף ר' יוֹסֵי לֹא אָמַר", אַלְמָא טַעְמָא דִּידֵיהּ קָאָמְרִי, וְלָאו טַעְמָא דִּידְהוּ! הָכִי קָאָמְרִי הֲלָכָה כו'. וְהַאי דְּקָאָמְרִי "לֹא אָמַר" הָכִי מַשְׁמַע: לֹא אָמַר וְלֹא כְּלוּם, שֶׁאֵין הֲלָכָה כְּמוֹתוֹ אֶלָּא בְּטַבַּעַת גְּדוֹלָה. וְלִלִּישָּׁנָא אַחֲרִינָא דְּפָרֵישְׁנָא לְעֵיל, דְּהַיְינוּ מִטַּבַּעַת שֶׁהִתְחִיל לִשְׁחוֹט בָּהּ חָשִׁיב הַגְרָמָה, עַד שֶׁיַּחְתּוֹךְ כּוּלָּהּ לְרַבָּנַן אוֹ רוּבָּהּ לְר' יוֹסֵי, מְפָרֵשׁ ב] לְרַב וּשְׁמוּאֵל הָכִי: אֲבָל בִּשְׁאָר טַבָּעוֹת לֹא אָמַר ר' יוֹסֵי – שֶׁאִם חָתַךְ רוּבּוֹ בְּתוֹךְ הַטַּבַּעַת וְהִגְרִיס וַדַּאי מוֹדֶה דְּפָסוּל, דְּרוֹב הַטַּבַּעַת לָא הָוֵי רוֹב הַקָּנֶה, דְּהָא אֵין מַקִּיפִין אֶת כּוּלָּהּ. וְלֵיכָּא לְמֵימַר הָכִי, דְּא"כ מַאי קָמוֹתִיב לָהּ? הָא וַדַּאי שַׁפִּיר קָאָמְרִי, וּבָרַיְיתָא דְּקָמוֹתִיב מִינָּהּ לָא קָתָנֵי הִגְרִיס! וְכ"ת: הִגְרִיס לָא אִיצְטְרִיךְ לֵיהּ לְמִיתְנֵי, דְּאִם לֹא הִגְרִיס מַאי קָא מַשְׁמַע לָן? וּבְהִגְרִיס הֵיכִי מָצֵי לְאַכְשׁוּרֵי? הָא וַדַּאי לָא שָׁחֵיט רוּבָּא! וְכִי תֵּימָא: מִשּׁוּם דְּקָא מַשְׁמַע לָן דִּילֵיהּ ג] דִּבִשְׁאָר טַבָּעוֹת לָא חָשִׁיב הַגְרָמָה, א"כ מַאי קָאָמַר "הוֹאִיל וּמַקִּיפִין אֶת רוֹב הַקָּנֶה"? הַאי טַעְמָא לָאו מִשּׁוּם רוּבָּא וּמִיעוּטָא הוּא, אֶלָּא מִשּׁוּם דְּאֵין כָּאן תּוֹרַת הַגְרָמָה! לָשׁוֹן שְׁלִישִׁי: אֲבָל בִּשְׁאָר טַבָּעוֹת לֹא קָאָמַר – שֶׁאִם שָׁחַט בִּשְׁאָר טַבָּעוֹת רוֹב כָּל חֲלַל הַקָּנֶה וְהִגְרִיס מוֹדֶה שֶׁהִיא פְּסוּלָה, גְּזֵירָה רוֹב הַקָּנֶה אַטּוּ רוֹב הַטַּבָּעוֹת שֶׁאֵינוֹ רוֹב הַקָּנֶה. וְלָא הִיא, חֲדָא – דְּאִם כֵּן בְּהֶדְיָא הָווּ מְפָרְשֵׁי לָהּ. וְעוֹד, מֵהַךְ ד] מַאי קָמוֹתִיב לָהּ? דְּהָא לָא קָתָנֵי בָּהּ הַגְרָמָה כְּלָל! וְאִי בְּשֶׁהִגְרִיס מוֹקְמַתְּ לָהּ, אַמַּאי תָּלֵי טַעְמָא בְּהוֹאִיל וּמַקִּיפִין אֶת רוֹב הַקָּנֶה? הַקָּפָה דִּידְהוּ מַאי אַהֲנְיָא? הָא בָּתַר חֲתִיכַת רוֹב הַקָּנֶה אָזְלִינַן! וְלָשׁוֹן רִאשׁוֹן נ"ל. וְאֵין כָּאן מִכְשׁוֹל לְהַחֲלִיף הַהֲלָכָה, דְּהָא לֵית הִלְכְתָא כְּכוּלְּהוּ אֶלָּא כְּרַבִּי חֲנִינָא בֶּן אַנְטִיגְנוֹס. **מוּגְרֶמֶת דְּרַב וּשְׁמוּאֵל.** שְׁחוּטָה בְּתוֹךְ שְׁאָר הַטַּבָּעוֹת, דְּחָשְׁבֵי לֵיהּ אִינְהוּ הַגְרָמָה, דְּאָמְרֵי: שְׁאָר הַטַּבָּעוֹת לָאו מְקוֹם שְׁחִיטָה נִינְהוּ. וְכָל שֶׁלֹּא בִּמְקוֹם שְׁחִיטָה קָרֵי הַגְרָמָה, כִּדְאָמְרִינַן לְקַמָּן (דף יט.): הִגְרִיס שְׁלִישׁ וְשָׁחַט שְׁלִישׁ, אַלְמָא תְּחִלַּת שְׁחִיטָה שֶׁהִיא שֶׁלֹּא בִּמְקוֹמָהּ קָרֵי הַגְרָמָה, וַעֲדַיִין אֵין כָּאן הַטָּיָה. **מַאן אֲמָרָהּ.** לְהָא מִילְּתָא מִשְּׁמֵיהּ דְּרַב וּשְׁמוּאֵל? אָמְרוּ לוֹ: יוֹסֵף בַּר חִיָּיא אֲמָרָהּ, דְּאָמְרִין לְעֵיל דְּרַב וּשְׁמוּאֵל סָבְרִי לְהוּ כְּוָותֵיהּ בַּחֲדָא כו', דְּהַיְינוּ רַב יוֹסֵף דְּכוּלֵּיהּ הַתַּלְמוּד. **מִכּוּלֵּי עָלְמָא גְּמִיר.** וְשֶׁמָּא שָׁמַע דָּבָר מִפִּי אַחֵר שֶׁלֹּא דִּקְדֵּק בַּדְּבָרִים כְּמוֹ שֶׁנֶּאֶמְרוּ. **דַּאֲפִילּוּ סְפִיקֵי דְּגַבְרֵי גָּרֵים.** כְּשֶׁהָיוּ אוֹמְרִים לוֹ שְׁמוּעָה וְהָאוֹמְרָהּ לוֹ שָׁכַח מִמִּי שְׁמָעָהּ, הָיָה שׁוֹנֶה רַב יְהוּדָה בִּשְׁמוּעָתוֹ: קִבַּלְתִּיהָ מִפִּי פְּלוֹנִי וְסָפֵק הָיָה בְּיָדוֹ אִי מִפְּלוֹנִי קִבְּלָהּ אוֹ מִפְּלוֹנִי קִבְּלָהּ. דְּאָמַר רַב יְהוּדָה: אָמַר לִי ר' יִרְמְיָה סָפֵק מִשְּׁמֵיהּ דְּרַב סָפֵק כו'. **שְׁלֹשָׁה.** הֶדְיוֹטוֹת. **מַתִּירִין אֶת הַבְּכוֹר.** לִישָּׁחֵט בַּמְּדִינָה, בְּמוּם מוּבְהָק וְגָלוּי לַכֹּל שֶׁהוּא מוּם. דְּקיי"ל בִּבְכוֹרוֹת (דף כח.) דַּאֲפִילּוּ מוּם הַגָּלוּי צָרִיךְ לְהַרְאוֹת לְחָכָם, כִּדְתְנַן: הַשּׁוֹחֵט אֶת הַבְּכוֹר וְאַחַ"כ הֶרְאָה אֶת מוּמוֹ, ר"מ אוֹמֵר: הוֹאִיל וְנִשְׁחַט שֶׁלֹּא עַל פִּי מוּמְחֶה אָסוּר. וְאוֹקִימְנָא בְּמוּמִין שֶׁבַּגּוּף, וְאַע"פ שֶׁאֵין מִשְׁתַּנִּין בְּמַסֶּכֶת בֵּיצָה בְּ"אֵין צָדִין" (דף כז.). **לֵית לֵיהּ כו'.** בִּתְמִיָּה, וְהָא מַתְנִי' הִיא בִּפְסָחִים בְּ"מָקוֹם שֶׁנָּהֲגוּ" (דף נ.)! **מִבָּבֶל לְבָבֶל.** שֵׁם הַמְּדִינָה בָּבֶל, וּבָהּ מְקוֹמוֹת הַרְבֵּה. **דְּכֵיוָן דַּאֲנַן כַּיְיפִינַן לְהוּ.** לִבְנֵי אֶרֶץ יִשְׂרָאֵל לְקִידּוּשׁ הַחֹדֶשׁ וּלְעִיבּוּר שָׁנָה, כִּדְאָמְרִינַן בִּשְׁמַעְתָּא בַּתְרָא דְּהוֹרָיוֹת (דף יא:), וּלְדִינֵי קְנָסוֹת, שֶׁאֵין סְמִיכָה בְּבָבֶל. **עָבְדִינַן כְּוָותַיְיהוּ.** כִּי אָזְלִינַן גַּבַּיְיהוּ, וְאֵין אָנוּ צְרִיכִין לַחֲלוֹק כָּבוֹד לִמְקוֹמֵינוּ, וּבְא"י הָווּ אָכְלֵי לֵיהּ. **הָא רַבָּנַן דַּאֲתוֹ מִמְּחוֹזָא אָמְרֵי אָמַר רַבִּי זֵירָא** מִשְּׁמֵיהּ דְּרַב נַחְמָן מוּגְרֶמֶת. דְּרַב וּשְׁמוּאֵל כְּשֵׁרָה, וְאָנוּ מִבָּבֶל נְהִיגִין בָּהּ אִיסּוּרָא. **נַהֲרָא נַהֲרָא וּפַשְׁטֵיהּ.** כָּל נָהָר מִתְפַּשֵּׁט בְּמָקוֹם שֶׁהוּא רָגִיל שָׁם. כְּלוֹמַר, כָּל מָקוֹם הוֹלֵךְ אַחַר מִנְהָגוֹ, אִית דּוּכְתָּא בְּבָבֶל דִּנְהִיגוּ כְּרַב וּשְׁמוּאֵל, וְאִית דּוּכְתָּא דְּלָא נְהִיגוּ כְּוָותַיְיהוּ. **בְּחוּדָּא דְּכוֹבְעָא.** כְּמִין כּוֹבַע יֵשׁ לְמַעְלָה מִן הַקָּנֶה כְּכוֹבַע עַל הָרֹאשׁ. וְאֵין זֶה אוֹתוֹ בָּשָׂר קָטָן שֶׁנּוֹפֵל ע"פ הַקָּנֶה לְעַכֵּב אֶת הַקּוֹל, אֶלָּא כְּמִין כּוֹבַע מַמָּשׁ הוּא עָשׂוּי, וּמֵאֶמְצָעִיתוֹ וּלְמַעְלָה הוֹלֵךְ וְכָלֶה וְנַעֲשֶׂה חָדוּד כְּמִין קוּלְמוֹס שֶׁקּוֹרִין הל"ס, וְאוֹתוֹ שִׁיפּוּי נִקְרָא שִׁיפּוּי כּוֹבַע. בְּחוּדָּא – בְּעֶלְיוֹנוֹ שֶׁל כּוֹבַע, בְּגַגּוֹ. **גִּיסָא גִּיסָא.** הַגַּס הַגַּס. כְּלוֹמַר, יוֹתֵר מִדַּאי הִכְשַׁרְתָּ, דְּאֵין כָּשֵׁר אֲפִי' לְר' חֲנִינָא אֶלָּא מִמָּקוֹם שֶׁחִידּוּדוֹ מַתְחִיל לַעֲלוֹת. **חִיטֵי.** גלא"ן, דּוֹמִין לְחִיטִּין וּמוּנָּחִין עַל הַקָּנֶה אֵצֶל הַכּוֹבַע. **פָּגַע וְלֹא נָגַע.** אֲבָל סָמוּךְ לָהֶם מְאֹד חָתַךְ. **שִׁיֵּיר בְּחִיטֵי.** הִנִּיחַ מִקְצָת לְצַד הָרֹאשׁ וּמִקְצָת לְצַד הַקָּנֶה, כְּגוֹן שֶׁחֲתָכוֹ, דְּהַיְינוּ פָּגַע וְנָגַע. ה"ג: מָר בַּר רַב אַשִׁי אָמַר פָּגַע בְּחִיטֵי כְּשֵׁרָה, שִׁיֵּיר בְּחִיטֵי טְרֵפָה. וְהִלְכְתָא

יוסף בר רבי חייא מכולי עלמא גמיר. כלומר, לא שמעה מרב ושמואל. ומה שאין אוכלין אותו במקומו – חומרא בעלמא היא, ולא על פי רב ושמואל. ופריך: ולית ליה לרבי זירא כו', דנהי דלא אמר רב ושמואל, מ"מ היה אסור, כיון שנהגו במקומו איסור.

כיון דאנן כייפינן להו כו'. בפ"ק דסנהדרין (דף ה.) משמע איפכא לענין ליטול רשות לדון, להיות פטור מלשלם. דקאמר: מהכא להתם מהני, מהתם להכא מאי? ואומר ר"ת: דלענין איסור והיתר בני ארץ ישראל עדיפי, דחכימי טפי. אבל לענין הפקעת ממון – ראש הגולה עדיף, כדאמרינן התם דהכא שבט והתם מחוקק. ואמרינן נמי: "לא יסור שבט מיהודה" – אלו ראשי גליות שבבבל שרודים את העם במקל, "ומחוקק מבין רגליו" – אלו בני בניו של הלל שמלמדים תורה ברבים. ואמרינן בפרק ב' דהוריות (דף יג:): נשיא שבא"י אין מביא שעיר, משום דאיכא שבבבל ראש גולה ועשיר ממנו. **הני** מילי היכא דדעתו לחזור. לפי האי שינויא משמע דחומרי מקום שהלך לשם נותנין עליו אע"ג דדעתו לחזור. ואי אפשר לומר כן, דרב אשי גופיה דמשני הכא, מוקי לה בפרק "מקום שנהגו" (פסחים דף נא.) באין דעתו לחזור, גבי רבה בר בר חנה דאכל דאייתרא. ואין לחוש במאי דקתני לגלילין, דלעולם נותנין עליו חומרי מקום שדעתו להיות שם. אי נמי, מה שמחלק בין דעתו לחזור לאין דעתו – הני מילי מבבל לא"י ומארץ ישראל לבבל, שהולכים אחר מקום שדעתו לישאר שם. אבל מבבל לבבל ומא"י לא"י – נותנין עליו חומרי מקום שיצא משם וחומרי מקום שהלך לשם, בין דעתו לחזור בין אין דעתו לחזור.

או דלמא פגע ולא נגע. פי' בקונטרס: שחט למטה מן החיטוי. וקשה: דא"כ הוה ליה למימר "תיקו". דהא רב פפא דאמר שייר בחיטי כשרה, ממה נפשך פליג אדרב פפי, דהא אפי' פגע ונגע מכשיר וכל שכן פגע ולא נגע! ועוד, כיון דאתא לפלוני לא הוה ליה למימר "איתמר", אלא

[לקמן קלז:]

[עיין תוס' ב"ק נט: סוף ד"ה מנעך מספקא]

[בכורות לו:]

[לקמן קי. פסחים נ.]

[פסחים נא.]

[לקמן נז. ע"ש בפרש"י]

הגהות הב"ח

(א) גמ' דאתו ממחוזא אמרי משמיה דרב נחמן כצ"ל ותיבות אמר רבי זירא נמחק:

גליון הש"ס

גמ' רב אשי אמר אפילו תימא מבבל לא"י. עיין לקמן דף נג ע"ב תוס' ד"ה משום:

רבינו גרשום

פני רובה כשרה: ובשאר טבעת לא אמר והתניא א"ר יוסי בר' יהודה כו'. כלומר השוחט בשאר טבעות ושייר בה מלא החוט על פני רובו שחיטתו כשרה: ומוגרמת פסולה. מטבעת גדולה ולמעלה לבד שיהא משפוי כובע ולמטה: אמר רב יוסף ר' יוסי בר' יהודה תרתי קאמר. כלומר ר' יוסי בר' יהודה מכשיר בין בטבעת גדולה בין בשאר טבעות מלא החוט על פני רובה: כי סליק ר' זירא אכל מגרומתא דרב ושמואל. כלומר דחזינן דרב ושמואל סברי ליה כוותיה [כר"י ב"ר יהודה] בטבעת גדולה מלא החוט על פני רובה אבל לא שייר על פני רובה מוגרמת היא וטרפה אע"ג דמשפוי כובע ולמטה היא ור' זירא אכל מאותה בהמה דלא נשתייר מלא החוט על פני רובה: מאן אמרה לשמעתיה יוסף בר' חייא: שלשה מתירין את הבכור במקום שאין מומחה. כלומר במום קבוע: אנן כייפינן להו. בני בבל לארץ ישראל דנשיא היה בא"י: א"ל אביי לרב יוסף והא רבנן דאתו ממחוזא אמרי אמר ר' זירא משמיה דרב נחמן מוגרמת כשרה. כלומר משפוי כובע ולמטה כשרה אע"ג שהוא למעלה מטבעת: ברי נהרא נהרא ופשטיה. לשון גשר. כלומר כשם שכל נהר יש לו גשר שלו לבדו כך כל המקומות אין להן דעת אחת אלא אלו יש להם דעת אחת ובמקום אחר דעת שלהם: קרי עליה ר' יוחנן גיסא גיסא. כלומר דמכשיר ביותר לשון גיסא: שייר בחיטי כשרה. ואפי' שחט בחיטי ושייר מקצתן כלפי הראש כשרה: פגע בחיטי (טרפה) [כשרה]. כלומר שלא שייר על הכל

שיטה מקובצת

א] משום הקפת הרוב אמר נמי רובא כצ"ל: ב] מפ' לדרב ושמואל הכי: ג] דקמ"ל דיציאה משאר טבעות: ד] ועוד מהך ברייתא מאי קמותיב להו דהא:

א והלכתא: משיפוי כובע ולמטה – כשרה, והיינו דשייר בחיטי. רב נחמן אכשר משיפוי כובע ולמטה. אמר ליה רב חנן בר רב קטינא לרב נחמן: כמאן? לא כרבנן ולא כרבי יוסי ברבי יהודה![א] אמר ליה: אנא לא חילק ידענא, ולא בילק ידענא, אנא שמעתא ידענא, דא"ר חייא בר אבא א"ר יוחנן, ואמרי לה א"ר אבא בר זבדא א"ר חנינא, ואמרי לה א"ר יעקב בר אידי א"ר יהושע בן לוי: משיפוי כובע ולמטה – כשרה. ואריב"ל: מוגרמת דרבנן – כשרה לרבי יוסי בר' יהודה, ודרבי יוסי ברבי יהודה – כשרה לרבי חנינא בן אנטיגנוס. פשיטא! מהו דתימא ר"ח בן אנטיגנוס אדרבנן קאי, קא משמע לן. ואימא ה"נ! א"כ, "העיד עליה" מיבעי ליה. והלכתא כר' חנינא בן אנטיגנוס, דקאי רב נחמן כוותיה. אמר רב הונא אמר רב אסי: מחלוקת בששחט שני שליש והגרים שליש, דרבנן סברי: כולה שחיטה בעינן בטבעת גדולה, ורבי יוסי ברבי יהודה סבר: *רובו ככולו, אבל *הגרים שליש ושחט שני שליש – דברי הכל פסולה, דכי נפקא חיותא בעינן רובא בשחיטה וליכא. א"ל רב חסדא: אדרבה, לימא מר איפכא: מחלוקת כשהגרים שליש ושחט שני שליש, דרבי יוסי ברבי יהודה סבר: מידי דהוה אחצי קנה פגום, ורבנן: התם מקום שחיטה, הכא לאו מקום שחיטה. אבל שחט שני שליש והגרים שליש – דברי הכל כשרה, דהא תנן: *רובו של אחד כמוהו! א"ל רב יוסף: מאן נימא לן דההוא רובא דהתם לאו רבי יוסי ברבי יהודה קתני לה? דלמא רבי יוסי בר' יהודה קתני לה! אמר ליה אביי: *אטו כל רובי דעלמא רבי יוסי ברבי יהודה קתני להו? אמר ליה: אנא רובא דשחיטה קאמינא, דשמענא להו דפליגי. לישנא אחרינא אמרי לה, אמר רב הונא אמר רב אסי: מחלוקת שהגרים שליש ושחט שני שליש, דרבי יוסי בר' יהודה סבר: במידי דהוה אחצי קנה פגום, ורבנן: התם מקום שחיטה, הכא לאו מקום שחיטה. אבל שחט שני שליש והגרים שליש – דברי הכל כשרה, דהא תנן: רובו של אחד כמוהו. מתקיף לה רב חסדא: מאן לימא לן דההוא רובא דהתם לאו רבי יוסי ברבי יהודה קתני לה? דלמא רבי יוסי ברבי יהודה קתני לה! א"ל רב יוסף: אטו כל רובי דעלמא רבי יוסי ברבי יהודה קתני להו? אמר ליה: אנא רובא דשחיטה קאמינא, דשמענא להו דפליגי. הגרים שליש ושחט שליש והגרים שליש – רב הונא אמר רב: כשרה, רב יהודה אמר רב: גטרפה. רב הונא אמר רב כשרה, כי נפקא חיותא בשחיטה קא נפקא; רב יהודה אמר רב טרפה, בעינן רובא בשחיטה וליכא. שחט שליש והגרים שליש ושחט שליש – רב יהודה אמר רב: דכשרה. אתו שיילוה לרב הונא, אמר להו: טרפה. שמע רב יהודה איקפד, אמר: טריפנא ומכשר, ומכשרנא וטריף! אמר רב הונא: שפיר קא מיקפד; חדא, איהו שמיע ליה מיניה דרב ואנא לא שמיע לי; ועוד, האיכא רובא בשחיטה. א"ל רב חסדא: לא תהדר בך, דא"כ

רש"י

והלכתא משיפוי כובע ולמטה כשרה. קודם שיתחיל הכובע לשפע ולעלות – כשרה, משם ולהלן טרפה. **והיינו דשייר בחיטי.** כלומר, כמ"ד שייר בחיטי כשרה. **לא כרבנן ולא כר' יוסי.** דאפי' ר' יוסי לא מכשר אלא היכא דהואי רובא דשחיטה בתוך הטבעת, אבל כולה למעלה מטבעת הגדולה מודה דפסולה. והא כולה למעלה מן הטבעת היא! **לא חילק ידענא ולא בילק ידענא.** לא כרבנן שמעתי דמיירי במחלוקת טבעת לשנים, ולא כר' יוסי שמעתי דמיירי במחלוקת הסימנין, דקרוי"ר בלע"ז, ולשון "מבולקה". כך שמעתי. אבל ראיתי ב"חלק" (סנהדרין דף צח:): עתידים ישראל דאכלי שני משיח. ופרכינן: פשיטא, אלא מאן אכיל להו, חטו חילק ובילק אכלי ליה? ולפי הדברים לישנא בעלמא הוא. **שמעתא.** דאמוראי ידענא, דמכשרי למעלה מן הטבעת ובלבד שיהא משיפוי כובע ולמטה. והני אמוראי סמכי אדרבי חנינא בן אנטיגנוס, שחלק על רבנן ורבי יוסי ומכשר מוגרמת דידהו. **מוגרמת דרבנן.** שהגרים מיעוט הקנה לאחר ששחט רובה. **מוגרמת דר' יוסי.** ששחט רובה למעלה מן הטבעת או כולה. **מהו דתימא רבי חנינא.** דמכשיר. **אמוגרמת דרבנן קאי.** אבל היכא דכולה למעלה מן הטבעת פסולה, קמ"ל. **א"כ העיד עליה מיבעיא ליה.** דמשמע דמפסקתא דלעיל מיניה קאי, דקתני: מוגרמת פסולה, ורבנן היא – העיד עליה רבי חנינא כו'. ומדמהדר ונקט "על מוגרמת", ש"מ: אתרווייהו מוגרמת דלעיל מיניה קאי, והכי קאמר: לא מיבעיא מוגרמת דרבנן דרובה בטבעת כשרה, אלא אף מוגרמת דר' יוסי דכולה למעלה מן הטבעת כשרה. **דקאי רב נחמן כוותיה.** דאכשר משיפוי כובע ולמטה, כדאמרן. **מחלוקת.** דרבנן ורבי יוסי. **בששחט.** תחלה בתוך הטבעת שני שליש הגרגרת, דהיינו מלא החוט של רובה, אח"כ הגרים שליש האחרון. **כולה שחיטה בעינן בטבעת הגדולה.** כלומר, במקום הראוי לשחיטה, וכ"ש למטה הימנה. **רובו ככולו.** ונגמרה לה שחיטה ברובה, ומכאן ואילך מתחתך בבשר שחוטה בעלמא הוא. **אבל הגרים שליש.** תחלה, שהתחיל לשחוט למעלה מן הטבעת ושחט רוב אחרון במקום שחיטה. **פסולה.** אפי' לרבי יוסי, דיציאת חיותא של בהמה ברוב סימן הוא, וכשנחתך רוב הסימן לא נחתך אותו הרוב בשחיטה. **בעינן רובא בשחיטה.** כלומר, ההוא רובא דמפיק חיותא ביה בעינן בשחיטה. **מידי דהוה אחצי קנה פגום.** דאמר לקמן (דף כח.): הרי שהיה חצי קנה פגום מאליו, והוסיף עליו כל שהוא וגמרו – שחיטתו כשרה, ואע"ג דכי נפקא חיותא לאו רובא בשחיטה. והאי הגרמה דמיעוטא נמי כפגימה בעלמא הוא, וכי מוסיף עליה ושחט רובא לא מיפסלא. ומיהו, הכא בתוספת כל שהו לא סגי ליה, דלא מלטרפא הגרמה לאכשורי בשחיטה, הואיל ולאו מקום שחיטה הוא. **ורבנן.** התם ההוא פגם במקום שחיטה הוא, וכיון דאין טרפות בקנה עד שתפסק רובא כדאמרינן ב"אלו טרפות" (לקמן דף מד.), הויין לה כמי שלא נפגמה. ואע"ג דכי נפקא ליה חיותא לאו כוליה רובא בשחיטה נפק, מיהו במקום שחיטה מיהא נפקא כוליה חיותא. אבל הגרמה – לאו שחיטה הוא, ולאו מקום שחיטה הוא, וכי נפקא חיותא ברוב הראשון של סימן – בפסולה נפק, דשלא במקום שחיטה הואי פלגא דמיפק חיותא. **דהא תנן.** בפ' ב' (לקמן דף כז.). **רובו של אחד כמוהו.** ואם לא שחט אלא רוב הסימן והלך לו – כשרה, אלמא רובא ככולה. ולענין הגרמה נמי, הא אתכשר ברובו. ומתני' דקתני מלא החוט על פני כולה – למעוטי הגרים שליש תחלה קאתי, ולא למעוטי היכא דהגרמה בסוף. **אנא רובא** דשחיטה **קאמינא.** כל תנא דאזיל בשחיטה בתר רובא קאמינא, דרבי יוסי ברבי יהודה היא ולאו רבנן, דהא שמעינן להו דפליגי בה ואמרי דלא אזלינן בשחיטה בתר רובא. **מיפק חיותא.** שליש אמצעי ברוב סימן הוא. ה"ג: **רב יהודה אמר רב טרפה בעינן רובא בשחיטה.** ולא גרסינן "כי נפקא חיותא בעינן רובא בשחיטה", דהא רב יהודה לאו במיפק חיותא תלי טעמא, דקאמר בסיפא: שחט שליש והגרים שליש ושחט שליש כשרה, הואיל ורובא בשחיטה, ואף על גב דרובא קמא דהוא מיפק חיותא לאו בשחיטה הוא. **אתו שיילוה לרב הונא אמר להו טרפה.** מסברא דנפשיה אמרה, ולאו משמיה דרב. מדלא קאמר להו "הכי קאמר רב טרפה", ורב יהודה אמרה משמיה דרב. דא"כ

תוספות

"רב פפא אמר". ועוד, דלקמן גרים בקונטרס: "מר בר רב אשי אמר פגע בחיטי כשרה, שייר בחיטי טרפה". וע"כ ההוא "פגע" היינו פגע ולא נגע, דשייר בחיטי היינו פגע ונגע. א"כ תפשוט מינה דהאי "פגע" דהכא היינו פגע ולא נגע! דאע"ג דפליגי, דמר סבר טרפה ומר סבר כשרה, בלשון מיהא לא פליגי, דכי היכי דהאי פגע ולא נגע האי נמי פגע ולא נגע! וי"ל: דפגע ולא נגע היינו ששחט למעלה מן החיטי. והשתא מייתי דרב פפא לפשוט הבעיא, דהא (א) דקאמר משמיה דרבה שייר בחיטי כשרה, דהיינו פגע ונגע, א"כ הא דקאמר רב פפי משמיה דרבא: פגע בחיטי טרפה – פגע ולא נגע הוא, ששחט למעלה מחיטי. ובדמר בר רב אשי גרסינן: פגע בחיטי טרפה, שייר בחיטי כשרה. אך קשה קצת, דלשון "מר בר רב אשי אמר" משמע שבא לחלוק על רבינא שלפניו! ושמא, לפי שבא להוסיף פגע בחיטי שלא הזכיר רבינא, קאמר הכי. **אמר** רב הונא אמר רב אסי. היינו רב אסי חברו של רב כהנא, שהיו גדולים, *דלסבריה דרב לא היו צריכין אבל רב אסי לאו היינו רב אסי, דקטן מרב הונא היה, כדאמרי' ב"הניזקין" (גיטין נט.): רבי אמי ורבי אסי כהני חשיבי דארעא דישראל מיכף כייפי ליה לרב הונא.

דילמא רבי יוסי ברבי יהודה היא. תימה, דלא משני: רובו של אחד היינו ושט, ומאי אחד – מיוחד שבסימנים, כרב אדא בר אהבה דלקמן בפ"ב (דף כח.)! ושמא רבנן דרבי יוסי ברבי יהודה פליגי בושט כמו בקנה.

***הגרים** שליש ושחט שליש כו' רב הונא אמר רב כשרה. והא דפסיל רב הונא לעיל הגרים שליש ושחט שני שליש – התם משמיה דרב אסי, והכא משמיה דרב.

רבינו גרשום

כלפי הראש: רב נחמן אכשר משפוי כובע ולמטה כלומר אפי' חוץ מטבעת גדולה כמאן לא כרבנן ולא כר' יוסי בר' יהודה לרבנן (א) צריך ששייר מלא החוט על פני רובו: א"ל אנא לא חילק ידענא. כלומר מה דאמרת לרבנן צריך לחלק הטבעת ואין השחיטה כשרה אם שחט למעלה מן הטבעת ולר' יוסי בר' יהודה דאמרת אע"פ שמבלבל הטבעת דשחט מקצת במקום למעלה היכי דמי ששחט ושייר ע"פ רובו לא ידענא. בלק לשון מבולקה דבר המתקלקל: מוגרמת דרבנן כשרה לר' יוסי וכו'. כלומר דרבנן אמרי מלא החוט ע"פ כולה. אבל אי שחט חוץ לטבעת מוגרמת היא ופסולה. כשרה לר' יוסי בר' יהודה דהוא אמר מלא החוט ע"פ רובה ודר' יוסי בר' יהודה כשרה לר' חנינא בן אנטיגנוס: [פשיטא הא] דקא חזינן דהעיד ר' חנינא בן אנטיגנוס על מוגרמת שהיא כשרה: א"כ העיד עליה מיבעי' ליה. כלומר דמשמע על מוגרמת דרבנן מאי על מוגרמת ש"מ על מוגרמת דר' יוסי בר' יהודה קאמר: והתניא ר' יוסי בר' יהודה אומר השוחט בשאר טבעות וכו' ומוגרמת פסולה העיד ר' חנינא בן אנטיגנוס על אותה מוגרמת שהיא כשרה: והלכתא כותיה דר' חנינא בן אנטיגנוס דקם ליה רב נחמן כותיה. כלומר דחזינן א"ר זירא משמיה דרב נחמן אמרי מוגרמת כשרה כלומר אותה מוגרמת דרב ושמואל מטבעת גדולה ולמעלה שהוא משפוי כובע ולמטה עליה א"ר זירא משמיה דרב נחמן (אמרי) מוגרמת כשרה ואותה מוגרמת מכשיר ר' חנינא בן אנטיגנוס כדאמרן דמוגרמת דר' יוסי בר' יהודה כשרה לר' חנינא בן אנטיגנוס בשחט שני שליש והגרים שליש. כלומר שחט שני שליש בטבעת גדולה והגרים שליש חוץ לטבעת כלפי הראש: דכי נפקא חיותא בעינן רובה בשחיטה וכו'. כלומר והכא בשליש אמצעי נפקא חיותא וליכא רובא בשחיטה: דר' יוסי ב"ר יהודה סבר מידי דהוה אחצי קנה פגום כלומר אם היה חצי קנה פגום והוסיף עליו כל שהוא שחיטה כשרה אע"פ שפסול היה בתחילה כשרה: ורבנן התם מקום שחיטה. כלומר מה דאמרינן חצי קנה פגום והוסיף עליו כל שהוא התם מקום שחיטה בחצי קנה פגום באותו מקום שוחט הכא במקום שהגרים לא הוי מקום שחיטה: מתקיף לה רב יוסף מאן לימא לן דההיא רובה דהתם כו'. כלומר לר' יוסי בר' יהודה רובו של אחד כמוהו ולא רבנן דשמעינן להו דפליגי דלר' יהודה רובו ככולו כדאשכחן בטבעת גדולה ולא לרבנן דכי נפקא חיותא בשחיטה קא נפקא כלומר באמצע שחיטה ובאמצע היתה הכשר שחיטה: התם מ"ט קא מכשרת בהגרים שליש ושחט שליש והגרים שליש

(א) נ"ל דאפילו לר"י צריך שישייר מלא החוט על פני רובה.

עין משפט נר מצוה

קלח א מיי' פ"א מהל' שחיטה הל"ו ופ"ג שם הל"ט סמג עשין סג טוש"ע יו"ד סי' כ סעי' א:

קלט ב ג ד מיי' פ"ג מהל' שחיטה הל"ט ועיין בכ"מ סמג עשין סג טוש"ע יו"ד סי' כד סעיף יג:

מסורת הש"ס

[נזיר מב: וש"נ] [לקמן כ.] [לקמן כז.] [סנהדרין לו:] עיין רש"א ור"מ

הגהות הב"ח

(א) תד"ה (בעמוד הקודם) או דלמא וכו' הבעיא דהא קאמר כצ"ל ואות ד' נמחק:

גליון הש"ס

גמ' אטו כל רובי דעלמא. עיין נזיר דף מב ע"ב ונדה דף כט ע"א:

הגהות מהר"ב רנשבורג

א] גמ' א"ל אנא לא חילק ידענא. ע"כ עיין בערוך ערך חלק:

שחט במקום נקב מהו. תימה: פשיטא דכשרה, מידי דהוה אחלי קנה פגום וגמרו! וי"ל: דלא נקטיה אלא משום דבעי למיבעי אחריתי. *שחט ופגע בו נקב מהו אמר ליה טרפה. ולא דמי לשחט שליש והגרים שליש ושחט שליש, דכשרה לרב יהודה גופיה. דהתם שלא במקום שחיטה, אבל שחט במקום נקב עדיף טפי, לפי שהוא במקום שחיטה מהגרים שליש ושחט שליש. הר"י"א. *השוחט מן הצדדין. מלינן למימר דוקא דיעבד, ואפי' החזיר סימנין, גזירה אטו לא החזיר. ובקונטרס לא פירש כן.

מסתברא כמאן דאמר אף מחזיר. תימה: דלא הוה ליה למימר "מסתברא", דהא תיובתא גמורה היא ממתני' למ"ד מחזיר דוקא! ויש לומר: דלכתחלה פליגי, אבל לכולי עלמא דיעבד כשרה בכל ענין. ולהכי קאמר "מסתברא", ד"המולק מן העורף" משמע כדין מליקה לכתחלה שהיא מן העורף.

דא"כ מפסדת לה לקמייתא; התם מ"ט קא מכשרת? דכי נפקא חיותא – בהכשירה קא נפקא, הכא נמי כי נפקא חיותא – בהגרמה קא נפקא. איקלע רב נחמן לסורא, בעו מיניה: שחט שליש והגרים שליש ושחט שליש, מהו? אמר להו: לאו היינו דר' אלעזר בר מניומי, דא"ר אלעזר בר מניומי: אשחיטה העשויה כמסרק – כשרה? ודלמא במקום שחיטה! במקום שחיטה מאי למימרא? מהו דתימא בעינן *שחיטה מפורעת וליכא, קמ"ל. א] (סימן בכ"ד) יתיב רבי אבא אחוריה דרב כהנא ויתיב רב כהנא קמיה דרב יהודה, ויתיב וקאמר: שחט שליש והגרים שליש ושחט שליש, מהו? א"ל: שחיטתו כשרה. הגרים שליש ושחט שליש והגרים שליש, מהו? א"ל: שחיטתו פסולה. שחט במקום נקב, מהו? א"ל: שחיטתו כשרה. שחט ופגע בו נקב, מהו? א"ל: שחיטתו פסולה. אזל רבי אבא אמרה קמיה דר' אלעזר, אזל ר"א אמרה קמיה דר' יוחנן, א"ל: מאי שנא? א"ל: שחט במקום נקב – נעשה כמי *ששחט גוי וגמר ישראל; שחט ופגע בו נקב – נעשה כמי ששחט ישראל וגמר גוי. קרי עליה: "גוי, גוי". אמר רבא: שפיר קרי עליה "גוי גוי"; בשלמא התם, מדהוה ליה לישראל למשחט רובא ולא שחט, כי נפקא חיותא – בידא דגוי קא נפקא. גאלא הכא, מכדי משחט שחיט, מה לי במקום נקב, מה לי פגע בו נקב?§

מתני' יהשוחט מן הצדדין – שחיטתו כשרה, המולק מן הצדדין – מליקתו פסולה. השוחט מן העורף – שחיטתו פסולה, המולק מן העורף – מליקתו כשירה. השוחט מן הצואר – שחיטתו כשרה, המולק מן הצואר – מליקתו פסולה; ושכל העורף כשר למליקה, וכל הצואר כשר לשחיטה. נמצא כשר בשחיטה – פסול במליקה, כשר במליקה – פסול בשחיטה.§ **גמ'** מאי עורף? אילימא עורף ממש, מאי אריא שוחט? אפילו מולק נמי, "ממול ערפו" אמר רחמנא – ולא ערפו! אלא מאי עורף? ממול עורף, כדקתני סיפא: כל העורף כשר למליקה. מנהני מילי? דתנו רבנן: "ממול ערפו" – מול הרואה את העורף, וכן הוא אומר: "והוא יושב ממולי", ואומר: "כי פנו אלי עורף ולא פנים". מאי ואומר? וכי תימא: עורף גופיה לא ידעינן היכא, דנדע מול דידיה היכא – תא שמע: "כי פנו אלי עורף ולא פנים", מכלל דעורף להדי פנים. אמרי *בני ר' חייא: מצות מליקה, מחזיר סימנים לאחורי העורף ומולק. איכא דאמרי: אף מחזיר, ואיכא דאמרי: מחזיר דוקא. ומסתברא כמאן דאמר אף מחזיר, ממאי? מדקתני: השוחט מן העורף – שחיטתו פסולה, המולק מן העורף – מליקתו כשרה; ואי

דא"כ מפסדת לקמייתא. דאמרת משמיה דרב: הגרים שליש ושחט שליש והגרים שליש כשרה – אלמא לאו ברובא דשחיטה תליא, אלא דניפוק חיותא בשחיטה, דהיינו הגרים שליש קמאי. הכא נמי. במיפסק חיותא בעי למיתלי, ובהגרמה נפקא. וכל הנך "הגרים" דקאמרי רב הונא ורב יהודה הכא, לאו בהגרמה דרבנן ור' יוסי קאמרי, ולא אפלוגתייהו קיימי, דא"כ קשיא דרב הונא אדרב הונא, דאפי' בהגרים שליש ושחט שני שלישי טריף רב הונא לעיל לדברי הכל, וכ"ש בהגרים שליש ושחט שליש והגרים שליש. אלא הכא היא אפלוגתא דרבנן ורבי יוסי קיימא, ורב הונא משמיה דרב אסי קאמר לה. והא אמוגרמת דשיפוי כובע קיימי, כרבי חנינא, ורב הונא משמיה דרב קאמר לה. לאו היינו דרבי אלעזר כו'. דשחיטה זו יש לה שינים כמסרק. ודלמא במקום שחיטה. הוא דקא מכשר לה, בהגרמה חוץ למקום שחיטה לא מכשר רבי אלעזר בר מניומי. מפורעת. מגולה ונכרת, כמו (במדבר ה): "ופרע את ראש האשה". ויתיב וקאמר כו'. רב כהנא קא בעי לה מרב יהודה. שחיטתו כשרה. משום דרובא בשחיטה. ורב יהודה לאו במיפסק חיותא תלי טעמא, כדאמר לעיל. שחט במקום נקב. שהיה חלי קנה פגום בלא החלון. שחט ופגע בו נקב. שהיה חלי קנה פגום בלא הסימני לצד המפרקת. שחט במקום נקב. נעשה כמי ששחט גוי חלי קנה וגמר ישראל, דקא נפקא חיותא בידא דישראל, ובפלגא קמייתא לא מיטרפא, דפסוקת הגרגרת שיעוריה ברובא. שחט ופגע בו נקב נעשה כמי ששחט ישראל וגמר גוי. דפסול, דהא לא עביד ישראל שיעור שחיטה ברובא. קרי עליה. רבי יוחנן על רבי אלעזר. גוי גוי. לא שהיה קורא לו גוי, אלא לינגע עליו: "גוי גוי". כלומר, בשחיטת גוי אתה תולה טעמך, וכל היום אתה יכול לומר גוי גוי, ואין הטעמים דומים כדמפרש רבא. בשלמא. שחט ישראל וגמר גוי פסולה. מדהוה ליה לישראל למשחט רובא. שהיה הקנה שלם לפניו. ולא שחט. אלא חציו, לאו מידי עבד, דחיותא בחלי קנה לא נפקא, והוה ליה כקנה שלם. וכי אתא גוי בתריה דמי כמאן דעביד כולה, דהא חיותא בידיה נפקא. אלא הכא. דשחט ופגע בנקב. מכדי משחט שחיט. כל המלאכה בה, וטרפות בחלי קנה לא הוי, והויא לה תחילה כקנה שלמה, והרי שחוט לפניו, מה לי במקום נקב כו'.

מתני' השוחט מן הצדדין. לצד הצואר. שחיטתו כשרה. ואפי' לכתחלה נמי, ואיידי דבעי למתני המולק מן הצדדין – א] תנא נמי "השוחט" בדיעבד. המולק מן הצדדין מליקתו פסולה. דבמליקה כתיב "ממול ערפו", דהיינו מאחוריו. השוחט מן העורף. ממול העורף מוקי לה בגמרא, כלומר, מאחורי הצואר. שחיטתו פסולה. ובגמרא מוקמינן לה בשלא החזיר הסימנין אחורי העורף, אלא חתך המפרקת עד שהגיע לסימנין, וקודם שהגיע לסימנין נטרפה בשבירת המפרקת. ואע"ג דבמליקה כשרה – התם הוא דכולה מתחילה ועד סוף הוי מן המליקה, והוי כשאר שוחט, שנוקב את הוושט מעט מעט עד שגומרת שחיטתה. אבל שוחט מן העורף, כיון דשחיטה לאו הכי גמירי – לא הוי שבירת המפרקת מן השחיטה, ואיטרפא לה. והשוחט מן הצדדין דקתני רישא – ב] אפי' בדלא אהדר, דהא מישחטי סימנין שפיר קודם חתיכת מפרקת. המולק מן העורף. וחתך בשר ומפרקת עד שהגיע לסימנין. מליקתו כשרה. דזו היא מצות מליקתו לכתחלה, וכדתניא לקמן (דף כא.) בברייתא: חותך שדרה ומפרקת בלא רוב בשר עד שמגיע לוושט או לקנה כו'. ואיידי דתנא השוחט מן העורף פסולה, דאפי' בדיעבד – תנא נמי "המולק" בדיעבד. תחת הגרון קרי צואר, והיא דרך רוב השחיטות. וכל העורף. כל מול העורף. **גמ'** אי נימא עורף ממש. מה שיש מן העורף אחורי הפרצוף קרי עורף, כדיליף לקמן בסמוך: להדי פנים, כנגד פנים. כדקתני סיפא. וכל העורף כשר למליקה. ואי בעורף ממש, מאי "כל העורף"? והרי דבר מועט הוא! אלא ש"מ מול עורף קאמר, שהוא ארוך. והוא יושב ממולי. אלמא, כל היכא דכתיב "מול" – לאו עליו ממש הוא, אלא ברחייתו, דהא לאו עליו ממש היו יושבים, אלא ברחייתו שהיה בלק רואה אותם. עורף ולא פנים. מדכתיב "עורף ולא פנים", ולא כתיב "כי פנו אלי עורף ולא צואר" דהיינו גרון, ש"מ: עורף דקרא לאו כנגד הגרון הוא, אלא כנגד הפנים, ומול הרואה את העורף הוי כנגד הגרון. מאי ואומר. הא נפקא ליה שפיר מ"והוא יושב ממולי". ומהאי קרא בתרא לא משתמע דמול עורף דקרא לאו עורף ממש הוא, דהאי קרא לא משמע לן אלא מקום עורף היכא. ומשני: הכי קאמר וכי תימא. כלומר, אם תאמר: השתא דאמרת ג] דקרא היינו רואה את העורף, אכתי לא ידעינן עורף מאי ניהו, דנדע מול דידיה היכא. מחזיר סימנין כו'. וחותך הסימנין לבדן. ולקמיה מותיב ד] לה ממתניתין. אף מחזיר. מצותו למלוק שדרה ומפרקת ה] כולה תחלה עד שמגיע לסימנין, ואם החזיר הסימנין ומלקן לבדן אף זו היא מצותה. ואיכא דאמרי דוקא מחזיר. ואם לא החזיר, אלא חתך השדרה – ו] פסולה. ומסתברא כמ"ד. דבני ר' חייא אף מחזיר אמרו, דאי דוקא מחזיר אמרו הויא מתני' תיובתייהו, דקתני: השוחט מן העורף כו'. ואי

עיין ר"מ ורש"א

קמ א ב מיי' פ"ב מהל' שחיטה הל' ט סמג עשין סג טוש"ע יו"ד סי' כד סעיף ד:

עיין רש"א

קמא ג מיי' שם פ"א הל' יא סמג שם טוש"ע יו"ד שם סעיף ב:

קמב ד מיי' פ"ג מהל' שחיטה הל' ט סמג שם טוש"ע יו"ד סי' כ סעיף ג:

קמג ה ו מיי' פ"ו מהל' מעשה קרבנות הלכה כג:

קמד ז מיי' פ"א מהל' שחיטה הל' יב סמג עשין סג טוש"ע יו"ד סי' כ סעיף א:

[לקמן ל.]

[לקמן קכח:]

[עירובין עה.]

ויקרא ה

ירמיה ב

במדבר כב

[בע"ז מו. כתב רש"י בני רבי חייא יהודה וחזקיה שמן]

הגהות מהר"ב רנשבורג

א] גמ' סימן בכ"ד נמחק:

רבינו גרשום

שליש הכא נמי כי קא נפקא חיותא כלומר נשחט שליש והגרים שליש ונשחט שליש: שחיטה העשויה כמסרק. כלומר כמסרק הזה של מתכת ששיניו (ששיניו) אינן שוות אלא שן אחד במקום זה ושן אחד במקום זה כך שחיטה שאינה שוה ומפורעת אעפ"כ כשרה: דילמא במקום שחיטה. כלומר הא דאמרי' שחיטה העשויה כמסרק כשרה שהכל היה במקום שחיטה אבל היכא דהגרים כלפי הראש למעלה משפוי כובע לא מצית אמרת דכשרה: שחט במקום נקב מהו. כלומר שהיה בו נקב בקנה ושחט והוסיף עליו: שחט ופגע בו בנקב. שנקב היה בסוף שחיטה: השוחט מן הצדדין שחיטתו כשרה. כלומר שהחזיר הסימנין לצד הצואר ושחטן שחיטה כשרה: המולק מן הצדדין וכו'. כלומר דדינה של מליקה דשובר מפרקת בלא רוב בשר עד שמגיע לסימנין וחולקן בציפורן: השוחט מן העורף שחיטתו פסולה. כלומר ששוחט כעין מולק שחותך הצואר עד שמגיע לסימנין ואח"כ שוחטו שחיטתו פסולה: אילימא עורף ממש אחורי הראש כנגד הפנים זהו עורף. מול עורפו זהו הצואר אחריו כנגד הגרון: אלא מאי עורף מול עורף. כלומר (מהוא) עורף דקתני השוחט מן העורף שחיטתו פסולה והמולק מן העורף מליקתו כשרה מול עורף והכי קאמר השוחט ממול עורף וזהו צואר מאחריו כנגד הגרון שחותך מפרקת ואח"כ הסימנים שחיטתו פסולה המולק ממול ערפו מליקתו כשרה: איכא דאמר אף מחזיר. כלומר עיקר מליקתו בלא חזרת סימנים אלא שובר מפרקת בלא רוב בשר ואם רוצה אף מחזיר סימנין לאחורי העורף ומולק בלא שבירת מפרקת ואיכא דאמר דוקא מחזיר אבל שובר מפרקת עד שמגיע לסימנין לא סבירא להו: אלא ש"מ אף מחזיר ובלא מחזיר עיקר מליקה אלא שובר מפרקת בלא רוב בשר עד שמגיע לסימנין ומתניתין דקתני כשר במליקה פסול בשחיטה בדלא אהדר כלומר אלא שובר מפרקת וכענין זה פסול בשחיטה

שיטה מקובצת

א] ואיידי דבעי למיתני המולק מן הצדדים מליקתו פסולה תנא נמי: ב] והשוחט מן הצדדים דקתני רישא כשרה ואפי' בדלא אהדר משום דהא משחטי סימנים: ג] וכי תימא כלומר אם תאמר השתא דאמרת דמול דקרא היינו רואה: ד] ולקמיה מותיב להו ממתני': ה] אף מחזיר מצותו למלוק שדרה ומפרקת שלו תחלה עד: ו] ואם לא החזיר אלא חתך השדרה תחלה פסולה:

גמרא

וְאִי ס"ד מַחֲזִיר דַּוְקָא, מַאי אִירְיָא מוֹלֵק? אֲפִי' שׁוֹחֵט נַמִי! אֶלָּא לָאו שְׁמַע מִינַּהּ אַף מַחֲזִיר, וּמַתְנִי' בִּדְלָא אַהְדַּר. א"ר יַנַּאי: יְקַבְּלוּ הָרוֹבִין אֶת תְּשׁוּבָתָן, דְּקָתָנֵי: נִמְצָא, כָּשֵׁר בִּשְׁחִיטָה – פָּסוּל בִּמְלִיקָה, כָּשֵׁר בִּמְלִיקָה – פָּסוּל בִּשְׁחִיטָה; לְמַעוּטֵי מַאי? לָאו לְמַעוּטֵי מַחֲזִיר סִימָנִין לַאֲחוֹרֵי הָעוֹרֶף, דְּלָא? אָמַר רַבָּה בַּר בַּר חָנָה: לָא, לְמַעוּטֵי שֵׁן וְצִפּוֹרֶן. שֵׁן וְצִפּוֹרֶן בְּהֶדְיָא קָתָנֵי לְהוּ! אֶלָּא א"ר יִרְמְיָה: לְמַעוּטֵי מוֹלִיךְ וּמֵבִיא. הָנִיחָא לְמ"ד: מוֹלִיךְ וּמֵבִיא בִּמְלִיקָה פָּסוּל, אֶלָּא לְמ"ד: אכָּשֵׁר, מַאי אִיכָּא לְמֵימַר? בְּנֵי ר' חִיָּיא סָבְרֵי לַהּ כְּמ"ד: מוֹלִיךְ וּמֵבִיא בִּמְלִיקָה פָּסוּל. אָמַר רַב כָּהֲנָא: במִצְוַת מְלִיקָה קוֹצֵץ וְיוֹרֵד, וְזוֹ הִיא מִצְוָתָהּ. סָבַר רַבִּי אָבִין לְמֵימַר: קוֹצֵץ וְיוֹרֵד – אִין, מוֹלִיךְ וּמֵבִיא – לָא. א"ל ר' יִרְמְיָה: כ"ש דְּמוֹלִיךְ וּמֵבִיא בִּמְלִיקָה כָּשֵׁר. וּמַאי "וְזוֹ הִיא מִצְוָתָהּ"? אֵימָא: אַף זוֹ הִיא מִצְוָתָהּ.§ א"ר יִרְמְיָה אָמַר שְׁמוּאֵל: כָּל הַכָּשֵׁר בִּשְׁחִיטָה, כְּנֶגְדּוֹ בָּעוֹרֶף כָּשֵׁר בִּמְלִיקָה. הָא פָּסוּל בִּשְׁחִיטָה – פָּסוּל בִּמְלִיקָה, לְמַעוּטֵי מַאי? אִילֵימָא לְמַעוּטֵי עִיקּוּר סִימָנִין, וְהָא תָּנֵי רָמֵי בַּר יְחֶזְקֵאל: גאֵין עִיקּוּר סִימָנִין בָּעוֹף! אָמַר רַב פָּפָּא: לְמַעוּטֵי רֹאשׁוֹ. רֹאשׁוֹ פְּשִׁיטָא, °"מִמּוּל עָרְפּוֹ" אָמַר רַחֲמָנָא – וְלֹא בְּרֹאשׁוֹ! מַאי רֹאשׁוֹ? שִׁיפּוּי רֹאשׁוֹ, כְּגוֹן דְּנָקֵט מִשִּׁיפּוּי רֹאשׁוֹ וְהִגְרִים וְאָזֵל עַד דְּמָטָא תַּתָּאֵי. וְכִדְרַב הוּנָא אָמַר רַב אַסִּי, דְּאָמַר רַב הוּנָא אָמַר רַב אַסִּי: *הִגְרִים שְׁלִישׁ וְשָׁחַט שְׁנֵי שְׁלִישׁ – פְּסוּלָה. אֲמַר לֵיהּ רַב אַחָא בְּרֵיהּ דְּרָבָא לְרַב אַשִׁי, הָא דְּתָנֵי רָמֵי בַּר יְחֶזְקֵאל: אֵין עִיקּוּר סִימָנִין בָּעוֹף, לָא אֲמַרַן אֶלָּא *לְמ"ד: אֵין שְׁחִיטָה לָעוֹף מִן הַתּוֹרָה, אֲבָל

ויקרא ה | [זבחים סה:]

רש"י

וְאִי ס"ד מַחֲזִיר דַּוְקָא. וּמַתְנִי' דְּקָתָנֵי א] מְלִיקָה כְּשֵׁרָה בְּשֶׁהֶחֱזִיר קָמַיְירֵי, דְּאִי לֹא הֶחֱזִיר פְּסוּלָה, שׁוֹחֵט אַמַּאי פְּסוּלָה? מַאי שְׁנָא עוֹרֶף מִצְּדָדִין? אֶלָּא לָאו ש"מ: אַף מַחֲזִיר קָאָמְרֵי, וּמַתְנִי' בִּדְלָא אַהְדַּר, וְלָא הָוְיָא מַתְנִי' לָא תְּיוּבְתַּיְיהוּ וְלָא סַיְיעְתַּיְיהוּ. יְקַבְּלוּ הָרוֹבִין אֶת תְּשׁוּבָתָן. הַנְּעָרִים, בְּנֵי ר' חִיָּיא. לְמַעוּטֵי מַאי. אִי מִשּׁוּם דְּעוֹרֶף פָּסוּל בִּשְׁחִיטָה וְכָשֵׁר לִמְלִיקָה, וְצַוָּאר כָּשֵׁר לִשְׁחִיטָה וּפָסוּל בִּמְלִיקָה, הָא תָּנָא לֵיהּ! לָאו לְמַעוּטֵי חֲזָרַת סִימָנִים. דְּכָשֵׁר בִּשְׁחִיטָה וּפָסוּל בִּמְלִיקָה? וְאַיְּידֵי דְּתָנָא ב] כָּשֵׁר בִּשְׁחִיטָה וּפָסוּל בִּמְלִיקָה, תָּנָא נַמִי כָּשֵׁר בִּמְלִיקָה פָּסוּל בִּשְׁחִיטָה. לָא לְמַעוּטֵי שֵׁן וְצִפּוֹרֶן. וּמִשּׁוּם סֵיפָא נָקַט לָהּ, כָּשֵׁר בִּמְלִיקָה פָּסוּל בִּשְׁחִיטָה – לְמַעוּטֵי שֵׁן מְחוּבֶּרֶת וְצִפּוֹרֶן מְחוּבֶּרֶת דִּפְסוּלָה בִּשְׁחִיטָה. וְהָכִי קָאָמַר: כָּשֵׁר בִּמְלִיקָה, כְּגוֹן צִפּוֹרֶן מְחוּבֶּרֶת, פָּסוּל בִּשְׁחִיטָה. וְכֵיוָן דְּאַשְׁמוּעִי' צִפּוֹרֶן – הוּא הַדִּין לְשֵׁן, דְּטַעְמָא מִשּׁוּם מְחוּבָּר הוּא. וְאַיְּידֵי דְּתָנָא סֵיפָא תָּנָא נַמִי רֵישָׁא. שֵׁן וְצִפּוֹרֶן בְּהֶדְיָא תָּנָא לְהוּ. לְעֵיל (דף טו:) בְּמַתְנִי': חוּץ מִמַּגַּל קָצִיר וְהַמְּגֵירָה וְהַשִּׁינַּיִם וְהַצִּפּוֹרֶן, וְאוֹקְמִינַן בִּמְחוּבֶּרֶת. וְאִית דִּמְפָרְשִׁי: דְּמֵרֵישָׁא מְמַעֵט שֵׁן תְּלוּשָׁה וְצִפּוֹרֶן תְּלוּשָׁה, דְּכָשֵׁר בִּשְׁחִיטָה וּפָסוּל בִּמְלִיקָה. וְלָא הִיא, דְּא"כ לָמָּה הוּזְכַּר שֵׁן וְצִפּוֹרֶן? לֵימָא הָכִי: לְמַעוּטֵי תָּלוּשׁ דְּפָסוּל בִּמְלִיקָה! אֶלָּא תָּלוּשׁ לָאו מִילְּתָא הִיא דְּנֵימָא כָּשֵׁר בִּשְׁחִיטָה וּפָסוּל בִּמְלִיקָה, דְּהָא בְּתָלוּשׁ לָא מִיקַּרְיָא מְלִיקָה, וַאֲפִי' מְלִיקָה פְּסוּלָה לָא מִיקַּרְיָא, דְּהָא פֵּירֵשׁ לַן קְרָא דִּמְלִיקָה בְּעַצְמוֹ שֶׁל כֹּהֵן הָיְתָה, וּבִכְלִי לָא מִיקַּרְיָא מְלִיקָה, דְּלָא אַשְׁכַּחַן בִּכְלִי דְּמִיקַּרְיָא מְלִיקָה. וּמְנָא תֵּימְרָא דִּמְלִיקָה בְּעַצְמוֹ שֶׁל כֹּהֵן? דְּתַנְיָא בִּשְׁחִיטַת קָדָשִׁים בְּפֶרֶק "קָדְשֵׁי קָדָשִׁים" (דף סה.): "וְהִקְרִיבוֹ הַכֹּהֵן אֶל הַמִּזְבֵּחַ" ג], וְכִי תַּעֲלֶה עַל דַּעְתְּךָ שֶׁזָּר קָרֵב גַּבֵּי מִזְבֵּחַ? אֶלָּא מַגִּיד שֶׁלֹּא תְּהֵא מְלִיקָה אֶלָּא בְּעַצְמוֹ שֶׁל כֹּהֵן. וּלְהַהוּא לִישָּׁנָא פָּרְכִינַן: שֵׁן וְצִפּוֹרֶן בְּהֶדְיָא קָתָנֵי לְהוּ בְּתוֹרַת כֹּהֲנִים כִּדְפָרִישִׁית. וְהָא נַמִי לֵיתָא, דְּלָא פָּרְכִינַן "בְּהֶדְיָא קָתָנֵי לַהּ" אֶלָּא א"כ שְׁנוּיָה בַּמִּשְׁנָה, דְּרוֹב בָּרַיְיתוֹת שֶׁבְּתוֹרַת כֹּהֲנִים וְשֶׁבַּתּוֹסֶפְתָּא שְׁנוּיוֹת חֲכָמִים בְּמִשְׁנָתֵינוּ, וְלָא פָּרְכִינַן הָכִי אֶלָּא הֵיכָא דִּתְנָא בְּמַתְנִיתִין תְּרֵי זִמְנֵי, אוֹ בַּחֲדָא מַסֶּכְתָּא אוֹ בִּתְרָתֵי. לְמַעוּטֵי מוֹלִיךְ וּמֵבִיא. דְּכָשֵׁר בִּשְׁחִיטָה וּפָסוּל בִּמְלִיקָה. וּמִשּׁוּם רֵישָׁא נָקַט לַהּ, וְאַיְּידֵי דְּתָנָא רֵישָׁא תָּנָא סֵיפָא. הָנִיחָא לְמַאן דְּאָמַר כו'. פְּלוּגְתָּא דְּרַב הוּנָא *וְרַבָּה הִיא לְקַמָּן בִּשְׁמַעְתִּין. סָבְרֵי לַהּ כְּמ"ד פָּסוּל. וּמוֹקְמִינַן לְמַתְנִי' לְמַעוּטֵי מוֹלִיךְ וּמֵבִיא. קוֹצֵץ וְיוֹרֵד. בְּלָא הוֹלָכָה וְהוֹבָאָה. כ"ש כו'. דְּכָל כַּמָּה דְּלָא מְמַעֵט קְרָא בְּהֶדְיָא כִּדְמְמַעֵט סַכִּין וְצַוָּאר, כִּי עָבֵיד מְלִיקָה כִּשְׁחִיטָה טְפֵי עָדִיף. אָמַר שְׁמוּאֵל כָּל הַכָּשֵׁר כו'. שְׁמוּאֵל לָאו בְּהִלְכוֹת שְׁחִיטָה אַיְירֵי, דְּא"כ אִיכָּא לְמִפְרַךְ טוּבָא. דְּאִי סָבַר מוֹלִיךְ וּמֵבִיא בִּמְלִיקָה פָּסוּל – הָא אִיכָּא מוֹלִיךְ וּמֵבִיא, דְּכָשֵׁר בִּשְׁחִיטָה וּפָסוּל בִּמְלִיקָה, וְאִיכָּא תָּלוּשׁ. וְאִי קָסָבַר מוֹלִיךְ וּמֵבִיא בִּמְלִיקָה כָּשֵׁר ד], וְכָל שֶׁכֵּן קוֹצֵץ וְיוֹרֵד כִּדְאָמְרִינַן – קַשְׁיָא סֵיפָא דְּדָיְיקִינַן: הָא פָּסוּל פָּסוּל, וְהָא אִיכָּא קוֹצֵץ וְיוֹרֵד, דְּפָסוּל בִּשְׁחִיטָה וְכָשֵׁר בִּמְלִיקָה! אֶלָּא שְׁמוּאֵל בְּהֶכְשֵׁר מְקוֹם שְׁחִיטָה קָא מַיְירֵי, כָּל מָקוֹם הָרָאוּי בַּצַּוָּאר לִשְׁחִיטָה רָאוּי לִמְלִיקָה לְעוּמָּתוֹ מֵאֲחוֹרָיו בְּמוּל עוֹרֶף.*. וּפָרְכִינַן: הָא פָּסוּל פָּסוּל. דְּעַל כָּרְחִין שְׁמוּאֵל מִשּׁוּם הַךְ דִּיּוּקָא נָקַט לָהּ, דְּאִי מִשּׁוּם הִיא גּוּפָהּ, לְאַשְׁמוּעִינַן דְּכָל מוּל הָעוֹרֶף כָּשֵׁר לִמְלִיקָה – הָא בְּהֶדְיָא תָּנֵי לָהּ בְּמַתְנִי'. אֶלָּא שְׁמוּאֵל פָּסוּל אֲתָא לְאַשְׁמוּעִי', וּלְמַעוּטֵי מַאי דְּכֵיוָן דְּפָסוּל בִּשְׁחִיטָה יְהֵא פָּסוּל בִּמְלִיקָה? לְמַעוּטֵי לְמַעְלָה מִן הַצַּוָּאר דְּפָסוּל בִּמְלִיקָה לָא אִצְטְרִיךְ, דְּהַיְינוּ עוֹרֶף מַמָּשׁ, וּבְהֶדְיָא כְּתִיב "מִמּוּל עָרְפּוֹ" וְלֹא עָרְפּוֹ. אִילֵימָא לְמַעוּטֵי סִימָנִים שֶׁנֶּעֶקְרוּ. דְּכֵיוָן דְּאֵין אוֹתוֹ צַוָּאר כָּשֵׁר לִשְׁחִיטָה – אֵין עוֹרֶף כְּנֶגְדּוֹ כָּשֵׁר לִמְלִיקָה. וְהָא תָּנֵי רָמִי. דַּאֲפִי' לִשְׁחִיטָה כָּשֵׁר. רֹאשׁוֹ פְּשִׁיטָא. קְרָא בְּהֶדְיָא כְּתִיב. שִׁיפּוּי רֹאשׁוֹ. מִשֶּׁמַּתְחִיל הָרֹאשׁ לְשַׁפֵּעַ. *וְאִי נַמִי שִׁיפַּע מְלִיקָתוֹ. וְהִגְרִים וְאָזֵל עַד דְּמָטָא תַּתָּאֵי. לַסִּימָנִים כְּנֶגֶד מְקוֹם שְׁחִיטָה וְגָמַר ה] מְלִיקָתוֹ שָׁם. דְּאִי עָבֵד רוּבָּא בְּשִׁיפּוּי הָרֹאשׁ, דְּהַיְינוּ עוֹרֶף מַמָּשׁ – לָא אִיצְטְרִיכָא לֵיהּ לִשְׁמוּאֵל, דְּהָא מוּל בְּהֶדְיָא כְּתִיב. אֶלָּא מִיעוּטָא הוּא דַּעֲבַד הָתָם, וְאַשְׁמוּעִי' שְׁמוּאֵל דְּכִי הֵיכִי דְּמִיפַּסְלָא שְׁחִיטָה מִשּׁוּם הַתְחָלַת אוֹתוֹ מָקוֹם וְכִדְרַב הוּנָא כו' אַף עַל גַּב דְּרוּבָּא בִּמְקוֹם שְׁחִיטָה, מִיפַּסְלָא נַמִי מְלִיקָה. לְמ"ד אֵין שְׁחִיטָה לָעוֹף מִן הַתּוֹרָה. אֶלָּא מִדִּבְרֵי סוֹפְרִים ו]. רַבִּי אֶלְעָזָר הַקַּפָּר אֲמָרָהּ בְּפֶרֶק "הַשּׁוֹחֵט" (לקמן דף כח.).

אֲבָל

לקמן כז: זבח. פה: קדושין עח. נזיר כט. לעיל ז.

תוספות

לא למעוטי שן וצפורן. מה שהקשה בקונטרס לאותן שמפרשים דאיירי בתלושים ז] – לא שייך למפרך "תנינא" מברייתא אלא אם כן שנוייה במשנה – נראה דלא קשה, דהא נמי שמעינן ממתני' בזבחים בפרק "חטאת העוף" (דף סח.) דתנן: מלק בסכין מטמא בגדים בבית הבליעה, אלמא תלוש פסול במליקה. ומיהו קשה קושיא אחרת שהקשה, דה"ל למימר: למעוטי תלוש, והוי כל תלוש בכלל. וא"ת: ולפירושו דאיירי במחוברין, היאך שן כשרה במליקה? הא בעי ימין, דמלק בשמאל פסול, כדתנן בפרק "חטאת העוף" (ג"ז שם)! וי"ל: דלא נקט שן שיהא שן כשרה למליקה, אלא כלומר דלא מיפסל מטעם מחובר כמו בשחיטה. ועי"ל: דשמאל גרע משן, כדאשכחן לענין חליצה, דאמרינן בפרק "מצות חליצה" (יבמות דף קה.) דגידמת חולצת בשיניה, ובירושלמי משמע דחליצה בעי ימין, דאמרינן בירושלמי: כילד היא עושה? מתירתו בימין ותופסתו בשמאל וגוררתו בימין, כדי שתהא חליצה בימין והתרה בימין. ושמא אין כל כך ראיה, דדלמא ליכא עיכובא בימין, אלא לכתחלה בעי ימין, והוא הדין אם חלצה בשמאל דחליצתה כשירה. והא דלא קאמר: למעוטי דורס דכשר למליקה ופסול לשחיטה – משום דבהדיא קתני לה גבי שחיטה בפ' ב' (לקמן ל:) דפסולה, דתנן: אם התיז את הראש בבת אחת פסולה. ואי אשמעינן דכשר במליקה, א"כ ה"ל למתני אפכא: פסול בשחיטה כשר במליקה, דהוה משמע שפשוט לנו בשחיטה.

אילימא למעוטי עיקור סימנים. לפירוש הקונטרס דבעיקור סימנין הוי טרפה, תימה: אמאי אצטריך לאשמועי' דכי היכי דעיקור פסול בשחיטה פסול נמי במליקה? מאין היה לנו להכשיר במליקה יותר מבשחיטה? והלא מלק ונמצא טרפה פסול לכולי עלמא, אלא דפליגי בזבחים בפרק *("קדשי קדשים") (דף סט.) אי מליקה מטהרת מטומאת נבלת עוף טהור או לאו! וכן תימה לרבא בר קיסי דקאמר: לא אמר רמי בר יחזקאל אין עיקור סימנים לעוף אלא במליקה ולא בשחיטה, מאי שנא דנקט עיקור מכל שאר טריפות? וכן תימה, דקאמר בסמוך: (א) ח] [אלא] למ"ד אין שחיטה לעוף מן התורה אין עיקור (אבל למ"ד יש שחיטה לעוף מן התורה יש עיקור) היאך תלוי זה בזה? מ"מ הוא אסור משום טרפה, דמה לי טרפה זו ומה לי טרפה אחרת? דכיון שנטרף העוף – שוב אין מועיל לו נחירה אלא לאוציא מידי נבילה, למאן דאמר אין שחיטה לעוף מן התורה, כדמוכח בריש "השוחט" (לקמן כח.)! אבל לדברי הלכות גדולות אתיא כולה סוגיא שפיר, דלא הוי טרפה על ידי *שחיטת סימנין. ולהכי קאמר: אילימא למעוטי עיקור סימנין, כי היכי דהלכתא גמירי לה דאין השחיטה מועלת שם, אף על פי שאינו נטרף בכך – כמו כן במליקה שוב אינו נמלק אף על פי שאינו טרפה, והא תני רמי בר יחזקאל כו'. ופליג אההיא דנשמטה הגרגרת, כדפירש בקונטרס אבל אהך דתני לוי* כל טרפות שמנו חכמים בבהמה כנגדו בעוף – לא פליג, דאפילו בבהמה אינה טרפה בכך, אבל לפירוש הקונטרס פליג נמי אלוי. וניחא השתא דרבא בר קיסי וכולה סוגיא.

לא אמרן אלא למ"ד אין שחיטה לעוף מן התורה. אין להקשות: לדידיה, היכי משכחת נבלת עוף טהור דמטמא בגדים אבית הבליעה? דנהי דלא בעי שחיטה, נחירה מיהא בעי בסימנין. כדמוכח לקמן בריש פרק ב' (דף כח.) דקאמר: מלק בסכין מטמא בגדים אבית הבליעה, ואי אמרת אין שחיטה לעוף מן התורה, ט] כיון דתבר שדרה ומפרקת הויא טרפה – תיהני לה סכין לטהרה מידי נבלה. אלמא סימנין דוקא מטהרין, א]ובשדרה ומפרקת חשיב טרפה, י] והשתא (משכחת נבלת עוף טהור כשחתך שדרה ומפרקת ורוב בשר קודם שהגיע לסימן) תיהני ליה סכין לטהורי מידי נבילה. והא דנקט ב"התכלת" (מנחות מה.) גבי "נבלה וטרפה לא יאכלו הכהנים" דאיצטריך, סד"א: הואיל ואשתרי מליקה גבייהו אשתרי נמי נבלה – לאו דוקא, דנבלה לא הוי, כדמוכח לקמן יא] כמו שהבאתי מפרק ב' (לקמן דף כח.). אלא כלומר טרפה, וקרא נקט נבלה אגב טרפה.

מפני

עין משפט נר מצוה

קמה א ב ג מיי' פ"ו מהל' מעשה קרבנות הלכה כג:

שיטה מקובצת

א] ומתני' דקתני מליקתו כשרה כשהחזיר: ב] ואיידי דתנא רישא כשר בשחיטה ופסול במליקה תנא נמי סיפא כשר: ג] והקריבו הכהן אל המזבח ומלק וכו' וכי תעלה: ד] וכ"ש קוצץ ויורד. נ"ב נ"א וה"ה קוצץ וכו': ה] וגמר רוב מליקתו שם דאי עבד: ו] אלא מד"ס ור' אלעזר הקפר אמרה: ז] דאיירי בתלושין דלא שייך: ח] וכן תימה דקאמר בסמוך הא דתנן אין עיקור וכו' לא אמרן אלא למ"ד אין שחיטה לעוף מן התורה אבל למ"ד: ט] ואי אמרת אין שחיטה לעוף מן התורה נהי נמי דכיון דתבר שדרה ומפרקת: י] ובשדרה ומפרקת חשיב טרפה והא דנקט בהתכלת: יא] כדמוכח לקמן מה שהבאתי מפ' שני אלא כלומר:

הגהות הב"ח

(א) תוס' ד"ה אילימא וכו' דקאמר בסמוך לא אמרן אלא למ"ד אין שחיטה לעוף מן התורה אבל למ"ד:

[ג"ל חטאת העוף] | רש"ל מ"ז | נ"ל שחיטת | [לקמן כו:] | ס"א לא גרסינן | [נ"ל ורבה] | [נ"ל דבור אחד] | בס"י והוא נמי

הגהות מהר"ב רנשבורג

א] תד"ה לא אמרן וכו' ובשדרה ומפרקת חשיב טרפה. נ"ב כאן הס"ד ואח"כ מה"ד תיהני ליה סכין לטהורי וכו' וצ"ע לעמיל כ' כנלע"ד:

רבינו גרשום

א"ר ינאי יקבלו הרובין את תשובתן שאומרי' אף מחזיר ומתניתין בדלא אהדר שכן מצינו כשר בשחיטה פוסל במליקה דקתני כשר וכו' וכשר למעוטי מאי שאינו כשר א) בשחיטה מאי לאו למעוטי שאינו מחזיר סימנים לאחורי העורף ושוחט כלומר שאינו שוחט מאחורי הצואר וזו כשר במליקה לאחורי הצואר וזו היא שאמרן כשר במליקה פסול לא למעוטי שן וציפורן כלומר דשן וציפורן דפסול בשחיטה: שן וצפורן בהדיא קתני להו חוץ ממגל קציר והמגרה והשינים והציפורן וכו' למעוטי מוליך ומביא דכשר בשחיטה ופסול במליקה: למעוטי מאי למעוטי עיקור סימנין. כלומר דבשחיטה פסול ולמליקה כשר: והתני רב יחזקאל אין עיקור סימנין לעוף כגון דנקט מראשו כו'. כלומר דלא שבר המפרק' ממש במליקה אלא כגון דנקט מראשו והגרים ואזיל עד דמטא תתאי וכדרב הונא אמר רב אשי וכו' כלומר כשם שהגרמה פסול בשחיטה כך במליקה:

א) נראה דמפרש דר' ינאי פליג על הא דאמרי הרובין דמתני' בדלא אהדר דמשמע דמחזיר סימנין לאחורי העורף ושוחט כשר וע"ז הוכיח ממתני' דפסול. ולכן אפשר להגיה בדברי רבינו בכ"מ שכתוב לשון שחיטה צ"ל לשון מליקה ובמקום מליקה צ"ל שחיטה ובזה יהי' עולה פירושו מכוון כפירש"י.

קמו א מיי' פ"א מהל' שחיטה הל"א סמג עשין קג טוש"ע יו"ד סי' יג סעי' א:

קמז ב מיי' פ"ג שם הלי"ד סמג שם טוש"ע יו"ד סי' כד סעיף טו:

קמח ג מיי' שם הלי"ט ופ"ב מהל' שאר אבות הטומאה הל"א סמג שם טוי"ד סימן כז:

קמט ד מיי' פ"ז מהל' פסולי מוקדשין הל"ג:

אֲבָל לְמ"ד: איֵשׁ שְׁחִיטָה לָעוֹף מִן הַתּוֹרָה, יֵשׁ עִיקּוּר. אָמַר לֵיהּ: אַדְּרַבָּה, אִיפְּכָא מִסְתַּבְּרָא! לְמַאן דְּאָמַר: יֵשׁ שְׁחִיטָה לָעוֹף מִן הַתּוֹרָה, אִיכָּא לְמֵימַר דְּהָכִי אַגְמְרֵיהּ, דְּאֵין עִיקּוּר; וְאַפִּי' לְמַאן דְּאָמַר כִּבְהֵמָה, לְעִנְיַן עִיקּוּר לָא לֶיהֱוֵי כִּבְהֵמָה. אֶלָּא לְמ"ד: אֵין שְׁחִיטָה לָעוֹף מִן הַתּוֹרָה אֶלָּא מִדִּבְרֵי סוֹפְרִים, מֵהֵיכָא גְּמִירִי לַהּ? מִבְּהֵמָה, כּוּלַּהּ מִילְּתָא כִּבְהֵמָה! אָמַר רָבִינָא, אָמַר לִי *רָבִין בַּר קִיסִי, הָא דְּתָנֵי רָמִי בַּר יְחֶזְקֵאל: אֵין עִיקּוּר סִימָנִין בְּעוֹף – לָא אֲמָרַן אֶלָּא בִּמְלִיקָה, באֲבָל בִּשְׁחִיטָה יֵשׁ עִיקּוּר. וְהָא"ר יִרְמְיָה אָמַר שְׁמוּאֵל: כׇּל הַכָּשֵׁר בִּשְׁחִיטָה, כְּנֶגְדּוֹ בָּעוֹרֶף כָּשֵׁר בִּמְלִיקָה; הָא פָּסוּל – פָּסוּל! הַהוּא פְּלִיגָא. אָמַר זְעֵירִי: גנִשְׁבְּרָה מַפְרֶקֶת וְרוֹב בָּשָׂר עִמָּהּ – נְבֵלָה. אָמַר רַב חִסְדָּא, אַף אֲנַן נָמֵי תְּנֵינָא: *דמָלַק בְּסַכִּין – מְטַמֵּא בְּגָדִים אַבֵּית הַבְּלִיעָה; וְאִי אָמְרַתְּ טְרֵפָה הָוְיָא, מְלִיקָתָהּ זוֹ הִיא שְׁחִיטָתָהּ – תְּהַנֵּי לַהּ סַכִּין לְטַהֲרָהּ מִידֵּי נְבֵלָה! אָמְרִי: הָתָם מִשּׁוּם דְּלָאו שְׁחִיטָה הִיא כְּלָל. מַאי טַעְמָא? רַב הוּנָא אָמַר: מִפְּנֵי שֶׁהוּא מַחְלִיד, רַבָּא אָמַר: מִפְּנֵי שֶׁהוּא דּוֹרֵס. מ"ד: מִפְּנֵי שֶׁהוּא מַחְלִיד, מ"ט לֹא אָמַר מִפְּנֵי שֶׁהוּא דּוֹרֵס? קָסָבַר: מוֹלִיךְ וּמֵבִיא בִּמְלִיקָה – כָּשֵׁר. ומ"ד: מִפְּנֵי שֶׁהוּא דּוֹרֵס, מַאי טַעְמָא לֹא אָמַר מִפְּנֵי שֶׁהוּא מַחְלִיד? אָמַר לָךְ: חֲלָדָה הֵיכִי דָּמֵי? *כַּחוּלְדָּה הַדָּרָה בְּעִיקָּרֵי בָתִּים דְּמִכַּסְיָא, הָכָא – הָא מִיגַּלְיָא. אָמַר רָבָא: אִי קַשְׁיָא לִי הָא קַשְׁיָא לִי, וְכִי מֵתָה עוֹמֵד וּמוֹלֵק? א"ל אַבָּיֵי: וְתִקְשֵׁי לָךְ עוֹלַת הָעוֹף דִּבְעָיָא שְׁנֵי סִימָנִין, וְכִי מֵתָה עוֹמֵד וּמוֹלֵק? אָמַר לֵיהּ: הָתָם, כְּדֵי לְקַיֵּים בָּהּ מִצְוַת הַבְדָּלָה. אִי הָכִי, עוֹר נָמֵי! כׇּל הַמְעַכֵּב בִּשְׁחִיטָה מְעַכֵּב בְּהַבְדָּלָה, וְכׇל שֶׁאֵינוֹ מְעַכֵּב בִּשְׁחִיטָה אֵינוֹ מְעַכֵּב בְּהַבְדָּלָה. וְהָא מִיעוּט סִימָנִין לְרַבָּנַן, דְּלָא מְעַכְּבִי בִּשְׁחִיטָה וּמְעַכְּבִי בְּהַבְדָּלָה! אֶלָּא אֵימָא: כׇּל שֶׁיֶּשְׁנוֹ בִּשְׁחִיטָה יֶשְׁנוֹ בְּהַבְדָּלָה, וְכׇל שֶׁאֵינוֹ בִּשְׁחִיטָה אֵינוֹ בְּהַבְדָּלָה.

מִכְּלָל

[זבחים סח.] לקמן כח.

נ"א רבא רש"ל

מפני שהוא מחליד. פירש בקונטרס: לאחר שנפרקו פרקי העלם ט] כשנעץ הסכין תחת העלם, לפי שאין העלם מתפשט לכאן ולכאן כדרך שאר בית השחיטה כשחותכין אותו, אלא עומד במקומו, וכשחותך הסכין תחת העלם הויא חלדה. (ולפיכך) [ולפירושו] לא איירי בסכין רחבה. ונראה דחשיב חלדה לפי ששוחט הסימנין ממטה למעלה, ואפי' בסכין רחבה. ובזבחים פרק "חטאת העוף" (דף סח:) פי' בקונטרס דמחליד לפי שנועץ ראשו של סכין, משום שאינו רוצה לחתוך רוב בשר קודם הסימנים. וכאן א"א לומר כן, דקרי ליה מחליד אף על גב דס"ד שחותך רוב בשר.

ותיקשי לך עולת העוף דבעיא שני סימנין. בין לרבנן בין לר' אלעזר (ג) פריך, כדפי' בקונט'.

כי

ר"מ

אבל למ"ד יש שחיטה לעוף מן התורה. מתורה שנמסרה למשה על פה, דהיינו הלכה למשה מסיני. ורבי אמרה, דפליג אדרבי אלעזר בפ' "השוחט" (לקמן דף כח.) דתניא, רבי אומר: "וזבחת כאשר צויתיך" – מלמד שנצטוה משה על הלכות שחיטה בעל פה, ואע"פ שלא כתבו בתורה, על הוושט ועל הקנה ועל רוב אחד בעוף ועל רוב שנים בבהמה. אלמא יש שחיטה לעוף א]. אדרבה איפכא מסתברא למ"ד [יש] שחיטת העוף מן התורה איכא למימר דהכי אגמריה דאין עיקור. ואפי' למ"ד. דיליף ליה התם בהיקישא מ"זאת תורת הבהמה והעוף", ונגמר לעוף מבהמה, מצי למימר דכיון דהוזכרה שחיטת העוף בסיני, דהא היקישא בסיני נאמרה, אגמריה רחמנא למשה על פה לענין עיקור לא ליהוי כבהמה. אלא למ"ד אין שחיטה לעוף מן התורה אלא מדברי סופרים מהיכן גמר לה. כלומר, מהיכא *סמכי דאנן דתקון ליה שחיטה – מבהמה גמרו, הילכך כולה מילתא ב] כבהמה תקון. *רבין בר קיסי. שם חכם. לא אמרן אלא במליקה. דכיון דדרסה וחלדה לא פסלי בה, עיקור סימנים נמי לא פסלי בה. אבל בשחיטה כו'. כל הכשר כו'. כל הנאמר הכשר לשחיטה כשר למליקה מאחוריו. הא פסול פסול. ואי נאמר שנעקרו סימנין פסול לשחיטה, היכי מתכשר במליקה? ההוא. דרבי ירמיה פליגא *אדרבין בר קיסי, דרבי ירמיה סבר דאף לשחיטה אין עיקור. ולית הילכתא כמתניתא דרמי בר יחזקאל, דהא תניא בפירקין דלקמן (דף כח.): שחט את הוושט ואח"כ נשמטה הגרגרת כשרה, נשמטה הגרגרת ואח"כ שחט את הוושט – פסולה. שחט את הוושט ונמצאת הגרגרת שמוטה, ואין ידוע אם קודם שחיטה נשמטה או לאחר שחיטה, זה היה מעשה, ואמרו: כל ספק בשחיטה פסולה. אלמא יש עיקור בעוף, דהא בעוף קמיירי, מדקתני: שחט את הוושט ואח"כ נשמטה הגרגרת כשרה, דעוף הכשרו בסימן אחד. ואי קשיא לך מתניתא אמתניתא, דהא דרמי בר יחזקאל מתניתא היא – תריץ: הא כמאן דאמר יש שחיטה בעוף מן התורה. וכיון דלא איפסיק הילכתא קיימא לן בשל תורה הלך אחר המחמיר. ורוב בשר. שעל המפרקת מאחורי הצואר נפסקה עמו. נבלה. ומטמאה מיד אע"פ שהיא מפרכסת, דמתה ממש היא, ושחיטה דלאחר מכאן לא מטהרה לה מידי נבלה. מלק. עוף קדשים בסכין – נבלה היא, והאוכל נבלת עוף טהור מטמא בגדים שהוא לבוש בשעה שבולעה, ולא בגדים שקודם לכן ולא בגדים שלבש אחר שהיא במעיו. ואין לה טומאת מגע לגמרי, אלא טומאת בליעה זו לבדה. וכולה ילפינן לה בתורת כהנים מ"נבלה וטרפה לא יאכל לטמאה בה" (ויקרא כב), וכתיב נמי (שם יז): "והנפש אשר תאכל נבלה וטרפה באזרח ובגר וכבס בגדיו ורחץ במים וטמא עד הערב וטהר", ובעוף משתעי קרא, דתניא (*לקמן דף ק.): יכול תהא נבלת בהמה מטמאה אבית הבליעה? כגון תחב לו חבירו בבית בליעתו והוא לא נגע בה ג], שלא נטמא במגעה, וטומאת בית הסתרים לא מטמיא טומאת מגע. ובטומאת משא נמי אינו טמא, שלא זז עד שבלעה. ת"ל: "לא יאכל לטמאה בה" "בה" משמע מיעוטא – מי שאין לה טומאה אלא אכילתה, כדכתיב: "לא יאכל", וכתיב "בה", כלומר, בזו ד] בבליעה ולא באחרת, יצאת נבלת בהמה שמטמאה במגע ה], כדכתיב (ויקרא יא): "והנוגע בנבלתה" וגו'. הלכך על כרחך בעוף משתעי. יכול נבלת העוף תטמא מן הכתוב מהאי קרא, ונבלת בהמה מק"ו: מה העוף שאינו מטמא במגע ובמשא – מטמא בבית הבליעה, בהמה שמטמאה כו'? ת"ל: "בה" – בה אתה מיטמא בבית הבליעה, ואי אתה מיטמא בנבלת בהמה בבית הבליעה. ואם כן למה נאמר בבהמה "והאוכל מנבלתה" (שם)? ליתן שיעור לנוגע ולנושא כשיעור אכילה, דהיינו כזית. וכולה מילתא מפרש התם, דאין לה טומאה לנבלת עוף טהור אלא זו בלבד. ואי אמרת. נשברה מפרקת ורוב בשר עמה טרפה בעלמא הוה ולא נבלה, והא מליקת סכין, כיון דלאו מליקה היא – הוה ו] כשובר מפרקתו, כשמגיע לסימנין וחותכן בסכין הרי זו כשוחט את הטרפה, וקיימא לן *ב"העור והרוטב" (לקמן דף קכח:): טרפה ששחטה אינה מטמאה! ואע"ג דבשל מוקדשים אמרינן התם (קכג:) דמטמאה, והאי עוף נמי דקדשים היא – ההיא מדרבנן היא, ובהמה, אבל טומאת בית הבליעה דעוף דמדאורייתא היא לית לה, דהתם אמרינן דטומאה מדרבנן בעלמא הוא. מליקתה זו היא שחיטתה. דהא בסכין היא, וכשר לשחיטה. תהני לה סכין. כשמולק הסימן בסכין לטהרה מידי נבלה. ואי קשיא: לותביה ממתני', דקתני במתני': השוחט מן העורף שחיטתו פסולה! טעמא משום שבירת מפרקת היא, ואיכא למימר דטרפה היא ולא נבלה. שהוא מחליד. לאחר שנתפרקו פרקי העלם נינעץ הסכין תחת העלם, לפי שאין העלם מתפשט לכאן ולכאן כדרך שאר בית השחיטה כשחותכין אותו, אלא עומד במקומו, וכשחותך הסכין תחת העלם הויא לה חלדה. מפני שהוא דורס. ממש, ולא מוליך ומביא, כדאמרן לעיל (דף כ.): קוצץ ויורד וזו היא מצותה. מוליך ומביא במליקה כשר. והיא דמלק בסכין סתמא קתני, לא שנא קוצץ ויורד ולא שנא מוליך ומביא. בעיקרי בתים. קרו"ט בלע"ז. הא מיגליא. דאע"פ שאין העלם מתפשט כל כך לגלות בית השחיטה, מיהו הסכין נראה ומגולה כל זמן חתיכתו. אי קשיא. בהא מילתא דזעירי. הא קשיא לי. כיון דאמרת נבלה – אלמא מתה היא, הא דאמר רחמנא מליקה כשרה בקדשים, ובעינן חתיכת סימנין כדלקמן (דף כא.). וכי. לאחר שהיא כמתה בשבירת העלם ורוב בשר, למה עומד ומולק שוב הסימנין? אי אמרת בשלמא טרפה בעלמא הואי אי נשברה בלא מליקה, אבל חיותא מיהא אית בה – מש"ה הויא מליקת סימנין מליקה. וטרפה ליכא למימר, ז]שזה דרך הכשרה, דאם לא שהה והניחה לאחר שעשה בה מעשה (א) אין כאן טרפות. וכן בכל השוחטין, משנפסק הוושט יש כאן מעשה טרפה, וכי גמר שחיטתו מיתכשרא אם לא שהה שיעור שהייה. אלא לזעירי דחשיב לה מתה, מה הוא עומד ומולק? ותקשי לך עולת העוף. דאמרינן לקמן בשמעתין דבעיא ב' סימנים. וכי מתה עומד ומולק. דהא ח] ודאי עוף באחד סימן מתה, ואמאי מעכב שני? התם. לאו משום מליקה הוא, אלא לקיים מצות הבדלה, כדילפינן לקמן בשמעתין מ"ומלק והקטיר", מה הקטרה הראש בעצמו והגוף בעצמו – אף מליקה הראש בעצמו והגוף בעצמו. אי הכי עור נמי. לבדיל, ויחתוך כל הראש! אלמה תניא לקמן (דף כא:): שנים לרבנן ורוב שנים לר' אלעזר בר ר"ש, אבל עור ליכא למ"ד. כל המעכב בשחיטה. עור אינו מעכב בשחיטה, שאילו קודם שחיטה ניטל כל העור – כשרה. אבל סימנין – שחיטה תלה בהו רחמנא, ולכתחלה כולהו בעי, כדתנן לקמן ב"השוחט" (דף כז.) הלכך גבי הבדלה מעכבי. והא מיעוט סימנים. לרבנן דפליגי לקמן בשמעתין אדרבי אלעזר בר ר"ש, ואמרי דלא תסגי ברוב שנים אלא א"כ גמר כולן, ואף על גב דלא מעכבי בשחיטה.

מ"מ

סמכי רבנן כצ"ל | רבה רש"ל | [פסחים קיח:] | אדרבה | [נדה מב:] | [לקמן עד. פה:]

שיטה מקובצת

א] אלמא יש שחיטה לעוף מן התורה הס"ד: ב] הלכך כולה מלתא דעוף בבהמה תקון הס"ד ומה"ד רבא בר קיסי: ג] בה שלא נטמא במגעה דמגע בית הסתרים לא מטמאה ובטומאת משא נמי אינו מטמא שלא זז משם עד שבלעה: ד] וכתיב בה כלומר בזו ולא באחרת וכו'. נ"ב נ"א בקצת ס"י כלומר בבליעה: ה] שמטמאה במגע עד שלא יאכלנה דכתיב והנוגע בנבלתה: ו] הוה ליה כשובר מפרקתו ושוחט וכו' הס"ד וחותכן בסכין הרי זה כשוחט: ז] מליקה וטרפה ליכא למימר שזהו דרך הכשרה דאע"ג דאם שהה הרי טרפה אם שהה שיעור שעשה בה מעשה הוא טרפה היכא דמרמיה למלתא אין כאן טרפות: ח] וכי מתה עומד ומולק דהא האי עוף: ט] שנפרקו פרקי העצם נינעץ הסכין:

הגהות הב"ח

(א) רש"י ד"ה וכי לאחר וכו' מעשה טרפות אין כאן: (ב) תוס' ד"ה ותיקשי וכו' לר' אלעזר בר' שמעון פריך:

רבינו גרשום

אלא למ"ד אין שחיטה לעוף מן התורה בפרק השוחט מחלוקת: נשברה מפרקת ורוב בשר עמה נבלה. כלומר אע"ג דשחטתו חשובה כמתה: מלק בסכין מטמא בגדים אבית הבליעה דדינו למלוק בצפורן וכיון דמלק בסכין פסל את המליקה וחשוב כמת מאליו דנשברה מפרקת ורוב בשר עמה: ואי אמרת טרפה וכו' כלומר ואי אמרת נשברה מפרקת ורוב בשר עמה ושחטה טרפה תהני לה סכין במליקה דנשבר' מפרקת לטהרה מידי נבילה: אמרי התם בשנשברה משום דלאו שחיטה היא כלל כו' כלומר אפי' תימא נשברה מפרקת ורוב בשר עמה ושחטה אינה אלא טרפה ואי אמרת במליקה נמי תיהוי לה סכין לטהרה מידי נבילה משום דלאו שחיטה היא מפני שהוא מחליד שחותך הסימנים ממטה למעלה: רבה אמר מפני שהוא דורס. כלומר שאינו מוליך ומביא דאין דינה של מליקה להיות מוליך ומביא: מאן דאמר מפני שהוא מחליד מ"ט לא אמר מפני שהוא דורס קסבר מוליך ומביא במליקה כשר והוא היה מוליך ומביא: לאפוקי הך דמגלי. כלומר שובר מפרקת ואח"כ מוליך [נ"א מולק] הסימנין: וכי מתה עומד ומולק כלומר אנן אמרינן נשברה מפרקת ורוב בשר עמה [נבלה] והוא שובר מפרקת ורוב בשר עמה מתחילה קודם שימלוק: אי הכי עור נמי. כלומר עור נמי יהא מבדיל: כל המעכב בשחיטה וכו' ועור אינו מעכב בשחיטה דאי העור פגום במקום שחיטה אין שחיטתן פסולה אלא אימא כל שישנו בשחיטה וכו' ועור אינה בכלל שחיטה

אבל

מכל מקום קשיא! אמר רבא, אימא: וכן הוא עושה, חותך שדרה ומפרקת בלא רוב בשר. כי סליק רבי זירא, אשכחיה לר' אמי דיתיב וקאמר לה להא שמעתא, אמר ליה: וכי מתה עומד ומולק? (דניאל ד) אשתומם כשעה חדא, אמר ליה: אימא, כך הוא עושה, חותך שדרה ומפרקת בלא רוב בשר. תניא נמי הכי: *כיצד מולקין חטאת העוף? חותך שדרה ומפרקת בלא רוב בשר עד שמגיע לוושט או לקנה; הגיע לוושט או לקנה — חותך סימן אחד או רובו ורוב בשר עמו, ובעולה — שנים או רוב שנים. מני? אי רבנן — הא אמרי: שנים דוקא! אי כר"א בר"ש — האמר: רוב שנים! אימא: שנים — לרבנן, רוב שנים — לרבי אלעזר בר"ש. ואיבעית אימא: הא והא ר' אלעזר בר"ש, ומאי שנים — שדומין לשנים. אמר רב יהודה אמר שמואל: נשברה מפרקת ורוב בשר עמה — מטמא באהל; וא"ת: אותו מעשה דעלי מפרקת בלא רוב בשר הואי! זקנה שאני, דכתיב: (שמואל א ד) "ויהי כהזכירו את ארון האלהים ויפול מעל הכסא אחורנית בעד יד השער ותשבר מפרקתו וימת כי זקן האיש וכבד" וגו'. אמר ר' שמואל בר נחמני א"ר יוחנן: קרעו כדג — מטמא באהל. א"ר שמואל בר יצחק: ומגבו. אמר *שמואל: עשאה גיסטרא — נבלה. *א"ר אלעזר: ניטל הירך וחלל שלה (ניכר) — נבלה. ה"ד חלל שלה (ניכר?) אמר רבא: כל שרבוצה ונראית חסרה. תנן התם: *הותזו ראשיהן, אע"פ שמפרכסין — טמאים, *כזנב הלטאה שמפרכסת. מאי הותזו? ר"ל אמר: הותזו ממש, ר' אסי אמר רבי מני: כהבדלת עולת העוף. א"ל ר' ירמיה לרבי אסי: כהבדלת עולת העוף לרבנן ולא פלגיתו, או דלמא *כהבדלת עולת העוף לר"א בר"ש, ופלגיתו? א"ל: כהבדלת עולת העוף לר"א בר"ש, ופליגינן. איכא דאמרי: ר"ש בן לקיש אמר: הותזו ממש, ר' אסי א"ר מני: כהבדלת עולת העוף לרבי אלעזר בר"ש ברוב שנים. מאי רבנן ומאי רבי אלעזר בר"ש? דתניא: (ויקרא ה) "ואת השני יעשה עולה כמשפט" — כמשפט חטאת בהמה. אתה אומר: כמשפט חטאת בהמה, א] או אינו אלא כמשפט חטאת העוף! כשהוא אומר "והקריבו" — חלק הכתוב בין חטאת העוף לעולת העוף; ומה אני מקיים "כמשפט" — כמשפט חטאת בהמה, מה חטאת בהמה אינה באה אלא

רש"י

מ"מ קשיא. וכי מתה עומד ומולק? בלא רוב. רוחב הבשר של מפרקת, דלכתחי לאו מתה היא. דהא זעירי מפרקת ורוב בשר קאמר. להא שמעתא. דזעירי. א"ל. הואיל ומתה, חשוב כל מליקות דאמר רחמנא דבעי לחתוך סימנים, וכי מתה עומד ומולק? אשתומם. שתק והיה מחשב מה יענה. בחטאת העוף. כתיב "ולא יבדיל" גבי שמיעת הקול ב"ויקרא", הילכך בחד סימן סגי, דעוף הכשרו בסימן אחד. ורוב בשר עמו. לאחר מליקת הסימן. ובעולה. דבעי הבדלה כדלקמן, שנים או רוב שנים. פלוגתא. דר' אלעזר בר ר"ש ורבנן לקמן בשמעתין. האמר רוב שנים. דוקא ולא יותר, כדקתני לקמן (דף כב.) דבעינן שיהא אוחז בראש ובגוף כשהוא מזה. שדומים לשנים. דלכתחלה בעינן שיחתוך רוב להדיא, שיהא נראה לעיניים שהוא רוב, או רוב שנים ואפי' רוב מגולגל. נשברה מפרקת. בהדם. וא"ת. הא עלי מפרקת בלא רוב בשר הוה, וקרי ליה מת "ותשבר מפרקתו וימת". מטמא באהל. ואפי' מפרכס. עשאה גיסטרא. שחתכה לרחבה, או כגלוסקה כולו, או בשדרה עד החלל. כל דבר החלוק לשנים קרי "גיסטרא". ניטל הירך. ממקום חיבורו בבוקא דאטמא. וחלל שלה. כלומר, לא שניטל העצם עם קצת הבשר הפנימי, ונשאר הבשר העליון והעור עד חצי הירך או שלישיתו וחופה את המכה. דהשתא טרפה הוא דהויא, כדתנן (לקמן דף נד.): בהמה שנחתכו רגליה, דהיינו מהארכובה ולמעלה — טרפה. אבל כשניטל כל הבשר עד שנראית גופה של מקום החתך כעין חלל, קידור"א בלע"ז. נבלה. ואפי' בחייה מטמאה. כל שרבוצה ונראית חסרה. דרך הבהמה לרבוץ על ירכיה ומתכסית ירכיה ברגליה, ואם נראית חסרונה כשהיא רבוצה. הותזו ראשיהן. במשנה שרצים קמיירי בסדר טהרות. טמאים. דכיון דעשויין גיסטרא אע"פ שלא הובדלו לגמרי כדמפרש ואזיל, הרי הם כמתים. כזנב הלטאה שמפרכסת. כלומר, דאע"פ שמפרכסת אין זה חיות, שהרי זנב הלטאה חותך אותה לגמרי והיא מפרכסת. חיתוך הזנב מפרכס. כהבדלת עולת העוף לרבנן. דבעו כל הסימנין. ולא פליגיתו. את ור"ל, דהיינו נמי הותזו ממש. איכא דאמרי. דבהדיא אמר רב אסי למילתיה: כהבדלת רבי אלעזר בר"ש, ולא בעי רבי ירמיה מיניה. ואת השני וגו'. בעולת העוף של חובה כתיב, גבי שמיעת הקול כשהוא מביא דלות. בפרשה עליונה כשהוא מביא בעשירות דיבר בחטאת בהמה. כמשפט. משמע שקלוט המשפט במקום אחר, ואהיכא קאי? אחטאת בהמה דלעיל קאי, שהרי עולה זו באה חליפין לה, הלכך לה מקשה ויליף מינה, כדמפרש לקמיה: דאינה באה אלא מן החולין כו'. או אינו אלא כמשפט חטאת העוף. שלא תיטען הבדלה במליקתה, כדכתיב (ויקרא ה) בחטאת העוף: "ממול ערפו ולא יבדיל". כשהוא אומר והקריבו. בעולת העוף של נדבה ב"ויקרא": "והקריבו הכהן אל המזבח ומלק את ראשו" וגומר. מדלא כתיב *"הקריב" אלא "והקריבו" משמע: חלוקה הקרבתו של זה מהקרבת אחרים, גילה לך הכתוב שלא תלמד מליקת עולה ממליקת חטאת. אלא

תוספות

כי סליק ר' זירא אשכחיה לרבי אמי דקאמר להא שמעתא. פירוש: דזעירי. ורבי אמי גרסי' ולא גרסי' (א) אסי, דרבי אסי הוא דאמר לקמן גבי הותזו ראשיהן כהבדלת עולת העוף. הותזו ראשיהן. גבי בהמה חיה ועוף מיתניא במסכת אהלות, ולא גבי שרצים כדפירש בקונטרס. ב] הותזו ממש. נראה דפליגי אזעירי דלעיל, דסגי ליה במפרקת ורוב בשר לחוד. כשהוא אומר והקריבו חילק הכתוב כו'. פירוש: להצריך הבדלה בעולת העוף. וא"ת: דבפרק "קדשי קדשים" (זבחים דף סה.) דריש ליה למילתא אחריתי, דקאמר: לפי שנאמר: "מן התורים או מן בני היונה" יכול לא יפחות מב' פרידים? ת"ל: "והקריבו"! וי"ל: דהכא מדסמך "והקריבו" ל"ומלק" דרשינן, לחלוקה מליקת עולת העוף ממליקת חטאת עוף לענין הבדלה. כמשפט חטאת בהמה. הקשה בקונטרס: למה ליה להאי תנא למימר כמשפט חטאת בהמה? לוקמיה ג] בחטאת העוף דסליק מיניה דבאה מן החולין, וכולהו איתנהו בה, וחילוק ד"והקריבו" ד] למילתיה אתא, כדקאמר: חלוקה עולה מחטאת לענין הבדלה כדקאמר ה] רבי ישמעאל ור"א בר"ש! ותירץ: דבחטאת העוף לא כתיב בה חולין בהדיא, אלא בבהמה כתיב כדלקמן, ובהיקשא יליף מדאיקרי חטאת, ודבר הלמד בהיקש אינו חוזר ומלמד בהיקש גבי קדשים. ו] והדין עמו דחשיב כ"משפט" היקש ולא כתוב בהדיא, דהא "כאשר יורם" "וכן יעשה לפר" "כאשר עשה לפר החטאת" חשיב ליה היקש פרק "איזהו מקומן" (זבחים דף מט:). וקשיא לפירושו: דא"כ מחטאת בהמה גופיה היכי יליף? הא כמשפט חטאת בהמה דקאמר, ע"כ לאו אפרו של אהרן קאי, דמה ענינו לכאן? אלא אחטאת בהמה דלעיל קאי כדפירש בקונטרס, שהרי עולה זו באה חליפים לה. וחטאת בהמה מפרו של אהרן יליף, מדאיקרי חטאת, והיינו נמי למד מן הלמד, ואמאי חשיב חטאת העוף למד בהיקש יותר ז] מן בהמה? ועוד דבפ"ב דבילה (דף כ.) דריש: "ויקרב את העולה ויעשה כמשפט" — לימד על עולת חובה שטעונה סמיכה כעולת נדבה. והשתא, ל"ל "כמשפט"? תיפוק ליה מדאיקרי עולה! ועוד, דבפ"ק דזבחים (דף ח.) לא ילפינן חטאת נזיר מחטאת חלב, ולא גמרי מהדדי מדאיקרי חטאת, כיון דאיכא למיפרך. וה"נ חטאת העוף היכי יליף מפרו של אהרן? דאיכא למיפרך: שכן טעונה כלי בשחיטה וד' מתנות על ד' קרנות, ושכן כפרתו מרובה, ונכנס דמה לפני ולפנים! דהכי פריך פרק קמא דשבועות (דף ט.). וע"ק: דחטאת בהמה גופיה היכי ילפינן מפרו של אהרן? דאי במה מצינו — איכא למיפרך: שכן כפרתו מרובה ונכנס דמה לפני ולפנים כדפרישית, ואי מהיקשא ד"זאת התורה" — מהתם נמי תיפוק ליה עולת העוף, ול"ל "כמשפט"? *ונראה לפרש: דמיתורא דרשינן דגבי פרו של אהרן לא הוה צריך למכתב "את פר החטאת אשר לו", אלא: "את פר ח] החטאת" ותו לא. דפרו של אהרן ידעינן שפיר דאינו בא אלא מן החולין כיון דנשרף, מידי דהוה אעולות דאין באין אלא מן החולין, כדאמרינן בסיפרי בפרשת "ראה" משום דמעשר טעון אכילה, ועולה אינה נאכלת, אלא כתיב (ויקרא ט) "החטאת אשר לו" ללמד על כל חטאת, אפילו על חטאת העוף שיהא משלו ולא משל מעשר. ומיהו קשה: ל"ל "כמשפט" לענין חולין בעולת העוף? תיפוק לי מדרשא דסיפרי דהא אינה נאכלת! וי"ל: דס"ד דאתא "והקריבו" לחלק אף לענין חולין. וא"ת: א"כ, מאי פריך לקמן (דף כב.): מ"ביום צותו" נפקא? דלמא הייתי מחלק מ"והקריבו"! ט] וי"ל: ד"ביום צותו" כתיב על "זאת התורה לעולה", י] ומשמע כל עולה, אפילו עולת העוף. וא"ת: כי היכי דילפי' הכא הבדלה בעולת העוף חובה מ"והקריבו" אע"ג דכתיב בעולת עוף נדבה, אמאי לא ילפינן נמי בפ"ב דבילה (דף כ.) עולת חובה מנדבה

עין משפט נר מצוה

קנ א ב מיי' פ"ו מהל' מעשה קרבנות הלכה כג:

קנא ג ד ה מיי' פ"ה מהל' טומאת מת הל' ט"ו [וברב אלפס עוד בהל' טומאה דף סק.]:

קנב ו ז מיי' פ"ג מהל' שחיטה הלכ"ט ופ"ב מהל' אבות הטומאה הלכה ח:

קנג ח מיי' פ"ג מהל' שחיטה הל' יט:

קנד ט מיי' פ"ד מהל' אבות הטומאה הל"ד:

קנה כ מיי' פט"ז מהל' מעה"ק הל' טו ופ"ב מהל' חגיגה הל"ח:

גליון הש"ס

גמ' או רוב שנים. עיין לקמן דף כב ע"ב וזבחים סה ד"ה עולת:

שיטה מקובצת

א] או אינו אלא כמשפט חטאת העוף דהכי משמע טפי דהא מיניה סליק דכתיב לעיל מיניה והזה מדם החטאת וגו' וקאמר השתא שתהא עולת העוף בחטאת העוף שלא תטען הבדלה: ב] הותזו ממש נראה. נ"ב נ"א בס"י לזעירי דלעיל סגי במפרקת ורוב בשר וכו': ג] לוקמוה אחטאת דסליק: ד] למילתיה אתא כדקאמר חלוקה עולה מחטאת: ה] כל זה נרשם עליו: ו] לענין הבדלה כדקאמר ותירץ כך כתוב בתוס' שאנץ כתוב כדקאמר ובה"ג דרשי ר' ישמעאל ור"א בר"ש ותירץ עמו דחשיב כמשפט היקש ולא בהדיא דהא כאשר יורם וכן ועשה לפר כאשר עשה לפר החטאת חשיב ליה היקש פ' איזהו מקומן נ"ב שכל זה היא הגהה: ז] למד בהיקש יותר מן חטאת בהמה: ח] אלא את פר ותו לא דפרו של אהרן ידעינן כו' ונ"ב עיין תוס' ריש מנחות: ט] דלמא הייתי מחלק מוהקריבו דבאה אפי' בלילה וי"ל דביום צוותו כתיב: י] לעולה דמשמע כל:

הגהות הב"ח

(א) תד"ה כי וכו' ולא גרסינן ר' אסי:

רבינו גרשום

אבל מיעוט סימנין אע"ג דלא מעכבי בשחיטה ישנו בכלל שחיטה וישנו נמי בכלל הבדלה: מ"מ קשיא. וכי מתה עומד ומולק. עשאה גסטרא שהכבה בסייף אפסקיה מגבה (מעיה) [נבלה] וחתכה בין צלעותיה דחשובה כמתה דלא תחיה: תנן התם הותזו ראשיהם של שרצים טמאים דחשובין כמתים: כהבדלת העוף לרבנן ולא פליגיתו. כלומר שנים ממש: או דלמא כהבדלת עולת העוף לר' אלעזר ב"ר שמעון ופליגיתו דהוא אמר רוב שנים: חלק הכתוב בין חטאת העוף לעולת העוף וכו' כלומר וכשהוא א' והקריבו חלק בעולת העוף בין הכתוב וכו':

מסורת הש"ס

לקמן כח. זבחים סה.

[בערוך ערך גסטר' איתא חוקיה וכן לקמן נג: וכ"ה בכרי"ף ורא"ש ובשאלתות פרשת אמור סימן קג איתא אמר רבי שמואל בר יצחק אמר חוקיה עשאה גיסטרא וכו']

[ב"ב קמב: וש"נ]

[לקמן קכג.]

[עיין כרש"י ותוס' זבחים סה. ד"ה והקריבו]

לקמן כב: ע"ש

גם זה שם נדה כג. (תמורה יא:)

ס"א ל"ג

אהלות פ"א משנה ו

קנו א מיי' פ"ד מהל' מעשה הקרבנות הל' א:

קנז ב מיי' שם פ"ה הלכה ז ופ"ה מהל' ביאת מקדש הלכה יח:

קנח ג ד מיי' פ"ו מהל' מעשה קרבנות הלכה כ:

אֶלָּא מִן הַחוּלִּין, אוּבַיּוֹם, בוּבְיָדוֹ הַיְמָנִית — אַף
עוֹלַת הָעוֹף אֵינָהּ בָּאָה אֶלָּא מִן הַחוּלִּין, וּבַיּוֹם,
וּבְיָדוֹ הַיְמָנִית. אִי מַה לְּהַלָּן בְּרוֹב שְׁנַיִם, אַף
כָּאן בְּרוֹב שְׁנַיִם! ת"ל: °"וּמָלַק וְהִקְטִיר", *גמַה (ויקרא א)
הַקְטָרָה — הָרֹאשׁ בְּעַצְמוֹ וְהַגּוּף בְּעַצְמוֹ, אַף
מְלִיקָה — הָרֹאשׁ בְּעַצְמוֹ וְהַגּוּף בְּעַצְמוֹ. רַבִּי
יִשְׁמָעֵאל אוֹמֵר: "כַּמִּשְׁפָּט" — כְּמִשְׁפַּט חַטַּאת
הָעוֹף, מַה חַטַּאת הָעוֹף מִמּוּל עוֹרֶף — דאַף
עוֹלַת הָעוֹף מִמּוּל עוֹרֶף. אִי מַה לְּהַלָּן מוֹלֵק
וְאֵינוֹ מַבְדִּיל בְּסִימָן אֶחָד, אַף כָּאן מוֹלֵק
וְאֵינוֹ מַבְדִּיל בְּסִימָן אֶחָד! תַּלְמוּד לוֹמַר:
°"וְהִקְרִיבוֹ". רַבִּי אֶלְעָזָר בְּרַבִּי שִׁמְעוֹן אוֹמֵר: (שם)
°"כַּמִּשְׁפָּט" — כְּמִשְׁפַּט חַטַּאת הָעוֹף, מַה לְּהַלָּן (שם ה)
אוחז

[זבחים סה.]

כמשפט חטאת העוף כצ"ל

אלא מן החולין. ולא ממעות מעשר שני. ולקמן (דף כב) יליף לה בחטאת א] גופה מנלן. וביום. שאין חטאת קרבה אלא ביום, כדכתיב בפרשת יה"כ (ויקרא טז): "כי ביום הזה יכפר עליכם" וגו'. ובידו הימנית. שאין עבודותיו כשרות אלא בימין, דכתיב בה (שם ד): "ולקח הכהן מדם החטאת באצבעו", וקיימא לן במנחות בפ"ק (דף י.): כל מקום שנאמר אצבע וכהונה אינו אלא ימין. ואי קשיא: למה ליה להאי תנא למימר כמשפט חטאת בהמה? לוקמיה אחטאת העוף דמליק מיניה, ולילף לה מילתא: ב] מה חטאת העוף מן החולין כו', דהא כולהו נמי איתנהו בה, ותוקי ד"והקריבו" למלתיה אחרא, כדאמר: חלוקה עולה מחטאת לענין הבדלה! לאו פירכא היא, דהא חטאת העוף לא כתיבא ביה חולין בהדיא, אלא בבהמה כתיב כדלקמן, ובהיקש ילפא מדאיקרי "חטאת", ודבר הלמד בהיקש אינו חוזר ג] ולומד בהיקש בקדשים, דקיימא לן (זבחים דף מט:): בכל התורה למידין למד מלמד חוץ מקדשים. אי מה. בהמה כשרה ברוב שנים, אף עולת העוף ברוב שנים. ת"ל. בעולת נדבה: "ומלק את ראשו והקטיר המזבחה ונמצה דמו". וכי ד] אפשר לומר כן, מאחר שהוא מקטיר הוא מוצה? אלא מולקו כדרך הקטרתו, מה הקטרה הראש בעצמו והגוף בעצמו כו'. כך שנויה בת"כ. והתם מפרש: מניין להקטרה שהראש בעצמו והגוף בעצמו? כשהוא אומר לאחר הקטרה זו: "ושסע אותו בכנפיו והקטיר אותו" – הרי הקטרת הגוף אמורה, הא מה אני מקיים הקטרה ראשונה – בהקטרת הראש. אלמא ב' הקטרות הן, והשסוע מבדיל ביניהן. אף מליקת עולת העוף הראש בעצמו וכו'. והיינו שנים. ואפילו מחובר בעור הבדלה חשיבא, כדאמרן לעיל (דף כ:) ה] דבמליקה כתב רחמנא הך הבדלה, ומליקה כשחיטה, וכל שישנו בשחיטה ישנו בהבדלה, ועור שאין שחיטה ו] נוהגת בו – בהבדלה נמי לא מעכב. ולקמן (דף כב.) פריך: כיון דנפקא ליה הבדלה בעולה מהכא, ל"ל "והקריבו" לחלק בין חטאת לעולה? הא הכא בהדיא כתיב דיבדיל והכא בהדיא כתיב לא יבדיל! ר' ישמעאל אומר כמשפט חטאת העוף. דמליק מיניה. ולהכי אתקש, משום דבחטאת כתיב (ויקרא ה): "ממול ערפו", ובמליקת עולת נדבה לא כתיב אלא: "ומלק את ראשו והקטיר" (שם א), ואין מליקה כתיב בעולה אלא בשל נדבה, וזו למידה מזו. ולקמן פריך: ת"ק הא מנא ליה? והא סברא דמן החולין וביום ובידו הימנית נפקא ליה לרבי ישמעאל בעולת חובה בהיקשא ד"זאת התורה לעולה ולמנחה" וגו', דאיתקש כולהו להדדי וילפי כולהו מחטאת. והכי גמרי ליה בשילהי "התודה" (מנחות דף פב:), ומשמע ליה בין עולת בהמה בין עולת העוף. ות"ק לא משמע ליה מההיא היקשא אלא קרבנות בהמה, דומיא דשלמים ואשם ז]. ואינו מבדיל בסימן אחד. שמחובר בסי' אחד. דכיון דכתיב "ולא יבדיל", ועוף הכשרו בסימן אחד, כל מה דעביד טפי מהכשר – הבדלה היא. וכל הסימן הוי מצות שחיטה בעוף לכתחלה, הלכך במליקה כי מליק לכולו סימן – לאו הבדלה היא, אבל בסימן ב' אפי' מצוה לכתחלה ליכא, כדתניא לקמן (כז:): לחייבו בב' סימנין א"א, שכבר הוקש לדגים. ת"ל והקריבו. משמע שנתן לה הכתוב הקרבה לעצמה, וחלוקה מדין הקרבת חטאת. ומאחר שכתוב אחד הקישן וכתוב אחד חלקן, מסתבר כי אקשינהו – למול עורף אקשינהו, וכי פלגינהו – מהבדלה פלגינהו. דרבי ישמעאל נמי א"ומלק והקטיר" דת"ק סמיך, ונפקא ליה מיניה הראש בעצמו והגוף בעצמו. והא דנקט טעמיה מ"והקריבו" – משום דמ"ומלק והקטיר" לחודיה בלא "והקריבו" לא מצי יליף, כדאמר לקמן (דף כב) אליבא דת"ק. דהא ע"כ ס"ל לר' ישמעאל שנים דוקא כרבנן. דכיון דמוקי היקשא ד"כמשפט" אמול עורף, וחילוקא ד"והקריבו" אהבדלה – ליכא למימר מסימן אחד פלגיה ואוקמיה ארוב שנים, דהא לא שנים כתיב בקרא ולא רוב שנים כתיב בקרא, אלא הבדלה כתיבא – "ולא יבדיל", וכי כתיב "והקריבו" בעולה לחלק וליתן לה הקרבה אחרת – להטעינה הבדלה בא, וכל שישנו בשחיטה צריך להבדילה, ומיעוט ב' סימנין דישנו בשחיטה ישנו בהבדלה. דבשלמא לרבי אלעזר ברבי שמעון דגמר מול עורף מגזירה שוה כדלקמן, לא מיבעי ליה היקשא ד"כמשפט" אמול עורף. וכמשפט חטאת בהמה לא ניחא ליה למימר, משום דמעוף מליק גמרא מהיקשא, דכמשפט אחיזת חיבור ראש וגוף במיעוט סימנים כדלקמן, וחילוקא – לרוב שנים, דלא מתכשר בסימן אחד. אלא לרבי ישמעאל דמפיק היקשא למול עורף, והבדלה לגמרי משמע, אחיזת ראש וגוף במיעוט סימנים מנא תיתי אלא כרבנן ס"ל.
אוחז

מנדבה לענין סמיכה? וי"ל: דסמיכה מילתא אחריתי היא. אבל הכא ח] שניהן צריכין מליקה, ואינו אלא גילוי מילתא בעלמא, דמגלה לנו הכשר מליקת העוף, והבדלה הויא כמו גמר מליקה. ובהקישא ד"זאת התורה" לא ילפינן לענין סמיכה, דלא ילפינן בהקישא אלא לענין דבר שיכול לנהוג בכל הנזכרים בפסוק, וסמיכה ליכא בבכור ומעשר, כדתנן בפ' "ב' מדות" (מנחות דף צב:): "קרבנו" ולא הבכור, "קרבנו" ולא המעשר. [ובזבחים (ז:)] מ"להקריב את קרבניהם" דרשינן: זה בכור ומעשר ופסח. **מה** חטאת העוף ממול עורף. פי' בקונטרס: ט] דהא סברא דמן החולין נפקא ליה לרבי ישמעאל בעולת חובה בהקישא ד"זאת התורה" דאיתקש כולהו להדדי, וילפי' כולהו מחטאת, והכי גמרינן בשילהי "התודה" (מנחות פב), ומשמע ליה בין עולת העוף בין עולת בהמה. ות"ק לא משמע ליה מההוא היקישא אלא קרבנות בהמה דומיא דאשם ושלמים. וקשה, דבסמוך פריך: מ"ביום צותו" נפקא – אלמא עולת העוף נמי בכלל! ונראה, דטעמייהו דרבנן דקסברי דלא מתוקמא הקישא ד"זאת התורה" לחולין – משום דלא שייך בכל הקרבנות, דאיכא קרבנות נדבה דלא אתו מחולין. כדאשכחן נמי לר"א בסוף "התודה" (שם דף פג:) דגמר י] פסח דורות חולין מפסח מצרים אע"ג דפסח כתיב בההיא הקישא, כדדרשינן (זבחים דף ז:): "להקריב את קרבניהם" – זה הבכור מעשר ופסח. וש"מ היינו טעמא כדפרישית לעיל, משום דאיכא קרבנות נדבה דלא אתו מחולין. ור' ישמעאל סבר דגמרינן הקישא לחולין, כיון דמ"מ כל קרבנות חובה או נדר אתו מחולין. **ואינו** מבדיל בסימן אחד. פ"ה: דכיון דכתיב "לא יבדיל", ועוף הכשרו בסימן אחד – כל כמה דעביד טפי מהכשרו הבדלה הוא. וכל הסימן הוי מצוה בעוף לכתחלה, הילכך במליקה כי מליק כל הסימן לאו הבדלה הוא, אבל סימן השני אפי' מצוה לכתחלה ליכא. וקשה לפירושו: דלקמן בריש פ"ב (דף כז.) אמרינן בהדיא, דהא דקתני "השוחט" דיעבד – אאחד בעוף! ונראה לפרש: כיון דדיעבד לא בעי שחיטה בסימן שני – שייך בו הבדלה. אבל במיעוט הנשאר בסימן ראשון לא חיישינן, כיון דבעי שחיטת רוב אותו הסימן. וא"ת: דהכא משמע דלר' אלעזר בר' שמעון אינו מולק בחטאת העוף אלא סימן אחד והשני מניח מחובר, דיליף מיניה עולת העוף שאין חותך אלא רוב שנים. ובזבחים פרק "קדשי קדשים" (דף סה:) תניא, א"ר אלעזר בר' שמעון: שמעתי שמבדילין בחטאת העוף, והאי דכתיב "לא יבדיל" מפרש התם היינו דאין צריך להבדיל! ואין לפרש, דהא דקאמר דכשהוא אוחז הראש בגוף מזה – היינו אם ירצה, והא דקאמר: אי מה להלן בסימן אחד – היינו נמי אם ירצה לא יחתוך אלא סימן אחד. דהא אברייתא דלעיל דקתני: "שנים או רוב שנים", מפרש: ב' לרבנן או רוב ב' לר' אלעזר ב"ר שמעון, ולוקמה כולה כראב"ש, ואי בעי ב' ואי בעי רוב ב'. ובפרק "העור והרוטב" (לקמן דף קכג.) נמי, גבי טלית שנקרע רובה שוב אינו חיבור וטהורה, ומוקי לה בטלית טבולת יום, דכיון דלא חס עליה (א) ולא טבלה ליכא למיגזר דלמא חייס ולא קרע רובה. ופריך: אלא מעתה עולת העוף לראב"ש לגזור, דלמא לא אתי למעבד רובא! והשתא, בשלמא אי אמרת שאסור לחתוך כל הסימנים – פריך שפיר, דלא סגי ברוב מצומצם עד שיפסוק רוב הנראה לעינים, פן יחוש לצמצם לפי שירא שלא יחתוך כל הב'. אלא אי שרי לחתוך כל הב', למה יש לגזור שם כלל דדלמא חייס? ונראה לפרש: דדוקא ר"ש בן אליקים הוא דאית ליה האי סברא אליבא דראב"ש, דאית ליה בזבחים (דף סה:) ד"לא יבדיל" היינו דאין צריך להבדיל כל השנים, ויכול להבדיל כל השנים אפילו קודם הזאה. והסוגיא דלעיל וד"העור והרוטב" לא אתיא כותיה, אלא כרב חסדא ורבא ואביי דהתם. (ב) ומוקמינן "לא יבדיל" לראב"ש קודם הזאה, ואם הבדיל פסיל ליה. ולא מפרש ליה קרא אין צריך להבדיל אחר הזאה, אלא מוקמי לה קודם הזאה. והכי איתא התם: הבדיל בחטאת העוף ולא הבדיל בעולה – פסולה. וקאמר בגמרא: מתני' דלא כראב"ש, דתנן, א"ר אלעזר בר"ש: שמעתי שמבדילין בחטאת העוף. מאי בינייהו? אמר רב חסדא: מילוי חטאת העוף מעכב איכא בינייהו, דמצות חטאת העוף מולק מזה (בו) ומוצה, ובעולה מולק ומוצה ואינו מזה, כדתנן התם. השתא קא סברי רבנן: מילוי חטאת העוף מעכב, וכשהזה עדיין לא נגמרה כל מצותו, הלכך כשהבדיל סימן שני לאחר הזאה לא חשיב מחתך בשר בעלמא, ופסול, שעשה מעשה עולה בחטאת, שיש כאן הבדלה ומיצוי כמו גבי עולה. ור"א בר' שמעון סבר: מילוי חטאת העוף לא מעכב, וכבר נגמר כל מצותו, וכשמבדיל אחר הזאה אינו אלא מחתך בשר בעלמא. ורבא מפרש התם: שהייה בסימן שני בעולת העוף מעכב איכא בינייהו, לרבנן לא מעכב ולרבי אלעזר בר"ש מעכב, דא"א לעשות הזאה בין סימן ראשון לסימן שני שלא ישהה. ואביי מפרש התם: רוב בשר יא] עם סימן העוף מעכב איכא בינייהו, דלרבנן לא מעכב, ולכך זימנין לא חתיך רוב בשר עם סימן הראשון דקודם הזאה, וכשמבדיל אחר הזאה – יש כאן מעשה עולה בחטאת. ואפי' חתך רוב בשר (ג) יב] עם סימן הראשון – גזרינן אטו היכא דלא חתך ופסול. ור"א ב"ר שמעון סבר דרוב בשר מעכב, ולכך לא פסול – דאין כאן מעשה עולה, דכיון דחתך רוב בשר עם סימן הראשון, כשמבדיל אחר הזאה – מתה עומד ומבדיל, וכי האי גוונא בעולה לאו הבדלה היא. ואביי לטעמיה, דס"ל דמתה אינו עומד ומבדיל. דהא פריך לעיל: ותקשי לך עולת העוף דבעי ב' סימנין, וכי מתה עומד ומולק? ולית ליה טעמא כדי לקיים מצות הבדלה. והדר קאמר: אמרוה קמיה דר' ירמיה, פי': הנך טעמי דרב חסדא ורבא ואביי. אמר להו: לא שמיע להו הא דאמר ר"ש בן אליקים כו' מאי "לא יבדיל" – אין צריך להבדיל, ואפילו

שיטה מקובצת

א] ולקמן יליף לה בחטאת בהמה גופה מגלן: ב] ולילף להא מלתא דיליף מה חטאת העוף: ג] ודבר הלמד בהיקש אינו חוזר ומלמד בהיקש: ד] וכי מאחר שהוא מקטיר מה הוא מוצה: ה] כדאמרן לעיל דומלק כתב רחמנא: ו] ועוד שאין שחיטה נזכרת בו. נ"ב נ"א נאסרת בו: ז] ואינו מבדיל בסימן אחד שמחובר. נ"ב נ"א ואינו מבדיל כלומר שמולקו בסימן אחד ומניחו מחובר בסימן אחד דכיון וכו': ח] אבל הכא ששניהם צריכים מליקה אינו אלא גילוי: ט] פי' בקונטרס דהך סברא: י] דגמר בפסח דורות: יא] ואביי מפרש התם רוב בשר מעכב איכא בינייהו: יב] ואפי' חתך רוב בשר עם סימן הראשון:

הגהות הב"ח

(א) תוס' ד"ה ואינו וכו' דלא חס עליה ולא טבלה ליכא למיגזר: (ב) בא"ד ואביי דהתם ומוקמינן לא יבדיל וכו' לקרא וכו' איכא בינייהו פי' דמצות: (ג) בא"ד ואפי' חתך רוב בשר עם סימן:

אוֹחֵז בְּרֹאשׁ וּבְגוּף וּמַזֶּה — אַף כָּאן אוֹחֵז בְּרֹאשׁ וּבְגוּף וּמַזֶּה. מַאי קָאָמַר? הָכִי קָאָמַר: מָה לְהַלָּן כְּשֶׁהוּא אָחוּז הָרֹאשׁ בַּגּוּף מַזֶּה, אַף כָּאן כְּשֶׁהוּא אָחוּז הָרֹאשׁ בַּגּוּף מַזֶּה. אִי מָה לְהַלָּן בְּסִימָן אֶחָד — אַף כָּאן בְּסִימָן אֶחָד! ת"ל: "וְהִקְרִיבוֹ". וְת"ק, וְכִי מֵאַחַר דְּנָפְקָא לַן מִ"וּמָלַק וְהִקְטִיר", "וְהִקְרִיבוֹ" לָמָּה לִי? אִי לָאו "וְהִקְרִיבוֹ", הֲוָה אָמֵינָא: מַאי "כַּמִּשְׁפָּט" — כְּמִשְׁפַּט חַטַּאת הָעוֹף, וְאִי מִשּׁוּם "וּמָלַק וְהִקְטִיר", הֲוָה אָמֵינָא: *מָה הַקְטָרָה בְּרֹאשׁוֹ שֶׁל מִזְבֵּחַ — אַף מְלִיקָה בְּרֹאשׁוֹ שֶׁל מִזְבֵּחַ; הַשְׁתָּא דִּכְתַב רַחֲמָנָא "וְהִקְרִיבוֹ" — דְּרוֹשׁ בֵּיהּ נָמֵי הָא. *חַטַּאת בְּהֵמָה דְּאֵינָהּ בָּאָה אֶלָּא מִן הַחוּלִּין, מְנָלַן? אָמַר רַב חִסְדָּא, דְּאָמַר קְרָא: °"וְהִקְרִיב אַהֲרֹן אֶת פַּר הַחַטָּאת אֲשֶׁר לוֹ" — *מִשֶּׁלּוֹ, וְלֹא מִשֶּׁל צִבּוּר, וְלֹא מִשֶּׁל מַעֲשֵׂר. "בַּיּוֹם", °מִ"בְּיוֹם צַוֹּתוֹ" נָפְקָא! *כְּדֵי נְסָבָה. יָדוֹ הַיְמָנִית, מִדְּרַבָּה בַּר בַּר חָנָה נָפְקָא, *דְּאָמַר רַבָּה בַּר בַּר חָנָה אר"ש בֶּן לָקִישׁ: כָּל מָקוֹם שֶׁנֶּאֱמַר אֶצְבַּע אוֹ כְּהוּנָּה — אֵינָהּ אֶלָּא יָמִין! וְאִידָךְ: כְּהוּנָּה בָּעֲיָא אֶצְבַּע, אֶצְבַּע לָא בָּעֲיָא כְּהוּנָּה. וְתַנָּא קַמָּא וְרַבִּי אֶלְעָזָר בְּרַבִּי שִׁמְעוֹן, מִמּוּל הָעוֹרֶף מְנָא לְהוּ? גָּמְרִי מְלִיקָה מִמְּלִיקָה.

מתני' *כָּשֵׁר בְּתוֹרִין — פָּסוּל בִּבְנֵי יוֹנָה, כָּשֵׁר בִּבְנֵי יוֹנָה — פָּסוּל בְּתוֹרִין. תְּחִלַּת הַצִּיהוּב — בָּזֶה וּבָזֶה פָּסוּל.§

גמ' ת"ר: *תּוֹרִין — גְּדוֹלִים כְּשֵׁרִים, קְטַנִּים פְּסוּלִים; בְּנֵי יוֹנָה — קְטַנִּים כְּשֵׁרִים, גְּדוֹלִים — פְּסוּלִין; נִמְצָא כָּשֵׁר בְּתוֹרִין — פָּסוּל בִּבְנֵי יוֹנָה, כָּשֵׁר בִּבְנֵי יוֹנָה — פָּסוּל בְּתוֹרִין. תָּנוּ רַבָּנַן: תּוֹרִים — גְּדוֹלִים וְלֹא קְטַנִּים. שֶׁיָּכוֹל, וַהֲלֹא דִּין הוּא: וּמַה

ויקרא טז | שם ז

תורה אור

אוחז בראש ובגוף ומזה. לאחר מליקה הויא הזאה, כדכתיב בחטאת העוף גבי שמיעת קול (ויקרא ה): "והזה מדם החטאת" וגו'. מאי קאמר. דקא "אוחז בראש ובגוף" משמע שצריך לאחוז שניהן בתוך כף ידו, ולא סגי ליה לאחוז בראש או בגוף, ומנא ליה הא בחטאת? כשהוא אחוז הראש בגוף. שמחובר הראש בגוף בשעת הזאה, דהא כתיב "ולא יבדיל". אף כאן כו'. דע"כ היקישא להכי אתא, דהא מול עורף מג"ש נפקא ליה לקמן, וכמשפט חטאת בהמה לא אמרינן, דהא מעוף קאי. והקריבו. דבעי הבדלה במולקת. והקריבו למה לי. למלק, דלא נימא כמשפט חטאת העוף בסימן אחד? דהא מתקש מליקה להקטרה! ה"א כמשפט חטאת העוף. דמליק מיניה. ואי משום ומלק והקטיר. הכא הוה מקשינן ליה לדרשה אחריתא, דמינה נפקא לן א] מליקת עולת העוף דלמעלה מחוט הסיקרא היא, בראש המזבח. דאילו מליקת חטאת העוף למטה, כדילפינן לה בזבחים (דף סד:): "על קיר המזבח" — זה קיר התחתון כו'. וכיון דמייתי לן למלתא אחריתא, לא אלים למעקר היקישא ד"כמשפט" מהכוא דמליק מיניה, דאיכא למדרש היקישא דמליקה והקטרה לענין ראש המזבח, והיקישא ד"כמשפט" לענין אחיזת ראש וגוף. השתא דכתיב והקריבו. על כרחך עקריה מיניה דחילוק לגמרי משמע ליה לתנא קמא, דלא תיגמר מיניה כלל, ואוקמיה בחטאת בהמה. ומהשתא דריש ב] מ"ומלק והקטיר" דלגמרי איתקש הקטרה למליקה, בין לענין ראשו של מזבח בין לענין הראש בעצמו והגוף בעצמו. משלו ולא משל ציבור. מתרומת הלשכה. משלו ולא משל מעשר. דתרי "אשר לו" כתובים בפרשה. ואפילו לרבי יהודה דאמר מעשר ממון הדיוט הוא, להכי אתא "אשר לו" למעוטיה. וביום וידו הימנית נמי בפר יום הכפורים כתיב: "כי ביום הזה יכפר", וכתיב ביה אצבע וכהונה: "והזה באצבעו אל פני" וגו'. מביום צוותו נפקא. למה ליה למילף מחטאת בהמה? הא בכולהו קרבנות כתיב: "ביום צוותו להקריב", דמשמע ביום ולא בלילה, וכל הקרבנות במשמע! כל מקום שנאמר אצבע וכהונה. ומוקמינן בפ"ק דמנחות (דף י.) או אצבע או כהונה. וגמר ממצורע עני דכתיב ביה: "וטבל הכהן אצבעו הימנית", ומיניה ילפינן לכל היכא דכתיב כהן או אצבע שתהא עבודה בימין. ובעולת נדבה כתיב כהן "והקריב הכהן". ואידך. הא דאוקמינן במנחות או אצבע או כהונה — הני מילי לרבנן, אבל לרבי שמעון אוקימנא התם דכהונה בעיא אצבע, דאע"ג דכתיב כהונה, אי לא כתיב בה אצבע — לא גמרינן בה ימין, ות"ק דלעיל כר"ש סבירא ליה. ות"ק. דאמר: כמשפט חטאת בהמה. ור"א בר"ש. דאמר: כמשפט חטאת העוף, ומפיק היקישא לאחיזת ראש וגוף. מול עורף. בעולה מנא להו? תרתי לא מצי גמרינן מיניה, דאי מלטרכא לן היקישא למול עורף — תו לא ילפת מיניה אחיזת ראש וגוף. דמילוקא ד"והקריבו" לגמרי ממעט להבדלה בעולה מדין חטאת, דהכי משמע: חלק הכתוב בעולה ממליקת חטאת והטעינה הבדלה, וכל שישנו בשחיטה ישנו בהבדלה. גמרי מליקה ממליקה. ב"מה מלינו", מה מליקה האמורה בחטאת פירש לך בה הכתוב מול עורף — אף כל מליקה אינה אלא ממול עורף. מתני' בתורין. לשון משנה. ה"ג במתניתין: תחלת הציהוב שבזה ושבזה פסול. תחלת הציהוב, כשמתחילין להביא נוצה יפה להוביה סביב לצואר — פסולין בזה ובזה ג]. כך מפרש בגמרא, דבבני יונה פסולין משום גודלן, ובתורין מפני קוטנן, דילאו מכלל קטנים ולכלל גדולים לא באו. גמ' *תורין גדולים ולא קטנים. אתורים דקרא קאי. גדולים ולא קטנים. לקמיה מפרש בניי משמע. שיכול והלא דין הוא. אי לאו דכתיב תורים הוה ילפינן מדינא דקטנים כשרים.

ומה

*) נ"ל תורים

ואפילו קודם הזאה פליגי. וא"ת: לרב חסדא ולרבא ואביי, אמאי מוקמי מתניתין דלא כר"א ב"ר שמעון? הא לכאורה מתניתין קודם הזאה איירי, דומיא דרישא דקתני: חטאת העוף כיצד הוא עושה — מולק ראשו ממול ערפו ואינו מבדיל ומזה כו'! וי"ל: דמשמע (א) ליה דמתניתין פוסל בכל ענין, אפילו לאחר הזאה, משום דקא"ר אלעזר ב"ר שמעון: שמעתי שמבדילין, ומשמע דקאי אמתניתין ובא לחלוק עליה. ור"ת פירש, דהא דקאמר רבי שמעון בן אליקים: מאי "לא יבדיל" דקרא — אינו צריך להבדיל, היינו בשעת מצוי, דלדם הוא צריך, וכשמבדיל כל שכן ד] שמוציא דם. ובשעת הזאה דוקא קאמר קרא לא יבדיל כלל, אבל אשעת מילוי קאמר קרא לא יבדיל — אין צריך להבדיל, ושבקינן לקרא דאיהו דחיק ומוקי אנפשיה. ותרווייהו משתמעי מיניה, דמדאפקיה בלשון לאו קדריש דבשעת הזאה לא יבדיל. ולאסור אף בשעת מילוי ה] לא אתא קרא, דמ"והקריבו" (ב) נפקא, דחילק הכתוב בין חטאת העוף לעולת העוף, ולכך י"ל דאתא קרא למימר נמי דבשעת מילוי אם ירצה לא יבדיל. והא דקאמר: לא שמיע להו דר"ש בן אליקים, דמשמע שבא לחלוק על רב חסדא ורבא ואביי — היינו משום דלר"ש בן אליקים אין לחוש כשמבדיל אחר הזאה שעושה מעשה עולה בחטאת, דמצות חטאת נמי כך היא, דקרא אין צריך להבדיל קאמר. וא"ת: ולרב הונא דאמר משמיה דרב במעילה בפרק "חטאת העוף" (דף ח:) דמילוי חטאת העוף לא מעכב, אמאי פסלי רבנן כשמבדיל אחר הזאה? והא אין כאן מעשה עולה, דמחתך בשר בעלמא הוא כדפרישית לעיל! ולמאי דפירשתי ניחא, דדלמא רב הונא סבר (ג) כרשב"א, דפי' קודם הזאה ופליגי קודם הזאה. אבל לפירוש ר"ת קשה, דאפילו לרשב"א לא פליג אלא לאחר הזאה! וליכא למימר דלרבנן דמתניתין דזבחים (דף סד:) מילוי חטאת העוף מעכב, דרב הונא סבר כר"א ברבי שמעון, דהא מהדר התלמוד במעילה לאוקמי כל סתמא דמתניתין כוותיה. וי"ל: דיעמיד מתניתין דקתני: הבדיל פסול — קודם הזאה, ואתי אפילו כר"א ברבי שמעון. וסוגיא דזבחים דקאמר: מתניתין דלא כראב"ש, אתי כרב אדא בר אהבה, דקאמר במעילה דדם מילוי חטאת העוף מעכב. ואיכא רבנן (ד) דפליגי עליה דראב"ש אפילו לרב הונא. דמדקאמר: שמעתי שמבדילין משמע דפליגי רבנן עליה, וסברי דמילוי מעכב. אבל סתם מתניתין דזבחים אתי שפיר כוותיה כדפירשנו. **ת"ל** והקריבו. מה שפירש בקונטרס דאיפכא ליכא למימר, דרבי ישמעאל אקרא ד"ומלק והקטיר" סמיך — אין נראה. דמ"ומלק והקטיר" ליכא לאוכוחי מיניה דלא נימא איפכא, דהא איצטריך לראשו של מזבח. אלא מסברא בעלמא אית ליה לרבי ישמעאל דלמול עורף אקשינהו. תדע, דלת"ק ורבי אלעזר לא בעו קרא למול עורף, אלא ילפינן ב"מה מלינו" מליקה ממליקה. **ואידך** כהונה בעי **אצבע**. בסוף "התודה" (מנחות פג.) משני: ידו הימנית כדי נסבה. ובסוף "דם חטאת" (זבחים דף לח.) משני תרווייהו (ה) כי הכא. *ונראה, דלמ"ד דבר הלמד בג"ש אינו חוזר ומלמד בהיקש, צ"ל דכדי נסבה, דאצבע *חטאת גופיה יליף בגזרה שוה ממצורע דהיינו ימין, *בפ"ק דזבחים (דף יג.) ובפ"ק דמנחות (דף י.), ואם כן היכי מצי למילף עולת העוף מחטאת מהיקישא ד"כמשפט". **נמצא** כשר בתורין כו'. אברייתא דהכא לא שייך למידק: האי "נמצא" למעוטי מאי, כדדייק לעיל *אמתניתין ד"נמצא כשר בשחיטה פסול במליקה". דהך ברייתא אמתניתין קיימא, לפרושי דתורין גדולים כשרים כו', והדר מסיים: נמצא כמו שאמרה משנתינו. ו] אבל לעיל לא צריך למתני כלל "נמצא", דכבר אשמועינן רישא דשחיטה מן הצואר ומליקה מן העורף ואם שינה בזה ובזה פסול. **שיכול** והלא דין הוא. בשום דוכתא ל"ג תרווייהו, ד"שיכול" משמע דאי לאו האי קרא לא הוה אמינא הכי, אבל "והלא דין הוא" משמע דבלאו האי קרא היה לו לומר כן. **שיכול** ומה בני יונה כו'. פירוש: אי לאו קרא דתורים הייתי מכשיר אפילו קטנים מקל וחומר. ואם תאמר: ואי לא כתיב קרא דתורים לא הוה ידעינן תורין כלל דכשרים לקרבן! ויש לומר דהכי פירושו: שיכול, אי לאו דאקיש רחמנא תורים לבני יונה, דמינה ילפינן בסמוך דתורין קטנים לא, אלא היה כתוב תורים רחוק מבני יונה, דהשתא היה משמע תורים בין גדולים בין קטנים. ואפילו בלא קל וחומר הוה ידעינן, אלא דניחא ליה למנקט למילף בקל וחומר. אי נמי, דהוה מצי למכתב "בני יונה ותורים", דהשתא לא הוה מקיש תורים לבני יונה, דאיכא למימר דקאי נמי "בני" אתורים, ומכל מקום גדולים כשרים מדלא כתוב בהדיא "בני יונה ובני תורים", והוה אמינא מקל וחומר דכולם כשרים — ת"ל "תורים", דמשמע גדולים דוקא, כדמפרש לקמן, דומיא דבני יונה.

ומה

[ועיין תוס' סנהדרין סז. ד"ה יאה]
נ"ל דחטאת
[נ"ל בפ"ב דזבחים דף כב:]
[דף כ.]

מסורת הש"ס: [זבחים סה.] | זבחים לז. מנחות פג. | יומא ג. | [ר"ה ה. וש"נ] | יומא ג. זבחים כב: לז. מנחות י ע"ש ודף פג.

עין משפט נר מצוה:
קנט א מיי' פ"ז מהל' עבודת יוה"כ הל' ג.
קס ב ג מיי' פ"ג מהל' איסורי מזבח הלכה ב.

שיטה מקובצת

א] דמיניה נפקא לן למליקת עולת העוף דמצוותו למעלה: ב] ומהשתא דריש ביה נמי מומלק והקטיר דלגמרי. אתקש מליקה להקטרה בין לענין: ג] פסולין בזה ובזה כדמפרש בגמ': ד] וכשמבדיל כ"ש שמתמצה כל הדם ובשעת הזאה דוקא קאמר קרא דלא יבדיל כלל אבל אשעת מצוי בעי למימר קרא: ה] לא אתא קרא דמוהקריבו נפקא דחילק ונ"ב נ"א דמוהקריבו הוה נפיק דחילק: ו] אבל לעיל לא צריך למיתני כלל וכו' עד סוף הדבור. נ"ב שלא נמצא בס"י:

הגהות הב"ח

(א) תוד"ה (כבר הקודם) ואינו וכו' וי"ל דמשמע להו דמתני': (ב) בא"ד דמוהקריבו הוא נפקא: (ג) בא"ד דדלמא רב הונא סבר כרשב"א דמוקי פלוגתייהו קודם הזאה אבל לפי' ר"ת כו' כצ"ל ותיבות ופליגי קודם הזאה נמחק: (ד) בא"ד ואיכא רבנן ודאי דפליגי: (ה) תוס' ד"ה ואידך וכו' מאי כתרווייהו כדי נסבה ואי בעית אימא כי הכא כו' הכל ונראה:

רבינו גרשום

ות"ק וכי מאחר דנפקא לן מומלק והקטיר. כלומר מאחר דנפקא לן הבדלה בעולת העוף מומלק והקטיר מה הקטרה הראש בעצמו והגוף בעצמו אף מליקה וכו' כלומר והקריבו למה לי. השתא דכתיב והקריבו שדינו מובדל מחטאת העוף דרוש ביה נמי הא מה הקטרה הראש בעצמו והגוף בעצמו אף מליקה כו'. ידו הימנית מדרבה בר בר חנה נפקא. כלומר ובחטאת בהמה כתיב בעיא אצבע. כלומר אע"ג דכתיב כהונה לא נימא כל ידי ימנית עד דכתב אצבע אבל אי כתב אצבע אע"ג דלא כתב כהונה משמע ידו ימנית והכא בחטאת בהמה כתיב כהונה איכא אצבע ליכא: דלא לישתמיט [כתב] ולכתוב מן [בני] התורים או מן [בני] היונה וכו' כמה פעמים בתורה [כתיב] מן התורים או מן בני היונה לא לישתמוט קרא פעם א' ולכתוב מן בני התורים או מן היונה. אלא מדכתב מן התורים או מן בני היונה

קסא א ב מיי' פ"ג מהל' איסורי מזבח הלכה ב:

קסב ג מיי' פט"ז מהל' מעשה הקרבנות הלכה ב:

[עיין תוס' זבחים טז: ד"ה כל תחלה כו' ותוס' לקמן כג: ד"ה ותהא]

[ושם ז. ד"ה ולא עשירי]

ויקרא א

איוב לט

תורה אור

*ומה בני יונה שלא הוכשרו בגדולים — הוכשרו בקטנים, תורים שהוכשרו בגדולים — אינו דין שהוכשרו בקטנים? ת"ל: °"תורים" — גדולים ולא קטנים. "בני יונה" — קטנים ולא גדולים. שיכול, *והלא דין הוא: ומה תורים שלא הוכשרו בקטנים — הוכשרו בגדולים, בני יונה שהוכשרו בקטנים — אינו דין שהוכשרו בגדולים? תלמוד לומר: "בני יונה" — קטנים ולא גדולים. מאי תלמודא? אמר רבא: לא לישתמיט קרא ולכתוב "מן בני התורים או מן היונה". אימא: בני יונה דכתב בהו רחמנא "בני" — קטנים אין, גדולים לא; תורים — אי בעי גדולים לייתי, אי בעי קטנים לייתי! דומיא דבני יונה, מה בני יונה — קטנים אין, גדולים לא, אף תורים — גדולים אין, קטנים לא. ת"ר: יכול יהו כל התורים וכל בני היונה כשרים? תלמוד לומר: "מן התורים" — ולא כל התורים, "מן בני היונה" — ולא כל בני יונה, פרט לתחילת הציהוב שבזה ושבזה שפסול. מאימתי התורים כשרים — [א]משיזהיבו, מאימתי בני יונה פסולין — משיציהיבו. תני יעקב קרחה: מאימתי בני יונה כשרים? משישלעו. הוא תני לה, והוא אמר לה: °"אפרוחיו יעלעו דם". אימת? אמר אביי: [ב]מכי שמיט גדפא מיניה ואתי דמא. בעי רבי זירא: האומר "הרי עלי עולה מן התורים או מן בני היונה", והביא תחלת הציהוב שבזה ושבזה, מהו? [ג]ספיקא הוי ונפיק, או דילמא בריה הוי ולא נפיק? אמר רבא, תא שמע: פרט לתחילת הציהוב שבזה ושבזה שפסול; אי אמרת בשלמא בריה הוי — שפיר, אלא אי אמרת ספיקא הוי, איצטריך קרא למעוטי ספיקא? כי

ומה בני יונה שלא הוכשרו בגדולים. דקא "בני" קטנים משמע. ועיכובא דגדולים פסולין לקמן יליף. **ת"ל תורים.** לקמיה מפרש מאי תלמודא. **מאי תלמודא.** כלומר, מאיזה מקרא אתא לומדים? נהי נמי ד"בני" משמע קטנים, מיהו עיכובא מנלן דלא מרבינן גדולים מק"ו? **לא לישתמיט קרא.** אי סלקא דעתך גדולים נמי כשרים, מכל הנך קראי דמשמעו בקינים, כגון האי דיולדה, ובשמיעת קול ויולדת וזב וזבה ומצורע — לא לשתמיט חד קרא דנכתוב "מן בני התורים או מן היונה", ומדכתיב בכולהו "בני" ש"מ לעכב. **ואימא בני היונה** דכתיב בהו בני. לעיכובא, ודאי גדולים פסולין. אבל תורים — בין גדולים בין קטנים משמע, הלכך, אי בעי גדולים לייתי, אי בעי קטנים לייתי. **מה בני יונה.** אינם כשרים כהכשר תורים. **אף תורים.** אינם כשרין כהכשר בני יונה. **יכול יהו כל התורים כשרים.** משילאו מכלל קטנות. **ויהיו כל בני יונה כשרים.** כל זמן שלא באו לכלל גדולים. **תחלת הציהוב.** כשמתחילין להזהב כנפים שסביבות צוארם — פסולים בזה ובזה, דילאו מכלל קטנים ונפקלו מבני יונה, ולכלל גדולים לא באו שיוכשרו בתורים. **משיזהיבו.** שיהיה כנפי גופן גדולים ואדומים ומזהירים כזהב. **משיציהיבו.** משיתחילו להזהב. **מאימתי בני יונה כשרים.** דכיון שנולדו מאוסים הן, ומאימתי כשרים? משישלעו. כדמפרש לקמיה. **הוא תני לה.** שונה היה המשנה מפי רבו: "משישלעו". **והוא אמר לה** — מפרש המשנה מדעתו, ד"משישלעו" לשון "אפרוחיו יעלעו דם" — משיהא להם דם מצוי ג] בבשר, דכי שמיט גדפא מיניה אתי מיניה דמא. **מן התורים או מן בני היונה.** מאיזה מהן שארצה, והביא משניהן, תחלת הציהוב מהו? יצא ידי נדרו או לא? קא מבעיא: תחלת הציהוב פסול בשניהם — משום ספיקא הוא, שמא גדולים שמא קטנים, הלכך, הנודר תורים לא יצא — שמא קטנים הם, והנודר בני יונה לא יצא — שמא גדולים הם. אבל זה שנדר איזה שירצה והביא משניהם יצא ממה נפשך: אם גדולים הם — יצא משום תורים, ואם קטנים הם — יצא משום בני יונה. **או דלמא.** לא גדולים נינהו ולא קטנים הוו, אלא בריה בעלמא הוו, דילאו מכלל קטנים ולכלל גדולים לא באו. **אמר רבא תא שמע.** מדאיצטריך קרא למעוטינהו. **אי אמרת בשלמא.** אשמועינן קרא דבריה נינהו, ואפילו היכא דליכא למיחש לספיקא, כגון בבעיא דידן, דפסול — שפיר אתא קרא. **אלא אי אמרת ספיקא נינהו.** וקרא לא פסלינהו אלא היכא דמיחייב תורין בהדיא או בני יונה בהדיא. **איצטריך קרא למעוטי.** מי איכא ספיקא קמי קודשא בריך הוא? אי פשיטא לך דגדולים נינהו — אייתינהו בתורים, ואי פשיטא לך דקטנים נינהו — אייתינהו בבני יונה! וכיון דלא פשיטא לן לא הא ולא הא, מהיכא תיסק אדעתין לאכשורינהו? למעוטי

(עיין תוס' לעיל ע"א ד"ה שיכול)

ומה בני יונה שלא הוכשרו בגדולים. כדמפרש בסמוך, דלא לישתמיט קרא ליכתוב "מן היונים". **ומה** תורים שלא הוכשרו בקטנים. תימה: כיון דקאמר לא קיימא לן דבני יונה הוי קטנים דוקא, א"כ מנא ליה דתורים לא הוכשרו בקטנים? דהיא גופה לא ידעינן אלא מדומיא דבני יונה! ויש לומר, דהכי קאמר: דאי מצית למילף מדוכתא אחריתא דתורים משמע ד] גדולים, הוה אמינא מק"ו דבני יונה אפילו גדולים. ובקונטרס פירש דלא בעי אלא לעיכוב מנלן, דהוה לן למילף מק"ו דלא מעכבא, אבל לעולם לשון "תורים" משמע גדולים. וקשה לפירושו: דאי משמע גדולים, היכי בעי למדרש בק"ו לאפוקי קרא ממשמעותיה ולמימר דלא מעכב? **לא** לשתמיט קרא כו'. על כרחיה לאו משום דאיכא הרבה מקראות קא דריש. דאפילו לא היה כתוב אלא במקום אחד דוכתא תורים ובני יונה הוה מצי למדרש, מדכתיב בהאי "בני יונה" ובהאי לא כתיב "בני", דלמה יש לו לפסוק לייתר לשונו ולכתוב "בני" בחנם? והא דנקט ה] דלא לשתמיט — לרבותא בעלמא נקטיה.

יעלעו דם. צלע מתרגמינן "עילעא", והיינו "משיעלעו" — דשמיט גדפא ואתי דם מצלעות. ומנחם פתר במחברת "יעלעו דם" ענין בליעה, כמו (עובדיה א): "ושתו ולעו".

והביא תחלת הציהוב שבזה ושבזה מהו ספיקא הוי ונפיק. וא"ת: כיון דממה נפשך האחד פסול, היאך יכול להקריב? וי"ל: דמיבעיא ליה כגון דאם עבר כהן והקריב. *א"נ, כיון שהביאן ליד הכהן יצא ידי נדרו, מאחר דמ"מ האחד מהן ראוי להקריב. וי"מ: דבבמה איירי, דמשמע בירושלמי דמסכת מגילה שכל עופות כשרין בבמה, ואפילו תרנגולים ואפילו חיה, ולא מיעט אלא טמאין. וליתא, דהתם מיירי בבמה לבני נח, דבהדיא יליף לה בסוף זבחים (דף קטו:) מ"ויבן נח מזבח ויקח מכל הבהמה הטהורה" וגומר, אבל בשאר במות איכא למ"ד דאין שום עוף קרב בבמה, ואפילו תורים ובני יונה. ועוד דקאמר בירושלמי דעולה אינה צריכה הפשט ונתוח, ובסוף זבחים (דף קכ.) חשיב דשוותה במה גדולה לבמה קטנה לענין הפשט ונתוח. אלא ודאי בירושלמי איירי בבמת בני נח. **איצטריך** קרא למעוטי ספיקא. תימה: דגבי קפץ אחד מן המנויין (א) לתוכו דריש פ"ק דב"מ (דף ו:*) דכולן פטורין, דעשירי ודאי אמר רחמנא ולא עשירי ספק. וגבי ספק קדמה בהרת לשער לבן ספק שער לבן קדם, דרשינן בסוף נזיר (דף סה:) דטהור, מדפתח בה הכתוב בטהרה תחלה, דכתיב: "לטהרו או לטמאו"! ומיהו מהכא לא קשיא, דהכא הכי פירושו: איצטריך קרא למעוטי ספיקא — שלא מיעט אותם ודאי אלא מספק, דקאמר ספקא הוי, ונפיק כשהביא מזה ומזה. אבל התם כולם פטורין ודאי ולא מספק, וכן ספק קדמה בהרת לשער לבן ודאי טהור. אבל גבי כוי בפרק בתרא דיומא (דף עד.) מכח פירכא מדאיצטריך קרא לרבויי ספקא, קאמר דכוי בריה הויא ולא ספקא. והשתא מנא ליה? דלמא לעולם ספקא הוי, ואצטריך לרבויי מ"כל חלבו" לאסור ודאי חלבו, ולא מספק! וכן בפרק "שתי מדות" (מנחות דף נא:) גבי פלגס דבסמוך. וי"ל: דכל ספקא דאי אפשר להתברר, כמו גבי בהרת ומעשר, דלפעמים שהוא כך ולפעמים שהוא בענין אחר — שייך למעוטי מקרא שפיר מטעם שהם ספק. אבל הכא אפשר לברר ספקא זו, דכל תחלת הציהוב שוין, וקמי שמיא גליא אם הם קטנים או גדולים, וכן בכוי ופלגס כולן שוין, הלכך לא אתא קרא למעוטי מטעם שהם ספק, שאינו ספקא קמי שמיא. וכן בסוף "על אלו מומין" בבכורות (דף מא:), גבי הא דתניא: כשהוא אומר למטה "הזכר" שאין ת"ל, אלא להוציא טומטום ואנדרוגינוס. ופריך: מני? אילימא ת"ק — ספק הוא, איצטריך קרא למעוטי ספקא? התם נמי פריך מאנדרוגינוס, שכולן שוין, או כולן זכרים או כולן נקבות, וקמי שמיא גליא. וא"ת: והא רב סבר דאנדרוגינוס ספק, ו] כדאמרינן בסוף "המפלת" (נדה דף כח.) מדמטמא בלובן ובאודם. ובסוף "הערל" (יבמות דף פג.) פסיק כרבי יוסי דלא הכריעו בו חכמים אם זכר אם נקבה, ובריה בפני עצמה. דקא"ר יוסי בברייתא — לאו דוקא ואפ"ה ממעט ליה רב לענין ביאת המקדש מדכתיב (במדבר ה): "מזכר ועד נקבה תשלחו" — זכר ודאי נקבה ודאית ולא טומטום ואנדרוגינוס, והיכי אתא קרא למעוטי ספקא? וי"ל: דההיא דרב תרי מיעוטי כתיבי, דה"מ למכתב "מזכר ועד אדם", או "מנקבה ועד אדם", ואתי חד מינייהו לאנדרוגינוס וחד לטומטום, ואם אנדרוגינוס הוא זכר — אתי מזכר למעוטי מטעם שהוא משונה, ואם הוא נקבה — אתיא מנקבה למעוטי מטעמא שהיא משונה. והא דפריך בבכורות גבי הא דממעט אנדרוגינוס מ"זכר" "הזכר" יתירא דכתיב גבי עולה, מני? אי ת"ק ספקא הוא, אתי קרא למעוטי ספקא? התם פריך שפיר, דאם בא למעוטי אפילו הוא זכר משום דמשונה הוא משאר זכרים, א"כ מדממעט ליה מ"הזכר" ש"מ דזכר הוא ולא ספק, אלמא לא אתי כת"ק דאמר ספק הוא. וא"ת: והרי טומטום, דיש מהן זכר ויש מהן נקבה, וא"א לברר, וקאמר רב חסדא בסוף "על אלו מומין" (בכורות דף מב.): שמי מכאן טומטום, משמע דטעמא משום דספקא הוא ולא אצטריך קרא למעוטי! וי"ל: דקסבר רב חסדא דלא אתא קרא למעוטי מטעם ספק, כיון דאם הוא זכר הרי הוא כשאר זכרים, ולכך אין להעמיד המיעוט אטומטום כיון שיש להעמידו אאנדרוגינוס. והכי פירושו: התם מחלוקת באנדרוגינוס, דלרבנן אינו בכור, אבל טומטום דברי הכל קדוש מספק, ד"הזכרים תקדיש" דכתיב גבי בכור איכא לאוקומי למעוטי אנדרוגינוס ולא טומטום, כדפירשנו. ולכך פריך: אלא מעתה בערכין יערך, דלא נוקי

ש"מ תורים גדולים בני היונה קטנים ותחלת הציהוב כו' כשמתחילין לצהוב הנוצה לענין תורים עדיין קטנים ולענין בני יונה חשובים גדולים ושניהם פסולין:

שיטה מקובצת

א] מאיזה מקרא אנו למדים הכי נהי נמי: ב] דנכתוב מן בני התורים או מן היונה נ"ב בקצת ס"י כתוב מן בני התורים או מן בני היונה ומדכתיב: ג] דם מצוי בבשרם דכי שמיט גדפא מניהו ואתי: ד] אחריגא דתורים משמע דוקא גדולים: ה] והא דנקט לא לישתמיט כו': ו] וא"ת והא רב סבר דאנדרוגינוס ספק כדפרישנו' בסוף המפלת:

הגהות הב"ח

(א) תוס' ד"ה איצטריך כו' מן המנויין לתוכו:

גליון הש"ס

תוס' ד"ה והביא וכו' א"נ כיון שהביאן ליד הכהן. עיין משנה למלך פי"ד מהל' מעה"ק הל' ה ועיין לקמן דף קלט ע"א ברש"י ד"ה המיוחסר הקרבה:

כי איצטריך קרא [א] למעוטי נרבע ונעבד; סלקא דעתך אמינא: הואיל וכתיב: "כי משחתם בהם מום בם" (ויקרא כב), *ותנא דבי רבי ישמעאל: כל מקום שנאמר השחתה – אינו אלא דבר ערוה ועבודה זרה; דבר ערוה – דכתיב: "כי השחית כל בשר את דרכו על הארץ" (בראשית ו), עבודה זרה – דכתיב: "פן תשחיתון ועשיתם לכם פסל" (דברים ד); כל שהמום פוסל בו – דבר ערוה ועבודה זרה פוסלין בו, וכל שאין המום פוסל בו – אין דבר ערוה ועבודה זרה פוסלין בו. והני עופות, הואיל ולא פסיל בהו מומא, דאמר מר: *תמות וזכרות בבהמה ואין תמות וזכרות בעופות, אימא: דבר ערוה ועבודה זרה נמי לא ליפסול בהו, קא משמע לן. בעי רבי זירא: האומר "הרי עלי עולת בהמה מן האיל או מן הכבש", והביא פלגס, מהו? אליבא דרבי יוחנן לא תיבעי לך, דאמר בריה הוי, *דתנן: *הקריבו – מביא עליו נסכי איל ואין עולה לו מזבחו; וא"ר יוחנן: "או לאיל" (במדבר טו) – לרבות את הפלגס. כי תיבעי לך – אליבא דבר פדא, דאמר

רש"י

למעוטי נרבע ונעבד. ואף על גב דתנא קמא: פרט לתחלת הציהוב – אסמכתא בעלמא הוא, ולעולם פסולייהו משום ספיקא. רובע ליכא למימר בעופות, דאין לך עוף רובע. בגבי קרבנות. הואיל וכתיב. כי משחתם בהם מום בם. לא ירצו לכם, דבין השחתה בין מום פוסלים בהם. ותנא דבי רבי ישמעאל וכו'. דבר ערוה. רובע ונרבע. עבודה זרה. נעבד, שהשתחוה לבהמה. כי השחית כל בשר. בדור המבול כתיב, ודור המבול בערוה קלקלו, כדכתיב (בראשית ו): "ויקחו להם נשים" וגו', שהיו נזקקין לנשי רעיהן ולזכר ולבהמה וחיה. בבהמה. כתיב: "תמים זכר", אבל עוף לא כתיב ביה (א) לא תמים ולא זכר, הלכך לא פסלי ביה מומין קטנים כגון דוקין שבעין, אלא מומין גדולים כגון מחוסר אבר, [ב] משום "הקריבהו נא לפחתך". מן האיל או מן הכבש. מאיזה שארצה. פלגס. כבש בן שנה בתוך שנתו קרוי "כבש", ואיל משעברו י"ג חדשים שנכנס חדש שלשה עשר בתוך שנה שניה קרוי "איל" עד עולם, "פלגס" – בתוך חדש ראשון של שנה שניה. הקריבו. משנה היא במסכת פרה (פ"א מ"ג), ובפלגס קא מיירי. ואין עולה לו מזבחו. אם היה מחוייב איל לבדו או כבש לבדו, וטעמא לא מפרש תנא אי משום ספיקא אי משום בריה. וא"ר יוחנן. מנא לן דמביא עליו נסכי איל של שני עשרונים [ג] ושלישית ההין יין? דכתיב בפרשת נסכים ב"שלח לך אנשים": [ד] "או לאיל האחד" וגו', "או" – לרבות את הפלגס בנסכים הללו. ומדאיצטריך קרא לרבויי, ש"מ קסבר רבי יוחנן [ה] דת"ק דאמר: אין עולה לו מזבחו – משום דבריה הוא, ולענין נסכים רחמנא רבייה. דאי ספיקא הוא – לא מרבייה קרא, דכיון דשמא איל הוא – פשיטא דבעי אתויי נסכי איל, ואתמויי דאי איל הוא – ליהוי דידיה, ואי כבש הוא – יהא היותר נדבה, שהרי מתנדבין נסכים בלא קרבן, כדאמרינן במנחות בפרק בתרא (דף קז.) [ו]. ואף על גב דתני: *אין מתנדבין לוג אחד ולא ב' וה', אלא שלשה כדי שיהו קרויין נסכי כבש, או ארבעה שיהו קרויין נסכי איל, או ששה קרויין לפר – הכא כי האי גוונא בהדי אחריני קרבי. מייתי

[ע"ז כג: סנהדרין נז. בכורות נז. תמורה כח:] [קידושין כד: זבחים קטז. מנחות ו. כט. תמורה יז.] [פרה פ"א מ"ג מנחות צא:] [מנחות קז.]

תוספות

נוקי "הזכר" אלא למעט אנדרוגינוס ולא טומטום! אלמה תניא: "הזכר" – ולא טומטום ואנדרוגינוס? ומשני: סמי מכאן טומטום. אע"ג דבערכין איכא תרין מיעוטי, "הזכר" ו"אם נקבה", צריכין תרוייהו לאנדרוגינוס, דאי כתיב "הזכר" למעוטי ה"א דלא גרע מנקבה ויהיה בערך אשה. וא"ת: מאי פריך לרב חסדא מ"אם זכר" ו"אם נקבה" דכתיב גבי שלמים? דאיכא תרי מיעוטי, ד"אם" מיעוט הוא, כדאמרינן בפרק "המפלת" (נדה כח.): "אם נקבה" על כרחך למעוטי טומטום! ויש לפרש: דהתם גרסינן "זכר או נקבה", דכתיב ב"ויקרא" גבי שלמי צאן, דהכי דרשינן להו בת"כ הנהו מיעוטי דכתיב בשלמים, ז] ובפ"ב דבכורות (ד' טו:) ובתמורה (ד' יז:). אבל "אם זכר" "אם נקבה" דכתיב גבי שלמי בקר דריש ליה בת"כ ובפרק ב' דבכורות (ד' טו:) ובתמורה פרק "אלו קדשים" (דף יז:): לרבות ולד בעלי מומין ותמורת בעלי מומין. והשתא פריך שפיר לרב חסדא, דבההוא קרא לא כתיב אלא חד מיעוטא, דהוי "או" למעט, כמו "או כשב" – פרט לכלאים. וא"ת, דלעיל אמרינן: היכא דספק מחמת שאינו שוה איצטריך קרא למעוטי. ובפ"ק דחגיגה (דף ד.) קאמר: "זכורך" – להוציא טומטום. ופריך: איצטריך קרא למעוטי ספיקא? אע"ג דאין כולם שוין! התם פריך משום דבלאו האי קרא הייתי פוטרו מן הראייה, משום דאינו יכול לסמוך. אע"ג דסמיכה לא מיעכבא, מכל מקום לכתחלה בעיא, כדאשכחן בפסחים בפרק "האשה" (דף פח:) גבי חמשה שנתערבו עורות פסחיהם ונמצא יבלת באחד מהן, דפטורין מלעשות פסח שני משום סמיכה. ואע"ג דגבי בהמה שנמצאת מירושלים למגדל עדר* אמרינן: זכרים עולות, נקבות זבחי שלמים, ומקריב אותן בלא סמיכה לפי שאין מכירין מי הם בעלים – שאני התם דקדושות כבר, ואין להם תקנה בענין אחר. וספק מגורע דמייתי אשמו ולוגו – התם תיקון גברא שאני. וא"ת: דלאשכחן קרא בשביל שלא נטעה, אע"ג [דגבי] דקמי שמיא גליא, בסוף "אלו טרפות" (לקמן סו:), דפריך: מכדי אנן א"קשקשת" סמכינן, "סנפיר" דכתב רחמנא ל"ל? ומשני: אי כתב רחמנא "קשקשת" ולא כתב "סנפיר", הוה אמינא: מאי "קשקשת" – סנפיר, ואפילו דג טמא נמי, השתא דכתב רחמנא "סנפיר" – עד דאיכא סנפיר וקשקשת. ויש לומר: לשון "קשקשת" משמע דבר שאינו שוה וחלק, דבר שהיה מסכסכת בו, וסנפיר כך הוא, ונופל בו לשון "קשקשת".

[קדושין נה.]

כי איצטריך קרא למעוטי נרבע ונעבד. תימה: דסותר ח] סתמא דתלמודא דרשא דברייתא כדי לדחות ראייתו, ומוקי ליה קרא לדרשא אחרת! ויש לומר: דקים ליה דלאצטריך קרא להאי דרשה. דהא רבי עקיבא אית ליה דרשה ד"משחתם" בפרק בתרא דבכורות (דף נז.), דקסבר: מעשר בהמה חל על רובע ונרבע כמו שחל על בעלי מומין. ומשמע בפרק "המזבח מקדש" (זבחים דף פה:) דאית ליה ט] נרבע בעופות, דקאמר: רבי עקיבא מכשיר בעלי מומין, ונרבע הואיל וכשר בעופות. ומנא ליה? אלא ע"כ מהאי קרא. וא"ת: א"כ, תפשוט דספיקא הוי, דאי בריה הוי – אצטריך קרא למעוטי, וא"כ מנלן דיש נרבע בעופות? וי"ל: דמעיקרא ס"ד דאי לאצטריך קרא למעוטי אי הוה בריה. אבל השתא דמסיק דאצטריך קרא לנרבע ונעבד, ס"ל דלבריה לא אצטריך קרא למעוטי, דממילא אימעיט מבתורים דומיא דבני יונה: מה בני יונה דוקא קטנים – אף תורים דוקא גדולים, למעוטי תחלת הציהוב שבזה ושבזה, דלא הוי לא קטנים ולא גדולים. ודרשא דברייתא אסמכתא בעלמא היא. ומורי ה"ר אהרן מריגנשפור"ק תירץ, דאינו סותר השתא דרשא דברייתא. דתרי מיעוטי כתיבי: "מן התורים" "או מן בני היונה", חד – למעוטי נרבע ונעבד, ולאפוקי מדרשא ד"משחתם", ואידך – למעוטי תחלת הציהוב. וקמי שמיא ודאי גליא אי קטנים הוו אי גדולים הוו, ואי קטנים הוו – ממעטינהו מן התורים, ואי גדולים הוו – ממעטינהו י] מבני היונה, ואנן הוא דלא ידעינן מהי ממעטינהו. והשתא, אי בריה הוו – אתי נמי שפיר, (ב) יא] כמו שפירש לפי המסקנא, דחד למעוטי בריה וחד למעוטי נרבע ונעבד. ומעיקרא ע"ד דאצטריך תרוייהו לבריה, דאי לא הוה כתיב אלא חד מיעוטא – לא הוה יב] ממעטי להו אלא או מגדולים או מקטנים, ואם הביא משניהם הוה נפיק ממה נפשך. אבל ק"ק על פירושו, דאי אתא קרא לאשמועינן שהם או גדולים או קטנים, אף ע"ג דקמי שמיא גליא, א"כ מאי פריך בסוף "על אלו מומין" שהבאתי לעיל: מני? אילימא ת"ק – ספק הוא, איצטריך קרא למעוטי ספיקא? נימא דקרא מיעט לאנדרוגינוס, או משום שהוא זכר משונה או משום דאשמעינן שהוא נקבה, ואנן הוא דלא ידעינן * יג] הוי ספק! אלא משמע: אם קמי שמיא גליא שהוא נקבה לא היה לו להשמיענו. והא דאיכא תרי מיעוטי, איכא למימר דאתא חד לנרבע וחד לנעבד. ויותר נראה דנרבע ונעבד נפקי מחד מיעוטא, אלא אצטריך חד מיעוטא לתורים וחד לבני יונה. ולמאי דס"ד נמי מעיקרא דאתא למעוטי בריה, אצטריך תרי מיעוטי, חד למעוטי תורים וחד לבני יונה.

ס"א לא וגי' מהרש"ל ולכך הוי

כי משחתם בהם מום בם. כאן משמע דלכ"ע אית להו הך דרשא ד"משחתם". דאי פליג אדרשא זו ההוא תנא דדריש "מן הבהמה" להוציא את הרובע, אם כן לידוק דבריה הוי, יד] למאן דלא דריש דרשא ד"משחתם"! אלא ודאי כולהו דרשי להו, ואפילו הכי איצטריך "מן הבהמה" ו"מן הבקר" להוציא רובע ונרבע. ולא הוי דרשינן מ"משחתם" דהא בהא תליא, אלא משום דאשכחן ככר בקדשים ששוים בהן דבר ערוה ועבודה זרה ומום. ונ"מ דרשא ד"משחתם" למעשר בהמה, *דחל על רובע ונרבע כמו שחל על בעל מום טו] (ולרבי ישמעאל) [ולר"ש] *נ"מ גם לפרה. וא"ת: בריש "כל האסורין" (תמורה דף כח:) אמרינן דתנא ד"משחתם" מוקי קרא ד"מן הבהמה" פרט לזקן וחולה ומזוהם! ויש לומר: דתנא ד"משחתם" ודאי משמע ליה לתלמודא דמפיק רובע ונרבע מ"משחתם" לחודיה, אבל שאר תנאי דנפקי מ"מן הבהמה" אית להו דרשא ד"משחתם" כדפרישית. וכן משמע בפרק בתרא דבכורות (דף נז.) דפליגי התם כמה תנאי גבי מעשר בהמה, טז] גבי טומטום ואנדרוגינוס ומחוסר זמן ויוצא דופן, אבל בנרבע ורובע ומוקצה ונעבד לא אשכחן שום פלוגתא, ומשמע דכולהו מודו דמתמעטין כדדרשינן התם מ"משחתם" ומיהו מהכא איכא למדחי, דאפילו מאן דלית ליה דרשא ד"משחתם" איצטריך "מן התורים" למעוטי נרבע, דסלקא דעתך: כיון דעופות ליתנהו ברובע – ליתנהו נמי בנרבע. דכה"ג אמר בפרק "המזבח מקדש" (זבחים פה:).

[כדאיתא בכורות נז.] [ע"ז כג:] רש"ל

תמות וזכרות בבהמה. בת"כ דריש לה מדכתיב: "תמים זכר בבקר בכשבים ובעזים" – תמות וזכרות בבהמה ואין תמות וזכרות בעופות. ומחוסר אבר דפסול בעוף, נפקא ליה מדכתיב: "מן העוף" – ולא כל העוף, בפ"ק דקדושין (דף כד:), ולא כמו שפירש כאן בקונטרס משום "הקריבהו נא לפחתך". וא"ת: ל"ל קרא לפסול מחוסר אבר? והא אפילו לבני נח נמי אסור, דליכא מידי דלישראל שרי ולבני נח אסור! וי"ל: משום דאמרינן בפרק "ארבע מיתות" (סנהדרין דף נט.) דכל מצוה שנאמרה לבני נח ולא נשנית בסיני – לישראל נאמרה ולא לבני נח, ולכך הוצרך לומר לאסור לזה ולזה. *וא"ת: ל"ל קרא דאין תמות וזכרות בעופות? מדאיצטריך "מן העוף" לאסור מחוסר אבר ידעינן דאין מום פוסל בעוף, דאי פוסל למה לי "מן העוף"? ויש לומר: דאי לאו "מן העוף" לא הוה ידעינן דאין תמות וזכרות בעופות, דהוה אמינא דאסור אפילו הכי מומין דבעוף כבהמה, קמ"ל ד"מן העוף" לאסור אתא ולא להתיר. ואין להקשות נמי: מדאיצטריך "מן התורים" לנרבע ונעבד שמעינן שפיר דאין מום פוסל בעופות, דאיכא למימר: דאיצטריך "מן התורים" משום דסלקא דעתך כיון דעופות ליתנהו ברובע – ליתנהו נמי בנרבע, כדפרישית לעיל.

[וע"ע תוס' ע"ז ה: ד"ה מנין ובתוס' זבחים סח: ד"ה ושנמצאת]

כי תבעי לך אליבא דבר פדא. בפ' "שתי מדות" (מנחות דף צא:) איפלוג בר פדא ור' יוחנן בהאי קרא ד"או לאיל" דמ(ר)רבה פלגס, דלא אתא קרא לרבויי ספיקא. דאמר

עין משפט נר מצוה

קסג א ב מיי' פ"ג מהל' איסורי מזבח הלכה ו:
קסד ג מיי' שם הל"ח:
קסה ד מיי' פט"ז מהל' מעשה הקרבנות הל"ב ועיין בכ"מ:
קסו ה ו מיי' שם פ"ב הלכה ו:

הגהות הב"ח

(א) רש"י ד"ה בבהמה וכו' לא תמים נ"ב עיין פירש"י בקידושין דף כד ע"ב ד"ה ואין תמות: (ב) תוס' ד"ה כי איצטריך וכו' אתי נמי שפיר לפי המסקנא כצ"ל ותיבות כמו שפירש נמחק:

גליון הש"ס

גמ' דתנן הקריבו. עיין תוספות ר"ה דף י ע"א ד"ה בן כ"ד חודש:

שיטה מקובצת

א] למעוטי (רובע) נרבע. נ"ב ע' תוס' זבחים (דף פה ע"ב): ב] כגון מחוסר אבר וטעמא משום הקריבהו נא: ג] של שני עשרונים סלת ושלישית: ד] או לאיל האחד וגו'. נ"ב כן כתוב בקצת ס"י ובקצת ספרים אחרים כתיב או לאיל תעשה מנחה והכי מוכח בפ' שתי מדות ע"ש: ה] קסבר ר' יוחנן טעמא דתנא דאמר אין עולה לו: ו] בפ' בתרא דאע"ג: ז] בת"כ הנהו מעוטי דכתיב בשלמים אבל אם זכר כו' והשאר נמחק: ח] תימה דסותר דרשא דברייתא כדי לדחות ראיתו ומוקי קרא לדרשא אחרת: ט] בפרק המזבח מקדש דאית ליה דיש נרבע בעופות דקאמר ר"ע מכשיר בבעלי מומין: י] הוו ממעטינהו ממן בני היונה: יא] אתי נמי שפיר לפי המסקנא דחד ותיבות כמו שפירש נמחק: יב] הוה ממעטינן להו אלא או: יג] ולכך הוי ספק אלא: יד] א"כ לידוק דבריה הוי למ"ד דלא: טו] ולר"ש נפקא מינה גם לפרה וא"ת דבריש. ונ"ב ע' תוס' לעיל (דף יא ע"א וע"ב): טז] גבי מעשר בהמה בטומטום ואנדרוגינוס:

רבינו גרשום

למעוטי נרבע (ונעבד) כלומר לאדם ונעבד כלומר שהוא ע"ז אדם את הבהמה שהיא פסולה לגבי קדש. (נרבע לאדם ונעבד כלומר שהוא תמות וזכרות בבהמה דכתיב שה תמים זכר בן שנה יהיה לכם: והביא פלגס מהו. כלומר כבש דינו בן שנה איל בן ב' שנים והביא בן שנה וחצי מהו: דתנן הקריבו מביא עליו כו'. כלומר אמר הרי עלי עולה מן הבהמה מן האיל או מן הכבש והביא פלגס והקריבו אותו פלגס מביא עליו נסכי איל ואין עולה לו מזבחו. וא"ת כיון דאין עולה לו מזבחו למה מביא נסכים. דאמר ר' יוחנן או לאיל תעשה מנחה סלת שני עשרונים בלול בשמן שלישית ההין לרבות את הפלגס שמביא עליו נסכי איל. הרי

א) מלאה לנ"ל כלומר שדוקא שזה לרובע אדם את הבהמה שהיא פסולה לגבי קודש: תמות וזכרות וכו'.

דאמר: מייתי ומתני, מי אמרינן: איל וכבש מתנה, בבריה לא מתנה. או דלמא בבריה נמי מתנה, דאמר: אי בריה הוה – ליהוי כוליה נדבה? תיקו. בעי רבי זירא: אהאומר "הרי עלי לחמי תודה מן החמץ או מן המצה", והביא *"שיאור, מהו? שיאור דמאן? אי שיאור דר"מ לרבי יהודה – מצה מעלייתא היא! אי דרבי יהודה לר"מ – חמץ הוא! ואי דר"מ לר' מאיר, מדלקי עליה – חמץ הוא! אלא דרבי יהודה לרבי יהודה, מאי? ספיקא הויא, ונפיק ממה נפשך, או דלמא בריה הוא ולא נפיק? והאמר רב הונא: האומר "הרי עלי לחמי תודה" – מביא תודה ולחמה; וכיון דאיחייב ליה בתודה ולחמה, הא לא ידע האי גברא אי חמץ הוא דליתי מצה, אי מצה הוא דליתי חמץ! לא צריכא, בדאמר "הרי עלי חלה א] לפטור תודתו של פלוני". סוף סוף, הא לא ידע האי גברא אי חמץ הוא דליתי מצה, אי מצה הוא דליתי חמץ! לא צריכא, דלא אמר "לפטור"; מיפק גברא ידי נדרו נפיק או לא נפיק? תיקו.

מתני' *כשר בפרה – פסול בעגלה, כשר בעגלה – פסול בפרה.

גמ' תנו רבנן: גפרה – בשחיטה כשרה, בעריפה פסולה; דעגלה – בעריפה כשרה, בשחיטה פסולה. נמצאת כשר בפרה – פסול בעגלה, כשר בעגלה – פסול בפרה. ותהא פרה כשרה בעריפה מק"ו: ומה עגלה שלא הוכשרה בשחיטה – הוכשרה בעריפה, פרה שהוכשרה בשחיטה – אינה דין שהוכשרה בעריפה?
אמר

רש"י

מייתי ומתני. דקבירא ליה ספק הוא, והכא קא מבעיא לן אליבא דבר פדא במאי מספקא ומאי מתני. ו"או לאיל" דריש ליה לדרשא אחרינא במנחות בפרק "שתי מדות" (דף צא:), וקא מיבעיא לן הכא מאי מתני: מי פשיטא ליה לבר פדא דלאו בריה הוא, אלא ספק איל ספק כבש הוא, וכי מתני – ב] איל וכבש הוא דמתני: אי איל הוא – ליהוי כוליה דידיה, ואי כבש הוא – עשרון סולת (א) רביעית היין ליהוי דידיה, ואידך לנדבה. אבל בבריה לא צריך לאתנויי ולמימר: אי בריה הוא ואינו ראוי לנסכים – ליהוי כולהו לנדבה. ונבעי בעיין דלעיל, כיון דודאי לאו בריה הוא יוצא ידי נדרו ממ"נ, דהא או כבש או איל הוא, והוא נדר באחד שירצה. או דלמא בבריה נמי. מספקא ליה לבר פדא דלמא בריה הוא ג]. ונבעי נסכים מייתי ומתני דאי בריה הוא ליהוי כולהו נדבה. ונבעי בעיין נמי לא נפיק, דדלמא לאו איל ולאו כבש הוא. תודה טעונה מ' חלות, שלשים של מצה וי' של חמץ. מן החמץ או מן המצה. י' חלות מאחיה מין שאירע. ולקמן בעי: היכי מייתי י' חלות לתודייהו? שיאור. שיצא מכלל מצה ולכלל חמץ לא בא. ר"מ ורבי יהודה. פליגי ב"אלו עוברין" (פסחים מח:). לר"מ הוי שיאור כהכספת פנים, ואפילו אין שם סדק. ואם נסדק אפי' כקרני חגבים מיקרי "סידוק" וחייב כרת. ושיאור כהכספת פנים אמרינן בריש "אלו עוברין" (שם) דר"מ חייב מלקות. ולרבי יהודה אית ליה תרי קולי: חדא, דהכספיפו פניו – אפילו שיאור לא מיקרי, וכקרני חגבים הוא דמקרי שיאור. ועוד קולא אחריתי, דההוא דקרי ליה ר' יהודה שיאור לא מחייב עליה מלקות. שיאור דמאן אי שיאור דר"מ. דהכסיפו פניו. לרבי יהודה. כלומר, וקא מיבעיא לן אליבא דרבי יהודה אי נפיק בהאי שיאור אי לא – הא ודאי לרבי יהודה מצה מעליא הוא, ונפיק משום מצה. אי שיאור דרבי יהודה. דקרני חגבים, ומיבעי לך אליבא דרבי מאיר – הא ודאי לרבי מאיר יצא ידי נדרו, ונפיק משום חמץ. ואי דר"מ. דהכסיפו פניו, וקא מיבעיא לך אליבא דר"מ. מדלקי עליה. דאמרינן התם: האוכלו במ'. חמץ הוא. ואע"ג דכרת לא מיחייב, משום דלאו חמץ הראוי לאכילה הוא, מיהו חמץ נוקשה מיקרי, מדקא מיחייב עליה מלקות, ולענין נדר יצא ידי נדרו, שהרי הביא חמץ. אלא דרבי יהודה. דקרני חגבים. ומבעיא לן אליבא דרבי יהודה דאמר: כשיאור דידיה ישרף – אלמא יש בו צד חמץ, וקאמר: האוכלו פטור – אלמא לאו ודאי חמץ הוא, והויא התראת ספק. מאי ספק הוי. ונפיק ממה נפשך, או דלמא בריה הויא ולא נפיק. ה"ג: והא א"ר הונא האומר הרי עלי לחמי תודה מביא תודה ולחמה. דאדם יודע דאין לחם בלא תודה, וכיון דמיחייב בכולהו ד], נהי נמי דלאו בריה הוא, היכי נפיק? הא לא ידע אי חמץ אייתי דלוסיף עליה וליתי מצה אי מצה היא דליתי חמץ. ועל כרחו יביא ה] חלות כשרים ובהן יוצא ידי נדרו, שהרי הביא עשר שנדר וגם הוסיף עלייהו. לא צריכא דאמר הרי עלי י' חלות. לפטור תודתו של פלוני, דלא מיחייב עליה בכולהו מ'. סוף סוף. כיון דאמר "לפטור" – לא נפיק עד דפטר ליה להוא פלוני מי' חלות, והאי לא מצי פטר ליה בהאי שיאור, דלא ידע ההוא פלוני מאי לייתי האיך דלוסיף עלייהו! לא צריכא דלא אמר לפטור. אלא: "הרי עלי י' חלות לתודתו של פלוני". דכיון דאמר לתודתו של פלוני – לא איחייב ליה בתודה ולחמה, אלא בעשר. והא ודאי פשיטא לן דההוא פלוני לא מיפטר בהאי שיאור, ואיהו נמי לא ו] מקבל עליה למפטריה, אלא לאתויינהו בעלמא, וכסבור שיוכלו ליקרב עם המצה של חבירו. מיפק גברא ידי נדרו נפיק. ויפדו, ויפלו דמיהם לנדבה לתודה אחרת, או לא נפיק. תיקו. ומה עגלה שלא הוכשרה בשחיטה. כדיליף לקמן (דף כד.).
ושחט

תוספות

דאמר מייתי ומתני. הקשה ריב"א: בשלמא נסכים, יכול להביא שיעור נסכי איל ולהתנות שאם הוא כבש יהיה המותר לנדבה, כרבי עקיבא דאמר בפרק "כל התדיר" (זבחים צא:): המתנדב יין מנסכו לספלים. *ואפילו לרבי טרפון דאמר: לאשים, משמע דלא פליגי אלא באומר "הרי עלי יין" סתם, ולא פירש לנסכים, אבל אם פירש – מודה דאזיל לספלים. אבל במנחה היכי מתני? הא אין בלילתן שוה, דשל כבש בלילתו רכה שלש לוגין לעשרון, ושל איל בלילתו עבה שני לוגין לעשרון, ותנן פ"ק דמנחות (דף יח.): ריבה שמנה או שחיסר – פסולה! ותנן נמי: *אין מערבין מנחת כבשים בשל אילים ופרים! וכי תימא, דמייתי שיעור מנחת כבש בכלי אחד ושיעור מנחת איל בכלי אחד, ומתנה שהאחד מהן יהיה נדבה – אי אפשר לעשות כן, דמנחת נדבה נקמצת ומנחת נסכים כולה כליל, כדתניא בהדיא בפרק "אלו מנחות" (דף עד:)! ותירץ ריב"א: דודאי כשמתנדב מנחה סתם – אז היא נקמצת, אבל אם מפרש מנחת נסכים הויא כולה כליל, ואמרינן *מתנדב אדם מנחת נסכים בכל יום. והשתא יכול להתנות שפיר.* **אי** שיאור דר"מ לרבי יהודה מצה מעלייתא היא. וא"ת: והא בפרק "אלו עוברין" (פסחים דף מג.) תניא: שיאור ישרף ונותנו לפני כלבו, ומפרש התם דהיינו שיאור דר"מ לרבי יהודה, משמע דאסור באכילה! וי"ל: דמדרבנן בעלמא אסור, למדשרי ליתנו לפני כלבו שמע מינה דהוי מצה מעלייתא. **ואי** דר"מ לר"מ מדלקי עליה חמץ הוא. וא"ת: ודילמא שאני לענין פסח, דרבייה קרא בפרק "אלו עוברין" (שם דף מג.) מדכתיב "כל"! וכי תימא, נילף חמץ דתודה מחמץ דפסח – דלמא מחמץ גמור דחייב כרת גמרינן, אבל האי דלא חשיב חמץ גמור לענין פסח לא חשיב חמץ לענין תודה! מיהו מצינו לפרש דהכי קאמר: דפשיטא דלא יצא משום מצה, דלענין מצה ילפינן תודה מפסח. אבל קשה: דדריש "כל המנחות באות מצה" (מנחות נג.) קאמר: ואימא לא תאפה חמץ אלא שיאור. וקאמר: שיאור דמאן כו', ואי דר"מ לרבי מאיר, מדלקי עליה חמץ הוא! ומאי קושיא? גבי פסח הוא דחשיב חמץ, דרבייה קרא! ונראה, דיש שום יתור (כתוב) בתודה ובמנחות דחמץ נוקשה חשיב חמץ גבייהו. והא דמשמע התם* דלכולי עלמא אין מחמיצין בחמץ נוקשה גבי תודה, דקאמר: אין מחמיצין בתפוחים, והתם משמע דחמץ נוקשה הוי ז] (*גבי תודה) – היינו לכתחלה, דכשבא לחמץ שתי הלחם וחלות תודה מצוה לעשות בחמץ גמור. **ותהא** פרה כשרה בעריפה מק"ו. והוא הדין דה"מ למפרך הכי *אכל חולין וקדשים. אבל נקט פרה ועגלה שניהם ענין אחד, דשניהם קדשים הנשחטים בחוץ, ודמו אהדדי ליפסל בעול וכמה דברים. וא"ת: למה לי הנך מיעוטי למעוטי פרה מעריפה ועגלה משחיטה? נימא: כיון דאיכא למעבד ק"ו הכי ואיכא למעבד ק"ו איפכא, כדעביד בסמוך – כל חד וחד תיקום אדוכתיה, כדאמרינן בפ"ב דזבחים (דף יז:) גבי: ותותר אנינות אבל כהן הדיוט בקרבן צבור מק"ו! וי"ל: דהתם כל ק"ו סותר את חבירו לגמרי, שבתחלה אומר: ותותר אנינות אבל כהן הדיוט בקרבן ציבור, מק"ו דכהן גדול שהותר אנינות אפילו בקרבן יחיד, ואח"כ עושה ק"ו להפך, דלא תותר אנינות אבל כהן גדול בקרבן יחיד מק"ו, וכן אחריני. דהתם להכי קאמר: כיון דאיכא למימר הכי ואיכא למימר הכי, כל חד וחד תיקום אדוכתיה. אבל הכא גבי פרה ועגלה, שבא ליתן את האמור של זה בזה, ולא הוי ח] ק"ו אלא כמו "מה מצינו" – לא שייך למימר הכי, דאי לאו מיעוט הייתי לומד זה מזה ב"מה מצינו". ואי הוה עביד ק"ו לא תותר פרה בשחיטה – אז הוי כההיא דזבחים. וכן *תהא אשה יוצאה בחליצה מק"ו, או יבמה בגט מק"ו הוי כמו "מה מצינו". וא"ת: מה לעגלה שכן אינה מטהרת, וכמה חומרות יש בזה מה שאין בזה! וי"ל: דלא עביד ק"ו מכח עגלה ופרה, אלא מכח שחיטה ועריפה: ומה שחיטה שאינה מכשרת בעגלה מכשרת בפרה כו'. אבל קשה, דא"כ ק"ו גמור הוא, ולא "מה מצינו", דשחיטה מעריפה ליכא למילף ב"מה מצינו" אלא מק"ו, א"כ נימא: כל חד וחד תיקום בדוכתיה! וי"ל: דבכל מקום דעבד ק"ו הכי והכי, כגון הכא, ולקמן (ד' כה.) גבי אויר כלי חרס, וגבי כהנים ולוים, ובפ"ב דבבא קמא (ד' כה:) גבי: ותהא שן ורגל חייבין ברה"ר מק"ו, והדר קאמר: לא תהא שן ורגל חייבין ברשות הניזק אלא חצי נזק – צריך לומר דיש שום סברא, או קולא או חומרא, לעשות ק"ו אחד יותר מאחר, וכיון שהיינו עושין ק"ו אחד אצטריך קרא למעוטי, מעתה היינו עושין ק"ו להפך*. **פרה** שהיא כשרה בשחיטה. אין ללמוד בענין זה מק"ו שתהא פרה כשרה במליקה, מק"ו מעוף שלא הוכשר בשחיטה הוכשר במליקה. דהא לקמן בריש "השוחט" (ד' כז:) דרשינן: ראשו של זה ממול עורף ולא ראשו של אחר. ואין ללמוד בעוף שיוכשר בשחיטה, מק"ו דבהמה שלא הוכשר במליקה. דלמאן דיליף רוב שנים מהלכה – אין דנין ק"ו ובנין אב מהלכה, כדתנן בנזיר בפ' "כהן גדול" (דף נו:). *וי"ל, דכיון דאיכא מיעוטי בפרה ובעגלה לענין שחיטה ועריפה – תו לא מצי למילף עוף מבהמה ובהמה מעוף לענין שחיטה ומליקה, דאיכא למימר: עריפה תוכיח, שאינה כשרה בפרה וכשרה בעגלה, ואפ"ה אין שחיטה כשרה בה, אף אני אביא מליקה, וכן איפכא.
אמר

עין משפט נר מצוה

קסז א ב מיי' פ"ז מהל' מעשה הקרבנות הלכה יח:

קסח ג מיי' פ"א מהל' פרה אדומה הל"ט:

קסט ד מיי' פ"י מהל' רוצח הל"ב:

שיטה מקובצת

א] לפטור תודתו של פ'. נ"ב ע' תוס' ערכין (דף ד ע"ב): ב] וכי מתני באיל וכבש: ג] לגבי נסכים מתנה: ד] וכיון דאיחייב בכולהו מ' נהי נמי דלאו: ה] וע"כ יביא מ' חלות כשרות: ו] ואיהו נמי לא קביל עליה למפטריה: ז] והתם משמע דחמץ נוקשה הוי היינו לכתחלה: ח] ולא הוי האי ק"ו אלא כמו:

מסורת הש"ס

[ועי' תוס' מנחות נז: ד"ה דמייתי וכו' ועי' סוגיא דזבחים נא. וצ"ע] [מנחות פט:] [זבחים פב. מנחות קד: קז.] [וע"ע תוס' מנחות נח: ד"ה דמייתי] [מנחות נג. ונזכר עוד פסחים מג. מח:] [כריתות כה. ע"ש] רש"ל מ"ז [מנחות נד:] ר"מ מ"ז גי' ר"מ אכל [קדושין יז.] [וע"ע תוס' זבחים טז: ד"ה כל חלא] עי' רש"א ור"מ שכתבו שמכאן עד סוף הדיבור הוא גליון

הגהות הב"ח

(א) רש"י ד"ה מייתי וכו' עשרון סולת ורביעית ההין ליהוי:

רבינו גרשום

הרי עלי לחמי תודה מן החמץ כו': שאור דמאן אילימא דר' מאיר כו' מאי ר' מאיר ומאי ר' יהודה דתנן שיאור ישרף והאוכלו פטור סידוק ישרף והאוכלו חייב (מיתה) [כרת] איזהו שיאור ואיזהו סידוק שיאור בקרני חגבים סידוק שנתערבו סדקיו זה בזה דברי ר' יהודה ר' מאיר אומר זה וזה האוכלו חייב (מיתה) [כרת] אלא איזהו שיאור כל שהכסיפו פניו כאדם שעמדו שערותיו והכי קא מיבעי' ליה שיאור דמאן אילימ' דר' מאיר לר' יהודה מצה מעליא הוא ועכשיו יש לו מצה יביא חמץ שדינו להביא ארבעים חלות עשר חמץ ועשר מצה עשר רקיקין ועשר רביכין החלות היו (רקיקין) בלולות בשמן רקיקין כמין כי יונית וזו היא כי יונית כמו גם: אי דר' יהודה לר' מאיר חמץ מעליא הוא. דקא חזינן שיאור דפטר ר' יהודה סבירא ליה לר' מאיר דזה חה חייב כרת אי דר' מאיר לר' מאיר א) (מה שבדעת ר' מאיר חמץ וחייב בפסח לר' יהודה מצה מעליא ולא צריך להביא עשר ממצה) מדלקי עליה חמץ (מדלקי עליה) וכו' (כהלכתא) [ובהך הילכתא] גופא במס' פסחים מצינו למיחזי דלקי עליה על שיאור דר' מאיר לר' מאיר: מה הן אלא דר' יהודה לר' (יהודה) [מאיר] חמץ הוא כלומר מה שחשוב לר' יהודה מצה לר' מאיר הוי חמץ ולא צריך להביא אלא מצה (איני) הא לא ידע האי גברא אי מצה היא אי חמץ היא כלומר שספיקה לו:

א) נראה למחוק מה עד תיבות עשר ממצה אין כאן מקומו רק שייך לעיל אחר תיבות מצה מעליא הוא.

אָמַר קְרָא: "וְשָׁחַט" וְ"חוּקָּה", בִּשְׁחִיטָה — אִין, בַּעֲרִיפָה — לָא. וְכׇל הֵיכָא דִּכְתִיב בֵּיהּ חוּקָּה לָא דָּרְשִׁינַן ק"ו? וְהָא גַּבֵּי יוֹם הַכִּפּוּרִים דִּכְתִיב בֵּיהּ חוּקָּה, *וְתַנְיָא: "וְעָשָׂהוּ חַטָּאת" — הַגּוֹרָל עוֹשֶׂה חַטָּאת, וְאֵין הַשֵּׁם עוֹשֶׂה חַטָּאת. שֶׁיָּכוֹל, *וַהֲלֹא דִּין הוּא: וּמָה בְּמָקוֹם שֶׁלֹּא קִדֵּשׁ הַגּוֹרָל — קִדֵּשׁ הַשֵּׁם, מָקוֹם שֶׁקִּדֵּשׁ הַגּוֹרָל — אֵינוֹ דִּין שֶׁקִּדֵּשׁ הַשֵּׁם? ת"ל: "וְעָשָׂהוּ חַטָּאת" — הַגּוֹרָל עוֹשֶׂה חַטָּאת וְאֵין הַשֵּׁם עוֹשֶׂה חַטָּאת; טַעְמָא דִּכְתַב רַחֲמָנָא: "וְעָשָׂהוּ חַטָּאת", הָא לָאו הָכִי — דָּרְשִׁינַן ק"ו! מִיעֵט רַחֲמָנָא גַּבֵּי עֶגְלָה: "הָעֲרוּפָה" — זֹאת בַּעֲרִיפָה וְאֵין אַחֶרֶת בַּעֲרִיפָה. וּתְהֵא עֶגְלָה כְּשֵׁרָה בִּשְׁחִיטָה מק"ו: וּמָה פָּרָה שֶׁלֹּא הוּכְשְׁרָה בַּעֲרִיפָה — כְּשֵׁרָה בִּשְׁחִיטָה, עֶגְלָה שֶׁכְּשֵׁרָה בַּעֲרִיפָה — אֵינוֹ דִּין שֶׁהוּכְשְׁרָה בִּשְׁחִיטָה? אָמַר קְרָא: "וְעָרְפוּ הָעֶגְלָה" — בַּעֲרִיפָה אִין, בִּשְׁחִיטָה לָא.§ **מתני'** כָּשֵׁר בַּכֹּהֲנִים — פָּסוּל בַּלְוִיִּם, כָּשֵׁר בַּלְוִיִּם — פָּסוּל בַּכֹּהֲנִים.§ **גמ'** ת"ר: כֹּהֲנִים — בְּמוּמִין פְּסוּלִים, בְּשָׁנִים כְּשֵׁרִים; לְוִיִּם — בְּמוּמִין כְּשֵׁרִים, בְּשָׁנִים פְּסוּלִים; נִמְצָא כָּשֵׁר בַּכֹּהֲנִים — פָּסוּל בַּלְוִיִּם, כָּשֵׁר בַּלְוִיִּם — פָּסוּל בַּכֹּהֲנִים. מנה"מ? דת"ר: "זֹאת אֲשֶׁר לַלְוִיִּם" מה ת"ל? לְפִי שֶׁנֶּאֱמַר: "וּמִבֶּן חֲמִשִּׁים שָׁנָה יָשׁוּב", לָמַדְנוּ לַלְוִיִּם שֶׁהַשָּׁנִים פּוֹסְלִין בָּהֶם, יָכוֹל מוּמִין פּוֹסְלִין בָּהֶם? וְדִין הוּא: וּמָה כֹּהֲנִים שֶׁאֵין הַשָּׁנִים פּוֹסְלִין בָּהֶן — מוּמִין פּוֹסְלִין בָּהֶן, לְוִיִּם שֶׁהַשָּׁנִים פּוֹסְלִין בָּהֶם — אֵינוֹ דִּין שֶׁיְּהוּ מוּמִין פּוֹסְלִין בָּהֶם? ת"ל: "זֹאת אֲשֶׁר לַלְוִיִּם" — זֹאת לַלְוִיִּם, וְאֵין אַחֶרֶת לַלְוִיִּם. יָכוֹל יְהוּ הַכֹּהֲנִים פְּסוּלִין בְּשָׁנִים? וַהֲלֹא דִּין הוּא: וּמָה לְוִיִּם שֶׁאֵין מוּמִין פּוֹסְלִין בָּהֶם — שָׁנִים פּוֹסְלִין בָּהֶם, כֹּהֲנִים שֶׁהַמּוּמִין פּוֹסְלִין בָּהֶם — אֵינוֹ דִּין שֶׁיְּהוּ שָׁנִים פּוֹסְלִין בָּהֶם? ת"ל: "אֲשֶׁר לַלְוִיִּם" — וְלֹא אֲשֶׁר לַכֹּהֲנִים. יָכוֹל אַף בְּשִׁילֹה וּבְבֵית עוֹלָמִים כֵּן? ת"ל: "לַעֲבוֹד עֲבוֹדַת עֲבוֹדָה וַעֲבוֹדַת מַשָּׂא", לֹא אָמַרְתִּי אֶלָּא בִּזְמַן שֶׁהָעֲבוֹדָה בַּכָּתֵף. *כָּתוּב אֶחָד אוֹמֵר: "מִבֶּן חָמֵשׁ וְעֶשְׂרִים שָׁנָה וָמַעְלָה", וְכָתוּב אֶחָד אוֹמֵר: "מִבֶּן שְׁלֹשִׁים"; אִי אֶפְשָׁר לוֹמַר שְׁלֹשִׁים — שֶׁכְּבָר נֶאֱמַר כ"ה, וְאִי אֶפְשָׁר לוֹמַר כ"ה — שֶׁכְּבָר נֶאֱמַר שְׁלֹשִׁים, הָא כֵּיצַד? כ"ה לְתַלְמוּד, וּשְׁלֹשִׁים לַעֲבוֹדָה; מִכָּאן לְתַלְמִיד שֶׁלֹּא רָאָה סִימָן יָפֶה בְּמִשְׁנָתוֹ ה' שָׁנִים — שׁוּב אֵינוֹ רוֹאֶה. ר' יוֹסֵי אוֹמֵר: ג' שָׁנִים, שֶׁנֶּאֱמַר: "וּלְגַדְּלָם שָׁנִים שָׁלֹשׁ וּלְלַמְּדָם סֵפֶר וּלְשׁוֹן כַּשְׂדִּים". וְאִידָךְ? שָׁאנֵי לְשׁוֹן כַּשְׂדִּים, דְּקַלִּיל. וְאִידָךְ? שָׁאנֵי הִלְכוֹת עֲבוֹדָה, דְּתַקִּיפִין. ת"ר: כֹּהֵן, מִשֶּׁיָּבִיא שְׁתֵּי שְׂעָרוֹת עַד שֶׁיַּזְקִין כָּשֵׁר לַעֲבוֹדָה, וּמוּמִין פּוֹסְלִין בּוֹ. בֶּן לֵוִי, מִבֶּן שְׁלֹשִׁים וְעַד בֶּן חֲמִשִּׁים כָּשֵׁר לַעֲבוֹדָה, וְשָׁנִים פּוֹסְלִין בּוֹ; בד"א? בְּאֹהֶל מוֹעֵד שֶׁבַּמִּדְבָּר, אֲבָל בְּשִׁילֹה וּבְבֵית עוֹלָמִים — אֵין נִפְסָלִין אֶלָּא בְּקוֹל. א"ר יוֹסֵי: מַאי קְרָא?

וַיְהִי

תורה אור: ויקרא טז | דברים כא | במדבר ח | שם | שם ד | שם ח | שם ד | דניאל א

נ"ל ותניא | יומא מ: מא. [קדושין יז. כריתות כח.] | [תוספתא ספ"ג]

רש"י

וְשָׁחַט וְחוּקָּה. "וְשָׁחַט אוֹתָהּ לְפָנָיו", וּכְתִיב: "זֹאת חֻקַּת הַתּוֹרָה". וְכָל הֵיכָא דִּכְתִיב חוּקָּה. לְעִיכּוּבָא, וְאֵיכָא לְרַבּוּיֵי מִלְּתָא אַחֲרִיתָא בְּק"ו, מִי לָא דָּרְשִׁינַן ק"ו לְרַבּוּיֵי, וְעִיכּוּבָא דְּחוּקָּה לְמִילֵּי אַחֲרָנְיָיתָא? הָא גַּבֵּי יוֹם הַכִּפּוּרִים. דִּכְתִיב גּוֹרָל: "וְנָתַן אַהֲרֹן עַל שְׁנֵי" וגו', וּכְתִיב חוּקָּה בְּסוֹף הַפָּרָשָׁה, וְאִי לָאו דִּכְתִיב מִיעוּטָא בְּהֶדְיָא דְּלָא מַקְדִּישׁ בְּלָא גּוֹרָל, הֲוָה מְרַבֵּינַן בְּק"ו דְּקָדִישׁ עַל יְדֵי קְרִיאַת שֵׁם בְּלֹא גּוֹרָל! *דְּתַנְיָא. "הַגּוֹרָל לַה' וְעָשָׂהוּ חַטָּאת", דְּמַשְׁמַע: הַגּוֹרָל עוֹשֵׂהוּ חַטָּאת בִּנְפִילָתוֹ עָלָיו, וְאֵין קְרִיאַת הַשֵּׁם עוֹשֵׂהוּ חַטָּאת, שֶׁאִם אָמַר: זֶה לַשֵּׁם וְזֶה לַעֲזָאזֵל — אֵין נִקְבָּעִים בְּכָךְ. וּמַגְרִיל עֲלֵיהֶם, אִם הַגּוֹרָל מְשַׁנֶּה אֶת קְבִיעוּת קְרִיאַת שֵׁם — הוֹלְכִים אַחַר הַגּוֹרָל. שֶׁיָּכוֹל וַהֲלֹא דִּין הוּא. אִי לָא כְּתִיב "הַגּוֹרָל וְעָשָׂהוּ", אֶלָּא קְרָא קַמָּא דְּ"וְנָתַן אַהֲרֹן עַל שְׁנֵי" וגו', הָיִיתִי יָכוֹל לוֹמַר: וַהֲלֹא דִּין הוּא, דְּהוֹאִיל וְהַגּוֹרָל קוֹבֵעַ — יְהֵא אַף קְרִיאַת הַשֵּׁם קוֹבֵעַ. וּמָה בְּמָקוֹם שֶׁלֹּא קָדַשׁ הַגּוֹרָל. כְּגוֹן קִינֵּי זָבִים וְיוֹלְדוֹת, דְּאֶחָד לְחַטָּאת וְא' לְעוֹלָה. שֶׁאִם הִגְרִיל עֲלֵיהֶם, שֶׁכָּתַב עַל אֶחָד חַטָּאת וְעַל אֶחָד עוֹלָה וְהֵטִילוּ עֲלֵיהֶם גּוֹרָל — לֹא מְלָאוֹ שֶׁיְּהֵא הַגּוֹרָל קוֹבֵעַ, וְאִם רָצָה לְשַׁנּוֹתָן רְשׁוּת בְּיָדוֹ. קִידֵּשׁ הַשֵּׁם. דְּמֵאַחַר שֶׁפֵּירֵשׁ: זֶה לְחַטָּאת וְזֶה לְעוֹלָה, אִם שִׁינָּה — פָּסוּל, דִּכְתִיב (דברים כג): "מוֹצָא שְׂפָתֶיךָ תִּשְׁמוֹר", אַלְמָא שֵׁם קָבַע, וְאִם מְשַׁנֶּה נִמְצֵאת חַטָּאת לְמַעְלָה וְעוֹלָה לְמַטָּה. מָקוֹם שֶׁקִּדֵּשׁ כו'. טַעְמָא דִּכְתִיב הַגּוֹרָל וְעָשָׂהוּ. דְּמַמְעִיט לֵיהּ לְהָא מִילְּתָא בְּהֶדְיָא. הָא לָאו הָכִי הֲוָה מְרַבֵּינַן מִקַּל וָחוֹמֶר. וּמוֹקְמִינַן לְחוּקָּה לְמִילֵּי אַחֲרָנְיָיתָא. הָעֲרוּפָה. מַשְׁמַע: זוֹ עֲרוּפָה, וְאֵין אַחֶרֶת עֲרוּפָה. וְעָרְפוּ הָעֶגְלָה. שָׁנָה עָלֶיהָ הַכָּתוּב לְעַכֵּב. לְוִיִּם בְּשָׁנִים פְּסוּלִים. פָּחוֹת מִבֶּן שְׁלֹשִׁים וְיוֹתֵר מִבֶּן נ', כִּדְכְתִיב: "זֹאת אֲשֶׁר לַלְוִיִּם" וגו', וְ"זֹאת" מַשְׁמַע מִיעוּטָא. וּמָה כֹּהֲנִים שֶׁאֵין הַשָּׁנִים פּוֹסְלִין בָּהֶם. כִּדְיָלֵיף לְקַמֵּיהּ: "אֲשֶׁר לַלְוִיִּם" וְלֹא אֲשֶׁר לַכֹּהֲנִים. זֹאת אֲשֶׁר לַלְוִיִּם. כּוּלֵּיהּ יְתֵירָה הוּא, דְּכוּלָּהּ פָּרָשָׁתָא בַּלְוִיִּם הִיא, וַהֲוָה לֵיהּ לְמִכְתַּב: "מִבֶּן חָמֵשׁ וְעֶשְׂרִים" כו'. יָכוֹל אַף בְּשִׁילֹה וּבֵית עוֹלָמִים. שֶׁאֵין עֲבוֹדַת לְוִיִּם אֶלָּא שׁוֹעֲרִים וּמְשׁוֹרְרִים [א], יְהוּ נִפְסָלִין בְּשָׁנִים? לִלְמוֹד. לִלְמוֹד הִלְכוֹת עֲבוֹדָה. שֶׁלֹּא רָאָה סִימָן יָפֶה. לוֹמֵד וְשׁוֹכְחוֹ. רַבִּי יוֹסֵי אוֹמֵר בִּשְׁלֹשָׁה שָׁנִים. צָרִיךְ שֶׁיְּהֵא רוֹאֶה סִימָן יָפֶה בְּמִשְׁנָתוֹ. דְּתַקִּיפִין. לְהוֹרִיד הַמִּשְׁכָּן לְפָרְקוֹ וְלִנְטוֹתוֹ, לְהַעֲמִיד קְרָשָׁיו וּקְלָעָיו, וְהַשְּׁאִיר לְקָרְבָן, כְּפָה וּבְכֵלָיו. מִשֶּׁיָּבִיא שְׁתֵּי שְׂעָרוֹת. אֲבָל מִקַּמֵּי הָכִי לָא, כִּדְיָלֵיף לְקַמָּן: "אִישׁ אִישׁ מִזַּרְעֲךָ" וגו'. בַּמֶּה דְּבָרִים אֲמוּרִים. שֶׁהַשָּׁנִים פּוֹסְלוֹת בָּהֶן. יְרוּשָׁלַיִם נִקְרֵאת "בֵּית עוֹלָמִים", דְּמִשֶּׁנֶּחְרְבָה לֹא הָיְתָה אַחֲרֶיהָ הֶיתֵּר לִשְׁאָר מְקוֹמוֹת, אֲבָל קְדוּשַּׁת שִׁילֹה הָיְתָה אַחֲרֶיהָ הֶיתֵּר לְבָמוֹת, כָּל יְמֵי נוֹב וְגִבְעוֹן.

וַיְהִי

תוספות

אמר קרא ושחט וחוקה. אומר רבינו תם: דמשמע בפרק שני דזבחים (דף יח.) דחוקה לא הוי עיכוב ממשמעו, אלא מגזירה שוה, דילפינן התם מגזירה שוה דלא רחוץ ידים חילל מגזירה שוה "חוקה" "חוקה" משתוי יין. **ומה** במקום שלא קדש הגורל כו'. ואם תאמר: קינים גופייהו מנא לן שלא קדש הגורל? אימא ק"ו איפכא! ויש לומר: דאיכא שום מיעוט.

טעמא דכתב רחמנא ועשהו הא לאו הכי דרשינן ק"ו. תימה: דבפרק "טרף בקלפי" (יומא דף מא.) מוקי האי ברייתא כרבי יהודה, משום דסתם *ספרי רבי יהודה היא. ורבי יהודה אית ליה בפרק "הוציאו לו" דלא כתיב חוקה אלא בדברים הנעשים בפנים בבגדי לבן, והגרלה בחוץ הויא! ואין לומר דשום תנא לא פליג אדרשא ד"ועשהו", ולא פליג עליה רבי נחמיה דאית ליה דכתיב חוקה אנעשה בחוץ, דהא אשכחן רבי שמעון בפרק "טרף בקלפי" (שם דף מ. ושם) דסבר דהגרלה לא מיעכבא! וי"ל: דפריך משום דבפרק "טרף בקלפי" (שם דף לט:) דריש רבי ינאי מ"אשר עלה" "אשר עלה" תרי זמני לעכב. ופריך: אלמא דרשינן ק"ו אע"ג [ב] דאיכא עיכובא, (א) לא אמרת נוקמה "אשר עלה" לדרשא אחריתי משום ק"ו. והשר מקוצי תירץ: דהתם יליף מדכתיב "זאת" דלא כתיב חוקה אלא בדברים הנעשים בבגדי לבן בפנים. והשתא פריך הכא שפיר: דאי לא דרשינן ק"ו, אמאי אצטריך "זאת" למעוטי דלא *קאי חוקה בדברים הנעשים בחוץ? דהא על כרחך לא כתיב חוקה אלא בדברים הנעשים בפנים, דאי כתיב נמי בדברים הנעשים בחוץ אמאי אצטריך "ועשהו"? אלא ודאי אע"ג דכתיב חוקה דרשינן ק"ו, ואפילו כתיב נמי בחוץ הוה דרשינן ק"ו אי לאו דכתיב "ועשהו", ולכך אצטריך (ב) "בזאת". אבל מכל מקום הקשה ה"ר מנוח: דמאי פריך? והא לא כתיב חוקה אלא אעבודה, והגרלה לאו עבודה היא! וצריך עיון שם*.

זאת ללוים ולא אחרת ללוים. תימה: דבפרק "כילד הרגל" (ב"ק דף כד.) דריש מ"וזאת תהיה טומאתו" למעוטי זבה מראיות. ופריך: ואימא למעוטי זב מימים! ומשני: קאי בראיות – ממעט ראיות, קאי בראיות – ממעט ימים? ואמאי לא קאמר: קאי בזב ממעט זב, קאי בזב וממעט זבה? דהכי מסתבר טפי, כדמשמע פשטיה דקרא "וזאת תהיה טומאתו" ולא אחרת, כדדרשינן הכא: זאת ללוים ולא אחרת ללוים! °ויש לומר: דהכא נמי הוה דרשינן "זאת אשר ללוים" ולא לכהנים, אי לאו דדריש ליה מ"אשר ללוים". אי נמי, הכא דרשינן הכי משום דמזכיר ללוים בקרא. אבל התם, אי למעוטי זב קא אתי – הוה ליה למכתב "זאת" *שהיא טומאת הזב להזכיר הזב בקרא. ור"י תירץ: דזב וזבה שם אחד הוא, ולהכי לא שייך למימר: קאי בזב ממעט זב כו', דכך יש לי למעט זבה כמו זב.

יכול אף בשילה ובית עולמים כן. משמע: דאי לאו מיעוט הוו גמרי מהדדי. וכן בריש עירובין (ד' ב.) דפריך: והא קרא במשכן כתיב! ומשני: אשכחן מקדש דאיקרי "משכן" ומשכן דאיקרי "מקדש". ותימה: דבפ' "ידיעות" (שבועות דף טז: ושם) משמע דלא גמרינן מהדדי אי לאו דכתיב תרי קראי. דקאמר התם: לכתוב או אידי ואידי "מקדש", או אידי ואידי "משכן". וכן בסוטה בפרק "היה מביא" (ד' טז.) מצריך תרי קראי לאתויי שילה ובית עולמים, ובפרק "שני שעירי" (יומא ד' סז:) גבי "מדבר" "המדברה", ובפרק "טרף בקלפי" (שם ד' מד.) גבי "וכל אדם לא יהיה באהל מועד", ובפרק "הוציאו לו" (שם נג.) גבי מעלה עשן! ותירץ ה"ר נתנאל: דבעירובין לא צריך קרא למקדש, דעיקר דרשא באה על המקדש, דבמשכן לא היו דלתות. והא דהכא – סברא היא, אם לא היה הפסוק, שיפסלו אף בשילה ובית עולמים, הואיל ואינו תלוי בקדושת המשכן.

[וע"ע תוס' עירובין ב. ד"ה אשכחן ותוס' יומא דף מד. ד"ה בשילה ותוס' סוטה ד' טז. ד"ה ובית ותוס' שבועות טז: ד"ה או אידי].

[נ"ל ספרא] | [עיין תוס' לעיל כב. ד"ה שיכול וכו' בשום דוכתא ל"ג וכו'] | נ"א קיימי חוקה אדברים וכו' רש"א ועיין ר"מ | [וע"ע תוס' יומא מא. ד"ה סתם ותוס' קדושין יז. ד"ה הא] | נ"א היא ר"מ

עין משפט נר מצוה

קע א מיי' פ"ג מהל' עבודת יוה"כ הלכה ג:

קעא ב מיי' פ"ז מהל' ביאת מקדש הל"א סמג לאוין שז:

קעב ג ד מיי' פ"ג מהל' כלי המקדש הל"ח סמג עשין קסט:

קעג ה מיי' שם הל"ז:

קעד ו מיי' שם הל"ח:

רבינו גרשום

במקום שלא קדש הגורל קדש השם כו' כל השנה כולה באומר זו לחטאת וזו לעולה וזה לאשם סגיא ולא צריך גורל: כהנים במומין פסולין כל איש אשר בו מום מזרע אהרן וגו' לוים פסולין בשנים. מבן שלשים שנה ומעלה יבא לצבוא צבא וגו' ומבן חמשים שנה ישוב מצבא העבודה וכו': יכול אף בשילה ובבית עולמים כן. כלומר שנים פוסלים בהו ת"ל לעבוד וגו' ועבודת משא וגו' לא אמרתי אלא בזמן שהעבודה בכתף שנים פוסלות בהן שאין יכולין לישא: ואידך שאני הלכות עבודה דתקיפן. כלומר התם צריכי חמש שנים ללמוד: משיביא שתי שערות וכו'. שתי שערות שתים בגבו של יד או שתים בכרים: אמר ר' יוסי מאי קראה:

שיטה מקובצת

[א] אלא שוערים ומשוררים שאין להם משאת כתף יהו נפסלים בשנים: [ב] ופריך אלמא דרשינן ק"ו אע"ג דכתיב עכובא אלמא אמרינן. ונ"ב וחוקה דנקט הכא לאו דוקא אלא משום דבפרשה נקט חוקה. הרא"ש ז"ל:

הגהות הב"ח

(א) תוס' ד"ה טעמא וכו' אע"ג דאיכא עיכובא לא אמרת כצ"ל ותיבת אלא נמחק: (ב) בא"ד ולכך איצטריך זאת כצ"ל ואות ב' נמחק:

גליון הש"ס

תוס' ד"ה זאת וכו' ויש לומר דהכא נמי וכו'. עיין לקמן קל ע"א תוס' ד"ה זה:

נתמלא

°ויהי כאחד למחצצרים ולמשוררים להשמיע קול אחד". § "עד שיזקין". עד כמה? אמר רבי אלעא אמר ר' חנינא: עד שירתת. *תנן התם: בעל קרי שטבל ולא הטיל מים, לכשיטיל – טמא. ר' יוסי אומר: בחולה ובזקן – טמא, בילד ובבריא – טהור. ילד עד כמה? אמר רבי אלעא אמר רבי חנינא: כל שעומד על רגלו אחת וחולץ מנעלו ונועל מנעלו. אמרו עליו על רבי חנינא, שהיה בן שמונים שנה והיה עומד על רגלו אחת וחולץ מנעלו ונועל מנעלו. אמר רבי חנינא: חמין ושמן שסכתני אמי בילדותי הן עמדו לי בעת זקנותי. ת"ר: *נתמלא זקנו – ראוי ליעשות שליח ציבור, ולירד לפני התיבה, ולישא את כפיו. *מאימתי כשר לעבודה? משיביא שתי שערות. רבי אומר, אומר אני: עד שיהא בן עשרים. א"ר חסדא: מ"ט דרבי? *דכתיב: °ויעמידו [את] הלוים מבן עשרים שנה ומעלה לנצח על מלאכת בית ה'". ואידך? לנצח שאני. והא האי קרא בלוים כתיב! כדר' יהושע בן לוי, *דאמר רבי יהושע בן לוי: בעשרים וארבעה מקומות נקראו כהנים לוים, וזה אחד מהן: °והכהנים הלוים בני צדוק". ת"ר: °"איש מזרעך לדורותם" – מכאן אמר רבי אלעזר: קטן פסול לעבודה, ואפי' תם. מאימתי כשר לעבודה? משיביא שתי שערות, אבל אחיו הכהנים אין מניחין אותו לעבוד עד שיהא בן כ'. איכא דאמרי: הא – רבי היא, ואפי' פסול דרבנן לית ליה. ואיכא דאמרי: רבי אית ליה פסול מדרבנן, והא – רבנן היא, ולכתחלה הוא דלא, אבל דיעבד – עבודתו כשרה.

מתני' טהור בכלי חרש – טמא בכל הכלים, טהור בכל הכלים – טמא בכלי חרש.

גמ' ת"ר: *אויר כלי חרש טמא, וגבו טהור; אויר כל הכלים טהור, וגבן טמא; נמצא טהור בכלי חרש – טמא בכל הכלים, טהור בכל הכלים – טמא בכלי חרש. מנהני מילי? דת"ר: "תוכו" – ואע"פ שלא נגע. אתה אומר: אע"פ שלא נגע? או אינו אלא אם כן נגע! רבי יונתן בן אבטולמוס אומר: נאמר °"תוכו" לטמא, ונאמר "תוכו" ליטמא, מה תוכו האמור לטמא – אע"פ שלא נגע, אף "תוכו" האמור ליטמא – אע"פ שלא נגע. והתם מנלן? אמר רבי יונתן: *התורה העידה על כלי חרש ואפילו

תורה אור: דה"א כג | יחזקאל מד | ויקרא כא | שם יא

רש"י

ויהי כאחד. אפילו זקנים במשמע. **קול אחד.** שצריכין לבסם את קולם שיהא נראה כקול אחד. **שירתת.** ידיו ורגליו רותתין מאין כח. **ולא הטיל מים.** קודם טבילה. **לכשיטיל מים טמא.** שמא נשאר בפי האמה מחלות קרי, ויוצא עם מי רגלים. ושכבת זרע מטמאה בכל שהוא אפילו בכעין חרדל, כדתנן במסכת נדה (דף מ.). **בילד ובבריא טהור.** דמעיקרא נפיק כוליה. **שליח ציבור.** לכל צרכיהם, לתקוע שופר (א) ולנדות ולמנות פרנסים. **משיביא שתי שערות.** אבל קטן לא, דכתיב: "איש מזרעך". **לנצח שאני.** דמשמע: לעבוד עבודות כבדות הצריכות ניצוח. **והא האי קרא בלוים כתיב.** ואמרינן דאין נפסלים אלא בקול; וזה אחד מהם והכהנים הלוים בני צדוק. דע"כ צדוק כהן הוה, וקרי להו לבניו "לוים". על שם שמשבט לוי הם. ואני שמעתי לשון "לוים" – משמשים, כמו (במדבר יח): "וילוו עליך" וגו'. **איש ולא קטן.** דהכי משמע: איש הוא דבעי מומא לאיפסולי, ואשר יהיה בו מום לא יגש, הא קטן – אפילו תם לא יגש. **אבל** (ב) **אין אחיו הכהנים.** הוא דאין מניחין אותו, אבל רבנן לא פסלוהו. **איכא דאמרי הא רבי היא.** דאמר לעיל: אומר אני עד שיהיה בן כ'. ואשמועינן הכא דרבי גופיה לא פסיל ליה בדיעבד ואפילו מדרבנן, אלא שאין אחיו הכהנים מניחין אותו לכתחלה. **ואיכא דאמרי לרבי פסול מדרבנן.** אפילו בדיעבד עד שיהא בן כ'. **והא.** מתניתין דמכשיר ליה, שאין אחיו הכהנים מניחין אותו – רבנן היא. ואשמעינן דאפילו רבנן מודו דלכתחלה לא, והא דמכשרי לעיל – בדיעבד. **אויר.** הגיע טומאה לאוירו ולא נגעה. **וגבו טהור.** אפילו נגעה טומאה בגבו אינו מקבל טומאה בכך. **אויר כל הכלים טהור.** כל זמן שלא נגעה בהן הטומאה, אע"פ שנתלית באוירו. **תוכו.** "וכל כלי חרש אשר יפול מהם" (ג) וגו'. **נאמר תוכו לטמא.** כשהכלי מטמא אוכלין שבתוכו, דכתיב (ויקרא יא): "כל אשר בתוכו יטמא". **ונאמר תוכו ליטמא.** כשהכלי מקבל טומאה מן השרץ, דכתיב: "כל אשר יפול מהם אל תוכו". **מה תוכו האמור לטמא אע"פ שלא נגע.** הכלי למה שבתוכו, הוא מטמא כל אוכלין ומשקין הנתונין באוירו, כדמפרש לקמיה. **אף תוכו האמור.** לענין הורדת טומאה לכלי, אע"פ שלא נגעה טומאה בו. **העידה.** דכתיב: "כל אשר בתוכו".

ואפילו

תוספות

נתמלא זקנו ראוי ליעשות שליח ציבור ולירד לפני התיבה ולישא את כפיו. תימה: דבפ' "הקורא את המגילה" (מגילה דף כד.) אמרינן: קטן קורא בתורה, ואינו פורס על שמע ולא עובר לפני התיבה ולא נושא את כפיו. משמע: הא הביא שתי שערות יורד לפני התיבה ונושא את כפיו! ויש לומר: דכשהביא ב' שערות יכול לירד לפני התיבה, אבל ליעשות שליח ציבור קבוע, או להתפלל בתעניות ובמעמדות – אינו נעשה עד שיתמלא זקנו, כדאמרי' במסכת תענית (דף טז.): אין מורידין לפני התיבה אלא זקן ורגיל. וא"ת: דבסוף "לולב הגזול" (סוכה דף מב.) משמע דאפילו קטן נושא את כפיו. דאמרינן: קטן שיודע לישא את כפיו מחלקין לו תרומה בבית הגרנות. ובקונטרס פירש: לאו דוקא קטן, אלא איירי כשהביא שתי שערות. ולא משמע הכי, אלא קטן ממש, דומיא דקטן היודע לדבר אביו מלמדו תורה, והיודע לשחוט אוכלין משחיטתו, דמוקי לה בגדול עומד על גביו! וי"ל: דהא דקטן נושא את כפיו – היינו עם הגדולים, כדאמרינן גבי שיר: בין רגלי ד] הלוים היו עומדין *וצערי הלוים היו נקראים, בפ' "אין בערכין" (ערכין יג:). אבל בפני עצמו אינו נושא את כפיו עד שיביא ב' שערות.

וגבו טהור. היינו דלא מיטמא מגבו. אבל אם נטמא מתוכו – נטמא נמי גבו, ומטמא אחרים. כדאמרינן בת"כ: מרובה מדת לטמא מליטמא, שכלי חרס מטמא אחרים מאחוריו ואינו מיטמא מאחוריו. ואמרינן נמי בפרק "על אלו מומין" (בכורות דף לח.): כלי חרס נטמא תוכו – נטמא גבו. ונראה דגבו טהור אפילו נגע שרץ ביד (ג) ה] שבו, דלא אמר יד להכניס בכלי חרס. והא דפריך בריש "העור והרוטב" (לקמן דף קיח.): ואימא יד להוציא, אבל להכניס לא! ומשני, יד יתירא כתיב: "תנור וכירים יותץ טמאים הם וטמאים יהיו לכם" לרבות את הידות – ה"ק: לרבות את הידות להוציא, ואייתר יד דזרעים להכניס. אבל יד דתנור וכירים לא מכניס, כדמשמע בתוספתא דכלים, דאמר: אין טומאה לכלי חרס אלא מאוירו, (ד) והביסט (הזב) ע"ג אבן מסמא, ולא חשיב שיש לו טומאה מידו. ועוד, דקרא דמטהר כלי חרס המוקף צמיד פתיל משמע אפילו יש לו ידים*.

או אינו אלא אם כן נגע. וא"ת: והא מדכתב רחמנא "תוכו" ולא תוך תוכו, שמע מינה דמקבל טומאה מאוירו! וי"ל: דאפילו לא מקבל טומאה מאוירו, כיון דמטמא אחרים מאוירו איצטריך שפיר לאוכלים הנתלים תוך תוכו דטהורין. ומיהו קשה: מדכתיב תוכו של זה ולא תוכו של אחר – ש"מ דמטמאין מאוירן! וי"ל, דה"א: אם אינו ענין ליטמא תנהו ענין לטמא; תוכו של זה מטמא אחרים מאוירו, ולא תוכו של אחר. אי נמי, ה"א: תוכו של זה מקבל טומאה במגע, ולא תוכו של אחר. ולא יקבלו טומאה שאר כלים אפילו במגע אלא מגבן. (ולי נראה דקרא קמא [הוי] מוקמינן שמקבל טומאה מאויר, ולא דרשינן "תוכו של זה ולא תוכו של אחר" אלא [בתר] (בתרא) דקיימא לן מקרא אחרינא שמקבל טומאה מאוירו) (גליון). **אלא** א"כ נגע. ו"תוכו" דכתב רחמנא ע"כ למעוטי גבו. וא"ת: והא מקרא דצמיד פתיל נפקא! ועוד הקשה הר"י כהן: אם כלי חרס אינו מקבל טומאה מאויר, למה לי "הוא" דכתיב גבי צמיד פתיל, למימר: הא שאר כלים אפילו מוקפות צמיד פתיל טמאים? הא כיון דכלי חרס אינו מטמא מאוירו, תו ליכא למעבד ק"ו שלא יהו שאר כלים מיטמאין מגבן אלא מתוכן ובנגיעה! ומיהו, לשינויא קמא שפירשנו לעיל, דה"א: אם אינו ענין ליטמא תנהו ענין לטמא – אתי שפיר, דלהכי איכא ק"ו שלא יהו שאר כלים מיטמאין מגבן: ומה כלי חרס שמטמא אחרים מאויר אינו מקבל טומאה מגבו, שאר כלים לא כ"ש? אבל ו] למה *דפריך דה"א: תוכו של זה מקבל טומאה במגע ולא תוכו של אחר, קשה! וי"ל: דכל כמה דלא ידעינן דכלי חרס מיטמא מאוירו – לא מצינן למידרש מ"כל כלי פתוח" הא דדרשינן בסמוך: איזהו כלי שטומאתו קודמת לפתחו, והשתא ודאי לא היינו יודעים היאך לדרוש הפסוק (ה).

התורה העידה על כלי חרס ואפי' מלא חרדל. לפי מה שמפרש ר"ת, דאין אוכל מקבל טומאה מדאורייתא פחות מכביצה – לא נקט חרדל דוקא, אלא כלומר, ואפילו מלא בילים. ונקט חרדל משום דמדרבנן מקבל טומאה בכל שהוא. ז] *הקשה רבינו אפרים: מנלן דהיינו מטעם אויר? דלמא הוי מטעם שכלי חרס מצרף כשכולן נוגעין זה בזה, ונוגעין בכלי, אבל נתלים באויר לא! וכ"ת: אם כן ליצרוף דכתיב גבי קדשים למה לי, דדרשינן "כף אחת" (פסחים דף יט.): "כף אחת" – הכתוב עשה לכל מה שבכף אחת! איצטריך משום כלי שטף! ויש לומר: מדכתיב "כל" משמע: אפילו נתלה באויר. ועוד, התם דרשינן ליצרוף מדכתיב "אחת", משמע שהכף מצרף ועשה לכל אחת, אבל הכא לא כתיב "אחת".

איזהו

עין משפט נר מצוה

קעה א מיי' פ"ח מהל' ביאת מקדש הל"ב:

קעו ב ג ד מיי' פ"ה מהל' שאר אבות הטומאה הל"ז:

קעז ה מיי' פ"ח מהל' תפלה הל' יא סמג עשין יט טוש"ע או"ח סי' נג סעיף ו וכרב אלפס פרק הקורא את המגילה דף רעג.:

קעח ו ז מיי' פ"ה מהל' כלי מקדש הל"ט:

קעט ח ט מיי' פי"ג מהל' כלים הלכה א:

גליון הש"ס

גמ' התורה העידה. עיין לקמן דף קיח ע"ב תוס' ד"ה אין יד:

שיטה מקובצת

א] דכתיב ויעמידו את הלוים: ב] שליח צבור לכל צרכיהם לתקוע שופר ולהלקות ולנדות ולימנות פרנסים ולירד לפני התיבה ולהתפלל. משיביא וכו': ג] אשר יפול מהם אל תוכו הס"ד: ד] בין רגלי הכהנים היו עומדים וצעורי לוים היו נקראים: ה] אפי' נגע שרץ ביד שבגבו דלא אמר יד: ו] לא כ"ש אבל למאי דפרישית דה"א תוכו של זה: ז] ונקט חרדל משום טומאה דמדרבנן מקבל טומאה בכל שהוא אי נמי משום דבחרדל איכא טובא ראשון ושני הקשה רבינו אפרים:

מסורת הש"ס

מקוואות פ"ח מ"ד [נדה מג.] | [תוספתא חגיגה פ"א] | [תוספתא זבחים פי"א וע"ש] | [תוספתא שם] | יבמות פט: בכורות ז. [תמיד כז.] | ג"א וצעורי רש"ל | ר"מ מ"ז | [וע"ע תוס' שבת טז. ד"ה הא בש"ח ובכורות לח. ד"ה הרי] | ר"מ | [ג"ל פריקים] | [עי' תוס' שבת לח. ד"ה אי לענין ותוס' נדה יז: ד"ה אפילו]

הגהות הב"ח

(א) רש"י ד"ה שליח לצבור וכו' ולהמנות פרנסים. נ"ב כ"כ התוס' בפ' הקורא עומד ע"ש פרק ע"ש: (ב) ד"ה אבל אחיו כו"ל ותיבת אין נמחק: (ג) תוס' ד"ה וגבו וכו' אפי' נגע שרץ ביד שבגבו דלא: (ד) בא"ד והביסט הזב כ"ב כו' ס"פ אפי' על גבי אבן מסמא ועיין בערוך ערך אבן מסמא ובר"ס הגהה ובפ' תינוקת בדף סט ע"ב ועיין עוד ריש פ' ר"ע: (ה) ד"ה אלא וכו' האיך לדרוש הפסוק ומאי למדרש מהוא הס"ד:

רבינו גרשום

ויהי כאחד למחצצרים ולמשוררים כו'. כלומר מאי קראה דנפסלין בקול שנאמר ויהי כאחד למחצצרים כו': עד שירתת. כלומר שמרתתין ידיו מחמת זקנה: בעל קרי שטבל ולא הטיל מים. כלומר ולא הטיל מים קודם לכן לכשיטיל מים לאחר טבילה טמא דאמרינן עם מי רגלים יוצא קרי: ר' יוסי אומר בחולה ובזקן טמא. כלומר שלא היה כח בשראה קרי שיצא קרי כולו בפעם אחד ועכשיו כשיטיל מים יצא עם מי רגלים: בילד טהור. כלומר בילד אע"פ שלא הטיל מים קודם טבילה אע"פ שהוא טהור דאמרינן כי ראה קרי ראה כולו דיצא בכח: שליח צבור. פרנס: ואידך לנצח שאני. כלומר שהיו מחזיקים ברמחים. איכא דאמרי ר' היא. כלומר הא דאמרינן מאימתי כשר לעבודה משיביא ב' שערות אבל אין אחיו הכהנים מניחין אותו לעבוד עד שיהא בן עשרים ר' הוא דתנן דר' אמר אומר אני עד שיהא בן עשרים והכי סברינן דלר' כשר משיביא ב' שערות והאי דאמר ר' אני עד שיהא בן עשרים דאין אחיו הכהנים מניחין אותו: ואיכא דאמרי ר' אית ליה פסול מדרבנן דת"ר אומר פחות מבן עשרים והא דאמר משהביא ב' שערות רבנן היא דאמרי מאימתי כשר משיביא ב' שערות אע"פ שאומרין רבנן לכתחלה הוא דלא. כלומר לרבנן אע"פ שכשר משיביא ב' שערות לכתחלה אין אחיו הכהנים מניחין אותו וכו'. מנהני מילי דאויר כלי חרש טמא אע"פ שלא נגע דת"ר תוכו אע"פ שלא נגע בו הטומאה אלא באויר (אוירו) טמא אתה אומר אע"פ שלא נגע או אינו טמא אלא אם כן נגע בגבו כלי חרש נאמר תוכו ליטמא כלומר שכתוב כלי חרש עצמו ונאמר תוכו לטמא כלומר טמא אע"פ שלא נגע אמרי טמא כחדש בחרדל שאמצעי כלי חרש מכלל דאוירו טמא וטמא האוכלין מאויר:

ואיזהו

ואפילו מלא חרדל. א"ל רב אדא בר אהבה לרבא: ויהא כלי חרס מיטמא מגבו מק"ו, ומה כל הכלים שאין מיטמאין מאוירן — מיטמאין מגבן, כלי חרס שמיטמא מאוירו — אינו דין שיטמא מגבו? אמר קרא: "וכל כלי פתוח אשר אין צמיד פתיל עליו" (במדבר יט), איזהו כלי שטומאתו קודמת לפתחו? הוי אומר: זה כלי חרס; וכי אין צמיד פתיל עליו הוא דטמא, *הא יש צמיד פתיל עליו — טהור. ויהיו כל הכלים מיטמאין מאוירן מק"ו: ומה *כלי חרס שאין מיטמא מגבו — מיטמא מאוירו, כל הכלים שמיטמאין מגבן — אינו דין שמיטמאין מאוירן? אמר קרא: "תוכו" — תוכו של זה ולא תוכו של אחר. והני "תוכו" "תוכו" הא דרשינהו! *ארבעה "תוכו" כתיבי (ויקרא יא): "תוכו" "תוך" "תוכו" "תוך": חד — לגופיה, וחד — לג"ש, וחד — תוכו של זה ולא תוכו של אחר, וחד — תוכו ולא תוך תוכו, ואפילו כלי שטף. (א) ולא יהו כל הכלים מיטמאין מגבן, אלא מתוכן ובנגיעה, מק"ו: ומה כלי חרס שמיטמא מאוירו — אינו מיטמא מגבו, כל הכלים שאין מיטמאין מאוירן — אינו דין שאין מיטמאין מגבן? אמר קרא: "וכל כלי פתוח אשר אין צמיד פתיל עליו טמא הוא" (במדבר יט), האי הוא דכי אין צמיד פתיל עליו — טמא, הא יש צמיד פתיל עליו — טהור; הא כל הכלים, בין שיש צמיד פתיל עליהם, בין שאין צמיד פתיל עליהם — מיטמאין.

§ **מתני'** טהור בכלי עץ — טמא בכלי מתכות, טהור בכלי מתכות — טמא בכלי עץ.

§ **גמ'** תנו רבנן: *גולמי כלי עץ — טמאין, פשוטיהן — טהורין; גולמי כלי מתכות — טהורין, פשוטיהן — טמאין; נמצא טהור בכלי עץ — טמא בכלי מתכות, טהור בכלי מתכות — טמא בכלי עץ. ואלו הן גולמי כלי עץ: כל שעתיד לשוף, לשבץ, לגרר, לכרכב, להטיח בטונס, מחוסר כן או אוגן או אוזן — טמא; מחוסר חטיטה — טהור. מחוסר חטיטה פשיטא! לא צריכא, *דחק קפיזא בקבא. ואלו הן *גולמי כלי מתכות: כל שעתיד לשוף

רש"י

ואפילו מלא חרדל. שהכלי אינו נוגע בכולו אלא במה שסמוך לדפנות, והאמצעיים מיטמאין מן האויר. ואי אתה יכול לומר שזה מטמא את זה א], שהרי אין כביצה בכל אחד. ועוד, אין אוכל מטמא אוכל. ועוד, אם כן זה שני וזה שלישי, והשלישי לא יעשה רביעי לטמא את האמצעיים. ויהא כלי חרס מיטמא מגבו. בנגיעה. מק"ו. דתוכו גלי לך קרא ב], מה שאין כן בשאר כלים. (ב) וגבו בנגיעה ליתי בק"ו: מה כלי שטף שאין מיטמאין מאוירן בלא נגיעה, כדיליף לקמיה: תוכו של זה ולא תוכו של אחר. מיטמאין מגבן. בנגיעה, כדכתיב (ויקרא יא): "וכל אשר יפול עליו" וגו', "עליו" משמע דנגע, ולא שנא גבו ולא שנא אוירו. כלי פתוח. מדקפיד אפתיחה, שמע מינה בכלי חרס קאי. דאיזהו כלי שטומאתו קודמת לפתחו — דאיזה ג] כלים הרגילה תורה את הטומאה להשמים ולמהר ולבא דרך פתחו. הוי אומר זה כלי חרס. דכתב לך בנגיעה בדוכתא אחריתי: "אל תוכו". הא יש צמיד פתיל עליו. שמהודקת מגופתו עליו לפיו יפה. פתיל = מגופתו. טהור. ואף על פי שהוא באהל המת, דקרא באהל המת משתעי, אלמא לא נטמא מגבו. ומה כלי חרס שאין מיטמא מגבו. כדאמרן. הא דרשינהו. חד לגופיה, וחד לגזירה שוה, דנאמר "תוכו" לטמא כו'. ארבעה קראי כתיבי. תרי "תוכו" ובכל חד הוה מצי למיכתב "תוך" וכתב "תוכו". חד לגופיה. "תוך" האמור לטמא לגופיה אתא, שיטמא הכלי כל אוכלין ומשקין שבאוירו, אע"פ שלא נגע. וחד לג"ש. ללמוד על הכלי שיקבל טומאה מן האויר אע"פ שלא נגע בו השרץ, כדאמרינן לעיל (דף כד:): נאמר "תוכו" לטמא כו'. תוכו ולא תוך תוכו ואפילו כלי שטף מציל. אם היה כלי מונח בתוך כלי חרס, ופי הפנימי למעלה מפי החיצון כדמפרש בתורת כהנים, ואוכלים ומשקין בפנימי, וטומאה באויר החיצון — אין האוכלין טמאין, דלאו תוכו דכלי חרס נינהו, אלא תוך תוכו, ואפילו כלי שטף מציל (ג). ולא מיבעיא ד] פנימי אם גם הוא של חרס דמציל, דכיון דאינו מיטמא מגבו — לא נטמא, וחוצץ בפני הטומאה שבאויר החיצון. אלא אפילו ה] כלי שטף, דמיטמא מגבו, ואיכא למימר: לא יחוץ בפני הטומאה — מציל על האוכלין שבתוכו, שהרי גם הוא לא נטמא, וחוצץ. דאי משום דנגע בחיצון — חיצון ראשון הוא, ואין כלי מקבל טומאה אלא מאב הטומאה. ואי משום דקאי באויר כלי חרס, וכתיב: (ד) "וכל אשר בתוכו יטמא" — ה"מ אוכלין ומשקין, אבל כלים אין מיטמאין ו]. דתניא בפסחים (דף כ.): יכול יהו כל הכלים מיטמאין מאויר כלי חרס? ת"ל: "כל אשר בתוכו יטמא" וסמיך ליה "מכל האוכל אשר יאכל", אוכל ומשקין מיטמאין מאויר כלי חרס, ואין כל הכלים מיטמאין מאויר כלי חרס. כלי שטף. כל שאר כלים שאינם כלי חרס מיקרו "כלי שטף", על שם שיש להם טהרה במקוה. אלא מתוכן ובנגיעה. עד שיפול לתוכן ויגע בהן. וגימא דהאי "אשר יפול עליו" — על שוליו ועל דופנותיו מתוכו קאמר. מק"ו ומה כלי חרס שמיטמא מאוירו. בלא נגיעה. אין מיטמא מגבו. אפילו בנגיעה כו'. אמר קרא וכל כלי פתוח. דמדקדק פתיחה בכלי חרס קאמר, וכתיב "הוא" למימרא דהאי הוא דתלייה רחמנא בצמיד פתיל, מכלל דאינך אפילו יש צמיד פתיל עליהן טמאין, אלמא מגבן ז] נטמאו. גולמי. שלא נגמרה כל מלאכתן, כדמפרש ואזיל, אבל נגמרה חקיקתן וראויין הן לתשמישן. פשוטיהן. אפילו נגמרה מלאכתן. טהורין. דאיתקש עץ לשק, דכתיב (ויקרא יא): "מכל כלי עץ או בגד או עור או שק", מה שק מיטלטל מלא וריקן — אף כל מיטלטל מלא וריקן. גולמי כלי מתכות טהורין. ולקמן מפרש טעמא. פשוטיהן טמאין. אם נגמרה כל מלאכתן. דכלי מתכות לא איתקוש לשק, וטומאת כלי מתכות כתוב בפרשת מדין (במדבר לא): "אך את הזהב ואת הכסף" וגו'. לשוף. לשפשף בדבר המחליקן ומצחצחן, כמו שעושין בעשב שקורין אשפריל"א. לשבץ. לשון משבצות, מרמצן, עשויין כמזלגים קטנים, כמו "ומפקי ליה ברמלא דפרזלא" במסכת נדה (דף סב.). כלומר, שמחוסרין לתקוע בהן מסמרות ומשבצות לנוי כמו שעושים בארגזי הגסים. לגרר. ברהיטני להחליק. לכרכב. *שחוקק בהן חקיקות ח] גדולות וכרכוב, כדרך שעושים בכיסויי תיבות וספסלים. להטיח בטונס. דג הוא, כמו ששנינו ב"אלו טרפות" (לקמן סו:): אפונס וטונס. ושפין בעורו כלי עץ להחליק, וכדאמר בסנהדרין (דף כ:): משפשף בעור הדג. או שמחוסר כן. בסיס לישב עליו. אוגן. שפה לפיו, כמו שעושין לכלי ששותין בו יין לנוי. אוזן. אנס"א בלע"ז, כמו שעושין לקופה ולנפה. מחוסר חטיטה. טהור, דלאו כלי הוא. דחק קפיזא בקבא. כלי שבדעתו לחוק עד שיחזיק קבא, חקק בו ג' לוגין. ואע"פ שראוי למלאכה, הואיל ולשם קב התחיל בו ודעתו להשלימו — לא הוי גמר מלאכה. לשוף

[שבת פד.] [ב"ב כ.] זבחים ג: [תוספתא פ"א] שבת קנ. ע"ש [תוספתא דכלים פ"ב דב"מ] [עיין פרש"י פרשה תרומה כז פ"ה]

תוספות

איזהו כלי שטומאתו קודמת לפתחו הוי אומר זה כלי חרס. אבל אי לא כתיב "פתוח" ע"כ הוה מוקמינן ליה בכל הכלים, ולא הוה ידעינן מאי למידרש מ"הוא". (לעיל) **ומה** כל הכלים שאין מיטמאין מאוירן כו'. וא"ת: מה לכל הכלים שכן נעשו אב הטומאה! ובסמוך נמי, דעבד ק"ו איפכא שיהו כל הכלים מיטמאין מאויר, איכא למיפרך: מה לכלי חרס שכן אין לו טהרה במקוה! וי"ל: דלאו מכח כלי עביד ק"ו, אלא מכח גב ואויר. ומיהו, למאי דפרישית לעיל דהאי ק"ו הוי כמו "מה מצינו", דלא תקשה כל חד וחד תיקום אדוכתיה, קשה: דב"מה מצינו" ליכא למילף ליתן האמור של זה בזה, דאיכא למיפרך כדפרישית! ויש לומר, כדפרישית לעיל: שיש כאן שום סברא לעשות ק"ו אחד יותר מאחר. ועוד, האי ק"ו דהכא לא נקטיה כלל אלא לרווחא דמילתא, דבהדיא כלים כתיב טומאת מגע אף מגבן — "וכל הכלי אשר יגע בו הזב יטמא", דמהיכא נמעט כלי חרס? ולשאר כלים דילפינן טומאת אויר מק"ו — היינו מכח גב ואויר, ולהכי איצטריך תוכו של זה ולא תוכו של אחר. **ויהיו** כל הכלים מיטמאין מאוירן מק"ו. ואם תאמר: אם כן לא ליטמא מגבו, דהשתא מיתוקמא בכולהו קרא ד"כל כלי פתוח", דבכולם טומאה קודמת לפתחן! וי"ל: דמ"מ לא מוקמינן ליה אלא בכלי חרס, דכתיב ביה טומאת אויר בהדיא. ***וחד** לגזירה שוה. מופנית היא, דהוה מצי למכתב: "וכל אשר יפול מהם בו כל אשר בו". **ואפילו** כלי שטף מציל. פירש בקונטרס: דלא מיבעיא כלי חרס דאין מיטמא מגבו, אלא אפילו כלי שטף דמיטמא מגבו מציל, שגם כלי שטף אינו מקבל טומאה מאויר כלי חרס, כדאמרינן בפסחים (דף כ.). וקשה לפירושו: דאם כן, מה חידוש יש בכלי שטף יותר מבכלי חרס? ועוד, דאיכא חידוש יותר בכלי חרס מבכלי שטף, כגון אם שרץ באויר כלי חרס פנימי, ואוכלין בכלי חרס חיצון — דטהור אף ע"פ שהפנימי טמא. דהוי רבותא טפי מבכלי שטף, דאינו מקבל טומאה מאויר! ונראה לפרש: דקרא אצטריך לכלי שטף, אף על גב דלאו מיניה הוא — מחריב ביה. אבל כלי חרס דמיניה הוא — בלאו קרא ידעינן דחוצץ ומחריב ביה. וכן מוכח בשמעתא קמייתא דזבחים (דף ג:) דפריך: ומי אמר רבא חטאת ששחטה על מי שמחוייב חטאת פסולה, על מי שמחוייב עולה כשרה — אלמא דמינה מחריב בה, דלא מינה לא מחריב בה? ותנן: אפילו כלי שטף מציל! ומשני: התם גלי קרא, דארבעה "תוכו" כתיבי. **להטיח** בטונס. הקשה ר"ת: דבפ' שני דסנהדרין (ד' כ:) ט] אמר: כלי עץ מאימתי מקבלים טומאה? העריסה והמטה משישופם בעור הדג! ותירץ: דשיפה דהתם היינו להסיר את הקסמים הגדולים שמזיקין לישב עליה, אבל שפייה דהכא אינה אלא לנוי בעלמא, להחליקו ולצחצחו. מאי

עין משפט נר מצוה

קפ א מיי' פי"ד מהל' כלים הל"א:
קפא ב מיי' שם הל"ח ט:
קפב ג מיי' שם פ"א הל"ט י ופ"ה ה"ה ופ"ח ה"ה:
קפג ד מיי' שם פ"א הל"א:
קפד ה מיי' שם פ"א הלכה ו:
קפה ו מיי' שם פ"ה הל"א:
קפו ז מיי' שם פ"ה הל"ט:
קפז ח מיי' שם פ"ה הל"א:
קפח ט מיי' שם פ"ה הלכה כ:

הגהות הב"ח

(א) גמ' כלי שטף מציל ולא: (ב) רש"י ד"ה מק"ו וכו' בשאר כלים וגם בנגיעה ליתו בק"ו הס"ד: (ג) ד"ה תוכו וכו' ואפי' כלי שטף מציל דלא מיבעיא אם פנימי גם הוא וכו': (ד) בא"ד וכתיב כל כלי ואות ו' נמחק:

שיטה מקובצת

א] שהרי אין כביצה בכל אחד. נ"ב פי' ואין פחות מכביצה מטמא כך מצאתי בס"י: ב] מק"ו דתוכו גלי לך קרא שמטמא מאוירו מה שאין כן בשאר כלים ובגו בנגיעה ליתי בק"ו מכלי שטף שאין: ג] באיזה כלי הרגילה תורה: ד] ולא מיבעיא אם פנימי הוא של חרס דמציל דכיון: ה] אלא אפי' פנימי כלי שטף דמיטמא מגבו ואיכא למימר לא יחוץ. ונ"ב פי' ואיכא למימר כיון דבחיצון שרץ תלוי באויר כמאן דמלא טומאה הוי וכאילו נגע בה [השרץ] בכלי שטף קמ"ל דמציל [ב"מ בגליון רש"י ז"ל כתב יד ישן]: ו] אבל כלים אין מיטמאים מאויר כלי חרס דתניא בפסחים יכול: ז] אלמא מגבן מיטמאים הס"ד: ח] לכרכב שחוקק בהם חקיקות עגולות כברכוב בדרך שעושים בכסויי תיבות ובספסלים: ט] הקשה ר"ת דבפ' שני דסנהדרין אמרינן:

רבינו גרשום

ואיזהו כלי שטומאה קודמת לפתחו. כלומר שאין טמא מגבו אלא דרך פתחו: אמר קרא וכל כלי פתוח וכו': כלומר תוכו של כלי חרש וכו': הני תוכו הא דרשינהו. כלומר לעיל: לא ארבעה תוכו כתיבי תוך תוכו תוך תוכו. כלומר מצי למיכתב תוך מאי תוכו לדרשא הוא דאתא: חד לג"ש. כדאמרינן לעיל לטמא וכו' וחד תוכו ולא תוך תוכו כלומר יטמא ולא תוך תוכו יטמא ואפי' כו': כלי שטף העומד בתוך כלי חרש [הוא] וכלי אשר בו ונעשה כלי לכלי שטף פירות שבכלי שטף אין טמאין דכלי העומד בתוכו טמא ולא מה שבתוכו ומה אמר אפי' כלי שטף כלומר לא מבעיא כלי חרש דחשיב תוך דידיה וחשוב תוך תוכו אלא אפי' כלי שטף דאין חשוב תוך דידיה אפי' הכי מציל לפירות שבתוכו: ובנגיעה כלומר דנגע בתוכו ויהא טמא ולא יהו כל הכלים מטמאין בגבן כלומר בכלי עץ וכו' אמר קרא וכל כלי פתוח אשר אין צמיד פתיל וגו' כלומר שזו כלי חרש האי הוא דכי אין צמיד פתיל טמא שזו כלי חרש וכו' אלא כל הכלים כלומר של עץ בין שיש צמיד פתיל ובין שאין צמיד וכו': גולמי כלי עץ כדבעינן לפרושי לקמן: וכל שעתיד לשוף אפלניר בלע"ז. לשבץ קליני"ר. לכרכם לשון צרקליש: להטיח בטונס שטחין אותו להיות אדום: מחוסר כן. כלומר שולים על מה שהכלי יושב: אוגן

א) נראה דצ"ל וכלי שטף דהיינו כלי עור ומתכת ועץ היה בתוך התנור כל הפירות שהיו בתוך כלי שטף טהורין דכלי וכו'.

לשוף לשבץ, לגרר, *לכרכר, להקיש בקורנס, מחוסר כן או אוגן או אוזן — טהור, מחוסר כסוי — טמא. מאי שנא הני ומאי שנא הני? רבי יוחנן אמר: הואיל ולכבוד עשויין; רב נחמן אמר: הואיל ודמיהן יקרים. מאי בינייהו? איכא בינייהו אכלי עצם. ואזדא רב נחמן לטעמיה, דאמר רב נחמן: כלי עצם ככלי מתכות דמו. מכלל דכלי עצם מקבלי טומאה? אין, דתניא, רבי ישמעאל בנו של ר' יוחנן בן ברוקה אומר: מה תלמוד לומר °"וכל מעשה עזים תתחטאו" (במדבר לא) — בלהביא דבר הבא מן העזים מן הקרנים ומן הטלפים; שאר בהמה וחיה מנין? תלמוד לומר: "וכל מעשה"; א"כ, מה ת"ל "עזים"? *גפרט לעופות.§ **מתני'** *החייב בשקדים המרים — פטור במתוקים, החייב במתוקים — פטור במרים.§ **גמ'** *ת"ר: שקדים המרים — קטנים חייבין, גדולים פטורין; מתוקים — גדולים חייבין, קטנים פטורין. רבי ישמעאל בר' יוסי אומר משום אביו: דזה וזה לפטור, ואמרי לה: זה וזה לחיוב. אמר רבי אלעא: הורה רבי חנינא בצפורי כדברי האומר זה וזה לפטור. *ולמאן דאמר זה וזה לחיוב, גדולים למאי חזו? א"ר יוחנן: הואיל ויכול למתקן ע"י האור.§ **מתני'** *ההתמד, עד שלא החמיץ — אינו ניקח בכסף מעשר, ופוסל את המקוה; משהחמיץ — ניקח בכסף מעשר, ואינו פוסל את המקוה. *האחין השותפין, כשחייבין בקלבון — פטורין ממעשר בהמה, כשחייבין במעשר בהמה א] — פטורין מן הקלבון.§ **גמ'** מני מתניתין? לא רבי יהודה ולא רבנן! *דתניא: *חהמתמד, ונתן מים במדה, ומצא כדי מדתו — פטור, ור' יהודה מחייב. מני? אי רבנן — אע"ג דהחמיץ! אי ר' יהודה — אע"ג דלא החמיץ! אמר ר"נ אמר רבה בר אבוה: בשהחמיץ

רש"י

לשוף. בשופינא, לימ"א בלע"ז. לשבץ. במשבצות זהב לנוי. לגרר. גרטוזי"ר. לשוף שייף בכלי ברזל, לגרר שייף בכלי זהב וכסף. לכרכר. בלירי"ש שקורין ניי"ל. להקיש בקורנס ג]. שיש בו פחיתות ופושטן בקורנס. טהור. הואיל ולא נגמרה כל מלאכתו. ולקמן מפרש טעמא. מחוסר כסוי טמא. שאין הכסוי ממלאכת הכלי, שהכסוי כלי אחר הוא, ובלא כסוי הוא בנוי. מאי שנא. גולמי כלי מתכות דטהורין, ומאי שנא של עץ דטמאין? הואיל ולכבוד עשויין. הנך דמתכת, הלכך לא חשידי כלי למילתייהו עד שתגמר כל מלאכת כיעורן. הואיל ודמיהן יקרים. ועד דעבידי נאה לא חזו למילתייהו, לימכר ביוקר כראוי להם. כלי עצם. דמיהם יקרים ואין עשויין לכבוד, לרב נחמן הוו ככלי מתכות ולר' יוחנן הוו ככלי עץ. דכלי עצם מקבלים טומאה. בתמיה ג], והיכא רמיזא? להביא דבר הבא מן העזים. מקרניהם ומטלפיהם, דהא כלי עור בהדיא כתיב ברישא דקרא. מן הקרנים גרסינן — ולא גרסינן "ומן הקרנים". פרט לעופות. כגון לפרני גריפו"ן שעושין מהם כלים. קטנים חייבין. במעשר, שדרכן לאוכלן בקוטנס קודם שיהו מרים. מתוקים גדולים חייבין. שנגמר פריים. קטנים פטורין. שאין דרך אכילתן כך. זה וזה לפטור. קטנים פטורים בין מרים ובין מתוקים. זה וזה לחיוב. גדולים בין מרים ובין מתוקים. ולקמן מפרש גדולים מרים למאי חזו. מתני' התמד עד שלא החמיץ. הא נמי להכי תנייה הכא, משום דדמיא להנך דלעיל. אלא דעד השתא איירי בתרתי מילי, ודבר הנוהג בזו אינו נוהג בזו. ומהשתא מיירי בחדא מילתא ויש בה חלוק פרקים, ובזמן שדבר זה נוהג בה אין דבר זה נוהג בה, ויש זמן שזה נוהג בה ואין זה נוהג בה. יין הוזכר לענין קיחת מעשר בירושלים: "ונתת הכסף בכל אשר תאוה נפשך" וגו', מה הפרט מפורש פרי מפרי וגידולי קרקע בעירובין (דף כז:). ומים הוזכרו לענין לפסול את המקוה בשלשה לוגין מים שאובין, אם נפלו לתוכן קודם שהומשכו בו ארבעים סאה. ויין אינו פוסל את המקוה. תמד. מים הנתנים בחרצנים, ולכשהחמיץ ותוסס נעשה יין. והתמד עד שלא החמיץ מים בעלמא הוא, ונוהג בו תורת פסול מקוה, ואינו נוהג בו תורת קיחת מעשר. ולאחר שהחמיץ ינהוג בו קיחת מעשר, ולא ינהוג בו פסול מקוה. וכן האחין השותפין כשחייבים כו'. האחין שהן שותפין בירושתן. כשחייבין בקלבון פטורים ממעשר בהמה. חלקו ולבסוף נשתתפו — חייבין בקלבון, כשמביאין שקליהן מביאין שני חצאי שקלים ונותנין שתי קלבונות. והקלבון הוא לשון הכרע, שחייבין להכריע שקליהן. ואם נתנו בין שניהם שקל שלם — נותנין שתי קלבונות, שהיה להן לשקול לחצאין. ופטורין ממעשר בהמה. כל הנולדים להם כל ימי שותפותם. שהשותפות פוטר ממעשר בהמה, בבכורות בפרק בתרא (דף נו:): "יהיה לך" — ולא של שותפות. והתם מוקי ליה להאי קרא במעשר, ואע"ג דבבכורות כתיב. וכשחייבין במעשר בהמה. כגון אם לא חלקו מעולם — חייבין במעשר בהמה, לעשר כל הנולדים להם כל ימי שותפותם. דאמר התם: יכול אפילו קנו בתפוסת הבית? תלמוד לומר "יהיה". ופטורין מן הקלבון לגמרי, ששוקלין בין שניהם שקל שלם. שממון אביהם בחזקתו עומד, ואביהם השוקל על בניו או על אחד מבני עירו ופוטרו בשלו — פטור מן הקלבון, דתנן בשקלים (פרק א משנה ז): השוקל על יד עני או על יד שכנו או על יד בן עירו — פטור. ובניו נמי, אין מצות שקליהם עליו, והוו ליה כשכנו ובן עירו. גמ' כדי מדתו. ולא יותר. שאם מצא יותר — הכל מודים שחייב לעשר, שהרי יש כאן יין. ר' יהודה מחייב. במעשר, דכוליה פירא היא. וחכמים פוטרים, הואיל ולא נוסף בו כלום. אף על פי שיש בו טעם יין אינו כלום. בשהחמיץ

תוספות

מאי שנא הני כו'. אגולמייהו קאי. דפשוטייהו פשיטא, דכלי עץ הוא דאיתקש לשק. **מכלל** דכלי עצם מקבלי טומאה. מדאורייתא קא בעי לאתויי. דהא פשיטא שיש בהן טומאה, דמתניתין היא במסכת כלים (פ"ב מ"א) ומייתי לה בפ"ק דשבת (דף טז.): כלי עץ וכלי עור וכלי עצם וכלי זכוכית, פשוטיהן טהורין, ומקבליהן טמאין. **שאר** בהמה וחיה מנין ת"ל וכל מעשה. ואם תאמר: דבפרק "במה אשה" (שבת דף סד.) דריש דבר הבא מזנב הסוס ומזנב הפרה מ"בגד ועור", תיפוק ליה מ"וכל"! וי"ל: דאין לרבות מ"וכל" אלא עצמות שדומין זה לזה, של עזים ושל בהמה, אבל בשער לא דמו. ואם תאמר: והכא תיפוק ליה מהתם מבגד ועור! וי"ל: דלא ידעינן אלא דומיא דבגד ועור. **זה** וזה לפטור. פירוש: מרים, בין גדולים ובין קטנים; גדולים — מפני שמרים ביותר, וקטנים — מפני שלא נגמרו. ואמרי לה זה וזה לחיוב, גדולים — מפני שנגמרו, קטנים — לפי שטובים יותר. ופירוש הקונטרס דחוק, דפירש: זה וזה לפטור — קטנים מרים ומתוקים, זה וזה לחיוב — גדולים מרים ומתוקים. והשתא לא הויא מענין אחד. ועוד, דכי בעי גדולים למאי חזו, הוי ליה לפרושי גדולים מרים, כיון דלאיירי נמי במתוקים. **התמד** כו'. פירש בקונטרס: מים הנתנים בחרצנים. ונראה דמיירי במים הנתנים בשמרים. דומיא ד"המתמד ונתן מים במדה" דמייתי עלה בגמרא, דמיירי דנתנים בשמרים, כדמשמע בפרק "המוכר פירות" (ב"ב צז.). ואינם שוים לגמרי כדמשמע בפ' "אלו עוברין" (פסחים מב:). **ופוסל** את המקוה. היינו מקוה חסר. אבל שלם אינו נפסל בשום ענין, כדפירשנו בפרק "המוכר את הבית" (ב"ב דף סו: ד"ה מכלל). **המתמד** ונתן מים במדה. ואם תאמר: ולוקמיה ברמו תלתא ואתא ארבעה! ויש לומר: דלכולי עלמא חייב אפילו לא החמיץ. ואם תאמר: ומאי טעמא דרבנן דפטרי שמרים שיש בהם טעם יין, ואף על גב שלא החמיץ? והלא כל איסור שבתורה שלא במינו — בנותן טעם, ד] וטבל חמור לענין א] שלא במינו! *ועוד, שאפילו החמיץ פוטרין חכמים, למאן דאמר בהחמיץ מחלוקת. ואפילו בטבל ודאי איירי, כדמשמע בפ' "המוכר פירות" (ב"ב דף צז.)! ויש לומר: דיין במים — אפילו בפחות מששים, אפילו רמא תלתא ואתא תלתא ופלגא — לא חשיב טעם גמור לרבנן כבשאר איסורין, דהכא לא הוי אלא קיוהא בעלמא*. **אי** רבי יהודה אף על גב דלא החמיץ. אף על גב דרבי יהודה להחמיר איירי — להתחייב במעשר, והכא להקל הוא — דניקח בכסף מעשר ואין פוסל את המקוה, קסבר התלמוד דלא שנא. וקשיא לפירוש רשב"ס ד"המוכר פירות" (דף צו:) גבי פלוגתא דאחרים ורבנן ב"בורא פרי הגפן", דקאמר התלמוד דברמא תלתא ואתא תלתא לא פליגי, אלא ברמא תלתא ואתא תלתא ופלגא. ופריך ליה מהא דפליגי בכדי מדתו ולא יותר. ומשני: ביתר נמי פליגי, וכדי מדתו ה] נקט להודיעך כחו דרבי יהודה. והשתא קשיא: דמאי משני? תקשי, אמאי לא מוקי נמי פלוגתייהו דרבנן ואחרים בכדי מדתו, כי היכי דפליגי ר' יהודה ורבנן? ותירץ שם רשב"ס, דרבי יהודה דמחייב בכדי מדתו — היינו לחומרא. ואי אפשר לומר כן, כדמשמע הכא! וצריך לפרש, דגמרא ס"ל כרבנן דפטרי בכדי מדתו, ומוקי אחרים ורבנן כרבנן דרבי יהודה. אי נמי, משמע ליה דרבי יהודה מחייב מדאורייתא ברמא תלתא ואתא תלתא ופלגא, לכך מחמיר מדרבנן בכדי מדתו. ומתניתין ברמא תלתא ואתא תלתא ופלגא.

עין משפט נר מצוה

קפט א מיי' פ"ה מהל' כלים הל"א ועי' השגות וכו"מ:

קצ ב ג מיי' שם פ"א הל"ה:

קצא ד מיי' פ"ב מהל' מעשר הל"ה ופ"א הלכה ט:

קצב ה מיי' פ"ז מהל' מעשר שני הל"ו:

קצג ו מיי' פ"ז מהל' מקוואות הל"ד סמג עשין רמח טוש"ע יו"ד סי' רא סעיף כה:

קצד ז מיי' פ"ו מהל' בכורות הלכה י ופ"ג מהל' שקלים הל' ד ה:

קצה ח מיי' פ"ב מהל' מעשר הל"ז:

הגהות מהר"ב רנשבורג

א] תד"ה המתמד ונתן וכו' וטבל חמור לענין (שלא) במינו. נ"ב כצ"ל למתוק הוכח שלא וכהמתוקנ כמינו ועיין במעשרות פ"ה משנה ו' ובר"ש שם פטור וכו' ישוש"ס:

מסורת הש"ס

[גי' הערוך ולכרכר]

במדבר לא

[עיין תוס' ב"ק נד. ד"ה קרב לגבי]

מעשרות פ"א מ"ד

[תוספתא פ"א] עירובין כח:

[עירובין שם]

[מעשר שני פ"א מ"ג]

בכורות נו: ביצה לג: [שקלים פ"א מ"ז]

ב"ב צז. פסחים מב: מעשרות פ"א מ"ו

[נ"ל דתנן]

[ע"ז עג:]

[ועי' תוס' ב"ב צז. ד"ה הוא]

רבינו גרשום

אוגן. כלומר שפתו או אוזן טמא כלומר לבד שיהא חסור כל צרכו כו' לא צריכא דחק קפיזא חצי קב ועדיין לאו גמר כלי הוא וטהור: א) מחוסר כסוי טמא דאע"פ שאין לו כסוי גמר כלי יש בו וטמא. ור' יוחנן אמר הואיל ולכבוד עשויין כלומר כלי מתכת משום הכי [אינם] מקבלים טומאה [כשהם גולמי] ורב נחמן (מדבריהן) [אמר הואיל ודמיהן יקרים] כו' מאי בינייהו איכא בינייהו כלי (עץ) [עצם] כלומר הודיליינקי. למ"ד הואיל ולכבוד עשויין ולא לאישתמושי אע"ג דלא הוי גמר מלאכה יכולין לשתות בהן בכלי עצם לפיכך גולמיהן טמאין. למ"ד הואיל ודמיהן יקרים ה"ה בשגמר מלאכה בהן דמיהן יקרין אבל אי לא הוי גמר כלי אין דמיהן יקרים לפיכך גולמיהן טהורים:

שיטה מקובצת

א] פטורין מן הקלבון. נ"ב עי' תוס' בכורות דף נ ע"ב: ב] להקיש בקורנס שהיו בה פחיתות ומרדדן ומקישן ופושטן בקורנס: ג] בתמיהה דהיכא רמיזא: ד] וטבל חמור לענין מינו ושאינו מינו. ועוד שאפ' בהחמיץ פוטרים: ה] כדי מדתו דנקט להודיעך:

מכלל דכלי עצם מקבל טומאה. כלומר [מנ"ל מקרא]. מה ת"ל כל מעשה עזים להביא דבר הבא מן הקרנים כלומר זהו כלי עצם פרט לעופות כלי הבא מן העצם דעופות דאינן מקבלין טומאה: ת"ר שקדים המרים. כלומר מין אחד שאפי' בשעת שגמר פרי מרים ואותו מין כשהם קטנים יכולין לאוכלן חייבין במעשר דחשובין אוכל שקטנים יכולין לאוכלן כ"כ ולא חשיב אוכל ופטורין מן המעשר: מתוקין גדולים חייבין כלומר מין מתוקין כשהן גדולים הן חייבין במעשר אבל כשהן קטנים הן פטורין מן המעשר. ר' ישמעאל [illegible] לחיוב מרים בין גדולים ובין קטנים [הן חייבין] ג): התמד עד שלא החמיץ כלומר שזו חרצנים שיוצאין מהם יין מן הגיגית ונותנין עליהן מים ושורין אותם במים ויש בו טעם יין מן הגיגית עד שלא החמיץ אינו ניקח בכסף מעשר כדפרשינן במסכת עירובין הכל נלקח בכסף מעשר חוץ מן המים ומן המלח. ועד שלא החמיץ חשוב מים ופוסל את המקוה החשובין מים שאובין. ומצא כדי מדתו פטורה מן המעשר. דלא הוסיף מתחמד כלו של המים כלומר לא נמצא יין כלומר כדי מדתו ולא יותר דהיינו מים: ור' יהודה מחייב. כלומר קא סבר ר' יהודה אפי' לא הוסיף כלום לא היה מוצא בו מדתו שהוא שפך בתחמד:

א) עד כאן שייך לעמוד הקודם. ב) נראה דצ"ל התמד כלומר מה שנעשה מחרצנים ששורין אותם במים ויוצא מהם טעם יין עד שלא החמיץ אינו ניקח וכו'.

בשהחמיץ מחלוקת, ומתניתין ר' יהודה. וכן א"ר יוסי ברבי חנינא: בשהחמיץ מחלוקת. וא"ר נחמן אמר רבה בר אבוה: אתמד שלקחו בכסף מעשר ולבסוף החמיץ – קנה מעשר, מ"ט? איגלאי מילתא למפרע דפירא הוא. אלא מתניתין דקתני: החמיץ – אין, לא החמיץ – לא, דלמא אי שבקיה הוה מחמיץ! אמר רבה: כששייר ממנו בכוס ולא החמיץ. רבא אמר: הא מני? ר' יוחנן בן נורי היא, *דתנן: בג' לוגין מים חסר קורטוב שנפל לתוכן קורטוב יין, ומראיהן כמראה יין, ונפלו למקוה – לא פסלוהו. גג' לוגין מים חסר קורטוב שנפל לתוכן קורטוב חלב, ומראיהן כמראה מים, ונפלו למקוה – לא פסלוהו. רבי יוחנן בן נורי אומר: הכל הולך אחר המראה; לאו א"ר יוחנן: בתר חזותא אזלינן? הכא נמי – זיל בתר חזותא, וטעמא וחזותא דהאי מיא נינהו. ופליגא דרבי אלעזר, דא"ר אלעזר: הכל מודים שאין מפרישין עליו ממקום אחר אא"כ החמיץ. קסבר: בלא החמיץ מחלוקת; ועד כאן לא מחייב רבי יהודה אלא מיניה וביה, אבל מעלמא – לא, דלמא אתי לאפרושי מן החיוב על הפטור, ומן הפטור על החיוב. § ת"ר: דהתמד עד שלא החמיץ – משיקו

רש"י

בשהחמיץ מחלוקת. אבל בשלא החמיץ רבי יהודה מודה דלאו פירא הוא. ורבנן אפילו בשהחמיץ פליגי. ומתניתין רבי יהודה היא. ובשלא החמיץ לא בעי רב נחמן לאוקמי לפלוגתייהו, ותיקום מתניתין כרבנן. דקסבר ר"נ, דכיון דבשלא מצא אלא כדי מדתו קא מיירי, אי לא החמיץ – לא מחייב עליה רבי יהודה. קנה מעשר. ומי שהמעות בידו יכול לאכלו חוץ לירושלים, מפני שנתחללו על התמד. דאילו לא החמיץ, הוו הנך מעות קיימי בקדושתייהו ביד המוכר. איגלאי מילתא. דבשעת לקיחה פירא הוה, דנכנס בהם כח החרצנים אלא שעדיין לא נגמר. וחילול מעליא הוא, שאם לא היה יין בחרצנים לא היה מחמיץ לעולם. אלא מתניתין דקתני. לא החמיץ אין נקח בכסף מעשר, ומשמע דאיניה לקיחה, והדמים קדושים ביד המוכר. דלמא אי שבקיה הוה מחמיץ. היכא דליתיה קמן ניזיל בתר רובא, ורובא מחמיצין הן. ומדקתני: אין נקח ופוסל, ש"מ: כל כמה דלא החמיץ, אע"פ שעתיד להחמיץ, השתא מיהא לאו פירא הוא, ולא הוי חלול! כששייר ממנו. מוכר זה בכוס, ולא החמיץ. *רבא אמר. מתניתין דקתני: א] עד שלא החמיץ פוסל את המקוה ואינו נקח בכסף מעשר, ואע"ג דפירא הוא. ר' יוחנן בן נורי היא. דאזיל בתר חזותא, ואמר: קורטוב חלב משלים לג' לוגים לפסול מקוה, משום דאיש ב] לו מראה מים. והכא נמי, אע"ג דפירא הוא עד שלא החמיץ, הואיל וחזותיה מיא – פוסל את המקוה. ולגבי מעשר נמי, הואיל וחזותיה וטעמא מיא – אינו נקח. *ורב נחמן דאמר כרבנן דאמרי: קורטוב חלב לא משלים לפסול את המקוה ואף ע"ג דחזותא דכולהו מיא הוא. והכא נמי, אע"ג דחזותיה מיא, הואיל ופירא הוה – לא פסיל מקוה, ולגבי מעשר נמי – נקח. לא פסלוהו. דאע"ג דאיכא שלשה לוגין שלמים, כיון דחזותייהו דחמרא – לא פסלי. שלשה לוגין חסר קורטוב שנפל לתוכן קורטוב חלב. שאינו דוחה את מראה המים. ומראיהן כמראה מים. כיון דליכא שיעורא במיא – לא פסלי, דרבנן תרתי בעו: שיעורא וחזותא. הכל הולך אחר המראה. דכי היכי דאזלת ברישא בתר חזותא, ואמרת לא פסלוהו – סיפא נמי זיל בתר חזותא, ואימא: פסלוהו. לאו א"ר יוחנן כו'. רבא הוא דמסיים לה למילתיה, דאוקי מתניתין כרבי יוחנן בן נורי. והכא נמי. דתמד עד שלא החמיץ, ואע"פ שעתיד להחמיץ והשתא פירא הוא, הואיל וחזותיה מיא – פסיל מקוה ואינו נקח. ורב נחמן כרבנן, דאף ע"ג דחזותיה מיא – לא פסיל, דתרתי בעינן לפסול מקוה [שיעורא וחזותא]. ולענין מעשר – נקח, דאפירא קפיד רחמנא, והא פירא הוא, והכא לא בעי תרתי. ולגבי מתסם [משום דרישא משמע דאזיל בתר חזותא, וסיפא משמע דלא אזיל בתר חזותא]. ונראה בעיני: דרבא "חסר קורטוב" תני ברישא, ומשום דליכא שיעורא קאמר תנא קמא לא פסלוהו. אבל שלשה לוגין שלמים, אפילו מראיהן כמראה יין פסלי, דרבנן לא קפדי אחזותא כלל. והשתא מיתוקמא שפיר, דרב נחמן [דאזיל בתר בסוף אף ע"ג דהשתא חזותא מיא, דאמר כת"ק דלא אזיל בתר חזותא. ורבא דאמר כר"י] (דאמר כרבנן). והכי אמרינן בפרק קמא דמכות אליבא דרבא, ד"חסר קורטוב" תנינן ברישא, ות"ק לא זו אף זו קאמר. ור' יוחנן בן נורי ארישא נמי פליג, ואתא למימר דאפילו שלשה לוגין שלמים ומראיהן כמראה יין לא פסלי. ובסיפא, אף ע"ג דליכא שלשה לוגין שלמים מים, הואיל דאיכא ג] מראה מים – פסלי. ופליגא דר' אלעזר. הא דאמר רב נחמן לעיל: בשהחמיץ מחלוקת, פליגא אדר' אלעזר. הכל מודים. אפילו רבי יהודה. שאין מפרישין עליו ממקום אחר. תמד אחר. אלא א"כ החמיץ. תמד זה שהוא בא לתקן ולהפריש עליו ממקום אחר. ומדקאמר ר' אלעזר אליבא דרבי יהודה דאין מפרישין עליו ממקום אחר – מכלל דמחייב ליה רבי יהודה בלא החמיץ. ואתא רבי אלעזר לאשמועינן דעד כאן לא מחייב ליה רבי יהודה אלא מיניה וביה, אבל ממקום אחר, אפילו הוא כיוצא בו שלא החמיץ – לא, שמא זה עתיד להחמיץ והוי פירא, וזה אין עתיד להחמיץ, וקא מפריש מן הפטור על החיוב או מן החיוב על הפטור. והמפריש מן הפטור על החיוב אוכל טבל, שהרי אין שם מעשר חל על מעשרותיו, שאינו ראוי לכך, ונמצא שלא נתקן זה שהפריש עליו. והמפריש מן החיוב על הפטור מאכיל טבל לכהן, שהרי אין שם תרומה חלה עליו, כיון שזה שהוא מפריש עליו א"נ לכך, נמצא שנותן לו מטבל זה החייב בתרומה, ומאכילו לכהן על חנם, וטבל במיתה אף לכהן, כדאמרינן ב"אלו הן הנשרפין" (סנהדרין פג.) משיקו

תוספות

בשהחמיץ מחלוקת. לאו דוקא בשהחמיץ, אלא כיון דסופו להחמיץ אע"ג דלא החמיץ, כדאמר בסמוך. ובודאי יין חשיב לר' יהודה, מדנקח בכסף מעשר, ואפילו יש בו ג' לוגין מים מלבד היין אינו פוסל את המקוה. (א) כי היכי דנחשבינן המים כפירי להיות נקחים בכסף מעשר, לענין מקוה נמי נחשבים כפרי ולא פסלי ליה. ואין לומר: הא דנקחין – משום דהוו כקנקן שנקחת אגב היין.* לא דמי, דעל ידי הקנקן משומר היין, אבל במים שבתמד אין נקחין אלא משום דחשיב כיין, לפי שיש בה טעם כמו יין מזוג. ואפילו למאן דתנא "חסר קורטוב" ברישא במשנה דמייתי בסמוך, הא שלש לוגין של מים פסלי ליה – לא דמי, דהתם ליכא טעמא דחמרא אלא חזותא לבד, ולא חיישינן בחזותא כיון דליכא טעמא. אבל הכא דאיכא טעמא, חמרא מזוגא אקרי. והיכא דלא החמיץ חשיב ליה כודאי מים, מדפוסלין את המקוה, דספק מים שאובין למקוה כשר. ומתני' רבי יהודה היא. והא דלא מוקי פלוגתייהו בשלא החמיץ, ומתניתין כרבנן – משום דאף רבי יהודה היה פוטר בלא החמיץ. דלמא אי שבקיה הוה מחמיץ. לאו לאין נקחין בכסף מעשר פריך, דבדין הוא דאין נקחין מספק. אלא אפוסל את המקוה פריך, דמספק אין לפסול, כדתניא בתוספתא* מקוה שהניחו ריקן ובא ומצאו מלא – כשר, מפני שהוא ספק מים שאובין למקוה. וכן מוכח בכמה משניות.

רבא אמר הא מני רבי יוחנן בן נורי היא. רבא לא לומר שאפילו שייר ממנו בכוס והחמיץ – חשיב מים כל זמן שלא החמיץ, לפסול את המקוה. כרבי יוחנן בן נורי דאמר: שלשה לוגין מים חסר קורטוב שנפל לתוכן קורטוב חלב חשיב כמים לפסול את המקוה, כיון דטעמא וחזותא מיא. והכא נמי, טעמא וחזותא מיא. ואף ע"ג דלא דמי לגמרי, דהתם אותו חלב אין סופו להיות בו טעם חלב, וגם לא היה נקח בכסף מעשר, אבל הכא סופו שיהיה בו טעם יין כשיחמיץ, והמים עצמם נחשבים יין להיות נקחים בכסף מעשר, כדאמר בעירובין (דף כז:): "בשכר" – לרבות תמד משיחמיץ. מ"מ מדקדק רבא, כיון דאפילו חלב עצמו נחשב כמים להשלים שיעור שלשה לוגין לפסול את המקוה, ה"ה דהכא הוה פוסל את המקוה אע"ג דסופו להחמיץ, כיון דהשתא מיהא טעמא וחזותא מיא. וטעמא וחזותא דהאי מיא נינהו. אע"פ שלא הזכיר רבי יוחנן בן נורי אלא חזותא, מ"מ צריך שלא יהא בו טעם יין, ולכך נקט רבא וחזותא, דפשיטא דיין לבן שהיה דומה למים לא היה פוסל את המקוה, ואפילו מזוג בג' לוגים מים. והא דלא נקט רבי יוחנן בן נורי "הכל הולך אחר הטעם והמראה", למאן דגרים בריש מכות (דף ג:) "חסר קורטוב", דמשמע: הא יש בו ג' לוגין פוסל את המקוה ואף ע"ג דמראיהן יין, ובא רבי יוחנן בן נורי לחלוק גם על רישא ולומר דאין פוסל כיון שיש בו מראה יין, אע"פ שיש בו טעם מים – לכך לא הזכיר טעמא אלא מראה. ולמאן דלא גרים ברישא "חסר קורטוב", דהשתא לא *קא"ר יוחנן בן נורי אלא אסיפא, נקט מראה למימר דבין ברישא בין בסיפא הולך אחר המראה. כלומר, כי היכי *דמודה ליה ברישא דאזלינן אחר המראה – אודי ליה נמי בסיפא דאזלינן בתר טעמא ומראה.

ופליגא דר' אלעזר דאמר ר' אלעזר הכל מודים כו'. וא"ת: אמאי פליג? הא אתי שפיר כרב נחמן, דהכי קאמר: אע"ג דר' יהודה מחייב במעשר משהחמיץ, או שסופו להחמיץ – מודה דאין מפרישין עליו מתמד אחר אלא א"כ החמיץ זה וזה, משום ד] דלמא זה סופו להחמיץ וזה אין סופו להחמיץ, והוה ליה כו'! וי"ל: דלכך קאמר דפליגי, דמשמע הלשון דמודו בין רבנן בין רבי יהודה, שאפילו רבנן ה] אמרו זה הלשון שאין מפרישין עליו ממקום אחר אלא א"כ החמיץ, אבל החמיץ מפרישין. ורב נחמן דמוקי פלוגתייהו בשהחמיץ סבר: פטרי רבנן אפי' החמיץ. התמד עד שלא החמיץ משיקו במים וטהור משהחמיץ אין משיקו במים. וא"ת: לרב נחמן דחשיב ליה פירי בשסופו להחמיץ אע"ג דלא החמיץ, כמאן? לא כרבי יהודה ולא כרבנן! וי"ל: *(סיפא) "עד שלא החמיץ" דהכא – אין סופו להחמיץ, ששייר ממנו בכוס ולא החמיץ. כדפרישית לעיל "עד שלא החמיץ" דמתניתין. הכא

עין משפט נר מצוה

קצו א מיי' פ"ז מהל' מעשר שני ונטע רבעי הל"ו:

קצז ב ג מיי' פ"ז מהל' מקוואות הל"ו והל"ח סמג עשין רמח טוש"ע יו"ד סי' רא סעיף כג:

[עירובין כז:]

קצח ד מיי' פ"ב מהל' טומאת אוכלין הלכה כד:

[רפ"ב דמקוואות]

קאי ר' יוחנן ר"מ

נ"ל דמודיתו לי כו' אודו לי

נ"ל סיפא

שיטה מקובצת

א] עד שלא החמיץ פוסל את המקוה ואינו נקח. נ"ב נ"א בקצת פירושים פוסל את המקוה ולגבי מעשר נמי הואיל וחזותא וטעמא מיא אינו נקח בכסף וכו': ב] משום דיש להם מראה מים והכא נמי: ג] הואיל דאיכא שלשה לוגים מראה מים פסלי: ד] זה וזה משום דדלמא זה סופו להחמיץ: ה] שאפי' רבנן יאמרו זה הלשון:

מסורת הש"ס

מכות ג: מקוואות פ"ז מ"ה

נ"א רבא אמר לא צריכו לאוקמא מתני' בשייר בכוס כלאוקמה רבה דאפילו בלא שייר נמי כי לא החמיץ ומתני' דקתני וכו' ס"י רש"א

גירסת רש"א ורב נחמן דאזל בתר בסוף כרבנן

רש"א

רש"א

רש"א

הגהות הב"ח

(א) תוס' ד"ה בשהחמיץ וכו' דכי היכי דנחשבינן המים:

רבינו גרשום

רבא אמר הא מני ר' יוחנן היא. כלומר הא מני דתנן עד שלא החמיץ אינו נקח בכסף מעשר ר' יוחנן בן נורי שהולך אחר המראה דתנן שלשה לוגין מים וכו': קורטוב מדה קטנה ומראיהן כמראה יין ונפלו למקוה לא פסלוהו כלומר משום דמראיהן כמראה יין ויין אינו פוסל את המקוה. שלשה לוגין מים חסר קורטוב שנפל לתוכן קורטוב חלב ומראיהן כמראה מים ונפלו למקוה לא פסלוהו כלומר כיון דלא הוו מן המים ג' לוגין שלימים אע"פ שמראה כמראה מים לא פסלוהו: ר' יוחנן אומר הכל הולך אחר המראה כיון שמראיהן כמראה מים פסלוהו דהולך אחר המראה: לאו אמר ר' יוחנן בן נורי בתר חזותא אזלינן. הכא נמי בתמד אזיל בתר חזותא וכיון דלא החמיץ טעם וחזותא מים נינהו: ומה דאמר רב נחמן ור' יוסי בר' חנינא כשהחמיץ מחלוקת (זו) פליגי דר' אלעזר: שאין מפרישין עליו. כלומר מן מעשר של יין על התמד שעדיין לא החמיץ אלא אם כן החמיץ והכל מודים מטענה זו אפי' ר' יהודה דמחייב אפי' שלא החמיץ. קסבר בלא החמיץ מחלוקת דר' יהודה ורבנן ומה דמחייב ר' יהודה לא מיחייב אלא מיניה וביה כלומר להפריש עליו מתמד עצמו שעדיין לא החמיץ אבל מתמד אחר אין מפרישין עליו שמא אתי לאפרושי מן הפטור על החיוב

מַשְׁיקוֹ בְּמַיִם, מִשֶּׁהֶחְמִיץ — אֵין מַשְׁיקוֹ בְּמַיִם. אָמַר רָבָא: לֹא שָׁנוּ אֶלָּא שֶׁתְּמָדוֹ בְּמַיִם טְהוֹרִים וְנִטְמְאוּ, אֲבָל טְמֵאִים מֵעִיקָּרָא — לָא. אֲזַל רַב גְּבִיהָה מִבֵּי כְתִיל אַמְרַהּ לִשְׁמַעְתָּא קַמֵּיהּ דְּרַב אָשֵׁי: מ"ש טְמֵאִין מֵעִיקָּרָא דְּלָא דְּאָמְרִינַן: אַיְּידֵי דְּמַיָּא יַקִּירֵי שָׁכְנֵי תַתַּאֵי, וּפֵירָא קָפֵי מִלְּעֵיל, וְלָא קָא סָלְקָא לְהוּ הַשָּׁקָה לְמַיָּא; א"ה, טְהוֹרִים וּלְבַסּוֹף נִטְמְאוּ נָמֵי! אֶלָּא מְבַלְבְּלֵי, א"ה מְבַלְבְּלֵי.§ מתני' *כָּל מָקוֹם שֶׁיֵּשׁ מֶכֶר אֵין קְנָס, וְכָל מָקוֹם שֶׁיֵּשׁ קְנָס אֵין מֶכֶר.§ גמ' *אָמַר רַב יְהוּדָה אָמַר רַב: זוֹ דִּבְרֵי ר"מ, אֲבָל חֲכָמִים אוֹמְרִים: יֵשׁ קְנָס בִּמְקוֹם מֶכֶר. *דְּתַנְיָא: בקְטַנָּה מִבַּת יוֹם אֶחָד עַד שֶׁתָּבִיא ב' שְׂעָרוֹת — יֵשׁ לָהּ מֶכֶר וְאֵין לָהּ קְנָס, מִשֶּׁתָּבִיא ב' שְׂעָרוֹת עַד שֶׁתִּיבָּגֵר — יֵשׁ לָהּ קְנָס וְאֵין לָהּ מֶכֶר, דִּבְרֵי רַבִּי מֵאִיר; שֶׁהָיָה רַבִּי מֵאִיר אוֹמֵר: כָּל מָקוֹם שֶׁיֵּשׁ מֶכֶר אֵין קְנָס, וְכָל מָקוֹם שֶׁיֵּשׁ קְנָס אֵין מֶכֶר. וחכ"א: גקְטַנָּה מִבַּת ג' שָׁנִים וְיוֹם אֶחָד עַד שֶׁתִּיבָּגֵר — יֵשׁ לָהּ קְנָס. קְנָס אִין, מֶכֶר לָא? אֵימָא: אַף קְנָס בִּמְקוֹם מֶכֶר.§ מתני' כָּל מָקוֹם שֶׁיֵּשׁ מֵיאוּן אֵין חֲלִיצָה, הוְכָל מָקוֹם שֶׁיֵּשׁ חֲלִיצָה אֵין מֵיאוּן.§ גמ' אָמַר רַב יְהוּדָה אָמַר רַב: זוֹ דִּבְרֵי ר"מ, אֲבָל חֲכָמִים אוֹמְרִים: יֵשׁ מֵיאוּן בִּמְקוֹם חֲלִיצָה. א) *דְּתַנְיָא: עַד מָתַי הַבַּת מְמָאֶנֶת? עַד שֶׁתָּבִיא שְׁתֵּי שְׂעָרוֹת, דִּבְרֵי ר"מ. ר' יְהוּדָה אוֹמֵר: עַד שֶׁיִּרְבֶּה הַשָּׁחוֹר עַל הַלָּבָן.§ מתני' כָּל מָקוֹם שֶׁיֵּשׁ תְּקִיעָה — אֵין הַבְדָּלָה, וְכָל מָקוֹם שֶׁיֵּשׁ הַבְדָּלָה — אֵין תְּקִיעָה; *יו"ט שֶׁחָל לִהְיוֹת בְּעֶ"שׁ — תּוֹקְעִין וְלֹא מַבְדִּילִין, בְּמוֹ"שׁ — מַבְדִּילִין וְלֹא תּוֹקְעִין. כֵּיצַד מַבְדִּילִין? ח"הַמַּבְדִּיל בֵּין קוֹדֶשׁ לְקוֹדֶשׁ". ר' דּוֹסָא אוֹמֵר: "בֵּין קוֹדֶשׁ חָמוּר לְקוֹדֶשׁ הַקַּל".§ גמ' הֵיכִי תּוֹקֵעַ? אָמַר רַב יְהוּדָה: תּוֹקֵעַ וּמֵרִיעַ מִתּוֹךְ תְּקִיעָה, וְרַב אַסִּי אָמַר: תּוֹקֵעַ וּמֵרִיעַ בִּנְשִׁימָה אַחַת. אַתְקֵין רַב אַסִּי בְּהוּצָל כִּשְׁמַעְתֵּיהּ. מֵיתִיבֵי: *יו"ט שֶׁחָל לִהְיוֹת בְּעֶ"שׁ — תּוֹקְעִין וְלֹא מְרִיעִין; מַאי לָאו לֹא מְרִיעִין כְּלָל? לָא, רַב יְהוּדָה מְתָרֵץ לְטַעְמֵיהּ, וְרַב אַסִּי מְתָרֵץ לְטַעְמֵיהּ; רַב יְהוּדָה מְתָרֵץ לְטַעְמֵיהּ — לֹא מְרִיעִין בִּפְנֵי עַצְמָהּ, אֶלָּא מִתּוֹךְ תְּקִיעָה; וְרַב אַסִּי מְתָרֵץ לְטַעְמֵיהּ — לֹא מְרִיעִין בִּשְׁתֵּי נְשִׁימוֹת, אֶלָּא בִּנְשִׁימָה אַחַת.§ "וּבְמוֹצָאֵי שַׁבָּת" כו'.§ הֵיכָא אָמַר לָהּ? א"ר יְהוּדָה: טבַּחֲתִימָתָהּ. וְכֵן אָמַר ר"נ: בַּחֲתִימָתָהּ. וְרַב שֵׁשֶׁת בְּרֵיהּ דְּרַב אִידִי אָמַר: אַף בִּפְתִיחָתָהּ. וְלֵית הִלְכְתָא כְּוָותֵיהּ. י"רַבִּי דּוֹסָא אוֹמֵר: 'בֵּין קֹדֶשׁ חָמוּר לְקֹדֶשׁ הַקַּל'"§ וְלֵית הִלְכְתָא כְּוָותֵיהּ. א"ר זֵירָא: יו"ט שֶׁחָל לִהְיוֹת בְּאֶמְצַע שַׁבָּת, אוֹמֵר: "הַמַּבְדִּיל בֵּין קֹדֶשׁ לְחוֹל וּבֵין אוֹר לְחֹשֶׁךְ וּבֵין יִשְׂרָאֵל לַגּוֹיִם וּבֵין יוֹם הַשְּׁבִיעִי לְשֵׁשֶׁת יְמֵי הַמַּעֲשֶׂה", מ"ט? סֵדֶר הַבְדָּלוֹת הוּא מוֹנֶה.§

הדרן עלך הכל שוחטין

רש"י

מַשְׁיקוֹ בְּמַיִם. אִם נִטְמָא, דְּמַיָּא בְּעָלְמָא הוּא. מִשֶּׁהֶחְמִיץ אֵין מַשְׁיקוֹ בְּמַיִם. דְּחַמְרָא הוּא, וְכֵלִים וְאָדָם נִיתְּנָה לָהֶם תּוֹרַת טָהֳרָה בְּמִקְוֶה, אֲבָל בְּאוֹכֶל וּמַשְׁקֶה לֹא נֶאֱמַר בָּהֶן טְבִילָה. וּמַיִם מִיטַּהֲרִים בְּהַשָּׁקָה, שֶׁאִם יֵשׁ לוֹ מַיִם יָפִים לִשְׁתִיָּה וְנִטְמְאוּ — נוֹתְנָן בִּכְלִי וּמַשְׁקָן בְּמֵי הַמִּקְוֶה עַד שֶׁנּוֹשְׁקִין הַמַּיִם, וַהֲוֵי חִיבּוּר וּבָטְלֵי לְגַבֵּי מִקְוֶה ג), כִּתְרוּמָה טְמֵאָה שֶׁזְּרָעָהּ בַּקַּרְקַע, שֶׁבָּטְלָה טוּמְאָתָהּ וְהִיא טְהוֹרָה, וְהָכִי מְפָרֵשׁ בְּ"כָל שָׁעָה" (פסחים דף לד.). אֲבָל יַיִן בְּמַיִם לָאו זְרִיעָה הִיא, דְּטַעֲמָא לָא בָּטֵיל. לֹא שָׁנוּ. דְּמַשְׁיקוֹ בְּמַיִם. אֲבָל טְמֵאִין מֵעִיקָּרָא לָא. וְרַב גְּבִיהָה פָּרֵיךְ עֲלָהּ. מַאי שְׁנָא. לִשְׁמַעְתָּא. כְּלוֹמַר, טַעֲמָא דְּהָא מַתְנִיתִין בְּעָא מִינֵּיהּ מֵרַב אָשֵׁי. יַקִּירֵי = כְּבֵדִין. קָפֵי = צָף, "וַיָּצֶף הַבַּרְזֶל" מְתַרְגְּמִינַן: וּקְפָא פַרְזְלָא (מלכים ב ו). מְבַלְבְּלֵי. הַכֹּל יַחַד, הַמַּיִם וְהַיַּיִן שֶׁל תֶּמֶד, הִלְכָּךְ מְהַנְיָא לֵיהּ הַשָּׁקָה. מתני' כָּל מָקוֹם שֶׁיֵּשׁ מֶכֶר. כָּל זְמַן שֶׁהַבַּת קְטַנָּה וְאָבִיהָ זַכַּאי לְמוֹכְרָהּ. אֵין קְנָס. אִם נֶאֶנְסָה אוֹ נִתְפַּתְּתָה אֵין לְאָבִיהָ חֲמִשִּׁים כֶּסֶף, דְּ"נַעֲרָה" כְּתִיב (דברים כב): "וְנָתַן הָאִישׁ הַשּׁוֹכֵב עִמָּהּ לַאֲבִי הַנַּעֲרָה חֲמִשִּׁים כָּסֶף". וְכָל מָקוֹם שֶׁיֵּשׁ קְנָס. דְּהַיְינוּ כְּשֶׁהִיא נַעֲרָה. אֵין מֶכֶר. דְּתַנְיָא בָּעֲרָכִין (דף כט:): יָכוֹל יִמְכּוֹר אָדָם בִּתּוֹ כְּשֶׁהִיא נַעֲרָה? תַּלְמוּד לוֹמַר: ק"ו: וּמָה מְכוּרָה כְּבָר יוֹצְאָה עַכְשָׁיו בְּסִימָנֵי נַעֲרוּת, שֶׁאֵינָהּ מְכוּרָה אֵינוֹ דִּין שֶׁלֹּא תִּימָּכֵר? גמ' זוֹ דִּבְרֵי ר"מ. דְּאָמַר: קְטַנָּה אֵין לָהּ קְנָס, אֲבָל חֲכָמִים אוֹמְרִים: יֵשׁ לָהּ קְנָס לִקְטַנָּה. וְטַעְמָא מְפָרֵשׁ בִּכְתוּבּוֹת (דף מ:): כָּל מָקוֹם שֶׁנֶּאֱמַר "נַעַר" בְּלֹא ה"א — אֲפִילּוּ קְטַנָּה בְּמַשְׁמַע. בַּת שָׁלֹשׁ שָׁנִים. רְאוּיָה לְבִיאָה. הָכִי גָּרְסִינַן: קְטַנָּה מִבַּת יוֹם אֶחָד עַד שֶׁתָּבִיא שְׁתֵּי שְׂעָרוֹת יֵשׁ לָהּ מֶכֶר וְאֵין לָהּ קְנָס. וַחֲכָמִים אוֹמְרִים קְטַנָּה (א) בַּת ג' שָׁנִים שֶׁהִיא רְאוּיָה לְבִיאָה יֵשׁ לָהּ קְנָס. מֶכֶר לֹא. בִּתְמִיָּה, וַהֲלֹא קְטַנָּה הִיא עַד שֶׁתָּבִיא שְׁתֵּי שְׂעָרוֹת! אֵימָא אַף קְנָס. יֵשׁ לָהּ, וְאַע"פ שֶׁיֵּשׁ מֶכֶר מִשֶּׁתַּגִּיעַ לְבִיאָה עַד שֶׁתָּבִיא ב' שְׂעָרוֹת. וְקוֹדֶם שֶׁתַּרְאֶה לְבִיאָה יֵשׁ מֶכֶר וְאֵין קְנָס, וּמִשֶּׁתָּבִיא שְׁתֵּי שְׂעָרוֹת וְעַד שֶׁתִּיבָּגֵר יֵשׁ קְנָס וְלֹא מֶכֶר. וּבֵין בַּגְרוּת לְנַעֲרוּת שִׁשָּׁה חֳדָשִׁים. מתני' מֵיאוּן. יְתוֹמָה שֶׁקִּדְּשׁוּהָ אִמָּהּ אוֹ אַחֶיהָ, וַאֲפִילּוּ לְדַעְתָּהּ — יְכוֹלָה לְמָאֵן וְיוֹצְאָה בְּלֹא גֵט, עַד שֶׁתָּבִיא שְׁתֵּי שְׂעָרוֹת. וְכָל יְמֵי קְטַנּוּתָהּ אֵינָהּ רְאוּיָה לַחֲלִיצָה אִם יְבָמָה הִיא, דְּ"אִישׁ" כְּתִיב בַּפָּרָשָׁה: "וְאִם לֹא יַחְפּוֹץ הָאִישׁ", וּמַקְּשִׁינַן אִשָּׁה לָאִישׁ. וּמִשֶּׁנִּרְאֵית לַחֲלִיצָה אֵינָהּ יְכוֹלָה לְמָאֵן. גמ' זוֹ דִּבְרֵי ר"מ. דְּאָמַר: נַעֲרָה לֹא מְמָאֶנֶת. בִּמְקוֹם חֲלִיצָה. דַּאֲפִילּוּ נַעֲרָה יְכוֹלָה לְמָאֵן. עַד שֶׁיִּרְבֶּה הַשָּׁחוֹר. שֶׁיּוּקַּף אוֹתוֹ מָקוֹם בְּשֵׂעָר. וּבְמַסֶּכֶת נִדָּה (דף נב:) מְפָרֵשׁ: לֹא שֶׁיִּרְבֶּה מַמָּשׁ, אֶלָּא שֶׁיְּהוּ שְׁתֵּי שְׂעָרוֹת אֲרוּכּוֹת שׁוֹכְבוֹת וְנִרְאֶה כְּמוֹ שֶׁרִיבָּה הַשָּׁחוֹר. מתני' תְּקִיעָה. עַרְבֵי שַׁבָּתוֹת וְיָמִים טוֹבִים, לְהַבְטִיל אֶת הָעָם מִן הַמְּלָאכָה, וּבֵין הַשְּׁמָשׁוֹת תּוֹקְעִין לְהַבְדִּיל בֵּין קֹדֶשׁ לְחוֹל. הַבְדָּלָה. בִּתְפִלָּה וְעַל הַכּוֹס, בְּמוֹצָאֵי שַׁבָּתוֹת וְיָמִים טוֹבִים. תּוֹקְעִין. אַע"פ שֶׁגַּם הַיּוֹם יו"ט הָיָה וְאֵין בּוֹ מְלָאכָה — תּוֹקְעִין, לְהַבְדִּיל מִמְּלֶאכֶת אוֹכֶל נֶפֶשׁ. וְלֹא מַבְדִּילִין. מִפְּנֵי שֶׁהַנִּכְנָס חָמוּר מִן הַיּוֹצֵא. חָל לִהְיוֹת בְּמוֹצָאֵי שַׁבָּת מַבְדִּילִין. לְפִי שֶׁהַיּוֹצֵא חָמוּר מִן הַנִּכְנָס. וּתְקִיעָה אֵין כָּאן. כֵּיצַד מַבְדִּילִין. בֵּין שַׁבָּת לְיוֹם טוֹב כְּשֶׁהוּא בְּמוֹצָאֵי שַׁבָּת. גמ' הֵיכִי תּוֹקֵעַ. בְּיו"ט שֶׁבְּעֶ"שׁ, כְּשֶׁהוּא תּוֹקֵעַ לְהַבְדִּיל בֵּין קֹדֶשׁ לְחוֹל. דְּבָעֵי שִׁינּוּי מִשְּׁאָר עַרְבֵי שַׁבָּתוֹת, שֶׁהֲרֵי אֵין קְדוּשָּׁה הַנִּכְנֶסֶת חֲמוּרָה מִקְּדוּשָּׁה דְּיוֹצְאָה כָּל כָּךְ. מִתּוֹךְ תְּקִיעָה. קוֹדֶם שֶׁיְּסַיֵּים הַתְּקִיעָה הוּא מֵרִיעַ בְּסוֹפָהּ. בִּנְשִׁימָה אַחַת. וּמִכָּל מָקוֹם מַפְסִיק הוּא בֵּינְתַיִים. הֵיכָא אָמַר לָהּ. לְהַאי "בֵּין קֹדֶשׁ לְקֹדֶשׁ". בַּחֲתִימָתָהּ. שֶׁל הַבְדָּלָה. אֲבָל בִּפְתִיחָתָהּ הוּא אוֹמֵר: "בֵּין קֹדֶשׁ לְחוֹל", וְכָךְ אָנוּ נוֹהֲגִים. אַף בִּפְתִיחָתָהּ. מַתְחִיל: "הַמַּבְדִּיל בֵּין קֹדֶשׁ לְקֹדֶשׁ, בֵּין אוֹר לְחֹשֶׁךְ". וְלֵית הִלְכְתָא כְּוָותֵיהּ. שֶׁהֲרֵי לִמְנוֹת סֵדֶר הַבְדָּלוֹת הוּא בָּא בַּתְּחִלָּה, וְהַבְדָּלָה דִּכְתִיבָה בְּאוֹרַיְיתָא — בְּקוֹדֶשׁ וְחוֹל כְּתִיבָה. וּכְרַבִּי דּוֹסָא נָמֵי לֵית (לֵיהּ) הִלְכְתָא, דְּלָא מְזַלְזְלִינַן בְּיוֹם טוֹב לְקוֹרְאוֹ קוֹדֶשׁ הַקַּל. בְּאֶמְצַע שַׁבָּת. אע"ה אָמְרִינַן "בֵּין יוֹם הַשְּׁבִיעִי", אע"ג דְּלָא שַׁיָּיךְ יוֹם הַשְּׁבִיעִי הָכָא כְּלָל. סֵדֶר הַבְדָּלוֹת. הָאֲמוּרוֹת בַּתּוֹרָה הוּא מוֹנֶה: "וּלְהַבְדִּיל בֵּין הַקֹּדֶשׁ" וגו', "וַיַּבְדֵּל בֵּין הָאוֹר וּבֵין הַחֹשֶׁךְ", "וָאַבְדִּיל אֶתְכֶם מִן הָעַמִּים לִהְיוֹת לִי", ו"בֵּין יוֹם הַשְּׁבִיעִי" כו' הַיְינוּ בֵּין קֹדֶשׁ לְחוֹל, וּמִשּׁוּם דְּבָעֵי לְמֵימַר מֵעֵין חֲתִימָה סָמוּךְ לַחֲתִימָתָהּ.

הדרן עלך הכל שוחטין

תוספות

הכא נמי מבלבלי. ורבא סלקא דעתך, דכי נטמאו מעיקרא בפני עצמן, אינו מועיל להן השקה אלא בפני עצמן. הקשה ה"ר אליעזר ממיץ: למה לי טעמא דמבלבלי? כי נמי קפי פרי מלעיל סלקא להו השקה, כדאשכחן בפרק "התערובת" (זבחים עח:) גבי יין וחלב לחין אין חוצצין, שדרך היין עוברים המים אל גוף האדם, ועלתה לו טבילה! ונראה דלא קשה מידי, דלא דמי, דודאי אגבא דגברא או אגבא דמנא מחלחלי בהו מיא, אבל דרך השקה לא. אבל חכמים אומרים יש מיאון במקום חליצה דתניא. מתני' ד"בא סימן" *הוה מצי לאתויי. אלא מייתי ברייתא, משום דמפורש בה ר' מאיר. עד שירבה השחור על הלבן. פירוש: הבשר לבן הוא, וקאמר ר' יהודה דבעי שישחיר אותו המקום מן השערות. ובשתי שערות סגי, כדמפורש בפרק "בא סימן" ולא שירבה ממש, אלא שיהו שתי שערות שוכבות ונראה כמו שריבה השחור. כלומר, דומה כמו שיש שם שערות הרבה. ושם פירש בקונטרס דלא גרסינן "על הלבן"*.

הדרן עלך הכל שוחטין

עין משפט נר מצוה

קצט א מיי' פ"ב מהל' טומאת אוכלין הל' ...
ר ב מיי' פ"ד מהל' עבדים הל"א סמג עשין פה:
רא ג מיי' פ"א מהל' נערה בתולה הל"ח סמג עשין נד טוש"ע אה"ע סי' קעז סעיף א בהגה"ה:
רב ד מיי' פ"א מהל' יבום הלי"ח סמג עשין נ טוש"ע אה"ע סי' קסז סעיף ד:
רג ה ו מיי' פי"א מהל' גירושין הל"ד (ומיי' פ"ד מהל' עבדים הל"א) סמג עשין נא טוש"ע אה"ע סי' קנה סעי' יב:
רד ז מיי' פ"ה מהל' שבת הל' כח:
רה ח ט מיי' שם פכ"ט הל' כב סמג עשין פט טור או"ח סי' תצא:
רו י מיי' שם הל' ... סמג שם טוש"ע או"ח סי' תרמ"א סעיף ...:

מסורת הש"ס

[נדה נב.]
[וע"ע תוס' ב"ב קנו. ותוס' כתובות לו. ד"ה עד]
כתובות מ:
[שם]
גז"ש
כתובות לו. יבמות יב: נדה נב. וע"ע תוס' ד"ה אבל כ"ב קנו.
שבת קיד:
[תוספתא סוף פ"א תוספתא סוכה פ"ד]

הגהות הב"ח

(א) רש"י ד"ה הכי גרסינן וכו' מבת ג':

שיטה מקובצת

א] אבל חכמים אומרים יש מיאון במקום חליצה ומאן חכמים ר' יהודה היא דתניא עד מתי: ב] והוי חבור ובטלי לגבי מקוה כתבואה טמאה שזרעה:

רבינו גרשום

החיוב כלומר שמא אתי לאפרושי מתמד שמעולם לא היה מחמיץ על התמד הזה שאם משיירין אותו עדיין היא מחמיץ: משיקו במים. כלומר אם נטמאו בשרץ או באוכלין הם טמאין: עד שלא החמיץ משיקו במים. כיצד משיקו נוטל כלי שפיו קצר וממלאו מן התמד שהוא טמא ומשים הכלי בתוך המקוה ומציף המים על פי הכלי וחשוב להו כטבילה והכי קאמר עד שלא החמיץ דחשוב כמים עושה להו השקה: אבל משהחמיץ אין משיקן דחשוב יין ולייו אין עושין השקה: לא שנו אלא שתמדו במים טהורים ונטמאו ועכשו יועיל להן השקה. אלא מבלבלי בין שתמדו במים טהורין לכתחלה ובין שלא תימדו במים טהורין לכתחלה ומועיל להן השקה בין (לאחר) [נטמאו מעקרא] ובין לבסוף: האחין השותפין שחייבים בקולבון. כלומר קולבון זוהי מעה קטנה שכל ישראל חייבין מחצית השקל בכל שנה ושנה ושני מחצית השקל יתירא משקל ואם בין שני אדם נותנין שקל חייבין להוסיף קולבון ואם אדם אחד חייב שקל להקדש ונותן שקל אין להוסיף עליו כלום והכא הכי קאמרינן האחין שבענין זה הוויין שותפין שהניח להן אביהן ביחד ירושתן ואח"כ לא חלקו דומין לאדם אחד ואין חייבין בקולבון אם נותנין בין שניהם שקל שלם בשביל שני מחצית השקל וחייבים במעשר בהמה דאין דומין כלקוחות אבל אם חייבין בקולבון דהניח להן ירושה יחד קרקע ובהמות וחלקו ואח"כ נשתתפו דומין כלקוחות שלקח זה חלקו כנגד חלק חברו ודומין כמין שני בני אדם וחייבין בקולבון ופטורין ממעשר בהמה: כל מקום שיש מכר אין לה קנס. כלומר באותו זמן שיכול למכור אדם את בתו לאמה אם אדם אחד תפשה ושכב עמה אין לה חמשים כסף שכתוב בפסוק הנערה והאב אינו יכול למוכרה נערה אלא קטנה וקטנה אין לה קנס ובכמה שנים היא חשובה נערה מבת אחת עשרה שנה ויום אחד עד שתים עשרה שנה וחצי עד שתים ואם מביאה ב' שערות ואלו הן ששה חדשים ומכאן ואילך חשובה בוגרת: וכל מקום שיש קנס אין מכר. כלומר בזמן נערות שיש קנס אין האב יכול למוכרה אבל חכ"א יש קנס במקום מכר כלומר אפילו בימי קטנותה שהאב יכול למוכרה אם אדם תפשה באותו זמן ושכב עמה יש לה קנס: כל מקום שיש מיאון אין חליצה. כלומר באותו זמן שהבת יכולה למאן קודם שתביא ב' שערות אינה יכולה לחלוץ ולא ליבם ואינה ראויה לחליצה אלא א"כ יכולה ליבם שמא לאחר זמן תמצא איילונית דאינה ראויה לוולד ונמצא פוגם בערוה באשת איש שלא כדין שייבום איילונית אין חשוב ייבום מ"ט דבעינן להקים לאחיו שם וליכא דאיילונית היא: וחכ"א עד שירבה השחור. כלומר עד שישחיר באותו מקום לרוב שערות ובאותה זמן יכולה לחלוץ: כל מקום שיש תקיעה אין הבדלה. כיצד יו"ט שחל להיות בע"ש כו' תוקעין להבדיל את העם מן המלאכה שביו"ט בע"ש מותרין הוו באוכל נפש והיו תוקעין לערב להבטיל ממלאכת אוכל נפש ולא מבדילין בין קדש לקדש שאין מבדילין בין קדש הקל לקדש חמור אבל חל יו"ט במו"ש מבדילין בין שבת ליו"ט ולא תוקעין את העם להבטיל ממלאכה שאינו צריך ששבתו בשבת ולא עשו שום מלאכה: היכא אמר לה. רב יהודה א"ר בחתימתה וכו' כלומר היכא אמר לה להבדלה בין קדש לקדש בחתימתה כלומר בחתימת הבדלה כשאנו עושין: רב ששא בריה דרב אידי אמר אף בפתיחתה כלומר אף בפתיחת הבדלה מבדיל בין קדש לקדש ולית הלכתא כוותיה מ"ט סדר הבדלות הוא מונה וכו' כלומר כל הבדלות האלו כתובות בתורה ולהבדיל בין הקדש ובין החול ולהבדיל בין האור ובין החשך ואבדיל אתכם מן העמים ויברך אלהים את יום השביעי ויקדש אותו וכתיב להבדיל בין הקדש ובין החול: **סליק פירקא**

Koren Talmud Bavli

THE NOÉ EDITION

ḤULLIN

KOREN TALMUD BAVLI

THE NOÉ EDITION

ḤULLIN

Daf 2a through Daf 26b

COMMENTARY BY

Rabbi Adin Even-Israel Steinsaltz

EDITOR-IN-CHIEF

Rabbi Dr Tzvi Hersh Weinreb

SENIOR CONTENT EDITOR

Rabbi Dr Shalom Z Berger

EXECUTIVE EDITOR

Rabbi Joshua Schreier

•

STEINSALTZ CENTER

KOREN PUBLISHERS JERUSALEM

Supported by the Matanel Foundation

Koren Talmud Bavli, The Noe Edition
Vol. 31a: Tractate Ḥullin, Daf 2a through Daf 26b
Paperback, ISBN, 978-965-7767-29-0

First Hebrew/English paperback edition, 2026

Koren Publishers Jerusalem Ltd.
PO Box 4044, Jerusalem 91040, ISRAEL
PO Box 8531, New Milford, CT 06776, USA
www.korenpub.com

Steinsaltz Center

Steinsaltz Center is the parent organization of institutions established by Rabbi Adin Even-Israel Steinsaltz

PO Box 45187, Jerusalem 91450 ISRAEL
Telephone: +972 2 646 0900, Fax +972 2 624 9454
www.steinsaltz-center.org

הִנֵּה יָמִים בָּאִים, נְאֻם אֲדֹנָי יֱהֹוִה, וְהִשְׁלַחְתִּי רָעָב בָּאָרֶץ,
לֹא־רָעָב לַלֶּחֶם וְלֹא־צָמָא לַמַּיִם, כִּי אִם־לִשְׁמֹעַ אֵת דִּבְרֵי יהוה.

Behold, days are coming – says the Lord God – I will send a hunger to the land, not a hunger for bread nor a thirst for water, but to hear the words of the Lord. (AMOS 8:11)

The Noé edition of the Koren Talmud Bavli
with the commentary of Rabbi Adin Even-Israel Steinsaltz
is dedicated to all those who open its covers
to quench their thirst for Jewish Knowledge,
in our generation of Torah renaissance.

This beautiful edition is for the young, the aged,
the novice and the savant alike,
as it unites the depth of Torah knowledge
with the best of academic scholarship.

Within its exquisite and vibrant pages,
words become worlds.

It will claim its place in the library of classics,
in the bookcases of the Beit Midrash,
the classrooms of our schools,
and in the offices of professionals and business people
who carve out precious time to grapple with its timeless wisdom.

For the Student and the Scholar

DEDICATED BY LEO AND SUE NOÉ

Executive Director, Steinsaltz Center

Rabbi Meni Even-Israel

Managing Editor

Rabbi Jason Rappoport

Senior Content Editor

Rabbi Dr. Shalom Z. Berger

Editors

Rabbi Dr. Joshua Amaru, *Coordinating Editor*
Rabbi Yehoshua Duker, *Final Editor*
Rabbi Yedidya Naveh, *Content Curator*
Rabbi Avishai Magence, *Content Curator*
Menucha Chwat
Rabbi Yonatan Shai Freedman
Rabbi Ayal Geffon
Noam Harris
Yisrael Kalker
Rabbi Tzvi Chaim Kaye
Rabbi Adin Krohn
Catriel Lev
Elisha Loewenstern
Rabbi Jonathan Mishkin
Rabbi Eli Ozarowski
Rabbi David Sedley
Rabbi Jonathan Shulman
Rabbi Michael Siev
Aryeh Sklar
Avi Steinhart
Rabbi Yitzchak Twersky

Hebrew Edition Editors

Rabbi Yehonatan Eliav
Rabbi Avraham Gelbstein
Rabbi Gershon Kitsis

Copy Editors

Aliza Israel, *Coordinator*
Ita Olesker
Debbie Ismailoff
Shira Finson
Ilana Sobel
Deena Nataf
Eliana Kurlantzick Yorav
Erica Hirsch Edvi
Sara Henna Dahan
Oritt Sinclair

Language Consultants

Dr. Stéphanie E. Binder, *Greek & Latin*
Rabbi Yaakov Hoffman, *Arabic*
Dr. Shai Secunda, *Persian*
Shira Shmidman, *Aramaic*

Design & Typesetting

Dena Landowne Bailey, *Typesetting*
Tomi Mager, *Typesetting*
Tani Bayer, *Jacket Design*
Raphaël Freeman, *Design & Typography*

Images

Eliahu Misgav, *Illustration & Image Acquisition*
Daniel Gdalevich, *Illustration & Image Acquisition*

Introduction by the Publisher

The Talmud has sustained and inspired Jews for thousands of years. Throughout Jewish history, an elite cadre of scholars has absorbed its learning and passed it on to succeeding generations. The Talmud has been the fundamental text of our people.

Beginning in the 1960s, Rabbi Adin Even-Israel Steinsaltz שליט״א created a revolution in the history of Talmud study. His translation of the Talmud, first into modern Hebrew and then into other languages, as well the practical learning aids he added to the text, have enabled millions of people around the world to access and master the complexity and context of the world of Talmud.

It is thus a privilege to present the *Koren Talmud Bavli*, an English translation of the talmudic text with the brilliant elucidation of Rabbi Steinsaltz. The depth and breadth of his knowledge are unique in our time. His rootedness in the tradition and his reach into the world beyond it are inspirational.

Working with Rabbi Steinsaltz on this remarkable project has been not only an honor, but a great pleasure. Never shy to express an opinion, with wisdom and humor, Rabbi Steinsaltz sparkles in conversation, demonstrating his knowledge (both sacred and worldly), sharing his wide-ranging interests, and, above all, radiating his passion. I am grateful for the unique opportunity to work closely with him, and I wish him many more years of writing and teaching.

Our intentions in publishing this new edition of the Talmud are threefold. First, we seek to fully clarify the talmudic page to the reader – textually, intellectually, and graphically. Second, we seek to utilize today's most sophisticated technologies, both in print and electronic formats, to provide the reader with a comprehensive set of study tools. And third, we seek to help readers advance in their process of Talmud study.

To achieve these goals, the *Koren Talmud Bavli* is unique in a number of ways:

- The classic *tzurat hadaf* of Vilna, used by scholars since the 1800s, has been reset for great clarity, and opens from the Hebrew "front" of the book. Full *nikkud* has been added to both the talmudic text and Rashi's commentary, allowing for a more fluent reading with the correct pronunciation; the commentaries of *Tosafot* have been punctuated. Upon the advice of many English-speaking teachers of Talmud, we have separated these core pages from the translation, thereby enabling the advanced student to approach the text without the distraction of the translation. This also reduces the number of volumes in the set. At the bottom of each *daf*, there is a reference to the corresponding English pages. In addition, the Vilna edition was read against other manuscripts and older print editions, so that texts which had been removed by non-Jewish censors have been restored to their rightful place.
- The English translation, which starts on the English "front" of the book, reproduces the *menukad* Talmud text alongside the English translation (in bold) and commentary and explanation (in a lighter font). The Hebrew and Aramaic text is presented in logical paragraphs. This allows for a fluent reading of the text for the non-Hebrew or non-Aramaic reader. It also allows for the Hebrew reader to refer easily to the text alongside. Where the original text features dialogue or poetry, the English text is laid out in a manner appropriate to the genre. Each page refers to the relevant *daf*.

- Critical contextual tools surround the text and translation: personality notes, providing short biographies of the Sages; language notes, explaining foreign terms borrowed from Greek, Latin, Persian, or Arabic; and background notes, giving information essential to the understanding of the text, including history, geography, botany, archaeology, zoology, astronomy, and aspects of daily life in the talmudic era.
- Halakhic summaries provide references to the authoritative legal decisions made over the centuries by the rabbis. They explain the reasons behind each halakhic decision as well as the ruling's close connection to the Talmud and its various interpreters.
- Photographs, drawings, and other illustrations have been added throughout the text – in full color in the Standard and Electronic editions, and in black and white in the Daf Yomi edition – to visually elucidate the text.

This is not an exhaustive list of features of this edition, it merely presents an overview for the English-speaking reader who may not be familiar with the "total approach" to Talmud pioneered by Rabbi Steinsaltz.

Several professionals have helped bring this vast collaborative project to fruition. My many colleagues are noted on the Acknowledgments page, and the leadership of this project has been exceptional.

RABBI MENACHEM EVEN-ISRAEL, DIRECTOR OF THE STEINSALTZ CENTER, was the driving force behind this enterprise. With enthusiasm and energy, he formed the happy alliance with Koren and established close relationships among all involved in the work.

RABBI DR. TZVI HERSH WEINREB שליט״א, EDITOR-IN-CHIEF, brought to this project his profound knowledge of Torah, intellectual literacy of Talmud, and erudition of Western literature. It is to him that the text owes its very high standard, both in form and content, and the logical manner in which the beauty of the Talmud is presented.

RABBI JOSHUA SCHREIER, EXECUTIVE EDITOR, assembled an outstanding group of scholars, translators, editors, and proofreaders, whose standards and discipline enabled this project to proceed in a timely and highly professional manner.

RABBI MEIR HANEGBI, EDITOR OF THE HEBREW EDITION OF THE STEINSALTZ TALMUD, lent his invaluable assistance throughout the work process, supervising the reproduction of the Vilna pages.

RAPHAËL FREEMAN, EXECUTIVE EDITOR OF KOREN, created this Talmud's unique typographic design which, true to the Koren approach, is both elegant and user friendly.

It has been an enriching experience for all of us at Koren Publishers Jerusalem to work with the Steinsaltz Center to develop and produce the *Koren Talmud Bavli*. We pray that this publication will be a source of great learning and, ultimately, greater *avodat Hashem* for all Jews.

Matthew Miller, Publisher
Koren Publishers Jerusalem
Jerusalem 5772

Contents

For the vocalized Vilna Shas layout, please open as a Hebrew book.

Introduction to **Ḥullin**

Tractate *Ḥullin* is part of the order of *Kodashim*, which is devoted almost in its entirety to the numerous aspects of the *halakhot* of consecrated items, including the mitzvot relating to the sacrifice of the various offerings, the manner in which offerings and other items designated for the Temple are consecrated, the procedures in the Temple, and the service performed therein. In contrast to the rest of the tractates in the order of *Kodashim*, *Ḥullin* is devoted entirely to *halakhot* that relate to the non-sacred. A significant portion of this tractate is dedicated to discussion of the slaughter of non-sacred animals, rendering their meat fit for consumption, and the distinction between food from living beings that is permitted and food from living beings that is forbidden. In addition, the tractate addresses a series of mitzvot that relate to living beings that lack the sanctity of sacrificial animals.

Although ostensibly the tractate addresses non-sacred matters exclusively, its placement in the order of *Kodashim* is not by happenstance. Not only do all of these issues relating to non-sacred matters have certain aspects that are parallel or similar to the *halakhot* of sacrificial animals, but their details also share characteristics with those of consecrated items. For example, the slaughter of non-sacred animals does not stand alone as a series of technical *halakhot*; rather, implicitly or explicitly, it is influenced by the *halakhot* relating to sacrificial animals. Concerning the slaughter of sacrificial animals, and likewise the slaughter of non-sacred animals, the tractate delineates the people fit to perform slaughter, with special attention given to the intent of the slaughterer. In general, most of the definitions and *halakhot* relate to mundane matters, but they all relate in some manner to sacrificial concepts.

In a more general sense, this is true with regard to all of the *halakhot* in the Torah. Even the most mundane *halakhot*, such as those relating to monetary law, which ostensibly deal with practical ordinances governing commerce, nevertheless contain an element of sanctity.

Furthermore, not only do the mitzvot in the Torah affect every detail of life, they infuse each of those details with a uniqueness that underscores the idea that non-sacred does not mean completely secular but also indicates an element of sanctity. This is true of monetary matters, of marital life, and in particular of matters relating to food. These *halakhot*, as they relate to food that grows from the ground and all parts of the world of flora that mankind utilizes, constitute the topics covered in the order of *Zera'im*; the elements to which these *halakhot* apply are thereby imbued with various forms of sanctity. Tractate *Ḥullin* addresses matters from the world of fauna.

That the concept of non-sacred indicates an element of sanctity is already manifest in the language of the Torah, as in every place in the Torah where the kosher and non-kosher animals are enumerated, their mention is linked to the concept of sanctity: "Sanctify yourselves, and you will be holy" (Leviticus 11:44); "For you are a holy

people unto the Lord your God" (Deuteronomy 14:21). The lesson is that these *halakhot* are components of the structure of sanctity, meaning that the manifestation of sanctity and sanctification is not limited to the service performed in the Temple. Rather, even in life outside the Temple there is a certain aspect of sanctity, and the status of the entire Jewish people is that of attendants of sanctity. That is the reason the *halakhot* of slaughter and the *halakhot* of animals with a wound that will cause them to die within twelve months [*tereifot*], which constitute a central portion of this tractate, are structurally similar to the sacrificial service performed in the Temple. Obviously, actions performed in the Temple possess a more fixed ceremonial framework. With regard to non-sacred animals, this structure is maintained, although it is less ceremonial and its framework broader. For example, blemished animals may neither be sacrificed nor eaten in the Temple, and *tereifot* are forbidden to all. The conditions that render an animal a *tereifa* parallel the blemishes that disqualify a sacrificial animal; in both cases, the afflicted animal is deemed not fit for the holy people.

In a sense, tractate *Ḥullin*, with the various topics addressed therein, does not deal with true non-sacred matters but with matters of sanctity. The various prohibitions in this tractate have no obvious utility to people; rather, they are in essence arrays of *halakhot* relating to sanctity, which governs the lives of the sacred nation even outside of their most sacred space, the Temple. It is prohibited to consume, and in some cases even to derive benefit from, certain items, but these items are not intrinsically abhorrent. Whether their halakhic status is characterized as not valid, ritually impure, or forbidden in benefit, that is the case only vis-à-vis the conduct and lives of the Jewish people.

All of the prohibitions addressed in tractate *Ḥullin*, which relate primarily to the meat of living beings, are based on another essential concept, which is not explicit in the Torah, although it does inform those prohibitions, and there are biblical allusions to it in the language of the Torah in several places. The idea is that the very permission granted people to kill living beings and utilize them was not part of the original plan in the creation of humans (see Genesis 1:29). Although the Torah permitted slaughter and consumption of living beings, this was a mere allowance, and was not meant to be employed liberally. Therefore, there are numerous restrictions and guidelines governing how living beings are killed and how the meat and the limbs are treated thereafter. All these indicate that although living beings were permitted to people "as the green grass" (Genesis 9:3), there is a special obligation to take into consideration that they are living beings.

Most of the *halakhot* addressed in this tractate are directly or indirectly related to the *halakhot* of slaughter. That is why in early generations the tractate was called *Sheḥitat Ḥullin*, the slaughter of non-sacred animals, in contrast to tractate *Zevaḥim*, which was called *Sheḥitat Kodashim*, the slaughter of sacrificial animals. Nevertheless, in the course of analyzing certain *halakhot* related to slaughter, the tractate provides a broad treatment of topics that go beyond its purview. One topic is the *halakhot* of mixtures; tractate *Ḥullin* is one of the primary sources for numerous fundamental *halakhot* in that area. Similarly, there is a series of discussions primarily devoted to matters related to the order of *Teharot*, which addresses matters of ritual impurity, especially the *halakhot* of the impurity of foods.

Tractate *Ḥullin* contains significant derivations taken from halakhic midrash, with regard to both those *halakhot* that are the primary focus of this tractate and other associated topics. Although *Ḥullin* also contains certain aggadic segments, they do not comprise a significant portion of the tractate.

In tractate *Ḥullin* there are twelve chapters, the first four of which appear in this volume.

Chapter One deals with the *halakhot* of slaughter in general, and particularly with delineating who is permitted to slaughter an animal. The chapter includes a comprehensive outline of matters related to slaughter.

Chapter Two discusses the *halakhot* of slaughter relating to the knife used in slaughter, the place of slaughter, and various factors that are liable to invalidate the slaughter.

Chapter Three is a detailed treatment of all types of conditions that render an animal or a bird a *tereifa*. In addition, the chapter enumerates the species of kosher and non-kosher living beings.

Chapter Four is devoted primarily to the *halakhot* of a fetus that was in the womb of an animal at the time of the animal's slaughter. The chapter then addresses the matter of a limb severed from a living being, which relates to that issue.

Introduction to **Perek I**

If the place that the Lord your God shall choose to put His name there be too far from you, then you shall slaughter of your herd and of your flock, which the Lord has given you, as I have commanded you, and you shall eat within your gates, after all the desire of your soul.

(Deuteronomy 12:21)

This chapter deals primarily with the delineation of the people fit to perform slaughter, the manner in which one slaughters an animal, the utensils fit for use in slaughter, and the question of where on the animal's body one slaughters it.

Although the term slaughter, *sheḥita,* appears in the Bible, there is no adequate elaboration of all the details of the act of slaughter in practice. The *halakhot* of slaughter are primarily learned through tradition. Some are *halakhot* transmitted to Moses from Sinai, and some are based on the continuing, mimetic tradition of how halakhic slaughter was performed in practice.

Many questions arise with regard to the *halakhot* of slaughterers, with regard to the substantive aspects of slaughter as well as its practical aspects. In terms of substance, if slaughter is considered a mitzva, do the standard principles that apply to mitzvot apply to slaughter? Must it be performed exclusively by an adult Jew, and not by a gentile, a minor, or one lacking halakhic competence? What is the *halakha* with regard to slaughter performed by women? On a more practical level, to what degree may one rely on those whose expertise in the area of the *halakhot* of slaughter is uncertain, who are lacking practical experience in this area, or whose reliability in the fulfillment of mitzvot is suspect, e.g., heretics, transgressors, and Samaritans?

These questions raise fundamental dilemmas: What is the halakhic status of an animal that was slaughtered in a prohibited manner, e.g., one that was slaughtered on Shabbat? How is one to treat an animal when it is unclear whether it was properly slaughtered, in terms of who slaughtered it or in terms of the manner in which it was slaughtered? What are the determining factors in reaching a halakhic ruling in this case?

Concerning the manner in which the animal is slaughtered, further questions arise. Given that the objective of slaughter is to cut the neck of the animal, is any manner of cutting acceptable, or must the cutting be performed in a specific way? This question has ramifications with regard to the utensil used in performing the slaughter, and with which utensils the slaughter is not valid, or at least prohibited *ab initio.*

The details of the *halakhot* of slaughter also relate to the proper place of slaughter on the neck of the animal. The neck of an animal is relatively long, and it is necessary to define where precisely on the neck the place of slaughter is located. In this context, the chapter discusses the relationship between the mitzva of slaughter from the neck and the mitzva of pinching of sacrificial birds from the nape. What are the parameters of each?

Resolution of these issues is the primary focus of this chapter.

מתני׳ הַכֹּל שׁוֹחֲטִין וּשְׁחִיטָתָן כְּשֵׁרָה, חוּץ מֵחֵרֵשׁ שׁוֹטֶה וְקָטָן, שֶׁמָּא יְקַלְקְלוּ אֶת שְׁחִיטָתָן. וְכוּלָּן שֶׁשָּׁחֲטוּ וַאֲחֵרִים רוֹאִין אוֹתָן – שְׁחִיטָתָן כְּשֵׁרָה.

MISHNA **Everyone slaughters**[HN] an animal, i.e., can perform halakhically valid slaughter, **and their slaughter is valid, except for a deaf-mute, an imbecile, and a minor,**[H] **lest they ruin their slaughter** because they lack competence. **And** for **all of them, when they slaughtered** an animal **and others see** and supervise **them, their slaughter is valid.**

גמ׳ ״הַכֹּל שׁוֹחֲטִין״ – לְכַתְּחִלָּה, ״וּשְׁחִיטָתָן כְּשֵׁרָה״ – דִּיעֲבַד!

GEMARA There is an apparent contradiction between the first two phrases of the mishna. The *tanna* begins: **Everyone slaughters** an animal, indicating that their performing slaughter is permitted ***ab initio***, and then teaches: **And their slaughter is valid,** indicating that their slaughter is valid only **after the fact.**

אֲמַר לֵיהּ רַב אַחָא בְּרֵיהּ דְּרָבָא לְרַב אַשִׁי: וְכָל ״הַכֹּל״ לְכַתְּחִלָּה הוּא? אֶלָּא מֵעַתָּה, הַכֹּל מְמִירִין אֶחָד הָאֲנָשִׁים וְאֶחָד הַנָּשִׁים, הָכִי נַמִי דִּלְכַתְּחִלָּה הוּא? וְהָא כְּתִיב: ״לֹא יַחֲלִיפֶנּוּ וְלֹא יָמִיר אֹתוֹ טוֹב בְּרָע אוֹ רַע בְּטוֹב״!

Rav Aḥa, son of Rava, said to Rav Ashi: And does every use of the term: **Everyone,** indicate that the action in question is permitted ***ab initio*? If that is so,** in the mishna (*Temura* 2a), where it says: **Everyone substitutes**[HB] a non-sacred animal for a sacrificial animal, **both men and women, is that also** an expression indicating **that** it is permitted ***ab initio*? But isn't it written: "He shall neither exchange it, nor substitute it, good for bad, or bad for good"** (Leviticus 27:10)?

הָתָם כִּדְקָתָנֵי טַעְמָא: לֹא שֶׁהָאָדָם רַשַּׁאי לְהָמִיר, אֶלָּא שֶׁאִם הֵמִיר – מוּמָר, וְסוֹפֵג אֶת הָאַרְבָּעִים.

Rav Ashi answers: **There, the reason** the mishna uses the word everyone is **that it** immediately **teaches:** That is **not** to say **that it is permitted for a person to substitute; rather,** it means **that if one did substitute** a non-sacred animal for a sacrificial animal, **substitution takes effect, and** the one who substituted the non-sacred animal **incurs** [*vesofeg*][L] **the forty** lashes[HB] that are the punishment for violating the prohibition "Nor substitute it." But here, since the mishna does not similarly qualify its statement, it indicates that everyone may perform the slaughter *ab initio*.

HALAKHA

Everyone slaughters – הַכֹּל שׁוֹחֲטִין: All competent adult Jews, including women and Canaanite slaves, may slaughter *ab initio*. Nevertheless, the widespread custom is that the community allows one to slaughter only if he is well versed in the *halakhot* of slaughter and has proven his ability to slaughter an animal with a steady hand and without fainting. The Rema adds that the custom is that women do not slaughter. The Sages also instituted that one who slaughters must go to a Sage for an authorization to perform slaughter; it is customary for the Sage to give the slaughterer a certificate attesting to that authorization (Rema, citing Rashba). If one experienced in slaughter slaughtered an animal without such authorization, his slaughter is valid after the fact. By contrast, in the case of one who is not well versed in the *halakhot* of slaughter, if he slaughtered without the supervision of others from beginning to end, his slaughter is not valid (Rambam *Sefer Kedusha*, *Hilkhot Sheḥita* 4:4; *Shulḥan Arukh*, *Yoreh De'a* 1:1, 3).

Except for a deaf-mute, an imbecile, and a minor – חוּץ מֵחֵרֵשׁ שׁוֹטֶה וְקָטָן: One does not allow a deaf-mute, an imbecile, or a minor who cannot slaughter with a steady hand to slaughter an animal *ab initio*, even with the supervision of competent adults. The halakhic definition of an imbecile is one who goes out alone at night, rips his garment, sleeps in the cemetery, or loses what is given to him, provided he does so in an irrational manner. If he slaughtered without supervision, his slaughter is not valid. Some say that the same *halakha* applies even with regard to a minor with a steady hand who is well versed in the *halakhot* of slaughter. Nevertheless, if any of them slaughtered an animal with the supervision of a competent adult, his slaughter is valid after the fact. Some say that if the minor does not have a steady hand or is not well versed in the *halakhot* of slaughter, his slaughter is not valid even with the supervision of others (Rambam *Sefer Kedusha*, *Hilkhot Sheḥita* 4:5; *Shulḥan Arukh*, *Yoreh De'a* 1:5 and *Shakh* there).

Everyone substitutes – הַכֹּל מְמִירִין: Anyone, including men, women, and, by rabbinic law, even gentiles, who substituted a non-sacred animal for a sacrificial animal causes the sanctity to take effect on the non-sacred animal, even if it is blemished (Rambam *Sefer Korbanot*, *Hilkhot Temura* 1:7, and see 1:6).

And incurs the forty lashes – וְסוֹפֵג אֶת הָאַרְבָּעִים: It is prohibited by Torah law to substitute a non-sacred animal for a sacrificial animal, and anyone who does so is flogged (Rambam *Sefer Korbanot*, *Hilkhot Temura* 1:1).

NOTES

Everyone slaughters – הַכֹּל שׁוֹחֲטִין: There is a positive mitzva in the Torah to slaughter domesticated and undomesticated animals and birds before eating them. The details of the *halakhot* of slaughter are also considered to be binding by Torah law, as it is stated: "And you shall kill of your herd and of your flock, which the Lord has given you, as I have commanded you" (Deuteronomy 12:21; see *Sefer HaMitzvot*, positive mitzva 146).

Ritual slaughter involves cutting the animal's throat with a finely sharpened knife that has no notches. The knife is passed over the animal's throat without pressing down or inserting it under the skin or flesh. The slaughterer moves the knife back and forth until the majority of the two *simanim*, i.e., the gullet and the windpipe, are severed. In a bird it is necessary to sever only one of the two. Any flaw in the process of slaughter or in the knife invalidates the slaughter and renders consumption of the animal prohibited.

BACKGROUND

Substitution – תְּמוּרָה: Substitution of a non-sacred animal for a consecrated one is mentioned in the Torah (see Leviticus 27:10), and tractate *Temura* is devoted to the *halakhot* of substitution. The Torah prohibits substituting a non-sacred animal for any sacrificial animal, whether blemished or unblemished. One who does so violates a prohibition and is flogged. Although this substitution is prohibited, if one does substitute the non-sacred animal for the sacrificial animal, the non-sacred animal is thereby consecrated while the sacrificial animal retains its sanctity. This *halakha* applies with regard to both blemished and unblemished kosher animals, and once the substitution has taken place the newly consecrated substitute may not be utilized for labor or be redeemed. What ensues for the substitute varies with the type of offering for which it was substituted. In some cases, e.g., that of a sin offering, the substitute is left to die. In other cases, e.g., that of a guilt offering, the substitute animal is left to graze until it becomes blemished, at which point it is sold and the money from the sale is used to purchase gift offerings. In yet other cases, e.g., that of a peace offering, the substitute is sacrificed on the altar just like the original animal.

Incurs the forty lashes – סוֹפֵג אֶת הָאַרְבָּעִים: When one is found guilty of performing a transgression punishable by lashes, he is bound to a post in a leaning position and flogged on his back and his chest. Although it is written: "Forty lashes he may give him; he may not exceed" (Deuteronomy 25:3), the Sages interpreted this to mean that the transgressor receives thirty-nine lashes. He is examined before the flogging, and if it is determined that he would not survive that number of lashes, a court of three judges assesses how many lashes he can endure.

This punishment of incurring lashes is generally administered to anyone who violates a prohibition. Nevertheless, there are exceptions. For example, the adjudicating court administers lashes only if the transgressor was forewarned immediately before performing the transgression and there are two witnesses to his sin.

LANGUAGE

Incurs [*sofeg*] – סוֹפֵג: Although this term's primary meaning is to absorb liquids, it is utilized in a more general sense to mean receive, and in this context, to incur lashes. It may be related to a similar term, *safak*, meaning strike, usually in the sense of clapping hands.

NOTES

Everyone takes vows of valuation and is valuated, etc. – הַכֹּל מַעֲרִיכִין וְנֶעֱרָכִין וכו׳: The *halakhot* of valuation are written in the Torah (Leviticus 27:1–8) and are explained in tractate *Arakhin*. In a vow of valuation, one vows: It is incumbent upon me to donate the value of so-and-so, or: It is incumbent upon me to donate my value. One who does so then pays the sum defined in the Torah for the gender and age of the person who is the object of the vow.

אֶלָּא, הַכֹּל מַעֲרִיכִין וְנֶעֱרָכִין נוֹדְרִין וְנִידָּרִין, הָכִי נַמִי דִּלְכַתְּחִלָּה? וְהָא כְּתִיב: ״וְכִי תֶחְדַּל לִנְדֹּר לֹא יִהְיֶה בְךָ חֵטְא״,

Rav Aḥa challenges: **But** a mishna teaches (*Arakhin* 2a): **Everyone takes** vows of **valuation** and is thereby obligated to donate to the Temple treasury the value fixed by the Torah based on the age and gender of the person valuated; **and** everyone **is valuated,**[N] and therefore one who vowed to donate his fixed value is obligated to pay; everyone **vows** to donate the market value of a person as a slave to the Temple treasury and is thereby obligated to pay; **and** everyone is the object of **a vow** if others vowed to donate his market value. Is that **also** an expression indicating **that** it is permitted ***ab initio*? But it is written: "And if you shall cease to vow, there shall be no sin in you"** (Deuteronomy 23:23), indicating that it is preferable not to vow.

וּכְתִיב: ״טוֹב אֲשֶׁר לֹא תִדֹּר מִשֶּׁתִּדּוֹר וְלֹא תְשַׁלֵּם״; וְתַנְיָא: טוֹב מִזֶּה וּמִזֶּה שֶׁאֵינוֹ נוֹדֵר כְּלָל עִיקָּר, דִּבְרֵי רַבִּי מֵאִיר. רַבִּי יְהוּדָה אוֹמֵר: טוֹב מִזֶּה וּמִזֶּה נוֹדֵר וּמְשַׁלֵּם; וַאֲפִילּוּ רַבִּי יְהוּדָה לָא קָאָמַר אֶלָּא בְּאוֹמֵר ״הֲרֵי זוֹ״,

And it is written: "It is better that you should not vow,[H] **than that you should vow and not pay"** (Ecclesiastes 5:4); **and it is taught** in a *baraita* with regard to that verse: **Better than** both **this** one, who vows and does not pay, **and that** one, who vows and pays, is **one who does not take a vow at all;** this is **the statement of Rabbi Meir. Rabbi Yehuda says: Better than** both **this** one, who vows and does not pay, **and that** one, who does not vow at all, is **one who vows and pays** in fulfillment of that vow. Rav Aḥa comments: **And even Rabbi Yehuda states** his opinion **only in** a case where one vows and **says: This** animal **is** designated for sacrifice, as in that case there is no concern that he will fail to fulfill his commitment, since even if the animal is stolen or lost, he is not required to bring another in its place.

HALAKHA

It is better that you should not vow, etc. – טוֹב אֲשֶׁר לֹא תִדֹּר וכו׳: One must be careful to refrain from taking vows, and not even vow to give charity. Rather, if he has money he should give it immediately; if he does not have money, he should not vow but should instead wait until he acquires money, and then if he wishes to vow he may vow. If he is required to commit to giving charity, he should state that he is committing to it but not taking a vow. This is in accordance with the opinion of Rabbi Yehuda, based on the statement in the Gemara (*Nedarim* 10a) that Rabbi Yehuda holds that vowing and fulfilling one's vow is preferable only where he is in a position to fulfill his vow immediately and does so, e.g., where one first brings a non-sacred animal to the Temple, vows to sacrifice that animal as an offering, and then immediately consecrates it. According to Rabbi Yehuda, this procedure is permitted despite the fact that it entails bringing an unconsecrated animal into the Temple courtyard.

In any case, it is permitted for one to vow when he is in times of personal trouble, or to spur himself to perform a mitzva, or to avoid performing a transgression (Rambam *Sefer Hafla'a, Hilkhot Nedarim* 13:23–24; *Shulḥan Arukh, Yoreh De'a* 203:3–7 and *Be'er HaGola* there).

Perek **I**
Daf **2** Amud **b**

BACKGROUND

Placing hands – סְמִיכָה: When an individual brings an offering to the Temple he is required to place his hands on the head of the animal, with the exception of the firstborn of a kosher animal, the Paschal offering, and an animal tithe offering. He must press with all his strength between the horns on the head of the animal to be sacrificed, before its slaughter. While placing his hands on a sin offering, a guilt offering, or a voluntary burnt offering, the one who brings the offering confesses his sins. Although placing hands is obligatory, failure to perform the rite does not invalidate the offering. In addition, there is no requirement to place hands on communal offerings except for the bull brought for an unwitting communal sin and the scapegoat on Yom Kippur. Women are not obligated to place hands on offerings that they bring, but according to some tannaitic opinions, they may place hands on their offerings if they so desire.

אֲבָל אָמַר ״הֲרֵי עָלַי״ לָא!

But in the case of one who vows and **says: It** is incumbent **upon me** to bring an offering, even Rabbi Yehuda concedes that **no,** it is best not to vow at all. Likewise, it is preferable not to vow to donate a certain monetary value to the Temple treasury. Apparently, then, the statements in that mishna: Everyone takes vows of valuation, and: Everyone vows to donate the assessment of a person to the Temple treasury, do not indicate that it is permitted to do so *ab initio*.

וְכָל ״הַכֹּל״ לָאו לְכַתְּחִלָּה הוּא? אֶלָּא, הַכֹּל חַיָּיבִים בְּסוּכָּה, הַכֹּל חַיָּיבִין בְּצִיצִית, הָכִי נַמִי דְּלָאו לְכַתְּחִלָּה?

Rav Ashi responded: **And** is that to say that **every** use of the term: **Everyone,** is an indication that the action in question **is not** permitted ***ab initio*? Rather,** is the term: Everyone, in the *baraita* that states: **Everyone is obligated in** the mitzva of ***sukka***, and in the *baraita* that states: **Everyone is obligated in** the mitzva of **ritual fringes, also** an indication **that** they are **not** permitted ***ab initio*?**

חַיָּיבִין לָא קָאָמִינָא. אֶלָּא מֵעַתָּה, הַכֹּל סוֹמְכִין, אֶחָד הָאֲנָשִׁים וְאֶחָד הַנָּשִׁים, הָכִי נַמִי דְּלָאו לְכַתְּחִלָּה? וְהָא כְּתִיב: ״וְסָמַךְ יָדוֹ...וְנִרְצָה״!

Rav Aḥa answered: **I am not speaking** about cases where it is stated: Everyone is **obligated,** as it goes without saying that fulfilling any obligation is permitted *ab initio*. Rav Ashi asked: **If that is so,** that which was stated: **Everyone** who brings an offering **places hands** on the animal,[B] **both men and women** (see *Menaḥot* 93a), is that **also** an expression indicating **that** it is **not** permitted ***ab initio*? But isn't it written: "And he shall place his hand** upon the head of the burnt offering, **and it shall be accepted** for him to effect atonement for him" (Leviticus 1:4)?

אִין, אִיכָּא ״הַכֹּל״ לְכַתְּחִלָּה וְאִיכָּא ״הַכֹּל״ דִּיעֲבַד, אֶלָּא ״הַכֹּל״ דְּהָכָא מִמַּאי דִּלְכַתְּחִלָּה הוּא, דְּתִקְשֵׁי לָךְ? דִּלְמָא דִּיעֲבַד הוּא, וְלָא תִּקְשֵׁי לָךְ!

Rav Aḥa answered: **Indeed, there are** instances where the word: **Everyone,** indicates ***ab initio*****, and there are** instances where the word: **Everyone,** indicates **after the fact. Rather,** concerning the term: **Everyone, that** appears **here** in the mishna, **from where** can it be determined **that it is** an expression indicating that it is permitted ***ab initio*****,** creating an apparent contradiction in the mishna **that will be difficult for you? Perhaps** it is an expression indicating that everyone's slaughter is valid **after the fact, and** there will **not** be a contradiction in the mishna that **will be difficult for you.**

אֲמַר לֵיהּ: אֲנָא ״שְׁחִיטָתָן כְּשֵׁרָה״ קַשְׁיָא לִי, מִדְּקָתָנֵי ״שְׁחִיטָתָן כְּשֵׁרָה״ – דִּיעֲבַד, מִכְּלָל דְּ״הַכֹּל״ – לְכַתְּחִלָּה הוּא, דְּאִי דִּיעֲבַד – תַּרְתֵּי דִּיעֲבַד לָמָּה לִי?

Rav Ashi **said to** Rav Aḥa: I find the phrase: **And their slaughter is valid,** to be **difficult for me. From** the fact **that** the *tanna* **teaches: And their slaughter is valid,** which is an expression indicating that it is valid **after the fact,** conclude **by inference that** the initial phrase in the mishna: **Everyone** slaughters, **is** an expression indicating that it is permitted ***ab initio*****. As, if** it indicated that it is valid **after the fact, why do I** need **two** phrases teaching that it is valid **after the fact?**

אֲמַר רַבָּה בַּר עוּלָּא, הָכִי קָתָנֵי: הַכֹּל שׁוֹחֲטִין, וַאֲפִילּוּ טָמֵא בְּחוּלִּין. טָמֵא בְּחוּלִּין מַאי לְמֵימְרָא? בְּחוּלִּין שֶׁנַּעֲשׂוּ עַל טָהֳרַת הַקֹּדֶשׁ, וְקָסָבַר: חוּלִּין שֶׁנַּעֲשׂוּ עַל טָהֳרַת הַקֹּדֶשׁ כְּקֹדֶשׁ דָּמוּ.

Rabba bar Ulla said, in resolution of the conflict in the mishna, that **this** is what the mishna **is teaching: Everyone slaughters, and even a ritually impure** person may slaughter **a non-sacred** animal *ab initio*. The Gemara interjects: **What** is the purpose **of stating** that **a ritually impure** person may slaughter **a non-sacred** animal *ab initio*? There is no prohibition against rendering non-sacred meat impure. The Gemara answers that the reference is **to non-sacred** animals **that were** being **prepared according to** the strictures of **sacrificial** food,[N] **and** the *tanna* **holds** that the halakhic status of **non-sacred** foods **that were prepared according to** the strictures of **sacrificial** food is **like** that of **sacrificial** food insofar as it is prohibited to render such food impure.

כֵּיצַד הוּא עוֹשֶׂה? מֵבִיא סַכִּין אֲרוּכָּה וְשׁוֹחֵט בָּהּ, כְּדֵי שֶׁלֹּא יִגַּע בַּבָּשָׂר.

The Gemara asks: **How does** an impure person **act** in order to ensure that he will not render the flesh of the slaughtered animal impure? The Gemara answers: **He brings a long knife and slaughters** the animal **with it, so that he will not come into contact with the flesh** of the slaughtered animal.

וּבְמוּקְדָּשִׁים לֹא יִשְׁחוֹט, שֶׁמָּא יִגַּע בַּבָּשָׂר; וְאִם שָׁחַט וְאוֹמֵר: ״בָּרִי לִי שֶׁלֹּא נָגַעְתִּי״ – שְׁחִיטָתוֹ כְּשֵׁרָה.

Rabba bar Ulla continues his interpretation of the mishna: **And** the reason the mishna also indicates that he may not slaughter *ab initio* is that **with regard to sacrificial** animals, **he may not slaughter** them *ab initio* even with a long knife, **lest he come into contact with the flesh. But if he slaughtered** the sacrificial animal **and says:** It is **clear to me that I did not come into contact** with the flesh, **his slaughter is valid** after the fact.

חוּץ מֵחֵרֵשׁ שׁוֹטֶה וְקָטָן, דַּאֲפִילּוּ בְּחוּלִּין גְּרֵידֵי דִּיעֲבַד נַמִּי לָא, שֶׁמָּא יִשְׁהוּ, שֶׁמָּא יִדְרְסוּ, וְשֶׁמָּא יַחֲלִידוּ.

And it teaches: This is the *halakha* with regard to all people **except for a deaf-mute, an imbecile, and a minor, who, even** if they slaughtered **only non-sacred** animals, their slaughter is **not** valid **even after the fact.** The reason the Sages deemed such slaughter not valid is **lest** people in these categories **interrupt** the slaughter, **lest they press** the knife in the course of slaughter, **and lest they conceal**[B] the knife beneath the windpipe or the gullet in the course of an inverted slaughter.

NOTES

Non-sacred animals that were prepared according to the strictures of sacrificial food – חוּלִּין שֶׁנַּעֲשׂוּ עַל טָהֳרַת הַקֹּדֶשׁ: In earlier times, there were people who were fastidious in avoiding ritual impurity and would treat all their food as though it was sacrificial food. They would thereby accustom themselves to this higher standard so that they would be prepared when they actually ate sacrificial food. Likewise, there were people who were accustomed to eat their non-sacred food according to the strictures of *teruma* (Ramban).

BACKGROUND

Lest they interrupt, lest they press, and lest they conceal – שֶׁמָּא יִשְׁהוּ שֶׁמָּא יִדְרְסוּ וְשֶׁמָּא יַחֲלִידוּ: Interrupting, pressing, and concealing are flaws in the act of ritual slaughter that render the slaughter invalid and consumption of the animal or bird prohibited.

Interrupting is defined as a case where the slaughterer begins to move the knife across the neck of the animal or the bird and then interrupts his movement after cutting into the gullet or the windpipe. In this case, the animal may not be consumed, even if the slaughter was subsequently completed.

In the case of pressing, which also invalidates the slaughter, the knife cuts into the gullet or the windpipe by being pressed down onto them, instead of slicing into the animal's neck using a back-and-forth motion as required.

Concealing involves inserting the slaughtering knife into the animal's neck between the gullet and the windpipe and severing one of the two from below instead of severing them from above as required. This too invalidates the slaughter.

Two additional major flaws that invalidate the slaughter are ripping the gullet or the windpipe from its place before cutting it, and diverting the knife from the place of slaughter in the course of the slaughter.

״וְכוּלָּן שֶׁשָּׁחֲטוּ״ אַהַיָּיא? אִילֵימָא אַחֵרֵשׁ שׁוֹטֶה וְקָטָן – עֲלָהּ קָאֵי, ״וְאִם שָׁחֲטוּ״ מִיבָּעֵי לֵיהּ! אֶלָּא אַטָּמֵא בְּחוּלִּין – הָא אֲמַרְתְּ: לְכַתְּחִלָּה נַמִי שָׁחֵיט!

The Gemara asks: If so, with regard to the clause that follows in the mishna: **And any of them who slaughtered** an animal and others see and supervise them, their slaughter is valid, **to which** case in the mishna is it referring? **If we say** that the reference is to the case **of a deaf-mute, an imbecile, and a minor,** why was it formulated: And any of them who slaughtered? Since **it stands adjacent** to that *halakha*, the *tanna* **should have** formulated the phrase: **And if they slaughtered. Rather,** perhaps the reference is to the case **of a ritually impure** person who slaughtered **a non-sacred** animal. The Gemara rejects that possibility as well. **But didn't you say** in that case: **He slaughters** the animal **even *ab initio*?**

וְאֶלָּא אַטָּמֵא בְּמוּקְדָּשִׁים – בְּ״בָרִי לִי״ סַגֵּי! דְּלֵיתֵיהּ קַמָּן דְּנִשַׁיְּילֵיהּ.

And rather, perhaps the reference is to the case **of a ritually impure** person[B] who slaughtered **a sacrificial** animal. The Gemara rejects that possibility, as **in** that case, if the ritually impure person says: It is **clear to me** that I did not come into contact with the flesh, it is **sufficient,** and there is no need for supervision. The Gemara answers: Supervision is necessary in the case of a ritually impure person who slaughtered a sacrificial animal, to account for a case **where** the ritually impure person **is not before us** so **that we** can **ask him** whether he came into contact with the flesh.

הַאי טָמֵא בְּמוּקְדָּשִׁים מֵהָכָא נָפְקָא? מֵהָתָם נָפְקָא: כָּל הַפְּסוּלִין שֶׁשָּׁחֲטוּ – שְׁחִיטָתָן כְּשֵׁרָה, שֶׁהַשְּׁחִיטָה כְּשֵׁרָה בְּזָרִים, בְּנָשִׁים וּבַעֲבָדִים וּבִטְמֵאִים, וַאֲפִילּוּ בְּקָדְשֵׁי קָדָשִׁים, וּבִלְבַד שֶׁלֹּא יִהְיוּ טְמֵאִין נוֹגְעִין בַּבָּשָׂר!

The Gemara asks: Is **this** *halakha* of **a ritually impure** person who slaughtered **a sacrificial** animal **learned from** an analysis of the mishna **here?** It is **learned** explicitly **from** the mishna **there** (*Zevaḥim* 31b): With regard to **all** those **who are unfit** for Temple service **who slaughtered**[H] an offering, **their slaughter is valid, as the slaughter** of an offering **is valid** *ab initio* when performed even **by non-priests, by women, by** Canaanite **slaves, and by ritually impure** individuals. **And** this is the *halakha* **even with** regard to **offerings of the most sacred order,**[B] **provided that the ritually impure will not touch the flesh** of the slaughtered animal, thereby rendering it impure.

הָכָא עִיקָּר. הָתָם, אַיְּידֵי דִּתְנָא שְׁאָר פְּסוּלִין – תְּנָא נַמִי טָמֵא בְּמוּקְדָּשִׁים. וְאִיבָּעֵית אֵימָא: הָתָם עִיקָּר, דִּבְקָדָשִׁים קָאֵי. הָכָא, אַיְּידֵי דִּתְנָא טָמֵא בְּחוּלִּין – תָּנֵי נַמִי טָמֵא בְּמוּקְדָּשִׁים.

The Gemara answers: The mishna **here** is the **primary** source. **There, since** the *tanna* **taught the rest of** those **disqualified** for Temple service, **he taught** the case of **a ritually impure** person who slaughtered **a sacrificial** animal **as well. And if you wish, say** instead that the mishna **there** is the **primary** source, as it **is standing** in tractate *Zevaḥim*, **which** deals **with sacrificial** animals. **Here, since** the *tanna* **taught** the case of **a ritually impure** person who slaughtered **a non-sacred** animal, **he also teaches** the case of **a ritually impure** person who slaughtered **a sacrificial** animal.

HALAKHA

All who are unfit who slaughtered – כָּל הַפְּסוּלִין שֶׁשָּׁחֲטוּ: It is permitted for all those unfit for Temple service to slaughter sacrificial animals *ab initio*, even for offerings of the most sacred order. The exception is a ritually impure person, who may not slaughter a sacrificial animal *ab initio*, even if he stands outside the courtyard and extends his hand to slaughter the animal inside the courtyard, as the Sages issued a decree in this case lest he touch the flesh. If he nevertheless slaughtered a sacrificial animal, the slaughter is valid and the animal is fit for an offering after the fact (Rambam *Sefer Avoda, Hilkhot Pesulei HaMukdashin* 1:1–2).

BACKGROUND

Ritually impure person – טָמֵא: An entire order of Mishna, *Teharot*, is devoted to this fundamental halakhic category of impurity, and it is the subject of extensive passages throughout the Talmud. Ritual impurity is a Torah edict, unrelated to hygiene, and it is categorized as a statute, a mitzva whose explanation is unknown. The term in the Torah for non-kosher animals is identical to the term for a ritually impure person, *tameh*, although the concepts are unrelated.

Most ritual impurity stems from illness, bodily discharges, or the death of a person or an animal. It is not prohibited to eat or touch a ritually impure item, but as ritual impurity is the antithesis of sanctity, a ritually impure person may not eat or touch consecrated items and may not enter the Temple. Although it is prohibited for a priest and a nazirite to become ritually impure, the prohibition relates only to impurity imparted by a corpse, not other forms of impurity. By Torah law, gentiles cannot contract ritual impurity.

There are various degrees of ritual impurity, depending on the source of the impurity. A human corpse, the ultimate primary source of ritual impurity, is the most severe category of a source of ritual impurity. A person or vessel that comes into contact with a corpse becomes a primary source of ritual impurity. Additional primary sources of ritual impurity include the carcass of an animal and that of a creeping animal, semen, a menstruating woman, a *zav*, a *zava*, and a leper. A vessel or food that comes into contact with a primary source of ritual impurity assumes first-degree ritual impurity status. An object that comes into contact with an item with first-degree ritual impurity assumes second-degree ritual impurity status, contact with second-degree ritual impurity creates third-degree ritual impurity status, and contact with third-degree ritual impurity creates fourth-degree ritual impurity status. Non-sacred food items can assume second-degree ritual impurity, *teruma* can assume third-degree ritual impurity, and sacrificial food can assume fourth-degree ritual impurity.

Offerings of the most sacred order – קָדְשֵׁי קָדָשִׁים: Burnt offerings, sin offerings, guilt offerings, and communal peace offerings are included in this category. They are slaughtered exclusively in the northern section of the Temple courtyard, and those that are eaten may be eaten only on the day the animal is sacrificed and the night following that day. In addition, they may be eaten only by priests and only within the Temple courtyard. The prohibition against misuse of consecrated property applies to these offerings from the moment they are consecrated. After their blood has been sprinkled on the altar, the prohibition against misuse remains in effect with regard to the portions of the offering consumed on the altar, but not to the portions of the offering that may be eaten.

הַאי טָמֵא דְּאִיטַּמָּא בְּמַאי? אִילֵימָא דְּאִיטַּמֵּי בְּמֵת – "בַּחֲלַל חֶרֶב" אָמַר רַחֲמָנָא,

The Gemara asks: **This ritually impure** person mentioned in the mishna is one **who became impure with what** form of impurity? **If we say that he became impure with** impurity imparted by **a corpse,**[B] this is difficult, as **the Merciful One states:** "And whosoever in the open field touches **one slain with a sword"** (Numbers 19:16).

BACKGROUND

One who contracted impurity imparted by a corpse – **טְמֵא מֵת**: A corpse is the ultimate primary source of ritual impurity. A person or object that becomes impure with impurity imparted by a corpse becomes a primary source of ritual impurity, and imparts ritual impurity to people and vessels for a minimum period of seven days, until he is purified with the sprinkling of the purification waters, which include the ashes of the red heifer, and immerses in a ritual bath. A corpse imparts ritual impurity through contact, through being carried, as well as uniquely through impurity in a tent, which involves a person or a vessel being under a common roof with the corpse. Ritual impurity is transmitted not only by an intact corpse but also by parts of the corpse, although there are many complex provisions with regard to the parts of a body significant enough to impart this form of ritual impurity. Many authorities maintain that only Jewish corpses transmit impurity in a tent, and this is the halakhic conclusion as well. The *halakhot* of ritual impurity imparted by a corpse appear primarily in tractate *Oholot*.

Perek **I**
Daf **3** Amud **a**

חֶרֶב הֲרֵי הוּא כֶּחָלָל, אַב הַטּוּמְאָה הוּא, לְטַמְּיֵיהּ לְסַכִּין, וְאֵזִיל סַכִּין וְטַמְּיתֵיהּ לְבָשָׂר!

It is derived from the juxtaposition of "slain" to "sword" that the halakhic status of **a sword** or any other metal vessel that comes into contact with a corpse **is like** that of **a corpse**[H] itself. Similarly, if a metal utensil comes in contact with a person impure with impurity imparted by a corpse, it assumes his status. Therefore, since the impure person **is a primary source of ritual impurity, let him render the knife impure,** rendering it as well a primary source of impurity, **and the knife** then **goes and renders the flesh impure.**

אֶלָּא דְּאִיטַּמֵּי בְּשֶׁרֶץ. וְאִי בָּעֵית אֵימָא: לְעוֹלָם דְּאִיטַּמֵּי בְּמֵת, וּכְגוֹן שֶׁבָּדַק קְרוּמִית שֶׁל קָנֶה וְשָׁחַט בָּהּ; דְּתַנְיָא, בַּכֹּל שׁוֹחֲטִים: בֵּין בְּצוֹר, בֵּין בִּזְכוּכִית, בֵּין בִּקְרוּמִית שֶׁל קָנֶה.

Rather, it is a case **where** the person **became impure with** impurity imparted by **a creeping animal;**[B] as he assumes first-degree ritual impurity status and does not render vessels impure, the knife remains ritually pure. **And if you wish, say** instead **that actually he became impure with** impurity imparted by **a corpse, and** it is a case **where one examined the stalk of a reed,**[B] which is a flat wooden vessel that does not become ritually impure, to ensure that it is perfectly smooth with no nicks, **and slaughtered with it, as it is taught** in a *baraita*: **One may slaughter** an animal **with any** sharp object, **whether with a flint, or with glass** shards, **or with the stalk of a reed.**[H]

BACKGROUND

Creeping animal – **שֶׁרֶץ**: The carcass of a creeping animal imparts ritual impurity upon contact (see Leviticus 11:29–30). There are eight such animals listed in the Torah, but as there is no clear oral tradition with regard to their identity, determining their identity involves educated conjecture. It is popularly accepted that they are the weasel, mouse, toad, hedgehog, chameleon, lizard, snail, and mole, although this is not definitive.

Stalk of a reed – **קְרוּמִית שֶׁל קָנֶה**: The stalk is the hard outer edge of the reed. When the reed is split lengthwise and smoothed and honed a sharp edge is formed that can be used for cutting.

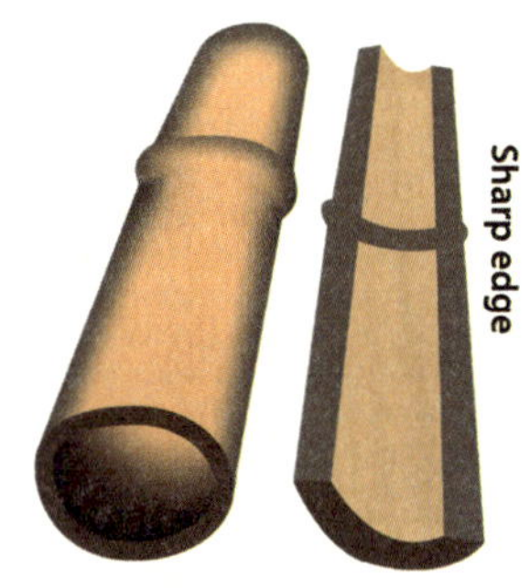

Whole and split reed

HALAKHA

The halakhic status of a sword is like that of a corpse – **חֶרֶב הֲרֵי הוּא כֶּחָלָל**: A metal vessel that comes into direct contact with a corpse assumes the status of the corpse itself. Therefore, it renders one who comes into contact with it or is under the same roof with it a primary source of ritual impurity. The early commentaries dispute whether this *halakha* applies exclusively to metal vessels or whether it also applies to all other vessels except for earthenware vessels (Rambam *Sefer Tahara, Hilkhot Tumat Met* 5:3; *Shulḥan Arukh, Yoreh De'a* 369:1).

With the stalk of a reed – **בִּקְרוּמִית שֶׁל קָנֶה**: All offerings shall be slaughtered exclusively with a knife consecrated as a service vessel. Nevertheless, if one slaughtered with any knife with which non-sacred animals may be slaughtered, even with the stalk of a reed, the slaughter is valid after the fact (Rambam *Sefer Avoda, Hilkhot Ma'aseh HaKorbanot* 4:7).

אַבַּיֵי אָמַר, הָכִי קָתָנֵי: הַכֹּל שׁוֹחֲטִין, וַאֲפִילּוּ כּוּתִי. בַּמֶּה דְּבָרִים אֲמוּרִים – כְּשֶׁיִּשְׂרָאֵל עוֹמֵד עַל גַּבָּיו, אֲבָל יוֹצֵא וְנִכְנָס – לֹא יִשְׁחוֹט;

§ **Abaye said** in resolution of the apparent contradiction in the mishna **that this** is what the mishna **is teaching: Everyone slaughters, and even a Samaritan.**[NBH] **In what case is this statement said?** It is said in a case **where a Jew is standing over him** and ensuring that he slaughters properly; **but** if the Jew merely **exits and enters** and does not have a constant presence, the Samaritan **may not slaughter** the animal.

וְאִם שָׁחַט – חוֹתֵךְ כַּזַּיִת בָּשָׂר וְנוֹתֵן לוֹ, אֲכָלוֹ – מוּתָּר לֶאֱכוֹל מִשְּׁחִיטָתוֹ, לֹא אֲכָלוֹ – אָסוּר לֶאֱכוֹל מִשְּׁחִיטָתוֹ;

And if the Samaritan **slaughtered** the animal without supervision, the Jew **cuts an olive-bulk**[B] **of meat** from the slaughtered animal **and gives it to** the Samaritan to eat. If the Samaritan **ate it,** it is **permitted** for the Jew **to eat** meat **from** what the Samaritan **slaughtered.** Since Samaritans are meticulous with regard to the meat that they eat and eat meat only from an animal that was slaughtered properly, the Jew may partake of the meat. But if the Samaritan **did not eat** the meat, there is concern that the animal was not slaughtered properly, and it is **prohibited to eat from** what the Samaritan **slaughtered.**

חוּץ מֵחֵרֵשׁ שׁוֹטֶה וְקָטָן דַּאֲפִילּוּ דִּיעֲבַד נַמִי לָא, שֶׁמָּא יִשְׁהוּ, שֶׁמָּא יִדְרְסוּ, וְשֶׁמָּא יַחֲלִידוּ.

And it teaches: This is the *halakha* with regard to all people **except for a deaf-mute, an imbecile, and a minor, who,** even if they slaughtered only non-sacred animals, their slaughter is **not** valid **even after the fact.** The reason the Sages deemed such slaughter not valid is **lest** people in these categories **interrupt** the slaughter, **lest they press** the knife in the course of slaughter, **and lest they conceal** the knife beneath the windpipe or the gullet in the course of an inverted slaughter.

״וְכוּלָּן שֶׁשָּׁחֲטוּ״ אַהַיָּיא? אִילֵּימָא אַחֵרֵשׁ שׁוֹטֶה וְקָטָן – עֲלָהּ קָאֵי, ״וְאִם שָׁחֲטוּ״ מִבָּעֵי לֵיהּ!

The Gemara asks: If so, with regard to the clause in the mishna that follows: **And any of them who slaughtered** an animal and others see and supervise them, their slaughter is valid, **to which** case in the mishna is it referring? **If we say** that the reference is to the case **of a deaf-mute, an imbecile, and a minor,** since that is the *halakha* to which **it stands adjacent,** the *tanna* **should have** formulated the phrase: **And if they slaughtered,** instead of: And any of them who slaughtered.

אֶלָּא אַכּוּתִי – הָא אֲמַרְתְּ: כְּשֶׁיִּשְׂרָאֵל עוֹמֵד עַל גַּבָּיו שָׁחֵיט אֲפִילּוּ לְכַתְּחִלָּה! קַשְׁיָא.

Rather, perhaps the reference is to the case **of a Samaritan** who slaughters. The Gemara rejects that possibility. **But didn't you say** in that case: **When a Jew is standing over him,** a Samaritan may **slaughter even *ab initio*?** The Gemara concedes that the formulation of the mishna: And any of them who slaughtered, is **difficult** according to this explanation of the mishna.

אֲמַר רָבָא: וְיוֹצֵא וְנִכְנָס לְכַתְּחִלָּה לָא? וְהָתְנַן: הַמַּנִּיחַ נָכְרִי בַּחֲנוּתוֹ וְיִשְׂרָאֵל יוֹצֵא וְנִכְנָס – מוּתָּר! הָתָם מִי קָתָנֵי ״מַנִּיחַ״? ״הַמַּנִּיחַ״ קָתָנֵי, דִּיעֲבַד.

Rava said: And in a case where a Jew **exits and enters,** is it **not** permitted for the Samaritan to slaughter the animal ***ab initio*? But didn't we learn** in a mishna (*Avoda Zara* 69a): In the case of **one who leaves a gentile**[B] **in his store**[H] in which there is wine, **and a Jew exits and enters,** the wine is **permitted?** Just as there, the sporadic presence of the Jew is sufficient to ensure that the gentile will refrain from touching the wine, it should be sufficient in the case of a Samaritan who slaughters an animal as well. The Gemara rejects that proof. **There,** in the case of the store, **does** the *tanna* **teach: One leaves** a gentile *ab initio*? The *tanna* **teaches: One who leaves, after the fact.** Consequently, there is no proof from there that the Jew's sporadic presence is sufficient to permit slaughter by a Samaritan *ab initio*.

NOTES

And even a Samaritan – וַאֲפִילּוּ כּוּתִי: The king of Assyria brought people to Eretz Yisrael from the land of Cuthah and other lands following his conquering of the kingdom of Israel and the exile of the ten tribes from there. The new inhabitants of Samaria converted, but they did not observe all the mitzvot, particularly forsaking the Oral Law. Some hold that since their conversion was due to lions that killed them (see II Kings, chapter 17), they are not genuine converts and the halakhic status of their slaughter is like that of a gentile, which is not valid even if a Jew supervised the slaughter (13a). Abaye explains the mishna according to those who hold that the Samaritans' conversion was sincere, and since they embraced the mitzva of slaughter and fulfilled its provisions fastidiously, if the Samaritan eats from what he slaughtered, there is no concern that the slaughter was not valid. If he does not eat from it, there is concern that the slaughter was not valid, and the Jew may not eat the meat, as Samaritans do not observe the prohibition against causing others to sin.

BACKGROUND

Samaritan – כּוּתִי: Samaritans were people who were exiled from their lands and resettled in Samaria. After lions began attacking and eating them, they converted to Judaism. As they were later discovered to have not completely forsaken their idol worship, this led to a dispute among the Sages with regard to the sincerity and validity of their conversion.

With the return to Zion after the Babylonian exile, relations between the Jews and the Samaritans and their allies grew contentious. The Samaritans employed various methods to prevent the rebuilding of the Temple and the wall of Jerusalem, such as maligning the Jews to the authorities, engaging in incitement, and even executing military intervention. Over the succeeding generations, there were periods of profound enmity between the Samaritans and the Jews, and John Hyrcanus, a Hasmonean king, invaded Samaria and destroyed their temple on Mount Gerizim. There were also periods of cooperation, e.g., during the bar Kokheva revolt. Among the Sages, there were various opinions concerning the halakhic status of the Samaritans. It was ultimately decided that the Samaritans were to be considered gentiles in every sense, due to their continued idol worship.

Olive-bulk – כַּזַּיִת: By Torah law, the act of eating is defined as consuming one olive-bulk, and every Torah law that either commands or prohibits eating refers to this measure, which is one of the most significant halakhic units of volume. Although the measure is defined in terms of the water displacement of a particular strain of olive, the precise size of this measurement is not clear. One talmudic passage indicates that it is almost half of an egg-bulk, and another indicates that it is less than one-third of an egg-bulk. As there is also a range of opinions with regard to the size of an egg-bulk, opinions with regard to the size of an olive-bulk range from 5 cc to 50 cc.

One who leaves a gentile – הַמַּנִּיחַ נָכְרִי: The Gemara here raises the issue of libation wine. In its strict sense, the term libation wine refers to wine used in the rites of worshipping idols. It is prohibited to drink or benefit from such wine (see Deuteronomy 32:38). The Sages issued a decree extending the scope of this prohibition to drinking any wine touched by gentiles even though it was neither used nor intended for idolatry, and that is the subject of the discussion here.

HALAKHA

Everyone slaughters and even a Samaritan – הַכֹּל שׁוֹחֲטִין וַאֲפִילּוּ כּוּתִי: Slaughter by a Samaritan, even if supervised, is not valid, and the animal is considered an unslaughtered carcass, as the Sages established that the status of a Samaritan is that of a gentile in every sense (6a). The commentaries inferred from the Gemara here that the halakhic status of Sadducees and others who do not accept the Oral Torah is equivalent to the status held by Samaritans before the Sages established definitively that they are gentiles. Therefore, their slaughter is valid only if performed under the supervision of others. If they were well versed in the *halakhot* of slaughter, it is sufficient if the supervisor exits and enters intermittently (*Shakh*), and in addition, they are required to submit the knife for examination. Similarly, see the *Be'er Heitev*, which discusses the status of Karaites (Rambam *Sefer Kedusha*, *Hilkhot Sheḥita* 4:16; *Shulḥan Arukh*, *Yoreh De'a* 2:8–9).

One who leaves a gentile in his store – הַמַּנִּיחַ נָכְרִי בַּחֲנוּתוֹ: In a case where a Jew leaves a gentile in his wine store but exits and enters intermittently, if the gentile does not know when he will return and is unable to see him coming when he does return, the wine is permitted (see *Avoda Zara* 69a). Nevertheless, a Jew should not leave wine or vinegar in his house together with a gentile, as the Gemara inferred from the language of the mishna: One who leaves, rather than: One may leave, that it is permitted only after the fact (Rambam *Sefer Kedusha*, *Hilkhot Ma'akhalot Assurot* 12:17; *Shulḥan Arukh*, *Yoreh De'a* 129:1 and Gra there).

אֶלָּא מֵהָכָא: אֵין הַשּׁוֹמֵר צָרִיךְ לִהְיוֹת יוֹשֵׁב וּמְשַׁמֵּר, אֶלָּא אַף עַל פִּי שֶׁיּוֹצֵא וְנִכְנָס – מוּתָּר!

Rather, proof can be cited **from** the mishna **here** (*Avoda Zara* 61a): In a case where barrels of wine belonging to a Jew are in the possession of a gentile, and a Jew was tasked with supervising those barrels, **the supervisor need not be** continuously **sitting**[H] **and supervising** to ensure that the gentile does not touch the wine; **rather, even if** the supervisor **exits and enters,** the wine is **permitted.** This mishna clearly indicates that exiting and entering is sufficient even *ab initio*.

אֶלָּא אֲמַר רָבָא, הָכִי קָתָנֵי: הַכֹּל שׁוֹחֲטִין, וַאֲפִילּוּ כּוּתִי. בַּמֶּה דְּבָרִים אֲמוּרִים – כְּשֶׁיִּשְׂרָאֵל יוֹצֵא וְנִכְנָס, אֲבָל בָּא וּמְצָאוֹ שֶׁשָּׁחַט – חוֹתֵךְ כַּזַּיִת בָּשָׂר וְנוֹתֵן לוֹ, אֲכָלוֹ – מוּתָּר לֶאֱכוֹל מִשְּׁחִיטָתוֹ, לֹא אֲכָלוֹ – אָסוּר לֶאֱכוֹל מִשְּׁחִיטָתוֹ;

Rather, Rava said in resolution of the apparent contradiction similar to the resolution proposed by Abaye, that **this** is what the mishna **is teaching: Everyone slaughters, and even a Samaritan. In what** case **is this statement said?** It is said in a case **where a Jew exits and enters; but** if the Jew does not exit and enter and instead **came and found that** the Samaritan **slaughtered** the animal, the Jew **cuts an olive-bulk of meat** from the slaughtered animal **and gives it to** the Samaritan to eat. If the Samaritan **ate it,** it is **permitted** for the Jew **to eat** meat **from** what the Samaritan **slaughtered.** But if the Samaritan **did not eat** the meat, it is **prohibited to eat from** what the Samaritan **slaughtered.**

חוּץ מֵחֵרֵשׁ שׁוֹטֶה וְקָטָן דַּאֲפִילּוּ דִּיעֲבַד נַמִי לָא, שֶׁמָּא יְשַׁהוּ, וְשֶׁמָּא יִדְרְסוּ, וְשֶׁמָּא יַחֲלִידוּ. "וְכוּלָּן שֶׁשָּׁחֲטוּ" אַהַיָּיא? אִילֵּימָא אַחֵרֵשׁ שׁוֹטֶה וְקָטָן – עֲלַהּ קָאֵי, "וְאִם שָׁחֲטוּ" מִבָּעֵי לֵיהּ!

And it teaches: This is the *halakha* with regard to all people **except for a deaf-mute, an imbecile, and a minor, whose** slaughter is **not** valid **even after the fact.** The reason the Sages deemed such slaughter not valid is **lest** people in these categories **interrupt** the slaughter, **lest they press** the knife in the course of slaughter, **and lest they conceal** the knife beneath the windpipe or the gullet in the course of an inverted slaughter. The Gemara asks: If so, with regard to the clause in the mishna that follows: **And any of them who slaughtered** an animal and others see and supervise them, their slaughter is valid, **to which** case in the mishna is this referring? **If we say** that the reference is to the case **of a deaf-mute, an imbecile, and a minor,** since that is the *halakha* to which **it stands adjacent,** the *tanna* **should have** formulated the phrase: **And if they slaughtered,** instead of: And any of them who slaughtered.

אֶלָּא אַכּוּתִי – הָא אֲמַרְתְּ: אֲפִילּוּ יוֹצֵא וְנִכְנָס שָׁחֵיט לְכַתְּחִלָּה! קַשְׁיָא.

Rather, perhaps the reference is to the case **of a Samaritan** who slaughters. The Gemara rejects that possibility. **But didn't you say** that if a Jew is present, then **even** if he **exits and enters** and does not have a constant presence, a Samaritan may **slaughter even *ab initio*?** The Gemara concedes that the formulation of the mishna: And any of them who slaughtered, is **difficult** according to this explanation of the mishna.

רַב אַשִׁי אֲמַר, הָכִי קָתָנֵי: הַכֹּל שׁוֹחֲטִין, וַאֲפִילּוּ יִשְׂרָאֵל מְשׁוּמָּד. מְשׁוּמָּד לְמַאי – לֶאֱכוֹל נְבֵילוֹת לְתֵיאָבוֹן, וְכִדְרָבָא, דְּאָמַר רָבָא: יִשְׂרָאֵל מְשׁוּמָּד אוֹכֵל נְבֵילוֹת לְתֵיאָבוֹן

§ **Rav Ashi said** in resolution of the apparent contradiction in the mishna that **this** is what the mishna **is teaching: Everyone slaughters, and even a Jewish transgressor** [*meshummad*].[L] The Gemara asks: **A transgressor of what** sort? The Gemara answers: It is one whose transgression is **to eat** unslaughtered **animal carcasses to** satisfy his **appetite,** i.e., for his convenience. **And** the ruling of the mishna is **in accordance with** the statement **of Rava, as Rava says:** In the case of **a Jewish transgressor** whose transgression is that he **eats** unslaughtered **animal carcasses**[B] **to** satisfy his **appetite,**[N] if he seeks to slaughter an animal,

HALAKHA

The supervisor need not be continuously sitting, etc. – אֵין הַשּׁוֹמֵר צָרִיךְ לִהְיוֹת יוֹשֵׁב וכו׳: The permitted wine of a Jew in the domain of a gentile remains permitted with the supervision of a Jew. The supervisor need not sit and supervise without interruption; it is sufficient for him to exit and enter intermittently at random times. See the mishna (*Avoda Zara* 61a) and the Gemara there for an extensive discussion of this matter (Rambam *Sefer Kedusha, Hilkhot Ma'akhalot Assurot* 13:4; *Shulḥan Arukh, Yoreh De'a* 131:1).

BACKGROUND

Unslaughtered animal carcass – נְבֵילָה: This halakhic term refers to the carcass of a kosher or non-kosher large mammal that died of natural causes or as the result of an invalid slaughter. Such an animal is a primary source of ritual impurity, and it is prohibited to eat it, although one may derive benefit from it. Certain types of severe anatomical defects or injuries, e.g., a completely broken neck, render even a living animal an unslaughtered carcass.

NOTES

A Jewish transgressor that eats unslaughtered animal carcasses to satisfy his appetite, etc. – יִשְׂרָאֵל מְשׁוּמָּד אוֹכֵל נְבֵילוֹת לְתֵיאָבוֹן וכו׳: This is a person who concedes that the Torah is true, but when there is no kosher meat available he is willing to eat non-kosher meat. If kosher and non-kosher meat are equally accessible, he will choose the kosher meat (4a).

LANGUAGE

Transgressor [*meshummad*] – מְשׁוּמָּד: In this context, this term refers to a habitual transgressor. Generally speaking, this term refers to one who converted from Judaism to another religion. Its etymology remains uncertain. Some *ge'onim* explain that this is a slightly abridged version of the term *meshuamad*, whose root *ayin, mem, dalet* connotes baptism in Aramaic and is also a pejorative reference to a chamber pot. It seems that gentile scholars concurred with this understanding, as censored editions of the Talmud replace this word with the term transgressor [*mumar*].

Others explain that the root of *meshummad* is *shin, mem, dalet*, which means a curse or excommunication in Aramaic. Accordingly, *meshummad* literally means: One who is cursed or excommunicated. Still others hold that it is from the Mandaic dialect of Aramaic and means to go astray by adopting heretical practices.

NOTES

One examines a knife and gives it to the transgressor – בּוֹדֵק סַכִּין וְנוֹתֵן לוֹ: That transgressor may then slaughter without supervision, based on the assumption that he is well versed in the *halakhot* of slaughter, as the majority of those associated with slaughter are experts. Likewise, there is no concern that he will sabotage the slaughter, as he is not motivated by insolence. There is also no concern that he will deliberately cause others to eat non-kosher flesh, as he derives no benefit from doing so.

בּוֹדֵק סַכִּין וְנוֹתֵן לוֹ וּמוּתָּר לֶאֱכוֹל מִשְּׁחִיטָתוֹ. אֲבָל לֹא בָּדַק וְנָתַן לוֹ – לֹא יִשְׁחוֹט, וְאִם שָׁחַט – בּוֹדֵק סַכִּינוֹ אַחֲרָיו, נִמְצֵאת סַכִּינוֹ יָפָה – מוּתָּר לֶאֱכוֹל מִשְּׁחִיטָתוֹ, וְאִם לָאו – אָסוּר לֶאֱכוֹל מִשְּׁחִיטָתוֹ;

one examines a knife to ensure that it is perfectly smooth with no nicks **and gives it to** the transgressor,[N] **and** it is **permitted to eat from** what **he slaughtered. But if one did not examine** the knife **and give it to** the transgressor, the transgressor **may not slaughter** an animal *ab initio*. **And if** the transgressor **slaughtered** an animal, **one examines his knife after his** slaughter.[H] **If his knife is found** to be **perfectly** smooth, it is **permitted to eat** meat **from** what **he slaughtered, and if not,** it is **prohibited to eat from** what **he slaughtered.**

חוּץ מֵחֵרֵשׁ שׁוֹטֶה וְקָטָן דַּאֲפִילּוּ דִּיעֲבַד נַמִי לָא, שֶׁמָּא יִשְׁהוּ, שֶׁמָּא יִדְרְסוּ, וְשֶׁמָּא יְחַלִּידוּ. ״וְכוּלָּן שֶׁשָּׁחֲטוּ״ אַהֵיָּיא? אִילֵימָא אַחֵרֵשׁ שׁוֹטֶה וְקָטָן – עֲלָהּ קָאֵי, ״וְאִם שָׁחֲטוּ״ מִיבְּעֵי לֵיהּ!

And it teaches: This is the *halakha* with regard to all people **except for a deaf-mute, an imbecile, and a minor, whose** slaughter is **not** valid **even after the fact.** The reason the Sages deemed such slaughter not valid is **lest** people in these categories **interrupt** the slaughter, **lest they press** the knife in the course of slaughter, **and lest they conceal** the knife beneath the windpipe or the gullet in the course of an inverted slaughter. The Gemara asks: If so, with regard to the clause in the mishna that follows: **And any of them who slaughtered** an animal and others see and supervise them, their slaughter is valid, **to which** case in the mishna is it referring? **If we say** that the reference is to the case **of a deaf-mute, an imbecile, and a minor,** since that is the *halakha* to which **it stands adjacent,** the *tanna* **should have** formulated the phrase: **And if they slaughtered,** instead of: And any of them who slaughtered.

אֶלָּא אַיִּשְׂרָאֵל מְשׁוּמָּד; אִי דִּבְדַק סַכִּין וְנוֹתֵן לוֹ – הָא אָמְרַתְּ: שׁוֹחֵט לְכַתְּחִלָּה! אֶלָּא דְּלָא בְּדַק; אִי דְּאִיתֵיהּ לְסַכִּין – לִיבְדְּקֵיהּ הַשְׁתָּא! וְאִי דְּלֵיתֵיהּ לְסַכִּין – כִּי אֲחֵרִים רוֹאִין אוֹתוֹ מַאי הָוֵי? דִּלְמָא בְּסַכִּין פְּגוּמָה שָׁחֵיט! קַשְׁיָא.

Rather, perhaps the reference is to the case **of a Jewish transgressor** who slaughters. The Gemara asks: In what case? **If** it is a case **where one examined a knife and gave it to** the transgressor, **didn't you say** in that case that the transgressor **may slaughter** ***ab initio*****? Rather,** perhaps the reference is to a case **where one did not examine** the knife. **If** it is a case **where the knife is** available, **let him examine** the knife **now** to make sure that there are no nicks. **And if** it is a case **where the knife is not** available, then **when others see him** slaughter, **what of it?** How can one eat from what he slaughtered? **Perhaps he slaughtered the animal with a notched knife.** The Gemara concedes that the formulation of the mishna: And any of them who slaughtered, is **difficult** according to this explanation of the mishna.

רָבִינָא אָמַר, הָכִי קָתָנֵי: הַכֹּל שׁוֹחֲטִין – הַכֹּל מוּמְחִין שׁוֹחֲטִין, מוּמְחִין וְאַף עַל פִּי שֶׁאֵין מוּחְזָקִין.

§ **Ravina said** in resolution of the apparent contradiction in the mishna **that this** is what the mishna **is teaching: Everyone slaughters,** i.e., **everyone** who is **an expert** in the *halakhot* of ritual slaughter **slaughters;** all **experts** are qualified to slaughter, **and** this is the *halakha* **even if they are not established** as accustomed to slaughter with a steady hand and without fainting.

בַּמֶּה דְּבָרִים אֲמוּרִים – שֶׁיּוֹדְעִין בּוֹ שֶׁיּוֹדֵעַ לוֹמַר הִלְכוֹת שְׁחִיטָה, אֲבָל אֵין יוֹדְעִין בּוֹ שֶׁיּוֹדֵעַ לוֹמַר הִלְכוֹת שְׁחִיטָה – לֹא יִשְׁחוֹט, וְאִם שָׁחַט – בּוֹדְקִין אוֹתוֹ, אִם יוֹדֵעַ לוֹמַר הִלְכוֹת שְׁחִיטָה – מוּתָּר לֶאֱכוֹל מִשְּׁחִיטָתוֹ, וְאִם לָאו – אָסוּר לֶאֱכוֹל מִשְּׁחִיטָתוֹ;

In what case **is this statement said?** It is said in a case **where** people **know about him that he knows** and is able **to recite the** ***halakhot*** **of ritual slaughter. But if** people **do not know about him that he knows** and is able **to recite the** ***halakhot*** **of ritual slaughter, he may not slaughter** an animal *ab initio*. **And if he slaughtered** an animal, **one examines him; if he knows** and is able **to recite the** ***halakhot*** **of ritual slaughter** it is **permitted to eat** meat **from** what **he slaughtered, and if not,** it is **prohibited to eat from** what **he slaughtered.**

HALAKHA

One examines his knife after his slaughter – בּוֹדֵק סַכִּינוֹ אַחֲרָיו: With regard to a Jew who is a transgressor with regard to eating unslaughtered carcasses to satisfy his appetite and who is not motivated by insolence, one may give him a knife that was examined and whose blade was found to be smooth and allow him to slaughter an animal without supervision, provided that he knows how to slaughter and is known to be well versed in the *halakhot* of slaughter. If one did not examine the knife prior to the slaughter, it is prohibited to eat from the slaughter of the transgressor unless one examines the knife after the slaughter and finds the blade smooth (Rambam *Sefer Kedusha, Hilkhot Sheḥita* 4:14; *Shulḥan Arukh, Yoreh De'a* 2:2).

חוּץ מֵחֵרֵשׁ שׁוֹטֶה וְקָטָן דַּאֲפִילּוּ דִּיעֲבַד נַמִי לָא, שֶׁמָּא יִשְׁהוּ, שֶׁמָּא יִדְרְסוּ, וְשֶׁמָּא יַחֲלִידוּ. ״וְכוּלָּן שֶׁשָּׁחֲטוּ״ אַהַיָּיא? אִילֵימָא אַחֵרֵשׁ שׁוֹטֶה וְקָטָן – עֲלַהּ קָאֵי, ״וְאִם שָׁחֲטוּ״ נִבָּעֵי לֵיהּ!

And it teaches: This is the *halakha* with regard to all people **except for a deaf-mute, an imbecile, and a minor, whose** slaughter is **not** valid **even after the fact.** The reason the Sages deemed such slaughter not valid is **lest** people in these categories **interrupt** the slaughter, **lest they press** the knife in the course of slaughter, **and lest they conceal** the knife beneath the windpipe or the gullet in the course of an inverted slaughter. The Gemara asks: If so, with regard to the clause in the mishna that follows: **And any of them who slaughtered** an animal and others see and supervise them, their slaughter is valid, **to which** case in the mishna is this referring? **If we say** that the reference is to the case **of a deaf-mute, an imbecile, and a minor,** since that is the *halakha* to which **it stands adjacent,** the *tanna* **should have** formulated the phrase: **And if they slaughtered,** instead of: And any of them who slaughtered.

אֶלָּא אַשֶּׁאֵין מוּמְחִין – בְּבוֹדְקִין אוֹתוֹ סַגֵּי! דְּלֵיתֵיהּ לְקַמָּן דְּלִיבְדְּקֵיהּ.

Rather, perhaps the reference is **to** a case **where they are not experts.** The Gemara rejects the possibility that they are not experts, as in that case, if **one examines him** after the slaughter to determine his expertise in the *halakhot* of ritual slaughter, it is **sufficient.** The Gemara answers: Supervision is necessary in the case where the one who slaughtered the animal **is not before us** so **that we** can **examine him.**

וְאִיכָּא דְּאָמְרִי: רָבִינָא אֲמַר, הָכִי קָתָנֵי: הַכֹּל שׁוֹחֲטִין – הַכֹּל מוּחְזָקִין שׁוֹחֲטִין, מוּחְזָקִין אַף עַל פִּי שֶׁאֵין מוּמְחִין. בַּמֶּה דְּבָרִים אֲמוּרִים – שֶׁשָּׁחֲטוּ לְפָנֵינוּ שְׁתַּיִם וְשָׁלֹשׁ פְּעָמִים וְלֹא נִתְעַלֵּף, אֲבָל לֹא שָׁחַט לְפָנֵינוּ שְׁתַּיִם וְשָׁלֹשׁ פְּעָמִים – לֹא יִשְׁחוֹט, שֶׁמָּא יִתְעַלֵּף, וְאִם שָׁחַט וְאָמַר: ״בָּרִי לִי שֶׁלֹּא נִתְעַלַּפְתִּי״ – שְׁחִיטָתוֹ כְּשֵׁרָה;

And there are those **who say** that **Ravina said** that **this** is what the mishna **is teaching: Everyone slaughters,** i.e., **everyone** who is **established** as accustomed to slaughter with a steady hand and without fainting **slaughters;** all those **established** concerning this are qualified to slaughter, **even** if it is **not** known if **they are experts. In what** case **is this statement said?** It is said in a case **where they slaughtered before us two or three times and did not faint.**[N] **But if he did not slaughter before us two or three times he may not slaughter** an animal *ab initio,* **lest he faint. And if he slaughtered** an animal **and said: It is clear to me that I did not faint, his slaughter is valid.**

חוּץ מֵחֵרֵשׁ שׁוֹטֶה וְקָטָן דַּאֲפִילּוּ דִּיעֲבַד נַמִי לָא, שֶׁמָּא יִשְׁהוּ, שֶׁמָּא יִדְרְסוּ, וְשֶׁמָּא יַחֲלִידוּ. ״וְכוּלָּן שֶׁשָּׁחֲטוּ״ אַהַיָּיא? אִילֵימָא אַחֵרֵשׁ שׁוֹטֶה וְקָטָן – עֲלַהּ קָאֵי, ״וְאִם שָׁחֲטוּ״ מִיבָּעֵי לֵיהּ!

And it teaches: This is the *halakha* with regard to all people **except for a deaf-mute, an imbecile, and a minor, whose** slaughter is **not valid even after the fact.** The reason the Sages deemed such slaughter not valid is **lest** people in these categories **interrupt** the slaughter, **lest they press** the knife in the course of slaughter, **and lest they conceal** the knife beneath the windpipe or the gullet in the course of an inverted slaughter. The Gemara asks: If so, with regard to the clause in the mishna that follows: **And any of them who slaughtered** an animal and others see and supervise them, their slaughter is valid, **to which** case in the mishna is this referring? **If we say** that the reference is to the case **of a deaf-mute, an imbecile, and a minor,** since that is the *halakha* to which **it stands adjacent,** the *tanna* **should have** formulated the phrase: **And if they slaughtered,** instead of: And any of them who slaughtered.

אֶלָּא אַשֶּׁאֵין מוּחְזָקִין – וְהָאָמַרְתְּ: ״בָּרִי לִי״ סַגֵּי! דְּלֵיתֵיהּ קַמָּן דְּלִישַׁיְּילֵיהּ.

Rather, perhaps the reference is **to** a case **where they are not established** as accustomed to slaughter with a steady hand and without fainting. The Gemara rejects that possibility, as in that case, **didn't you say** that if one said after the slaughter: **It is clear to me** that I did not faint, it is **sufficient?** The Gemara answers: Supervision is necessary in the case **where** the one who slaughtered the animal **is not before us** so **that we** can **ask him** whether he fainted.

רָבִינָא וְרַבָּה בַּר עוּלָּא כְּאַבַּיֵי וְרָבָא וְרַב אַשִׁי לָא אָמְרִי, מִשּׁוּם דְּקַשְׁיָא לְהוּ ״וְכוּלָּן״.

The Gemara summarizes: **Ravina and Rabba bar Ulla did not say** a resolution to the apparent contradiction in the mishna **like** that of **Abaye, Rava, and Rav Ashi due to** the fact **that** the phrase in the mishna: **And any of them who slaughtered,** is **difficult for them.**

כּוּלְּהוּ כְּרַבָּה בַּר עוּלָּא לָא אָמְרִי; לְהַךְ לִישָּׁנָא דְּאָמְרַתְּ: הָכָא עִיקָּר – אַדְּרַבָּה, הָתָם עִיקָּר, דִּבְקָדָשִׁים קָאֵי;

All of the other *amora'im* **did not say** a resolution to the apparent contradiction in the mishna **like** that of **Rabba bar Ulla,** who interprets the mishna as referring to the case of a ritually impure person; **according to that version that you said:** The mishna **here** is the **primary** source for the *halakha* of a ritually impure person who slaughtered a sacrificial animal, the other *amora'im* reject this interpretation because, **on the contrary,** the mishna **there** is the **primary** source, **as it is standing in** tractate *Zevaḥim,* which deals with **sacrificial** animals.

NOTES

Where they slaughtered before us two or three times and did not faint – שֶׁשָּׁחֲטוּ לְפָנֵינוּ שְׁתַּיִם וְשָׁלֹשׁ פְּעָמִים וְלֹא נִתְעַלֵּף: The Gemara used the phrase: Two or three, either because that is a common phrase, or because the Sages dispute whether presumptive status is established after two or three times. Although generally the ruling is that three times establishes presumptive status, perhaps with regard to ritual matters twice is sufficient (Ritva).

לְהַךְ לִישָּׁנָא דְּאָמְרַתְּ: הָתָם עִיקָּר, וְהָכָא אַיְּידֵי דִּתְנָא טָמֵא בְּחוּלִּין תְּנָא נַמִי טָמֵא בְּמוּקְדָּשִׁין – טָמֵא בְּחוּלִּין גּוּפֵיהּ לָא אִיצְטְרִיכָא לֵיהּ, חוּלִּין שֶׁנַּעֲשׂוּ עַל טׇהֳרַת קֹדֶשׁ לָאו כְּקֹדֶשׁ דָּמוּ.

The *amora'im* also reject the interpretation **according to that** other **version that you said:** The mishna **there** is the **primary** source, **and here, since** the *tanna* **taught** the case of **a ritually impure** person who slaughtered **non-sacred** animals, **he teaches** the case of **a ritually impure** person who slaughtered **sacrificial** animals **as well.** The reason is that it **was not necessary for** the *tanna* to teach the case **itself** of **a ritually impure** person who slaughtered **a non-sacred** animal, as in the opinion of the other *amora'im*, the halakhic status of **non-sacred** foods **that were prepared according to** the strictures of **sacrificial** food[H] is **not like** that of **sacrificial** food, and it is permitted to render such food impure.

כּוּלְּהוּ כְּרָבִינָא לָא אָמְרִי; לְהַךְ לִישָּׁנָא דַּאֲמַר: מוּמְחִין אִין, שֶׁאֵין מוּמְחִין לָא – רוֹב מְצוּיִין אֵצֶל שְׁחִיטָה מוּמְחִין הֵן;

All of the other *amora'im* **did not say** a resolution to the apparent contradiction in the mishna **like** that of **Ravina; according to that version that he said: Experts, yes,** may slaughter *ab initio*, but those **that** it is **not** known that they are **experts, no,** they may not slaughter *ab initio*, the other *amora'im* disagree because they hold that **the majority** of those **associated with slaughter are experts.**[H] Therefore, even if it is not known whether they are experts, their slaughter is valid.

לְהַךְ לִישָּׁנָא דַּאֲמַר: מוּחְזָקִין אִין, שֶׁאֵין מוּחְזָקִין לָא – לְעִלּוּפֵי לָא חָיְישִׁינַן.

According to that version that Ravina **said:** People who are **established** as accustomed to slaughter without fainting, **yes,** they may slaughter *ab initio*, but people who are **not established** as accustomed to slaughter without fainting, **no,** they may not slaughter *ab initio*, the other *amora'im* disagree because they hold that **we are not concerned for** the possibility of **fainting.**

רָבָא לָא אָמַר כְּאַבַּיֵי, כִּי קוּשְׁיֵיה. אַבַּיֵי לָא אָמַר כְּרָבָא, הָתָם לָא נָגַע, הָכָא נָגַע.

Rava did not say a resolution **like** that of **Abaye,** that the mishna is referring to a Samaritan, **in accordance with** the **difficulty** that **he** raised from the *halakha* of wine belonging to a Jew to which a gentile has access. **Abaye did not say** a resolution **like** that of **Rava,** that a Samaritan may slaughter *ab initio* if a Jew enters and exits, because **there,** in the case of wine, the gentile **does not touch** the wine; therefore, it is sufficient if the Jew enters and exits. **Here,** in the case of slaughter, the Samaritan **touches** the animal in the course of slaughter, and he can disqualify the slaughter in an instant. Therefore, Abaye holds that it is insufficient for a Jew to enter and exit.

רַב אַשִׁי לָא אָמַר כִּתְרַוַּיְיהוּ, קָסָבַר: כּוּתִים גֵּרֵי אֲרָיוֹת הֵן.

Rav Ashi did not say a resolution **like** that of **both of them,** Abaye and Rava, because **he holds: Samaritans are converts** who converted under duress due to the threat posed by **lions,**[N] and their conversion is void; therefore, their halakhic status is that of a gentile, whose slaughter is not valid.

אַבַּיֵי לָא אָמַר כְּרַב אַשִׁי, לָא סְבִירָא לֵיהּ הָא דְּרָבָא. אֶלָּא רָבָא מַאי טַעְמָא לָא אָמַר כִּשְׁמַעְתֵּיהּ?

Abaye did not say a resolution **like** that of **Rav Ashi,** who interprets the mishna as referring to a Jewish transgressor whose transgression is that he eats unslaughtered animal carcasses to satisfy his appetite, because **he does not hold that** which **Rava** said, that such a transgressor may slaughter *ab initio* if his knife is examined beforehand by someone reliable. **But** as for **Rava, what is the reason** that **he did not say** a resolution **in accordance with his** own statement of *halakha* with regard to the slaughter of a transgressor and explain the mishna in the manner that Rav Ashi did?

לְדִבְרֵיו דְּאַבַּיֵי קָאָמַר, וְלֵיהּ לָא סְבִירָא לֵיהּ.

The Gemara answers: When Rava explained that the *tanna* in the mishna is referring to the slaughter of a Samaritan, **he stated** his opinion **in accordance with the statement of Abaye** in order to resolve the difficulty that Abaye raised; **but he himself does not hold accordingly.**

HALAKHA

Non-sacred foods that were prepared according to the strictures of sacrificial food – חוּלִּין שֶׁנַּעֲשׂוּ עַל טׇהֳרַת קֹדֶשׁ: The halakhic status of non-sacred food that was prepared according to the strictures of sacrificial food is not precisely like that of sacrificial food. Rather, there are certain areas where the Sages deemed it like sacrificial food and others where its status is like non-sacred food, e.g., it does not assume third-degree ritual impurity. The Ra'avad holds that this is a minority opinion, and in fact throughout the Talmud the presumption is in accordance with the opinion that the halakhic status of non-sacred foods that were prepared according to the strictures of sacrificial food is that of sacrificial food in every sense (Rambam *Sefer Tahara, Hilkhot She'ar Avot HaTumot* 11:9, 12:16 and *Kesef Mishne* there).

The majority of those associated with slaughter are experts, etc. – רוֹב מְצוּיִין אֵצֶל שְׁחִיטָה מוּמְחִין הֵן וכו׳: It is permitted to allow any person to slaughter *ab initio*, and it is permitted to eat from what he slaughtered. This is the *halakha* even if it has not been ascertained that he is established as accustomed to slaughter without fainting, and even if it is not known that he is well versed in the *halakhot* of slaughter, as the majority of those associated with slaughter have the presumptive status of being expert, established slaughterers. That is the ruling when he is not available after the slaughter. Since it is impossible to ascertain his fitness to slaughter, one may rely on his presumptive status and eat from what he slaughtered.

If he is available, one must examine him to ascertain his expertise. Nevertheless, one need not ask him whether he fainted. This is contrary to the opinion of Ravina and in accordance with the opinion of the *amora'im* who disagree with him and hold that the majority of those associated with slaughter are experts, and there is no concern at all about the possibility of fainting. One relies on this majority only after the fact, but one must ascertain his expertise *ab initio*, in accordance with the opinion of the *ge'onim* (see *Beit Yosef*). The Rema says that one does not rely on this majority *ab initio* and one may not allow a person to slaughter until he ascertains the other's degree of expertise (*Or Zarua*).

These *halakhot* apply with regard to others who do not know whether the person slaughtering is an expert and established. The slaughterer himself should not slaughter, even though he is well versed in the *halakhot* of slaughter and is an expert, until he has slaughtered an animal three times in the presence of a Sage who is an expert in the *halakhot* of slaughter and knows that he has a steady hand and will not faint (*Tur*, citing Rambam). Therefore, it is customary that one slaughters only after receiving authorization from a Sage who gives him a certificate of authorization (*Agur*, citing *Hilkhot Eretz Yisrael*). One relies on that certification and does not examine the slaughterer prior to the slaughter (Rema). The later authorities disagree whether it is permitted to eat from what one without authorization slaughtered (Rambam *Sefer Kedusha, Hilkhot Sheḥita* 4:3, 6–7; *Shulḥan Arukh, Yoreh De'a* 1:1 and *Pitḥei Teshuva* there and *Arukh HaShulḥan* [illegible]).

NOTES

Converts who converted due to lions – גֵּרֵי אֲרָיוֹת: As related in the Bible (II Kings, chapter 17), when people from other lands were forcibly resettled in Samaria, lions began killing them. That resulted in their conversion motivated by fear of the God of the land. Although their conversion was not undertaken for the sake of Heaven, this factor in and of itself does not invalidate conversion after the fact. However, even after their conversion they continued to worship their idols, as it is written: "They feared the Lord, and worshipped their own gods, in the manner of the nations from where they had been exiled" (II Kings 17:33). The Sages who say that they were true converts hold that ultimately they abandoned their idols and worshipped God wholeheartedly (*Tosefot HaRosh*).

תָּנוּ רַבָּנַן: שְׁחִיטַת כּוּתִי מוּתֶּרֶת. בַּמֶּה דְּבָרִים אֲמוּרִים – כְּשֶׁיִּשְׂרָאֵל עוֹמֵד עַל גַּבָּיו, אֲבָל בָּא וּמְצָאוֹ שֶׁשָּׁחַט – חוֹתֵךְ כַּזַּיִת וְנוֹתֵן לוֹ, אֲכָלוֹ – מוּתָּר לֶאֱכוֹל מִשְּׁחִיטָתוֹ, וְאִם לָאו – אָסוּר לֶאֱכוֹל מִשְּׁחִיטָתוֹ;

§ **The Sages taught** in a *baraita*: **The slaughter** performed by **a Samaritan is permitted** *ab initio*. **In what** case **is this statement said?** It is said in a case **where** there is **a Jew standing over him** and supervising to ensure that the slaughter was performed properly. **But if** the Jew **came and found that** the Samaritan already **slaughtered** the animal, the Jew **cuts an olive-bulk** of meat from the slaughtered animal **and gives it to** the Samaritan to eat. If the Samaritan **ate it,** it is **permitted** for the Jew **to eat** meat **from** what the Samaritan **slaughtered. But if** the Samaritan **did not** eat the meat, it is **prohibited to eat from** what the Samaritan **slaughtered.**

כְּיוֹצֵא בּוֹ, מָצָא בְּיָדוֹ

Similarly, if the Jew **found in the possession of** a Samaritan

Perek **I**
Daf **4** Amud **a**

דִּקוּרְיָא שֶׁל צִפֳּרִים – קוֹטֵעַ רֹאשׁוֹ שֶׁל אֶחָד מֵהֶן וְנוֹתֵן לוֹ, אֲכָלוֹ – מוּתָּר לֶאֱכוֹל מִשְּׁחִיטָתוֹ, וְאִם לָאו – אָסוּר לֶאֱכוֹל מִשְּׁחִיטָתוֹ.

a string [*dekurya*][L] **of birds,** and the Jew does not know whether they were properly slaughtered, **he severs the head of one of them and gives it to** the Samaritan to eat. If the Samaritan **ate it,** it is **permitted** for the Jew **to eat** the meat **from** what the Samaritan **slaughtered. But if** the Samaritan did **not** eat the meat, it is **prohibited to eat from** what the Samaritan **slaughtered.**

אַבַּיֵי דָּיֵיק מֵרֵישָׁא, רָבָא דָּיֵיק מִסֵּיפָא. אַבַּיֵי דָּיֵיק מֵרֵישָׁא: טַעְמָא – דְּיִשְׂרָאֵל עוֹמֵד עַל גַּבָּיו, אֲבָל יוֹצֵא וְנִכְנָס – לָא.

In arriving at their respective interpretations of the mishna, **Abaye inferred from the first clause** of the *baraita* and **Rava inferred from the latter clause** of the *baraita*. **Abaye inferred from the first clause:** The slaughter performed by a Samaritan is permitted in a case where there is a Jew actively supervising to ensure that the slaughter was performed properly, that **the reason** it is permitted is **that the Jew is standing over him. But** if the Jew **exits and enters,** then **no,** it is prohibited to eat from what the Samaritan slaughtered.

רָבָא דָּיֵיק מִסֵּיפָא: טַעְמָא – דְּבָא וּמְצָאוֹ שֶׁשָּׁחַט, אֲבָל יוֹצֵא וְנִכְנָס – שַׁפִּיר דָּמֵי.

Rava inferred from the latter clause: If the Jew came and found that the Samaritan already slaughtered the animal, the Jew cuts an olive-bulk of meat from the slaughtered animal and gives it to the Samaritan to eat. **The reason** that it is necessary to administer this test is due only to the fact **that** the Jew **came and found that** the Samaritan already **slaughtered** the animal. **But** in a case where the Jew **exits and enters,** it is **permitted** to eat from what the Samaritan slaughtered *ab initio*.

וּלְאַבַּיֵי קַשְׁיָא סֵיפָא! אָמַר לָךְ: יוֹצֵא וְנִכְנָס נַמִי ״בָּא וּמְצָאוֹ״ קָרֵי לֵיהּ. וּלְרָבָא קַשְׁיָא רֵישָׁא! אָמַר לָךְ: יוֹצֵא וְנִכְנָס נַמִי כְּעוֹמֵד עַל גַּבָּיו דָּמֵי.

The Gemara raises an objection: **And according to Abaye, the latter clause** is **difficult.** The Gemara answers that Abaye could have **said to you:** The *tanna* **also characterizes** the case where a Jew **exits and enters** as a case of: If the Jew **came and found** the Samaritan. The Gemara raises an objection: **And according to Rava, the first clause** is **difficult.** The Gemara answers that Rava could have **said to you:** The case where a Jew **exits and enters** is **also** considered **like** a case where the Jew **is standing over him,** and it is included in that *halakha*.

כְּיוֹצֵא בּוֹ, מָצָא בְּיָדוֹ דִּקוּרְיָא שֶׁל צִפֳּרִין – קוֹטֵעַ רֹאשׁוֹ כּוּ׳. אַמַּאי? לֵיחוּשׁ דִּלְמָא הַאי הוּא דַּהֲוָה שָׁחֵיט שַׁפִּיר!

§ The *baraita* continues: **Similarly,** if the Jew **found a string of birds in the possession of** a Samaritan, and the Jew does not know whether they were properly slaughtered, **he severs the head of** one of them and gives it to the Samaritan to eat. If the Samaritan ate it, it is permitted for the Jew to eat from what the Samaritan slaughtered. But if the Samaritan did not eat the meat, it is prohibited to eat from what the Samaritan slaughtered. The Gemara asks: **Why** is that a reliable indication? **Let us be concerned** that **perhaps** it is **this** bird alone, whose head the Jew severed, **that** the Samaritan **slaughtered properly,** and the rest are unslaughtered carcasses.

LANGUAGE

String [*dekurya*] – דִּקוּרְיָא: From the Latin decuria, meaning a group of ten. Here it is utilized in the sense of a group consisting of several people or objects. *Tosafot* explain that it means a basket.

NOTES

Where the Jew crushed the head – דִּמְמַסְמֵס לֵיהּ מַסְמוּסֵי: Rashi explains that he crushes the head so that the Samaritan is unable to identify the distinguishing mark that he placed in the bird. Rabbeinu Gershom Meor HaGola explains that he spreads a substance over the bird, obscuring the distinguishing mark (*Arukh*). These two understandings are consistent with the use of the term later in this tractate (18a and 45b).

LANGUAGE

Diverting [*hagrama*] – הַגְרָמָה: This verb, which does not appear in the Bible, refers to diverting the knife, or part of the animal being slaughtered, from the area designated for slaughter.

אֲמַר רַב מְנַשֶּׁה: (סִימָן: מַכְנִיס אִיזְמֵל בְּזִכְרִים) בְּמַכְנִיסָן תַּחַת כְּנָפָיו.

Rav Menashe said an answer to this question. Before presenting his answer, the Gemara cites **a mnemonic** for the three statements of Rav Menashe cited in this tractate, this one and two others: **Inserts, a scalpel** (see 31a), **into rams** (see 51a). Rav Menashe's answer is as follows: The case in the *baraita* is one **where** the Jew **inserts** the string of birds **under the corners of his garment** and hands the Samaritan the head of one of the birds. In that way, the Samaritan has no way of knowing from which bird the head was taken. If he ate it, apparently all the birds were slaughtered properly.

וְדִלְמָא סִימָנָא הֲוָה יָהֵיב לֵיהּ בְּגַוֵּיהּ! אֲמַר רַב מְשַׁרְשִׁיָּא: דִּמְמַסְמֵס לֵיהּ מַסְמוּסֵי.

The Gemara challenges: **And perhaps** the Samaritan **placed a distinguishing mark in** that bird, indicating to him that it is the kosher one. **Rav Mesharshiyya said:** The case in the *baraita* is one **where** the Jew **crushed** the head[N] that he gave the Samaritan, thereby rendering it indistinguishable from the others.

וְדִלְמָא קָסָבְרִי כּוּתִים: אֵין שְׁחִיטָה לָעוֹף מִן הַתּוֹרָה!

The Gemara challenges this answer: **And perhaps the Samaritans hold there is no** source for the **slaughter of a bird in the Torah.** Therefore, the fact that the Samaritan ate the bird's head is no proof that the bird was properly slaughtered.

וּלְטַעֲמֵיךְ, שְׁהִיָּה, דְּרָסָה, חֲלָדָה, הַגְרָמָה, וְעִיקּוּר, מִי כְּתִיבָן?

The Gemara rejects that possibility: **And according to your reasoning,** those actions that disqualify the slaughter of an animal: **Interrupting** the slaughter, **pressing** the knife, **concealing** the knife in the course of an inverted slaughter, **diverting** [*hagrama*][L] the knife from the place of slaughter, **and ripping** the *simanim* from their place before cutting them, **are they written** in the Torah?

אֶלָּא כֵּיוָן דְּאַחְזִיקוּ בְּהוּ – אַחְזִיקוּ בְּהוּ, הָכָא נַמִי כֵּיוָן דְּאַחְזִיקוּ – אַחְזִיקוּ.

Rather, even though the details are not all written in the Torah, **once** the Samaritans **embraced** those disqualifications, **they embraced them,** and a Jew may rely on their slaughter; when they eat from the meat, it is permitted for a Jew to eat the meat as well. **Here too,** although the requirement of ritual slaughter for a bird is not written in the Torah, **once** the Samaritans **embraced** the mitzva of ritual slaughter, **they embraced** it in the same manner that it is performed by Jews.

וְאַחְזוּק וְלָא אַחְזוּק בִּדְלָא כְּתִיבָא – תַּנָּאֵי הִיא, דְּתַנְיָא: מַצַּת כּוּתִי מוּתֶּרֶת, וְאָדָם יוֹצֵא בָּהּ יְדֵי חוֹבָתוֹ בְּפֶסַח.

And with regard to mitzvot **that are not written** explicitly in the Torah that Samaritans embraced, the question of whether they are **presumed** to fulfill them in the manner that Jews fulfill them **or** they are **not presumed** to do so **is** a dispute between ***tanna'im*,** **as it is taught** in a *baraita*: It is **permitted** to eat **the *matza* of a Samaritan** on Passover, **and a person fulfills his obligation** to eat *matza* **on** the first night of **Passover with it.**

רַבִּי אֶלְעָזָר אוֹסֵר, לְפִי שֶׁאֵין בְּקִיאִין בְּדִקְדּוּקֵי מִצְוֹת כְּיִשְׂרָאֵל.

Rabbi Elazar prohibits the consumption of the *matza* of a Samaritan on Passover, **because** the Samaritans **are not experts in the details of mitzvot like Jews** and do not know the precise nature of leaven prohibited by the Torah.

רַבָּן שִׁמְעוֹן בֶּן גַּמְלִיאֵל אוֹמֵר: כׇּל מִצְוָה שֶׁהֶחְזִיקוּ בָּהּ כּוּתִים, הַרְבֵּה מְדַקְדְּקִין בָּהּ יוֹתֵר מִיִּשְׂרָאֵל.

Rabban Shimon ben Gamliel says: On the contrary, with regard to **any mitzva that the Samaritans embraced** and accepted upon themselves, **they are more exacting in its** observance **than** are **Jews.** Therefore, one may assume that they prepared the *matza* properly.

אָמַר מָר: מַצַּת כּוּתִי מוּתֶּרֶת, וְאָדָם יוֹצֵא בָּהּ יְדֵי חוֹבָתוֹ בְּפֶסַח. פְּשִׁיטָא! מַהוּ דְּתֵימָא: לָא בְּקִיאִי בְּשִׁימּוּר, קָא מַשְׁמַע לַן. רַבִּי אֶלְעָזָר אוֹסֵר, לְפִי שֶׁאֵין בְּקִיאִין בְּדִקְדּוּקֵי מִצְוֹת. קָסָבַר: לָא בְּקִיאִי בְּשִׁימּוּר.

The Gemara proceeds to analyze that *baraita*. **The Master said:** It is **permitted** to eat **the *matza* of a Samaritan** on Passover, **and a person fulfills his obligation** to eat *matza* **on** the first night of **Passover with it.** The Gemara asks: Isn't it **obvious** that if the *matza* is permitted one fulfills his obligation with it on Passover? The Gemara answers: **Lest you say** that Samaritans **are not expert in** the mitzva of **guarding** the *matza* for the sake of the mitzva, the *tanna* **teaches us** that they are expert. **Rabbi Elazar deems it prohibited** to eat the *matza* of Samaritans on Passover, **due to** the fact **that** the Samaritans **are not experts in the details of mitzvot. He holds** that Samaritans **are not expert** in the mitzva of **guarding** the *matza* for the sake of the mitzva.

רַבָּן שִׁמְעוֹן בֶּן גַּמְלִיאֵל אוֹמֵר: כׇּל מִצְוָה שֶׁהֶחֱזִיקוּ בָּהּ כּוּתִים, הַרְבֵּה מְדַקְדְּקִין בָּהּ יוֹתֵר מִיִּשְׂרָאֵל. הַיְינוּ תַּנָּא קַמָּא! אִיכָּא בֵּינַיְיהוּ דִּכְתִיבָא וְלָא אַחֲזִיקוּ בָּהּ; תַּנָּא קַמָּא סָבַר: כֵּיוָן דִּכְתִיבָא, אַף עַל גַּב דְּלָא אַחֲזִיקוּ בָּהּ; וְרַבָּן שִׁמְעוֹן בֶּן גַּמְלִיאֵל סָבַר: אִי אַחֲזוּק – אִין, אִי לָא אַחֲזוּק – לָא.

Rabban Shimon ben Gamliel says: With regard to **any mitzva that Samaritans embraced** and accepted upon themselves, **they are** more **exacting in its** observance **than** are **Jews.** The Gemara raises an objection: **That is** identical to the opinion of **the first** ***tanna*****.** The Gemara explains: **There is** a practical difference **between** their opinions with regard to a mitzva **that is written but** with regard to which the Samaritans **did not embrace it. The first** ***tanna*** **holds: Once** the mitzva **is written** in the Torah, **even if** there is **no** knowledge **that they embraced it,** Samaritans can be relied upon to perform it properly. **And Rabban Shimon ben Gamliel holds:** Even with regard to a mitzva written in the Torah, **if they embraced** its observance, **yes,** one may rely on the Samaritans, but **if they did not embrace** its observance, **no,** one may not rely on them.

אִי הָכִי, ״כׇּל מִצְוָה שֶׁהֶחֱזִיקוּ בָּהּ כּוּתִים״, ״אִם הֶחֱזִיקוּ״ מִיבָּעֵי לֵיהּ!

The Gemara challenges: **If** it is **so** that this is the opinion of Rabban Shimon ben Gamliel, the formulation of his statement is imprecise. He said: With regard to **any mitzva that Samaritans embraced** and accepted upon themselves, they are more exacting in its observance than are Jews; this indicates that one may rely upon Samaritans to observe those mitzvot even if they are not written in the Torah. Therefore, **he should have** said: **If they embraced,** which addresses the statement of the first *tanna*. Contrary to the first *tanna*, who said that one may rely upon Samaritans with regard to any mitzva that is written, Rabban Shimon ben Gamliel says that one may rely upon them only if they embraced the mitzva.

אֶלָּא, אִיכָּא בֵּינַיְיהוּ דְּלָא כְּתִיבָא וְאַחֲזִיקוּ בָּהּ; תַּנָּא קַמָּא סָבַר: כֵּיוָן דְּלָא כְּתִיבָא, אַף עַל גַּב דְּאַחֲזִיקוּ בָּהּ נַמִי לָא; רַבָּן שִׁמְעוֹן בֶּן גַּמְלִיאֵל סָבַר: כֵּיוָן דְּאַחֲזוּק אַחֲזוּק.

Rather, there is a practical difference **between** their opinions with regard to a mitzva **that is not written and** with regard to which the Samaritans **embraced its** observance. **The first** ***tanna*** **holds: Since it is not written, even though they embraced its** observance one may **also not** rely upon them. **Rabban Shimon ben Gamliel holds: Once** it is known **that they embraced** observance of a mitzva, **they embraced** the mitzva and one may rely upon them.

גּוּפָא, אָמַר רָבָא: יִשְׂרָאֵל מְשׁוּמָּד אוֹכֵל נְבֵילוֹת לְתֵיאָבוֹן – בּוֹדֵק סַכִּין וְנוֹתֵן לוֹ, וּמוּתָּר לֶאֱכוֹל מִשְּׁחִיטָתוֹ.

§ With regard to the statement of Rava cited earlier (3a), the Gemara analyzes **the** matter **itself. Rava says:** In the case of **a Jewish transgressor**[N] whose transgression is that he **eats** unslaughtered **animal carcasses to** satisfy his **appetite,** if he seeks to slaughter an animal, **one examines a knife** to ensure that it is perfectly smooth with no nicks **and gives** it **to** the transgressor, **and it is permitted to eat from** what **he slaughtered.**

מַאי טַעְמָא? כֵּיוָן דְּאִיכָּא הֶיתֵּירָא וְאִיסּוּרָא, לָא שָׁבֵיק הֶיתֵּירָא וְאָכֵיל אִיסּוּרָא.

The Gemara explains: **What is the reason? Since** in this case **there is** the option to slaughter the animal in **a permitted** manner **or** to slaughter the animal in **a prohibited** manner, such a transgressor **would not** intentionally **forsake the permitted** manner **and eat** food slaughtered in a **prohibited** manner. Since he has a knife that was examined and the majority of those associated with slaughter are experts, the food is presumed to be permitted, and there is no concern that perhaps he intentionally sabotaged the slaughter.

אִי הָכִי, כִּי לָא בָּדַק נַמִי! מִיטְרַח לָא טָרַח.

The Gemara challenges: **If so,** then **even** in a case **where** the Jew **did not examine** the knife, it should be permitted to eat from the animal slaughtered by the transgressor. The Gemara answers: It is prohibited because if the transgressor discovers that the knife is flawed, **he does not exert** himself to replace it with a knife with a smooth blade.

אֲמַרוּ לֵיהּ רַבָּנַן לְרָבָא, תַּנְיָא דִּמְסַיַּיע לָךְ: חֲמֵצָן שֶׁל עוֹבְרֵי עֲבֵירָה אַחַר הַפֶּסַח

The Sages said to Rava: A *baraita* **is taught that supports your** opinion: With regard to **the leavened bread of transgressors,** who do not eradicate their leavened bread before Passover, **after Passover**

NOTES

Transgressor – מְשׁוּמָּד: This term refers to one who habitually transgresses and has cast the yoke of a mitzva from upon himself. By contrast, one who is not a habitual sinner but performed a transgression once does not have this status, although he may be disqualified from serving as a witness (*Beit Yosef, Yoreh De'a* 2; see *Torat Ḥayyim*).

HALAKHA

Whose brothers died due to circumcision – מֵתוּ אֶחָיו מֵחֲמַת מִילָה: A man who is uncircumcised because his brothers died as a result of circumcision has the same status as any other righteous Jew, and all agree that he may slaughter without someone examining his knife. That is the *halakha* provided that he refrains from circumcision only due to the danger (*Shulḥan Arukh, Yoreh De'a* 2:7 and *Shakh* there).

A transgressor concerning another matter – מְשׁוּמָּד לְדָבָר אַחֵר: With regard to one who is a transgressor to fulfill his desires, it is permitted for him to slaughter an animal *ab initio*, and there is no need to examine his knife. This is the *halakha* concerning a transgressor with regard to violating any of the mitzvot in the Torah other than the prohibition to eat unslaughtered carcasses, based on the apparent conclusion of the Gemara from the *baraita* concerning a transgressor remaining uncircumcised. By contrast, the Rambam requires examination of the knife of one who is a transgressor with regard to violating any particular mitzva, as he interprets that *baraita* as referring to a case where the knife is examined (Rashba; see Rosh 1:5).

Even according to the Rambam, the requirement to examine the knife applies specifically to a transgressor who habitually performs the transgression, but one who performs a transgression once does not require examination of the knife, as the Gemara refers specifically to a transgressor. Nevertheless, if he ate unslaughtered carcasses, even once, his knife must be examined, because he is suspect with regard to that matter itself (see *Shakh*).

The slaughter of one who insolently performs any transgression in the Torah is not valid. Some say that with regard to one who eats animal carcasses, even if he does not do so insolently, as long as he does not do so merely to satisfy his appetite, his halakhic status is that of one who did so insolently (Rambam *Sefer Kedusha, Hilkhot Sheḥita* 4:14–15; *Shulḥan Arukh, Yoreh De'a* 2:5–6, and in the comment of Rema).

BACKGROUND

Whose brothers died due to circumcision – מֵתוּ אֶחָיו מֵחֲמַת מִילָה: Generally, this is the result of hemophilia, where the clotting system of the blood does not function and the infant bleeds to death. This condition is often diagnosed at circumcision, which is the first wound suffered by the newborn.

This disease is hereditary, transmitted from the person's grandfather through his mother. If one brother is affected, this indicates that the mother carries the gene responsible for the disease, and for a maternal brother there is at least a 50 percent chance of being affected as well.

מוּתָּר מִיָּד, מִפְּנֵי שֶׁהֵן מַחֲלִיפִין.

it is **permitted immediately, due to** the fact **that they exchange** the forbidden leavened bread in their possession with permitted leavened bread belonging to gentiles immediately after Passover.

סַבְרוּהָ, הָא מַנִּי? רַבִּי יְהוּדָה הִיא, דְּאָמַר: חָמֵץ אַחַר הַפֶּסַח דְּאוֹרַיְיתָא; וְקָתָנֵי: מִפְּנֵי שֶׁהֵן מַחֲלִיפִין, אַלְמָא לָא שָׁבֵיק הֶיתֵּרָא וְאָכֵיל אִיסּוּרָא.

The Sages who cited this proof **assumed** that **this** *baraita* is in accordance with **whose** opinion? They assumed it **is** in accordance with the opinion of **Rabbi Yehuda, who says: Leavened bread** that was not eradicated before Passover is forbidden **after Passover by Torah law.** The Gemara comments: **And** nevertheless **it is taught** that it is permitted **due to** the fact **that** the transgressors **exchange** their leavened bread with that of gentiles. **Apparently,** even one who performs transgressions **does not** intentionally **forsake the permitted and eat forbidden** food, where the permitted food is easily accessible.

מִמַּאי? דִּלְמָא רַבִּי שִׁמְעוֹן הִיא, דְּאָמַר: חָמֵץ אַחַר הַפֶּסַח דְּרַבָּנַן, וְכִי מְקִילִינַן – בִּדְרַבָּנַן, בִּדְאוֹרַיְיתָא לָא מְקִילִינַן!

The Gemara asks: **From where** in the *baraita* can this be proven? **Perhaps** the *baraita* **is** in accordance with the opinion of **Rabbi Shimon, who says: Leavened bread** that was not eradicated before Passover is prohibited **after Passover by rabbinic law. And** accordingly, **when we are lenient it is with regard to** prohibitions **by rabbinic law,** whereas **with regard to** prohibitions **by Torah law,** e.g., the prohibition of an unslaughtered carcass, **we are not lenient.**

וְתֶיהֱוֵי נַמִי רַבִּי שִׁמְעוֹן, מִי קָתָנֵי: ״שֶׁאֲנִי אוֹמֵר הֶחֱלִיפוּ״? ״מִפְּנֵי שֶׁמַּחֲלִיפִין״ קָתָנֵי, דְּוַדַּאי מַחֲלִיפִין; וּמַה בִּדְרַבָּנַן לָא שָׁבֵיק הֶיתֵּרָא וְאָכֵיל אִיסּוּרָא, בִּדְאוֹרַיְיתָא לֹא כׇּל שֶׁכֵּן?

The Gemara answers: **And let** the *baraita* **be even** in accordance with the opinion of **Rabbi Shimon. Does** the *tanna* **teach: As I say** that **they exchanged** their leavened bread for the leavened bread of a gentile, which would indicate that it is an assumption? **He teaches: Due to** the fact **that they exchange,** as a statement of fact, **as they certainly exchange. And if** in cases involving prohibitions **by rabbinic law** the transgressor **does not** intentionally **forsake the permitted and eat forbidden** food, then **in** prohibitions **by Torah law** is it **not all the more so** reasonable that he would not forsake the permitted in favor of the forbidden?

לֵימָא מְסַיַּיע לֵיהּ: הַכֹּל שׁוֹחֲטִין, וַאֲפִילּוּ כּוּתִי וַאֲפִילּוּ עָרֵל וַאֲפִילּוּ יִשְׂרָאֵל מְשׁוּמָּד. הַאי עָרֵל הֵיכִי דָּמֵי? אִילֵימָא מֵתוּ אֶחָיו מֵחֲמַת מִילָה – הַאי יִשְׂרָאֵל מְעַלְּיָא הוּא! אֶלָּא פְּשִׁיטָא מְשׁוּמָּד לַעֲרֵלוּת, וְקָא סָבַר: מְשׁוּמָּד לְדָבָר אֶחָד לָא הָוֵי מְשׁוּמָּד לְכׇל הַתּוֹרָה כּוּלָּהּ.

Let us say that the following *baraita* **supports** the opinion of Rava: **Everyone slaughters, and even a Samaritan, and even an uncircumcised** man, **and even a Jewish transgressor.** The Gemara asks: **This uncircumcised** man, **what are the circumstances? If we say** that he is an uncircumcised man **whose brothers died due to circumcision**[HB] and the concern is that he might suffer a similar fate, clearly he may slaughter, as **he is a full-fledged Jew** and not a transgressor at all. **Rather, it is obvious** that he is **a transgressor with regard to** remaining **uncircumcised,** as he refuses to be circumcised, **and** the *tanna* **holds** that he may nevertheless slaughter an animal since **a transgressor concerning one matter is not a transgressor concerning the entire Torah.**

אֵימָא סֵיפָא: וַאֲפִילּוּ יִשְׂרָאֵל מְשׁוּמָּד; הַאי מְשׁוּמָּד הֵיכִי דָּמֵי? אִי מְשׁוּמָּד לְדָבָר אַחֵר – הַיְינוּ מְשׁוּמָּד לַעֲרֵלוּת! אֶלָּא לָאו מְשׁוּמָּד לְאוֹתוֹ דָּבָר, וְכִדְרָבָא.

Say the latter clause of the *baraita*: **And even a Jewish transgressor. This transgressor, what are the circumstances? If he is a transgressor concerning another matter**[H] besides eating unslaughtered animal carcasses, **that is** identical to the case of **a transgressor with regard to** remaining **uncircumcised.**[N] **Rather, is it not** that he is a **transgressor concerning the same matter** of eating unslaughtered carcasses, **and** the *baraita* **is in accordance with** the opinion of **Rava,** who said that one may even rely on the slaughter of a Jewish transgressor whose transgression is that he eats unslaughtered animal carcasses to satisfy his appetite, *ab initio*?

NOTES

A transgressor with regard to remaining uncircumcised – מְשׁוּמָּד לַעֲרֵלוּת: Rashi explains that the reference is to a transgressor who acts with insolence and rejects this mitzva. Nevertheless, he may slaughter *ab initio*, since his insolence is with regard to only one mitzva (see *Horayot* 11a and Gra). The *Arukh* likewise explains that he is a transgressor who denies the mitzva of circumcision, or pulls his skin to obscure the fact that he is circumcised. By contrast, some commentaries hold that the halakhic status of one who insolently rejects even a mitzva other than slaughter is like that of a heretic, whose slaughter is not valid. According to this opinion, the Gemara here is referring to one who refuses to be circumcised due to the pain (*Kesef Mishne*; *Ḥatam Sofer*).

לָא, לְעוֹלָם אֵימָא לָךְ: מְשׁוּמָּד לְאוֹתוֹ דָּבָר לָא, מַאי טַעְמָא? כֵּיוָן דְּדָשׁ בֵּיהּ – כְּהֶתֵּירָא דָּמֵי לֵיהּ. אֶלָּא מְשׁוּמָּד לַעֲבוֹדָה זָרָה, וְכִדְרַב עָנָן, דְּאָמַר רַב עָנָן אָמַר שְׁמוּאֵל: יִשְׂרָאֵל מְשׁוּמָּד לַעֲבוֹדָה זָרָה – מוּתָּר לֶאֱכוֹל מִשְּׁחִיטָתוֹ.

The Gemara rejects that proof: **No, actually I will say to you:** The slaughter of **a transgressor concerning the same matter is not** valid. **What is the reason?** It is that **since he has become accustomed to** performance of that transgression, it is **like a permitted** act **for him,** and the concern is that he is not at all careful to slaughter the animal properly. **Rather,** the transgressor mentioned in the *baraita* **is a transgressor with regard to idol worship,**[NH] **and it is in accordance with** the opinion **of Rav Anan, as Rav Anan says that Shmuel says:** With regard to **a Jew** who is **a transgressor with regard to idol worship, it is permitted to eat from** what **he slaughters.**

גּוּפָא, אָמַר רַב עָנָן, אָמַר שְׁמוּאֵל: יִשְׂרָאֵל מְשׁוּמָּד לַעֲבוֹדָה זָרָה – מוּתָּר לֶאֱכוֹל מִשְּׁחִיטָתוֹ, שֶׁכֵּן מָצִינוּ בִּיהוֹשָׁפָט מֶלֶךְ יְהוּדָה שֶׁנֶּהֱנָה מִסְּעוּדַת אַחְאָב, שֶׁנֶּאֱמַר: "וַיִּזְבַּח לוֹ אַחְאָב צֹאן וּבָקָר לָרֹב וְלָעָם אֲשֶׁר עִמּוֹ וַיְסִיתֵהוּ לַעֲלוֹת אֶל רָמֹת גִּלְעָד".

§ The Gemara analyzes **the** matter **itself: Rav Anan says** that **Shmuel says:** With regard to **a Jew** who is **a transgressor with regard to idol worship, it is permitted to eat from** what **he slaughters, as we found with regard to Jehoshaphat,**[P] **king of Judea, who partook of the feast** prepared **by Ahab,** king of Israel, who was a transgressor with regard to idol worship, **as it is stated: "And Ahab slaughtered sheep and cattle for him in abundance, and for the people that were with him, and incited him to go up with him to Ramoth Gilead"** (II Chronicles 18:2).

וְדִלְמָא מִיזְבַּח זְבַח, מֵיכַל לָא אֲכַל! "וַיְסִיתֵהוּ" כְּתִיב. וְדִלְמָא בִּדְבָרִים! אֵין הַסָּתָה בִּדְבָרִים.

The Gemara raises an objection: **And perhaps** Ahab **slaughtered** the animals, but Jehoshaphat **did not eat** the meat of those animals. The Gemara explains: **It is written: "And incited him,"** indicating that there was an element of persuasion that presumably involved food. The Gemara challenges this explanation: **And perhaps** Ahab incited him **with** his **words.** The Gemara answers: **There is no incitement with words.**

וְלָא? וְהָכְתִיב: "כִּי יְסִיתְךָ אָחִיךָ"! בַּאֲכִילָה וּבִשְׁתִיָּה. וְהָכְתִיב: "וַתְּסִיתֵנִי בוֹ לְבַלְּעוֹ חִנָּם"! לְמַעְלָה שָׁאנֵי.

The Gemara asks: **And** is there **not** incitement with words? **But isn't it written: "If your brother... entices you** secretly, saying: Let us go and serve other gods" (Deuteronomy 13:7)? The Gemara answers: There too the incitement is **with eating and with drinking.** The Gemara asks: **But isn't it written** that God said to Satan, who denounced Job: **"And you incited Me against him, to destroy him gratuitously"** (Job 2:3)? Clearly Satan did not incite God with food and drink. The Gemara answers: Incitement against the One **on High is different,** as the term is used metaphorically. By contrast, incitement with regard to people involves food and drink.

וְדִלְמָא מִשְׁתָּא אִשְׁתֵּי, מֵיכַל לָא אֲכַל! מַאי שְׁנָא שְׁתִיָּה? דְּאָמְרִינַן: מְשׁוּמָּד לַעֲבוֹדָה זָרָה לָא הָוֵי מְשׁוּמָּד לְכָל הַתּוֹרָה כּוּלָּהּ; אֲכִילָה נַמִי, מְשׁוּמָּד לַעֲבוֹדָה זָרָה לָא הָוֵי מְשׁוּמָּד לְכָל הַתּוֹרָה כּוּלָּהּ.

The Gemara challenges: **And perhaps** Jehoshaphat **drank** at the feast but **did not eat.** The Gemara responds: **What is different** about **drinking** wine with Ahab that it would be permitted? It would be permitted because **we say: A transgressor with regard to idol worship is not** considered **a transgressor with regard to the entire Torah** and therefore his wine is not forbidden. With regard to **eating** a transgressor's food **too, a transgressor with regard to idol worship is not** considered **a transgressor with regard to the entire Torah.** Therefore, the meat of an animal that he slaughters is not forbidden.

הָכִי הָשְׁתָּא?! שְׁתִיָּה – סְתָם יֵינָן הוּא, וַעֲדַיִין לֹא נֶאֱסַר יֵינָן שֶׁל גּוֹיִם, אֲבָל אֲכִילָה – אֵימָא לָךְ: מְשׁוּמָּד לַעֲבוֹדָה זָרָה הָוֵי מְשׁוּמָּד לְכָל הַתּוֹרָה כּוּלָּהּ!

The Gemara asks: **How can** these cases **be compared?**[B] With regard to **drinking,** Ahab's wine **is** considered **ordinary wine** of gentiles, **and the ordinary wine of gentiles was not yet prohibited,** as the Sages issued that decree only several generations later. Therefore, it was permitted for Jehoshaphat to drink Ahab's wine. **But** with regard to **eating, I will say to you: A transgressor with regard to idol worship is** considered **a transgressor with regard to the entire Torah.** Therefore, it was prohibited for Jehoshaphat to eat the meat from the animals slaughtered by Ahab.

אִיבָּעֵית אֵימָא: לָאו אוֹרְחֵיהּ דְּמַלְכָּא מִשְׁתְּיָא בְּלָא מֵיכְלָא. וְאִיבָּעֵית אֵימָא: "וַיִּזְבַּח... וַיְסִיתֵהוּ" כְּתִיב, בַּמֶּה הֱסִיתוֹ? בִּזְבִיחָה.

The Gemara answers: **If you wish, say:** It is clear that Jehoshaphat ate at the feast, as it is **not typical conduct of a king to drink** wine **without eating. And if you wish, say** instead: **"And Ahab slaughtered** sheep and cattle for him in abundance, and for the people that were with him, **and incited him," is written,** indicating: **With what did** Ahab **incite** Jehoshaphat? It was **with slaughter** of an animal. Apparently, it is permitted to eat from an animal slaughtered by a transgressor with regard to idol worship.

NOTES

A transgressor with regard to idol worship – מְשׁוּמָּד לַעֲבוֹדָה זָרָה: According to *Tosafot*, a distinction exists between a transgressor with regard to idol worship, whose slaughter is valid according to Rabbi Natan but invalid according to those who disagree with him, and a heretic. A transgressor with regard to idol worship is defined as one who worships idols because he became accustomed to doing so or because that was the local practice but who fulfills the other mitzvot. By contrast, a heretic is a priest for idolatry, or, according to Rashi (13a), a firm believer in idolatry whose thoughts when slaughtering are presumed to be entirely devoted to the idol. As is taught in a *baraita* on 13a, not only is his slaughter invalid and the animal that he slaughtered an unslaughtered carcass, but benefit from the carcass is also forbidden, similar to an animal slaughtered for idol worship.

HALAKHA

A transgressor with regard to idol worship – מְשׁוּמָּד לַעֲבוֹדָה זָרָה: The halakhic status of a transgressor with regard to idol worship, even if he worshipped only once, or of a transgressor with regard to desecrating Shabbat in public is that of a transgressor with regard to the entire Torah. Therefore, his slaughter is invalid, similar to that of a gentile. This ruling is in accordance with the conclusion of the Gemara (5a), and contrary to the opinion of Rav Anan (Rambam *Sefer HaMadda*, *Hilkhot Avoda Zara* 2:5; *Shulḥan Arukh*, *Yoreh De'a* 2:5 and *Shakh* there).

PERSONALITIES

Jehoshaphat – יְהוֹשָׁפָט: Jehoshaphat, son of Asa, was the fourth king of Judea (see I Kings, chapter 22). His first known act as monarch was to join forces with Ahab, king of Israel, with whom he was related by marriage, in an attempt to liberate the town of Ramoth Gilead from Aram. Whereas the Israelite king consulted false prophets before the war, Jehoshaphat requested that a prophet of God be sought to advise the leaders. Jehoshaphat was a righteous king who followed God and who made peace between the two kingdoms. He championed Jewish education by sending teachers across the countryside to teach Torah (see II Chronicles 17:7–9) and by establishing judges in every city (see II Chronicles 19:9–11). The prophet Elisha served as occasional advisor to Jehoshaphat. After a twenty-five-year reign, Jehoshaphat was succeeded by his son Jehoram.

BACKGROUND

How can these cases be compared – הָכִי הָשְׁתָּא: The Gemara uses this expression to reject a proposed comparison between two cases: How can these cases be compared? There, in case A, there is one set of circumstances, whereas here, in case B, the circumstances are different.

וְדִלְמָא עוֹבַדְיָה זְבַח! ״לָרוֹב״ כְּתִיב, עוֹבַדְיָה לָא הֲוָה סַפֵּיק.

The Gemara suggests: **And perhaps Obadiah,** who was the major-domo of Ahab's household and a righteous man, **slaughtered** the animals. The Gemara rejects that suggestion: **"In abundance" is written,** and **Obadiah would not have managed** to slaughter all the animals himself.

וְדִלְמָא שִׁבְעַת אֲלָפִים זְבוּח, דִּכְתִיב: ״וְהִשְׁאַרְתִּי בְיִשְׂרָאֵל שִׁבְעַת אֲלָפִים כׇּל הַבִּרְכַּיִם אֲשֶׁר לֹא כָרְעוּ לַבַּעַל״ וגו׳! טְמוּרֵי הָווּ מִיטַּמְרִי מֵאִיזֶבֶל.

The Gemara suggests: **And perhaps** the **seven thousand** righteous people **slaughtered** the animals, **as it is written: "And I will leave seven thousand in Israel, all the knees that have not bowed to Baal,** and every mouth that has not kissed it" (I Kings 19:18). The Gemara rejects that suggestion: **They were hiding from Jezebel,** Ahab's wife, and would not have gone to the palace to slaughter animals for the feast.

וְדִלְמָא גַּבְרֵי דְּאַחְאָב הֲווּ מְעַלּוּ! לָא סָלְקָא דַּעְתָּךְ, דִּכְתִיב: ״מֹשֵׁל מַקְשִׁיב עַל דְּבַר שָׁקֶר כׇּל מְשָׁרְתָיו רְשָׁעִים״.

The Gemara suggests: **And perhaps,** although Ahab was an idolater, **the men** in the employ **of Ahab were upstanding** people, not idolaters, and they slaughtered the animals. The Gemara rejects that suggestion: That possibility should **not enter your mind, as it is written: "If a ruler hearkens to matters of falsehood, all his servants are wicked"** (Proverbs 29:12).

וְדִלְמָא גַּבְרֵי דִּיהוֹשָׁפָט נַמִי לָא הֲווּ מְעַלּוּ, זְבוּח גַּבְרֵי דְּאַחְאָב – אֲכוּל גַּבְרֵי דִּיהוֹשָׁפָט, זְבוּח עוֹבַדְיָה – אֲכַל יְהוֹשָׁפָט!

The Gemara suggests: **And perhaps the men** in the employ **of Jehoshaphat were also not upstanding,** and the animals that **the men** in the employ **of Ahab slaughtered, the men** in the employ **of Jehoshaphat ate,** and the animals that **Obadiah slaughtered, Jehoshaphat ate.**

לָא סָלְקָא דַּעְתָּךְ, מִדְּמוֹשֵׁל מַקְשִׁיב עַל דְּבַר שֶׁקֶר כׇּל מְשָׁרְתָיו רְשָׁעִים, הָא לִדְבַר אֱמֶת – מְשָׁרְתָיו צַדִּיקִים.

The Gemara rejects that suggestion: That possibility should **not enter your mind; from** the fact **that** it is written: **"If a ruler hearkens to matters of falsehood, all his servants are wicked,"** it may be inferred that if a ruler hearkens **to matters of truth, all his servants are righteous.**

וְדִלְמָא זְבוּח גַּבְרֵי דְּאַחְאָב – אֲכַל אַחְאָב וְגַבְרֵיהּ, זְבוּח גַּבְרֵי דִּיהוֹשָׁפָט – אֲכַל יְהוֹשָׁפָט וְגַבְרֵיהּ!

The Gemara suggests: **And perhaps** the animals that **the men** in the employ **of Ahab slaughtered, Ahab and his men ate,** and the animals that **the men** in the employ **of Jehoshaphat slaughtered, Jehoshaphat and his men ate.**

Perek **I**
Daf **5** Amud **a**

לָא הֲוָה מַפְלִיג נַפְשֵׁיהּ מִינֵּיהּ. מְנָלַן? אִילֵימָא מִדִּכְתִיב ״כָּמוֹנִי כָמוֹךָ כְּעַמִּי כְעַמֶּךָ״, אֶלָּא מֵעַתָּה, ״כְּסוּסַי כְּסוּסֶיךָ״ הָכִי נַמִי?! אֶלָּא מַה דְּהָוֵי אַסּוּסֶיךָ תֶּיהֱוֵי אַסּוּסַי, הָכִי נַמִי – מַאי דְּהָוֵי עֲלָךְ וְעִילָּוֵי עַמָּךְ תֶּיהֱוֵי עֲלַי וְעִילָּוֵי עַמִּי!

The Gemara rejects that suggestion: Jehoshaphat **would not have separated himself from** Ahab to eat and drink by himself, as he relied on him completely. **From where do we** derive this? **If we say** that it is derived **from** that **which is written** that Jehoshaphat said to Ahab: **"I am as you are, my people as your people"** (I Kings 22:4), i.e., I am equally reliable, this is difficult, as, **if that is so,** then when Jehoshaphat said at the conclusion of that verse: **"My horses as your horses,"** can this **also** be referring to reliability? **Rather,** Jehoshaphat's intention was: **That which will befall your horses will befall my horses; so too, that which will befall you and your people will befall me and my people.**

אֶלָּא מֵהָכָא: ״וּמֶלֶךְ יִשְׂרָאֵל וִיהוֹשָׁפָט מֶלֶךְ יְהוּדָה יֹשְׁבִים אִישׁ עַל כִּסְאוֹ מְלֻבָּשִׁים בְּגָדִים בְּגֹרֶן פֶּתַח שַׁעַר שֹׁמְרוֹן״, מַאי גּוֹרֶן? אִילֵימָא גּוֹרֶן מַמָּשׁ, אַטּוּ שַׁעַר שׁוֹמְרוֹן גּוֹרֶן הֲוָה? אֶלָּא כִּי גּוֹרֶן, דִּתְנַן: סַנְהֶדְרִין הָיְתָה כַּחֲצִי גּוֹרֶן עֲגוּלָּה, כְּדֵי שֶׁיְּהוּ רוֹאִין זֶה אֶת זֶה.

Rather, it is derived that Jehoshaphat relied upon Ahab **from here: "And the king of Israel and Jehoshaphat, king of Judea, sat each on his throne, arrayed in their robes, in a threshing floor, at the entrance of the gate of Samaria"** (I Kings 22:10). The Gemara asks: **What** is the meaning of the term **threshing floor** in this context? **If we say** that it was **an actual threshing floor; is that to say** that **the gate of Samaria was a threshing floor?** Typically, the gate of a city was the place of assembly for the city's judges and elders, not a threshing floor. **Rather,** they were sitting in a configuration **like** that of a circular **threshing floor,** i.e., facing each other in a display of amity, **as we learned** in a mishna (*Sanhedrin* 36b): **A Sanhedrin was** arranged in the same layout **as half of a circular threshing floor,**[H] **so that** the judges **would see each other.** This verse demonstrates that Jehoshaphat deliberated with Ahab and relied on his judgment.

לֵימָא מְסַיַּיע לֵיהּ: ״וְהָעֹרְבִים מְבִיאִים לוֹ לֶחֶם וּבָשָׂר בַּבֹּקֶר וְלֶחֶם וּבָשָׂר בָּעָרֶב״, וְאָמַר רַב יְהוּדָה אָמַר רַב: מִבֵּי טַבָּחֵי דְּאַחְאָב! עַל פִּי הַדִּבּוּר שָׁאנֵי.

The Gemara suggests: **Let us say** that the verse written with regard to Elijah **supports** the opinion of Rav Anan. The verse states: **"And the ravens** [*orevim*] **brought him bread and meat in the morning, and bread and meat in the evening"** (I Kings 17:6); **and Rav Yehuda said** that **Rav said:** They would bring the meat **from the slaughterhouse of Ahab.** Clearly, Elijah would not have eaten the meat if Ahab's slaughter was not valid. The Gemara responds: Since he ate the meat **according to the word** of God, the case of Elijah **is different,** and no proof may be cited from there.

מַאי ״עוֹרְבִים״? אָמַר רָבִינָא: עוֹרְבִים מַמָּשׁ. אָמַר לֵיהּ רַב אַדָּא בַּר מִנְיוּמֵי: וְדִלְמָא תְּרֵי גַּבְרֵי דַּהֲווֹ שְׁמַיְיהוּ עוֹרְבִים! מִי לָא כְּתִיב: ״וַיַּהַרְגוּ אֶת עוֹרֵב בְּצוּר עוֹרֵב וְאֶת זְאֵב״ וגו׳? אָמַר לֵיהּ: אִיתְרְמַאי מִילְּתָא דִּתְרְוַיְיהוּ הֲוָה שְׁמַיְיהוּ עוֹרְבִים?!

The Gemara asks: **What** is the meaning of ***orevim*** in this context? **Ravina said:** They were **actual ravens. Rav Adda bar Minyumi said to him: And perhaps** they were **two men whose names were Oreb? Isn't it written: "And they slew Oreb at the Rock of Oreb, and Zeeb** they slew at the winepress of Zeeb" (Judges 7:25), indicating that Oreb is a person's name? Ravina **said to him:** Did **the matter** just so **happen that the names of both of** the people supplying Elijah with food **were Oreb?** The improbability of this occurrence indicates that they were actual ravens.

וְדִלְמָא עַל שֵׁם מְקוֹמָן! מִי לָא כְּתִיב: ״וַאֲרָם יָצְאוּ גְדוּדִים וַיִּשְׁבּוּ מֵאֶרֶץ יִשְׂרָאֵל נַעֲרָה קְטַנָּה״, וְקַשְׁיָא לַן: קָרֵי לַהּ ״נַעֲרָה״ וְקָרֵי לַהּ ״קְטַנָּה״; וְאָמַר רַבִּי פְּדָת: קְטַנָּה דְּמִן נְעוֹרָן! אִם כֵּן, ״עוֹרְבִיִּים״ מִיבְּעֵי לֵיהּ.

The Gemara suggests: **And perhaps** they are called *orevim* **after the name of their place** of origin. **Isn't it written: "And the Arameans had gone out in bands, and had brought away captive out of the land of Israel a minor young woman** [*na'ara ketana*]" (II Kings 5:2)? **And** it is **difficult for us** to understand why the verse **calls her a young woman and** also **calls her a minor,** which are two different stages in a girl's development. **And Rabbi Pedat said:** She was a **minor girl who was from** a place called **Naaran.**[B] Perhaps in the case of Elijah they were two people from a place called Oreb. The Gemara rejects that suggestion: **If so, Orebites** [***oreviyyim***] **should have** been written in the verse.

לֵימָא מְסַיַּיע לֵיהּ: הַכֹּל שׁוֹחֲטִין, וַאֲפִילּוּ כּוּתִי וַאֲפִילּוּ עָרֵל וַאֲפִילּוּ יִשְׂרָאֵל מְשׁוּמָּד. הַאי עָרֵל הֵיכִי דָּמֵי? אִילֵימָא שֶׁמֵּתוּ אֶחָיו מֵחֲמַת מִילָה, הַאי יִשְׂרָאֵל מְעַלְּיָא הוּא! אֶלָּא פְּשִׁיטָא מְשׁוּמָּד לַעֲרֵלוּת.

§ **Let us say** that the following *baraita* **supports** the opinion of Rav Anan, who says that it is permitted to eat from the slaughter of a Jew who is a transgressor with regard to idol worship: **Everyone slaughters, and even a Samaritan, and even an uncircumcised** man, **and even a Jewish transgressor.** The Gemara analyzes the *baraita*: **This uncircumcised** man, **what are the circumstances? If we say** that he is an uncircumcised man **whose brothers died due to circumcision** and the concern is that he might suffer a similar fate, clearly one may eat from what he slaughters, as **he is a full-fledged Jew** and not a transgressor at all. **Rather,** it is **obvious** that he is **a transgressor with regard to** remaining **uncircumcised,** as he refuses to be circumcised.

אֵימָא סֵיפָא: וַאֲפִילּוּ יִשְׂרָאֵל מְשׁוּמָּד, הֵיכִי דָּמֵי? אִי מְשׁוּמָּד לְדָבָר אֶחָד – הַיְינוּ מְשׁוּמָּד לַעֲרֵלוּת! אֶלָּא לָאו מְשׁוּמָּד לַעֲבוֹדָה זָרָה, וּכְרַב עָנָן!

Say the latter clause of the *baraita*: **And even a Jewish transgressor. What are the circumstances? If he is a transgressor with regard to one matter, that is** identical to the case of **a transgressor with regard to** remaining **uncircumcised. Rather, is it not** that he is **a transgressor with regard to idol worship, and it is in accordance with** the opinion of **Rav Anan?**

HALAKHA

A Sanhedrin was arranged in the same layout as half of a circular threshing floor – סַנְהֶדְרִין הָיְתָה כַּחֲצִי גּוֹרֶן: A Sanhedrin would convene in a semicircle so that the *Nasi* and his deputy would be able to see all the judges (Rambam *Sefer Shofetim*, *Hilkhot Sanhedrin* 1:3, and see *Kesef Mishne* there).

Depiction of the Sanhedrin in session

BACKGROUND

Naaran – נְעוֹרָן: This is a town in the Jordan Valley, approximately 5 km north of Jericho. The town constitutes the southeast border of the tribal land of Ephraim (see Joshua 16:7 and I Chronicles 7:28). There was a Jewish community in Naaran over the course of numerous generations, and remnants of a magnificent synagogue that apparently dates to the sixth century CE have been discovered.

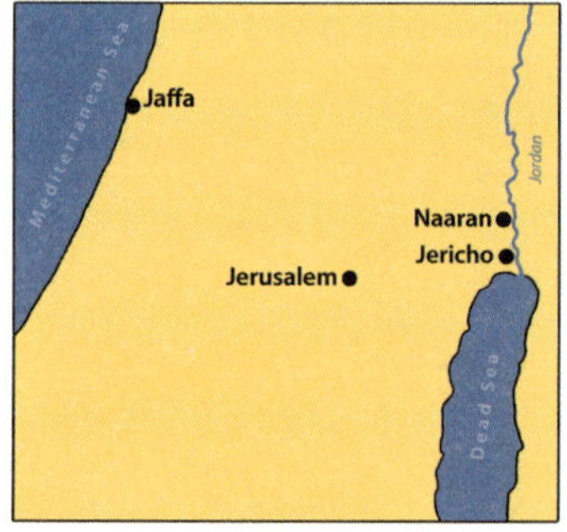

Location of Naaran

לָא, לְעוֹלָם אֵימָא לָךְ: מְשׁוּמָּד לַעֲבוֹדָה זָרָה – לָא, דְּאָמַר מָר: חֲמוּרָה עֲבוֹדָה זָרָה, שֶׁכׇּל הַכּוֹפֵר בָּהּ כְּמוֹדֶה בְּכׇל הַתּוֹרָה כּוּלָּהּ;

The Gemara rejects that proof: **No, actually I will say to you** that a **transgressor with regard to idol worship** may **not** slaughter, as **the Master said: Idol worship is a severe** transgression,[H] as with regard to **anyone who denies it,** it is as though **he acknowledges** his acceptance of **the entire Torah.** Conversely, with regard to one who accepts idolatry, it is as though he denies the entire Torah. Therefore, his halakhic status is that of a transgressor with regard to the entire Torah, and his slaughter is not valid.

אֶלָּא מְשׁוּמָּד לְאוֹתוֹ דָּבָר, וְכִדְרָבָא.

Rather, the transgressor in the latter clause of the *baraita* is **a transgressor concerning the same matter**[N] of eating unslaughtered carcasses, **and** it is **in accordance with** the opinion **of Rava,** who said that one may rely on the slaughter of a transgressor with regard to eating unslaughtered animal carcasses to satisfy his appetite even *ab initio*.

מֵיתִיבֵי: ״מִכֶּם״ – וְלֹא כּוּלְּכֶם, לְהוֹצִיא אֶת הַמְשׁוּמָּד. ״מִכֶּם״ – בָּכֶם חִלַּקְתִּי וְלֹא בָּאוּמּוֹת. ״מִן הַבְּהֵמָה״ – לְהָבִיא בְּנֵי אָדָם שֶׁדּוֹמִים לִבְהֵמָה; מִכָּאן אָמְרוּ: מְקַבְּלִין קׇרְבָּנוֹת מִפּוֹשְׁעֵי יִשְׂרָאֵל כְּדֵי שֶׁיַּחְזְרוּ בָּהֶן בִּתְשׁוּבָה, חוּץ מִן הַמְשׁוּמָּד, וּמְנַסֵּךְ אֶת הַיַּיִן, וּמְחַלֵּל שַׁבָּתוֹת בְּפַרְהֶסְיָא.

The Gemara **raises an objection** to the opinion of Rav Anan from that which is taught in a *baraita* with regard to the verse: "When any man of you brings an offering unto the Lord, from the animal" (Leviticus 1:2). The *tanna* infers: **"Of you,"** indicating: **But not all of you.** This serves **to exclude the transgressor,** from whom an offering is not accepted. The *tanna* continues: The term **"of you"** is also interpreted to mean that **I distinguished among you and not among the nations.**[H] Therefore, a gentile may bring an offering even if he is an idol worshipper. The expression **"from the animal"** serves **to include people who are similar to an animal** in that they do not recognize God. **From here,** the Sages **stated: One accepts offerings from Jewish transgressors so that they will consequently repent, except for the transgressor, one who pours wine as a libation** to idolatry, **and one who desecrates Shabbat in public** [*befarhesya*].[L]

הָא גּוּפָא קַשְׁיָא, אָמְרַתְּ: ״מִכֶּם״ – וְלֹא כּוּלְּכֶם, לְהוֹצִיא אֶת הַמְשׁוּמָּד, וַהֲדַר תָּנֵי: מְקַבְּלִין קׇרְבָּנוֹת מִפּוֹשְׁעֵי יִשְׂרָאֵל!

This *baraita* **itself** is **difficult.** Initially, **you said: "Of you,"** indicating: **But not all of you.** This serves **to exclude the transgressor,**[H] from whom an offering is not accepted. **And then** the *tanna* **teaches: One accepts offerings from Jewish transgressors.**

הָא לָא קַשְׁיָא: רֵישָׁא – מְשׁוּמָּד לְכׇל הַתּוֹרָה כּוּלָּהּ, מְצִיעֲתָא – מְשׁוּמָּד לְדָבָר אֶחָד.

The Gemara answers: **This** is **not difficult. The first clause** states that an offering is not accepted from **a transgressor with regard to the entire Torah.**[N] **The middle clause** states that one accepts an offering from **a transgressor with regard to one matter.**

אֵימָא סֵיפָא: חוּץ מִן הַמְשׁוּמָּד וּמְנַסֵּךְ אֶת הַיַּיִן וּמְחַלֵּל שַׁבָּת בְּפַרְהֶסְיָא; הַאי מְשׁוּמָּד הֵיכִי דָּמֵי? אִי מְשׁוּמָּד לְכׇל הַתּוֹרָה כּוּלָּהּ – הַיְינוּ רֵישָׁא! וְאִי מְשׁוּמָּד לְדָבָר אֶחָד – קַשְׁיָא מְצִיעֲתָא!

The Gemara challenges: **Say the last clause: Except for the transgressor, and one who pours wine as a libation** to idolatry, **and one who desecrates Shabbat in public.** With regard to **this transgressor** in the last clause, **what are the circumstances? If** the reference is to **a transgressor with regard to the entire Torah, that is** identical to **the first clause:** Of you, and not all of you, to exclude the transgressor. **And if** the reference is to **a transgressor with regard to one matter, the middle clause** is **difficult,** as it is stated there that one accepts an offering from a transgressor with regard to one matter.

NOTES

A transgressor concerning the same matter – מְשׁוּמָּד לְאוֹתוֹ דָּבָר: One does not say that since he is a transgressor with regard to a particular matter and grew accustomed to performing that transgression, he relates to it as completely permitted to the extent that he would not prefer an available option that is actually permitted (Rashi).

A transgressor with regard to the entire Torah – מְשׁוּמָּד לְכׇל הַתּוֹרָה כּוּלָּהּ: The commentaries disagree with regard to the status of the slaughter of a transgressor with regard to the entire Torah. Some commentaries and most halakhic authorities understand that his halakhic status is that of a gentile and his slaughter is not valid, just like the act of slaughter of a transgressor with regard to the specific prohibition of eating unslaughtered carcasses, who is totally excluded from the category of slaughter (see Rosh 1:5). Others hold that if a righteous Jew supervises his slaughter and determines that it was performed properly, the slaughter is valid (Riaz; see *Tiferet Ya'akov*).

HALAKHA

Idol worship is a severe transgression – חֲמוּרָה עֲבוֹדָה זָרָה: The transgression of idolatry is more severe than any other, and anyone who grants it validity is considered like one who denies the entire Torah, all the prophets, and everything that the prophets commanded from Adam, the first man, until the end of days. Anyone who denies that idolatry is valid is considered like one who acknowledges the validity of the entire Torah, all the prophets, and everything that the prophets commanded from Adam, the first man, until the end of days. The prohibition against idolatry is the most fundamental of mitzvot (Rambam *Sefer HaMadda, Hilkhot Avoda Zara* 2:4).

I distinguished among you and not among the nations – בָּכֶם חִלַּקְתִּי וְלֹא בָּאוּמּוֹת: A gentile may bring only a burnt offering. His offering is accepted even if he is known to be an idolater, based on the *baraita* cited here (Rambam *Sefer Avoda, Hilkhot Ma'aseh HaKorbanot* 3:2).

To exclude the transgressor – לְהוֹצִיא אֶת הַמְשׁוּמָּד: A Jew who is a transgressor with regard to idol worship or with regard to desecrating Shabbat in public is considered a transgressor with regard to the entire Torah, and no offerings may be accepted from him. But if he was a transgressor for any of the other transgressions, his offerings are accepted, in order to encourage him to repent (Rambam *Sefer Avoda, Hilkhot Ma'aseh HaKorbanot* 3:4).

LANGUAGE

In public [*befarhesya*] – בְּפַרְהֶסְיָא: From the Greek παρρησία, *parrēsia*, whose original meaning is free speech. The Sages adapted the term to mean an action performed out in the open, visible to all.

אֶלָּא לָאו הָכִי קָאָמַר: חוּץ מִן הַמְשׁוּמָּד לְנַסֵּךְ אֶת הַיַּיִן וּלְחַלֵּל שַׁבָּתוֹת בְּפַרְהֶסְיָא. אַלְמָא מְשׁוּמָּד לַעֲבוֹדָה זָרָה הָוֵה מְשׁוּמָּד לְכָל הַתּוֹרָה כּוּלָּהּ, וּתְיוּבְתָּא דְּרַב עָנָן! תְּיוּבְתָּא.

Rather, is it not that this is what the mishna is saying in the last clause: Except for the transgressor to pour wine as a libation to idolatry or to desecrate Shabbat in public?[N] Apparently, a transgressor with regard to idol worship is a transgressor with regard to the entire Torah, and this *baraita* is a refutation of the opinion of Rav Anan. The Gemara concludes: It is indeed a conclusive refutation.

וְהָא מֵהָכָא נָפְקָא? מֵהָתָם נָפְקָא:

The Gemara asks: And is this *halakha* that one does not accept an offering from a transgressor derived from the verse cited here? It is derived from the verse written there with regard to a sin offering:

NOTES

The transgressor to pour wine as a libation to idolatry or to desecrate Shabbat in public – הַמְשׁוּמָּד לְנַסֵּךְ אֶת הַיַּיִן וּלְחַלֵּל שַׁבָּתוֹת בְּפַרְהֶסְיָא: It is already apparent from the Torah that idolatry and Shabbat are equivalent to all other mitzvot (see *Horayot* 8a and Jerusalem Talmud, *Nedarim* 3:9). Just as one who worships idols denies the existence of God, so too, one who desecrates Shabbat denies the actions of God, Who created the world in six days and rested on the seventh day, which is the reason given in the Torah for the mitzva of Shabbat (see Rashi and Exodus 31:17). Likewise, Shabbat is the eternal sign of the covenant between the Jewish people and God, and one who fails to observe Shabbat is equivalent to a gentile (Rambam *Sefer Zemanim, Hilkhot Shabbat* 30:15). Nevertheless, this comparison between desecrating Shabbat and denying the covenant with God was restricted by the Sages to desecrating Shabbat in public, because one thereby displays defiance and casts off the yoke of Torah in general (see *Eiruvin* 69a and *Darkhei Moshe* to *Yoreh De'a* 2:3).

Perek **I**
Daf **5** Amud **b**

״מֵעַם הָאָרֶץ״ – פְּרָט לִמְשׁוּמָּד.

"And if any one of the common people sins unwittingly…and he shall bring his offering" (Leviticus 4:27–28), from which it is inferred in a *baraita*: "Of the common people," indicating: But not all of the common people. This serves to exclude a transgressor,[H] from whom a sin offering is not accepted.

רַבִּי שִׁמְעוֹן בֶּן יוֹסֵי אוֹמֵר מִשּׁוּם רַבִּי שִׁמְעוֹן: ״אֲשֶׁר לֹא תֵעָשֶׂינָה בִּשְׁגָגָה וְאָשֵׁם״ – הַשָּׁב מִידִיעָתוֹ מֵבִיא קָרְבָּן עַל שִׁגְגָתוֹ, אֵינוֹ שָׁב מִידִיעָתוֹ אֵינוֹ מֵבִיא קָרְבָּן עַל שִׁגְגָתוֹ;

Rabbi Shimon ben Yosei says in the name of Rabbi Shimon that the verse states: "And does **unwittingly** one of the things…**that may not be done, and he becomes guilty,** or if his sin that he sinned became known to him" (Leviticus 4:22–23). From the words "become known to him" it is inferred: **One who repents due to his awareness** that he performed a transgression, as had he known that the action is prohibited he would not have performed it, **brings an offering for his unwitting** transgression in order to achieve atonement. But one who **does not repent due to his awareness** that he sinned, e.g., a transgressor who would have sinned even had he been aware that the act is prohibited, **does not bring an offering for his unwitting** action.

וְאָמְרִינַן: מַאי בֵּינַיְיהוּ? וְאָמַר רַב הַמְנוּנָא: מְשׁוּמָּד לֶאֱכוֹל חֵלֶב וְהֵבִיא קָרְבָּן עַל הַדָּם אִיכָּא בֵּינַיְיהוּ!

And we say: What is the difference **between their** two opinions? **And Rav Hamnuna said:** The difference is in the case of **a transgressor with regard to eating** the forbidden **fat**[B] of a domesticated animal **and he brought an offering for** unwittingly consuming **blood** is the difference **between them.** According to the first *tanna* he may not bring an offering, as he is a transgressor. According to Rabbi Shimon, since he repented for unwittingly consuming blood, due to his awareness that he sinned, he brings a sin offering for that unwitting sin. In any event, this *baraita* apparently contradicts the previously cited *baraita* with regard to the source for the *halakha* that one does not accept an offering from a transgressor.

HALAKHA

Of the common people, to exclude a transgressor, etc. – מֵעַם הָאָרֶץ פְּרָט לִמְשׁוּמָּד וכו׳: With regard to a Jew who is a transgressor concerning one transgression, even if he does so to satisfy his own appetite, one does not accept an offering from him to atone for that transgression. Nevertheless, a transgressor with regard to one transgression who committed another transgression unwittingly, e.g., he habitually eats fat and then eats blood unwittingly, may bring a sin offering to atone for the unwitting sin, here consuming blood. This ruling is in accordance with the opinion of the first *tanna* according to Rava's explanation of the dispute (Rambam *Sefer Avoda, Hilkhot Ma'aseh HaKorbanot* 3:4 and *Sefer Korbanot, Hilkhot Shegagot* 3:7).

BACKGROUND

Forbidden fat – חֵלֶב: This refers to animal fat that is forbidden for consumption by Torah law, in contrast to permitted fat. Intentionally eating the forbidden fat of kosher domesticated animals is punishable by *karet* (Leviticus 7:22–25), and a sin offering is brought for partaking of it unwittingly. It is permitted to eat all fat of non-domesticated kosher animals and of kosher birds. One of the signs that differentiate forbidden fat from permitted fat is that forbidden fat lies above the flesh and is not intertwined with it. Rather, it is surrounded by a thin membrane and can be easily peeled from the flesh. Most of the forbidden fat of a sacrificial animal was burned on the altar.

חדא בחטאת, וחדא בעולה. וצריכי, דאי אשמעינן חטאת – משום דלכפרה הוא, אבל עולה דדורון הוא – אימא לקבל מיניה; ואי אשמעינן עולה – משום דלאו חיובא הוא, אבל חטאת דחיובא הוא – אימא לקבל מיניה, צריכא.

The Gemara answers: **One** source teaches **with regard to** the **sin offering**[B] of a transgressor that it is not accepted, **and one** source teaches **with regard to the burnt offering**[B] of a transgressor that it is not accepted. **And** both sources **are necessary,** as, **if** the Torah had **taught us** this *halakha* only with regard to **a sin offering,** one might have thought that it is not accepted **due to** the fact **that it is for atonement,** and as a transgressor he is undeserving of atonement, **but** with regard to **a burnt offering, which is** merely **a gift** [*doron*],[L] **say** that one ought **to accept** it **from him. And if** the Torah had **taught us** this *halakha* only with regard to **a burnt offering,** one might have thought that it is not accepted **due to** the fact **that it is not an obligation, but** with regard to **a sin offering, which is an obligation, say** that one ought **to accept** it **from him.** Therefore, both sources are **necessary.**

וכל היכא דכתיב בהמה גריעותא היא? והכתיב: "אדם ובהמה תושיע ה'", ואמר רב יהודה אמר רב: אלו בני אדם שהן ערומין בדעת ומשימין עצמן כבהמה! התם כתיב "אדם ובהמה", הכא בהמה לחודיה כתיב.

§ In the previous *baraita* the Sages derived from the phrase "from the animal" that people who are similar to an animal are included among those from whom offerings are accepted. The Gemara seeks to understand the meaning of the phrase: Similar to an animal, and asks: **And everywhere that** the word **animal is written** and interpreted as referring to a person, does it indicate **a deficiency? But isn't it written: "Man and animal You preserve, Lord"** (Psalms 36:7), **and Rav Yehuda says** that **Rav says: These are people who are clever** in terms of their **intellect,** like people, **and** despite their intelligence they **comport themselves** humbly and self-effacingly, **like an animal.**[N] The Gemara answers: **There it is written "man and animal." Here,** the word **"animal" alone is written.**

וכל היכא דכתיב "אדם ובהמה" מעליותא היא? והא כתיב: "וזרעתי את בית ישראל זרע אדם וזרע בהמה"! התם הא חלקיה קרא, זרע אדם לחוד וזרע בהמה לחוד.

The Gemara asks: **And everywhere that** the terms **"man" and "animal"** are **written** together, does it indicate **a virtue? But isn't it written: "And I will sow the house of Israel and the house of Judah with the seed of man and with the seed of animal"** (Jeremiah 31:26), and the Sages interpreted the phrase "seed of animal" as a reference to ignorant, inferior people. The Gemara answers: **There, doesn't the verse separate** man and animal? **The seed of man** is **discrete and the seed of animal** is **discrete.**

(סימן: נקל"ף)

§ The Gemara revisits the matter of slaughter by a Samaritan and cites **a mnemonic** for the names of the Sages that follow: ***Nun,*** for Ḥanan; ***kuf,*** for Ya'akov; ***lamed,*** for ben Levi; and ***peh,*** for bar Kappara.

אמר רבי חנן אמר רבי יעקב בר אידי אמר רבי יהושע בן לוי משום בר קפרא: רבן גמליאל ובית דינו נמנו על שחיטת כותי ואסרוה. אמר ליה רבי זירא לרבי יעקב בר אידי: שמא לא שמע רבי אלא בשאין ישראל עומד על גביו? אמר ליה: דמי האי מרבנן כדלא גמירי אינשי שמעתא! בשאין ישראל עומד על גביו למימרא בעי?!

§ **Rabbi Ḥanan says** that **Rabbi Ya'akov bar Idi says** that **Rabbi Yehoshua ben Levi says in the name of bar Kappara:** The opinions of **Rabban Gamliel and his court**[P] **were counted with regard to the** status of **the slaughter of a Samaritan, and they prohibited it. Rabbi Zeira said to Rabbi Ya'akov bar Idi: Perhaps my teacher heard** that *halakha* **only** in a case **where a Jew is not standing over him.** Rabbi Ya'akov bar Idi **said to** Rabbi Zeira: **This** one **of the Sages seems like** one of **the people who have not studied** ***halakha.*** **When a Jew is not standing over** the Samaritan **is it necessary to say** that it is prohibited to eat from what he slaughters?

BACKGROUND

Sin offering – חטאת: If a Jew unwittingly commits a transgression whose intentional commission is punishable by *karet,* he is obligated to bring a sin offering. A sin offering brought by an individual consists of a female lamb or goat in its first year. It is slaughtered in the northern section of the Temple courtyard and its blood is received there and then sprinkled on each of the four corners of the altar. The fats of the sin offering are burned on the altar, and its flesh is eaten by the priests. Other sin offerings are brought as part of the purification rite at the conclusion of a period of ritual impurity, e.g., a woman after childbirth. In addition, there are other sin offerings brought to atone for the community, as well as special sin offerings brought by the leaders of the people to atone for transgression.

Burnt offering – עולה: A burnt offering, which is brought from male cattle, sheep, goats, or doves, is totally consumed on the altar. It is sacrificed to atone for the intentional non-fulfillment of a positive mitzva and for immoral or idolatrous thoughts, as well as in certain situations where individuals are required to bring a burnt offering along with other offerings. Many of the communal offerings, e.g., the daily offerings and many of the additional offerings brought on Shabbat and Festivals, are burnt offerings. Individuals typically bring this offering as a gift offering.

Burnt offerings are offerings of the most sacred order. They must be slaughtered in the northern portion of the Temple courtyard, and their blood is sprinkled twice, at the northeastern and southwestern corners of the altar, so that the blood will reach all four sides of the altar. Afterward, the animal's hide is flayed and given to the priests, and its limbs are separated. The remainder of the blood is then poured out at the base of the altar, and the limbs are sacrificed on the altar.

LANGUAGE

Gift [*doron*] – דורון: From the Greek δῶρον, *doron,* meaning gift, especially one given as an expression of respect.

NOTES

Clever in terms of their intellect and comport themselves like an animal – ערומין בדעת ומשימין עצמן כבהמה: In the Midrash, the verse is interpreted to mean that they are drawn after God as an animal is drawn after its master (see *Vayikra Rabba* 27:1). Others explain that the phrase: Like an animal, in this context refers to a simple and complete acceptance of the Torah without question or doubt (*Netivot Olam, Netiv HaTemimut* 2).

PERSONALITIES

Rabban Gamliel and his court – רבן גמליאל ובית דינו: There were three men named Rabban Gamliel who filled the office of *Nasi.* The first was Rabban Gamliel the Elder, grandson of Hillel the Elder, who served as *Nasi* during the Second Temple era. The second was Rabban Gamliel of Yavne, a contemporary of Rabbi Eliezer and Rabbi Yehoshua. He assumed the position of *Nasi* after Rabban Yoḥanan ben Zakkai. The third was Rabban Gamliel, the eldest son of Rabbi Yehuda HaNasi.

Extensive information is cited throughout the Talmud and midrash about Rabban Gamliel of Yavne, while there is very little related about Rabban Gamliel, son of Rabbi Yehuda HaNasi. In addition, aside from several statements in tractate *Avot,* very few of his statements appear in the Talmud. From the little related in his regard, it appears that he was primarily his father's student and follower. He did not serve as *Nasi* for a long period. He had two sons: Rabbi Yehuda, who succeeded him as *Nasi,* and Hillel.

There is a dispute among the early commentaries as to which Rabban Gamliel the Gemara mentions here: Rabban Gamliel of Yavne or Rabban Gamliel, son of Rabbi Yehuda HaNasi (see Rashi and *Tosafot* here and Ramban on 6a). There is a similar tradition of Rabbi Yehoshua ben Levi in the name of bar Kappara that Rabban Gamliel and his court voted about a certain matter (see *Tosefta, Shevi'it* 1:1), and there too the commentaries disagree about which Rabban Gamliel is referenced (see *Tosefta Kifshuta* there). The fact that Rabban Shimon ben Gamliel of Yavne holds that the halakhic status of a Samaritan is like that of a Jew (Jerusalem Talmud, *Berakhot* 7:1), and his son Rabbi Yehuda HaNasi holds that the halakhic status of a Samaritan is like that of a gentile could indicate that the reference here is to the son of Rabbi Yehuda HaNasi, and that he followed his father's opinion.

קבלה מיניה או לא קבלה מיניה? תא שמע, דאמר רב נחמן בר יצחק אמר רבי אסי: אני ראיתי את רבי יוחנן שאכל משחיטת כותי, אף רבי אסי אכל משחיטת כותי; ותהי בה רבי זירא: לא שמיעא להו, דאי הוה שמיעא להו הוו מקבלי לה, או דלמא שמיע להו ולא קבלוה?

The Gemara asks: **Did** Rabbi Zeira **accept** that response **from** Rabbi Ya'akov bar Idi **or did he not accept it from him? Come** and **hear** a proof to resolve that dilemma from that **which Rav Naḥman bar Yitzḥak says** that **Rabbi Asi says: I saw that Rabbi Yoḥanan ate from the slaughter of a Samaritan. And Rabbi Asi too ate from the slaughter of a Samaritan. And Rabbi Zeira wondered about it,** whether perhaps **they did not hear** the *halakha* that it is prohibited to eat from the slaughter of a Samaritan **but had they heard** it **they would have accepted it, or perhaps they heard** the *halakha* **but did not accept it.**

הדר פשיט לנפשיה: מסתברא דשמיע להו ולא קבלוה, דאי סלקא דעתך לא שמיע להו, ואי הוה שמיע להו הוו מקבלי לה, היכי מסתייעא מילתא למיכל איסורא? השתא בהמתן של צדיקים אין הקדוש ברוך הוא מביא תקלה על ידן, צדיקים עצמן לא כל שכן?

Rabbi Zeira **then resolved** the matter **for himself. It stands to reason that they heard it and did not accept it. As, if it enters your mind** that **they did not hear it, but** that **had they heard it they would have accepted it, how did the matter eventuate,** leading these Sages **to eat forbidden** food? Now consider: If even **through the animals of the righteous, the Holy One, Blessed be He, does not generate mishaps,** then is it **not all the more so** true that **the righteous themselves**[N] would not experience mishaps?

NOTES

The righteous themselves – צדיקים עצמן: It appears that this statement in the Gemara means that God protects the righteous and does not allow them to sin unwittingly or due to forgetfulness. Nevertheless, *Tosafot* note that there are in fact many examples of Sages and righteous people who sinned in this manner. Therefore, some explain that the reference here is to sinning by unwittingly eating forbidden foods, as that is considered a greater shortcoming for a righteous person than performing another type of transgression, either because it enters his body or because he derives enjoyment from it (see *Eshel Avraham*). *Tosafot* note that Rabbi Zeira said elsewhere that with regard to this matter there has been a decline in the generations, and in later generations even the righteous sin. Some explain that the examples where the righteous sinned were in cases where they bore responsibility for the matter and were not sufficiently careful. In those cases, God does not prevent them from sinning. Others explain that this principle does not apply with regard to issuing halakhic rulings, as that is the responsibility of the Sage (*Yiḥusei Tanna'im VaAmora'im*). Others explain that the principle is: "For there is not a righteous man upon earth that does good, and sins not" (Ecclesiastes 7:20). By contrast, the intention here is that a righteous person does not sin in a case where it leads others to sin as well (Ramban on 7a, citing his teacher).

Perek **I**
Daf **6** Amud **a**

ואי סלקא דעתיך לא קבלה מיניה, לישני ליה: כאן כשישראל עומד על גביו, כאן כשאין ישראל עומד על גביו! אלא לאו שמע מינה קבלה מיניה, שמע מינה.

And if it enters your mind that Rabbi Zeira **did not accept** from Rabbi Ya'akov bar Idi that Rabban Gamliel prohibited eating from the slaughter of a Samaritan even when a Jew was standing over him, **let** Rabbi Zeira **resolve** the matter **for himself** in a different manner: **Here,** where Rabbi Yoḥanan ate from the slaughter of a Samaritan,[H] it was **when a Jew** was **standing over him; there,** where Rabban Gamliel prohibited eating from the slaughter of a Samaritan, it was **when a Jew was not standing over him. Rather,** must one **not conclude from it** that Rabbi Zeira **accepted** the response **from** Rabbi Ya'akov bar Idi. The Gemara affirms: Indeed, **learn** this **from it.**

HALAKHA

Slaughter by a Samaritan – שחיטת כותי: The halakhic status of slaughter performed by a Samaritan is like that of slaughter performed by a gentile, i.e., the animal is an unslaughtered carcass. This is the result of a decree issued by the Sages, as related in the Gemara about Rabbi Ami and Rabbi Asi (Rambam *Sefer Tahara, Hilkhot She'ar Avot HaTumot* 2:10; *Shulḥan Arukh, Yoreh De'a* 2:8).

PERSONALITIES

Rabbi Shimon ben Elazar – רַבִּי שִׁמְעוֹן בֶּן אֶלְעָזָר: Rabbi Shimon ben Elazar was one of the Sages of the Mishna during the last generation of *tanna'im*. Since he lived in the generation in which the Mishna was redacted, his statements appear only rarely in the Mishna, although they are cited in the Gemara. Among the little that is known about his life or his family is that Rabbi Shimon ben Elazar was a friend of Rabbi Yehuda HaNasi, and several disputes between them appear in talmudic sources. He garnered most of his Torah knowledge from his teacher, Rabbi Meir, to whom he was devoted, and in whose name he cites many rulings.

BACKGROUND

The area of the Samaritans – בֵּי כּוּתָאֵי: The area where the Samaritans lived was located in Samaria, adjacent to Shechem. That area did not have defined political borders, and while at times it was small and densely populated, there were periods when it extended all the way to the coastal plain.

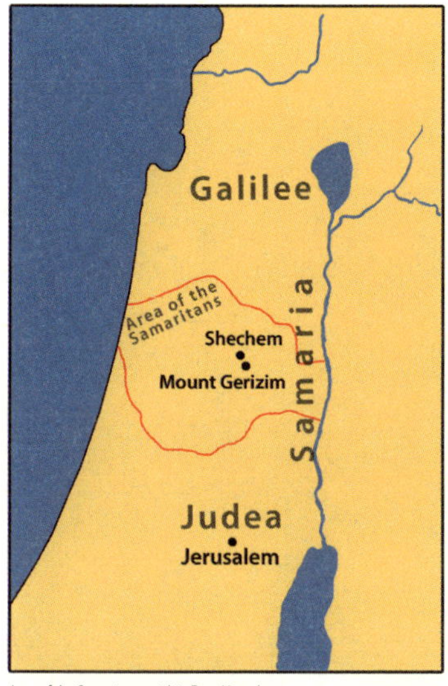

Area of the Samaritans within Eretz Yisrael

The image of a dove – דְּמוּת יוֹנָה: This is an allusion to the period after the bar Kokheva revolt was suppressed, when a pagan temple was established on Mount Gerizim. Although the majority of the Samaritans did not worship idols, a minority did. The image of a dove is one of the symbols of the goddess Aphrodite and was found in the various temples devoted to her throughout Eretz Yisrael.

Later, due to pressure by foreign governments and due to the weakening of the domestic social order, most of the Samaritans assimilated into the dominant pagan culture. That explains the changing attitude of the Sages with regard to their halakhic status.

וּמַאי טַעְמָא גָּזְרוּ בְּהוּ רַבָּנַן? כִּי הָא דְּרַבִּי שִׁמְעוֹן בֶּן אֶלְעָזָר שַׁדְּרֵיהּ רַבִּי מֵאִיר לְאַתּוּיֵי חַמְרָא מִבֵּי כּוּתָאֵי, אַשְׁכְּחֵיהּ הַהוּא סָבָא, אֲמַר לֵיהּ: ״וְשַׂמְתָּ סַכִּין בְּלֹעֶךָ אִם בַּעַל נֶפֶשׁ אָתָּה״, הָלַךְ רַבִּי שִׁמְעוֹן בֶּן אֶלְעָזָר וְסִפֵּר דְּבָרִים לִפְנֵי רַבִּי מֵאִיר, וְגָזַר עֲלֵיהֶן.

§ The Gemara asks: **And what is the reason** that **the Sages,** Rabban Gamliel and his court, **issued a decree** rendering it prohibited to eat from the slaughter of Samaritans? The Gemara answers: It is **like that** case **involving Rabbi Shimon ben Elazar,**[P] in which **Rabbi Meir dispatched him to bring wine from the area of the Samaritans.**[B] **A certain elder**[N] **found him and said to him: "And put a knife to your throat, if you are a man given to appetite"**[N] (Proverbs 23:2), as a warning to distance himself from them and not to drink their wine, because they were not reliable. **Rabbi Shimon ben Elazar went and related** those **matters before Rabbi Meir, and** Rabbi Meir **issued a decree against them.**

מַאי טַעְמָא? אָמַר רַב נַחְמָן בַּר יִצְחָק: דְּמוּת יוֹנָה מָצְאוּ לָהֶן בְּרֹאשׁ הַר גְּרִיזִים שֶׁהָיוּ עוֹבְדִין אוֹתָהּ; וְרַבִּי מֵאִיר לְטַעְמֵיהּ, דְּחָיֵישׁ לְמִיעוּטָא, וְגָזַר רוּבָּא אַטּוּ מִיעוּטָא; וְרַבָּן גַּמְלִיאֵל וּבֵית דִּינוֹ נָמֵי כְּרַבִּי מֵאִיר סְבִירָא לְהוּ.

What is the reason that the Samaritans are deemed unreliable? **Rav Naḥman bar Yitzḥak said: At the peak of Mount Gerizim they found the image of a dove,**[B] **which** the Samaritan residents of Mount Gerizim **would worship; and Rabbi Meir** issued the decree **according to his** line of **reasoning that he takes the minority into consideration, and** therefore, despite the fact that the majority of Samaritans did not live on Mount Gerizim, **he issued a decree** rendering meat slaughtered by **the majority** forbidden **due to the minority** that worshipped that idol. **And Rabban Gamliel and his court also hold in accordance with** the opinion of **Rabbi Meir.**

פְּשָׁטֵיהּ דִּקְרָא בְּמַאי כְּתִיב? בְּתַלְמִיד הַיּוֹשֵׁב לִפְנֵי רַבּוֹ, דְּתָנֵי רַבִּי חִיָּיא: ״כִּי תֵשֵׁב לִלְחוֹם אֶת מוֹשֵׁל בִּין תָּבִין אֶת אֲשֶׁר לְפָנֶיךָ. וְשַׂמְתָּ סַכִּין בְּלֹעֶךָ אִם בַּעַל נֶפֶשׁ אָתָּה״,

The Gemara asks: As to **the plain** meaning **of** that **verse:**[N] "And put a knife to your throat, if you are a man given to appetite," **with regard to what** matter **is it written?** The Gemara answers: It is written **with regard to a student who is sitting before his teacher,** as he must consider his words carefully. **As Rabbi Ḥiyya teaches** a *baraita* interpreting the verses: **"When you sit to eat with a ruler, consider well [*bin tavin*] him that is before you; and put a knife to your throat, if you are a man given to appetite"** (Proverbs 23:1–2).

אִם יוֹדֵעַ תַּלְמִיד בְּרַבּוֹ שֶׁיּוֹדֵעַ לְהַחֲזִיר לוֹ טַעַם – ״בִּין״, וְאִם לָאו – ״תָּבִין אֶת אֲשֶׁר לְפָנֶיךָ וְשַׂמְתָּ סַכִּין בְּלֹעֶךָ״, ״אִם בַּעַל נֶפֶשׁ אָתָּה״ – פְּרוֹשׁ הֵימֶנּוּ.

The *tanna* explains the verse: **If a student knows about his teacher that he knows to respond to him** with **a reasoned** answer, **seek wisdom [*bin*]** from him. **And if** the student believes that the teacher is **not** capable of doing so, **understand [*tavin*]** who is sitting **before you, and put a knife to your throat** and refrain from embarrassing him with questions that he cannot answer. And **if you are a man given to appetite** and you seek an answer to your question, **distance yourself from him.**

רַבִּי יִצְחָק בֶּן יוֹסֵף שַׁדְּרֵיהּ רַבִּי אַבָּהוּ לְאַתּוּיֵי חַמְרָא מִבֵּי כּוּתָאֵי, אַשְׁכְּחֵיהּ הַהוּא סָבָא, אֲמַר לֵיהּ: לֵית כָּאן שׁוֹמְרֵי תוֹרָה. הָלַךְ רַבִּי יִצְחָק וְסִפֵּר דְּבָרִים לִפְנֵי רַבִּי אַבָּהוּ, וְהָלַךְ רַבִּי אַבָּהוּ וְסִפֵּר דְּבָרִים לִפְנֵי רַבִּי אַמִי וְרַבִּי אַסִי, וְלֹא זָזוּ מִשָּׁם עַד שֶׁעֲשָׂאוּם גּוֹיִם גְּמוּרִין.

Rabbi Abbahu dispatched Rabbi Yitzḥak ben Yosef to bring wine from the area of the Samaritans. A certain elder found him and **said to him:** The people **here** are **not keepers of the Torah. Rabbi Yitzḥak went and related the matters before Rabbi Abbahu, and Rabbi Abbahu went and related the matters before Rabbi Ami and Rabbi Asi, and they did not move from there until they rendered** the Samaritans **full-fledged gentiles.**

NOTES

A certain elder – הַהוּא סָבָא: In several places throughout the Talmud, the term: A certain elder, is employed. See *Tosafot*, who cite an opinion that the reference here is to Elijah the prophet, although they note that this understanding is not appropriate in all cases.

And put a knife to your throat if you are a man given to appetite [*ba'al nefesh*] – וְשַׂמְתָּ סַכִּין בְּלֹעֶךָ אִם בַּעַל נֶפֶשׁ אָתָּה: This is a parable that means it is preferable to place a knife to one's throat than to drink the Samaritans' wine if he is a virtuous man [*ba'al nefesh*], one with a soul wise enough to despise evil (Rashi). By contrast, the *Arukh* interprets *ba'al nefesh* as a gluttonous person who desires wine, and that is the clear understanding in the Jerusalem Talmud (*Avoda Zara* 5:4).

The plain meaning of that verse, etc. – פְּשָׁטֵיהּ דִּקְרָא וכו׳: Ostensibly, the plain understanding of the verse is that one must be careful when speaking before a ruler, lest the ruler become angry at him. Nevertheless, since Proverbs is a book of parables about wisdom, the Gemara states that the straightforward understanding of the moral of the parable concerns a student sitting before his teacher (Maharsha).

לְמַאי? אִי לִשְׁחִיטָה וְיֵין נֶסֶךְ, מֵהָתָם גָּזְרוּ בְּהוּ רַבָּנַן! אִינְהוּ גְּזוּר וְלָא קַבִּלוּ מִינַּיְיהוּ, אֲתוּ רַבִּי אַמִי וְרַבִּי אַסִי גְּזוּר וְקַבִּלוּ מִינַּיְיהוּ.

The Gemara asks: **For what** matters did those Sages render them full-fledged gentiles? **If it was to** prohibit eating from their **slaughter and** to render their wine as **wine** used for **a libation** in idol worship, these prohibitions were issued previously. **From there,** from the generations of Rabbi Meir and Rabban Gamliel, **the Sages issued a decree** prohibiting **them.** The Gemara answers: **They issued a decree, and** the people **did not accept**[N] it **from them. Rabbi Ami and Rabbi Asi came** and **issued a decree, and** the people **accepted** it **from them.**

מַאי "גּוֹיִם גְּמוּרִין"? אָמַר רַב נַחְמָן בַּר יִצְחָק: לְבַטֵּל רְשׁוּת וְלִיתֵּן רְשׁוּת.

The Gemara asks: **What** is the meaning of **full-fledged gentiles? Rav Naḥman bar Yitzḥak said:** It means that the halakhic status of a Samaritan is like that of a gentile with regard **to renouncing** his **domain** in a jointly-owned courtyard on Shabbat **and to transferring** his **domain**[H] in the courtyard to residents of that courtyard.

וְכִדְתַנְיָא: יִשְׂרָאֵל מְשׁוּמָּד מְשַׁמֵּר שַׁבָּתוֹ בַּשּׁוּק – מְבַטֵּל רְשׁוּת וְנוֹתֵן רְשׁוּת, וְשֶׁאֵינוֹ מְשַׁמֵּר שַׁבָּתוֹ בַּשּׁוּק – אֵינוֹ מְבַטֵּל רְשׁוּת וְנוֹתֵן רְשׁוּת,

And this is **as it is taught** in a *baraita*: With regard to **a Jewish transgressor** who nevertheless **observes his Shabbat in the marketplace,** i.e., in public, if he failed to establish a joining of houses in a courtyard before Shabbat, his halakhic status is that of an observant Jew, and he may **renounce** his **domain**[N] in the courtyard **and transfer** his **domain** in the courtyard. **But** a transgressor **who does not observe his Shabbat in the marketplace** may **neither renounce** his **domain** in the courtyard **nor transfer** his **domain** in the courtyard.

מִפְּנֵי שֶׁאָמְרוּ: יִשְׂרָאֵל נוֹתֵן רְשׁוּת וּמְבַטֵּל רְשׁוּת, וּבְגוֹי עַד שֶׁיִּשְׂכּוֹר.

This is **because** the Sages **said:** Only **a Jew** may verbally **transfer** rights in his **domain or renounce** his rights in his **domain,** but **with regard to a gentile,** the other residents cannot establish a joining of courtyards **unless** the residents of the courtyard **lease** his domain from him.[H] The halakhic status of one who publicly desecrates Shabbat is that of a gentile.

כֵּיצַד? אָמַר לוֹ: "רְשׁוּתִי קְנוּיָה לָךְ", "רְשׁוּתִי מְבוּטֶּלֶת לָךְ" – קָנָה, וְאֵינוֹ צָרִיךְ לְזַכּוֹת.

How does a Jew transfer or renounce his domain?[H] If a Jew **says to** his neighbor: **My domain is transferred to you** or **my domain is renounced to you,** his neighbor **has acquired** his domain, **and it is not necessary** for him **to grant** it to his neighbor by means of one of the standard modes of acquisition.

רַבִּי זֵירָא וְרַב אַסִי אִיקְלְעוּ לְפוּנְדְּקָא דְיָאֵי, אַיְיתוּ לְקַמַּיְיהוּ בֵּיצִים הַמְצוּמָּקוֹת בְּיַיִן, רַבִּי זֵירָא לָא אֲכַל וְרַב אַסִי אֲכַל. אָמַר לֵיהּ רַבִּי זֵירָא לְרַב אַסִי: וְלָא חָיֵישׁ מָר לְתַעֲרוֹבֶת דְּמַאי? אָמַר לֵיהּ: לָאו אַדַּעְתַּאי.

§ The Gemara revisits the statement that the righteous would not experience mishaps. **Rabbi Zeira and Rav Asi happened** to come **to the inn of** the town of **Ya'ei.**[B] In the inn, **they brought before** these Sages **eggs that shriveled** after being cooked **in wine. Rabbi Zeira did not eat** the eggs, **and Rav Asi ate** them. **Rabbi Zeira said to Rav Asi: And is the Master not concerned about** the possibility that the dish is **a mixture** containing wine that is **doubtfully tithed produce** [*demai*]?[B] Rav Asi **said to him:** It did **not** enter **my mind.**

HALAKHA

To renouncing his domain and to transferring his domain – לְבַטֵּל רְשׁוּת וְלִיתֵּן רְשׁוּת: With regard to renouncing one's domain on Shabbat, the halakhic status of a Samaritan is that of a gentile. If a Jew lives with a Samaritan in one courtyard, the Jew can establish a joining of courtyards only after leasing his domain from him (*Shulḥan Arukh, Oraḥ Ḥayyim* 385:2).

Who renounces his domain – מִי מְבַטֵּל רְשׁוּת: Even a transgressor, one who desecrates Shabbat privately, or a Sadducee can renounce his domain on Shabbat. Nevertheless, the halakhic status of one who desecrates Shabbat in public or of one who is a transgressor with regard to the entire Torah or with regard to idolatry is like that of a gentile, and a Jew can establish a joining of courtyards only after leasing his domain from him (Rambam *Sefer Zemanim, Hilkhot Eiruvin* 2:16; *Shulḥan Arukh, Oraḥ Ḥayyim* 385:3).

How does a Jew transfer or renounce his domain – כֵּיצַד בִּטּוּל רְשׁוּת: If several people share a courtyard and one forgot to participate in the joining of the courtyards, he may renounce his domain by saying: My domain is renounced to you, or: My domain is transferred to you. He may do so even on Shabbat, and he need not transfer the domain with one of the standard modes of acquisition (Rambam *Sefer Zemanim, Hilkhot Eiruvin* 2:16; *Shulḥan Arukh, Oraḥ Ḥayyim* 380:1).

BACKGROUND

Ya'ei – יָאֵי: Apparently a village in the Galilee, Ya'ei does not appear in any other sources. In the *Arukh*, it appears as Yeio.

Demai – דְּמַאי: This word refers to produce, or to food or drink made from produce, that was purchased from a person with regard to whom it is uncertain whether he tithed his produce. One theory about the literal meaning of the word is that it is a contraction of the Aramaic words: *Da mai*, meaning: What is this, because its nature is unknown. In the Second Temple period, the Sages decreed that produce purchased from one who is unreliable with regard to tithes [*am ha'aretz*] has uncertain status, even if the seller claims that he tithed it. Therefore, the buyer must tithe the produce himself. Nevertheless, since a majority of those in the category of an *am ha'aretz* do tithe, it is a mere suspicion that led the Sages to issue the decree. Therefore, certain leniencies were also put into effect concerning it, e.g., poor people may eat it, and mixtures need not be tithed.

NOTES

They issued a decree and the people did not accept, etc. – אִינְהוּ גְּזוּר וְלָא קַבִּלוּ וכו׳: Rashi explains that during the early generations the Jews were still intermingled and friendly with the Samaritans. Therefore, the Jews did not completely accept the decree to distance themselves from the Samaritans. Later, in the generation of Rabbi Ami and Rabbi Asi, the Jews and the Samaritans were no longer connected and the decree was accepted.

Alternatively, the Ramban explains that initially only a small minority of the Samaritans engaged in idol worship. The Jews did not accept the decree because the *halakha* is that one follows the majority and need not concern himself with the minority. Over time, the majority of the Samaritans were corrupted, and it was then that the decree was accepted. It is also the understanding in the Jerusalem Talmud (*Avoda Zara* 5:4) that the Samaritans were corrupted during the amoraic era (*Tosefot HaRosh*).

May renounce his domain, etc. – מְבַטֵּל רְשׁוּת וכו׳: By Torah law, it is prohibited to move an item on Shabbat only in the public domain. In a courtyard, even if it is shared by several individuals, moving the item is permitted. Nevertheless, the Sages prohibited moving items from the houses in the courtyard to the courtyard and from the courtyard to the houses, because the courtyard is similar to a public domain. But if the residents of the courtyard join together through jointly owned food placed in one of the houses, the courtyard and the houses within it are transformed into one domain. The Sages determined that if one resident of the courtyard does not contribute his part before Shabbat, he renders it prohibited for the rest of the residents to move items from their houses to the courtyard and back. There is recourse in that situation. If the person who did not contribute his part renounces his domain or transfers his domain to another resident, the joining of the courtyard is effective and the residents may move items freely to and from the houses. This renunciation or transfer may be accomplished even on Shabbat, as no act of acquisition is required. But if the person who did not contribute his part was a gentile, or a Jew who desecrates Shabbat, or someone who denies the validity of the joining of courtyards, one must purchase it from him with one of the legal modes of acquisition.

אָמַר רַבִּי זֵירָא: אֶפְשָׁר גָּזְרוּ עַל הַתַּעֲרוֹבֶת דְּמַאי, וּמִסְתַּיְּיעָא מִילְּתָא דְּרַב אַסִּי לְמֵיכַל אִיסּוּרָא? הַשְׁתָּא בְּהֶמְתָּן שֶׁל צַדִּיקִים אֵין הַקָּדוֹשׁ בָּרוּךְ הוּא מֵבִיא תַּקָּלָה עַל יָדָן, צַדִּיקִים עַצְמָן לֹא כׇּל שֶׁכֵּן!

Rabbi Zeira said to himself: Is it **possible** that the Sages **issued a decree on a mixture** containing ***demai*** **and the matter eventuated that Rav Asi ate forbidden** food? Now, since **even** with regard to **the animals of the righteous, the Holy One, Blessed be He, does not generate mishaps through them,** is it **not all the more so** true that **the righteous themselves** would not experience mishaps?

נְפַק רַבִּי זֵירָא דַּק וְאַשְׁכַּח, דִּתְנַן: הַלּוֹקֵחַ יַיִן לָתֵת לְתוֹךְ הַמּוּרְיָיס אוֹ לְתוֹךְ הָאֲלוּנְתִּית, כַּרְשִׁינִין לַעֲשׂוֹת מֵהֶן טְחִינִין, עֲדָשִׁים לַעֲשׂוֹת מֵהֶן רְסִיסִין – חַיָּיב מִשּׁוּם דְּמַאי, וְאֵין צָרִיךְ לוֹמַר מִשּׁוּם וַדַּאי,

Rabbi Zeira emerged, analyzed, and found that no mishap was generated through Rav Asi, **as we learned** in a *baraita* (*Tosefta, Demai* 1:24): In the case of **one who purchases wine**[H] **to place into fish gravy** [***hamorayes***][L] **or into** ***aluntit,***[L] a beverage in which wine is mixed, or one who purchases **vetch to prepare grist**[B] **from it,** or **lentils to prepare groats from it,** if it is uncertain whether what he purchased is tithed, e.g., he bought it from one who is unreliable with regard to tithes [*am ha'aretz*], **one is obligated** to tithe it, **due to** the fact that it is ***demai.*** **And needless to say,** if it is certain that what he purchased is not tithed, he is obligated to tithe it **due to** the fact that it is **certain** that it is untithed produce.

וְהֵן עַצְמָן מוּתָּרִין מִפְּנֵי שֶׁהֵן תַּעֲרוֹבֶת.

And they themselves, the gravy, *aluntit*, grist, and groats that one purchased from an *am ha'aretz*, **are permitted, because they are a mixture.** Since only one element of the mixture must be tithed, the food is permitted.

וְלָא גָּזְרוּ עַל תַּעֲרוֹבֶת דְּמַאי? וְהָתַנְיָא: הַנּוֹתֵן לְשָׁכַנְתּוֹ עִיסָּה לֶאֱפוֹת וּקְדֵירָה לְבַשֵּׁל – אֵינוֹ חוֹשֵׁשׁ לִשְׂאוֹר וְתַבְלִין שֶׁבָּהּ, לֹא מִשּׁוּם שְׁבִיעִית וְלֹא מִשּׁוּם מַעֲשֵׂר,

The Gemara asks: **And** is it so that the Sages **did not issue a decree on a mixture** containing ***demai*****? But isn't it taught** in a *baraita*: With regard to **one who gives his neighbor,** who is an *am ha'aretz*, **dough**[H] **to bake** and gives her leaven for the dough to rise, **or** gives her **a pot** of food and the spices **to cook** in it, he need **not be concerned about the leaven and the spices that are in** the dough and the pot respectively, that perhaps she replaced them with her own, **neither with regard to** the possibility that they are **Sabbatical** Year[B] produce **nor with regard to** the possibility that **tithe**[B] was not separated.

וְאִם אָמַר לָהּ ״עֲשִׂי לִי מִשֶּׁלִּיכִי״ – חוֹשֵׁשׁ לִשְׂאוֹר וְתַבְלִין שֶׁבָּהּ מִשּׁוּם שְׁבִיעִית וּמִשּׁוּם מַעֲשֵׂר!

And if he says to her: Prepare the dough or the food **for me with your own** leaven and spices, **he** must be **concerned about the leaven and the spices that are in** the dough and the pot respectively, **with regard to** the possibility that they are **Sabbatical** Year produce **and with regard to** the possibility that **tithe** was not separated, even though it is a mixture containing *demai*.

שָׁאנֵי הָתָם, דְּכֵיוָן דְּקָאָמַר לַהּ ״עֲשִׂי לִי מִשֶּׁלִּיכִי״ – כְּמַאן דְּעָרֵיב בְּיָדַיִם דָּמֵי. רָפְרָם אָמַר: שָׁאנֵי שְׂאוֹר וְתַבְלִין, דִּלְטַעְמָא עָבֵיד, וְטַעְמָא לָא בָּטֵיל.

The Gemara answers: It is **different there, as, since he said to her:** Prepare the dough or the food **for me from your own,** it is **like one who mixed it by** direct **action. Rafram said: Leaven and spices are different,** as each of them **is made for** the purpose of adding **taste** to the mixture, **and taste is not nullified** in a mixture.

HALAKHA

One who purchases wine – הַלּוֹקֵחַ יַיִן: With regard to one who purchases wine to place into fish gravy or into *aluntit*, or one who purchases a legume to prepare grist from it, he must separate tithes, because it is *demai*. But if he bought fish gravy or grist he need not tithe it, because the Sages did not issue a decree on a mixture containing *demai* (Rambam *Sefer Zera'im, Hilkhot Ma'aser* 13:18).

One who gives his neighbor dough – הַנּוֹתֵן לְשָׁכַנְתּוֹ עִיסָּה: In the case of one who gives his neighbor, who is unreliable with regard to tithes and Sabbatical Year produce, dough, spices, and leaven so that she will bake or cook for him, he need not be concerned that she exchanged the ingredients that he gave her for her own. But if he told her to add spices and leaven of her own, he must be concerned that ingredients in the dough that he receives were not tithed or that the food contains forbidden ingredients that grew during the Sabbatical Year. As long as the added ingredients flavor the dough, they are not nullified in the mixture and one must treat the entire dough as *demai*, in accordance with the *baraita* and the explanation of Rafram (Rambam *Sefer Zera'im, Hilkhot Ma'aser* 11:12, 13:18).

LANGUAGE

Fish gravy [*morayes*] – מוּרְיָיס: The origin of this word is unknown. Some suggest that it is from the Greek ἁλμυρίς, *halmuris*, or the Latin muries, both of which refer to a salty food.

***Aluntit* – אֲלוּנְתִּית:** Of unclear origin, this term probably evolved from the Greek οἰνάνθη, *oinanthē*, meaning ointment, often used in reference to a particular ointment prepared with wine.

BACKGROUND

Grist – טְחִינִין: The terms mentioned in the Gemara, grist [*tehinin*] and groats [*resisin*], were either types of cakes or dishes prepared on the basis of different legumes, e.g., vetch and lentils, that were ground and mixed with honey and spices.

The Sabbatical Year – שְׁבִיעִית: The Sabbatical Year is the seventh and final year of the Sabbatical cycle. The first Sabbatical cycle began after the conquest of Canaan by Joshua and the subsequent division of the land to the tribes. Although the mitzva of the Sabbatical Year is written in the Torah (see Leviticus 25:1–7 and Deuteronomy 15:1–6), most authorities maintain that in present conditions the mitzva is not in effect by Torah law, and its observance today is by rabbinic law. During the Sabbatical Year, all agricultural land in Eretz Yisrael must lie fallow, and it is prohibited to work the land, except for actions necessary to sustain existing crops. All produce that grows is ownerless and must be left unguarded in the fields, accessible to any creature, including wild animals and birds. As long as produce of a particular type remains in the fields, produce of that type may be eaten, but produce may not be bought and sold as in other years or used for purposes other than food. In addition, the Sages issued a decree rendering forbidden produce that grows spontaneously from seeds during the Sabbatical Year, due to the concern that farmers will sow their fields and claim that the produce grew spontaneously. According to some authorities, this is a prohibition by Torah law.

Tithe – מַעֲשֵׂר: The Torah designates for special treatment a portion of agricultural produce known as tithes. According to most opinions, by Torah law one is required to tithe only grain, wine, and olive oil. The Sages instituted that one must tithe any crop that he grows. There are three categories of tithes: First tithe, which is given to a Levite; second tithe, which is brought to Jerusalem and consumed there by its owner; and poor man's tithe, which is given to the poor. These tithes are separated from produce after it ripens and is threshed, placed in a pile, and brought into the house. As ownerless produce is exempt from tithes, no tithes are taken during the Sabbatical Year, when all food growing from the ground is ownerless. Similarly, food eaten in the course of a casual, incidental meal before the obligation to tithe the produce takes effect at the conclusion of the processing of the grain need not be tithed. Most of the *halakhot* of tithes are discussed in tractate *Ma'asrot*.

וּלְחִלּוּפֵי לָא חָיְישִׁינַן? וְהָתְנַן: הַנּוֹתֵן לַחֲמוֹתוֹ – מְעַשֵּׂר אֶת שֶׁהוּא נוֹתֵן לָהּ וְאֶת שֶׁהוּא נוֹטֵל מִמֶּנָּה, מִפְּנֵי שֶׁחֲשׁוּדָה מַחֲלֶפֶת הַמִּתְקַלְקֵל! הָתָם כִּדְתַנְיָא טַעְמָא, אָמַר רַבִּי יְהוּדָה: רוֹצָה הִיא בְּתַקָּנַת בִּתָּהּ, וּבוֹשָׁה מֵחַתְנָהּ.

The Gemara asks: **And are we not concerned about replacement** of the ingredients that he gave his neighbor with her own? **But didn't we learn** in a mishna (*Demai* 3:6): **One who gives** dough **to his mother-in-law,**[H] who is suspect with regard to tithing, so that she will prepare it for him, must **tithe everything that he gives her**[N] **and** everything **that he takes** back **from her.** This is **because she is suspected of replacing** an ingredient **that spoils.** The Gemara answers: **There, the reason is like it is taught** explicitly in that mishna, that **Rabbi Yehuda said:** The mother-in-law **desires her daughter's well-being** and wants to ensure that she eats quality food, **and is reticent** to tell **her son-in-law** that she replaced the ingredients that spoiled.

NOTES

Tithe everything that he gives her – מְעַשֵּׂר אֶת שֶׁהוּא נוֹתֵן לָהּ: Whether he gives her untithed produce or he gives her *demai*, he must be concerned lest his mother-in-law use his produce instead of her own, and a Torah scholar must be certain not to cause others to sin (Rashi; Rambam). In the Jerusalem Talmud, the reason he may not give her untithed produce is that a *ḥaver* does not allow produce that is not ritually prepared to leave his possession.

HALAKHA

One who gives to his mother-in-law, etc. – הַנּוֹתֵן לַחֲמוֹתוֹ וכו׳: The Rambam rules that one who gives his mother-in-law, who is suspect with regard to tithes and Sabbatical Year produce, dough to bake or a pot of food to cook, need not suspect that she exchanged the ingredients for her own. This ruling is in accordance with the interpretation of the Jerusalem Talmud that the mishna cited here is in accordance with the opinion of Rabbi Yehuda, but according to the Rabbis, even his mother-in-law is not suspected of exchanging the ingredients, and the *halakha* is in accordance with their opinion (Radbaz; *Kesef Mishne*). By contrast, the *Shulḥan Arukh* rules that one must be concerned that his mother-in-law seeks to help her daughter without his knowledge and will exchange the ingredients that he gave her for higher-quality ingredients (Rambam *Sefer Zera'im*, *Hilkhot Ma'aser* 11:12; *Shulḥan Arukh*, *Yoreh De'a* 119:3).

Perek **I**
Daf **6** Amud **b**

וּלְעָלְמָא לָא חָיְישִׁינַן? וְהָתְנַן: הַנּוֹתֵן לְפוּנְדָּקִית שֶׁלּוֹ – מְעַשֵּׂר אֶת שֶׁהוּא נוֹתֵן לָהּ וְאֶת שֶׁהוּא נוֹטֵל הֵימֶנָּה, מִפְּנֵי שֶׁחֲשׁוּדָה מַחֲלֶפֶת! הָתָם נָמֵי מוֹרְיָא וְאָמְרָה: בַּר בֵּי רַב לֵיכוּל חֲמִימָא וַאֲנָא אֵיכוּל קְרִירָא.

The Gemara asks: **And in general,** in a case not involving one's mother-in-law, **are we not concerned** about the possibility of replacement? **But didn't we learn** in a mishna (*Demai* 3:5): **One who gives** dough or a pot of food **to his innkeeper** [***pundakit***][LH] who is an *am ha'aretz* to bake or cook, **tithes what he gives her and** tithes **what he takes** back **from her, due to** the fact **that she is suspected of replacing** the ingredients? The Gemara answers: **There too,** her intentions are good, as the innkeeper **rationalizes** her deception **and says:** Let the **student** of Torah **eat** my **hot** food **and I will eat** his **cold** food.

וּלְחִלּוּפֵי לָא חָיְישִׁינַן? וְהָתַנְיָא: אֵשֶׁת חָבֵר טוֹחֶנֶת עִם אֵשֶׁת עַם הָאָרֶץ בִּזְמַן שֶׁהִיא טְמֵאָה, אֲבָל לֹא בִּזְמַן שֶׁהִיא טְהוֹרָה.

The Gemara asks: **And are we not concerned about replacement** of the ingredients? **But isn't it taught** in a *baraita*: **The wife of a *ḥaver*,**[B] one devoted to the meticulous observance of mitzvot, especially the *halakhot* of ritual purity, *teruma*, and tithes,**grinds** grain **with the wife of an *am ha'aretz* when** the wife of the *ḥaver* **is ritually impure**[N] with the impurity of a menstruating woman. In that case, there is no concern that she will eat her counterpart's untithed produce, as, since she is impure she will refrain from touching the grain so that she will not render it impure. **But** she may **not** do so **when she is ritually pure,** due to the concern that she will eat the untithed produce.

NOTES

When the wife of the *ḥaver* is ritually impure – בִּזְמַן שֶׁהִיא טְמֵאָה: The commentary is in accordance with Rashi, who explains that the reference is to the wife of a *ḥaver*, who, with the wife of an *am ha'aretz*, grinds the produce of an *am ha'aretz*. *Tosafot* raise several difficulties with this explanation, including the consideration that doing so involves abetting a sinner in the commission of a transgression. The Ra'avad explains that the reference is to a case where the two women are located in the same house, each tending to her own produce, and the concern is with regard to ritual impurity. If the wife of the *ḥaver* is already ritually impure, there is no need for concern that the wife of the *am ha'aretz* might touch the produce of the wife of the *ḥaver*, because the produce is already impure. But if the wife of the *ḥaver* is ritually pure, then that is a concern (see *Shita Mekubbetzet*).

Most commentaries (Rabbeinu Ḥananel; Rabbeinu Tam; Ramban) explain that the reference here is to the wife of an *am ha'aretz* who is assisting the wife of a *ḥaver* to grind the produce of the *ḥaver*. Rabbeinu Ḥananel explains that in this case, the wife of the *am ha'aretz* owns a mill and leases it to others. If the wife of the *am ha'aretz* is aware that she is impure, e.g., if she is menstruating, she knows that she must not touch the produce. By contrast, if she believes that she is ritually pure, the concern is that she will touch the produce, despite the fact that the Sages deem an *am ha'aretz* and his garments ritually impure. The commentaries add that this is the understanding of the *baraita* in the Jerusalem Talmud (*Terumot* 9:1). The difficulty with this explanation is the need to interpret the phrase: When she is ritually pure, as: When she believes she is ritually pure. Therefore, one of the early commentaries explains that the case is one where the wife of a *ḥaver* is ritually impure and grinding the produce of a *ḥaver*. When she is impure and is careful not to touch the produce, the wife of the *am ha'aretz* will also be careful not to touch it. That is not the case when the wife of the *ḥaver* is pure and touches the produce, as then, the wife of the *am ha'aretz* will also touch it and will render it impure (*Shita Mekubbetzet*, citing Rabbi Menaḥem of Joigny).

LANGUAGE

Innkeeper [*pundakit*] – פּוּנְדָּקִית: This word is related to the Greek πανδοκεῖον, *pandokeion*, meaning inn.

HALAKHA

One who gives to his innkeeper – הַנּוֹתֵן לְפוּנְדָּקִית: One who gives dough to bake or food to cook to an innkeeper who is suspect with regard to tithing, tithes what he gives her and tithes what he takes back from her. This is because there are times when the innkeeper exchanges the ingredients for higher-quality ingredients, as Rashi explains that she rationalizes the exchange due to her good intentions (Rambam *Sefer Zera'im*, *Hilkhot Ma'aser* 11:12; *Shulḥan Arukh*, *Yoreh De'a* 119:3 and *Shakh* there).

BACKGROUND

Ḥaver – חָבֵר: The *ḥaver* in this context is a member of a society of *ḥaverim*, a group of people devoted to the meticulous observance of mitzvot, which was active during the mishnaic era and thereafter. The *ḥaverim* committed, in a special ceremony, to observe the code of *ḥaverut*, which included the meticulous observance of the *halakhot* of tithes and of ritual purity, *halakhot* that were treated more casually by the masses. Although Torah scholars were typically *ḥaverim*, not every *ḥaver* was a Torah scholar. Nevertheless, all were apparently meticulous in the observance of mitzvot and knowledgeable in practical *halakha*.

רַבִּי שִׁמְעוֹן בֶּן אֶלְעָזָר אוֹמֵר: אַף בִּזְמַן שֶׁהִיא טְמֵאָה לֹא תִּטְחוֹן, מִפְּנֵי שֶׁחֲבֵירְתָּהּ נוֹתֶנֶת לָהּ וְאוֹכֶלֶת;

Rabbi Shimon ben Elazar says: Even when she is impure, the wife of the *ḥaver* **may not grind** grain together with the wife of the *am ha'aretz*, **due to** the fact **that her counterpart gives her** grain **and she eats** it without touching the rest of the grain.

הָשְׁתָּא מִיגְזַל גָּזְלָה, חֲלוּפֵי מִיבַּעְיָא? אֲמַר רַב יוֹסֵף, הָתָם נַמִּי מוֹרְיָא וְאָמְרָה: תּוֹרָא מִדִּישֵׁיהּ קָאָכֵיל.

The Gemara infers: **Now** that there is suspicion that the wife of the *am ha'aretz* **steals** from her husband's grain and gives it to her counterparts, **is it necessary** to say[H] that she is suspect with regard to **replacing** ingredients? **Rav Yosef said: There too** there are special circumstances, as the wife of the *am ha'aretz* **rationalizes** her behavior **and says** metaphorically: **The ox eats from its threshing,** and believes that the wife of the *ḥaver* is entitled to some of the grain that she is grinding.

הֵעִיד רַבִּי יְהוֹשֻׁעַ בֶּן זֵרוּז בֶּן חָמִיו שֶׁל רַבִּי מֵאִיר לִפְנֵי רַבִּי עַל רַבִּי מֵאִיר שֶׁאָכַל עָלֶה שֶׁל יָרָק בְּבֵית שְׁאָן, וְהִתִּיר רַבִּי אֶת בֵּית שְׁאָן כּוּלָּהּ עַל יָדוֹ.

§ The Gemara resumes its discussion of the statement that the righteous would not experience mishaps. **Rabbi Yehoshua ben Zeruz, son of the father-in-law of Rabbi Meir, testified before Rabbi** Yehuda HaNasi **about Rabbi Meir that he ate the leaf of a vegetable in Beit She'an**[NB] without tithing or separating *teruma*, as he holds that Beit She'an is not part of Eretz Yisrael and therefore is not sacred with its sanctity. **And Rabbi** Yehuda HaNasi **permitted all** the produce of **Beit She'an**[H] **on** the basis of **his** testimony.

חָבְרוּ עָלָיו אֶחָיו וּבֵית אָבִיו, אָמְרוּ לוֹ: מָקוֹם שֶׁאֲבוֹתֶיךָ וַאֲבוֹת אֲבוֹתֶיךָ נָהֲגוּ בּוֹ אִיסּוּר, אַתָּה תִּנְהוֹג בּוֹ הֶיתֵּר?!

His brothers and his father's household united against him and **said to him: In a place where your fathers and the fathers of your fathers treated** untithed produce as **forbidden, will you treat** it as **permitted?**

HALAKHA

Now that there is suspicion that she steals is it necessary to say – הָשְׁתָּא מִיגְזַל גָּזְלָה חֲלוּפֵי מִיבַּעְיָא: It is permitted for one to give food to another who is suspected of eating forbidden foods, for the other to prepare or cook for him, and there is no concern that the other might exchange it. The same *halakha* applies even if he is suspected of selling forbidden foods (*Shakh*). This *halakha* holds true provided he is not suspected of robbery, but if he is suspected of robbery, he is certainly suspected of exchanging ingredients (Rambam *Sefer Kedusha*, *Hilkhot Ma'akhalot Assurot* 8:10; *Shulḥan Arukh*, *Yoreh De'a* 119:3, 19).

And Rabbi Yehuda HaNasi permitted all the produce of Beit She'an – וְהִתִּיר רַבִּי אֶת בֵּית שְׁאָן כּוּלָּהּ: According to the Rambam, Rabbi Yehuda HaNasi permitted the produce of Beit She'an with regard to not separating *teruma* and tithes. By contrast, the Ra'avad holds that Rabbi Yehuda HaNasi permitted only vegetables and fruits. The *Kaftor VaFeraḥ* says that the custom there is to tithe the grain, wine, and olive oil with a blessing, and vegetables and fruits without a blessing. According to virtually all authorities, only the produce of the ancient city of Beit She'an is permitted, but not that of the greater Beit She'an area (Rambam *Sefer Zera'im*, *Hilkhot Terumot* 1:5).

NOTES

That he ate the leaf of a vegetable in Beit She'an – שֶׁאָכַל עָלֶה שֶׁל יָרָק בְּבֵית שְׁאָן: From the Gemara on 7a, it is clear that the issue is one of *teruma* and tithes. According to the version in the Jerusalem Talmud (*Demai* 2:1), Rabbi Yehoshua ben Zeruz said: I saw Rabbi Meir take a vegetable from the garden during the Sabbatical Year and Rabbi Yehuda HaNasi permitted it all. According to that version, the issue is one of eating produce that grows from seeds during the Sabbatical Year.

Rashi explains that the reason for the exemption from *terumot* and tithes is that Rabbi Meir holds that the halakhic status of Beit She'an is like that of land outside of Eretz Yisrael, where vegetables and fruits are exempt from *terumot* and tithes. This stands in contrast to grain, wine, and olive oil, which one is obligated to tithe by Torah law in Eretz Yisrael, and about which the Sages instituted that one must tithe them even in areas proximate to Eretz Yisrael.

Tosafot question this based on that which is stated elsewhere (*Berakhot* 36a), that the tithing of vegetables is practiced even outside of Eretz Yisrael. Rabbeinu Tam explains that one is obligated to tithe untithed produce even outside of Eretz Yisrael, but the case here involves *demai*, and the Sages did not obligate the tithing of *demai* outside of Eretz Yisrael. Nevertheless, *Tosafot* note that based on the Jerusalem Talmud (*Demai* 3:3), it is apparent that the case here involved untithed produce and not *demai*. *Tosafot* therefore explain that there were certain species permitted for consumption without tithing outside of Eretz Yisrael and certain species that were forbidden.

Others explain that while outside of Eretz Yisrael, there is an obligation to tithe *ab initio*, it is not prohibited to eat the produce before tithing, and this is what Rabbi Yehuda HaNasi permitted in Beit She'an (*Shita Mekubbetzet*, citing Rabbeinu Peretz). The Rambam holds that Rabbi Yehuda HaNasi permitted all produce in Beit She'an, not only vegetables (see *Sefer Zera'im*, *Hilkhot Terumot* 1:5).

BACKGROUND

Beit She'an – בֵּית שְׁאָן: Beit She'an is an ancient city in the Jordan Valley at the eastern entrance to the Jezreel Valley, east of Mount Gilboa. Beit She'an was located at an intersection of major roads, among them those originating on the coast and running east through the Jezreel Valley. The city was apparently a permanent base for an Egyptian garrison, and when the Jewish people entered the land, led by Joshua, the tribe of Manasseh was unable to conquer it. Although Beit She'an was a gentile city for many generations and was under Philistine rule for a period (see I Samuel 31:10), King David conquered it and added it to the kingdom of Israel (see I Kings 4:12).

During the Second Temple period, Beit She'an was primarily a Hellenistic city. From the days of Alexander the Great of Macedonia, it was called Scythopolis, and book of the Maccabees reports that Jews lived there during that period. Beit She'an was conquered in 107 BCE by the Hasmoneans, who expelled its gentile residents and annexed it to their kingdom. It became a gentile city again after being conquered by Pompey the Great in 63 BCE, and it became one of the Decapolis, the group of ten Roman cities on the bank of the Jordan River that had a degree of autonomy. During the Great Revolt in 66 CE, approximately 13,000 Jewish residents of Beit She'an were slaughtered by their neighbors. Based on the Gemara here and other sources, Jews later returned to reside there throughout the mishnaic and talmudic eras, although there was still a gentile majority.

Based on other sources, it seems that Rabbi Yehuda HaNasi did not permit the consumption of produce without tithing or separating *teruma* in the entire Beit She'an Valley, but limited it to the city and its environs. The precise parameters of the area where this was permitted was revealed in an inscription on the remains of a talmudic-era synagogue adjacent to the biblical city of Rehob in the Beit She'an Valley, which stated: These are the places that are permitted around Beit She'an: On the south, which is the Campus Gate until the white, i.e., wheat, field; on the west, which is the Gate of the Press, until the end of the pavement; on the north, which is the Gate of Sukota, until Kefar Kamos and Kefar Karnos is like Beit She'an; and on the east, which is the Dung Gate, until the tomb of Penuktaya and the gate of Kefar Zimrin and the Meadow Gate. Before the gate it is allowed and beyond it, it is forbidden.

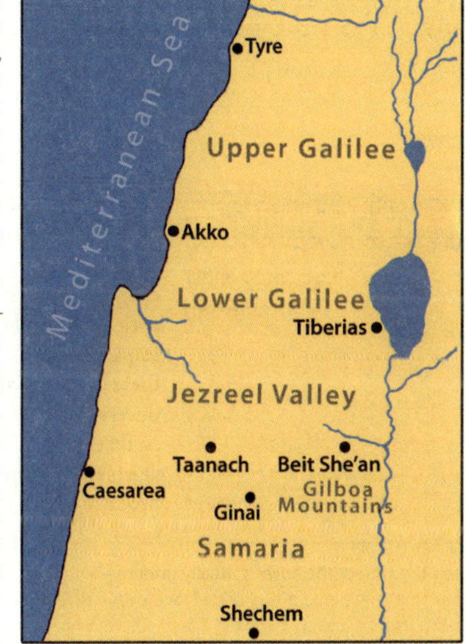

Location of Beit She'an

Modern-day Beit She'an, viewed from the Gilboa mountain range

דָּרַשׁ לָהֶן מִקְרָא זֶה: ״וְכִתַּת נְחַשׁ הַנְּחֹשֶׁת אֲשֶׁר עָשָׂה מֹשֶׁה כִּי עַד הַיָּמִים הָהֵמָּה הָיוּ בְנֵי יִשְׂרָאֵל מְקַטְּרִים לוֹ וַיִּקְרָא לוֹ נְחֻשְׁתָּן״, אֶפְשָׁר בָּא אָסָא וְלֹא בִּיעֲרוֹ, בָּא יְהוֹשָׁפָט וְלֹא בִּיעֲרוֹ? וַהֲלֹא כׇּל עֲבוֹדָה זָרָה שֶׁבָּעוֹלָם אָסָא וִיהוֹשָׁפָט בִּיעֲרוּם!

Rabbi Yehuda HaNasi **interpreted this verse to them: "And he broke in pieces the copper serpent that Moses had made; for until those days the children of Israel burned incense to it; and it was called Nehushtan"** (II Kings 18:4). **Is it possible** that they burned incense to it and **Asa,**[P] a righteous king, **came and did not eradicate it,** and **Jehoshaphat,** a righteous king, **came and did not eradicate it,** and it remained until the time of Hezekiah? **But didn't Asa and Jehoshaphat eradicate all** objects of **idol worship in the world?**

PERSONALITIES

Asa – אָסָא: Asa, son of Abijam, was the third king of Judea (see I Kings 15:9–34), and was a righteous leader who followed the path of his ancestor David. He removed idolatry from the land and spurred a religious revival in the land (see II Chronicles 15:1–19). Asa warred continually with Baasa, king of Israel. Asa reigned for forty-one years, and he was succeeded by his son Jehoshaphat.

Perek **I**
Daf **7** Amud **a**

אֶלָּא מָקוֹם הִנִּיחוּ לוֹ אֲבוֹתָיו לְהִתְגַּדֵּר בּוֹ, אַף אֲנִי – מָקוֹם הִנִּיחוּ לִי אֲבוֹתַי לְהִתְגַּדֵּר בּוֹ.

Rather, it must be that in not eradicating the serpent, **his ancestors left** Hezekiah **room through which to achieve prominence** [***lehitgader***].[L] **I too** can say that **my ancestors left me room through which to achieve prominence** by permitting untithed produce from Beit She'an.

LANGUAGE

To achieve prominence [*lehitgader*] **– לְהִתְגַּדֵּר:** The root *gimmel*, *dalet*, *reish* is employed here to mean to achieve prominence [*lehitgadel*] or glory. Some explain that there is an interchange of the letters *reish* and *lamed* in Hebrew. Others explain that there is an Aramaic root, *gimmel*, *nun*, *dalet*, *reish*, with a similar meaning.

מִכָּאן, לְתַלְמִיד חָכָם שֶׁאָמַר דְּבַר הֲלָכָה, שֶׁאֵין מְזִיחִין אוֹתוֹ, וְאָמְרִי לַהּ: אֵין מַזְנִיחִין אוֹתוֹ, וְאָמְרִי לַהּ: אֵין מַזְחִיחִין אוֹתוֹ.

The Gemara adds: **From here** one learns with regard to **a Torah scholar who states a** new **matter of *halakha* that one does not move** [***meziḥin***] **him** from his position; **and some say: One does not disregard**[N] [***mazniḥin***] **him; and some say: One does not attribute** his innovative statement **to his conceit**[N] [***mazḥiḥin***].

מַאן דְּאָמַר ״מְזִיחִין״ – כְּדִכְתִיב: ״וְלֹא יִזַּח הַחֹשֶׁן״; וּמַאן דְּאָמַר ״אֵין מַזְנִיחִין״ – דִּכְתִיב: ״כִּי לֹא יִזְנַח לְעוֹלָם ה׳״; וּמַאן דְּאָמַר ״מַזְחִיחִין״ – דִּתְנַן: מִשֶּׁרַבּוּ זְחוּחֵי הַלֵּב, רַבּוּ מַחֲלוֹקוֹת בְּיִשְׂרָאֵל.

The Gemara explains: With regard to **the one who says *meziḥin***, it is **as that which is written: "And the breastplate shall not be loosed** [***yizaḥ***] **from the ephod"** (Exodus 28:28). **And with** regard to **the one who says: One does not disregard** [***mazniḥin***], it is **as it is written: "For the Lord will not abandon** [***yizaḥ***] **forever"** (Lamentations 3:31). **And with** regard to **the one who says *mazḥiḥin***, it is **as we learned** in a *baraita* (*Tosefta, Sota* 14:9): **From** the time **that those with conceited** [***zeḥuḥei***] **hearts proliferated, dispute proliferated among the Jewish people.**

מַתְקִיף לַהּ יְהוּדָה בְּרֵיהּ דְּרַבִּי שִׁמְעוֹן בֶּן פָּזִי: וּמִי אִיכָּא לְמַאן דְּאָמַר דְּבֵית שְׁאָן לָאו מֵאֶרֶץ יִשְׂרָאֵל הִיא? וְהָכְתִיב: ״וְלֹא הוֹרִישׁ מְנַשֶּׁה אֶת בֵּית שְׁאָן וְאֶת בְּנוֹתֶיהָ וְאֶת תַּעְנַךְ וְאֶת בְּנֹתֶיהָ״!

Yehuda, son of Rabbi Shimon ben Pazi, objects to the basic *halakha*: **And is there anyone who says that Beit She'an is not** part **of Eretz Yisrael? But isn't it written: "And Manasseh did not drive out the inhabitants of Beth She'an and its towns, nor of Taanach and its towns"** (Judges 1:27).

אִישְׁתְּמִיטְתֵיהּ הָא דְּאָמַר רַבִּי שִׁמְעוֹן בֶּן אֶלְיָקִים מִשּׁוּם רַבִּי אֶלְעָזָר בֶּן פְּדָת, שֶׁאָמַר מִשּׁוּם רַבִּי אֶלְעָזָר בֶּן שַׁמּוּעַ: הַרְבֵּה כְּרַכִּים כְּבָשׁוּם עוֹלֵי מִצְרַיִם וְלֹא כְּבָשׁוּם עוֹלֵי בָבֶל,

The Gemara answers: **That which Rabbi Shimon ben Elyakim says in the name of Rabbi Elazar ben Pedat, who says in the name of Rabbi Elazar ben Shammua, escaped** the attention of Yehuda: **Many cities were conquered by those who ascended from Egypt** to Eretz Yisrael, led by Joshua, son of Nun, **and were not conquered by those who ascended from Babylonia** to Eretz Yisrael in the return to Zion led by Ezra. Among those cities was Beit She'an.

NOTES

Disregard – מַזְנִיחִין: Rashi explains this to mean: One does not detest and reject his statement. The Meiri understands this term in its literal sense: One does not say that he disregarded the path that was established by his teachers.

Attribute to his conceit – מַזְחִיחִין: Rashi cites one explanation that this is an expression of conceit: One does not attribute to conceit the fact that he is introducing a matter that his teachers did not introduce. Rashi cites a second explanation that it is an expression of elevation: One does not lift him and remove him from the path that he has taken.

וְקָסָבַר: קְדוּשָּׁה רִאשׁוֹנָה קִדְּשָׁה לִשְׁעָתָהּ וְלֹא קִדְּשָׁה לֶעָתִיד לָבֹא, וְהִנִּיחוּם כְּדֵי שֶׁיִּסְמְכוּ עֲלֵיהֶן עֲנִיִּים בַּשְּׁבִיעִית.

And Rabbi Yehuda HaNasi **holds: The initial consecration** with which Eretz Yisrael was sanctified during the era of Joshua, son of Nun, in terms of the obligation to fulfill land-based mitzvot, **sanctified** Eretz Yisrael **for its time but did not sanctify** it **forever.**[N] Rather, the obligation lapsed with the exile to Babylonia. When those who ascended from Babylonia returned to Eretz Yisrael **and** sanctified the land, **they left**[H] certain places unsanctified, **so that the poor would rely upon them** for sustenance **during the Sabbatical** Year,[N] when produce is not plentiful. Since these areas were not sanctified, it is permitted to sow crops there during the Sabbatical Year, and the poor will not go hungry. Once Rabbi Yehuda HaNasi discovered that Beit She'an was one of those cities, he exempted it from land-based mitzvot.

אֲמַר לֵיהּ רַבִּי יִרְמְיָה לְרַבִּי זֵירָא: וְהָא רַבִּי מֵאִיר עָלֶה בְּעָלְמָא הוּא דְּאָכֵיל! אֲמַר לֵיהּ: מֵאֲגוּדָּה אֲכַלֵיהּ, וּתְנַן: יָרָק הַנֶּאֱגָד – מִשֶּׁיֵּאָגֵד.

Rabbi Yirmeya said to Rabbi Zeira: How did Rabbi Yehuda HaNasi rely on the testimony of Rabbi Yehoshua ben Zeruz to exempt from *terumot* and tithes produce that grows in Beit She'an? **But wasn't it merely a leaf that Rabbi Meir ate?** It is permitted to eat untithed produce incidentally, not in the framework of a meal. Rabbi Zeira **said to him: He ate** the leaf **from a bundle, and we learned** in a mishna (*Ma'asrot* 1:5): With regard to **a vegetable that is** typically **bound** in a bundle, one is obligated to separate *teruma* and tithes **from** the moment **that it is bound.** From that point, one may not eat from it even incidentally before tithing.

וְדִלְמָא לָאו אַדַּעְתֵּיהּ! הָשְׁתָּא בְּהֶמְתָּן שֶׁל צַדִּיקִים אֵין הַקָּדוֹשׁ בָּרוּךְ הוּא מֵבִיא תַּקָּלָה עַל יָדָן, צַדִּיקִים עַצְמָן לֹא כׇּל שֶׁכֵּן?

Rabbi Yirmeya said to Rabbi Zeira: **And perhaps** it was **not on** Rabbi Meir's **mind,** and his attention was diverted when he ate the leaf. Rabbi Zeira answered: **Now,** since even with regard to **the animals of the righteous, the Holy One, Blessed be He, does not generate mishaps through them,** is it **not all the more so** true that **the righteous themselves** would not experience mishaps?

וְדִלְמָא עִישֵּׂר עֲלֵיהֶם מִמָּקוֹם אַחֵר! לֹא נֶחְשְׁדוּ חֲבֵרִים לִתְרוֹם שֶׁלֹּא מִן הַמּוּקָּף. וְדִלְמָא נָתַן עֵינָיו בְּצַד זֶה וְאָכַל בְּצַד אַחֵר! אֲמַר לֵיהּ: חֲזִי מַאן גַּבְרָא רַבָּה קָמַסְהֵיד עֲלֵיהּ.

Rabbi Yirmeya asked: **And perhaps** Rabbi Meir **tithed those** leaves **from** produce in **another place.** Rabbi Zeira answered: ***Ḥaverim* are not suspected of separating *teruma* from** produce **that is not proximate**[N] to the produce for which it is being separated. Rabbi Yirmeya asked: **And perhaps** Rabbi Meir **set his sight on this side** of the vegetable with the intent of separating *teruma* and tithes, **and ate** a leaf **on the other side.** Rabbi Zeira **said to him: See who the great man** is **who is testifying about** Rabbi Meir. Certainly a man of the stature of Rabbi Yehoshua ben Zeruz accurately observed and reported Rabbi Meir's actions.

HALAKHA

The initial consecration…and they left – קְדוּשָּׁה רִאשׁוֹנָה...וְהִנִּיחוּם: The initial sanctification that was effected by the conquest of Joshua and those who ascended from Babylonia was nullified when the land was conquered with the destruction of the First Temple. Since it was effected by conquest, it sanctified for its time but did not sanctify for the future. When the exiles from Babylonia ascended and took possession of parts of the land, they sanctified them, and that second sanctification lasts forever. The exiles returning from Babylonia had those places that were possessed by those who ascended from Egypt be liable in *teruma* and tithes, so that the poor would rely upon receiving sustenance from them during the Sabbatical Year. Of those places not possessed by those returning from Babylonia, Rabbi Yehuda HaNasi exempted Beit She'an completely and exempted Ashkelon from the obligation of tithes (Rambam *Sefer Zera'im, Hilkhot Terumot* 1:5).

NOTES

The initial consecration…but did not sanctify forever – קְדוּשָּׁה רִאשׁוֹנָה...לֹא קִדְּשָׁה לֶעָתִיד לָבֹא: In contrast to the initial sanctification, the second sanctification effected by Ezra applied to the future as well. Therefore, in the heartland of Eretz Yisrael, land-based mitzvot were in effect even after the destruction of the Second Temple, during the period when Rabbi Yehuda HaNasi was *Nasi*. In fact, Rashi cites a biblical source for this matter.

The Rambam writes that the initial sanctification that was effected by the conquest of Joshua was nullified when the land was conquered and the First Temple destroyed. By contrast, the sanctification effected by Ezra was not effected by conquest and consequently was not nullified by the conquest accompanying the destruction of the Second Temple. The return to Zion was undertaken with the permission of Cyrus, and the land was acquired by means of their taking possession of Eretz Yisrael (Rambam *Sefer Avoda, Hilkhot Beit HaBeḥira* 6:16).

Other commentaries hold that the second sanctification was nullified with the destruction of the Second Temple and the ensuing exile (*Sefer HaTeruma*).

So that the poor would rely upon them during the Sabbatical Year – כְּדֵי שֶׁיִּסְמְכוּ עֲלֵיהֶן עֲנִיִּים בַּשְּׁבִיעִית: According to Rashi, the Sabbatical Year was not in effect at all in Beit She'an and it was permitted to plow and sow. Nevertheless, gleanings, forgotten sheaves, and produce in the corner of the field, which is given to the poor [*pe'a*], were in effect there by rabbinic law and the poor drew sustenance from that produce. In addition, one was obligated to separate *teruma* and tithes from grain, wine, and olive oil there, which is an obligation by Torah law within the boundaries of Eretz Yisrael established by those who ascended from Babylonia, but there was no obligation to do so from vegetables.

By contrast, the Rambam rules in accordance with the explicit mishna (*Shevi'it* 6:1) that it is prohibited to work the land during the Sabbatical Year in the areas conquered by those who ascended from Egypt, but it is permitted to consume the spontaneous growth. According to this opinion, the reference to poor people relying upon them is specifically to the spontaneous growths in Beit She'an during the Sabbatical Year (*Kaftor VaFeraḥ*). With regard to the obligation of tithes, the Rambam writes that Rabbi Yehuda HaNasi completely exempted Beit She'an. In his opinion, although fundamentally even in the areas conquered by those who ascended from Egypt there was an obligation to separate *teruma* and tithes by rabbinic law, there were places, e.g., Beit She'an, where the obligation to separate *teruma* and tithes was not in effect due to their distance from the heart of the Jewish settlement (Rashba). Some understood that although the original ordinance was instituted with regard to Beit She'an as well, Rabbi Yehuda HaNasi exempted Beit She'an completely, due to exigent circumstances (see *Arukh HaShulhan HeAtid*).

From produce that is not proximate – שֶׁלֹּא מִן הַמּוּקָּף: This phrase refers to produce that is not in contact with or adjacent to the produce that is being tithed. The reason one may not tithe from produce that is not proximate is that there is a concern that the produce he thought would serve as tithe was lost or eaten, in which case the produce that he sought to tithe would not be tithed. Likewise, there is concern that perhaps the members of his household will eat the produce designated as tithe (Rashi). Others explain that it is a Torah edict that one may separate *teruma* and tithe only from produce that is proximate (*Tosefot HaRosh*).

מַאי בְּהֶמְתָּן שֶׁל צַדִּיקִים? דְּרַבִּי פִּנְחָס בֶּן יָאִיר הֲוָה קָאָזֵיל לְפִדְיוֹן שְׁבוּיִין, פְּגַע בֵּיהּ בְּגִינַאי נַהֲרָא,

§ The Gemara asks: **What is** the reference to **animals of the righteous,** about whom it is stated that God does not generate mishaps through them? It is based on the incident **where Rabbi Pinḥas ben Ya'ir**[P] **was going to** engage in **the redemption of captives,**[B] and **he encountered the Ginai River.**[B]

אֲמַר לֵיהּ: גִּינַאי, חֲלוֹק לִי מֵימֶיךָ וְאֶעֱבוֹר בְּךָ! אֲמַר לֵיהּ: אַתָּה הוֹלֵךְ לַעֲשׂוֹת רְצוֹן קוֹנְךָ וַאֲנִי הוֹלֵךְ לַעֲשׂוֹת רְצוֹן קוֹנִי, אַתָּה – סָפֵק עוֹשֶׂה סָפֵק אִי אַתָּה עוֹשֶׂה, אֲנִי – וַדַּאי עוֹשֶׂה. אֲמַר לֵיהּ: אִם אִי אַתָּה חוֹלֵק, גּוֹזְרַנִי עָלֶיךָ שֶׁלֹּא יַעַבְרוּ בְּךָ מַיִם לְעוֹלָם! חֲלַק לֵיהּ.

He said to the river: **Ginai, part your water for me and I will pass through you.** The river **said to him: You are going to perform the will of your Maker and I am going to perform the will of my Maker,** to flow in my path. With regard to **you,** it is **uncertain** whether you will **perform** His will successfully, **and** it is **uncertain** whether **you** will **not perform** His will successfully. **I** will **certainly perform** His will successfully. Rabbi Pinehas ben Ya'ir **said to** the river: **If you do not part, I will decree upon you that water will never flow through you.** The river **parted for him.**

הֲוָה הַהוּא גַּבְרָא דַּהֲוָה דָּאֵרִי חִיטֵּי לְפִיסְחָא, אֲמַר לֵיהּ: חֲלוֹק לֵיהּ נַמִי לְהַאי, דִּבְמִצְוָה עָסֵיק! חֲלַק לֵיהּ. הֲוָה הַהוּא טַיָּיעָא דִּלְוָה בַּהֲדַיְיהוּ, אֲמַר לֵיהּ: חֲלוֹק לֵיהּ נַמִי לְהַאי, דְּלָא לֵימָא: כָּךְ עוֹשִׂים לִבְנֵי לְוָיָה? חֲלַק לֵיהּ.

There **was a certain man who was carrying wheat** for the preparation of *matza* **for Passover.** Rabbi Pinehas ben Ya'ir **said to** the river: **Part** your waters **for that** person **too, as he is engaged in** the performance of a **mitzva.** The river **parted for him.** There **was a certain Arab** [*taya'a*][L] **who was accompanying them.** Rabbi Pinehas ben Ya'ir **said to** the river: **Part** your waters **for that** person **too, so that he will not say: Is that** what **one does to a person who accompanies** him? The river **parted for him.**

אֲמַר רַב יוֹסֵף: כַּמָּה נָפֵישׁ גַּבְרָא מִמֹּשֶׁה וְשִׁתִּין רִבְוָון, דְּאִילּוּ הָתָם חַד זִימְנָא, וְהָכָא תְּלָתָא זִימְנִין. וְדִלְמָא הָכָא נַמִי חֲדָא זִימְנָא! אֶלָּא כְּמֹשֶׁה וְשִׁתִּין רִבְוָון.

Rav Yosef said: How great is this man, Rabbi Pinehas ben Ya'ir, greater **than Moses and the six hundred thousand** who left Egypt, **as there,** at the Red Sea, the waters parted **one time, and here** the waters parted **three times.** The Gemara asks: **And perhaps here too,** the waters parted **one time,** and the river began to flow again only after all three of them passed. **Rather,** this man was as great **as Moses and the six hundred thousand** children of Israel.

אִקְלַע לְהַהוּא אוּשְׁפִּיזָא, רְמוֹ לֵיהּ שַׂעֲרֵי לַחֲמָרֵיהּ, לָא אֲכַל,

After crossing the river, Rabbi Pinehas ben Ya'ir **happened** to come **to a certain inn** [*ushpiza*].[L] His hosts **cast barley before his donkey** for him to eat. The donkey **did not eat** it.

PERSONALITIES

Rabbi Pinehas ben Ya'ir – רַבִּי פִּנְחָס בֶּן יָאִיר: Rabbi Pinehas ben Ya'ir was a contemporary of Rabbi Shimon bar Yohai. Based on that which is related in tractate *Shabbat* (33b) he was the son-in-law of Rabbi Shimon bar Yohai; based on what is written in the *Zohar* he was his father-in-law. Rabbi Pinehas ben Ya'ir is considered exceptional among the *tanna'im* and was renowned for his piety and his capacity for performing miracles. Rabbi Yehuda HaNasi treated him with the utmost respect and admiration. Few of his Torah statements are known; prominent among them is his statement describing the path a person must take to ultimately achieve divine inspiration and merit witnessing the revival of the dead.

BACKGROUND

Redemption of captives – פִּדְיוֹן שְׁבוּיִין: The positive mitzva to redeem Jewish captives, which includes even Canaanite slaves, is a significant mitzva that takes precedence over all other mitzvot involving charity. The redemption of female captives takes priority over the redemption of men, and in fact, one clause in a marriage contract stipulates that a husband assumes responsibility to redeem his wife from captivity. The Sages ruled that one must not redeem prisoners for more than their value so as not to encourage the taking of Jewish prisoners for ransom.

Ginai River – גִּינַאי נַהֲרָא: Some suggest that this river is related to the village Ginai, mentioned in the writings of Josephus Flavius, which was located where the city of Jenin is located today, on the border of the Jezreel Valley and Samaria. In fact, the central course of the Kishon River flows past this point. Since this river bisects the central path between the Galilee and Judea via Samaria, it is feasible that Rabbi Pinehas ben Ya'ir took this path on his way to redeem captives. This is supported as well by the fact that the Kishon River expands, and its water level rises, when there is substantial rainfall, and as is evident from the Gemara, this incident took place just before Passover, which marks the conclusion of the rainy season. In the Jerusalem Talmud, it is related that he was on his way to the Sanhedrin, which was then located in the Galilee.

LANGUAGE

Arab [*taya'a*] – טַיָּיעָא: From the name of the Arab tribe طائي, *Ṭā'ī*, which apparently resided in the desert between Arabia and Babylonia. Arab nomadic tribes would visit different cities in Babylonia for the purpose of commerce.

Inn [*ushpiza*] – אוּשְׁפִּיזָא: Apparently from the Middle Persian aspinj, meaning hospital or inn.

Perek **I**
Daf **7** Amud **b**

חַבְטִינְהוּ – לָא אֲכַל, נַקְרִינְהוּ – לָא אֲכַל, אֲמַר לְהוּ: דִּלְמָא לָא מְעַשְּׂרָן? עַשְּׂרִינְהוּ וַאֲכַל. אֲמַר: עֲנִיָּה זוֹ הוֹלֶכֶת לַעֲשׂוֹת רְצוֹן קוֹנָהּ, וְאַתֶּם מַאֲכִילִין אוֹתָהּ טְבָלִים?

The hosts **sifted** the barley with a utensil, but the donkey **did not eat** it. **They separated** the chaff from the barley by hand, but the donkey **did not eat** it. They wondered why the donkey would not eat the barley. Rabbi Pinehas ben Ya'ir **said to** his hosts: **Perhaps** the barley **is not tithed.** They **tithed it and** the donkey **ate** it. Rabbi Pinehas ben Ya'ir **said: This poor** animal **is going to perform the will of its Maker, and you are feeding it untithed produce?** Rabbi Zeira was referring to this donkey when he spoke of God preventing mishaps from occurring through animals of the righteous.

וּמִי מִיחַיְּיבָא? וְהָתְנַן: הַלּוֹקֵחַ לְזֶרַע וְלִבְהֵמָה, וְקֶמַח לְעוֹרוֹת, וְשֶׁמֶן לְנֵר, וְשֶׁמֶן לָסוּךְ בּוֹ אֶת הַכֵּלִים – פָּטוּר מֵהַדְּמַאי!

The Gemara asks: **And is one** who purchases grain that is *demai* in order to feed his animal **obligated** to tithe it? **But didn't we learn** in a mishna (*Demai* 1:3): **One who purchases** grain in the market **for sowing**[H] **or for** feeding **an animal, or flour to** process animal **hides, or oil to** kindle **a lamp, or oil to smear on vessels is exempt from the** obligation of tithing ***demai*?**

HALAKHA

One who purchases grain for sowing, etc. – הַלּוֹקֵחַ לְזֶרַע וכו׳: Grain or produce purchased for purposes other than human consumption are not included in the decree requiring the tithing of *demai*. This includes animal feed, grain purchased for sowing, flour purchased for use in processing animal hides or for medicinal purposes, oil purchased for kindling or to smear on vessels, and wine purchased as an eye balm. In all of those instances, if the *am ha'aretz* tells the buyer that he tithed the produce, the buyer need not tithe it (see Radbaz), based on the mishna, the *baraita*, and tractate *Demai* of the Jerusalem Talmud (Rambam *Sefer Zera'im*, *Hilkhot Ma'aser* 13:14 and Mahari Kurkus there).

הָתָם הָא אִתְּמַר עֲלַהּ, אָמַר רַבִּי יוֹחָנָן: לֹא שָׁנוּ אֶלָּא שֶׁלְּקָחָן מִתְּחִלָּה לִבְהֵמָה, אֲבָל לְקָחָן מִתְּחִלָּה לְאָדָם וְנִמְלַךְ עֲלֵיהֶם לִבְהֵמָה – חַיָּיב לְעַשֵּׂר; וְהָתַנְיָא: הַלּוֹקֵחַ פֵּירוֹת מִן הַשּׁוּק לַאֲכִילָה, וְנִמְלַךְ עֲלֵיהֶן לִבְהֵמָה – הֲרֵי זֶה לֹא יִתֵּן לֹא לִפְנֵי בְּהֶמְתּוֹ וְלֹא לִפְנֵי בֶּהֱמַת חֲבֵרוֹ אֶלָּא אִם כֵּן עִישֵּׂר.

The Gemara answers: **There, it was stated** with regard to that mishna that **Rabbi Yoḥanan says: They taught** this **only** in a case **where one purchased** those items **initially for the animal** or for the other purposes enumerated in the mishna, **but if he purchased them initially for a person and reconsidered** his plans **for them** and decided to use them **for an animal, he is obligated to tithe** the *demai*. **And it is taught** in a *baraita* in support of that understanding: In the case of **one who purchases produce from the market for** human **consumption,**[H] **and he reconsidered** his plans **for it** and decided to use it **for an animal, that** person **may neither place** it **before his animal nor before the animal of another unless he tithed** the produce.

שְׁמַע רַבִּי נְפַק לְאַפֵּיהּ, אֲמַר לֵיהּ: רְצוֹנְךָ סְעוֹד אֶצְלִי? אָמַר לוֹ: הֵן. צָהֲבוּ פָּנָיו שֶׁל רַבִּי.

Rabbi Yehuda HaNasi **heard** that Rabbi Pineḥas ben Ya'ir arrived, and he **emerged to greet him.** Rabbi Yehuda HaNasi **said to him:** Is it **your desire** to **dine with me?** Rabbi Pineḥas ben Ya'ir **said to him: Yes. Rabbi** Yehuda HaNasi's **face beamed** [*tzahavu*],[L] as it was well known that Rabbi Pineḥas ben Ya'ir did not accept invitations to dine with others.

אָמַר לוֹ: כִּמְדוּמֶּה אַתָּה שֶׁמּוּדָּר הֲנָאָה מִיִּשְׂרָאֵל אֲנִי? יִשְׂרָאֵל קְדוֹשִׁים הֵן, יֵשׁ רוֹצֶה וְאֵין לוֹ, וְיֵשׁ שֶׁיֵּשׁ לוֹ וְאֵינוֹ רוֹצֶה, וּכְתִיב: "אַל תִּלְחַם [אֶת] לֶחֶם רַע עָיִן וְאַל תִּתְאָו לְמַטְעַמֹּתָיו. כִּי כְּמוֹ שָׁעַר בְּנַפְשׁוֹ כֶּן הוּא אֱכוֹל וּשְׁתֵה יֹאמַר לָךְ וְלִבּוֹ בַּל עִמָּךְ", וְאַתָּה רוֹצֶה וְיֵשׁ לְךָ.

Rabbi Pineḥas ben Ya'ir **said to** Rabbi Yehuda HaNasi: **Are you under the impression that deriving benefit from the Jewish people is forbidden to me by vow?** On the contrary, **the Jewish people are holy.**[N] I avoid accepting invitations, as **there is one who wants** to invite guests to dine with him **but he does not have** the means, and I do not want to enjoy a meal that my host cannot afford. **And there is one who has** the means **but does not want** to host guests, **and** with regard to those people **it is written: "Eat not the bread of him that has an evil eye, neither desire his delicacies. For as one that has reckoned within himself, so is he: Eat and drink, says he to you; but his heart is not with you"** (Proverbs 23:6–7). **But you want** to invite guests to dine with you, **and you have** the means.

מִיהָא הָשְׁתָּא מְסַרְהֵיבְנָא, דִּבְמִלְּתָא דְּמִצְוָה קָא טָרַחְנָא, כִּי הָדַרְנָא אָתֵינָא עָיֵילְנָא לְגַבָּךְ.

But now I am rushing [*mesarheivna*],[L] **as I am engaged in** the performance of **a matter involving a mitzva. When I come back I will enter to** dine with **you.**

כִּי אֲתָא, אִיתְרְמֵי עַל בְּהַהוּא פִּיתְחָא דַּהֲווּ קַיְימִין בֵּיהּ כּוֹדַנְיָיתָא חִיוָּורָתָא, אֲמַר: מַלְאַךְ הַמָּוֶת בְּבֵיתוֹ שֶׁל זֶה, וַאֲנִי אֶסְעוֹד אֶצְלוֹ?

When Rabbi Pineḥas ben Ya'ir **came** back, **he happened to enter through that entrance in which white mules were standing. He said: The Angel of Death** is **in this** person's **house, and I will eat with him?** White mules were known to be dangerous animals.

שְׁמַע רַבִּי נְפַק לְאַפֵּיהּ, אֲמַר לֵיהּ: מְזַבִּינְנָא לְהוּ. אֲמַר לֵיהּ: "וְלִפְנֵי עִוֵּר לֹא תִתֵּן מִכְשֹׁל".

Rabbi Yehuda HaNasi **heard** the comment of Rabbi Pineḥas ben Ya'ir and **emerged to greet him. He said to him: I will sell** the mules. Rabbi Pineḥas ben Ya'ir **said to him:** You will thereby violate the prohibition: **"Nor place a stumbling block before the blind"** (Leviticus 19:14), as it is prohibited for any Jew to keep a destructive animal in his possession.

מַפְקַרְנָא לְהוּ. מַפְּשַׁתְּ הֶיזֵּקָא. עָקַרְנָא לְהוּ. אִיכָּא צַעַר בַּעֲלֵי חַיִּים. קָטֵילְנָא לְהוּ. אִיכָּא "בַּל תַּשְׁחִית".

Rabbi Yehuda HaNasi said to him: **I will declare** the mules **ownerless.** Rabbi Pineḥas ben Ya'ir said to him: **You** will thereby **increase the damage,** as there will be no owner to restrain it. Rabbi Yehuda HaNasi said to him: **I will remove their hooves** so that they will be unable to kick and cause damage. Rabbi Pineḥas ben Ya'ir said to him: **There is** the requirement to prevent **suffering to animals,**[H] and you will be violating it. Rabbi Yehuda HaNasi said to him: **I will kill them.** Rabbi Pineḥas ben Ya'ir said to him: **There is** the prohibition: **Do not destroy**[B] items of value.

LANGUAGE

Beamed [*tzahavu*] – צָהֲבוּ: The root *tzadi, heh, beit* appears in the Talmud with contrary meanings. One meaning is yellow or gold, in the sense of one's face shining with joy. It is also employed to mean argue, quarrel, or scold, as in the phrase *Tzehuvim zeh lazeh*, which means: They are quarreling. The Aramaic translation of the phrase: "And her rival vexed her" (I Samuel 1:6), *Umtzahava lei*, is also related to this meaning.

Rushing [*mesarheivna*] – מְסַרְהֵיבְנָא: The root *samekh, reish, heh, beit*, which appears both in Syrian and Mandaic, and in the Babylonian Talmud as a Hebrew root, means to rush or to hurry, in the sense of to press or pressure.

NOTES

The Jewish people are holy – יִשְׂרָאֵל קְדוֹשִׁים הֵן: Rashi explains that since all Jews are holy, it is therefore appropriate to benefit from their property. The Ramban explains that they are holy and it is appropriate to rely on them in ritual matters. The Maharsha offers a third explanation. Since Jews are holy, deriving benefit from them is like deriving benefit from consecrated items. Accordingly, partaking of a meal that is not sufficient for the host is tantamount to misuse of consecrated property. Some explain that holy in this context means cultured and polite. Even though the host does not have sufficient resources, or he has sufficient resources but does not want to host, he forces himself and invites guests (*Tosafot*; *Shita Mekubbetzet*, citing Rosh).

BACKGROUND

Do not destroy – בַּל תַּשְׁחִית: This refers to the prohibition against destroying items of value. Its biblical source is Deuteronomy 20:19, which prohibits cutting down fruit trees when besieging a city. The Sages explained that the scope of this prohibition extends to the wanton destruction of any item of value.

HALAKHA

One who purchases produce…for consumption – הַלּוֹקֵחַ פֵּירוֹת...לַאֲכִילָה: In the case of one who purchases produce for consumption, even if he later reconsiders and opts to use it as animal feed, he may feed it to his or another's animal or sell it to a gentile only after tithing it, in accordance with the *baraita* (Rambam *Sefer Zera'im*, *Hilkhot Ma'aser* 13:15).

Suffering to animals – צַעַר בַּעֲלֵי חַיִּים: Causing a living creature to suffer is prohibited by Torah law. One must make every effort to ease the pain of living creatures (Rambam *Sefer Nezikin*, *Hilkhot Rotze'aḥ UShmirat HaNefesh* 13:13; *Shulḥan Arukh*, *Ḥoshen Mishpat* 272:9, and in the comment of Rema).

הֲוָה קָא מְבַתֵּשׁ בֵּיהּ טוּבָא, גְּבַהּ טוּרָא בֵּינַיְיהוּ. בָּכָה רַבִּי וְאָמַר: מַה בְּחַיֵּיהֶן כָּךְ, בְּמִיתָתָן עַל אַחַת כַּמָּה וְכַמָּה! דְּאָמַר רַבִּי חָמָא בַּר חֲנִינָא: גְּדוֹלִים צַדִּיקִים בְּמִיתָתָן יוֹתֵר מִבְּחַיֵּיהֶן, שֶׁנֶּאֱמַר: ״וַיְהִי הֵם קוֹבְרִים אִישׁ וְהִנֵּה רָאוּ הַגְּדוּד וַיַּשְׁלִיכוּ אֶת הָאִישׁ בְּקֶבֶר אֱלִישָׁע וַיֵּלֶךְ וַיִּגַּע הָאִישׁ בְּעַצְמוֹת אֱלִישָׁע וַיְחִי וַיָּקָם עַל רַגְלָיו״.

Rabbi Yehuda HaNasi **was greatly imploring him** to enter his home until **a mountain rose between them** and Rabbi Yehuda HaNasi could no longer speak with him. **Rabbi Yehuda HaNasi wept and said: If during their lifetimes** it is so that the righteous are great, **after their death** it is **all the more so** true. The Gemara comments: This is **as Rabbi Ḥama bar Ḥanina says: The righteous are greater after their death, more so than during their lifetimes, as it is stated: "And it came to pass, as they were burying a man, that they spied a raiding party; and they cast the man into the tomb of Elisha; and as soon as the man touched**[N] **the bones of Elisha, he revived, and stood up on his feet"** (II Kings 13:21).

אֲמַר לֵיהּ רַב פַּפָּא לְאַבַּיֵי: וְדִילְמָא לְקַיּוֹמֵי בֵּיהּ בִּרְכְתָא דְּאֵלִיָּהוּ, דִּכְתִיב: ״וִיהִי נָא פִּי שְׁנַיִם בְּרוּחֲךָ אֵלָי״! אֲמַר לֵיהּ: אִי הָכִי, הַיְינוּ דְּתַנְיָא: עַל רַגְלָיו עָמַד, וּלְבֵיתוֹ לֹא הָלַךְ?

Rav Pappa said to Abaye: This proof from the case of Elisha that the righteous are greater after death is not valid. **And perhaps** this transpired **to fulfill with regard to** Elisha **the blessing of Elijah, as it is written: "Please, let a double portion of your spirit be upon me"** (II Kings 2:9). Elijah revived one dead person and this one is the second revived by Elisha. Abaye **said to** Rav Pappa: **If so, is this** consistent with that **which is taught** in a *baraita*: The dead person **arose on his feet but he did not go to his home,** indicating that he had not truly been revived?

אֶלָּא בְּמַה אִיקַּיַּים? כִּדְאָמַר רַבִּי יוֹחָנָן: שֶׁרִיפֵּא צָרַעַת נַעֲמָן, שֶׁהִיא שְׁקוּלָה כְּמֵת, שֶׁנֶּאֱמַר: ״אַל נָא תְהִי כַּמֵּת״.

The Gemara asks: **But** if that is the case, **in what** manner **was** Elijah's blessing **fulfilled?** It is **as Rabbi Yoḥanan says:** The blessing was fulfilled **when he cured the leprosy of Naaman, since** a leper **is equivalent to a dead person, as it is stated** with regard to Miriam when she was afflicted with leprosy: **"Please, let her not be as one dead"** (Numbers 12:12).

אָמַר רַבִּי יְהוֹשֻׁעַ בֶּן לֵוִי: לָמָּה נִקְרָא שְׁמָן ״יֵמִים״? שֶׁאֵימָתָם מוּטֶּלֶת עַל הַבְּרִיּוֹת, דְּאָמַר רַבִּי חֲנִינָא: מִיָּמַי לֹא שְׁאָלַנִי אָדָם עַל מַכַּת פִּרְדָּה לְבָנָה וְחָיָה. וְהָא קָחָזֵינָא דְּחַיֵּי! אֵימָא: וְחָיְתָה. וְהָא קָחָזֵינָא דְּמִיתַּסֵּי! דְּחִיוָּורָן רֵישׁ כַּרְעַיְיהוּ קָא אָמְרִינַן.

Apropos white mules, which were likened to the Angel of Death, **Rabbi Yehoshua ben Levi says: Why are** the mules **called** *yemim* (see Genesis 36:24)? It is **because their terror** [*eimatam*] **is cast over all creatures, as Rabbi Ḥanina**[P] **says: In all my days, no man has asked me about a wound** caused him **by a white mule**[B] **and survived,** indicating that they are extremely dangerous. The Gemara asks: **But haven't we seen that** some people **survive** after being wounded by a white mule? The Gemara answers: **Say** instead, no man has asked me about a wound caused him by a mule **and** the wound **healed.** The Gemara asks: **But haven't we seen that** such wounds **heal?** The Gemara answers: The wound that **we say** does not heal is one caused by a mule **the top of whose legs are white.**

״אֵין עוֹד מִלְּבַדּוֹ״ – אָמַר רַבִּי חֲנִינָא: וַאֲפִילּוּ כְּשָׁפִים. הַהִיא אִיתְּתָא דַּהֲוַת קָא מְהַדְּרָא לְמִישְׁקַל עַפְרָא מִתּוּתֵיהּ כַּרְעֵיהּ דְּרַבִּי חֲנִינָא, אֲמַר לָהּ: שְׁקוֹלִי, לָא מִסְתַּיְּיעָא מִילְּתִיךְ, ״אֵין עוֹד מִלְּבַדּוֹ״ כְּתִיב. וְהָאָמַר רַבִּי יוֹחָנָן: לָמָּה נִקְרָא שְׁמָן ״כְּשָׁפִים״ – שֶׁמַּכְחִישִׁין פַּמַּלְיָא שֶׁל מַעְלָה! שָׁאנֵי רַבִּי חֲנִינָא, דִּנְפִישָׁא זְכוּתֵיהּ.

The Gemara relates other statements of Rabbi Ḥanina: With regard to the verse: **"There is none else beside Him"** (Deuteronomy 4:35), **Rabbi Ḥanina says: And even sorcery** is ineffective against the will of God. The Gemara relates: There was **a certain woman who would try to take dust from beneath the feet of Rabbi Ḥanina** in order to perform sorcery on him and harm him. Rabbi Ḥanina **said to her: Take** the dust, but **the matter will be ineffective for you,** as it **is written: "There is none other beside Him."** The Gemara asks: **But doesn't Rabbi Yoḥanan say: Why** is sorcery **called** ***keshafim***? It is an acronym for ***makhḥishin pamalya shel mala,*** meaning: **That they diminish the heavenly entourage** [***pamalya***],[L] indicating that they function contrary to the will of God. The Gemara answers: **Rabbi Ḥanina is different, as,** because **his merit is great,** sorcery has no effect on him.

NOTES

The man touched, etc. – **וַיִּגַּע הָאִישׁ וכו׳**: Rashi explains that this miracle proves that Elisha was greater in his death than during his life, as when he revived the son of the Shunammite woman he was forced to exert himself, and neither prayer nor dispatching an agent was effective. After his death, mere contact revived the dead. *Tosafot* explain, based on the statement of Rabbi Ḥama bar Ḥanina (*Sanhedrin* 47a), that this miracle was designed to prevent the burial of the wicked person adjacent to Elisha, even though contact between the righteous and the wicked during their lifetimes causes no harm.

BACKGROUND

White mule – **פִּרְדָּה לְבָנָה**: As is clear from this context, the reference here is not to mules who happen to be white but to a special species of mule that is especially wild. It has been identified as the product of breeding a domestic donkey and an onager, a species of wild donkey. In recent generations, the onager has commonly been bred with donkeys.

Onager

LANGUAGE

Entourage [*pamalya*] – **פַּמַּלְיָא**: From the Latin familia, meaning household or an entourage of servants and attendants. It is a paraphrase of the biblical term *tzeva hashamayim*, meaning host of the heavens (see e.g., Deuteronomy 4:19).

PERSONALITIES

Rabbi Ḥanina – **רַבִּי חֲנִינָא**: Rabbi Ḥanina bar Ḥama lived in the transitional generation between the tannaitic and amoraic eras. He was born in Babylonia but emigrated to Eretz Yisrael at a young age and became a disciple of Rabbi Yehuda HaNasi. He also studied Torah with the most prominent students of Rabbi Yehuda HaNasi, especially Rabbi Ḥiyya. Rabbi Yehuda HaNasi favored Rabbi Ḥanina greatly and said about him: He is not a person, meaning that he is an angel. On his deathbed he appointed Rabbi Ḥanina to replace him as the head of the yeshiva, but Rabbi Ḥanina in his humility refused the appointment as long as his elder colleague, Rabbi Afes, was alive. Since Rabbi Ḥanina lived a long life and remained healthy even in his later years, he had many students, of several generations, including Rabbi Yehoshua ben Levi, who was his disciple-colleague, and Rabbi Yoḥanan, who was his student for many years.

Rabbi Ḥanina was considered among the sharpest members of his generation and was renowned for his righteousness and his piety. His aggadic and halakhic statements appear throughout the Babylonian Talmud and the Jerusalem Talmud.

Rabbi Ḥanina resided in the city of Tzippori, where he engaged in the honey trade, from which he grew wealthy and established a large study hall. It is possible that the *amora* Rabbi Ḥama bar Ḥanina was his son.

וְאָמַר רַבִּי חֲנִינָא: אֵין אָדָם נוֹקֵף אֶצְבָּעוֹ מִלְּמַטָּה אֶלָּא אִם כֵּן מַכְרִיזִין עָלָיו מִלְּמַעְלָה, שֶׁנֶּאֱמַר: ״מֵה׳ מִצְעֲדֵי גֶבֶר כּוֹנָנוּ, וְאָדָם מַה יָּבִין דַּרְכּוֹ״. אָמַר רַבִּי אֶלְעָזָר: דַּם נִיקּוּף מְרַצֶּה כְּדַם עוֹלָה. אֲמַר רָבָא: בְּגוּדָל יָמִין וּבְנִיקּוּף שֵׁנִי, וְהוּא דְּקָאָזֵיל לִדְבַר מִצְוָה.

And Rabbi Ḥanina says: A person injures his finger below, on earth, **only if they declare about him on high** that he should be injured, **as it is stated: It is of the Lord that a man's goings are established; and a man, what does he understand of his way** (see Psalms 37:23 and Proverbs 20:24).[N] **Rabbi Elazar says: The blood of a wound effects atonement like the blood of a burnt offering. Rava said:** This is stated **with regard to** a wound on his **right thumb,** as one applies force with that thumb and the wound is consequently more severe; **and** it is also stated **with regard to a second wound** in the same place before the first has healed, **and it is** provided **that** he is wounded while **going to** perform **a matter** involving **a mitzva.**

אָמְרוּ עָלָיו עַל רַבִּי פִּנְחָס בֶּן יָאִיר: מִיָּמָיו לֹא בָּצַע עַל פְּרוּסָה שֶׁאֵינָהּ שֶׁלּוֹ, וּמִיּוֹם שֶׁעָמַד עַל דַּעְתּוֹ לֹא נֶהֱנָה מִסְּעוּדַּת אָבִיו.

Apropos Rabbi Pineḥas ben Ya'ir, the Gemara notes that **they said about Rabbi Pineḥas ben Ya'ir: In all his days he never broke** bread and recited a blessing **on a piece of bread that was not his, and from the day that he achieved cognition he did not benefit** even **from the meal of his father,**[H] because he eschewed benefit from everyone.

NOTES

It is of the Lord that a man's goings are established and a man what does he understand of his way – מֵה׳ מִצְעֲדֵי גֶבֶר כּוֹנָנוּ וְאָדָם מַה יָּבִין דַּרְכּוֹ: This is a combination of two verses: "It is of the Lord that a man's goings are established; and He delighted in his way" (Psalms 37:23), and: "A man's goings are of the Lord; how then can man look to his way?" (Proverbs 20:24).

HALAKHA

He did not benefit even from the meal of his father – לֹא נֶהֱנָה מִסְּעוּדַּת אָבִיו: Righteous and pious people would not partake of a meal consisting of food that was not theirs (Rambam *Sefer HaMadda*, *Hilkhot Deot* 5:2).

Perek **I**
Daf **8** Amud **a**

אָמַר רַבִּי זֵירָא אָמַר שְׁמוּאֵל: לִיבֵּן סַכִּין וְשָׁחַט בָּהּ – שְׁחִיטָתוֹ כְּשֵׁרָה, חִידּוּדָהּ קוֹדֵם לְלִיבּוּנָהּ. וְהָאִיכָּא צְדָדִין! בֵּית הַשְּׁחִיטָה מִירְוַח רָוַח.

§ **Rabbi Zeira says** that **Shmuel says: If one heated a knife**[B] **until** it became **white hot** [***libben***][L] **and slaughtered**[H] an animal **with it, his slaughter is valid,** as cutting the relevant *simanim* with the knife's **sharp** blade **preceded** the effect of **its white heat.**[N] Had the effect of the heat preceded the cutting, the animal would have been rendered a *tereifa*, an animal with a wound that will cause it to die within twelve months, before the slaughter was completed, by searing the windpipe and the gullet. The Gemara asks: **But aren't there the sides** of the knife, which burn the throat and render the animal a *tereifa*? The Gemara answers: **The area of the slaughter** in the throat **parts** immediately after the incision, and the tissue on either side of the incision is not seared by the white-hot blade.

אִיבַּעְיָא לְהוּ: לִיבֵּן שַׁפּוּד וְהִכָּה בּוֹ, מִשּׁוּם שְׁחִין נִדּוֹן אוֹ מִשּׁוּם מִכְוָה נִדּוֹן?

A dilemma was raised before the Sages: If **one heated a skewer** [*shappud*][L] **until** it became **white hot and struck** a person **with it,** and after the wound healed a leprous mark developed, is that mark **adjudged as** a leprous **boil or is it adjudged as** a leprous **burn?**

BACKGROUND

Knife – סַכִּין:

Slaughtering knife

LANGUAGE

Heated…until it became white hot [*libben*] – לִיבֵּן: Although for halakhic purposes this stage is achieved once the metal turns red (see Rashi), when one continues heating the knife it becomes white hot. This is the reason that the term used is *libben*, which is related to the word for white [*lavan*].

Skewer [*shappud*] – שַׁפּוּד: From the Greek σποδός, *spodos*, literally, ashes, from which it developed the meaning of a metal rod used as a skewer for roasting meat or raking ashes. The meaning was extended to include a metal rod in general.

NOTES

Its sharp blade preceded the effect of its white heat – חִידּוּדָהּ קוֹדֵם לְלִיבּוּנָהּ: The cut with the blade of the knife preceded the burn that it caused (Rashi). The Rashba explains, as does Rashi at the end of the discussion in the Gemara, that this means that because the edge of the blade is sharp and narrow, it does not maintain heat and is consequently not as hot as the rest of the knife. Therefore, it does not cause a burn that would render the animal a *tereifa*.

HALAKHA

One heated a knife until it became white hot and slaughtered – לִיבֵּן סַכִּין וְשָׁחַט: There are different opinions with regard to the *halakha* in this case, and there are also different versions of the Rambam's ruling. Some rule that if one heated a knife until it became white hot and slaughtered with it, his slaughter is not valid, contrary to the opinion of Rabbi Zeira. This ruling is in accordance with the Gemara (17a) where it is stated that there is no presumption that the throat separates during slaughter, and the concern is that the knife burned the sides of the *simanim* before the slaughter was completed. Others rule in accordance with the opinion of Rabbi Zeira that the slaughter is valid, as his statement is cited (17b) as a consensus ruling. The Rema adds that according to those who rule that the slaughter is valid, that is provided he knew the knife was white hot and he was careful to prevent the knife from touching the sides of the incision. Prominent later authorities agreed that the slaughter is not valid (Rambam *Sefer Kedusha*, *Hilkhot Sheḥita* 1:22; *Shulḥan Arukh*, *Yoreh De'a* 9:1).

לְמַאי נַפְקָא מִינָּהּ – לְכִדְתַנְיָא: שְׁחִין וּמִכְוָה מְטַמְּאִין בְּשָׁבוּעַ אֶחָד בִּשְׁנֵי סִימָנִין, בְּשֵׂעָר לָבָן וּבְפִסְיוֹן, וְלָמָּה חִלְּקָן הַכָּתוּב? לוֹמַר שֶׁאֵין מִצְטָרְפִין זֶה עִם זֶה;

What is the practical difference whether it is adjudged a boil or a burn? The difference is for that which is taught in a *baraita*: Both a leprous boil and a leprous burn[NH] become impure during one week[N] of quarantine with two symptoms: With white hair that grows in the leprous mark and with spreading of the leprous mark. And why did the verse divide them into two separate passages even though their halakhic status is the same? The verse divided them to say that they do not join together[H] to constitute the requisite measure of impure leprous marks. Rather, there is impurity only if the boil or the burn constitutes that measure individually.

וְתַנְיָא: אֵיזֶהוּ שְׁחִין וְאֵיזֶהוּ מִכְוָה? לָקָה בְּעֵץ, בְּאֶבֶן, בְּגֶפֶת, בְּחַמֵּי טְבֶרְיָא, וּבְכָל דָּבָר שֶׁלֹּא בָּא מֵחֲמַת הָאוּר – לְאֵתוּיֵי אֲבָר מֵעִיקָּרוֹ – זֶהוּ שְׁחִין. וְאֵיזֶהוּ מִכְוָה? נִכְוָה בְּגַחֶלֶת, בְּרֶמֶץ, בְּסִיד רוֹתֵחַ, בְּגַפְסִית רוֹתַחַת, וּבְכָל דָּבָר הַבָּא מֵחֲמַת הָאוּר, לְאֵתוּיֵי חַמֵּי הָאוּר – זוֹ הִיא מִכְוָה;

And it is taught in a *baraita*: Which wound is a boil and which is a burn?[H] If one was struck with wood, with a stone, with pomace, with the hot springs of Tiberias, or with any item that is not heated by fire,[B] a phrase that serves to include lead that was mined from its source[B] in the ground, which is occasionally hot enough to burn a person, this impression left on the skin is a boil. And which wound is a burn? If one was burned with a coal, with hot ashes, with boiling limestone,[B] with boiling gypsum [*begippesit*],[LB] or with any item that is heated by fire, a phrase that serves to include water heated by fire, this impression left on the skin is a burn.

וְתַנְיָא: שְׁחִין וּמִכְוָה, אִם שְׁחִין קוֹדֵם לַמִּכְוָה – בִּטֵּל מִכְוָה אֶת הַשְּׁחִין, וְאִם מִכְוָה קוֹדֶמֶת לַשְּׁחִין – בִּטֵּל שְׁחִין אֶת הַמִּכְוָה;

And it is taught in a *baraita*: If there is a boil and a burn on the same place on the skin and a leprous mark developed, the later wound determines the nature of the leprosy. Therefore, if the boil preceded the burn,[H] the burn nullifies the boil and the mark is a leprous burn. And if the burn preceded the boil, the boil nullifies the burn and the mark is a leprous boil.

וְהָכָא הֵיכִי דָּמֵי? כְּגוֹן דַּהֲוָה בֵּיהּ חֲצִי גְּרִיס שְׁחִין מֵעִיקָּרָא, וְלִיבֵּן שַׁפּוּד וְהִכָּה בּוֹ וּנְפַק בֵּיהּ חֲצִי גְּרִיס אַחֵר,

And here, where the dilemma was raised whether the mark that develops from being struck with a hot skewer is a boil or a burn, what are the circumstances? It is a case where initially there was a boil half the size of a split bean[B] on the person's skin, and one heated a skewer until it became white hot and struck him with it, and another mark half the size of a split bean emerged on the skin there.

NOTES

A leprous boil and a leprous burn – שְׁחִין וּמִכְוָה: The Torah devotes two separate passages to these categories. One discusses a leprous mark discovered in the place of a boil on the skin that healed (Leviticus 13:18–23) and the other a case of a burn in which a leprous mark is discovered (Leviticus 13:24–28). Rashi explains that a boil can also involve the burning of the skin, but whereas a burn is caused by fire, a boil results from another source of heat or from a blow. According to the Rambam, a boil refers to any disfigurement of the skin.

Become impure during one week – מְטַמְּאִין בְּשָׁבוּעַ אֶחָד: If one discovers an ordinary leprous mark on his skin, the priest examines the mark and quarantines the person for one week. If after one week has elapsed the leprous mark remains intact and does not grow, the priest quarantines him for an additional week. By contrast, in the case of a leprous boil and burn, if the mark remained intact after one week elapsed, the priest deems him ritually pure. In addition, whereas there are three characteristics of impurity for an ordinary leprous mark on one's skin, namely, white hair, growth, or raw flesh, in the case of leprous boils and burns there are only two, namely, white hair or growth.

HALAKHA

A leprous boil and a leprous burn – שְׁחִין וּמִכְוָה: If one had a wound on his skin that was caused by fire and the skin was peeled away due to the wound, the wound is considered a burn. If the skin was peeled away by a cause other than fire, it is considered a boil. If the boil or the burn began healing and a scab like the peel of garlic began forming over it, that is the scar of the boil or the flesh of the burn mentioned in the Torah. In such a case, the boil or burn causes ritual impurity either if there is white hair or if the wound grows, and there is a one-week quarantine period. How so? In the case of a leprous mark that was discovered on the scar of the boil or the flesh of the burn, if there is white hair, the priest declares one a confirmed leper. If there is no white hair, the priest quarantines him for one week. If white hair grows or if the mark spreads, he becomes a confirmed leper, and if the mark remains intact, he is declared ritually pure (Rambam *Sefer Tahara*, *Hilkhot Tumat Tzara'at* 5:1, 4).

They do not join together – אֵין מִצְטָרְפִין: Although a boil and a burn have identical halakhic status with regard to the various forms of leprous impurity, they do not join together to constitute the requisite measure of leprosy (Rambam *Sefer Tahara*, *Hilkhot Tumat Tzara'at* 5:5).

Which wound is a boil and which is a burn – אֵיזֶהוּ שְׁחִין וְאֵיזֶהוּ מִכְוָה: In the case of one who has a wound that causes the skin to peel, if the wound was caused by fire, e.g., he was burned with a coal, ashes, white-hot metal, or the like, it is a burn. If the wound was not caused by fire, then whether he was struck with wood or with a stone, or whether the wound was due to an illness, e.g., scabies, scurvy, lichen, or other skin diseases, or a case of tuberculosis or malaria that consumes the skin, it is a boil (Rambam *Sefer Tahara*, *Hilkhot Tumat Tzara'at* 5:1).

If the boil preceded the burn – אִם שְׁחִין קוֹדֵם לַמִּכְוָה: If a boil became a burn, the burn nullifies the boil, while if a burn became a boil, the boil nullifies the burn (Rambam *Sefer Tahara*, *Hilkhot Tumat Tzara'at* 5:6).

LANGUAGE

Gypsum [*gippesit*] – גַּפְסִית: From the Greek γύψος, *gupsos*, meaning chalk, gypsum, or plaster.

BACKGROUND

Not heated by fire – לֹא בָּא מֵחֲמַת הָאוּר: Most of the matters listed here are marks on the skin generated by heat that is not caused by fire, such as a mark caused by a blow, and a mark from the heat generated by the oxidation of pomace or by the hot springs of Tiberias. This is based on the assumption that boils [*shehin*] are related to heat, as in the Hebrew and Aramaic root *shin*, *het*, *nun*, meaning to be hot. A blow generates heat in the area of the wound both due to the increased blood flow to the area and at a later stage, along with redness and swelling, as a manifestation of infection.

Lead that was mined from its source – אֲבָר מֵעִיקָּרוֹ: Lead mines, located deep underground, were always hot, and this fact was felt all the more acutely due to lead's low melting point. Because of this, combined with the frequency of sulfides in the area and a certain degree of radioactive radiation often found adjacent to lead deposits, mining lead can cause a burn.

Boiling limestone – סִיד רוֹתֵחַ: Powdered limestone, a compound containing calcium and oxygen, is produced by burning limestone at an extremely high temperature. The burning causes the discharge of water and carbonic acid and ultimately results in the formation of masses that are ground into powder. If this powder comes in contact with water, it generates a chemical reaction that produces extreme heat. In ancient times, this limestone was used in construction, in paint, and as a sealant, among other uses.

Gypsum – גַּפְּסִית: Gypsum is a soft, white deposit, similar to limestone, consisting of calcium and sulfur, $CaSO_4 \cdot 2H_2O$. To make plaster, gypsum is heated until the water in it evaporates and it becomes powder. Adding water to the gypsum creates a dough that hardens quickly and which is used for gluing and building ornamentation. The reference here is to gypsum during the stage when it is heated.

Split bean – גְּרִיס: The Sages interpreted this measure as referring to the area of a split Cilician bean, known today as the broad bean or fava bean. Beans were often split in two along their seams in preparation for cooking. A split bean was a convenient measure for a small area, such as that of a mark or a stain, since the interior side was smooth and could be laid down flat on the skin or a piece of cloth. Among contemporary halakhic authorities, the area of a broad bean is held to be equal to that of a circle between 19 and 21 mm in diameter.

NOTES

Where he stabbed [*mivraz*] – דִּבְרַזְיֵיהּ מִיבְרַז: According to the version of the Gemara printed here, which states: Which is the same as cutting with a sharp blade, this means that since the point of the skewer is sharp, its status is like that of a blade; therefore, the flesh burns later. By contrast, if one struck another with a skewer, that is like being struck with a staff. Rashi, whose version of the Gemara apparently did not include the phrase: Which is the same as cutting with a sharp blade, explains it in the opposite manner: In stabbing another, one does not strike him at all, and that is the reason the wound's status is that of a burn. The Rambam explains that the term *mivraz* in the Gemara does not mean stabbing with the point of the skewer; rather, it means that one strikes the other with a skewer whose end is as thick as the spigot [*berez*] of a barrel (*Kesef Mishne*). When he strikes him, it is clear that the blow does not precede the burn. Based on that explanation, apparently, the question of the Gemara was with regard to a sharpened skewer and with the sharp edge of the skewer (see *Torat Hayyim* and *Naḥalat David*).

It is a destructive action – מְקַלְקֵל הוּא: Although the slaughter is a constructive action with regard to the animal in terms of permitting its consumption, it is nevertheless considered a destructive action because the value of a living animal is greater. This is because it can be utilized for several purposes, such as breeding, plowing, consumption, and shearing (Rashi). *Tosafot*, as well as Rabbeinu Tam in greater detail in *Sefer HaYashar*, question that statement based on the fact that slaughter is one of the primary categories of labor for which one is liable on Shabbat, and one is liable only for the performance of constructive actions. Rabbeinu Tam explains that with regard to labor on Shabbat, the Torah prohibited planned, constructive labor. Therefore, provided that there is some constructive element in the action that he is performing, even if the destructive element is more significant, it is prohibited. By contrast, with regard to items from which benefit is forbidden, the guiding principle is benefit, and if the destructive element is greater than the constructive element, it does not constitute benefit. The Ra'avad explains that the nature of labor performed on Shabbat is determined in terms of the person performing the labor; slaughter is constructive in terms of the slaughterer, as in the absence of slaughter the animal would become an unslaughtered carcass. In cases of idolatry, by contrast, the nature of the action is determined based on the results of the slaughter, and in that sense slaughter is destructive, as the value of a living animal is greater (see Ramban).

מַאי? חֲבָטָא קָדֵים, וְאָתֵי הַבְלָא וּמְבַטֵּל לֵיהּ לַחֲבָטָא, וַהֲוָה לֵיהּ שְׁחִין וּמִכְוָה, וְלָא מִצְטָרְפִין; אוֹ דִּלְמָא הַבְלָא קָדֵים, וְאָתֵי חֲבָטָא וּמְבַטֵּל לֵיהּ לְהַבְלָא, וַהֲוָה לֵיהּ שְׁחִין וּשְׁחִין, וּמִצְטָרֵף?

The Gemara clarifies the dilemma: **What** is the *halakha*? **Does** the effect of **the blow come first and** then the effect of **the heat comes and nullifies** the effect of **the blow, and it is** a half-measure **boil and** a half-measure **burn and they do not join together** to constitute a full measure? **Or perhaps** the effect of **the heat comes first and** then the effect of **the blow comes and nullifies** the effect of **the heat, and it is** a half-measure **boil and** a half-measure **boil and they join together.**

תָּא שְׁמַע, דְּאָמַר רַבִּי זֵירָא אָמַר שְׁמוּאֵל: לִיבֵּן סַכִּין וְשָׁחַט בָּהּ – שְׁחִיטָתוֹ כְּשֵׁירָה, חִידּוּדָהּ קוֹדֵם לְלִיבּוּנָהּ; אַלְמָא חֲבָטָא קָדֵים. חִידּוּד שָׁאנֵי.

The Gemara suggests: **Come** and **hear** a resolution to the dilemma from that **which Rabbi Zeira says** that **Shmuel says: If one heated a knife until** it became **white hot and slaughtered** an animal **with it, his slaughter is valid,** as cutting the relevant *simanim* with the knife's **sharp** blade **preceded** the effect of **its white heat. Apparently,** the effect of **the blow comes first.** The Gemara rejects that proof: Cutting with **a sharp** blade **is different** from striking with a blunt object, and only in the case of a blade does the cut precede the effect of the heat.

תָּא שְׁמַע: לִיבֵּן שַׁפּוּד וְהִכָּה בּוֹ – נִדּוֹן מִשּׁוּם מִכְוַת אֵשׁ, אַלְמָא חֲבָטָא קָדֵים. הָתָם נַמִי דִּבְרַזְיֵיהּ מִיבְרַז, דְּהַיְינוּ חִידּוּד.

The Gemara suggests: **Come** and **hear** a resolution to the dilemma from a *baraita*: If **one heated a skewer until** it became **white hot and struck** a person **with it**[H] and after the wound healed a leprous mark developed, that mark **is adjudged as** a leprous **burn** caused **by fire. Apparently,** the effect of **the blow precedes** the effect of the burn. The Gemara rejects that proof: **There too,** the reference is to a case **where he stabbed**[N] the skin with the skewer, **which is** the same as cutting with **a sharp** blade.

אָמַר רַב נַחְמָן אָמַר רַבָּה בַּר אֲבוּהּ: סַכִּין שֶׁל עֲבוֹדָה זָרָה – מוּתָּר לִשְׁחוֹט בָּהּ וְאָסוּר לַחֲתוֹךְ בָּהּ בָּשָׂר; מוּתָּר לִשְׁחוֹט בָּהּ – מְקַלְקֵל הוּא, וְאָסוּר לַחֲתוֹךְ בָּהּ בָּשָׂר – מְתַקֵּן הוּא.

§ **Rav Naḥman says that Rabba bar Avuh says:** With regard to a **knife** used **for idol worship,**[H] it is **permitted to slaughter** an animal **with it, but** it is **prohibited to cut meat with it.** It is **permitted to slaughter** an animal **with it** because slaughtering it **is a destructive** action[N] vis-à-vis the animal, which is worth more when it is alive. **But** it is **prohibited to cut meat with it,** because once the animal is slaughtered, cutting it **is a constructive** action that renders the meat manageable.

אֲמַר רָבָא: פְּעָמִים שֶׁהַשּׁוֹחֵט אָסוּר – בִּמְסוּכֶּנֶת, וּמְחַתֵּךְ מוּתָּר – בְּאַטְמֵי דְּקַיְימִין לְקוּרְבְּנָא.

Rava said: There are **times when** it is **prohibited** for **one who slaughters** an animal to use a knife used for idol worship, e.g., **in the** case of an animal that is in **danger,** meaning that it is about to die. If he does not slaughter the animal it would become an unslaughtered carcass and depreciate in value. **And** there are times when it is **permitted** for **one who cuts** meat to use a knife of idol worship, e.g., **in the** case of an animal whose **thighs are intended to** be sent as **a gift** to a person of stature. Cutting it into pieces would render it unfit for this purpose, thereby diminishing its value.

וְתֵיפוֹק לֵיהּ מִשּׁוּם שַׁמְנוּנִית דְּאִיסּוּרָא!

The Gemara challenges: **And derive** that **it** is prohibited to use a knife used for idol worship, not because benefit from it is prohibited, but **due to** the residue **of fat of forbidden** carcasses on the knife.

HALAKHA

If one heated a skewer until it became white hot and struck a person with it – לִיבֵּן שַׁפּוּד וְהִכָּה בּוֹ: In a case where one heated a skewer until it became white hot, and he struck a person with it and it left an imprint on the skin, if the skewer was thick, it is a burn. But if it was sharp, there is uncertainty whether it is a burn or a boil, as the dilemma in the Gemara remains unresolved (Rambam *Sefer Tahara, Hilkhot Tumat Tzara'at* 5:2).

A knife used for idol worship – סַכִּין שֶׁל עֲבוֹדָה זָרָה: It is permitted to use a knife that was used for idol worship to slaughter a healthy animal, because slaughtering the animal is a destructive action. If the animal were dying, its slaughter would be a constructive act and it would therefore be prohibited to slaughter the animal. Similarly, it is permitted to cut meat with the knife only if he does so in a destructive manner, in accordance with the opinions of Rav Naḥman and Rava. If he slaughtered the animal or cut meat with the knife, he must cast into the Dead Sea the amount of money it would have cost to rent a knife (Rambam *Sefer HaMadda, Hilkhot Avoda Zara* 7:19; *Shulḥan Arukh, Yoreh De'a* 10:1, 142:2 and *Shakh* there).

בַּחֲדָשָׁה.

The Gemara rejects that possibility: Rav Naḥman is referring **to** the case **of a new** knife[H] on which there is no residue.

חֲדָשָׁה, בֵּין לְרַבִּי יִשְׁמָעֵאל בֵּין לְרַבִּי עֲקִיבָא מְשַׁמְּשֵׁי עֲבוֹדָה זָרָה הֵן, וּמְשַׁמְּשֵׁי עֲבוֹדָה זָרָה אֵינָן אֲסוּרִין עַד שֶׁיַּעַבְדוּ! אִיבָּעֵית אֵימָא: דִּפְסַק בֵּיהּ גְּוָוזָא לַעֲבוֹדָה זָרָה, וְאִיבָּעֵית אֵימָא: בִּישָׁנָה שֶׁלִּיבְּנָהּ בָּאוּר.

The Gemara challenges: If it is **a new** knife, **both** according **to Rabbi Yishmael and** according **to Rabbi Akiva,** who disagreed about whether an idol is forbidden from the moment that one crafts it or from the moment that one worships it, a knife is merely in the category of **accessories of idol worship,**[H] **and accessories of idol worship are forbidden only after they are** used for idol **worship.** The Gemara explains: **If you wish, say** that the reference is to a case **where he cut a branch** [*gevaza*][L] **for idol worship with** the knife, which leaves no residue. **And if you wish, say** instead that Rav Naḥman is referring **to** the case of **an old** knife **that he burned until** it became **white hot in the fire,** and therefore, there is no residue on the knife.

אִתְּמַר: הַשּׁוֹחֵט בְּסַכִּין שֶׁל גּוֹיִם – רַב אָמַר: קוֹלֵף, וְרַבָּה בַּר בַּר חָנָה אָמַר: מֵדִיחַ. לֵימָא בְּהָא קָמִיפַּלְגִי, דְּמָר סָבַר: בֵּית הַשְּׁחִיטָה צוֹנֵן, וּמָר סָבַר: בֵּית הַשְּׁחִיטָה רוֹתֵחַ?

§ **It was stated:** With regard to **one who slaughters** an animal **with the knife of gentiles,**[H] **Rav says: He peels** off a layer of the flesh from the place on the animal where the knife touched the flesh and the forbidden residue on the knife was absorbed. **And Rabba bar bar Ḥana says: He rinses** the place where the knife touched the flesh. The Gemara suggests: **Let us say** that **they disagree about this, that** one Sage, Rabba bar bar Ḥana, **holds: The area of the slaughter** on the throat **is cold** and does not absorb the forbidden residue, and therefore rinsing is sufficient. **And one Sage,** Rav, **holds: The area of the slaughter** on the throat **is hot** and therefore it absorbs the forbidden residue.

לָא, דְּכוּלֵּי עָלְמָא בֵּית הַשְּׁחִיטָה רוֹתֵחַ הוּא; מַאן דְּאָמַר קוֹלֵף – שַׁפִּיר, וּמַאן דְּאָמַר מֵדִיחַ – אַיְּידֵי דִּטְרִידִי סִימָנִין לְאַפּוֹקֵי דָּם לָא בָּלְעִי.

The Gemara rejects that suggestion: **No,** it is possible **that everyone** holds that **the area of the slaughter** on the throat **is hot.** For **the one who says** that **he peels** off a layer, it works out **well, and the one who says** that **he rinses** the place where the knife touched the flesh holds that **since the two organs that must be severed in ritual slaughter** [*simanim*], i.e., the windpipe and the gullet, **are occupied**[N] with **discharging blood, they do not absorb** the residue.

אִיכָּא דְּאָמְרִי: דְּכוּלֵּי עָלְמָא בֵּית הַשְּׁחִיטָה צוֹנֵן, מַאן דְּאָמַר מֵדִיחַ – שַׁפִּיר, מַאן דְּאָמַר קוֹלֵף – אַגַּב דּוּחְקָא דְּסַכִּינָא בָּלַע.

There are those **who say that everyone** holds that **the area of the slaughter** on the throat **is cold.** For **the one who says** that **he rinses** the place where the knife touched the flesh, it works out **well, and the one who says** that **he peels** off a layer holds that although that area is cold, **due to the pressure of the knife**[N] on the throat, the flesh **absorbs** the residue.

סַכִּין טְרֵיפָה – פְּלִיגִי בַּהּ רַב אַחָא וְרָבִינָא, חַד אָמַר: בְּחַמִּין, וְחַד אָמַר: בְּצוֹנֵן. וְהִלְכְתָא: אֲפִילּוּ בְּצוֹנֵן, וְאִי אִיכָּא בְּלִיתָא דִּפְרָסָא לְמִיכְפְּרֵיהּ – לָא צְרִיךְ.

§ **With regard to a knife** with which an animal that is **a *tereifa***[B] was slaughtered,[HN] **Rav Aḥa and Ravina disagree. One says:** One purges it **in hot** water to remove the absorptions from the *tereifa*, **and one says:** One rinses it **in cold** water, and that is sufficient. **And the *halakha*** is: One may rinse it **even in cold** water. **And if there is a tattered** piece **of a curtain** with which **to wipe** the knife, **one need not** rinse it.

NOTES

Since the *simanim*…are occupied, etc. – דִּטְרִידִי סִימָנִין וכו׳: The Meiri explains that whereas as a rule, the *simanim* referenced in the context of slaughter are the windpipe and the gullet, here the reference is to the sides of the throat, which contains numerous blood vessels. Due to the profuse bleeding, it does not absorb residue at all.

The pressure of the knife – דּוּחְקָא דְסַכִּינָא: *Tosafot* and other early commentaries explain that the pressure of the knife alone is not sufficient to cause absorption. Rather, absorption occurs because of the combination of pressure and the heat of the throat area, as all agree that it is not considered completely cold. For this reason, the dispute is cited with regard to one who slaughters and not to one who merely cuts with the knife (*Shita Mekubbetzet*).

A knife with which a *tereifa* was slaughtered – סַכִּין טְרֵיפָה: Rashi explains that the one who holds that the knife requires purging in hot water holds that the place of slaughter is hot and that due to the heat the knife absorbed the forbidden fat. By contrast, the one who holds that rinsing suffices holds that the place of slaughter is considered cold. Alternatively, the Rashba suggests that both opinions hold that the place of slaughter is considered cold, but the one who requires purging holds that the pressure of the knife causes the knife to absorb the forbidden fat.

By contrast, with regard to a knife with which one slaughtered a kosher animal, rinsing is sufficient; there is no concern that any blood was absorbed, because unlike fat, blood is not absorbed by a knife (Rashi). Moreover, other commentaries hold that one may use a knife with blood on it from the slaughter of one animal to slaughter another animal, even without rinsing, because in any case there is a great deal of blood in the place of slaughter and because the *simanim* are occupied with discharging blood and do not absorb (*Tosefot HaRosh*; see *Tosafot*).

HALAKHA

To a new knife – בַּחֲדָשָׁה: In which circumstances did the Sages say that it is permitted to slaughter with a knife used for idol worship? Where no forbidden matter was absorbed by the knife, e.g., a new knife, where it was used to cut wood, where one rendered it fit by heating it until it became white hot, or where one employed any means necessary to render it fit (*Shulḥan Arukh, Yoreh De'a* 10:1, 142:2, and in the comment of Rema, and Gra there).

Accessories of idol worship – מְשַׁמְּשֵׁי עֲבוֹדָה זָרָה: Accessories of idol worship become forbidden only after they are used for idol worship (Rambam *Sefer HaMadda, Hilkhot Avoda Zara* 7:4; *Shulḥan Arukh, Yoreh De'a* 139:1).

One who slaughters with the knife of gentiles – הַשּׁוֹחֵט בְּסַכִּין שֶׁל גּוֹיִם: The Rambam and the *Shulḥan Arukh* rule that one who slaughters with a gentile's knife that he did not render fit beforehand must rinse the place of slaughter, as the *halakha* is in accordance with the opinion of Rabba bar bar Ḥana, whose statement was cited last. In addition, he must rub the place of slaughter extensively with his hands (*Be'er Heitev*). Nevertheless, peeling away a layer of the skin is praiseworthy, as the Rambam took Rav's opinion into consideration because he was the greater Sage (Gra). Most early commentaries rule entirely in accordance with the opinion of Rav, that one must peel away a layer of skin, and the Rema rules that the *halakha* is that one must do so (Rambam *Sefer Kedusha, Hilkhot Ma'akhalot Assurot* 17:7; *Shulḥan Arukh, Yoreh De'a* 10:1).

A knife with which a *tereifa* was slaughtered – סַכִּין טְרֵיפָה: It is permitted to slaughter with a knife used to slaughter an animal that was a *tereifa* only after rinsing the knife, even in cold water, or wiping it with an abrasive material (Rambam *Sefer Kedusha, Hilkhot Ma'akhalot Assurot* 17:8; *Shulḥan Arukh, Yoreh De'a* 10:3).

LANGUAGE

Branch [*gevaza*] – גְּוָוזָא: This word probably comes from Iranian languages, where it refers to a goad or prod, as in the Parthian word gawāz. In Babylonian Jewish Aramaic it can simply mean sticks, cut branches, or logs.

BACKGROUND

Tereifa – טְרֵיפָה: This term generally refers to an animal suffering from a condition that will cause it to die within twelve months. It is prohibited by Torah law to eat an animal that has been injured or is afflicted with a disease of this nature, although the actual source for this prohibition is a matter of dispute. Some authorities cite the verse: "You shall not eat any flesh that is torn of beasts in the field" (Exodus 22:30), while others suggest the verse: "You shall not eat of anything that died of itself" (Deuteronomy 14:21). According to the *Minḥat Ḥinnukh* and others, both verses together serve as the source for the prohibition.

וּלְמַאן דְּאָמַר בְּחַמִּין מַאי טַעְמָא, מִשּׁוּם דְּקָא בָּלְעָה אִיסּוּרָא? דְּהֶיתֵּירָא נָמֵי בָּלְעָה אֵבֶר מִן הַחַי! אֵימַת בָּלְעָה – לְכִי חָיְימָא, אֵימַת קָא חָיְימָא – לְכִי גָּמְרָה שְׁחִיטָה, הַהִיא שַׁעְתָּא הֶיתֵּירָא הֲוָה.

And according to the one who says that one purges it **in hot** water, **what is the reason** that he must do so; is it **due to** the premise **that** the knife **absorbed forbidden** residue? That reasoning should not be limited to a case where he slaughtered a *tereifa*. A knife with **which** he slaughtered an animal that is **permitted** should **also** require purging,[H] because **it absorbed** residue from **the limb from a living** animal before the slaughter was completed. The Gemara answers: **When** is there concern that the knife **absorbed** the residue? It is **when** the throat **grows warm. When does it grow warm?** It is at the point **when the slaughter is complete.** At **that moment, it is** already **permitted.**

אָמַר רַב יְהוּדָה אָמַר רַב: הַטַּבָּח צָרִיךְ שְׁלֹשָׁה סַכִּינִין: אַחַת שֶׁשּׁוֹחֵט בָּהּ, וְאַחַד שֶׁמְּחַתֵּךְ בָּהּ בָּשָׂר, וְאַחַד שֶׁמְּחַתֵּךְ בָּהּ חֲלָבִים.

§ **Rav Yehuda says** that **Rav says: The slaughterer requires three knives,**[H] **one with which he slaughters** the animal, **and one with which he cuts meat, and one with which he cuts** forbidden **fats.** One may not use the same knife for cutting the meat and the forbidden fats due to the residue on the knife after cutting the forbidden fats.

וְלִיתַקֵּן לֵיהּ חֲדָא, וְלִיחְתּוֹךְ בָּהּ בָּשָׂר וַהֲדַר לִיחְתּוֹךְ בָּהּ חֲלָבִים! גְּזֵירָה שֶׁמָּא יַחְתּוֹךְ חֲלָבִים וְאַחַר כָּךְ בָּשָׂר. הָשְׁתָּא נָמֵי מִיחַלַּף לֵיהּ! כֵּיוָן דְּאַצְרְכִינְהוּ תְּרֵי, אִית לֵיהּ הֶיכֵּרָא.

The Gemara suggests: **And let him designate one** knife for cutting both the meat and forbidden fats **and cut meat with it and then cut** forbidden **fats with it.** In this manner the forbidden residue on the knife will not affect the meat. The Gemara explains: The Sages issued a rabbinic **decree** prohibiting the use of one knife to cut meat and then forbidden fats **lest he** also **cut** forbidden **fats and cut meat thereafter.** The Gemara challenges: **Now too,** after the decree mandating separate knives there is a concern that **they will be confused for him** and he will use the knife that cut the forbidden fats to cut the meat. The Gemara explains: **Since** the Sages **required him** to have **two** knives, **he has a conspicuous marker** on one of the knives that will prevent confusion.

וְאָמַר רַב יְהוּדָה אָמַר רַב: הַטַּבָּח צָרִיךְ שְׁנֵי כֵּלִים שֶׁל מַיִם, אֶחָד שֶׁמֵּדִיחַ בּוֹ בָּשָׂר, וְאֶחָד שֶׁמֵּדִיחַ בּוֹ חֲלָבִים. וְנִיתַקֵּן לֵיהּ חֲדָא, וְנֵדִיחַ בּוֹ בָּשָׂר וַהֲדַר נֵדִיחַ בּוֹ חֲלָבִים! גְּזֵירָה שֶׁמָּא יָדִיחַ חֲלָבִים וְאַחַר כָּךְ בָּשָׂר. הָשְׁתָּא נָמֵי מִיחַלְּפִי לֵיהּ! כֵּיוָן דְּאַצְרְכִינֵיהּ תַּרְתֵּי, אִית לֵיהּ הֶיכֵּרָא.

And Rav Yehuda says that **Rav says: The slaughterer requires two vessels of water,**[H] **one with which he rinses meat and one with which he rinses** forbidden **fats.** The Gemara suggests: **And let him designate one** vessel **and rinse meat with** the water in the vessel **and then rinse** forbidden **fats with** the water in the same vessel. The Gemara explains: The Sages issued a rabbinic **decree** to prohibit doing so **lest he rinse** fats **and rinse meat thereafter.** The Gemara challenges: **Now too,** after the decree mandating separate vessels there is a concern that **they will be confused for him** and he will rinse meat in the vessel in which he rinsed fats. The Gemara answers: **Since** the Sages **required him** to have **two** vessels, **he has a conspicuous marker** on one of the vessels that will prevent confusion.

אָמַר אַמֵּימָר מִשְּׁמֵיהּ דְּרַב פָּפָּא: לָא לִיסְחוֹף אִינִישׁ כַּפְלֵי עִילָּוֵי בִּישְׂרָא, דְּדָאֵיב תַּרְבָּא וּבָלַע בִּישְׂרָא.

§ **Ameimar says in the name of Rav Pappa: A person should not place** [*lishof*][HL] **the flanks**[N] of an animal **atop** other **meat** so that the forbidden fats that are attached to the flanks are in contact with the other meat, due to the fact **that the** forbidden **fat** liquefies and **flows and the meat absorbs** it.

אִי הָכִי, כִּי תְּרִיצִי נָמֵי, דָּאֵיב תַּרְבָּא וּבָלַע בִּשְׂרָא! קְרָמָא מַפְסִיק מִתַּתַאי. אִי הָכִי,

The Gemara raises an objection: **If so,** and that is a concern, **when** the flanks are **placed** in their **typical** manner [*teritzi*][L] **as well,** with the forbidden fat above the meat of the flanks, **the** forbidden **fat flows and the meat** of the flanks **absorbs** it. The Gemara explains: **The membrane** between the forbidden fat and the meat of the flanks **interposes from below** and prevents absorption of the forbidden fat. The Gemara challenges: **If so,**

HALAKHA

A knife with which he slaughtered an animal that is permitted should also require purging – דְּהֶיתֵּירָא נָמֵי: A knife that was used to slaughter a kosher animal may be used to slaughter another animal, even if the knife is covered with blood. Nevertheless, the custom today is to wipe the blood off the knife with the coat of the animal between each act of slaughter, in case one of them is discovered to be a *tereifa*, in accordance with the Gemara and the opinion of *Tosafot* (*Shulḥan Arukh, Yoreh De'a* 10:2–3).

The slaughterer requires three knives – הַטַּבָּח צָרִיךְ שְׁלֹשָׁה סַכִּינִין: A knife that was used to cut forbidden fats may not be used to cut meat. If one used the knife to cut meat, it is sufficient, after the fact, to rub the meat vigorously (Rema). Therefore, a slaughterer requires three knives, one to slaughter the animal, one to cut the forbidden fats, and one to cut the meat, in accordance with the statement that Rav Yehuda said, citing Rav (Rambam *Sefer Kedusha, Hilkhot Ma'akhalot Assurot* 7:17; *Shulḥan Arukh, Yoreh De'a* 64:16, 19).

Two vessels of water – שְׁנֵי כֵּלִים שֶׁל מַיִם: One may not rinse meat in a vessel in which forbidden fats were rinsed. If he did so, it is sufficient, after the fact, to rub the meat vigorously (Rema). The slaughterer requires two vessels of water, one in which he rinses the fats and one in which he rinses the meat, in accordance with the statement that Rav Yehuda said, citing Rav (Rambam *Sefer Kedusha, Hilkhot Ma'akhalot Assurot* 7:17–18; *Shulḥan Arukh, Yoreh De'a* 64:16, 19).

A person should not place, etc. – לָא לִיסְחוֹף אִינִישׁ וכו׳: One may not place the flanks of an animal on the meat until the forbidden fat on the flanks has cooled, because it liquefies and is absorbed by the meat. If he did so, it is sufficient, after the fact, to rub the meat vigorously, in accordance with the statement of Ameimar in the name of Rav Pappa (Rambam *Sefer Kedusha, Hilkhot Ma'akhalot Assurot* 7:19; *Shulḥan Arukh, Yoreh De'a* 64:18–19, and in the comment of Rema).

NOTES

Flanks [*kaflei*] – כַּפְלֵי: These are the side walls of the animal's stomach, beginning below the ribs and back. According to the *Arukh* the term for these walls is *kaflei* because they have multiple [*kefulot*] layers, as there are three layers of muscle and between them and alongside them are layers of fat, some of which is forbidden by Torah law. These are delineated in the seventh chapter of this tractate. A variant reading, cited by the *ge'onim* and apparently adopted by the Rambam, indicates that *kaflei* refers to the fat itself, which was used to cover the meat for aesthetic purposes (see *Torat Ḥayyim* on 8a).

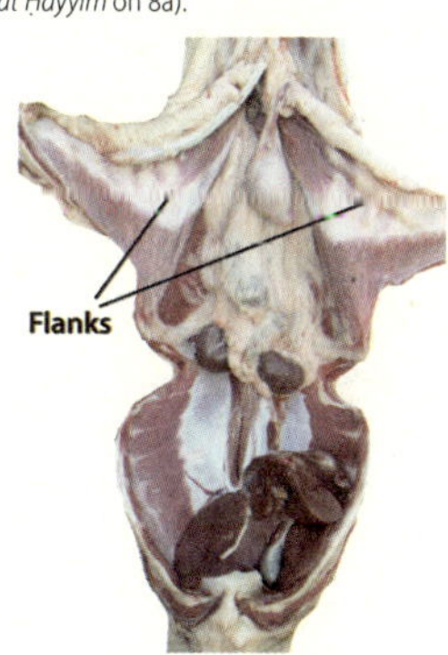

Flanks

LANGUAGE

Place [*lishof*] – לִיסְחוֹף: The Aramaic root *samekh, het, peh* has several meanings, among them, similar to its usage in Syrian and Mandaic, to place one item upon another. It also means to overturn an item and place it upside down. At times it means both, e.g., to place an overturned vessel upon another vessel. Some understand the verb here according to its meaning in Hebrew, and explain that in the case in the Gemara one pulled the flanks over another piece of meat (*Arukh*).

Placed in their typical manner [*teritzi*] – תְּרִיצִי: The Aramaic root *tav, reish, tzadi* has several meanings, primarily an item placed straight in its typical or appropriate manner. It can refer to a row of stones, to a person sitting in his place, or to conceptual organization of abstractions. An expansion of this term is used in reference to an explanation or resolution of a difficulty [*teirutz*].

מֵעִילַּאי נָמֵי קְרָמָא אִיכָּא! אַיְידֵי דִּמְמַשְׁמְשָׁא יָדָא דְּטַבָּחָא מִפַּתַּת.

from above too there is a membrane that should prevent the forbidden fat from flowing onto the piece of meat even if the forbidden fat is placed directly upon it. The Gemara explains: **Since the hand of the slaughterer touches** the upper membrane, that membrane **disintegrates**[N] and the forbidden fat flows onto the meat.

וְאָמַר רַב יְהוּדָה אָמַר רַב: תַּלְמִיד חָכָם צָרִיךְ שֶׁיִּלְמוֹד שְׁלֹשָׁה דְּבָרִים: כְּתָב, שְׁחִיטָה, וּמִילָה. וְרַב חֲנַנְיָא בַּר שְׁלֶמְיָא מִשְּׁמֵיהּ דְּרַב אָמַר: אַף קֶשֶׁר שֶׁל תְּפִילִּין, וּבִרְכַּת חֲתָנִים, וְצִיצִית. וְאִידָּךְ? הָנֵי שְׁכִיחָן.

§ **And Rav Yehuda says** that **Rav says: A Torah scholar is required to learn** the requisite skills to perform **three matters: Writing,**[N] so that he will be able to write texts on various occasions, **ritual slaughter, and circumcision. And Rav Ḥananya bar Shelamya says in the name of Rav:** He must **also** learn to tie **the knot of the phylacteries,**[HN] and to recite **the blessing of the grooms** by heart and with the traditional intonation, **and** to tie **ritual fringes** to the corners of a garment. The Gemara notes: **And the other** *amora*, Rav Yehuda, holds that **those** skills **are commonplace**[N] and do not require special training.

וְאָמַר רַב יְהוּדָה אָמַר שְׁמוּאֵל: כָּל טַבָּח שֶׁאֵינוֹ יוֹדֵעַ הִלְכוֹת שְׁחִיטָה – אָסוּר לֶאֱכוֹל מִשְּׁחִיטָתוֹ, וְאֵלּוּ הֵן הִלְכוֹת שְׁחִיטָה: שְׁהִיָּיה, דְּרָסָה, חֲלָדָה, הַגְרָמָה, וְעִיקּוּר.

§ **And Rav Yehuda says** that **Shmuel says:** With regard to **any slaughterer who does not know the** ***halakhot*** **of ritual slaughter,**[NH] it is **prohibited to eat from his slaughter. And these are the** ***halakhot*** **of ritual slaughter: Interrupting** the slaughter, **pressing** the knife,[N] **concealing** the knife under the windpipe or the gullet in the course of an inverted slaughter, **diverting** the knife from the place of slaughter, **and ripping** the *simanim* from their place before cutting them.

HALAKHA

The knot of the phylacteries – קֶשֶׁר שֶׁל תְּפִילִּין: Every Torah scholar must learn to tie the knot of the phylacteries, in accordance with the statement of Rav Ḥananya bar Shelamya in the name of Rav (Rambam *Sefer Ahava, Hilkhot Tefillin* 3:13).

Any slaughterer who does not know the ***halakhot*** **of ritual slaughter** – כָּל טַבָּח שֶׁאֵינוֹ יוֹדֵעַ הִלְכוֹת שְׁחִיטָה: If a person who is not well versed in the *halakhot* of slaughter slaughtered an animal, it is prohibited to eat from the meat of his slaughter. In addition, the status of the animal is close to that of a carcass for which it is uncertain if it was slaughtered properly, and one who eats an olive-bulk of its meat is liable to receive lashes for rebelliousness. These are the *halakhot* of the disqualifications of slaughter in which he must be well versed: Interrupting the slaughter, pressing the knife, concealing the knife in the course of an inverted slaughter, diverting the knife from the place of slaughter, and ripping the *simanim* from their place before cutting them. Nevertheless, he need not be well versed in all the details of these *halakhot*. It is sufficient if he says: In circumstances like these, I would consult with a Sage. The Rema adds: One must examine the slaughterer to ensure that he is well versed in the *halakhot* of examining the knife and examining the *simanim* after completing the slaughter, in accordance with the opinion that Rav Yehuda said in the name of Shmuel (Rambam *Sefer Kedusha, Hilkhot Sheḥita* 4:1; *Shulḥan Arukh, Yoreh De'a* 1:2, 23:1).

NOTES

Since the hand of the slaughterer touches the upper membrane it disintegrates – אַיְידֵי דִּמְמַשְׁמְשָׁא יָדָא דְּטַבָּחָא מִפַּתַּת: Some explain that the reference in the Gemara is not to the disintegration of the membrane, but to the fat beneath it, as one of the qualities of fat is that it crumbles into masses, which causes the membrane to stretch and tear (*Maor LeMasekhet Ḥullin*).

Writing – כְּתָב: Rashi explains that this means that one must learn to sign his name, as his signature might be required for certain forms of testimony or for issuing rulings. Although every boy learned to read in order to study Torah, writing was not indispensable. Others explain that this means he must learn to write in a clear and concise manner when writing letters, or rulings, or responsa (*Yam Shel Shlomo*). Yet others explain that the Torah scholar must learn to write official documents (*Sefer HaIttur*, citing Rabbi Ya'akov). The Maharsha explains that one must learn the writing of a scribe so that he will be able to write his own phylacteries and *mezuzot* (see Rashash).

The knot of the phylacteries – קֶשֶׁר שֶׁל תְּפִילִּין: The reference here is to the special knots formed by the straps of the phylacteries in the shape of letters. The knot in the phylacteries of the head is in the shape of the letter *dalet*, and according to some customs in the shape of a final *mem*, which consists of two instances of the letter *dalet*. The knot tied to the box of the phylacteries of the arm is in the shape of the letter *yod*. Tying those knots requires skill and training.

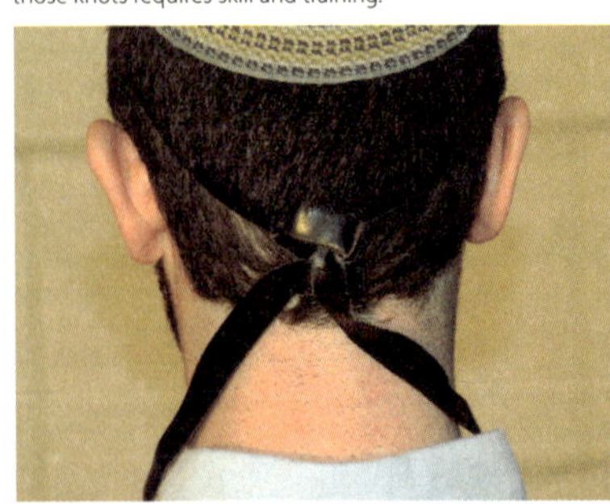

Phylacteries of the head, with knot in the shape of a *dalet*

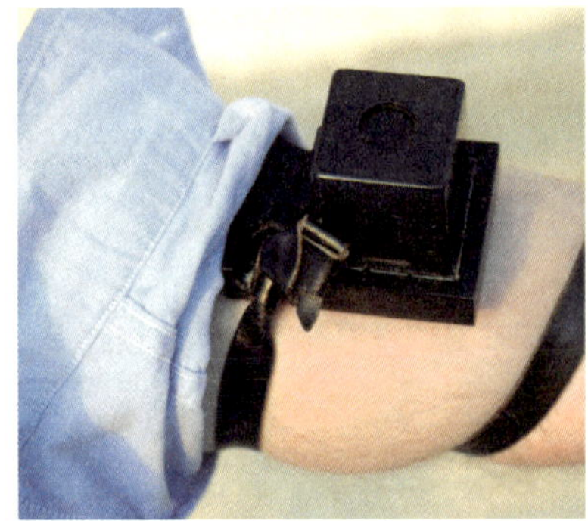

Phylacteries of the arm, with knot in the shape of a *yod*

Those are commonplace – הָנֵי שְׁכִיחָן: Rashi explains that tying the knot of the phylacteries, reciting the blessing of the grooms, and tying ritual fringes are commonplace skills, and everyone knows how to perform them. Therefore, there is no need for special instruction to a Torah scholar to learn to perform them, as presumably he knows how to do so. Although writing, slaughter, and circumcision are also commonplace, they are performed by professional scribes, slaughterers, and circumcisers, so the Sages do not need to be qualified to perform them (Ran). Others explain that the skills of tying the knot of the phylacteries, reciting the blessing of the grooms, and tying ritual fringes are known by many people, and a Torah scholar could easily marshal assistance (Ramban, citing Rashi). Some commentaries interpret the phrase: These are commonplace, to refer to writing, slaughter, and circumcision. Because they are commonplace, it is appropriate for a Torah scholar to learn to perform them. By contrast, tying one's phylacteries or ritual fringes is not an action that is performed regularly (Rabbeinu Tam, *Sefer HaYashar*; see *Tosafot*).

The ***halakhot*** **of ritual slaughter** – הִלְכוֹת שְׁחִיטָה: The reference here is to those matters that invalidate the slaughter. According to the Sages, these five disqualifications are *halakhot* transmitted to Moses from Sinai. Nevertheless, there is an allusion to them in the Torah in the verse: "And hunt me venison [*tzayid*] (Genesis 27:3)," in which the letter *heh*, representing the number five, is written at the end of the word *tzayid* but not pronounced (Ra'avya, section 1086). The early commentaries sought to find sources and rationales for each of the matters that invalidate slaughter (see Ra'avan, section 109 and Ra'avya, section 1086).

Interrupting the slaughter, pressing the knife, etc. – שְׁהִיָּיה דְּרָסָה וכו׳: The general understanding of the first four disqualifications is as follows: Interrupting the slaughter, cutting the *simanim* by pressing the knife rather than by drawing it back and forth over the neck, concealing the knife between the two *simanim* and cutting from there, and diverting the knife from the place of slaughter and cutting. With regard to the fifth factor, ripping [*ikkur*], commentaries differ as to its meaning. Rashi explains that this is a case where one cut the gullet in the standard manner of slaughter with a back-and-forth motion, but severed the windpipe not in the standard manner. *Tosafot* question that explanation, as that is not a detail in the *halakhot* of slaughter; rather, one did not perform the act of slaughter at all. *Tosafot* explain that *ikkur* is a case where one slaughtered with a notched knife, which is not slaughter but strangulation. Others explain that the reference is to ripping the *simanim* from their place before slaughter. In that case, even if he then cut them properly, it is considered as slaughter not performed in the proper location (*Halakhot Gedolot*). Alternatively, if the *simanim* are ripped prior to slaughter, it is no longer possible to slaughter the animal properly (see Ramban and Rashba). All of these disqualifications are explained in detail in the following chapter.

מַאי קָא מַשְׁמַע לַן? כּוּלְּהוּ תְּנֵינְהוּ! לָא צְרִיכָא, שֶׁשָּׁחַט לְפָנֵינוּ שְׁתַּיִם וְשָׁלֹשׁ פְּעָמִים וְשָׁחַט שַׁפִּיר; מַהוּ דְּתֵימָא: מִדְּאִידָךְ שָׁחַט שַׁפִּיר – הַאי נַמִּי שָׁחַט שַׁפִּיר, קָא מַשְׁמַע לַן: כֵּיוָן דְּלָא גְּמַר, זִימְנִין דְּשָׁהֵי וְדָרֵיס וְלָא יָדַע.

The Gemara asks: **What** is the novelty in what Rav is **teaching us? We learned all of them** in the *mishnayot* in the second chapter of this tractate, and therefore it is obvious that a slaughterer who does not know these *halakhot* is not qualified. The Gemara answers: **No,** it is **necessary** in a case **where** the slaughterer **slaughtered before us**[H] **twice or three times and slaughtered well. Lest you say: From** the fact **that he slaughtered the other** animals **well, this** animal **he also slaughtered well;** therefore, Rav **teaches us: Since he did not learn** the *halakhot*, **sometimes** it happens **that he interrupts** the slaughter **or presses** the knife, **and he does not know** that he invalidated the slaughter.

וְאָמַר רַב יְהוּדָה אָמַר שְׁמוּאֵל: הַטַּבָּח צָרִיךְ שֶׁיִּבְדּוֹק בְּסִימָנִים לְאַחַר שְׁחִיטָה. אֲמַר רַב יוֹסֵף: אַף אֲנַן נַמִּי תָּנֵינָא, רַבִּי שִׁמְעוֹן אוֹמֵר: אִם שָׁהָה כְּדֵי בִיקּוּר; מַאי לָאו כְּדֵי בִיקּוּר סִימָנִין?

§ **And Rav Yehuda says** that **Shmuel says: The slaughterer must examine the *simanim*,**[H] the windpipe and the gullet, **after** completing the **slaughter. Rav Yosef said: We learn** in a mishna (32a) **as well: Rabbi Shimon says:** The slaughter is not valid **if he interrupted** the slaughter for an interval **equivalent** to the duration of **an examination. What, is it not** an interval **equivalent** to the duration of **an examination of the *simanim*?** Apparently, one is obligated to examine the *simanim*.

אֲמַר לֵיהּ אַבַּיֵּי: לָא, הָכִי אָמַר רַבִּי יוֹחָנָן: כְּדֵי בִיקּוּר חָכָם. אִם כֵּן, נָתַתָּ דְּבָרִים לְשִׁיעוּרִים! אֶלָּא כְּדֵי בִיקּוּר טַבָּח חָכָם.

Abaye said to him: No, this is what **Rabbi Yoḥanan says:** It is an interval **equivalent** to the duration of **an examination** of the knife, as the Sages instituted that one must take the knife to be examined by a Torah **scholar** prior to slaughtering the animal. Rav Yosef said to him: **If so, you have rendered your statement** subject **to circumstances,** as sometimes the Torah scholar is near and sometimes the Torah scholar is far, and the time required for examination varies accordingly. **Rather,** it is an interval **equivalent** to the duration of **an examination** performed by **a slaughterer** who is a Torah **scholar.** In that case, the travel time is not factored, just the time of the examination, which does not vary.

לָא בְּדַק מַאי? רַבִּי אֱלִיעֶזֶר בֶּן אַנְטִיגְנוֹס מִשּׁוּם רַבִּי אֶלְעָזָר בְּרַבִּי יַנַּאי אָמַר: טְרֵפָה וַאֲסוּרָה בַּאֲכִילָה; בְּמַתְנִיתָא תָּנָא: נְבֵלָה וּמְטַמְּאָה בְּמַשָּׂא.

The Gemara asks: If the slaughterer **did not examine** the *simanim* after completing slaughter of the animal, **what** is the *halakha*? **Rabbi Eliezer ben Antigonus says in the name of Rabbi Elazar, son of Rabbi Yannai:** The halakhic status of the slaughtered animal is that of **a *tereifa*, and it is forbidden for consumption,** but it does not impart impurity. **It was taught in a *baraita*:** Its halakhic status is that of **an unslaughtered carcass, and it imparts impurity by means of carrying** it.

בְּמַאי קָמִיפַּלְגִי? בִּדְרַב הוּנָא, דְּאָמַר: בְּהֵמָה בְּחַיֶּיהָ בְּחֶזְקַת אִיסּוּר עוֹמֶדֶת עַד שֶׁיִּוָּדַע לְךָ בַּמֶּה נִשְׁחֲטָה, נִשְׁחֲטָה – הֲרֵי הִיא בְּחֶזְקַת הֶיתֵּר עַד שֶׁיִּוָּדַע לְךָ בַּמֶּה נִטְרְפָה;

The Gemara asks: **With regard to what** principle **do they disagree?** The Gemara answers: They disagree **with regard to** the application of the *halakha* stated by **Rav Huna, who says: An animal during its lifetime**[H] **exists with the presumptive status of prohibition,** as it is prohibited to eat a living animal, and it continues to have this status even after its death **until it will become known to you in what** manner **it was slaughtered,** i.e., whether it was properly slaughtered. Once the animal **was slaughtered,** it **exists with the presumptive status of permissibility**[H] **until it will become known to you in what** manner **it was rendered a *tereifa*.**

HALAKHA

Where the slaughterer slaughtered before us – **שֶׁשָּׁחַט לְפָנֵינוּ:** The slaughter of one who is not well versed in the *halakhot* of slaughter is invalid, even if he slaughtered before the Sages several times and they saw that he slaughtered properly. Even if they asked him: Did you do this and that, and based on his answer it is clear that he slaughtered properly, one may not rely on him. This is the *halakha* even if he said: I am certain, based on your questions, that I slaughtered properly (Rambam *Sefer Kedusha*, *Hilkhot Sheḥita* 4:2; *Shulḥan Arukh*, *Yoreh De'a* 1:3, and see *Shakh* there).

The slaughterer must examine the *simanim*, etc. – **הַטַּבָּח צָרִיךְ שֶׁיִּבְדּוֹק בְּסִימָנִים וכו׳:** The slaughterer must ascertain whether a majority of both *simanim* were cut, either while performing the slaughter or by examining the *simanim* after completing the slaughter. Some say that he must also determine that he did not divert the knife from the place of slaughter (Rosh). If he did not examine the *simanim* and the entire head was severed, the animal is forbidden. According to the Rambam, in that case, the animal is an unslaughtered carcass, as he rules stringently in accordance with the unattributed *baraita*, which he also feels is more logical (Rambam *Sefer Kedusha*, *Hilkhot Sheḥita* 1:12 and *Kesef Mishne* there; *Shulḥan Arukh*, *Yoreh De'a* 25:1).

An animal during its lifetime, etc. – **בְּהֵמָה בְּחַיֶּיהָ וכו׳:** An animal during its lifetime exists with the presumptive status of prohibition, until it becomes known in what manner it was slaughtered properly, in accordance with the opinion of Rav Huna (Rambam *Sefer Kedusha*, *Hilkhot Sheḥita* 1:13; *Shulḥan Arukh*, *Yoreh De'a* 25:3, and in the comment of Rema).

Once the animal was slaughtered it exists with the presumptive status of permissibility, etc. – **נִשְׁחֲטָה הֲרֵי הִיא בְּחֶזְקַת הֶיתֵּר וכו׳:** There is no need to examine an animal or bird that was slaughtered properly to determine whether it is a *tereifa*, as most living beings are healthy, and they have the presumptive status of being permitted until there is a development that raises concern. Even then, only that development need be examined, based on the statement of Rav Huna. Nevertheless, the Sages required examination of the lungs to determine whether there is an adhesion. The authorities write that the same *halakha* applies with regard to any limb if there is a significant minority of those limbs afflicted with a condition that renders the animal a *tereifa* (Rambam *Sefer Kedusha*, *Hilkhot Sheḥita* 11:3, 13; *Shulḥan Arukh*, *Yoreh De'a* 39:1; see *Darkhei Teshuva*).

מָר סָבַר: בְּחֶזְקַת אִיסּוּר קַיְימָא וְהָשְׁתָּא מֵתָה הִיא, וּמָר סָבַר: בְּחֶזְקַת אִיסּוּר אָמְרִינַן, בְּחֶזְקַת טוּמְאָה לָא אָמְרִינַן.

It is with regard to the application of this *halakha* that Rabbi Elazar, son of Rabbi Yannai, and the *tanna* of the *baraita* disagree in a case where the slaughterer did not examine the *simanim* after completing the slaughter. One **Sage holds:** Since it has not been verified that the animal was slaughtered properly, the animal **exists with the presumptive status of prohibition, and** since **now it is dead,** it assumes the status of an unslaughtered carcass and imparts impurity. **And** one **Sage holds: With** regard to **the presumptive status of prohibition, we say** that the animal is forbidden until it is verified that it was slaughtered properly; **with regard to the presumptive status of ritual impurity we do not say** that the animal is impure, as a living animal is not ritually impure.

גּוּפָא, אָמַר רַב הוּנָא: בְּהֵמָה בְּחַיֶּיהָ בְּחֶזְקַת אִיסּוּר עוֹמֶדֶת עַד שֶׁיִּוָּדַע לְךָ בַּמֶּה נִשְׁחֲטָה, נִשְׁחֲטָה – בְּחֶזְקַת הֶיתֵּר עוֹמֶדֶת עַד שֶׁיִּוָּדַע לְךָ בַּמֶּה נִטְרְפָה. וְלֵימָא: נִשְׁחֲטָה הוּתְּרָה! הָא קָא מַשְׁמַע לַן, דְּאַף עַל גַּב דְּאִיתְיְלִיד בָּהּ רֵיעוּתָא;

§ The Gemara proceeds to analyze **the** matter **itself. Rav Huna says: An animal during its lifetime exists with the presumptive status of prohibition until it will become known to you in what** manner **it was slaughtered.** Once the animal **was slaughtered, it exists with the presumptive status of permissibility until it will become known to you in what** manner **it was rendered a** ***tereifa*****.** The Gemara challenges this: **And let us say** that once the animal **was slaughtered, it became permitted,** instead of saying that it exists with the presumptive status of permissibility. The Gemara explains: **This teaches us that even if a flaw developed in** the animal that raises uncertainty with regard to its permitted status, it retains its presumptive status of permissibility.

כִּדְבְעָא מִינֵּיהּ רַבִּי אַבָּא מֵרַב הוּנָא: בָּא זְאֵב וְנָטַל בְּנֵי מֵעַיִם, מַהוּ?

As Rabbi Abba raised a dilemma before Rav Huna: If **a wolf came and took the innards**[H] of a slaughtered animal, **what is** the *halakha*?

נָטַל?! הָא לֵיתְנְהוּ! אֶלָּא נָקַב בְּנֵי מֵעַיִם, מַהוּ? נָקַב?! הָא קָא חָזֵינַן דְּהוּא נַקְבִינְהוּ! אֶלָּא נְטָלָן וְהֶחֱזִירָן כְּשֶׁהֵן נְקוּבִין, מַהוּ? מִי חָיְישִׁינַן שֶׁמָּא בִּמְקוֹם נֶקֶב נָקַב, אוֹ לָא?

The Gemara asks: **Took?** In that case the innards **are not** there, and therefore there is no way of seeing an indication of a flaw. **Rather,** the dilemma is: In a case where a wolf **perforated the innards** of a slaughtered animal, **what is** the *halakha*? The Gemara challenges: **Perforated? We see that** the wolf **perforated them** and in that case too there is no indication of a flaw. **Rather,** the dilemma is: In a case where a wolf **took** the innards **and returned them when they are perforated, what is** the *halakha*? **Are we concerned** that **perhaps** the wolf **perforated** the innards **in the place of** a preexisting **perforation** and the animal was a *tereifa* from the outset, **or** is that possibility **not** a concern?

אֲמַר לֵיהּ: אֵין חוֹשְׁשִׁין שֶׁמָּא בִּמְקוֹם נֶקֶב נָקַב.

Rav Huna **said to** Rabbi Abba: **One is not concerned** that **perhaps** the wolf **perforated** the innards **in the place of** a preexisting **perforation,** because one relies on the presumptive status of permissibility.

אֵיתִיבֵיהּ: רָאָה צִפּוֹר הַמְנַקֵּר בִּתְאֵנָה, וְעַכְבָּר הַמְנַקֵּר בַּאֲבַטִּיחִים

Rabbi Abba **raised an objection to** the opinion of Rav Huna: If **one saw a bird pecking**[H] **at a fig or a mouse gnawing at melons,**

HALAKHA

If a wolf came and took the innards – בָּא זְאֵב וְנָטַל בְּנֵי מֵעַיִם: If an animal was slaughtered properly, and then a wolf came and took its innards and returned them perforated, it is permitted to eat the meat, and there is no concern that there were holes where there are now tooth marks. This is the *halakha* even if there are holes in the innards in places where there are no tooth marks (*Tosafot*), in accordance with the statement of Rav Huna. Any perforation that can be attributed to a postmortem event is not attributed to an antemortem event (Rema). If it is a common phenomenon it may be attributed to an antemortem event (Rambam *Sefer Kedusha*, *Hilkhot Sheḥita* 6:14; *Shulḥan Arukh*, *Yoreh De'a* 25:3, 36:5, 50:1 and *Be'er Heitev* on 50:3).

If one saw a bird pecking, etc. – רָאָה צִפּוֹר הַמְנַקֵּר וכו׳: One should not consume fruits in which there are perforations, even if one saw a bird pecking or a mouse gnawing at it. This is due to the concern that a snake caused the perforation and deposited its venom there. The *Shulḥan Arukh* states that today, when snakes are not commonly found in settled areas, that is not a concern. Nevertheless, the later authorities write that in any case one who guards his soul will be concerned (Rambam *Sefer Nezikin*, *Hilkhot Rotze'aḥ UShmirat HaNefesh* 12:2; *Shulḥan Arukh*, *Yoreh De'a* 116:1 and *Pitḥei Teshuva* there).

חוֹשְׁשִׁין שֶׁמָּא בִּמְקוֹם נֶקֶב נָקַב!

one is concerned that perhaps the bird or the mouse **perforated** it **in the place of** the preexisting **perforation** caused by a snake, and it is prohibited to eat the fig or the melon, due to the danger that the snake might have left its venom.

אֲמַר לֵיהּ: מִי קָא מְדַמֵּית אִיסּוּרָא לְסַכַּנְתָּא? סַכָּנָה שָׁאנֵי. אֲמַר לֵיהּ רָבָא: מַאי שְׁנָא סָפֵק סַכַּנְתָּא לְחוּמְרָא? סָפֵק אִיסּוּרָא נָמֵי לְחוּמְרָא!

Rav Huna **said to** Rabbi Abba: **Are you comparing danger to prohibition? Danger is different,**[N] and one rules stringently in cases involving danger. **Rava said to him: What is different** about the fact that the ruling in cases of **uncertainty** involving **danger** is **stringent,** given that in cases of **uncertainty** involving **prohibition** the ruling is **also stringent?**[N]

אֲמַר לֵיהּ אַבָּיֵי: וְלָא שָׁאנֵי בֵּין אִיסּוּרָא לְסַכַּנְתָּא? וְהָא אִילּוּ סָפֵק טוּמְאָה בִּרְשׁוּת הָרַבִּים – סְפֵיקוֹ טָהוֹר, וְאִילּוּ סָפֵק מַיִם מְגוּלִּין – אֲסוּרִין!

Abaye said to Rava: **And is there no difference between prohibition and danger? But isn't** it the *halakha* that in a case of **uncertainty** involving **ritual impurity**[H] **in the public domain,**[B] **its uncertain** impurity leaves it **pure, while** in a case of **uncertainty** involving **water** that is **exposed** and therefore susceptible to a snake leaving venom in it, the water is **forbidden.**

אֲמַר לֵיהּ: הָתָם הִלְכְתָא גְּמִירִי לַהּ מִסּוֹטָה: מָה סוֹטָה בִּרְשׁוּת הַיָּחִיד – אַף טוּמְאָה בִּרְשׁוּת הַיָּחִיד.

Rava **said to** Abaye: **There,** in the case of ritual impurity in the public domain, the Sages **learned this *halakha* through tradition from** the case of **a *sota*,**[NB] a woman who enters into seclusion with a particular man after her husband warns her not to. She is forbidden to her husband even though there is uncertainty whether or not she committed adultery. **Just as a *sota* is** forbidden only in a case of uncertainty **in the private domain,** as there is no seclusion in the public domain; **so too** with regard to **ritual impurity,** one becomes ritually impure in a case of uncertainty only **in the private domain.**

HALAKHA

Uncertainty involving ritual impurity – סָפֵק טוּמְאָה: If an impure item was placed in the public domain and there is uncertainty whether one came into contact with it, the ruling is that he is pure. If it was placed in the private domain, the ruling is that he is impure. Why did the Sages rule that in cases of uncertainty in the public domain, he is pure? It is because the public brings the Paschal offering when impure, and all the more so this is the case when there is uncertainty with regard to their impurity, because in all cases of uncertainty the ruling is stringent by rabbinic law only. Why did the Sages rule that in cases of uncertainty in the private domain he is impure? It is because a *sota* who entered into seclusion with her paramour is impure vis-à-vis her husband until she drinks from the water of the *sota*, even though there is uncertainty whether she engaged in intercourse (Rambam *Sefer Tahara, Hilkhot She'ar Avot HaTumot* 15:8, 16:1).

NOTES

Danger is different – סַכָּנָה שָׁאנֵי: Where there is danger, every case of uncertainty is prohibited. The reason is that with regard to all prohibitions, the same Torah that established the prohibition established that it is permitted in circumstances of uncertainty when there is a majority indicating that it is permitted and a minority indicating that it is prohibited. But in cases involving danger, if one happens to encounter the dangerous minority he will die (*Ḥatam Sofer*).

Uncertainty involving prohibition is also stringent – סָפֵק אִיסּוּרָא נָמֵי לְחוּמְרָא: Some contend that Rava disagrees with the application of presumptive status to matters of prohibition, as in his opinion it applies only to monetary uncertainties. Therefore, in every case of uncertainty, even if there is presumptive status of permissibility, one must rule stringently, just as in the case of danger (*Torat Ḥayyim*). Other commentaries explain that Rava agrees that one applies presumptive status even to cases of prohibition, as no one disputes that principle. Nevertheless, in his opinion, in any case where there is even the slightest flaw, e.g., a wolf perforated the innards of the animal, one does not follow the presumptive status that the innards were not perforated at the time of slaughter. Rather, it is an uncertainty that is balanced, and one rules stringently, as he would in cases of danger. The reason is that in cases of uncertainty involving Torah law, the ruling is stringent (see *Shita Mekubbetzet*, citing Rabbeinu Peretz; *Penei Yehoshua*).

There they learned this *halakha* through tradition from the case of a *sota* – הָתָם הִלְכְתָא גְּמִירִי לַהּ מִסּוֹטָה: Rabbeinu Yona explains that in Abaye's opinion one derives from the case of a *sota* only that in cases of uncertainty involving impurity in a private domain the ruling is that the person is impure. In cases of uncertainty in a public domain, there is no need to derive that the ruling is that he is pure, because the person in question has the presumptive status of purity. Just as Abaye holds with regard to matters of prohibition that uncertainty does not undermine the presumptive status of permissibility, so too uncertainty does not undermine the presumptive status of purity (Rashba).

BACKGROUND

Uncertainty involving ritual impurity in the public domain – סָפֵק טוּמְאָה בִּרְשׁוּת הָרַבִּים: With regard to uncertain impurity, there is a halakhic distinction between the private domain and the public domain. When there is uncertainty whether or not a person in the public domain became ritually impure, he is deemed ritually pure. In the private domain, he is deemed ritually impure. This *halakha* is not derived via one of the hermeneutical principles of biblical interpretation; rather, its source is a Torah edict derived from the *halakha* of the *sota*.

***Sota* – סוֹטָה:** The Torah describes the procedure governing a women whose husband suspects her of adultery (Numbers 5:11–31): First, her husband warns her in the presence of witnesses against entering into seclusion with the specific man about whom he is suspicious. If she disobeys this warning and is observed to enter into seclusion with that man, even though there is no concrete evidence that she committed adultery, she and her husband are forbidden to one another until she undergoes the following ordeal to determine whether she committed adultery. The woman, accompanied by her husband and two Torah scholars, is taken to the Temple in Jerusalem. The priests stand her in a public place while she holds the special meal offering that she is required to bring. There the priests question her again to determine whether she committed adultery. If she continues to claim she was faithful and takes an oath to that effect, a scroll on which the curses in the Torah passage are written is prepared. If she continues to profess her innocence, the scroll is submerged in a clay vessel filled with water taken from the Temple Basin and earth from the Temple floor, and the writing on the scroll is dissolved in the water. She is then forced to drink that water. If the husband's allegation is true, then, as the Torah states: "Her belly shall swell and her thigh shall fall" (Numbers 5:27), and she dies. If she is innocent, the water will bring her blessing, and she is permitted to engage in sexual intercourse with her husband.

מַתִיב רַב שִׁימִי: שֶׁרֶץ בְּפִי חוּלְדָּה וְחוּלְדָּה מְהַלֶּכֶת עַל גַּבֵּי כִּכָּרוֹת שֶׁל תְּרוּמָה, סָפֵק נָגַע סָפֵק לֹא נָגַע – סְפֵיקוֹ טָהוֹר, וְאִילּוּ סָפֵק מַיִם מְגוּלִּין – אֲסוּרִין!

Rav Shimi raises an objection to the opinion of Rava from a mishna (*Teharot* 4:2): If the carcass of **a creeping animal** was **in the mouth of a weasel,**[HB] **and** that **weasel was walking on loaves of *teruma*,**[B] and there is **uncertainty** whether the creeping animal **touched** the loaves and **uncertainty** whether it **did not touch** the loaves, **its uncertain** impurity leaves it **pure, while** in a case of **uncertainty** involving **water** that is **exposed** and therefore susceptible to a snake leaving venom in it, the water is **forbidden.**

הָתָם נַמִי הִלְכְתָא גְּמִירִי לַהּ מִסּוֹטָה: מָה סוֹטָה דָּבָר שֶׁיֵּשׁ בָּהּ דַּעַת לִישָּׁאֵל, אַף הָכָא נַמִי – דָּבָר שֶׁיֵּשׁ בּוֹ דַּעַת לִישָּׁאֵל.

The Gemara answers: **There too, the *halakha* is derived from** the case of a ***sota*. Just as** the uncertainty in the case of ***sota*** involves **an entity that has consciousness** in order for her **to be asked**[H] whether she was unfaithful and is forbidden to her husband, **so too here,** only uncertainty involving **an entity that has consciousness** in order for it **to be asked** whether the loaves were rendered impure would become impure. The weasel does not have that consciousness.

אֲמַר רַב אַשִׁי, תָּא שְׁמַע: צְלוֹחִית שֶׁהִנִּיחָהּ מְגוּלָּה וּבָא וּמְצָאָהּ מְכוּסָּה – טְמֵאָה, שֶׁאֲנִי אוֹמֵר: אָדָם טָמֵא נִכְנַס לְשָׁם וְכִיסָּהּ;

Rav Ashi said: Come and **hear** additional proof that danger is more severe than prohibition (see mishna *Para* 11:1): In the case of **a flask**[B] of purification water **that one left exposed**[H] **and he came** back **and found it covered,** it is **ritually impure, as I say: An impure man entered into there and covered** it, and in the course of doing so he rendered the vessel and its contents impure.

HALAKHA

Creeping animal in the mouth of a weasel, etc. – שֶׁרֶץ בְּפִי חוּלְדָּה וכו׳: If there was a dead creeping animal in the mouth of a weasel and the weasel was walking upon loaves of *teruma*, and there is uncertainty whether the creeping animal came in contact with the *teruma*, the loaves are deemed ritually pure because the impure item never stopped moving, in accordance with the mishna in *Teharot* (Rambam *Sefer Tahara*, *Hilkhot She'ar Avot HaTumot* 15:7).

An entity that has consciousness to be asked – דָּבָר שֶׁיֵּשׁ בָּהּ דַּעַת לִישָּׁאֵל: In a case of uncertainty with regard to impurity in the private domain, the ruling is that the person is impure only if he can be consulted to determine whether he became impure, like the *sota*. By contrast, if the person was a deaf-mute, an imbecile, or a minor who is unable to respond when asked, the ruling is that he is pure (Rambam *Sefer Tahara*, *Hilkhot She'ar Avot HaTumot* 16:2).

A flask of purification water that one left exposed, etc. – צְלוֹחִית שֶׁהִנִּיחָהּ מְגוּלָּה וכו׳: In the case of a flask in which there was purification water that was left exposed, and later one returned and found it covered, the water is disqualified, since perhaps one unfit to handle purification water touched it, as it is clear that only a person could have covered it. This is in accordance with the mishna from tractate *Para* (Rambam *Sefer Tahara*, *Hilkhot Para Aduma* 9:16).

BACKGROUND

Weasel [*ḥulda*] – חוּלְדָּה: The *ḥulda* of the Talmud, which is probably the same as the *ḥoled* of Leviticus 11:29, is described in tractate *Ta'anit* (8a) as killing a human baby. Yisrael Aharoni, an influential, early twentieth-century Israeli zoologist, proposed that it is the brown rat, a predatory animal, and therefore *ḥulda* became the name for the rat in modern Hebrew. Yet it is now known that brown rats reached the Middle East only very recently. Moreover, in the talmudic era, the only rat present in the Middle East was the black rat, a much smaller rodent, which is not predatory.

The assessment of the medieval European rabbinic tradition with regard to the *ḥulda* is more likely the correct one, which identifies it as a member of the weasel family. The weasel itself does not live in the Middle East, although it did live there in the early biblical era and possibly survived through talmudic times. The marten, which belongs to the same family, is found in Eretz Yisrael today and is also a possible candidate as the *ḥulda*. Other references to the *ḥulda* in the Talmud (see, e.g., *Pesaḥim* 9a–b) depict a creature that stores and eats crumbs of bread, which is plainly not a weasel or a marten. This has led researchers to conclude that the term must refer to different species in different contexts.

Weasel

Teruma – תְּרוּמָה: Whenever the term *teruma* appears without qualification, it refers to *teruma gedola*. The Torah commands that "the first fruit of your grain, of your wine, and of your oil" be given to the priest (Deuteronomy 18:4; Numbers 18:12), but the Sages extended the scope of this mitzva, which applies only in Eretz Yisrael, to include all produce. After the first fruits have been separated, a certain portion of the produce must be separated for priests as *teruma*.

Although the Torah does not specify the amount of *teruma* that must be separated, and one may theoretically fulfill his obligation by giving even a single kernel of grain from an entire crop, the Sages established a measure: One-fortieth for a generous gift, one-fiftieth for an average gift, and one-sixtieth for a miserly gift. One first separates *teruma* and then separates the other tithes.

Teruma is considered sacred and may be eaten only by a priest and his household while they are in a state of ritual purity (see Leviticus 22:9–15). To emphasize the importance of this requirement, the Sages obligated the priests to wash their hands before partaking of *teruma*. This is the source for the practice of washing the hands before eating. A ritually impure priest or a non-priest who eats *teruma* is subject to death at the hand of Heaven. If *teruma* becomes ritually impure, it may no longer be eaten and must be burned. Nevertheless, it remains the property of the priest, and he may benefit from its burning.

Today, *teruma* is not given to priests because they have no definite proof of their priestly lineage and because everyone today is ritually impure. Nevertheless, the obligation to separate *teruma* remains, and a minuscule portion of the produce is separated.

Flask – צְלוֹחִית: The term flask, *tzeloḥit*, typically refers to an earthenware vessel, or on occasion one crafted from gold, silver, or glass, with a long neck and a narrow mouth, used to hold liquids, e.g., wine and oil, or spices. Such flasks held liquids for many purposes, among them holding beverages during a meal, providing a pleasant scent in various places, including a cemetery, smearing oil, perfuming one's body, and containing items used for medical purposes. The flasks also were used to transfer liquids from place to place, e.g., for the libation of water on the festival of *Sukkot*, for which the water was brought to the altar in flasks of gold. In many sources, a covering or cork for the flask is mentioned.

Based on the description here that a weasel could drink from the vessel, apparently the flask under discussion has a short neck and a relatively wide mouth. This is consistent with the fact that in other sources as well, vessels with different designs are also characterized as *tzeloḥit*.

Flasks for holding oils, found in the Tomb of the Kings, Jerusalem

הִנִּיחָהּ מְכוּסָּה וּבָא וּמְצָאָהּ מְגוּלָּה, אִם יְכוֹלָה חוּלְדָּה לִשְׁתּוֹת מִמֶּנָּה, אוֹ נָחָשׁ לְדִבְרֵי רַבָּן גַּמְלִיאֵל, אוֹ שֶׁיָּרַד בָּהּ טַל בַּלַּיְלָה – פְּסוּלָה;

In a case where **one left** the vessel **covered**[H] **and came** back **and found it exposed, if** it is in a place where **a weasel could drink from it,**[N] **or a snake according to the statement of Rabban Gamliel, or** if there is concern **that dew fell into it at night,** the purification waters are **disqualified** for sprinkling in the process of purification of a person impure with impurity imparted by a corpse, due to the concern that the saliva of the weasel or the dew, which are unfit for sprinkling, intermingled with it. Nevertheless, the water is not impure.

וְאָמַר רַבִּי יְהוֹשֻׁעַ בֶּן לֵוִי: מַה טַּעַם?

And Rabbi Yehoshua ben Levi says: What is the reason that there is no concern that a ritually impure person exposed the waters and rendered them impure?

HALAKHA

One left the vessel covered, etc. – הִנִּיחָהּ מְכוּסָּה וכו׳: With regard to a vessel of purification water that was placed covered and that one later found exposed, if a weasel could have drunk from it or if dew could have fallen on it, the water is disqualified, and if not, the water is fit for use. The reason for this ruling is that there are two uncertainties: There is uncertainty whether it was uncovered by a person or by an animal or a creeping animal, and there is uncertainty even if you say that it was uncovered by a person, as perhaps he was fit to handle purification water (Rambam *Sefer Tahara, Hilkhot Para Aduma* 9:16).

NOTES

If a weasel could drink from it – אִם יְכוֹלָה חוּלְדָּה לִשְׁתּוֹת מִמֶּנָּה: It is specifically a weasel, not other creeping animals, that disqualifies the water, because when it drinks it spits some of the water back into the bowl (see *Para* 9:3). According to Rabban Shimon ben Gamliel, the same *halakha* applies with regard to a snake. Rashi explains that the reason the water is disqualified is that it is considered as though labor was performed with it; such water is disqualified for use in purification. Rashi also cites another reason, that the water must be flowing water until it is placed in the vessel that sanctifies it, and it may not come from a different source (see Rabbeinu Gershom Meor HaGola). Nevertheless, some hold that transferring the water to another vessel would not disqualify it. Rather, they explain that the water is disqualified specifically when brought in an object other than a vessel, e.g., a weasel (*Melekhet Shlomo* on *Para* 9:3, citing Rabbi Shlomo Sirillo). Others understand that water is disqualified in the mouth of the weasel due to diversion of attention, as while it was in the weasel's mouth it was not being safeguarded from contracting impurity (see Rabbi Shimshon of Saens on *Para* 9:3). The Rambam and other commentaries explain that the water is disqualified not by the weasel's drinking it, but due to the mixture of the saliva of the weasel or the dew with the water. Due to the severity of the rite of the red heifer, any mixture disqualifies the purification water (see *Tosafot*).

Perek **I**
Daf **10** Amud **a**

מִפְּנֵי שֶׁדַּרְכָּן שֶׁל שְׁרָצִים לְגַלּוֹת, וְאֵין דַּרְכָּן לְכַסּוֹת;

It is **due to** the fact **that it is** the typical **manner of creeping animals to expose** the contents of a vessel so that they may drink. Therefore, the exposure of the water is attributed to a creeping animal or to a ritually pure person. By contrast, in a case where he left the vessel exposed and found it covered, the concern is that it was an impure man who covered it, since **it is not** the typical **manner of** creeping animals **to cover** exposed vessels. Evidently, with regard to prohibition or ritual impurity, there are circumstances of uncertainty when the ruling is lenient.

אִי נָמֵי, טַעְמָא דְּהִנִּיחָהּ מְגוּלָּה וּבָא וּמְצָאָהּ מְכוּסָּה, מְכוּסָּה וּבָא וּמְצָאָהּ מְגוּלָּה, הָא מְצָאָהּ כְּמָה שֶׁהִנִּיחָהּ – לָא טוּמְאָה אִיכָּא וְלָא פְּסוּלָה אִיכָּא;

Alternatively, it can be inferred from the *baraita* that **the reason** the contents of the vessel are impure or disqualified, respectively, is **that he left it exposed and came** back **and found it covered** or that he left it **covered and came** back **and found it exposed. But** if **he found** the vessel just **as he left it, there is neither impurity nor disqualification.**

וְאִילּוּ סָפֵק מַיִם מְגוּלִּים – אֲסוּרִין. שְׁמַע מִינַּהּ: חֲמִירָא סַכַּנְתָּא מֵאִיסּוּרָא, שְׁמַע מִינַּהּ.

But in a situation of **uncertainty** where he left **exposed water** and then came and found the vessel exposed, the water is **forbidden** under all circumstances. **Learn from it** that **danger is more severe than prohibition.**[H] The Gemara affirms: Indeed, **learn from it.**

תְּנַן הָתָם, שְׁלֹשָׁה מַשְׁקִין אֲסוּרִין מִשּׁוּם גִּלּוּי: מַיִם, וְיַיִן, וְחָלָב. כַּמָּה יִשְׁהוּ וִיהוּ אֲסוּרִין? כְּדֵי שֶׁיֵּצֵא הָרַחַשׁ מִמָּקוֹם קָרוֹב וְיִשְׁתֶּה. וְכַמָּה מָקוֹם קָרוֹב? אָמַר רַב יִצְחָק בְּרֵיהּ דְּרַב יְהוּדָה: כְּדֵי שֶׁיֵּצֵא מִתַּחַת אוֹזֶן כְּלִי וְיִשְׁתֶּה.

We learned in a mishna **there** (*Terumot* 8:4): **Three liquids are forbidden due to exposure:**[H] **Water, wine, and milk. How long shall they remain** exposed and their contents **will be forbidden?** It is a period **equivalent** to the time necessary so **that a snake could emerge from a proximate place and drink. And how far** away is considered **a proximate place?**[H] **Rav Yitzḥak, son of Rav Yehuda, said:** Even a period **equivalent** to the time necessary **so that** a snake **could emerge from beneath the handle of the vessel and drink.**

HALAKHA

Danger is more severe than prohibition – חֲמִירָא סַכַּנְתָּא מֵאִיסּוּרָא: One must distance himself from anything that is liable to lead to danger, and he may not rely on miracles. The Sages said: Danger is more severe than prohibition; therefore, one must be more wary of a case of uncertainty with regard to danger than he must be with regard to uncertainty with regard to a prohibition. If one says: I am endangering myself and it is not the concern of anyone else, or: I am not particular about this matter, he is flogged with lashes for rebelliousness (Rambam *Sefer Nezikin, Hilkhot Rotze'aḥ UShmirat HaNefesh* 11:5, 12:6; *Shulḥan Arukh, Yoreh De'a* 116:5, and in the comment of Rema).

Three liquids are forbidden due to exposure – שְׁלֹשָׁה מַשְׁקִין אֲסוּרִין מִשּׁוּם גִּלּוּי: The Sages prohibited consumption of certain liquids that were left exposed, due to the concern that a snake deposited its venom in the liquid. The liquids that are forbidden are water, wine, vinegar, milk, honey, and fish brine. Today, when snakes are no longer common in residential areas, it is permitted to drink exposed liquids, although some rule that one must be wary of drinking exposed liquids even today (*Shela*; Gra). In any event, in places where snakes and scorpions are commonly found, one must be wary of drinking those liquids (*Peri Ḥadash*). If it is clear that a snake drank from a particular liquid, it is clearly prohibited to drink from it even today (Rambam *Sefer Nezikin, Hilkhot Rotze'aḥ UShmirat HaNefesh* 11:6–7; *Shulḥan Arukh, Yoreh De'a* 116:1; *Beit Yosef*).

And how far is considered a proximate place – וְכַמָּה מָקוֹם קָרוֹב: The period of exposure that renders liquids forbidden is the time it takes for a snake or a creeping animal to emerge from beneath the handle of a vessel, drink from the liquid, and return (Rambam *Sefer Nezikin, Hilkhot Rotze'aḥ UShmirat HaNefesh* 11:11).

יִשְׁתֵּה? הָא קָא חָזֵי לֵיהּ! אֶלָּא יִשְׁתֶּה וְיַחֲזוֹר לְחוֹרוֹ.

The Gemara asks: If it is only the time necessary for the snake to emerge and **drink, doesn't one see** the snake drink, in which case there is no uncertainty? **Rather,** it is a period equivalent to the time necessary for a snake to emerge from a proximate place, **drink, and return to its hole.** If one left exposed liquid unattended for that interval, it is possible that the snake drank the liquid unseen by the owner of the liquid.

אִיתְּמַר: הַשּׁוֹחֵט בְּסַכִּין וְנִמְצֵאת פְּגוּמָה, אָמַר רַב הוּנָא: אֲפִילּוּ שִׁיבֵּר בָּהּ עֲצָמוֹת כָּל הַיּוֹם – פְּסוּלָה, חָיְישִׁינַן שֶׁמָּא בְּעוֹר נִפְגְּמָה; וְרַב חִסְדָּא אָמַר: כְּשֵׁרָה, שֶׁמָּא בְּעֶצֶם נִפְגְּמָה.

§ **It was stated:** With regard to **one who slaughters** an animal **with a knife that was** afterward **found** to be **notched, Rav Huna says: Even** if, after the slaughter and before the knife was examined, **he broke bones with** the knife **all day,** the slaughter is **not valid,** as **we are concerned that perhaps** the knife **became notched on the hide**[B] of the neck. **And Rav Ḥisda says:** The slaughter is **valid,** as **perhaps** it was **on the bone** that he broke with the knife after the slaughter that **it became notched.**

בִּשְׁלָמָא רַב הוּנָא – כִּשְׁמַעְתֵּיהּ, אֶלָּא רַב חִסְדָּא מַאי טַעְמָא? אָמַר לָךְ: עֶצֶם וַדַּאי פּוֹגֵם, עוֹר סָפֵק פּוֹגֵם סָפֵק לֹא פּוֹגֵם, הָוֵי סָפֵק וְוַדַּאי, וְאֵין סָפֵק מוֹצִיא מִידֵי וַדַּאי.

The Gemara asks: **Granted, Rav Huna** stated his opinion **in accordance with his *halakha*** cited earlier (9a): An animal during its lifetime exists with the presumptive status of prohibition until it becomes known in what manner it was slaughtered. **But** as for **Rav Ḥisda, what is the reason** for his ruling that the slaughter is valid? The Gemara answers that Rav Ḥisda could have **said to you: A bone certainly notches** the knife, but with regard to **hide,** it is **uncertain** whether it **notches** the knife and **uncertain** whether it **does not notch** it. This **is** a case of **certainty and uncertainty, and** the principle is that **an uncertainty does not override a certainty.**

מְתִיב רָבָא לְסַיּוּעֵיהּ לְרַב הוּנָא: טָבַל וְעָלָה וְנִמְצָא עָלָיו דָּבָר חוֹצֵץ, אַף עַל פִּי שֶׁנִּתְעַסֵּק בְּאוֹתוֹ הַמִּין כָּל הַיּוֹם כּוּלּוֹ – לֹא עָלְתָה לוֹ טְבִילָה, עַד שֶׁיֹּאמַר: בָּרִי לִי שֶׁלֹּא הָיָה עָלַי קוֹדֶם לָכֵן. וְהָא הָכָא דְּוַדַּאי טָבַל, סָפֵק הָוָה עֲלֵיהּ סָפֵק לָא הָוָה עֲלֵיהּ, וְקָאָתֵי סָפֵק וּמוֹצִיא מִידֵי וַדַּאי!

Rava raises an objection to the opinion of Rav Ḥisda **to support**[L] the opinion of **Rav Huna,** from a *baraita*: If **one immersed and emerged** from the ritual bath **and an interposing item was** later **found on him,**[H] then **even if he had been engaged in** handling **that same type** of item for **the entire day** after his immersion, **the immersion does not fulfill his** obligation. This is so **until he will say:** It is **clear to me that** this interposition **was not on me beforehand. And here** it is a case **where he certainly immersed,** and it is **uncertain** whether the interposition **was on him** at that time and **uncertain** whether it **was not on him, and** nevertheless, contrary to the opinion of Rav Ḥisda, the **uncertainty overrides** the **certainty.**

שָׁאנֵי הָתָם, דְּאִיכָּא לְמֵימַר: הַעֲמֵד טָמֵא עַל חֶזְקָתוֹ, וְאֵימָא לֹא טָבַל.

The Gemara rejects that proof: It **is different there, as it can be said: Establish** the status of **the impure** person **on** the basis of **his presumptive status** of impurity, **and say** that **he did not immerse** properly.

הָכָא נַמִי, הַעֲמֵד בְּהֵמָה עַל חֶזְקָתָהּ, וְאֵימַר לֹא נִשְׁחֲטָה! הֲרֵי שְׁחוּטָה לְפָנֶיךָ.

The Gemara challenges: **Here too, establish** the status of **the animal on** the basis of **its presumptive status** of prohibition **and say** that **it was not slaughtered** properly. Why does Rav Ḥisda rule that it is permitted? The Gemara explains: That status has been undermined, as the **slaughtered** animal **is before you.** There is no indication that the slaughter was not valid, and most slaughtered animals are slaughtered properly.

הָכָא נַמִי, הֲרֵי טָבַל לְפָנֶיךָ! הָא אִיתְיְלִידָא בֵּיהּ רֵיעוּתָא.

The Gemara challenges: **Here too,** in the case of immersion, the status of impurity is undermined, as the person who **has immersed** is **before you.** The Gemara explains: The case of immersion is different, as **a flaw developed in** the presumptive validity of the immersion, since there is an interposition.

LANGUAGE

Raises an objection to support – מְתִיב...לְסַיּוּעֵיהּ: Some explain this expression as an abbreviation of the phrase: Rava raises an objection to the opinion of Rav Ḥisda to support the opinion of Rav Huna, and it is similar to the statement of Rava elsewhere: It is taught in a *baraita* in accordance with the opinion of Rav Huna and in refutation of the opinion of Rav Ḥisda (Rashbam on *Bava Batra* 45b). Others explain that this is the expression employed when the force of the objection is not great. It means that even if this does not constitute a conclusive refutation of the opinion of one Sage, Rav Ḥisda, it nevertheless certainly supports the opinion of the other Sage, Rav Huna (*Yavin Shemua*). Rav Yosef Karo explains that the term: Raises an objection [*metiv*], whose literal translation is: Responds, is employed both in the sense of raising an objection and in the sense of citing proof or support (*Kelalei HaTalmud*).

BACKGROUND

Notched on the hide – בְּעוֹר נִפְגְּמָה:

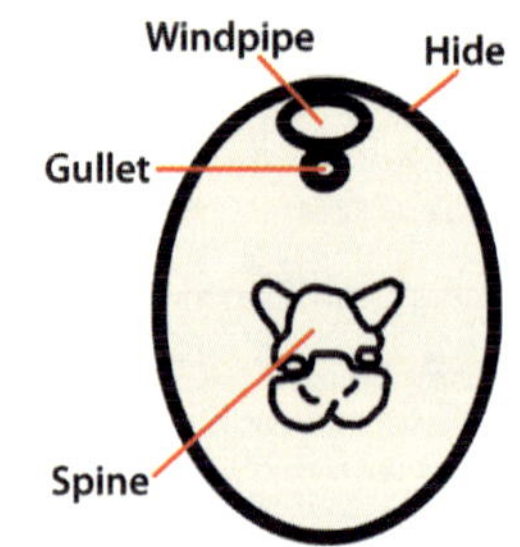

Cross section of a neck, showing proximity of the *simanim* to the hide

HALAKHA

If one immersed and emerged from the ritual bath and an interposing item was found on him – טָבַל וְעָלָה וְנִמְצָא עָלָיו דָּבָר חוֹצֵץ: If one immersed and emerged from the ritual bath, and an interposing item was later found on his body, then even if he had handled items of that kind all day after his immersion, he remains impure, as his presumptive status was one of impurity. But if he says: I am certain that this interposition was not on my body prior to immersion, he is ritually pure (Rambam *Sefer Tahara, Hilkhot Mikvaot* 2:23; *Shulḥan Arukh, Yoreh De'a* 199:10).

NOTES

The knife became flawed, the animal did not become flawed – סַכִּין אִיתְרַעַאי בְּהֵמָה לָא אִיתְרַעַאי: That is in contrast to an impure person, where the potential flaw, i.e., the interposition, is on the person's body. *Tosafot* raise a difficulty from the ruling of the mishna (*Mikvaot* 2:2) that in the case of a ritual bath that was found to contain less than forty *se'a* of water, anyone who immersed in it is retroactively ritually impure, as that mishna did not say: The ritual bath is flawed and the person is not flawed. *Tosafot* suggest three resolutions, and according to the last one there is a fundamental distinction between the cases. In the case of a ritual bath, once the flaw is discovered in the ritual bath the presumptive status of the person is inevitably flawed, as with regard to one who immerses in a ritual bath with less than forty *se'a* of water, it is as though he did not immerse at all. In the case of slaughter, even if the knife is discovered to be flawed, it is possible it was not the hide of the animal that notched the knife. Furthermore, even if it was the hide, it is possible the *simanim* were cut with a part of the knife that was not notched. Consequently, it is a compound uncertainty, in which case the ruling is lenient (Ramban). That is the meaning of the phrase in the Gemara: The knife became flawed, but the animal did not become flawed. Although the knife was found to be flawed, it is possible that the slaughter of the animal was not flawed (*Tosefot HaRosh*).

BACKGROUND

The windpipe was displaced – נִשְׁמְטָה הַגַּרְגֶּרֶת: This can happen before slaughter, if the slaughterer is holding the bird or the animal by the throat, and when the bird or animal seeks to wiggle free, it sticks its feet in the ground and stretches its body, causing the windpipe to be torn from its pharynx.

A similar situation of displacement of the windpipe is conceivable when the animal is swallowing at the moment of slaughter, as in that case the epiglottis covers the opening of the windpipe as the windpipe moves downward. If slaughter is performed at that moment, it is performed above the upper tracheal ring and the windpipe is displaced at that moment.

הָכָא נַמִי אִיתְיְלִידָא בָּהּ רִיעוּתָא! סַכִּין אִיתְרַעַאי, בְּהֵמָה לָא אִיתְרַעַאי.

The Gemara challenges: **Here too, a flaw developed in** the presumptive validity of slaughter, as the knife is notched. The Gemara explains: In the case of slaughter, **the knife became flawed,** but **the animal did not become flawed.**[N] Therefore, the animal assumes the presumptive status of permissibility. By contrast, in the case of immersion, the interposition was found on the person, thereby nullifying his presumptive status of purity.

מֵיתִיבִי: שָׁחַט אֶת הַוֶּשֶׁט וְאַחַר כָּךְ נִשְׁמְטָה הַגַּרְגֶּרֶת – כְּשֵׁרָה, נִשְׁמְטָה הַגַּרְגֶּרֶת וְאַחַר כָּךְ שָׁחַט אֶת הַוֶּשֶׁט – פְּסוּלָה;

The Gemara **raises an objection** to the opinion of Rav Ḥisda from a *baraita*: The slaughter of a bird is valid with the cutting of one *siman*, the windpipe or the gullet. Therefore, if **one cut the gullet, and the windpipe was displaced**[B] **thereafter,**[H] the slaughter is **valid.** If **the windpipe was displaced and one cut the gullet thereafter,** the slaughter is **not valid.**

שָׁחַט אֶת הַוֶּשֶׁט וְנִמְצָא הַגַּרְגֶּרֶת שְׁמוּטָה, וְאֵינוֹ יוֹדֵעַ אִם קוֹדֶם שְׁחִיטָה נִשְׁמְטָה אִם לְאַחַר שְׁחִיטָה נִשְׁמְטָה – זֶה הָיָה מַעֲשֶׂה, וְאָמְרוּ: כׇּל סָפֵק בִּשְׁחִיטָה – פָּסוּל;

If **one cut the gullet, and the windpipe was found displaced,**[H] **and he does not know whether** the windpipe **was displaced before the slaughter** or **whether** it **was displaced after the slaughter; that was** the **incident** that came before the Sages, **and they said:** In **any** case of **uncertainty with regard to slaughter,** the slaughter is **not valid.**[H]

כׇּל סָפֵק בִּשְׁחִיטָה לְאֵתוֹיֵי מַאי? לָאו לְאֵתוֹיֵי כְּהַאי גַּוְונָא? לָא, לְאֵתוֹיֵי סָפֵק שָׁהָה סָפֵק דָּרַס.

The Gemara asks: With regard to the expansive formulation: With regard to **any** case of **uncertainty with regard to slaughter, what** does it serve **to add?** Does it not serve **to add a case like this** one where there is uncertainty whether the knife was notched before or after the slaughter? The Gemara answers: **No,** it serves **to add** a case of **uncertainty** whether **he interrupted** the slaughter in the middle, or **uncertainty** whether **he pressed** the knife on the *simanim*. If he did either, it invalidates the slaughter.

HALAKHA

If one cut the gullet and the windpipe was displaced thereafter – שָׁחַט אֶת הַוֶּשֶׁט וְאַחַר כָּךְ נִשְׁמְטָה הַגַּרְגֶּרֶת: In a case where one slaughtered an animal and one of the *simanim*, i.e., the windpipe or the gullet, was displaced before the slaughter was complete, which occurs when most of one *siman* in a bird is slaughtered or most of two *simanim* in an animal, the slaughter is not valid. But if he completed the slaughter of one *siman* in the bird and then the remaining *siman* was displaced, his slaughter is valid, in accordance with the *baraita*. The Rema writes: The custom is to deem as a *tereifa* any animal or bird whose *siman* was displaced, whether it was displaced before the slaughter or whether it was displaced during the slaughter (Rambam *Sefer Kedusha, Hilkhot Sheḥita* 3:14–15; *Shulḥan Arukh, Yoreh De'a* 24:15, and *Taz* and *Shakh* there).

If one cut the gullet and the windpipe was found displaced – שָׁחַט אֶת הַוֶּשֶׁט וְנִמְצָא הַגַּרְגֶּרֶת שְׁמוּטָה: If one slaughtered a bird and cut one of the *simanim* and the second was found displaced, and it is uncertain whether it was displaced before or after the slaughter, there is uncertainty whether it is considered an unslaughtered carcass, and it is forbidden, in accordance with the *baraita* (Rambam *Sefer Kedusha, Hilkhot Sheḥita* 3:15; *Shulḥan Arukh, Yoreh De'a* 24:17).

In any case of uncertainty with regard to slaughter the slaughter is not valid – כׇּל סָפֵק בִּשְׁחִיטָה פָּסוּל: Any animal prior to its slaughter has the presumptive status of prohibition. Therefore, if there is uncertainty whether it was properly slaughtered, there is uncertainty whether it is an unslaughtered carcass, and it is forbidden. This is the ruling any time there is uncertainty with regard to the act of slaughter itself, e.g., with regard to interrupting the slaughter, pressing the knife, finding one of the *simanim* displaced, or finding that the knife is notched (*Ḥatam Sofer*), in accordance with the *baraita* (Rambam *Sefer Kedusha, Hilkhot Sheḥita* 3:18; *Shulḥan Arukh, Yoreh De'a* 25:3 in the Rema).

Perek **I**
Daf **10** Amud **b**

וּמַאי שְׁנָא? הָתָם אִיתְיְלִידָא בָּהּ רִיעוּתָא בִּבְהֵמָה, הָכָא סַכִּין אִיתְרַעַאי, בְּהֵמָה לָא אִיתְרַעַאי.

The Gemara asks: **And** in **what** way is uncertainty whether he interrupted the slaughter or pressed the knife **different** from uncertainty whether the knife became notched before or after the slaughter? The Gemara answers: **There,** in the case of uncertainty with regard to interruption or pressing, **the flaw developed in the animal,** and the slaughter is not valid. **Here,** in the case of uncertainty whether the knife became notched before or after the slaughter, **a flaw developed in the knife** but **a flaw did not develop in the animal,** and the slaughter is valid.

והילכתא כוותיה דרב הונא כשלא שיבר בה עצם, והילכתא כוותיה דרב חסדא כששיבר בה עצם. מכלל דרב חסדא אף על גב דלא שיבר בה עצם? אלא במאי איפגים? אימא: בעצם דמפרקת איפגים.

And the *halakha* is in accordance with the opinion **of Rav Huna** that the slaughter is not valid in a case **where he did not break a bone** with the knife. **And the *halakha* is in accordance with** the opinion **of Rav Ḥisda**[H] that the slaughter is valid in a case **where he broke a bone with** the knife. Learn **by inference that Rav Ḥisda** rules that the slaughter is valid **even if he did not break a bone with** the knife. The Gemara asks: **But** if he did not break bones, **on what** was the knife **notched?** It must have been on the hide. Why, then, is the slaughter valid? The Gemara answers: **Say** that **it was notched on the neck bone** after he competed slaughtering the animal.

הוה עובדא, וטרף רב יוסף עד תליסר חיותא. כמאן? כרב הונא, ואפילו בקמייתא? לא, כרב חסדא, ולבר מקמייתא.

The Gemara relates: **There was an incident, and Rav Yosef deemed** as many **as thirteen animals *tereifot*** when he discovered the knife was notched after slaughtering the final animal. The Gemara asks: **In accordance with whose** opinion did Rav Yosef issue his ruling? Is it **in accordance with** the opinion of **Rav Huna,** who holds that the concern is that the knife was notched by the animal's hide, **and** he ruled that **even the first** animal is forbidden? The Gemara answers: **No,** perhaps it is **in accordance with** the opinion of **Rav Ḥisda,** who holds that the notch is attributed to the neck bone, **and** they are all forbidden **except for the first** animal.

ואיבעית אימא: לעולם כרב הונא, דאי כרב חסדא, מכדי מתלא תלינן, ממאי דבעצם דמפרקת דקמייתא איפגים? דלמא בעצם דמפרקת דבתרייתא איפגים!

And if you wish, say instead: **Actually,** it is **in accordance with** the opinion of **Rav Huna, as,** if it were **in accordance with** the opinion of **Rav Ḥisda, since we attribute** the notch to the neck bone as a leniency, **from where** is it ascertained **that** it is **on the neck bone of the first** animal that **it was notched? Perhaps** it is **on the neck bone**[H] **of the last** animal that **it was notched,** and all of the animals are permitted.

אמר ליה רב אחא בריה דרבא לרב אשי: רב כהנא מצריך בדיקותא בין כל חדא וחדא; כמאן? כרב הונא, ולמיפסל קמייתא? לא, כרב חסדא, ולאכשורי בתרייתא.

Rav Aḥa, son of Rava, said to Rav Ashi: Rav Kahana requires an examination of the knife **between each and every** act of slaughter. The Gemara asks: **In accordance with whose** opinion did Rav Kahana issue his ruling? Is it **in accordance with** the opinion of **Rav Huna, and** he stated the *halakha* **to invalidate** the slaughter of **the first** animal[NH] that he slaughtered if he discovers a notch in the knife? The Gemara answers: **No,** perhaps it is **in accordance with** the opinion of **Rav Ḥisda,** according to the first of the two explanations of the ruling of Rav Yosef, who holds that if a notch is found it is attributed to the neck bone, **and** examination of the knife is required **to validate** the slaughter of **the next** animal.

NOTES

Rav Kahana requires an examination…in accordance with Rav Huna and he stated the *halakha* to invalidate the first [*kamaita*] animal – **רב כהנא מצריך בדיקותא...כרב הונא ולמיפסל קמייתא**: The term *kamaita* can refer to a circumstance where one slaughtered a single animal; if a notch is discovered in the knife, that act of slaughter is not valid, as perhaps it was notched by the hide of the neck. Alternatively, it can also be understood in a case where one slaughtered a series of animals: If after slaughtering the final animal a notch is discovered in the knife, the slaughter of all the animals would not be valid, even the first (Rashba).

One may conclude from this that the fact that Rav Kahana required examination of the knife between each act of slaughter is not a fundamental halakhic requirement, but rather is good advice to prevent financial loss. Therefore, some commentaries conclude that if a one is willing to enter into a state of uncertainty, he need not examine the knife (Ba'al HaMaor; Rema; see Rif and Rambam). By contrast, Rabbeinu Yona writes that it is prohibited to place oneself in a state of uncertainty due to the potential violation of the prohibition: Do not destroy, with the gratuitous invalidation of the animals. There is an additional concern that if a notch is discovered in the knife, one will be unwilling to incur the loss and will feed the *tereifa* to others. Furthermore, if one is slaughtering the animals of others and a notch is discovered, he is guilty of negligence and required to pay compensation (*Mishpetei Bedikat HaSakkin*).

Other commentaries, including the Ramban, hold that this examination is a fundamental halakhic requirement. The reason is that according to Rav Huna, an animal during its lifetime exists with the presumptive status of prohibition, until one ascertains that it was slaughtered properly, and this includes examination of the knife. If the knife is not examined, e.g., if it is lost, the slaughter of even the first animal is not valid.

HALAKHA

And the *halakha* is in accordance with the opinion of Rav Huna…and the *halakha* is in accordance with the opinion of Rav Ḥisda – **והילכתא כוותיה דרב הונא...והילכתא כוותיה דרב חסדא**: In the case of one who slaughters with a knife that had been previously examined and after slaughtering the animal he discovers that the knife is notched, the concern is that the knife was notched on the hide of the neck. The status of an animal or a bird in this case is that of an uncertain unslaughtered carcass. If after the slaughter he broke bones with the knife, in a chopping motion rather than a back-and-forth motion, the slaughter is valid, as the notch in the knife is attributed to the bones. This *halakha* is not limited to bones; it applies with regard to any similar cause to which the notch may be attributed, e.g., if the knife fell on hard earth (Rambam *Sefer Kedusha, Hilkhot Sheḥita* 1:24–25; *Shulḥan Arukh, Yoreh De'a* 18:1, 15).

On the neck bone – **בעצם דמפרקת**: If one broke the soft neck bone with the knife and the knife is found to be notched, one does not attribute the notch to the neck bone and the slaughter is not valid, as the *halakha* is in accordance with the opinion of Rav Ḥisda only in a case where he broke other bones with the knife. Others hold that the slaughter is not valid only if he cut the neck bone in a back-and-forth motion, but if he broke the neck bone with the knife with a chopping motion, one attributes the notch to the neck bone (*Shulḥan Arukh, Yoreh De'a* 18:1, 15 and *Shakh* there).

Requires an examination between each and every slaughter…to invalidate the slaughter of the first animal – **מצריך בדיקותא בין כל חדא וחדא...למיפסל קמייתא**: One who slaughters several animals or birds is required to examine the knife between each and every act of slaughter. If he examined the knife only after completing the slaughter of all the animals and discovers that the knife is notched, the status of all the animals and birds, even the first, is that of uncertainty whether it is an unslaughtered carcass, in accordance with the opinion of Rav Kahana and the explanation of Rav Aḥa, son of Rava. Nevertheless, the Rema states that one who is willing to enter into that situation of uncertainty may do so. There is a disagreement between the *Levush* and the *Taz* in a case where one slaughtered animals on behalf of another and failed to examine the knife between each act of slaughter, and a notch is then discovered in the knife, whether the slaughterer is obligated to compensate the owner of the animal (Rambam *Sefer Kedusha, Hilkhot Sheḥita* 1:24; *Shulḥan Arukh, Yoreh De'a* 18:11).

אִי הָכִי, תִּיבְּעֵי נַמִּי בְּדִיקַת חָכָם! עֵד אֶחָד נֶאֱמָן בְּאִיסּוּרִין. אִי הָכִי, מֵעִיקָּרָא נַמִּי לָא! הָאָמַר רַבִּי יוֹחָנָן: לֹא אָמְרוּ לְהַרְאוֹת סַכִּין לְחָכָם אֶלָּא מִפְּנֵי כְּבוֹדוֹ שֶׁל חָכָם.

The Gemara raises an objection: **If so,** and the reference is to the examination before slaughter, the knife **should require the examination of a** Torah **scholar** that was required by the Sages. The Gemara explains: There is no need for a Sage to examine the knife, based on the principle: The testimony of **one witness,** in this case the slaughterer, **is deemed credible with regard to ritual matters.**[HB] The Gemara challenges: **If so, even from the outset,** examination of the knife by a Torah scholar should **also not** be required. The Gemara explains: **Didn't Rabbi Yoḥanan say** that the Sages **said to show** the **knife to a** Torah **scholar**[H] **only due to** the requirement to show **deference to the Sage?** Once deference was shown before the initial slaughter, it is no longer necessary to do so.

מְנָא הָא מִלְּתָא דַּאֲמוּר רַבָּנַן: אוֹקֵי מִילְּתָא אַחֶזְקֵיהּ?

§ Apropos the statement of Rav Huna that an animal during its lifetime exists with the presumptive status of prohibition, and therefore in cases of uncertainty whether the animal was properly slaughtered, one rules stringently and it is prohibited to eat its flesh, the Gemara asks: **From where is this matter that the Sages said: Establish** the status of **the matter on** the basis of **its presumptive status,**[N] derived?

אָמַר רַבִּי שְׁמוּאֵל בַּר נַחְמָנִי אָמַר רַבִּי יוֹנָתָן, אָמַר קְרָא: "וְיָצָא הַכֹּהֵן מִן הַבַּיִת אֶל פֶּתַח הַבָּיִת וְהִסְגִּיר אֶת הַבַּיִת שִׁבְעַת יָמִים", דִּלְמָא אַדְּנָפֵיק וְאָתֵא בְּצַר לֵיהּ שִׁיעוּרָא! אֶלָּא לָאו מִשּׁוּם דְּאָמְרִינַן אוֹקֵי אַחֶזְקֵיהּ.

Rabbi Shmuel bar Naḥmani said that **Rabbi Yonatan said** that **the verse states** with regard to leprosy of houses that after a priest views a leprous mark: **"And the priest shall emerge from the house to the entrance of the house, and quarantine the house**[B] **seven days"** (Leviticus 14:38). The Gemara asks: How can the priest quarantine the house based on his viewing the leprous mark? **Perhaps as he was emerging and coming** out of the house, the size of the leprous mark diminished and **it lacks** the requisite **measure** for leprosy. **Rather, is it not due to** the fact **that we say: Establish** the status of **the matter on** the basis of **its presumptive status?**

מַתְקִיף לַהּ רַב אַחָא בַּר יַעֲקֹב: וְדִילְמָא כְּגוֹן שֶׁיָּצָא דֶּרֶךְ אֲחוֹרָיו, דְּקָא חָזֵי לֵיהּ כִּי נָפֵק!

Rav Aḥa bar Ya'akov[P] **objects to** that proof: **And perhaps** the verse is referring to a case **where** the priest **emerged backward, as** in that case, the priest **sees** the leprous mark **as he emerges.**

אָמַר לֵיהּ אַבָּיֵי, שְׁתֵּי תְשׁוּבוֹת בַּדָּבָר: חֲדָא, דִּיצִיאָה דֶּרֶךְ אֲחוֹרָיו לָא שְׁמָהּ יְצִיאָה; וְעוֹד, אֲחוֹרֵי הַדֶּלֶת מַאי אִיכָּא לְמֵימַר? וְכִי תֵּימָא דְּפָתַח בֵּיהּ כַּוּוֹתָא – וְהָתְנַן: בַּיִת אָפֵל, אֵין פּוֹתְחִין בּוֹ חַלּוֹנוֹת לִרְאוֹת אֶת נִגְעוֹ!

Abaye said to him that there are **two refutations of** that **statement. One** is **that emerging backward is not called emerging,** and the priest would not fulfill the verse "And the priest shall emerge from the house" by doing so. **And furthermore,** in a case where the leprous mark is **behind the door, what is there to say?** Even walking backward would not enable the priest to see it. **And if you would say that** the priest can **open a window in** the wall to enable him to see the leprous mark, **but didn't we learn** in a mishna (*Nega'im* 2:3): **In a dark house one may not open windows to** enable him **to see his leprous mark?**[H]

HALAKHA

One witness is deemed credible with regard to ritual matters – עֵד אֶחָד נֶאֱמָן בְּאִיסּוּרִין: Every slaughterer who is well versed in the *halakhot* of *tereifot* and has the presumptive status of fitness to slaughter is permitted to slaughter an animal, examine the knife himself, and sell the meat. The reason there is no concern is that the testimony of one witness is deemed credible with regard to ritual matters (Rambam *Sefer Kedusha, Hilkhot Sheḥita* 10:14; *Shulḥan Arukh, Yoreh De'a* 1:1; 127:3).

To show the knife to a scholar – לְהַרְאוֹת סַכִּין לְחָכָם: Any slaughterer who has not shown his knife to a Sage is ostracized. Nowadays the custom is to appoint specific people to slaughter animals and examine the knife, and they are not required to show their knives to the Sages. The Sages waived the honor due them in that case, because the appointees are careful and vigilant (Rambam *Sefer Kedusha, Hilkhot Sheḥita* 1:26; *Shulḥan Arukh, Yoreh De'a* 18:17, and see *Pitḥei Teshuva* there).

In a dark house one may not open windows to see his leprous mark – בַּיִת אָפֵל אֵין פּוֹתְחִין בּוֹ חַלּוֹנוֹת לִרְאוֹת אֶת נִגְעוֹ: When one sees a leprous mark in his house, he informs the priest, who then comes to his house to examine the mark. If the house was dark, one does not open windows in the wall to enable the priest to examine the mark. If as a result the priest is unable to see the mark, the house is ritually pure, in accordance with the mishna in tractate *Nega'im* (Rambam *Sefer Tahara, Hilkhot Tumat Tzara'at* 14:4–5).

NOTES

Establish the matter on its presumptive status – אוֹקֵי מִילְּתָא אַחֶזְקֵיהּ: When one considers the status of any matter, the presumption is that it remained as it was and neither its physical status, nor its halakhic status, i.e., whether it was permitted or forbidden, or ritually pure or impure, was altered, unless a flaw in that presumptive status is discovered. This is known as initial presumptive status. The Rambam explains that there is no alternative to following the initial presumptive status, as if one were to entertain all possibilities in every case of uncertainty, there would never be resolution (Rambam's Commentary on the Mishna, *Nazir* 9:2).

PERSONALITIES

Rav Aḥa bar Ya'akov – רַב אַחָא בַּר יַעֲקֹב: A third-generation Babylonian *amora*, Rav Aḥa bar Ya'akov was an older contemporary of Abaye and Rava, and he attended the lectures of Rav Huna in Sura. Abaye and Rava held him in great esteem, and the Gemara relates that Rava introduced him to his teacher, Rav Naḥman, as an esteemed scholar. He was an authoritative and assertive man in his home and in the study hall, and as an independent Sage who sought the truth, he did not avoid halakhic disputes with members of previous generations.

Statements of Rav Aḥa bar Ya'akov appear throughout the Talmud and address different areas: *Halakha*, *aggada*, interpretation of the Mishna, prayer, customs, and even the Design of the Divine Chariot. Sages of subsequent generations relate stories of actions he was accustomed to perform and of miracles that he worked through his prayer.

Rav Aḥa bar Ya'akov resided in the city of Paphunya, where he was the chief rabbi, and instituted several ordinances. In addition, he would lecture and teach *halakha*. Among his well-known students were Rav Pappa, and Rav Aḥa, son of Rav Ika, his sister's son. He sent his son, Rav Ya'akov, to study with Abaye, and his daughter's son, who was also called Rav Ya'akov, was raised in his house.

BACKGROUND

One witness is deemed credible with regard to ritual matters – עֵד אֶחָד נֶאֱמָן בְּאִיסּוּרִין: Although under most circumstances the *halakha* requires two witnesses in order to ascertain that a given event took place, that is not the case with regard to ritual matters. One proof for this principle is the fact one may eat in the house of another, based on the statement of the owner of the house, without concern that his food might contain a mixture of forbidden fat or blood, or that the animal was not properly slaughtered (Rashi). Others suggest a proof for this from the case of a menstruating woman, as the Torah states that she examines herself and counts her days of ritual impurity, and her husband may resume marital relations with her without the need for witnesses.

Quarantine the house – הִסְגִּיר אֶת הַבַּיִת: A leprous house renders people and objects inside it, with the exception of objects in hermetically sealed earthenware containers, ritually impure. By Torah law (see Leviticus 14:33–57), if leprous marks appear in a house, all the items in the house are removed in order to prevent them from becoming ritually impure, after which a priest is brought to examine the house. If the priest confirms that there is evidence of leprosy, the house is quarantined for a week, after which it is reexamined by the priest. If the leprous marks darkened or disappeared the house is declared ritually pure. If the marks are unchanged, the house is quarantined for a second week, and is examined again. If the marks darkened, the house undergoes the purification process and is declared ritually pure. If the marks remain intact or spread, the affected parts of the house are removed and replaced with new construction materials, after which the house is quarantined a third time. If the marks reappear, the entire house is destroyed, and its stones are disposed of in a ritually impure place. But if the house is declared free of leprosy, it must be purified. This purification process involves birds, cedarwood, and red thread, parallel to the purification process through which a leprous person is purified.

אֲמַר לֵיהּ רָבָא, דְּקָאָמְרַתְּ: יְצִיאָה דֶּרֶךְ אֲחוֹרָיו לָא שְׁמָהּ יְצִיאָה – כֹּהֵן גָּדוֹל בְּיוֹם הַכִּפּוּרִים יוֹכִיחַ, דִּכְתִיב בֵּיהּ יְצִיאָה, וּתְנַן: יָצָא וּבָא לוֹ דֶּרֶךְ כְּנִיסָתוֹ; וּדְקָאָמְרַתְּ: בַּיִת אָפֵל אֵין פּוֹתְחִין בּוֹ חַלּוֹנוֹת לִרְאוֹת אֶת נִגְעוֹ – הָנֵי מִילֵּי הֵיכָא דְּלָא אִיתְחַזַּק, אֲבָל הֵיכָא דְּאִיתְחַזַּק – אִיתְחַזַּק.

Rava said to Abaye: With regard to **that which you say: Emerging backward is not called emerging,** the case of the **High Priest on Yom Kippur will prove** that this is not so, **as emerging is written in his** regard (see Leviticus 16:18), **and we learned** in a mishna (*Yoma* 52b): The High Priest **emerged and came** out backward in the **manner of his entry,**[H] facing the Ark in the Holy of Holies. **And** with regard to **that which you say: In a dark house, one may not open windows** to enable him **to see his leprous mark, this statement** applies only in a case **where** the existence of a leprous mark in the house **was not** yet **established;** but in a case **where** the existence of a leprous mark in the house was already **established, it was established,** and the priest may open a window to view it.

תַּנְיָא דְּלָא כְּרַב אַחָא בַּר יַעֲקֹב. "וְיָצָא הַכֹּהֵן מִן הַבַּיִת" – יָכוֹל יֵלֵךְ לְתוֹךְ בֵּיתוֹ וְיַסְגִּיר? תַּלְמוּד לוֹמַר: "אֶל פֶּתַח הַבָּיִת";

It is taught in a *baraita* **not in accordance with** the opinion of **Rav Aḥa bar Ya'akov,** who suggested that the verse is referring to a case where the priest emerged from the house backward and therefore there is no proof that one lets the matter remain in its presumptive status. It is written: **"And the priest shall emerge from the house** to the entrance of the house and quarantine the house." One **might** have thought that **he may go into his** own **house and quarantine**[N] the house from there; therefore, **the verse states: "To the entrance of the house,"** referring to the house that is being quarantined.

אִי פֶּתַח הַבַּיִת, יָכוֹל יַעֲמוֹד תַּחַת הַמַּשְׁקוֹף וְיַסְגִּיר? תַּלְמוּד לוֹמַר: "מִן הַבַּיִת" – עַד שֶׁיֵּצֵא מִן הַבַּיִת כּוּלּוֹ; הָא כֵּיצַד? עוֹמֵד בְּצַד הַמַּשְׁקוֹף וּמַסְגִּיר.

If he must emerge to **the entrance of the house,** one **might** have thought that **he may stand beneath the lintel and quarantine** the house; therefore, **the verse states: "From the house,"** indicating that he does not quarantine the house **until he emerges from the house in its entirety. How so? He stands alongside the lintel and quarantines**[H] the house.

וּמִנַּיִן שֶׁאִם הָלַךְ לְתוֹךְ בֵּיתוֹ וְהִסְגִּיר, אוֹ שֶׁעָמַד בְּתוֹךְ הַבַּיִת וְהִסְגִּיר, שֶׁהֶסְגֵּרוֹ מוּסְגָּר? תַּלְמוּד לוֹמַר: "וְהִסְגִּיר אֶת הַבַּיִת", מִכָּל מָקוֹם.

The *baraita* concludes: **And from where** is it derived **that if he went inside his** own **house and quarantined** the leprous house, **or** that if **he stood inside the** leprous **house and quarantined** it, **that his quarantine is** a valid **quarantine?** It is derived from that which **the verse states: "And quarantine the house,"** meaning **in any case.** Apparently, the quarantine is valid even if he is unable to see the leprous mark, as the mark remains in its previous presumptive status.

וְרַב אַחָא בַּר יַעֲקֹב,

And Rav Aḥa bar Ya'akov interprets the *baraita* in accordance with his opinion

HALAKHA

Emerged and came out in the manner of his entry – יָצָא וּבָא לוֹ דֶּרֶךְ כְּנִיסָתוֹ: When the High Priest completes his service in the Holy of Holies on Yom Kippur, he does not turn his back to the Ark. Rather, he emerges from the Holy of Holies walking slowly backward, facing the Ark and with his back to the Sanctuary until he passes the curtain separating the Sanctuary from the Holy of Holies, in accordance with the mishna in tractate *Yoma* (Rambam *Sefer Avoda*, *Hilkhot Avodat Yom HaKippurim* 4:1, and see *Hilkhot Beit HaBeḥira* 7:4).

He stands alongside the lintel and quarantines – עוֹמֵד בְּצַד הַמַּשְׁקוֹף וּמַסְגִּיר: After a priest examines a leprous mark in a house, he emerges, stands at the entrance to the house alongside the lintel, and either quarantines the house, declares it definitely leprous, or declares it pure. If he stood beneath the lintel, or went to his home and quarantined the house, the house is quarantined, in accordance with the mishna in tractate *Nega'im* (12:6) and the *baraita* (Rambam *Sefer Tahara*, *Hilkhot Tumat Tzara'at* 14:5).

NOTES

And quarantine – וְיַסְגִּיר: According to Rashi's explanation this quarantine involves closing the house, and doing so from a distance would be accomplished by means of a rope or by means of an agent (see Rosh on *Nedarim* 56b). The Rambam understands the quarantine to be a declaration by the priest that the house is quarantined, similar to its meaning with regard to leprosy of a person and leprosy of a garment (see *Mishne LaMelekh* on Rambam *Sefer Tahara*, *Hilkhot Tumat Tzara'at* 14:5; *Torah Temima* on Leviticus 13:4).

כְּגוֹן דְּקָיְימִי דָּרָא דְּגַבְרֵי וְאָמְרִי: כִּדְקָאֵי קָאֵי.

in a case **where** there is **a row of standing men,** from the house to be quarantined to the priest's house, **and they** each **say** to the one standing next to him that the leprous mark **remains standing** unaltered.

מְנָא הָא מִילְּתָא דַּאֲמוּר רַבָּנַן זִיל בָּתַר רוּבָּא? מְנָלַן?! דִּכְתִיב: "אַחֲרֵי רַבִּים לְהַטֹּת"!

§ After discussing the role of presumptive status in determining *halakha*, the Gemara discusses the role of the majority. **From where is this matter that the Sages stated: Follow the majority,** derived? The Gemara is surprised at the question: **From where do we** derive it? Obviously, it is derived from a verse, **as it is written** explicitly: **"After the majority to incline"** (Exodus 23:2).

רוּבָּא דְּאִיתָא קַמָּן, כְּגוֹן תֵּשַׁע חֲנוּיוֹת וְסַנְהֶדְרִין – לָא קָא מִיבַּעְיָא לָן.

The Gemara explains: With regard to **a majority that is** quantifiable **before us,**[N] **for example,** in the case of a piece of meat that was found on the street before ten shops, **nine shops** selling kosher meat and one shop selling non-kosher meat, one follows the majority and deems that piece kosher. **Or** when the **Sanhedrin** adjudicates a case, one follows a majority of the judges in determining the ruling. In these cases, **we do not raise the dilemma.**

NOTES

A majority that is quantifiable before us – רוּבָּא דְּאִיתָא קַמָּן: The fundamental distinction between the two types of majorities is that the majority that is before us, e.g., the Sanhedrin and the nine shops, is quantifiable. Therefore, the decision with regard to the piece of meat that is before us is based on whether it belongs to the majority or the minority. In the case of the majority that is not before us, e.g., the minor boy and girl, the majority is not quantifiable, as conceivably, at this moment all the minor boys are eunuchs, or alternatively, this minor is the only minor in the world. Nevertheless, one relies on the accumulated available data that most minors will reach puberty, and the decision is based on that data (*Ḥatam Sofer*).

HALAKHA

The animal is cut into its pieces but its pieces are not cut into pieces – אוֹתָהּ לִנְתָחֶיהָ וְלֹא נְתָחֶיהָ לִנְתָחִים: When cutting the limbs of a communal burnt offering, one does not cut the large body parts into pieces (Rambam *Sefer Avoda, Hilkhot Ma'aseh HaKorbanot* 6:19).

One who cuts the sinews or burns the bones – הַמְחַתֵּךְ בְּגִידִים וְהַשּׂוֹרֵף בַּעֲצָמוֹת: One who cuts the sinews of the Paschal offering or burns its bones is not liable for violating the prohibition against breaking its bones, in accordance with the *baraita* (Rambam *Sefer Korbanot, Hilkhot Korban Pesaḥ* 10:5).

BACKGROUND

Tail – אַלְיָה: The reference is to the long, thick, fat tail of the breed of sheep that was common in Eretz Yisrael and the surrounding areas during the Temple era. The tail covered the entire back of the sheep, to the extent that it was difficult to ascertain the gender of the sheep, particularly in younger animals. The Torah commands that when a sheep is brought as a peace offering, the tail is one of the parts of the animal burned on the altar. This applies only to sheep, as the *halakhot* of tails of other animals that were sacrificed, e.g., goats, were different.

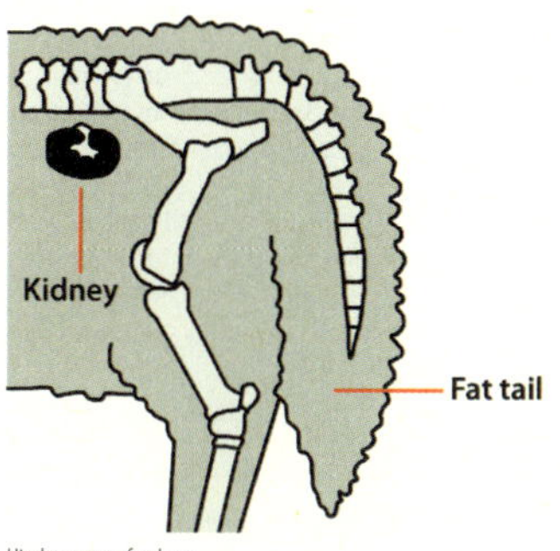

Hindquarters of a sheep

NOTES

And let us be concerned that perhaps the spinal column was severed – וְלֵיחוּשׁ שֶׁמָּא נִפְסְקָה חוּט הַשִּׁדְרָה: The reference is to the sheep's thick, fat tail, which contains the lower vertebrae of the spinal column. In terms of the *halakhot* of *tereifot*, the spinal column ends before the tail, in the area where the sciatic nerves diverge toward the legs (45b). If the spinal column was cut between there and the tail, the animal is not a *tereifa*, because that area is not considered an integral part of the animal's body. The fat tail referred to in the Torah's command to remove and burn it on the altar includes not only the fat tail itself. Rather, it begins with the lower vertebrae of the rump bone, above the divergence of the sciatic nerves.

כִּי קָא מִיבַּעְיָא לָן – רוּבָּא דְּלֵיתֵיהּ קַמָּן, כְּגוֹן קָטָן וּקְטַנָּה, מְנָלַן?

When the dilemma is raised to us it is in the case of **a majority that is not** quantifiable **before us, for example,** the case of **a minor boy and a minor girl.** If the boy entered into levirate marriage with the girl, it is permitted for them to remain married, and there is no concern that when they grow older it will be discovered that the boy or the girl never develop sexually. Rather, one follows the majority, that minors develop sexually at puberty. It is with regard to that non-quantifiable majority that the Gemara asks: **From where do we** derive it?

אֲמַר רַבִּי אֶלְעָזָר: (סִימָן: זמ״ן שב״ח מכנ״ש)

Rabbi Elazar said an answer to this question. Before presenting his answer, the Gemara cites **a mnemonic** for the names of the Sages who address this question: ***Zayin,*** Rabbi Elazar; ***mem,*** Mar, son of Ravina; ***nun,*** Rav Naḥman bar Yitzḥak; ***shin,*** Rav Sheshet; ***beit,*** Rabba bar Rav Sheila; ***ḥet,*** Rav Aḥa bar Ya'akov; ***mem,*** Rav Mari; ***kaf,*** Rav Kahana; ***nun,*** Ravina; ***shin,*** Rav Ashi.

אָתְיָא מֵרֵישָׁא שֶׁל עוֹלָה, דְּאָמַר קְרָא: ״וְנִתַּח אוֹתָהּ לִנְתָחֶיהָ״ – אוֹתָהּ לִנְתָחֶיהָ, וְלֹא נְתָחֶיהָ לִנְתָחִים; וְנֵיחוּשׁ שֶׁמָּא נִיקַּב קְרוּם שֶׁל מוֹחַ! אֶלָּא לָאו מִשּׁוּם דְּאָמְרִינַן זִיל בָּתַר רוּבָּא.

Rabbi Elazar's answer was as follows: It is **derived from** the *halakha* concerning **the head of a burnt offering,** that one severs it from the animal's body but does not cut it into smaller pieces, **as the verse states: "**And he shall flay the burnt offering **and cut it into its pieces"** (Leviticus 1:6), and it is inferred: The animal is cut **into its pieces, but its pieces,** including its head, are **not** cut **into pieces.**[H] Rabbi Elazar suggested: **And** since the head is not cut and cannot be examined, **let us be concerned** that **perhaps the brain membrane was perforated,** which would render the animal a *tereifa* and unfit for sacrifice. **Rather,** is the reason we are not concerned for this **not due to** the fact **that we say: Follow the majority** of animals, which are not *tereifot*?

מִמַּאי? דִּילְמָא דְּפָלֵי לֵיהּ וּבָדַק לֵיהּ; וְאִי מִשּׁוּם ״אוֹתָהּ לִנְתָחֶיהָ״ וְלֹא נְתָחֶיהָ לִנְתָחִים – הָנֵי מִילֵּי הֵיכָא דְּחָתֵיךְ לֵיהּ לְגַמְרֵי, אֲבָל הֵיכָא דְּלָיֵיף לֵית לָן בָּהּ!

The Gemara asks: **From where** is that conclusion drawn? **Perhaps** the reference is to a case **where one splits** the head open **and examines** the brain membrane. **And if** that could not be **due to** the inference: The animal is cut **into its pieces, but its pieces** are **not** cut **into pieces, that statement** applies in a case **where one cuts** the head **completely** in half. **But** in a case **where** the sides of the head remain **joined, we have no** problem **with it.** Therefore, no proof can be cited from here.

מָר בְּרֵיהּ דְּרָבִינָא אֲמַר: אָתְיָא מִשְּׁבִירַת עֶצֶם בַּפֶּסַח, דְּאָמַר רַחֲמָנָא: ״וְעֶצֶם לֹא תִשְׁבְּרוּ בוֹ״; וְנֵיחוּשׁ שֶׁמָּא נִיקַּב קְרוּם שֶׁל מוֹחַ! אֶלָּא לָאו מִשּׁוּם דְּאָמְרִינַן זִיל בָּתַר רוּבָּא.

Mar, son of Ravina, said: The fact that we follow a non-quantifiable majority is **derived from** the *halakha* of **the breaking of a bone in the Paschal offering, as the Merciful One states: "Nor shall you break a bone thereof"** (Exodus 12:46). Mar, son of Ravina, suggested: **And let us be concerned** that **perhaps the brain membrane was perforated** and the animal is a *tereifa,* as it is impossible to examine its brain membrane since one may not break its bones. **Rather,** is the reason we are not concerned for this **not due to** the fact **that we say: Follow the majority** of animals, which are not *tereifot*?

מִמַּאי? דִּלְמָא דְּמַנַּח גּוּמַרְתָּא עֲלֵיהּ וְקָלֵי לֵיהּ וּבָדֵיק לֵיהּ, דְּתַנְיָא: הַמְחַתֵּךְ בְּגִידִים וְהַשּׂוֹרֵף בַּעֲצָמוֹת – אֵין בּוֹ מִשּׁוּם שְׁבִירַת עֶצֶם!

The Gemara asks: **From where** is that conclusion drawn? **Perhaps** the reference is to a case **where one places a coal on the head and burns** through the head, exposing the brain membrane, **and** then **examines it, as it is taught** in a *baraita*: **One who cuts the sinews or burns the bones**[H] of the Paschal offering **is not subject to** lashes **due to** the prohibition of **breaking bones.** Therefore, no proof can be cited from here either.

רַב נַחְמָן בַּר יִצְחָק אֲמַר: אָתְיָא מֵאַלְיָה, דְּאָמַר רַחֲמָנָא: ״חֶלְבּוֹ הָאַלְיָה תְמִימָה״; וְלֵיחוּשׁ שֶׁמָּא נִפְסְקָה חוּט הַשִּׁדְרָה! אֶלָּא לָאו מִשּׁוּם דְּאָמְרִינַן זִיל בָּתַר רוּבָּא.

Rav Naḥman bar Yitzḥak said: It is **derived from** the *halakha* of the **tail** of a lamb brought as a peace offering, with regard to **which the Merciful One states:** "And he shall sacrifice of the peace offering… **the fat tail**[B] **whole,** which he shall remove opposite the rump bone" (Leviticus 3:9), meaning that the tail must remain intact and may not be cut. Rav Naḥman bar Yitzḥak suggested: **And let us be concerned** that **perhaps** the segment of **the spinal column** in the tail **was severed**[N] prior to slaughter, rendering the animal a *tereifa* and unfit for sacrifice. **Rather, is** the reason we are not concerned for this **not due to** the fact **that we say: Follow the majority** of animals, which are not *tereifot*?

וכי תימא דמתתאי פסיק לה – "לעמת העצה" אמר רחמנא, מקום שהכליות יועצות.

And if you would say in rejection of that proof **that one severs** the tail **from below** the spine, in a place that would not render the animal a *tereifa*, **the Merciful One states: "Opposite the rump bone [*he'atze*]," the place where the kidneys advise [*yo'atzot*],**[H] This is a location where severing the spinal column renders the animal a *tereifa*. Consequently, the proof that the majority is followed remains intact.

ממאי? דלמא דפתח לה ובדיק לה; ואי משום "תמימה" – הני מילי היכא דחתכה לגמרי, אבל היכא דלייף לית לן בה!

The Gemara asks: **From where** is that conclusion drawn? **Perhaps** the reference is to a case **where one splits** the tail **and examines** the spinal column. **And if** that could not be, **due to** the requirement that the fat tail remain **"whole," that statement** applies in a case **where one cuts** the tail **completely** in half. **But** in a case **where** the sides of the tail remain **joined, we have no** problem **with it.** Therefore, no proof can be cited from here.

רב ששת בריה דרב אידי אמר: אתיא מעגלה ערופה, דאמר רחמנא: "הערופה" – כשהיא שלמה תיהוי; וליחוש דלמא טרפה היא! אלא לאו משום דאמרינן זיל בתר רובא.

Rav Sheshet, son of Rav Idi, said: The principle of following a non-quantifiable majority is **derived from** the *halakha* of the **heifer whose neck is broken**[B] when a person is found killed in an area that is between two cities and the murderer is unknown (Deuteronomy 21:1–9). **As the Merciful One states:** "And all the elders of that city… shall wash their hands over the heifer **whose neck was broken,** in the valley" (Deuteronomy 21:6), from which it is inferred: Other than its neck being broken, the heifer **should remain** in a state **where it is whole.**[H] **And** if one does not follow the majority, **let us be concerned** that **perhaps** the animal **is a *tereifa*. Rather, is** the reason we are not concerned for this **not due to** the fact **that we say: Follow the majority** of animals, which are not *tereifot*?

וכי תימא, מאי נפקא מינה – הא אמרי דבי רבי ינאי: כפרה כתיב בה כקדשים.

And if you would say in rejection of that proof that there is no need for an examination, as **what difference is** there whether it is a *tereifa*, since it is neither eaten nor sacrificed, **didn't they say in the school of**[B] **Rabbi Yannai:** A term of **atonement is written in its** regard (see Deuteronomy 21:8), indicating that the halakhic status of the heifer whose neck is broken is **like** that of **sacrificial** animals, and a *tereifa* is unfit for use in that ritual?

רבה בר רב שילא אמר: אתיא מפרה אדומה, דאמר רחמנא: "ושחט...ושרף", מה שחיטתה כשהיא שלמה – אף שריפתה כשהיא שלמה; וליחוש דילמא טרפה היא! אלא לאו משום דאמרינן זיל בתר רובא.

Rabba bar Rav Sheila said: The principle of following an unquantifiable majority is **derived from** the *halakha* of the **red heifer,**[B] with regard to **which the Merciful One states: "And he shall slaughter… and he shall burn"** (Numbers 19:3, 5), from which it is derived: **Just as its slaughter** is performed **when it is whole, so too its burning** is performed **when it is whole.**[H] **And** if the majority is not followed, **let us be concerned** that **perhaps** the animal **is a *tereifa*. Rather, is** the reason we are not concerned for this **not due to** the fact **that we say: Follow the majority** of animals, which are not *tereifot*?

וכי תימא, מאי נפקא מינה – "חטאת" קרייה רחמנא.

And if you would say in rejection of that proof that there is no need for an examination, as **what difference is** there whether it is a *tereifa*, since it is neither eaten nor sacrificed, **the Merciful One called it *ḥatat*,** meaning purification, just as a sin offering is called *ḥatat*, indicating that in both cases a *tereifa* is unfit.

BACKGROUND

Heifer whose neck is broken – עגלה ערופה: When a murder victim's corpse is found outside a town and the identity of the person who caused his death in unknown, the Torah mandates a course of action (see Deuteronomy 21:1–9): First, members of the Great Sanhedrin measure the distance between the corpse and the nearest town, to determine which town must perform the rite of the heifer whose neck is broken. This measurement is carried out even if it is obvious which town is closest. Afterward, the elders of that town bring a heifer that has never been used for any labor and break its neck in a valley that is not tilled. The elders wash their hands and make a statement absolving themselves of guilt. If the murderer is discovered before the heifer is killed, the rite is not performed.

Didn't they say in the school of – הא אמרי דבי: This unique expression is rooted in the practice of those generations. During the lifetime of a prominent Sage, his students would bond and form a close-knit community. The Sages of that school would study Torah together according to the methodology espoused by their teacher, and would often continue this practice even after their teacher's death. In the period of the *tanna'im*, this phenomenon was expressed with the phrase: It was taught in the school of so-and-so, in the sense that the *halakha* was taught in the study hall of a particular Sage. The phrase: The Sages of the school of so-and-so said, was generally employed in the period of the *amora'im*, or in the period of the *tanna'im* with regard to matters not incorporated in the Mishna.

Red heifer – פרה אדומה: In order to eliminate the ritual impurity imparted by a corpse, purification is achieved by means of water mixed with the ashes of a red heifer (see Numbers, chapter 19). This heifer and nearly all of its hairs must be entirely red; even two black hairs disqualify it for this ritual. Similarly, it must be unblemished, and it must not have been used for any labor. The red heifer was slaughtered on the Mount of Olives outside Jerusalem, and its blood was sprinkled toward the Temple seven times. The heifer was then burned on a special pyre, to which cedarwood, hyssop, and crimson wool were added (see Numbers 19:6). The ashes from this pyre were then gathered and mixed in a vessel with water drawn from a spring. Three hyssop branches were dipped in the water and the purification water was then sprinkled on the impure person. A single drop from the mixture on the third and seventh days of his purification sufficed. Regardless of where on the body of the impure person the purification water landed, it was effective in purifying him.

HALAKHA

The Merciful One states, opposite the rump bone, the place where the kidneys advise – לעמת העצה אמר רחמנא מקום שהכליות יועצות: The parts of a sheep that are sacrificed on the altar include the fat tail with the vertebrae of the spinal column until the area of the kidneys (Rambam *Sefer Korbanot*, *Hilkhot Ma'aseh HaKorbanot* 1:18).

Whose neck was broken…where it is whole – הערופה כשהיא שלמה: A blemish does not disqualify a heifer for use in the rite of the heifer whose neck is broken. Nevertheless, if it was a *tereifa* it is disqualified, because the Torah employs a term of atonement in its regard (Rambam *Sefer Nezikin*, *Hilkhot Rotze'aḥ UShmirat HaNefesh* 10:2).

Its burning is when it is whole – שריפתה כשהיא שלמה: Just as a red heifer must be complete when slaughtered, so too it must be complete when it is burned. If one flayed and quartered the heifer prior to burning it, it is fit after the fact (Rambam *Sefer Tahara*, *Hilkhot Para Aduma* 4:12).

HALAKHA

The two goats, that the two goats should be equal – שְׁנֵי הַשְּׂעִירִם שֶׁיְּהוּ שְׁנֵיהֶם שָׁוִים: The mitzva requires that the two goats of Yom Kippur be equal in appearance, in size, and in value (Rambam *Sefer Avoda*, *Hilkhot Avodat Yom HaKippurim* 5:14).

רַב אַחָא בַּר יַעֲקֹב אָמַר: אָתְיָא מִשָּׂעִיר הַמִּשְׁתַּלֵּחַ, דְּרַחֲמָנָא אָמַר: ״וְלָקַח אֶת שְׁנֵי הַשְּׂעִירִם״ – שֶׁיְּהוּ שְׁנֵיהֶם שָׁוִים; וְלֵיחוּשׁ

Rav Aḥa bar Ya'akov said: The fact that one follows a non-quantifiable majority is **derived from the** *halakha* of the **scapegoat,**[B] with regard to **which the Merciful One says: "And he shall take the two goats…** one lot for the Lord and one lot for Azazel" (Leviticus 16:7–8). From the fact that the verse mentions the two goats together, the Sages inferred **that the two** goats **should be equal.**[H] **But** how can it be ascertained that they are equal; **let us be concerned**

BACKGROUND

Scapegoat – שָׂעִיר הַמִּשְׁתַּלֵּחַ: The Torah requires that lots be drawn on Yom Kippur between two goats, one to be sacrificed as a sin offering in the Temple, and one to be sent to Azazel (see Leviticus, chapter 16). The latter goat was thrown from a high desert cliff in the wilderness, between approximately 12 and 15 km from Jerusalem. Before sending the goat to its death, the High Priest would burden it with all the sins of the Jewish people, encompassing both their intentional and their inadvertent violations. This was accomplished through the High Priest placing his hands on the animal's head and confessing the sins of the Jewish people. During the confession the High Priest pronounced the ineffable name of God three times, and all present prostrated themselves in reverence. Afterward, he dispatched the goat to the wilderness with a person specifically designated for this task. The service associated with this goat was an essential part of the Yom Kippur ritual.

Perek **I**
Daf **11** Amud **b**

HALAKHA

Perhaps one of the animals is a ***tereifa*** – דִּילְמָא חַד מִינַּיְיהוּ טְרֵיפָה: A scapegoat that is a *tereifa* is unfit for use in that ritual (*Kesef Mishne*). See the Mahari Kurkus, who questions why the Rambam cited a different source for this *halakha* than the Gemara here (Rambam *Sefer Avoda*, *Hilkhot Avodat Yom HaKippurim* 5:18).

The goat did not reach halfway down the mountain, etc. – לֹא הָיָה מַגִּיעַ לְמַחֲצִית הָהָר וכו׳: When the designated person cast the scapegoat from the cliff it would descend, and by the time it was halfway down its body was torn limb from limb (Rambam *Sefer Avoda*, *Hilkhot Avodat Yom HaKippurim* 3:7).

The majority of acts of intercourse are attributable to the husband – רוֹב בְּעִילוֹת אַחַר הַבַּעַל: In the case of a woman about whom rumors spread that she committed adultery, there is no suspicion that her children are *mamzerim*, even if everyone is gossiping about her, as the majority of acts of intercourse are attributable to the husband (Rambam *Sefer Kedusha*, *Hilkhot Issurei Bia* 15:20; *Shulḥan Arukh*, *Even HaEzer* 4:15).

There is no steward for restraining sexual immorality – אֵין אַפּוֹטְרוֹפּוֹס לַעֲרָיוֹת: One does not appoint even a reliable, upright man to serve as guard of a courtyard in which women reside, even if he stands outside the courtyard, because there is no steward for restraining sexual immorality. This *halakha* is based on the Jerusalem Talmud, *Ketubot* 1:8 (Rambam *Sefer Kedusha*, *Hilkhot Issurei Bia* 22:15; *Shulḥan Arukh*, *Even HaEzer* 22:15).

LANGUAGE

Steward [*apotropos*] – אַפּוֹטְרוֹפּוֹס: From the Greek ἐπίτροπος, *epitropos*, meaning one appointed by the monarchy to govern a district or state. The Sages typically employed this term to refer to a person appointed to tend to the affairs of minors or others incapable of tending to their own affairs, or to a person appointed by the owner to tend to his property.

דִּילְמָא חַד מִינַּיְיהוּ טְרֵיפָה הוּא! אֶלָּא לָאו מִשּׁוּם דְּאָמְרִינַן זִיל בָּתַר רוּבָּא.

that **perhaps one of** the animals, the scapegoat, **is a** ***tereifa.***[H] Since it is not slaughtered, but is rather cast from a cliff while alive, there is no way to ascertain that it is not a *tereifa*. **Rather, is** the reason we are not concerned for this **not due to** the fact **that we say: Follow the majority** of animals, which are not *tereifot*?

וְכִי תֵּימָא, מַאי נָפְקָא לָן מִינַּהּ – הָא אֵין גּוֹרָל קוֹבֵעַ לַעֲזָאזֵל אֶלָּא בְּדָבָר הָרָאוּי לַשֵּׁם. וְכִי תֵּימָא דִּבְדַקִינַן לֵיהּ – וְהָתְנַן: לֹא הָיָה מַגִּיעַ לְמַחֲצִית הָהָר עַד שֶׁנַּעֲשָׂה אֵבָרִים אֵבָרִים.

And if you would seek to reject that proof and **say** that there is no need for an examination, as **what** practical **difference is there to us** whether it is a *tereifa*, since it is neither eaten nor sacrificed, and the two goats are fit after the fact even if they are not equal (see *Yoma* 62a); **doesn't the lot determine** the goat **for Azazel only with regard to an item,** a goat, **that is fit** for sacrifice **to the Lord? And if you would say that we examine** the goat after it is cast from the cliff and do not rely on a majority, **but didn't we learn** in a mishna (*Yoma* 67a): The goat **did not reach halfway** down **the mountain**[H] **until it was torn limb from limb.**

רַב מָרִי אָמַר: אָתְיָא מִמַּכֵּה אָבִיו וְאִמּוֹ, דְּאָמַר רַחֲמָנָא: קַטְלֵיהּ; וְלֵיחוּשׁ דִּלְמָא לָאו אָבִיו הוּא! אֶלָּא לָאו מִשּׁוּם דְּאָמְרִינַן זִיל בָּתַר רוּבָּא, וְרוֹב בְּעִילוֹת אַחַר הַבַּעַל.

Rav Mari said: The fact that one follows a non-quantifiable majority is **derived from** the *halakha* of **one who strikes his father or his mother,**[B] with regard to **whom the Merciful One states: Kill him** (see Exodus 21:15). Rav Mari clarifies: **But let us be concerned** that **perhaps** the man that he struck **is not** actually **his father. Rather, is** the reason we are not concerned for this **not due to** the fact **that we say: Follow the majority, and the majority of** acts of **intercourse** performed by a married woman **are attributable to the husband.**[H]

מִמַּאי? דִּלְמָא כְּגוֹן שֶׁהָיוּ אָבִיו וְאִמּוֹ חֲבוּשִׁים בְּבֵית הָאֲסוּרִין! אֲפִילּוּ הָכִי, אֵין אַפּוֹטְרוֹפּוֹס לַעֲרָיוֹת.

The Gemara asks: **From where** is that conclusion drawn? **Perhaps** the reference is to a case **where** at the time he was conceived **his mother and father were incarcerated** together **in prison.** Therefore, the fact that it was his father that he struck is based on certainty, not a majority. The Gemara answers: **Even so, there is no steward** [*apotropos*][L] **for** restraining **sexual immorality,**[H] and the identity of his father is not based on certainty.

BACKGROUND

One who strikes his father or his mother – מַכֵּה אָבִיו וְאִמּוֹ: It is prohibited by Torah law (Exodus 21:15) for one to strike his father or mother. If one violates this prohibition and draws blood or causes a bruise, he is liable to be executed by strangulation. If he strikes his father or mother and does not draw blood or cause a bruise, he is liable to pay the five types of indemnity for an injury.

רַב כָּהֲנָא אָמַר: אָתְיָא מֵהוֹרֵג אֶת הַנֶּפֶשׁ, דְּאָמַר רַחֲמָנָא: קַטְלֵיהּ; וְלֵיחוּשׁ דִּלְמָא טְרֵפָה הֲוָה! אֶלָּא לָאו מִשּׁוּם דְּאָמְרִינַן זִיל בָּתַר רוּבָּא.

Rav Kahana said: It is **derived from** the *halakha* of **one who kills** another **person,**[H] with regard to **whom the Merciful One states: Kill him** (see Exodus 21:12). Rav Kahana clarifies: **And let us be concerned** that **perhaps** the person that he killed **was a *tereifa*,** one who has a wound or condition that will lead to his death within twelve months. One who kills a *tereifa* is exempt from capital punishment because in that sense, the halakhic status of a *tereifa* is that of a dead person. **Rather, is** the reason we are not concerned for this **not due to** the fact **that we say: Follow the majority** of people, who are not *tereifot*?

וְכִי תֵּימָא דְּבָדְקִינַן לֵיהּ – הָא קָא מִינַּוֵּול. וְכִי תֵּימָא, מִשּׁוּם אִיבּוּד נְשָׁמָה דְּהַאי נִינַוְּולֵיהּ – וְנֵיחוּשׁ שֶׁמָּא בִּמְקוֹם סַיִיף נֶקֶב הֲוָה.

And if you would seek to reject that proof and **say that we examine** the corpse to determine whether he was a *tereifa*, **wouldn't** the corpse be **mutilated** through that examination? **And if you would say** that **due to** concern for the possibility of an unjustified **loss of life of that** murderer, **we will mutilate** the corpse to determine whether the victim was a *tereifa*, it would remain necessary to rely on the majority, as **let us be concerned** that **perhaps there was a perforation in the place** that he stabbed the victim with the **sword.**

רָבִינָא אָמַר: אָתְיָא מֵעֵדִים זוֹמְמִין, דְּאָמַר רַחֲמָנָא: ״וַעֲשִׂיתֶם לוֹ כַּאֲשֶׁר זָמַם״ וגו׳; וְלֵיחוּשׁ דִּלְמָא הָךְ דְּאַסְהִידוּ בֵּיהּ טְרֵפָה הֲוָה! אֶלָּא לָאו מִשּׁוּם דְּאָמְרִינַן זִיל בָּתַר רוּבָּא.

Ravina said: It is **derived from** the *halakha* of **conspiring witnesses,**[B] with regard to **whom the Merciful One states: "And you shall do unto him as he had conspired** to do unto his brother" (Deuteronomy 19:19). If the witnesses testified falsely that a person is guilty of a capital offense, they are liable to receive the death penalty. **And let us be concerned** that **perhaps that** person **against whom they testified was a *tereifa*,** and they should not be executed for conspiring to have a *tereifa* executed. **Rather, is** the reason we are not concerned for this **not due to** the fact **that we say: Follow the majority** of people, who are not *tereifot*?

וְכִי תֵּימָא דְּבָדְקִינַן לֵיהּ – וְהָתַנְיָא, בְּרִבִּי אוֹמֵר: לֹא הָרְגוּ – נֶהֱרָגִין, הָרְגוּ – אֵין נֶהֱרָגִין.

And if you would say in rejection of that proof **that we examine** the corpse of the executed defendant to determine whether he was a *tereifa*, **but isn't it taught** in a *baraita* that **a distinguished Sage** [***beribbi***][L] **says** with regard to witnesses who conspired to have a person killed based on their testimony: If the conspiring witnesses have **not** yet **killed** the accused with their testimony, **they are executed;** but if **they killed** the accused with their testimony, **they are not executed.**[H]

רַב אַשִׁי אָמַר: אָתְיָא מִשְּׁחִיטָה עַצְמָהּ, דְּאָמַר רַחֲמָנָא: שְׁחוֹט וֶאֱכוֹל; וְלֵיחוּשׁ שֶׁמָּא בִּמְקוֹם נֶקֶב קָא שָׁחֵיט! אֶלָּא לָאו מִשּׁוּם דְּאָמְרִינַן זִיל בָּתַר רוּבָּא.

Rav Ashi said: The principle of following a non-quantifiable majority is **derived from** the *halakha* of **slaughter itself,** with regard to **which the Merciful One states: Slaughter** the animal **and eat** it. **And let us be concerned** that **perhaps he is slaughtering** the animal **in the place of** a preexisting **perforation. Rather, is** the reason we are not concerned for this **not due to** the fact **that we say: Follow the majority** of animals that are not *tereifot*?

אֲמַר רַב אַשִׁי: אֲמַרִיתָא לִשְׁמַעְתָּא קַמֵּיהּ דְּרַב כָּהֲנָא, וְאָמְרִי לָהּ רַב כָּהֲנָא קַמֵּיהּ דְּרַב שִׁימִי, וַאֲמַר לֵיהּ: וְדִלְמָא הֵיכָא דְּאֶפְשָׁר אֶפְשָׁר, הֵיכָא דְּלָא אֶפְשָׁר לָא אֶפְשָׁר!

Rav Ashi said: I stated this *halakha* before Rav Kahana, and some say that **Rav Kahana** stated this *halakha* **before Rav Shimi, and** the Sage before whom the *halakha* was stated **said to** the one who stated it: **And perhaps where** it is **possible** to examine the situation it is **possible,** and the majority is not followed; but **where** it is **not possible** to examine the situation it is **not possible,** and the majority is followed.

דְּאִי לָא תֵּימָא הָכִי, לְרַבִּי מֵאִיר דְּחָיֵישׁ לְמִיעוּטָא, הָכִי נַמִי דְּלָא אָכֵיל בִּישְׂרָא?! וְכִי תֵּימָא הָכִי נַמִי,

As if you do not say so, then according **to Rabbi Meir, who** despite the existence of a majority **takes the minority into consideration**[N] and does not follow the majority, is it **indeed** true **that one does not eat meat** due to the concern that there was a perforation in the place that he slaughtered the animal? **And if you would say, indeed,** according to Rabbi Meir it is prohibited to eat meat,

NOTES

Rabbi Meir who takes the minority into consideration – רַבִּי מֵאִיר דְּחָיֵישׁ לְמִיעוּטָא: Rabbi Meir stated his opinion with regard to a minor boy or girl, as he disagrees with the Rabbis and holds that minors may perform *halitza* or enter into levirate marriage only after they reach majority, lest they be found to be people who never develop sexually and the levirate marriage will be a case of one who has intercourse with his brother's wife in a situation where there is no mitzva (*Yevamot* 61b). This is the case with regard to which the Gemara initially asked: From where is this matter that the Sages said: Follow the majority, derived?

HALAKHA

One who kills another person – הוֹרֵג אֶת הַנֶּפֶשׁ: The presumptive status of every person is that his body is intact. Therefore, one who kills another is executed, unless it is determined that the victim was a *tereifa* (Rambam *Sefer Nezikin, Hilkhot Rotze'aḥ UShmirat HaNefesh* 2:8).

If the witnesses have not yet killed they are executed, if they killed they are not executed – לֹא הָרְגוּ נֶהֱרָגִין הָרְגוּ אֵין נֶהֱרָגִין: If the person against whom conspiring witnesses testified was executed by the court on the basis of their testimony, and only later did witnesses come and render them conspiring witnesses, the witnesses are not executed, in accordance with the *baraita* (Rambam *Sefer Shofetim, Hilkhot Edut* 20:2).

BACKGROUND

Conspiring witnesses – עֵדִים זוֹמְמִין: The *halakha* with regard to conspiring witnesses appears in the Torah: "If an unrighteous witness rises up against any man to bear perverted witness against him…And the judges shall inquire diligently; and behold, if the witness is a false witness…then you shall do to him as he conspired to do to his brother" (Deuteronomy 19:16–19). The specifics of this *halakha* are analyzed in great detail in tractate *Makkot*. Not all witnesses whose testimony is disqualified, including proven liars, are considered conspiring witnesses. Witnesses are deemed conspiring witnesses only if a second pair of witnesses testifies that the first pair could not possibly testify to the event in question, as they were with them elsewhere at that time.

The Sadducees understood the verse as saying that a conspiring witness is punished for causing bodily or monetary harm to another, whereas the tradition of the Sages, based on the phrase: "As he conspired to do," is that a witness is punished only if he conspired to bring about a sentence that was not actually carried out. Conspiring witnesses receive the same punishment they planned to impose upon the victim of their false testimony, whether it is corporal or monetary punishment, or even the death penalty.

LANGUAGE

Distinguished Sage [*beribbi*] – בְּרִבִּי: This appellation, *berabbi* or *beribbi*, is a contraction for ben Rabbi. By the time of the tannaitic era, this term was used as an honorific for an important Torah scholar, distinguished in his generation, in the sense of son of the prominent, or son of Sages. This appellation was employed whether the father of the Sage in question was actually prominent or a Sage, e.g., Rabbi Oshaya *berabbi*, who was the son of the Sage Rabbi Ḥama bar Rabbi Bisa, or whether his father was not prominent. When the term *berabbi* appears after the name of one Sage and is followed by the name of another Sage, it usually means: son of that Sage. When it appears after the name of a Sage but is not followed by the name of another Sage it is a reference to his prominence. Occasionally, a Sage is called simply *berabbi*, an honorific title without a name.

HALAKHA

A person who saw one who slaughtered, etc. – ראה אחד ששחט וכו׳: It is permitted to give an animal for slaughter to one who is known to be not well versed in the *halakhot* of slaughter, provided that another supervises the slaughter from start to finish, in accordance with the statement of Rav Naḥman and the conclusion of the Gemara. The Rema writes that there are those who rule stringently and prohibit giving the animal to a person not well versed in the *halakhot ab initio*, based on an inference drawn from the Gemara (3b), and that is the custom (*Shulḥan Arukh, Yoreh De'a* 1:3).

One found a slaughtered chicken – מצא תרנגולת שחוטה: It is permitted *ab initio* to give an animal for slaughter to a person whose expertise in the *halakhot* of slaughter is unknown, and it is permitted to eat from his slaughter, as the majority of those associated with slaughter are experts and have established their ability to slaughter with a steady hand and not to faint. In what case may one rely on that majority? In a case where the one who performed the slaughter is not before us for questioning. But if he is before us, one must examine him to ascertain his degree of expertise, based on the *baraita* with regard to one who finds a chicken (*Be'er HaGola*). The Rema writes: In a situation where it is possible to ascertain the truth, one may not rely on presumptive status and permit him to slaughter *ab initio*, but after the fact is it permitted to eat from his slaughter. Today the custom is that a person may slaughter animals only after receiving authorization from an expert Torah scholar. Once he receives that authorization, one may rely on his slaughter *ab initio*, and there is no need to examine him, whether before or after the slaughter (Rambam *Sefer Kedusha, Hilkhot Sheḥita* 4:7; *Shulḥan Arukh, Yoreh De'a* 1:1).

Where the onlooker knows that the one slaughtering is not knowledgeable – דידע דלא גמיר: If one who is known not to be well versed in the *halakhot* of slaughter slaughters an animal without supervision, his slaughter is not valid (Rambam *Sefer Kedusha, Hilkhot Sheḥita* 4:1; *Shulḥan Arukh, Yoreh De'a* 1:3).

פסח וקדשים מאי איכא למימר? אלא היכא דאפשר אפשר, היכא דלא אפשר לא אפשר; הכא נמי – היכא דאפשר אפשר, היכא דלא אפשר לא אפשר.

then with regard to the **Paschal offering and sacrificial** meat that one is obligated to eat, **what is there to say? Rather,** according to Rabbi Meir, there is no alternative to saying: **Where** it is **possible** to examine the situation it is **possible,** and the majority is not followed; **where** it is **not possible** to examine the situation it is **not possible,** and the majority is followed. If so, **here too,** according to the Rabbis, it cannot be proven from the above sources that one follows a non-quantifiable majority *ab initio*, as perhaps **where** it is **possible** to examine the situation it is **possible,**[N] and **where** it is **not possible** to examine the situation it is **not possible,** and the majority is followed.

אמר רב נחמן אמר רב: ראה אחד ששחט, אם ראהו מתחלה ועד סוף – מותר לאכול משחיטתו, ואם לאו – אסור לאכול משחיטתו.

§ **Rav Naḥman says** that **Rav says:** In the case of a person who **saw one who slaughtered**[H] an animal, **if** the person **saw him** slaughtering continuously **from beginning to end** of the act, he is **permitted to eat from his slaughter, and if not,** he is **prohibited from eating from his slaughter.**

היכי דמי? אי דידע דגמיר – למה לי ראה? ואי דידע דלא גמיר – פשיטא!

The Gemara asks: **What are the circumstances? If** it is a case **where** the onlooker **knows that he is knowledgeable** in the *halakhot* of slaughter, **why do I** require that the onlooker **saw** the slaughter? Even if he did not see him slaughter, the onlooker may rely on his slaughter. **And if** the onlooker **knows that he is not knowledgeable** in the *halakhot* of slaughter, it is **obvious** that only if the person saw him slaughtering from beginning to end he is permitted to eat from his slaughter.

ואלא דלא ידע אי גמיר אי לא גמיר – לימא: רוב מצויין אצל שחיטה מומחין הן!

Rather, perhaps it is a case **where** the onlooker **does not know whether he is knowledgeable** or **whether he is not knowledgeable.** But if that is the case, **let us say: The majority** of those **associated with slaughter are experts** in the *halakhot* of slaughter, and one may rely on his slaughter.

מי לא תניא: הרי שמצא תרנגולת שחוטה בשוק, או שאמר לשלוחו "צא שחוט", והלך ומצא שחוט – חזקתו שחוט;

Isn't it taught in a *baraita*: In a case **where one found a slaughtered chicken**[H] **in the marketplace, or where one said to his agent:**[N] **Go out** and **slaughter** a chicken, **and he went and found** the chicken **slaughtered** and he does not know who slaughtered it, **its presumptive status** is that it was **slaughtered** properly.

אלמא אמרינן: רוב מצויין אצל שחיטה מומחין הן, הכא נמי לימא: רוב מצויין אצל שחיטה מומחין הן!

Apparently, we say: The majority of those **associated with slaughter are experts. Here too,** in a case where it is unknown whether he is knowledgeable, **let us say: The majority** of those **associated with slaughter are experts.**

לעולם דידע דלא גמיר, וכגון דשחט קמן חד סימן שפיר, מהו דתימא: מדהאי שפיר – הך נמי שפיר, קא משמע לן: האי אתרמויי איתרמי ליה, אידך – שמא שהה שמא דרס.

The Gemara answers: **Actually,** the reference is to a case **where** the onlooker **knows that** the one slaughtering **is not knowledgeable**[H] in the *halakhot* of slaughter, **and where he slaughtered one** *siman* **before us properly. Lest you say: From** the fact **that this** *siman* was slaughtered **properly, that** *siman* was **also** slaughtered **properly;** therefore, Rav **teaches us** that this is not so. As, perhaps **this** *siman* **happened** to be slaughtered properly **for him,** but with regard to **the other** *siman*, **perhaps he interrupted** the slaughter or **perhaps he pressed** the knife, invalidating the slaughter.

NOTES

Here too where it is possible it is possible – הכא נמי היכא דאפשר אפשר: Although the Gemara concludes that one cannot prove from the Torah that a non-quantifiable majority should be followed, such a majority is followed in halakhic matters. Rashi suggests two different explanations for this conclusion. One is that the Torah source: "After the majority to incline" (Exodus 23:2), that one follows the majority, applies only with regard to a majority that is before us, e.g., the Sanhedrin and the nine shops. The fact that one follows a majority that is not before us is a *halakha* transmitted to Moses from Sinai. Even though there are Sages, e.g., Rabbi Meir, who take the minority into consideration, perhaps, in their opinion, that is by rabbinic law (see *Tosafot*). Alternatively, Rashi explains that the conclusion is that there is no difference between the different types of majority, and both are derived from the verse "after the majority to incline."

Or where one said to his agent, etc. – או שאמר לשלוחו וכו׳: The language of the *Tosefta* (2:6) is: And likewise in the case of one who gave his chicken to one in the marketplace to slaughter and he does not know his qualifications, one follows the majority. Some commentaries suggest that this is the version that should appear in the Gemara here, as according to that version, there is explicit proof that the majority of those associated with slaughter are experts. Furthermore, if this is the version, it is understandable why, when Rav Dimi asks Rav Naḥman his dilemma, Rav Naḥman does not answer him by citing an explicit *baraita* (*Ḥeshek Shlomo*).

בְּעָא מִינֵּיהּ רַב דִּימִי בַּר יוֹסֵף מֵרַב נַחְמָן: הָאוֹמֵר לִשְׁלוּחוֹ "צֵא וּשְׁחוֹט", וְהָלַךְ וּמָצָא שָׁחוּט, מַהוּ? אָמַר לוֹ: חֶזְקָתוֹ שָׁחוּט. הָאוֹמֵר לִשְׁלוּחוֹ "צֵא וּתְרוֹם", וְהָלַךְ וּמָצָא תָּרוּם, מַאי? אֲמַר לֵיהּ: אֵין חֶזְקָתוֹ תָּרוּם.

Rav Dimi bar Yosef raised a dilemma before Rav Naḥman: With regard to **one who says to his agent: Go out and slaughter**[H] a chicken, **and he went and found** the chicken **slaughtered, what is** the *halakha*? Rav Naḥman **said to him: Its presumptive status** is that it was **slaughtered** properly. And he raised another dilemma: With regard to **one who says to his agent: Go out and separate** ***teruma***[H] for me, **and he went and found** that ***teruma*** **was separated** from his produce, **what is** the *halakha*? Rav Naḥman **said to him: Its presumptive status is not** that ***teruma*** **was separated.**

מַה נַּפְשָׁךְ? אִי חֲזָקָה שָׁלִיחַ עוֹשֶׂה שְׁלִיחוּתוֹ – אֲפִילּוּ תְּרוּמָה נַמִי, וְאִי אֵין חֲזָקָה שָׁלִיחַ עוֹשֶׂה שְׁלִיחוּתוֹ – אֲפִילּוּ שְׁחִיטָה נַמִי לָא!

Rav Dimi bar Yosef challenged: **Whichever way you** look at it, your ruling is problematic. **If** there is **a presumption** that **an agent performs his** assigned **agency,** that should be the case **even** with regard to ***teruma***; **and if** there is **no presumption** that **an agent performs his** assigned **agency,** there should be **no** such presumption **even** with regard to **slaughter.**

אֲמַר לֵיהּ: לְכִי תֵּיכוֹל עֲלַהּ כּוֹרָא דְּמִלְחָא! לְעוֹלָם אֵין חֲזָקָה שָׁלִיחַ עוֹשֶׂה שְׁלִיחוּתוֹ; וּשְׁחִיטָה, אִי נַמִי דִּילְמָא אִינָשׁ אַחֲרִינָא שְׁמַע וַאֲזַל שָׁחַט – רוֹב מְצוּיִין אֵצֶל שְׁחִיטָה מוּמְחִין הֵן; תְּרוּמָה, דִּילְמָא אִינָשׁ אַחֲרִינָא שְׁמַע וַאֲזַל תָּרַם – הֲוָה לֵיהּ תּוֹרֵם שֶׁלֹּא מִדַּעַת, וְהַתּוֹרֵם שֶׁלֹּא מִדַּעַת אֵין תְּרוּמָתוֹ תְּרוּמָה.

Rav Naḥman **said to** Rav Dimi in jest: **After you eat a** ***kor*** **of salt over it,** and analyze the matter at length, you will be able to understand the difference. **Actually,** there is **no presumption** that **an agent performs his** assigned **agency,**[H] **and** in the case of **slaughter, even if perhaps another person heard** him instruct the agent **and** that person **went** and **slaughtered** the chicken, the slaughter would be valid, because **the majority** of those **associated with slaughter are experts.** By contrast, in the case of ***teruma***, **if perhaps another person heard** him instruct the agent **and** then **went** and **separated** his ***teruma***, **he becomes** one who **designates** ***teruma*** **without** the **knowledge** of the owner of the produce; **and** with regard to **one who designates** ***teruma*** **without** the **knowledge** of the owner of the produce, **his** ***teruma*** **is not** ***teruma***.[H]

לֵימָא, רוֹב מְצוּיִין אֵצֶל שְׁחִיטָה מוּמְחִין הֵן תַּנָּאֵי הִיא? דְּתַנְיָא: הֲרֵי שֶׁאָבְדוּ לוֹ גְּדָיָיו וְתַרְנְגוֹלָיו וְהָלַךְ וּמְצָאָן שְׁחוּטִים – רַבִּי יְהוּדָה אוֹסֵר, רַבִּי חֲנִינָא בְּנוֹ שֶׁל רַבִּי יוֹסֵי הַגְּלִילִי מַתִּיר. אָמַר רַבִּי: נִרְאִין דִּבְרֵי רַבִּי יְהוּדָה – שֶׁמְּצָאָן בָּאַשְׁפָּה, וְדִבְרֵי רַבִּי חֲנִינָא בְּנוֹ שֶׁל רַבִּי יוֹסֵי הַגְּלִילִי – שֶׁמְּצָאָן בַּבַּיִת;

The Gemara suggests: **Let us say** that the statement: **The majority** of those **associated with slaughter are experts, is** a dispute between *tanna'im*, **as it is taught** in a *baraita*: In a case **where one's young goats and roosters were lost,**[H] **and** the owner **went and found them slaughtered,**[N] **Rabbi Yehuda deems** the meat **forbidden,** and **Rabbi Ḥanina, son of Rabbi Yosei HaGelili, deems** it **permitted. Rabbi** Yehuda HaNasi **said: The statement of Rabbi Yehuda appears** correct in a case **where** the owner **found** the slaughtered animals **in a scrap heap,** as the concern is that they were thrown away because the slaughter was not valid. **And the statement of Rabbi Ḥanina, son of Rabbi Yosei HaGelili,** appears correct in a case **where he found them in the house.**

NOTES

And found them slaughtered – **וּמְצָאָן שְׁחוּטִים**: Although it is clear that they were slaughtered in a valid manner in the sense that the *simanim* were cut with a knife, there is a concern that the slaughter was invalidated by the fact that the slaughterer interrupted the slaughter or that he pressed the knife rather than moved it back and forth.

In tractate *Bava Metzia* (24b) the Gemara establishes the statement of Rabbi Ḥanina as being a case where there is a Jewish majority in that location, or where there is a gentile majority but most of the slaughterers are Jewish.

HALAKHA

One who says to his agent, go out and slaughter – **הָאוֹמֵר לִשְׁלוּחוֹ צֵא וּשְׁחוֹט**: If one says to his agent: Go out and slaughter this animal, and then he finds his animal slaughtered and does not know whether it was his agent who slaughtered it or someone else, it is permitted to eat that animal, as the majority of people associated with slaughter are experts. The *halakha* is in accordance with the opinion of Rav Naḥman (Rambam *Sefer Kedusha, Hilkhot Sheḥita* 4:7; see *Shulḥan Arukh, Yoreh De'a* 1:1).

One who says to his agent, go out and separate ***teruma*** – **הָאוֹמֵר לִשְׁלוּחוֹ צֵא וּתְרוֹם**: In a case where one says to his agent: Go out and separate *teruma* from this pile of grain, if he does not know whether his agent in fact separated the *teruma*, and he found that *teruma* was separated, there is no presumption that the *teruma* is valid. The concern is that someone else separated the *teruma*, and with regard to one who separates *teruma* without the knowledge of the owner of the grain, his *teruma* is not *teruma*, in accordance with the opinion of Rav Naḥman. The Rema notes that some hold that the presumption is that the *teruma* is valid, although the later authorities expressed puzzlement about this opinion, as the ruling of the Gemara is explicitly contrary to their opinion (Rambam *Sefer Zera'im, Hilkhot Terumot* 4:6; *Shulḥan Arukh, Yoreh De'a* 331:34, and see *Beur HaGra* and *Hiddushei Rabbi Akiva Eiger* there).

There is no presumption that an agent performs his agency – **אֵין חֲזָקָה שָׁלִיחַ עוֹשֶׂה שְׁלִיחוּתוֹ**: If one says to his agent to perform an action for him and does not know whether he complied, then with regard to matters involving a prohibition by Torah law, there is a presumption that the agent performed his agency when it involves a stringency. For example, if he sent the agent to betroth a woman on his behalf, the woman may marry another only after receiving a bill of divorce. But this presumption does not allow one to be lenient. In matters of rabbinic law, one relies on this presumption for matters of both stringency and leniency, in accordance with the statement of Rav Naḥman (*Eiruvin* 32a). Some say that even with regard to matters that are by Torah law one relies on this presumption in matters of leniency if it is a matter with regard to which the agent knows that failure to fulfill his agency will lead to an increased likelihood of transgression. They derive this conclusion from the Gemara (*Eiruvin* 32a), where Rav Sheshet's opinion is explained in that manner, as the *halakha* is ruled in accordance with his opinion in ritual matters (Rambam *Sefer Nashim, Hilkhot Ishut* 9:6 and *Sefer Zera'im, Hilkhot Terumot* 4:6; *Shulḥan Arukh, Oraḥ Ḥayyim* 409:8; *Yoreh De'a* 331:34, and in the comment of Rema; and *Even HaEzer* 35:11, and in the comment of Rema).

One who designates ***teruma*** **without the knowledge of the owner his** ***teruma*** **is not** ***teruma*** – **הַתּוֹרֵם שֶׁלֹּא מִדַּעַת אֵין תְּרוּמָתוֹ תְּרוּמָה**: If one separates *teruma* from produce without the knowledge of the owner of the produce, e.g., if he separated *teruma* without the authorization of the owner, the produce that he separated is not *teruma* unless the owner of the produce indicates that the action is satisfactory to him. This is the *halakha* when one took the *teruma* from produce belonging to that owner. By contrast, if he took *teruma* from his own produce on behalf of the produce of another, the produce that he separated is *teruma*, in accordance with the Gemara in tractate *Nedarim* (36b) and the Jerusalem Talmud (Rambam *Sefer Zera'im, Hilkhot Terumot* 4:2–3 and *Or Same'aḥ* there; *Shulḥan Arukh, Yoreh De'a* 331:30–31).

One's young goats and roosters were lost – **אָבְדוּ לוֹ גְּדָיָיו וְתַרְנְגוֹלָיו**: If one lost his goats or his chickens, and he found them slaughtered properly in a place where there is a Jewish majority, it is permitted to eat the meat of the goats and chickens whether he found them in the marketplace or in a scrap heap in the house. The same ruling applies in a case where the goats or chickens were stolen and the majority of thieves in that location are Jews. The Rambam prohibits eating them if they are found in a scrap heap in the house. If he found them in a scrap heap in a marketplace, it is forbidden to eat the meat of the goats and the chickens, as a person is prone to cast an unslaughtered carcass into the scrap heap. This ruling is in accordance with the opinion of Rabbi Ḥanina, as the *amora'im* acted in accordance with his opinion (*Bava Metzia* 24b) and posed a question based on his opinion (Gra), and is in accordance with Rav Naḥman's explanation of the dispute (Rambam *Sefer Kedusha, Hilkhot Sheḥita* 4:8; *Shulḥan Arukh, Yoreh De'a* 1:4).

NOTES

When they disagree is in a scrap heap that is in the house – כִּי פְּלִיגִי בְּאַשְׁפָּה שֶׁבַּבַּיִת: The same dispute would apply if he found them in a marketplace and not in a scrap heap, as is evident from the Gemara in *Bava Metzia* (24b), where a lenient ruling is given in accordance with the opinion of Rabbi Ḥanina. Apparently then, Rabbi Yehuda disagrees with him in that case as well (*Tosafot*; Rashba; see Rambam).

מַאי לָאו בְּהָא קָמִיפַּלְגִי, דְּמָר סָבַר: אָמְרִינַן רוֹב מְצוּיִין אֵצֶל שְׁחִיטָה מוּמְחִין הֵן, וּמָר סָבַר: לָא אָמְרִינַן רוֹב מְצוּיִין אֵצֶל שְׁחִיטָה מוּמְחִין הֵן?

What, is it not with regard to this matter that **they disagree, that one Sage,** Rabbi Ḥanina, **holds: We say** that **the majority** of those **associated with slaughter are experts, and** one **Sage,** Rabbi Yehuda, **holds: We do not say** that **the majority** of those **associated with slaughter are experts?**

אֲמַר רַב נַחְמָן בַּר יִצְחָק: לָא, דְּכוּלֵּי עָלְמָא רוֹב מְצוּיִין אֵצֶל שְׁחִיטָה מוּמְחִין הֵן. וּבַבַּיִת – דְּכוּלֵּי עָלְמָא לָא פְּלִיגִי דִּשְׁרֵי; בְּאַשְׁפָּה שֶׁבַּשּׁוּק – דְּכוּלֵּי עָלְמָא לָא פְּלִיגִי דְּאָסוּר; כִּי פְּלִיגִי – בְּאַשְׁפָּה שֶׁבַּבַּיִת, מָר סָבַר: אָדָם עָשׂוּי לְהַטִּיל נִבְלָתוֹ בְּאַשְׁפָּה שֶׁבַּבַּיִת, וּמָר סָבַר: אֵין אָדָם עָשׂוּי לְהַטִּיל נִבְלָתוֹ בְּאַשְׁפָּה שֶׁבַּבַּיִת.

Rav Naḥman bar Yitzḥak said: No, the fact is **that everyone agrees** that **the majority** of those **associated with slaughter are experts, and** if he found the slaughtered goats or roosters **in the house, everyone agrees that** it is **permitted** to eat the meat. If he found them **in a scrap heap that** is **in the marketplace, everyone agrees that** it is **prohibited** to eat the meat. **When they disagree** is in a case where he found them **in a scrap heap that** is **in the house.**[N] One **Sage,** Rabbi Yehuda, **holds: A person is prone to cast his unslaughtered** animal **carcass onto a scrap heap that** is **in the house. And** one **Sage,** Rabbi Ḥanina, **holds: A person is not prone to cast his unslaughtered** animal **carcass onto a scrap heap that** is **in the house.**

אָמַר מָר, אָמַר רַבִּי: נִרְאִין דִּבְרֵי רַבִּי יְהוּדָה שֶׁמְּצָאָן בָּאַשְׁפָּה. מַאי אַשְׁפָּה? אִילֵימָא אַשְׁפָּה שֶׁבַּשּׁוּק – הָא אֲמַרְתְּ: דְּכוּלֵּי עָלְמָא לָא פְּלִיגִי דְּאָסוּר! אֶלָּא לָאו פְּשִׁיטָא בְּאַשְׁפָּה שֶׁבַּבַּיִת.

The Master said in the *baraita* that **Rabbi** Yehuda HaNasi **said: The statement of Rabbi Yehuda appears** correct in a case **where he found them in the scrap heap.** The Gemara asks: **What** is the term **scrap heap** referring to in this context? **If we say** the reference is to **a scrap heap in the marketplace, didn't you say that everyone agrees that** it is **prohibited,** and it is not merely the opinion of Rabbi Yehuda? **Rather,** it is **obvious** that he found it **on a scrap heap that** is **in the house,** and it is in that case that Rabbi Yehuda HaNasi rules in accordance with the opinion of Rabbi Yehuda.

אֵימָא סֵיפָא: וְדִבְרֵי רַבִּי חֲנִינָא בְּנוֹ שֶׁל רַבִּי יוֹסֵי הַגְּלִילִי שֶׁמְּצָאָן בַּבַּיִת; מַאי בַּיִת? אִילֵימָא בַּיִת מַמָּשׁ – הָאֲמַרְתְּ: דְּכוּלֵּי עָלְמָא לָא פְּלִיגִי דִּשְׁרֵי! אֶלָּא פְּשִׁיטָא בְּאַשְׁפָּה שֶׁבַּבַּיִת, קַשְׁיָא דְּרַבִּי אַדְּרַבִּי!

Say the latter clause of the statement of Rabbi Yehuda HaNasi: **And the statement of Rabbi Ḥanina, son of Rabbi Yosei HaGelili,** appears correct in a case **where he found them in the house. What** is the word **house** referring to in this context? **If we say** the reference is to **an actual house, didn't you say that everyone agrees that it is permitted? Rather,** it is **obvious** that he found it **on a scrap heap that is in the house.** If so, it is **difficult,** as there is a contradiction between one statement **of Rabbi** Yehuda HaNasi, where he rules in accordance with the opinion of Rabbi Yehuda to prohibit the meat in a case where it is found in a scrap heap in the house, **and** another statement **of Rabbi** Yehuda HaNasi, where he rules in accordance with the opinion of Rabbi Ḥanina, son of Rabbi Yosei HaGelili, to permit the meat in that case.

Perek **I**
Daf **12** Amud **b**

הָכִי קָאָמַר: נִרְאִין דִּבְרֵי רַבִּי יְהוּדָה לְרַבִּי חֲנִינָא בְּנוֹ שֶׁל רַבִּי יוֹסֵי הַגְּלִילִי בְּאַשְׁפָּה שֶׁבַּשּׁוּק, שֶׁאַף רַבִּי חֲנִינָא בְּנוֹ שֶׁל רַבִּי יוֹסֵי הַגְּלִילִי לֹא נֶחְלַק עָלָיו אֶלָּא בְּאַשְׁפָּה שֶׁבַּבַּיִת, אֲבָל בְּאַשְׁפָּה שֶׁבַּשּׁוּק מוֹדֵי לֵיהּ, וְנִרְאִין כּו׳.

The Gemara explains: **This** is what Rabbi Yehuda HaNasi **is saying: The statement of Rabbi Yehuda appears** correct **to Rabbi Ḥanina, son of Rabbi Yosei HaGelili,** in a case where one found them **in a scrap heap that** is **in a marketplace, as Rabbi Ḥanina, son of Rabbi Yosei HaGelili, disagrees with** Rabbi Yehuda **only** in a case where one found them **in a scrap heap that** is **in the house. But** in a case where he found them **in a scrap heap that** is **in a marketplace he concedes to** Rabbi Yehuda. **And** the statement of Rabbi Ḥanina, son of Rabbi Yosei HaGelili, **appears** correct to Rabbi Yehuda in a case where he found them in the house, as he concedes to Rabbi Ḥanina in that case.

"חוּץ מֵחֵרֵשׁ שׁוֹטֶה וְקָטָן, שֶׁמָּא יְקַלְקְלוּ אֶת שְׁחִיטָתָן". "שֶׁמָּא קִלְקְלוּ" לָא קָתָנֵי, אֶלָּא "שֶׁמָּא יְקַלְקְלוּ"; אָמַר רָבָא: זֹאת אוֹמֶרֶת אֵין מוֹסְרִין לָהֶן חוּלִּין לְכַתְּחִלָּה.

§ The mishna stated: Everyone slaughters an animal, i.e., can perform halakhically valid slaughter, and their slaughter is valid, **except for a deaf-mute, an imbecile, and a minor, lest they ruin their slaughter.** The Gemara infers: The *tanna* **does not teach:** Due to the concern **that they ruined** their slaughter,[N] in the past tense; **rather,** he teaches: **Lest they ruin** their slaughter, in the future. **Rava says: That is to say** that **one does not give them non-sacred** animals for slaughter ***ab initio*,**[HN] even with the supervision of others.

"וְכוּלָּן שֶׁשָּׁחֲטוּ וַאֲחֵרִים רוֹאִים אוֹתָם – שְׁחִיטָתָן כְּשֵׁרָה". מַאן תַּנָּא דְּלָא בָּעֵינַן כַּוָּונָה לִשְׁחִיטָה?

The mishna continues: **And** for **all of them, when they slaughtered** an animal **and others see** and supervise **them, their slaughter is valid,** including even a deaf-mute, an imbecile, and a minor, who lack competence and whose intent is not halakhically effective. The Gemara asks: **Who is the** *tanna* who **taught that we do not require intent for slaughter?**[H]

אָמַר רָבָא: רַבִּי נָתָן הִיא, דְּתָנֵי אוֹשַׁעְיָא זְעֵירָא דְּמִן חַבְרַיָּא: זָרַק סַכִּין לְנוֹעֲצָהּ בַּכּוֹתֶל, וְהָלְכָה וְשָׁחֲטָה כְּדַרְכָּהּ – רַבִּי נָתָן מַכְשִׁיר, וַחֲכָמִים פּוֹסְלִין. הוּא תָּנֵי לַהּ, וְהוּא אָמַר לַהּ: הֲלָכָה כְּרַבִּי נָתָן.

Rava said: It is **Rabbi Natan,** as **Oshaya, the youngest of the company**[P] of Sages, **taught** a *baraita*, stating: If **one threw a knife to embed it in the wall,**[HN] **and** in the course of its flight the knife **went and slaughtered** an animal **in its** proper **manner, Rabbi Natan deems** the slaughter **valid, and the Rabbis deem** the slaughter **not valid.** Oshaya **teaches** the *baraita* **and he states about it: The** ***halakha*** **is in accordance with** the opinion of **Rabbi Natan** that there is no need for intent to perform a valid act of slaughter.

וְהָא בָּעֵינַן מוֹלִיךְ וּמֵבִיא! שֶׁהָלְכָה וּבָאָה כְּדַרְכָּהּ.

The Gemara asks: How could the slaughter in the *baraita* be valid? **But don't we require** that the slaughterer **move** the knife **back and forth**[H] on the throat of the animal? When one throws a knife, it goes in one direction and does not return. The Gemara answers: The case in the *baraita* is one **where the knife went** and cut the animal's throat, caromed off the wall **and came** back to cut the throat again **in its** proper **manner.**[N]

אָמַר רַבִּי חִיָּיא בַּר אַבָּא, בָּעֵי רַבִּי יוֹחָנָן: קָטָן יֵשׁ לוֹ מַחְשָׁבָה אוֹ אֵין לוֹ מַחְשָׁבָה?

§ **Rabbi Ḥiyya bar Abba says** that **Rabbi Yoḥanan raises a dilemma:** In matters that require thought and intent, **does a minor have** halakhically effective **thought, or does he not have** halakhically effective **thought?**

NOTES

The *tanna* does not teach: Due to the concern that they ruined their slaughter – שֶׁמָּא קִלְקְלוּ לָא קָתָנֵי: Although the Gemara later teaches that if others supervise them their slaughter is valid after the fact, one does not allow them to slaughter *ab initio* (Rashi). Rabbeinu Tam explains that the reference here is to a case where others do not supervise them, and the *tanna* teaches that one may not allow them to slaughter at all, even to apprentice and afterward throw the animal to the dogs, lest people think that their slaughter is valid (*Tosafot* on 2a).

One does not give them non-sacred animals for slaughter *ab initio* – אֵין מוֹסְרִין לָהֶן חוּלִּין לְכַתְּחִלָּה: One may not give them even non-sacred animals, whose slaughter, unlike that of sacrificial animals (see 13a), does not require intent, lest they ruin their slaughter. Rabbeinu Gershom Meor HaGola explains that the discussion here is with regard to impurity: A *ḥaver*, who is meticulous in avoiding impurity, should not give them non-sacred food lest they render it impure before returning it to him.

If one threw a knife to embed it in the wall – זָרַק סַכִּין לְנוֹעֲצָהּ בַּכּוֹתֶל: According to Rabbi Natan, one does not even require intent to cut. Nevertheless, even according to Rabbi Natan, if the knife fell and cut the *simanim* of the animal, the slaughter is not valid, as the slaughter must be generated by a person, as the Sages inferred from the verse: "And you shall slaughter…and you shall eat" (Deuteronomy 27:7); only that which you slaughter shall you eat (31a).

With regard to the opinion of the Rabbis, who disagree with Rabbi Natan, the Ramban writes that as long as one's intent is to cut, the Rabbis concede that the slaughter was valid. *Tosafot* disagree and hold that mere intent to cut is not sufficient, and according to the Rashba, even intent to cut meat is insufficient. Rather, one must have intent to cut the windpipe and the gullet. Actual intent to slaughter the animal is necessary only for sacrificial animals.

But don't we require that the slaughterer move the knife back and forth, where the knife went and came back in its proper manner – וְהָא בָּעֵינַן מוֹלִיךְ וּמֵבִיא שֶׁהָלְכָה וּבָאָה כְּדַרְכָּהּ: Many commentaries explain that the requirement is not that one must draw the knife back and forth. Rather, it means that the slaughter must be performed by drawing the knife over the neck from one side to the other, as opposed to pressing the knife. According to this understanding, the question in the Gemara is: When he throws the knife, and it enters the animal's neck from the force of the throw and the weight of the knife, that is pressing, which invalidates the slaughter. The Gemara answers: The reference is to a case where the knife cut the neck in its flight in the standard manner of cutting from one side of the neck to the other (*Heshek Shlomo*; Meiri; *Shita Mekubbetzet*; *Or Same'ah*, citing Rambam; see Rabbeinu Gershom Meor HaGola).

HALAKHA

That is to say that one does not give them non-sacred animals for slaughter *ab initio* – זֹאת אוֹמֶרֶת אֵין מוֹסְרִין לָהֶן חוּלִּין לְכַתְּחִלָּה: One may not give an animal to a deaf-mute, an imbecile, and a minor for slaughter *ab initio*, even if others are supervising, lest they ruin the slaughter. When others are not supervising, one may not give them an animal to slaughter even if the intent is to feed the flesh to the dogs, in accordance with the explanation of Rabbeinu Tam. If the minor has a steady hand, and there is adult supervision, it is permitted for him to slaughter *ab initio*, and it is permitted to eat from his slaughter (*Sukka* 32b), although some say that he must also be well versed in the *halakhot* of slaughter (Rambam *Sefer Kedusha, Hilkhot Sheḥita* 4:5; *Shulḥan Arukh, Yoreh De'a* 1:5; Maharshal; *Baḥ*).

That we do not require intent for slaughter – דְּלָא בָּעֵינַן כַּוָּונָה לִשְׁחִיטָה: Slaughter of a non-sacred animal does not require intent. Therefore, if a deaf-mute, an imbecile, a minor, one who is drunk, one who is confused, or one who is possessed by a demon performed slaughter, and others saw that the slaughter was executed properly, the slaughter is valid, in accordance with the inference drawn from the mishna and the opinion of Rabbi Natan. If a knife fell on its own and cut the *simanim*, the slaughter is not valid, as the slaughter must be generated by a person, based on the Gemara (31a) and the mishna (Rambam *Sefer Kedusha, Hilkhot Sheḥita* 2:11–12; *Shulḥan Arukh, Yoreh De'a* 3:1).

If one threw a knife to embed it in the wall – זָרַק סַכִּין לְנוֹעֲצָהּ בַּכּוֹתֶל: If one threw a knife to embed it in the wall and it slaughtered an animal in its flight, then since the slaughter was performed properly and was generated by a person, the slaughter is valid, in accordance with the opinion of Rabbi Natan (Rambam *Sefer Kedusha, Hilkhot Sheḥita* 2:11–12; *Shulḥan Arukh, Yoreh De'a* 3:1).

But don't we require that the slaughterer move the knife back and forth – וְהָא בָּעֵינַן מוֹלִיךְ וּמֵבִיא: One is required to slaughter by drawing the knife over the neck of the animal back and forth. In a case where one slaughtered by drawing the knife in one direction, if the knife is twice as long as the neck, his slaughter is valid, in accordance with the mishna on 30b (Rambam *Sefer Kedusha, Hilkhot Sheḥita* 2:7, 9; *Shulḥan Arukh, Yoreh De'a* 24:2).

PERSONALITIES

Oshaya the youngest [*ze'eira*] of the company [*ḥavraya*] – אוֹשַׁעְיָא זְעֵירָא דְּמִן חַבְרַיָּא: The identity of this Sage, who is mentioned a few times in the Talmud, is not clear. Some identify him as Rav Oshaya, the third-generation *amora* who ascended from Babylonia to Eretz Yisrael with his brother Rabbi Ḥanina and studied Torah with Rabbi Yoḥanan.

Elsewhere, it is related that he would lecture and admonish the multitudes, and his words were well received, as they understood that his actions were for the sake of God. This may be the source of his appellation, *ze'eira*, meaning small, because he would diminish his importance. It is possible that he initiated the appellation as a manifestation of his humble nature. Others suggest that the reference is to Rabbi Hoshaya of Teraya (Jerusalem Talmud, *Bava Kamma* 10:10), a fourth-generation *amora* in Eretz Yisrael. Some explain *ze'eira* to mean that he was short, while others say that the appellation was due to the fact that there was an older Sage named Oshaya. Rashi (31a) cites an explanation that Oshaya Ze'eira was simply his name.

The commentaries differ with regard to the meaning of the term *ḥavraya*. Rashi, based on the Jerusalem Talmud (*Sanhedrin* 1:2), explains that he was the youngest of the company [*ḥavraya*] in the yeshiva. *Tosafot* explain that *ḥavraya* is the name of a place mentioned in the Midrash, whose location is unknown.

אֲמַר לֵיהּ רַבִּי אַמִי: וְתִיבָּעֵי לֵיהּ מַעֲשֶׂה! מַאי שְׁנָא מַעֲשֶׂה דְּלָא קָא מִבַּעְיָא לֵיהּ – דִּתְנַן: יֵשׁ לָהֶן מַעֲשֶׂה, מַחֲשָׁבָה נַמִי לָא תִּיבָּעֵי לֵיהּ – דִּתְנַן: אֵין לָהֶן מַחֲשָׁבָה.

Rabbi Ami said to Rabbi Ḥiyya bar Abba: **And let** Rabbi Yoḥanan **raise this dilemma** with regard to the **action** of a minor, whether the action of a minor that indicates intent is effective. **What is different** about the **action** of a minor **that** Rabbi Yoḥanan **does not raise a dilemma?** Is it due to the fact **that we learned** in a mishna (*Kelim* 17:15): A deaf-mute, an imbecile, and a minor **have** the capacity to perform **an action** that is halakhically effective? With regard to **thought as well let him not raise this dilemma, as we learned** in the same mishna: **They do not have** the capacity for halakhically effective **thought.**[H]

דִּתְנַן: הָאַלּוֹן וְהָרִמּוֹן וְהָאֱגוֹז שֶׁחֲקָקוּם תִּינוֹקוֹת לָמוֹד בָּהֶן עָפָר, אוֹ שֶׁהִתְקִינוּם לְכַף מֹאזְנַיִם – טְמֵאִין, מִפְּנֵי שֶׁיֵּשׁ לָהֶן מַעֲשֶׂה

As we learned in that mishna: With regard to **an acorn,**[B] **a pomegranate,**[N] **or a nut,**[B] **which minors hollowed**[H] in order **to measure dirt with them or that they affixed to a scale,** the halakhic status of those shells is that of vessels, and they are **susceptible to ritual impurity.** By contrast, if the minors merely thought to use the shells for measuring or weighing, unlike adults, they do not thereby render those shells into vessels. The reason for this distinction is **due to** the fact **that they have** the capacity to perform **an action,**

HALAKHA

They do not have the capacity for effective thought – אֵין לָהֶן מַחֲשָׁבָה: A minor may not slaughter sacrificial animals even with adult supervision, as sacrificial animals require intent and a minor is halakhically incapable of intent, in accordance with the statement of Rabbi Ami (Rambam *Sefer Avoda, Hilkhot Pesulei HaMukdashin* 1:6 and *Kesef Mishne* there).

An acorn, a pomegranate, or a nut which minors hollowed – הָאַלּוֹן וְהָרִמּוֹן וְהָאֱגוֹז שֶׁחֲקָקוּם תִּינוֹקוֹת: With regard to items that assume the halakhic status of a vessel based on the intent of the user, e.g., a ring used for an animal that one intended to use for a person, if it was a minor who had that intent, the item in question does not become ritually impure. Nevertheless, an acorn, a pomegranate, or a nut that minors hollowed in order to measure dust or to affix onto a scale may become ritually impure. This is because in accordance with the mishna in *Kelim* (17:15), although a deaf-mute, an imbecile, and a minor do not have the capacity for effective thought, they have the capacity to perform an action (Rambam *Sefer Tahara, Hilkhot Kelim* 2:1, 8:10–11, 25:11).

NOTES

What is different about the action of a minor that Rabbi Yoḥanan does not raise a dilemma…an acorn or a pomegranate – מַאי שְׁנָא מַעֲשֶׂה דְּלָא קָא מִבַּעְיָא לֵיהּ...הָאַלּוֹן וְהָרִמּוֹן: The reference is not to a mere action; rather, the reference is to a case like the one here, where intent is required and the action indicates the underlying intent. According to the mishna cited here, the action is effective even if it was performed by a minor.

BACKGROUND

Acorn [*alon*] **– אַלּוֹן:** The oak, genus *Quercus*, which was ubiquitous in Eretz Yisrael until modern times is a large, sturdy tree with wide, knotted branches, with a unique fruit, the acorn, which consists of an elongated nut-like fruit that sits in a cupule that is referred to here as *alon*.

There are three types of oak trees in Eretz Yisrael: The Aleppo oak, *Quercus infectoria*, whose gall is used to process hides and as an additive to ink; the Valonia oak, *Quercus ithaburensis*, on which the insect from which scarlet dye is produced grows, and the Palestine oak, *Quercus calliprinos*, which, as opposed to the first two, is an evergreen tree.

Acorns from the Valonia oak

Acorns from the Aleppo oak

Acorns from the Palestine oak

Nut – אֱגוֹז: The reference here is to the fruit of the walnut tree, *Juglans regia*, a tree that is mentioned only once in the Bible (Song of Songs 6:11), but which appears often in rabbinic literature. The tree grows high and branched. Its fruit, which was popular with children, is used in producing oil, and its green husk is used for dyeing. The shell of the walnut can be used as a small receptacle for measurement or as a small oil lamp.

Walnuts

Open walnut shell, usable as a small tool, and kernel

וְאֵין לָהֶן מַחֲשָׁבָה!

but they do not have the capacity to effect a halakhic status by means of **thought.**

אֲמַר לֵיהּ: מַחְשָׁבָה גְּרֵידְתָּא לָא קָא מִיבַּעְיָא לֵיהּ; כִּי קָא מִיבַּעְיָא לֵיהּ – מַחֲשַׁבְתּוֹ נִיכֶּרֶת מִתּוֹךְ מַעֲשָׂיו,

Rabbi Ḥiyya bar Abba **said to** Rabbi Ami: With regard to a case of effecting a halakhic status by means of **thought alone,** Rabbi Yoḥanan **does not raise a dilemma. When he raises a dilemma,** it is with regard to a case where **his thought is discernible from his actions.**[N]

כְּגוֹן דַּהֲוָה קַיְימָא עוֹלָה בַּדָּרוֹם וְאַתְיוּהָ בַּצָּפוֹן וּשְׁחָטָהּ, מַאי? מִדְּאַתְיַיא בַּצָּפוֹן וְשָׁחַט – אִיכַּוֵּין לַהּ, אוֹ דִּילְמָא מָקוֹם הוּא דְּלָא אִיתְרְמִי לֵיהּ.

For example, in a case **where** an animal that is brought as **a burnt offering was standing in the south** of the Temple courtyard **and** a minor **took it to the north** of the courtyard, the designated place for its slaughter, **and slaughtered it**[H] there, **what** is the *halakha*? Can one conclude **from** the fact **that he took it to the north and slaughtered** it there that **he had** the **intent to** slaughter the animal for the sake of a burnt offering; **or perhaps** he moved the animal to the north because **a place did not happen** to be available **for him** in the south?

הָא נַמִי אֲמַרָהּ רַבִּי יוֹחָנָן חֲדָא זִימְנָא! דִּתְנַן: הַמַּעֲלֶה פֵּירוֹתָיו לַגַּג מִפְּנֵי הַכְּנִימָה וְיָרַד עֲלֵיהֶם טַל – אֵינָן בְּ״כִי יוּתַּן״, וְאִם נִתְכַּוֵּין לְכָךְ – הֲרֵי הֵן בְּ״כִי יוּתַּן״;

Rabbi Ami asked: But with regard to **this** matter, **too, Rabbi Yoḥanan** already **said** a conclusive resolution **one time, as we learned** in a mishna (*Makhshirin* 6:1): In the case of **one who takes his produce**[H] **up to the roof** to protect it **from insects,**[B] **and dew fell upon it,** the produce **is not in** the category of the verse: "But **when** water **is placed** upon the seed" (Leviticus 11:38), from which it is derived that produce becomes susceptible to ritual impurity[B] only if it is dampened by one of seven liquids and its owner was agreeable to its dampening. **And if** after taking the produce up to the roof **he intended** that the produce would be dampened by dew, the produce **is in** the category of the verse "But **when** water **is placed** upon the seed."

הָעֱלוּם חֵרֵשׁ שׁוֹטֶה וְקָטָן, אַף עַל פִּי שֶׁנִּתְכַּוְּונוּ לְכָךְ – אֵינָן בְּ״כִי יוּתַּן״, מִפְּנֵי שֶׁיֵּשׁ לָהֶן מַעֲשֶׂה וְאֵין לָהֶן מַחֲשָׁבָה;

That mishna continues: In a case where **a deaf-mute, an imbecile, or a minor took** the produce **up** to the roof, **even if they intended** that the produce would be dampened by dew, the produce **is not in** the category of the verse "But **when** water **is placed** upon the seed" **due** to the fact **that they have** the capacity to perform **an action but they do not have** the capacity for halakhically effective **thought.**

וְאָמַר רַבִּי יוֹחָנָן: לֹא שָׁנוּ אֶלָּא שֶׁלֹּא הִיפֵּךְ בָּהֶן, אֲבָל הִיפֵּךְ בָּהֶן – הֲרֵי זֶה בְּ״כִי יוּתַּן״!

And Rabbi Yoḥanan says: The *tanna* **taught** this *halakha* **only** in a case **where** the minor **did not turn them over. But if he turned them over,** indicating that he wants them to be dampened by the dew, the produce **is in** the category of the verse "But **when** water **is placed**[N] upon the seed." Evidently, Rabbi Yoḥanan rules that when the intention of a minor is apparent from his actions, it is halakhically effective.

הָכִי קָא מִיבַּעְיָא לֵיהּ: דְּאוֹרַיְיתָא אוֹ דְּרַבָּנַן?

Rabbi Ḥiyya bar Abba said to Rabbi Ami that **this is the dilemma** that Rabbi Yoḥanan **raises:** In a case where the intent of a minor is clear from his actions, is the fact that his thought is effective **by Torah law or by rabbinic law?**[N] That is one version of the exchange between Rabbi Ḥiyya bar Abba and Rabbi Ami.

BACKGROUND

Insects – כְּנִימָה: In rabbinic Hebrew, this term refers to insects in general. In modern Hebrew, the term is employed in reference to aphids. The reference here is to insects that infest fruits. Apples, pears, and crab apples are infested with the caterpillars of the codling moth, *Cydia pomonella*, and plums and peaches are infested with the caterpillars of the peach twig borer, *Anarsia lineatella*.

When one spreads the fruits in the sun, the caterpillars leave the fruit. If one is careful, he can prevent them from moving to other fruits and exterminate them. This explains why the fruit was taken specifically up to the roof.

Susceptibility to ritual impurity – הֶכְשֵׁר: In order for agricultural produce to become susceptible to ritual impurity, it must be detached from the earth and then come into contact with water or certain other liquids. The phrase "when water is placed upon the seed" indicates that the owner of the produce must be agreeable to the fact that the produce was dampened. If the owner was not agreeable, the produce is not rendered susceptible to ritual impurity. The Talmud contains numerous discussions about specific instances in which it is unclear whether the owner is agreeable to the dampening of the produce.

NOTES

When he raises a dilemma it is with regard to a case where his thought is discernible from his actions – כִּי קָא מִיבַּעְיָא לֵיהּ מַחֲשַׁבְתּוֹ נִיכֶּרֶת מִתּוֹךְ מַעֲשָׂיו: According to Rashi, the reference is to the intent of a minor that is not stated verbally. Rather, the intent is clear from his actions, e.g., one who moves the burnt offering from the south to the north of the courtyard. According to this opinion, were the minor to explicitly declare that he is slaughtering the animal as a burnt offering, his slaughter would be valid (see 12b).

According to *Tosafot* there is no significance to such a statement of the minor. Instead, *Tosafot* interpret the case of: His thought is discernible from his actions, as referring to an action that seems to indicate his intent although it is not absolutely clear. Therefore, the question is whether that action is effective in conveying his intent. According to that opinion, the example cited in the Gemara is appropriate, as perhaps the action could be interpreted differently.

If he turned them over it is in the category of the verse: But when water is placed – הִיפֵּךְ בָּהֶן הֲרֵי זֶה בְּכִי יוּתַּן: This is an action from which the intent is obvious (Rashi). According to *Tosafot* (12b), his intent is not unequivocal, as perhaps in overturning the produce his intent was to rid the produce of insects by enabling them to emerge from the other side. In the Jerusalem Talmud (*Terumot* 1:1) Rav Huna says that the action in question is rubbing the produce with water (see *Tosafot* on 12b and *Shita Mekubbetzet*).

By Torah law or by rabbinic law – דְּאוֹרַיְיתָא אוֹ דְּרַבָּנַן: If it is by Torah law, then one may rely on the action as an indication of intent even to be lenient, e.g., to deem valid the slaughter of a minor who took his burnt offering to the north of the courtyard. If it is by rabbinic law, one views the action as an indication of intent only to be stringent, e.g., to deem produce that a minor took up to the roof and turned them over as susceptible to ritual impurity, but not to be lenient (Rashi).

HALAKHA

A burnt offering was standing in the south and a minor took it to the north of the courtyard and slaughtered it – קַיְימָא עוֹלָה בַּדָּרוֹם וְאַתְיוּהָ בַּצָּפוֹן וּשְׁחָטָהּ: Even if the intent of a minor was obvious from his actions, it is not effective. How so? If the animal designated for a burnt offering was standing in the southern part of the courtyard, and the minor moved the animal to the northern part of the courtyard and slaughtered it, then although it is clear from his actions that he intended to slaughter a consecrated animal, the slaughter is not valid. Nevertheless, one views the action as an indication of intent to the degree that one must be stringent (Rambam *Sefer Avoda*, *Hilkhot Pesulei HaMukdashin* 1:6 and *Kesef Mishne* there).

One who takes his produce – הַמַּעֲלֶה פֵּירוֹתָיו: If one takes produce up to the roof to prevent infestation and dew falls upon it, the produce is not rendered susceptible to impurity. If his intent was that dew would fall upon it, the produce is rendered susceptible to impurity. If a deaf-mute, an imbecile, or a minor took them up to the roof, then even if his intent was that dew fall upon them, the produce is not susceptible to impurity, as they do not have the capacity of effecting a change in halakhic status by means of thought. If the minor turned the produce over so that dew would fall upon both sides of it, the produce is rendered susceptible to impurity, as his intent is effective in cases where his intent is clear from his actions (Rambam *Sefer Tahara*, *Hilkhot Tumat Okhalin* 14:2).

רַב נַחְמָן בַּר יִצְחָק מַתְנֵי הָכִי: אָמַר רַבִּי חִיָּיא בַּר אַבָּא, בָּעֵי רַבִּי יוֹחָנָן: קָטָן יֵשׁ לוֹ מַעֲשֶׂה אוֹ אֵין לוֹ מַעֲשֶׂה?

Rav Naḥman bar Yitzḥak teaches their exchange in **this** manner. **Rabbi Ḥiyya bar Abba says** that **Rabbi Yoḥanan raises a dilemma:** With regard to **a minor, does he have** the capacity to perform **an action** that is halakhically effective **or does he not have** the capacity to perform such **an action?**

אֲמַר לֵיהּ רַבִּי אַמִּי: וְתִיבָּעֵי לֵיהּ מַחֲשָׁבָה! מַאי שְׁנָא מַחֲשָׁבָה דְּלָא קָא מִיבַּעְיָא לֵיהּ – דִּתְנַן: אֵין לָהֶן מַחֲשָׁבָה; מַעֲשֶׂה נַמִי לָא תִּיבָּעֵי לֵיהּ – דִּתְנַן: יֵשׁ לָהֶן מַעֲשֶׂה!

Rabbi Ami said to Rabbi Ḥiyya bar Abba: **And let** Rabbi Yoḥanan **raise this dilemma** with regard to the **thought** of a minor. **What is different** about the **thought** of a minor **that** Rabbi Yoḥanan **does not raise a dilemma?** Is it due to the fact **that we learned** in a mishna (*Kelim* 17:15): A deaf-mute, an imbecile, and a minor **do not have** the capacity for effective **thought?** With regard to **action as well let him not raise this dilemma, as we learned** in the same mishna: **They have** the capacity to perform **an action.**

הָכִי קָא מִיבַּעְיָא לֵיהּ: דְּאוֹרַיְיתָא אוֹ דְּרַבָּנַן? וּפָשֵׁיט: יֵשׁ לָהֶן מַעֲשֶׂה – וַאֲפִילּוּ מִדְּאוֹרַיְיתָא, אֵין לָהֶן מַחֲשָׁבָה – וַאֲפִילּוּ מִדְּרַבָּנַן, מַחֲשַׁבְתּוֹ נִיכֶּרֶת מִתּוֹךְ מַעֲשָׂיו – מִדְּאוֹרַיְיתָא אֵין לוֹ, מִדְּרַבָּנַן יֵשׁ לוֹ.

Rabbi Ḥiyya bar Abba said to Rabbi Ami that **this** is **the dilemma** that Rabbi Yoḥanan **raises:** Is the fact that their actions are effective and their thought is ineffective **by Torah law,** and a minor's action would consequently be effective even with regard to the sacrifice of a burnt offering, **or** is this fact **by rabbinic law** and it is merely a stringency? **And** Rabbi Yoḥanan **resolves** the dilemma: **They have** the capacity to perform **an action and** it is effective, **even by Torah law.** But **they do not have** the capacity for effective **thought, even by rabbinic law.** Nevertheless, in a case where **his thought is apparent from his actions, by Torah law he does not have** effective thought, and **by rabbinic law he has** effective thought.

בָּעָא מִינֵּיהּ שְׁמוּאֵל מֵרַב הוּנָא: מִנַּיִן לַמִּתְעַסֵּק בְּקָדָשִׁים שֶׁהוּא פָּסוּל? שֶׁנֶּאֱמַר: "וְשָׁחַט אֶת בֶּן הַבָּקָר" – שֶׁתְּהֵא שְׁחִיטָה לְשֵׁם בֶּן בָּקָר. אֲמַר לוֹ: זוֹ בְּיָדֵינוּ הִיא, לְעַכֵּב מִנַּיִן? תַּלְמוּד לוֹמַר: "לִרְצוֹנְכֶם תִּזְבָּחֻהוּ", לְדַעְתְּכֶם זְבוֹחוּ.

§ **Shmuel asked Rav Huna:**[N] **From where** is it derived with regard **to one who acts unawares in** the slaughter of **sacrificial** animals,[NH] i.e., he slaughtered without intending to perform the act of slaughter at all, **that** the offering **is disqualified?** Rav Huna said to him that it is derived from a verse, **as it is stated: "And he shall slaughter the young bull"** (Leviticus 1:5), indicating **that the slaughter must be for the sake of a young bull,** i.e., knowing that he is performing an act of slaughter. Shmuel **said to him:** we received **this** as an established *halakha* already **that** one must have intent to slaughter the animal *ab initio*. But **from where** is it derived that intent to slaughter is **indispensable**[B] even after the fact? It is derived from a verse, as **the verse states: "You shall slaughter it to your will"** (Leviticus 19:5), indicating: **Slaughter** the animal **with your intent,** i.e., in the form of a purposeful action.

מתני׳ שְׁחִיטַת נָכְרִי נְבֵלָה, וּמְטַמְּאָה בְּמַשָּׂא.

MISHNA **Slaughter** performed by **a gentile**[H] renders the animal **an unslaughtered carcass,**[N] **and** the carcass **imparts ritual impurity through carrying.**

גמ׳ נְבֵלָה – אִין, אִיסּוּר הֲנָאָה – לָא, מַאן תַּנָּא? אֲמַר רַבִּי חִיָּיא בְּרַבִּי אַבָּא אֲמַר רַבִּי יוֹחָנָן: דְּלָא כְּרַבִּי אֱלִיעֶזֶר, דְּאִי רַבִּי אֱלִיעֶזֶר – הָאָמַר: סְתָם מַחֲשֶׁבֶת נָכְרִי לַעֲבוֹדָה זָרָה.

GEMARA The slaughter renders the animal **an unslaughtered carcass, yes; an item from which** deriving **benefit is prohibited, no. Who** is the *tanna* who **taught** the mishna? **Rabbi Ḥiyya, son of Rabbi Abba, said** that **Rabbi Yoḥanan said: It is not in accordance with** the opinion **of Rabbi Eliezer, as, if** it were in accordance with the opinion of **Rabbi Eliezer, doesn't he say: The unspecified thought of a gentile is for idol worship.**

NOTES

Shmuel asked Rav Huna – בָּעָא מִינֵּיהּ שְׁמוּאֵל מֵרַב הוּנָא: Although from this passage it appears that Shmuel was a less significant Torah scholar than Rav Huna, *Tosafot* note that many other sources indicate that Rav Huna was a student of Shmuel. *Tosafot* suggest that the Rav Huna mentioned here is not the well-known Rav Huna who was a disciple of Rav; rather, it is another Rav Huna. Similarly, *Tosafot* suggest elsewhere (*Moed Katan* 25a) that there was a Rav Huna in the generation preceding Shmuel. Other commentaries suggest that it is conceivable that a teacher would ask his student a halakhic question, if for no other reason than to test him (Ya'avetz).

One who acts unawares in the slaughter of sacrificial animals – מִתְעַסֵּק בְּקָדָשִׁים: Rashi suggests as an example that one intended to lift the knife and in doing so slaughtered an animal. If so, Shmuel's question is only according to the opinion of Rabbi Natan, in accordance with whose opinion the Gemara established the mishna (12b), that the slaughter of non-sacred animals does not require intent. That is why the question was asked with regard to sacrificial animals. By contrast, according to the opinion of the Rabbis that even the slaughter of non-sacred animals requires intent, even in the case of non-sacred animals his slaughter is not valid.

Alternatively, *Tosafot* explain that the question is even according to the opinion of the Rabbis, in a case where one intended to cut the *simanim*, which is valid for non-sacred animals, but did not intend to slaughter the animal for the sake of a mitzva. *Tosafot* add that there is another case of acting unawares with regard to sacrificial animals and that is one who slaughters a sacrificial animal thinking that it is a non-sacred animal (see *Zevaḥim* 46b and *Shita Mekubbetzet*).

Slaughter performed by a gentile renders the animal an unslaughtered carcass – שְׁחִיטַת נָכְרִי נְבֵלָה: This is due to the fact that his slaughter is not valid, even if it was performed properly and others oversaw the slaughter, and with regard to every animal that dies in any manner other than valid slaughter, the animal is an unslaughtered carcass that imparts impurity through contact and through carrying. The source of the *halakha* that slaughter performed by a gentile is not valid is cited in the *Tosefta* (1:1) from the verse: "And you shall slaughter" (Deuteronomy 12:21), indicating that you shall slaughter but not a gentile. Alternatively, *Tosafot* (3b) suggest that the source is from the verse: "And you shall slaughter…and you shall eat" (Deuteronomy 27:7), indicating that you may eat from the slaughter of one who is commanded in the *halakhot* of slaughter. From the ruling of the Rambam it appears that by Torah law only what is slaughtered by an idolater is forbidden, based on the verse: "And slaughter to their gods, and they call you, and you eat of their slaughter" (Exodus 34:15), while that which is slaughtered by a gentile who is not an idolater is forbidden by rabbinic law (*Kesef Mishne*; *Leḥem Mishne*; *Tevuot Shor*). Others explain that according to the Rambam animals slaughtered by any gentile are forbidden by Torah law, but the slaughtered animal does not transmit impurity like an unslaughtered carcass. Rather, its halakhic status is that of a *tereifa* that was slaughtered; although it is prohibited to eat it, it does not transmit impurity by Torah law (*Shakh*; Rabbi Akiva Eiger).

HALAKHA

One who acts unawares in the slaughter of sacrificial animals – מִתְעַסֵּק בְּקָדָשִׁים: In a case where one slaughtered a sacrificial animal, if he did not intend to slaughter it but rather acted unawares, the slaughter is not valid, in accordance with the opinion of Rav Huna (Rambam *Sefer Avoda*, *Hilkhot Pesulei HaMukdashin* 1:3).

Slaughter performed by a gentile – שְׁחִיטַת נָכְרִי: The halakhic status of an animal slaughtered by a gentile is that of an unslaughtered carcass, and the animal transmits impurity by means of carrying it, even if the one who slaughtered it is a minor, and even if he is not an idolater but a gentile who resides in Eretz Yisrael and observes the seven Noahide mitzvot (*Tur*). This is the ruling even if others witnessed that he performed the slaughter properly (Rambam *Sefer Kedusha*, *Hilkhot Sheḥita* 4:11 and *Sefer Tahara*, *Hilkhot She'ar Avot HaTumot* 2:10; *Shulḥan Arukh*, *Yoreh De'a* 2:1).

רַבִּי אַמִּי אָמַר, הָכִי קָתָנֵי: שְׁחִיטַת נׇכְרִי נְבֵלָה, הָא דְּמִין – לַעֲבוֹדָה זָרָה. תְּנֵינָא לְהָא דְּתָנוּ רַבָּנַן: שְׁחִיטַת מִין – לַעֲבוֹדָה זָרָה, פִּיתּוֹ פַּת כּוּתִי, יֵינוֹ יֵין נֶסֶךְ, סְפָרָיו סִפְרֵי קוֹסְמִין, פֵּירוֹתָיו טְבָלִין, וְיֵשׁ אוֹמְרִים: אַף

Rabbi Ami said that **this is** what the mishna **is teaching: Slaughter** performed by **a gentile** renders the animal **an unslaughtered carcass, but** slaughter performed **by a heretic**[BH] **is for** the sake of **idol worship.**[H] The Gemara notes: **We learn** from an inference in the mishna **that which the Sages taught** explictly in a *baraita*: **Slaughter** performed by **a heretic is for** the sake of **idol worship** and deriving benefit from it is prohibited, the halakhic status of **his bread** is that of **the bread of a Samaritan,**[N] the status of **his wine** is that of **wine** used for **a libation** in idol worship, **his** sacred **scrolls** that he writes **are the scrolls of sorcerers**[H] and it is a mitzva to burn them, **his produce is untithed produce** even if he separated *teruma* and tithes, **and some say: Even**

HALAKHA

Slaughter performed by a heretic – שְׁחִיטַת...מִין: The Rambam writes that a heretic is one who denies the Torah and the prophecy of Moses. His halakhic status is that of a gentile, and an animal that he slaughters is an unslaughtered carcass. Likewise, the halakhic status of one who transgresses to express insolence, even if his transgressing involves only one prohibition, is that of a heretic. With regard to one who is a devout idolater, which is the definition of a heretic according to Rashi, most authorities rule that benefit is forbidden from an animal that he slaughters, like that of an animal sacrificed to idolatry. This is because the unspecified thought of such an individual is for idolatry (Rambam *Sefer Kedusha*, *Hilkhot Sheḥita* 4:14; *Shulḥan Arukh*, *Yoreh De'a* 2:5; *Levush* 1:2; *Shakh* 3:3).

One who slaughters for the sake of idol worship – שׁוֹחֵט לַעֲבוֹדָה זָרָה: It is prohibited to derive benefit from an animal that was slaughtered for the sake of idolatry, in accordance with the *baraita* (Rambam *Sefer HaMadda*, *Hilkhot Avoda Zara* 7:3 and *Sefer Kedusha*, *Hilkhot Sheḥita* 2:14; *Shulḥan Arukh*, *Yoreh De'a* 4:5).

His scrolls are the scrolls of sorcerers – סְפָרָיו סִפְרֵי קוֹסְמִין: A Torah scroll written by a heretic who is a devout idolater shall be burned, in accordance with the *baraita* (Rambam *Sefer Ahava*, *Hilkhot Tefillin UMezuza VeSefer Torah* 1:13; *Shulḥan Arukh*, *Yoreh De'a* 281:1 and *Shakh* there).

BACKGROUND

Heretic – מִין: The heretics were primarily Christian and non-Christian Gnostics with significant expertise in the Bible. They sought proof in the Bible for their belief in duality and in God's rejection of the Jewish people. They also sought to undermine the authenticity of the Bible by raising internal contradictions. In their war against Jews and Judaism, these heretics often resorted to incitement and slander before the Roman authorities. The problem became so acute that the Sages were driven to add a nineteenth blessing to the *Amida* prayer, praying for the demise of these heretics and slanderers.

NOTES

The halakhic status of his bread is that of the bread of a Samaritan – פִּיתּוֹ פַּת כּוּתִי: This is a stringency beyond that which applies to the bread of gentiles, as the bread of gentiles, which was prohibited to prevent camaraderie, was permitted in certain circumstances, e.g., when there is no bread of Jews available (see *Avoda Zara* 35b), while the Sages decreed that the halakhic status of bread of Samaritans is like that of the meat of a pig (see Jerusalem Talmud, *Shevi'it* 8:10).

Perek **I**
Daf **13** Amud **b**

בָּנָיו מַמְזֵרִין.

his sons are ***mamzerim*****,**[B] as he is indifferent to his wife's engaging in adultery.

וְתַנָּא קַמָּא? אִשְׁתּוֹ לָא מַפְקַר.

The Gemara asks: **And the first** ***tanna*****,** why did he not include the ruling that the sons of a heretic are *mamzerim*? The Gemara answers: In his opinion, a heretic **does not release his wife** and allow her to engage in adultery.

אָמַר מָר: שְׁחִיטַת נׇכְרִי נְבֵלָה. וְנֵיחוּשׁ שֶׁמָּא מִין הוּא! אָמַר רַב נַחְמָן אָמַר רַבָּה בַּר אֲבוּהּ: אֵין מִינִין בָּאוּמּוֹת.

The Master said in the mishna: **Slaughter** performed by **a gentile** renders the animal **an unslaughtered carcass.** The Gemara challenges this: **And let us be concerned** that **perhaps he is a heretic** who is a devout idolater and deriving benefit from his slaughter is prohibited. **Rav Naḥman said** that **Rabba bar Avuh says: There are no** such **heretics among the nations** of the world.

וְהָא קָאחָזֵינַן דְּאִיכָּא! אֵימָא: אֵין רוֹב אוּמּוֹת מִינִין. סָבַר לַהּ כִּי הָא דְּאָמַר רַבִּי חִיָּיא בַּר אַבָּא אָמַר רַבִּי יוֹחָנָן: גּוֹיִם שֶׁבְּחוּצָה לָאָרֶץ לָאו עוֹבְדֵי עֲבוֹדָה זָרָה הֵן, אֶלָּא מִנְהַג אֲבוֹתֵיהֶן בִּידֵיהֶן.

The Gemara asks: **But don't we see that there are?** The Gemara answers: **Say the majority of** the people of **the nations** of the world **are not heretics,** and with regard to slaughter one follows the majority. The Gemara notes: Rabba bar Avuh **holds in accordance with that which Rabbi Ḥiyya bar Abba says** that **Rabbi Yoḥanan says:** The status of **gentiles outside of Eretz** Yisrael[N] is **not** that of **idol worshippers,**[N] as their worship is not motivated by faith and devotion. **Rather, it is** a traditional **custom of their ancestors** that was transmitted **to them.**

BACKGROUND

Mamzer **– מַמְזֵר:** A *mamzer* is a child born from sexual intercourse forbidden by Torah law that carries the punishment of *karet*, e.g., between a married woman and a man other than her husband, or between close relatives. An exception to this principle is the offspring conceived by a menstruating woman. Such a child is not a *mamzer*, despite the fact that the Torah prohibits sexual intercourse with the woman and prescribes the punishment of *karet*. The offspring of an unmarried couple is also not a *mamzer*. A *mamzer* inherits from his natural father and is halakhically considered his father's son in all respects. A *mamzer* may marry only a *mamzeret* or a convert to Judaism. Likewise, a *mamzeret* may marry only a *mamzer* or a convert. The offspring of that union is a *mamzer* as well.

NOTES

Gentiles outside of Eretz Yisrael – גּוֹיִם שֶׁבְּחוּצָה לָאָרֶץ: From the Gemara here it is implied that the gentiles in Eretz Yisrael are idolaters. If so, this runs counter to the opinion of Rav Naḥman, who seeks to explain a mishna, which was taught in Eretz Yisrael. *Tosafot* explain that the fact that gentiles outside of Eretz Yisrael are not idolaters indicates that the gentiles in Eretz Yisrael are similarly not so devout in their idol worship that their unspecified slaughter would be deemed as devoted to idol worship (see *Shita Mekubbetzet*). From the explanation of other early commentaries it appears that the expression: Gentiles outside of Eretz Yisrael, excludes the seven Canaanite nations that were in Eretz Yisrael during the conquest of Joshua, who were devout idolaters (see Rashi on *Yevamot* 23a; *Smag*, prohibition 112). With regard to the fundamental distinction between Eretz Yisrael and other countries, some commentaries explain that in a place designated for sanctity, prophecy, and adherence to God, the inclination of idol worship intensifies (see *Poked Akkarim*).

Is not that of idol worshippers – לָאו עוֹבְדֵי עֲבוֹדָה זָרָה הֵן: Some early commentaries explain that their idolatrous actions are certainly included in the prohibition of idolatry, but here the reference is to neutral actions like slaughter, where there is no concern that their actions are motivated by idolatry (Rid; see *Ḥatam Sofer* on *Gittin* 10b). Other commentaries add that this rationale constitutes a reason for leniency in various matters, e.g., engaging in business with them adjacent to their holidays, and the status of their ordinary wine, from which, unlike libation wine, benefit is not forbidden (see Rashi on *Avoda Zara* 7b and *Tosafot* on *Avoda Zara* 2a and 57b). Some early commentaries understood that even actions that they perform for the sake of idolatry are not considered actual idol worship (see Rambam's Commentary on the Mishna). For that reason, Rabbeinu Tam permitted one to administer an oath to a gentile even though he takes the oath in the name of his idol (Rosh on *Bekhorot* 1:1). Likewise, Rabbeinu Gershom Meor HaGola permitted wearing the garments of priests of idol worship even though they were used in idol worship (see Ra'avya, section 1051).

אָמַר רַב יוֹסֵף בַּר מִנְיוּמֵי אָמַר רַב נַחְמָן: אֵין מִינִין בָּאוּמּוֹת. לְמַאי? אִילֵימָא לִשְׁחִיטָה, הַשְׁתָּא שְׁחִיטַת מִין דְּיִשְׂרָאֵל אָמְרַתְּ אֲסִירָא, דְּגוֹי מִבַּעְיָא? אֶלָּא לְמוֹרִידִין, הַשְׁתָּא דְּיִשְׂרָאֵל מוֹרִידִין, דְּגוֹיִם מִבַּעְיָא?

Rav Yosef bar Minyumi says that **Rav Naḥman says: There are no heretics among the nations** of the world, i.e., gentile heretics do not have the halakhic status of actual heretics. The Gemara asks: **With regard to what** matter did Rav Naḥman state the *halakha*? **If we say** that it is **with regard to slaughter, now that you said the slaughter of a Jewish heretic is forbidden,** is it **necessary** to say the slaughter **of a gentile** heretic is forbidden? **Rather,** it is **with regard to** the *halakha* that **one lowers** them[H] into a pit, i.e., one may kill a heretic, and Rav Naḥman holds that one may not kill them. But this too is difficult, as **now** if **one lowers a Jewish** heretic into a pit, is it **necessary** to say **that** one lowers **a gentile** heretic?

אָמַר רַב עוּקְבָא בַּר חָמָא: לְקַבֵּל מֵהֶן קׇרְבָּן, דְּתַנְיָא: ״מִכֶּם״ – וְלֹא כּוּלְּכֶם, לְהוֹצִיא אֶת הַמְשׁוּמָּד, מִכֶּם – בָּכֶם חִלַּקְתִּי וְלֹא בָּאוּמּוֹת.

Rav Ukva bar Ḥama said: It is stated **with regard to accepting an offering from them, as it is taught** in a *baraita* with regard to the verse: "When any person of you shall bring an offering" (Leviticus 1:2): The verse states: **"Of you," and not:** Of **all of you, to exclude the** Jewish **transgressor**[H] who regularly violates a prohibition. Furthermore, God states: **"Of you,"** to mean that **among you,** the Jews, **I distinguished** between a transgressor and other Jews, **but not among the nations.**[H] One accepts an offering from all gentiles, even a heretic.

מִמַּאי? דִּלְמָא הָכִי קָאָמַר: מִיִּשְׂרָאֵל – מִצַּדִּיקֵי קַבֵּל, מֵרְשִׁיעֵי לָא תְּקַבֵּל, אֲבָל בְּאוּמּוֹת הָעוֹלָם – כְּלָל כְּלָל לָא! לָא סָלְקָא דַּעְתָּךְ, דְּתַנְיָא: ״אִישׁ״ – מָה תַּלְמוּד לוֹמַר ״אִישׁ אִישׁ״? לְרַבּוֹת הַגּוֹיִם, שֶׁנּוֹדְרִים נְדָרִים וּנְדָבוֹת כְּיִשְׂרָאֵל.

The Gemara asks: **From where** do you draw that conclusion? **Perhaps this** is what the verse **is saying:** With regard to offerings **from Jews, from righteous** Jews **accept** the offering and **from wicked** Jews **do not accept** the offering; **but with regard to the nations of the world, do not** accept their offerings **at all.** The Gemara rejects that possibility: That **should not enter your mind, as it is taught** in a *baraita* with regard to the verse: "Any man [*ish ish*] from the house of Israel… who shall sacrifice his offering" (Leviticus 22:18): Since it would have been sufficient to write: **A man** [***ish***], **what** is the meaning when **the verse states: "Any man** [***ish ish***]**"?** It serves **to include the gentiles, who** may **vow** to bring **vow offerings and gift offerings like a Jew.**

״וּמְטַמְּאָה בְּמַשָּׂא״. פְּשִׁיטָא, כֵּיוָן דִּנְבֵלָה הִיא, מְטַמְּאָה בְּמַשָּׂא! אָמַר רָבָא, הָכִי קָתָנֵי: זוֹ מְטַמְּאָה בְּמַשָּׂא, וְיֵשׁ לָךְ אַחֶרֶת שֶׁהִיא מְטַמְּאָה אֲפִילּוּ בְּאֹהֶל, וְאֵיזוֹ? זוֹ תִּקְרוֹבֶת עֲבוֹדָה זָרָה, וּכְרַבִּי יְהוּדָה בֶּן בְּתֵירָא.

§ The mishna states with regard to an animal slaughtered by a gentile: **And** the carcass **imparts ritual impurity through carrying.** The Gemara asks: Isn't it **obvious? Since it is** considered **an unslaughtered carcass it imparts ritual impurity through carrying. Rava said** that **this** is what the *tanna* **is teaching: This** slaughtered animal **imparts ritual impurity through carrying, and you have another** animal **that imparts impurity even in a tent,** i.e., if one is beneath the same roof with this animal he becomes impure even though he neither touched it nor carried it. **And which** animal **is that? That** animal **is an idolatrous offering,**[H] **and** this statement **is in accordance with** the opinion of **Rabbi Yehuda ben Beteira** cited below.

HALAKHA

With regard to the *halakha* that one lowers them – לְמוֹרִידִין: It is a mitzva to kill Jewish idolaters, heretics that treat Torah scholars and the Torah that they teach with contempt [*apikoros*], and one who violates prohibitions to express insolence. The *Ḥazon Ish*, among others, writes that these *halakhot* were instituted only to repair breaches in the Jewish people. Today, killing them will not serve any positive function; on the contrary, it is incumbent upon observant Jews to shower love and light upon those who stray from the path, to whatever extent possible to facilitate their repentance (Rambam *Sefer HaMadda, Hilkhot Avoda Zara* 10:1 and *Sefer Nezikin, Hilkhot Rotze'aḥ UShmirat HaNefesh* 4:10; *Shulḥan Arukh, Yoreh De'a* 158:2 and *Ḥoshen Mishpat* 425:5).

To exclude the Jewish transgressor – לְהוֹצִיא אֶת הַמְשׁוּמָּד: The halakhic status of a Jew who is a transgressor for idol worship or a transgressor to desecrate Shabbat in public is like that of a transgressor of the entire Torah, and one may not accept an offering from him. The offering of one who is a transgressor of any other prohibition is accepted to facilitate his repentance, in accordance with the *baraita* and the explanation (5a) in the Gemara (Rambam *Sefer Avoda, Hilkhot Ma'aseh HaKorbanot* 3:4).

Among you I distinguished but not among the nations – בָּכֶם חִלַּקְתִּי וְלֹא בָּאוּמּוֹת: Gentiles bring only burnt offerings, and one accepts those offerings from them even if they are idolaters, based on the *baraita* (Rambam *Sefer Avoda, Hilkhot Ma'aseh HaKorbanot* 3:2 and *Kesef Mishne* there).

Idolatrous offering – תִּקְרוֹבֶת עֲבוֹדָה זָרָה: An idolatrous offering imparts impurity through contact and through carrying, like an unslaughtered animal carcass, but does not impart impurity in a tent. This ruling is in accordance with the second version of Rava's statement, which interpreted the mishna in accordance with the opinion of the Rabbis, who disagree with Rabbi Yehuda ben Beteira. Although other, unattributed, *mishnayot* are in accordance with the opinion of Rabbi Yehuda ben Beteira, that is not the halakhic ruling, as impurity imparted through idol worship is by rabbinic law, and consequently the ruling is lenient (Rambam *Sefer Tahara, Hilkhot She'ar Avot HaTumot* 6:7 and *Kesef Mishne* there).

אִיכָּא דְּאָמְרִי: אֲמַר רָבָא, הָכִי קָתָנֵי: זוֹ מְטַמְּאָה בְּמַשָּׂא, וְיֵשׁ לְךָ אַחֶרֶת שֶׁהִיא כָּזוֹ, שֶׁמְּטַמְּאָה בְּמַשָּׂא וְאֵינָהּ מְטַמְּאָה בְּאֹהֶל, וְאֵיזוֹ? זוֹ תִּקְרוֹבֶת עֲבוֹדָה זָרָה, וּדְלָא כְּרַבִּי יְהוּדָה בֶּן בְּתֵירָא;

There are those who say an alternative version of Rava's statement: **Rava said** that **this** is what the *tanna* **is teaching: This** slaughtered animal **imparts ritual impurity through carrying, and you have another** animal **that is like this** one in **that it imparts ritual impurity through carrying and does not impart impurity in a tent. And which** animal **is this? This** animal **is an idolatrous offering,** and this statement is **not in accordance with** the opinion of **Rabbi Yehuda ben Beteira.**

דְּתַנְיָא, רַבִּי יְהוּדָה בֶּן בְּתֵירָא אוֹמֵר: מִנַּיִן לְתִקְרוֹבֶת עֲבוֹדָה זָרָה שֶׁהִיא מְטַמְּאָה בְּאֹהֶל? שֶׁנֶּאֱמַר: ״וַיִּצָּמְדוּ לְבַעַל פְּעוֹר וַיֹּאכְלוּ זִבְחֵי מֵתִים״, מַה מֵּת מְטַמֵּא בְּאֹהֶל – אַף תִּקְרוֹבֶת עֲבוֹדָה זָרָה מְטַמְּאָה בְּאֹהֶל.

As it is taught in a *baraita* that **Rabbi Yehuda ben Beteira says: From where** is it derived with regard **to an idolatrous offering that it imparts impurity in a tent?** It is derived from a verse, **as it is stated: "They adhered to Ba'al-Peor and ate the offerings to the dead"** (Psalms 106:28). **Just as a corpse imparts impurity in a tent,**[B] **so too an idolatrous offering imparts impurity in a tent.**

מתני׳ הַשּׁוֹחֵט בַּלַּיְלָה, וְכֵן הַסּוּמָא שֶׁשָּׁחַט – שְׁחִיטָתוֹ כְּשֵׁרָה.

MISHNA In the case of **one who slaughters** an animal **at night,**[H] **and likewise** in the case of **the blind** person **who slaughters**[H] an animal, **his slaughter is valid.**

גמ׳ ״הַשּׁוֹחֵט״ – דִּיעֲבַד אִין, לְכַתְּחִלָּה לָא. וּרְמִינְהִי: לְעוֹלָם שׁוֹחֲטִין, בֵּין בַּיּוֹם וּבֵין בַּלַּיְלָה, בֵּין בְּרֹאשׁ הַגַּג בֵּין בְּרֹאשׁ הַסְּפִינָה!

GEMARA The Gemara infers from the formulation of the mishna: **One who slaughters,** and not: One may slaughter, that with regard to the slaughter of one who slaughters at night, **after the fact, yes,** it is valid, but ***ab initio*,** one may **not**[N] do so. The Gemara **raises a contradiction** from a *baraita* (*Tosefta* 1:4): **One may always slaughter, both during the day and at night, both on the rooftop and atop a ship,**[N] indicating that slaughter at night is permitted *ab initio*.

אֲמַר רַב פַּפָּא: בְּשֶׁאֲבוּקָה כְּנֶגְדּוֹ. אֲמַר רַב אַשִׁי: דַּיְקָא נַמִי, דְּקָתָנֵי הָתָם דּוּמְיָא דְּיוֹם וְהָכָא דּוּמְיָא דְּסוּמָא, שְׁמַע מִינָּהּ.

Rav Pappa said: The *tanna* of the *baraita* is referring **to** a case **where** there is **a torch opposite** the slaughterer; therefore, it is permitted *ab initio*. **Rav Ashi said:** The language of the *baraita* **is also precise,**[B] as slaughter at night **is taught there** in the *baraita* **similar to** slaughter **during the day,** based on the juxtaposition: Both during the day and at night. **And here** slaughter at night is taught **similar to** the slaughter performed **by a blind** person, with no light, based on the juxtaposition: One who slaughters at night, and likewise the blind person who slaughters. Therefore, the slaughter is valid only after the fact. The Gemara concludes: **Learn from it.**

HALAKHA

One who slaughters at night – הַשּׁוֹחֵט בַּלַּיְלָה: One may slaughter an animal at night *ab initio* provided there is a torch or two candles providing light, and some say even one candle suffices. Others permit slaughtering by the light of the moon when it is bright. One may not slaughter *ab initio* if there is no torch providing light, or, likewise, in a dark place during the day. Nevertheless, if he did slaughter, the slaughter is valid (Rambam *Sefer Kedusha, Hilkhot Sheḥita* 1:28; *Shulḥan Arukh, Yoreh De'a* 11:1).

The blind person who slaughters – הַסּוּמָא שֶׁשָּׁחַט: A blind person may slaughter *ab initio* only with the supervision of others. Nevertheless, if he slaughtered without the supervision of others, his slaughter is valid. Some say that he may not slaughter *ab initio*, even with the supervision of others (Rambam *Sefer Kedusha, Hilkhot Sheḥita* 4:10; *Shulḥan Arukh, Yoreh De'a* 1:9 and *Shakh* there).

BACKGROUND

The tent of a corpse – אֹהֶל הַמֵּת: The *halakhot* of impurity imparted by a corpse, including the *halakhot* of impurity imparted in a tent covering a corpse, are cited in great detail in tractate *Oholot*. The essential *halakha* of impurity imparted in a tent covering a corpse is established by the Torah (Numbers, chapter 19). The Sages derived that any covering over a space of at least cubic handbreadth containing a corpse, or part of a corpse, i.e., its flesh, bones, or limbs, becomes a tent over a corpse. Not only does any item subject to ritual impurity contained within it become ritually impure itself, but it also becomes a primary source of ritual impurity, capable of imparting ritual impurity to people and objects. The ability of a room to convey impurity is primarily associated with impurity of a corpse, although it does feature in the *halakhot* of leprous houses as well. The Gemara here is citing an additional ca[illegible] that of an idolatrous offering, with regard to which there is a tannaitic dispute whether it imparts impurity in a tent.

The language of the *baraita* is also precise – דַּיְקָא נַמִי: Sometimes a precise reading of the language of a mishna or other tannaitic statement reveals support for a previously cited opinion of an *amora*.

NOTES

After the fact yes, *ab initio* not – דִּיעֲבַד אִין לְכַתְּחִלָּה לָא: The concern is that he will fail to cut a majority of the *simanim* and be unable to examine whether or not he did so because of the darkness (Rashi). The Rashba explains that the concern is due to the fact that he does not see whether he is performing the slaughter properly (*Torat HaBayit Hakatzar* 4). The latter commentaries discuss the difference between these two explanations (see *Baḥ*, *Taz*, and *Shakh*).

Both on the rooftop and atop a ship – בֵּין בְּרֹאשׁ הַגַּג בֵּין בְּרֹאשׁ הַסְּפִינָה: These matters relate to the prohibition mentioned later in the Gemara (41a) against slaughtering into the sea, lest people say that he is slaughtering the animal to the god of the sea. Here the Gemara states that there is no similar prohibition with regard to slaughtering on a roof, i.e., lest people say that he is slaughtering to the sun or to the moon. Likewise, slaughtering into the sea is not prohibited when one is on a ship, because there is no alternative, as he cannot dirty the ship with blood (Rashi). *Tosafot* hold that according to that Gemara it is always prohibited to slaughter into the sea, and here the slaughter is onto the sides of the ship, from which the blood flows into the sea. Rashi adds that this *halakha* also relates to that which was stated in the Gemara there, that it is prohibited to slaughter into a vessel lest people say that his intent is to sprinkle the blood for idol worship. When one slaughters atop a roof or on a ship it is permitted to slaughter into a vessel, as he does so to avoid dirtying the roof or the ship (see *Shita Mekubbetzet*).

MISHNA In the case of **one who slaughters** an animal **on Shabbat or on Yom Kippur,**[H] **although he is liable to** receive the **death** penalty, **his slaughter is valid.**

מתני׳ השוחט בשבת וביום הכיפורים, אף על פי שמתחייב בנפשו – שחיטתו כשרה.

GEMARA **Rav Huna says** that **Ḥiyya bar Rav taught in the name of Rav:** If one slaughtered an animal on Shabbat and Yom Kippur, although the slaughter is valid, **consumption** of the animal is **prohibited for** that **day, and** the members of **the company** of Sages, i.e., those in the academy, **tended to say** that this *halakha* **is** the opinion of **Rabbi Yehuda.**

גמ׳ אמר רב הונא, דרש חייא בר רב משמיה דרב: אסורה באכילה ליומא, ונסבין חבריא למימר רבי יהודה היא.

The Gemara asks: **Which** opinion of **Rabbi Yehuda? Rabbi Abba said:** It is the opinion of **Rabbi Yehuda with regard to preparation**[N] for Shabbat, **as we learned** in a mishna (*Shabbat* 156b): **One may cut the gourds**[HB] **before an animal**[N] on Shabbat, provided that they were picked prior to Shabbat. **And** likewise, one may cut an animal **carcass** to place **before the dogs** on Shabbat. **Rabbi Yehuda says: If it was not** already **a carcass prior to Shabbat,** it is **prohibited** to cut it or even move it on Shabbat **because it is not prepared** for use on Shabbat. **Apparently, since it was not prepared from yesterday,** it is **prohibited. Here too,** in the mishna where an animal was slaughtered on Shabbat or Yom Kippur, **since it was not prepared from yesterday,** it is **prohibited.**

הי רבי יהודה? אמר רבי אבא: רבי יהודה דהכנה היא. דתנן: מחתכין את הדילועין לפני הבהמה ואת הנבלה לפני הכלבים, רבי יהודה אומר: אם לא היתה נבלה מערב שבת – אסורה, לפי שאינה מן המוכן; אלמא, כיון דלא איתכן מאתמול – אסורה, הכא נמי כיון דלא איתכן מאתמול – אסורה.

Abaye said to Rabbi Abba: **Are** the cases **comparable? There,** in the mishna in tractate *Shabbat*, **initially** the animal is **prepared for** use by **a person,** as it was prepared for slaughter, **and now** that it died without slaughter on Shabbat it is **prepared for dogs.** But in the mishna **here, initially** the animal is **prepared for** use by **a person and now** after it was slaughtered it remains **prepared for** use by **a person.** Rabbi Abba rejects that distinction: **Do you hold** that **an animal during its lifetime is designated for consumption** and therefore is prepared for use by a person? On the contrary, **an animal during its lifetime is designated for breeding.**

אמר ליה אביי: מי דמי? התם מעיקרא מוכן לאדם והשתא מוכן לכלבים, הכא מעיקרא מוכן לאדם והשתא מוכן לאדם! מי סברת: בהמה בחייה לאכילה עומדת? בהמה בחייה לגדל עומדת!

Abaye asked: **If that is so** that an animal is not designated for consumption, according **to Rabbi Yehuda, how do we slaughter an animal on a Festival?** Rabbi Abba **said to** Abaye: During its lifetime, the animal **is designated for consumption and designated for breeding. If** it was **slaughtered,** it is retroactively **clarified that** it was **designated for consumption; if** it was **not slaughtered,** it is retroactively **clarified that it was designated for breeding.**

אי הכי, בהמה לרבי יהודה ביום טוב היכי שחטינן? אמר לו: עומדת לאכילה ועומדת לגדל; נשחטה – הוברר דלאכילה עומדת, לא נשחטה – הוברר דלגדל עומדת.

HALAKHA

One who slaughters on Shabbat or on Yom Kippur – השוחט בשבת וביום הכיפורים: If one slaughters an animal on Shabbat or on Yom Kippur, his slaughter is valid. According to the Rambam, that is specifically when he slaughtered it unwittingly. If he slaughtered it intentionally his slaughter is not valid, as before completing the act of slaughter he had already assumed the status of one who desecrates Shabbat, whose slaughter is not valid. According to *Tosafot* he assumes the status of a transgressor only at the conclusion of the act of slaughter, and that is the ruling of the *Shakh* and the *Taz*. With regard to eating the meat of the slaughtered animal, see 15a (Rambam *Sefer Kedusha, Hilkhot Sheḥita* 1:29; *Shulḥan Arukh, Yoreh De'a* 11:2).

One may cut the gourds, etc. – מחתכין את הדילועין וכו׳: One may cut hard gourds to place before animals on Shabbat, provided that the gourds were detached from the ground before Shabbat. Likewise, one may cut an unslaughtered carcass to place before dogs even if the animal died on Shabbat, in accordance with the ruling in the unattributed mishna that there is no requirement of preparation for Shabbat (Rambam *Sefer Zemanim, Hilkhot Shabbat* 21:18; *Shulḥan Arukh, Oraḥ Ḥayyim* 324:6–7).

BACKGROUND

Gourds – דילועין: The gourds in the mishna are not the gourds typically found today from the Cucurbita family. Rather, the reference is to the bottle gourd, *Lagenaria vulgaris*, typically called *kara* in the Talmud, which is a leafy summer vegetable from the gourd family. It generally grows lying on the ground, although occasionally it is trellised on trees. The fruit of the bottle gourd is greenish white and large, 40–50 cm by 25–30 cm, and shaped like a bottle or jug. The young bottle gourd is typically eaten cooked, and its seeds are eaten as a dessert. From the Gemara it is clear that uncooked gourds served as animal feed.

Bottle gourd

NOTES

It is the opinion of Rabbi Yehuda with regard to preparation – רבי יהודה דהכנה היא: In other words, the meat is set aside from use because it was not prepared before Shabbat, as the Sages issued a decree prohibiting the movement and use on Shabbat of items which one put out of his mind for various reasons. Any item that, during twilight at the beginning of Shabbat, one had no intention of using remains set aside and prohibited from use for the entire Shabbat. The Sages disagreed with regard to the scope of the decree and with regard to which reasons for putting an item out of one's mind render the item set aside. Here, the reference is to an object that is set aside neither due to prohibition nor due to repugnance; rather, it is set aside because this object was not fit for consumption when Shabbat began. According to an unattributed mishna in accordance with the opinion of Rabbi Shimon (*Beitza* 27b), such an item is permitted, while according to Rabbi Yehuda it is forbidden (Meiri).

One may cut the gourds before an animal – מחתכין את הדילועין לפני הבהמה: The reference is to gourds that are detached from the ground; an animal cannot eat these gourds until they are cut. Were the gourd attached to the ground it would certainly be prohibited to cut it on Shabbat. Alternatively, Rashi, as cited by the Rashba, and Rabbeinu Tam explain that the reference is to gourds that were detached on Shabbat. Other early commentaries found that explanation difficult, as even Rabbi Shimon concedes that an item that was attached to the ground when Shabbat began remains set aside even when detached. Furthermore, even without the principle of items set aside from use, the Sages decreed that produce that was detached on Shabbat is forbidden lest one detach produce himself. Therefore, they explained that the reference here is to gourds that were detached before Shabbat, as described in the first explanation here, and it was necessary to state that it is permitted to cut them in order to teach that cutting gourds is not considered an unnecessary exertion, which would be prohibited on Shabbat (see Rashi on *Beitza* 2a).

וְהָא לֵית לֵיהּ לְרַבִּי יְהוּדָה בְּרֵירָה! מְנָא לָן? אִי נֵימָא מִדְּתַנְיָא.

But isn't it so that **Rabbi Yehuda does not accept** the principle of retroactive **designation?**[B] **From where do we** derive that this is Rabbi Yehuda's opinion? **If we say** that we learn it **from that which is taught** in the following *baraita*, there is no proof.

הַלּוֹקֵחַ יַיִן מִבֵּין הַכּוּתִים, אוֹמֵר: "שְׁנֵי לוּגִּין שֶׁאֲנִי עָתִיד לְהַפְרִישׁ הֲרֵי הֵן תְּרוּמָה, עֲשָׂרָה – מַעֲשֵׂר רִאשׁוֹן, תִּשְׁעָה – מַעֲשֵׂר שֵׁנִי", וּמֵיחֵל וְשׁוֹתֶה מִיָּד, דִּבְרֵי רַבִּי מֵאִיר. רַבִּי יְהוּדָה וְרַבִּי יוֹסֵי וְרַבִּי שִׁמְעוֹן אוֹסְרִין;

It is taught in a *baraita* (*Tosefta, Demai* 8:7): In the case of **one who purchases wine from among the Samaritans**[H] just before Shabbat, and presumably *teruma* and tithes were not separated, he acts as follows: If there are one hundred *log*[B] of wine in the barrels, **he says: Two *log* that I will separate in the future are *teruma*,** as the mandated average measure of *teruma* is one-fiftieth; **ten *log* are first tithe;** and a tenth of the remainder, which is **nine *log*,** are **second tithe. And he deconsecrates**[N] the second tithe that he will separate in the future, transferring its sanctity to money, **and** he may **drink** the wine **immediately,** relying on the separation that he will perform later, which will clarify retroactively which *log* he designated for the tithes and for *teruma*. This is **the statement of Rabbi Meir. Rabbi Yehuda and Rabbi Yosei and Rabbi Shimon prohibit** this practice. Apparently, Rabbi Yehuda does not accept the principle of retroactive designation.

HALAKHA

One who purchases wine from among the Samaritans – הַלּוֹקֵחַ יַיִן מִבֵּין הַכּוּתִים: If one had one hundred *log* of wine that was untithed produce by Torah law, and he said: Two *log* that I will separate in the future are *teruma*, and ten *log* are first tithe, and nine *log* are second tithe, he may not then drink the wine and leave over sufficient wine to separate the *terumot* and tithes. Rather, he must separate the *teruma* and tithes and only then drink the wine. The reason is that one does not say that the wine that remains was retroactively designated as *teruma* and tithes, because with regard to matters of Torah law retroactive designation does not apply (Rambam *Sefer Zera'im, Hilkhot Ma'aser* 7:1).

NOTES

And he deconsecrates [*umeiḥel*] – וּמֵיחֵל: Rashi explains that one deconsecrates the second-tithe produce with money. Since he can deconsecrate it immediately, he must do so. Many early commentaries hold that one cannot deconsecrate second-tithe produce whose location has not been defined. Therefore, some explain the term *meiḥel* in the sense of dilute [*mohel*], meaning that one may dilute the wine with water and drink it immediately (Rabbeinu Tam). This interpretation is supported by a variant reading in *Mishnayot Eretz Yisrael*, citing Rav Hai Gaon, where this word appears as *mohel*. Alternatively, the Rambam explains *meiḥel* to mean: Begins [*matḥil*], in the sense that one may begin drinking the wine immediately.

BACKGROUND

Retroactive designation – בְּרֵירָה: The Sages disagree whether an item that was not initially designated for a certain purpose may later be considered to be retroactively designated for that purpose. This could apply, for example, in a case where one declares that the tithe from his produce will be taken from the last tenth remaining after it is consumed. If the principle of retroactive clarification is accepted, his separation of the tithe is valid, as, although the tithe was not separated when he designated it, it is retroactively clarified that the remaining tenth had been the tithe from the outset. The Sages dispute whether and when to apply the principle of retroactive clarification. In practice, the principle is applied in matters of rabbinic law but not in matters of Torah law.

Log – לוֹג: This is the basic liquid measure employed by the Sages. It is equivalent to six egg-bulks, one-quarter of a *kav*, or one twenty-fourth of a *se'a*. A range of modern opinions estimates this volume to be between 300 and 600 ml.

Perek **I**
Daf **14** Amud **b**

הָתָם כִּדְקָתָנֵי טַעְמָא, אָמְרוּ לוֹ לְרַבִּי מֵאִיר: אִי אַתָּה מוֹדֶה שֶׁמָּא יִבָּקַע הַנּוֹד וְנִמְצָא שׁוֹתֶה טְבָלִים לְמַפְרֵעַ? אָמַר לָהֶן: לִכְשֶׁיִּבָּקַע!

The Gemara comments: That is no proof, as **there, the reason** for the opinion of Rabbi Yehuda is **as is taught** in the latter clause of the *baraita*: The Rabbis **said to Rabbi Meir: Don't you concede** that **perhaps the wineskin will burst** before he manages to separate the *teruma*, **and** this person **will have been found retroactively** to be **drinking untithed produce?** Rabbi Meir **said to** the Rabbis: The mere possibility that this may occur is not a concern. **When it** actually **bursts,** I will be concerned. Evidently, Rabbi Yehuda's opinion is not due to his rejection of the principle of retroactive designation, but due to his concern that the wineskin will burst before the tithes are actually separated.

אֶלָּא מִדְּתָנֵי אַיּוֹ;

Rather, the fact that Rabbi Yehuda does not accept the principle of retroactive designation is learned **from that which Ayo teaches** with regard to the joining of Shabbat boundaries[B] in a case where one knows that two Torah scholars are planning to deliver lectures on Shabbat outside the city limits, one east of the city and one west of the city, and on Shabbat eve one has not yet decided which of the lectures he wishes to attend. In that case, he may place the food for the joining of boundaries on both sides of the city and stipulate that he will be able to go beyond the city limits in whichever direction he chooses.

BACKGROUND

Joining of Shabbat boundaries – עֵירוּב תְּחוּמִין: It is prohibited for one to travel beyond two thousand cubits from his residence on Shabbat. The entire city of his residence is considered his residence for this purpose, and the two thousand cubits are measured from the city limits. Since this two-thousand-cubit limit is by rabbinic law, the Sages instituted a means to extend those two thousand cubits by placing, before Shabbat, food sufficient for a small meal somewhere within those two thousand cubits. One thereby establishes that location as his residence for Shabbat, and the two thousand cubits are measured from there. This is called the joining of Shabbat boundaries, and it is discussed in detail in tractate *Eiruvin*. One recites the same blessing when placing a joining of Shabbat boundaries as he does when placing a joining of courtyards or a joining of cooked foods, which concludes: Who has sanctified us with His mitzvot and commanded us concerning the mitzva of joining [*eiruv*].

NOTES

Rabbi Yoḥanan said: This is a case where the Sage has already come – וְאָמַר רַבִּי יוֹחָנָן וּכְבָר בָּא חָכָם: In other words, this is a case where the Sage already established his residence, but the person who seeks to meet him on Shabbat will discover the location of that residence only the next day. Application of the principle of retroactive clarification is necessary only in cases where the situation itself is unclear and future developments will determine the situation retroactively, e.g., in a case where two Sages established residence on two sides of the city, but the person does not yet know which Sage he will visit. Alternatively, the principle would apply in a case where there is one Sage who will arrive outside the city, either to its east or to its west, on Shabbat itself (see Rashi).

BACKGROUND

Barrel – חָבִית: This term usually refers to an amphora, a tall jar with an elongated mouth, often closed up with a stopper sealed with mud.

Ancient Roman amphorae

Cruse – פַּךְ: A cruse is a small vessel, typically earthenware, which is generally used to store oil. The mouth of the cruse was very narrow.

Oil cruse from the early Roman period

דְּתָנֵי אַיוֹ, רַבִּי יְהוּדָה אוֹמֵר: אֵין אָדָם מַתְנֶה עַל שְׁנֵי דְּבָרִים כְּאֶחָד, אֶלָּא אִם בָּא חָכָם לְמִזְרָח – עֵירוּבוֹ לְמִזְרָח, לְמַעֲרָב – עֵירוּבוֹ לְמַעֲרָב, וְאִילּוּ לְכָאן וּלְכָאן – לָא;

As Ayo teaches that Rabbi Yehuda says: A person may not stipulate that his joining of the boundaries will take effect **on two matters as one. Rather,** he may stipulate that **if** one **Sage comes to the east,**[H] **his joining** of the boundaries takes effect **to the east,** and if he comes **to the west, his joining** takes effect **to the west, while** if he stipulates that it should take effect **to here or to there** and he will go in whichever direction he chooses, in that case, the joining does **not** take effect.

וְהָוֵינַן בַּהּ: מַאי שְׁנָא לְכָאן וּלְכָאן דְּלָא? דְּאֵין בְּרֵירָה, מִזְרָח וּמַעֲרָב נַמִי אֵין בְּרֵירָה!

And we discussed this *baraita*: **What is different** in a case where one stipulates that it should take effect **to here or to there** such **that** the joining does **not** take effect? It is **because there is no** retroactive **designation.** If so, stipulating that the joining will take effect to the **east or west,** depending upon where the Sage goes, should **also** not take effect **because there is no** retroactive **designation.**

וְאָמַר רַבִּי יוֹחָנָן: וּכְבָר בָּא חָכָם.

And Rabbi Yoḥanan said: This is a case **where** when he makes the stipulation, **the Sage has already come**[N] to either the east or the west, and the joining takes effect in that direction. He makes a stipulation because he does not know where the Sage came. The joining takes effect without the principle of retroactive designation. Nevertheless, since it is clear from the first case of Ayo that Rabbi Yehuda does not accept the principle of retroactive designation, the question remains: From where is it derived that an animal that is slaughtered on Shabbat or Yom Kippur is forbidden for the day that it was slaughtered?

אֶלָּא אֲמַר רַב יוֹסֵף: רַבִּי יְהוּדָה דְּכֵלִים הִיא, דִּתְנַן: כׇּל הַכֵּלִים הַנִּיטָּלִין בְּשַׁבָּת – שִׁבְרֵיהֶן נִיטָּלִין, וּבִלְבָד שֶׁיְּהוּ עוֹשִׂין מֵעֵין מְלָאכָה, שִׁבְרֵי עֲרֵיבָה – לְכַסּוֹת בָּהֶן פִּי חָבִית, שִׁבְרֵי זְכוֹכִית – לְכַסּוֹת בָּהֶן פִּי הַפַּךְ.

Rather, Rav Yosef said: When Rav said that the *halakha* that consumption of the animal is prohibited for that day is the opinion of Rabbi Yehuda, the reference **is** to the opinion of **Rabbi Yehuda with regard to vessels, as we learned** in a mishna (*Shabbat* 124b): With regard to **all vessels that may be moved on Shabbat,**[H] **their shards may be moved** as well, **provided that they are suited for** some **type of labor. Shards of** a large **bowl** may be used **to cover the mouth of a barrel.**[B] **Shards of a glass** vessel may be used **to cover the mouth of a cruse.**[B]

רַבִּי יְהוּדָה אוֹמֵר: וּבִלְבָד שֶׁיְּהוּ עוֹשִׂין מֵעֵין מְלַאכְתָּן, שִׁבְרֵי עֲרֵיבָה – לָצוּק לְתוֹכָן מִקְפָּה, שִׁבְרֵי זְכוֹכִית – לָצוּק לְתוֹכָן שֶׁמֶן;

Rabbi Yehuda says: And it is permitted to use the shards **provided that they are suited for a type of labor** similar to **their** original use. In the case of **shards of** a large **bowl,** it must be possible **to pour** a thick **broth into them,** and in the case of **shards of a glass** vessel, it must be possible **to pour oil into them.**

מֵעֵין מְלַאכְתָּן – אִין, מֵעֵין מְלָאכָה אַחֶרֶת – לָא. אַלְמָא, כֵּיוָן דְּלָא אִיתְּכַן מֵאֶתְמוֹל לְהָךְ מְלָאכָה – אֲסִירִי; הָכָא נַמִי, כֵּיוָן דְּלָא אִיתְּכַן מֵאֶתְמוֹל – אֲסוּרָה.

The Gemara infers: If they are suited for **a type of labor** similar to **their** original use, **yes,** they may be moved; but if they are suitable for **another type of labor,** they may **not** be moved. **Apparently, since** the shard **was not prepared from yesterday for this** type of **labor,** it is **prohibited** to move it. **Here too, since** the animal that was slaughtered **was not prepared from yesterday,** it is **prohibited** to eat it.

HALAKHA

If one Sage comes to the east, etc. – אִם בָּא חָכָם לְמִזְרָח וכו׳: If one heard that a Sage is coming to his area on Shabbat and he does not know from which direction the Sage is coming, and he places food for the joining of the Shabbat boundaries on both sides of the city and says: The joining of the Shabbat boundaries will take effect in whichever direction the Sage arrives, then it takes effect even if the Sage had not yet arrived when Shabbat began, and even if he had no intent to arrive at all when Shabbat began. This is in accordance with the mishna (*Eiruvin* 36b) that states that with regard to Shabbat boundaries that are by rabbinic law, there is retroactive clarification (Rambam *Sefer Zemanim, Hilkhot Eiruvin* 8:3; *Shulḥan Arukh, Oraḥ Ḥayyim* 413:1 and *Mishna Berura* there).

All vessels that may be moved on Shabbat, etc. – כׇּל הַכֵּלִים הַנִּיטָּלִין בְּשַׁבָּת וכו׳: If a vessel that may be moved on Shabbat broke, whether it broke before Shabbat or on Shabbat, its shards may be moved, provided that they are fit for use, in accordance with the opinion of the Rabbis in the mishna (*Shabbat* 124a; see *Magen Avraham* and *Beur Halakha*). The Rema writes that if the vessel broke in a place where it could cause injury, e.g., a glass vessel on a table or in a place where people walk, it is permitted to move the shards to prevent injury (Rambam *Sefer Zemanim, Hilkhot Shabbat* 25:12; *Shulḥan Arukh, Oraḥ Ḥayyim* 308:6).

אֲמַר לֵיהּ אַבָּיֵי: מִי דָּמֵי? הָתָם – מֵעִיקָּרָא כְּלִי וְהַשְׁתָּא שֶׁבֶר כְּלִי, וַהֲוָה לֵיהּ נוֹלָד וְאָסוּר. הָכָא – מֵעִיקָּרָא אוֹכְלָא וּלְבַסּוֹף אוֹכֶל, אוֹכְלָא דְּאִיפְּרַת הוּא.

Abaye said to Rav Yosef: **Are the cases comparable? There,** in the mishna with regard to vessels, **initially** it was **a vessel and now** it is **the shard of a vessel, and it is** a case of an item that **came into being,** and it is therefore **prohibited** to move it. **Here,** in the case of an animal slaughtered on Shabbat, **initially,** during its lifetime, it was designated as **food,**[N] **and ultimately,** after slaughter, it is **food,** so it is merely **food that was separated** [*de'ifrat*].[L]

וּשְׁמָעִינַן לֵיהּ לְרַבִּי יְהוּדָה דְּאָמַר: אוֹכְלָא דְּאִיפְּרַת שַׁפִּיר דָּמֵי. דִּתְנַן: אֵין סוֹחֲטִין אֶת הַפֵּירוֹת לְהוֹצִיא מֵהֶן מַשְׁקִין, וְאִם יָצְאוּ מֵעַצְמָן – אֲסוּרִין.

And we heard that it is **Rabbi Yehuda who says: Food that was separated** is **permitted, as we learned** in a mishna (*Shabbat* 143b): **One may not squeeze fruits**[H] on Shabbat in order **to extract liquids from them.**[N] **And if** liquids **seeped out on their own, it is prohibited** to use them on Shabbat, lest one come to squeeze fruit on Shabbat.

רַבִּי יְהוּדָה אוֹמֵר: אִם לְאוֹכָלִין – הַיּוֹצֵא מֵהֶן מוּתָּר, וְאִם לְמַשְׁקִין – הַיּוֹצֵא מֵהֶן אָסוּר!

Rabbi Yehuda says: If the fruits were designated **for eating,** the liquid **that seeped from them** on Shabbat **is permitted. And if** the fruits were designated **for** their **liquids,** the liquids **that seeped from them** on Shabbat **are forbidden,** lest he come to squeeze them on Shabbat. With regard to fruits that are designated for consumption, the liquid is considered food that was separated and is permitted. The same *halakha* applies with regard to an animal slaughtered on Shabbat: Since it was designated for consumption, its meat is food that was separated and should be permitted according to Rabbi Yehuda.

לָאו אִתְּמַר עֲלַהּ, אָמַר רַב יְהוּדָה אָמַר שְׁמוּאֵל: מוֹדֶה הָיָה רַבִּי יְהוּדָה לַחֲכָמִים בְּסַלֵּי זֵיתִים וַעֲנָבִים?

The Gemara rejects that interpretation and states that, on the contrary, there is proof that Rabbi Yehuda would prohibit eating an animal that was slaughtered on Shabbat. **Wasn't it stated with regard to** that mishna that **Rav Yehuda says** that **Shmuel says: Rabbi Yehuda conceded to the Rabbis in** the case of **baskets of olives and grapes**[N] that are typically designated for their liquids, even though one had planned to eat them, that liquid that seeps from them is forbidden?

אַלְמָא כֵּיוָן דְּלִסְחִיטָה קַיְימִי – יָהֵיב דַּעְתֵּיהּ; הָכָא נַמִי, כֵּיוָן דִּלְשְׁחִיטָה קַיְימָא – יָהֵיב דַּעְתֵּיהּ!

Apparently, since olives and grapes are typically **designated for squeezing,** one **sets his mind** to use them for their liquids, and were it permitted for him to use their liquids that seep out on Shabbat, the concern is that he will come to squeeze them on Shabbat. Therefore, the Sages decreed that the liquids are forbidden. **Here too, since** the animal is **designated for slaughter,** a person **sets his mind** to eat it. Therefore, were it permitted for him to eat the meat on Shabbat, the concern is that he will come to slaughter it on Shabbat. Consequently, the Sages decreed that the meat is prohibited.

מִידֵּי הוּא טַעְמָא אֶלָּא לְרַב, הָאָמַר רַב: חָלוּק הָיָה רַבִּי יְהוּדָה אֲפִילּוּ בְּסַלֵּי זֵיתִים וַעֲנָבִים!

The Gemara justifies Abaye's interpretation of the mishna: **This explanation is** valid **only according to Rav,** who said that the ruling that it is prohibited to eat an animal slaughtered on Shabbat until after Shabbat is according to the opinion of Rabbi Yehuda. **Didn't Rav say: Rabbi Yehuda was in disagreement** with the Rabbis **even** in the case of **baskets of olives and grapes?** According to Rav himself, just as Rabbi Yehuda deems permitted liquids that seeped from olives and grapes on their own, Rabbi Yehuda should have also deemed an animal that was slaughtered on Shabbat permitted for that day.

LANGUAGE

Separated [*ifrat*] – אִיפְּרַת: From the Aramaic and Syriac root *peh, reish, tav,* whose meaning is similar to the Hebrew roots *peh, reish, samekh* and *peh, reish, dalet,* meaning in this context food that was broken or separated.

HALAKHA

One may not squeeze fruits – אֵין סוֹחֲטִין אֶת הַפֵּירוֹת: It is prohibited to squeeze fruits that are typically squeezed for their liquids, e.g., olives and grapes, on Shabbat. If the liquids seeped from them on their own, the liquids are forbidden, even if the fruits themselves are designated for consumption. With regard to fruits that some people squeeze for liquids, e.g., mulberries and pomegranates, it is prohibited to squeeze them, but if the liquids seeped out on their own, the following distinction applies: If those fruits were designated for consumption, the liquids are permitted, and if they were designated for their liquids, the liquids are forbidden, in accordance with the opinion of Rabbi Yehuda. It is permitted to squeeze all other fruits, in accordance with the conclusion of the Gemara in *Shabbat* 143b (Rambam *Sefer Zemanim, Hilkhot Shabbat* 21:12; *Shulḥan Arukh, Oraḥ Ḥayyim* 320:1).

NOTES

Here initially it was designated as food – הָכָא מֵעִיקָּרָא אוֹכְלָא: This is according to the conclusion reached on the previous *amud* that an animal during its lifetime is designated for consumption; therefore, the meat of the animal is not lacking preparation. Otherwise, there would be no permitted way to slaughter an animal on a Festival according to Rabbi Yehuda.

One may not squeeze fruits on Shabbat in order to extract liquids from them – אֵין סוֹחֲטִין אֶת הַפֵּירוֹת לְהוֹצִיא מֵהֶן מַשְׁקִין: It is prohibited to squeeze fruit, due to the prohibited labor of extracting food from its natural state. This in turn is a subcategory of the primary category of labor of threshing, which entails removing kernels of grain from their stalks. This prohibition against squeezing fruit applies only when one squeezes it for use as liquid. If one squeezes the fruit to add the liquid to food as seasoning, he is not liable for extracting because it was initially food and remained food.

Rabbi Yehuda conceded to the Rabbis in the case of baskets of olives and grapes – מוֹדֶה הָיָה רַבִּי יְהוּדָה לַחֲכָמִים בְּסַלֵּי זֵיתִים וַעֲנָבִים: The dispute between Rabbi Yehuda and the Rabbis is with regard to fruits like mulberries and pomegranates that are not designated uniquely for their liquids although there are those who squeeze them for their liquids. The Rabbis deem the liquids that seep from them forbidden in every case, and Rabbi Yehuda deems the liquids permitted if one had designated the fruit for consumption (*Shabbat* 143b).

NOTES

Rather Rav Sheshet…said it is the opinion of Rabbi Yehuda with regard to lamps – אֶלָּא אָמַר רַב שֵׁשֶׁת...רַבִּי יְהוּדָה דְּנֵרוֹת הִיא: After rejecting the possibility that Rabbi Yehuda deems an animal that was slaughtered on Shabbat forbidden for that day because it was not prepared for eating before Shabbat, or because of a decree lest one come to slaughter an animal on Shabbat, or because it is an item that came into being, Rav Sheshet, or according to other versions, Rav Sheisha, son of Rav Idi, suggests that since the animal was set aside from use due to a prohibition during twilight on Shabbat eve it is prohibited for the entire Shabbat, even after the prohibition is no longer a factor.

HALAKHA

One may move a new lamp but one may not move an old lamp – מְטַלְטְלִין נֵר חָדָשׁ אֲבָל לֹא יָשָׁן: It is permitted to move a lamp that was not kindled on that Shabbat, even if it is repugnant, e.g., a kerosene lamp with a foul odor, because items that are repugnant are not set aside from use, contrary to the opinion of Rabbi Yehuda and in accordance with the opinion of Rabbi Shimon and the conclusion of the Gemara (*Shabbat* 157a). Nevertheless, it is permitted to move the lamp only for the purpose of utilizing the object itself or for utilizing its place, because it is a utensil whose primary function is for a prohibited use (Rambam *Sefer Zemanim*, *Hilkhot Shabbat* 25:11; *Shulḥan Arukh*, *Oraḥ Ḥayyim* 279:6 and *Magen Avraham* and *Beur Halakha* there).

אֶלָּא אָמַר רַב שֵׁשֶׁת בְּרֵיהּ דְּרַב אִידִי: רַבִּי יְהוּדָה דְּנֵרוֹת הִיא, דְּתַנְיָא: מְטַלְטְלִין נֵר חָדָשׁ אֲבָל לֹא יָשָׁן, דִּבְרֵי רַבִּי יְהוּדָה.

Rather, Rav Sheshet, son of Rav Idi, said: When Rav said that the *halakha* that it is prohibited to consume the animal that day is the opinion of Rabbi Yehuda, the reference **is** to the opinion of **Rabbi Yehuda with regard to lamps,**[NB] **as it is taught** in a *baraita*: **One may move,** for purposes other than lighting it, **a new** earthenware **lamp** that was never used. **But** one may **not** move **an old** lamp[H] covered with residue of oil and soot, because a person sets it aside from use due to repugnance. Since it was set aside[B] at the beginning of Shabbat, it is set aside for the entire Shabbat and it may not be moved even if a need to move it arises; this is **the statement of Rabbi Yehuda.** The same *halakha* applies with regard to an animal slaughtered on Shabbat: Since it was prohibited when Shabbat began as the limb of a living being, it remains prohibited for the entire Shabbat.

אֵימַר דְּשָׁמְעַתְּ לֵיהּ לְרַבִּי יְהוּדָה – בְּמוּקְצֶה מֵחֲמַת מִיאוּס, מוּקְצֶה מֵחֲמַת אִיסּוּר מִי שָׁמְעַתְּ לֵיהּ? אִין, דְּתְנַן, רַבִּי יְהוּדָה אוֹמֵר:

The Gemara rejects that analogy. **Say that you heard Rabbi Yehuda** rule that it is prohibited for the entire Shabbat **in** a case where it is **set aside due to repugnance,** like the old lamp. **Did you hear** that **he** said that it is prohibited for the entire Shabbat in a case where it is **set aside due to a prohibition,** like the animal? The Gemara answers: **Yes, as we learned** in a *baraita* that **Rabbi Yehuda says:**

BACKGROUND

Lamps – נֵרוֹת:

Earthenware lamp from the talmudic period

Set aside [*muktze*] – מוּקְצֶה: This describes an item that it is prohibited to move on Shabbat and Festivals, because its typical use involves an activity that is not permitted on these days. Among the different types of items included in this category are (1) an item set aside due to itself, which includes raw materials that were not prepared for use before Shabbat, e.g., dirt and stones; (2) a utensil whose typical use is prohibited on Shabbat, e.g., a pen; (3) an item set aside from use due to repugnance; (4) an item set aside from use due to monetary loss, i.e., a valuable object or an item that is intended for sale, which is therefore not used for any other purpose; (5) an item set aside by specific action that indicates that one does not intend to use it on Shabbat, e.g., wet garments that were washed before Shabbat, which one did not expect would be dry enough to be worn on Shabbat. According to some *tanna'im* and *amora'im*, items included in some of these categories may be moved on Shabbat and Festivals.

Perek **I**
Daf **15** Amud **a**

BACKGROUND

One may move all metal lamps – כׇּל נֵרוֹת שֶׁל מַתֶּכֶת מְטַלְטְלִין:

Metal lamp from the talmudic period, discovered in Beit She'an

כׇּל נֵרוֹת שֶׁל מַתֶּכֶת מְטַלְטְלִין, חוּץ מִן הַנֵּר שֶׁהִדְלִיקוּ בּוֹ בְּאוֹתָהּ שַׁבָּת.

One may move all metal lamps[HB] on Shabbat, even old ones, because they do not become repugnant like earthenware lamps, **except for** a metal **lamp that one kindled on that same Shabbat** and that was burning when Shabbat began, which it is prohibited to move for the entire Shabbat due to the prohibition against extinguishing.

וְדִלְמָא שָׁאנֵי הָתָם, דְּהוּא דָּחֵי לֵיהּ בְּיָדַיִם!

The Gemara rejects that analogy. **And perhaps** it **is different there,** in the case of the burning lamp, **as he set it aside by** direct **action** when he kindled the lamp. By contrast, in the case of an animal, he did not set it aside, and therefore, perhaps once it is slaughtered it is permitted.

HALAKHA

One may move all metal lamps, etc. – כׇּל נֵרוֹת שֶׁל מַתֶּכֶת מְטַלְטְלִין וכו׳: It is prohibited to move a lamp that was burning on Shabbat, even after the flame is extinguished, even for the purpose of utilizing the object itself or for utilizing its place, because during twilight it was set aside from use due to its prohibition, in accordance with the opinion of Rabbi Yehuda and the conclusion of the Gemara (*Shabbat* 157a). The Rema writes that if one is a delicate person and is particularly bothered by the repugnant lamp, it is permitted to move it (Rambam *Sefer Zemanim*, *Hilkhot Shabbat* 25:10; *Shulḥan Arukh*, *Oraḥ Ḥayyim* 279:1–2).

אֶלָּא אָמַר רַב אַשִׁי: רַבִּי יְהוּדָה דִּמְבַשֵּׁל הִיא, דִּתְנַן: הַמְבַשֵּׁל בְּשַׁבָּת, בְּשׁוֹגֵג – יֹאכַל, בְּמֵזִיד – לֹא יֹאכַל, דִּבְרֵי רַבִּי מֵאִיר;

Rather, Rav Ashi said: When Rav said that the *halakha* that consumption of the animal is prohibited for that day is the opinion of Rabbi Yehuda, the reference **is** to the opinion of **Rabbi Yehuda with regard to one who cooks, as we learned** in a *baraita*: With regard to **one who cooks on Shabbat,**[H] if he did so **unwittingly, he may eat** what he cooked. If he acted **intentionally, he may not eat**[N] what he cooked. This is **the statement of Rabbi Meir.**

רַבִּי יְהוּדָה אוֹמֵר: בְּשׁוֹגֵג – יֹאכַל בְּמוֹצָאֵי שַׁבָּת, בְּמֵזִיד – לֹא יֹאכַל עוֹלָמִית;

Rabbi Yehuda says: If he cooked the food **unwittingly, he may eat** it **at the conclusion of Shabbat,**[N] as the Sages penalized even one who sinned unwittingly by prohibiting him from deriving immediate benefit from the dish that he cooked. If he cooked it **intentionally, he may never eat** from it.

רַבִּי יוֹחָנָן הַסַּנְדְּלָר אוֹמֵר: בְּשׁוֹגֵג – יֵאָכֵל לְמוֹצָאֵי שַׁבָּת לַאֲחֵרִים וְלֹא לוֹ, בְּמֵזִיד – לֹא יֵאָכֵל עוֹלָמִית, לֹא לוֹ וְלֹא לַאֲחֵרִים.

Rabbi Yoḥanan HaSandlar says:[N] If he acted **unwittingly,** the food **may be eaten at the conclusion of Shabbat by others, but not by him.** If he cooked the food **intentionally, it may never be eaten, neither by him nor by others.** According to Rav, the mishna is referring to a case where one slaughtered the animal unwittingly. According to Rabbi Yehuda, the slaughter is valid but it is prohibited to eat the animal on Shabbat.

וְנוֹקְמַהּ בְּמֵזִיד, וְרַבִּי מֵאִיר!

The Gemara challenges this: **And let us interpret** the mishna as referring **to** a case where he slaughtered the animal **intentionally, and** explain that it is in accordance with the opinion of **Rabbi Meir,** who rules that eating the animal in such a case is permitted only after the conclusion of Shabbat.

לָא סָלְקָא דַּעְתָּךְ, דְּקָתָנֵי דּוּמְיָא דְּיוֹם הַכִּפּוּרִים, מָה יוֹם הַכִּפּוּרִים, לָא שְׁנָא בְּשׁוֹגֵג וְלָא שְׁנָא בְּמֵזִיד – לָא אָכֵיל, אַף הָכָא נָמֵי, לָא שְׁנָא בְּשׁוֹגֵג וְלָא שְׁנָא בְּמֵזִיד – לָא אָכֵיל.

The Gemara responds: That possibility should **not enter your mind, as** the case of slaughter on Shabbat is juxtaposed to and **taught** in a manner **similar to** the case of slaughter on **Yom Kippur. Just as** with regard to slaughter on **Yom Kippur,** it **is no different** whether one slaughtered it **unwittingly and** it **is no different** whether he slaughtered it **intentionally, he may not eat** it that day due to the fast, **so too here,** with regard to slaughter on Shabbat, it **is no different** whether he slaughtered it **unwittingly and** it **is no different** whether he slaughtered it **intentionally, he may not eat** it that day. Rabbi Meir, though, deems it permitted for one who cooked unwittingly to eat the cooked food on Shabbat.

HALAKHA

One who cooks on Shabbat – הַמְבַשֵּׁל בְּשַׁבָּת: With regard to one who cooks on Shabbat or performs any other prohibited labor, if he did so intentionally, it is prohibited for him to benefit from that labor forever, and for others it is permitted to benefit from it immediately at the conclusion of Shabbat. If he performed the labor unwittingly, both for him and for others it is prohibited to benefit from it during that day and it is permitted to benefit from it immediately at the conclusion of Shabbat, in accordance with the opinion of Rabbi Yehuda. Others rule in accordance with the opinion of Rabbi Meir that if he performed the labor intentionally, it is prohibited for both him and others until the conclusion of Shabbat, and if he performed the labor unwittingly, it is permitted even for him immediately (*Tosafot*; Gra). In exigent circumstances one may rely on the lenient opinion in a case where he performed the labor unwittingly (Rambam *Sefer Zemanim*, *Hilkhot Shabbat* 6:23; *Shulḥan Arukh*, *Oraḥ Ḥayyim* 318:1 and *Mishna Berura* there).

NOTES

If he did so unwittingly he may eat what he cooked, if he acted intentionally he may not eat – בְּשׁוֹגֵג יֹאכַל בְּמֵזִיד לֹא יֹאכַל: According to Rabbi Meir, if one cooked unwittingly on Shabbat he himself may eat it even that day, and if he did so intentionally it is prohibited both for him and for others to eat the cooked food until the conclusion of Shabbat. This *halakha* with regard to intentional cooking could have been phrased in the passive: It may not be eaten neither by him nor by others. Nevertheless, since it was necessary to phrase the case of unwitting cooking in the active: He may eat, to underscore that it is permitted even for the one who cooked the food, the *tanna* phrased the case of intentional cooking in the active as well. Likewise, with regard to the *halakha* stated by Rabbi Yehuda, since in the case of intentional cooking it was necessary to phrase the case in the active to underscore that it is prohibited forever for the one who cooked it, the *tanna* employed the active: He may eat, in the case of unwitting cooking even though in that case it could have been phrased in the passive, since it is permitted at the conclusion of Shabbat both for the one who cooked it and for others (Rashi). Rashi also cites and rejects an opinion that the use of the active form in the opinions of both Rabbi Meir and Rabbi Yehuda was because both limit their stringent rulings only to the one who cooked the food.

If he cooked it unwittingly he may eat it at the conclusion of Shabbat – בְּשׁוֹגֵג יֹאכַל בְּמוֹצָאֵי שַׁבָּת: It is permitted at the conclusion of Shabbat both to the one who cooked it and to others, but on Shabbat itself neither he nor others may eat from the cooked food, so that they do not benefit from the desecration, albeit unwitting, of Shabbat. If it was cooked intentionally, it is prohibited forever only for the one who cooked it, as a penalty for the intentional desecration of Shabbat.

In the case where it is permitted to eat food cooked on Shabbat at the conclusion of Shabbat, it is not permitted immediately. Rather, one must wait for a period equivalent to the time it would take to prepare the food, so that he not benefit at all from his misdeed. This is similar to the sanction imposed by the Sages upon one for whom a gentile performed a prohibited labor on Shabbat (Rashi; *Halakhot Gedolot*). Other early commentaries hold that this sanction is imposed only in the case of a gentile who performed the labor on behalf of a Jew, lest the Jew instruct the gentile to perform labor on his behalf on Shabbat, as that is perceived as a minor infraction. With regard to severe violations, e.g., cooking on Shabbat, there is no reason to issue a decree, as a Jew will not cook on Shabbat. Therefore, the food is permitted immediately after Shabbat (Ramban, citing later *ge'onim*; Rashba, citing Rabbeinu Yona).

Rabbi Yoḥanan HaSandlar says – רַבִּי יוֹחָנָן הַסַּנְדְּלָר אוֹמֵר: The early commentaries explain that in this dispute the ruling of Rabbi Yehuda in the case of one who cooks unwittingly is parallel to the ruling of Rabbi Meir in the case of one who cooks intentionally. Likewise, the ruling of Rabbi Yoḥanan HaSandlar in the case of one who cooks unwittingly is parallel to the ruling of Rabbi Yehuda in the case of one who cooks intentionally. In tractate *Bava Kamma* (71a) the Gemara explains that the opinion of Rabbi Yoḥanan HaSandlar, who deems it prohibited even for others to eat food cooked intentionally, is not based on a rabbinic decree. Rather, it is based on the verse written with regard to one who desecrates Shabbat intentionally: "As it is sacred for you" (Exodus 31:14): Just as it is prohibited to eat that which is sacred, so too is it prohibited to eat food prepared by a prohibited action on Shabbat. Nevertheless, it is permitted to derive benefit from it, as it is written: "For you." If one cooks unwittingly, the food is forbidden until the conclusion of Shabbat due to a decree lest he cook intentionally (Rashi).

וּמִי מָצֵית מוֹקְמַתְּ לָהּ בְּשׁוֹגֵג וְרַבִּי יְהוּדָה? וְהָא ״אַף עַל פִּי שֶׁמִּתְחַיֵּיב בְּנַפְשׁוֹ״ קָתָנֵי! הָכִי קָאָמַר: אַף עַל פִּי דִּבְמֵזִיד מִתְחַיֵּיב בְּנַפְשׁוֹ הוּא, הָכָא דִּבְשׁוֹגֵג שְׁחִיטָתוֹ כְּשֵׁרָה.

The Gemara asks: **And can you interpret** the mishna as referring **to** a case of **unwitting** slaughter **and** in accordance with the opinion of **Rabbi Yehuda? But isn't it taught** in the mishna: **Although he is liable to** receive the **death** penalty? One is liable to be executed only if he intentionally performs labor on Shabbat. The Gemara answers that **this** is what the mishna **is saying: Although** if he slaughtered it **intentionally he is liable to** receive the **death** penalty, **here,** in a case **where** he slaughtered the animal **unwittingly, his slaughter is valid.**

וְנוֹקְמַהּ כְּרַבִּי יוֹחָנָן הַסַּנְדְּלָר דְּאָמַר: לָא שְׁנָא בְּשׁוֹגֵג וְלָא שְׁנָא בְּמֵזִיד לָא אָכֵיל! רַבִּי יוֹחָנָן הַסַּנְדְּלָר קָמַפְלִיג בְּמוֹצָאֵי שַׁבָּת – לַאֲחֵרִים וְלֹא לוֹ, תַּנָּא דִּידַן ״שְׁחִיטָתוֹ כְּשֵׁרָה״ קָתָנֵי, לָא שְׁנָא לוֹ וְלָא שְׁנָא לַאֲחֵרִים.

The Gemara challenges: **And let us interpret** the mishna **in accordance with** the opinion of **Rabbi Yoḥanan HaSandlar, who says:** It **is no different** whether he cooked **unwittingly and** it **is no different** whether he cooked **intentionally; he may not eat it** on Shabbat. The Gemara explains: **Rabbi Yoḥanan HaSandlar draws a distinction with regard to the conclusion of Shabbat,** in that he permits eating food cooked on Shabbat **for others and not for him,** while **the** ***tanna*** **of our** mishna **teaches: His slaughter is valid,** without qualification, indicating that with regard to his ruling it **is no different for him and** it **is no different for others.**

תָּנֵי תַּנָּא קַמֵּיהּ דְּרַב: הַמְבַשֵּׁל בְּשַׁבָּת, בְּשׁוֹגֵג – יֹאכַל, בְּמֵזִיד – לֹא יֹאכַל, וּמַשְׁתִּיק לֵיהּ רַב.

§ **The** ***tanna***[B] **taught** a ***baraita*** **before Rav: One who cooks on Shabbat unwittingly may eat** the food that he cooked; if he did so **intentionally, he may not eat** the food that he cooked, **and Rav silenced him.**

מַאי טַעְמָא מַשְׁתִּיק לֵיהּ? אִילֵימָא מִשּׁוּם דִּסְבִירָא לֵיהּ כְּרַבִּי יְהוּדָה, וְתַנָּא תָּנֵי כְּרַבִּי מֵאִיר? מִשּׁוּם דִּסְבִירָא לֵיהּ כְּרַבִּי יְהוּדָה, מַאן דְּתָנֵי כְּרַבִּי מֵאִיר מַשְׁתִּיק לֵיהּ?!

The Gemara asks: **What is the reason** that **Rav silenced him? If we say** it is **because** Rav **holds in accordance with** the opinion of **Rabbi Yehuda and the** ***tanna*** **taught** the *baraita* **in accordance with** the opinion of **Rabbi Meir,** can it be that merely **because he holds in accordance with** the opinion of **Rabbi Yehuda he silences one who teaches** a *baraita* **in accordance with** the opinion of **Rabbi Meir?**

וְעוֹד, מִי סָבַר לָהּ כְּרַבִּי יְהוּדָה? וְהָאָמַר רַב חָנָן בַּר אַמִי: כִּי מוֹרֵי לְהוּ רַב לְתַלְמִידֵיהּ – מוֹרֵי לְהוּ כְּרַבִּי מֵאִיר, וְכִי דָּרֵישׁ בְּפִירְקָא – דָּרֵישׁ כְּרַבִּי יְהוּדָה, מִשּׁוּם עַמֵּי הָאָרֶץ!

And furthermore, does Rav **hold in accordance with** the opinion of **Rabbi Yehuda? But doesn't Rav Ḥanan bar Ami say: When Rav issues a ruling to his students, he issues a ruling in accordance with** the opinion of **Rabbi Meir, and when he teaches in** his **public lecture** delivered on the Festival, **he teaches in accordance with** the opinion of **Rabbi Yehuda, due to** his concern that **the ignoramuses** would treat the prohibition of labor on Shabbat with disdain?

וְכִי תֵּימָא: תַּנָּא בְּפִירְקֵיהּ תְּנָא קַמֵּיהּ, אַטּוּ כּוּלֵּי עָלְמָא לְתַנָּא צָיְיתִי? לְאָמוֹרָא צָיְיתִי!

And if you would say that **the** ***tanna*** **taught** the *baraita* **before** Rav **during the public lecture** and Rav silenced him so that the ignoramuses would not learn from him, **is that to say** that **everyone** attending the public lecture **listens to the** ***tanna***[N] who is citing the *baraita*? There is no need to silence the *tanna*, because **they listen to the disseminator** [*amora*],[B] the Sage who repeats what he hears from Rav loudly for the benefit of those attending the lecture, and the *amora* quoted Rav's ruling in accordance with the opinion of Rabbi Yehuda.

NOTES

Is that to say that everyone attending the public lecture listens to the ***tanna*** **– אַטּוּ כּוּלֵּי עָלְמָא לְתַנָּא צָיְיתִי:** Rashi explains that the *tanna* would sit and study alone during the lecture and there was certainly no concern that the ignoramuses would pay attention to the *tanna*, as they were engaged in listening to the *amora* who would disseminate the lecture of the Sage, in this case Rav. Rabbeinu Gershom Meor HaGola understands that the *tanna* too would study aloud, but he would study in Hebrew, while the ignoramuses listened to the *amora*, who translated the lecture into Aramaic.

BACKGROUND

Tanna – תַּנָּא: This term is employed in the Talmud in two different senses. One is a Sage of the mishna, and the other is one who recited *mishnayot* and *baraitot* in the study hall, to whom the Gemara here is referring. His role was crucial; since it was prohibited to write the Oral Law (see *Gittin* 60b), it was necessary to have a walking library who could recite the tannaitic literature in the study hall. The discourse in the study hall was based on his accurate memory.

Since the role of the *tanna* was to recite the *mishnayot* and *baraitot* before the *amora'im* precisely according to the tradition that he received, his role did not include explaining, questioning, nor, obviously, resolving contradictions between tannaitic sources. Indeed, the *tanna'im* were often not prominent Torah scholars, and about them the Gemara says: The *tanna'im* erode the world, as they issue halakhic rulings based on their knowledge of Mishna (*Sota* 22a).

Disseminator [*amora*] – אָמוֹרָא: The *amora* is also called the *meturgeman*, literally translator. He was typically a Torah scholar, occasionally a prominent Torah scholar, whose job was to translate the lecture of the Sage from Hebrew to Aramaic and to do so loudly. Occasionally, there were several disseminators for a single lecture if there was an especially large crowd. Often the disseminator did not only translate, but he also elaborated on the fundamental principles articulated by the Sage. That is why the Sages of the Gemara characterized themselves as *amora'im*, as they viewed themselves as filling the role of disseminator for the Sages of the Mishna.

אָמַר רַב נַחְמָן בַּר יִצְחָק: תָּנָא, שׁוֹחֵט תָּנָא קַמֵּיהּ דְּרַב: הַשּׁוֹחֵט בְּשַׁבָּת, בְּשׁוֹגֵג – יֹאכַל, בְּמֵזִיד – לֹא יֹאכַל. אֲמַר לֵיהּ: מַאי דַּעְתָּיךְ, כְּרַבִּי מֵאִיר? עַד כָּאן לָא קָשָׁרֵי רַבִּי מֵאִיר אֶלָּא בִּמְבַשֵּׁל, דְּרָאוּי לָכוֹס, אֲבָל שׁוֹחֵט דְּאֵין רָאוּי לָכוֹס – לָא!

Rav Naḥman bar Yitzḥak said: The *tanna* taught the *halakha* of one who **slaughters before Rav: One who slaughters** an animal **on Shabbat unwittingly may eat** from the slaughtered animal; if he slaughtered it **intentionally, he may not eat** from the slaughtered animal. Rav **said to** the *tanna*: **What do you think,** that the *halakha* is **in accordance with** the opinion of **Rabbi Meir? Rabbi Meir deems** eating **permitted only in** the case of **one who cooks** unwittingly on Shabbat, **as** even before he cooks the food **it is fit to be chewed** [*lakhos*],[L] i.e., to be eaten uncooked, in a permitted manner, and therefore it was not set aside from use when Shabbat began. **But** in the case of one who **slaughters** an animal, **where** the meat was **not fit to chew,** Rabbi Meir does **not**[N] permit eating it on Shabbat, because it was set aside from use on Shabbat.

וְהָא מַתְנִיתִין, דְּשׁוֹחֵט הוּא, וְאָמַר רַב הוּנָא, דָּרֵשׁ חִיָּיא בַּר רַב מִשְּׁמֵיהּ דְּרַב: אֲסוּרָה בַּאֲכִילָה לְיוֹמָא, וְנָסְבִין חַבְרַיָּא לְמֵימַר רַבִּי יְהוּדָה הִיא; הָא רַבִּי מֵאִיר שָׁרֵי!

The Gemara asks: **But isn't the mishna** addressing the case **of one who slaughters** an animal, **and Rav Huna says** that **Ḥiyya bar Rav taught in the name of Rav: Consumption** of the animal is **prohibited for** that **day, and** the members of **the company** of Sages, i.e., those in the academy, **tended to say** that this *halakha* **is** the opinion of **Rabbi Yehuda,** from which it may be inferred: **But Rabbi Meir permits** consumption of the slaughtered animal even on Shabbat, and he is not concerned that the animal was set aside from use when Shabbat began?

כִּי שָׁרֵי רַבִּי מֵאִיר,

The Gemara answers: **When Rabbi Meir permits** consumption of the slaughtered animal even on Shabbat,

LANGUAGE

To be chewed [*lakhos*] – לָכוֹס: This verb also appears in the form of *likhsos*, from the Hebrew root *kaf, samekh, samekh*, and a similar construct is used in Akkadian, *kasasu*, as well as in Aramaic. It means to gnaw, to cut with one's teeth, or to chew. Rashi explains that this term appears here and elsewhere in the sense of a form of eating that deviates from the typical manner of eating that food.

NOTES

But in the case of one who slaughters where it was not fit to chew, Rabbi Meir does not – אֲבָל שׁוֹחֵט דְּאֵין רָאוּי לָכוֹס לָא: Rav, as opposed to the Gemara earlier, holds that there is no distinction between an item that one actively set aside, e.g., a lamp that one kindled before Shabbat, and an item that is set aside naturally, e.g., a living animal. Rather, according to Rav, it is prohibited to move all items that are set aside from use.

Perek **I**
Daf **15** Amud **b**

כְּגוֹן שֶׁהָיָה לוֹ חוֹלֶה מִבְּעוֹד יוֹם.

it is in a case **where one had** a critically **ill** person in his household **while it was still day,** before Shabbat, as it is permitted to slaughter the animal for such a person even on Shabbat. Therefore, the unslaughtered animal was not set aside from use.

אִי הָכִי, מַאי טַעְמָא דְּרַבִּי יְהוּדָה דְּאָסַר? כְּגוֹן שֶׁהָיָה לוֹ חוֹלֶה וְהִבְרִיא.

The Gemara asks: **If so, what is the reason that Rabbi Yehuda prohibited** consumption of the meat on Shabbat? The Gemara answers: He issued this ruling in a case **where one had** a critically **ill** person in his household before Shabbat **and** that person **recovered.** In that case, although the unslaughtered animal was not set aside from use when Shabbat began, it is prohibited to slaughter it on Shabbat. According to Rabbi Yehuda, if he slaughtered it unwittingly, its consumption is prohibited on Shabbat.

וְכִי הָא דְּאָמַר רַב אַחָא בַּר אַדָּא אָמַר רַב, וְאָמְרִי לָהּ אָמַר רַבִּי יִצְחָק בַּר אַדָּא אָמַר רַב: הַשּׁוֹחֵט לְחוֹלֶה בְּשַׁבָּת – אָסוּר לְבָרִיא, הַמְבַשֵּׁל לְחוֹלֶה בְּשַׁבָּת – מוּתָּר לְבָרִיא;

And that which Rav silenced the *tanna* for not stating that an unslaughtered animal is set aside from use, even when the prohibited labor of slaughter was performed unwittingly, is **in accordance with that which Rav Aḥa bar Adda says** that **Rav says, and some say** it is that which **Rabbi Yitzḥak bar Adda says** that **Rav says:** In the case of **one who slaughters** an animal **to** feed **an ill** person **on Shabbat,** it is **prohibited for a healthy** person to partake of the slaughtered animal on Shabbat. In a case of **one who cooks** food **to** feed **an ill** person **on Shabbat,**[H] it is **permitted for a healthy** person to partake of that food.

מַאי טַעְמָא? הַאי רָאוּי לָכוֹס, וְהַאי אֵינוֹ רָאוּי לָכוֹס.

What is the reason for this distinction? **This** food **was fit to be chewed** before it was cooked, and therefore it was not set aside from use when Shabbat began, **and** the meat of **that** animal **was not fit to be chewed** before the animal was slaughtered, and therefore it was set aside from use when Shabbat began.

HALAKHA

One who slaughters…one who cooks food to feed an ill person on Shabbat – הַשּׁוֹחֵט...הַמְבַשֵּׁל לְחוֹלֶה בְּשַׁבָּת: If one slaughters an animal on Shabbat for a critically ill person, whether he fell ill before Shabbat or fell ill on Shabbat itself, it is permitted for a healthy person to eat it uncooked on Shabbat. If one cooks or performs another prohibited labor on Shabbat for a critically ill person, it is prohibited for a healthy or a moderately ill person to eat what remains, due to the concern that one will increase the amount of food that he is cooking on behalf of the healthy person. Nevertheless, it is permitted to eat the food immediately at the conclusion of Shabbat (*Peri Megadim*), in accordance with the opinion of Rav Dimi (Rambam *Sefer Zemanim, Hilkhot Shabbat* 2:9; *Shulḥan Arukh, Oraḥ Ḥayyim* 318:2).

LANGUAGE

Raw meat [*umtza*] – אוּמְצָא: This word derives from Middle Persian and may be related to the words xāmīz, meaning pickled meat, and xām, meaning raw.

BACKGROUND

Hand sickle – מַגַּל יָד: Rashi describes this as an implement that we would recognize today as a sickle. The Ra'avad, however, holds that this describes an implement with a straight edge, similar to a hatchet.

Hand sickle according to Rashi

Hand sickle according to the Ra'avad

Flint – צוֹר:

Ancient flint knife

Harvest sickle – מַגַּל קָצִיר:

Sickle with serrated edge

Saw – מְגֵירָה:

Reconstruction of a Roman saw with serrations

Teeth – שִׁינַּיִם: The mandibles of some animals can be used as cutting implements if sharpened properly.

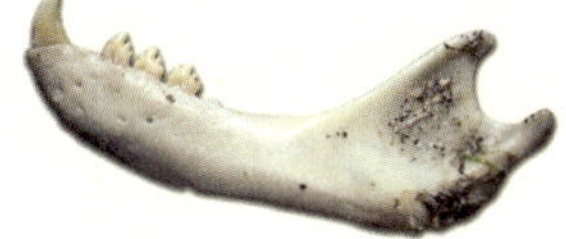

Jawbone of a harbor seal

אָמַר רַב פָּפָּא: פְּעָמִים שֶׁהַשּׁוֹחֵט מוּתָּר – כְּגוֹן שֶׁהָיָה לוֹ חוֹלֶה מִבְּעוֹד יוֹם, מְבַשֵּׁל אָסוּר – כְּגוֹן שֶׁקָּצַץ לוֹ דְּלַעַת.

Rav Pappa says: There are **times when one slaughters** for an ill person on Shabbat and it is **permitted** for a healthy person to eat the meat on Shabbat, such as **where he had** a critically **ill** person in his household before Shabbat and the animal was designated for slaughter **while it was still day,** before Shabbat; in that case, it was not set aside from use. And there are times when one **cooks** on Shabbat for an ill person and it is **prohibited** for a healthy person to eat the food on Shabbat, such as **where one cut a gourd** that was attached to the ground **for** the ill person[N] on Shabbat. Because it is prohibited to detach the gourd on Shabbat, it is set aside from use and forbidden.

אָמַר רַב דִּימִי מִנְּהַרְדְּעָא, הִלְכְתָא: הַשּׁוֹחֵט לְחוֹלֶה בְּשַׁבָּת – מוּתָּר לְבָרִיא בְּאוּמְצָא, מַאי טַעְמָא? כֵּיוָן דְּאִי אֶפְשָׁר לִכְזַיִת בָּשָׂר בְּלֹא שְׁחִיטָה, כִּי קָא שָׁחֵיט – אַדַּעְתָּא דְּחוֹלֶה קָא שָׁחֵיט; הַמְבַשֵּׁל לְחוֹלֶה בְּשַׁבָּת – אָסוּר לְבָרִיא, גְּזֵירָה שֶׁמָּא יַרְבֶּה בִּשְׁבִילוֹ.

Rav Dimi of Neharde'a says that **the *halakha*** is: In the case of **one who slaughters for an ill** person **on Shabbat,** it is **permitted**[N] **for a healthy** person **to** eat the **raw meat** [*be'umtza*].[L] **What is the reason** that it is permitted? **Since it is impossible for an olive-bulk of meat** to be permitted **without slaughter** of the entire animal, **when he slaughters** the animal, **he slaughters** it **with the ill** person **in mind.** Since slaughter of the animal was permitted, all its meat is permitted even for a healthy person. In the case of **one who cooks for an ill** person **on Shabbat,** it is **prohibited for a healthy** person to eat the food on Shabbat. What is the reason that it is prohibited? It is due to a rabbinic **decree lest he increase** the amount of food that he is cooking **on behalf of** the healthy person.

מתני׳ הַשּׁוֹחֵט בְּמַגַּל יָד, בְּצוֹר, וּבְקָנֶה – שְׁחִיטָתוֹ כְּשֵׁרָה.

MISHNA In the case of **one who slaughters** an animal **with** the smooth side of **a hand sickle,**[BH] which has both a smooth and a serrated side, or **with** a sharpened **flint,**[B] **or with a reed** that was cut lengthwise and sharpened, **his slaughter is valid.**

הַכֹּל שׁוֹחֲטִין, וּלְעוֹלָם שׁוֹחֲטִין, וּבַכֹּל שׁוֹחֲטִין, חוּץ מִמַּגַּל קָצִיר וְהַמְּגֵירָה וְהַשִּׁינַּיִם וְהַצִּיפּוֹרֶן, מִפְּנֵי שֶׁהֵם חוֹנְקִין.

All slaughter [*hakkol shoḥatin*], **and one may always slaughter, and one may slaughter with any** item[H] that cuts, **except for** the serrated side of **the harvest sickle,**[B] **a saw,**[B] **the teeth**[B] of an animal when attached to its jawbone, **and a fingernail, because** they are serrated and **they** consequently **strangle** the animal and do not cut its windpipe and gullet as required.

NOTES

Where one cut a gourd that was attached to the ground for the ill person – כְּגוֹן שֶׁקָּצַץ לוֹ דְּלַעַת: Rashi explains that the reference is to a gourd that was attached to the ground, and the reason is that it was set aside from use due to the prohibition against detaching it. *Tosafot* explain that the reference is to a gourd that was detached before Shabbat, and it is considered set aside because it is fit for consumption by a person only after it is cooked, and is not even fit for chewing prior to that.

In the case of one who slaughters for an ill person on Shabbat it is permitted – הַשּׁוֹחֵט לְחוֹלֶה בְּשַׁבָּת מוּתָּר: Rashi explains that the reference is to one who was ill before Shabbat, because if he had fallen ill on Shabbat, the animal would have already been set aside from use, as was explained earlier with regard to the opinions of Rabbi Meir and Rabbi Yehuda. That is the ruling of the Ra'avad as well. By contrast, the Rambam rules that this is the *halakha* even if the person fell ill on Shabbat, as the *halakha* is in accordance with the opinion of Rabbi Shimon, who holds that an item is set aside due to prohibition only if one actively set it aside, e.g., a lamp that was kindled (*Kesef Mishne*).

HALAKHA

One who slaughters with a hand sickle – הַשּׁוֹחֵט בְּמַגַּל יָד: One may not slaughter *ab initio* with the smooth side of a knife that is smooth on one side and serrated on the other, lest he come to slaughter with the other side. If he slaughtered with the smooth side, the slaughter is valid after the fact, in accordance with the inference of the Gemara. The same *halakha* applies if one slaughtered using a long knife with a notch where the smooth surface is long enough to perform a valid slaughter. In this case, one may not slaughter with it *ab initio* even if he wrapped a cloth around the notch. Nevertheless, if he slaughtered with it and says that he is certain that the notch did not touch the neck of the animal, his slaughter is valid (Rambam *Sefer Kedusha*, *Hilkhot Sheḥita* 1:22; *Shulḥan Arukh*, *Yoreh De'a* 6:1, and in the comment of Rema).

One may slaughter with any item, etc. – בַּכֹּל שׁוֹחֲטִין וכו׳: One may slaughter with any implement that cuts if its blade is sharp and has no notches, e.g., a knife, a flint, a reed, glass, a single tooth attached to the jaw of an animal, or a single fingernail. One may not slaughter with several teeth or fingernails, as that would be tantamount to slaughtering with a serrated edge (see 18a), and it is prohibited to slaughter with a blade that is not uniformly sharp but serrated, e.g., the serrated edge of a sickle, a saw, the jaw of an animal with several teeth, or a reed from which splinters separate (Rambam *Sefer Kedusha*, *Hilkhot Sheḥita* 1:14, 19, 21–22; *Shulḥan Arukh*, *Yoreh De'a* 6:1, 3, and in the comment of Rema).

גמ׳ ״הַשּׁוֹחֵט״ – דִּיעֲבַד אִין, לְכַתְּחִלָּה לָא. בִּשְׁלָמָא בְּמַגַּל יָד – דִּלְמָא אָתֵי לְמֶעְבַּד בְּאִידָּךְ גִּיסָא, אֶלָּא צוֹר וְקָנֶה לְכַתְּחִלָּה לָא? וּרְמִינְהִי: בַּכֹּל שׁוֹחֲטִין, בֵּין בְּצוֹר, בֵּין בִּזְכוֹכִית, בֵּין בִּקְרוּמִית שֶׁל קָנֶה!

GEMARA The Gemara notes that the language of the mishna, which states: **One who slaughters** an animal with a hand sickle, with a flint, or with a reed, rather than: One may slaughter, indicates that **after the fact, yes,** the slaughter is valid, but one may **not** slaughter with those blades ***ab initio***. The Gemara asks: **Granted,** one may not slaughter it **with a hand sickle, lest he come to perform** the slaughter **with the other,** serrated, **side;**[N] **but** as **a flint and a reed** have no serrated side, is it so that one may **not** slaughter with those ***ab initio*?** **And** the Gemara **raises a contradiction** from a *baraita*: **One may slaughter with any** item that cuts, **whether with a flint, or with glass** shards, **or with the stalk of a reed.**

לָא קַשְׁיָא: כָּאן בְּתָלוּשׁ, כָּאן בִּמְחוּבָּר. דְּאָמַר רַב כָּהֲנָא: הַשּׁוֹחֵט בִּמְחוּבָּר לַקַּרְקַע – רַבִּי פּוֹסֵל וְרַבִּי חִיָּיא מַכְשִׁיר; עַד כָּאן לָא קָא מַכְשִׁיר רַבִּי חִיָּיא אֶלָּא בְּדִיעֲבַד, אֲבָל לְכַתְּחִלָּה לָא.

The Gemara answers: This is **not difficult. There,** where the *baraita* permits slaughter *ab initio*, it is referring to slaughter with a flint and a reed **when** they are **detached. Here,** where the mishna says that the slaughter is valid only after the fact, it is referring to slaughter with a flint and a reed **when** they are **attached** to the ground, **as Rav Kahana says:** In the case of **one who slaughters with** a blade that is **attached to the ground,**[H] **Rabbi** Yehuda HaNasi **deems** the slaughter **not valid and Rabbi Ḥiyya deems** it **valid.** The Gemara infers: Even **Rabbi Ḥiyya deems** the slaughter **valid only after the fact; but** one may **not** do so ***ab initio***.

בְּמַאי אוֹקֵימְתָּא? כְּרַבִּי חִיָּיא וְדִיעֲבַד. אֶלָּא הָא דְּתַנְיָא, בַּכֹּל שׁוֹחֲטִין: בֵּין בְּתָלוּשׁ, בֵּין בִּמְחוּבָּר, בֵּין שֶׁהַסַּכִּין לְמַעְלָה וְצַוָּאר בְּהֵמָה לְמַטָּה, בֵּין שֶׁהַסַּכִּין לְמַטָּה וְצַוָּאר בְּהֵמָה לְמַעְלָה, מַנִּי? לָא רַבִּי וְלָא רַבִּי חִיָּיא; אִי רַבִּי חִיָּיא – דִּיעֲבַד אִין, לְכַתְּחִלָּה לָא, אִי רַבִּי – דִּיעֲבַד נָמֵי לָא!

In accordance with which opinion **did you interpret** the mishna? Is it **in accordance with** the opinion of **Rabbi Ḥiyya, and** the slaughter is valid **after the fact? But** if so, with regard to **that which is taught** in a *baraita*: **One may slaughter with any** item that cuts, **whether with** a blade that is **detached** from the ground **or with** a blade that is **attached** to the ground, **whether the knife is above and the neck of the animal is below or the knife is below and the neck of the animal is above;** in accordance with **whose** opinion is it? It is in accordance **neither** with the opinion of **Rabbi** Yehuda HaNasi **nor** with the opinion of **Rabbi Ḥiyya. If** one would claim that it is in accordance with the opinion of **Rabbi Ḥiyya,** he says: **After the fact, yes,** the slaughter is valid, but it is **not** permitted to slaughter in this manner ***ab initio***. **If** one would claim that it is in accordance with the opinion of **Rabbi** Yehuda HaNasi, he says: **Even after the fact,** the slaughter is **not** valid.

לְעוֹלָם רַבִּי חִיָּיא, וַאֲפִילּוּ לְכַתְּחִלָּה, וְהַאי דְּקָמִיפַּלְגִי בְּדִיעֲבַד – לְהוֹדִיעֲךָ כֹּחוֹ דְּרַבִּי.

The Gemara answers: **Actually,** the *baraita* is in accordance with the opinion of **Rabbi Ḥiyya, and** he permits slaughter with these blades **even *ab initio*. And** the fact **that** the opinions of Rabbi Yehuda HaNasi and Rabbi Ḥiyya were formulated such that they **disagree** concerning the *halakha* **after the fact** is **to convey to you the far-reaching nature of** the opinion[B] **of Rabbi** Yehuda HaNasi that the slaughter is not valid even after the fact.

וְאֶלָּא מַתְנִיתִין דְּקָתָנֵי ״הַשּׁוֹחֵט״ – דִּיעֲבַד אִין, לְכַתְּחִלָּה לָא, מַנִּי? לָא רַבִּי וְלָא רַבִּי חִיָּיא; אִי רַבִּי חִיָּיא – אֲפִילּוּ לְכַתְּחִלָּה, אִי רַבִּי – דִּיעֲבַד נָמֵי לָא!

But rather, the mishna here, **which teaches:** With regard to **one who slaughters, after the fact, yes,** it is valid, but it is **not *ab initio***, in accordance with **whose** opinion is it? It is in accordance **neither** with the opinion of **Rabbi** Yehuda HaNasi **nor** with the opinion of **Rabbi Ḥiyya. If** one would claim that it is in accordance with the opinion of **Rabbi Ḥiyya,** he says: The slaughter is permitted **even *ab initio*. If** one would claim that it is in accordance with the opinion of **Rabbi** Yehuda HaNasi, he says: **Even after the fact,** the slaughter is **not** valid.

NOTES

Lest he come to perform the slaughter with the other side – דִּלְמָא אָתֵי לְמֶעְבַּד בְּאִידָּךְ גִּיסָא: The reference is to the other side of the sickle that is serrated (Rashi). Rashi derives from here that it is prohibited to slaughter an animal with the smooth part of a blade that has serrations on that same side of the blade. The Ra'avad explains that the reference is to an ax-like utensil from which there is a protuberance on the other side that is not long enough to perform a valid slaughter. A similar explanation is also offered by Rabbeinu Ḥananel.

BACKGROUND

To convey to you the far-reaching nature of the opinion – לְהוֹדִיעֲךָ כֹּחוֹ: Often, the need arises to formulate a dispute in terms of the opinion of one of the disputants. In those cases, the Gemara states that the dispute was formulated in that manner to convey the far-reaching nature of his opinion, especially when there is a novel element or lenient ruling involved.

HALAKHA

One who slaughters with a blade attached to the ground – השוחט במחובר לקרקע: If one slaughters with a blade attached to the ground or to a body, e.g., a tooth or fingernail attached to an animal, his slaughter is not valid. One may not slaughter *ab initio* with a blade that had been detached from the ground and then was reattached, but if he slaughtered with it, his slaughter is valid, in accordance with the opinion of Rabbi Yehuda HaNasi (Rambam *Sefer Kedusha, Hilkhot Sheḥita* 1:19–20; *Shulḥan Arukh, Yoreh De'a* 6:2).

BACKGROUND

From where do you say – מְנָא תֵּימְרָא: The meaning of this phrase is: On what basis do you maintain what you are saying? What is the source of this *halakha*? This expression is similar to the expression: From where are these matters derived [*mena hanei milei*]. They differ in that the latter question is posed when the Gemara seeks a biblical source for a tannaitic halakhic statement, whereas the former is asked when the Gemara seeks a tannaitic source for an amoraic halakhic statement.

LANGUAGE

Mechanism [*mukhni*] – מוּכְנִי: From the Greek μηχανή, *mēchanē*, meaning mechanism or machine.

HALAKHA

If one embedded a knife in a wall – נָעַץ סַכִּין בְּכוֹתֶל: If one embedded a knife in a wall and drew the neck of an animal or a bird over the blade, his slaughter is valid, in accordance with the *baraita*, and see 16b (Rambam *Sefer Kedusha*, *Hilkhot Sheḥita* 2:8; *Shulḥan Arukh*, *Yoreh De'a* 6:4).

לְעוֹלָם רַבִּי חִיָּיא, וַאֲפִילּוּ לְכַתְּחִלָּה, וּמַתְנִיתִין דְּקָתָנֵי ״הַשּׁוֹחֵט״ – רַבִּי הִיא.

The Gemara answers: **Actually, Rabbi Ḥiyya** holds that it is permitted to slaughter with these blades, **and even *ab initio*; and the mishna** here, **which teaches: One who slaughters, is** in accordance with the opinion of **Rabbi** Yehuda HaNasi.

קַשְׁיָא דְּרַבִּי אַדְּרַבִּי! לָא קַשְׁיָא: כָּאן בִּמְחוּבָּר מֵעִיקָּרוֹ, כָּאן בְּתָלוּשׁ וּלְבַסּוֹף חִיבְּרוֹ.

The Gemara objects: This is **difficult,** as there is a contradiction **between** one statement of **Rabbi** Yehuda HaNasi **and** another statement **of Rabbi** Yehuda HaNasi, as in his dispute with Rabbi Ḥiyya he holds that the slaughter is not valid. The Gemara answers: This contradiction is **not difficult. There,** in his dispute with Rabbi Ḥiyya, Rabbi Yehuda HaNasi holds that slaughter is not valid in a case **where** the blade was **attached from the outset; here,** in the mishna, Rabbi Yehuda HaNasi deems the slaughter valid after the fact in a case **where** the blade was **detached and ultimately he reattached it.**

וּמְנָא תֵּימְרָא דְּשָׁנֵי לָן בֵּין מְחוּבָּר מֵעִיקָּרוֹ לְתָלוּשׁ וּלְבַסּוֹף חִיבְּרוֹ? דְּתַנְיָא: הַשּׁוֹחֵט בְּמוּכְנִי – שְׁחִיטָתוֹ כְּשֵׁרָה, בִּמְחוּבָּר לַקַּרְקַע – שְׁחִיטָתוֹ כְּשֵׁרָה; נָעַץ סַכִּין בְּכוֹתֶל וְשָׁחַט בָּהּ – שְׁחִיטָתוֹ כְּשֵׁרָה, הָיָה צוֹר יוֹצֵא מִן הַכּוֹתֶל אוֹ קָנֶה עוֹלֶה מֵאֵלָיו וְשָׁחַט בּוֹ – שְׁחִיטָתוֹ פְּסוּלָה;

The Gemara asks: **And from where do you say**[B] **that** there is **a difference for us between** a blade that was **attached from the outset** and a blade that was **detached and ultimately he reattached it? As it is taught** in a *baraita*: With regard to **one who slaughters with a mechanism** [***bemukhni***][L] of a wheel with a knife attached to it, **his slaughter is valid;** with an item that is **attached to the ground, his slaughter is valid;** if **one embedded a knife in a wall**[H] **and slaughtered with it, his slaughter is valid.** If there **was a flint emerging from a wall or a reed arising** from the ground **on its own and he slaughtered with it, his slaughter is not valid.**

Perek **I**
Daf **16** Amud **a**

HALAKHA

One who slaughters with a mechanism – הַשּׁוֹחֵט בְּמוּכְנִי: One may affix a knife to a stone or wooden wheel and turn the wheel with his hand or his foot and place the neck of the animal or bird so that it is slaughtered with the turning of the wheel (Rashba). Some say that one should not do so *ab initio*, but the slaughter is valid after the fact (Rambam; see *Shakh*). If the wheel is turned by water and one places the animal adjacent to the wheel as it is turning, the slaughter is not valid. If the person released the water that caused the wheel to turn, the slaughter is valid after the fact because it was generated by the force of his action; however, this applies only if the neck of the animal was cut on the first turn of the wheel. From the second turn of the wheel onward the slaughter is not valid, as that is not generated by the force of his action; rather, it is generated by the flow of the water (Rambam *Sefer Kedusha*, *Hilkhot Sheḥita* 2:13; *Shulḥan Arukh*, *Yoreh De'a* 7:1).

קַשְׁיָין אַהֲדָדֵי! אֶלָּא לָאו שְׁמַע מִינַּהּ: שָׁאנֵי בֵּין מְחוּבָּר מֵעִיקָּרוֹ לְתָלוּשׁ וּלְבַסּוֹף חִבְּרוֹ, שְׁמַע מִינַּהּ.

Ostensibly, the two clauses of the *baraita* are **difficult,** as they contradict **each other,** since the first clause states that slaughter with a blade that is attached is valid and the latter clause states that slaughter is not valid. **Rather,** must one **not conclude from it** that there is **a difference between** a case where the blade was **attached from the outset and** a case where the blade was **detached and ultimately he reattached it?** The Gemara affirms: Indeed, **learn from it.**

אָמַר מָר: הַשּׁוֹחֵט בְּמוּכְנִי – שְׁחִיטָתוֹ כְּשֵׁרָה. וְהָתַנְיָא: שְׁחִיטָתוֹ פְּסוּלָה! לָא קַשְׁיָא: הָא בְּסַרְנָא דְּפַחְרָא, הָא בְּסַרְנָא דְּמַיָּא.

§ **The Master said:** In the case of **one who slaughters with a mechanism**[H] of a wheel with a knife attached to it, **his slaughter is valid.** The Gemara asks: **But isn't it taught** in a *baraita* that **his slaughter is not valid?** The Gemara answers: This contradiction is **not difficult. This** *baraita*, which rules that the slaughter is valid, is **in** a case where the knife was attached to **a potter's wheel,**[B] whose movement is generated by the potter pressing on a pedal. Since the slaughter was performed by the force of the person's actions, the slaughter is valid. **That** *baraita*, which rules that the slaughter is not valid, is **in** a case where the knife was attached to **a waterwheel.**[B] Since the slaughter was not performed by the force of the person's actions, the slaughter is not valid.

BACKGROUND

Potter's wheel – סַרְנָא דְּפַחְרָא:

Potter's wheel

Waterwheel – סַרְנָא דְּמַיָּא:

Waterwheel

וְאִיבָּעֵית אֵימָא: הָא וְהָא בְּסַרְנָא דְּמַיָּא, וְלָא קַשְׁיָא: הָא בְּכֹחַ רִאשׁוֹן, הָא בְּכֹחַ שֵׁנִי.

And if you wish, say instead: The rulings of both **this** *baraita* **and that** *baraita* are **in** a case where the knife was attached to **a waterwheel, and** the contradiction is **not difficult. This** *baraita*, which rules that the slaughter is valid, is in a case where the movement of the slaughter was generated **by primary force,** as the person releases the water that turns the wheel, and on that initial turn of the wheel the knife slaughters the animal. **That** *baraita*, which rules that the slaughter is not valid, is in a case where the slaughter was generated **by secondary force,** as the knife slaughters the animal on the second turn of the wheel.

וְכִי הָא דְּאָמַר רַב פָּפָּא: הַאי מַאן דְּכַפְתֵּיהּ לְחַבְרֵיהּ וְאַשְׁקֵיל עֲלֵיהּ בִּידְקָא דְּמַיָּא וּמִית – חַיָּיב, מַאי טַעְמָא? גִּירֵי דִּידֵיהּ הוּא דְּאַהֲנֵי בֵּיהּ; וְהָנֵי מִילֵּי בְּכֹחַ רִאשׁוֹן, אֲבָל בְּכֹחַ שֵׁנִי – גְּרָמָא בְּעָלְמָא הוּא.

And this is like that which Rav Pappa says: In the case of **a certain** person **who bound another**[H] **and diverted a flow** [*bidka*][L] **of water upon him and he died,** the one who diverted the water is **liable** for his murder. **What is the reason?** It is because those were **his arrows that were effective in his** murder. **And this matter** applies in a case where he killed the other person **by primary force,** as the person was proximate to him and was directly drowned by the water. **But** if the person was further away and was killed **by secondary force**[N] after the water flowed on its own, it is not by his direct action; rather, **it is merely an indirect** action, and he is exempt.

יְתֵיב רַב אֲחוֹרֵיהּ דְּרַבִּי חִיָּיא, וְרַבִּי חִיָּיא קַמֵּיהּ דְּרַבִּי, וִיתֵיב רַבִּי וְקָאָמַר: מִנַּיִן לִשְׁחִיטָה שֶׁהוּא בְּתָלוּשׁ? שֶׁנֶּאֱמַר: ״וַיִּקַּח אֶת הַמַּאֲכֶלֶת לִשְׁחֹט״. אֲמַר לֵיהּ רַב לְרַבִּי חִיָּיא: מַאי קָאָמַר? אֲמַר לֵיהּ: וָי״ו דִּכְתִיב אַאוּפְתָּא קָאָמַר. וְהָא קְרָא קָאָמַר! קְרָא זְרִיזוּתֵיהּ דְּאַבְרָהָם קָא מַשְׁמַע לַן.

§ **Rav sat behind Rabbi Ḥiyya, and Rabbi Ḥiyya** sat **before Rabbi** Yehuda HaNasi, **and Rabbi** Yehuda HaNasi **sat and said: From where** is it derived **that slaughter is** performed specifically **with** a blade that is **detached?** It is derived from a verse, **as it is stated:** "And Abraham stretched forth his hand **and took the knife to slaughter** his son" (Genesis 22:10). **Rav said to Rabbi Ḥiyya: What is he saying?** Rabbi Ḥiyya **said to** Rav: **He is saying** an incorrect reason, comparable to the letter ***vav* that is written on** the rough surface of **a tree trunk** [*a'ufta*].[LN] The Gemara asks: **But didn't** Rabbi Yehuda HaNasi **say a verse** as proof for his statement? The Gemara answers: **The verse teaches us the diligence of Abraham,**[N] who had a knife prepared to slaughter Isaac. It does not teach any *halakha* concerning ritual slaughter.

אָמַר רָבָא: פְּשִׁיטָא לִי, תָּלוּשׁ וּלְבַסּוֹף חִבְּרוֹ, לְעִנְיַן עֲבוֹדָה זָרָה – הָוֵי תָּלוּשׁ, דְּאָמַר מָר: הַמִּשְׁתַּחֲוֶה לְבַיִת שֶׁלּוֹ – אֲסָרוֹ; וְאִי סָלְקָא דַּעְתָּךְ הָוֵי מְחוּבָּר – ״אֱלֹהֵיהֶם עַל הֶהָרִים״ וְלֹא הֶהָרִים אֱלֹהֵיהֶם.

§ Apropos the issue of slaughter with a detached blade, **Rava said:** It is **obvious to me** that concerning an item that was **detached and ultimately one attached it,** with regard **to the matter of idol worship** its halakhic status **is** that of **a detached** item, **as the Master says: One who bows to his house has rendered it forbidden**[H] as an object of idol worship. **And if it enters your mind** to say that its halakhic status **is** that of an **attached** item, it is written with regard to idolatry: **"Their gods, upon the high mountains"** (Deuteronomy 12:2),[H] from which it is derived: **But the mountains are not their gods,** as items attached to the ground are never rendered forbidden as objects of idol worship. The halakhic status of a house built from stones that were detached is that of a detached item.

HALAKHA

A certain person who bound another, etc. – הַאי מַאן דְּכַפְתֵּיהּ לְחַבְרֵיהּ וכו׳: One who binds another, places him in a place from which he cannot escape, and floods the area with water, thereby drowning him, is executed for murdering him, provided that the flow of water that drowned the victim was generated by his actions, in accordance with the opinion of Rav Pappa (Rambam *Sefer Nezikin, Hilkhot Rotze'aḥ UShmirat HaNefesh* 3:13; *Shulḥan Arukh, Ḥoshen Mishpat* 384:1).

One who bows to his house has rendered it forbidden – הַמִּשְׁתַּחֲוֶה לְבַיִת שֶׁלּוֹ אֲסָרוֹ: One who bows to his house renders it forbidden, in accordance with the statement of Rav (Rambam *Sefer HaMadda, Hilkhot Avoda Zara* 8:4; *Shulḥan Arukh, Yoreh De'a* 145:3).

Their gods upon the high mountains, etc. – אֱלֹהֵיהֶם עַל הֶהָרִים וכו׳: With regard to any item that one cannot hold in his hands and is not man-made, even if it is worshipped, one may derive benefit from it. Therefore, one who worships items attached to the ground, e.g., mountains, springs, and trees, does not render it prohibited to derive benefit from them, in accordance with the mishna on *Avoda Zara* 45a (Rambam *Sefer HaMadda, Hilkhot Avoda Zara* 8:1; *Shulḥan Arukh, Yoreh De'a* 145:1).

LANGUAGE

Flow [*bidka*] – בִּידְקָא: From the Akkadian butuktu, meaning flow of water.

Tree trunk [*ufta*] – אוּפְתָּא: From the Akkadian uppu, meaning tree trunk.

NOTES

And this matter applies where he killed by primary force but if the person was killed by secondary force – וְהָנֵי מִילֵּי בְּכֹחַ רִאשׁוֹן אֲבָל בְּכֹחַ שֵׁנִי: Rashi explains that primary force means that the person was killed immediately when the water was released, and the victim was tied adjacent to the barrier. By contrast, secondary force is when the victim is tied at a distance from the barrier. The Ramah disagrees and holds that even if the victim was tied at a distance from the barrier, it is considered a primary force, as though he fired an arrow and killed him. Therefore, he suggests two alternative distinctions: One is that primary force refers to the water that bursts forth immediately upon removal of the barrier, which is parallel to firing an arrow that is propelled by one removing his hand from the bowstring, while secondary force refers to the water that follows. The second distinction is that secondary force refers to water whose flow was temporarily delayed and then continued.

The letter *vav* that is written on a tree trunk – וָי״ו דִּכְתִיב אַאוּפְתָּא: The reference is to a meaningless matter, like writing the letter *vav* on a tree trunk that is filled with fissures rendering the letter unreadable, either because the *vav* merely resembles another fissure or because the ink is absorbed into the tree. Alternatively, *vav* in this context is a reference to the fissures in the tree (Rashi; *Arukh*). This means that this verse proves nothing more than any other verse (Rabbeinu Gershom Meor HaGola).

The diligence of Abraham – זְרִיזוּתֵיהּ דְּאַבְרָהָם: Immediately after he bound Isaac on the altar, Abraham reached for the knife and did not embrace Isaac like a father taking leave of his son. Alternatively, this refers to the fact that Abraham prepared the knife in advance so that he would have immediate access to it (Ben Yehoyada).

NOTES

But when water is placed upon the seed – כִּי יוּתַּן: Food items are not susceptible to ritual impurity when exposed to a primary source of ritual impurity before coming into contact with water or one of six other liquids, as it is stated: "But when water is placed upon the seed, and any of their carcass falls upon it, it is impure for you" (Leviticus 11:38). The food is rendered susceptible to impurity only if the liquid fell upon the food with the volition of the owner, e.g., one rinsed a bowl with water, and the liquid then fell from that object onto the food. According to Rashi and the Ra'avad, in that case there is no need for specific intent that the water fall on the food, though the Rambam disagrees (see Meiri). If the water fell of his volition upon an item that is attached to the ground, e.g., if one filled a cistern with it, the water renders the food susceptible to impurity only if it falls upon the food itself with the volition of the owner, e.g., if one puts his hand in the water in order to then clean his fruits.

Disjointed [*tavra*] – תַּבְרָא: Rabbeinu Ḥananel explains that *tavra* is an exclamation that underscores the matters that follow. It is as though he is saying: Of course there is a dispute, although it is not explicit.

לְעִנְיַן הֶכְשֵׁר זְרָעִים – תַּנָּאֵי הִיא, דִּתְנַן: הַכּוֹפֶה קְעָרָה עַל הַכּוֹתֶל בִּשְׁבִיל שֶׁתּוּדַח – הֲרֵי זֶה בְּ״כִי יוּתַּן״, בִּשְׁבִיל שֶׁלֹּא יִלְקֶה הַכּוֹתֶל – אֵינוֹ בְּ״כִי יוּתַּן״.

With regard **to the matter of rendering seeds susceptible** to ritual impurity, there **is** a dispute between ***tanna'im*, as we learned** in a mishna (*Makhshirin* 4:3): In the case of **one who places a bowl on the wall** while it is raining **so that** the bowl **will be rinsed**[H] with the rainwater, if the water from the bowl then falls onto produce, **that is under** the rubric of the verse: "But **when** water **is placed** upon the seed" (Leviticus 11:38).[N] The water has the halakhic status of a liquid that he poured of his own volition on fruit and seeds. Consequently, it renders them susceptible to ritual impurity. But if he placed the bowl there **so that the wall will not be damaged, it is not under** the rubric of the verse "but **when** water **is placed** upon the seed." Since he had no intent to use the water, it is not considered to have entered the bowl of his own volition, and it does not render produce susceptible to impurity.

הָא גּוּפָא קַשְׁיָא, אָמְרַתְּ: בִּשְׁבִיל שֶׁתּוּדַח – הֲרֵי זֶה בְּ״כִי יוּתַּן״, הָא בִּשְׁבִיל שֶׁיּוּדַח הַכּוֹתֶל – אֵין זֶה בְּ״כִי יוּתַּן״;

This mishna **itself is difficult,** as the inferences from the first clause and the latter clause are contradictory. In the first clause **you said:** In the case of one who places a bowl on the wall **so that** the bowl **will be rinsed** with the rainwater, **that is under** the rubric of the verse "but **when** water **is placed** upon the seed," and the water renders produce susceptible to impurity. By inference, if he placed the bowl **so that the wall will be rinsed**[H] by means of the bowl, **that is not under** the rubric of the verse "but **when** water **is placed** upon the seed." That water would not render produce susceptible to impurity, because the intent was for the water to rinse the wall, which is an item attached to the ground.

וַהֲדַר תָּנֵי: בִּשְׁבִיל שֶׁלֹּא יִלְקֶה הַכּוֹתֶל – אֵינוֹ בְּ״כִי יוּתַּן״, הָא בִּשְׁבִיל שֶׁיּוּדַח הַכּוֹתֶל – הֲרֵי זֶה בְּ״כִי יוּתַּן״!

And then the mishna **teaches** in the latter clause: If he placed the bowl **so that the wall will not be damaged, it is not under** the rubric of the verse: "But **when** water **is placed** upon the seed." By inference, if he placed the bowl **so that the wall will be rinsed, that is under** the rubric of the verse: "But **when** water **is placed** upon the seed," as a wall has the status of a detached item, since it was built from stones that were detached.

אָמַר רַבִּי אֶלְעָזָר: תַּבְרָא, מִי שֶׁשָּׁנָה זוֹ לֹא שָׁנָה זוֹ. רַב פָּפָּא אָמַר: כּוּלָּהּ חַד תַּנָּא הוּא, הָא – בְּכוֹתֶל מְעָרָה, הָא – בְּכוֹתֶל בִּנְיָן,

Rabbi Elazar said: This mishna is **disjointed;**[N] the *tanna* **who taught this** first clause **did not teach that** second clause. There is a tannaitic dispute whether the status of a wall that is built from detached stones is that of an attached item or a detached item. **Rav Pappa said: The entire** mishna **is** the opinion of **one *tanna*: This** first clause is **in** the case of **the wall of a cave,** which is attached from the outset; **that** latter clause is **in** the case of **the wall of a building,** which is built from stones that were detached from the ground.

וְהָכִי קָאָמַר: הַכּוֹפֶה קְעָרָה עַל הַכּוֹתֶל בִּשְׁבִיל שֶׁתּוּדַח – הֲרֵי זֶה בְּ״כִי יוּתַּן״, הָא בִּשְׁבִיל שֶׁיּוּדַח הַכּוֹתֶל – אֵין זֶה בְּ״כִי יוּתַּן״;

And this is what the mishna **is saying:** In the case of **one who places a bowl on the wall so that** the bowl **will be rinsed** with the rainwater, **that is under** the rubric of the verse "but **when** water **is placed** upon the seed," and the water renders produce susceptible to impurity. By inference, if he placed the bowl **so that the wall will be rinsed** by means of the bowl, **that is not under** the rubric of the verse "but **when** water **is placed** upon the seed."

HALAKHA

One who places a bowl on the wall so that it will be rinsed, etc. – הַכּוֹפֶה קְעָרָה עַל הַכּוֹתֶל בִּשְׁבִיל שֶׁתּוּדַח וכו׳: Liquids render food susceptible to ritual impurity only if they are detached from the ground or the clouds and they were detached with the volition of the owner of the food. If the liquid was not detached with his volition, even if it fell upon the food with his volition, it does not render the food susceptible to impurity. Therefore, if one places a bowl on a wall so that the bowl will be rinsed, the water in it renders produce that he places in it susceptible to impurity, as the water was detached with his volition. If he placed the bowl on the wall to protect the wall, the water in it is not considered detached and therefore does not render produce susceptible to impurity (Rambam *Sefer Tahara, Hilkhot Tumat Okhalin* 12:3 and Ra'avad there).

So that the wall will be rinsed – הָא בִּשְׁבִיל שֶׁיּוּדַח הַכּוֹתֶל: If one placed a vessel on a wall for the purpose of rinsing the wall, if it is the wall of a house, the water can render food susceptible to impurity, because the status of an item that was detached and subsequently attached is that of a detached item. Therefore, the status of the water on the wall is like that of water in a vessel. But if it is the wall of a cave that was always attached to the ground, the status of the water is that of water attached to the ground, and therefore it does not render food susceptible to impurity, in accordance with the opinion of Rav Pappa (Rambam *Sefer Tahara, Hilkhot Tumat Okhalin* 12:3).

בְּמָה דְּבָרִים אֲמוּרִים – בְּכוֹתֶל מְעָרָה, אֲבָל בְּכוֹתֶל בִּנְיָן, בִּשְׁבִיל שֶׁלֹּא יִלְקֶה הַכּוֹתֶל – הוּא דְּאֵינוֹ בְּ"כִי יוּתַּן", הָא בִּשְׁבִיל שֶׁיּוּדַח הַכּוֹתֶל – הֲרֵי זֶה בְּ"כִי יוּתַּן".

In what case is this statement said? It is said **in** the case of **the wall of a cave,** which was always attached to the ground. **But in** the case of **the wall of a building,** whose stones were detached and subsequently reattached, if he places the bowl **so that the wall will not be damaged,** that **is when** it is **not under** the rubric of the verse "but **when** water **is placed** upon the seed." **But** if he places the bowl **so that the wall will be rinsed, that is under** the rubric of the verse "but **when** water **is placed** upon the seed."

בָּעֵי רָבָא:

Rava raises a dilemma:

Perek **I**
Daf **16** Amud **b**

תָּלוּשׁ וּלְבַסּוֹף חִבְּרוֹ לְעִנְיַן שְׁחִיטָה מַאי?

In the case of a blade that was **detached and ultimately one attached it,**[H] **with regard to slaughter, what** is the *halakha*?

תָּא שְׁמַע: הָיָה צוֹר יוֹצֵא מִן הַכּוֹתֶל, אוֹ שֶׁהָיָה קָנֶה עוֹלֶה מֵאֵלָיו וְשָׁחַט בּוֹ – שְׁחִיטָתוֹ פְּסוּלָה.

The Gemara suggests: **Come** and **hear** proof from a *baraita*: If there **was a flint emerging from a wall or a reed arising** from the ground **on its own and he slaughtered with it, his slaughter is not valid.** Since the wall itself was made from stones that were detached and subsequently reattached, the slaughter is not valid.

הָכָא בְּמַאי עָסְקִינַן – בְּכוֹתֶל מְעָרָה. דַּיְקָא נָמֵי, דְּקָתָנֵי דּוּמְיָא דְּקָנֶה עוֹלֶה מֵאֵלָיו, שְׁמַע מִינַּהּ.

The Gemara rejects that proof: **What are we dealing with here?** We are dealing **with** the case of **the wall of a cave** that was always attached. The language of the *baraita* **is also precise** in support of that explanation, **as** the *tanna* **teaches** the case of the flint emerging from a wall juxtaposed to, and therefore **similar to,** the case of **a reed arising** from the ground **on its own,** which was also always attached. The Gemara affirms: Indeed, **learn from it** that this is the case.

תָּא שְׁמַע: נָעַץ סַכִּין בְּכוֹתֶל וְשָׁחַט בָּהּ – שְׁחִיטָתוֹ כְּשֵׁרָה. שָׁאנֵי סַכִּין, דְּלָא מְבַטֵּל לֵיהּ.

The Gemara suggests: **Come** and **hear** proof from a *baraita*: **If one embedded a knife in a wall and slaughtered with it,**[H] **his slaughter is valid.** The knife was detached and then reattached, and the slaughter is valid. The Gemara rejects the proof: The reason that the slaughter is valid is that **a knife is different, as he does not subsume it** to the wall.

תָּא שְׁמַע: בִּמְחוּבָּר לַקַּרְקַע – שְׁחִיטָתוֹ כְּשֵׁרָה. דִּלְמָא פֵּרוּשֵׁי קָא מְפָרֵשׁ לַהּ: מַאי מְחוּבָּר לַקַּרְקַע – סַכִּין, דְּלָא מְבַטֵּל לֵיהּ.

The Gemara suggests: **Come** and **hear** proof from an earlier point in that *baraita*: If one slaughtered **with** an item that is **attached to the ground, his slaughter is valid.** This is a case where it was detached and then attached, as later in the *baraita* a case is cited when the blade was always attached and the slaughter is not valid. The Gemara rejects the proof: **Perhaps** the phrase that follows in the *baraita*: If one embedded a knife in a wall, **is explaining** the previous case. And accordingly, **what** is the meaning of **attached to the ground?** It is in the case of **a knife, as he does not subsume it** to the wall. But if he embedded a flint in a wall and slaughtered with it, his slaughter would be valid. Therefore, there is no proof from this *baraita*.

אָמַר מָר: נָעַץ סַכִּין בְּכוֹתֶל וְשָׁחַט בָּהּ – שְׁחִיטָתוֹ כְּשֵׁרָה. אָמַר רַב עָנָן אָמַר שְׁמוּאֵל: לֹא שָׁנוּ אֶלָּא שֶׁהַסַּכִּין לְמַעְלָה וְצַוַּאר בְּהֵמָה לְמַטָּה, אֲבָל סַכִּין לְמַטָּה וְצַוַּאר בְּהֵמָה לְמַעְלָה – חָיְישִׁינַן שֶׁמָּא יִדְרוֹס.

§ **The Master said** in the *baraita*: If **one embedded a knife in a wall and slaughtered with it, his slaughter is valid. Rav Anan says** that **Shmuel says:** The *tanna* **taught** this *halakha* **only** in a case where **the knife is above and the animal's neck is below,** and he raises the animal's head and draws it back and forth on the blade. But in a case where the **knife is below and the animal's neck is above,** the slaughter is not valid because **we are concerned lest he press** the knife, due to the weight of the animal, thereby cutting the *simanim* without drawing the knife back and forth, which invalidates the slaughter.

וְהָא קָתָנֵי: בֵּין שֶׁהַסַּכִּין לְמַטָּה וְצַוַּאר בְּהֵמָה לְמַעְלָה, בֵּין שֶׁהַסַּכִּין לְמַעְלָה וְצַוַּאר בְּהֵמָה לְמַטָּה!

The Gemara asks: **But isn't it taught** explicitly in the *baraita*: With any item that cuts, one may slaughter, whether with a blade that is attached to the ground or with a blade that is detached from the ground; **whether the knife is below and the** neck **of the animal is above or the knife is above and the neck of the animal is below?**

HALAKHA

Detached and ultimately one attached it – **תָּלוּשׁ וּלְבַסּוֹף חִבְּרוֹ**: One may not slaughter with a blade that was detached from the ground and later attached. If he slaughtered with it his slaughter is valid, even if he subsumed the knife to the ground, provided that it did not take root in the ground. The Rosh explains that if he subsumed the knife to the ground, his slaughter is not valid, and that is the ruling of several later commentaries (Rambam *Sefer Kedusha*, *Hilkhot Sheḥita* 1:19; *Shulḥan Arukh*, *Yoreh De'a* 6:2 and Maharshal, *Taz*, and *Shakh* there).

If one embedded a knife in a wall and slaughtered with it – **נָעַץ סַכִּין בְּכוֹתֶל וְשָׁחַט בָּהּ**: If one embedded a knife in a wall or in a detached item and drew the neck of an animal over the knife until it was slaughtered, his slaughter is valid after the fact, provided that the neck of the animal was below and the knife above. If the neck of the animal is above and the knife below, there is concern that the weight of the animal will cause the animal to fall and the knife will cut the *simanim* by pressing rather than drawing back and forth. If he slaughtered a bird on the knife embedded in the wall, whether the bird was above the knife or below the knife, the slaughter is valid, in accordance with the explanation of Rav Pappa (Rambam *Sefer Kedusha*, *Hilkhot Sheḥita* 2:8; *Shulḥan Arukh*, *Yoreh De'a* 6:4).

אָמַר רַב זְבִיד, לְצַדְדִין קָתָנֵי: סַכִּין לְמַטָּה וְצַוָּאר בְּהֵמָה לְמַעְלָה – בְּתָלוּשׁ, סַכִּין לְמַעְלָה וְצַוָּאר בְּהֵמָה לְמַטָּה – בִּמְחוּבָּר. רַב פַּפָּא אָמַר: בְּעוֹפָא דְּקַלִּיל.

Rav Zevid said: The *baraita* **is taught disjunctively:** In the case where the **knife is below and** the **neck of the animal is above,** the slaughter is valid **when** the blade is **detached.**[N] In the case where the **knife is above and** the **neck of the animal is below,** the slaughter is valid even **when** the blade is **attached. Rav Pappa said:** The *baraita* that teaches that one may slaughter even when the attached knife is below is referring **to** slaughter of **a bird, which is light,** and there is no concern that the weight of the bird will cause the slaughterer to press the bird's neck onto the knife.

אָמַר רַב חִסְדָּא אָמַר רַבִּי יִצְחָק, וְאָמְרִי לַהּ בְּמַתְנִיתָא תָּנָא, חֲמִשָּׁה דְּבָרִים נֶאֶמְרוּ בְּקְרוּמִית שֶׁל קָנֶה: אֵין שׁוֹחֲטִין בָּהּ, וְאֵין מָלִין בָּהּ, וְאֵין מְחַתְּכִין בָּהּ בָּשָׂר, וְאֵין מְחַצְּצִין בָּהּ שִׁינַּיִם, וְאֵין מְקַנְּחִים בָּהּ.

§ **Rav Ḥisda says** that **Rabbi Yitzḥak says, and some say it was taught in a** *baraita*: **Five matters were said with regard to the stalk of a reed,**[H] which is used for cutting due to its sharpness. **One may neither slaughter with it,** due to the concern that splinters will be separated and become embedded in the *simanim*, invalidating the slaughter; **nor circumcise with it**[H] for the same reason, due to the potential danger; **nor cut meat with it,** lest splinters become embedded in the meat and endanger one who eats it; **nor pick** one's **teeth with it,** lest he wound himself; **nor wipe with it**[HN] after relieving oneself.

וְהָתַנְיָא, בַּכֹּל שׁוֹחֲטִין: בֵּין בְּצוּר, בֵּין בִּזְכוּכִית, בֵּין בִּקְרוּמִית שֶׁל קָנֶה! אָמַר רַב פַּפָּא: בְּסִימוֹנָא דְּאַגְמָא.

The *baraita* teaches: One may neither slaughter with it. The Gemara asks: **But isn't it taught** in another *baraita*: **With any** sharp object **one may slaughter** an animal, **whether with a flint, or with glass** shards, **or with the stalk of a reed? Rav Pappa said:** There, the reference is **to** a specific type of **reed** that grows **in a marsh,**[BN] which becomes a smooth, hard surface when it dries.

״וְאֵין מְחַתְּכִין בָּהּ בָּשָׂר״. רַב פַּפָּא מְחַתֵּךְ בָּהּ קִרְבֵי דָּגִים דְּזוּגֵי, רַבָּה בַּר רַב הוּנָא מְחַתֵּךְ בָּהּ עוֹפָא דְּרַכִּיךְ.

The *baraita* teaches: **Nor cut meat with it. Rav Pappa cuts with** the stalk of a reed **the innards of fish, which are transparent,** such that any splinters would be obvious. **Rabba bar Rav Huna cuts with it** the meat of **a bird, which is soft** and will not cause the stalk of the reed to splinter.

״וְאֵין מְקַנְּחִין בָּהּ״. תֵּיפוֹק לֵיהּ מִשּׁוּם דְּאָמַר מָר: הַמְקַנֵּחַ בְּדָבָר שֶׁהָאוּר שׁוֹלֶטֶת בּוֹ – שִׁינָּיו נוֹשְׁרוֹת! אָמַר רַב פַּפָּא: קִינּוּחַ פִּי מַכָּה קָאָמְרִינַן.

The *baraita* teaches: **Nor wipe with it** after relieving oneself. The Gemara objects: **Derive** that one may not wipe with it **because the Master said: One who wipes with an object that is flammable, his** lower **teeth,** i.e., the rectum that holds the intestines in place, **fall out.**[BN] **Rav Pappa said** in explanation: The reference in the *baraita* is not to wiping after relieving oneself. Rather, **we are speaking** with regard to **wiping** the blood or dirt from **the opening of a wound.**

״הַכֹּל שׁוֹחֲטִין, וּלְעוֹלָם שׁוֹחֲטִין״. הַכֹּל שׁוֹחֲטִין – הַכֹּל בִּשְׁחִיטָה, וַאֲפִילּוּ עוֹף.

§ The mishna teaches: **All slaughter** [***hakkol shoḥatin***] **and one may always slaughter.** The Gemara interprets the phrase: **All slaughter** [***hakkol shoḥatin***], to mean **all** animals are included in the mitzva **of slaughter, and even a bird.**[H]

HALAKHA

The stalk of a reed – קְרוּמִית שֶׁל קָנֶה: One may slaughter with the stalk of the reed of a marsh or any other blade, provided that it is sharp and smooth. It is prohibited to slaughter with other reeds or glass because the splinters and the slivers are liable to puncture the *simanim*, in accordance with the statement of Rav Ḥisda. The most prominent later authorities prohibit slaughtering with the stalk of a reed and rule that the slaughter is not valid even if he examined the stalk after the slaughter and found that it was smooth. Today the custom throughout the Jewish world is to slaughter exclusively with a metal knife (Rambam *Sefer Kedusha*, *Hilkhot Sheḥita* 1:14; *Shulḥan Arukh*, *Yoreh De'a* 6:1 and *Taz* and *Peri Ḥadash* there).

Nor circumcise with it – וְאֵין מָלִין בָּהּ: One may not perform circumcision with the stalk of a reed, because splinters could separate from the stalk and sever the penis. Ideally, one performs circumcision using a knife with a metal blade (Rambam *Sefer Ahava*, *Hilkhot Mila* 2:1; *Shulḥan Arukh*, *Yoreh De'a* 264:2).

Nor wipe with it – וְאֵין מְקַנְּחִים בָּהּ: One may not wipe himself with dry grass, as wiping with flammable objects causes damage to the rectum. Today, when bathrooms are not in the fields, one may wipe with flammable objects without concern (see *Magen Avraham*). Nevertheless, it appears that even today one should not wipe with dry grass or any other substance that is liable to cause scratches (*Shulḥan Arukh*, *Oraḥ Ḥayyim* 3:11 and in the comment of Rema, and *Mishna Berura* there).

All animals are included in the mitzva of slaughter and even a bird – הַכֹּל בִּשְׁחִיטָה וַאֲפִילּוּ עוֹף: When one wishes to eat the meat of domesticated or undomesticated animals or birds, there is a mitzva to slaughter them before eating their meat (Rambam *Sefer Kedusha*, *Hilkhot Sheḥita* 1:1; *Shulḥan Arukh*, *Yoreh De'a* 13:1).

BACKGROUND

Reed that grows in a marsh – סִימוֹנָא דְּאַגְמָא: According to Rashi, the reference is to plants of the genus *Carex*, which consists of plants from the Cyperaceae family that grow wild in marshes and have long leaves that are about 1.5 cm wide.

False fox sedge, a member of the genus *Carex* native to Eretz Yisrael

His lower teeth fall out – שִׁינָּיו נוֹשְׁרוֹת: In the parallel discussion in *Shabbat* 82a, the reference is to the lower teeth of the rectum, which are the ligaments and muscle that hold the intestines in place. For different reasons, especially due to overexertion while defecating, the intestine may be detached from its mooring, resulting in rectal prolapse.

NOTES

The knife is below and the neck of the animal is above when the blade is detached – סַכִּין לְמַטָּה וְצַוָּאר בְּהֵמָה לְמַעְלָה בְּתָלוּשׁ: The later commentaries disagree whether this *halakha* is *ab initio*, which seems to be indicated by the language of the *baraita*, or whether here too, the slaughter is valid only after the fact due to the concern that one might press the knife, but every slaughter must be performed with the neck of the animal below the knife *ab initio*. The common custom follows the latter opinion (see *Shakh*, *Peri Ḥadash*, and Rabbi Akiva Eiger on *Shulḥan Arukh*, *Yoreh De'a* 6:4).

One may neither slaughter with it…nor wipe with it – אֵין שׁוֹחֲטִין בָּהּ...וְאֵין מְקַנְּחִים בָּהּ: In the Jerusalem Talmud (*Shabbat* 8:3) the reason given is due to evil spirits. In *Bereshit Rabba* (56:6) it is stated that one may not wipe one's hands on the stalk of a reed.

To a type of reed that grows in a marsh – בְּסִימוֹנָא דְּאַגְמָא: Two explanations are cited in the *Arukh*. One explanation, citing one of the *ge'onim*, is that the reference is to the stalk of a specific reed, the reed of the marsh, which is sharp and remains smooth. The second, also cited by Rabbeinu Gershom Meor HaGola and Rashi, is that the reference is to a blade of a specific type of wild grass that can be used for slaughter when it dries and hardens.

One who wipes with an object that is flammable his lower teeth fall out – הַמְקַנֵּחַ בְּדָבָר שֶׁהָאוּר שׁוֹלֶטֶת בּוֹ שִׁינָּיו נוֹשְׁרוֹת: According to Rashi, as cited by *Shita Mekubbetzet*, the reference is to both the teeth in his mouth and the lower teeth to which the rectum is connected. Some understand this as a natural process and explain that nowadays it is not a problem, as people have become accustomed to doing so and, as the verse states (Psalms 116:6): "The Lord preserves the simple." This verse is understood to mean that people need not be overly concerned about potential dangers while acting in an accepted manner (*Darkhei Moshe*, *Oraḥ Ḥayyim* 3). Others understand this as an esoteric danger caused by evil spirits, and that is a concern only in the field (*Sefer HaAgudda*). Alternatively, the concern was that people would perform sorcery by wiping in this manner, and that is no longer a concern (*Magen Avraham* on *Oraḥ Ḥayyim* 3:11).

לְעוֹלָם שׁוֹחֲטִין – מַאן תַּנָּא? אֲמַר רַבָּה: רַבִּי יִשְׁמָעֵאל הִיא, דְּתַנְיָא: ״כִּי יַרְחִיב ה׳ אֱלֹהֶיךָ אֶת גְּבוּלְךָ כַּאֲשֶׁר דִּבֶּר לָךְ וְאָמַרְתָּ אֹכְלָה בָשָׂר״ וגו׳ – רַבִּי יִשְׁמָעֵאל אוֹמֵר: לֹא בָּא הַכָּתוּב אֶלָּא לְהַתִּיר לָהֶם בְּשַׂר תַּאֲוָה,

With regard to the statement: **One may always slaughter, who is** the *tanna* who **taught** this *halakha*? **Rabba said:** It is **Rabbi Yishmael, as it is taught** in a *baraita* with regard to the verse: **"When the Lord your God shall expand your border, as He has promised you, and you shall say: I will eat flesh…** you may eat flesh with all the desire of your soul" (Deuteronomy 12:20), **Rabbi Yishmael says: The verse comes only to permit** consumption of the non-sacrificial **meat of desire to** the Jewish people.

שֶׁבַּתְּחִלָּה נֶאֱסַר לָהֶם בְּשַׂר תַּאֲוָה, מִשֶּׁנִּכְנְסוּ לָאָרֶץ הוּתַּר לָהֶם בְּשַׂר תַּאֲוָה;

As, at the outset, the **meat of desire was forbidden to them,** and anyone who wanted to eat meat would sacrifice the animal as an offering. After the priest sprinkled the blood, it was permitted for one to eat the meat. **When they entered into Eretz** Yisrael, the **meat of desire was permitted for them,** and they could slaughter and eat meat wherever they chose.

וְעַכְשָׁיו שֶׁגָּלוּ יָכוֹל יַחְזְרוּ לְאִיסּוּרָן הָרִאשׁוֹן? לְכָךְ שָׁנִינוּ: לְעוֹלָם שׁוֹחֲטִין.

Rabba added: **And now that** the Jewish people **were exiled, might** one have thought that **they return to their initial prohibition? Therefore, we learned** in the mishna: **One may always slaughter** non-sacrificial meat.

מַתְקִיף לָהּ רַב יוֹסֵף: הַאי ״לְעוֹלָם שׁוֹחֲטִין״, ״לְעוֹלָם שׁוֹחֲטִין וְאוֹכְלִין״ מִבָּעֵי לֵיהּ! וְעוֹד, מֵעִיקָּרָא מַאי טַעְמָא אִיתְּסַר – מִשּׁוּם דַּהֲווּ מְקָרְבִי לַמִּשְׁכָּן, וּלְבַסּוֹף מַאי טַעְמָא אִישְׁתְּרוּ – דַּהֲווּ מְרַחֲקִי מִמִּשְׁכָּן,

Rav Yosef objects to this. If so, **this** phrase: **One may always slaughter,** is inappropriate; the *tanna* **should have** taught: **One may always slaughter and eat,** as the matter of permission primarily relates to eating the meat, not to slaughtering the animal. **And furthermore, initially, what is the reason** that the meat of desire **was forbidden?** It was **because** in the wilderness, **they were proximate to the Tabernacle** and could partake of sacrificial meat from the table of God. **And ultimately, what is the reason** that the meat of desire **was permitted?** The reason was **that** in Eretz Yisrael **they were distant from the Tabernacle.**

וְכָל שֶׁכֵּן הָשְׁתָּא דְּאַרְחִיקוּ לְהוּ טְפֵי!

And, if so, **all the more so now,** in exile, **when they are** even **more distant** from the Temple, the meat of desire should be permitted. Consequently, it is unnecessary for the mishna to teach this *halakha*.

אֶלָּא אֲמַר רַב יוֹסֵף: רַבִּי עֲקִיבָא הִיא, דְּתַנְיָא: ״כִּי יִרְחַק מִמְּךָ הַמָּקוֹם אֲשֶׁר יִבְחַר ה׳ אֱלֹהֶיךָ לָשׂוּם שְׁמוֹ שָׁם וְזָבַחְתָּ מִבְּקָרְךָ וּמִצֹּאנְךָ״ – רַבִּי עֲקִיבָא אוֹמֵר: לֹא בָּא הַכָּתוּב אֶלָּא לֶאֱסוֹר לָהֶן בְּשַׂר נְחִירָה, שֶׁבַּתְּחִלָּה הוּתַּר לָהֶן בְּשַׂר נְחִירָה, מִשֶּׁנִּכְנְסוּ לָאָרֶץ נֶאֱסַר לָהֶן בְּשַׂר נְחִירָה;

Rather, Rav Yosef said: The *tanna* who teaches this *halakha* **is Rabbi Akiva, as it is taught** in a *baraita* with regard to the verse: **"If the place that the Lord your God shall choose to put His name there be too far from you, then you shall slaughter of your herd and of your flock"** (Deuteronomy 12:21), **Rabbi Akiva says: The verse comes only to prohibit for them** consumption of **meat** of an animal killed by means **of stabbing**[H] rather than valid slaughter, **as,** initially, the **meat of stabbing was permitted for them. When they entered into Eretz** Yisrael, the **meat of stabbing was forbidden to them,** and it was permitted to eat the meat of an animal only after valid slaughter.

וְעַכְשָׁיו שֶׁגָּלוּ יָכוֹל יַחְזְרוּ לְהֶיתֵּרָן הָרִאשׁוֹן? לְכָךְ שָׁנִינוּ: לְעוֹלָם שׁוֹחֲטִין.

Rav Yosef added: **And now that** the Jewish people **were exiled, might** one have thought that stabbed animals **are restored to their initial permitted** state? **Therefore, we learned** in the mishna: **One** must **always slaughter** the animal to eat its meat.

HALAKHA

To prohibit for them consumption of the meat of stabbing – לֶאֱסוֹר לָהֶן בְּשַׂר נְחִירָה: When the Jewish people were in the wilderness, they were not commanded to slaughter non-sacred animals. Rather, they would stab the animals and eat them, like all other nations. They were commanded in the wilderness that anyone who wishes to slaughter an animal may do so only when bringing the animal as a peace offering, but if he so desired he could stab the non-sacred animal and eat it. When they entered Eretz Yisrael, it was prohibited to stab and eat animals. Instead, the Jewish people were commanded to slaughter non-sacred animals outside the Temple courtyard when they desired to eat meat. This ruling is in accordance with the opinion of Rabbi Akiva, which, according to the Rambam, Rabbi Yishmael agrees with as well (Rambam *Sefer Kedusha, Hilkhot Sheḥita* 4:17–18; see *Or Same'aḥ*).

NOTES

Rabbi Akiva holds the meat of desire was not forbidden at all – רַבִּי עֲקִיבָא סָבַר בְּשַׂר תַּאֲוָה לָא אִיתְסַר כְּלָל: The Rambam (*Sefer Kedusha, Hilkhot Sheḥita* 4:17) has a unique opinion with regard to this matter that differs from the Gemara here (see *Hatam Sofer*): On one hand, the meat of desire was not permitted in the wilderness, in accordance with the opinion of Rabbi Yishmael, but on the other hand, if one wished to eat non-sacred meat in the wilderness he could stab it and eat it, in accordance with the opinion of Rabbi Akiva. The commentaries write in explanation of his opinion that it is explicit in the verses that the prohibition of slaughter is designed to distance a person from idol worship, and for that reason stabbing the animal was permitted, because they would not do so for idol worship (*Or Same'aḥ*). Alternatively, stabbing was permitted for non-sacred meat to underscore the difference between sacrificial and non-sacred meat, as the Jewish people were adjacent to the Tabernacle and accustomed to eating peace offerings (*Oneg Yom Tov, Yoreh De'a* 53).

BACKGROUND

Exempt from covering – פָּטוּר מִלְּכַסּוֹת: One who slaughters a kosher bird or a kosher undomesticated animal, e.g., a deer, must cover its blood with earth (see Leviticus 17:13) and recite a blessing before fulfilling this mitzva. This mitzva is discussed in detail in Chapter Six. Ashes and other powdery substances may also be used for this purpose.

בְּמַאי קָמִיפַּלְגִי? רַבִּי עֲקִיבָא סָבַר: בְּשַׂר תַּאֲוָה לָא אִיתְסַר כְּלָל, רַבִּי יִשְׁמָעֵאל סָבַר: בְּשַׂר נְחִירָה לָא אִישְׁתְּרִי כְּלָל.

The Gemara asks: **With regard to what** principle **do they disagree?** The Gemara answers that **Rabbi Akiva holds:** The **meat of desire was not forbidden at all,**[N] **and Rabbi Yishmael holds:** The **meat of stabbing was not permitted at all.**

בִּשְׁלָמָא לְרַבִּי יִשְׁמָעֵאל, הַיְינוּ דִּכְתִיב: "וְשָׁחַט אֶת בֶּן הַבָּקָר", אֶלָּא לְרַבִּי עֲקִיבָא מַאי "וְשָׁחַט"? קָדָשִׁים שָׁאנֵי.

The Gemara asks a series of questions: **Granted, according to Rabbi Yishmael,** who holds that the meat of stabbing was forbidden in the wilderness, **that is** the meaning of that **which is written** with regard to the burnt offerings sacrificed in the Tabernacle: **"And he shall slaughter the young bull"** (Leviticus 1:5). **But according to Rabbi Akiva, what** is the meaning of: **"And he shall slaughter"?** Why would he slaughter it if stabbing is permitted? The Gemara answers: **Sacrificial** animals **are different,** as slaughter is required in that case. By contrast, there was no obligation to slaughter non-sacrificial animals to eat their meat.

בִּשְׁלָמָא לְרַבִּי יִשְׁמָעֵאל, הַיְינוּ דִּכְתִיב: "הֲצֹאן וּבָקָר יִשָּׁחֵט לָהֶם", אֶלָּא לְרַבִּי עֲקִיבָא מַאי "הֲצֹאן וּבָקָר יִשָּׁחֵט לָהֶם"? "יִנָּחֵר לָהֶם" מִיבְּעֵי לֵיהּ! נְחִירָה שֶׁלָּהֶן זוֹ הִיא שְׁחִיטָתָן.

Granted, according to Rabbi Yishmael, who holds that the meat of stabbing was forbidden in the wilderness, **that is** the meaning of that **which is written: "Will flocks and herds be slaughtered for them"** (Numbers 11:22), indicating that they slaughtered the animals in the wilderness. **But according to Rabbi Akiva, what** is the meaning of: **"Will flocks and herds be slaughtered for them"?** Ostensibly, the words: **Be stabbed for them, should have** been written. The Gemara answers: In the wilderness, **their stabbing is their slaughter.**

בִּשְׁלָמָא לְרַבִּי יִשְׁמָעֵאל, הַיְינוּ דִּתְנַן: הַשּׁוֹחֵט וְנִתְנַבְּלָה בְּיָדוֹ, וְהַנּוֹחֵר וְהַמְעַקֵּר – פָּטוּר מִלְּכַסּוֹת; אֶלָּא לְרַבִּי עֲקִיבָא אַמַּאי פָּטוּר מִלְּכַסּוֹת?

Granted, according to Rabbi Yishmael, that is the meaning of that **which we learned** in a mishna (85a) with regard to the mitzva of covering the blood of an undomesticated animal or a bird: **One who slaughters** an undomesticated animal and the slaughter is not valid **and it became an unslaughtered carcass by his hand, and one who stabs** an animal, **and one who rips** the *simanim* from their place before cutting them, invalidating the slaughter, is **exempt from covering**[B] the blood. One must cover the blood of only an animal whose slaughter was valid. **But according to Rabbi Akiva, why is one exempt from covering** the blood of an animal that was stabbed, since in his opinion when they were commanded to cover blood, animals that were stabbed were permitted?

הוֹאִיל וְאִיתְסַר אִיתְסַר.

The Gemara answers: **Since** the meat of stabbing **was forbidden, it was forbidden,** and the halakhic status of stabbing is no longer that of slaughtering.

בִּשְׁלָמָא לְרַבִּי עֲקִיבָא, דְּאָמַר בְּשַׂר תַּאֲוָה לָא אִיתְסַר כְּלָל – הַיְינוּ דִּכְתִיב: "אַךְ כַּאֲשֶׁר יֵאָכֵל אֶת הַצְּבִי וְאֶת הָאַיָּל כֵּן תֹּאכְלֶנּוּ"; אֶלָּא לְרַבִּי יִשְׁמָעֵאל, צְבִי וְאַיָּל גּוּפֵיהּ מִי הָוֵי שָׁרֵי?

Granted, according to Rabbi Akiva, who says that the **meat of desire was not forbidden at all, that is** the meaning of that **which is written** before they entered Eretz Yisrael: **"However, as the gazelle and as the deer is eaten, so shall you eat of it,** the pure and the impure may eat of it alike" (Deuteronomy 12:22). This means that just as it is permitted to eat the meat of a gazelle and a deer in the wilderness in a state of ritual impurity, so may you eat them when you enter Eretz Yisrael, although at that point it will be prohibited to stab them and eat their meat, as their meat will be permitted only through slaughter. **But according to Rabbi Yishmael,** who holds that the meat of desire was forbidden in the wilderness, **were the gazelle and the deer themselves permitted** in the wilderness? They are not brought as offerings.

כִּי אֲסַר רַחֲמָנָא – בְּהֵמָה דְּחַזְיָא לְהַקְרָבָה, אֲבָל חַיָּה דְּלָא חַזְיָא לְהַקְרָבָה לָא אֲסַר רַחֲמָנָא.

The Gemara answers: **When the Merciful One rendered** the meat of desire **forbidden,** that was specifically the meat of **a domesticated animal that is fit for sacrifice. But the Merciful One did not render forbidden undomesticated animals that are not fit for sacrifice.**

בָּעֵי רַבִּי יִרְמְיָה: אֵבְרֵי בְּשַׂר נְחִירָה שֶׁהִכְנִיסוּ יִשְׂרָאֵל עִמָּהֶן לָאָרֶץ, מַהוּ?

§ **Rabbi Yirmeya raises a dilemma** according to the opinion of Rabbi Akiva, who says that the meat of stabbing was permitted in the wilderness: With regard to **the limbs of** the **meat of stabbing that the Jewish people took with them into Eretz** Yisrael, **what is** their halakhic status?

אֵימַת? אִילֵימָא בְּשֶׁבַע שֶׁכָּבְשׁוּ; הַשְׁתָּא דְּבַר טָמֵא אִישְׁתְּרֵי לְהוּ, דִּכְתִיב: ״וּבָתִּים מְלֵאִים כָּל טוּב״, וְאָמַר רַבִּי יִרְמְיָה בַּר אַבָּא אָמַר רַב: כָּתְלֵי דַחֲזִירֵי, בְּשַׂר נְחִירָה מִבַּעְיָא?

The Gemara asks: **When?** With regard to what period does Rabbi Yirmeya raise his dilemma? **If we say** that the dilemma is **with** regard to the **seven** years during **which they conquered**[N] the land, **now, non-kosher items were permitted for them**[N] during that period, **as it is written:** "And it shall be, when the Lord your God shall bring you into the land that He swore to your fathers, **and houses full of all good things**…and you shall eat and be satisfied" (Deuteronomy 6:10–11), **and Rabbi Yirmeya bar Abba says** that **Rav says: Cuts of pig** meat [*kotlei dahazirei*][HL] that they found in the houses were permitted for them; is it **necessary** to say that the **meat** from the **stabbing** of a kosher animal was permitted?

אֶלָּא לְאַחַר מִכָּאן. וְאִיבָּעֵית אֵימָא: לְעוֹלָם בְּשֶׁבַע שֶׁכָּבְשׁוּ, כִּי אִשְׁתְּרֵי לְהוּ – שְׁלַל שֶׁל גּוֹיִם, דִּידְהוּ לָא אִשְׁתְּרֵי. תֵּיקוּ.

Rather, Rabbi Yirmeya's dilemma is with regard to the period **thereafter. And if you wish, say** instead: **Actually,** his dilemma is **with regard to the seven** years during **which they conquered** the land, as perhaps **when** the forbidden food **was permitted for them,** it was specifically food from **the spoils of gentiles,** but **their own** forbidden food **was not permitted.** The Gemara concludes: The dilemma **shall stand** unresolved.[B]

אָמַר רַבָּה: שָׁנֵית ״הַכֹּל שׁוֹחֲטִין״ וּ״לְעוֹלָם שׁוֹחֲטִין״, ״בַּכֹּל שׁוֹחֲטִים״ מַאי מְשַׁנֵּית לֵיהּ?

§ **Rabba says: You explained** the phrases in the mishna: **All slaughter, and: One may always slaughter.** In **what way do you explain** the phrase: **One may slaughter with any** item that cuts?

וְכִי תֵּימָא, בֵּין בְּצוֹר בֵּין בִּזְכוּכִית בֵּין בִּקְרוּמִית שֶׁל קָנֶה – הָא דּוּמְיָא דְּהָנָךְ קָתָנֵי; אִי הָנָךְ בְּשׁוֹחֲטִין – הַאי נָמֵי בְּשׁוֹחֲטִין, וְאִי הָנָךְ בְּנִשְׁחָטִין – הַאי נָמֵי בְּנִשְׁחָטִין!

And if you would say that it means: **Whether with a flint, or with glass** shards, **or with the stalk of a reed, but isn't** this phrase **taught** in a manner **similar to those** other phrases in the mishna? **If these** phrases: All slaughter, and: One may always slaughter, are referring **to those that slaughter, this** phrase **too** is referring **to those that slaughter; and if those** phrases are referring **to those that are slaughtered, this** phrase **too** is referring **to those that are slaughtered.** The first two phrases in the mishna were explained as referring to the animals that are slaughtered. The first phrase was interpreted to include birds, and the second phrase was interpreted as referring to the *halakha* that meat may be eaten only through slaughter of the animal.

אֶלָּא אָמַר רָבָא: ״הַכֹּל שׁוֹחֲטִין״ – חֲדָא לְאֵתוּיֵי כּוּתִי, וַחֲדָא לְאֵתוּיֵי יִשְׂרָאֵל מְשׁוּמָּד; ״לְעוֹלָם שׁוֹחֲטִין״ – בֵּין בַּיּוֹם, בֵּין בַּלַּיְלָה, בֵּין בְּרֹאשׁ הַגַּג, בֵּין בְּרֹאשׁ הַסְּפִינָה; ״בַּכֹּל שׁוֹחֲטִין״ – בֵּין בְּצוֹר, בֵּין בִּזְכוּכִית, בֵּין בִּקְרוּמִית שֶׁל קָנֶה.

Rather, Rava said that the entire mishna is referring to those that slaughter. The initial phrase means **everyone** [*hakkol*] **slaughters.** Although an identical phrase was used in the first mishna (2a), both are necessary: **One is to include a Samaritan and one is to include a Jewish transgressor.** The second phrase: **One may always slaughter,** means **both during the day and at night, both on a rooftop and atop a ship,** and there is no concern that it will appear that he is slaughtering in an idolatrous manner to the hosts of heaven or to the god of the sea. The phrase: **One may slaughter with any** item that cuts, means: **Whether with a flint, or with glass** shards, **or with the stalk of a reed.**

״חוּץ מִמַּגַּל קָצִיר וְהַמְּגֵירָה״. אֲבוּהּ דִּשְׁמוּאֵל פְּגַם וְשַׁדַּר פְּגַם וְשַׁדַּר, שְׁלַחוּ לֵיהּ: כִּמְגֵירָה שָׁנִינוּ.

The mishna states: **Except for** the serrated side of **the harvest sickle, and the saw. Shmuel's father**[P] would **notch** a knife **and send** it to Eretz Yisrael to ask if it is fit for slaughter, and would **notch** a knife in a different manner **and send** it to Eretz Yisrael in order to determine the type of notch that invalidates slaughter. **They sent to him** from Eretz Yisrael that the principle is: **We learned** that the notch that invalidates slaughter is **like a saw,** whose teeth point upward, as it rips the *simanim* with every draw of the knife back and forth.

תָּנוּ רַבָּנַן:

The Sages taught in a *baraita*:

HALAKHA

Cuts of pig meat – כָּתְלֵי דַחֲזִירֵי: When the combat troops invade another country, conquer it, and take its residents captive, it is permitted for the soldiers to eat unslaughtered animal carcasses, *tereifot*, and pig meat, and to drink wine poured as a libation to idolatry if there is no kosher food, in accordance with the opinion of Rabbi Yirmeya bar Abba in the name of Rav (Rambam *Sefer Shofetim*, *Hilkhot Melakhim* 8:1).

LANGUAGE

Cuts of pig meat [*kotlei dehazirei*] – כָּתְלֵי דַחֲזִירֵי: The word *kotlei* means nape, as in the Akkadian kuttalu, meaning hind part of the body. It has a similar meaning in Syriac. There is a variant reading, *kodlei*, which is related to Onkelos's translation of the Hebrew word *oref* as *kedal*. Alternatively, some cite the *ge'onim* and explain that the term *kotel* is similar to the Arabic كتل, *kutal*, and in this context it refers to pieces of fatty pig meat prepared with flour and semolina.

BACKGROUND

Shall stand unresolved [*teiku*] – תֵּיקוּ: Various explanations have been offered for the etymology of this term. Some explain that it is an abbreviated form of *teikum*, meaning: Let it stand. Alternatively, its source is the word *tik*, meaning case or pouch; just as the contents of a pouch are unknown, so too, the resolution to the dilemma is unknown (*Arukh*). Although not the literal meaning, some suggest that the term alludes to an acrostic: *Tishbi yetaretz kushyot uve'ayot*, meaning: The Tishbite, i.e., Elijah the prophet, will resolve questions and dilemmas (*Tosefot Yom Tov*). This last idea refers to the tradition that when Elijah returns to proclaim the coming of the Messiah, he will also resolve outstanding halakhic dilemmas.

PERSONALITIES

Shmuel's father – אֲבוּהּ דִּשְׁמוּאֵל: This is the prominent Sage Abba bar Abba, typically identified as the father of Shmuel, after his son, the prominent *amora*. Abba bar Abba, who traveled extensively in his capacity as a silk merchant, spent time in Eretz Yisrael and developed close ties with Rabbi Yehuda HaNasi and his sons.

NOTES

The seven years during which they conquered – שֶׁבַע שֶׁכָּבְשׁוּ: The length of the period of conquest is derived from the fact that Caleb, son of Jephunneh, was eighty-five years old at the conclusion of the conquest, and based on calculations detailed elsewhere, he was seventy-eight years old when he entered the land: He entered thirty-eight years after the spies were dispatched, at which point he was forty years old (see Joshua 14:7–10; *Zevahim* 118b).

Now non-kosher items were permitted for them – הַשְׁתָּא דְּבַר טָמֵא אִישְׁתְּרֵי לְהוּ: The Rambam derives a fundamental principle from here that whenever troops conquer a place during a war, if there is no kosher food available, it is permitted for the soldiers to eat forbidden food. Ramban's Commentary on the Torah (Deuteronomy 6:10) disagrees. In his opinion, this was a special gift given to the Jewish people when they entered the land to benefit from the spoils of their enemies, and it was not designed as a blanket permit for soldiers.

HALAKHA

A knife in which there are several notches – סכין שיש בה פגימות הרבה: If one slaughters with a knife with multiple notches, the slaughter is not valid even after the fact, even if they were all notches that entangle. This ruling is in accordance with the *baraita*, as explained by Rashi (*Shulḥan Arukh, Yoreh De'a* 18:5).

If the notch catches…the slaughter is not valid – אוגרת פסולה: If one slaughtered with a knife that is then examined after the slaughter and found to be notched, the slaughter is not valid provided that it is a notch that catches, even if it catches on only a strand of a hair, in accordance with the *baraita* and the custom of Rav Aḥa bar Ya'akov (Rambam *Sefer Kedusha, Hilkhot Sheḥita* 1:14; *Shulḥan Arukh, Yoreh De'a* 18:2).

Rises and falls – עולה ויורד: One may slaughter *ab initio* with a knife that is not straight but rises and falls like a snake, provided that it is not notched, in accordance with the opinion of Rava. The later commentaries wrote that even if the knife rises and falls several times, the slaughter is valid (*Taz*; *Shakh*). Today, one slaughters with a knife of that kind only in exigent circumstances (Rambam *Sefer Kedusha, Hilkhot Sheḥita* 1:17; *Shulḥan Arukh, Yoreh De'a* 18:8 and *Be'er Heitev* there).

LANGUAGE

Entangles [*mesukhsekhet*] – מסוכסכת: This root appears in the Bible in the sense of inciting entanglement, confusion, or struggle: "And I will spur [*vesikhsakhti*] Egypt against Egypt" (Isaiah 19:2). The Sages employed the term to describe a fire that seeks to consume an object but the object does not catch fire; it is as though the fire is struggling with the object. Here, the meaning is similar, and the reference is to an object that encounters and is impeded by a protuberance or deficiency. A knife with a notch that entangles is therefore a knife over which items that pass encounter an impediment.

סכין שיש בה פגימות הרבה – תידון כמגירה, ושאין בה אלא פגימה אחת, אוגרת – פסולה, מסוכסכת – כשרה. היכי דמיא אוגרת, היכי דמיא מסוכסכת? אמר רבי אליעזר: אוגרת – משתי רוחות, מסוכסכת – מרוח אחת.

The status of **a knife in which there are several notches**[H] is considered like that of **a saw, and** with regard to a knife in which there is **only one notch,** if it **catches,** the slaughter is **unfit,** but if it **entangles** [*mesukhsekhet*],[L] the slaughter is **fit. What are the circumstances** of a notch that **catches, and what are the circumstances** of a notch that **entangles? Rabbi Eliezer said:** A notch that **catches** is one that has a sharp edge **on two sides,** while a notch that **entangles** is one that has a sharp edge **on one side.**[N]

מאי שנא משתי רוחות – דמורשא קמא מחליש ומורשא בתרא בזע, מרוח אחת נמי – חורפא דסכינא מחליש, מורשא בזע! דקאים ארישא דסכינא. סוף סוף, כי אזלא מחלשא, כי אתא בזע! כגון שהוליך ולא הביא.

The Gemara challenges this explanation: **What is different** about a notch with a sharp edge **on two sides, where the first edge** [*moresha*] **compromises** the neck by removing the hide and the flesh, **and the latter edge rips** the *simanim*; in the case of a notch with a sharp edge **on one side too, the sharp** tip **of the knife compromises** the neck and **the edge** of the notch **rips** the *simanim*. The Gemara explains: The reference is to a notch **that stands at the top of the knife,** which begins the slaughter. The Gemara objects: **Ultimately, when** the knife **goes** in one direction **it compromises** the neck and **when it comes** back in the other direction **it rips** the *simanim*. The Gemara explains: The reference is to a case **where he drew the knife backward and did not draw it forward.**[N]

אמר רבא, שלש מדות בסכין: אוגרת – לא ישחוט, ואם שחט – שחיטתו פסולה; מסוכסכת – לא ישחוט בה לכתחלה, ואם שחט – שחיטתו כשרה; עולה ויורד בסכין – שוחט בה לכתחלה.

Rava says: There are **three types** of notches **in a knife.** If the notch **catches, one may not slaughter** with it, **and if he slaughtered, his slaughter is not valid.**[H] If the notch **entangles, one may not slaughter with it *ab initio*; and if he slaughtered** with it, **his slaughter is valid** after the fact. If the notch **rises and falls**[HN] **in the knife** and has no sharp edges, **one may slaughter with it *ab initio*.**

NOTES

A notch that catches has a sharp edge on two sides, a notch that entangles has a sharp edge on one side – אוגרת משתי רוחות מסוכסכת מרוח אחת: According to Rashi and most early commentaries, there is no difference in the shape of a notch that entangles and that of a notch that catches, as they are both vertical. The notch that catches has two sharp edges, and it is called such because it impedes passage of the flesh or fingernail. By contrast, the notch that entangles has only one sharp edge, and the other edge is smoothed with a sharpener. It is called a notch that entangles because it entangles the knife and hinders the cutting. The *baraita* that states that the halakhic status of a knife with multiple notches is like that of a saw applies even with regard to notches that entangle. The reason is that although a single notch of that kind does not invalidate the slaughter, several notches create a situation equivalent to that of a notch that catches, as one notch rips the hide and the next notch rips the *simanim*.

Other early commentaries explain that the edge of the notch that entangles is slanted in one direction, e.g., toward the handle of the knife, as in that case it cuts the hide and the *simanim* only when he brings the knife back, but when he draws the knife forward, it slaughters properly. According to that explanation, the halakhic status of a knife with multiple notches is like that of a saw due to the concern lest he bring the knife back and rip the *simanim* (Ramban, based on Rif; Meiri, citing *Tosafot*).

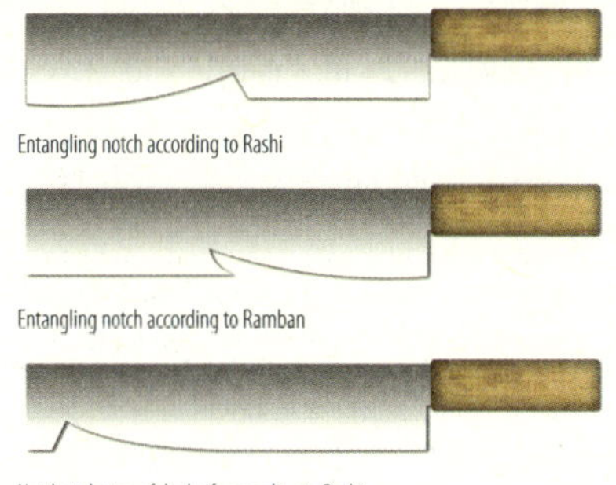
Entangling notch according to Rashi

Entangling notch according to Ramban

Notch at the top of the knife according to Rashi

Where he drew the knife backward and did not draw it forward – כגון שהוליך ולא הביא: The phrase: A notch that catches, the slaughter is not valid; a notch that entangles, the slaughter is valid, means that in contrast to a notch that catches, where the slaughter is never valid, a notch that entangles is sometimes valid (Rashba).

According to Rashi, slaughter is valid when the notch entangles only if two conditions are fulfilled: There is only one notch on the knife, and he drew the knife backward and did not draw it forward. According to the commentaries cited in the previous note who explain that a notch that entangles is one that leans in one direction, the slaughter is valid if he draws the knife backward and does not draw it forward, as in that case the sharp edge does not rip the flesh. In that case, the notch need not be located specifically at the top of the knife. This seems to be opinion of the Rif, who does not mention the requirement of the notch being located at the top of the knife. This explanation is difficult, as the Gemara should have said: Rather, where he drew the knife backward and did not draw it forward, indicating that the Gemara rejected the previous understanding (Rashba). According to the Meiri, that is indeed the variant reading of the Gemara. The Ran writes, though, that the Gemara is not rejecting the previous answer that the notch is at the top of the knife. Rather, that answer teaches that the slaughter is invalid when there is one sharp edge only when the *simanim* were first compromised by the edge of the knife, and this is an additional answer (see also *Tosafot*).

Rises and falls – עולה ויורד: This is a case where there was a large notch that was smoothed (Rashi). The Rambam explains that the knife appears like a snake, meaning that there is more than one depression in the knife (see *Shakh*; *Taz*). Rabbeinu Gershom Meor HaGola explains that the knife was not uniformly sharp.

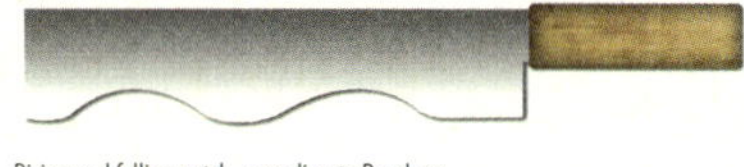
Rising and falling notch, according to Rambam

אָמַר לֵיהּ רַב הוּנָא בְּרֵיהּ דְּרַב נְחֶמְיָה לְרַב אָשֵׁי: אָמְרַתְּ לַן מִשְּׁמֵיהּ דְּרָבָא מְסוּכְסֶכֶת פְּסוּלָה, וְהָא אָמַר רָבָא: מְסוּכְסֶכֶת – כְּשֵׁרָה! לָא קַשְׁיָא: כָּאן שֶׁהוֹלִיךְ וְהֵבִיא, כָּאן שֶׁהוֹלִיךְ וְלֹא הֵבִיא.

Rav Huna, son of Rav Neḥemya, said to Rav Ashi: You said to us in the name of Rava that if the notch entangles, the slaughter is not valid. But doesn't Rava say: If the notch entangles, the slaughter is valid?[H] Rav Ashi answers: This is not difficult. Here, where Rava says that the slaughter is not valid, is in a case where he drew the knife back and forth. There, where Rava says that the slaughter is valid, is in a case where he drew the knife backward and did not draw it forward.

אָמַר לֵיהּ רַב אַחָא בְּרֵיהּ דְּרַב אַוְיָא לְרַב אָשֵׁי: דָּמְיָא לְסָאסְאָה, מַאי? אָמַר לֵיהּ: מַאן יְהֵיב לַן מִבִּשְׂרֵיהּ וְאָכְלִינַן.

Rav Aḥa, son of Rav Avya, said to Rav Ashi: If the knife was similar to an awn of grain [*sasa*],[LH] which is not perfectly smooth but does not have actual notches, what is the *halakha*? Rav Ashi said to him: Who will give us from the meat of an animal slaughtered with that knife, and we will eat it.

אָמַר רַב חִסְדָּא: מִנַּיִן לִבְדִיקַת סַכִּין מִן הַתּוֹרָה? שֶׁנֶּאֱמַר: "וּשְׁחַטְתֶּם בָּזֶה וַאֲכַלְתֶּם".

§ Rav Ḥisda says: From where is it derived that examination of a knife[H] is an obligation by Torah law? It is derived from a verse, as it is stated with regard to Saul's instructions to the people: "And slaughter with this and eat" (I Samuel 14:34), indicating that Saul gave them the knife only after ensuring that it was fit to slaughter their animals.

פְּשִׁיטָא, כֵּיוָן דְּכִי נָקַב טְרֵיפָה בָּעֲיָא בְּדִיקָה! לְחָכָם קָאָמְרִינַן. וְהָאָמַר רַבִּי יוֹחָנָן: לֹא אָמְרוּ לְהַרְאוֹת סַכִּין לְחָכָם אֶלָּא מִפְּנֵי כְּבוֹדוֹ שֶׁל חָכָם! מִדְּרַבָּנַן, וּקְרָא אַסְמַכְתָּא בְּעָלְמָא הוּא.

The Gemara asks: Isn't it obvious that a knife must be examined before slaughter? Since were one to create a perforation in the gullet, the animal would be a *tereifa*, therefore the knife requires examination to prevent that situation. The Gemara answers: We are saying that a source for the *halakha* that one must show the knife to a Torah scholar for examination is needed. The Gemara asks: Is that an obligation by Torah law? But doesn't Rabbi Yoḥanan say that the Sages said to show the knife to a Torah scholar only due to the requirement to show deference to the Torah scholar? The Gemara answers: Indeed, it is a requirement by rabbinic law, and the verse is cited as a mere support[B] for that practice, not as a source.

בְּמַעְרְבָא בָּדְקִי לַהּ בְּשִׁימְשָׁא. בִּנְהַרְדְּעָא בָּדְקוּ לַהּ בְּמַיָּא. רַב שֵׁשֶׁת בָּדֵק לַהּ בְּרֵישׁ לִישָּׁנֵיהּ. רַב אַחָא בַּר יַעֲקֹב בָּדֵק לַהּ בְּחוּט הַשַּׂעֲרָה.

The Gemara notes: In the West, Eretz Yisrael, they examine the knife in the sun[N] to determine whether there is a notch. In Neharde'a[B] they examine the knife with water.[N] They would place the blade on the surface of the water, and if there was a notch, it would noticeably alter the surface of the water. Rav Sheshet would examine it with the tip of his tongue. Rav Aḥa bar Ya'akov would examine it with a strand of hair. He would pass the strand over the blade of the knife and if there was a notch, it would be caught in that notch.

HALAKHA

If the notch entangles the slaughter is valid – מְסוּכְסֶכֶת כְּשֵׁרָה: A knife with a notch that entangles is one that is examined by being drawn back and forth, and when it is drawn in one direction, no notch is felt, and when it is drawn in the other direction, a notch is felt. If one slaughtered with that knife and drew it in the direction where the notch is not felt, his slaughter is valid. If he drew it in the other direction, the slaughter is not valid, in accordance with the *baraita* and the Gemara's conclusion as explained by the Rashba. The Rema writes that there are those who rule stringently that slaughter with such a knife is valid only if he drew the knife in the direction where the notch is not felt and the notch is near the end of the knife opposite from where he began the act of slaughter, in accordance with the explanation of Rashi. Because it is not clear when a notch is considered to be near the end of the knife, all slaughter with a knife with a notch that entangles is not valid (Rambam *Sefer Kedusha, Hilkhot Sheḥita* 1:15; *Shulḥan Arukh, Yoreh De'a* 18:4).

Similar to an awn of grain – דָּמְיָא לְסָאסְאָה: One may slaughter with a knife that was whetted but is not smooth, and its surface is like the top of a stalk of grain that crumbles in the fingers, in accordance with the opinion of Rav Ashi. The Rema writes, citing the *Agur*, that the custom is not to slaughter with such a knife because the details of this *halakha* are not clear (Rambam *Sefer Kedusha, Hilkhot Sheḥita* 1:18; *Shulḥan Arukh, Yoreh De'a* 18:6, and in the comment of Rema).

Examination of a knife – בְּדִיקַת סַכִּין: One is obligated to examine the knife before slaughtering, as the presumptive status of a knife is that it has not been examined. The concern is that one will neglect to do so after the slaughter, in which case the result would be as though he were eating an unslaughtered carcass (see *Shakh*). If he did not examine the knife, he may not slaughter with it. If he neglected to examine the knife before slaughter and examined it after slaughter and found it smooth, his slaughter is valid. The latter authorities disagree as to whether the presumptive status of knives nowadays is that they have been examined, as knives are designated specifically for slaughter and are carefully protected (*Shulḥan Arukh, Yoreh De'a* 18:3 and *Pitḥei Teshuva* there).

LANGUAGE

Awn of grain [*sasa*] – סָאסְאָה: This refers to awns, the hair-like top of grain stalks, which are not smooth but have small spikes. Conceivably, it is from the Akkadian sassata, meaning grass.

Awns of wall barley

BACKGROUND

Mere support – אַסְמַכְתָּא בְּעָלְמָא: Sometimes the Sages in the Talmud explicitly state that a verse cited as the basis for a *halakha* is merely an allusion to that *halakha* rather than its actual source. In those cases, the verse is characterized as mere support for the *halakha*. Since those *halakhot* are not actually derived from the biblical text, which serves instead as a mnemonic, they do not have the status of Torah law, and are typically rabbinic decrees or ordinances.

Neharde'a – נְהַרְדְּעָא: A city on the Euphrates near the Malka River, Neharde'a was one of the oldest Jewish communities in Babylonia. According to tradition, Jews lived in Neharde'a as early as the sixth century BCE, the end of the first Temple era, beginning with the exile of King Jehoiachin of Judea. Neharde'a was one of the most significant Jewish communities in Babylonia. It was a center of Torah study from an early period, and its yeshiva was the oldest in Babylonia. Many of the greatest *tanna'im* visited Neharde'a, among them Rabbi Akiva, who intercalated the calendar there (see *Yevamot* 122b). During Rav's lifetime, the first half of the third century CE, Neharde'a's yeshiva was headed by Rav Sheila and then by Shmuel. Since the city was located near the border between the Roman and the Persian Empires, it was frequently victimized by wars between the two. Pappa ben Nazer Odonathus, king of Tadmor, destroyed it completely in 259 CE. Later, Jews resettled there, and many Torah scholars remained in Neharde'a even after its yeshiva moved to Meḥoza and afterward to Pumbedita.

NOTES

In the sun – בְּשִׁימְשָׁא: Rashi offers one explanation that one examines the blade in the sunlight. He then cites another explanation that one holds the knife opposite the sun and examines the shadow that it casts on a wall. The shadow is larger than the knife, and therefore a notch would be more conspicuous.

With water – בְּמַיָּא: In addition to the explanation that involves placing the blade on the surface of the water, Rashi cites another explanation: One holds the knife at a downward slant and allows water to drip down toward the tip. If there is a notch, the droplet does not reach the tip.

בסורא אמרי: בישרא אכלה, בישרא לבדקה. אמר רב פפא: צריכא בדיקה אבישרא ואטופרא ואתלתא רוחתא.

In Sura[B] they say: The knife consumes the flesh; let the flesh examine the knife. Since the concern is that the knife will rip the flesh during the slaughter, it should be examined by passing it on the tongue or the fingertip. **Rav Pappa said:** The knife **requires examination on the flesh, and on the fingernail,**[N] **and on the three sides**[NH] of the knife, i.e., the blade and the two sides of the knife.

אמר ליה רבינא לרב אשי, אמר לן רב סמא בריה דרב משרשיא משמך, דאמרת ליה משמיה דרבא: צריכא בדיקה אבישרא ואטופרא ואתלתא רוחתא. אמר ליה: אבישרא ואטופרא אמרי, ואתלתא רוחתא לא אמרי. איכא דאמרי: אבישרא ואטופרא ואתלתא רוחתא אמרי, משמיה דרבא לא אמרי.

Ravina said to Rav Ashi: Rav Sama, son of Rav Mesharshiyya, said to us in your name that which **you said to him in the name of Rava:** The knife **requires examination on the flesh, and on the fingernail, and on the three sides.** Rav Ashi **said to** Ravina: **On the flesh and on the fingernail I said, and on the three sides I did not say. There are** those **who say** that Rav Ashi said to him: **On the flesh and on the fingernail and on the three sides I said,** and **in the name of Rava I did not say.**

רבינא ורב אחא בריה דרבא הוו יתבי קמיה דרב אשי. אייתו סכין לקמיה דרב אשי לבדקה, אמר ליה לרב אחא בריה דרבא: בידקא! בדקה אטופרא ואבישרא ואתלתא רוחתא. אמר ליה: יישר, וכן אמר רב כהנא.

Ravina and Rav Aḥa, son of Rava, were sitting before Rav Ashi. People **brought a knife before Rav Ashi to examine it.** Rav Ashi **said to Rav Aḥa, son of Rava: Examine it. He examined it on the fingernail, and on the flesh, and on the three sides.** Rav Ashi **said to him: Well done, and Rav Kahana likewise said** that this is the way to examine a knife.

רב יימר אמר: אטופרא ואבישרא צריכא, אתלתא רוחתא לא צריכא. מי לא אמר רבי זירא אמר שמואל: ליבן סכין ושחט בה – שחיטתו כשרה, שחידודה קודם לליבונה; וקשיא לן: האיכא צדדין! ואמרינן: בית השחיטה מרווח רווח, הכא נמי – בית השחיטה מרווח רווח!

Rav Yeimar said: Examination **on the fingernail and on the flesh is necessary,** and examination **on the three sides is not necessary. Doesn't Rabbi Zeira say** that **Shmuel says:** If one **heated a knife until** it became **white hot and slaughtered** an animal **with it, his slaughter is valid, as its sharp** blade **preceded** the effect of **its white heat; and it is difficult for us: But aren't there** the **sides** of the knife, which burn the throat and render the animal a *tereifa*? **And we say: The area of the slaughter** in the throat **separates** quickly after the incision, and the tissue on either side of the incision is not seared by the white hot blade. **Here too, the area of slaughter separates** quickly, and notches on the side of the knife do not come in contact with the *simanim*.

אמר רב הונא בר רב קטינא אמר רבי שמעון בן לקיש, שלש פגימות הן: פגימת עצם בפסח, פגימת אוזן בבכור, פגימת מום בקדשים;

§ **Rav Huna bar Rav Ketina says** that **Rabbi Shimon ben Lakish says** that **there are three deficiencies** with the same measure, as follows: **The deficiency of a bone in the Paschal offering,**[H] with regard to which it is written: "Neither shall you break a bone therein" (Exodus 12:46); **the deficiency of an ear in a firstborn**[BH] animal that renders it blemished and unfit for sacrifice, in which case a priest may slaughter it anywhere and eat it; and **the deficiency** that constitutes **a blemish in** other forms of **sacrificial animals.**[NH]

HALAKHA

Requires examination on the flesh and on the fingernail and on the three sides – צריכא בדיקה אבישרא ואטופרא ואתלתא רוחתא: How does one examine the knife? He draws the edge and the two sides of the blade of the knife back and forth over the flesh of his finger and then repeats the process on his fingernail to ensure that there are no notches. One must examine the knife in a deliberate manner and pay close attention to ensure that his mind does not wander. After beginning the examination with one fingernail, he should continue with another fingernail in case the first fingernail was cut by the knife, in which case he would be unable to detect whether there is a notch on the sides of the blade. One must not examine both sides of the blade simultaneously; rather, he must examine each one separately (Rambam *Sefer Kedusha*, *Hilkhot Sheḥita* 1:23; *Shulḥan Arukh*, *Yoreh De'a* 18:12, and in the comment of Rema).

The deficiency of a bone in the Paschal offering – פגימת עצם בפסח: One who breaks a bone in the Paschal offering is flogged. The Rambam does not cite the measure of the deficiency mentioned here in the Gemara. In fact, some say that one is liable only for a complete break (Rambam *Sefer Korbanot*, *Hilkhot Korban Pesaḥ* 10:1; Meiri).

The deficiency of an ear in a firstborn – פגימת אוזן בבכור: With regard to the deficiency of the ear of a firstborn male animal that would render it blemished and permit its slaughter, it is a deficiency only if it impedes passage of the fingernail over the ear. In addition, it is a blemish only if the deficiency is in the cartilage but not in the skin, in accordance with the opinion of Reish Lakish. Only an expert may rule the firstborn blemished and fit for slaughter. When there are no experts, it may be slaughtered based on the ruling of three people who are somewhat learned and are not experts in diagnosing blemishes. In that case only unequivocal blemishes permit the slaughter of the firstborn; therefore, the blemish must be conspicuous and larger than a deficiency that impedes passage of the fingernail (Rambam *Sefer Korbanot*, *Hilkhot Bekhorot* 2:1; *Shulḥan Arukh*, *Yoreh De'a* 309:2).

The deficiency that constitutes a blemish in sacrificial animals – פגימת מום בקדשים: An animal with a deficiency in the cartilage of its ear large enough to impede passage of a fingernail is disqualified from sacrifice. If this befalls an otherwise unblemished sacrificial animal it is redeemed and desacralized, in accordance with the opinion of Reish Lakish (Rambam *Sefer Avoda*, *Hilkhot Biat HaMikdash* 7:2 and *Hilkhot Issurei Mizbe'aḥ* 2:6).

BACKGROUND

Sura – סורא: A town in southern Babylonia, Sura did not become an important Jewish community until the great *amora*, Rav, moved and established a yeshiva there (c. 220 CE). From that point through the end of geonic period (c. 1000 CE), Sura was a major center of Torah study. The yeshiva in Sura, under the leadership of Rav and his closest disciples, was influenced by the halakhic traditions of Eretz Yisrael and was renowned for its unique approach to Torah study. Among the great Sages who assumed a leadership role in Sura were Rav, Rav Huna, Rav Ḥisda, Ravina, and Rav Ashi. The Babylonian Talmud was largely redacted in Sura. There was another city with the same name, which was called: Sura on the Euphrates, in order to distinguish between them.

Firstborn – בכור: The male firstborn of cattle, sheep, or goats belonging to a Jew is sacred from birth, and it must be given to a priest and sacrificed on the altar in the Temple. Its meat is then eaten by the priests and their families (see Numbers 18:17–18). If a firstborn animal became blemished, it is disqualified from sacrifice as an offering and may be slaughtered and eaten like any other non-sacred kosher animal. Nevertheless, the obligation to give it to a priest remains in effect. It is prohibited to intentionally inflict a disqualifying blemish on a firstborn animal. In addition, it is prohibited to utilize a firstborn animal, even if it is blemished, for any mundane purpose, e.g., to perform labor with the animal or to use its fleece.

NOTES

On the flesh and on the fingernail – אבישרא ואטופרא: It is examined on the flesh to ensure that the knife will not tear the gullet, which is flesh-like, and it is examined on the fingernail to ensure that it will not tear the windpipe, which is a harder surface, similar to that of a fingernail.

On the flesh and on the fingernail and on the three sides – אבישרא ואטופרא ואתלתא רוחתא: Altogether there are twelve examinations, which is the numerological value of the word *zeh* in the verse: "And slaughter with this [*bazeh*]" (I Samuel 14:34). One draws the knife back and forth on the flesh to examine the edge of the blade and the two sides of the knife, which are a total of six examinations, and then draws the knife back and forth on the fingernail to examine the edge of the blade and the two sides of the knife, which are an additional six examinations.

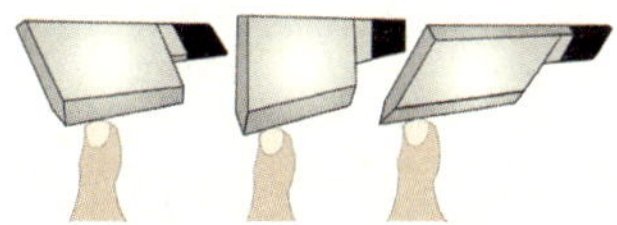

Three sides of the knife edge

The deficiency that constitutes a blemish in sacrificial animals – פגימת מום בקדשים: Rashi explains that the reference is to a deficiency that does not exist in a male firstborn animal but only in females, as it is taught: If the pouch in which the genitals of the firstborn are concealed, or if the genitalia of a female sacrificial animal were rendered deficient (*Bekhorot* 39b). Other commentaries explain that sacrificial animals are mentioned separately because there are blemishes that disqualify sacrificial animals from sacrifice on the altar, but at the same time do not permit the slaughter of a firstborn animal. Therefore, it was necessary to say that in the case of a sacrificial animal as well, the blemish disqualifies only if it is equivalent to the measure of notching that would render the altar unfit (*Tosafot*).

וְרַב חִסְדָּא אָמַר: אַף פְּגִימַת סַכִּין. וְאִידָּךְ? בְּחוּלִּין לָא קָא מַיְירֵי.

And Rav Ḥisda says: There is **the deficiency of a knife as well.**[N] The Gemara asks: **And the other** *amora*, Rabbi Shimon ben Lakish, why does he not include the knife? The Gemara answers: He does not include it because **he is not speaking with regard to non-sacred animals.**

וְכוּלָּן, פְּגִימָתָן כְּדֵי פְּגִימַת הַמִּזְבֵּחַ.

Rabbi Shimon ben Lakish continues: **And** with regard to **all of** these deficiencies, **the measure of their deficiency** is **equivalent to** the measure of **deficiency** that renders **the altar** unfit.

NOTES

And Rav Ḥisda says the deficiency of a knife as well – וְרַב חִסְדָּא אָמַר אַף פְּגִימַת סַכִּין: As is explained on the next *amud*, this measure is that of a notch that impedes passage of a fingernail on the blade. From the Rif and the Rambam it appears that the *amora'im* who examined the knife in the sun, the water, or with a strand of hair disagree and hold that a notch of any size in the knife invalidates the slaughter, and the Rif and Rambam rule that this is the *halakha*. Rashi, though, rules in accordance with the statement of Rav Ḥisda. Other commentaries suggest that those *amora'im* do not necessarily disagree with Rav Ḥisda; the Gemara merely mentions the manner in which they carefully examined their knives (*Derisha*). Others suggested on a similar note that those examinations performed by the *amora'im* were the examinations required to show deference to the Torah scholar, and were not due to the fundamental obligation to examine the knife (*Emet LeYa'akov*).

Perek **I**
Daf **18** Amud **a**

וְכַמָּה פְּגִימַת הַמִּזְבֵּחַ? כְּדֵי שֶׁתַּחְגּוֹר בָּהּ צִפּוֹרֶן.

And how much is **the deficiency** that renders **the altar** unfit?[H] It is a deficiency that is **sufficient for a fingernail to be impeded on it.**[N]

מֵיתִיבֵי: כַּמָּה פְּגִימַת הַמִּזְבֵּחַ? רַבִּי שִׁמְעוֹן בֶּן יוֹחַאי אוֹמֵר: טֶפַח, רַבִּי אֱלִיעֶזֶר בֶּן יַעֲקֹב אוֹמֵר: כַּזַּיִת! לָא קַשְׁיָא: הָא בְּסִידָא, הָא בְּאַבְנָא.

The Gemara **raises an objection** from a *baraita*: **How much** is **the deficiency** that renders **the altar** unfit? **Rabbi Shimon ben Yoḥai says:** One **handbreadth.**[B] **Rabbi Eliezer ben Ya'akov says:** One **olive-bulk.** The Gemara answers: This apparent contradiction is **not difficult. This** measure of one handbreadth or one olive-bulk is referring to a deficiency **in the limestone** coating of the altar; **that** smaller measure of a fingernail being caught is referring to a deficiency **in the stone**[N] of the altar.

NOTES

Sufficient for a fingernail to be impeded [*shetaḥgor*] on it – כְּדֵי שֶׁתַּחְגּוֹר בָּהּ צִפּוֹרֶן: Rashi explains that this term is an expression of impediment, in that the passage of the fingernail is impeded. Others understand it as stemming from the word belt [*ḥagora*], that the deficiency envelops the knife or that the fingernail envelops itself in the deficiency (see Ritva). The Ra'ah, cited in the Ritva, explains that it stems from the term *ḥigger*, meaning lame, as the fingernail is unsteady as it progresses from the deficiency in the knife. Nevertheless, in *Bedek HaBayit*, the Ra'ah explains that the term means sense, in that the fingernail senses the deficiency.

This measure in the limestone coating of the altar, that measure in the stone – הָא בְּסִידָא הָא בְּאַבְנָא: Rashi explains that the *halakha* that any deficiency in the stone renders the altar unfit is derived from the verse: "You shall build the altar of the Lord of unhewn stones" (Deuteronomy 27:6), indicating that they must be entirely whole. The deficiency in the limestone, in turn, is derived from the verse: "And you shall slaughter upon it" (Exodus 20:21), indicating that one may not slaughter when it is lacking, and its lack is conspicuous only when it is more than a handbreadth (Ramban). Alternatively, since it is the nature of limestone to dry and crumble, insistence on limestone that does not impede passage of the fingernail would lead to invalidation of every altar (Ritva). Others suggest that the reason for the larger measurement with regard to limestone is because such a deficiency renders the altar unfit only by rabbinic law, or that the Torah allowed the Sages to determine the measure of its invalidation; therefore, the Sages did not establish stringent criteria (see Ramban; Ritva). Others commentaries offer a reversed interpretation of the Gemara that the measure of deficiency in a stone is one handbreadth, while in limestone the measure is a deficiency that impedes passage of a fingernail. Since the point of the limestone is ornamentation, the smallest deficiency invalidates it (*Sefer Yere'im*).

HALAKHA

And how much is the deficiency that renders the altar unfit – וְכַמָּה פְּגִימַת הַמִּזְבֵּחַ: Any stone with a deficiency that would impede passage of a fingernail is disqualified for use in the altar or the ramp, as it is stated: "You shall build the altar of the Lord of unhewn stones" (Deuteronomy 27:6). Any altar whose structure has a deficiency of one handbreadth is not fit for use. If the deficiency is less than one handbreadth, the altar is fit, provided that there is no stone with a deficiency in it, in accordance with the opinion of Rabbi Shimon bar Yoḥai (see *Kesef Mishne*). The Rambam explains that when the Gemara mentions limestone [*sida*], the reference is to the structure of the altar (Rambam *Sefer Avoda*, *Hilkhot Beit HaBeḥira* 1:14, 2:18).

BACKGROUND

Handbreadth – טֶפַח: A handbreadth is one of the standard measures of length used in the Talmud. According to some modern halakhic opinions, the length of a handbreadth is 9.6 cm, and according to others it measures 8 cm. One application of this measure is with regard to the principle of *lavud*: Two solid surfaces are considered joined if the gap between them is smaller than three handbreadths.

אָמַר רַב הוּנָא: הַאי טַבָּחָא דְּלָא סָר סַכִּינָא קַמֵּי חָכָם – מְשַׁמְּתִינַן לֵיהּ, וְרָבָא אָמַר: מַעַבְרִינַן לֵיהּ, וּמַכְרְזִינַן אַבִּשְׂרֵיהּ דִּטְרֵפָה הִיא.

§ Apropos the obligation to show the knife to a Torah scholar, **Rav Huna says: This slaughterer who did not present** [*sar*][L] **the knife**[H] **before a** Torah **scholar, we ostracize him.**[BN] **And Rava says: We remove him** from his position[H] **and we proclaim about meat** from an animal **that he** slaughtered **that it is** ***tereifa.***

וְלָא פְּלִיגִי: כָּאן בְּשֶׁנִּמְצֵאת סַכִּינוֹ יָפָה, כָּאן בְּשֶׁלֹּא נִמְצֵאת סַכִּינוֹ יָפָה. רָבִינָא אָמַר: הֵיכָא דְּלָא נִמְצֵאת סַכִּינוֹ יָפָה – מְמַסְמֵס לֵיהּ בְּפַרְתָּא, דַּאֲפִילּוּ לְגוֹי נָמֵי לָא מִזְדַּבַּן.

The Gemara notes: **And they do not disagree. Here,** where Rav Huna says that he is ostracized, it is **in a** case **where his knife was discovered intact,** and he is ostracized for treating the scholar with contempt. **There,** where Rava says that his slaughter is proclaimed *tereifa*, it is in a case **where his knife was discovered not intact,** as in that case the meat from all animals that he slaughtered is suspect. **Ravina said:** In a case **where his knife was discovered not** to be **intact, one spreads excrement on** the flesh so **that even to a gentile** it will **not be sold.**

הַהוּא טַבָּחָא דְּלָא סָר סַכִּינוֹ קַמֵּיהּ דְּרָבָא בַּר חִינָּנָא, שַׁמְּתֵיהּ וְעַבְרֵיהּ וְאַכְרֵיז אַבִּשְׂרֵיהּ דִּטְרֵפָה הִיא; אִקְּלַעוּ מָר זוּטְרָא וְרַב אַשִׁי לְגַבֵּיהּ, אֲמַר לְהוּ: לִיעַיְּינוּ רַבָּה בְּמִלְּתֵיהּ, דְּתָלוּ בֵּיהּ טַפְלֵי;

There was **a certain slaughterer who did not present his knife before Rava bar Ḥinnana.** Rava bar Ḥinnana **ostracized him, and removed him** from his position, **and proclaimed about meat** from an animal **that he** slaughtered **that it is** ***tereifa.*** **Mar Zutra and Rav Ashi happened before** Rava bar Ḥinnana in his place of residence. Rava bar Ḥinnana **said to them: Let the Sages examine the matter** of the slaughterer, **as small children are dependent upon him.**

בְּדַקָהּ רַב אַשִׁי לְסַכִּינֵיהּ וְנִמְצֵאת יָפָה, וְאַכְשְׁרֵיהּ. אֲמַר לֵיהּ מָר זוּטְרָא: וְלָא לֵיחוּשׁ מָר לְסָבָא? אֲמַר לֵיהּ: שְׁלִיחוּתֵיהּ קָא עָבְדִינַן.

Rav Ashi examined his knife and it was discovered intact, and he deemed his meat **fit** for consumption. **Mar Zutra said to** Rav Ashi: **And shouldn't the Master be concerned for** the honor of **the elder,** Rava bar Ḥinnana, who removed him from his position and you restored him? Rav Ashi **said to** Mar Zutra: **We are carrying out his agency,** as he requested that we examine the matter of the slaughterer.

אָמַר רַבָּה בַּר הוּנָא: שֵׁן תְּלוּשָׁה וְצִפּוֹרֶן תְּלוּשָׁה – מוּתָּר לִשְׁחוֹט בָּהּ לְכַתְּחִלָּה. וְהָא אֲנַן תְּנַן: חוּץ מִמַּגַּל קָצִיר וְהַמְּגֵירָה, וְהַשִּׁינַּיִם וְהַצִּפּוֹרֶן, מִפְּנֵי שֶׁהֵן חוֹנְקִין!

§ **Rabba bar Huna says: With a detached tooth and a detached fingernail,**[H] **it is permitted to slaughter** ***ab initio.*** The Gemara asks: **But didn't we learn** in the mishna (15b): **Except for the harvest sickle, and the saw, and the teeth, and the fingernail, because they strangle?**

שֵׁן אַשֵּׁן לָא קַשְׁיָא: הָא בַּחֲדָא, הָא בְּתַרְתֵּי; צִפּוֹרֶן אַצִּפּוֹרֶן לָא קַשְׁיָא: הָא בִּתְלוּשָׁה, הָא בִּמְחוּבֶּרֶת.

The Gemara answers that the contradiction between this statement with regard to **a tooth and** that statement with regard to **a tooth** is **not difficult: This** statement of Rava bar Huna that one may slaughter with a tooth is referring to slaughter **with one** tooth. **That** mishna that prohibits slaughter with teeth is referring to slaughter **with two** teeth, as due to the gap between them they rip the *simanim*. The contradiction between the statement with regard to **a fingernail and** the statement with regard to **a fingernail is not difficult: This** statement of Rava bar Huna that one may slaughter with a fingernail is referring to slaughter **with a detached** fingernail. **That** mishna that prohibits slaughter with a fingernail is referring to slaughter **with an attached** fingernail, in accordance with the opinion of Rabbi Yehuda HaNasi (15b), who invalidates slaughter performed with an item attached to the ground or a living animal.

מתני׳ הַשּׁוֹחֵט בְּמַגַּל קָצִיר בְּדֶרֶךְ הֲלִיכָתָהּ – בֵּית שַׁמַּאי פּוֹסְלִין, וּבֵית הִלֵּל מַכְשִׁירִין. וְאִם הֶחֱלִיקוּ שִׁינֶּיהָ – הֲרֵי הִיא כְּסַכִּין.

MISHNA In the case of **one who slaughters** an animal **with a harvest sickle,** which is serrated with its teeth inclined considerably in one direction, **in a forward direction,**[B] where the serrations do not tear the flesh, **Beit Shammai deem** the slaughter **not valid and Beit Hillel deem** it **valid. And** they both agree that **if they smoothed its serrations** so that they do not tear the flesh, its halakhic status **is like** that of **a knife** and one may slaughter with it.

LANGUAGE

Present [*sar*] – סָר: The *ge'onim* explain that this is a contraction of the Aramaic *sa'ar*, which means visit or examination. Similarly, the verb *siyyer* in the Talmud means going to examine and assess an area.

HALAKHA

This slaughterer who did not present the knife – הַאי טַבָּחָא דְּלָא סָר סַכִּינָא: If a slaughterer did not present his knife to a Sage and then slaughtered with it, and after the slaughter he examined the knife and it was smooth, he is ostracized. Nevertheless, the Sage may waive the ostracism if he so chooses. If the knife is notched, the slaughterer is ostracized and he is dismissed from his position as slaughterer. This is not the custom nowadays, as the practice is to appoint people who are known to be experts in slaughter and examination of the knife. The Sages waived the obligation to present them the knife because of the meticulousness and vigilance of those appointees (Rambam *Sefer Kedusha, Hilkhot Sheḥita* 1:26; *Shulḥan Arukh, Yoreh De'a* 18:17, 334:43).

We remove him from his position – מַעַבְרִינַן לֵיהּ: In a case where one slaughtered an animal and the result was an unslaughtered carcass or a *tereifa*, if this was not the first time and his actions indicate that he seeks to cause his customers to eat meat that is not kosher, he is dismissed from his position as slaughterer. If he has not established a pattern of misleading the public, it is permitted to resume eating meat from animals that he slaughtered (Gra). In any case, the ruling in each case is based on the assessment of the judge (*Shulḥan Arukh, Yoreh De'a* 2:2, and in the comment of Rema, and 119:16).

A detached tooth and a detached fingernail, etc. – שֵׁן תְּלוּשָׁה וְצִפּוֹרֶן תְּלוּשָׁה וכו׳: If one removed the jawbone of an animal to which sharp teeth are attached, and he slaughtered an animal with those teeth, his slaughter is not valid, as they are like a sickle with spaces between the serrations. If there is only one tooth affixed to the jawbone, or a fingernail affixed to a hand separated from the body, one may slaughter with it *ab initio*, in accordance with the opinion of Rabbi Yosei, son of Rabbi Yehuda (Rambam *Sefer Kedusha, Hilkhot Sheḥita* 1:21; *Shulḥan Arukh, Yoreh De'a* 6:3).

BACKGROUND

Ostracism – שַׁמְתָּא: One who violates certain *halakhot* may be subjected to ostracism, either as a punishment or in order to compel him to alter his conduct. The Talmud specifies twenty-four transgressions that are punishable by ostracism, including the one specified here, and any Jew is authorized to ostracize a person guilty of these offenses. A Sage may also ostracize one who failed to show him the requisite deference. One who is ostracized may neither wear leather shoes nor cut his hair, and others must maintain a distance of at least four cubits from him. It is permitted to conduct business with him, to study with him, and to teach him. One who is ostracized and does not repent may be subjected to the even more severe sanction of excommunication. The duration of the ostracism and the manner of its dissolution vary, depending on the cause of the ostracism and the identity of the one who imposed it (see Meiri).

Slaughters with a harvest sickle in a forward direction – שׁוֹחֵט בְּמַגַּל קָצִיר בְּדֶרֶךְ הֲלִיכָתָהּ:

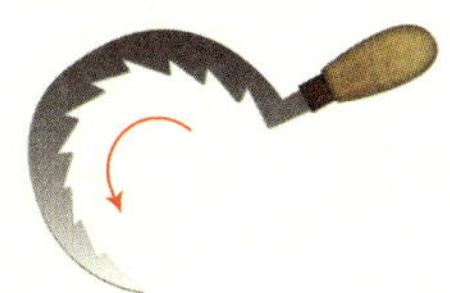

Forward direction of a sickle

NOTES

We ostracize him – מְשַׁמְּתִינַן לֵיהּ: He is ostracized for his insolence, as Rabbi Yoḥanan said (17b): The Sages said to show the knife to a Sage only due to the requirement to show deference to the Sage. Failure to treat a Sage with the requisite deference is one of the matters for which one is ostracized (Rashi; *Berakhot* 19b). The Rambam writes that he is ostracized due to the concern that he will rely upon himself again in the future and will slaughter with a notched knife (see the commentaries on the Rambam).

גמ׳ אָמַר רַבִּי חִיָּיא בַּר אַבָּא אָמַר רַבִּי יוֹחָנָן: אַף כְּשֶׁהִכְשִׁירוּ בֵּית הִלֵּל, לֹא הִכְשִׁירוּ אֶלָּא לְטַהֲרָהּ מִידֵי נְבֵילָה, אֲבָל בַּאֲכִילָה אֲסוּרָה. אֲמַר רַב אַשִׁי: דַּיְקָא נַמִי, דְּקָתָנֵי ״בֵּית שַׁמַּאי פּוֹסְלִין וּבֵית הִלֵּל מַכְשִׁירִין״, וְלָא קָתָנֵי ״בֵּית שַׁמַּאי אוֹסְרִין וּבֵית הִלֵּל מַתִּירִין״ – וְלִיטַעֲמִיךְ, לִיתְנֵי: ״בֵּית שַׁמַּאי מְטַמְּאִין וּבֵית הִלֵּל מְטַהֲרִין״! אֶלָּא, פּוֹסְלִין וּמַכְשִׁירִין, וְאוֹסְרִין וּמַתִּירִין – חֲדָא מִילְּתָא הִיא.

GEMARA **Rabbi Ḥiyya bar Abba says** that **Rabbi Yoḥanan says: Even when Beit Hillel deemed** the slaughter **valid, they deemed** it **valid only to purify it from** the ritual impurity of **an unslaughtered carcass; but its consumption is prohibited. Rav Ashi said:** The language of the mishna **is also precise,** as the *tanna* **teaches: Beit Shammai deem** the slaughter **not valid and Beit Hillel deem** it **valid, and he does not teach: Beit Shammai prohibit and Beit Hillel permit** its consumption. The Gemara objects: **But according to your reasoning, let the** *tanna* **teach: Beit Shammai deem** the carcass **ritually impure and Beit Hillel deem** it **ritually pure. Rather,** the terms **deem** it **not valid and deem** it **valid and** the terms **prohibit and permit are** all **one matter,** and no inferences may be drawn from that phrasing.

מתני׳ הַשּׁוֹחֵט מִתּוֹךְ הַטַּבַּעַת וְשִׁיֵּיר בָּהּ מְלֹא הַחוּט עַל פְּנֵי כּוּלָּהּ – שְׁחִיטָתוֹ כְּשֵׁרָה. רַבִּי יוֹסֵי בְּרַבִּי יְהוּדָה אוֹמֵר: מְלֹא חוּט עַל פְּנֵי רוּבָּהּ.

MISHNA With regard to **one who slaughters** an animal **from within the** cricoid cartilage that forms a complete **ring**[BN] at the top of the windpipe **and left**[H] a **thread breadth over the surface of** the ring in **its entirety** intact, as the knife did not go beyond the ring toward the head of the animal, **his slaughter is valid. Rabbi Yosei, son of Rabbi Yehuda, says:** It is valid even if he left **a thread breadth over the majority of the surface of** the ring.

גמ׳ רַב וּשְׁמוּאֵל דְּאָמְרִי תַּרְוַיְיהוּ: הֲלָכָה כְּרַבִּי יוֹסֵי בְּרַבִּי יְהוּדָה, וְאַף רַבִּי יוֹסֵי בְּרַבִּי יְהוּדָה לֹא אָמַר אֶלָּא בַּטַּבַּעַת הַגְּדוֹלָה, הוֹאִיל וּמַקֶּפֶת אֶת כָּל הַקָּנֶה, אֲבָל בִּשְׁאָר טַבָּעוֹת – לֹא.

GEMARA It is **Rav and Shmuel who both say: The** *halakha* **is in accordance with** the opinion **of Rabbi Yosei, son of Rabbi Yehuda. And even Rabbi Yosei, son of Rabbi Yehuda, says** his statement **only with regard to the large** upper **ring,**[BN] **since it encircles the entire windpipe, but with regard to the rest of the rings,** which are incomplete and where a strip of flesh connects their edges, he did **not** state his *halakha*. Therefore, his slaughter is not valid, as he is required to slaughter in the space between those rings and not in the rings themselves.

וּבִשְׁאָר טַבָּעוֹת לֹא? וְהָתַנְיָא, רַבִּי יוֹסֵי בְּרַבִּי יְהוּדָה אוֹמֵר:

The Gemara objects: **And with regard to the rest of the rings,** Rabbi Yosei, son of Rabbi Yehuda, did **not** state his *halakha*; **but isn't it taught** in a *baraita* that **Rabbi Yosei, son of Rabbi Yehuda, says:**

BACKGROUND

Slaughters from within the ring – שׁוֹחֵט מִתּוֹךְ הַטַּבַּעַת:

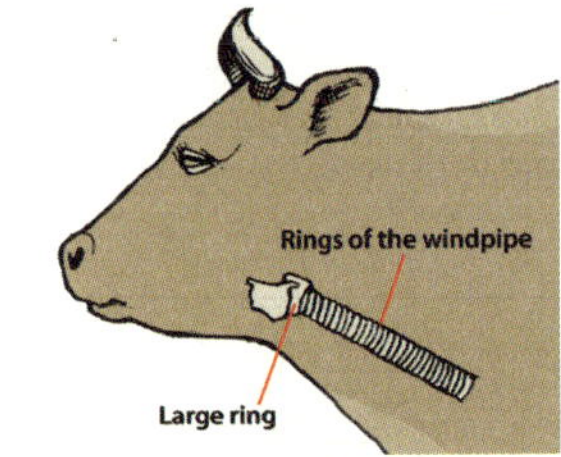

Windpipe and its rings

Slaughters from within the large ring – שׁוֹחֵט מִתּוֹךְ הַטַּבַּעַת הַגְּדוֹלָה:

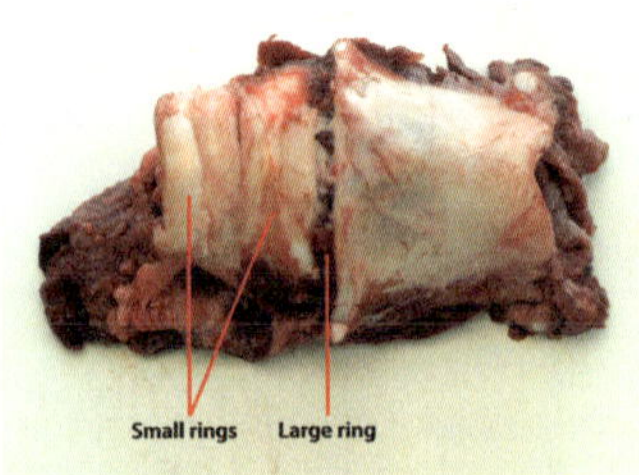

Photograph of the larynx

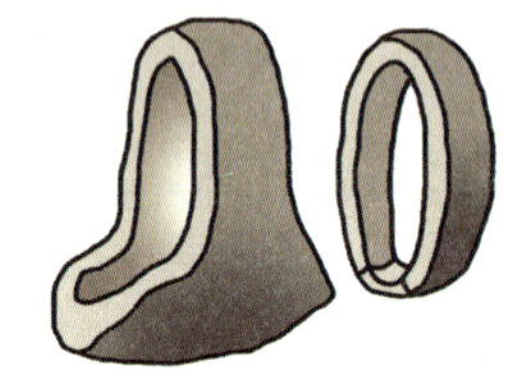

Large ring and small ring

HALAKHA

One who slaughters…and left, etc. – הַשּׁוֹחֵט...וְשִׁיֵּיר וכו׳: What is the diverting of the knife that invalidates the slaughter? It is a case where one cuts the windpipe above the upper ring where it is not fit for slaughter, or one began cutting in the place of slaughter, cut a bit, and diverted the knife above the place of slaughter and completed cutting the *siman* there. By contrast, if he cut most of the windpipe in the place of slaughter, diverted the knife outside the place of slaughter, and completed cutting the rest of the windpipe there, the slaughter is valid. The custom is to rule that the slaughter is not valid even if one diverted the knife after cutting the requisite majority of the *siman* (Rambam *Sefer Kedusha, Hilkhot Sheḥita* 3:13; *Shulḥan Arukh, Yoreh De'a* 24:12 and in the comment of Rema, citing Mahari Weil, and see *Shakh* there).

NOTES

One who slaughters an animal from within the ring – הַשּׁוֹחֵט מִתּוֹךְ הַטַּבַּעַת: The windpipe is surrounded by cartilagenous rings that are incomplete; each is partially connected by means of a flexible strip of flesh. The upper ring, though, which is especially large, is complete. There is a space between each of the rings. Some explain that the mishna is referring to all of the rings, as slaughter from within any of the rings is not valid if the knife deviated from the ring to the space between the rings. Rashi rejects that explanation and explains that the reference is only to the large, upper ring, which is called the ring because it is complete, and the slaughter is not valid when the knife moves above the upper ring toward the head, because he diverted the knife from the place of slaughter.

And even Rabbi Yosei…says his statement only with regard to the large upper ring – וְאַף רַבִּי יוֹסֵי...לֹא אָמַר אֶלָּא בְּטַבַּעַת גְּדוֹלָה: The explanation cited in the commentary here is the first explanation of Rashi, that although Rabbi Yosei, son of Rabbi Yehuda, holds that the status of slaughter of the majority of a *siman* is like slaughter of the entire *siman*, slaughter in the other rings of the windpipe is not valid, even if he performed the entire slaughter within the ring, because slaughter is valid only when it is performed between those rings. The reason is that since they do not encircle the entire windpipe, they are not considered part of the windpipe, which is the place of slaughter.

The other early commentaries note that this explanation is difficult for several reasons and instead suggest other explanations. Some explain that Rabbi Yosei, son of Rabbi Yehuda, relies on the principle that the status of slaughter of the majority of a *siman* is equivalent to slaughter of the entire *siman* only within the large, upper ring. Since it encircles the entire windpipe, when he slaughters most of the circumference of the ring, he slaughters most of the space of the windpipe. In the other rings, which are particularly thick on the side from which one begins the slaughter and on the other side there is no ring, slaughtering a majority of the ring is not sufficient because it does not include a majority of the *siman* (*Tosafot*; Ba'al HaMaor; Ramban). Others explain that this is stated with regard to diverting the knife. When Rabbi Yosei, son of Rabbi Yehuda, rules that the slaughter is valid if one diverted the knife after cutting a majority of the ring, that applies only with regard to the large, upper ring. But if he slaughtered the majority of one of the other rings and then completed the slaughter above the upper ring, the slaughter is not valid (*Tosefot HaRash*; *Tosafot Ḥitzoniyyot*; Maharam, citing *Tosafot*).

השוחט בשאר טבעות, אף על פי שאין מקיפות את כל הקנה, הואיל ומקיפות את רוב הקנה – שחיטתו כשרה. ומוגרמת פסולה; העיד רבי חנינא בן אנטיגנוס על מוגרמת שהיא כשרה!

With regard to **one who slaughters** from **within the rest of the rings, even though they do not encircle the entire windpipe, since they encircle the majority of the windpipe**[N] **his slaughter is valid.** The *baraita* adds: **And** in a case where the knife **is diverted** from the place of slaughter above the ring, the slaughter is **not valid.**[N] **Rabbi Ḥanina ben Antigonus testified about** a case where the knife **is diverted** from the area of slaughter above the ring **that** in such a case the slaughter is **valid.** Contrary to that which Rav and Shmuel said with regard to the opinion of Rabbi Yosei, son of Rabbi Yehuda, he holds that slaughter from within the other rings is valid.

אמר רב יוסף: רבי יוסי בר יהודה תרתי קאמר, רב ושמואל סברי כוותיה בחדא, ופליגי עליה בחדא.

Rav Yosef said: Rabbi Yosei bar Yehuda is saying two statements; **Rav and Shmuel hold in accordance with his** opinion **with regard to one** matter, that if one cuts a majority of the windpipe within the large ring the slaughter is valid, **and disagree with him with regard to one** matter, as in their opinion if one cuts the windpipe within the other rings, the slaughter is not valid.

והא "לא אמר" קאמרי! הכי קאמר: הלכה כמותו בטבעת הגדולה, ואין הלכה כמותו בשאר טבעות.

The Gemara objects: **But didn't** Rav and Shmuel **say:** And even Rabbi Yosei, son of Rabbi Yehuda, **said** his statement **only** with regard to the large upper ring and not with regard to the other rings, indicating that in their opinion, this is the opinion of Rabbi Yosei, son of Rabbi Yehuda? The Gemara explains that **this** is what Rav and Shmuel are **saying:** The ***halakha*** is **in accordance with** the opinion of Rabbi Yosei, son of Rabbi Yehuda, **with regard to** cutting the majority of the windpipe within **the large ring, and the *halakha*** is **not in accordance with his** opinion **with regard to** the **other rings** that since they encircle a majority of the windpipe, one may slaughter within them as well.

כי סליק רבי זירא אכל מוגרמת דרב ושמואל, אמרי ליה: לאו מאתריה דרב ושמואל את? אמר להו: מאן אמרה – יוסף בר חייא, יוסף בר חייא מכולי עלמא גמיר!

When Rabbi Zeira[P] **ascended** from Babylonia to Eretz Yisrael, **he ate** meat from an animal during whose slaughter the knife was **diverted** from the place of slaughter, with regard to **which Rav and Shmuel** ruled that the slaughter is not valid,[N] and in Eretz Yisrael the ruling was that the slaughter is valid. The Torah scholars in Eretz Yisrael **said to** Rabbi Zeira: **Aren't you from** Babylonia, **the place where Rav and Shmuel** are the halakhic authorities? You should follow their ruling. Rabbi Zeira **said to them: Who said** this *halakha* citing Rav and Shmuel? It was **Yosef bar Ḥiyya,** referring to Rav Yosef. **Yosef bar Ḥiyya learns from everyone,** even from students of Rav and Shmuel who misquote their statements.

NOTES

Since they encircle the majority of the windpipe – הואיל ומקיפות את רוב הקנה: Therefore, one can say that the halakhic status of the majority is like that of the entire *siman* and that all of the rings are considered the place of slaughter, and it is not considered diverting of the knife (Rashi). According to other commentaries, even in the other rings, the halakhic status of the slaughter of the majority of the ring is equivalent to the slaughter of the majority of the windpipe, even though most of the windpipe itself was not cut, because the thickness of the ring is also taken into account (*Tosefot HaRosh*). Alternatively, since there is no difference between one ring and another, if one slaughtered a majority of any ring, even if he diverted the knife outside the windpipe, the slaughter is valid (*Tosefot HaRash*).

And in a case where the knife is diverted the slaughter is not valid – ומוגרמת פסולה: This is an additional *halakha* cited in the *baraita* and is not part of the statement of Rabbi Yosei, son of Rabbi Yehuda; rather, it is the opinion of the Rabbis (Rashi, based on 19a). According to Rabbi Ḥanina ben Antigonus, who permits slaughter that was performed by diverting the knife, one may not slaughter the animal anywhere that he chooses; rather, he is referring to the area of the rest of the rings mentioned earlier. Based on his testimony there remains an area that is outside the ring that is a valid area of slaughter, and the Gemara later discusses the parameters of the permitted area (*Ḥatam Sofer*).

Rabbi Zeira…ate meat from an animal whose slaughter was diverted…which Rav and Shmuel ruled is not valid – רבי זירא אכל מוגרמת דרב ושמואל: Rabbeinu Gershom Meor HaGola explains this statement as follows: Rav and Shmuel ruled in accordance with the opinion of Rabbi Yosei, son of Rabbi Yehuda, who holds that the boundary of valid slaughter is the large ring and that one must cut at least a majority of that ring. According to them, slaughter during which the knife was diverted from there is not valid. Rabbi Zeira, though, ate the meat of an animal that was slaughtered above the large ring, in accordance with the opinion of the *amora'im* of Eretz Yisrael, who rule in accordance with the opinion of Rabbi Ḥanina ben Antigonus.

By contrast, Rashi holds that Rav also rules in accordance with the opinion of Rabbi Ḥanina ben Antigonus and explains the reference here as referring to the statement on the previous *amud*: And even Rabbi Yosei, son of Rabbi Yehuda, said his statement only with regard to the large, upper ring…but with regard to the rest of the rings, which are incomplete and where a strip of flesh connects their edges, he did not state his *halakha*. If so, Rabbi Zeira ate the meat of an animal that was slaughtered from within the other rings and not between the rings. Rashi adds that although the case of diverting the knife mentioned earlier refers to diverting the knife above the windpipe, diverting can be understood more broadly to include any slaughter that was not performed in a place fit for slaughter, including from within the other rings, as they are not considered to be part of the windpipe.

PERSONALITIES

Rabbi Zeira – רבי זירא: Born in Babylonia, Rabbi Zeira, known in the Jerusalem Talmud as Rabbi Ze'ira, became one of the great third-generation *amora'im* of Eretz Yisrael. His father was a Persian government tax collector who was praised as one of the few who filled that position properly. When Rabbi Zeira ascended to Eretz Yisrael, he decided to identify completely with the Torah of Eretz Yisrael. The Gemara relates that he fasted one hundred fasts in order to forget the Torah that he studied in Babylonia.

Rabbi Zeira was famous for his sharp intellect and his incisive *halakhot*. He was also known to be extremely God-fearing. There are several stories related to his distinction in that area. He was also very humble, and it was only after he was told that with ordination comes atonement for his sins that he agreed to be ordained.

The Gemara relates that he fasted one hundred additional fasts so that the fire of Gehenna would not harm him, and he would test himself by entering a fiery furnace. On one occasion, his legs were scorched, and from then on he was called: The little man with the scorched legs.

He was a contemporary of Rav Ḥisda, Rav Sheshet, and Rabba in Babylonia and of the disciples of Rabbi Yoḥanan in Eretz Yisrael, and he engaged in extensive halakhic discourse with them. Apparently, he was a flax merchant in Eretz Yisrael, and it is possible that he had occasion in the course of his business to return to Babylonia several times.

The text of the beginning of Rabbi Zeira's eulogy is preserved in the Talmud: The land of Shinar, i.e., Babylonia, conceived and gave birth; the land of splendor, i.e., Eretz Yisrael, raised her plaything. Woe unto her, said Reket, i.e., Tiberias, for she has lost her beloved vessel.

He had a son, Rav Ahava, who was a Sage in the following generation.

שמע רב יוסף, איקפד, אמר: אנא מכולי עלמא גמירנא? אנא מרב יהודה גמירנא, דאפילו ספיקי דגברי גריס; דאמר רב יהודה אמר רבי ירמיה בר אבא, ספק משמיה דרב ספק משמיה דשמואל: שלשה מתירין את הבכור במקום שאין מומחה.

Rav Yosef heard the comment of Rabbi Zeira and **was angry. He said: Do I learn from everyone? I learn from Rav Yehuda,** who is so meticulous in citing the statements of Rav and Shmuel **that he cites even uncertainties** with regard to attribution of statements **to the men** who said them. **As Rav Yehuda says** that **Rabbi Yirmeya bar Abba says,** and it is **uncertain** whether it is **in the name of Rav** and **uncertain** whether it is **in the name of Shmuel:** A tribunal of **three permits** slaughter of a blemished **firstborn** animal outside of the Temple **in a place where there is no expert**[H] Sage to consult.

ורבי זירא, לית ליה נותנין עליו חומרי המקום שיצא משם וחומרי המקום שהלך לשם?

The Gemara asks: **And does Rabbi Zeira not accept** the principle that when a person travels from place to place, the Sages **impose upon him the stringencies of the place from which he emerged**[H] **and the stringencies of the place to which he went?**

אמר אביי: הני מילי מבבל לבבל ומארץ ישראל לארץ ישראל, אי נמי מארץ ישראל לבבל, אבל מבבל לארץ ישראל, כיון דאנן כייפינן להו עבדינן כוותייהו.

Abaye said: That statement applies when one travels **from** one place in **Babylonia to** another place in **Babylonia, or from** one place in **Eretz Yisrael to** another place in **Eretz Yisrael,** or **alternatively,** when one descends **from Eretz Yisrael to Babylonia. But** when one ascends **from Babylonia to Eretz Yisrael,** this principle does not apply. **Since we,** the residents of Babylonia, **are subordinate to them** in terms of *halakha*, **we act in accordance with their** custom.

רב אשי אמר: אפילו תימא מבבל לארץ ישראל, הני מילי היכא דדעתו לחזור, רבי זירא אין דעתו לחזור הוה.

Rav Ashi said: Even if you say that when one travels **from Babylonia to Eretz Yisrael,** he is required to act stringently in accordance with the custom of the place from which he emerged, **that statement** applies only in a case **where his intent is to return.**[N] **Rabbi Zeira was not** one **whose intent was to return.** Therefore, he was not obligated to observe the Babylonian stringencies.

אמר ליה אביי לרב יוסף: והא רבנן דאתו ממחוזא אמרי, אמר רבי זירא משמיה דרב נחמן: מוגרמת כשרה! אמר ליה: נהרא נהרא ופשטיה.

Abaye said to Rav Yosef: But didn't the Sages who came from Meḥoza[B] **say** that **Rabbi Zeira says in the name of Rav Naḥman:** In a case where the knife **is diverted** from the place of slaughter above the ring, the slaughter is **valid?** Rav Yosef **said to him: Each river and its** unique **course,**[N] i.e., each place follows its custom, and in Meḥoza the custom was not in accordance with the opinion of Rav and Shmuel.

BACKGROUND

Meḥoza – מחוזא: Meḥoza was a city on the Tigris River located near the Malka River. It was a large commercial city, most of whose inhabitants were Jews. Unlike the Jews in most other Jewish communities, the Jews in Meḥoza typically earned their living from commerce. Many Jews in Meḥoza were converts or immigrants from other countries. After Neharde'a was destroyed in 259 CE, many of the scholars from the local yeshiva relocated to Meḥoza, which became the center for leading Torah scholars, among them Rav Naḥman, Rav Sheshet, Rava, who later became head of the yeshiva in Meḥoza, Ameimar, and Rav Kahana, who was Rav Ashi's teacher. After Abaye's death in approximately 338 CE, the yeshiva in Pumbedita, then headed by Rava, also moved to Meḥoza for a period of time.

HALAKHA

A tribunal of three permits slaughter of a blemished firstborn in a place where there is no expert – שלשה מתירין את הבכור במקום שאין מומחה: The owner of a firstborn male kosher animal that became blemished must show the blemish to an expert to diagnose whether it is a permanent blemish, and if it is, to permit its slaughter. If there is no expert available, its slaughter may be permitted by three somewhat educated people who are not entirely expert in that field. They may permit the slaughter only with unequivocal blemishes, e.g., a blinded eye or an amputated leg, in accordance with the statement of Rav Yehuda. This is the ruling followed nowadays as well, as today there are no experts in that field (Rambam *Sefer Korbanot, Hilkhot Bekhorot* 3:1–2; *Shulḥan Arukh, Yoreh De'a* 309:2).

The Sages impose upon him the stringencies of the place from which he emerged, etc. – נותנין עליו חומרי המקום שיצא משם וכו׳: The Sages impose upon a person who travels from place to place the stringencies of the place from which he emerged and the stringencies of the place to which he went. This is the *halakha* with regard to performing labor and other matters that are conspicuous. But with regard to dietary laws and the like that can be observed discreetly, he may continue following the custom of the place from which he emerged (see *Magen Avraham*). This is the *halakha* only with regard to a person visiting one place who plans on returning home. If his intent is to settle in the place to which he traveled, his status is that of the people who reside in his new place (Rambam *Sefer Zemanim, Hilkhot Yom Tov* 8:20; see *Shulḥan Arukh, Oraḥ Ḥayyim* 574:1–2 and *Yoreh De'a* 82:4, 214:2).

NOTES

Even if you say from Babylonia to Eretz Yisrael, that statement applies only where his intent is to return – אפילו תימא מבבל לארץ ישראל הני מילי היכא דדעתו לחזור: Some explain that this is the *halakha* specifically when one travels from Babylonia to Eretz Yisrael, due to the significance of Eretz Yisrael. Others hold that the same *halakha* applies to one who travels from Eretz Yisrael to Babylonia (*Tosafot*). One who travels from one place to another within Babylonia or within Eretz Yisrael, even if his intent is not to return, observes the stringencies of the place from which he emerged. Other commentaries explain this statement as applying in all cases. Therefore, one who does not intend to return need not observe the stringencies of the place from which he emerged (Ritva). Some commentaries add that the same principle holds true in reverse as well. One who intends to return to the place from which he emerged is not obligated to observe the stringencies of the place to which he traveled (*Tosafot*, based on the statement of Rav Ashi in *Pesaḥim* 51a).

Each river and its unique course [*ufshateih*] – נהרא נהרא ופשטיה: Rabbeinu Gershom Meor HaGola explains that the word *ufshateih* means bridge, and the adage means that just as each river has its own bridge, so too every place has its own opinion.

רַבִּי שִׁמְעוֹן בֶּן לָקִישׁ אַכְשַׁר בְּחוּדָּא דְּכוֹבָעָא, קָרֵי עֲלֵיהּ רַבִּי יוֹחָנָן: גִּיסָא גִּיסָא! אֲמַר רַב פַּפִּי מִשְּׁמֵיהּ דְּרָבָא: פָּגַע בְּחִיטֵי – טְרֵפָה.

The Gemara relates that **Rabbi Shimon ben Lakish deemed** the slaughter **valid** in a case where one cut the windpipe **at the tip of the thyroid cartilage**[NB] that is above the large ring. **Rabbi Yoḥanan proclaimed about** Rabbi Shimon ben Lakish: He **greatly exaggerated** the limits of valid slaughter. **Rav Pappi said in the name of Rava:** If one cut the windpipe and **encountered the arytenoid cartilage**[B] that is adjacent to the upper ring in the direction of the jaw and covered by the tip of the thyroid cartilage, **the animal is a *tereifa*,** i.e., forbidden. Since the arytenoid cartilage is outside the area of slaughter, the slaughter is invalid.

אִיבַּעְיָא לְהוּ: פָּגַע וְנָגַע בָּהֶן, דִּכְתִיב: "וַיִּפְגַּע בּוֹ וַיָּמֹת", אוֹ דִּלְמָא פָּגַע וְלֹא נָגַע, כְּדִכְתִיב: "וַיִּפְגְּעוּ בוֹ מַלְאֲכֵי אֱלֹהִים"?

A dilemma was raised before the Sages: Does encountered mean **encountered and touched it,**[N] **as it is written: "And he encountered him and he died"** (I Kings 2:25); **or perhaps** it means **encountered but did not touch, like that which is written: "And the angels of God encountered him"** (Genesis 32:2)?

אִיתְּמַר, אֲמַר רַב פַּפָּא מִשְּׁמֵיהּ דְּרָבָא: שִׁיֵּיר בְּחִיטֵי – כְּשֵׁרָה. אֲמַר רַב אַמֵימָר בַּר מָר יְנוּקָא: הֲוָה קָאֵימְנָא קַמֵּיהּ דְּרַבִּי חִיָּיא בְּרֵיהּ דְּרַב אַוְיָא, וַאֲמַר לִי: שִׁיֵּיר בְּחִיטֵי – כְּשֵׁרָה. אֲמַר לֵיהּ רָבִינָא לְרַב אַשִׁי: אֲמַר לִי רַב שֶׁמֶן מִסּוּבְרָא, אִיקְלַע מָר זוּטְרָא לְאַתְרִין וְדָרַשׁ: שִׁיֵּיר בְּחִיטֵי – כְּשֵׁרָה. מָר בַּר רַב אַשִׁי אֲמַר: פָּגַע בְּחִיטֵי – כְּשֵׁרָה, שִׁיֵּיר בְּחִיטֵי – טְרֵפָה.

It was stated that **Rav Pappa said in the name of Rava:** If **one left** part **of the arytenoid cartilage,** i.e., if he cut it in the middle, the slaughter is **valid. Rav Ameimar bar Mar Yenuka said: I was standing before Rabbi Ḥiyya, son of Rav Avya, and he said to me:** If **one left** part **of the arytenoid cartilage,** the slaughter is **valid. Ravina said to Rav Ashi: Rav Shemen of Suvara**[B] **said to me** that **Mar Zutra happened** to come **to our place and taught:** If **one left** part **of the arytenoid cartilage,** the slaughter is **valid. Mar bar Rav Ashi said:** If **one encountered the arytenoid cartilage,** the slaughter is **valid.** If **one left** part **of the arytenoid cartilage,** the animal is a ***tereifa.***

NOTES

At the tip of the thyroid cartilage [*kova'a*] – בְּחוּדָּא דְּכוֹבָעָא: This cartilage is an extension of the windpipe located at the front of the windpipe, and its beginnings cover part of the large, upper ring. It is in the shape of a hat [*kova*], as on one side it rises in a diagonal and on the other it descends in a diagonal, creating a point at the top. Reish Lakish permitted slaughter at that pointed edge, and Rabbi Yoḥanan stated that he greatly exaggerated the limits of valid slaughter. The Gemara explains later that even one who permitted slaughter at the tip of the thyroid cartilage did so only until the place that it begins descending toward the pharynx.

Does encountered mean encountered and touched it, etc. – פָּגַע וְנָגַע בָּהֶן וכו׳: Ostensibly, this dilemma remains unresolved, which is an anomaly, as typically when a dilemma remains unresolved the Gemara concludes: This dilemma shall stand unresolved. Some commentaries explain that Rav Pappa's statement was cited in order to say that there is no need to clarify the statement of Rav Pappi in the name of Rava, as Rav Pappa, who was the senior disciple of Rava, disagrees with him (*Torat Ḥayyim*). Some of the early commentaries cite a variant reading according to which Rav Pappa and Rav Aḥa, son of Rava, disagree, and Rav Aḥa said, citing his father, that if one left part of the arytenoid cartilage, the animal is a *tereifa*. One can conclude from this that when Rav Pappi said, citing Rava: One who encountered the arytenoid cartilage, it means that he encountered and touched it (Rashba).

Tosafot suggests a different explanation of the Gemara together with a variant reading: The reference here is not to one who slaughters adjacent to the large ring; rather, it is to one who slaughters on the other side of the arytenoid cartilage toward the head. It is in that regard that Rav Pappi said, citing Rava, that if he encountered the arytenoid cartilage, the slaughter is invalid. The Gemara then raised a dilemma: Did Rav Pappi state that *halakha* even in a case where he encountered the arytenoid cartilage and left some of it uncut, or perhaps the slaughter is invalid only if he cut the windpipe above the arytenoid cartilage, but if he cut the arytenoid cartilage itself the slaughter is valid. Therefore, the Gemara cited the statement of Rav Pappa in the name of Rava that if he cut part of the arytenoid cartilage and left some of it uncut, the slaughter is valid.

BACKGROUND

Tip of the thyroid cartilage – חוּדָּא דְּכוֹבָעָא:

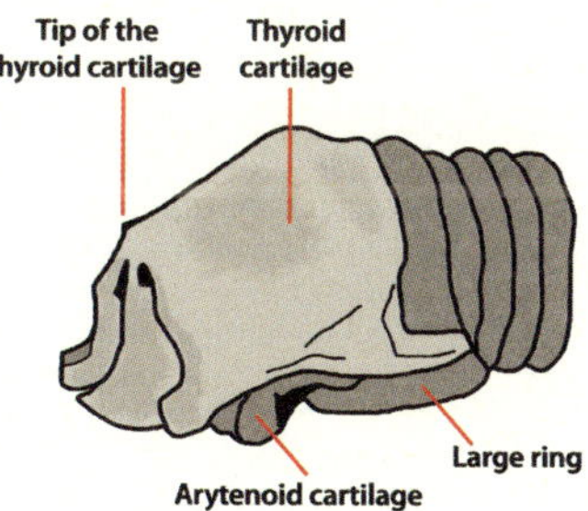

Upper windpipe, with throat facing upward

Arytenoid cartilage – חִיטֵי: This cartilage emerges from the two sides of the large upper ring and protects the vocal cords located at the top of the windpipe. In addition, its outer side that faces the pharynx serves as the basis upon which the epiglottis closes when the animal swallows so that the food will not enter the windpipe.

The image on the right shows three dotted lined indicating points of incision, from right to left: (1) encountering the arytenoid cartilage, according to Rashi; (2) leaving part of the arytenoid cartilage, according to Rashi; and (3) encountering the arytenoid cartilage, according to *Tosafot*.

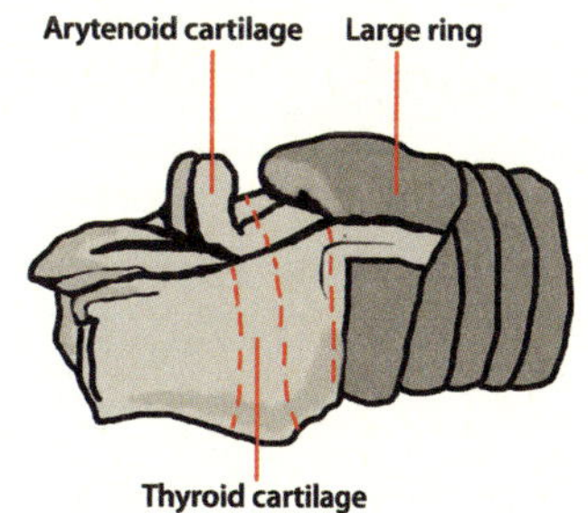

Upper windpipe, with throat facing downward

Suvara – סוּבְרָא: This place is not mentioned elsewhere in rabbinic literature. Apparently, the reference is to the city Sikhra (see *Nidda* 36a), a mercantile city that was located on the west bank of the Tigris River, north of Meḥoza. Adjacent to this city there were apparently canals that enabled access to the city via water. The prominent *amora*, Rav Ḥiyya bar Yosef, disciple of Rav, served as rabbi of the city.

וְהִלְכְתָא: מִשִּׁיפּוּי כּוֹבַע וּלְמַטָּה – כְּשֵׁרָה, וְהַיְינוּ דְּשַׁיֵּיר בְּחִיטֵי.

The Gemara concludes: **And the *halakha* is:** If one slaughters **from the incline of the thyroid cartilage and below**[B] in the direction of the windpipe, the slaughter is **valid,**[H] **and that is in** accordance with the opinion **that one who left** part **of the arytenoid cartilage** has still performed a valid slaughter, as the arytenoids cartilage extends beyond this point.

רַב נַחְמָן אַכְשַׁר מִשִּׁיפּוּי כּוֹבַע וּלְמַטָּה. אֲמַר לֵיהּ רַב חָנָן בַּר רַב קְטִינָא לְרַב נַחְמָן: כְּמַאן? לָא כְּרַבָּנַן וְלָא כְּרַבִּי יוֹסֵי בְּרַבִּי יְהוּדָה!

The Gemara relates that **Rav Naḥman deemed** the slaughter **valid** in a case where one slaughtered **from the incline of the thyroid cartilage and below. Rav Ḥanan bar Rav Ketina said to Rav Naḥman: In accordance with whose** opinion is that ruling? It is **neither in accordance with** the opinion of **the Rabbis nor in accordance with** the opinion of **Rabbi Yosei, son of Rabbi Yehuda,** who both hold that if one cuts the windpipe above the large upper ring, the cricoid cartilage, the slaughter is not valid.

אֲמַר לֵיהּ: אֲנָא לָא חִילֵּק יָדַעְנָא וְלָא בִּילֵּק יָדַעְנָא, אֲנָא שְׁמַעְתָּא יָדַעְנָא, דְּאָמַר רַבִּי חִיָּיא בַּר אַבָּא אָמַר רַבִּי יוֹחָנָן, וְאָמְרִי לַהּ אָמַר רַבִּי אַבָּא בַּר זַבְדָּא אָמַר רַבִּי חֲנִינָא, וְאָמְרִי לַהּ אָמַר רַבִּי יַעֲקֹב בַּר אִידִי אָמַר רַבִּי יְהוֹשֻׁעַ בֶּן לֵוִי: מִשִּׁיפּוּי כּוֹבַע וּלְמַטָּה – כְּשֵׁרָה.

Rav Naḥman **said to him: Neither do I know Ḥillek nor do I know Billek,**[N] i.e., I know the reason neither for this one's opinion nor for that one's opinion. **I know the *halakha*, as Rabbi Ḥiyya bar Abba says** that **Rabbi Yoḥanan says, and some say** that **Rabbi Abba bar Zavda says** that **Rabbi Ḥanina says, and some say** that **Rabbi Ya'akov bar Idi says** that **Rabbi Yehoshua ben Levi says: From the incline of the thyroid cartilage and below,** the slaughter is **valid.**

וְאָמַר רַבִּי יְהוֹשֻׁעַ בֶּן לֵוִי: מוּגְרֶמֶת דְּרַבָּנַן – כְּשֵׁרָה לְרַבִּי יוֹסֵי בְּרַבִּי יְהוּדָה,

§ The Gemara returns to analyzing the *baraita* (18b): In a case where the knife is diverted from the place of slaughter above the ring, the slaughter is not valid. Rabbi Ḥanina ben Antigonus testified about a case where the knife is diverted from the place of slaughter above the ring that the slaughter is valid. **And Rabbi Yehoshua ben Levi says:** With regard to a case where the knife was **diverted** according to the opinion **of the Rabbis** cited in the mishna, the slaughter is **valid** according **to** the opinion of **Rabbi Yosei, son of Rabbi Yehuda,** who ruled that the slaughter is valid when the majority of the windpipe was cut within the large, upper ring.

וּדְרַבִּי יוֹסֵי בְּרַבִּי יְהוּדָה – כְּשֵׁרָה לְרַבִּי חֲנִינָא בֶּן אַנְטִיגְנוֹס.

And with regard to a case where the knife was **diverted** according to the opinion **of Rabbi Yosei, son of Rabbi Yehuda,** it is **valid** according **to** the opinion of **Rabbi Ḥanina ben Antigonus,** who ruled that even if a majority of the windpipe was cut outside the large upper ring, the slaughter is valid.

פְּשִׁיטָא! מַהוּ דְּתֵימָא רַבִּי חֲנִינָא בֶּן אַנְטִיגְנוֹס אַדְּרַבָּנַן קָאֵי, קָא מַשְׁמַע לַן.

The Gemara objects: That is **obvious.** The Gemara explains: **Lest you say** that the statement of **Rabbi Ḥanina ben Antigonus,** who ruled that in a case where the knife is diverted from the place of slaughter above the ring it is valid, **addresses** the statement **of the Rabbis** and he agrees with the opinion of Rabbi Yosei, son of Rabbi Yehuda, that the slaughter is not valid when the majority of the windpipe was cut above the large upper ring, therefore, Rabbi Yehoshua ben Levi **teaches us** that this is not the case.

NOTES

Neither do I know Ḥillek nor do I know Billek – אֲנָא לָא חִילֵּק יָדַעְנָא וְלָא בִּילֵּק יָדַעְנָא: Rashi writes that he learned from his teachers that *ḥillek* is a verb, and it represents the opinion of the Rabbis that the slaughter is valid if he separated [*ḥillek*] the ring widthwise and did not divert the knife outside the ring at all. *Billek* means that he ripped the ring, based on the term *mevulaka* (Nahum 2:11), meaning waste, in which case the slaughter is valid according to Rabbi Yosei, son of Rabbi Yehuda, if he diverted the knife, provided that the knife remained in the place of slaughter for most of the windpipe. In fact, Rabbeinu Gershom Meor HaGola, who was one of Rashi's teachers, explains similarly. Rashi himself and Rabbeinu Ḥananel explain based on the Gemara elsewhere (*Sanhedrin* 98b) that these are random names, as though Rav Naḥman is saying: I neither know nor understand any opinion with regard to this matter, other than the amoraic halakhic tradition.

BACKGROUND

From the incline of the thyroid cartilage and below – מִשִּׁיפּוּי כּוֹבַע וּלְמַטָּה:

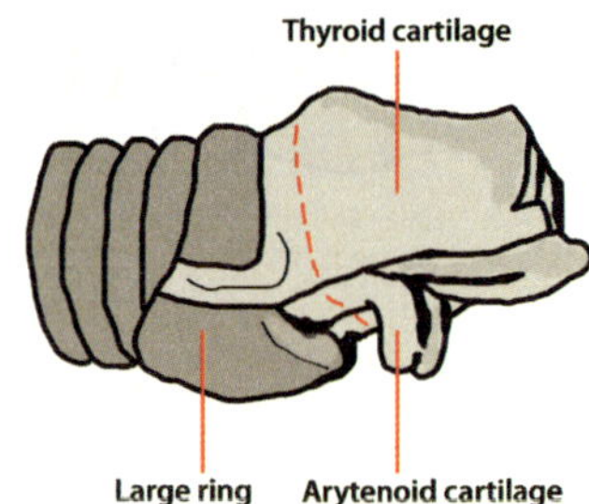

Incision from the incline of the thyroid cartilage and below, toward the windpipe. Part of the arytenoid cartilage remains attached.

HALAKHA

From the incline of the thyroid cartilage and below the slaughter is valid – מִשִּׁיפּוּי כּוֹבַע וּלְמַטָּה כְּשֵׁרָה: The place of slaughter in the animal's neck is from the incline of the thyroid cartilage and below, i.e., before the incline that begins to rise in the direction of the head. Inside the thyroid cartilage, alongside the large, upper ring, there are two nodules of cartilage, called the arytenoid cartilage. If the slaughterer made the incision through the arytenoid cartilage, the slaughter is valid, but if he slaughtered above the arytenoid cartilage, the slaughter is not valid because he diverted the knife from the place of slaughter (Rambam *Sefer Kedusha, Hilkhot Sheḥita* 3:12; *Shulḥan Arukh, Yoreh De'a* 20:1).

BACKGROUND

Cut two-thirds and diverted one-third…diverted one-third and cut two-thirds – **שָׁחַט שְׁנֵי שְׁלִישׁ וְהִגְרִים שְׁלִישׁ...הִגְרִים שְׁלִישׁ וְשָׁחַט שְׁנֵי שְׁלִישׁ**:

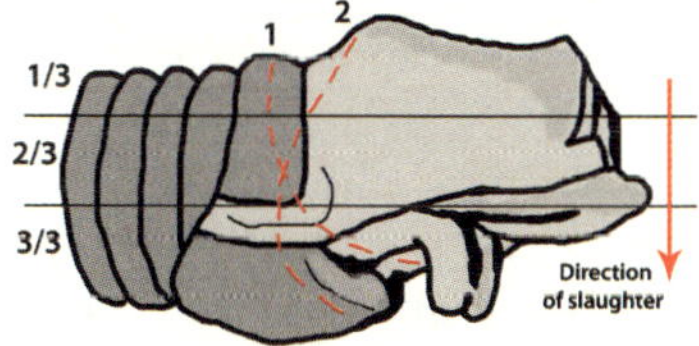

(1) Properly cut the first two-thirds and diverted the final third; (2) diverted the first third and properly cut the final two-thirds

HALAKHA

Half the windpipe is deficient – **אַחֲצִי קָנֶה פָּגוּם**: If half the windpipe was deficient, and one cut enough so that the cutting of the majority of the windpipe was complete, his slaughter is valid (Rambam *Sefer Kedusha*, *Hilkhot Sheḥita* 1:11; *Shulḥan Arukh*, *Yoreh De'a* 21:5).

One cut two-thirds and then diverted the knife and cut one-third – **שָׁחַט שְׁנֵי שְׁלִישׁ וְהִגְרִים שְׁלִישׁ**: If one cut a majority of the windpipe in the place of slaughter, diverted the knife above the place of slaughter, and then completed cutting the windpipe, his slaughter is valid. Likewise, if he diverted the knife from the place of slaughter for the first third of the windpipe and then cut two-thirds in the place of slaughter, his slaughter is valid, in accordance with the opinion of Rabbi Yosei, son of Rabbi Yehuda, and the latter version of the statement of Rav Huna citing Rav Asi (see *Kesef Mishne*). The custom is to deem the slaughter invalid if one cut even a minority of the windpipe above the place of slaughter (Rambam *Sefer Kedusha*, *Hilkhot Sheḥita* 3:13; *Shulḥan Arukh*, *Yoreh De'a* 24:12 and in the comment of Rema, citing Mahari Weil).

וְאֵימָא הָכִי נַמִי! אִם כֵּן, ״הֵעִיד עָלֶיהָ״ מִיבָּעֵי לֵיהּ. וְהִלְכְתָא כְּרַבִּי חֲנִינָא בֶּן אַנְטִיגְנוֹס, דְּקָאֵי רַב נַחְמָן כְּוָותֵיהּ.

The Gemara objects: **And say it is indeed so** that Rabbi Ḥanina ben Antigonus agrees with Rabbi Yosei, son of Rabbi Yehuda. The Gemara responds: **If so,** the formulation of the *baraita* **should have** been: Rabbi Ḥanina ben Antigonus **testified about it.** Since the opinion of Rabbi Ḥanina ben Antigonus was introduced merely with the term: Testified, apparently he disagrees with all of the other opinions. The Gemara concludes: **And the** ***halakha*** **is in accordance with** the opinion of **Rabbi Ḥanina ben Antigonus, as Rav Naḥman holds in accordance with his** opinion.

אֲמַר רַב הוּנָא אָמַר רַב אַסִי: מַחֲלוֹקֶת בְּשֶׁשָּׁחַט שְׁנֵי שְׁלִישׁ וְהִגְרִים שְׁלִישׁ, דְּרַבָּנַן סָבְרִי: כּוּלָּהּ שְׁחִיטָה בָּעֵינַן בְּטַבַּעַת גְּדוֹלָה, וְרַבִּי יוֹסֵי בְּרַבִּי יְהוּדָה סָבַר: רוּבּוֹ כְּכוּלּוֹ,

§ The mishna cited a dispute between the Rabbis, who hold that in a case where one slaughtered within the large upper ring and did not leave a thread breadth over the entire surface of the ring, the slaughter is not valid, and Rabbi Yosei, son of Rabbi Yehuda, who holds that even if one left a thread breadth over a majority of the surface of the ring, the slaughter is valid. Apropos to that, **Rav Huna said** that **Rav Asi says:** The **dispute** is only **in** a case **where one cut two-thirds** of the windpipe within the ring **and** then **diverted** the knife upward toward the head of the animal and cut the remaining **one-third, as the Rabbis hold** that **we require the entire slaughter** to be performed **within the large ring, and Rabbi Yosei, son of Rabbi Yehuda, holds:** The halakhic status of **its majority is like** that of **its entirety.**

אֲבָל הִגְרִים שְׁלִישׁ וְשָׁחַט שְׁנֵי שְׁלִישׁ – דִּבְרֵי הַכֹּל פְּסוּלָה, דְּכִי נַפְקָא חִיּוּתָא בָּעֵינַן רוּבָּא בִּשְׁחִיטָה וְלֵיכָּא.

But if **one diverted** the knife upward toward the head of the animal, cut **one-third** of the windpipe, **and** then **cut two-thirds**[B] within the ring, **everyone agrees** that the slaughter is **not valid, as when the life left** the animal, i.e., when the majority of the windpipe was cut, **we require** that the entire **majority** be cut **by means of slaughter, and that is not** so in this case.

אֲמַר לֵיהּ רַב חִסְדָּא: אַדְּרַבָּה, לֵימָא מָר אִיפְּכָא: מַחֲלוֹקֶת כְּשֶׁהִגְרִים שְׁלִישׁ וְשָׁחַט שְׁנֵי שְׁלִישׁ, דְּרַבִּי יוֹסֵי בְּרַבִּי יְהוּדָה סָבַר: מִידֵּי דַּהֲוָה אַחֲצִי קָנֶה פָּגוּם,

Rav Ḥisda said to Rav Huna: **On the contrary, let the Master say the opposite.** The **dispute** is only **in** a case **when one diverted** the knife upward toward the head of the animal, cut **one-third** of the windpipe, **and** then **cut two-thirds** within the ring, **as Rabbi Yosei, son of Rabbi Yehuda, holds** that the slaughter is valid **just as it is** in the case **where half the windpipe is deficient.**[H] In that case, once the slaughterer cuts any additional part of the windpipe, the slaughter is valid because the cut that rendered a majority of the windpipe slaughtered was performed properly. So too in this case, since the cut of the second third was performed properly, the slaughter is valid.

וְרַבָּנַן: הָתָם מְקוֹם שְׁחִיטָה, הָכָא לָאו מְקוֹם שְׁחִיטָה.

And the Rabbis hold that **there,** in the case of the deficient windpipe, the deficiency was in **the place of** proper **slaughter,** and therefore most of the life of the animal left in the proper place. **Here,** the first third was cut while the knife was diverted, and therefore most of the life of the animal did **not** leave in **the place** of proper **slaughter.**

אֲבָל שָׁחַט שְׁנֵי שְׁלִישׁ וְהִגְרִים שְׁלִישׁ – דִּבְרֵי הַכֹּל כְּשֵׁרָה, דְּהָא תְּנַן: רוּבּוֹ שֶׁל אֶחָד כָּמוֹהוּ!

But in a case where **one cut two-thirds** of the windpipe within the ring **and** then **diverted** the knife and cut the remaining **one-third,**[H] **everyone agrees** that the slaughter is **valid, as didn't we learn** in a mishna (27a): The halakhic status of the slaughter of the **majority of one** *siman*, the windpipe or the gullet, **is like** that of the slaughter of the entire *siman* **itself?**

אֲמַר לֵיהּ רַב יוֹסֵף: מַאן נֵימָא לָן דְּהַהוּא רוּבָּא דְּהָתָם לָאו רַבִּי יוֹסֵי בְּרַבִּי יְהוּדָה קָתָנֵי לַהּ? דִּלְמָא רַבִּי יוֹסֵי בְּרַבִּי יְהוּדָה קָתָנֵי לַהּ!

Rav Yosef said to Rav Ḥisda: **Who will say to us that** with regard to the mishna **there** concerning **the majority of** one *siman*, **Rabbi Yosei, son of Rabbi Yehuda, did not teach it? Perhaps Rabbi Yosei, son of Rabbi Yehuda, taught it,** and the Rabbis disagree.

אֲמַר לֵיהּ אַבַּיֵי: אַטּוּ כׇּל רוּבֵּי דְּעָלְמָא רַבִּי יוֹסֵי בְּרַבִּי יְהוּדָה קָתָנֵי לְהוּ? אֲמַר לֵיהּ: אֲנָא רוּבָּא דִּשְׁחִיטָה קָאָמֵינָא, דִּשְׁמַעְנָא לְהוּ דִּפְלִיגִי.

Abaye said to Rav Yosef: **Is that to say** that with regard to **all** principles that address **majorities in general, Rabbi Yosei, son of Rabbi Yehuda, taught them?** Rav Yosef **said to him: I am speaking of the** principle of **majority with regard to slaughter, as we heard that** the Rabbis **disagree** with him.

לִישָּׁנָא אַחֲרִינָא אָמְרִי לָהּ, אֲמַר רַב הוּנָא אָמַר רַב אַסִּי: מַחֲלוֹקֶת שֶׁהִגְרִים שְׁלִישׁ וְשָׁחַט שְׁנֵי שְׁלִישׁ, דְּרַבִּי יוֹסֵי בַּר רַבִּי יְהוּדָה סָבַר: מִידֵי דַּהֲוָה אַחֲצִי קָנֶה פָּגוּם, וְרַבָּנַן: הָתָם מְקוֹם שְׁחִיטָה, הָכָא לָאו מְקוֹם שְׁחִיטָה.

Some say that there is **an alternative version** of this discussion: **Rav Huna said** that **Rav Asi says:** The **dispute** is only in a case **where one diverted** the knife upward toward the head of the animal, cut **one-third** of the windpipe, **and then cut two-thirds** within the ring, **as Rabbi Yosei, son of Rabbi Yehuda, holds** that the slaughter is valid **just as it is** in the case **where half the windpipe is deficient, and the Rabbis** hold that **there,** in the case of the deficient windpipe, the deficiency was in **the place of** proper **slaughter,** but **here,** most of the life of the animal did **not** leave in **the place of** proper **slaughter.**

אֲבָל שָׁחַט שְׁנֵי שְׁלִישׁ וְהִגְרִים שְׁלִישׁ – דִּבְרֵי הַכֹּל כְּשֵׁרָה, דְּהָא תְּנַן: רוּבּוֹ שֶׁל אֶחָד כָּמוֹהוּ.

But in a case where **one cut two-thirds** of the windpipe within the ring **and** then **diverted** the knife and cut the remaining **one-third, everyone agrees** that the slaughter is **valid, as didn't we learn** in a mishna (27a): The halakhic status of the slaughter of the **majority of one** *siman*, the windpipe or the gullet, **is like** that of the slaughter of the entire *siman* **itself?**

מַתְקִיף לָהּ רַב חִסְדָּא: מַאן לֵימָא לָן דְּהַהוּא רוּבָּא דְּהָתָם לָאו רַבִּי יוֹסֵי בְּרַבִּי יְהוּדָה קָתָנֵי לַהּ? דִּלְמָא רַבִּי יוֹסֵי בְּרַבִּי יְהוּדָה קָתָנֵי לַהּ! אֲמַר לֵיהּ רַב יוֹסֵף: אַטּוּ כׇּל רוּבֵּי דְעָלְמָא רַבִּי יוֹסֵי בְּרַבִּי יְהוּדָה קָתָנֵי לְהוּ? אֲמַר לֵיהּ: אֲנָא רוּבָּא דִּשְׁחִיטָה קָאָמֵינָא, דִּשְׁמַעְנָא לְהוּ דִּפְלִיגִי.

Rav Ḥisda objects to this: Who will say to us that with regard to the mishna **there** concerning **the majority of** one *siman*, **Rabbi Yosei, son of Rabbi Yehuda, did not teach it? Perhaps Rabbi Yosei, son of Rabbi Yehuda, taught it,** and the Rabbis disagree. **Rav Yosef said to** Rav Ḥisda: **Is that to say** that with regard to **all** principles that address **majorities in general, Rabbi Yosei, son of Rabbi Yehuda, taught them?** Rav Ḥisda **said to him: I am speaking of the** principle of **majority with regard to slaughter, as we heard that** the Rabbis **disagree** with him.

הִגְרִים שְׁלִישׁ וְשָׁחַט שְׁלִישׁ וְהִגְרִים שְׁלִישׁ – רַב הוּנָא אָמַר רַב: כְּשֵׁרָה, רַב יְהוּדָה אָמַר רַב: טְרֵפָה. רַב הוּנָא אָמַר רַב כְּשֵׁרָה, כִּי נָפְקָא חִיּוּתָא – בִּשְׁחִיטָה קָא נָפְקָא; רַב יְהוּדָה אָמַר רַב טְרֵפָה, בָּעֵינַן רוּבָּא בִּשְׁחִיטָה וְלֵיכָּא.

§ If **one diverted** the knife and cut **one-third** of the windpipe, **and** then **cut one-third** properly, **and** then **diverted** and cut the final **one-third,**[H] **Rav Huna** says that **Rav says:** The slaughter is **valid. Rav Yehuda** says that **Rav says:** The animal is a *tereifa*, i.e., forbidden. **Rav Huna** says that **Rav says:** The slaughter is **valid,** as **when the life left** the animal, it was **in** the course of a valid **slaughter** that **it left. Rav Yehuda** says that **Rav says:** The animal is **a** *tereifa*, **as we require a majority** of the windpipe to be cut **with** valid **slaughter,**[N] **and** that **is not** the case.

שָׁחַט שְׁלִישׁ וְהִגְרִים שְׁלִישׁ וְשָׁחַט שְׁלִישׁ – רַב יְהוּדָה אָמַר רַב: כְּשֵׁרָה. אֲתוֹ שַׁיְּילוּהַ לְרַב הוּנָא, אֲמַר לְהוּ: טְרֵפָה. שְׁמַע רַב יְהוּדָה אִיקְפַּד, אֲמַר: טָרֵיפְנָא וּמַכְשַׁר, וּמַכְשַׁרְנָא טָרֵיף! אֲמַר רַב הוּנָא: שַׁפִּיר קָא מִיקְפַּד; חֲדָא, אִיהוּ שְׁמִיעַ לֵיהּ מִינֵּיהּ דְּרַב וַאֲנָא לָא שְׁמִיעַ לִי; וְעוֹד, הָאִיכָּא רוּבָּא בִּשְׁחִיטָה.

If **one cut one-third** of the windpipe properly, **and** then **diverted** the knife and cut **one-third, and** then **cut** the final **one-third** of the windpipe properly, **Rav Yehuda** says that **Rav said:** The slaughter is **valid.** When the Sages **came and asked Rav Huna, he said to them:** It is a *tereifa*. **Rav Yehuda heard** the ruling of Rav Huna, and **he was angry. He said: I deem** it a *tereifa* **and he deems** the slaughter **valid, and I deem** the slaughter **valid** and **he deems** it **a** *tereifa*. **Rav Huna said:** It is **proper** that **he was angry. One** reason is that **he heard** it **from Rav and I did not hear** it from Rav; **and furthermore, isn't there the majority** of the *siman* that was cut **with** valid **slaughter?**

אֲמַר לֵיהּ רַב חִסְדָּא: לָא תֶּהְדַּר בָּךְ,

Rav Ḥisda said to Rav Huna: **Do not retract** your statement,

HALAKHA

One diverted the knife and cut one-third and then cut one-third properly and then diverted and cut one-third – **הִגְרִים שְׁלִישׁ וְשָׁחַט שְׁלִישׁ וְהִגְרִים שְׁלִישׁ**: If one diverted the knife and cut one-third, and then cut one-third properly, and then diverted and cut one-third, his slaughter is not valid. If one cut one-third of the windpipe properly, and then diverted the knife and cut one-third, and then cut the final one-third properly, his slaughter is valid. This ruling is in accordance with the opinion of Rav Yehuda, to which Rav Huna conceded, that the slaughter is valid provided that a majority of the slaughter was valid (Rambam *Sefer Kedusha*, *Hilkhot Sheḥita* 3:13; *Shulḥan Arukh*, *Yoreh De'a* 24:13).

NOTES

The animal is a *tereifa* as we require a majority of the windpipe to be cut with valid slaughter – **טְרֵפָה בָּעֵינַן רוּבָּא בִּשְׁחִיטָה**: The Ramban explains that the fundamental dispute is that Rav Huna considers diverting the knife as an act of slaughter that is not valid despite the fact that it is performed in the place of slaughter. Therefore, the status of the slaughter depends upon whether when the majority of the windpipe, the second third, was cut, it was cut properly. Rav Yehuda holds that diverting the knife is not considered to be performed in the place of slaughter at all. Therefore, as long as the majority of the windpipe was slaughtered properly, the slaughter is valid and it makes no difference whether the majority was cut in the middle third of the windpipe or in the final third.

Other early commentaries cite a variant version of the reason for the opinion of Rabbi Yehuda: At the time when life leaves the animal, a majority of the windpipe must be cut with proper slaughter and that is not the case. Rashi rejects that version, as according to that version Rav Yehuda requires both that a majority of the windpipe be cut with proper slaughter and that life leave the animal by means of the proper slaughter of a majority of the windpipe. However, that cannot be Rav Yehuda's opinion, as he states that in a case where one cut one-third of the windpipe properly, then diverted the knife and cut one-third, and then cut the final one-third properly, his slaughter is valid.

Others suggest that the meaning of the phrase: When life leaves the animal we require a majority to be cut with proper slaughter, is not that the entire majority must be cut with proper slaughter. Rather, it means that the majority of the majority must be slaughtered properly. According to that interpretation, Rav Yehuda's opinion is understandable, as the slaughter is not valid when the first third was cut with diverting of the knife, because that one-third is a majority of the majority of the windpipe. By contrast, when he cut the first third properly, the slaughter is valid because the majority of the majority of the windpipe was slaughtered properly (*Tosefot HaRosh*; *Torat Ḥayyim*).

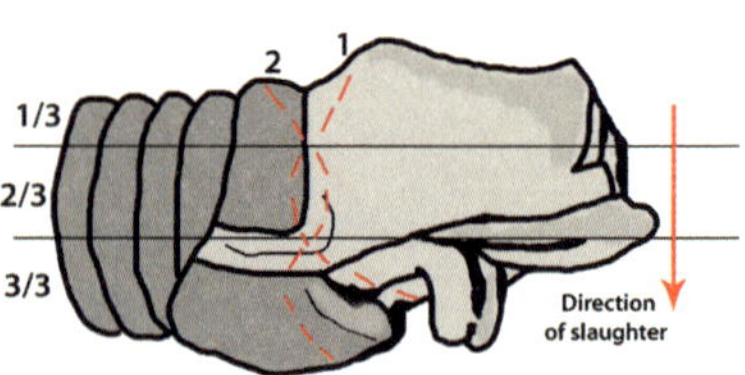

(1) Diverted the first third, properly cut the second third, and diverted the final third; (2) properly cut the first third, diverted the second third, and properly cut the final third.

BACKGROUND

Slaughter that is performed like the teeth of a comb – שְׁחִיטָה הָעֲשׂוּיָה כְּמַסְרֵק:

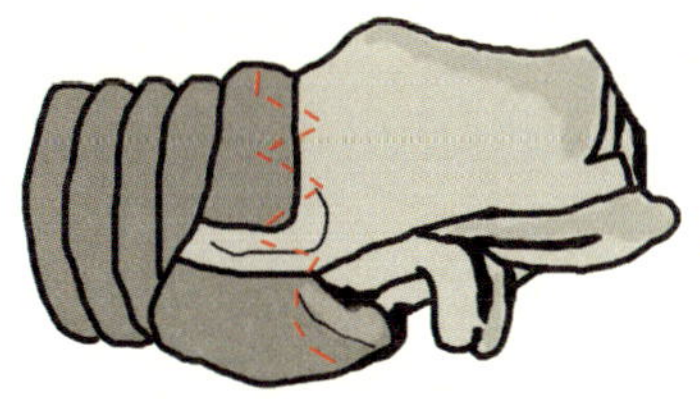

Comb-like incision

דְּאִם כֵּן מַפְסֵדְתְּ לָהּ לְקַמַּיְיתָא; הָתָם מַאי טַעְמָא קָא מַכְשְׁרַתְּ? דְּכִי נָפְקָא חִיּוּתָא – בְּהֶכְשֵׁירָה קָא נָפְקָא, הָכָא נָמֵי כִּי נָפְקָא חִיּוּתָא – בְּהַגְרָמָה קָא נָפְקָא.

as, if you retract your statement, **you repudiate the first** ruling that you stated with regard to a case where one diverted the knife and cut one-third of the windpipe, and then cut one-third properly, and then diverted and cut the final one-third. **There, what is the reason** that **you deemed** the slaughter **valid?** The reason is **that when life left** the animal with the cutting of the second third of the windpipe, **it left** the animal **in** the course of **valid** slaughter. Based on that reasoning, **here too, when life left** the animal with the cutting of the second third of the windpipe, **it left** the animal **in** the course of **diverting** the knife, and the slaughter is invalid.

אִיקְלַע רַב נַחְמָן לְסוּרָא, בְּעוֹ מִינֵּיהּ: שָׁחַט שְׁלִישׁ וְהִגְרִים שְׁלִישׁ וְשָׁחַט שְׁלִישׁ, מַהוּ? אֲמַר לְהוּ: לָאו הַיְינוּ דְּרַבִּי אֶלְעָזָר בַּר מִנְיוּמֵי, דְּאָמַר רַבִּי אֶלְעָזָר בַּר מִנְיוּמֵי: שְׁחִיטָה הָעֲשׂוּיָה כְּמַסְרֵק – כְּשֵׁרָה.

Rav Naḥman happened to come **to Sura,** where **they asked him:** If **one cut one-third** of the windpipe properly, **and** then **diverted** the knife and cut **one-third, and** then **cut** the final **one-third** of the windpipe properly, **what** is the *halakha*? **He said to them: Isn't that** the *halakha* stated by **Rabbi Elazar bar Minyumi, as Rabbi Elazar bar Minyumi says: Slaughter that is performed like** the teeth of **a comb,**[BH] which are jagged, **is valid.**

וְדִלְמָא בִּמְקוֹם שְׁחִיטָה! בִּמְקוֹם שְׁחִיטָה מַאי לְמֵימְרָא? מַהוּ דְּתֵימָא בָּעֵינַן שְׁחִיטָה מְפוֹרַעַת וְלֵיכָּא, קָא מַשְׁמַע לַן.

The Gemara objects: **And perhaps** Rabbi Elazar bar Minyumi stated his *halakha* only when the slaughter goes up and down **within** the proper **place of slaughter.** The Gemara asks in response: **Within** the proper **place of slaughter, what** is the purpose **of stating** it? Clearly the slaughter is valid in that case. The Gemara explains: **Lest you say** that **we require slaughter** that is **clear** and straight, **and** slaughter that is jagged **is not** straight, therefore, Rabbi Elazar bar Minyumi **teaches us** that nevertheless, the slaughter is valid.

(סִימָן בכ״ד)

The Gemara cites **a mnemonic** for the order of the Sages in the following discussion: ***Beit*** for Rabbi Abba; ***kaf*** for Rav Kahana; ***dalet*** for Rav Yehuda.

יָתֵיב רַבִּי אַבָּא אֲחוֹרֵיהּ דְּרַב כָּהֲנָא וְיָתֵיב רַב כָּהֲנָא קַמֵּיהּ דְּרַב יְהוּדָה, וְיָתֵיב וְקָאָמַר: שָׁחַט שְׁלִישׁ וְהִגְרִים שְׁלִישׁ וְשָׁחַט שְׁלִישׁ, מַהוּ? אֲמַר לֵיהּ: שְׁחִיטָתוֹ כְּשֵׁרָה.

Rabbi Abba sat behind Rav Kahana and Rav Kahana sat before Rav Yehuda, and he sat and said to Rav Yehuda: If **one cut one-third** of the windpipe properly, **and** then **diverted** the knife and cut **one-third, and** then **cut** the final **one-third** of the windpipe properly, **what** is the *halakha*? Rav Yehuda **said to** Rav Kahana: **His slaughter is valid.**

הִגְרִים שְׁלִישׁ וְשָׁחַט שְׁלִישׁ וְהִגְרִים שְׁלִישׁ, מַהוּ? אֲמַר לֵיהּ: שְׁחִיטָתוֹ פְּסוּלָה.

Rav Kahana then asked: If **one diverted** the knife and cut **one-third** of the windpipe, **and** then **cut one-third** properly, **and** then **diverted** and cut the final **one-third, what** is the *halakha*? Rav Yehuda **said to** him: **His slaughter is not valid.**

שָׁחַט בִּמְקוֹם נֶקֶב, מַהוּ? אֲמַר לֵיהּ: שְׁחִיטָתוֹ כְּשֵׁרָה.

Rav Kahana then asked: If **one cut in a place** where there was **a perforation**[H] in the front of the windpipe and continued cutting, **what** is the *halakha*? Rav Yehuda **said to** him: **His slaughter is valid.**

שָׁחַט וּפָגַע בּוֹ נֶקֶב, מַהוּ? אֲמַר לֵיהּ: שְׁחִיטָתוֹ פְּסוּלָה.

Rav Kahana further asked: If **one cut** the windpipe **and** after cutting half the windpipe **encountered a perforation,** after which point a majority of the windpipe had been cut, **what is** the *halakha*? Rav Yehuda **said to** him: **His slaughter is not valid.**

HALAKHA

Slaughter that is performed like the teeth of a comb – שְׁחִיטָה הָעֲשׂוּיָה כְּמַסְרֵק: If one cut the windpipe in a pattern like the teeth of a comb, e.g., one diverted the knife upward toward the top of the windpipe and then pointed it downward and cut, and then pointed it upward again so that the incision is serrated like a comb (Mahari Ḥaviv), or one cut around the circumference of the *simanim* instead of cutting straight through (*Perisha*), the slaughter is valid (see *Taz*). Nevertheless, it is certainly prohibited to slaughter in that manner *ab initio* (Rambam *Sefer Kedusha, Hilkhot Sheḥita* 2:10; *Shulḥan Arukh, Yoreh De'a* 21:4 and *Arukh HaShulḥan* there).

If one cut in a place where there was a perforation – שָׁחַט בִּמְקוֹם נֶקֶב: If half the windpipe was cut or deficient and one cut the windpipe to complete a majority, and he knows that the gullet was not perforated, the slaughter is valid and the animal is not a *tereifa*. Likewise, if one began cutting the windpipe in a place where it is intact and encountered a cut or deficiency and the existing cut completes the majority, the slaughter is valid, in accordance with the opinion of Rabbi Yoḥanan (Rambam *Sefer Kedusha, Hilkhot Sheḥita* 1:11; *Shulḥan Arukh, Yoreh De'a* 21:5).

אֲזַל רַבִּי אַבָּא אֲמָרָהּ קַמֵּיהּ דְּרַבִּי אֶלְעָזָר, אֲזַל רַבִּי אֶלְעָזָר אֲמָרָהּ קַמֵּיהּ דְּרַבִּי יוֹחָנָן, אֲמַר לֵיהּ: מַאי שְׁנָא?

Rabbi Abba went to Eretz Yisrael **and stated** these *halakhot* **in the presence of Rabbi Elazar,** and **Rabbi Elazar went** and **stated** these *halakhot* **in the presence of Rabbi Yoḥanan.** Rabbi Yoḥanan **said to him: What is different** about a case where one cut in a place where there was a perforation relative to a case where he encountered a perforation in the middle of the slaughter?

אֲמַר לֵיהּ: שָׁחַט בִּמְקוֹם נֶקֶב – נַעֲשָׂה כְּמִי שֶׁשָּׁחַט גּוֹי וְגָמַר יִשְׂרָאֵל; שָׁחַט וּפָגַע בּוֹ נֶקֶב – נַעֲשָׂה כְּמִי שֶׁשָּׁחַט יִשְׂרָאֵל וְגָמַר גּוֹי. קָרֵי עֲלֵיהּ: ״גּוֹי, גּוֹי״.

Rabbi Elazar **said to him:** In a case where **one cut in a place** where there was **a perforation, it becomes like** an animal **that a gentile** began to **slaughter and a Jew completed** its slaughter,[H] in which case the slaughter is valid. In a case where **one cut** the windpipe **and encountered a perforation, it becomes like** an animal **that a Jew** began to **slaughter and a gentile completed** its slaughter, in which case the slaughter is not valid. Rabbi Yoḥanan mockingly **proclaimed about him: Gentile, gentile,** i.e., you merely repeat something about gentiles. Rabbi Yoḥanan did not accept the distinction.

אֲמַר רָבָא: שַׁפִּיר קָרֵי עֲלֵיהּ ״גּוֹי גּוֹי״; בִּשְׁלָמָא הָתָם, מִדַּהֲוָה לֵיהּ לְיִשְׂרָאֵל לְמִשְׁחַט רוּבָּא וְלָא שָׁחַט, כִּי נָפְקָא חִיּוּתָא – בִּידָא דְּגוֹי קָא נָפְקָא. אֶלָּא הָכָא, מִכְּדֵי מִשְׁחַט שָׁחֵיט, מַה לִּי בִּמְקוֹם נֶקֶב, מַה לִּי פָּגַע בּוֹ נֶקֶב?

Rava said: Rabbi Yoḥanan did **well** when he **proclaimed about him: Gentile, gentile. Granted, there,** in the case where the gentile completed the slaughter, **since a Jew was** supposed **to cut a majority** of the windpipe **and he did not cut** it, **when life left** the animal **it left by the hand of a gentile. But here, after all, he** was the one who **slaughtered** the entire animal, and the animal was not a *tereifa* until this point, and so **what** difference is there **to me** if one began to cut **in a place** where there was **a perforation** and **what** difference is there **to me** if he **encountered a perforation?**

מתני׳ הַשּׁוֹחֵט מִן הַצְּדָדִין – שְׁחִיטָתוֹ כְּשֵׁרָה, הַמּוֹלֵק מִן הַצְּדָדִין – מְלִיקָתוֹ פְּסוּלָה. הַשּׁוֹחֵט מִן הָעוֹרֶף – שְׁחִיטָתוֹ פְּסוּלָה, הַמּוֹלֵק מִן הָעוֹרֶף – מְלִיקָתוֹ כְּשֵׁירָה. הַשּׁוֹחֵט מִן הַצַּוָּאר – שְׁחִיטָתוֹ כְּשֵׁרָה, הַמּוֹלֵק מִן הַצַּוָּאר – מְלִיקָתוֹ פְּסוּלָה; שֶׁכָּל הָעוֹרֶף כָּשֵׁר לִמְלִיקָה, וְכָל הַצַּוָּאר כָּשֵׁר לִשְׁחִיטָה. נִמְצָא כָּשֵׁר בִּשְׁחִיטָה – פָּסוּל בִּמְלִיקָה, כָּשֵׁר בִּמְלִיקָה – פָּסוּל בִּשְׁחִיטָה.

MISHNA **One who slaughters from the sides** of the throat,[H] **his slaughter is valid.**[N] **One who pinches** the neck of a bird offering **from the sides,**[H] **his pinching**[B] **is not valid. One who slaughters from the nape** [*oref*] of the neck, **his slaughter is not valid.**[N] **One who pinches** a bird offering **from the nape** of the neck, **his pinching is valid. One who slaughters from the throat, his slaughter is valid. One who pinches** a bird offering **from the throat, his pinching is not valid, as the entire nape is valid for pinching and the entire throat is valid for slaughter.**[H] **It is found that** that which is **valid for slaughter** is **not valid for pinching** and that which is **valid for pinching** is **not valid for slaughter.**

גמ׳ מַאי עוֹרֶף? אִילֵימָא עוֹרֶף מַמָּשׁ, מַאי אִרְיָא שׁוֹחֵט? אֲפִילּוּ מוֹלֵק נַמִּי, ״מִמּוּל עָרְפּוֹ״ אָמַר רַחֲמָנָא – וְלֹא עָרְפּוֹ! אֶלָּא מַאי עוֹרֶף? מִמּוּל עוֹרֶף, כִּדְקָתָנֵי סֵיפָא: כָּל הָעוֹרֶף כָּשֵׁר לִמְלִיקָה.

GEMARA With regard to the statement in the mishna: One who slaughters an animal from the *oref*, its slaughter is not valid, the Gemara asks: **What is** the meaning of ***oref*****? If we say** that the reference is to the **actual occipital bone** at the rear of the skull, **why** does this *halakha* apply **specifically** to one who **slaughters** from the *oref*? **Even** if one **pinches** a bird offering from the *oref* it would **also** not be valid, as **the Merciful One states:** "Pinch off its head **adjacent to its *oref*"** (Leviticus 5:8), at the nape beneath the occipital bone, **and not its *oref*. Rather, what** is the ***oref*** mentioned in the mishna? It is **adjacent to the *oref*,** the back of the neck below the occipital bone, **as it is taught** in **the latter clause** of the mishna: **The entire nape is valid for pinching.**

NOTES

One who slaughters from the sides of the throat, his slaughter is valid – הַשּׁוֹחֵט מִן הַצְּדָדִין שְׁחִיטָתוֹ כְּשֵׁרָה: Although the phrase: The slaughter is valid, indicates that it is valid after the fact, Rashi writes that it is permitted *ab initio*. In contrast to pinching, with regard to which it is written: Adjacent to its *oref*, which means from behind, and therefore pinching from the sides is not valid, the requirement for the slaughter of an animal is that the *simanim* must be cut (Rashba on 20a), which can be accomplished from the sides. Other early commentaries understand that one may not slaughter from the sides *ab initio*, lest he break the neck bone before cutting the *simanim*, as the *simanim* are soft and will be moved aside by the knife (*Tosafot*; Rambam), which would render the animal a *tereifa*. By contrast, when one slaughters from the front, the neck bone will prevent the *simanim* from being moved aside. Even if the neck bone is not broken when slaughtering from the sides, it is prohibited *ab initio* because cutting from the sides will cause suffering of living beings (Ran), or due to the concern that the knife will become notched by means of the neck bone (Meiri). Others understand Rashi to mean that the term: From the sides, is referring to the sides of the actual *simanim*, not the sides of the throat of the animal (*Shita Mekubbetzet*).

One who slaughters from the nape, his slaughter is not valid – הַשּׁוֹחֵט מִן הָעוֹרֶף שְׁחִיטָתוֹ פְּסוּלָה: The reason is that in that case it is inevitable that the neck bone along with the spinal cord will be cut first, and when he severs the *simanim* it will turn out that he slaughtered an animal or bird that is a *tereifa*. The Gemara (20a) explains that the reason the slaughter is not valid is not because the slaughter was from the nape; rather, it is due to the cutting of the neck bone. Therefore, if he pulled the *simanim* behind the neck bone and cut them, the slaughter is valid, and one may do so even *ab initio* (*Shita Mekubbetzet*; *Peri Toar*).

HALAKHA

A gentile began to slaughter and a Jew completed its slaughter – שָׁחַט גּוֹי וְגָמַר יִשְׂרָאֵל: If one ineligible to perform slaughter, e.g., a gentile, began slaughtering an animal, and one eligible to perform slaughter completed the slaughter, or if one eligible to perform slaughter began slaughtering an animal and the slaughter was completed by one who is ineligible, the slaughter is not valid. This ruling applies only when the gentile cut the gullet or the majority of the windpipe to the degree that the animal was rendered an unslaughtered carcass. But if the gentile cut half the windpipe and the Jew completed cutting the windpipe, the slaughter is valid. The same *halakha* applies if the Jew began and cut a majority of the windpipe and the gentile completed cutting it, based on the Gemara here and the *Tosefta* (*Shulḥan Arukh*, *Yoreh De'a* 2:10, and *Shakh* and Gra there).

One who slaughters from the sides of the throat – הַשּׁוֹחֵט מִן הַצְּדָדִין: One must slaughter the animal from the middle of the throat, but if he slaughtered from the sides of the throat the slaughter is valid. It is valid only if he moved the *simanim* to the side from which he is cutting and he is certain that he cut the *simanim* before he cut the neck bone. The later commentaries ruled that the slaughter is valid even if he did not move the *simanim* (Rambam *Sefer Kedusha*, *Hilkhot Sheḥita* 1:9; *Shulḥan Arukh*, *Yoreh De'a* 20:3, and *Taz* and Gra there).

One who pinches a bird offering from the sides – הַמּוֹלֵק מִן הַצְּדָדִין: One pinches the nape of a bird offering adjacent to the occipital bone. If one pinches the bird burnt offering or sin offering from the sides of the neck, the pinching is not valid, and its halakhic status is as though he strangled or stabbed the bird. The entire nape of the neck is fit for pinching (Rambam *Sefer Avoda*, *Hilkhot Ma'aseh HaKorbanot* 6:23).

And the entire throat is valid for slaughter – וְכָל הַצַּוָּאר כָּשֵׁר לִשְׁחִיטָה: Slaughter is performed at the throat. The entire throat is fit for slaughter; at the top of the throat toward the head from the beginning of the incline of the thyroid cartilage and below. Slaughter *ab initio* should be performed from the large upper ring and below. The lower boundary is the place that the tip of the lung reaches when the animal extends its neck to graze or when the lung is inflated (Rambam *Sefer Kedusha*, *Hilkhot Sheḥita* 6:1; *Shulḥan Arukh*, *Yoreh De'a* 20:1).

BACKGROUND

Pinching – מְלִיקָה: Doves and young pigeons sacrificed as offerings in the Temple were not killed by ritual slaughter with a knife, like other offerings, but rather by pinching the napes of their necks. This was considered an especially difficult procedure to perform. The priest would hold the bird in his left hand with its legs and wings between his fingers, and the back of its neck stretched out and facing upward. With his right fingernail, which he grew especially long for this purpose, the priest would cut the bird's neck and spine from the nape until he severed its gullet, windpipe, or both of them, depending upon the offering. If the bird was to be sacrificed as a burnt offering, the priest would completely sever its head. If it was designated as a sin offering, he would leave the head attached.

BACKGROUND

Sees the *oref* – רוֹאֶה אֶת הָעוֹרֶף:

(1) Location of *oref*, or occipital bone; (2) place that sees the *oref*

Moves the two *simanim* – מַחֲזִיר סִימָנִים:

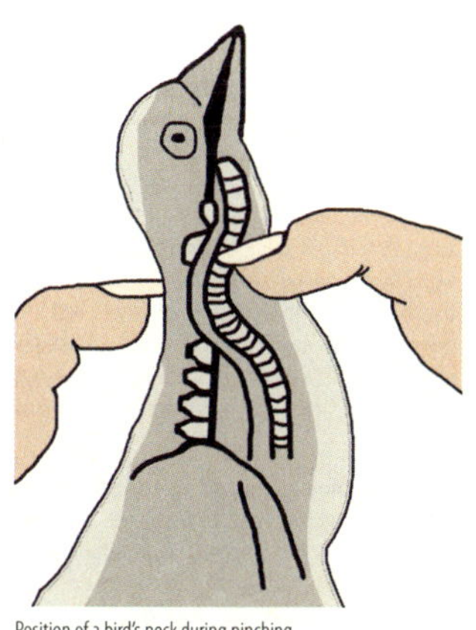

Position of a bird's neck during pinching

מְנָהָנֵי מִילֵּי? דְּתָנוּ רַבָּנַן: ״מִמּוּל עָרְפּוֹ״ – מוּל הָרוֹאֶה אֶת הָעוֹרֶף, וְכֵן הוּא אוֹמֵר: ״וְהוּא יֹשֵׁב מִמֻּלִי״, וְאוֹמֵר: ״כִּי פָנוּ אֵלַי עֹרֶף וְלֹא פָנִים״. מַאי וְאוֹמֵר? וְכִי תֵּימָא: עוֹרֶף גּוּפֵיהּ לָא יָדְעִינַן הֵיכָא, דְּנֵדַע מוּל דִּידֵיהּ הֵיכָא – תָּא שְׁמַע: ״כִּי פָנוּ אֵלַי עֹרֶף וְלֹא פָנִים״, מִכְּלָל דְּעוֹרֶף לַהֲדֵי פָּנִים.

The Gemara asks: **From where are these matters** derived? They are derived **as the Sages taught** in a *baraita*: In the phrase **"adjacent to** [*mimmul*] **its** ***oref*****,"** **adjacent** means a place **that sees the** ***oref***[B] and not the *oref* itself. **And likewise,** the verse **states: "And they reside adjacent to me** [*mimmuli*]**"** (Numbers 22:5);[N] **and** the verse **states: "For they have turned their** ***oref*** **unto Me, and not their face"** (Jeremiah 2:27). The Gemara asks: **What** is added by the latter proof, introduced with the term: **And** the verse **states?** The Gemara answers: **And if you would say, we do not know where the** ***oref*** **itself** is, so **that we will know where adjacent to it is, come** and **hear: "For they have turned their** ***oref*** **unto Me, and not their face,"** from which it may be ascertained **by inference that the** ***oref*** **is opposite the face,** at the rear of the head.

אָמְרִי בְּנֵי רַבִּי חִיָּיא: מִצְוַת מְלִיקָה, מַחֲזִיר סִימָנִים לַאֲחוֹרֵי הָעוֹרֶף וּמוֹלֵק. אִיכָּא דְּאָמְרִי: אַף מַחֲזִיר, וְאִיכָּא דְּאָמְרִי: מַחֲזִיר דַּוְקָא.

§ **The sons of Rabbi Ḥiyya**[P] **say:** How is **the mitzva of pinching** of a bird offering performed? **One moves** the two ***simanim***[B] that must be severed in ritual slaughter, i.e., the windpipe and the gullet, **behind the nape and pinches.** There is a dispute among the Sages with regard to the meaning of the statement. **There are** those **who say:** The mitzva *ab initio* is to pinch through the spinal column first and then pinch the windpipe and the gullet, and one may **even move** the *simanim* to behind the nape and pinch. **And there are** those **who say:** The mitzva is **specifically** to **move** the *simanim* behind[N] the nape and pinch.

וּמִסְתַּבְּרָא כְּמַאן דְּאָמַר אַף מַחֲזִיר, מִמַּאי? מִדְּקָתָנֵי: הַשּׁוֹחֵט מִן הָעוֹרֶף – שְׁחִיטָתוֹ פְּסוּלָה, הַמּוֹלֵק מִן הָעוֹרֶף – מְלִיקָתוֹ כְּשֵׁרָה;

The Gemara notes: **And it is reasonable according to the one who says: One may even move** the *simanim* behind the nape. **From where** does one draw that conclusion? It is **from** the fact **that** the mishna **teaches: One who slaughters from the nape** of the neck, **his slaughter is not valid. One who pinches from the nape** of the neck, **his pinching is valid.**

NOTES

And they reside adjacent to me [*mimmuli*] – וְהוּא יֹשֵׁב מִמֻּלִי: This is the statement of Balak, king of Moab, about the children of Israel who arrived in a place adjacent to his land. It indicates that the word *mul* refers to an entity that is not immediately adjacent. In this context, it does not refer to the area immediately adjacent to the occipital bone at the rear of the skull. Rather, the reference is to any place where there is no obstruction between it and the occipital bone.

And there are those who say the mitzva is specifically to move the *simanim* behind – וְאִיכָּא דְּאָמְרִי מַחֲזִיר דַּוְקָא: Since the primary component of pinching is the cutting of the *simanim*, if one did not move them behind the neck bone but cut the neck bone first, the pinching is not valid (Rashi), because the bird became a *tereifa* before he pinched the *simanim* (Ramban). *Tosafot* hold that even according to this opinion, although one must move the *simanim* behind the neck bone *ab initio*, it is valid after the fact even if one failed to do so.

PERSONALITIES

The sons of Rabbi Ḥiyya – בְּנֵי רַבִּי חִיָּיא: Yehuda and Ḥizkiyya, sons of Rabbi Ḥiyya, were twins who were born to their mother Yehudit three months apart. In their youth, they ascended with their father to Eretz Yisrael from Babylonia. At that point, they were already prominent Torah scholars, to the extent that the Sages said that Rabbi Ḥiyya and his sons reestablished the Torah in Eretz Yisrael. When they reached Eretz Yisrael, they and their father were disciples of Rabbi Yehuda HaNasi and were especially beloved and valued. In several places, the Gemara relates that they were extremely righteous individuals whose prayers were answered. Like their father, they did not earn their livelihood from Torah but engaged in agriculture and commerce.

The sons of Rabbi Ḥiyya are often mentioned together, but there are times when they are mentioned separately. Yehuda, who occasionally has the honorific *beribbi*, meaning prominent, attached to his name, married the daughter of Rabbi Yannai, one of the prominent Sages of that generation. Yehuda was highly regarded and died young, during the lifetime of his father-in-law. Ḥizkiyya redacted an anthology of *baraitot*, which are introduced with the phrase: The school of Ḥizkiyya taught, and he is quoted extensively in both the Babylonian Talmud and the Jerusalem Talmud. He and Rabbi Yoḥanan frequently engaged in halakhic disputes.

The sons of Rabbi Ḥiyya lived in Tiberias and were buried there alongside their father.

Perek **I**
Daf **20** Amud **a**

וְאִי סָלְקָא דַּעְתָּךְ מַחֲזִיר דַּוְקָא, מַאי אִירְיָא מוֹלֵק? אֲפִילּוּ שׁוֹחֵט נָמֵי! אֶלָּא לָאו שְׁמַע מִינַּהּ אַף מַחֲזִיר, וּמַתְנִיתִין בִּדְלָא אַהְדַר.

And if it enters your mind that the mitzva is **specifically** to **move** the *simanim* behind the nape and pinch them, **why** did the *tanna* say specifically that if one **pinches** in this manner it is valid? **Even** if one **slaughters** from the nape in this manner the slaughter would be valid. **Rather,** must one **not conclude from it** that the proper understanding is: One may **even move** the *simanim* behind the nape and pinch, **and the mishna** is referring to a case **where** one **did not move** the *simanim* behind the nape.

אָמַר רַבִּי יַנַּאי: יְקַבְּלוּ הָרוֹבִין אֶת תְּשׁוּבָתָן, דְּקָתָנֵי: נִמְצָא, כָּשֵׁר בִּשְׁחִיטָה – פָּסוּל בִּמְלִיקָה, כָּשֵׁר בִּמְלִיקָה – פָּסוּל בִּשְׁחִיטָה; לְמַעוּטֵי מַאי? לָאו לְמַעוּטֵי מַחֲזִיר סִימָנִין לַאֲחוֹרֵי הָעוֹרֶף, דְּלָא?

Rabbi Yannai says: The young ones [*rovin*],[L] the sons of Rabbi Ḥiyya, **shall receive their response** that rejects their statement from **that** which **is taught** in the mishna: **It is found that** that which is **valid for slaughter is not valid for pinching and** that which is **valid for pinching is not valid for slaughter. What** does this statement serve **to exclude?** Does it **not** serve **to exclude** the case where **one moves the** ***simanim*** **behind the nape,** teaching **that** it is valid only for slaughter and **not** for pinching?

אָמַר רַבָּה בַּר בַּר חָנָה: לָא, לְמַעוּטֵי שֵׁן וְצִפּוֹרֶן. שֵׁן וְצִפּוֹרֶן בְּהֶדְיָא קָתָנֵי לְהוּ!

Rabba bar bar Ḥana said: No, perhaps it serves **to exclude** one who uses **a tooth or a fingernail** that is not detached, which are valid for pinching and not valid for slaughter. The Gemara objects: That could not be, as the *tanna* **teaches explicitly** the case of **a tooth and a fingernail** in a mishna (15b), and there was no need to repeat it.

אֶלָּא אָמַר רַבִּי יִרְמְיָה: לְמַעוּטֵי מוֹלִיךְ וּמֵבִיא. הָנִיחָא לְמַאן דְּאָמַר: מוֹלִיךְ וּמֵבִיא בִּמְלִיקָה פָּסוּל, אֶלָּא לְמַאן דְּאָמַר: כָּשֵׁר, מַאי אִיכָּא לְמֵימַר? בְּנֵי רַבִּי חִיָּיא סָבְרִי לַהּ כְּמַאן דְּאָמַר: מוֹלִיךְ וּמֵבִיא בִּמְלִיקָה פָּסוּל.

Rather, Rabbi Yirmeya said: The statement of the mishna: That which is valid for slaughter is not valid for pinching, serves **to exclude drawing back and forth.** One who pinches may not cut the *simanim* by drawing his fingernail back and forth. Rather, he must press and cut them in one motion. The Gemara asks: **This works out well according to the one who says: Drawing back and forth for pinching is not valid, but according to the one who says:** It is **valid, what is there to say?** The Gemara answers: **The sons of Rabbi Ḥiyya hold in accordance with the one who says: Drawing back and forth for pinching is not valid.**

אָמַר רַב כָּהֲנָא: מִצְוַת מְלִיקָה קוֹצֵץ וְיוֹרֵד, וְזוֹ הִיא מִצְוָתָהּ. סְבַר רַבִּי אָבִין לְמֵימַר: קוֹצֵץ וְיוֹרֵד – אִין, מוֹלִיךְ וּמֵבִיא – לָא. אֲמַר לֵיהּ רַבִּי יִרְמְיָה: כׇּל שֶׁכֵּן דְּמוֹלִיךְ וּמֵבִיא בִּמְלִיקָה כָּשֵׁר. וּמַאי "זוֹ הִיא מִצְוָתָהּ"? אֵימָא: אַף זוֹ הִיא מִצְוָתָהּ.

Rav Kahana says: The mitzva of pinching[H] is that **one cuts** with his fingernail from the nape **and continues downward, and that is its mitzva. Rabbi Avin thought to say: Cuts and continues downward, yes; draws back and forth, no. Rabbi Yirmeya said to him: All the more so that drawing back and forth for pinching is valid.** The Gemara asks: **And what** is the meaning of the phrase: **That is its mitzva,** which indicates that it is specifically in that manner? The Gemara answers: **Say** that it means: **That too is its mitzva.**

אָמַר רַבִּי יִרְמְיָה אָמַר שְׁמוּאֵל: כׇּל הַכָּשֵׁר בִּשְׁחִיטָה, כְּנֶגְדּוֹ בָּעוֹרֶף כָּשֵׁר בִּמְלִיקָה. הָא פָּסוּל בִּשְׁחִיטָה – פָּסוּל בִּמְלִיקָה, לְמַעוּטֵי מַאי? אִילֵּימָא לְמַעוּטֵי עִיקּוּר סִימָנִין, וְהָא תָּנֵי רָמֵי בַּר יְחֶזְקֵאל: אֵין עִיקּוּר סִימָנִין בָּעוֹף!

§ **Rabbi Yirmeya says** that **Shmuel says: Any** place **that is valid for slaughter**[N] on the throat **is correspondingly valid for pinching** on the nape. By inference, any place on the throat that **is not valid for slaughter is not valid for pinching.** The Gemara asks: **What** does this statement serve **to exclude? If we say** that it serves **to exclude ripping** the ***simanim*** from their place before cutting them, which is invalid with regard to pinching just as with regard to slaughter, **but didn't Rami bar Yeḥezkel teach:** There is **no** disqualification of **ripping** the ***simanim*** **in** the case of **a bird?**

אָמַר רַב פָּפָּא: לְמַעוּטֵי רֹאשׁוֹ. רֹאשׁוֹ פְּשִׁיטָא, "מִמּוּל עׇרְפּוֹ" אָמַר רַחֲמָנָא – וְלֹא בְּרֹאשׁוֹ!

Rav Pappa said: It serves **to exclude** pinching the occipital bone at the back of **its head;** just as it is not the place of slaughter, it is not the place of pinching. The Gemara asks: Isn't it **obvious** that pinching at the back of **its head** is not valid? **The Merciful One states: "Adjacent to its nape," and not at its head.**

מַאי רֹאשׁוֹ? שִׁיפּוּי רֹאשׁוֹ, כְּגוֹן דְּנָקֵט מִשִּׁיפּוּי רֹאשׁוֹ וְהִגְרִים וַאֲזַל עַד דְּמָטָא תַּתַּאי. וּכְדִרַב הוּנָא אָמַר רַב אַסִּי, דְּאָמַר רַב הוּנָא אָמַר רַב אַסִּי: הִגְרִים שְׁלִישׁ וְשָׁחַט שְׁנֵי שְׁלִישׁ – פְּסוּלָה.

The Gemara answers: **What** is **its head** that is not the place for pinching? It is **the incline of its head,** e.g., in a case **where one began at the incline of its head and diverted and continued until he reached below** to the place of the *simanim,* where he completed the pinching. Since he began the process in the incorrect location, it is invalid, similar to slaughter. **And** this is **in accordance with** the opinion **that Rav Huna** says that **Rav Asi says, as Rav Huna says** that **Rav Asi says:** If **one diverted** the knife upward and cut **one-third** of the windpipe **and** then **cut two-thirds** within the ring, the slaughter is **not valid.**

אֲמַר לֵיהּ רַב אַחָא בְּרֵיהּ דְּרָבָא לְרַב אָשֵׁי, הָא דְּתָנֵי רָמֵי בַּר יְחֶזְקֵאל: אֵין עִיקּוּר סִימָנִין בָּעוֹף, לָא אֲמָרַן אֶלָּא לְמַאן דְּאָמַר: אֵין שְׁחִיטָה לְעוֹף מִן הַתּוֹרָה,

Rav Aḥa, son of Rava, said to Rav Ashi: With regard to **that which Rami bar Yeḥezkel teaches:** There is **no** disqualification for **ripping** ***simanim*** **in a bird, we say** it **only according to the one who says: There is no** source for the **slaughter of a bird in the Torah.**

LANGUAGE

Young ones [*rovin*] – **רוֹבִין**: The reference is to youths who are still maturing. It is similar to the term *riva,* meaning young woman.

HALAKHA

The mitzva of pinching – **מִצְוַת מְלִיקָה**: How does one pinch the nape of the neck of a bird offering? He cuts downward with his fingernail and cuts the neck bone and the *simanim.* If he chooses to draw his fingernail back and forth and thereby cut the neck bone and *simanim,* he may do so. If he chooses to cut the neck bone and the *simanim* by pressing the fingernail, he may do so, in accordance with the opinion of Rav Kahana and the explanation of Rabbi Yirmeya (Rambam *Sefer Avoda Hilkhot, Ma'aseh HaKorbanot* 6:23).

NOTES

Any place that is valid in slaughter – **כׇּל הַכָּשֵׁר בִּשְׁחִיטָה**: This includes from the incline of the thyroid cartilage at the top of the windpipe (see 19a) down to the roof of the crop (*Beit Yosef, Yoreh De'a* 20; see 56b).

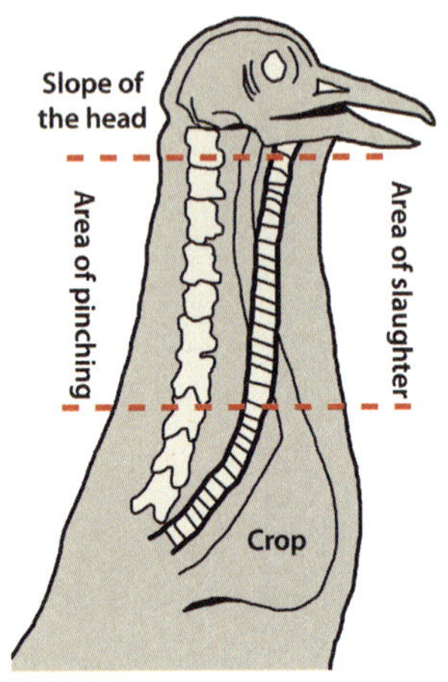

Neck of a bird

NOTES

And even according to the one who says that the halakhic status of a bird is like that of an animal, etc. – **וְאַפִילּוּ לְמַאן דְּאָמַר כִּבְהֵמָה וכו׳**: This statement is unclear and does not appear in several manuscripts of the Talmud. Some explain that it is an addition based on Rashi's explanation and means the following: Even according to one who holds that birds were likened to animals with regard to slaughter, as they were juxtaposed in the verse: "This is the law of the animal, and of the bird" (Leviticus 11:46), and since there is no selective juxtaposition they are likened even with regard to the ripping of *simanim*, even so, since the details of these *halakhot* were transmitted to Moses at Sinai, it can be said that God told him that birds were not likened to animals in this regard.

אֲבָל לְמַאן דְּאָמַר: יֵשׁ שְׁחִיטָה לְעוֹף מִן הַתּוֹרָה, יֵשׁ עִיקּוּר.

But according to the one who says: There is a source for the **slaughter of a bird in the Torah,**[H] **there is** disqualification for **ripping** *simanim* in a bird as well.

אָמַר לֵיהּ: אַדְּרַבָּה, אִיפְּכָא מִסְתַּבְּרָא! לְמַאן דְּאָמַר: יֵשׁ שְׁחִיטָה לְעוֹף מִן הַתּוֹרָה, אִיכָּא לְמֵימַר דְּהָכִי אַגְמְרֵיהּ, דְּאֵין עִיקּוּר; וַאֲפִילּוּ לְמַאן דְּאָמַר כִּבְהֵמָה, לְעִנְיַן עִיקּוּר לָא לֶיהֱוֵי כִּבְהֵמָה.

Rav Ashi **said to him: On the contrary, the opposite is reasonable. According to the one who says: There is** a source for the **slaughter of a bird in the Torah,** the *halakhot* of slaughter are not explicit and were transmitted to Moses orally, and **it can be said that this is what** God **taught him, that there is no** disqualification for **ripping** *simanim*. **And even according to the one who says** that the halakhic status of a bird is **like** that of **an animal,**[N] as the *halakhot* of the slaughter of a bird are derived from the *halakhot* of the slaughter of an animal, perhaps God taught Moses that with regard **to the matter of ripping** *simanim* **it will not be like an animal.**

אֶלָּא לְמַאן דְּאָמַר: אֵין שְׁחִיטָה לְעוֹף מִן הַתּוֹרָה אֶלָּא מִדִּבְרֵי סוֹפְרִים, מֵהֵיכָא גְּמִירִי לַהּ? מִבְּהֵמָה, כּוּלַּהּ מִילְּתָא כִּבְהֵמָה!

But according to the one who says: There is no source for the **slaughter of a bird in the Torah,** but rather it is **by rabbinic law, from where are** the *halakhot* of the slaughter of a bird **learned?** They are learned **from** the *halakhot* of the slaughter of **an animal;** consequently, **the entire matter** of the slaughter of a bird is **like** that of **an animal.**

אָמַר רָבִינָא, אֲמַר לִי רָבִין בַּר קִיסִי, הָא דְּתָנֵי רָמִי בַּר יְחֶזְקֵאל: אֵין עִיקּוּר סִימָנִין בְּעוֹף – לָא אֲמָרַן אֶלָּא בִּמְלִיקָה, אֲבָל בִּשְׁחִיטָה יֵשׁ עִיקּוּר. וְהָאָמַר רַבִּי יִרְמְיָה אָמַר שְׁמוּאֵל: כָּל הַכָּשֵׁר בִּשְׁחִיטָה, כְּנֶגְדּוֹ בָּעוֹרֶף כָּשֵׁר בִּמְלִיקָה; הָא פָּסוּל – פָּסוּל! הַהוּא פְּלִיגָא.

Ravina said: Ravin bar Kisi said to me: With regard to **that which Rami bar Yeḥezkel teaches,** i.e., that **there is no** disqualification for **ripping** *simanim* **in a bird, we say** it **only with regard to pinching, but with regard to slaughter, there is** disqualification for **ripping** *simanim*.[H] The Gemara objects: **But doesn't Rabbi Yirmeya say** that **Shmuel says: Any** place **that is valid for slaughter** on the throat **is correspondingly valid for pinching on the nape, but** that which is **not valid** for slaughter is **not valid** for pinching. The Gemara explains: **That** *halakha* **disagrees** with this statement of Shmuel.

אָמַר זְעֵירִי: נִשְׁבְּרָה מַפְרֶקֶת וְרוֹב בָּשָׂר עִמָּהּ – נְבֵלָה.

§ **Ze'eiri**[P] **says:** If **the neck bone** of an animal or a bird **was broken and most of the** surrounding **flesh** was cut **with it,**[H] the status of the animal or the bird is that of **an unslaughtered carcass.** It is dead and can no longer be rendered fit by slaughter.

HALAKHA

There is a source for the slaughter of a bird in the Torah – **יֵשׁ שְׁחִיטָה לְעוֹף מִן הַתּוֹרָה**: There is a positive mitzva for anyone who wishes to eat the meat of a domesticated or undomesticated animal or the meat of a bird to slaughter it first (Rambam *Sefer Kedusha*, *Hilkhot Sheḥita* 1:1).

But with regard to slaughter there is disqualification for ripping *simanim* – **אֲבָל בִּשְׁחִיטָה יֵשׁ עִיקּוּר**: One who pinches the nape of the neck of a sacrificial bird need not be concerned about ripping the *simanim*. Ripping the *simanim* does invalidate slaughter in a case where the windpipe or the gullet was ripped from the jaw and from the flesh before the act of slaughter was complete. With regard to the slaughter of a bird, if one completed cutting one or most of one of the *simanim* before ripping the other, the slaughter is valid. If one *siman* was ripped before the other was cut properly, the slaughter is not valid, in accordance with the opinion of Ravin bar Kisi. The custom is to invalidate any slaughter in which there was any ripping of the *simanim* (Rambam *Sefer Kedusha*, *Hilkhot Sheḥita* 3:14; *Shulḥan Arukh*, *Yoreh De'a* 24:15, and in the comment of Rema).

If the neck bone was broken and most of the flesh was cut with it – **נִשְׁבְּרָה מַפְרֶקֶת וְרוֹב בָּשָׂר עִמָּהּ**: If the neck bone and most of the flesh from the nape were cut, the animal or bird assumes the status of an unslaughtered carcass even if it is still alive, and slaughtering is ineffective even though it is convulsing, in accordance with the opinion of Ze'eiri (Rambam *Sefer Kedusha*, *Hilkhot Sheḥita* 3:19 and *Sefer Tahara*, *Hilkhot She'ar Avot HaTumot* 2:1).

PERSONALITIES

Ze'eiri – **זְעֵירִי**: Ze'eiri was an *amora* during the first and second generation of Babylonian *amora'im*. He ascended to Eretz Yisrael, where he was a disciple of Rabbi Ḥanina, who was his primary teacher and whom he cited when teaching many of his statements. He was considered a man of extreme prominence, to the extent that Rabbi Yoḥanan sought to marry his daughter to Ze'eiri. Ze'eiri later returned to Babylonia and taught many students, including Rabbi Ḥiyya bar Ashi, who was a student of Rav. Ze'eiri participated in disputes with the most prominent Babylonian *amora'im*, and his opinion was highly regarded, to the extent that Rava said about him that any matter that was not explained by Ze'eiri was not explained at all. The lack of the title Rav or Rabbi preceding his name, like Shmuel, indicates on the one hand his importance in the estimation of the Sages, and on the other hand that he was not ordained by the Sages during his tenure in Eretz Yisrael.

אֲמַר רַב חִסְדָּא, אַף אֲנַן נַמִּי תְּנֵינָא: מָלַק בְּסַכִּין – מְטַמֵּא בְּגָדִים אַבֵּית הַבְּלִיעָה; וְאִי אָמְרַתְּ טְרֵפָה הָוְיָא, מְלִיקָתָהּ זוֹ הִיא שְׁחִיטָתָהּ – תְּהַנֵּי לָהּ סַכִּין לְטַהֲרָהּ מִידֵי נְבֵלָה!

Rav Ḥisda said that **we learn** this in a mishna (*Zevaḥim* 68a) as well: If **one pinched** a bird offering **with a knife**[H] and not with his thumbnail, the bird **renders the garments** of one who swallows it **impure** when it is **in the throat,**[BN] which is the *halakha* in the case of an unslaughtered carcass of a kosher bird. **And if you would say** that if the neck bone of an animal or a bird was broken and most of the surrounding flesh was cut with it, the bird is not an unslaughtered carcass but **it is a *tereifa*,** then since with regard to a bird offering **its pinching is its slaughter, let** pinching with **a knife be effective to purify** the bird **from** the impurity of **an unslaughtered carcass,** as a *tereifa* does not transmit impurity when slaughtered properly. From the *halakha* that pinching with a knife does not render the bird pure it is evident that when its neck bone is broken the bird is rendered an unslaughtered carcass.

אָמְרִי: הָתָם מִשּׁוּם דְּלָאו שְׁחִיטָה הִיא כְּלָל. מַאי טַעְמָא? רַב הוּנָא אָמַר: מִפְּנֵי שֶׁהוּא מַחֲלִיד, רָבָא אָמַר: מִפְּנֵי שֶׁהוּא דּוֹרֵס.

The Sages **say** in response: **There,** pinching with a knife is ineffective in rendering it pure not because the breaking of the neck bone renders the bird an unslaughtered carcass. Rather, it is **because it is not slaughter at all.** The Gemara asks: **What is the reason? Rav Huna says:** It is **because he conceals** the knife[N] and performs an inverted slaughter, which invalidates the slaughter. **Rava says:** It is **because he presses** the knife.

מַאן דְּאָמַר: מִפְּנֵי שֶׁהוּא מַחֲלִיד, מַאי טַעְמָא לָא אָמַר מִפְּנֵי שֶׁהוּא דּוֹרֵס? קָסָבַר: מוֹלִיךְ וּמֵבִיא בִּמְלִיקָה – כָּשֵׁר. וּמַאן דְּאָמַר: מִפְּנֵי שֶׁהוּא דּוֹרֵס, מַאי טַעְמָא לָא אָמַר מִפְּנֵי שֶׁהוּא מַחֲלִיד? אָמַר לָךְ: חֲלָדָה הֵיכִי דָּמֵי? כְּחוּלְדָּה הַדָּרָה בְּעִיקָּרֵי בָּתִּים דִּמְכַסְיָא, הָכָא – הָא מִיגַּלְיָא.

The Gemara asks: With regard to **the one who says: Because he conceals** the knife and performs an inverted slaughter, **what is the reason** that **he does not say: Because he presses** the knife? The Gemara answers: It is because **he holds** that **drawing back and forth in pinching is valid.** The Gemara asks: **And the one who says: Because he presses** the knife, **what is the reason** that **he does not say: Because he conceals** [*maḥlid*][L] the knife? The Gemara answers that **he** could have **said to you: What are the circumstances of concealing**[H] the knife? It is **like a rat** [*ḥulda*] **that resides in the foundations of houses that are concealed. Here,** when he begins cutting from the nape of the neck, **that** knife **is exposed.**

אֲמַר רָבָא: אִי קַשְׁיָא לִי הָא קַשְׁיָא לִי, וְכִי מֵתָה עוֹמֵד וּמוֹלֵק?

Rava said: If that which Ze'eiri said: If the neck bone of an animal or a bird was broken and most of the surrounding flesh was cut with it, the status of the animal or the bird is that of an unslaughtered carcass, is **difficult for me, this is difficult for me:** How does pinching a bird offering prepare it for sacrifice? Since pinching involves breaking the neck bone and cutting most of the surrounding flesh with it before cutting the *simanim*, what significance is there to pinching the *simanim*? **And does he stand and pinch a dead** bird? If it is dead, of what use is the pinching?

HALAKHA

If one pinched a bird offering with a knife – מָלַק בְּסַכִּין: If one pinched the nape of the neck of a bird with a knife, or if he pinched the nape of a non-sacred bird or the nape of a sacrificial bird outside the Temple courtyard, the bird becomes an unslaughtered carcass. In addition, the garments of a person with an olive-bulk of its meat in his throat become impure, as do other garments and vessels that he is touching, in accordance with the mishna (Rambam *Sefer Avoda, Hilkhot Pesulei HaMukdashin* 7:3 and *Sefer Tahara, Hilkhot She'ar Avot HaTumot* 3:1, 12).

Concealing – חֲלָדָה: What is the concealing of the knife that invalidates slaughter? It is where one introduced the knife between the *simanim*, and either cut the bottom *siman* properly in a downward motion and then withdrew the knife and cut the upper *siman*, or cut the upper *siman* in an upward motion, which is not the manner in which it is to be cut (Rambam *Sefer Kedusha, Hilkhot Sheḥita* 3:9; *Shulḥan Arukh, Yoreh De'a* 24:7, and *Shakh* and Gra on 24:9).

BACKGROUND

Throat – בֵּית הַבְּלִיעָה: A unique *halakha* applies to the unslaughtered carcass of a kosher bird. Although it is ritually impure, it does not impart impurity through contact and carrying like the unslaughtered carcass of an animal. Rather, it imparts impurity only to the person who eats it. When an olive-bulk of the carcass passes through one's throat, he becomes ritually impure, as do the garments he is wearing at the time. In addition, he renders impure any garments or vessels with which he comes into contact while the meat is in his throat.

LANGUAGE

Conceals [*maḥlid*] – מַחֲלִיד: The Hebrew root *ḥet, lamed, dalet* means creating a hole or digging the ground, and that is its meaning in other Semitic languages, including Aramaic. That is apparently the source of the term *ḥulda*, meaning rat, with regard to which the Munich manuscript of *Pesaḥim* (118b) states: Like a rat [*ḥulda*] that burrows [*ḥoledet*] in the foundations of the houses.

NOTES

Renders the garments impure when it is in the throat – מְטַמֵּא בְּגָדִים אַבֵּית הַבְּלִיעָה: The impurity of an unslaughtered carcass of a kosher bird was derived by the Sages from the verse: "And every soul that eats an unslaughtered carcass, or a *tereifa*… shall wash his garments, and immerse himself in water, and be impure until the evening; then shall he be pure" (Leviticus 17:15). The verse is not referring to the unslaughtered carcass of an animal, as that imparts impurity through contact and carrying (see Leviticus 17:39–40). Rather, the reference is to the unslaughtered carcass of a kosher bird. Since the verse states: "And every soul," the Sages inferred that it imparts impurity only when it is in the place of the soul, meaning the throat, and not when it is in one's mouth or in his intestines. The fact that eating is mentioned comes only to teach that the measure of impurity is like the measure of eating, i.e., an olive-bulk. Since the verse mentions that one who eats the unslaughtered carcass of a kosher bird must launder his garments, the Sages derived that as long as the olive-bulk of the carcass is in the person's throat, he imparts impurity to vessels and garments that he touches. Once the meat is no longer in his throat, he assumes first-degree ritual impurity status, which does not impart impurity to vessels and garments.

Because he conceals the knife – מִפְּנֵי שֶׁהוּא מַחֲלִיד: Rashi explains that when slaughtering a bird one must make certain that the knife is not completely concealed in the neck of the bird like a rat in a burrow. When slaughtering from the nape, the knife is impeded by the neck bone and is covered on both sides. When he cuts from the throat he cuts flesh, and when cutting flesh, the flesh separates and the knife is not completely concealed. See *Tosafot*, who explain that cutting from the nape, in the opposite direction from slaughter, constitutes concealment of the knife because he is cutting the *simanim* from the inside out.

אֲמַר לֵיהּ אַבַּיֵי: וְתִקְשֵׁי לָךְ עוֹלַת הָעוֹף דִּבְעָיָא שְׁנֵי סִימָנִין, וְכִי מֵתָה עוֹמֵד וּמוֹלֵק? אֲמַר לֵיהּ: הָתָם, כְּדֵי לְקַיֵּים בָּהּ מִצְוַת הַבְדָּלָה.

Abaye said to him: And even without the statement of Ze'eiri, **let** the case of **a bird burnt offering be difficult for you, as it requires** cutting of **two** ***simanim***. Since slaughter of a non-sacred bird requires cutting of one *siman*, once one *siman* is cut the bird is considered dead for all intents and purposes, **and does he stand and pinch a dead** bird? Rava **said to him: There,** he continues pinching **in order to fulfill through it the mitzva of separation**[N] between the head and the body in the bird burnt offering.

אִי הָכִי, עוֹר נַמִי! כָּל הַמְעַכֵּב בִּשְׁחִיטָה מְעַכֵּב בְּהַבְדָּלָה, וְכָל שֶׁאֵינוֹ מְעַכֵּב בִּשְׁחִיטָה אֵינוֹ מְעַכֵּב בְּהַבְדָּלָה.

The Gemara asks: **If so,** there should be an obligation to cut the **skin** of the bird **as well** in order to fulfill the mitzva of separation. Abaye answers: **Any** element **that invalidates slaughter invalidates separation, and any** element **that does not invalidate slaughter does not invalidate separation.** Failure to cut the skin does not invalidate slaughter.

וְהָא מִיעוּט סִימָנִין לְרַבָּנַן, דְּלָא מְעַכְּבִי בִּשְׁחִיטָה וּמְעַכְּבִי בְּהַבְדָּלָה! אֶלָּא אֵימָא: כָּל שֶׁיֶּשְׁנוֹ בִּשְׁחִיטָה יֶשְׁנוֹ בְּהַבְדָּלָה, וְכָל שֶׁאֵינוֹ בִּשְׁחִיטָה אֵינוֹ בְּהַבְדָּלָה.

The Gemara objects: **But isn't there the minority of the** ***simanim*** **according to the Rabbis,**[N] **which do not invalidate slaughter,** as, if one slaughtered a majority of the *simanim* and a minority remained uncut, the slaughter is valid, **and** they hold that **they invalidate separation?** The Gemara clarifies: **Rather, say: Any** element **that is** in effect **with regard to slaughter is** in effect **with regard to separation, and any** element **that is not** in effect **with regard to slaughter is not** in effect **with regard to separation.** The two *simanim*, although they do not invalidate slaughter, are part of the mitzva of slaughter, while the skin is not part of the mitzva of slaughter.

NOTES

In order to fulfill through it the mitzva of separation – כְּדֵי לְקַיֵּים בָּהּ מִצְוַת הַבְדָּלָה: The source of the *halakha* is derived from verses cited later in the Gemara; just as the burning of the bird on the altar is performed with the head separated from the body, so too during pinching the head must be separated from the body. The precise definition of separation in this context is the subject of a dispute between Rashi and the Rambam. The Rambam understands separation according to the straightforward understanding of the derivation of the Sages that one must pinch and completely separate the head from the body. Rashi explains that the reference is not to complete separation of the head from the body. Rather, the reference is to cutting both *simanim*. That conclusion is evident from the Gemara here, which indicates that separation does not include the skin of the bird.

But isn't there the minority of the ***simanim*** **according to the Rabbis – וְהָא מִיעוּט סִימָנִין לְרַבָּנַן:** This is an allusion to the dispute between the Rabbis and Rabbi Elazar, son of Rabbi Shimon, cited on the next *amud*. Rabbi Elazar, son of Rabbi Shimon, holds that one need not cut the two *simanim* of a bird burnt offering completely, but may suffice with their majority, and the remaining minority does not prevent fulfillment of the mitzva.

Perek **I**
Daf **21** Amud **a**

מִכָּל מָקוֹם קַשְׁיָא! אֲמַר רָבָא, אֵימָא: וְכֵן הוּא עוֹשֶׂה, חוֹתֵךְ שִׁדְרָה וּמַפְרֶקֶת בְּלֹא רוֹב בָּשָׂר.

In any case, the statement of Ze'eiri remains **difficult.** What is the significance of pinching a dead bird? **Rava said: Say** in explanation: **And likewise he does** when he pinches, **he cuts** the spinal **column and** the **neck bone without a majority of** the surrounding **flesh** and then he pinches the *simanim*.

כִּי סָלֵיק רַבִּי זֵירָא, אַשְׁכְּחֵיהּ לְרַבִּי אַמִי דְּיָתֵיב וְקָאָמַר לָהּ לְהָא שְׁמַעְתָּא, אֲמַר לֵיהּ: וְכִי מֵתָה עוֹמֵד וּמוֹלֵק? אֶשְׁתּוֹמַם כְּשָׁעָה חֲדָא, אֲמַר לֵיהּ: אֵימָא, כָּךְ הוּא עוֹשֶׂה, חוֹתֵךְ שִׁדְרָה וּמַפְרֶקֶת בְּלֹא רוֹב בָּשָׂר.

The Gemara relates: **When Rabbi Zeira ascended** from Babylonia to Eretz Yisrael, **he found Rabbi Ami sitting and saying this** ***halakha*** that Ze'eiri said, and Rabbi Zeira **said to him: And does one stand and pinch a dead** bird? Rabbi Ami **was astonished** [*eshtomam*][L] **for a moment** (see Daniel 4:16), and thought about it and **said to** Rabbi Ami: **Say** that **this is what he does: He cuts** the spinal **column and** the **neck bone without a majority of** the surrounding **flesh.**

תַּנְיָא נַמִי הָכִי: כֵּיצַד מוֹלְקִין חַטַּאת הָעוֹף? חוֹתֵךְ שִׁדְרָה וּמַפְרֶקֶת בְּלֹא רוֹב בָּשָׂר עַד שֶׁמַּגִּיעַ לַוֶּושֶׁט אוֹ לַקָּנֶה; הִגִּיעַ לַוֶּושֶׁט אוֹ לַקָּנֶה – חוֹתֵךְ סִימָן אֶחָד אוֹ רוּבּוֹ וְרוֹב בָּשָׂר עִמּוֹ, וּבְעוֹלָה – שְׁנַיִם אוֹ רוֹב שְׁנַיִם.

That is also taught in a *baraita*: **How does one pinch**[H] the nape of **a bird sin offering? He cuts** the spinal **column and** the **neck bone without a majority of** the surrounding **flesh until he reaches the gullet or the windpipe.** Once **he has reached the gullet or the windpipe, he cuts one** ***siman*** **or its majority and a majority of** the surrounding **flesh with it; and in a burnt offering** he cuts **two** ***simanim*** **or the majority of two** ***simanim***.

מַנִּי? אִי רַבָּנַן – הָא אָמְרִי: שְׁנַיִם דַּוְקָא! אִי כְּרַבִּי אֶלְעָזָר בְּרַבִּי שִׁמְעוֹן – הָאָמַר: רוֹב שְׁנַיִם!

The Gemara asks: **Who is** the *tanna* whose opinion is cited in the *baraita*? If you say it is **the Rabbis, don't they say** that one must cut **specifically two** *simanim* and not their majority? **If** it is **in accordance with** the opinion of **Rabbi Elazar, son of Rabbi Shimon, doesn't he say** that one must cut only **a majority of** the **two** *simanim* and no more, in which case why does the *baraita* specify two *simanim* or the majority of two *simanim*?

LANGUAGE

Astonished [*eshtomam*] – אֶשְׁתּוֹמַם: The meaning of the term *eshtomam* in the *etpa'el* conjugation in Aramaic, like in the *hitpa'el* conjugation in Hebrew, involves a transposition of the *shin*, which belongs to the root, and the *tav*, which is part of the conjugation. It refers to silence accompanied by thoughts, panic, astonishment, or anticipation of a certain development. This usage appears in Hebrew elsewhere in the Bible, in the verse: "And I beheld in astonishment [*ve'eshtomem*], and there was none to uphold" (Isaiah 63:5), and in the verse: "And I was appalled [*va'eshtomem*] at the vision" (Daniel 8:27).

HALAKHA

How does one pinch – כֵּיצַד מוֹלְקִין: How does the priest pinch the nape of a bird offering? He cuts downward with his fingernail at the nape and cuts the spinal column and the neck bone. If the bird is a burnt offering he then cuts both *simanim* and separates the head from the body, while for a sin offering he cuts one *siman* or a majority of one *siman* and does not separate the head from the body. If he cut most of the flesh before cutting the *simanim*, the halakhic status of the animal is that of an unslaughtered carcass (Rambam *Sefer Avoda, Hilkhot Ma'aseh HaKorbanot* 6:23, 7:6).

אֵימָא: שְׁנַיִם – לְרַבָּנַן, רוֹב שְׁנַיִם – לְרַבִּי אֶלְעָזָר בְּרַבִּי שִׁמְעוֹן. וְאִיבָּעֵית אֵימָא: הָא וְהָא רַבִּי אֶלְעָזָר בְּרַבִּי שִׁמְעוֹן, וּמַאי שְׁנַיִם – שֶׁדּוֹמִין לִשְׁנַיִם.

The Gemara answers: **Say** that when the *baraita* says **two,** it is according **to the Rabbis;** when it says **a majority of two,** it is according **to Rabbi Elazar, son of Rabbi Shimon. And if you wish, say** instead: **Both this,** two, **and that,** a majority of two, are in accordance with the opinion of **Rabbi Elazar, son of Rabbi Shimon, and what** is the meaning of **two?** It does not mean two *simanim* in their entirety; rather, it means that one must cut a significant majority of the *simanim* **that is similar to two** entire *simanim.*

אָמַר רַב יְהוּדָה אָמַר שְׁמוּאֵל: נִשְׁבְּרָה מַפְרֶקֶת וְרוֹב בָּשָׂר עִמָּהּ – מְטַמֵּא בְּאֹהֶל;

§ **Rav Yehuda says** that **Shmuel says:** If the **neck bone** of a person **was broken and a majority of** the surrounding **flesh with it** was cut, that person **imparts impurity in a tent,**[H] i.e., if one is beneath the same roof with him he becomes impure, as his halakhic status is that of a corpse even though he is still twitching.

וְאִם תֹּאמַר: אוֹתוֹ מַעֲשֶׂה דְּעֵלִי מַפְרֶקֶת בְּלֹא רוֹב בָּשָׂר הֲוַאי! זְקֵנָה שָׁאנֵי, דִּכְתִיב: "וַיְהִי כְּהַזְכִּירוֹ אֶת אֲרוֹן הָאֱלֹהִים וַיִּפֹּל מֵעַל הַכִּסֵּא אֲחֹרַנִּית בְּעַד יַד הַשַּׁעַר וַתִּשָּׁבֵר מַפְרַקְתּוֹ וַיָּמֹת כִּי זָקֵן הָאִישׁ וְכָבֵד" וגו׳.

And if you say that the **incident** of the death **of Eli,** the High Priest, whose death is described: "And his neck bone broke, and he died" (I Samuel 4:18), **was** one where the **neck bone** broke **without the majority of** the surrounding **flesh** being cut, and nevertheless he died immediately, the Gemara responds: **Old age is different, as it is written: "And it came to pass, when he made mention of the Ark of God, that he fell from off his seat backward by the side of the gate, and his neck broke, and he died; for he was an old man, and heavy;** and he had judged Israel forty years" (I Samuel 4:18).

אָמַר רַבִּי שְׁמוּאֵל בַּר נַחְמָנִי אָמַר רַבִּי יוֹחָנָן: קְרָעוֹ כְּדָג – מְטַמֵּא בְּאֹהֶל. אָמַר רַבִּי שְׁמוּאֵל בַּר יִצְחָק: וּמִגַּבּוֹ.

Rabbi Shmuel bar Naḥmani says that **Rabbi Yoḥanan says:** If **one ripped** a person **like** one cuts **a fish,**[H] lengthwise, the halakhic status of the ripped person is that of a corpse even though he is still convulsing, and he **imparts impurity in a tent. Rabbi Shmuel bar Yitzḥak says: And** that is specifically if he was ripped **from his back.**

אָמַר שְׁמוּאֵל: עֲשָׂאָהּ גִּיסְטְרָא – נְבֵלָה. אָמַר רַבִּי אֶלְעָזָר: נִיטַּל הַיָּרֵךְ וְחָלָל שֶׁלָּהּ נִיכָּר – נְבֵלָה. הֵיכִי דָּמֵי חָלָל שֶׁלָּהּ נִיכָּר? אָמַר רָבָא: כָּל שֶׁרְבוּצָה וְנִרְאֵית חֲסֵרָה.

§ The Gemara resumes discussions of the *halakhot* of an animal. **Shmuel says:** If **one rendered** the animal like **a shard** [*gistera*][LH] by cutting it in two widthwise, its halakhic status is that of **an unslaughtered carcass** even though it is still convulsing. **Rabbi Elazar says:** If **the thigh,** the hind leg of the animal, **was removed and its recess is obvious,**[NH] it is **an unslaughtered carcass** and it imparts impurity even if it remains alive. The Gemara asks: **What are the circumstances of its recess** being **obvious? Rava said:** It is **any** situation **where** the animal **is collapsed and** even so its hind leg **is visibly lacking.**[B]

LANGUAGE

Shard [*gistera*] – גִּיסְטְרָא: From the Greek γάστρα, *gastra,* meaning lower section, or the belly of an earthenware receptacle. In rabbinic usage, this term refers to an earthenware vessel whose handles or any other part of the vessel broke. The term is extended to refer to any item that was injured or broken, or according to some commentaries, to any item that was cut in two, especially the middle of the body.

NOTES

If the thigh was removed and its recess is obvious – נִיטַּל הַיָּרֵךְ וְחָלָל שֶׁלָּהּ נִיכָּר: The thigh of the hind leg is typically connected to the pelvis, where the upper section of the thigh bone is located. If the thigh bone is dislocated and the surrounding flesh is completely removed, resulting in a hole-like recess, the animal has the status of an unslaughtered carcass. From Rashi it appears that the reference is to a complete excision of the thigh, while the Meiri explains that this is the case even when the damage is internal.

BACKGROUND

The animal is collapsed and its hind leg is visibly lacking – רְבוּצָה וְנִרְאֵית חֲסֵרָה:

Area marked is visibly lacking when leg is removed

HALAKHA

If the neck bone of a person was broken and a majority of the surrounding flesh with it was cut that person imparts impurity in a tent – נִשְׁבְּרָה מַפְרֶקֶת וְרוֹב בָּשָׂר עִמָּהּ מְטַמֵּא בְּאֹהֶל: A corpse imparts impurity only after death, even if both *simanim* were cut. If the person's neck bone was broken and the majority of the surrounding flesh was cut, he imparts impurity like a corpse even if one of his limbs is convulsing. The same applies with regard to domesticated and undomesticated animals and birds: An animal in that condition is considered an unslaughtered carcass from that moment onward, and slaughter is no longer effective to prevent it from imparting impurity (Rambam *Sefer Kedusha, Hilkhot Sheḥita* 3:19; *Sefer Tahara, Hilkhot She'ar Avot HaTumot* 2:1 and *Hilkhot Tumat Met* 1:15).

If one ripped a person like one cuts a fish – קְרָעוֹ כְּדָג: If a person's flesh was ripped like a fish along the length of his entire back, even if one of his limbs is convulsing, his halakhic status is that of a corpse. The same applies to animals and birds: An animal in that condition is considered an unslaughtered carcass from that moment onward, and slaughter is no longer effective, in accordance with the statement of Rabbi Yoḥanan and Rabbi Shmuel bar Yitzḥak (Rambam *Sefer Kedusha, Hilkhot Sheḥita* 3:19; *Sefer Tahara, Hilkhot She'ar Avot HaTumot* 2:1 and *Hilkhot Tumat Met* 1:15).

If one rendered the animal like a shard – עֲשָׂאָהּ גִּיסְטְרָא: Animals and birds that were cut in two are deemed unslaughtered carcasses, and slaughter is no longer effective. The same *halakha* applies with regard to a person: If he is cut in two he imparts impurity like a corpse even if one of his limbs is convulsing (Rambam *Sefer Kedusha, Hilkhot Sheḥita* 3:19; *Sefer Tahara, Hilkhot She'ar Avot HaTumot* 2:1 and *Hilkhot Tumat Met* 1:15).

If the thigh was removed and its recess is obvious – נִיטַּל הַיָּרֵךְ וְחָלָל שֶׁלָּהּ נִיכָּר: If the thigh bone and surrounding flesh of an animal or bird was removed and the recess is obvious when the animal or bird is collapsed, its halakhic status is that of an unslaughtered carcass even if it is still alive, in accordance with the opinion of Rabbi Elazar (Rambam *Sefer Kedusha, Hilkhot Sheḥita* 3:19; *Sefer Tahara, Hilkhot She'ar Avot HaTumot* 2:1).

HALAKHA

If their heads were removed – הוּתְּזוּ רָאשֵׁיהֶן: A creeping animal is impure only after it dies. If its head was severed, even if it is still connected by its skin, and even though it is convulsing in the manner of a tail of a lizard, it is impure, in accordance with the mishna in *Oholot* and the explanation of Reish Lakish (Rambam *Sefer Tahara, Hilkhot She'ar Avot HaTumot* 4:14 and *Hilkhot Tumat Met* 1:15 and *Kesef Mishne* there).

BACKGROUND

Tail of a lizard that convulses – זְנַב הַלְּטָאָה שֶׁמְּפַרְכֶּסֶת: After a limb, e.g., the tail of a lizard, is severed, its nerves continue to function for a short while in an uncontrolled manner by means of neurotransmitters that cause the muscles to contract. Those neurological reactions are not necessarily a sign of life.

תְּנַן הָתָם: הוּתְּזוּ רָאשֵׁיהֶן, אַף עַל פִּי שֶׁמְּפַרְכְּסִין – טְמֵאִים, כִּזְנַב הַלְּטָאָה שֶׁמְּפַרְכֶּסֶת.

We learned in a mishna **there** (*Oholot* 1:6) with regard to creeping animals whose carcasses are ritually impure: **If their heads were removed,**[H] **even if they are convulsing, they are impure**[N] **like the tail of a lizard** that was severed **that convulses**[B] even though it is not alive.

מַאי הוּתְּזוּ? רֵישׁ לָקִישׁ אֲמַר: הוּתְּזוּ מַמָּשׁ, רַבִּי אַסִּי אֲמַר רַבִּי מָנִי: כְּהַבְדָּלַת עוֹלַת הָעוֹף.

The Gemara asks: **What** is the meaning of the term: **Were removed? Reish Lakish said:** They were **actually removed. Rabbi Asi** said that **Rabbi Mani said:** It is **like the separation of** the head of **the bird burnt offering.**

אֲמַר לֵיהּ רַבִּי יִרְמְיָה לְרַבִּי אַסִּי: כְּהַבְדָּלַת עוֹלַת הָעוֹף לְרַבָּנַן וְלָא פְּלִיגִיתוּ, אוֹ דִּלְמָא כְּהַבְדָּלַת עוֹלַת הָעוֹף לְרַבִּי אֶלְעָזָר בְּרַבִּי שִׁמְעוֹן, וּפְלִיגִיתוּ?

Rabbi Yirmeya said to Rabbi Asi: Do you mean **like the separation of** the head of **the bird burnt offering according to the Rabbis,** who hold that in addition to the neck bone and the surrounding flesh, one also completely severs the *simanim*, **and** then **you** and Reish Lakish **do not disagree,** as it is just like breaking the neck of the animal, since nothing remains other than the skin? **Or perhaps** you mean **like the separation of** the head of **the bird burnt offering** according **to Rabbi Elazar, son of Rabbi Shimon,** who says that one cuts the majority of two *simanim*, **and you** and Reish Lakish **disagree,** as Reish Lakish holds that the animal imparts impurity only when it is completely beheaded.

אֲמַר לֵיהּ: כְּהַבְדָּלַת עוֹלַת הָעוֹף לְרַבִּי אֶלְעָזָר בְּרַבִּי שִׁמְעוֹן, וּפְלִיגִינַן.

Rabbi Asi **said to** Rabbi Yirmeya: I mean **like the separation of** the head of **the bird burnt offering** according **to Rabbi Elazar, son of Rabbi Shimon,** who says that one cuts the majority of two *simanim*, **and we disagree.**

אִיכָּא דְּאָמְרִי: רַבִּי שִׁמְעוֹן בֶּן לָקִישׁ אֲמַר: הוּתְּזוּ מַמָּשׁ, רַבִּי אַסִּי אֲמַר רַבִּי מָנִי: כְּהַבְדָּלַת עוֹלַת הָעוֹף לְרַבִּי אֶלְעָזָר בְּרַבִּי שִׁמְעוֹן בְּרוֹב שְׁנַיִם.

There are those **who say** that **Rabbi Shimon ben Lakish said:** They were **actually removed. Rabbi Asi** said that **Rabbi Mani said:** It is **like the separation of** the head of **the bird burnt offering** according **to Rabbi Elazar, son of Rabbi Shimon,** who holds that one suffices **with** cutting **a majority of two** *simanim*.

מַאי רַבָּנַן וּמַאי רַבִּי אֶלְעָזָר בְּרַבִּי שִׁמְעוֹן? דְּתַנְיָא: ״וְאֶת הַשֵּׁנִי יַעֲשֶׂה עֹלָה כַּמִּשְׁפָּט״ – כְּמִשְׁפַּט חַטַּאת בְּהֵמָה.

§ The Gemara asks: **What** is the opinion of **the Rabbis, and what** is the opinion of **Rabbi Elazar, son of Rabbi Shimon?** The dispute is **as it is taught** in a *baraita*: With regard to a sliding-scale offering, in which a poor person who cannot afford an animal sin offering brings two doves or two pigeons, one as a sin offering and one as a burnt offering, it is written: **"And he shall prepare the second as a burnt offering, according to the ordinance"** (Leviticus 5:10), which means **according to the ordinance of an animal sin offering** in whose stead the offering was brought.

אַתָּה אוֹמֵר: כְּמִשְׁפַּט חַטַּאת בְּהֵמָה, אוֹ אֵינוֹ אֶלָּא כְּמִשְׁפַּט חַטַּאת הָעוֹף! כְּשֶׁהוּא אוֹמֵר ״וְהִקְרִיבוֹ״ – חִילֵּק הַכָּתוּב בֵּין חַטַּאת הָעוֹף לְעוֹלַת הָעוֹף; וּמָה אֲנִי מְקַיֵּים ״כַּמִּשְׁפָּט״ – כְּמִשְׁפַּט חַטַּאת בְּהֵמָה, מָה חַטַּאת בְּהֵמָה אֵינָהּ בָּאָה

Do you say that it is **according to the ordinance of an animal sin offering, or** perhaps **it is only according to the ordinance of a bird sin offering?** The Gemara answers. **When it says** with regard to the bird burnt offering brought as a gift offering: **"And the priest shall bring it** to the altar" (Leviticus 1:15), meaning that it shall be sacrificed in a unique manner, **the verse distinguished between a bird sin offering and a bird burnt offering. And** if so, **how do I realize** the meaning of the term **"according to the ordinance"?** It means **according to the ordinance of an animal sin offering; just as an animal sin offering comes only**

NOTES

If their heads were removed…they are impure – הוּתְּזוּ רָאשֵׁיהֶן...טְמֵאִים: Rashi explains that the reference in the mishna is to the eight creeping animals that impart impurity when dead. *Tosafot* explain that the reference in the mishna is to animals and birds, as is clear from tractate *Oholot*. The Ra'avad explains that the earlier statements of Shmuel and Ze'eiri refer to a case where the neck bone was broken by a blow or by a fall, in which case the animal imparts impurity because the shattering of the bones hastens its death. When the animal's head is removed, it is not considered dead until there are clear signs of its death or until the head is completely removed (*Shita Mekubbetzet*; see Ramban, who rejects that opinion). The Ra'avad also cites the opinion that Ze'eiri did not say that it is an actual unslaughtered carcass. Rather, he is saying that at that point slaughtering the animal does not prevent it from imparting impurity when it dies.

אֶלָּא מִן הַחוּלִּין, וּבַיּוֹם, וּבְיָדוֹ הַיְמָנִית – אַף עוֹלַת הָעוֹף אֵינָהּ בָּאָה אֶלָּא מִן הַחוּלִּין, וּבַיּוֹם, וּבְיָדוֹ הַיְמָנִית.

from non-sacred animals[H] and not from an animal purchased with second-tithe money, **and** it is sacrificed only **during the day,**[H] **and with the right hand of** the priest,[H] **so too, a bird burnt offering comes only from non-sacred** animals, **and** it is sacrificed only **during the day, and with the right hand of** the priest.

אִי מָה לְהַלָּן בְּרוֹב שְׁנַיִם, אַף כָּאן בְּרוֹב שְׁנַיִם! תַּלְמוּד לוֹמַר: ״וּמָלַק...וְהִקְטִיר״, מָה הַקְטָרָה – הָרֹאשׁ בְּעַצְמוֹ וְהַגּוּף בְּעַצְמוֹ, אַף מְלִיקָה – הָרֹאשׁ בְּעַצְמוֹ וְהַגּוּף בְּעַצְמוֹ.

The *baraita* asks: **If** so, perhaps **just as there,** with regard to an animal sin offering, slaughter is valid **with** the cutting of **the majority of two** *simanim*, the windpipe and the gullet, **so too here,** with regard to a bird burnt offering, the pinching is valid **with** the cutting of **the majority of two** *simanim*. Therefore, **the verse states: "And pinched off** its head… **and burned** it on the altar" (Leviticus 1:15). This indicates that **just as** with regard to **burning, the head** is burned **by itself and the body** is burned **by itself, so too** with regard to **pinching, the head** remains **by itself and the body** remains **by itself.**[N]

רַבִּי יִשְׁמָעֵאל אוֹמֵר: ״כַּמִּשְׁפָּט״ – כְּמִשְׁפַּט חַטַּאת הָעוֹף, מָה חַטַּאת הָעוֹף מִמּוּל עוֹרֶף – אַף עוֹלַת הָעוֹף מִמּוּל עוֹרֶף.

Rabbi Yishmael says: "According to the ordinance" (Leviticus 5:10), which is written with regard to the sliding-scale bird sin offering, means **according to the ordinance of the bird sin offering** mentioned in the previous verse. **Just as a bird sin offering** is pinched **adjacent to its nape** (Leviticus 5:8), beneath the occipital bone, **so too a bird burnt offering** is pinched **adjacent to its nape,**[H] beneath the occipital bone.

אִי מָה לְהַלָּן מוֹלֵק וְאֵינוֹ מַבְדִּיל בְּסִימָן אֶחָד, אַף כָּאן מוֹלֵק וְאֵינוֹ מַבְדִּיל בְּסִימָן אֶחָד! תַּלְמוּד לוֹמַר: ״וְהִקְרִיבוֹ״.

If so, perhaps **just as there,** with regard to the bird sin offering, **he pinches and does not separate** between the head and the body and leaves **one** *siman* uncut,[N] **so too here,** with regard to the burnt offering, **he pinches and does not separate** between the head and the body and leaves **one** ***siman*** uncut. Therefore, **the verse states: "And** the priest **shall bring it,"** meaning that a bird burnt offering shall be sacrificed in a unique manner, not like the sin offering.

רַבִּי אֶלְעָזָר בְּרַבִּי שִׁמְעוֹן אוֹמֵר: ״כַּמִּשְׁפָּט״ – כְּמִשְׁפַּט חַטַּאת הָעוֹף, מָה לְהַלָּן

Rabbi Elazar, son of Rabbi Shimon, says: "According to the ordinance" means **according to the ordinance** that is written with regard to **a bird sin offering. Just as there,**

HALAKHA

From non-sacred animals – מִן הַחוּלִּין: One who is obligated to bring an offering, e.g., a sin offering, may not purchase the animal with second-tithe money. Rather, he must purchase it with non-sacred funds (Rambam *Sefer Avoda, Hilkhot Ma'aseh HaKorbanot* 16:15 and *Sefer Korbanot, Hilkhot Ḥagiga* 2:8).

During the day – בַּיּוֹם: All offerings may be sacrificed only during the day (Rambam *Sefer Avoda, Hilkhot Ma'aseh HaKorbanot* 4:1).

With the right hand of the priest – בְּיָדוֹ הַיְמָנִית: A priest may perform the Temple service only with his right hand. If he performed the service with his left hand, the service is not valid, but he is not flogged for doing so (Rambam *Sefer Avoda, Hilkhot Biat HaMikdash* 5:18).

The head remains by itself and the body remains by itself…adjacent to its nape – הָרֹאשׁ בְּעַצְמוֹ וְהַגּוּף בְּעַצְמוֹ...מִמּוּל עוֹרֶף: How was the bird burnt offering sacrificed? The priest would ascend the ramp of the altar, turn to the surrounding ledge, go to the southeast corner, pinch the nape of the bird, and separate its body from its head. If he failed to separate the head from the body, the offering was not valid (Rambam *Sefer Avoda, Hilkhot Ma'aseh HaKorbanot* 6:20).

NOTES

The head by itself and the body by itself – הָרֹאשׁ בְּעַצְמוֹ וְהַגּוּף בְּעַצְמוֹ: The Rambam apparently derives from here that one must completely separate the head from the body in a bird burnt offering. Rashi derives from the Gemara earlier (20b) that the reference is not to total separation. Rather, the *simanim* must be completely cut, but failure to cut the skin does not invalidate the separation.

Just as there he pinches and does not separate and leaves one *siman* uncut – מָה לְהַלָּן מוֹלֵק וְאֵינוֹ מַבְדִּיל בְּסִימָן אֶחָד: It is stated with regard to a bird sin offering: "And pinch off its head adjacent to its neck, but shall not separate it" (Leviticus 5:8). The verse prohibits cutting any flesh beyond that which is necessary to render the bird fit for sacrifice, which is one *siman*, as the Gemara derives later (27b). Therefore, the phrase "shall not separate it" refers to the second *siman*.

אוֹחֵז בְּרֹאשׁ וּבְגוּף וּמַזֶּה – אַף כָּאן אוֹחֵז בְּרֹאשׁ וּבְגוּף וּמַזֶּה.

after the pinching, the priest **holds** [*oḥez*] **the head and the body** of the bird **and sprinkles** the blood on the altar, **so too here,** with regard to the bird burnt offering, **he holds the head and the body and sprinkles** the blood on the altar.

מַאי קָאָמַר? הָכִי קָאָמַר: מָה לְהַלָּן כְּשֶׁהוּא אָחוּז הָרֹאשׁ בַּגּוּף מַזֶּה, אַף כָּאן כְּשֶׁהוּא אָחוּז הָרֹאשׁ בַּגּוּף מַזֶּה.

The Gemara asks: **What is he saying?** There is no requirement with regard to a bird sin offering that the priest hold both the head and the body while sprinkling the blood. The Gemara answers that **this** is what **he is saying: Just as there,** with regard to the bird sin offering, **when the head is attached** [*aḥuz*] **to the body,** the priest **sprinkles** the blood on the altar, **so too here,** with regard to the bird burnt offering, **when the head is attached to the body,** the priest **sprinkles** the blood on the altar. This is what was cited above in the name of Rabbi Elazar, son of Rabbi Shimon, that one cuts a majority of two *simanim* in a burnt offering and not the two *simanim* in their entirety.

HALAKHA

And Aaron shall sacrifice the bull of the sin offering that is his, from which it is derived: From his cattle – וְהִקְרִיב אַהֲרֹן אֶת פַּר הַחַטָּאת אֲשֶׁר לוֹ מִשֶּׁלּוֹ: The bull sacrificed by the High Priest on Yom Kippur must be purchased from the High Priest's own property, as it is stated: "The bull of the sin offering that is his" (Rambam *Sefer Avoda, Hilkhot Avodat Yom HaKippurim* 5:13).

LANGUAGE

For no reason [*kedi*] – כְּדִי: The term means in vain or needlessly. Some hold that it is a contraction of the term *kediv*, which means falsehood, like the Hebrew *kazav*. Others explain that it is a contraction of *kiddehi*, which means as it is. In this context it means that the matter was cited in this manner although it is superfluous.

אִי מָה לְהַלָּן בְּסִימָן אֶחָד – אַף כָּאן בְּסִימָן אֶחָד! תַּלְמוּד לוֹמַר: "וְהִקְרִיבוֹ".

The *baraita* continues: **If** so, perhaps **just as there,** in the sin offering, the pinching is performed **with** the cutting of **one *siman*, so too here,** in the burnt offering, the pinching is performed **with** the cutting of **one *siman*.** To counter this, **the verse states: "And** the priest **shall bring it,"** meaning that the burnt offering is sacrificed in a manner different from that of the sin offering, by cutting two *simanim*.

וְתַנָּא קַמָּא, וְכִי מֵאַחַר דִּנְפְקָא לַן מִ"וּמָלַק וְהִקְטִיר", "וְהִקְרִיבוֹ" לָמָּה לִי?

The Gemara asks: **And** according to **the first *tanna*, once we derive** that both *simanim* of a bird burnt offering must be cut in their entirety **from** the verse: **"And pinch off** its head… **and burn** it on the altar," **why do I** need the phrase: **"And** the priest **shall bring it?"**

אִי לָאו "וְהִקְרִיבוֹ", הֲוָה אָמֵינָא: מַאי "כַּמִּשְׁפָּט" – כְּמִשְׁפַּט חַטַּאת הָעוֹף,

The Gemara answers: **If not** for the verse that states: **"And** the priest **shall bring it," I would say: What** is the meaning of **"according to the ordinance"** that is stated with regard to the bird burnt offering? It means **according to the ordinance of the bird sin offering** mentioned in that same passage, in the sense that even in the burnt offering, the priest cuts only one *siman*.

וְאִי מִשּׁוּם "וּמָלַק וְהִקְטִיר", הֲוָה אָמֵינָא: מָה הַקְטָרָה בְּרֹאשׁוֹ שֶׁל מִזְבֵּחַ – אַף מְלִיקָה בְּרֹאשׁוֹ שֶׁל מִזְבֵּחַ;

And if you would say that one cannot suggest this interpretation **due to** the verse: **"And pinch** off its head… **and burn** it on the altar," **I would say** that perhaps another *halakha* would be derived from that verse: **Just as burning** the offering is **atop the altar, so too pinching** is performed **atop the altar.**

הָשְׁתָּא דִּכְתַב רַחֲמָנָא "וְהִקְרִיבוֹ" – דְּרוֹשׁ בֵּיהּ נָמֵי הָא.

Now that the Merciful One writes: "And the priest **shall bring it,"** indicating the distinction between the pinching of a bird burnt offering and the pinching of a bird sin offering, **derive this also from** the verse: "And pinch off its head… and burn it on the altar," i.e., that the body and the head of a bird burnt offering must be completely separated.

חַטַּאת בְּהֵמָה דְּאֵינָהּ בָּאָה אֶלָּא מִן הַחוּלִּין, מְנָלַן? אָמַר רַב חִסְדָּא, דְּאָמַר קְרָא: "וְהִקְרִיב אַהֲרֹן אֶת פַּר הַחַטָּאת אֲשֶׁר לוֹ" – מִשֶּׁלּוֹ, וְלֹא מִשֶּׁל צִבּוּר, וְלֹא מִשֶּׁל מַעֲשֵׂר.

§ The first *tanna* of the *baraita* derives from the analogy between the bird burnt offering and the animal sin offering that a bird burnt offering is brought only from non-sacred animals and not from an animal purchased with second-tithe money, that it is sacrificed only during the day, and that the priest sacrificing it must do so with his right hand. The Gemara asks: **From where do we** derive the *halakha* **that an animal sin offering comes only from non-sacred** animals? **Rav Ḥisda said that the verse states: "And Aaron shall sacrifice the bull of the sin offering that is his"** (Leviticus 16:6, 11), from which it is derived: The animal must come **from his** cattle,[H] **but not from communal** property, from his cattle, **but not from** second-tithe[B] property.

"בַּיּוֹם", מִ"בְּיוֹם צַוֺּתוֹ" נָפְקָא! כְּדִי נְסָבָהּ.

The Gemara objects: The *halakha* that the bird burnt offering is sacrificed only **during the day is derived from** the verse: **"In the day that he commanded** the children of Israel to present their offerings" (Leviticus 7:38), not from the *halakha* of the animal sin offering. The Gemara explains: The requirement of sacrificing the bird burnt offering during the day is not derived from the *halakha* of the animal sin offering, and it was **cited** in that list incidentally, **for no reason** [*kedi*].[L]

יָדוֹ הַיְמָנִית, מִדְּרַבָּה בַּר בַּר חָנָה נָפְקָא, דְּאָמַר רַבָּה בַּר בַּר חָנָה אָמַר רַבִּי שִׁמְעוֹן בֶּן לָקִישׁ: כׇּל מָקוֹם שֶׁנֶּאֱמַר אֶצְבַּע אוֹ כְּהוּנָּה – אֵינָהּ אֶלָּא יָמִין!

The Gemara objects: The *halakha* that the priest performs the service with **his right hand is derived from** the statement **of Rabba bar bar Ḥana, as Rabba bar bar Ḥana says** that **Rabbi Shimon ben Lakish says: Any place where** the terms **finger or priesthood** are **stated** with regard to offerings, the sacrificial rites of that offering **are** performed **only** with the **right** hand, and in the context of the bird burnt offering the term "priest" is employed. It is therefore unnecessary to derive this *halakha* from the analogy to the animal sin offering.

BACKGROUND

Second tithe – מַעֲשֵׂר שֵׁנִי: This tithe is separated after the *teruma* has been given to the priests and the first tithe has been given to the Levites. Second tithe is taken during the first, second, fourth, and fifth years of the Sabbatical cycle. After the second tithe was separated, it was taken to Jerusalem and eaten there by its owner. If the journey to Jerusalem was long, rendering the transport of the produce there difficult, or if the produce became ritually impure, it could be redeemed for an equivalent sum of money. If the owner himself redeemed his own produce, he was obligated to add one-fifth of its value to the price of redemption. He then took the money to Jerusalem, where it was spent on food to be eaten within the city walls.

וְאִידָךְ: כְּהוּנָּה בָּעֲיָא אֶצְבַּע, אֶצְבַּע לָא בָּעֲיָא כְּהוּנָּה.

The Gemara responds: **And the other** *tanna*, the first *tanna* of the *baraita*, who derived that the right hand is used from the analogy to the animal sin offering based on the term "according to the ordinance," did not derive it from the statement of Rabba bar bar Ḥana because in his opinion, in order to derive that the right hand must be used, if the verse mentions only the **priesthood, it requires** mention of **finger** for the limitation to apply. If the verse mentions only the term **finger,** then it **does not require** a mention of the **priesthood** as well. With regard to the bird burnt offering, the priesthood is mentioned, but the word finger is not. Therefore, the *halakha* must be derived from the animal sin offering.

וְתַנָּא קַמָּא וְרַבִּי אֶלְעָזָר בְּרַבִּי שִׁמְעוֹן, מִמּוּל הָעוֹרֶף מְנָא לְהוּ? גָּמְרִי מְלִיקָה מִמְּלִיקָה.

It is taught in the *baraita* that Rabbi Yishmael derived from the term "according to the ordinance" that is written with regard to the bird burnt offering that the pinching of the bird burnt offering is performed at the nape of the neck, as it is in a bird sin offering. The Gemara asks: **And** as for **the first** ***tanna*** **and Rabbi Elazar, son of Rabbi Shimon,** who derive other matters from that term, **from where do they derive** that pinching of the bird burnt offering is performed at the nape of the neck? The Gemara answers: **They derive pinching** that is written with regard to the burnt offering: "And pinch off its head" (Leviticus 1:15), **from pinching** that is written with regard to the sin offering: "And pinch off its head adjacent to its neck" (Leviticus 5:8).

מתני׳ כָּשֵׁר בְּתוֹרִין – פָּסוּל בִּבְנֵי יוֹנָה, כָּשֵׁר בִּבְנֵי יוֹנָה – פָּסוּל בְּתוֹרִין. תְּחִלַּת הַצִּיהוּב – בָּזֶה וּבָזֶה פָּסוּל.

MISHNA It is written with regard to bird offerings: "He shall bring his offering of doves, or of young pigeons" (Leviticus 1:14). The age that is **fit** for sacrifice **in doves,** mature birds, is **unfit** for sacrifice **in pigeons,**[HB] immature birds; the age that is **fit** for sacrifice **in pigeons** is **unfit** for sacrifice **in doves.** At the intermediate stage of **the beginning of the yellowing** of its plumage (see 22b), a bird **is unfit** both **as this,** a pigeon, **and as that,** a dove, since it is no longer a fledgling but is not yet a mature bird.

גמ׳ תָּנוּ רַבָּנַן: תּוֹרִין – גְּדוֹלִים כְּשֵׁרִים, קְטַנִּים פְּסוּלִים; בְּנֵי יוֹנָה – קְטַנִּים כְּשֵׁרִים, גְּדוֹלִים – פְּסוּלִין; נִמְצָא כָּשֵׁר בְּתוֹרִין – פָּסוּל בִּבְנֵי יוֹנָה, כָּשֵׁר בִּבְנֵי יוֹנָה – פָּסוּל בְּתוֹרִין.

GEMARA **The Sages taught** a *baraita* in explaining the mishna: **Doves,** when they are **older,** are **fit** for sacrifice; when they are **younger,** they are **unfit. Pigeons,** when they are **younger,**[N] are **fit** for sacrifice; when they are **older,** they are **unfit. It is found** that that which is **fit** for sacrifice **in doves** is **unfit** for sacrifice **in pigeons;** that which is **fit** for sacrifice **in pigeons** is **unfit** for sacrifice **in doves.**

תָּנוּ רַבָּנַן: תּוֹרִים – גְּדוֹלִים וְלֹא קְטַנִּים. שֶׁיָּכוֹל, וַהֲלֹא דִּין הוּא:

The Sages taught in a *baraita* with regard to the verse: "And he shall bring his offering of doves, or of young pigeons" (Leviticus 1:14), that **doves** are **older and not younger. As** one **might** have thought: **And couldn't this** be derived through an *a fortiori* **inference:**

HALAKHA

Fit for sacrifice in doves, unfit for sacrifice in pigeons, etc. – **כָּשֵׁר בְּתוֹרִין פָּסוּל בִּבְנֵי יוֹנָה וכו׳**: Younger doves and older pigeons are unfit for sacrifice on the altar. During the stage of the beginning of the yellowing of their neck plumage, both pigeons and doves are unfit for sacrifice (Rambam *Sefer Avoda, Hilkhot Issurei Mizbe'aḥ* 3:2).

BACKGROUND

Doves and pigeons – **תּוֹרִין וּבְנֵי יוֹנָה**: The pigeon mentioned in the verse is the *Columba livia domestica*, or domestic pigeon, while the dove mentioned in the verse is the *Streptopelia turtur*, or European turtle dove, a migratory species from the bird family Columbidae that includes doves and pigeons, which is found in Eretz Yisrael during spring and the end of the summer. It is smaller and more delicate than the domestic pigeon, and was typically not domesticated.

Turtle dove

Pigeons

NOTES

Doves when they are older…pigeons [*benei yona*] when they are younger, etc. – **תּוֹרִין גְּדוֹלִים...בְּנֵי יוֹנָה קְטַנִּים**: The fundamental distinction between the two types of birds exists because the Torah characterizes the pigeons as *benei yona*, literally meaning offspring of pigeons, indicating that they are young pigeons, while the doves are characterized as *torim* without qualification. Others understand that when the Torah mentions doves the reference is specifically to older birds. The Rambam (*Guide of the Perplexed* 3:46) explains that the Torah insists on younger pigeons and older doves because the meat of doves is tastier when they are older, while the meat of pigeons is tastier when they are younger. Ramban's Commentary on the Torah (Leviticus 1:14) explains that the Torah insists on older doves due to their loyalty to their mates, since if their mate dies they will never mate with another. This represents the Jewish people, who adhere to God and will not adhere to another god. By contrast, pigeons are jealous, and due to that jealousy they separate and take other mates. Therefore, God commanded that younger pigeons be sacrificed, before they take mates. In addition, younger pigeons contribute to the loving atmosphere in the nests where they are raised. Other esoteric explanations have also been suggested (see Recanati on Leviticus 1:14).

ומה בני יונה שלא הוכשרו בגדולים – הוכשרו בקטנים, תורים שהוכשרו בגדולים – אינו דין שהוכשרו בקטנים? תלמוד לומר: "תורים" – גדולים ולא קטנים.

If pigeons, which were not deemed fit when older, were deemed fit when younger, as the term "young pigeons" indicates that they are young, then with regard to **doves, which were deemed fit when older, isn't it logical that they were deemed fit when younger?** Therefore, **the verse states: "Doves,"** meaning **older and not younger.**

"בני יונה" – קטנים ולא גדולים. שיכול, והלא דין הוא: ומה תורים שלא הוכשרו בקטנים – הוכשרו בגדולים, בני יונה שהוכשרו בקטנים – אינו דין שהוכשרו בגדולים? תלמוד לומר: "בני יונה" – קטנים ולא גדולים.

The *baraita* continues: **Young pigeons** must be **younger and not older, as** one **might** have thought: **And couldn't this** be derived through an *a fortiori* **inference: If doves, which were not deemed fit when younger, were deemed fit when older,** then with regard to **pigeons, which were deemed fit when younger, isn't it logical that they were deemed fit when older?** Therefore, **the verse states: "Young pigeons,"** meaning **younger and not older.**

מאי תלמודא? אמר רבא: לא לישתמיט קרא ולכתוב "מן בני התורים או מן היונה".

The Gemara asks: **What is the** biblical **derivation** of these matters? **Rava said:** It is derived from the fact that it is **not** found that **the verse** would **deviate** from the norm **and write: Of young doves, or of pigeons;** rather, the wording in the Torah is always "of doves" or "of young pigeons." Evidently, doves must be older and pigeons must be younger.

אימא: בני יונה דכתב בהו רחמנא "בני" – קטנים אין, גדולים לא; תורים – אי בעי גדולים לייתי, אי בעי קטנים לייתי! דומיא דבני יונה, מה בני יונה – קטנים אין, גדולים לא, אף תורים – גדולים אין, קטנים לא.

The Gemara objects: **Say** instead that with regard to **pigeons, since the Merciful One writes: "Young,"** this means **younger** birds, **yes, older** birds, **no;** but with regard to **doves, if one wishes, let him bring older** birds, and **if he wishes, let him bring younger** birds. The Gemara responds: Since doves and pigeons are always juxtaposed to one another in the Torah, it is derived that the *halakha* of doves is **similar to** the *halakha* of **pigeons: Just as** with regard to **pigeons** the *halakha* is **younger** birds, **yes, older** birds, **no, so too** with regard to **doves,** the *halakha* is **older** birds, **yes, younger** birds, **no.**

תנו רבנן: יכול יהו כל התורים וכל בני היונה כשרים? תלמוד לומר: "מן התורים" – ולא כל התורים, "מן בני היונה" – ולא כל בני יונה, פרט לתחילת הציהוב שבזה ושבזה שפסול. מאימתי התורים כשרים – משיזהיבו, מאימתי בני יונה פסולין – משיצהיבו.

The Sages taught in a *baraita*: One **might** have thought **that all the** older **doves or all the** younger **pigeons would be fit** for sacrifice; therefore, **the verse states: "Of doves," and not all doves; "of young pigeons," and not all young pigeons.** This serves to **exclude** birds at **the beginning of the yellowing** of their neck plumage,[B] **which are unfit as this,** doves, **and as that,**[N] pigeons. They are unfit as doves because they are not sufficiently old and as pigeons because they are no longer young. The *tanna* elaborates: **From when are the doves fit?**[H] It is **from when** the color of their feathers **turns a glistening gold. From when are the pigeons unfit?** It is **from when** their feathers **turn yellow.**

תני יעקב קרחה: מאימתי בני יונה כשרים? משיעלעו. הוא תני לה, והוא אמר לה: "אפרחו יעלעו דם". אימת? אמר אביי: מכי שמיט גדפא מיניה ואתי דמא.

Ya'akov Korḥa taught a *baraita*: **From when are pigeons fit?**[N] It is **from when** *ye'alu*.[N] **He teaches the** *baraita* **and he states its** explanation: The reference is to that which is stated: **"Its fledglings will suck up** [*ye'alu*] **blood"** (Job 39:30). **When** is that? **Abaye said:** It is **from** the stage **when one plucks a feather from it and blood emerges.**[HB]

NOTES

Birds at the beginning of the yellowing of their neck plumage which are unfit as this and as that – לתחילת הציהוב שבזה ושבזה שפסול: This stage, which marks the beginning of the significant growth of the bird, refers to the beginning of the development of the wings, which marks its transformation into a mature bird. Others explain that the reference is to the beginning of its complete maturation. It is the stage at which pigeons are no longer young pigeons, but doves are not yet mature.

From when are pigeons fit – מאימתי בני יונה כשרים: On the day they are hatched, one would think the pigeons are certainly unfit for sacrifice, as they are repugnant, and it is stated with regard to sacrifice of a repugnant item: "Present it now to your governor; will he be pleased with you or will he accept your person?" (Malachi 1:8; see Rashi). The Rambam apparently had a variant reading: Until when are the young pigeons fit? According to that version, there is no minimum age for sacrifice of a young pigeon. In fact, this may be the subject of a tannaitic dispute, as according to Rabbi Eliezer ben Ya'akov (*Beitza* 6b), the halakhic status of a fledgling whose eyes did not yet open is not that of a bird but of a creeping animal.

From when *ye'alu* – משיעלעו: *Tosafot* cite two explanations for this term. The first is that it relates to the word *ila*, which means rib [*tzela*], as the Hebrew letter *tzadi* often corresponds to the letter *ayin* in later Aramaic. According to this explanation, Abaye explains that when one removes the wing or the feather, blood flows from the rib cage. The second explanation, which cites the linguist Menaḥem ben Sarouk, is that it is from the term swallowing [*beliya*]. According to this explanation, the verse "Its fledglings will suck up blood" refers to the fledglings of a vulture, which swallow blood. On that basis, young pigeons are fit for sacrifice from the moment that they are able to swallow, and Abaye is explaining how one knows that the bird has reached that stage (*Shita Mekubbetzet*).

HALAKHA

From when are the doves fit – מאימתי התורים כשרים: Doves are fit for sacrifice on the altar from when the color of their feathers turns a glistening gold (Rambam *Sefer Avoda*, *Hilkhot Issurei Mizbe'aḥ* 3:2).

From when one plucks a feather from it and blood emerges – מכי שמיט גדפא מיניה ואתי דמא: Until when are young pigeons fit to be sacrificed? They are fit as long as when one removes a wing, the joint fills with blood. The *Kesef Mishne* writes that the Rambam had a variant reading of the Gemara: Until when are young pigeons fit to be sacrificed (Rambam *Sefer Avoda*, *Hilkhot Issurei Mizbe'aḥ* 3:2, and see Mahari Kurkus there).

BACKGROUND

Beginning of the yellowing [*tzihuv*] of their neck plumage – תחילת הציהוב: When a dove or pigeon is hatched, it is covered with a sparse, pale down. After four or five days the body of a pigeon begins to be covered with a yellowish down and the body of a dove with a golden down. At that point, the feathers begin to develop and continue to develop for two or three days. According to that explanation, the phrase: Beginning of *tzihuv*, does not refer to becoming yellow [*tzahov*] but means brightening, as in doves their plumage is a shade slightly different from yellow.

If the reference is to those stages in the life of a bird, the period of time during which young pigeons are fit for sacrifice is extremely limited and spans only the first four days of its life. Likewise, according to that understanding, tractate *Kinnim*, which is devoted entirely to doves and young pigeons at the stage when they are capable of flying from nest to nest, is incomprehensible.

Another possible explanation of the stage of *tzihuv* is that it occurs at a much later stage, when the birds are approximately five months old. At that point, the pigeon has begun to fly a bit, and although the feathers have darkened, one can still detect a pale yellow hue at the edge of the feathers. As the bird matures, its eyes, which were dark originally, turn yellow, and its feathers become completely dark and shiny and no longer have a pale yellow hue. That is the stage at which the pigeon and the dove are capable of flying distances effortlessly and is the stage of glistening referred to in the Gemara.

From when one plucks a feather from it and blood emerges – מכי שמיט גדפא מיניה ואתי דמא: This is approximately eight days after the fledgling is hatched.

בָּעֵי רַבִּי זֵירָא: הָאוֹמֵר "הֲרֵי עָלַי עוֹלָה מִן הַתּוֹרִים אוֹ מִן בְּנֵי הַיּוֹנָה", וְהֵבִיא תְּחִלַּת הַצִּיהוּב שֶׁבָּזֶה וְשֶׁבָּזֶה, מַהוּ? סְפֵיקָא הָוֵי וְנָפֵיק, אוֹ דִּילְמָא בְּרִיָּה הָוֵי וְלָא נָפֵיק?

§ **Rabbi Zeira raises a dilemma:** With regard to **one who says: It** is incumbent **upon me** to bring **a burnt offering of doves**[H] **or of pigeons, and he brought** birds at **the beginning of the yellowing** of their neck plumage **of this,** doves, **and of that,** pigeons, **what is** the *halakha*? **Is** it a case of **uncertainty** whether it is considered older or younger, **and** therefore when he brings both **he fulfills** his obligation, as one of the birds was fit for sacrifice; **or perhaps** a bird at the beginning of the yellowing **is an entity** in and of itself and is neither older nor younger, **and he does not fulfill** his obligation?

אָמַר רָבָא, תָּא שְׁמַע: פְּרָט לִתְחִילַּת הַצִּיהוּב שֶׁבָּזֶה וְשֶׁבָּזֶה שֶׁפָּסוּל; אִי אָמְרַתְּ בִּשְׁלָמָא בְּרִיָּה הָוֵי – שַׁפִּיר, אֶלָּא אִי אָמְרַתְּ סְפֵיקָא הָוֵי, אִיצְטְרִיךְ קְרָא לְמַעוֹטֵי סְפֵיקָא?

Rava said: Come and **hear** proof from the *baraita* where it is taught that the verse: "Of doves or of young pigeons," serves to **exclude** birds at **the beginning of the yellowing** of their neck plumage **that are unfit as this,** doves, **and as that,** pigeons. **Granted, if you say** that a bird at that stage **is an entity** in and of itself, that works out **well,** as the verse serves to ensure that a bird at that stage of development will never be sacrificed. **But if you say** that it **is** a case of **uncertainty, was** it **necessary** for **the verse to exclude** a case of **uncertainty?**[N]

NOTES

Was it necessary for the verse to exclude a case of uncertainty – אִיצְטְרִיךְ קְרָא לְמַעוֹטֵי סְפֵיקָא: Rashi explains: Is there uncertainty before God that would warrant a verse to exclude that possibility? However, *Tosafot* note that there are cases where the verse teaches how to act in cases of uncertainty. For example, with regard to an animal about which there is uncertainty whether it is consecrated as animal tithe, the Torah indicates that it is not consecrated (see *Bekhorot* 58b). In addition, concerning leprous marks about which there is uncertainty whether the snow-white leprous mark preceded the growth of hair or whether the hair preceded the mark, the Torah indicates that they are ritually pure (*Nazir* 65b). *Tosafot* answer that there is a distinction between those uncertainties and the uncertainty with regard to the beginning of the yellowing of the neck plumage. In those cases, it is an uncertainty that cannot be resolved, e.g., sometimes the hair precedes the mark and sometimes the mark precedes the hair. Therefore, the Torah issues a directive how to act in that case. By contrast, with regard to the beginning of the yellowing of the neck plumage, or the case of a hermaphrodite, the situation is always the same: Humans simply do not know how to act in that situation. The verse would therefore teach the actual *halakha* in that situation and not address the matter as a case of uncertainty (Ra'ah). Alternatively, the Ramban explains the phrase: Was it necessary for the verse to exclude a case of uncertainty, in this manner: If it is merely to resolve a situation of uncertainty, there is no need for a derivation from a verse, as there are principles in place that dictate how one is to conduct himself in situations of uncertainty. Any verses that do address situations of uncertainty were written only in order to establish the principles that govern those situations.

HALAKHA

It is incumbent upon me to bring a burnt offering of doves, etc. – הֲרֵי עָלַי עוֹלָה מִן הַתּוֹרִים וכו׳: If one vowed to bring a burnt offering of doves or of young pigeons and brought each at the beginning of the yellowing of their neck plumage, there is uncertainty whether he fulfilled his vow, as the dilemma of Rabbi Zeira was not resolved (Rambam *Sefer Avoda, Hilkhot Ma'aseh HaKorbanot* 16:2).

Perek **I**
Daf **23** Amud **a**

כִּי אִיצְטְרִיךְ קְרָא לְמַעוֹטֵי נִרְבָּע וְנֶעֱבָד;

The Gemara rejects that proof: **When** the phrase in **the verse** "of doves or of young pigeons" **was necessary,** it was **to exclude** a bird **that was the object of bestiality or** a bird that **was worshipped** as a deity.[H]

סָלְקָא דַּעְתָּךְ אָמֵינָא, הוֹאִיל וּכְתִיב "כִּי מָשְׁחָתָם בָּהֶם מוּם בָּם"; וְתָנָא דְּבֵי רַבִּי יִשְׁמָעֵאל: כָּל מָקוֹם שֶׁנֶּאֱמַר הַשְׁחָתָה – אֵינוֹ אֶלָּא דְּבַר עֶרְוָה וַעֲבוֹדָה זָרָה; דְּבַר עֶרְוָה – דִּכְתִיב: "כִּי הִשְׁחִית כָּל בָּשָׂר אֶת דַּרְכּוֹ עַל הָאָרֶץ",

As it could **enter your mind to say: Since it is written** with regard to the *halakhot* of disqualified offerings: **"Because their corruption** [*moshḥatam*] **is in them, there is a blemish in them"** (Leviticus 22:25), referring to two types of disqualifications: Corruption and blemish, **and the school of Rabbi Yishmael taught:**[B] **Anywhere** that the term **corruption** [*hashḥata*] **is stated, it is** referring to **nothing other than a matter of licentiousness and idol worship.** The Gemara cites proofs for this claim: Corruption is referring to **matters of licentiousness, as it is written: "For all flesh had corrupted** [*hishḥit*] **their way upon the earth"** (Genesis 6:12);[N] the word "way" alludes to sexual intercourse.

HALAKHA

To exclude a bird that was the object of bestiality or a bird that was worshipped as a deity – לְמַעוֹטֵי נִרְבָּע וְנֶעֱבָד: With regard to an animal that was the object of bestiality with a man or a woman, or one that is designated for idol worship or worshipped as a deity, even though it is permitted to eat its meat it is unfit for sacrifice. This is the *halakha* with regard to both animals and birds (Rambam *Sefer Avoda, Hilkhot Issurei Mizbe'aḥ* 3:6).

NOTES

Matters of licentiousness as it is written: For all flesh had corrupted their way upon the earth – דְּבַר עֶרְוָה דִּכְתִיב כִּי הִשְׁחִית כָּל בָּשָׂר אֶת דַּרְכּוֹ עַל הָאָרֶץ: The corruption stated with regard to the generation of the flood is licentiousness, as the Torah describes: "And the sons of God saw the daughters of men that they were fair; and they took them wives, from whomever they chose" (Genesis 6:2), including the wives of others.

BACKGROUND

School of Rabbi Yishmael taught – תָּנָא דְּבֵי רַבִּי יִשְׁמָעֵאל: Even when it was permitted to write the Oral Torah, most of it was not recorded. Some say that the Mishna itself was not written at the time of its redaction. Therefore, many rabbinic statements were preserved and transmitted orally. Each Sage was expected to commit the entire Mishna, as well as a significant number of other tannaitic statements, to memory. Complete mastery of all of these sources was the province of the *tanna'im*, experts at memorization who memorized massive amounts of material and were capable of reciting it on demand. Often, the most prominent of these *tanna'im* affiliated with the specific study hall of one of the Sages, where they served as living anthologies of this material.

LANGUAGE

Palges – פַּלְגֵּס: From the Greek πάλλαξ, *pallax*, meaning one that emerged from minority and has not yet reached majority.

BACKGROUND

Libations – נְסָכִים: Wine poured on the altar is referred to as a libation. Wine libations accompanied animal burnt offerings and peace offerings, as well as the leper's sin offering and guilt offering. Different quantities of wine were required depending on the animal that was sacrificed: A quarter of a *hin*, i.e., three *log*, accompanied lamb offerings; one-third of a *hin*, or four *log*, accompanied ram offerings; and half a *hin*, or six *log*, accompanied bull offerings. A *log* is estimated to be between 300 and 600 ml. Libations of wine could also be brought as independent gift offerings. The wine was brought to the top of the altar, where it was poured into a receptacle. From there it flowed through a spigot onto the altar and through a hole in the top of the structure.

עֲבוֹדָה זָרָה – דִּכְתִיב: ״פֶּן תַּשְׁחִתוּן וַעֲשִׂיתֶם לָכֶם פֶּסֶל״; כֹּל שֶׁהַמּוּם פּוֹסֵל בּוֹ – דְּבַר עֶרְוָה וַעֲבוֹדָה זָרָה פּוֹסְלִין בּוֹ, וְכֹל שֶׁאֵין הַמּוּם פּוֹסֵל בּוֹ – אֵין דְּבַר עֶרְוָה וַעֲבוֹדָה זָרָה פּוֹסְלִין בּוֹ. וְהָנֵי עוֹפוֹת, הוֹאִיל וְלָא פָּסֵיל בְּהוּ מוּמָא, דְּאָמַר מָר: תַּמּוּת וְזַכְרוּת בִּבְהֵמָה וְאֵין תַּמּוּת וְזַכְרוּת בְּעוֹפוֹת, אֵימָא: דְּבַר עֶרְוָה וַעֲבוֹדָה זָרָה נָמֵי לָא לִפְסוֹל בְּהוּ, קָא מַשְׁמַע לַן.

Corruption is also referring to **idol worship, as it is written: "Lest you deal corruptly** [*tashḥitun*], **and make you a graven image"** (Deuteronomy 4:16); one might have thought: **Any** type of offering **that a blemish disqualifies, matters of licentiousness and idol worship disqualify it, and any** type of offering **that a blemish does not disqualify, matters of licentiousness and idol worship do not disqualify it. And** with regard to **these birds, since blemishes do not disqualify them, as the Master says:** There is a requirement of **an unblemished state and male gender in** a sacrificial **animal and there is no** requirement of **an unblemished state and male gender in** sacrificial **birds,**[NH] **say** that **matters of licentiousness and idol worship** should **also not disqualify** the birds. Therefore, the *tanna* **teaches us** from the phrase in the verse "of doves or of young pigeons" that a bird that was the object of bestiality and a bird that was worshipped as a deity are disqualified.

בָּעֵי רַבִּי זֵירָא: הָאוֹמֵר ״הֲרֵי עָלַי עוֹלַת בְּהֵמָה מִן הָאַיִל אוֹ מִן הַכֶּבֶשׂ״, וְהֵבִיא פַּלְגֵּס, מַהוּ?

§ Apropos the discussion of the beginning of the yellowing of the neck plumage, the Gemara cites another matter where there is uncertainty as to whether an animal of a particular age is of uncertain status or an entity in and of itself. **Rabbi Zeira raises a dilemma:** With regard to **one who says:** It is incumbent **upon me** to bring **an animal burnt offering of a ram,** which is a sheep that is at least thirteen months old, **or of a lamb,** which is up to one year old, **and he brought a *palges*,**[LNH] which is between one year and thirteen months old, **what is the** *halakha*?

אַלִּיבָּא דְּרַבִּי יוֹחָנָן לָא תִּבָּעֵי לָךְ, דְּאָמַר בְּרִיָּה הָוֵי, דִּתְנַן: הִקְרִיבוֹ – מֵבִיא עָלָיו נִסְכֵּי אַיִל וְאֵין עוֹלֶה לוֹ מִזִּבְחוֹ;

The Gemara elaborates: **According to** the opinion **of Rabbi Yoḥanan, do not raise a dilemma, as he says** that a *palges* **is an entity in and of itself, as we learned** in a mishna (*Para* 1:3): If one was obligated to bring a ram or lamb as an offering, and he **sacrificed** a *palges*, **he brings with it** the meal offering and **the libations**[B] **of a ram** offering, namely, a meal offering of two-tenths of an ephah of fine flour mingled with four *log* of oil, and a libation of four *log* of wine, **but it does not fulfill his** obligation to bring **his offering.**

וְאָמַר רַבִּי יוֹחָנָן: ״אוֹ לָאַיִל״ – לְרַבּוֹת אֶת הַפַּלְגֵּס.

And Rabbi Yoḥanan says that the requirement to bring the meal offering and libations of a ram offering is derived from the verse in the portion of the libations: **"Or for a ram,** you shall prepare for a meal offering two-tenths of an ephah of fine flour mixed with one-third of a *hin* of oil" (Numbers 15:6); that serves **to include the *palges*,** whose meal offering and libations are like that of a ram. Based on that derivation, there is no uncertainty with regard to the status of the *palges*.

כִּי תִּבָּעֵי לָךְ – אַלִּיבָּא דְּבַר פַּדָּא,

When you raise a dilemma, it is **according to** the opinion **of bar Padda,** who holds that it is a case of uncertainty,

NOTES

There is no requirement of an unblemished state and male gender in sacrificial birds – אֵין תַּמּוּת וְזַכְרוּת בְּעוֹפוֹת: Nevertheless, it is prohibited to sacrifice a bird with a significant blemish, e.g., a bird lacking a limb, due to the verse: "Present it now unto your governor; will he be pleased with you or will he accept your person?" (Malachi 1:8), as it is repugnant as a gift even for a prominent person (Rashi).

Palges – פַּלְגֵּס: Some explain that the word *palges* is from the term *peleg*, meaning intermediate, as it has left the category of lamb and has not yet entered the category of ram (Rabbi Ovadya Bartenura on *Para* 1:3), or that it is a contraction of *peleg gas*, meaning half of a large animal (*Tiferet Yisrael*).

HALAKHA

There is no requirement of an unblemished state and male gender in sacrificial birds – אֵין תַּמּוּת וְזַכְרוּת בְּעוֹפוֹת: Blemishes do not render a bird unfit for sacrifice. Likewise, both males and females are fit for sacrifice. This is stated with regard to minor blemishes, but if the limb of the bird was withered, or it was blinded, or if its leg was severed, it is prohibited to sacrifice it because one may not sacrifice an incomplete bird. Likewise, any blemish that renders the bird prohibited for consumption disqualifies it from sacrifice (Rambam *Sefer Avoda*, *Hilkhot Issurei Mizbe'aḥ* 3:1 and *Hilkhot Ma'aseh HaKorbanot* 1:8).

One who says: It is incumbent upon me to bring an animal burnt offering of a ram or of a lamb, and he brought a *palges* – הָאוֹמֵר הֲרֵי עָלַי עוֹלַת בְּהֵמָה מִן הָאַיִל אוֹ מִן הַכֶּבֶשׂ וְהֵבִיא פַּלְגֵּס: If one vows to bring a burnt offering of a lamb or a ram and brought a *palges*, there is uncertainty as to whether he fulfilled his vow, because the dilemma of Rabbi Zeira was not resolved (Rambam *Sefer Avoda*, *Hilkhot Ma'aseh HaKorbanot* 16:2, and see *Kesef Mishne* there).

דְּאָמַר: מַיְיתֵי וּמַתְנֵי,

as he says that one who sacrifices a *palges* **brings** the meal offering and the libation of a ram **and stipulates:** If it is a ram, this is its meal offering and libation, and if it is a lamb, whose meal offering and libation are less than that of the ram, then the remainder will be a gift offering.

מִי אָמְרִינַן: אַיִל וְכֶבֶשׂ מַתְנֶה, בִּבְרִיָּה לָא מַתְנֶה. אוֹ דִּלְמָא בִּבְרִיָּה נַמִי מַתְנֶה, דְּאָמַר: אִי בְּרִיָּה הֲוָה – לֶיהֱוֵי כּוּלֵּיהּ נְדָבָה? תֵּיקוּ.

The dilemma is: **Do we say** that he **stipulates** only if it is **a ram or** if it is **a lamb,** but **he does not stipulate** the possibility that it is **an entity** in and of itself, as bar Padda does not accept such a possibility? If so, bar Padda holds that one who vowed to bring a ram or a lamb can fulfill his obligation by bringing a *palges* and stipulating accordingly. **Or perhaps** bar Padda holds that **he also stipulates** the possibility that it is **an entity** in and of itself, and in **that** case **he says: If it is an entity, let the entire** libation **be a gift** offering. According to that possibility, even according to bar Padda, if one vowed to bring a ram or a lamb and brought a *palges,* due to the uncertainty he does not fulfill his obligation. The Gemara concludes: The dilemma **shall stand** unresolved.

בָּעֵי רַבִּי זֵירָא: הָאוֹמֵר ״הֲרֵי עָלַי לַחְמֵי תוֹדָה מִן הֶחָמֵץ אוֹ מִן הַמַּצָּה״, וְהֵבִיא שִׂיאוּר, מַהוּ?

§ The concept of an entity in and of itself is mentioned with regard to a thanks offering, with which one must bring twenty tenths of an ephah for the accompanying loaves: Ten tenths of an ephah for *matza* and ten for leavened bread. **Rabbi Zeira raises a dilemma:** With regard to **one who says: It** is incumbent **upon me** to bring **loaves of a thanks offering**[HB] **of leavened bread or of *matza,* and he brought leavening** dough [*siur*], **what is** the *halakha*?

שִׂיאוּר דְּמַאן? אִי שִׂיאוּר דְּרַבִּי מֵאִיר לְרַבִּי יְהוּדָה – מַצָּה מְעַלְּיְיתָא הִיא!

The Gemara asks: *Siur* according **to whose** opinion?[N] **If** the reference is to the *siur* **of Rabbi Meir,** who says that it is dough at the stage when its surface pales, according **to Rabbi Yehuda** it is not leavened bread at all; **it is full-fledged *matza*** and one fulfills his vow to bring *matza.*

אִי דְּרַבִּי יְהוּדָה לְרַבִּי מֵאִיר – חָמֵץ הוּא!

If the reference is to the *siur* **of Rabbi Yehuda,** who says that it is dough at the stage when it has cracks that look like the antennae of locusts and is **in accordance with** the opinion of **Rabbi Meir,** Rabbi Meir holds that **it is** full-fledged **leavened bread,** and one fulfills his vow to bring leavened bread.

וְאִי דְּרַבִּי מֵאִיר לְרַבִּי מֵאִיר, מִדְּלָקֵי עֲלֵיהּ – חָמֵץ הוּא!

And if the reference is to the *siur* **of Rabbi Meir** and is **in accordance with** the opinion of **Rabbi Meir,** although one is not liable to receive *karet* for eating it on Passover, **from** the *halakha* **that one is flogged for** eating **it** on Passover it is clearly **leavened bread,** with which one fulfills his vow to bring leavened bread.

NOTES

***Siur* according to whose opinion – שִׂיאוּר דְּמַאן:** This passage is based on a mishna in tractate *Pesaḥim* (48b) and its explanation in the *baraita* and in the Gemara there with regard to leavened bread on Passover, the consumption of which is punishable by *karet*. One who eats *siur*, which is dough that did not completely leaven, on Passover is exempt from *karet*. By contrast, one who eats *sidduk*, which is dough that leavened and whose surface cracked, is liable to receive *karet*.

There is a dispute between Rabbi Meir and Rabbi Yehuda with regard to two matters related to *siur*: First, they disagree with regard to the definitions of *siur* and *sidduk*. Rabbi Meir defines *siur* as dough whose surface turned pale like the face of a person who is afraid, and he defines *sidduk* as when the dough develops cracks going in different directions like the antennae of grasshoppers. In contrast, Rabbi Yehuda holds that any dough whose surface paled is defined as *matza*, *siur* is defined as when the dough develops cracks like the antennae of grasshoppers, and *sidduk* for which one is liable to receive *karet* is defined as when the cracks in the dough intertwine. Second, they dispute the *halakha* with regard to one who consumes *siur* on Passover. According to Rabbi Meir, although one is not liable to receive *karet*, one violates a prohibition and is flogged. According to Rabbi Yehuda, one is not flogged for consuming *siur* at all, even if the dough develops cracks like the antennae of grasshoppers. In any case, even according to Rabbi Yehuda, *siur* must be burned, as there is certainly concern that it might be leavened.

HALAKHA

It is incumbent upon me to bring loaves of a thanks offering – הֲרֵי עָלַי לַחְמֵי תוֹדָה: One who says: It is incumbent upon me to bring loaves of a thanks offering, is obligated to bring a thanks offering with its loaves, as it is known that loaves are not brought without the thanks offering, in accordance with the opinion of Rav Huna (Rambam *Sefer Avoda, Hilkhot Ma'aseh HaKorbanot* 17:11).

BACKGROUND

Loaves of a thanks offering – לַחְמֵי תוֹדָה: The Torah (see Leviticus 7:12–14) states that four types of loaves accompany the thanks offering, including leavened bread and three types of *matza*: Wafers, loaves, and boiled loaves. One loaf of each type is given to a priest. The Sages taught that in order to do so, one should bake ten loaves of each type *ab initio* so that one will give one-tenth to the priest.

NOTES

It is necessary only in a case where he did not say: To exempt his thanks offering – **לָא צְרִיכָא דְּלָא אֲמַר לִפְטוֹר**: Rather, he said that he is bringing the loaves for the thanks offering of so-and-so, as he believes that he can add additional loaves to another's thanks offering. Rashi explains that although one cannot add his loaves to another's thanks offering, he fulfills his vow by redeeming those loaves and using the money to purchase a gift thanks offering (see Rashash). *Tosafot* find this difficult, as he vowed to bring loaves for the thanks offering of so-and-so. Therefore, if he redeemed them before that person slaughtered his thanks offering, he has brought nothing for the thanks offering of that person, as slaughter of the animal consecrates the loaves with inherent sanctity and renders them part of the offering. After slaughter he can no longer redeem the loaves because items of inherent sanctity cannot be redeemed. Therefore, *Tosafot* explain that his intent was to add to the number of loaves that the other person is obligated to bring with his thanks offering, and in their opinion the status of those loaves is like that of the loaves of one who slaughters his thanks offering with eighty loaves (*Menaḥot* 78b), in accordance with the opinion of Ḥizkiyya who holds that all the loaves are consecrated. Others agree with Rashi and hold that the conclusion of the Gemara is that at the moment the loaves were consecrated with sanctity that inheres in their value, he has already fulfilled his vow (*Tosefot HaRosh*).

אֶלָּא דְּרַבִּי יְהוּדָה לְרַבִּי יְהוּדָה, מַאי? סְפֵיקָא הָוְיָא, וְנָפֵיק מִמָּה נַפְשָׁךְ, אוֹ דִּלְמָא בְּרִיָּה הוּא וְלָא נָפֵיק?

Rather, the dilemma is with regard to the *siur* **of Rabbi Yehuda** and is **in accordance with** the opinion of **Rabbi Yehuda,** who holds that although one is obligated to destroy it before Passover, one is not liable to receive lashes for eating it on Passover. It is unclear whether this is due to uncertainty or due to *siur* having a unique status. Therefore, Rabbi Zeira raises the dilemma: **What** is its status? **Is** it a case of **uncertainty, and** consequently one who vowed to bring loaves of *matza* or leavened bread and brings *siur* **fulfills** his obligation **whichever** way **you** look at it, because if it is *matza,* he fulfills his vow to bring *matza,* and if it is leavened bread, he fulfills his vow to bring leavened bread? **Or perhaps** *siur* **is an entity** in and of itself, neither *matza* nor leavened bread, **and he does not fulfill** his obligation at all.

וְהָאָמַר רַב הוּנָא: הָאוֹמֵר "הֲרֵי עָלַי לַחְמֵי תוֹדָה" – מֵבִיא תּוֹדָה וְלַחְמָהּ; וְכֵיוָן דְּאִיחַיַּיב לֵיהּ בְּתוֹדָה וְלַחְמָהּ, הָא לָא יָדַע הַאי גַּבְרָא אִי חָמֵץ הוּא דְּלֵיתֵי מַצָּה, אִי מַצָּה הוּא דְּלֵיתֵי חָמֵץ!

The Gemara asks: Even if it is a case of uncertainty, how can a person fulfill his vow with that *siur*? **But doesn't Rav Huna say** that **one who says:** It is incumbent **upon me** to bring **loaves of a thanks offering,** is obligated to **bring a thanks offering and all its loaves,** twenty tenths of an ephah, ten for matza and ten for leavened bread? **And since he is obligated to** bring **a thanks offering and all its loaves, but this man does not know whether** the *siur* that he brought **is leavened bread so that he will bring** ***matza,*** or **whether** the *siur* that he brought **is** ***matza*** **so that he will bring leavened bread,** so how can he fulfill his vow? In any case, the only way that he could fulfill his vow would be to bring an additional twenty tenths of an ephah.

לָא צְרִיכָא, דַּאֲמַר "הֲרֵי עָלַי חַלָּה לִפְטוֹר תּוֹדָתוֹ שֶׁל פְּלוֹנִי".

The Gemara answers: **No,** the dilemma of Rabbi Zeira is **necessary** only in a case **where one said:** It is incumbent **upon me** to bring the **loaf** element of the thanks offering **to exempt the thanks offering of so-and-so**[H] from the obligation to bring loaves, as in that case he can fulfill his vow because he did not obligate himself to bring a thanks offering.

סוֹף סוֹף, הָא לָא יָדַע הַאי גַּבְרָא אִי חָמֵץ הוּא דְּלֵיתֵי מַצָּה, אִי מַצָּה הוּא דְּלֵיתֵי חָמֵץ! לָא צְרִיכָא, דְּלָא אֲמַר "לִפְטוֹר"; מִיפַּק גַּבְרָא יְדֵי נִדְרוֹ נָפֵיק אוֹ לָא נָפֵיק? תֵּיקוּ.

The Gemara objects: **Ultimately, this man** who brings the thanks offering **does not know whether** the *siur* that the other contributed **is leavened bread so that he will bring** ***matza,*** or **whether** the *siur* that the other contributed **is** ***matza*** **so that he will bring leavened bread.** Therefore, the man bringing the thanks offering must bring both matza and unleavened bread in addition to the *siur,* and the one who vowed has then not exempted him from any obligation by contributing the *siur.* The Gemara responds: **No,** the dilemma of Rabbi Zeira is **necessary** only in a case **where** he said: It is incumbent upon me to bring loaves of leavened bread or *matza* for the thanks offering of so-and-so, but **did not say: To exempt** his thanks offering.[N] In that case, he is not obligated to fulfill the other's obligation, and the dilemma is: **Does the man fulfill his vow** by bringing the loaves of *siur* **or does he not fulfill** his vow? The Gemara concludes: The dilemma **shall stand** unresolved.

מתני׳ כָּשֵׁר בְּפָרָה – פָּסוּל בְּעֶגְלָה, כָּשֵׁר בְּעֶגְלָה – פָּסוּל בְּפָרָה.

MISHNA That which is **fit in** a red **heifer** is **unfit in a heifer** whose neck is broken; that which is **fit in a heifer** whose neck is broken is **unfit in** a red **heifer.**

גמ׳ תָּנוּ רַבָּנַן: פָּרָה – בִּשְׁחִיטָה כְּשֵׁרָה, בַּעֲרִיפָה פְּסוּלָה; עֶגְלָה – בַּעֲרִיפָה כְּשֵׁרָה, בִּשְׁחִיטָה פְּסוּלָה. נִמְצֵאת כָּשֵׁר בְּפָרָה – פָּסוּל בְּעֶגְלָה, כָּשֵׁר בְּעֶגְלָה – פָּסוּל בְּפָרָה.

GEMARA **The Sages taught** in a *baraita* in explanation of the mishna: With regard to the red **heifer, with slaughter** it is **fit; with breaking the neck** it is **unfit.** With regard to the **heifer** whose neck is broken, **with breaking the neck** it is **fit; with slaughter** it is **unfit. Consequently,** that which is **fit in** a red **heifer** is **unfit in a heifer** whose neck is broken; that which is **fit in a heifer** whose neck is broken is **unfit in** a red **heifer.**

HALAKHA

It is incumbent upon me to bring a loaf to exempt the thanks offering of so-and-so – **הֲרֵי עָלַי חַלָּה לִפְטוֹר תּוֹדָתוֹ שֶׁל פְּלוֹנִי**: If one said: It is incumbent upon me to bring a loaf to exempt the thanks offering of so-and-so, he is obligated to bring loaves with that person's thanks offering (Rambam *Sefer Avoda, Hilkhot Ma'aseh HaKorbanot* 17:11 and *Kesef Mishne*).

וְתֵהֵא פָּרָה כְּשֵׁרָה בַּעֲרִיפָה מִקַּל וָחוֹמֶר: וּמָה עֶגְלָה שֶׁלֹּא הוּכְשְׁרָה בִּשְׁחִיטָה – הוּכְשְׁרָה בַּעֲרִיפָה, פָּרָה שֶׁהוּכְשְׁרָה בִּשְׁחִיטָה – אֵינָהּ דִּין שֶׁהוּכְשְׁרָה בַּעֲרִיפָה?

The Gemara asks: **And let** it be derived that the red **heifer is fit with breaking the neck by means of an *a fortiori*** inference: **If a heifer** whose neck is broken, **which is not rendered fit with slaughter, is rendered fit with breaking the neck,** then with regard to a red **heifer, which is rendered fit with slaughter, isn't it logical that it is rendered fit with breaking the neck?**

Perek **I**
Daf **24** Amud **a**

אֲמַר קְרָא: "וְשָׁחַט" וְ"חוּקָּה", בִּשְׁחִיטָה – אִין, בַּעֲרִיפָה – לָא.

The Gemara answers that **the verse states** with regard to the red heifer: **"And he shall slaughter** it" (Numbers 19:3), **and** it mentions the term **statute:** "This is the statute of the Torah" (Numbers 19:2), indicating that **with slaughter, yes,** the red heifer is rendered fit; **with breaking the neck,** the red heifer is **not** rendered fit.

וְכָל הֵיכָא דִּכְתִיב בֵּיהּ חוּקָּה לָא דָּרְשִׁינַן קַל וָחוֹמֶר? וְהָא גַּבֵּי יוֹם הַכִּפּוּרִים דִּכְתִיב בֵּיהּ חוּקָּה, וְתַנְיָא: "וְעָשָׂהוּ חַטָּאת" – הַגּוֹרָל עוֹשֶׂה חַטָּאת, וְאֵין הַשֵּׁם עוֹשֶׂה חַטָּאת.

The Gemara asks: **And** is it so that **anywhere that statute is written with regard to** a certain matter, **we do not learn an *a fortiori*** inference? **But** what **about Yom Kippur, with regard to which statute is written:** "And this shall be an everlasting statute unto you" (Leviticus 16:34), **and** nevertheless **it is taught** in a *baraita*: "And Aaron shall bring forward the goat upon which the lot came up for the Lord, **and he shall offer it for a sin offering"** (Leviticus 16:9). The verse indicates that **the lottery**[B] **renders** the goat **a sin offering, but a verbal designation** of the goat with the status of a sin offering **does not render** it **a sin offering.**[H]

שֶׁיָּכוֹל, וַהֲלֹא דִּין הוּא: וּמַה בְּמָקוֹם שֶׁלֹּא קִדֵּשׁ הַגּוֹרָל – קִדֵּשׁ הַשֵּׁם, מָקוֹם שֶׁקִּדֵּשׁ הַגּוֹרָל – אֵינוֹ דִּין שֶׁקִּדֵּשׁ הַשֵּׁם? תַּלְמוּד לוֹמַר: "וְעָשָׂהוּ חַטָּאת" – הַגּוֹרָל עוֹשֶׂה חַטָּאת וְאֵין הַשֵּׁם עוֹשֶׂה חַטָּאת;

The *baraita* continues: A verse is necessary to teach this *halakha*, as one **might** have thought that the opposite conclusion is correct: **Could this not** be derived through an *a fortiori* **inference: If in a case where the lottery does not sanctify** the animal with a specific designation, such as in the case of two birds brought by a woman after childbirth, and nevertheless **a verbal designation** of that offering **sanctifies** it, in **a case where the lottery sanctifies** the animal on Yom Kippur, **isn't it logical that a verbal designation** as a sin offering **sanctifies it?** Therefore, **the verse states: "And render it a sin offering;" the lottery renders** the goat **a sin offering, but a verbal designation** of a sin offering **does not render** the goat **a sin offering.**

טַעְמָא דִּכְתַב רַחֲמָנָא: "וְעָשָׂהוּ חַטָּאת", הָא לָאו הָכִי – דָּרְשִׁינַן קַל וָחוֹמֶר!

The Gemara infers: **The reason** that the *a fortiori* inference is not learned is **that the Merciful One writes: "And he shall offer it for a sin offering." But otherwise we** would **learn an *a fortiori*** inference, despite the fact that statute is written with regard to the Yom Kippur service.

מִיעֵט רַחֲמָנָא גַּבֵּי עֶגְלָה: "הָעֲרוּפָה" – זֹאת בַּעֲרִיפָה וְאֵין אַחֶרֶת בַּעֲרִיפָה.

The Gemara explains: Actually, one may learn an *a fortiori* inference even in a case where statute is written. Nevertheless, **with regard to** the **heifer** whose neck is broken, **the Merciful One restricts** the use of breaking the neck: "And all the Elders of that city… shall wash their hands over the heifer **whose neck is broken"** (Deuteronomy 21:6). From the relative pronoun "whose" it is derived: **This** heifer **is** killed **by breaking the neck, but no other,** i.e., the red heifer, is killed **by breaking the neck.**

וְתֵהֵא עֶגְלָה כְּשֵׁרָה בִּשְׁחִיטָה מִקַּל וָחוֹמֶר: וּמַה פָּרָה שֶׁלֹּא הוּכְשְׁרָה בַּעֲרִיפָה – כְּשֵׁרָה בִּשְׁחִיטָה, עֶגְלָה שֶׁכְּשֵׁרָה בַּעֲרִיפָה – אֵינוֹ דִּין שֶׁהוּכְשְׁרָה בִּשְׁחִיטָה? אֲמַר קְרָא: "וְעָרְפוּ הָעֶגְלָה" – בַּעֲרִיפָה אִין, בִּשְׁחִיטָה לָא.

The Gemara challenges: **And let it be** derived that the heifer whose neck is broken is rendered **fit with slaughter by means of an *a fortiori*** inference: If a red **heifer, which is not rendered fit with breaking the neck,** is rendered **fit with slaughter,** then with regard to **a heifer** whose neck is broken, **which is** rendered **fit with breaking the neck, isn't it logical that it is rendered fit with slaughter?** The Gemara responds that **the verse states: "And shall break the neck of the heifer** there in the valley" (Deuteronomy 21:4). The doubled reference to breaking the neck in the two verses indicates that **by breaking the neck, yes,** the heifer may be killed; **by slaughter,** the heifer may **not** be killed.

BACKGROUND

Lot – גּוֹרָל: The Torah commands that lots be drawn on Yom Kippur over two goats, one sacrificed as a sin offering in the Temple and one, the scapegoat, sent to Azazel (see Leviticus, chapter 16). That scapegoat was cast from a desert cliff located 12–15 km from Jerusalem. Before passing the goat to the messenger entrusted with taking it to the desert, the High Priest would place his hands on the goat's head and symbolically burden it with both the intentional and unwitting sins of the Jewish people. He would then dispatch the goat to the desert with the aforementioned messenger, who was specifically designated for this task. The rite of the scapegoat was an essential part of the Yom Kippur service during Temple times.

HALAKHA

The lottery renders the goat a sin offering but a verbal designation does not render it a sin offering – הַגּוֹרָל עוֹשֶׂה חַטָּאת וְאֵין הַשֵּׁם עוֹשֶׂה חַטָּאת: The lottery of the two goats on Yom Kippur is an essential part of the service, as it is the lots that render the animals sin offerings (Rambam *Sefer Avoda, Hilkhot Avodat Yom HaKippurim* 3:3).

מתני׳ כָּשֵׁר בַּכֹּהֲנִים – פָּסוּל בַּלְוִיִּם, כָּשֵׁר בַּלְוִיִּם – פָּסוּל בַּכֹּהֲנִים.

MISHNA There is an element with which **priests** remain **fit and Levites are unfit,** and there is also an element with which **Levites** remain **fit** and **priests are unfit.**

גמ׳ תָּנוּ רַבָּנַן: כֹּהֲנִים – בְּמוּמִין פְּסוּלִים, בְּשָׁנִים כְּשֵׁרִים; לְוִיִּם – בְּמוּמִין כְּשֵׁרִים, בְּשָׁנִים פְּסוּלִים; נִמְצָא כָּשֵׁר בַּכֹּהֲנִים – פָּסוּל בַּלְוִיִּם, כָּשֵׁר בַּלְוִיִּם – פָּסוּל בַּכֹּהֲנִים.

GEMARA The Sages taught in a *baraita* in explanation of the mishna: **Priests are** rendered **unfit** for Temple service **with the blemishes**[HB] enumerated in the Torah (see Leviticus 21:16–23), but remain **fit with** the passage of **years,** as from the moment that they reach majority they are fit for service for the rest of their lives. **Levites** remain **fit** for Temple service **with** the **blemishes** enumerated in the Torah but **are unfit with** the passage of **years,**[H] as they are fit for service only between the ages of thirty and fifty (see Numbers 4:47). **It is found** that there is an element with which **priests** remain **fit** and **Levites are unfit,** and there is an element with which **Levites** remain **fit** and **priests are unfit.**

מְנָא הָנֵי מִילֵּי? דְּתָנוּ רַבָּנַן: ״זֹאת אֲשֶׁר לַלְוִיִּם״ מַה תַּלְמוּד לוֹמַר? לְפִי שֶׁנֶּאֱמַר: ״וּמִבֶּן חֲמִשִּׁים שָׁנָה יָשׁוּב״, לָמַדְנוּ לַלְוִיִּם שֶׁהַשָּׁנִים פּוֹסְלִין בָּהֶם, יָכוֹל מוּמִין פּוֹסְלִין בָּהֶם? וְדִין הוּא: וּמַה כֹּהֲנִים שֶׁאֵין הַשָּׁנִים פּוֹסְלִין בָּהֶן – מוּמִין פּוֹסְלִין בָּהֶן, לְוִיִּם שֶׁהַשָּׁנִים פּוֹסְלִין בָּהֶם – אֵינוֹ דִּין שֶׁיְּהוּ מוּמִין פּוֹסְלִין בָּהֶם? תַּלְמוּד לוֹמַר: ״זֹאת אֲשֶׁר לַלְוִיִּם״ – זֹאת לַלְוִיִּם, וְאֵין אַחֶרֶת לַלְוִיִּם.

The Gemara asks: **From where are these matters** derived? The Gemara answers: It is **as the Sages taught** in a *baraita*: **"This is that which pertains to the Levites"** (Numbers 8:24); **why must the verse state** this? **Since it is stated: "And from the age of fifty years he shall return** from the service" (Numbers 8:25), **we learned with regard to the Levites that** the passage of **years disqualifies them.** One **might** have thought that **blemishes disqualify them** too. **And** ostensibly, it could be learned through **logical inference: If priests,** with regard to **whom** the passage of **years does not disqualify them, blemishes disqualify them,** then in the case of **Levites,** with regard to **whom** the passage of **years disqualifies them, isn't it logical that blemishes disqualify them?** Therefore, **the verse states: "This is that which pertains to the Levites,"** from which it is derived: **"This,"** the passage of years, is a disqualification that pertains **to the Levites, and there is no other** disqualification that pertains **to the Levites.**

יָכוֹל יְהוּ הַכֹּהֲנִים פְּסוּלִין בְּשָׁנִים? וַהֲלֹא דִּין הוּא: וּמַה לְוִיִּם שֶׁאֵין מוּמִין פּוֹסְלִין בָּהֶם – שָׁנִים פּוֹסְלִין בָּהֶם, כֹּהֲנִים שֶׁהַמּוּמִין פּוֹסְלִין בָּהֶם – אֵינוֹ דִּין שֶׁיְּהוּ שָׁנִים פּוֹסְלִין בָּהֶם? תַּלְמוּד לוֹמַר: ״אֲשֶׁר לַלְוִיִּם״ – וְלֹא אֲשֶׁר לַכֹּהֲנִים.

One **might** have thought that **priests would be disqualified with** the passage of **years. And** ostensibly, **could this not** be derived through the following *a fortiori* **inference: If Levites,** with regard **to whom blemishes do not disqualify them,** the passage of **years disqualifies them,** then in the case of **priests,** with regard to **whom blemishes disqualify them, isn't it logical** that the passage of **years disqualifies them?** Therefore, **the verse states: "Which pertains to the Levites," and not which pertains to the priests.**

יָכוֹל אַף בְּשִׁילֹה וּבְבֵית עוֹלָמִים כֵּן? תַּלְמוּד לוֹמַר: ״לַעֲבֹד עֲבֹדַת עֲבֹדָה וַעֲבֹדַת מַשָּׂא״, לֹא אָמַרְתִּי אֶלָּא בִּזְמַן שֶׁהָעֲבוֹדָה בַּכָּתֵף.

One **might** have thought that the Levites were disqualified with the passage of years **even in Shiloh,**[B] the permanent place of the Tabernacle, **and in the eternal Temple.** Therefore, **the verse states: "To perform the work of service,**[N] **and the work of bearing burdens"** (Numbers 4:47), juxtaposing the two forms of Levite service to teach: **I stated** the disqualification of the passage of years **only at a time when** there is Levite **service** involving carrying the Tabernacle **on their shoulders.**[N]

HALAKHA

Priests are unfit with blemishes – **כֹּהֲנִים בְּמוּמִין פְּסוּלִים**: Any priest with a blemish, whether it is permanent or transient, may not enter the area of the Temple from the altar and beyond. If he did so, he is flogged, even if he did not perform Temple service. If he performed Temple service, he invalidates and desecrates that service (Rambam *Sefer Avoda, Hilkhot Biat HaMikdash* 6:1).

Levites…are unfit with the passage of years – **לְוִיִּם...בְּשָׁנִים פְּסוּלִים**: A Levite begins his service in the Temple only after reaching majority; a minor is unfit for service. The age restriction on Levites in the Torah: "And from the age of fifty years he shall return from the service" (Numbers 8:25), applies only when their tasks include carrying the Tabernacle from place to place. Once that is no longer required, a Levite is disqualified neither with the passage of years nor with blemishes. He is disqualified only if his voice deteriorates due to old age and he is no longer able to sing in the Temple, in accordance with the *baraitot* cited in the Gemara (Rambam *Sefer Avoda, Hilkhot Kelei HaMikdash* 3:7–8, and see Mahari Kurkus, Radbaz, and *Kesef Mishne* there).

NOTES

The work of service [*avodat avoda*] – **עֲבֹדַת עֲבֹדָה**: The reference is to those tasks incumbent upon the Levites other than carrying the Tabernacle from place to place. In tractate *Arakhin* (11a) the Gemara says that this doubled expression refers specifically to song, which is a service that must accompany another service. Rashi explains that it is performed only together with the libations that accompany an offering. Rabbeinu Gershom Meor HaGola explains that when the Levites sang, they were accompanied by others, not necessarily Levites, who played musical instruments. Others explain that the term *avodat avoda* is a reference to guarding the Temple (*Targum Yonatan*), a role with which the priests and the Levites were tasked (Numbers 18:3–5). This suggestion is based on the Gemara in *Arakhin* (11b) that there were singers and gatekeepers (see I Chronicles, chapters 9, 15), and they functioned in the Second Temple as well (Ezra 2:7). The task of the gatekeepers included opening and closing the Temple gates (see *Middot* 34a), and the Levites were called gatekeepers because they were tasked with guarding the gates (Commentary on *Tamid* 25b, but see Rambam *Sefer Avoda, Hilkhot Kelei HaMikdash* 3:1).

Only at a time when there is Levite service on their shoulders – **אֶלָּא בִּזְמַן שֶׁהָעֲבוֹדָה בַּכָּתֵף**: A person generally achieves his maximum physical prowess, which was necessary to perform the service of carrying a burden, between the ages of thirty and fifty. The Sages (*Avot* 5:21) derived from this: Thirty years of age for strength (Rashi on Numbers 4:2). The Ramban, in his commentary to *Sefer HaMitzvot* of the Rambam, explains that the reason that Levites were also not permitted to sing after the age of fifty is so they would not engage in carrying burdens. The Gemara's derivation here that the limitations on the age at which the Levites could serve applied only to the Tabernacle in the wilderness is supported by other verses in the Bible as well. In the book of I Chronicles (23:25), King David counted the Levites from age twenty rather than thirty, as at that stage of history their service no longer included carrying the Tabernacle.

BACKGROUND

Blemish – **מוּם**: Certain blemishes render a priest unfit to serve in the Temple. The *halakhot* of these blemishes are discussed in tractate *Bekhorot*. Many of the blemishes that render animals unfit for sacrifice render priests unfit for Temple service (see Leviticus 21:16–24). Although it is prohibited for priests with blemishes to perform the Temple service, they may be employed in certain auxiliary tasks, e.g., examining the wood for the altar to ensure that it is fit for use.

Shiloh – **שִׁילֹה**: When the Jewish people entered Eretz Yisrael, they erected the Tabernacle in Gilgal. They later moved it to Shiloh, where it stood for 369 years. Shiloh is located in the tribal land of Ephraim (see Judges 21:19), approximately 35 km north of Jerusalem on the ancient mountain ridge road that traverses the country from north to south. In contemporary times, the foundations of the Tabernacle have been unearthed, and a synagogue has been built adjacent to the site in commemoration. After Shiloh was destroyed (see I Samuel, chapter 4 and Jeremiah 7:12), the people relocated the Tabernacle to Nov and then to Gibeon.

כָּתוּב אֶחָד אוֹמֵר: ״מִבֶּן חָמֵשׁ וְעֶשְׂרִים שָׁנָה וָמַעְלָה״, וְכָתוּב אֶחָד אוֹמֵר: ״מִבֶּן שְׁלֹשִׁים״; אִי אֶפְשָׁר לוֹמַר שְׁלֹשִׁים – שֶׁכְּבָר נֶאֱמַר חָמֵשׁ וְעֶשְׂרִים, וְאִי אֶפְשָׁר לוֹמַר חָמֵשׁ וְעֶשְׂרִים – שֶׁכְּבָר נֶאֱמַר שְׁלֹשִׁים, הָא כֵּיצַד? חָמֵשׁ וְעֶשְׂרִים לְתַלְמוּד, וּשְׁלֹשִׁים לַעֲבוֹדָה;

The *baraita* notes that **one verse states: "From twenty-five years old and upward"** (Numbers 8:24), **and one verse states: "From thirty years old** and upward" (Numbers 4:47). It is **impossible to say thirty, as twenty-five is already stated, and** it is **impossible to say twenty-five, as thirty is already stated. How** can these verses be reconciled? **Twenty-five** years old is the time **for apprenticeship and thirty for service.**[H]

מִכָּאן לְתַלְמִיד שֶׁלֹּא רָאָה סִימָן יָפֶה בְּמִשְׁנָתוֹ חָמֵשׁ שָׁנִים – שׁוּב אֵינוֹ רוֹאֶה. רַבִּי יוֹסֵי אוֹמֵר: שָׁלֹשׁ שָׁנִים, שֶׁנֶּאֱמַר: ״וּלְגַדְּלָם שָׁנִים שָׁלֹשׁ״ ״וּלְלַמְּדָם סֵפֶר וּלְשׁוֹן כַּשְׂדִּים״.

From here it is derived that **a student who did not see a positive indication in his studies** after **five years will no longer see** a productive result from those studies. **Rabbi Yosei says** that the period is **three years, as it is stated** with regard to Daniel and his cohort who instructed the king of Babylonia: **"And they should be raised three years"** (Daniel 1:5), **"and he should teach them the books and the language of the Chaldeans"** (Daniel 1:4).

וְאִידָּךְ? שָׁאנֵי לְשׁוֹן כַּשְׂדִּים, דְּקַלִּיל. וְאִידָּךְ? שָׁאנֵי הִלְכוֹת עֲבוֹדָה, דִּתְקִיפִין.

The Gemara asks: **And** how does **the other** *tanna* explain the verses in Daniel? The Gemara answers: He holds that the verses in Daniel cannot be cited as a source for this principle because **the language of the Chaldeans is different, as** it is **easy** and can be learned in a shorter period. The Gemara asks: **And** how does **the other** *tanna*, Rabbi Yosei, explain the verses with regard to the Levites? The Gemara answers: He holds that **the *halakhot* of** Temple **service are different, as they are difficult** and require a longer period of study.

תָּנוּ רַבָּנַן: כֹּהֵן, מִשֶּׁיָּבִיא שְׁתֵּי שְׂעָרוֹת עַד שֶׁיַּזְקִין כָּשֵׁר לַעֲבוֹדָה, וּמוּמִין פּוֹסְלִין בּוֹ. בֶּן לֵוִי, מִבֶּן שְׁלֹשִׁים וְעַד בֶּן חֲמִשִּׁים כָּשֵׁר לַעֲבוֹדָה, וְשָׁנִים פּוֹסְלִין בּוֹ; בַּמֶּה דְּבָרִים אֲמוּרִים? בְּאֹהֶל מוֹעֵד שֶׁבַּמִּדְבָּר, אֲבָל בְּשִׁילֹה וּבְבֵית עוֹלָמִים – אֵין נִפְסָלִין אֶלָּא בְּקוֹל. אָמַר רַבִּי יוֹסֵי: מַאי קְרָא?

The Sages taught in a *baraita*: **A priest, from** the time he reaches puberty and **grows two** pubic **hairs until he ages, is fit for** Temple **service, and blemishes disqualify him. A Levite from the age of thirty until the age of fifty is fit for** Temple **service, and** the passage of **years disqualifies him. In what** case **is this statement said?** It is said **with regard to the Tent of Meeting** of the Tabernacle **in the wilderness. But with regard to Shiloh and in the eternal Temple,** Levites **are disqualified only** due to a change **in voice** that renders them unable to recite the songs in the Temple with their brethren. **Rabbi Yosei said: What is the verse** from which this is derived?

HALAKHA

Twenty-five years old is the time for apprenticeship and thirty for service – חָמֵשׁ וְעֶשְׂרִים לְתַלְמוּד וּשְׁלֹשִׁים לַעֲבוֹדָה: A Levite begins his service in the Temple only after first undergoing five years of training (Rambam *Sefer Avoda, Hilkhot Kelei HaMikdash* 3:7).

Perek **I**
Daf **24** Amud **b**

״וַיְהִי כְאֶחָד לַמְחַצְּרִים וְלַמְשֹׁרְרִים לְהַשְׁמִיעַ קוֹל אֶחָד״.

"It came to pass, when the trumpeters and singers were as one,[N] **to make one sound to be heard"** (II Chronicles 5:13). This indicates that the Levites must be capable of singing in one voice, and one who is unable to do so is unfit for service.

״עַד שֶׁיַּזְקִין״. עַד כַּמָּה? אָמַר רַבִּי אֶלְעָא אָמַר רַבִּי חֲנִינָא: עַד שֶׁיְּרַתֵּת.

The *baraita* teaches that the priest is eligible for service **until he ages.** The Gemara asks: **Until when,** i.e., what is the definition of aging in this context? **Rabbi Ela says** that **Rabbi Ḥanina says: Until** his hands and feet begin to **tremble.**[H]

NOTES

It came to pass…were as one – וַיְהִי כְאֶחָד: The Rambam (*Sefer Avoda, Hilkhot Kelei HaMikdash* 3:8) writes that a Levite is disqualified when his voice deteriorates due to old age. Nevertheless, the Rambam adds that he is disqualified only for singing, but not for serving as a gatekeeper.

HALAKHA

Until his hands and feet begin to tremble – עַד שֶׁיְּרַתֵּת: A priest who reached a stage where he trembles when he stands is considered blemished and is disqualified from Temple service (Rambam *Sefer Avoda, Hilkhot Biat HaMikdash* 7:12).

תְּנַן הָתָם: בַּעַל קֶרִי שֶׁטָּבַל וְלֹא הֵטִיל מַיִם, לִכְשֶׁיַּטִּיל – טָמֵא. רַבִּי יוֹסֵי אוֹמֵר: בְּחוֹלֶה וּבְזָקֵן – טָמֵא, בְּיֶלֶד וּבְבָרִיא – טָהוֹר.

We learned in a mishna **there** (*Mikvaot* 8:4): With regard to **one who experienced a seminal emission who** then **immersed** in a ritual bath[H] **and did not urinate**[B] before immersing, **when he urinates he is ritually impure,** because residue of the semen remain in his body and was discharged with the urine, rendering him impure. **Rabbi Yosei says: In** the case of **an ill** person **and an elderly** person, he is **ritually impure; in** the case of **a young** person **and a healthy** person, he is **ritually pure,** as the semen was presumably discharged in its entirety at the outset.

יֶלֶד עַד כַּמָּה? אָמַר רַבִּי אֶלְעָא אָמַר רַבִּי חֲנִינָא: כָּל שֶׁעוֹמֵד עַל רַגְלוֹ אַחַת וְחוֹלֵץ מִנְעָלוֹ וְנוֹעֵל מִנְעָלוֹ. אָמְרוּ עָלָיו עַל רַבִּי חֲנִינָא, שֶׁהָיָה בֶּן שְׁמוֹנִים שָׁנָה וְהָיָה עוֹמֵד עַל רַגְלוֹ אַחַת וְחוֹלֵץ מִנְעָלוֹ וְנוֹעֵל מִנְעָלוֹ. אָמַר רַבִּי חֲנִינָא: חַמִּין וְשֶׁמֶן שֶׁסָּכַתְנִי אִמִּי בְּיַלְדוּתִי הֵן עָמְדוּ לִי בְּעֵת זִקְנוּתִי.

Until when is one considered **a young** person? **Rabbi Ela says** that **Rabbi Ḥanina says: Anyone who** is able to **stand on one of his legs and remove his shoe or put on his shoe** is considered young. **They said about Rabbi Ḥanina that he was eighty years old and would stand on one of his legs and remove his shoe or put on his shoe. Rabbi Ḥanina says:** The **hot water and oil that my mother smeared on me in my youth benefited me in my old age.**

תָּנוּ רַבָּנַן: נִתְמַלֵּא זְקָנוֹ – רָאוּי לֵיעָשׂוֹת שְׁלִיחַ צִיבּוּר, וְלֵירֵד לִפְנֵי הַתֵּיבָה, וְלִישָּׂא אֶת כַּפָּיו. מֵאֵימָתַי כָּשֵׁר לַעֲבוֹדָה? מִשֶּׁיָּבִיא שְׁתֵּי שְׂעָרוֹת. רַבִּי אוֹמֵר, אוֹמֵר אֲנִי: עַד שֶׁיְּהֵא בֶּן עֶשְׂרִים.

The Sages **taught:** If one's **beard** is **fully** grown,[N] **he is fit to be appointed an emissary of the community**[H] for various matters, **and to descend before the ark**[N] as a prayer leader, **and to lift his hands**[BH] for the Priestly Benediction. **From when** is a priest **fit for** Temple **service?**[H] It is **from** the time he reaches puberty and **grows two** pubic **hairs. Rabbi** Yehuda HaNasi **says: I say** that he is not fit for Temple service **until he is twenty** years of **age.**

אָמַר רַב חִסְדָּא: מַאי טַעְמָא דְּרַבִּי? דִּכְתִיב: ״וַיַּעֲמִידוּ [אֶת] הַלְוִיִּם מִבֶּן עֶשְׂרִים שָׁנָה וָמַעְלָה לְנַצֵּחַ עַל מְלֶאכֶת בֵּית ה׳״. וְאִידָךְ? לְנַצֵּחַ שָׁאנֵי.

Rav Ḥisda said: What is the reason for the opinion **of Rabbi** Yehuda HaNasi? The reason is **as it is written: "And appointed the Levites, from twenty years old and upward, to oversee of the work of the House of the Lord"** (Ezra 3:8). **And** what does **the other** *tanna* hold? He holds that **to oversee is different** and requires an older priest.

וְהָא הַאי קְרָא בִּלְוִיִּם כְּתִיב! כִּדְרַבִּי יְהוֹשֻׁעַ בֶּן לֵוִי, דְּאָמַר רַבִּי יְהוֹשֻׁעַ בֶּן לֵוִי: בְּעֶשְׂרִים וְאַרְבָּעָה מְקוֹמוֹת נִקְרְאוּ כֹּהֲנִים לְוִיִּם, וְזֶה אֶחָד מֵהֶן: ״וְהַכֹּהֲנִים הַלְוִיִּם בְּנֵי צָדוֹק״.

The Gemara asks: **But** what proof can be cited from this verse with regard to priests; **isn't that verse written with regard to Levites?** The Gemara answers: It is understood **in accordance with** the statement **of Rabbi Yehoshua ben Levi, as Rabbi Yehoshua ben Levi says: In twenty-four places** in the Bible the **priests are called Levites. And this is one of those** verses: **"And the priests the Levites, the sons of Zadok"** (Ezekiel 44:15). The verse in Ezra is another one of the verses.

BACKGROUND

One who experienced a seminal emission who immersed and did not urinate – בַּעַל קֶרִי שֶׁטָּבַל וְלֹא הֵטִיל מַיִם: Semen is discharged by means of powerful muscular contractions that cause the forceful discharge of the seminal fluid. In cases of weakness caused by aging or illness, the contractions are less powerful and the discharge of semen is not complete.

To lift his hands – לִישָּׂא אֶת כַּפָּיו: The Priestly Benediction is recited by priests during the communal prayer recited by the prayer leader, between the final two blessings in the prayer, the blessing of thanksgiving and the blessing of peace. It consists of three verses: Numbers 6:24–26. As the priests turn to face the congregation to recite the Priestly Benediction, they first recite a blessing acknowledging the sanctity of the priestly lineage and their responsibility to bless the people in a spirit of love. While reciting the Priestly Benediction, the priests lift their hands. In most synagogues in Eretz Yisrael, the Priestly Benediction is recited by the priests each day during the prayer leader's repetition of the morning prayer and, on days when it is recited, the additional prayer. In the Diaspora, there is a long-established Ashkenazic practice to recite it only during the additional prayer on Festivals.

NOTES

If one's beard is fully grown – נִתְמַלֵּא זְקָנוֹ: The Gemara here means that if one's beard is fully grown then one is fit to serve as a prayer leader, provided that one meets the other requirements for serving as prayer leader (see *Ta'anit* 16a). If one's beard is not fully grown, then even if he is a prominent Torah scholar, it would be considered a lack of respect for the congregation were he to lead them in prayer, and consequently such an individual may not serve as prayer leader (Meiri, citing Rambam). Some *ge'onim* rule that provided he is twenty years old, even if his beard is not fully grown, it is as though his beard is fully grown (Meiri).

To be appointed an emissary of the community and to descend before the ark – לֵיעָשׂוֹת שְׁלִיחַ צִיבּוּר וְלֵירֵד לִפְנֵי הַתֵּיבָה: The distinction in the Gemara here between the terms: Emissary of the community [*shaliaḥ tzibbur*], and: Descend before the ark, which are typically used synonymously in halakhic discourse to refer to a prayer leader, led Rashi to interpret the reference to an emissary of the community as one who fills various communal roles. These include one who sounds the shofar in court, administers lashes, implements a decision of ostracism, and according to the variant reading in the *Shita Mekubbetzet*, one who is appointed as a communal leader. Some early commentaries found this explanation difficult, as those tasks are typically performed by an emissary of the court. Furthermore, one appointed to deal with the needs of the people is typically called: The sexton of the synagogue, not emissary of the community. Therefore, the Ramban explains that these are not two distinct titles. Rather, they refer to the same individual: One who is fit to be appointed an emissary of the community to descend before the ark.

HALAKHA

One who experienced a seminal emission who immersed in a ritual bath, etc. – בַּעַל קֶרִי שֶׁטָּבַל וכו׳: If one who had experienced a seminal emission did not urinate before immersing, when he urinates he is rendered impure due to the remnants of semen that are discharged only through urination. This applies only when the man is ill or elderly, but in the case of a young, healthy man, he remains ritually pure because he discharges semen forcefully and it is completely discharged, leaving no remnants. He is considered young as long as he is able to stand on one leg and put on or remove his shoe. If he is unable to do so due to illness, he is considered ill for these purposes, in accordance with the opinion of Rabbi Yosei and Rabbi Ḥanina (Rambam *Sefer Tahara, Hilkhot She'ar Avot HaTumot* 5:7).

If one's beard is fully grown he is fit to be appointed an emissary of the community, etc. – נִתְמַלֵּא זְקָנוֹ רָאוּי לֵיעָשׂוֹת שְׁלִיחַ צִיבּוּר וכו׳: A prayer leader may receive a permanent appointment only if his beard is fully grown, or if he has reached an age where he is capable of growing a beard, in deference to the community. If there is no one of that age who is qualified to serve as prayer leader, or if it is a onetime designation, it is permitted for anyone from the age of thirteen years and one day to serve as prayer leader. On fast days, Rosh HaShana, and Yom Kippur, even on a onetime basis one may serve as prayer leader only if his beard is fully grown (Rambam *Sefer Ahava, Hilkhot Tefilla* 8:11; *Shulḥan Arukh, Oraḥ Ḥayyim* 53:6–8 and *Mishna Berura* there).

And to lift his hands – וְלִישָּׂא אֶת כַּפָּיו: A minor priest may not recite the Priestly Benediction alone, but he may do so with priests who reached majority for the purpose of learning and practicing how to do so. Once he reaches majority, he may do so alone, but only on an occasional basis. Once his beard is fully grown, he may recite the benediction alone on a regular basis. The status of one who reached the age where he is capable of growing a full beard, even if his beard is not actually fully grown, is equivalent to the status of one who has a fully grown beard (Rambam *Sefer Ahava, Hilkhot Tefilla* 15:1, 4; *Shulḥan Arukh, Oraḥ Ḥayyim* 128:34; see *Tosafot*).

From when is a priest fit for Temple service – מֵאֵימָתַי כָּשֵׁר לַעֲבוֹדָה: When a priest reaches majority he is fit for Temple service. Nevertheless, his priestly brethren would not allow him to begin performing the Temple service until he reached the age of twenty, in accordance with the unattributed *baraita* (Rambam *Sefer Avoda, Hilkhot Kelei HaMikdash* 5:15).

תָּנוּ רַבָּנַן: "אִישׁ מִזַּרְעֲךָ לְדֹרֹתָם" – מִכָּאן אָמַר רַבִּי אֶלְעָזָר: קָטָן פָּסוּל לַעֲבוֹדָה, וַאֲפִילּוּ תָּם. מֵאֵימָתַי כָּשֵׁר לַעֲבוֹדָה? מִשֶּׁיָּבִיא שְׁתֵּי שְׂעָרוֹת, אֲבָל אֶחָיו הַכֹּהֲנִים אֵין מַנִּיחִין אוֹתוֹ לַעֲבוֹד עַד שֶׁיְּהֵא בֶּן עֶשְׂרִים.

The Sages taught in a *baraita* with regard to the verse: **"Any man of your descendants throughout their generations** that has a blemish shall not approach to offer the bread of his God" (Leviticus 21:17); **from here Rabbi Elazar says: A minor** priest is **unfit for** Temple **service, even if** he is **unblemished,** as he is not a man. **From when is he fit for service? From** the time he reaches puberty and **grows two** pubic **hairs. But his brethren the priests do not allow him to perform the service until he is twenty** years of **age.**

אִיכָּא דְּאָמְרִי: הָא – רַבִּי הִיא, וַאֲפִילּוּ פְּסוּל דְּרַבָּנַן לֵית לֵיהּ. וְאִיכָּא דְּאָמְרִי: רַבִּי אִית לֵיהּ פְּסוּל מִדְּרַבָּנַן, וְהָא – רַבָּנַן הִיא, וּלְכַתְּחִלָּה הוּא דְּלָא, אֲבָל דִּיעֲבַד – עֲבוֹדָתוֹ כְּשֵׁרָה.

There are those **who say: This is** the opinion of **Rabbi** Yehuda HaNasi, **and he is** of the opinion that there is **no disqualification** for one between puberty and twenty years of age **even by rabbinic law.** The other priests simply do not allow priests of that age to perform the Temple service *ab initio*. **And there are** those **who say:** Rabbi Yehuda HaNasi **is of** the opinion that there is **disqualification by rabbinic law** in that case, **and this** statement in the *baraita* is the opinion of **the Rabbis, and** they hold that **it is *ab initio* that** one may **not** perform the service, **but after the fact, his service is valid.**

מתני׳ טָהוֹר בִּכְלִי חֶרֶשׂ – טָמֵא בְּכָל הַכֵּלִים, טָהוֹר בְּכָל הַכֵּלִים – טָמֵא בִּכְלִי חֶרֶשׂ.

MISHNA That which is **ritually pure in an earthenware vessel is ritually impure in all the** other types of **vessels;**[H] that which is **ritually pure in all the** other types of **vessels is ritually impure in an earthenware vessel.**

גמ׳ תָּנוּ רַבָּנַן: אֲוִיר כְּלִי חֶרֶשׂ טָמֵא, וְגַבּוֹ טָהוֹר; אֲוִיר כָּל הַכֵּלִים טָהוֹר, וְגַבָּן טָמֵא; נִמְצָא טָהוֹר בִּכְלִי חֶרֶשׂ – טָמֵא בְּכָל הַכֵּלִים, טָהוֹר בְּכָל הַכֵּלִים – טָמֵא בִּכְלִי חֶרֶשׂ.

GEMARA **The Sages taught** in a *baraita* explaining the mishna: If a primary source of ritual impurity fell into the **airspace of an earthenware vessel** the vessel is **ritually impure, and** if it fell on **its outer side,** the vessel is **ritually pure.**[N] If a primary source of ritual impurity fell into the **airspace of all the** other types of **vessels,** the vessels are **ritually pure, and** if it fell on **their outer side,** they are **ritually impure. It is found** that that which is **ritually pure in an earthenware vessel** is **ritually impure in all the** other **vessels,** and that which is **ritually pure in all the** other **vessels** is **ritually impure in an earthenware vessel.**

מְנָהָנֵי מִילֵּי? דְּתָנוּ רַבָּנַן: "תּוֹכוֹ" – וְאַף עַל פִּי שֶׁלֹּא נָגַע.

The Gemara asks: **From where are these matters** derived? It is **as the Sages taught** in a *baraita* based on the verse: "And every earthenware vessel into which [*tokho*] any of them falls, whatever is in it [*tokho*] shall be impure, and it you shall break" (Leviticus 11:33); if an impure item fell **"in it [*tokho*],"** and **even** in a case **where** the impure item **did not come into contact** with the vessel, the vessel becomes impure.

אַתָּה אוֹמֵר: אַף עַל פִּי שֶׁלֹּא נָגַע? אוֹ אֵינוֹ אֶלָּא אִם כֵּן נָגַע! רַבִּי יוֹנָתָן בֶּן אַבְטוֹלְמוֹס אוֹמֵר: נֶאֱמַר "תּוֹכוֹ" לְטַמֵּא, וְנֶאֱמַר "תּוֹכוֹ" לִיטָּמֵא, מַה תּוֹכוֹ הָאָמוּר לְטַמֵּא – אַף עַל פִּי שֶׁלֹּא נָגַע, אַף "תּוֹכוֹ" הָאָמוּר לִיטָּמֵא – אַף עַל פִּי שֶׁלֹּא נָגַע.

The *baraita* continues: **Do you say** that it is impure **even if** the impure item **did not come into contact** with the vessel, **or** perhaps **it is** impure **only if it did come into contact** with the vessel? **Rabbi Yonatan ben Avtolemos says: *Tokho* is stated** with regard **to transmitting impurity** to food in its airspace, as it is stated: "Whatever is in it [*tokho*] shall be impure," **and *tokho* is stated** with regard **to becoming impure,** as it is stated: "Into which [*tokho*] any of them falls"; **just as** in the case of ***tokho* that is stated** with regard **to transmitting impurity** to food in its airspace, the food is impure **even if** the impure item **did not come into contact** with the vessel, **so too,** in the case of ***tokho* that is stated** with regard **to** the vessel **becoming impure,** the vessel is impure **even if** the impure item **did not come into contact** with it.

וְהָתָם מְנָלַן? אָמַר רַבִּי יוֹנָתָן: הַתּוֹרָה הֵעִידָה עַל כְּלִי חֶרֶס

The Gemara asks: **And there,** with regard to rendering food impure in its airspace, **from where do we** derive that the food becomes impure even if it did not come into contact with the impure vessel? **Rabbi Yonatan said: The Torah testified about an earthenware vessel**

HALAKHA

That which is ritually pure in an earthenware vessel is ritually impure in all the other types of vessels – טָהוֹר בִּכְלִי חֶרֶשׂ טָמֵא בְּכָל הַכֵּלִים: An earthenware vessel becomes impure only by the presence of a primary source of impurity in its airspace, or if it is moved by a *zav*. Contact with its outer sides does not render it impure. If the vessel was impure and food or liquid entered its airspace, even though they did not come in contact with the vessel, they are rendered impure. Other vessels become impure by means of contact with a primary source of impurity, and they transmit impurity to food and liquids only through contact with them (Rambam *Sefer Tahara*, *Hilkhot Kelim* 13:1–2).

NOTES

If it fell on its outer side the vessel is ritually pure – וְגַבּוֹ טָהוֹר: If a primary source of ritual impurity came into contact with the outer side of an earthenware vessel, the vessel does not become ritually impure. When it becomes impure by means of an impure item in its airspace, the outer side of the vessel is also impure and renders impure food and drink with which it comes into contact (*Tosafot*). This is contrary to the understanding of the Rashbam, as he holds that an earthenware vessel does not become impure on its outer side, even if there was an impure item in its airspace (Rashbam on *Shabbat* 16a).

BACKGROUND

Mustard – חַרְדָּל: Edible mustard is produced from the seeds of different plants, such as white mustard, *Sinapis alba*; black mustard, *Brassica nigra*; and other related species. Typically, it is produced from a combination thereof.

These plants are from the Cruciferae family, and they grow wild in Eretz Yisrael. Black mustard has branched leaves with bundles of large, clustered flowers. It is the largest plant in the Cruciferae family in Eretz Yisrael, growing to a height of 0.5–2 m, although occasionally it can grow as tall as 5 m.

A mustard seed is minuscule, 1.5–2 mm, which is why it is employed as an example of items that are very small.

White mustard plant

Sealed cover – צָמִיד פָּתִיל: The Torah states that any person, vessel, or food under the same roof as a corpse becomes ritually impure (Numbers 19). The only exceptions are objects inside sealed earthenware vessels, which do not become impure.

וַאֲפִילּוּ מָלֵא חַרְדָּל.

that it renders impure everything within it, and this is the *halakha* **even** if it is **full of mustard**[B] seeds, in which case most of the seeds do not come in contact with the sides of the vessel, and nevertheless all the mustard seeds become impure.

אֲמַר לֵיהּ רַב אַדָּא בַּר אַהֲבָה לְרָבָא: וִיהֵא כְּלִי חֶרֶס מִיטַּמֵּא מִגַּבּוֹ מִקַּל וָחוֹמֶר, וּמַה כׇּל הַכֵּלִים שֶׁאֵין מִיטַּמְּאִין מֵאֲוִירָן – מִיטַּמְּאִין מִגַּבָּן, כְּלִי חֶרֶס שֶׁמִּיטַּמֵּא מֵאֲוִירוֹ – אֵינוֹ דִּין שֶׁיִּטַּמֵּא מִגַּבּוֹ?

Rav Adda bar Ahava said to Rava: And let it be derived that **an earthenware vessel becomes impure from** contact of an impure item with **its outer side by means of an *a fortiori*** inference: **If all the** other types of **vessels, which do not become impure from** the presence of an impure item in **their airspace, become impure from** contact of an impure item with **their outer side,** then with regard to **an earthenware vessel, which becomes impure from** the presence of an impure item in **its airspace, isn't it logical that it will become** ritually **impure from** contact of an impure item with **its outer side?**

אָמַר קְרָא: ״וְכֹל כְּלִי פָתוּחַ אֲשֶׁר אֵין צָמִיד פָּתִיל עָלָיו״, אֵיזֶהוּ כְּלִי שֶׁטּוּמְאָתוֹ קוֹדֶמֶת לְפִתְחוֹ? הֱוֵי אוֹמֵר: זֶה כְּלִי חֶרֶס; וְכִי אֵין צָמִיד פָּתִיל עָלָיו הוּא דְּטָמֵא, הָא יֵשׁ צָמִיד פָּתִיל עָלָיו – טָהוֹר.

The Gemara answers: Therefore, **the verse states: "And every open vessel that has no sealed cover**[B] **upon it** is impure" (Numbers 19:15), indicating that its impurity is dependent upon the mouth of the vessel. **Which is the vessel whose impurity hastily** takes effect just after the impure item enters **into its mouth? You must say** that is **an earthenware vessel. And** it is **when there is no sealed cover on it that** the vessel becomes **impure. But** when **there is a sealed cover on it,** the vessel is **pure,**[H] as the earthenware vessel does not become impure from contact of an impure item with its outer side.

וְיִהְיוּ כׇּל הַכֵּלִים מִיטַּמְּאִין מֵאֲוִירָן מִקַּל וָחוֹמֶר: וּמַה כְּלִי חֶרֶס שֶׁאֵין מִיטַּמֵּא מִגַּבּוֹ – מִיטַּמֵּא מֵאֲוִירוֹ, כׇּל הַכֵּלִים שֶׁמִּיטַּמְּאִין מִגַּבָּן – אֵינוֹ דִּין שֶׁמִּיטַּמְּאִין מֵאֲוִירָן?

The Gemara suggests: **And let** it be derived that **all the** other **vessels become impure from** the presence of an impure item in **their airspace by means of an *a fortiori*** inference: **If an earthenware vessel, which does not become impure from** contact of an impure item with **its outer side, becomes impure from** the presence of an impure item in **its airspace,** then with regard to **all the** other **vessels, which become impure from** contact of an impure item with **their outer side, isn't it logical that they will become ritually impure from** the presence of an impure item in **their airspace?**

אָמַר קְרָא: ״תּוֹכוֹ״ – תּוֹכוֹ שֶׁל זֶה וְלֹא תּוֹכוֹ שֶׁל אַחֵר.

The Gemara answers: Therefore, **the verse states** with regard to the carcasses of creeping animals: "And every earthenware vessel into which [*tokho*] any of them falls" (Leviticus 11:33), from which it is inferred: ***Tokho*,** i.e., the airspace, **of this** earthenware vessel renders the vessel impure, **and not *tokho*,** the airspace, **of** any **other** kind of vessel.

וְהָנֵי ״תּוֹכוֹ״ הָא דְּרַשִׁינְהוּ!

The Gemara objects: How can the *halakha* be derived from the term *tokho* in that verse? **But didn't** the Sages **interpret these** instances of ***tokho*** that appear in that verse and derive: Just as in the case of *tokho* that is stated with regard to transmitting impurity, the food is impure even though it did not come into contact with the vessel, so too, in the case of *tokho* that is stated with regard to the vessel becoming impure, the vessel is impure even though the impure item did not come into contact with it.

אַרְבָּעָה ״תּוֹכוֹ״ כְּתִיבִי: ״תּוֹכוֹ״ ״תּוֹךְ״, ״תּוֹכוֹ״ ״תּוֹךְ״;

The Gemara explains: **Four** instances of the term ***tokho*** from which *halakhot* can be derived **are written: "*Tokho*"** is written, and ***tokh*** could have been written; those are two instances. Then, later in that verse, once again **"*tokho*"** is written, and ***tokh*** could have been written.

HALAKHA

But when there is a sealed cover on it the vessel is pure – הָא יֵשׁ צָמִיד פָּתִיל עָלָיו טָהוֹר: An earthenware vessel whose opening was closed with a seal prevents the vessel and all its contents from becoming impure when the vessel is in a tent with a corpse. By rabbinic law, the seal prevents only food, liquids, and other earthenware vessels that are in the sealed vessel from becoming impure. By contrast, vessels purified through rinsing and garments that are within a sealed vessel become impure (Rambam *Sefer Tahara*, *Hilkhot Tumat Met* 21:1, 23:1).

חַד – לְגוּפֵיהּ, וְחַד – לִגְזֵרָה שָׁוָה, וְחַד – תּוֹכוֹ שֶׁל זֶה וְלֹא תּוֹכוֹ שֶׁל אַחֵר, וְחַד – תּוֹכוֹ וְלֹא תּוֹךְ תּוֹכוֹ, וַאֲפִילּוּ כְּלִי שֶׁטֶף.

One instance is to teach the *halakha* **itself,** that the vessel renders the food in its airspace ritually impure, **and one** instance is **to** teach the **verbal analogy** from which it is derived that the vessel becomes impure without contact with the impure item; **and one** source is to teach that ***tokho***, the airspace, **of this** earthenware vessel renders the vessel impure, **and not *tokho*** of any **other** kind of vessel; **and one** source is to teach ***tokho***, food in the airspace of an impure earthenware vessel becomes impure, **but not *tokh tokho***, not food that is in the airspace of a vessel that is within an earthenware vessel, **and even** if that inner vessel is one of the other types of **vessel** purified through **rinsing**[HB] in the water of a ritual bath.

וְלֹא יְהוּ כָּל הַכֵּלִים מִיטַּמְּאִין מִגַּבָּן, אֶלָּא מִתּוֹכָן וּבִנְגִיעָה, מִקַּל וָחוֹמֶר: וּמָה כְּלִי חֶרֶס שֶׁמִּיטַּמֵּא מֵאֲוִירוֹ – אֵינוֹ מִיטַּמֵּא מִגַּבּוֹ, כָּל הַכֵּלִים שֶׁאֵין מִיטַּמְּאִין מֵאֲוִירָן – אֵינוֹ דִּין שֶׁאֵין מִיטַּמְּאִין מִגַּבָּן?

The Gemara asks: **And let** it be derived that **all the** other **vessels** do **not become impure from** contact of an impure item with **their outer sides, but** rather **from** the presence of an impure item **inside them and with contact** with their inner sides **by means of an *a fortiori*** inference: **If an earthenware vessel, which becomes impure from** the presence of an impure item in **its airspace, does not become impure from** contact of an impure item with **its outer side,** then with regard to **all the** other **vessels, which do not become impure from** the presence of an impure item in **their airspace, isn't it logical that they do not become impure from** contact of an impure item with **their outer side?**

אָמַר קְרָא: "וְכֹל כְּלִי פָתוּחַ אֲשֶׁר אֵין צָמִיד פָּתִיל עָלָיו טָמֵא הוּא", הַאי הוּא דְּכִי אֵין צָמִיד פָּתִיל עָלָיו – טָמֵא, הָא יֵשׁ צָמִיד פָּתִיל עָלָיו – טָהוֹר; הָא כָּל הַכֵּלִים, בֵּין שֶׁיֵּשׁ צָמִיד פָּתִיל עֲלֵיהֶם, בֵּין שֶׁאֵין צָמִיד פָּתִיל עֲלֵיהֶם – מִיטַּמְּאִין.

The Gemara answers: Therefore, **the verse states: "And every open vessel that has no sealed cover upon it is impure"** (Numbers 19:15), from which it is derived: **This** earthenware vessel (see Leviticus 11:33) **is the one that when there is not a sealed cover upon it,** it is **impure, but** when **there is a sealed cover upon it, it is pure. But** with regard to **all the** other **vessels, whether there is a sealed cover upon them or whether there is not a sealed cover upon them, they become impure.**

מַתְנִי׳ טָהוֹר בִּכְלֵי עֵץ – טָמֵא בִּכְלֵי מַתָּכוֹת, טָהוֹר בִּכְלֵי מַתָּכוֹת – טָמֵא בִּכְלֵי עֵץ.

MISHNA That which is **ritually pure in wooden vessels is ritually impure in metal vessels;** that which is **ritually pure in metal vessels** is **ritually impure in wooden vessels.**

גְּמָ׳ תָּנוּ רַבָּנַן: גּוֹלְמֵי כְּלֵי עֵץ – טְמֵאִין, פְּשׁוּטֵיהֶן – טְהוֹרִין; גּוֹלְמֵי כְּלֵי מַתָּכוֹת – טְהוֹרִין, פְּשׁוּטֵיהֶן – טְמֵאִין; נִמְצָא טָהוֹר בִּכְלֵי עֵץ – טָמֵא בִּכְלֵי מַתָּכוֹת, טָהוֹר בִּכְלֵי מַתָּכוֹת – טָמֵא בִּכְלֵי עֵץ.

GEMARA **The Sages taught** in explanation of the mishna: **Unfinished [*golmei*]**[L] **wooden vessels**[H] that are receptacles and are fit for use but work remains to complete their crafting are susceptible to becoming **impure. Flat** wooden utensils[H] are **not susceptible to impurity.**[N] **Unfinished metal vessels**[H] are **not susceptible to impurity. Flat** metal utensils[H] are susceptible to becoming **impure. It is found** that that which is **ritually pure in wooden vessels** is **ritually impure in metal vessels;** that which is **ritually pure in metal vessels** is **ritually impure in wooden vessels.**

HALAKHA

***Tokho* but not *tokh tokho* and even if that inner vessel is a vessel purified through rinsing – תּוֹכוֹ וְלֹא תּוֹךְ תּוֹכוֹ וַאֲפִילּוּ כְּלִי שֶׁטֶף:** If there is an impure item in a vessel, whether the vessel is crafted of earthenware or of wood or metal, and one placed the vessel into the airspace of an earthenware vessel, and the opening of the vessel that he inserted extends beyond the top of the earthenware vessel, then despite the fact that the impurity is within the inner vessel, the outer vessel is ritually pure, as it is stated; *tokho*, but not *tokh tokho*. Likewise, if there is food or liquid in a vessel, and that vessel was placed into an impure earthenware vessel, and the opening of the vessel extends beyond the top of the earthenware vessel, then despite the fact that the food and liquid is in the inner, impure vessel, the food or liquid is ritually pure, as it is stated: "Whatever is in it [*betokho*] shall be impure" (Leviticus 11:33), and not *tokh tokho* (Rambam *Sefer Tahara*, *Hilkhot Kelim* 14:8–9).

Unfinished wooden vessels – גּוֹלְמֵי כְּלֵי עֵץ: Unfinished wooden vessels are susceptible to ritual impurity from the moment that the vessel assumes its basic form. Although one plans on refining its form, or smoothing its surface, since it does not require hollowing, it is susceptible to ritual impurity, in accordance with the *baraita*, a later *baraita*, and the Gemara's interpretation (Rambam *Sefer Tahara*, *Hilkhot Kelim* 1:10, 5:1 and *Hilkhot Tumat Met* 6:3, and see *Mishne LaMelekh* there).

Flat wooden utensils – פְּשׁוּטֵי כְּלֵי עֵץ: Flat wooden vessels, e.g., boards, benches, and the like, are not susceptible to ritual impurity by Torah law, but they are susceptible by rabbinic law (Rambam *Sefer Tahara*, *Hilkhot Kelim* 1:10 and *Hilkhot Tumat Met* 6:3).

Unfinished metal vessels – גּוֹלְמֵי כְּלֵי מַתָּכוֹת: Unfinished metal vessels are not susceptible to impurity until their crafting is complete and nothing else needs to be done. Included in the category of unfinished metal vessels are: Any vessel that one plans in the future to smooth, to set gems or ornaments in it, to plane it, to adorn it with grooves and protuberances, to strike it with a hammer, or one that lacks a base or a handle. These vessels are susceptible to impurity only when all of these actions have been completed and no others remain (Rambam *Sefer Tahara*, *Hilkhot Kelim* 8:1–2).

Flat metal utensils – פְּשׁוּטֵי כְּלֵי מַתָּכוֹת: Flat metal vessels, e.g., knives and scissors, are susceptible to ritual impurity (Rambam *Sefer Tahara*, *Hilkhot Kelim* 1:9).

BACKGROUND

Vessel purified through rinsing – כְּלִי שֶׁטֶף: All vessels other than earthenware and glass vessels fall into the category of vessels purified through rinsing, as when they are impure, they can be purified through immersion in a ritual bath. Impure earthenware vessels can be purified only by means of being broken or by being refired in a kiln.

LANGUAGE

Unfinished [*golem*] – גֹּלֶם: This term refers to an amorphous item that has yet to be completed. It appears in the verse: "Your eyes saw me unformed [*golmi*]" (Psalms 139:16), in reference to an embryo at the beginning of its development. The Sages employed the term metaphorically in reference to a person devoid of intelligence and manners, the opposite of a Torah scholar (see *Avot* 5:7). Rambam's Commentary on the Mishna here and on *Avot* 5:7 explains that the reference is to an item whose basic form exists, although it has not yet been completed.

NOTES

Flat utensils are not susceptible to impurity – פְּשׁוּטֵיהֶן טְהוֹרִים: This is derived from the juxtaposition between a wooden vessel and a sack in the verse: "Whether it be any vessel of wood, or garment, or skin, or sack, whatever vessel with which any work is done" (Leviticus 11:32); just as a sack is moved full and empty, as it is a receptacle, so too each vessel juxtaposed to it is susceptible to impurity only if it is moved full and empty, i.e., it is a receptacle (see *Menahot* 96b).

Flat wooden vessels are not susceptible to impurity by Torah law. Nevertheless, some flat wooden vessels are susceptible to impurity by rabbinic law (*Bava Batra* 66a; Rambam *Sefer Tahara*, *Hilkhot Kelim* 4:1). The Sages said that although flat wooden vessels are not susceptible to most types of impurity, nevertheless, flat wooden vessels are susceptible to impurity imparted by treading, i.e., impurity imparted to objects designated for sitting and lying upon which a *zav* sits or lies (*Bekhorot* 38a). According to *Tosafot* (*Eiruvin* 31a), any item susceptible to impurity imparted by treading becomes impure by Torah law through contact as well.

LANGUAGE

Tuna [*tunas*] – טוּנָס: From the Greek θύννος, *thunnos*, which is the fish referred to today as tuna.

Little tunny, a common breed of tuna found in the Mediterranean

Three *log* [*kefiza*] – קְפִיזָא: This word originates in Iranian languages. In Middle Persian the form is kabīz, which refers to a measurement of volume.

BACKGROUND

Base…rim…handle – כַּן...אוֹגֶן...אוֹזֶן:

Jar from the Second Temple period

וְאֵלּוּ הֵן גּוֹלְמֵי כְּלֵי עֵץ: כָּל שֶׁעָתִיד לָשׁוּף, לְשַׁבֵּץ, לְגָרֵר, לְכַרְכֵּב, לְהַטִּיחַ בְּטוּנָס, מְחוּסַּר כַּן אוֹ אוֹגֶן אוֹ אוֹזֶן – טָמֵא; מְחוּסַּר חֲטִיטָה – טָהוֹר.

And these are the **unfinished wooden vessels: Any** vessel **that** one plans in the **future to smooth, to set** gems or ornaments in it, **to plane** it, **to adorn**[N] it with grooves and protuberances, **to rub** it and smooth it **with** the skin of **a tuna** [*tunas*],[LN] or if it is **lacking a base or a rim or a handle,**[B] the vessel is susceptible to becoming **impure.** If the vessel is **lacking** the **hollowing** necessary to render it a receptacle, it is **not susceptible to impurity.**

מְחוּסַּר חֲטִיטָה פְּשִׁיטָא! לָא צְרִיכָא, דְּחָק קְפִיזָא בְּקַבָּא.

The Gemara asks: Isn't it **obvious** that if the vessel is **lacking hollowing,** it is not susceptible to becoming impure, as it is clearly not a vessel? The Gemara answers: **No,** it is **necessary** only in a case **where one hollowed three *log*** [*kefiza*][L] **in** a receptacle that he intends to hold **one *kav*,** which contains six *log*. Even though it is a receptacle, since the receptacle is incomplete it is not susceptible to impurity.

וְאֵלּוּ הֵן גּוֹלְמֵי כְּלֵי מַתָּכוֹת: כָּל שֶׁעָתִיד

And these are the **unfinished metal vessels: Any** vessel **that** one plans in the **future**

NOTES

To adorn [*lekharkev*] – לְכַרְכֵּב: This refers to fashioning a border by etching round carvings like those crafted on benches and the covers of boxes (Rashi, according to the emendation of the *Shita Mekubbetzet*). Rashi (*Zevaḥim* 62b) explains that *lekharkev* refers to any adornment that encircles a building or a vessel. The *Arukh* cites a variant reading: *Lekharkem*, meaning to paint with a bright yellow color produced from saffron [*karkom*]; see *Arukh HaShalem*, entry *kaf, reish, kaf, beit*.

To rub the vessel and smooth it with the skin of a tuna – לְהַטִּיחַ בְּטוּנָס: This fish is also mentioned later in the Gemara (66b). In fact, in several places the Talmud describes the skin of fish used to smooth the surface of vessels (Rashi; see *Tosafot*). Alternatively, Rabbeinu Gershom Meor HaGola explains that the reference is to painting the vessel red.

Perek **I**
Daf **25** Amud **b**

HALAKHA

Bone vessels – כְּלֵי עֶצֶם: Bone vessels are susceptible to impurity by Torah law if they contain a receptacle. Flat bone vessels, like flat wooden vessels, are susceptible to impurity only by rabbinic law. However, their unfinished vessels are susceptible to impurity, in accordance with the opinion of Rabbi Yoḥanan (Rambam *Sefer Tahara*, *Hilkhot Kelim* 1:1, 10).

לָשׁוּף, לְשַׁבֵּץ, לְגָרֵר, לְכַרְכֵּב, לְהַקִּישׁ בְּקוּרְנָס, מְחוּסַּר כַּן אוֹ אוֹגֶן אוֹ אוֹזֶן – טָהוֹר, מְחוּסַּר כִּסּוּי – טָמֵא.

to smooth, to set gems or ornaments in it, **to plane** it, **to adorn** it, **to strike** it **with a hammer,** or if it is **lacking a base or a rim or a handle,** the vessel is **not susceptible to impurity.** If the vessel was complete and was **lacking a cover,** the vessel is susceptible to becoming **impure.**

מַאי שְׁנָא הָנֵי וּמַאי שְׁנָא הָנֵי? רַבִּי יוֹחָנָן אָמַר: הוֹאִיל וּלְכָבוֹד עֲשׂוּיִין; רַב נַחְמָן אָמַר: הוֹאִיל וּדְמֵיהֶן יְקָרִים.

The Gemara asks: **What is different** about **these** unfinished wooden vessels, with regard to which the *halakha* is that provided they are fit for use they are susceptible to impurity, **and what is different** about **those** unfinished metal vessels, with regard to which the *halakha* is that even if they are fit for use they are not susceptible to impurity until their crafting is complete? **Rabbi Yoḥanan said:** The difference is that **since** metal vessels **are crafted for** uses of **honor,** they are not considered vessels until their completion. **Rav Naḥman said:** The difference is that **since the worth of** metal vessels **is expensive,** they cannot be sold at that price unless they are complete.

מַאי בֵּינַיְיהוּ? אִיכָּא בֵּינַיְיהוּ כְּלֵי עֶצֶם. וְאָזְדָא רַב נַחְמָן לְטַעְמֵיהּ, דְּאָמַר רַב נַחְמָן: כְּלֵי עֶצֶם כִּכְלֵי מַתָּכוֹת דָּמוּ.

The Gemara asks: **What is** the practical difference **between their** opinions? The Gemara answers: The difference **between them is** with regard to **bone vessels**[H] crafted from horns, which are expensive but are not crafted for uses of honor. **And Rav Naḥman follows his** line of **reasoning, as Rav Naḥman says:** The halakhic status of **bone vessels** with regard to impurity is **like** that of **metal vessels.**

מִכְּלָל דִּכְלֵי עֶצֶם מְקַבְּלֵי טוּמְאָה? אִין, דְּתַנְיָא, רַבִּי יִשְׁמָעֵאל בְּנוֹ שֶׁל רַבִּי יוֹחָנָן בֶּן בְּרוֹקָה אוֹמֵר: מָה תַּלְמוּד לוֹמַר "וְכָל מַעֲשֵׂה עִזִּים...תִּתְחַטָּאוּ" – לְהָבִיא דָּבָר הַבָּא מִן הָעִזִּים מִן הַקַּרְנַיִם וּמִן הַטְּלָפַיִם; שְׁאָר בְּהֵמָה וְחַיָּה מִנַּיִן? תַּלְמוּד לוֹמַר: "וְכָל מַעֲשֵׂה"; אִם כֵּן, מַה תַּלְמוּד לוֹמַר "עִזִּים"? פְּרָט לָעוֹפוֹת.

The Gemara asks: Is that to say **by inference that bone vessels are susceptible to ritual impurity?** The Gemara answers: **Yes, as it is taught** in a *baraita* that **Rabbi Yishmael, son of Rabbi Yoḥanan ben Beroka, says: What** is the meaning when **the verse states: "And all work of goats…you shall purify"** (Numbers 31:20)? It is **to include** vessels **that come from the goats, from the horns and from the hooves,** and indicate that they are susceptible to impurity. And **from where** is it derived that vessels that come from the horns and the hooves of **other domesticated animals and undomesticated animals** are susceptible to impurity? It is derived from the verse, as **the verse states: "And all work,"** where the term "all" is an amplification. **If so, why must the verse state: "Goats?" It serves to exclude birds,** as vessels crafted from the bones of birds are not susceptible to impurity.

מתני׳ הַחַיָּיב בִּשְׁקֵדִים הַמָּרִים – פָּטוּר בִּמְתוּקִים, הַחַיָּיב בִּמְתוּקִים – פָּטוּר בְּמָרִים.

MISHNA With regard to the obligation of separating *teruma* and tithes, the stage of development **that is obligated in bitter almonds is exempt in sweet** almonds;[B] and the stage in development **that is obligated in sweet** almonds is **exempt in bitter** almonds.

גמ׳ תָּנוּ רַבָּנַן: שְׁקֵדִים הַמָּרִים – קְטַנִּים חַיָּיבִין, גְּדוֹלִים פְּטוּרִין; מְתוּקִים – גְּדוֹלִים חַיָּיבִין, קְטַנִּים פְּטוּרִין.

GEMARA The Sages taught in explanation of the mishna: In the case of **bitter almonds,** when they are **small** one is **obligated** to separate *teruma* and tithes, as they are not yet bitter and are fit for consumption; when they are **large** one is **exempt** from separating *teruma* and tithes, because they are bitter and unfit for consumption. In the case of **sweet** almonds, when they are **large** one is **obligated** to separate *teruma* and tithes, because the almonds are ripe and fit for consumption; when they are **small** one is **exempt** from separating *teruma* and tithes, because they are not fit for consumption.

רַבִּי יִשְׁמָעֵאל בְּרַבִּי יוֹסֵי אוֹמֵר מִשּׁוּם אָבִיו: זֶה וָזֶה לִפְטוֹר, וְאָמְרִי לַהּ: זֶה וָזֶה לְחִיּוּב. אָמַר רַבִּי אֶלְעָא: הוֹרָה רַבִּי חֲנִינָא בְּצִפּוֹרִי כְּדִבְרֵי הָאוֹמֵר זֶה וָזֶה לִפְטוֹר.

With regard to bitter almonds, **Rabbi Yishmael, son of Rabbi Yosei, says in the name of his father to exempt** both **this** small almond **and that** large almond.[NH] **And some say to obligate** both **this** small almond **and that** large almond. **Rabbi Ela said: Rabbi Ḥanina issued a ruling in Tzippori in accordance with the statement of the one who says to exempt** both **this** small almond **and that** large almond.

וּלְמַאן דְּאָמַר זֶה וָזֶה לְחִיּוּב, גְּדוֹלִים לְמַאי חֲזוּ? אָמַר רַבִּי יוֹחָנָן: הוֹאִיל וְיָכוֹל לְמַתְּקָן עַל יְדֵי הָאוּר.

The Gemara asks: **And according to the one who says to obligate** both **this** small almond **and that** large almond, **for what** use **are** the **large** almonds **fit?** They are bitter and unfit for consumption. **Rabbi Yoḥanan said: Since one can sweeten them by means of** roasting them on **the fire,** this renders them fit for consumption.

מתני׳ הַתֶּמֶד, עַד שֶׁלֹּא הֶחְמִיץ – אֵינוֹ נִיקָּח בְּכֶסֶף מַעֲשֵׂר, וּפוֹסֵל אֶת הַמִּקְוֶה; מִשֶּׁהֶחְמִיץ – נִיקָּח בְּכֶסֶף מַעֲשֵׂר, וְאֵינוֹ פּוֹסֵל אֶת הַמִּקְוֶה.

MISHNA ***Temed,***[N] a beverage produced from grape residue soaked in water, **until it fermented, may not be purchased with** second-**tithe money**[NH] to be drunk in Jerusalem, because it is not wine. **And** if three *log* of it fall into a ritual bath, its halakhic status is that of drawn water and **it invalidates the ritual bath.**[BNH] **Once it fermented, it** is wine, and therefore it **may be purchased with** second-**tithe money and it does not invalidate the ritual bath.**

HALAKHA

To exempt both this small almond and that large almond – זֶה וָזֶה לִפְטוֹר: One is obligated to tithe the sweet almonds from the time that their external shell falls off. One is exempt from tithing both large and small bitter almonds because they are not food, in accordance with the opinion of Rabbi Yosei, son of Rabbi Yehuda, contrary to the ruling in the mishna (Rambam *Sefer Zera'im, Hilkhot Ma'aser* 1:9, 2:5; *Shulḥan Arukh, Yoreh De'a* 331:74).

Temed with regard to purchase with second-tithe money – הַתֶּמֶד לְעִנְיַן לְקִיחָה בְּכֶסֶף מַעֲשֵׂר: *Temed* may be purchased with second-tithe money only after it ferments, as then it is like wine or beer; before then it is considered like water (Rambam *Sefer Zera'im, Hilkhot Ma'aser Sheni* 7:6).

Temed with regard to invalidating a ritual bath – הַתֶּמֶד לְעִנְיַן פְּסוּל הַמִּקְוֶה: If three *log* of unfermented *temed* fall into a ritual bath containing less than the requisite forty *se'a* of water, the *temed* invalidates the ritual bath as would drawn water. Once the *temed* ferments, it does not invalidate the ritual bath, but it also does not complete the requisite amount of water in the ritual bath. For example, if there are thirty-nine *se'a* in the ritual bath and one *se'a* of *temed* is added, the ritual bath remains incomplete (Rambam *Sefer Tahara, Hilkhot Mikvaot* 7:4; *Shulḥan Arukh, Yoreh De'a* 201:24).

BACKGROUND

Sweet and bitter almonds – שְׁקֵדִים מְתוּקִים וּמָרִים: The common almond tree, *Prunus dulcis*, is a tall, deciduous tree reaching 8 m, which blooms relatively early in the year, typically in February or March, and in warm winters even in January.

There are two species of almond trees in Eretz Yisrael. One is the bitter almond, whose flowers are white and whose fruit is fit for consumption only when it is young and tender. It is eaten with its green outer shell, which has a sour taste. The second species is the sweet almond, whose flowers are whitish-pink and whose fruit is eaten at a later stage of development, after the outer shell blackens and falls, leaving two additional shells, one, a hard shell that must be cracked open, and the other, a thin brown covering of the fruit of the almond.

The bitter taste of the bitter almond stems from the large amount of amygdalin in it, which when broken down produces cyanide, a lethal poison. That substance is destroyed through roasting. That is the meaning here of the Gemara's statement that the bitterness of the almond can be sweetened by means of fire.

Ritual bath – מִקְוֶה: With regard to the purification of a ritually impure person, it is written: "Nevertheless, a spring or a cistern, a collection [*mikve*] of water, shall be pure" (Leviticus 11:36). A ritual bath, or *mikve*, is a collection of water. The Sages determined that forty *se'a* is the minimum amount of water required for a valid ritual bath. Drawn water is not fit for use in a ritual bath, and in certain circumstances, even a relatively small amount of drawn water can disqualify a ritual bath otherwise filled with water that was not drawn.

NOTES

To exempt both this small almond and that large almond – זֶה וָזֶה לִפְטוֹר: The explanation in the commentary here is in accordance with the explanation of *Tosafot* and the Rashba, which is also the explanation in the Jerusalem Talmud (*Ma'asrot* 1:3). By contrast, Rashi explains: Both this, the small sweet almond, and that, the small bitter almond, are exempt; and both this, the large sweet almond, and that, the large bitter almond, are obligated.

Temed – תֶּמֶד: Rashi explains that the *temed* discussed here consists of water in which grape pits are soaked. After some time it ferments and becomes like wine. *Tosafot* explain that it consists of water in which dregs of wine are placed, based on the Gemara (*Bava Batra* 97a) that indicates that the mishna cited in the continuation of the discussion here addresses this type of *temed*.

May not be purchased with second-tithe money – אֵינוֹ נִיקָּח בְּכֶסֶף מַעֲשֵׂר: The Sages inferred from the language of the verse: "And you shall bestow the money for whatever your soul desires, for oxen, or for sheep, or for wine, or for strong drink" (Deuteronomy 14:26), that one may purchase with second-tithe money only items that are derived from produce, e.g., wine or vinegar produced from grapes, and whose sustenance is from the ground, such as animals. Water is not included (see *Tosefot Yom Tov* on *Ma'aser Sheni* 1:3).

And it invalidates the ritual bath – וּפוֹסֵל אֶת הַמִּקְוֶה: Everyone agrees that a ritual bath that consists completely or mostly of drawn water is not fit for any immersion required by Torah law, though commentaries dispute whether it is unfit by Torah law or by rabbinic law. In addition, the Sages decreed that even if only three *log* of drawn water fall into a ritual bath containing less than forty *se'a*, the ritual bath is unfit. They stipulated several conditions to that decree (see *Mikvaot* 3:6–7), among them that this is the case only with regard to water, but not other liquids. If a ritual bath already contains at least forty *se'a* of undrawn water, it is not rendered unfit by adding drawn water.

הָאַחִין הַשּׁוּתָּפִין, כְּשֶׁחַיָּיבִין בַּקַּלְבּוֹן – פְּטוּרִין מִמַּעְשַׂר בְּהֵמָה, כְּשֶׁחַיָּיבִין בְּמַעְשַׂר בְּהֵמָה – פְּטוּרִין מִן הַקַּלְבּוֹן.

With regard to **brothers who are partners**[N] in the inheritance of their father, **when they are obligated to** add **the premium** [***kalbon***][LNH] to their annual half-shekel payment to the Temple, **they are exempt from animal tithe; when they are obligated to** separate **animal tithe,**[BH] **they are exempt from** adding **the premium.** Partners who pay the half-shekel are required to add the premium and are exempt from animal tithe. If they are not true partners, but their inheritance remains the property of the father, the sons are exempt from paying the premium, and they are obligated to separate animal tithe.

גמ׳ מַנִּי מַתְנִיתִין? לָא רַבִּי יְהוּדָה וְלָא רַבָּנַן! דִּתְנַן: הַמְתַמֵּד, וְנָתַן מַיִם בְּמִדָּה, וּמָצָא כְּדֵי מִדָּתוֹ – פָּטוּר, וְרַבִּי יְהוּדָה מְחַיֵּיב.

GEMARA With regard to *temed*, the Gemara asks: **Whose** opinion is expressed in **the mishna?** Ostensibly, it is **neither** the opinion of **Rabbi Yehuda nor** the opinion of **the Rabbis, as it is taught** in a mishna (*Ma'asrot* 5:6): With regard to **one who prepares *temed*** by placing water over grape byproducts, **and he placed** a certain **measure of water,**[H] **and** when measuring the finished product **he found** its measure **equivalent to** the **measure** of water that he placed, he is **exempt** from the obligation of tithing it, as although it tastes like wine, there is nothing in it but water. **And Rabbi Yehuda obligates** him to tithe it because the taste determines that it is wine.

מַנִּי? אִי רַבָּנַן – אַף עַל גַּב דְּהֶחֱמִיץ! אִי רַבִּי יְהוּדָה – אַף עַל גַּב דְּלָא הֶחֱמִיץ! אָמַר רַב נַחְמָן אָמַר רַבָּה בַּר אֲבוּהּ:

Whose opinion is expressed in the mishna? **If** it is the opinion of **the Rabbis,** then if there is no more than the initial measure of water that he placed, he should be exempt **even if it fermented. If** it is the opinion of **Rabbi Yehuda,** he holds that one is obligated **even if it did not ferment,** as taste is his sole criterion. **Rav Naḥman said** that **Rabba bar Avuh said:**

LANGUAGE

Premium [*kalbon*] – קַלְבּוֹן: From the Greek κολοβόν, *kolobon*, a small coin used as payment to a money changer for conversion of currency.

BACKGROUND

Animal tithe – מַעֲשַׂר בְּהֵמָה: At three junctures during the year, the owner of a herd of kosher animals was required to gather all the animals born during the preceding period into an enclosure and count them one by one as they emerged from the enclosure. These animals passed "under the shepherd's rod" (Leviticus 27:32), and every tenth animal was marked with red paint to indicate its sanctity as animal tithe. If a tithe animal was fit to be sacrificed, it was brought to the Temple and sacrificed as a peace offering. Its blood was sprinkled on the altar, and its meat was eaten by its owner. The details of the animal tithe are elucidated in tractate *Bekhorot*.

NOTES

Brothers who are partners, etc. – הָאַחִין הַשּׁוּתָּפִין וכו׳: The explanation given in the commentary is based on the opinion of Rashi that the reference here is to brothers who are partners, as explained in the mishna in *Bekhorot* (56b). The mishna there distinguishes between a situation where the brothers have not yet divided the inheritance following the death of their father, and a case where they have already divided the property and entered into a partnership. In the former case, the halakhic status of their joint property is like that of their father's property, as though their father were still alive. In the latter case, they are considered full-fledged partners. The Rambam, by contrast, cites an alternative version of the text, which reads: The brothers and the partners. He interprets the case as one of either brothers or partners, and he explains the mishna in *Bekhorot* in an entirely different manner.

When they are obligated to add the premium – כְּשֶׁחַיָּיבִין בַּקַּלְבּוֹן: There is a mitzva for every Jewish man to give one half-shekel to the Temple treasury, which is earmarked for the purchase of communal offerings. The Sages instituted that everyone must add to his half-shekel an additional small coin as a premium in order to defray the cost of exchanging coins of smaller denominations for larger ones, although according to the Rambam, only one who pays with a shekel coin and requires change pays the premium. The Sages established that even two partners who together pay one shekel and do not require change must each pay the premium. If a person pays for himself and for another, e.g., a father for his son, he need not add the premium (see *Shekalim* 1:6–7). That is the case referred to here, where if the brothers pay their half-shekels together before dividing their inheritance, it is as though the father paid the half-shekels on behalf of his sons, and they need not add the premium. Rashi explains here that the meaning is that the brothers are completely exempt from payment of the premium, but in tractate *Bekhorot* (56b) Rashi suggests that they are required to pay only one premium.

HALAKHA

Brothers who are partners with regard to the premium – הָאַחִין הַשּׁוּתָּפִין לְעִנְיַן קַלְבּוֹן: Brothers who did not yet divide the inheritance that they received from their father and partners who paid a total of one shekel are exempt from paying the premium. This ruling applies in a case where the partners had already used the coins they each brought into the partnership and gave a shekel from the money received in their business dealings. If each partner brings coins into the partnership and they use one of those coins to pay the shekel, they are obligated to pay the premium. If they did business with the coins they had brought into the partnership, divided the profits, and then reestablished their partnership and used one of the coins they now brought into the partnership to pay the shekel, they are obligated to pay the premium. This is in accordance with the mishna in *Bekhorot* according to the alternative version of the text of the Rambam, which reads: The brothers and the partners (Rambam *Sefer Zemanim*, *Hilkhot Shekalim* 3:4, and in the comment of Ra'avad).

The brothers who are partners with regard to animal tithe – הָאַחִין הַשּׁוּתָּפִין לְעִנְיַן מַעֲשַׂר בְּהֵמָה: In a case where partners each brought lambs into their partnership, it is as though each purchased the other's lambs and they are exempt from animal tithe, in accordance with the *halakha* in a case of purchase. Likewise, brothers who inherit lambs from their father are exempt from animal tithe, but they are obligated to tithe the lambs that were born after they established their partnership (Rambam *Sefer Korbanot*, *Hilkhot Bekhorot* 6:10).

One who prepares *temed* and he placed a certain measure of water – הַמְתַמֵּד וְנָתַן מַיִם בְּמִדָּה: One who placed water on grape byproducts and later filtered the water, and finds that the amount of liquid has increased by one-third, is obligated to tithe the additional one-third. If the amount of liquid increased by less than one-third, and needless to say, if the measure of water remains the same, he does not tithe it, in accordance with the opinion of the Rabbis, based on *Bava Batra* 97a (Rambam *Sefer Zera'im*, *Hilkhot Ma'aser* 2:7).

בְּשֶׁהֶחְמִיץ מַחֲלוֹקֶת, וּמַתְנִיתִין רַבִּי יְהוּדָה. וְכֵן אֲמַר רַבִּי יוֹסֵי בְּרַבִּי חֲנִינָא: בְּשֶׁהֶחְמִיץ מַחֲלוֹקֶת.

It is **in** a case **where** the *temed* **fermented** that there is **a dispute** between Rabbi Yehuda and the Rabbis. It is only then that Rabbi Yehuda deems him obligated to tithe the *temed* if it tastes like wine, **and the mishna** that treats fermented *temed* like wine is in accordance with the opinion of **Rabbi Yehuda. And likewise, Rabbi Yosei, son of Rabbi Ḥanina, said:** It is **in** a case **where** the *temed* **fermented** that there is **a dispute.**

וְאָמַר רַב נַחְמָן אָמַר רַבָּה בַּר אֲבוּהּ: תֶּמֶד שֶׁלְּקָחוֹ בְּכֶסֶף מַעֲשֵׂר וּלְבַסּוֹף הֶחְמִיץ – קָנָה מַעֲשֵׂר, מַאי טַעְמָא? אִיגַּלַּאי מִילְּתָא לְמַפְרֵעַ דְּפֵירָא הוּא.

§ **And Rav Naḥman says** that **Rabba bar Avuh says:** In a case of unfermented ***temed* that one purchased with** second-**tithe money**[H] **and** that **ultimately fermented,** the *temed* **he purchased** assumes the sanctity of second-**tithe** produce, and the money is desacralized. **What is the reason** that the *temed* assumes the sanctity of second-tithe produce? The reason is that **the matter was revealed retroactively,** such **that** when the *temed* was purchased it **was produce** fit to be purchased with second-tithe money and was not merely water.

אֶלָּא מַתְנִיתִין דְּקָתָנֵי: הֶחְמִיץ – אִין, לֹא הֶחְמִיץ – לָא, דִּלְמָא אִי שַׁבְקֵיהּ הֲוָה מַחְמִיץ! אָמַר רַבָּה: כְּשֶׁשִּׁיֵּיר מִמֶּנּוּ בַּכּוֹס וְלֹא הֶחְמִיץ.

But in that case, **the mishna that teaches** that if the *temed* **fermented, yes,** one may purchase it with second-tithe money, but if it **did not ferment,** it may **not,** and the money remains sacred, why does the mishna state it unequivocally? **Perhaps, if he** would have **left** the *temed* long enough, it would **have fermented. Rabba said** in explanation: The mishna is referring to a case **where one left** some **of** the *temed* **in a cup** to monitor its status **and it did not ferment.** Therefore, one may be certain that it was not produce when he purchased it with second-tithe money, and the money remains sacred.

רָבָא אֲמַר: הָא מַנִּי? רַבִּי יוֹחָנָן בֶּן נוּרִי הִיא, דִּתְנַן: שְׁלֹשָׁה לוּגִּין מַיִם חָסֵר קוֹרְטוֹב שֶׁנָּפַל לְתוֹכָן קוֹרְטוֹב יַיִן, וּמַרְאֵיהֶן כְּמַרְאֵה יַיִן, וְנָפְלוּ לְמִקְוֶה – לֹא פְּסָלוּהוּ.

Rava said: It is not necessary to understand the mishna specifically in that manner; rather, in accordance with **whose** opinion **is this** mishna? **It is** in accordance with the opinion of **Rabbi Yoḥanan ben Nuri,**[P] **as we learned** in a mishna (*Mikvaot* 7:5): In a case where there are **three *log*** of drawn **water**[H] **less one sixty-fourth of a *log*** [***kortov***], or any small measure of water, **into which a *kortov* of wine fell,** increasing the measure of liquid to a total of three *log*, **and the appearance of** those three *log* is **like the appearance of wine, and** then those three *log* **fell into a ritual bath,** completing its requisite forty *se'a*, **it has not invalidated** the ritual bath. The reason is that three *log* of drawn water invalidate the ritual bath, and less than that measure of water fell into the ritual bath.

שְׁלֹשָׁה לוּגִּין מַיִם חָסֵר קוֹרְטוֹב שֶׁנָּפַל לְתוֹכָן קוֹרְטוֹב חָלָב, וּמַרְאֵיהֶן כְּמַרְאֵה מַיִם, וְנָפְלוּ לְמִקְוֶה – לֹא פְּסָלוּהוּ.

Furthermore, in a case where there are **three *log*** of drawn **water less one *kortov*, into which a *kortov* of milk fell, and the appearance of** those three *log* is **like the appearance of water, and** those three *log* **fell into a ritual bath, it has not invalidated** the ritual bath, because in this case too, less than three *log* of drawn water fell into the ritual bath.

רַבִּי יוֹחָנָן בֶּן נוּרִי אוֹמֵר: הַכֹּל הוֹלֵךְ אַחַר הַמַּרְאֶה;

Rabbi Yoḥanan ben Nuri says: Everything follows the appearance of those three *log*. Therefore, in the case of a *kortov* of milk completing the three *log*, the ritual bath is invalidated because the mixture still has the appearance of water.

HALAKHA

Temed that one purchased with second-tithe money – תֶּמֶד שֶׁלְּקָחוֹ בְּכֶסֶף מַעֲשֵׂר: Unfermented *temed* may not be purchased with second-tithe money because it is like water. Once it ferments it may be purchased with second-tithe money, like wine and beer. If he purchased it before it fermented and it then fermented, it becomes second-tithe produce, in accordance with the opinion of Rav Naḥman (Rambam *Sefer Zera'im, Hilkhot Ma'aser* 7:6).

Three *log* of drawn water, etc. – שְׁלֹשָׁה לוּגִּין מַיִם וכו׳: Drawn water invalidates a ritual bath of less than forty *se'a* only if there are at least three *log* of the drawn water and it has the appearance of water. Therefore, if wine fell into three *log* of drawn water, and the appearance of the mixture is that of wine, that mixture would not invalidate a ritual bath if it fell in, unless the appearance of the entire ritual bath were to change. If milk fell into less than three *log* of drawn water and completed the three *log*, and that mixture fell into a ritual bath of less than forty *se'a*, it does not invalidate the ritual bath, in accordance with the opinion of the first *tanna* (Rambam *Sefer Tahara, Hilkhot Mikvaot* 7:10–11; *Shulḥan Arukh, Yoreh De'a* 201:23).

PERSONALITIES

Rabbi Yoḥanan ben Nuri – רַבִּי יוֹחָנָן בֶּן נוּרִי: Rabbi Yoḥanan ben Nuri was one of the most prominent Sages of Yavne, even though he was one of the youngest among them. Most of his halakhic exchanges were conducted with Rabbi Akiva and other Sages of his generation. Rabbi Yoḥanan ben Nuri lived in the lower Galilee, in either Ginegar or Beit She'arim. He maintained close ties with the Sages of the Galilee, among them Abba Ḥalafta, father of Rabbi Yosei. His primary students were also Sages who resided in the Galilee, among them Rabbi Yosei and Rabbi Yehoshua ben Korḥa. Little is known about Rabbi Yoḥanan ben Nuri's personal life. The Gemara relates that he was poor and subsisted on gleanings, forgotten sheaves, and *pe'a*, the mandated agricultural gifts for the poor. The Sage Isi ben Yehuda praised Rabbi Yoḥanan ben Nuri's expertise in all disciplines of Torah, and Rabbi Yoḥanan ben Nuri was considered a paradigm of one who fears sin.

NOTES

From the produce of obligation for the produce of exemption and from the produce of exemption for the produce of obligation – **מִן הַחִיּוּב עַל הַפְּטוּר וּמִן הַפְּטוּר עַל הַחִיּוּב**: If one tithes from produce from which one is obligated to separate *teruma* and tithes for produce for which one is exempt from separating *teruma* and tithes, he thereby feeds the priests and Levites untithed produce. This is because no obligation exists to tithe the produce on behalf of which he separated the *teruma* and tithes, and his act of separation is therefore meaningless. In the reverse case, where one tithes from produce from which one is exempt from separating *teruma* and tithes for produce from which one is obligated to separate *teruma* and tithes, although one does not thereby feed the priest and Levite untithed produce, he nevertheless eats untithed produce himself. Since the obligation to separate *teruma* and tithes did not apply to the produce from which he separated them, that which he separated is not *teruma* and tithes, and his other produce remains untithed (Rashi).

לָאו אָמַר רַבִּי יוֹחָנָן: בָּתַר חֲזוּתָא אָזְלִינַן? הָכָא נַמִי – זִיל בָּתַר חֲזוּתָא, וְטַעְמָא וַחֲזוּתָא דְּהַאי מַיָּא נִינְהוּ.

Rava reasoned: **Doesn't Rabbi Yoḥanan** ben Nuri **say** that **we follow the appearance** in determining the halakhic status of the liquid? **Here too,** in the mishna, **follow the appearance** in determining the halakhic status of the liquid, **and** in the case of the *temed*, as long as it has not yet fermented, **the taste and the appearance of that** liquid **is** that of **water.** By contrast, Rav Naḥman holds in accordance with the opinion of the first *tanna* in the mishna in tractate *Mikvaot* that the status of the liquid is not determined by its appearance. Rather, since it ultimately fermented, it became clear retroactively that when the *temed* was purchased it was produce fit to be purchased with second-tithe money, and was not merely water.

וּפְלִיגָא דְּרַבִּי אֶלְעָזָר, דְּאָמַר רַבִּי אֶלְעָזָר: הַכֹּל מוֹדִים שֶׁאֵין מַפְרִישִׁין עָלָיו מִמָּקוֹם אַחֵר אֶלָּא אִם כֵּן הֶחֱמִיץ.

The Gemara resumes its discussion of the dispute between Rabbi Yehuda and the Rabbis with regard to which Rav Naḥman said: It is in a case where the *temed* fermented that there is a dispute between Rabbi Yehuda and the Rabbis, and it is only then that Rabbi Yehuda deems one obligated to tithe the *temed* if it tastes like wine. If it did not yet ferment, even Rabbi Yehuda concedes that one is not obligated to tithe it. The Gemara notes: **And** Rav Naḥman **disagrees** with the opinion **of Rabbi Elazar, as Rabbi Elazar says: Everyone,** even Rabbi Yehuda, **agrees that one may not separate** tithes **for** this *temed* **from** *temed* in **another place, unless it fermented.**

קָסָבַר: בְּלֹא הֶחֱמִיץ מַחֲלוֹקֶת; וְעַד כָּאן לָא מְחַיֵּיב רַבִּי יְהוּדָה אֶלָּא מִינֵּיהּ וּבֵיהּ, אֲבָל מֵעָלְמָא – לָא, דִּלְמָא אָתֵי לְאַפְרוּשֵׁי מִן הַחִיּוּב עַל הַפְּטוּר, וּמִן הַפְּטוּר עַל הַחִיּוּב.

Apparently, Rabbi Elazar **holds** that it is **in** a case where the *temed* **did not ferment** that there is **a dispute** between Rabbi Yehuda and the Rabbis, **and Rabbi Yehuda obligates** one to tithe the *temed* that did not ferment **only from** that *temed* **itself,** because if it ferments it is tithe and if not, he has done nothing. **But** concerning *temed* that comes **from elsewhere,** one may **not** separate it for this *temed*, as **perhaps** he will **come to separate** tithe **from the** produce of **obligation,** i.e., fermented *temed*, **for the** produce of **exemption,** i.e., *temed* that will not ferment, **and from the** produce of **exemption for the** produce of **obligation.**[N]

תָּנוּ רַבָּנַן: הַתֶּמֶד עַד שֶׁלֹּא הֶחֱמִיץ

§ **The Sages taught:** With regard to *temed* that became ritually impure, **until it ferments,**

Perek **I**
Daf **26** Amud **b**

HALAKHA

One brings the ***temed*** **into contact with water of a ritual bath** – **מַשִּׁיקוֹ בְּמַיִם**: Impure *temed*, whether it became impure after it became *temed* or it was produced with impure water before it fermented, may be brought into contact with the water of a ritual bath to purify it, as it is like water. Once it ferments, it is like wine and is not purified in a ritual bath, in accordance with the *baraita* and the opinion of Rav Geviha (Rambam *Sefer Tahara*, *Hilkhot Tumat Okhalin* 2:24).

PERSONALITIES

Rav Geviha from Bei Katil – **רַב גְּבִיהָה מִבֵּי כָּתִיל**: A fifth- and sixth-generation Babylonian *amora*, Rav Geviha lived a long life. He studied with the prominent *amora* Rava, and in the following generation was already a distinguished Sage who delivered lectures in significant public venues. Rav Geviha was a colleague of Rav Ashi and would engage in halakhic discourse with him. He significantly outlived Rav Ashi, and in the Epistle of Rav Sherira Gaon it is related that he served as head of the yeshiva in Pumbedita from 429 to 434 CE.

מַשִּׁיקוֹ בְּמַיִם, מִשֶּׁהֶחֱמִיץ – אֵין מַשִּׁיקוֹ בְּמַיִם. אֲמַר רָבָא: לֹא שָׁנוּ אֶלָּא שֶׁתִּמְּדוֹ בְּמַיִם טְהוֹרִים וְנִטְמְאוּ, אֲבָל טְמֵאִים מֵעִיקָּרָא – לָא.

one brings the *temed* **into contact with water** of a ritual bath[H] by immersing the vessel holding the *temed* in a ritual bath, thereby purifying the *temed*. **Once it ferments, he does not bring it into contact with water,** as that is effective only in purifying water and not in purifying other liquids. **Rava said:** The Sages **taught** this **only** with regard to a case **where one prepared** *temed* **with ritually pure water and** it later **became impure, but** if the water was **impure from the outset,** the contact with the ritual bath would **not** purify it.

אֲזַל רַב גְּבִיהָה מִבֵּי כָּתִיל אֲמָרָהּ לִשְׁמַעְתָּא קַמֵּיהּ דְּרַב אַשִׁי: מַאי שְׁנָא טְמֵאִין מֵעִיקָּרָא דְּלָא – דְּאָמְרִינַן: אַיְּידֵי דְּמַיָּא יַקִּירֵי שָׁכְנִי תַּתָּאֵי, וּפֵירָא קָפֵי מִלְּעֵיל, וְלָא קָא סָלְקָא לְהוּ הַשָּׁקָה לְמַיָּא; אִי הָכִי, טְהוֹרִים וּלְבַסּוֹף נִטְמְאוּ נַמִי!

Rav Geviha from Bei Katil[P] **went and stated this** ***halakha*** **before Rav Ashi** and asked: **What is different** in the case of water that is **impure from the outset** such **that** bringing the *temed* into contact with the ritual bath would **not** purify it, **as we say: Since the water is heavy it settles** at the **bottom** of the vessel, **and the fruit,** the grape residue, **floats above, and** therefore, **contact** with the water of the ritual bath **would not be effective for the water** of the *temed*? **If so,** the same would apply in the case of water that was **ritually pure and ultimately became impure** as *temed* **also.**

אֶלָּא מְבַלְבְּלִי, הָכָא נַמִי מְבַלְבְּלִי!

Rather, the reason contact is effective in the case of ritually pure water that later became impure as *temed* is that the water and the residue **are intermingled. Here too,** in the case of water that was impure from the outset, the water and the residue **are intermingled,** and contact with the water of a ritual bath would be effective.

מתני׳ כָּל מָקוֹם שֶׁיֵּשׁ מֶכֶר אֵין קְנָס, וְכָל מָקוֹם שֶׁיֵּשׁ קְנָס אֵין מֶכֶר.

MISHNA **Any situation where there is sale**[B] of one's daughter as a Hebrew maidservant, i.e., when she is a minor, **there is no fine**[B] of fifty *sela* paid to her father if she is raped or seduced, as that fine is paid to her father only when she is a young woman. **And any situation where there is a fine**[N] paid to the father **there is no sale.**

גמ׳ אָמַר רַב יְהוּדָה אָמַר רַב: זוֹ דִּבְרֵי רַבִּי מֵאִיר, אֲבָל חֲכָמִים אָמְרוּ: יֵשׁ קְנָס בִּמְקוֹם מֶכֶר. דְּתַנְיָא: קְטַנָּה מִבַּת יוֹם אֶחָד עַד שֶׁתָּבִיא שְׁתֵּי שְׂעָרוֹת – יֵשׁ לָהּ מֶכֶר וְאֵין לָהּ קְנָס, מִשֶּׁתָּבִיא שְׁתֵּי שְׂעָרוֹת עַד שֶׁתִּיבָּגֵר – יֵשׁ לָהּ קְנָס וְאֵין לָהּ מֶכֶר, דִּבְרֵי רַבִּי מֵאִיר; שֶׁהָיָה רַבִּי מֵאִיר אוֹמֵר: כָּל מָקוֹם שֶׁיֵּשׁ מֶכֶר אֵין קְנָס, וְכָל מָקוֹם שֶׁיֵּשׁ קְנָס אֵין מֶכֶר.

GEMARA **Rav Yehuda says that Rav says: This is the statement of Rabbi Meir, but the Rabbis said: There is** the possibility of payment of **a fine in a situation** where there is **sale, as it is taught** in a *baraita*: **A minor girl from** the age of **one day old until she** reaches puberty and **grows two** pubic **hairs is subject to sale,**[H] **but is not entitled to** receive payment of **a fine. Once she** reaches puberty and **grows two** pubic **hairs,** from that point **until she matures** into a grown woman **she is entitled to** receive payment of **a fine, but is not subject to sale.** This is the **statement of Rabbi Meir, as Rabbi Meir would state** a principle: **Any situation where there is a sale, there is no fine; and any situation where there is a fine, there is no sale.**

וַחֲכָמִים אוֹמְרִים: קְטַנָּה מִבַּת שָׁלֹשׁ שָׁנִים וְיוֹם אֶחָד עַד שֶׁתִּיבָּגֵר – יֵשׁ לָהּ קְנָס.

And the Rabbis say: A minor girl from the age of three years and one day until she matures into a grown woman **is entitled to** receive payment of **a fine.**[H]

קְנָס אִין, מֶכֶר לָא? אֵימָא: אַף קְנָס בִּמְקוֹם מֶכֶר.

The Gemara asks: Is that to say that **yes,** she is entitled to payment of **a fine,** but she is **not** subject to **sale?** Isn't her father permitted to sell her during most of that period? The Gemara answers: **Say** that the Rabbis said: She is **also** entitled to receive payment of **a fine** during that period **in a situation** where she is subject to **sale.**

מתני׳ כָּל מָקוֹם שֶׁיֵּשׁ מֵיאוּן אֵין חֲלִיצָה, וְכָל מָקוֹם שֶׁיֵּשׁ חֲלִיצָה אֵין מֵיאוּן.

MISHNA **Any situation where there is** the right of **refusal** for a minor girl married by her mother or brothers, enabling her to opt out of the marriage, **there is no *ḥalitza*,**[BNH] as a minor girl whose husband died without children cannot perform *ḥalitza*. **And any situation where there is *ḥalitza*,** once she has reached majority, **there is no** right of **refusal.**[N]

NOTES

Any situation where there is a fine – כָּל מָקוֹם שֶׁיֵּשׁ קְנָס: The reference is to the period of time between the onset of puberty and when a female becomes a grown woman, as the Torah states (see Deuteronomy 25:29) that one is liable to pay the fine if he rapes a young woman. The Sages say that the same applies with regard to seduction (see Exodus 22:15). This period, known as young womanhood, begins at the age of twelve years and one day when she grows pubic hair, and it lasts six months. After six months, she assumes the status of a grown woman.

There is no *ḥalitza* – אֵין חֲלִיצָה: The reason is that in the passage dealing with levirate marriage and *ḥalitza*, the Torah employs the term man [*ish*], meaning one who reached majority. The Sages derived that just as the man participating in levirate marriage and *ḥalitza* must be one who has reached majority, so too, the woman who participates must be one who has reached majority (*Yevamot* 105b).

Any situation where there is *ḥalitza* there is no right of refusal – וְכָל מָקוֹם שֶׁיֵּשׁ חֲלִיצָה אֵין מֵיאוּן: Once she reaches puberty and becomes a young woman, she is eligible to perform *ḥalitza*. If she has not yet exercised her right of refusal, she becomes the man's wife in every sense, and the marriage may be dissolved only by means of a bill of divorce.

HALAKHA

A minor girl from one day old until she grows two pubic hairs is subject to sale – קְטַנָּה מִבַּת יוֹם אֶחָד עַד שֶׁתָּבִיא שְׁתֵּי שְׂעָרוֹת יֵשׁ לָהּ מֶכֶר: A minor girl between the age of one day and when she reaches twelve years old and grows two pubic hairs may be sold by her father as a Hebrew maidservant. After she grows two pubic hairs he cannot sell her (Rambam *Sefer Kinyan*, *Hilkhot Avadim* 4:1).

A minor girl from the age of three years and one day until she matures into a grown woman is entitled to receive payment of a fine – קְטַנָּה מִבַּת שָׁלֹשׁ שָׁנִים וְיוֹם אֶחָד עַד שֶׁתִּיבָּגֵר יֵשׁ לָהּ קְנָס: At what age is a girl who is raped or seduced entitled to receive payment of a fine? It is from when she reaches the age of three years and one day old until she becomes a grown woman, according to the opinion of the Rabbis. Although the unattributed mishna is in accordance with the opinion of Rabbi Meir, the Gemara indicates that his is a minority opinion. That is the ruling of the Rif, the Rambam, and the Rosh (Rambam *Sefer Nashim*, *Hilkhot Na'ara Betula* 1:8; *Shulḥan Arukh*, *Even HaEzer* 177:1).

Any situation where there is the right of refusal there is no *ḥalitza* – כָּל מָקוֹם שֶׁיֵּשׁ מֵיאוּן אֵין חֲלִיצָה: A *yevama* does not perform *ḥalitza* until she reaches the age of twelve years and one day old and it is determined that she grew two pubic hairs (Rambam *Sefer Nashim*, *Hilkhot Yibbum VaḤalitza* 1:18; *Shulḥan Arukh*, *Even HaEzer* 167:4).

BACKGROUND

Sale – מֶכֶר: A father can sell his daughter as a Hebrew maidservant until she is twelve years and one day old. In many cases, the one who purchased her can designate the Hebrew maidservant to become his wife or the wife of his son. If the master or his son opt not to marry her, she is liberated either when she reaches majority, after the passage of six years, when her master dies, or with the advent of the Jubilee Year, whichever occurs first.

Fine – קְנָס: The Torah commands that a man who rapes an unmarried woman between the ages of three and twelve and a half must marry her and never divorce her. That marriage is subject to her consent and the consent of her father. In addition, he is liable to pay a fine, as well as the five payments that one is obligated to pay when causing personal injury (see Deuteronomy 22:29).

***Ḥalitza* – חֲלִיצָה:** *Halitza* is the ceremony through which a *yevama*, a woman whose husband died childless, frees herself from the obligation to marry the brother of her deceased husband, thereby enabling her to marry anyone she chooses (see Deuteronomy 25:7–10). It is called *ḥalitza*, which literally means removal, based on the central element of this ceremony during which the *yevama* removes a special sandal from the foot of the *yavam*, the brother of her deceased husband. *Ḥalitza* is performed before a rabbinical court. The *halakhot* governing this ceremony are discussed in detail in tractate *Yevamot*.

גמ׳ אָמַר רַב יְהוּדָה אָמַר רַב: זוֹ דִּבְרֵי רַבִּי מֵאִיר, אֲבָל חֲכָמִים אוֹמְרִים: יֵשׁ מֵיאוּן בִּמְקוֹם חֲלִיצָה. דְּתַנְיָא: עַד מָתַי הַבַּת מְמָאֶנֶת? עַד שֶׁתָּבִיא שְׁתֵּי שְׂעָרוֹת, דִּבְרֵי רַבִּי מֵאִיר. רַבִּי יְהוּדָה אוֹמֵר: עַד שֶׁיִּרְבֶּה הַשָּׁחוֹר עַל הַלָּבָן.

GEMARA **Rav Yehuda says that Rav says: This is the statement of Rabbi Meir, but the Rabbis say: There is** the right of **refusal in a situation** where there is ***ḥalitza*****, as it is taught** in a *baraita*: **Until when may a girl refuse?**[H] She may do so as long as she is a minor, **until she grows two** pubic **hairs,** which are signs of puberty rendering her a young woman; this is **the statement of Rabbi Meir. Rabbi Yehuda says:** She may refuse **until the black** hairs in the pubic area appear to cover an area **greater than the white**[N] skin of the area uncovered by hair. At that stage, she is already eligible to perform the rite of *ḥalitza*. That is the opinion of the Rabbis.

מתני׳ כׇּל מָקוֹם שֶׁיֵּשׁ תְּקִיעָה – אֵין הַבְדָּלָה, וְכׇל מָקוֹם שֶׁיֵּשׁ הַבְדָּלָה – אֵין תְּקִיעָה;

MISHNA **Any situation where there is a shofar blast**[BN] sounded on the eve of Shabbat or a Festival to stop the people from performing labor and to demarcate between the sacred and the profane, **there is no *havdala*** recited at the conclusion of the Shabbat or Festival in prayer and over a cup of wine. **And any situation where there is *havdala*** recited, **there is no shofar blast** sounded.

יוֹם טוֹב שֶׁחָל לִהְיוֹת בְּעֶרֶב שַׁבָּת – תּוֹקְעִין וְלֹא מַבְדִּילִין, בְּמוֹצָאֵי שַׁבָּת – מַבְדִּילִין וְלֹא תּוֹקְעִין.

How so? On a **Festival that occurs on Shabbat eve, one sounds** the shofar[N] to stop the people from performing labor that is permitted on the Festival and prohibited on Shabbat and to demarcate between one sacred day and another; **and one does not recite *havdala*,** as that is recited only when the transition is from a sacred day to a profane day or from a day of greater sanctity to a day of lesser sanctity. The sanctity of Shabbat is greater than the sanctity of the Festival, and therefore *havdala* is not recited in this case. On a Festival that occurs **at the conclusion of Shabbat,**[H] **one recites *havdala*, but one does not sound** the shofar.

כֵּיצַד מַבְדִּילִין? ״הַמַּבְדִּיל בֵּין קוֹדֶשׁ לְקוֹדֶשׁ״. רַבִּי דּוֹסָא אוֹמֵר: ״בֵּין קוֹדֶשׁ חָמוּר לְקוֹדֶשׁ הַקַּל״.

How does one recite *havdala*[H] in that case; i.e., what is the formula of the blessing? It concludes: **Who distinguishes between sacred and sacred,** as opposed to the standard blessing at the conclusion of Shabbat: Who distinguishes between sacred and profane. **Rabbi Dosa says** that the formula is: Who distinguishes **between greater sanctity and lesser sanctity.**

גמ׳ הֵיכִי תּוֹקֵעַ? אָמַר רַב יְהוּדָה: תּוֹקֵעַ וּמֵרִיעַ מִתּוֹךְ תְּקִיעָה, וְרַב אַסִּי אָמַר: תּוֹקֵעַ וּמֵרִיעַ בִּנְשִׁימָה אַחַת. אַתְקֵין רַב אַסִּי בְּהוּצָל כִּשְׁמַעְתֵּיהּ.

GEMARA The Gemara asks: **How does one sound a *tekia*** on a Festival that occurs on Shabbat eve, when the difference between the sanctity of the preceding day and the sanctity of the coming day is not as pronounced as it is on a standard Shabbat eve? **Rav Yehuda said: One sounds a *tekia*,** i.e., a long continuous shofar blast, **and sounds a *terua*,** i.e., a staccato series of shofar blasts, **from the midst of the *tekia*. And Rav Asi said:** One does not sound a continuous blast; rather, **he sounds a *tekia*** and then **sounds a *terua* in one breath. Rav Asi instituted** the practice **in the** city of **Huzal**[B] **in accordance with his *halakha*.**

NOTES

Until the black is greater than the white – עַד שֶׁיִּרְבֶּה הַשָּׁחוֹר עַל הַלָּבָן: In tractate *Nidda* (52a) the Gemara explains that this does not mean that the black area is actually greater than the white area. Rather, it means that the black hairs are long enough that they lie horizontally, and therefore it appears as though the black is greater than the white. Rabbeinu Ḥananel explains differently, that the hair adjacent to the skin is black and as it grows longer, it becomes lighter. The expression: The black is greater than the white, consequently refers to a stage where most of the length of the hair is dark (*Tosafot* on *Ketubot* 36a).

Any situation where there is a shofar blast – כׇּל מָקוֹם שֶׁיֵּשׁ תְּקִיעָה: As explained in the mishna (*Sukka* 53b), in the Temple three shofar blasts were sounded on Shabbat eve to instruct the people to cease their labor. The people would then abandon their labor in the field and return to their homes to prepare for Shabbat. Three more blasts were later sounded at nightfall, at the conclusion of which all labor was prohibited (see *Shabbat* 34b and *Tosefta*, *Sukka* 4:11–12). This custom was adopted in other places for extended periods (see Rambam *Sefer Zemanim*, *Hilkhot Shabbat* 5:18).

On a Festival that occurs on Shabbat eve one sounds the shofar – יוֹם טוֹב שֶׁחָל לִהְיוֹת בְּעֶרֶב שַׁבָּת תּוֹקְעִין: Although sounding the shofar is generally prohibited on a Festival as it is on Shabbat, with the exception of sounding the shofar on Rosh HaShana, which is a mitzva, nevertheless, sounding the shofar in this case qualifies as a mitzva of sorts, as it serves to inform people that it is now prohibited to prepare food.

HALAKHA

Until when may a girl refuse – עַד מָתַי הַבַּת מְמָאֶנֶת: Until when may a minor girl exercise her right of refusal? It is until she grows two pubic hairs after reaching the age of twelve, in accordance with the opinion of Rabbi Meir (Rambam *Sefer Nashim*, *Hilkhot Geirushin* 11:4; *Shulḥan Arukh*, *Even HaEzer* 155:12).

On a Festival that occurs on Shabbat eve…at the conclusion of Shabbat – יוֹם טוֹב שֶׁחָל לִהְיוֹת בְּעֶרֶב שַׁבָּת...בְּמוֹצָאֵי שַׁבָּת: When the Jewish people were settled in Eretz Yisrael, they would sound six shofar blasts so that the people would cease from performing labor. When a Festival occurs on Shabbat eve, one sounds a shofar blast but does not recite *havdala*. When a Festival occurs at the conclusion of Shabbat, one recites *havdala* but the shofar is not sounded. The Rema writes that there is a custom in many communities that instead of sounding the shofar, approximately half an hour to an hour prior to Shabbat a representative of the community would proclaim to everyone to prepare themselves for Shabbat. That is an appropriate custom to prevent Jews from desecrating Shabbat. This was also the practice on a Festival that occurs on Shabbat eve (Rambam *Sefer Zemanim*, *Hilkhot Shabbat* 5:18, 21; *Shulḥan Arukh*, *Oraḥ Ḥayyim* 256:1 and *Beur Halakha* there).

How does one recite *havdala* – כֵּיצַד מַבְדִּילִין: What is the order of the blessings recited on a Festival that begins at the conclusion of Shabbat? Initially, one recites the blessing on the wine and then recites the *kiddush* of the Festival, followed by a blessing on the candle, then a blessing of *havdala*, which concludes: Who distinguishes between the sacred and the sacred, and concludes with the blessing: Who has given us life, sustained us, and brought us to this time (Rambam *Sefer Zemanim*, *Hilkhot Shabbat* 29:22).

BACKGROUND

Shofar blast – תְּקִיעָה: Josephus describes a tower in the wall of the Temple Mount upon which they would stand and sound the shofar in order to halt the people from their labor on Shabbat eve. Indeed, in the excavations at the southeast corner of the Temple Mount that overlooks the ancient marketplace of Jerusalem and the nearby agricultural fields, a large piece of a stone was discovered upon which was written: To the place of the shofar blast.

Huzal – הוּצָל: Huzal was a small town in Babylonia with an extremely ancient Jewish settlement. If there was only one village with that name, its inhabitants can be traced back to the tribe of Benjamin, and it is considered one of the most ancient Jewish settlements in Babylonia. Many famous Sages hail from Huzal, and its inhabitants were known for their independent traditions. The Talmud (*Megilla* 29a) relates that the ancient synagogue in Huzal was one of the sites from which the Divine Presence never wavered. According to Rav Sherira Gaon, Huzal was located near Neharde'a.

מֵיתִיבֵי: יוֹם טוֹב שֶׁחָל לִהְיוֹת בְּעֶרֶב שַׁבָּת – תּוֹקְעִין וְלֹא מְרִיעִין; מַאי לָאו לֹא מְרִיעִין כְּלָל? לָא, רַב יְהוּדָה מְתָרֵץ לְטַעְמֵיהּ, וְרַב אַסִּי מְתָרֵץ לְטַעְמֵיהּ; רַב יְהוּדָה מְתָרֵץ לְטַעְמֵיהּ – לֹא מְרִיעִין בִּפְנֵי עַצְמָהּ, אֶלָּא מִתּוֹךְ תְּקִיעָה; וְרַב אַסִּי מְתָרֵץ לְטַעְמֵיהּ – לֹא מְרִיעִין בִּשְׁתֵּי נְשִׁימוֹת, אֶלָּא בִּנְשִׁימָה אַחַת.

The Gemara **raises an objection** to the statements of Rav Yehuda and Rav Asi from a *baraita*: On **a Festival that occurs on Shabbat eve, one sounds a *tekia* but does not sound a *terua*. What, is it not** that **one does not sound a *terua* at all?** The Gemara answers: **No,** rather, **Rav Yehuda explains** the *baraita* **according to his** line of **reasoning and Rav Asi explains** the *baraita* **according to his** line of **reasoning. Rav Yehuda explains** the *baraita* **according to his** line of **reasoning: One does not sound a distinct *terua*; rather,** he sounds the *terua* that emerges **from the midst of the *tekia*. And Rav Asi explains** the *baraita* **according to his** line of **reasoning: One does not sound** the *tekia* and **the *terua* in two breaths; rather,** he sounds them **in one breath.**

"וּבְמוֹצָאֵי שַׁבָּת" כו׳. הֵיכָא אָמַר לַהּ? אָמַר רַב יְהוּדָה: בַּחֲתִימָתָהּ. וְכֵן אָמַר רַב נַחְמָן: בַּחֲתִימָתָהּ.

§ The mishna states that on a Festival that occurs **at the conclusion of Shabbat** one recites *havdala*, and that the Sages disagreed as to the formula of that blessing. The Gemara asks: **Where does one recite** the formula in question? **Rav Yehuda said:** He recites the formula **at the conclusion of** the blessing. But in the body of the blessing one recites the same formula as in every conclusion of Shabbat: Who distinguishes between sacred and profane, between light and darkness, etc. **And likewise, Rav Naḥman said:** He recites the formula **at the conclusion of** the blessing.

וְרַב שֵׁשֶׁת בְּרֵיהּ דְּרַב אִידִי אָמַר: אַף בִּפְתִיחָתָהּ. וְלֵית הִלְכְתָא כְּוָותֵיהּ.

And Rav Sheshet, son of Rav Idi, said: One recites that formula **even at the beginning,** in the body of the blessing, instead of the formula: Who distinguishes between sacred and profane. The Gemara comments: **And the *halakha* is not in accordance with his** opinion.

"רַבִּי דּוֹסָא אוֹמֵר: ׳בֵּין קֹדֶשׁ חָמוּר לְקֹדֶשׁ הַקַּל׳". וְלֵית הִלְכְתָא כְּוָותֵיהּ.

The mishna teaches: **Rabbi Dosa says** that the formula is: Who distinguishes **between greater sanctity and lesser sanctity.** The Gemara comments: **And the *halakha* is not in accordance with his** opinion.

אָמַר רַבִּי זֵירָא: יוֹם טוֹב שֶׁחָל לִהְיוֹת בְּאֶמְצַע שַׁבָּת, אוֹמֵר: "הַמַּבְדִּיל בֵּין קֹדֶשׁ לְחוֹל וּבֵין אוֹר לְחֹשֶׁךְ וּבֵין יִשְׂרָאֵל לַגּוֹיִם וּבֵין יוֹם הַשְּׁבִיעִי לְשֵׁשֶׁת יְמֵי הַמַּעֲשֶׂה", מַאי טַעְמָא? סֵדֶר הַבְדָּלוֹת הוּא מוֹנֶה.

Rabbi Zeira said: At the conclusion of **a Festival that occurs in the middle of the week,**[H] **one recites: Who distinguishes between sacred and profane, and between light and darkness, and between Israel and the nations, and between the seventh day and the six days of labor,** even though it is not Shabbat. **What is the reason** for that practice? **He is enumerating the series of distinctions**[N] that the Sages instituted and not specifically the distinction unique to that particular day.

הדרן עלך הכל שוחטין

HALAKHA

A Festival that occurs in the middle of the week – יוֹם טוֹב שֶׁחָל לִהְיוֹת בְּאֶמְצַע שַׁבָּת: At the conclusion of a Festival, both prior to a weekday as well as prior to the intermediate days of that Festival, one recites *havdala* in the evening prayer as well as over a cup of wine (*Shulḥan Arukh*, *Oraḥ Ḥayyim* 491:1).

NOTES

He is enumerating the series of distinctions – סֵדֶר הַבְדָּלוֹת הוּא מוֹנֶה: It is explained elsewhere (*Pesaḥim* 104a) that the Sages instituted distinctions within the formula of the blessing of the *havdala* that reflect the distinctions that appear in the Torah. The phrase: Who distinguishes between sacred and profane, reflects the verse: "And that you may distinguish between the sacred and the profane" (Leviticus 10:10); the phrase: And between light and darkness, reflects the verse: "And God distinguished between the light from the darkness" (Genesis 1:4); the phrase: And between Israel and the gentiles, reflects the verse: "And I distinguished you from the nations, that you should be Mine" (Leviticus 20:26); the phrase: And between the seventh day and the six days of labor, is identical to the distinction between the sacred and the profane. The final formulation was instituted to conclude the body of the blessing in a manner similar to the concluding blessing: Blessed are You, Who distinguishes between the sacred and the profane (Rashi).

Summary of **Perek I**

With regard to the question of who is fit to slaughter an animal or bird, it was determined that in the case of certain categories of people, it is prohibited to eat the meat of an animal slaughtered by them, and even if they performed the slaughter properly, the animal does not have the halakhic status of a slaughtered animal. Primarily, gentiles are excluded from the ranks of slaughterers, and their slaughter of an animal or bird is not considered halakhic slaughter at all. There are others whose slaughter is inappropriate and therefore prohibited *ab initio*, but their slaughter is valid after the fact if there was competent supervision of it. Included in this category are those who are ignorant of the *halakhot* of slaughter, those without proven experience in slaughter, and those who are suspected of violating mitzvot. Within the latter category, there are distinctions between one who violates the mitzva as an expression of insolence and one who does so to satisfy his appetite, and between one who violates one mitzva and one who violates the entire Torah. In addition, those lacking halakhic competence, i.e., a deaf-mute, an imbecile, or a minor, are also included in the category of those whose slaughter is prohibited *ab initio*. During certain periods the Samaritans were included in this category as well. With regard to a woman who performs slaughter, there are different opinions among the early commentaries. Fundamentally, a woman may slaughter an animal, but the custom in most places is that women do not do so.

Although slaughter of a non-sacred animal does not require intent in the same manner as does the slaughter of a sacrificial animal, the slaughter must nevertheless be performed by the action of a person. Therefore, if a knife fell and as a result an act of slaughter occurred, the slaughter is not valid. The same is true of slaughter implemented by a machine.

Based on tradition and inferences drawn from verses, the Gemara concluded that slaughter is accomplished through cutting the windpipe and the gullet, known as the *simanim*, by passing a knife back and forth, not by perforating the *simanim*, pressing the knife, or ripping the *simanim*. Therefore, slaughter may not be performed with a notched knife that necessarily rips the flesh and does not cut smoothly. The Sages prohibited the use of utensils with regard to which there is concern that they might be notched. Nevertheless, utensils crafted from any material that is sharp and smooth are fit for use in slaughtering an animal, with the exception of plants or stones that are still connected to the ground. Nevertheless, throughout the generations, the prevalent custom has been to slaughter exclusively with iron knives.

Since even a small notch in a knife is liable to invalidate the slaughter and to render the animal an unslaughtered carcass, the Sages stated that one must examine the knife both before and after the slaughter. In cases of uncertainty, the Sages established that the principle is: An animal during its lifetime exists with the presumptive status of

prohibition until it becomes known in what manner it was slaughtered. Once the animal was properly slaughtered, it exists with the presumptive status of permissibility until it becomes known in what manner it was rendered a *tereifa*.

The appropriate place of slaughter ranges from beneath the larynx until the upper edge of the lung, and in a bird until the crop.

This chapter also elucidated the relationship between slaughter and pinching, the manner in which bird offerings are prepared for sacrifice. The Gemara explained that the place of slaughter is at the front or the sides of the neck and pinching is performed from the nape of the neck. Slaughter and pinching are performed at the same point along the length of the neck. As a result of that distinction, a series of *mishnayot* that deal with a great variety of unrelated topics were cited in the Gemara, since their structure is parallel to the structure of the mishna with regard to slaughter and pinching, namely: A certain matter or characteristic that is valid with regard to one matter is not valid with regard to another, and vice versa.

As is typical in many chapters, several other subjects were examined in this chapter in the course of the discussion of the principal topics mentioned above. Among them were the status of Samaritans, the *halakhot* of uncertainty, presumptive status, majority, and benefit from prohibited labor performed on Shabbat.

Image **Credits**

p23 top image © **courtesy of the Temple Institute**; **p32** bottom image © Oyoyoy; **p37** © Alexxx1979; **p38** © Willy Horsch; **p42** © Rabbi Shimon Dayan; **p47** left image © Steve Hillebrand, USFWS; **p47** right image © Chamberi; **p62** top left © Didier Descouens; **p62** bottom left © MikaelF; **p62** top right © Gideon Pisanty (Gidip); **p62** middle right © Thesupermat; **p62** bottom right © Potkettle; **p68** © Jamain; **p70** top image © Helen Rickard; **p70** bottom image © Clara Amit, Yoram Lehman, Yael Yolovitch, Miki Koren, and Mariana Salzberger, courtesy of the Israel Antiquities Authority; **p72** top image © Clara Amit, Yoram Lehman, Yael Yolovitch, Miki Koren, and Mariana Salzberger, courtesy of the Israel Antiquities Authority; **p72** bottom image © Rama; **p76** top image © Thamizhpparithi Maari; **p76** second image © Zaereth; **p76** third image © Michal Maňas; **p76** fifth image © Andreas Franzkowiak, Halstenbek; **p76** bottom image © Whitney H; **p78** left image © MTSOfan; **p78** right image © cs:ŠJů; **p82** © Daderot; **p87** © Matt Lavin; **p91** middle image © Rabbi Shimon Dayan; **p100** top image © Forest & Kim Starr; **p105** © Florent Pécassou; **p109** top image © Miguel González Novo; **p109** bottom image © Jörg Hempel; **p120** © Ariel Palmon; **p122** top image © Williams, J. T.; Carpenter, K. E.; Van Tassell, J. L.; Hoetjes, P.; Toller, W.; Etnoyer, P.; Smith, M.; **p122** bottom image © Marie-Lan Nguyen.

My Notes

My Notes

My Notes

My Notes